아동 언어장애

임상근거기반 평가 및 중재

M. N. Hegde, Christine A. Maul 지음 | 김화수, 김성수, 이상경 옮김

Σ 시그마프레스

아동 언어장애 : 임상근거기반 평가 및 중재

발행일 | 2016년 12월 1일 1쇄 발행

저자 | M. N. Hegde, Christine A. Maul
역자 | 김화수, 김성수, 이상경
발행인 | 강학경
발행처 | (주)시그마프레스
디자인 | 김미숙
편집 | 류미숙

등록번호 | 제10−2642호
주소 | 서울시 영등포구 양평로 22길 21 선유도코오롱디지털타워 A401~403호
전자우편 | sigma@spress.co.kr
홈페이지 | http://www.sigmapress.co.kr
전화 | (02)323−4845, (02)2062−5184~8
팩스 | (02)323−4197

ISBN | 978−89−6866−447−2

Language Disorders in Children

An Evidence-Based Approach to Assessment and Treatment

Authorized translation from the English language edition, entitled LANGUAGE DISORDERS IN CHILDREN: AN EVIDENCE−BASED APPROACH TO ASSESSMENT AND TREATMENT, 1st Edition, ISBN: 0205435424 by HEGDE, M. N.; MAUL, CHRISTINE A., published by Pearson Education, Inc., publishing as Allyn & Bacon, Copyright ⓒ 2006 by Pearson Education, Inc.

KOREAN language edition published by SIGMA PRESS, INC., Copyright ⓒ 2016

* 책값은 책 뒤표지에 있습니다.

이 도서의 국립중앙도서관 출판예정도서목록(CIP)은 서지정보유통지원시스템 홈페이지 (http://seoji.nl.go.kr)와 국가자료공동목록시스템(http://www.nl.go.kr/kolisnet)에서 이용하실 수 있습니다.(CIP제어번호 : 2016027573)

역자 서문

한그루의 나무와 한 뼘의 하늘은 어디서든 찾아볼 수 있다. 굳이 파란 하늘일 필요도 없다. 햇살은 어느 하늘 아래에서도 느낄 수 있을 것이다 . 아침마다 하늘을 쳐다보는 습관을 가지면 어느 날 문득 우리 주변을 에워싸고 있는 공기를 느끼고, 잠에서 깨어나 일터로 향하는 도중에도 신선한 아침의 숨결을 맛볼 수 있을 것이다. 매일매일이 새롭게 느껴지고 심지어 집집마다 지붕 모양이 저마다의 개성을 가지고 있다는 것도 눈에 들어올 것이다.

– 삶을 견디는 기쁨 중에서, H. Hesse. –

영유아에서 청소년까지의 언어발달장애는 언어치료 대상자들 가운데 가장 큰 비율을 차지하고 있다. 실제적으로 언어치료사 가운데는 아동 언어장애를 다루는 치료사들이 대부분이라 해도 과언은 아닐 것이다. 특히 언어치료사(언어재활사) 자격시험에서 '언어발달장애' 과목이 필수 과목인 것은 아동 언어장애에 대한 지식이나 실제가 임상 언어치료의 플랫폼이 될 수 있음을 말해 준다. 이 책은 학부생이나 대학원생들의 언어발달장애 교재로써 유용할 뿐만 아니라 아동을 대상으로 치료하는 학생치료사, 전문치료사 모두를 위해 실제적 정보를 제공하고 있다. 책의 전반적인 흐름을 살펴보면 아동 언어장애에 포괄적으로 접근하면서도 매우 구체적인 내용으로 구성되어 있음을 알 수 있다.

역자 모두는 언어발달장애 현장에서 오랫동안 일해 왔으며 임상 실무에서의 경험을 바탕으로 대학교 교단에서 아동 언어장애를 가르치고 있다. 치료실에서 온전히 아동과 마주해 있는 시간이야말로 헤세의 말대로 신선한 아침의 기운을 호흡하는 순간이었음을 우리는 기억하고 있다. 아동 한 명 한 명을 깊이 바라보며 저마다 다른 깊이와 다른 속도를 지닌 개인의 언어발달과 생생히 만날 수 있었음은 큰 행운이었다. 그리고 이러한 경험은 언어치료야말로 예술에 가까운 행위라고 기꺼이 말할 수 있도록 해주었다.

우리는 언어발달장애를 공부하는 학생들과 전문치료사들이 학문적 기량을 성장시키는 것에 덧붙여 따뜻한 마음, 긍정적 사고로 생을 적극적으로 끌어안게 되길 바란다. 매 순간 새로움을 느끼며 순간의 행복, 순간의 집중이 연이어진 상태로 모험하고 사랑하며 걷게 되길 기대한다.

늘 함께해 주는 가족들, 제자들에게 큰 사랑과 감사를 전한다.

문천지를 바라보며

역자 대표 김화수

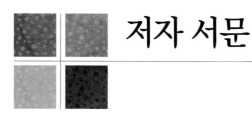

저자 서문

언어장애는 아동에게 심각한 사회적 · 교육적 · 개인적 문제를 일으킨다. 아동의 학업 성공은 대체로 언어기술에 달려 있다. 아동의 언어문제가 청소년기 및 초기 성인기까지 지속되면 고등교육을 받을 가능성도 줄어든다. 결과적으로 언어기술이 부족한 성인은 직업을 얻을 기회가 더 적을 것이고, 제한된 경제적 이득만을 갖게 될 것이다. 따라서 언어장애는 전반적인 삶의 질에 심각한 위협을 야기하게 된다.

아동 언어장애의 평가와 치료는 언어치료사의 주된 임무이다. 공립학교, 사설치료실, 또는 소아과 병원 어느 곳에서 근무를 하든 간에 언어치료사는 전형적인 가정환경에서 언어를 배우지 못한 상당수 아동을 대상으로 일할 것이다. 치료사는 제한된 언어능력으로 인한 교육, 사회, 직업의 부정적 결과를 최소화하거나 없애기 위해서 아동 언어장애를 치료하는 일의 중요성을 인식하고 있다. 이 책은 아동 언어장애를 평가하고 치료하는 데 있어서 전문치료사와 학생치료사 모두가 전문지식을 얻을 수 있기를 기대하며 쓴 것이다.

이 책은 임상상황을 이해하도록 충분한 설명과 이론적 개념을 제공하고 있으며, 특히 실제 임상에 초점을 두고 기술되었다. 우리는 모든 수준의 치료사가 아동 및 성인의 의사소통장애를 다루는 증거기반의 실제를 필요로 한다는 것을 알고 있기 때문이다. 무엇보다도 치료사에게는 실험적 평가에서 효율성을 보이는 일련의 실제적인 방법이 필요하다. 더 나아가 치료사는 치료절차를 선택하고 증거의 체계에 따라 절차를 분류하기 위한 일련의 지침을 필요로 한다. 마지막으로 치료사는 언어장애 아동과 다른 장애로 인해 언어문제가 있는 아동 등 다양한 대상에 관한 포괄적 정보자료를 필요로 한다.

언어장애의 학부과정 및 대학원과정에 있는 학생들과 언어치료사들의 다양한 요구를 충족시키는 책을 쓰는 것이 우리의 목적이었다. 이 책은 3개의 부로 구성되어 있다. 3개의 장으로 이루어진 제1부는 언어의 개관, 아동 언어장애에 대한 설명, 그리고 단순언어장애에 대한 논의 등을 제공한다. 이 책의 대부분을 차지하는 제2부는 언어장애의 평가와 치료에 집중한다. 그 첫 번째 장인 제4장은 아동 특정적 평가절차를 다루고 있으며, 그다음의 6개 장은 치료에 관한 것이다. 우선 제5장에서 증거에 기반한 치료 체계를 제공한다. 다음 장에서는 증거기반치료를 이루는 실험을 통해 입증된 구체적인 치료기법(제6장), 기초적 언어기술을 확립하기 위한 치료기법(제7장), 기초적 언어기술을 보다 복잡한 언어기술로 확장시키기 위한 치료기법(제8장), 일반화와 자연스러운 환경에서 유지되도록 촉진하는 기법(제9장)을 다루고 있다. 언어치료와 학교에서의 문해기술 강화의 통합이 중요하다는 견지에서 학업성취 지원에 관한 별개의 장(제10장)을 배정했다. 제2부는 다문화환경 아동의 언어장애에 관한 평가와 치료에 대한 논의로 끝난다(제11장).

이 책의 제3부는 다양한 아동 집단의 언어장애를 설명한다. 발달장애나 지적장애를 지닌 아동(제12장), 자폐증 및 다른 전반적 발달장애를 지닌 아동(제13장), 신경장애나 청각장애를 지닌 아동(제14장), 그리고 보완대체의사소통치료를 필요로 하는 아동(제15장) 등을 다루기 위해 필요한 평가와 치료에 대해 설명하였다.

이 책의 전반에 걸쳐 치료에 대한 세부적 정보를 강조하였다. 우리는 이 책을 사용하는 치료사와 교육자들이 최근 전문가들이 기대하는, 실험적으로 검증된 치료방법에 대한 설명 및 평가와 치료의 중요한 부분에 대하해 알게 되기를 기대한다.

차례

제1부
언어와 언어장애 서론

제2부
언어장애의 평가와 치료

제4장 | 평가, 측정, 그리고 진단

제5장 | 언어장애의 중재 : 증거에 기반한 체계

제6장 | 증거기반 치료기법

제3부

특정 인구에 속한 아동의 언어장애

제 **14** 장 | 언어장애가 동반되는 세 집단 :
외상성 뇌손상 · 뇌성마비 · 청각장애 아동

제 **15** 장 | 보완대체의사소통

제**1**장 | 언어와 언어행동

개요

- 이성적 접근법과 경험적 접근법

- 언어와 언어행동

- 언어의 언어학적 분석

- 언어와 언어학습의 언어학적 설명

- 언어행동의 분석

- 언어와 의사소통

- 언어 의사소통과 비언어 의사소통

- 요약

- 학습지침

이 책은 언어장애 때문에 의사소통기술이 손상된 아동들에 관한 것이다. 이 아동들은 어휘 목록 부족으로 인해 사회적 상황에서 상대적으로 비효율적이 된다. 이들의 언어장애는 일반적으로 다른 사람들에게 최소한의, 또는 의도되지 않은 영향을 미친다. 마찬가지로 이 아동들은 다른 사람의 말을 부분적으로만 이해하며, 학업과 학습에도 부정적 영향을 받는다. 지속적인 언어장애는 아동들이 성장하는 동안 직업 수행, 수입, 삶의 질 등에 영향을 준다. 대부분의 사회에서 훌륭한 언어기술은 언어기술이 부족한 것보다는 이점이 많다. 따라서 제한적인 언어기술은 심각한 사회문제가 된다. 이러한 문제가 중요하게 다뤄질 수 있다는 점이 이 책의 주된 주제이다.

언어장애를 이해하기 위해서는 언어 자체의 성질과 특성을 이해할 필요가 있다. 그러나 언어를 이해한다는 것은 다른 견해를 가진 사람에 따라 다양한 의미를 지니며, 그 견해는 언어를 연구하는 분야만큼이나 다양하다. 언어는 철학, 언어학, 심리학, 신경학, 또 최근에는 언어병리학까지 포함하여 많은 분야의 주제가 되고 있다. 시인과 철학자들은 오랫동안 언어를 이상적인 것으로 묘사하고 또 논의해 왔다. 또 언어는 특히 사회적 의사소통과 일반적인 사회생활의 구조물이었다. 분명히 구어는 인간을 다른 동물 세상과 구별하는 정교하고 복잡하며 만능의 창의적 능력이다.

사실상 모든 사회에서 아동은 부모의 노력이 거의 없어도 언어를 배운다. 사회적 고립, 언어에의 노출부족, 또 질 낮은 언어에의 노출 등이 언어의 정상 습득을 방해한다고 해도 대부분의 아동은 부모의 정열적이고 체계적이며 공식적인 가르침 없이도 언어를 배운다. 전형적인 사회적 상호작용과 결부지어 생각해 보면 환경 내 다른 사람과 부모가 매일 제시하는 언어로도 아동은 대부분 언어를 배우기에 충분한 것 같다(Hart & Risley, 1995).

그러나 일부 아동은 듣기와 말하기 기술을 대다수 아동들처럼 쉽게 배우지 못한다. 언어기술을 배우지 못하는 많은 경우가 부가적 임상조건이나 장애와 관련된다. 예를 들어 발달장애, 뇌성마비, 또는 청각장애를 지닌 아동은 일반적인 환경에서도 언어학습에 어려움을 갖게 된다. 어떤 아동은 관련된 임상조건이 결여되면 언어습득에 실패할 수 있다. 그런 아동은 말과 언어를 제외한 모든 측면에서는 정상발달을 하는 것으로 보인다. 가벼운 언어장애를 지닌 일부 아동은 직접중재 없이도 전형적으로 발달하는 또래의 언어기술에 가까운 기술을 결국에는 습득할 수 있을 것이다. 하지만 어떤 아동은 언어기술에 있어 중대한 결함을 지속적으로 보이며 부정적인 사회적·교육적 결과를 갖게 되는 경우도 있다. 이러한 아동들이 잠재력을 극대화하여 훌륭한 의사소통을 하기 위해서는 가능한 한 빨리 중재할 필요가 있다.

언어치료사(SLP)는 언어장애 아동에게 중재를 제공하는 전문가이다. 언어치료사는 언어장애 아동과 가족들에게 최상의 서비스를 하기 위해서 언어와 언어장애의 다양한 특성, 평가와 중재의 기법 등을 잘 이해해야 한다. 이 책의 목적은 학생과 전문가를 위해 견해를 제공하고 평가와 치료의 기법을 설명하는 것이다. 이번 장에서는 언어의 특질에 대한 다양한 견해, 언어의 다양한 측면, 또 언어를 학습하는 다른 접근법 등을 요약할 것이다. 이 책의 나머지 장에서는 언어장애, 언어장애 평가, 치료를 다룰 것이다.

과학서적과 대중서적 모두에서 언어라는 용어는 널리 사용된다. 거의 모든 화자들이 언어가 무엇을 의미하는지를 아는 것처럼 보인다. 그러나 언어의 과학적 정의는 연구자에 따라 다양하다. 자신의 연구에서 사용되는 언어라는 용어의 유용성과 타당성에 의문을 제기한 사람들이 있다. 정의와 관점에서의 주된 차이점들은 언어 연구에의 주된 두 접근법과 관련된다. 이 두 접근법으로 시작하자.

이성적 접근법과 경험적 접근법

합리주의(rationalism)는 철학의 한 부류로서 이성이 지식의 근원이라는 믿음이다. 합리주의자들은 진술이 이성적이며 논리와 추론의 규칙에 부합할 경우에 타당하다고 인정한다. 그들은 지식을 생성하는 다른 수단의 중요성을 고려하지 않는다. 예를 들어, 합리주의자들은 이성적인 것이 감각 경험의 기준과는 다르다고 생각할 것이다. 언어학에서 가장 영향력 있는 학파, 즉 언어를 연구하는 제1의 학문 분야는 합리주의다. 곧 설명할 언어학자 노암 촘스키의 변형생성문법은 본질적으로 합리주의 이론이다.

> 이성이 지식의 근원이라고 하는 철학 부류는 어떤 것인가?

언어학(linguistics)은 언어를 연구하는 학문이다. 아무것도 언어학자로 하여금 합리주의를 넘어서지 못하게 하지는 않지만 언어학자는 일반적으로 그 제한 속에 머문다. 언어(그리고 인간 경험의 다른 측면)에 대한 합리주의자의 접근법은 심하게 이론적인 경향이 있다. 예를 들어, 이성적으로 부합하는 언어학 이론들은 광범위하게 인정되고 수용된다. 언어학에서 이성적 접근법은 언어의 구조분석을 낳게 된다. 구조분석에서는 언어의 형태가 큰 관심사이다. 단어, 구, 문장 등이 언어의 형태들이다. 다른 문장형태는 다른 언어구조이다. 문장형태를 분석할 때 구조주의이며 합리주의적인 언어학자는 누가, 무엇을, 언제, 또 왜 말하는지에 관해서 일반적으로 관심이 없다. 누군가 뭔가를 말했다는 사회적 상황은 언어구조를 생성하는 규칙들보다 덜 중요하다. 그러므로 언어학에서는 다양한 문장형태들을 생성하는 데 도움이 되는 문법규칙을 강조한다. 말-소리 결합과 의미 있는 문장에서는 다른 규칙들이 고안될 것이지만, 이성적 분석의 주된 대상은 바로 규칙이다.

> 언어학은 언어형태와 문법규칙을 강조한다.

경험주의(empiricism)는 철학의 또 다른 부류로서 감각 경험이 지식의 근원이라고 믿는다. 경험주의는 자연과학의 원리이다. 경험주의자는 명제가 합리적이며, 모순이 없으며, 또 일관성이 있다는 이유로 타당한 것이라고 인정하지 않을 것이며, 이성적 명제를 인정하거나 부정하기 전에 경험적으로 검증해야 한다고 주장한다. 경험적 검증은 과학자들이 진술에 대한 참값을 발견하려고 마련한 조건이다. 그런 조건의 배

> 과학자들이 진술의 참값을 발견하려고 마련한 경험적 검증은 무엇인가?

열을 실험이라고 부른다. 본질적으로 이성적 명제는 그럴듯한 과학적 가설이지만, 그 명제들은 감각 경험에서 진실로 나타나야만 한다. 경험적으로 진실인 진술은 논리적이며 합리적이지만, 모든 논리적이며 합리적인 진술이 모두 진실인 것은 아니다.

진술의 참값을 평가하기 위한 이성적 접근법과 경험적 접근법 간 차이에 관한 예를 보면 상이한 논의 등을 명확히 하는 데 도움이 될 것이다. 실제로 촘스키가 가정했듯이 아동은 언어를 습득하는 방식을 이해하려고 노력하면서, 자신의 환경에서 듣는 언어 규칙을 구축하게 하는 최초의 언어습득 도구를 가지고 태어난다는 가설을 제기할 수 있다. 촘스키는 누구도 복잡한 문법(그의 생각으로는 언어의 요체인)을 명시적으로 가르치지는 않으며, 아동이 언어를 아주 빠르게 배운다는 점 때문에 이러한 관점을 전개했다. 추측건대, 행동의 학습은 느리지만 선천적으로 결정된 개화기는 매우 빠르다. 이것은 완벽하게 합리적이며 논리적인 가설이다. 그러나 이 가설이 사실일까? 아동들이 머리에(또는 다른 곳에) 언어습득 도구를 가지고 있다고? 이것이 사실임을 증명하려면 언어습득 도구의 존재를 보여주는 아동이 포함된 경험적 연구를 실시해야 한다. 그 가설을 도출하는 다양한 논리적 가정이나 언어습득 장치를 증명하는 증거가 될 수 없다. 그렇지만 이성주의자들은 일반적으로 그 가설을 시사한다고 처음에 생각했던 전제로 증거를 지적한다. 누구도 아동에게 문법을 가르치지 않으며, 아동은 언어를 아주 빠르게 배운다는 것을 지목한다. 일반적으로 구조주의 언어학자들은 언어학습을 하는 아동을 가족이나 사회적 맥락에서 연구하려는 노력을 거의 하지 않았다.

다양한 자료에서 언급된 이야기가 합리주의자와 경험주의자 사이의 차이점을 보여주고 있다. 수 세기 전 말들(horses)의 입속에 이가 있는가라는 문제에 직면하여 합리주의자들은 당국의 견해, 추론, 또 확립된 믿음 등에 근거해서 논쟁하기 시작했다. 말에 대한 그 논쟁을 듣고 경험주의자는 "왜 말을 찾아 그 입속을 보지 않느냐?"고 물었다.

아동들이 어떻게 언어를 습득하는지에 대해 같은 질문과 마주한 경험주의 과학자는 어느 정도 그럴듯한 생각을 갖게 되겠지만 결국 언어습득 과정을 이해하기 위해 아동과 가족을 선택하여 그들 사이의 상호작용을 연구할 것이다. 경험주의 과학자들은 아동의 언어에 대한 가설을 세우기 전에 아동을 보고 듣지(감각 경험) 않으면 안 된다. 합리주의자들은 논리와 추론으로 만족한다. 반면 경험주의 과학자들은 합리주의자의 가설을 지지할 수 있지만 관찰을 고집할 것이다. 경험주의자들은 믿기 위해서 보고, 듣고, 또 느껴야 한다. 과학적 실험은 가정된 관계가 진짜 맞는지를 '확인'하는 방법이다.

언어와 언어행동

언어 연구를 할 때 구조주의 언어학자들은 언어의 성질과 아동들이 언어를 배우는 방법에 대해 복잡한 이론들을 전개하는 합리주의자였다. 언어학자는 일반적으로 언어가 대부분 선천적으로 주어진(즉, 아동이 가지고 태어난) 정신체계 또는 정신구조라고 믿는다. 언어치료사는 일반적으로 언어에 대한 언어학적 견해를 수용한다. 언어 분석(음운론 분석을 포함한)에서 합리주의자 이론의 영향은 현저하다. 학생과 전문가들은 일반적으로 언어행동 분석보다는 언어학적 분석에 대해 더 많이 알고 있다. 종종 언어치료사가 자문하는 자료를 보면 언어의 행동적 관점에서의 묘사는 불완전하며 편향되어 있다. 그럼에도 불구하고 언어장애를 지닌 아동 대상의 임상중재는 언어장애의 언어학적 처치가 없으므로 대개는 행동주의적이다. 언어이해와 언어장애 임상중재 사이의 이러한 분열은 언어병리학에서의 개념적 모순을 만들어 오고 있다.

한편, 행동주의 과학자들은 합리주의 이론이 가정과 그 이외의 곳에서 말하고 듣기를 배우는 아동에 대해 설명하지 못한다고 주장한다. 행동주의 과학자들은 사회적 상호작용 자체가 언어를 가르치고 배우는 데 선천적인 기제보다 더 강력하다고 주장한다. 심지어 규칙의 관념적 체계인 언어란 형태언어 분석의 결과이며, 아동과 성인의 말하기와 듣기 능력을 설명해 주지 않는다고 주장하기도 한다. 그러므로 언어(language)보다는 언어행동(verbal behavior)이라는 용어를 선호한다. 언어행동은 관찰 가능하고 수정할 수 있지만, 관찰될 수 없는 관념적 구조는 추정만 할 수 있다.

> 행동주의 과학자들은 언어 대신에 어떤 용어를 선호하는가?

이어지는 부분에서는 언어학적 관점과 행동주의 관점 모두에서 설명할 것이다. 학생들은 아동 언어장애를 공부하기 이전에 일반적으로 언어와 언어발달에 대한 수업을 받았을 것이므로 본 서술은 간략히 할 것이다.

언어의 언어학적 분석

언어의 언어학적 정의는 다양하다. 다양한 정의들이 이 복잡한 현상의 다소 다른 측면들을 강조한다. 대부분의 언어학자들은 **언어**(language)를 관념을 표현하기 위해 사용되는 부호와 상징의 자의적 체계라고 정의한다. 많은 언어학적 정의들에 대한 고유한 가정들은 (1) 언어는 관념, 사건, 경험 등을 나타내는 상징 또는 부호의 집합이고, (2) 그 체계는 자의적이며, 또한 (3) 언어는 규칙을 따른다 등이다.

> 어원상 **언어**(language)의 기원은 혀의 라틴어인 *lingua*에서 파생된 단어인 **혀**(tongue)이다.

단어가 관념, 물건, 경험을 대표한다는 것은 언어에 관한 오래된 가정이다. 언어의 요소들은 그 밖의 다른 뭔가를 나타내므로, 부호나 상징이라고 말하기도 한다. 가령 *cat*이라는 단어는 어떤 네 발이 달린 가축을 나타내거나 대표한다. 그 특정한 동물을 상징하는 연속적인 소리, *c-a-t*은 어떤 다른 단어가 같은 대상을 상징할 수 없는 고유한 이유가 없기 때문에 사람들의 사회에서 임의적으로 동의된 것이라고 말한다. 동일한 물건, 유기체, 또는 경험을 위한 상징이 다른 언어들에서 다르다는 것은 언어에 사용되는 상징들이 자의성을 지녔다는 성질을 명백히 강조한다.

언어는 상징의 우연한 집합이 아니며, 특정한 규칙에 의해 지배되는 조직적 체계이다. 예컨대 소리를 결합하여 단어로 만들고 단어를 결합하여 문장을 만드는 규칙이 있다. 다른 언어에서는 같거나 유사한 소리가 동일한 물건이나 경험을 나타내기 위해 다른 방식으로 결합될 수 있다. 언어는 단어를 구나 문장으로 결합하는 방법으로 단어를 다르게 만들 수도 있다. 예를 들면, 영어에서 형용사는 수식받는 명사 앞에 놓이는 것이 맞다(예 : *the green house*). 그렇지만 스페인어에서 형용사는 수식 받는 명사의 뒤에 온다(*la casa verde*). 언어학자들은 언어 사용을 창의적으로 만드는 언어의 고유한 규칙이 있다고 믿는다. 화자는 자신의 언어규칙에서 무한하게 다양한 문장구조를 생성할 수 있다.

또한 많은 언어학자들은 모든 화자가 자기 언어의 관념적 구조를 가진다는 점에서 언어는 관념적 체계라고 시사한다. 촘스키(1957, 1965)의 영향력 있는 변형문법에 따르면, 이런 관념적 구조는 대개 선천적이며, 문법의 보편적 특징에 대한 지식으로 구성된다. 이 선천적인 관념구조 때문에 아동은 자신의 언어규칙을 미리 알고 주변에서 들은 것에서 특유한 언어규칙을 구축한다. 성인이 예상된 규칙성을 지니고 자신의 언어를 말하게 하는 것이 바로 이러한 선천적인 지식이다. 또한 아동은 보편적인 문법규칙을 이미 알고 있기 때문에 자신의 언어를 놀라운 속도로 습득한다고 믿는다.

언어의 언어학적 분석은 언어의 다양한 부분을 언어 전체를 구성하는 전체적인 양상의(형식적) 요소로 설명한다는 점에서 구조적이다. 언어학자들에 따르면 언어는 관념체계일 뿐 아니라 관념적 구조이기도 하다. 보통 언어는 언어를 내용-의미로 유지하는 구조라고 설명된다. 언어는 그 구조적 요소와 양식에 의해 묘사된다. 그 요소에 언어의 음운론, 의미론, 구문론, 형태론, 그리고 화용론의 특징을 포함하는 한편, 양식에는 산출과 이해가 포함된다.

언어학자들이 언어의 각 구조에 속한다고 전형적으로 설명하는 것은 추측건대 언어의 다양한 측면의 산출을 지배하는 일련의 규칙들이다. 따라서 언어구조는 사실상 규칙구조이다. 예를 들면 하나의 규칙구조 집합은 말소리의 순서, 결합, 산출 등을 지배한다. 규칙구조의 또 다른 집합은 의미를 지배하고, 다른 규칙구조가 문법을 지배한다 등이 있다.

음운요소와 말

더 큰 언어체계는 말 요소를 지닌다. 구어가 실현되는 것은 말소리의 산출을 통해서이다. 좁게 정의하면, **말**(speech)은 언어 소리의 산출이다. 보다 넓게 정의하면 말은 구어의 실제 산출이며, 구어를 통해 의사소통하기 위해서 행해진 특정한 종류의 움직임이다. 말은 언어라고 불리는 더 큰 단위를 구성하는 벽돌이다.

특정 언어의 소리는 한 체계로 구성된다고 생각된다. **음운론**(phonology)은 말소리들의 소리체계, 말 산출, 유의미한 단어와 문장을 형성하기 위해서 소리를 결합하는 규칙 등에 대한 연구이다. 언어의 **음운요소**(phonologic component)에는 언어의 소리체계 규칙을 따르는 말소리의 산출, 소리의 구성 등이 포함된다.

음운론(phonology)이라는 단어의 어근은 *phone*이다. **단음**(phone)은 성도(vocal tract)가 낼 수 있는 모

든 소리이다. 단음이 언어의 일부가 되어 의미 전달을 도우면 **음소**(phoneme)라고 불린다. 예를 들어, 혀를 차는 소리는 단음이지만 영어에서 음소는 아니다. 그렇지만 그 소리가 의미를 전달하는 일부 아프리카 언어들에서는 음소이다(Lyovin, 1997). 마찬가지로 철자법상 *th*는 발음표기로는 /θ/로 표현되는 소리는 영어의 음소이지만, 러시아어에는 음소로 존재하지 않는다.

음소는 한 언어에서 의미를 전달하는 소리의 최소단위라고 전통적으로 정의된다. 예를 들어, *hit*와 *bit*라는 단어는 하나의 음소가 두 단어를 구별하기 때문에 다른 의미를 전달한다. 음소들이 결합하여 단어를 형성할 수 있는 방법을 지배하는 규칙들이 있다. 영어에서, /ptw/와 같은 소리의 결합은 결코 생기지 않으며, /ŋ/이라는 음소는 단어의 머리 위치에 결코 오지 않는다.

> 콧소리(nasal snort)는 단음이지만 영어에서는 음소가 아니다.

음소는 사실상 유사한 소리들의 집단이다. 음소의 산출은 연결된 말을 하면서 한 단어나 한 문장에서 사용되는 음성학 정황에 따라서 바뀐다. 예로 /l/라는 음소는 *like*('가벼운' /l/), *call*('무거운' /l/), 또 *bottle*('음절을 이루는' /l/) 등과 같은 단어에서 다르게 발음되며, 이 모든 다양한 산출들은 /l/ 음소의 **이음**(allophone)이다. 마찬가지로, *rat*이라는 단어에서 /r/ 음소는 평설의 중간 위치에서 입술로 산출되지만, *root*라는 단어에서 /r/는 다음에 오는 /u/ 음소의 입술을 둥글게 하는 성질 때문에 입술을 둥글게 하여 산출된다. 이러한 이음의 변형은 단어의 의미를 바꾸지 않는다. 청자는 보통 음소의 이음변형을 구분하지 않으며 대부분 단어의 의미와 맥락을 바탕으로 말을 이해할 수 있다.

각 화자는 자신이 말하는 음소의 발음에서 나름의 사소한 변화를 갖는다. 이런 변화가 작다면 듣는 사람은 큰 주의를 하지 않는다. 음소를 심하게 왜곡하거나 생략, 또는 다른 음소로 대치하는 개별 화자의 말은 청자에게는 이해가 안 될 수 있다. 아동이 하나나 단지 적은 수의 음소에서만 실수를 하면 언어와 관련되지

> 특정 음소의 산출에서 의미에 영향을 주지 않는 사소한 차이점들은 무엇인가?

않은 유형의 장애인 조음장애로 진단될 것이다. 조음장애를 보이는 아동은 정상언어 기술을 보일 것이다. 다르게 말하자면 아동은 말장애와 정상언어가 동시에 나타날 수 있다. 그렇지만 말장애와 언어장애가 모두 나타나면서 조음이 서툴고 비전형적 언어발달을 나타내는 아동들이 많다.

일부 아동은 말산출에서 많은 실수를 하며, 결과적으로 음소대비가 망가져 의미에 부정적인 영향을 미친다. 이런 경우 행해진 실수가 인식할 수 있는 양상으로 지속되면 음운장애로 진단될 수 있다. 단발적인 말-소리 오류와는 다르게 음운장애는 언어와 관련된 것으로 생각된다. 이 아동들이 산출하는 말-소리 오류의 양상은 **음운변동**(phonological processes)이라고 하며, 음운변동은 다양한 방식으로 정의되는데, 특히 아동이 언어의 음운체계를 습득할 때 나타나는 일반적인 패턴이라고 볼 수 있다. 이 양상이나 음운변동은 특정 연령 수준(특정한 변동에 따라서, 3~5세) 이상 지속되지 않는다면 정상적인 말소리 습득의 영역이다. 예컨대 3세 이하의 많은 아동이 단어

> 일부 음운장애의 진단은 다른 맥락에서 아동이 음소를 옳게 산출하는지에 달려 있다. 예를 들어, 아동이 맨 앞과 중간 위치의 자음을 잘 조음하지만 단어 끝의 자음을 탈락시키면, 운동신경에 근거한 조음장애라기보다는 음운장애라고 간주된다.

의 마지막 자음을 탈락시켜, *book*을 [bu] *dog*을 [da] 등과 같이 산출한다. 이 문제는 종성자음탈락 음운변동으로 불린다. 또 다른 공통적인 음운변동은 자음군 축약(cluster reduction)이라고 하며(소리군 탈락 또는 소리군 단순화라고도 함) *bread*를 [bɛd], *stove*를 [tov] 등과 같은 산출로 설명된다(공통적인 음운변동의 설명을 위해서는 제3장의 표 3.1 참조). 아동의 음운변동 산출이 3세 이후에도 지속되면, 말의 명료도를 증진시키기 위한 중재가 이루어질 것이다.

음운요소와 말산출은 음운장애와 조음장애에 관한 강좌에서 자세하게 다뤄진다. 그러므로 이 책에서는 언어의 나머지 네 요소(의미론, 구문론, 형태론, 화용론)에 대해 상세히 다룬다.

의미요소

의미론(semanitics)은 단어의 의미와 언어에서의 단어조합에 대한 연구이다. 언어의 **의미론적 요소**(semantic component)는 언어의 뜻(내용)을 구성한다. 언어학에서 발화의 의미조차 구조의 문제이다. 의미요소는 언어의 구조적 단위이다.

아동이 산출하고 이해하는 단어수(**어휘목록** 또는 **어휘**)는 아동의 의미 지식에 대한 일반적이지만 기본적인 척도이다. 그렇지만 언어에서의 의미연구로서 의미론에는 아동이 산출하고 이해하는 다른 단어수에 대한 단순한 계산 이상이 포함된다. 단어의 의미는 맥락과 용법에 따라 변한다. 단어의 의미는 복합적, 다중적, 추상적, 또는 비유적일 수 있다. 아동은 간접적, 추상적, 복합적 의미를 터득하기 전에 단어의

> 언어에서 의미의 요소(또는 성분)는 무엇인가?

직접적, 구체적, 단순한 의미를 먼저 습득한다. 언어장애를 지닌 아동들은 일반적으로 단어나 구 또는 문장 등의 복합적, 추상적 의미를 습득하는 데 어려움이 있다.

언어의 의미요소에 대한 철저한 묘사는 이 장의 범주를 넘어서는 것이지만, 의미론학자(의미론을 전공하는 언어학자)가 설명하는 의미론의 공통 유형 일부를 간략히 주목해 볼 것이다. 언어학자에 따르면 단어는 물체, 사건, 사람 등을 가리킨다. 그러므로 **지시적 의미**(referential meaning)는 물건, 사람, 또는 사건을 가리키는 단어의 단순하고 구체적인 의미이다. 다른 종류의 의미 이외에 사전은 지시적 의미를 제공한다. 가령 *mother*라는 단어의 지시적 의미는 "아동을 임신하고, 출산하고, 양육하는 여성"이다(American Heritage College Dictionary, 1997).

함축적 의미(connotative meaning)는 단어가 시사하는 정서적 의미이다. 감정반응을 겪지 않고 *mother*라는 단어(특히 자신의 어머니를 가리킬 때)를 듣거나 말할 수 있는 사람은 거의 없다. 어머니에 대한 과거의 경험에 따라 그 단어는 따뜻하고 유쾌한 느낌이나 슬프고 불쾌한 느낌을 불러일으킬 수 있다.

사물 사건 사이의 관계를 표현하는 단어는 **관계적 의미**(relational meaning)를 전달한다고 이야기된다. 전치사(*in, on, under* 등)는 사물 사이의 관계를 시사한다(예 : "The ball is on the desk"와 대비된 "The ball is under the desk"). 다른 관계용어는 친족관계(*mother, son*), 차원(*big/little, high/low*), 또는 시간

(*before/after, now/then*)을 가리킨다.

추론적 의미(inferential meaning)는 명백하게 언급되지는 않지만 말해진 것에서 추론된다. 예를 들어, 누군가 "메리가 식당에 가서, 닭고기 중화면과 볶음밥을 주문했다."고 말했다면, 직접적으로 말한 것은 아니라 해도 그녀가 중화 식당에 갔다고 추론할 수 있다.

비유적 의미(figurative meaning)는 구에서 사용된 단어들이 전달하지 않는, 그 구가 전달하는 의미이다. 비유적으로 사용될 경우 단어는 단어 자체가 전달하는 것과 다른 의미를 전달한다. **관용구**(idioms)는 비유 언어의 일반적 방식이다. "It's raining cats and dogs"와 같은 관용어는 문장에 있는 단어가 문자 그대로 고양이와 개가 하늘에서 떨어지고 있다는 의미가 아니라 비가 거세게 온다는 것을 의미할 뿐이다. 반어, 은유, 직유는 비유 언어의 다른 형태이다. **반어**(irony)의 진술은 단어 자체가 시사하는 것과 반대를 의미한다. "아, 완전 멋지군!"이라는 진술은 그 말을 한 운전자가 다른 차에게 위험하게 가까운 끼어들기를 당했다는 것을 이해하지 않으면 반어적으로 인식할 수 없을 것이다. **은유**(metaphor)는 서로 다른 둘 이상의 물건을 비유한다(예 : "달이 … 유령선이었다."). **직유**(similes)는 같은 것으로 비유를 하지만 *as*나 *like*라는 단어를 포함한다(예 : "내 사랑은 빨갛디 빨간 장미와 같다."). 이해와 산출 능력은 청소년기와 성인기 초기에 걸쳐서 증진되기는 하지만 일반적으로 7~9세쯤에 비유적 언어를 이해하고 산출하는 것을 배운다(Nippold, 1996, 1998). 수용언어장애나 표현언어장애를 지닌 아동들은 종종 비유 언어를 산출하고 이해하는 데 어려움을 보인다.

이런 다양한 유형의 의미를 요약하기 위해서 *house*라는 단어를 보자. 그 단어의 함축적 의미는 만족과 안전의 느낌을 전달할 것이다. "존스 씨가 사는 집은 비벌리힐스에 있다(The house where Mr. Jones lives is located in Beverly Hills)"라는 문장에서 where라는 단어는 관계적 의미를 표현한다(집의 위치). 비벌리힐스는 부유한 지역으로 일반적으로 알려졌으므로 존스 씨는 부자라고 추론할 수 있다. "내 집이 너의 집이다."라고 말한 여자는 자기 부동산의 공동소유권을 말하려는 것이 아니라 자신이 관대하게 상대방을 환대한다는 말을 비유적으로 나타내고 있다.

앞 단락에서의 예는 같은 단어, 구, 또는 문장이 **다중 의미**(multiple meanings)를 전달할 수 있다는 것을 보여준다. 예를 들어, *bat*라는 단어는 야행성의 날아다니는 포유동물이나 야구경기에서 공을 치는 데 사용하는 긴 원통형 곤봉을 가리킬 수 있다. 동사로 사용되면, '공을 치다'(예 : "좌측으로 공을 치다.") 또는 '찡긋거리다'(예 : "연애를 성공적으로 하려면, 속눈썹을 찡긋거리는 것을 배워라.") 등을 의미할 수 있다. 발음은 같지만 다른 의미를 지닌 그런 단어를 **동음이의어**(homonyms 또는 homophones)라고 한다. 때때로 동음이의어는 철자가 동일하며(예 : "I *saw* the show"와 "He cut the wood with a *saw*") 때로는 철자가 다를 때도 있다(예 : "We went to the movies last *night*"와 "He was a *knight* in shining armor"). 어떤 단어는 맥락 없이 동떨어져 쓰일 경우 그 뜻이 모호하고 분명하지 않을 수도 있다.

동음이의어의 예를 더 들어 보아라.

rock/stone, neat/messy 등의 쌍에 포함된 단어의 어휘관계는 무엇인가?

단어는 의미가 다양할 뿐만 아니라 다양한 방식으로 서로 관련되기도 한다. 단어들이 서로 관련되는 다양한 방식은 **어휘관계**(lexical relationships)에 포괄된다. 같은 뜻을 전달하는 다른 단어들은 **동의어**(synonyms)라고 한다(예 : *big/large/enormous, destroy/obliterate/annihilate, pretty/beautiful/lovely*). 직접 반대되는 뜻을 전달하는 단어 쌍은 **반의어**(antonyms)라고 한다(예 : *love/hate, in/out, up/down, near/far*).

아동 어휘습득의 일부 연구자들은 아동이 습득하는 것으로 보이는 의미에 대해 단어, 구, 문장 등의 다양한 형태로 표현되는 의미와 대비되는 단위인 **의미관계**(semantic relations)로 분류했다. 사물의 이름을 정확하게 부르는 아동은 명명의 의미관계를 습득했다고 하며, 내 야옹이(my kitty) 같은 구를 산출하는 아동은 소유의 의미관계를 습득했다고 한다. 2세까지 일반적으로 아동이 산출하는 두 단어 발화에 나타나는 의미관계는 표 1.1을 참조하라.

언어학자와 인지전문가는 의미개념이 숙달되려면 범주화하는 능력이 필요하다고 믿는다. 그래서 아동의 언어발달을 측정하기 위해서 고안된 많은 검사에는 일단의 그림 그룹에 대해 범주 이름을 말할 수 있는지 평가하는 적어도 한두 개의 항목이 포함된다(예 : 소파, 탁자, 의자, 침대 등의 그림을 보았을 때 '가구'라고 말하기). 개별 항목들을 분류할 수 없는 아동은 추상적 개념에 어려움을 갖는다. 이

표 1.1

의미관계와 아동의 두 단어 발화

의미관계	언어구조로 표현된	두 단어 발화의 예	가능한 의도된 뜻*
지명	지시사+명사	That baby!	That is a baby.
부재	부정어+명사	No kitty	There is no kitty here.
행위자–물체	명사+명사	Doggie food	The dog is eating his food.
행위자–행동	명사+동사	Daddy sleep	Daddy is sleeping.
행동–물체	동사+명사	Kick ball	Let's kick the ball!
행동–간접적 물체	동사+명사	Drink baby	Give baby a drink.
행동–처소격	동사+명사	Go home	Let's go home.
	또는 동사+처격	Jump here!	Jump right here!
소유자–소유	명사+명사	Mommy hat	That is Mommy's hat.
실체–처소격	명사+명사	Horsie barn	The horse is in the barn.
	또는 명사+처격	Granma here!	Grandma is here!
실체–속성	명사+형용사	Dolly pretty	The dolly is pretty.
	또는 형용사+명사	Pretty dolly	
반복	형용사(*more, another*)+명사	More milk!	I want more milk!
거부	부정어+명사	No milk!	I don't want milk!
연결	명사+명사	Shoes socks!	I need my shoes and socks.

* 맥락으로 식별된
출처 : Bloom(1970), Bloom & Lahey(1978), Brown(1973), Schlesinger(1971) 등에서 편집

러한 어려움이 있다면 언어장애를 갖고 있다고 할 수 있다.

구문요소

한 언어에서 단어결합과 문장구조에 관한 규칙 더미를 **구문론**(syntax)이라고 한다. 구문규칙을 가리키는 언어의 부분이 **구문요소**(syntactic component)이다. 촘스키의 변형문법 이론에서 모든 언어에 적용되는 일반적인 구문규칙은 선천적으로 주어진다(Chomsky, 1957, 1965). 아동은 태어나면서부터 일반적인 문법의 규칙을 안다고 추정된다. 이런 구문구조에 대한 선천적 지식 때문에 성인과 아동 모두 자신의 언어에서 받아들일 수 있는 문장구조를 알고 있다.

　서술 수준에서 구문요소는 문법과 문장구조의 규칙들에 의하여 분석된다. 예를 들어, 완전한 문장은 적어도 두 부분, 즉 명사와 동사(더 정확하게는 주어와 술어)로 구성되어야 한다. 문장이 문법적으로 맞는지를 결정할 때에 발화의 길이는 관계없다. "I am"은 완전한 문장이지만 "The man who had been standing by the building in the pouring rain under an umbrella(쏟아지는 빗속에 건물 옆에서 우산을 쓰고 서 있던 남자)"는 주어로만 구성되고 술어가 없으며 명사를 설명하는 하나의 긴 형용사구로 이어져 있으므로 불완전한 문장 또는 문장의 조각이다. 주어에 대한 주장을 하기 위해서 술어에 동사를 첨가하면 문장이 완전해져서 "The man who had been standing by the building in the pouring rain under an umbrella *sighed*(쏟아지는 빗속에 건물 옆에서 우산을 쓰고 서 있었던 남자가 한숨을 쉬었다.)"가 된다.

　구문론(syntax)이라는 용어는 때로는 **문법**(grammar)이라는 단어와 동일하게 다뤄지는데 둘 모두가 문장 형성의 규칙을 시사하기 때문이다. 그렇지만 문법은 구문론보다 더 넓은 개념을 내포한다. 구문규칙 이외에도 문법은 의미론 제한도 설명한다. "The patient complained of infrequent but intense headaches(환자는 자주는 아니지만 때때로 극심한 두통을 호소한다.)"라는 문장은 문법의 구문규칙과 의미규칙을 충족시킨다. 그렇지만 "The patient complained of infrequent but constant headaches(환자는 자주는 아니지만 끊임없는 두통을 호소한다.)"는 문장은 문법의 구문규칙을 어기지 않았지만 의미규칙에는 부합하지 않는다. 이 문법적으로 맞는 문장은 불가능한 상황을 묘사하며, "자주는 아니지만 끊임없이" 두통을 겪을 수는 없다. 언어의 구문규칙과 의미규칙 이외에도 문법에는 나중에 설명할 언어의 형태요소도 포함된다.

　문법의 한 부분인 구문규칙은 단어가 문장에서 어떤 순서로 나올 수 있는지를 결정한다. 각 언어는 고유의 구문규칙 그룹을 갖는다. 예를 들어 영어에서는 기본적인 단어 순서가 주어-동사-목적어이다(예 : "Dan bought a computer"). "Dan a computer bought" 또는 "Bought Dan a computer"와 같은 구조는 영어에서 구문론상 옳지 않지만, 일본어는 주어-목적어-동사의 단어 순서이며("Dan a computer bought"에서와 같이) 아일랜드어는 동사-목적어-주어의 구조이다("Bought Dan a computer"에서와 같이)(Owens, 2004).

언어의 요소는 구문규칙을 충족시키면서도 다양한 방식으로 배열되고 재배열할 수 있기 때문에 언어는 창의적이다. 언어학습자가 일단 특정 구조를 습득하면 구나 문장은 무수히 만들 수 있다. 영어에서 형용사는 수식 받는 명사 앞에 오고 명사는 때로 관사를 앞세운다는 것은 관사-형용사-명사로 주해될 수 있는 구문규칙이다. 이 구문규칙을 학습한다는 것은 각 구를 하나씩 배우지 않고도 *the big house*, *the soft pillow*, a *beautiful rose*, *an ugly building* 등과 같은 무수한 구를 언어 사용자가 만들 수 있다는 것을 의미한다.

형태요소

형태론(morphology)은 단어구조의 연구이며, 이전에 언급했듯이 문법의 한 부분이다. **형태요소** (morphologic components)는 **형태소**(morphemes)라고 하는 문법의 가장 작은 요소이다.

형태소는 언어에서 의미를 지닌 가장 작은 단위이다. 대부분의 형태소는 단어지만, 일부 형태소는 단어보다 더 작다. 언어학자는 자립과 의존이라는 두 종류의 형태소를 인정한다. **자립형태소**(free morpheme)는 그 자체만으로 의미를 전달하며 더 작게 나눠질 수 없다. *walk*라는 단어는 자립형태소이다. 자립형태소는 그 자체로 의미를 전달할 수 있으며 더 작은 부분으로 쪼개질 수 없으면서도 의미를 나타낸다. 본질적으로 접사가 없는 단어는 자립형태소이며 어근 단어 또는 기본 단어라고 불리기도 한다. **의존형태소**(bound morphemes)는 어근 단어에 부착된 접두어나 접미어이다. 의존형태소는 어근 단어와 결합하지 않으면 어떤 의미도 전달할 수 없으므로 단독으로 있을 수 없다. 의존형태소에는 (1) 파생 의존형태소, (2) 굴절 의존형태소 두 유형이 있다.

> 접사는 단어에 부가되는 언어의 작은 요소이다. 그 요소가 단어의 처음에 부가되면 접두사, 단어의 끝에 부가되면 접미사라고 부른다. *undo*라는 단어는 접두사 *un*-을 포함하며, *walking*이라는 단어는 *-ing*라는 접미사를 포함한다.

파생 의존형태소. 어근 단어에서 전혀 새로운 단어를 만들도록 돕는 언어의 요소들은 **파생 의존형태소** (derivational bound morphemes)라고 한다. 파생 의존형태소에는 *engagement*의 *-ment*와 *foolish*의 *-ish*와 같은 접미사가 포함된다. 파생 의존형태소로 작용하는 접두사에는 *uneven*의 *un*-과 *discomfort*의 *dis*- 등이 포함된다. 파생형태소에 해당하는 접두사나 접미사, 또는 두 가지 모두가 어근 단어에 붙어서 *unbelievable*, *miscommunication*, 또는 *disrespectful* 등과 같은 단어가 된다.

굴절 의존형태소. 어근 단어에 의미를 추가하기 위해서 어근 단어에 부착되지만 새 단어를 만들지는 않는 언어요소를 **굴절 의존형태소**(inflectional bound morphemes)라고 한다. 굴절 의존형태소의 예에는 현재진행형 *-ing*, 과거시제 *-ed*, 소유격과 복수 *-s* 등이 포함된다. 예를 들어, *jump*라는 단어는 자립형태소 또는 어근 단어이다. 그 단어에 의존형태소 *-ing*가 부가되면 의미가 바뀌어서 *jumping*이라는 단어는 현재 일어나

> *disestablishment*, *uncoordinated*, *undoubtedly* 등의 단어에는 얼마나 많은 형태소가 있는가?

글상자 1.1   **영어에서 의존형태소의 일부 예**

굴절형태소		파생형태소	
형태소	**예**	**형태소**	**예**
현재진행형 -ing	sleeping	비교급 -er	drier
과거시제 -ed	waited	최상급 -est	warmest
복수형 -s	cups	부사의 -ly	quickly
소유격 -'s	father's son	동작주격 -er	farmer
현재시제 -s	walks		

고 있는 동작을 의미한다고 인정된다(더 많은 의존형태소는 글상자 1.1 참조).

아동의 자립형태소와 의존형태소 산출은 성공적인 언어습득의 지표이다. 그러므로 아동의 언어발달 평가에는 아동이 얼마나 많은 자립형태소와 의존형태소를 산출하는가의 분석이 포함된다. 이 분석은 언어평가에 관한 제4장에서 설명될 형태소를 단위로 한 평균발화길이로 불리는 양적인 측정이 된다.

이음(allophones)이라고 하는 음소의 사소한 변형이 있는 것처럼, 형태소의 사소한 변형에는 **이형태(allomorphs)**가 있다. 일례로 복수형 어미의 규칙변화 의존형태소는 모두 /s/ 음소로 철자될 것이지만 여러 이형태 변형을 갖는다. *cups, bags, oranges* 등의 규칙변화 복수형 단어들을 생각해 보자. 첫 단어에서 마지막 -*s*라는 접미사는 [s]로 발음되지만, 두 번째 단어에서는 [z]로 발음된다. 세 번째 단어에서, 복수 어형변화는 [ɛz]로 발음된다. 마찬가지로 *waited*라는 단어에서처럼 규칙변화 과거시제 -*ed*는 *walked*의 [t], *cried*의 [d], 또 *painted*의 [tɛd] 등을 포함하는 여러 이형태 변형을 갖는다.

화용요소

언어의 음운, 의미, 구문 등의 구조는 사회적 의사소통의 수단이다. 이러한 사회적 언어산출 측면을 화용적 요소라고 부른다. **화용론(pragmatics)**은 사회적 맥락에서의 언어산출 연구이다. 그래서 화용론은 구조적 측면에 대비되는 언어의 기능적 측면을 더 크게 강조한다. 이 문맥에서 **기능적(functional)**이라는 것은 사회적인 언어의 산출을 말한다. 그렇다 해도 언어학적 분석은 구조적 용어로 되어 있는 언어기능을 화용적 구문으로 설명되는 다양한 기능으로 다루는 것이다. 우리는 언어의 화용 측면을 화용기술, 또는 더 직접적으로는 대화기술로 설명하는 것을 선호한다.

대부분의 화용기술은 화자가 사회적 담화(대화)에 참가할 때 관찰된다. 이 기술들은 언어적일 수도 비언어적일 수도 있다. 아마도 아동은 언어의 음운, 의미, 구문적인 측면을 학습하는것 뿐만 아니라 이러한 언어의 측면들을 실현시킬 수 있는 대화기술을 숙달해야 할 것이다.

둘 이상의 사람들이 사회적 상호작용을 하는 동안에 관련된 우발적 언어 흐름이란 무엇인가?

언어적 화용기술. 대화를 시작하고 유지하는 데 필요한 여러 가지 의사소통기술은 **언어적 화용기술**(verbal pragmatic skills)이라고 부른다. 둘 이상의 사람들 사이의 사회적 상호작용 과정에서 일어나는 연결된, 우연적인 언어의 흐름을 **담화**(discourse), 또는 대화라고 정의한다(Roseberry-McKibbin & Hegde, 2005). 담화의 질은 논리적으로 서로 관련되는 발화를 산출하고 있을 때에 대화 상대방의 기술에 달려 있다. 또한 언어학자들은 화자와 청자가 성공적인 사회적 상호작용을 위해서는 화용규칙들을 알고 준수해야 한다고 믿는다. 언어적 화용기술에는 다음이 포함된다.

- 대화 시작하기
- 대화 차례 주고받기
- 대화를 하면서 주제 유지하기
- 대화를 하면서 다른 주제로 옮겨가기
- 대화 수정 요구하기
- 대화 수정 요구에 반응하기
- 정황과 환경에 적절한 언어 산출하기
- 경험과 사건 이야기하기

일반적으로 주제 개시라고 하는 대화 시작하기에는 인사의 사회적 의례, '가벼운 대화(small talk)', 또는 대화 상대자 간 담화를 위한 특정 주제를 도입해서 시작하는 만족스러운 담화로의 우아한 진입 등이 포함된다. 담화를 계속하기 위해 대화 상대자는 각각 화자와 청자의 역할을 하며 훌륭하게 주고받기의 기술을 발휘해야 한다. 대화의 각 상대방은 담화를 유지하기 위해서 차례를 바꾼다. 화자는 주제에 대해 더 이상 말할 것이 없거나 다른 주제가 주의를 끌 때까지는 그 주제를 유지하며, 그때 대화 상대자는 담화의 새 주제로 옮겨간다. 주제 이동은 점진적이어야 하며 응집력 있는 발화의 결과로 새로운 주제의 도입으로까지 이끌어야 한다.

대화체 담화를 하는 동안에는 종종 대화 상대자가 오해를 할 수 있으며 그때 한 명이나 그 이상의 화자가 질문을 하거나 더 많은 정보를 요구하거나, 또는 다양한 방법으로 해명을 찾는다. 화자를 이

대화 수정은 교사의 가르침을 바로 이해할 수 없는 학생들에게 특히 가치 있는 기술이다. 명확성을 적절히 요구할 수 있는 아동은 학급에서 역할을 더 잘 해 낼 것이다.

해하지 못했을 때 청자가 사용하는 장치(예 : "미안하지만, 나는 정말 네 말을 이해하지 못했어. 어디서 휴가를 보냈다고?")는 **대화수정전략**(conversational repair strategies)이라고 부른다. 청자가 명확성을 요구할 때 화자는 청자가 더 잘 이해할 수 있도록 적절하게 반응한다. 대화 수정 요구에 대한 반응도 화용언어기술이다. 유능한 화자는 지속적으로 청자의 반응을 평가하며 청자의 요

구가 있기 전에도 가끔 명확하게 한다.

훌륭한 화용언어기술을 지닌 사람은 맥락과 사회상황에 따라 언어 표현을 수정할 것이다. 예를 들어 언어치료사는 아동이나 부모에게 말할 때 전문용어를 쉽게 풀어 설명하지만 다른 언어치료사에게 말할 때는 전문적인 약자로 전환할 것이다. 마찬가지로 훌륭한 화용언어기술을 지닌 청소년은 친구와는 심한 비속어를 사용하다가도 부모나 교사와 같은 성인과 대화할 때는 격식을 갖춘 언어로 바꿔 말한다.

내러티브 기술(narrative skill)은 말로 나타낸 화용언어의 또 다른 부분이다. 복잡한 언어기술이지만 내러티브 기술은 사회적 의사소통에서 중요하다. 사람들은 개인적 경험, 이야기, 또는 사건 등을 논리적으로 일관되게 순차적으로 이야기할 수 있다. 내러티브 기술을 통해서 발화들이 서로 연결되고 쌓이면서 완성된 결론에 이르게 된다. 최근에는 잠재적 언어장애를 식별하기 위해서 학령기 아동에게서 이런 화용언어기술을 평가하는 것을 강조하고 있다.

내러티브 담화기술의 세 유형을 초등학교 연령의 아동들에게 평가할 수 있다(Hughes, McGillivray, & Schmidek, 1997). **개인적 내러티브**(personal narrative)는 지난 생일잔치에서 일어났던 일 또는 가족이 휴가를 간 곳 등과 같은 개인적 경험을 아동이 진술하게 한다. **스크립트 내러티브**(script narrative)는 아동이 일상적인 일을 순서대로 묘사하게 하는 것이다. "땅콩버터와 젤리가 든 샌드위치 만드는 방법을 말해 줘." 또는 "여기서 중심가까지 어떻게 가니?"와 같은 질문에 알맞은 순서로 풍부한 묘사를 하며 대답하는 것이 스크립트 내러티브이다. **스크립트**(scripts)는 일상적인 순서나 방법에 대해 구어, 문어로 하는 기술이다. **허구적 내러티브**(fictional narrative)는 인기 있는 영화나 텔레비전 쇼의 줄거리, 잘 알려진 동화 등과 같은 이야기를 아동이 말하도록 하여 평가한다. 아동은 자신이 방금 들은 이야기를 다시 말하거나 무엇보다 어렵지만 자기 자신의 이야기를 새롭게 창작하도록 요구받을 수도 있다.

> 소년이 동물원으로 나들이한 이야기를 하도록 요구받았다. 소년은 어떤 유형의 이야기를 산출하도록 요구받은 것인가?

비언어적 화용언어기술. 단어로 말한 것을 보충, 확장하거나, 모순되는 의사소통의 다양한 물리적, 정서적, 몸짓으로 된 측면을 **비언어적 화용언어기술**(nonverbal pragmatic language skills)이라고 부른다. 비언어적 화용기술은 일반적으로 몸짓 언어(body language)라고 하며, 다음을 포함한다.

- 지속적인 눈맞춤
- 의사소통을 하는 동안 유지되는 물리적 거리(근접공간학)
- 몸짓
- 얼굴 표정

비언어적 화용기술은 부드러운 사회적 상호작용을 유지하는 데 언어기술만큼 중요하다. 담화를 하는 동안 많은 사회에서 서로 눈맞춤을 유지할 것이 기대된다. 공동체마다 일정한 물리적 거리가 대화

를 주고받기 적절하다고 간주될 수 있다. 모든 공동체에서 몸짓은 언어로 된 의사소통의 중요한 부분

대중적 용어인 몸짓 언어라는 말을 보다 전
문적 용어로 하면 무엇이라고 하는가?

이다. 일반적으로 몸짓은 단어로 말한 것을 보충하기도 하지만, 일부 특별한 경우는 단어를 대체할 수 있다. 예컨대 심한 언어장애를 지닌 사람에게 몸짓은 기본적 의사소통의 유일한 수단일 것이다. 얼굴 표정은 몸짓과 마찬가지로 추가적 의미를 더하거나, 말한 것을 강조하거나 단어로 말한 것과는 다른 것을 시사한다. 예로 누군가 "아주 좋아! 아주 좋아!"라고 비웃으며 말할 때는 진짜 의도한 것이 말한 것과는 반대라는 것을 안다.

화용언어기술은 언어적이든 비언어적이든 문화와 사회규범에 강하게 영향을 받는다. 제11장에서 의사소통과 문화 사이의 상호관계를 설명할 것이다.

이해와 산출

언어학적 분석에서 이해와 산출은 언어의 두 가지 주요한 양상이다. 언어의 이해는 **수용언어**(receptive language)라고도 하며, 언어의 산출은 **표현언어**(expressive language)라고도 한다.

이해언어(comprehension language)와 수용언어(receptive language)라는 용어는 청자가 언어적이거나 비

사진 1.1 어깨를 움찔하면서 "모르겠어!"라고 표현한다. 비언어적 화용언어기술(몸짓 언어)은 구두로 말한 의미에 많은 것을 기여한다.

언어적으로(수화를 통해) 표현된 것에 주의를 기울이고 이해할 때에 언급된다. 어떤 성인은 외국어의 일부 측면을 이해하기는 하지만 말하지는 못한다. 구와 문장을 기계적 암기로 산출한 것이 아니라면 언어를 말(산출)할 수 있는 사람들은 보통 그 언어를 이해할 수 있다고 할 수 있다. 언어를 학습하고 있는 아동은 이해와 표현에서 큰 차이를 보인다. 일반적으로 어린 아동들은 표현할 수 있는 이상을 이해한다. 그러나 때로 자신이 모르는 의미의 단어나 구를 말하기도 한다(McLaughlin, 1998).

언어학에서는 이해언어와 수용언어가 수동의 정신적 상태로 설명되지만, 언어치료사는 아동(청자)이 수행한 행동으로만 그것을 측정한다. 임상가는 아동이 지시에 따라 보이는 올바른 구어적 또는 비구어적 반응을 통하거나 대화를 하는 동안에 언어이해를 판단할 수 있다. 예를 들어 단단어의 이해를 평가하기 위해 아동에게 여러 그림 중에서 알맞은 그림을 지적하도록 요구할 수 있다.

언어산출(language production)은 말을 하거나 비언어적으로 의사소통하는 것이다(수화에서처럼). 적절한 언어산출에는 지금까지 설명된 언어의 모든 영역, 즉 음운, 의미, 문법, 화용 등의 측면이 포함된다. 이 측면들은 청자들이 반응할 수 있는 밀착된 표현으로 통합되어야 한다. 언어장애를 지닌 아동들은 하나 이상의 언어 영역, 일반적으로는 다수의 영역을 산출하는 데 결함이 있을 수 있다.

언어와 언어학습에 대한 언어학적 해석

전문가들 사이의 합의는 없지만, 언어에 대한 설명과 아동이 언어를 습득하는 방법에 대한 설명은 많다. 언어와 언어 학습에 대한 다양한 언어학적 해석이 특히 잘 알려져 있다. 가장 일반적으로 진보적인 설명은 촘스키(1957, 1965, 1982, 1999)와 그 추종자들 같은 합리주의 언어학자들에게서 나왔다. 뒤이은 해석들은 대부분이 촘스키의 생각과 일치하는데 핑커(1994)와 같은 합리주의자에 의해 제안되었다.

촘스키에 따르면 보편문법이 언어의 본질이다. **보편문법**(universal grammar)은 모든 인간의 언어에 적용되며 다양한 단어의 결합으로 새 문장을 생성하도록 하는 규칙들의 집합이다. 촘스키에 따르면 언어는 무한하고 다양한 문장의 집합을 생성하게 하는 한정된 규칙들의 집합이므로 확실히 창의적이다. 모든 언어의 화자들은 보편문법을 선천적으로 알고 있다. 이 선천적 지식은 언어수행(language performance)과 구별되어 언어능력(language competence)이라고 부른다. 수행은 피로와 일시적인 산만 때

> 어떤 철학의 유파가 촘스키(1957)와 핑커(1994) 등과 일치하는가?

문에 불완전할 수 있지만 선천적인 능력(보편문법의 지식)은 완전하다. 촘스키 이론의 고전적 버전은 언어의 사용이나 수행을 고려하지 않았다. 촘스키(1982, 1999)는 자신의 이론을 여러 번 개정하긴 했지만 그의 초기 사상의 본질은 여전히 동일하게 유지된다.

언어능력과 언어수행은 촘스키의 다른 두 개념, 즉 언어의 **표층구조**(surface structure, S-structure),

심층구조(deep structure, D-structure)와 관련된다. 표층구조는 문장에서 단어들의 실제 순서를 가리킨다. 표층구조는 보이거나(종이 한 장에 배열된 단어) 들릴(사람들이 말한 단어) 수 있다. 심층구조는 문장이 전달하는 밑에 깔린 의미를 가리킨다. 심층구조는 보이거나 들리지 않으며 추상적이고 형식적인 구문분석을 통해서만 이해된다. 표층구조는 심층구조에서 유래된다.

동일한 심층구조에 들어 있는 의미는 다양한 종류의 표층구조(다양한 단어 순서를 가진 다른 문장들)로 변형될 수 있다. 예를 들어, 개인이 수행한 행동은 "어머니가 아이를 치료실에 데려갔다."와 "아이는 어머니에 의해 치료실로 보내졌다."에서처럼 능동형이나 수동형으로 표현될 수 있다. 두 형태는 같은 의미를 나타내지만(동일한 심층구조), 단어배열(표층구조)은 다르다. 마찬가지로 하나 이상의 심층구조를 지닌 하나의 표층구조를 만드는 것도 가능하다. 그런 경우에 문장은 다양한 의미를 지니므로 모호하다. 예를 들어 표층구조 "Flying kites can be dangerous"는 '연을 날리는 행동이 위험하다' 또는 '날고 있는 연이 위험에 처할 수 있다'는 것을 의미할 수 있다.

표층구조와 심층구조는 **문법변형**(grammatical transformation), 즉 심층구조와 표층구조를 관련지어 다양한 문장형태들을 산출하는 작용이라는 촘스키의 개념을 통해 서로 관련된다. 다양한 표층구조를 생성하기 위해서 단어를 탈락시키거나, 대체시키거나 추가하여서 단어가 재배열된다. 각 문장형태(예: 능동형, 수동형, 의문형, 부정형)는 특정한 문법변형을 필요로 한다. 특정한 표층구조가 다양한 심층구조를 전달하기 위해서 변형될 수 있는 방법은 다음에 예시되었다.

Mary ate the pizza.
Who ate the pizza?(의문변형)
Did Mary eat the pizza?(의문변형)
The pizza was eaten by Mary.(수동변형)
The pizza was not eaten by Mary.(부정변형)

촘스키가 믿는 바 언어의 창의성은 이러한 문법변형의 과정에 대체로 기인한다. 문법규칙에 대한 지식과 변형의 사용을 통해서, 언어 사용자들은 셀 수 없이 다양한 문장을 만들 수 있다. 그러므로 촘스키의 이론은 **변형생성 문법이론**(transformational generative theory of grammar)으로도 알려졌다.

촘스키는 진화가 언어에 많이 기여했다고 믿지 않는다. 그는 언어를 인간 수준의 발생, 인간 마음의 창조라고 생각했다. 동물 수준에서 발견된 언어의 요소(즉, 기본적 의사소통)가 인간언어의 발생에 중대한 역할을 했다고 믿지 않았다. 촘스키는 사회적 상호작용이 언어의 학습과 유지에 중대한 역할을 한다고 믿지 않았다. 그는 언어의 습득에서 학습에는 거의 어떤 역할도 부여하지 않았다.

아동은 언어를 어떻게 배우는가? 촘스키에 따르면 아동이 그처럼 빠르게 배우는 것은 이 보편문법에 대한 선천적인(출생시 존재하는) 지식이지 특별한 학습이나 교육이 아니었다. 아동은 모든 언어에 적용되는 규칙에 대한 지식을 갖고 있으므로 자신의 언어에 적용되는 특정한 규칙을 이해하는 것이 그들이 해야 할 전부이다. 촘스키는 아동이 가지는 보편문법에 대한 지식이 그가 **언어습득장치**(Language Acquisition Device, LAD)라고 부르는 가설적 존재에 들어 있다고 제안했다. 언어습득장치는 아동이 노출되는

언어습득장치가 무엇처럼 보이는지 여전히 알고 싶은가? 누구도 일찍이 본 적이 없어서 아무도 모른다.

특정 언어의 문법에 관한 자료를 받는다. 이런 언어입력을 분석하여서 아동들은 자신의 언어문법을 구축한다. 본질적으로 언어습득은 구문규칙의 습득이지 의미, 사회적 의사소통과 같은 언어의 다른 측면의 습득이 아니다. 이 습득은 학습의 문제가 아니라 이미 알려진 것을 정제하거나 다듬는 문제이다.

많은 대중적 관심을 받았으며 대부분의 점에서 촘스키와 일치하는 견해는 언어를 인간만이 가진 언어본능의 덕분으로 돌린 핑커(1994)의 생각이다. 언어본능가설은 촘스키의 변형생성 문법이론과는 중요한 한 가지 점에서 다르다. 촘스키는 언어의 기원에서 진화력의 중요성을 무시했지만 핑커는 언어가 사실은 본능의 형태에서 생물학적 원동력에 기인한다고 믿는다.

촘스키, 핑커 등의 합리주의자들은 언어가 선천적 또는 본능적으로 결정된다는 자신의 견해를 뒷받침하기 위해서 여러 주장을 인용한다. 그중에서도 그들은 (1) 언어는 다른 기술을 그렇게 쉽게 습득할 수 없는 어린 아동에 의해 학습되기에는 너무 복잡하다, (2) 부모는 자기 아이에게 언어(특히 가장 중요한 문법)를 명시적으로 가르치지 않는다, (3) 아동은 학습되었다고 보기에는 너무 빠르게 언어를 습득한다, (4) 문법의 보편적 측면이 학습을 거부한다, 또 (5) 다양한 사회와 문화에 있는 아동들이 대략 같은 방식으로 언어를 습득한다, 등의 주장을 한다.

많은 경험주의 과학자들은 언어가 선천적으로 주어졌다거나 본능적으로 결정된다는 주장에 회의적이다. 그런 주장들은 보통 가설로만 이루어져 있고, 이러한 가정은 독립적인 증거가 될 수 없다. 예를 들어 언어는 학습하기에는 너무 복잡하며, 아동들이 너무 빠르게 습득하고, 또 어린 아동이 언어를 학습할 수 없다는 것은 모두 사실 이전의 가설들이다. 경험주의자들은 언어가 선천적이라는 주장을 지지할 증거는 부족하고 반박할 증거는 존재한다는 것을 근거로 하여 그 주장들을 의심한다. 예를 들어, 단순한 것만 학습되며 복잡한 것은 선천적이거나 본능적이어야 한다는 사실에 입각한 증거가 없다. 대부분의 본능적인 인간 행동은 더 단순하며 보다 복잡하지 않다는 사실로 본능적인 눈깜박임 반사작용을 로켓 만들기, 시 쓰기, 또는 아름다운 건물 디자인하기 등의 과업과 대비할 수 있다.

언어가 매우 빠르게 습득되어 학습될 수 없다는 것은 의심스러운 주장이다. 무엇인가가 학습되는 속도는 예단될 수 없으며, 다만 찾아내야 한다. **빠른** 습득은 무엇이며, **느린** 습득이란 무엇인가? 이것은 사실이 아닌 판단의 문제이다. 그러므로 아동이 언어를 습득하는 속도가 **빠르다**는 판단과 언어가 학습되지 않는다는 결론은 모두 독립적인 증거가 없는 주장들이다.

합리주의자들이 인용한 관찰 대부분은 선천설이나 언어가 본능에서 나온다는 견해를 필연적으로 뒷받침하지는 않는다. 예를 들어 언어의 보편적인 특징들은 선천적인 기제나 본능의 증거가 아니다.

많은 사회적 습관이나 관례가 보편적 특징(예 : 출생, 결혼, 사망의 의례)을 가지지만, 그것이 선천적인 기제나 본능이라고 주장하는 것은 억지일 것이다. 마찬가지로 아주 다양한 사회에 있는 아동들이 대략 같은 순서로 다양한 언어를 습득한다는 관찰은 선천설이나 언어본능의 주장을 강요하지 않는다. 환경적 자극과 사회적 상호작용에서의 유사성이 여러 사회에 나타나는 유사한 학습순서를 설명할 수 있다.

■ ■ 언어행동의 분석

행동심리학자 B. F. 스키너(1957, 1986)는 언어의 언어학적 설명과 묘사에 대한 대안을 제공했다. 접근법에서 명확하게 언어학적이 아니었지만, 스키너는 언어가 정신적, 인지적, 또는 다른 종류의 규칙체계라는 개념을 거부했다. 왜냐하면 그러한 개념이 독립적인 검증의 가능성도 없이 단지 인간 행동에서 추측되었기 때문이다. 언어는 전통적으로 정신체계 또는 실험조정을 할 수 없는 추론되는 실체로 인식되었기 때문에 스키너는 말하기, 듣기, 읽기, 쓰기 등을 설명하기 위해서 **언어행동**(verbal behavior)이라는 용어를 제안했다.

스키너는 언어행동을 "다른 사람의 중재로 강화되는 행동"이라고 정의했다(1957, p. 2). 그는 모든 사회적 행동이 공동체에서 사람에 의해 강화되므로 언어행동을 사회적 행동의 한 형태라고 생각했다. 육체적 해를 야기하는 상황에서 피하는 것과 같은 비언어행동은 다른 사람에 의해 효과적으로 하게 될 필요가 없지만, 언어행동은 다른 사람에게서 강화를 받는 사회적 환경에서만 정상적으로 산출되고 효과적으로 하게 된다. "주스 좀 주세요." 또는 "몇 시예요?" 등과 같은 언어반응은 다른 사람의 행동으로만 강화되며 유지된다. 결과적으로 스키너의 언어행동에 대한 견해는 합리주의자들의 보편문법에 반대하여 사회적 상호작용을 강조하는 언어의 화용적 견해와 더 일치한다. 사실, 화자와 청자를 포함하는 기능적 단위라는 언어행동에 대한 스키너의 1957년 견해는 1970년대와 1980년대에 혁명적이라고 환호를 받은 언어의 화용적 견해보다 시간상 앞섰다.

'혁명적인' 언어의 화용적 견해는 전혀 새롭지 않았다. 스키너의 생각이 적어도 15년을 앞섰다.

스키너는 언어에 대한 전통적인 언어학적 분석이 너무 구조지향적이어서 사람들이 사회적 상황에서 보이는 말하기와 듣기의 유의미한 분석을 할 수 없다고 생각했다. 음소, 형태소, 단어, 구, 문장 또는 다양한 문법적 특징 등과 같은 언어구조들은 사람들이 말하는 이유를 반영하지 않는다고 말했다. 자연(경험주의)과학자로서 스키너의 관심은 인간의 의사소통에서 원인과 결과를 분석하는 데 있었다. 본질적으로 스키너는 "어떤 종류의 원인이 어떤 종류의 언어행동에 이르는가?"를 묻고 있었다. 스키너는 사람들이 특정한 조건하에서 무언가를 말하는 이유를 이해하는 것이 목표일 때 단어, 문장, 문법 등과 같은 용어가 도움이 되지 않는다는 것을 발견했다.

　　행동분석에는 사람을 언어적으로 행동하게 하는 세 종류의 원인이 있다. 화자의 내적 상태는 한 종류의 언어행동을 산출하는 원인들의 한 집단이다. 갈증, 허기, 고통, 육체적 불편함, 성적 충동 또는 다른 욕구의 생리적 상태 등이 다양한 종류의 언어행동을 야기할 수 있다. 사회적·물리적 환경에서의 외적 자극이 다른 종류의 언어행동에 대한 원인의 두 번째 집단을 이룬다. 많은 일상대화가 화자를 둘러싼 사회적·물리적 세상에 대한 반응으로 산출된다. 화자가 앞서 한 언어행동은 언어행동을 생성하는 원인의 세 번째 집단이다. 꼬리를 물고 일어나는 생각이라고 일반적으로 불리는 방식으로 화자가 방금 말한 것은 다음에 말해야 할 더 많은 것을 야기할 수 있다. 일상의 사회적 상호작용에는 이런 종류의 언어행동도 많이 있다. 언어행동을 이런 원인들과 관련시키려는 시도를 할 때, 언어의 구조 용어들은 부적절하다. 이것은 음소, 형태소, 단어, 구, 문장, 의미단위, 화용구조 등의 산출에 특정한 독립적인 원인이 존재하지 않기 때문이다. 바꿔 말하자면, 어떤 단어를 화자가 말하게 하는 원인은 문장을 나오게 하는 원인과 전혀 다르지 않

> 언어행동의 세 원인은 무엇인가?

을 수 있다. 그러므로 다른 언어구조가 다른 원인을 가져야 할 필요가 없다. 본질적으로 언어구조는 하나의 원인-결과 관계에 기초하지 않는다. 그러나 언어에 대한 과학적 분석은 인과분석을 필요로 한다. 그러므로 스키너는 과학적 분석을 위해서 언어행동이라는 기능단위를 제안했다.

　　언어행동의 구조(단어, 구, 문장)에 근거하여 언어행동을 분류하는 대신에 스키너는 독립적인 원인들에 근거하여 분류했다. 그렇게 분류한 것들을 기능단위라고 한다. 행동분석에서 **기능단위**(functional unit)에는 언어행동들의 범주와 그에 선행하는 원인들이 포함된다. 이 경우에 기능적(functional)이란 용어는 다른 맥락, 특히 화용론에서 자주 의미하듯이 사용을 의미하는 것이 아니라고 언급될 수 있다. **기능적**(functional)이라는 용어는 인과적임을 의미하며 기능단위는 인과관계이다. 앞서 언급된 것처럼 원인은 화자의 내부상태, 환경에 있는 사건과 물체, 또는 화자 자신의 앞선 언어반응 등이다. 결과는 언어산출이다. 누군가 어떤 것을 말할 때, 방금 말한 것에 대해 청자가 어떤 식으로 반응을 나타내도록 영향을 미칠 것이 기대되며, 그렇지 않다면 의사소통이 거의 없다. 그런 청자의 반응은 일반적으로 언어반응의 **결과**(consequences)라고 설명된다. 스키너는 언어행동을 과학적으로 이해하기 위해서는 우리가 (1) 언어행동의 원인이나 원인들, (2) 행동들 그 자체, 또 (3) 행동들이 청자의 반응에 의하여 받는 결과 등을 명확히 말할 필요가 있다고 주장했다. 그러므로 스키너는 같거나

> 언어행동은 관찰 가능하고 측정 가능한 기능단위에 의해 정의되기 때문에, 직접 관찰될 수 없는 내부정신의 사건으로 정의되는 언어보다 훨씬 더 쉽게 실험연구를 받기 쉬울 수 있다.

유사한 원인들이 있으며 단어, 구, 문장, 또는 확장된 발화 등이 될 수 있는 기능단위처럼 같은 종류의 결과를 받는 모든 언어반응들을 분류했다. 이런 종류의 분석으로 스키너는 명령언어, 지칭언어, 반향어, 상호언어, 자발언어, 기호언어 등으로 언어행동의 기능단위를 설명했다.

명령언어

스키너는 요구, 명령, 요청 등과 같은 언어행동의 종류를 포함하기 위해서 **맨드**(mand, 명령언어)라는 용어를 만들어 냈다. 명령언어는 동기유발 상태를 원인으로 두며 때로는 자신의 강화인자들을 명기하는 언어반응이다. 명령언어를 야기하는 동기유발 상태들에는 갈증, 허기, 불편함, 고통, 성적 충동 등이 포함된다. 그러므로 대부분의 명령언어는 화자의 내적인 생리상태에 의해 추진된다. 명령언어가 자체의 강화인자를 명기한다는 것은 화자가 자신의 언어반응을 강화하는 방식으로 반응하는 것을 더 쉽게 한다.

많은 일상적 언어행동은 명령언어이다. 명령언어가 강화를 명확하게 요구하기 때문에 청자의 즉각적인 주의와 행동을 요구한다. 가령, "선풍기를 켜주시겠어요?"라고 요청하는 화자는 자신이 너무 덥다고(생리적 동기유발 상태) 느끼고 있으며 불편한 상태를 완화시키는 데 선풍기가 도움이 될 것이라고 제안하고 있다. 그 요청을 받은 사람은 무엇을 해야 하는지, 그리고 무엇이 그 요청을 강화할지 정확하게 안다

> 자체의 강화요인을 명확히 말하는 언어행동의 기능단위는 무엇인가?

: 선풍기를 트는 것이다. 명령언어가 자체의 강화인자를 명확히 말한다는 진술이 의미하는 것은 이것이다. 나중에 보게 되겠지만 언어반응의 다른 종류(기능단위)들은 그렇지 않다.

동기유발 상태가 자동적으로 명령언어를 야기하지는 않으며 환경적 자극도 필요하다. 예를 들어 화자는 방에 선풍기가 없다면 선풍기를 켜달라고 다른 사람에게 요구할 수 없다. 또한 방에 다른 사람이 없다면, 너무 덥다고 느낀 사람은 선풍기로 걸어가서 켤 것이다(언어행동 없이). 명령언어는 특정한 생리상태가 특정한 환경조건과 결합되면 나온다. 그러므로 명령언어를 과학적으로 이해하기 위해서 화자의 생리(동기유발)상태, 결합된 환경자극, 또 명령언어가 요구하는 청자의 행동형태에서 반응이 명확히 말하는 강화인자 등을 알거나 추론할 필요가 있다. 그렇지만 대부분의 일상적 상호작용에서 명령언어를 강화하는 청자들은 명령언어만에 근거하여 그렇게 단순화시킨다. 누군가 물 한 잔을 달라고 할 때, 물을 주는 사람은 갈증을 추정하여 화자의 동기유발에 대해 질문하지 않는다. 반면에 명령언어의 이유(원인)를 질문하는 상황이 있다. 어떤 아동이 저녁을 먹고 바로 과자를 달라고 할 경우에 부모는 "왜? 너 방금 먹었잖니!"라고 물을 수 있으며, 그에 대해 아동은 "그 여자애가 내 피자 마지막 조각을 뺏어 간 걸 알잖아요!"라고 대답할 것이다. 명령언어의 성질, 그 원인, 그 결과(강화인자) 등을 더 잘 이해하기 위해서는 표 1.2를 참조하라. 다음을 유의해서 보자.

- 명령언어는 단어, 구, 또는 완전한 문장 등이 될 수 있다. 그러므로 구조는 언어반응이 속한 종류만큼 중요하지 않다.
- 각 명령언어는 동기유발 상태에 이끌려 적절한 자극조건하에서 나온다.
- 각 명령언어는 강화물(청자에게 기대되는 행동)을 명확히 말한다.

표 1.2

명령언어란 무엇인가? 무엇이 명령언어를 야기하는가?
명령언어는 어떻게 강화되는가?

명령언어	동기유발 상태	환경적 자극	강화물
"물(water)!"	갈증	집안에 물이 보임, 식당에 있는 웨이터	물 한 잔
"샐러드 주세요."	허기	요구하는 사람	샐러드 한 그릇
"네가 바로 갔으면 해."	싫은 상태	싫은 사람	싫은 사람의 떠남
"저 스웨터를 건네 줘요."	추위를 느낌, 싫은 상태	스웨터	스웨터 건네주기
"불이야!"	두려움	불타는 물건	도망
"맛있네!"	아직 충족되지 못한 결핍	"아이스크림 더 먹겠 니?" "예, 제발!"	더 많은 아이스크림

- 명확히 말한 것(또는 유사한 것)만이 명령언어를 강화할 것이다.
- 모든 강화물은 기본적이다(음식, 음료, 싫어하는 사건이나 상태의 종료).

명령언어는 일반적으로 **기본적**이거나 **무조건적 강화물**(primary or unconditioned reinforcer)에 의해 강화되고, 그 인자들은 생리적 성질을 띠며 과거의 경험에 좌우되지 않는다. 예를 들어 음식, 음료, 위험하거나 싫어하는 자극에서 떨어지기 등은 생존가치가 있다. 그러므로 그 효과는 생리적으로 결정된다. 결과적으로 과거의 학습이 필요하지 않고 바로 강화된다.

아동들은 아마도 일찍 명령언어를 시작하는 것 같다. 허기가 반사적인 명령언어일 때 아동의 우는 반응은 아직 학습된(자발적인) 반응이 아니다. 나중에 아동이 "과자!"라고 말할 때, 이는 한 단어의 형태로 된 명령언어이다. 어린 아동은 자주 한 단어로 요구하며, "위로!", "아래로!", "더 많이!", "그것!", "우유!" 등은 양육자에게 강화행동을 요구한다. 이어서 부모가 보다 정중하게 요청하는 형태를 가르칠 때 아동은 공들인, 교묘한, 심지어 간접적인 명령언어 산출을 배우게 된다("엄마, 나 배고픈 것 같아.").

언어장애를 지닌 아동에게 명령언어를 가르치는 것은 중요한 일이다. 요구를 할 수 없는 아동들은 자신의 필요를 충족시킬 언어 수단을 갖고 있지 않다. 명령언어가 없는 일부 아동들은 소란 피우기, 때리기, 다른 사람에게서 물건 뺏기, 다양한 바람직하지 못한 행동 보이기 등과 같이 탐탁지 못한 행동을 나타낸다. 명령언어를 가르치면 이러한 행동이 감소된다는 증거도 있다.

지칭언어

언어반응의 또 다른 기능단위는 지칭언어라고 부른다. **택트**(tact, 지칭언어)는 그 원인이 환경에 있는 일의 상태인 언어반응의 집단이며, 사회적으로 강화된다. 지칭언어는 자주 주위의 사건과 사물에 대한 설명과 의견이다. 명령언어와는 다르게 지칭언어는 박탈이나 동기부여의 상태로 야기되지 않으며 그 자체의

사회적으로 강화되며 그 원인이 환경적 조건인 행동의 기능단위는 무엇인가?

강화인자를 명기하지 않는다. 또한 명령언어와는 다르게, 지칭언어는 1차적이 아닌 사회적(부차적인) 강화인자로 강화된다. 청자의 미소 짓기, 고개 끄덕임, 주의 집중하기, 동의하기, 또 유사한 진술로 계속하기 등은 화자의 지칭언어를 강화할 수 있다. "하, 참 아름다운 날이네!"와 같은 단순한 관찰은 미소 짓고, 고개를 끄덕이며, 또 "그래, 그렇지?"라고 말하는 청자에 의해 강화될 수 있다.

차별적 환경자극이나 사건과 청중(하나 이상의 청자)은 보통 지칭언어를 일으키기에 충분하다. **변별 자극**(discriminative stimuli)은 반응이 과거에 이미 강화되어 그 앞에 더 있었을 것 같은 반응에 직면한 자극이다. 앞서 예로 든 단순한 지칭언어에서 마주친 사람이 과거에 화자의 말에 대답하지 않았다면 화자는 아마 아무 말도 하지 않았을 것이다.

강화되기 위해서는 지칭언어가 지칭하는 사건 및 자극과 관습적 일치를 다소 보여야 한다. 예를 들어, 아침에 생성된 "참 아름다운 저녁놀이다!"와 같은 지칭언어는 강화되지 않을 것이다. 이 경우에 자극(일출)과 지칭언어 사이에 일치가 없다. 그렇지만 아직 언어 목록을 배우고 있는 어린 아동의 말은 너그럽게 받아들여질 수 있다. 트럭을 "차"라고 부르는 18개월 된 아동은 여전히 강화를 받는다. 그러나 아동의 지칭언어가 늘어감에 따라 부모는 변별 자극과 그 자극을 일으키는 지칭언어 사이의 점진적으로 더 나은 일치를 요구하게 된다.

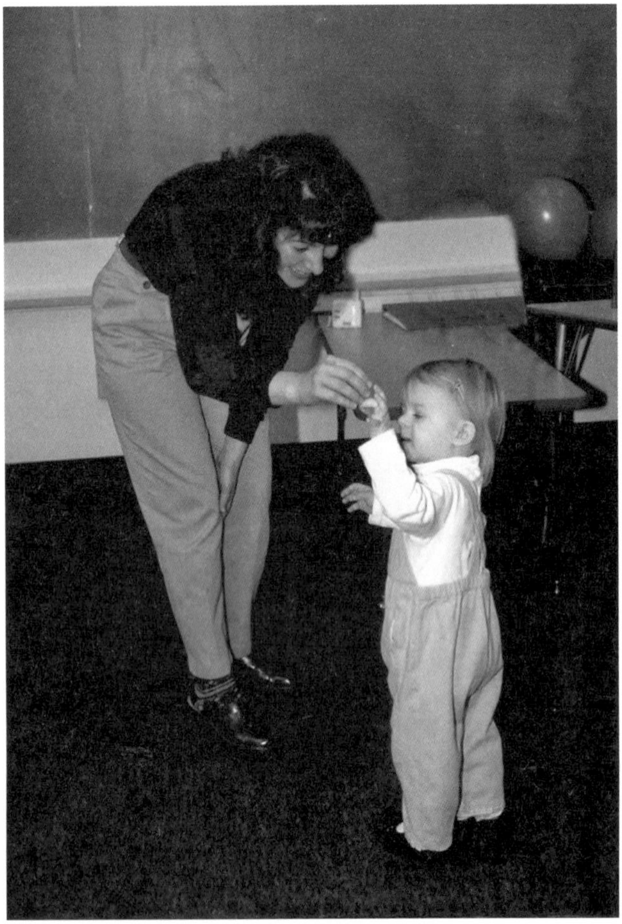

때로는 아동이 명령언어를 산출하는지 지칭

사진 1.2 명령언어는 자체의 강화물들을 명확히 한다. 과자를 요구한 아동은 과자를 받음으로써 강화된다.

표 1.3

지칭언어란 무엇인가? 그 원인은? 어떻게 강화되는가?

지칭언어(화자)	일반적 원인	강화요인(청자의 반응)
"고양이" "참 큰 집이네!"	가족의 고양이, 고양이 그림 물리적 자극인 집	"귀엽지 않니!" "정말!", "훌륭해!" "나도 그렇게 생각해!"
"정말, 그녀는 아주 빠르게 운전하고 있다!" "그 연극은 멋졌다."	실제 빠르게 움직이는 차, 영화나 TV의 장면 사건인 연극	"곧 딱지를 떼길!" "충돌할 것이다!" "멋지게 연기했다!" "훌륭한 대본이다!"

언어를 산출하는지가 양육자에게 명확하지 않을 수 있다. 2세 아동이 더 나이 든 아동과 놀면서 "자동차"라고 말할 수 있다. 그 아동의 반응은 명령언어일 수도 있고(예 : "나에게 차를 줘.") 지칭언어일 수도 있다(예 : "나는 차를 본다." 또는 "이것은 차야."). 반응 특성은 더 나이 든 아동이 "너 이것 갖고 싶어?"라고 물을 때 어린 아동이 끄덕이거나 그것을 잡으려 손을 뻗으면 명확해진다. 이것은 2세 아동의 단단어 산출이 명령언어라는 것을 시사한다. 지칭언어의 성질을 더 잘 이해하려면 표 1.3을 참조하라.

다음을 주의하라.

- 사건과 사물이 지칭언어를 생성한다.
- 반응이 지칭언어인가를 결정하기 위해서는 상호작용의 처음과 끝을 관찰해야 할 것이다. 명백한 외부자극이나 사건은 지칭언어라는 첫 표시이다. 그러나 외부자극이 인쇄물이나 다른 사람의 모형일 수는 없다. 자극이 인쇄물이라면 반응은 기호언어이며 모형이라면 반응은 반향어이다.
- 화자가 찬성하는 의견을 들은 후에 청자의 다른 행동을 요구하지 않으면 지칭언어일 것이다. 지칭언어라고 하려면 특정한 이야기에 대한 상호작용이 청자의 강화하는 의견으로 끝나야 한다.
- 화자가 추가적인 행동을 요구하면, 지칭언어가 아니라 명령언어일 것이다. "과자"라고 말하는 아동은 엄마가 "그래! 큰 과자지!"라고 말할 때 상호작용을 끝내지 않을 것이다. 그 아동은 다른 방식으로(과자를 향해 손을 뻗으려고 하는 것과 같이) 과자를 요구할 것이다.

명령언어와 비교하여 지칭언어는 객관적이며 이해를 초월한 언어반응이다(Winokur, 1976). 명령언어를 말하는 사람들은 다른 사람들에게 자신을 위해 무언가를 해주기를 요구하고 있으며 지칭언어를 말하는 사람들은 다른 사람과 자신의 경험을 나누고 있다.

이전에 논의한 의미관계나 구조와는 다르게 스키너는 언어행동의 기능단위로 아동들의 초기발화를 설명했다.

반향어

따라하는 말(echoic, **반향어**)라는 용어는 메아리(echo)에서 유래한다. 반향어는 자신의 원인이 되는 자극을 재창조한 언어반응이다. 대개 원인자극은 또 다른 화자의 언어반응이다. 그러므로 반향어는 다른 사람의 언어반응에 의해 지배를 받는 언어반응이다. 반향반응의 강화는 보통 반향어 자체의 음향 성질과 자극 사이의

 더 일반적으로는 모방반응으로 알려진 것은 어떤 언어행동인가?

훌륭한 결합에 달려 있다. 다르게 말하자면 반향어는 자신의 자극처럼 소리가 날 때 강화된다.

반향어는 더 일반적으로는 모방반응이라고 설명된다. 모방은 자체 자극의 복제이다. 예를 들어, 어머니가 '야옹이'라고 말하고 아동이 그것을 반복할 때, 자극(어머니의 산출)과 반향반응(아동의 산출)은 같은 형태이며 자극과 반응은 동등하다. 모방되는(복제되는) 자극은 **모델**(model)이라고 불린다. 그런데 본래 모델이 되는 자극에 대한 화자의 모방이 반향어이다.

반향어는 불완전하고 숨길 수 있다. **불완전한 반향어**(partial echoics)는 들은 것의 부분만을 반복한 것이다. 가끔 사람들은 자신이 방금 들은 발화의 마지막 부분만을 되풀이한다. 그런 불완전한 반향어는 동의를 시사하여 화자의 진술을 강화하거나 반응이 곧 나올 듯하지 않을 때 해명을 요구하는 효과를 낼 수 있다. 반향행동의 유형들에 대한 예를 보려면 글상자 1.2를 참조하라.

반향어는 반향어만이 자신의 자극을 복제한다는 점에서 명령언어, 지칭언어와 전혀 다르다. 명령언어와 지칭언어는 그 원인 변수에서 다른 형태를 갖는다. 화자가 "이건 초대형 햄버거다!"라고 주장하면 언어반응과 그 원인(거대한 햄버거)은 전혀 다르다. 아동이 "주스!"라고 요구할 때 그 언어행동과 주스는 그만큼 다르다. 그러나 아동이 치료사가 "주스라고 말해 봐."라고 한 모델을 반복하면, 치료사의 자극과 아동의 모방반응('주스')은 음향상 동일하다. 임상적으로 아동이 반향하는 것을 배우고 치료사가 모델이 되는 자극을 서서히 없애는 경우, 이전의 반향어는 다른 기능단위로 분류될 수 있다. 즉, "나는 주스를 원해!"라고 반복하는 것을 배운 아동은 결국 빼앗기는 상황에서 명령어로 그 말을 산출하거나 그 이름을 부르기 위해 "주스!"라고 지칭할 수 있다.

언어학자들은 일반적으로 행동주의자들이 모방을 기초로 언어습득이 이루어진다는 설명을 한다고 주장했다. 행동주의자들은 아동들이 성인의 말, 언어의 산출을 모방하여 언어를 습득한다고 주장

글상자 1.2 | **반향반응의 예**

언어자극 : 너는 약속을 준비할 필요가 있다.
반향반응 : 약속? 어떤 약속?(해명의 요구)
언어자극 : 그의 부인은 아주 예쁘다.
반향반응 : 아주 예뻐!(동의를 표시)

언어자극 : 중동에서의 상황을 어떻게 생각하니?
반향반응 : 중동에서의 상황…(빠른 대답이 나올 듯하지 않다.)

하는 것 같다. 하지만 반향어는 행동주의자들이 말하는 모방과 다르다. 아동이 습득한 더 크고 더 복잡한 언어행동들은 학습의 기초가 될 만큼 충분히 자주 흉내 내지는 건 아니다. 대신에 반향어는 아동이 언어행동(언어)의 학습을 시작하도록 도울 수 있다. 어린 아동들은 말소리, 음절, 간단한 단어 등을 흉내 내서 언어행동 보강할 수 있다. 아동이 "da-da" 또는 "ma-ma"를 모방하도록 하는 어머니는 아동이 특정한 음절 학습을 시작하도록 할 수 있다. 나중에 아기는 아빠(Daddy)와 엄마(Mommy)의 더 나은 근사치를 모방할 것이다. 아기들이 옹알이하는 말소리, 음절, 결국에는 단어 등을 흉내 낸다는 관찰의 증거가 있다. 엄마의 산출 모방이 강화될 때 아기의 옹알이 빈도가 증가한다는 관찰증거도 있다 (McLaughlin, 1998; Winokur, 1976; 제4장도 참조).

일상의 언어 의사소통에서 반향어는 명령언어, 지칭언어와 같은 다른 언어행동보다는 작은 역할을 한다. 자발적인 말이라고 불리는 것은 분명히 반향적이지 않으며 일상의 말 대부분은 자발적이다(흉내를 내는 언어자극보다 더 자연스러운 자극의 제어로). 그럼에도 불구하고 반향어는 언어장애를 지닌 아동에게 언어행동을 가르치는 데 중요한 역할을 한다. 이런 아동들은 종종 정상적인 자극상황에서 단어를 자발적으로 산출할 수 없다. 무언가를 뺏길 때(무언가가 필요할 때) 요구를 할 수 없으며, 신체적 자극과 사회적 자극에 대한 지칭언어를 사용할 수 없다. 아동들에게 단어를 산출하도록 요구만 하는 것은 비효율적이다. 그러므로 치료사는 아동이 보여야 할 알맞은 반응을 따라 할 수 있도록 모델을 보여준다. 그러면 반향어는 강화된다. 반향어를 강화시키기 위해서는 자극과 반향어 사이에 완벽에 가까운 결합이 있어야 한다. 기본적인 단어(지칭언어나 명령언어)를 초기에 습득하는 동안 치료실에서는 가정에서처럼 모델자극과 시도된 흉내 사이의 어느 정도 불일치가 용인될 수 있다. 예를 들어 아동이 모방하도록 '트럭'이라는 모델을 제시하면, 반향어가 '턱(tuck)'에 더 가깝게 들릴 수도 있지만 그래도 치료사는 아동을 강화할 수 있다. 점진적으로 치료사는 모방 자극과 반향어 사이의 더 나은 일치를 요구할 수 있다. 부모 역시 학습 시작단계에서 불완전한 반향어를 용인할 수 있다.

모방의 한 형태인 반향어는 자폐증이 있는 아동에게서 나타나며 언어적이다. 이 아동들은 자주 자신이 들은 것을 즉시 반복한다. 자폐 아동들도 자신이 과거에 들었던 것을 반복하는데 이런 지체된 반복은 자극이 즉각적이 아니므로 행동분석에서 복제적이라고할 수 없다. 자폐 아동과 그들의 언어문제 및 중재는 제13장에서 설명할 것이다.

> 자폐 아동들과 그들의 언어문제와 치료는 제13장에서 설명할 것이다.

상호언어

사람들이 하루 동안 말하는 많은 것들은 주변의 물리적 자극과 사건들에 대한 반응이 아닐 수 있다. 때때로 화자는 첫 언어반응을 촉발하기 위해서만 외부자극을 필요로 한다. 일단 시작하면, 화자는 산출된 말이 더 많은 말의 자극이므로 얼마간 계속할 수 있다. 다르게 말하자면, 자신의 말이 사슬 모양으로 더 많은 말을 촉발한다. 화자 자신의 이전 말에서 연유한 말을 **상호언어**(intraverbal)라고 한다.

상호언어는 사람들이 연속적인 물리적 자극 없이 어떻게 계속 말하는지를 설명한다. 강사에게는 집중하는 청중을 보는 것이 말을 시작하여 몇 시간씩 계속 말하는 데 필요한 물리적 자극의 전부이다. 그런 말의 대부분은 화자가 방금 말한 것이 더 말할 자극으로 역할을 하고 다음에 말할 것의 자극으로도 역할을 하므로 상호언어이다. 이런 사슬 모양의 방식으로 지속적인 유창한 말이 상호언어의 통제력 때문에 산출된다.

> 화자 자신의 이전 말에 기인한 언어행동의 기능단위는 무엇인가?

상호언어의 더 확실하고 간단한 예들에는 알파벳의 암송, 수 세기, 또는 전화번호나 주소 알려주기 등이 포함된다. 붙어 다니는(한 단위처럼 더 많이 배우는) 일부 용어들도 간단한 상호언어를 예증한다. 예를 들어, 화자가 "식탁과 …(A table and a …)"라고 말을 시작하면, 의자라고 말하여 완성될 것이다. 이 경우에 '의자'의 산출은 상호언어이며, 화자가 말한 앞의 단어들은 자극이다. 속담과 관용구도 상호언어적 기능단위이다. 말의 상호언어적 통제는 화자가 "제때의 바늘 한 땀이…"라고 말을 시작하고(마지막 부문의 자극으로 기능하는 앞의 말)… "아홉 번의 수고를 던다."(상호언어)라고 말을 마칠 경우에 분명하다.

보다 복잡한 단계에서 역사는 상호언어가 연속되면서 학습되고 이야기된다. 미국의 대통령 이름을 연대기순으로 말하기 위해서 조지 워싱턴으로 처음을 시작하면 도움이 되겠지만 그렇지 않았다면 이름들의 올바른 연속에 도달하기 어려울 수 있다. 워싱턴이란 이름은 존 아담스를 상기시킬 수 있으며 아담스는 토마스 제퍼슨을 생각나게 할 수 있다. 이는 첫 이름이 두 번째 이름의 자극으로 기능하고 두 번째는 세 번째의 자극으로 역할한다는 것을 보여준다. "17번째 대통령이 누구냐?"라고 갑자기 질문을 받으면 바르게 대답하기 위해서 대답하는 사람은 자신의 상호언어 통제를 확증해야 할 수도 있다. 화자는 "응, 글쎄. 에이브러햄 링컨이 16대 대통령인 건 아는데… 링컨 다음에, 아 그래, 앤드류 존슨이다!"라는 식으로 행동할 것이다. 이 경우에 존슨의 이름(상호언어)은 링컨의 이름(화자 자신의 이전 언어반응)에 의해 상기되었다. "S의 다음에 어떤 철자가 오지?"라고 갑자기 질문을 받으면, 아동은 올바른 지점에 데려다 줄 순조로운 출발을 하려고 알파벳을 소리 내거나 속으로 암송하기 시작할 것이다. 그런 순조로운 출발은 상호언어적 통제의 좋은 예이다. 이런 예들이 명백해짐에 따라, 상호언어반응은 언어사슬과 같다는 것이 드러난다. 화자 자신의 언어자극과 반응은 연속되어 있다. 다른 사슬들이 더 긴 반면에 일부 사슬은 더 짧다.

많은 학문적 · 기술적 학습도 상호언어적 통제의 기능이다. 언어병리학을 전공하는 학생이 언어병리학에 대해 교육을 받고 "변별 자극의 정의는 …"이라고 말을 시작하면, 그 학생은 방금 말한 것이 대답의 나머지를 촉발할 수 있으며 반응의 나머지가 상호언어이므로 정의의 나머지를 옳게 말할 수 있을 것이다. 그러나 변별 자극을 정의하라고 요구받으면, 그것을 전공하지 않은 사람들은 많이 말하지 못하거나 무언가 말하기를 강요받으면 유창하지 못하게 될 것이다(반복하고, 말을 끼워 넣고, 또 쉬는).

말과 낭독 모두에서 유창성은 상호언어 통제의 기능인 듯하다(Hegde, 1982). 앞의 예에서처럼, 어떤 것에 대하여 유창하게 말하는 사람은 훌륭한 상호언어의 통제를 확립하게 된다. 상호언어의 통제가 결핍되면 우물거리거나 불쑥 끼워 넣거나 멈춤이 많으며 또 반복적인 말을 하게 되거나 읽게 되는 결과를 나타낼 것이다.

자발언어

언어의 행동주의 분석에 대해 일반적인 언어학적 비판은 행동주의 분석이 문법을 설명할 수 없다는 것이다. 스키너의 분석(1957)에는 구문과 형태 등의 측면을 포함하는 비전통적이며 복잡한 문법분석이 포함되기 때문에 이 비판은 근거가 없다.

촘스키와 다른 언어학자들과는 달리 스키너는 문법이 언어행동(언어)에 중추적이라고 생각하지 않았다. 스키너 역시 문법이 언어행동의 원인이라고 생각하지 않았다. 언어학적 분석에서 선천적인 문법이 언어와 언어 습득의 근원이라는 점을 상기해 볼 수 있다. 문법은 행동주의 분석에서 원인이 아니라 결과

> 주된 언어행동의 특정한 측면들에 대해 설명하거나 의견을 말하는 부수적인 언어행동은 무엇인가?

이다(Winokur, 1976). 문법은 다른 종류의 언어행동과 같으며 특별한 것이 아니다. 행동주의 분석에서 문법은 지금까지 설명된 종류의 주된 언어행동(예 : 명령언어, 지칭언어, 상호언어, 반향어)에 부차적인 것이다. 화자는 말할 것이 있을 때만 단어 순서, 문장구조, 형태 굴절 등을 생각해 낸다. 본래 문법은 언어행동의 다른 측면에 따라 결정된다. 그러므로 스키너는 "다른 언어행동에 따라 결정되거나 그에 근거하고 있는 [언어]행동을 시사하기" 위해서 **자발언어**(autoclitics)라는 용어를 만들어 냈다(Skinner, 1957, p. 315). 자발언어는 주된 언어행동들의 특정한 측면을 설명하거나 그에 대해 의견을 말하는 부차적인 언어행동으로 정의될 수 있다. 본질적으로 자발언어는 화자가 청자에게 말하는 것에 대하여 부가적인 정보를 준다.

다양한 종류의 자발언어가 있다. 일부 자발언어는 언어학적 분석의 문법요소처럼 기능한다. 예를 들어 영어의 형태상 특징들은 다양한 자발언어이다. 이 자발언어는 화자의 주요 언어행동을 야기한 환경 측면을 상술한다. 복수 변화형 -s가 "이것들은 두 개의 컵이다(These are two cups)."라는 문장에 포함되면 그 서술을 야기한 사건의 양적인 측면을 설명해 준다. 자발언어인 복수형 -s는 물리적 자극인 **컵들**(cups)을 지칭하는(설명하는) 주된 언어행동이 하나 이상의 컵으로 야기된다고 청자에게 알려 준다. 본래 이런 종류의 자발언어는 주된 언어행동을 일으킨 자극의 성질을 나타낸다. 마찬가지로 어떤 자발언어들은 주된 언어행동을 일으키는 자극의 시제 측면을 설명한다. 가령 화자가 "소년이 달리고 있다(The boy is running)."라고 말할 때, 자발언어 *is*와 *-ing*(언어학적 분석에서 **조동사**)는 청자에게 그 행동이 주된 언어행동과 동시에 발생한다는 것을 알려준다. 화자가 그 문장을 "소년이 달리고 있었

다(The boy was running)."로 바꾸면, 자발언어 *was*와 *-ing*는 주된 언어행동(소년의 달리기)을 일으킨 행동이 현재의 언어행동과 다른 시제관계(과거)에 있다는 것을 청자에게 알려준다. 이런 예들 모두에서 관사 *the*는 주된 언어행동의 원인이 된 특별한 자극(아마도 자극의 배열에서)을 설명해 준다. 주된 언어행동(일부 물리적 자극을 설명하거나 지칭하는)이 이미 임박하지 않았다면 어떠한 자발언어도 쓸모가 없을 것이라는 점에 주의하라.

일부 다른 자발언어는 어쨌든 화자가 무언가를 말하고 있는 이유에 대하여 청자에게 명확하게 상술한다. 예를 들어 화자가 "신문을 보니 내일 비가 온다는군(I see in the newspaper that it is going to rain tomorrow)."이라는 진술을 했다면 진술의 한 부분(I see in the newspaper)은 "내일 비가 올 것이다(it is going to rain tomorrow)."라고 화자가 말하는 이유를 설명해 주는 자발언어이다(Skinner, 1957). '내일 비가 올 것이다'라는 주된 언어행동이 임박하지 않았다면 '내가 신문에서 읽었다'라는 자발언어가 쓸모가 없다는 것을 다시 주의하라.

또 다른 자발언어는 말하는 것(즉, 주된 언어행동)의 힘에 대해 청자에게 알려준다. 화자는 "나는 그 진술이 분명히 틀리다고 믿는다(I strongly believe that the statement is false)." 또는 "나는 그 진술이 틀리다고 생각하고 싶다(I am inclined to think that the statement is false)."라고 말할 수 있다. 그런 경우에 주된 언어행동(그릇된 진술이나 의심스러운 진술을 지칭하는)의 힘은 그에 선행하는 자발언어에 의해 시사된다. 나는 강하게 믿는다(I strongly believe that)라는 자발언어는 나는 생각하고 싶다(I am inclined to think that)보다 더 높은 힘을 지닌 반응임을 시사한다. 이런 예들은 스키너의 자발언어가 전통적인 문법요소를 넘어섰다는 것을 보여준다.

기호언어

스키너(1957)가 정의한 언어행동에는 읽기와 쓰기가 포함된다. 읽기와 쓰기를 상세하게 다루기에는 지면이 부족할 것 같다. **기호언어**(textuals, 텍스츄얼)는 인쇄물이나 쓰기로 통제되는 종류의 언어행동이다. 언어행동으로서 기호언어는 공개적이거나(소리 내어 읽기) 눈에 띄지 않을 수 있다(조용한 읽기). 기호언어 반응(소리 내거나 조용한 읽기)은 인쇄된 각 단어가 자신에게 적합한 이름을 가지므로 그 자극의 이름을 댈 수밖에 없다는 점에서 인쇄물에 의해 엄중하게 통제된다.

> 인쇄물 또는 쓰기에 의해 통제되는 언어행동의 기능단위는 무엇인가?

행동주의 분석에서의 의미

앞서 보았듯이 의미론 학자들은 의미를 언어의 성질로 본다. 언어는 내용 자체에 의미를 담고 있는 구조를 이룬다. 행동주의 분석에서 의미는 언어의 내용도 그 특성도 아니다. 구술된 단어나 문장들은 물통이 물을 담고 있는 것처럼 의미를 담고 있지 않다. 행동주의 견해를 특징짓는 원인분석에 대한 강조와 일치하는데 행동주의 분석에서 **의미**(meaning)는 통제하는 변수(원인)와 언어산출 사이의 관계라고 정의할 수 있다. 본래 의미는 선행자와 그 반응 사이의 관계이다. 언어적 에피소드(verbal episode)의 원인에 접근하지 않은 청자는 그 의미를 이해하지 못한다. 발화의 의미를 이해하지 못한다는 것은 청자가 화자에게 즉각적으로, 효과적으로, 또는 완전하게 반응할 수 없다는 것을 의미한다.

의미가 언어의 특성이 될 수 있고 단어가 의미를 내포할 수 있다면 모든 구술된 단어, 구, 또는 문장 등의 의미는 이러한 단어들의 사전적 의미를 아는 청자들에게 즉각적으로 명료해져야만 한다. 그러나 단어들의 사전적 의미를 아는 것은 일상대화를 이해하는 데 충분하지 않다. 예컨대 아동이 장난감 몇 개를 가지고 놀면서 '트럭'이라고 말했는데 그 말을 들은 부모가 **트럭**이라는 단어의 의미는 완전하게 알아들었다 해도 아동이 산출한 발음은 못 알아들을 수 있다. 아동의 산출을 이해하기 위해서 부모는 산출을 발생시킨 것을 살펴보게 된다. 아동이 트럭을 가지고 놀고 있는가? 아동이 텔레비전에서 장난감 트럭의 상업광고를 보았나? 아동이 이야기책에서 트럭 그림을 보았나? 아동이 라디오에서 들은 단어를 흉내만 내는가? 아동의 산출은 부모가 그 선행자(원인, 자극)를 이해할 때에만 비로소 부모에게 의미가 된다.

단어뿐만 아니라 구나 문장 역시 의미가 언어학적 구조가 아닌 통제관계에 있다는 것을 보여준다. 들은 모든 단어 각각을 이해한다고 해도 "나는 어제 너 못봤는데!"라는 말을 들을 경우에 청자는 당황하게 된다. 모임에 대해 알지 못했고 청자가 올 것이라 기대했으나 나타나지 않은 모임이 있었다는 것을 청자가 알아챌 경우에만 그 의미는 명백해질 것이다. 화자 진술의 원인은 모임이 있었다는 것, 청자가 올 것이라고 기대했으나 오지 않은 것이다. 청자는 그 진술을 이해하기 위해서 원인에 대한 접근을 필요로 했다.

언어행동에 대한 스키너의 분석은 그 분석이 (1) 다른 임상훈련처럼 경험적이며, (2) 치료사들이 측정하고 다루는 관찰 가능한 기술로서 정신체계를 재개념화하며, (3) 치료사들에게 유용하지 않은 사변적인 이론화를 하지 않으며, (4) 아동들의 언어장애를 치료하는 데 사용되는 중재방법들과 일치하는 등의 이유로 언어병리학과 관련된다. 스키너의 분석은 화용론자들이 그런 식으로 보기 훨씬 전에 언어를 사회적 행동으로 간주했다. 언어병리학에서 실험적으로 뒷받침되는 많은 중재들은 행동주의적이다.

언어학과 행동과학의 입장 모두에서 양해될 수 있는 약간의 추가적인 개념을 간단히 고찰하며 이 장을 마치려고 한다. 이 개념들은 정상 의사소통과 장애가 있는 의사소통 모두에게 있는 특정한 차이점들을 설명하기 위해서 언어병리학에서 자주 사용된다.

언어와 의사소통

지금까지 본 대로 언어는 규칙의 정신체계 또는 사회적 행동의 형태로도 생각할 수 있다. 언어학과 언어병리학 모두에서 자주 사용되는 용어인 **의사소통**(communication)은 전통적으로는 둘 이상의 사람 사이에서 언어로, 몸짓으로, 글로, 또 다른 형태로 하는 정보의 교환이라고 정의된다. 언어가 규칙의 정신체계라고 믿는 사람들은 의사소통이 사회적 행동이라고 분간한다. 행동주의 입장에서 의사소통은 다른 사람들에게 영향을 주는 말하기, 쓰기, 몸짓하기, 신호하기 등이다. 의사소통에 대한 언어학적 견해는 어떤 것(정보)이 사람들 사이에 왔다 갔다 한다고 암시하는 반면, 행동주의 견해는 화자와 청자 사이의 상호작용과 그들의 행동을 강조한다.

> 어떤 견해가 화자와 청자 사이의 사회 상호 작용 또 그들의 행동을 강조하는가?

어떤 의미에서 의사소통은 언어라는 용어가 시사하는 것보다 더 포괄적인 사회적 상호작용이라는 견해이다. 사회적 행동으로서 의사소통은 글로 된 형태와 말로 된 형태, 언어형태와 비언어(몸짓의) 형태, 또 사람들 사이의 상호작용을 위한 다양한 사회적 관습 등을 포함하여 언어의 모든 측면을 통합한다.

구어 의사소통과 비구어 의사소통

언어 자체가 언어적일 수도 비언어적일 수도 있으므로 의사소통은 언어적일 수도 비언어적일 수도 있다. **구어 의사소통**(verbal communication)은 구두의 언어산출이며 청자에게 영향을 미치는 구두로 산출된 말을 포함한다. **비구어 의사소통**(nonverbal communication)은 다른 사람에게 영향을 미치는 신호, 몸짓, 음성이 아닌 상징 등과 같은 음성이 아닌 행동의 산출이다. 마찬가지로 음성언어는 구두언어이며, 반면에 비음성언어는 신호, 몸짓, 음성이 아닌 상징 등의 산출이다.

미국 수화(American Sign Language, ASL)는 화자가 의사소통하기 위해서 손으로 몸짓을 하는 비음성언어의 예이다. 미국 수화는 구술되지 않는다는 것을 제외하면 구어의 모든 특징을 갖추고 있다. 구어처럼 미국 수화는 창의적이고 역동적이며 강력하다. 그 자체의 구조규칙들을 갖는다. 미국 수화는 구어가 효율적이고 유일한 의사소통 수단이 아니라는 것을 명확하게 보여준다.

다른 비구어 의사소통 체계에는 블리스 상징(Blissymbolics), 캐리어 상징(carrier symbols), 메이어–존슨 상징(Mayer-Johnson icons) 등이 포함된다. 이 모두는 다양한 이유로 구어를 전혀 산출할 수 없는 사람들을 위한 대체수단으로, 또는 구어기술이 부족한 사람들의 의사소통을 보완하기 위해 사용될 수 있는 비구어 체계이다. 그러므로 이 체계는 보완대체의사소통(Augmentative or Alternative

Communication, AAC)에 속한다. 구어에 중대한 장애를 지닌 아동들을 위해 보완대체의사소통체계를 제공하는 것은 언어치료의 중요한 측면이며 제15장에서 설명할 것이다.

요약

언어장애를 이해하기 위해서 언어 자체의 본질과 특성을 연구할 필요가 있다. 합리주의 연구자와 경험주의 연구자 모두 언어와 그 특성을 연구했다. 언어학자들은 많은 수가 합리주의자이며 대부분 정신체계로서의 언어구조에 관심이 있었다. 그들은 음운(소리체계와 관련된), 의미(의미와 관련된), 구문(단어의 배열과 관련된), 또 화용(사용법의 이용과 관련된) 등과 같은 성분으로 언어를 설명했다. 언어학자들은 수용과 표현이라는 언어의 두 양식을 구분한다. 촘스키에게 영향을 받은 언어학적 사고의 학파는 대부분 언어가 선천적 정신능력 때문에 가능하다고 믿는다.

대부분이 경험주의자인 행동주의 과학자들은 언어를 언어행동과 기능단위라는 말로 설명한다. 언어행동을 연구한 초기 행동주의 과학자인 스키너는 명령언어(명령, 요구, 부탁), 지칭언어(기술적인 진술), 반향어(모방행동), 기호언어(읽기), 상호언어(말 자체에 의해 생성된 말), 또 자발언어(문법요소) 등과 같은 기능(원인-효과)단위를 설명했다. 언어를 설명할 때 행동주의 과학자들은 선천성보다는 학습변수를 더 크게 강조한다.

의사소통은 언어적일 수도 비언어적일 수도 있다. 구어 의사소통에는 구어가 포함되며, 비구어 의사소통에는 미국 수화와 같은 공식화된 체계들과 몸짓 등이 포함된다.

학습지침

1. 합리주의와 경험주의라는 철학적 접근법을 비교하고 대조하라. 그들은 진술의 참값을 어떻게 입증하는가? 이 두 접근법은 언어의 연구에 대해 어떤 효과를 미치는가?

2. 언어학자들에 의해 설명된 언어의 구조는 스키너에 의해 설명된 기능단위와 어떻게 다른가? 아동이 지니고 있는 언어장애의 분석과 중재에 대한 이 두 접근법 각각의 유용성을 지적하라.

3. 촘스키나 핑커와 같은 합리주의자들은 아동이 선천적으로 또는 본능적으로 언어를 학습한다는 생각을 뒷받침하기 위해 어떤 주장을 하는가? 이 주장을 비판적으로 분석하라.

4. 촘스키는 표층구조와 심층구조를 어떻게 구별했는가? 언어의 그 두 구조를 구별하는 이유는 무엇인가? 촘스키의 이론에서 두 가지 구조는 어떤 과정과 관련되는가?

5. 적당한 예를 들어 "명령언어는 자체의 강화요인을 상술한다."라는 서술을 옹호하라.

6. "단어의 의미는 정적이고 단일하며, 변할 수 없는 등의 실체가 아니다."라는 진술을 탐색하고 정당화하라. 그 진술을 정당화하는 데 도움이 되는 예를 들어라.

제2장

제2장 아동 언어장애 개관

개요

- 아동 언어장애란 무엇인가

- 다른 명칭으로 불리는 언어장애

- 언어장애의 출현율과 발생률

- 다양한 언어장애

- 언어장애의 위험인자

- 언어장애의 영향

- 요약

- 학습지침

1920년대 초창기에 오늘날 의사소통과학과 장애(언어병리학)라고 알고 있는 직업은 주로 말더듬, 조음장애와 관련되었다. 언어병리학(speech pathology), 언어교정사(speech correctionists), 언어치료사(speech therapists), 또 나중의 언어병리학자(speech pathologists) 등은 잘 확립된 명칭들이다. 직업의 명칭, 전국적 전문가 조직, 전문가의 명칭 등에서, 또는 그들의 실제 영역에서 언어장애에 특별한 강조를 하지 않는다. 아동 언어장애의 연구와 치료가 1960년대까지는 직업의 특별한 부분이 아니었다. 실제의 확장된 영역을 반영하여 미국 언어청각협회(American Speech and Hearing Association)가 미국 말언어청각협회(American Speech-Language-Hearing Association, ASHA)로 개칭한 것은 바로 1978년이었다.

여러 요인들로 언어치료사들이 아동 언어장애라는 영역으로 강제로 움직이게 됐다. 한 요인은 모든 형태의 의사소통장애를 지닌 아동을 평가하고 치료하라는, 공립학교에서 근무하는 언어치료사에게 가해진 가중되는 압력이었다. 조음장애에 이어 언어장애가 두 번째로 높은 출현율을 보였기 때문에 치료사들이 아동 언어장애를 더 이상 무시할 수 없었다.

또 다른 요인은 아동의 언어와 언어습득에 대한 연구에서의 발전이었다. 1960년대에 언어병리학자들은 언어에 대한 언어학 연구, 특히 생성 언어학자인 저명한 촘스키(1957, 1965)의 영향을 강하게 받고 있었다. 언어의 사회적 특성을 강조한 화용구조의 범위 내에 행해진 언어연구의 그 후 변화는 구어 의사소통의 실제적·임상적 측면을 더욱 풍부하게 했다(Halliday, 1973, 1975). 아동의 언어습득에 대한 횡단연구와 종단연구 모두는(Bates, Bretherton, & Snyder, 1988; Bloom, 1970; Brown, 1973; Hulit & Howard, 2002; McLaughlin, 1998) 아동 언어장애를 평가하는 기초를 제공했으며, 전문가는 의사소통장애에 관심을 갖게 됐다.

그러나 아동 언어장애로 직업의 실체에 영향을 끼친 또 다른 요인은 선천주의자의 주장과는 반대로 언어장애를 지닌 아동들이 특정한 언어기술을 배울 수 있음을 보여준 1960년대와 1970년대에 발간된 일련의 행동중재 연구들이었다. 모델링, 촉진법, 행동 형성, 적극적인 강화 등과 같은 행동주의 기법은 부족한 언어기술을 지닌 아동들에게 의미, 형태, 구문 등의 기술을 가르치는 데 효과적이었다(Guess, 1969; Geuss et al., 1968; Hart & Risley, 1975; Lovaas, 1966; Risley & Wolf, 1967; Sailor et al., 1968; Schiefelbusch, 1973, 1978; Schiefelbusch & Lloyd, 1974). 그 뒤 특히 행동주의 중재법을 포함하는 중재의 유효성 연구는 언어장애를 지닌 아동들의 치료 증거에 입각한 논리를 지속적으로 제공했다(연구의 고찰을 위해 Goldstein, 2002; Hegde, 1998b; Warren & Rogers-Warren, 1985 등 참조). 언어학적 이론, 발달상 경험, 행동에 대한 임상지식을 바탕으로 아동의 언어와 장애에 대한 영역이 확장되면서 언어치료사들은 그들의 영역을 아동의 언어장애로 넓힐 수 있는 기회를 얻었다(Bloom & Lahey, 1978). 그래서 언어병리학이라는 분야가 생겨났다.

지금은 아동 언어의 과학적 연구와 함께 아동 언어장애의 임상적 평가와 치료가 잘 확립되어 있다.

언어치료사는 아동 언어장애의 전문가로 인정된다. 그럼에도 불구하고 언어장애에 대한 단일한 정의는 없다. 그러나 이런 상황은 언어장애에만 특정된 것은 아니다. 대부분의 의사소통장애는 다양한 의미로 정의되고 있다. 여러 정의에도 불구하고 대부분의 치료사들은 언어장애를 진단할 수 있다. 먼저 몇 가지 정의를 고찰하고 아동 언어장애에 대한 실제적이고 임상 중심적인 설명을 할 것이다.

아동 언어장애란 무엇인가

언어장애의 정의가 많은 것에는 여러 이유가 있다. 첫째, 언어는 복잡하고 다양한 현상이다. 결과적으로 언어장애 역시 복잡하고 다양한 현상이다. 이 복잡한 현상에 대한 상이한 지향성이 다양한 정의를 생성시킬 수 있다. 둘째, 언어학은 언어와 관련된 주요 학문이지만 철학, 심리학, 그리고 행동과학 등을 포함하는 여러 다른 학문 역시도 언어와 관련된다. 결과적으로 언어는 이들 학문에 걸쳐 다르게 개념화되어 왔다(Bloom, 1970; Bloom & Lahey, 1978; Bloomfield, 1933; Brown, 1973; Catania, 1972; Chomsky, 1957, 1965, 1980; Halliday, 1973, 1975; Hook, 1969; Julia, 1983; Lenneberg, 1967; McNeill, 1970; Salzinger & Salzinger, 1967; Skinner, 1957; Winokur, 1976). 언어에 대한 다양한 개념화는 언어장애에 대한 다양한 견해를 나오게 했다. 셋째, 정상적인 사회적 상호작용을 통해 기술을 배우지 못한 일부 아동들은 이질적 집단이다. 일부 언어장애 아동들은 자폐증, 발달장애, 신경장애, 또는 난청 등과 같은 관련질환을 겪고 있다(제12, 13, 14장 등 참조). 다른 심각한 문제를 보이지 않으며 언어기술만을 유일한 문제로 가지고 있는 많은 수의 언어장애 아동들에 대해 면밀한 연구가 증가하고 있다(Leonard, 1998 : 대비되는 견해와 상세한 내용은 제3장 참조). 넷째, 이 다양한 아동들이 언어의 다양한 측면의 습득, 이해, 산출 등에서 다양한 문제를 경험한다. 이런저런 이유들로 해서 언어장애의 다양성과 본질을 포착하는 간결한 정의를 제공하기 어렵다.

언어장애에 대한 간명한 정의는 필요하다. 그러나 아동 언어장애 진단에 적용하기 전에 이 같은 간결한 정의는 상당한 변환이 요구된다. 어쨌거나 간명한 정의는 임상적 문제를 개념화하는 데 중요하다. 임상가들은 기술적 용어의 정의가 추상적이며 간결한 경향이 있다는 것을 이해해야 하며 그 정의들을 진단과 치료를 위한 실제적 도구로 바꿔 정교화할 필요가 있다.

언어장애의 총체적 정의

언어장애의 일부 정의는 특정 전문가 조직위원회에서 그 정의들을 제공했다는 점에서 총체적이다. 미국 말언어청각협회(ASHA)와 미국 정신의학협회(American Psychiatric Association, APA)의 정의가 그 예이다.

ASHA의 학교 서비스 전달에 대한 임시위원회(1993)는 다음과 같이 진술한다.

언어장애는 구어상징, 쓰기상징 그리고/또는 다른 상징체계의 이해 그리고/또는 사용이 손상된 것이다. 장애는 ⑴ 언어의 형태(음운론, 형태론, 구문론), ⑵ 언어의 내용(의미론), 그리고/또는 ⑶ 여하한 배합으로 된 의사소통에 있어서 언어의 기능(화용론)을 포함한다.(p. IV-108)

ASHA의 언어장애 정의는 Bloom과 Lahey(Bloom, 1970; Bloom & Lahey, 1978)의 구조적 언어학 분석이라는 언어개념 모형에서 깊은 영향을 받았다. ASHA의 정의는 언어가 음운론, 형태론, 구문론으로 불리는 구조나 형태라고 설명한다. 이 구조 가운데 내용은 의미(의미론)이며, 언어의 사용(화용론)은 그 형태와 내용 모두와 구별된다. 이 측면들 간 상호작용이 함축되어 있지만 언어의 형태, 내용, 사용에 대한 구분이 의문의 여지가 있다는 점에서 약점을 지닌다.

음운론, 형태론, 의미론은 차례대로 소리체계, 단어구조, 의미의 연구를 가리킨다. 마찬가지로 화용론은 언어의 사회적 사용에 대한 연구이다. 이 용어들이 언어의 구조, 형태, 요소, 성분 또는 사용을 가리키는 것은 아니다.

ASHA는 구어, 글로 되거나 상징으로 된 체계, 또는 모두의 이해와 사용이 손상된 경우에 언어장애가 있다고 진술한다. 넓은 영역에 기초한 이 정의는 다른 상징체계의 표현, 이해와 함께 읽기와 쓰기 기술이 언어기술의 부분이며 언어치료사가 그 평가와 치료에 관여할 수 있음을 나타낸다. 언어치료사는 취학전기 및 학령기 아동의 문해(읽기, 쓰기)와 비구어 의사소통을 풍부하게 하는 데 특별한 역할을 하는 전문가라고 생각된다. 그러므로 문해의 문제를 치료하고 비구어 의사소통 방식을 가르치는 언어치료사의 역할에 대해서는 책의 뒷부분에서 다룰 것이다.

> 아동들이 화용론에 있어서 장애를 가지고 있다고 말하는 것은 왜 틀린가?

언어장애에 대한 ASHA 정의의 주요 한계는 너무 구조적이어서 언어에 대해 경험적으로 유의미하지 못한, 견해에 근거하고 있다는 것이다. 물이 그릇에 담겨 있는 것처럼 언어구조가 의미를 담고 있다는 생각은 언어가 특정한 사회적 조건에서 산출되는 것이라는 임상의 경험적 관점과 차이가 있다. Bloom과 Lahey(1978)의 언어사용(language use)이라는 용어는 사회적 상황에서의 산출을 암시하지만 종합적인 형태-내용-사용이라는 견해는 언어를 인위적인 구조성분으로 나눈다.

미국 정신의학협회의 정신질환 진단 및 통계편람, 4판(Diagnostic and Statistical Manual of Mental Disorders, 4th ed., DSM-IV-TR; 2000)은 다양한 정신장애와 행동장애를 진단하는 기준을 제공한다. DSM-IV-TR에서 정의되고 설명된 여러 진단범주는 아동들의 언어장애를 진단하는 데 적절하다. 표현언어장애와 혼합형 수용-표현 언어장애라는 두 진단은 언어장애만 보이며 다른 장애나 결함이 없는 아동에게서 발견된다. DSM-IV-TR에 따르면 표현언어장애는 의사소통의 언어형태와 비언어형태 모두에서

> 언어산출에서의 문제는 표현장애로 불리는 반면에, 구어나 문어를 이해하는 데 있어서의 문제는 수용장애로 불린다.

글상자 2.1

언어장애의 진단을 위한 DSM-IV의 일부 기준 요약(미국 정신의학협회, 2000)

표현언어장애의 특징

- 표현언어발달을 위한 표준검사의 점수가 비언어 지능과 수용언어기술의 검사점수보다 상당히 낮다.
- 제한적 어휘, 동사시제에서의 오류산출, 단어 상기의 문제, 또 복문산출의 어려움 등이 증상에 포함될 수 있다.
- 언어장애가 학문수행이나 직업수행, 또는 사회적 의사소통 등에 부정적으로 영향을 미친다.
- 존재할 수도 있는 다른 진단들(예 : 발달장애, 감각장애)과 전형적으로 관련된 언어문제들보다 언어장애가 더 크다.

혼합형 수용-표현 언어장애의 특징

- 표현언어와 수용언어 모두의 척도로서 표준검사 점수가 비언어 지능검사의 점수보다 현저하게 낮다.
- 증상에는 전치사와 같이 특정 범주의 단어들과 관련되거나, 단어 또는 문장단계에서 구어이해에 드러난 어려움과 표현언어장애에서 나열된 증상 등이 포함된다.

뚜렷할 수 있다. 작은 범위의 단어, 언어의 다른 측면과 단어의 느린 습득, 한정된 문장구조와 다양성의 부족, 한정되고 단순한 문법형태를 포함하는 부족한 언어기술이 특징이다. 음운장애는 아동의 언어장애와 관련될 수 있다. 게다가 표현언어장애는 학령기 아동의 읽기와 쓰기문제를 일으킬 수 있다. 표현언어장애를 지닌 아동들은 언어이해에서 가벼운 문제를 보일 수도 있다. 언어이해의 문제가 심각하다면, 그 아동은 혼합형 수용-표현 언어장애가 있다는 의미이다. 이 아동들은 표현의 문제 외에 구어이해에도 어려움이 있다. DSM-IV-TR에 따르면 순수한 수용언어장애는 없으며 아동의 언어장애는 표현장애거나 표현, 수용 모두의 장애가 지배적일 것이다(글상자 2.1 참조).

DSM-IV-TR의 언어장애 정의는 언어발달과 비언어 지능의 표준검사에서 아동의 수행에 달려 있다. 언어장애로 진단하기 위해서는 아동의 표준언어 검사점수가 비언어 지능의 표준검사 점수보다 많이 낮아야 한다. 표현언어장애로 진단하기 위해서는 아동의 표현검사 점수가 수용검사 점수보다 상당히 더 낮아야 한다. 혼합형 표현-수용 언어장애로 진단하기 위해서 아동은 두 종류의 표준검사에서 낮은 점수를 받아야 한다.

DSM-IV-TR은 언어장애가 다양한 임상적 질환을 구성하는 요소로써 때로는 심각한 언어의 어려움이 질환과 동반된다고 본다. 따라서 DSM-IV-TR의 기준은 이 책의 나머지 장에서 발달장애, 전반적 발달장애, 주의력결핍장애를 다룰 때에도 계속 언급될 것이다.

DSM-IV-TR의 언어장애 정의의 주된 문제는 표준화 검사의 수행에 너무 의존한다는 것이다. 그 정의는 언어장애를 지닌 아동들에게 언어발달 검사 이외에도 비언어성 지능검사와 다른 인지검사 시행을 요구

 DSM-IV-TR은 순수한 수용언어장애를 인정하는가?

한다. 언어(와 말)장애를 진단하기 위해 표준화 검사를 시행하는 관행은 언어병리학에서 일반적이다. 그럼에도 불구하고 그것은 유일한 또는 가장 중요한 기준이라고 하기에는 너무 많은 경험적 문제들을 내포하고 있다.

표준화된 언어발달검사를 비판적으로 평가하지는 않겠지만, 여기서 표준화 검사를 실시할 때 주의해야 할 몇 가지 문제점을 다룰 수 있다(Laing & Kamhi, 2003). 표준화된 언어발달검사가 전국의 아동을 표본으로 한다고 보기에는 부족한 부분이 있다. 검사가 대부분 지역 표본에 기초하고 있지만 치료사들은 부적절하게 전국적으로 사용한다. 검사가 전국 표본으로 표준화되었다고 해도 검사점수의 도표는 다양한 인종문화적 배경을 지닌 개별 아동들과는 관계가 없다. 거의 언급되지는 않았으나 표준화 검사의 보다 골치 아픈 측면은 검사가 기술(skill)을 부적절하게 추출한다는 것이다. 언어검사는 아동에게 한 가지 기술을 산출할 한 번의 기회, 또는 기껏해야 두세 번의 기회를 주게 된다. 기술에 대한 부적절한 표본추출에 근거한 판단은 유효성이 없을 수 있다. 예를 들어, 제시된 두 단어(예 : *hats*와 *books*)에서 복수형 *s*를 산출하지 않은 아동은 다른 단어 맥락이나 가정에서는 복수형태소를 산출할 수도 있다. 표준화 검사는 자연스러운 사회적 상호작용에 있는 복잡한 언어행동(언어기술)에 대해서는 거의 시험하지 않는다. 마지막으로 언어발달검사가 제시한 연령별 표준은 치료사가 평가하고 치료하는 개별 아동과는 거의 관계가 없을 수도 있는 대규모 집단의 평균 성취에 근거한다.

언어장애에 대한 DSM-IV-TR의 정의가 포함하는 또 다른 문제는 정신연령(비언어 지능검사로 결정된)을 아동의 언어기술과 비교하도록 요구한다는 것이다. 아동 언어장애를 진단하기 위해 아동의 언어 성취가 비언어 지능 측정 결과보다 현저하게 더 낮아야 한다는 규정은 문제가 있다. 언어기술과 비언어 지능의 점수 모두가 낮으면서 거의 같으면 어떻게 할 것인가? 그러면 언어장애라고 진단하지 못하고 어떤 치료도 제공하지 못할 것이다. Dale과 Cole(1991)이 지적하듯이 결합된 언어와 비언어기술이 아무 문제가 없다는 것을 의미하지는 않으므로 이 입장은 부적절할 것이다. 더욱이 언어치료사가 비언어성 지능검사를 시행하고 그 점수를 해석하는 훈련을 받지 않았을 수 있다. 언어 성취를 평가할 기준으로서 정신연령의 개념은 의심스럽다. 언어치료사에게는 자신이 직접 측정할 수 없는 다른 변수를 참고하지 않고 언어기술을 평가하는 직접적 방법이 가장 유용할 것이다.

언어장애의 행동주의 정의

모든 언어장애 정의는 손상된, 전형적이거나 정상적인 기술로 돌아가 언급한다. 언어학적 접근에서 정상적인 기술이란 받아들일 수 있는 언어구조의 산출이다. 언어학적 접근은 언어장애를 정의하기 위해서 언어구조를 산출할 때의 결함에 대해 명시한다. 유사하게 행동주의 견해는 전형적 기술(언어행동)이라고 간주하는 것에서의 결함에 초점을 두고 언어장애를 정의한다. 제1장에서 언급했듯이 언어기술은 접해 있는 청자나 청자들, 또 어떤 경우에는 하나 이상의 사회공동체의 보다 멀리 있는 더 큰 영역(인쇄된 또는 방송된 언어행동의 경우에서처럼)에 영향을 미치는 사회적 행동이다. 그러므로 우리는 사회, 교육, 직업 환경에서 다른 사람의 행동에 영향을 미치거나 다른 사람의 언어행동에 의해 영향을 받는, 받아들일 만하거나 효율적인 사회기술의 결여라고 **언어장애**(language disorders)를 정의한다. 그렇지만 어떤 아동의 어려움은 다른 사람들에게 언어적으로 영향을 미치는 데 있는 반면 어떤 아동의 어려움은 언어 교환에서 경험하는 제한적 효과일 수 있다. 보다 쉬운 말로 하자면, 이것은 아동이 현저한 표현언어장애(다른 사람들에게 제한적 영향만을 보이는)나 현저한 수용장애(완전한 범위의 의도된 의사소통 효과를 경험하지 못하는)를 지닐 수 있음을 의미한다. 그러나 어떤 아동들은 두 종류의 문제(표현장애와 수용장애) 모두가 나타날 수 있다.

언어로 나타날 때 청자에게 영향을 미치는 사회적 기술이라는 개념에 따라 정의가 결정된다. 마찬가지로 적절한 언어기술을 가진 사람들은 주위에서 산출된 언어에 의해 영향을 받는다. 예를 들어 "엄마, 나 우유 한 잔 마셔도 돼?"라는 아동의 산출은 그 어머니에 대해 전형적인 영향을 미치며, 어머니는 아동에게 우유 한 잔을 건넨다. 결정적인 단어가 빠져서 메시지가 불명확하면 기대했던 결과를 얻지 못할 수도 있다. 마찬가지로 어머니가 "너 오늘 학교에서 무엇을 배웠니?"라고 물으면 아동은 기대대로 영향을 받는 특정 언어기술을 익힐 필요가 있으며, 이 경우 아동의 바른 대답이 어머니 질문에 대한 기대된 결과를 나타낸다. 언어장애를 지닌 아동들은 언어기술이 부족하거나 부적절하다. 언어기술이 부족한 사람은 언어 수단을 통해 결과를 생성할 수 없으며 같은 수단으로 다른 사람들이 산출하려고 하는 결과를 경험할 수 없다. 언어기술이 부적절할 때는 다른 사람들에게 부분적, 모호한, 또는 잘못된 영향을 산출할 것이며 마찬가지로 다른 사람으로부터 받아들일 수 없는 결과를 경험할 것이다. 언어행동(말하기, 읽기, 쓰기, 또는 미국 수화처럼 손으로 하는 언어체계 등에서 산출되는 언어)은 다른 사람들의 사회적 행동에 의해 영향을 받을 준비, 그리고 다른 사람들에게 미치는 영향을 산출하는 사회적 행동으로 해석된다. 한 사람의 표현언어는 다른 사람의 행동에 영향을 주며, 수용언어는 타인이 표현한 언어에 영향받게끔 준비를 시킨다. 그러므로 이 정의는 전통적 표현언어 및 수용언어장애를 포함하되, 아동이 주위 사람을 언어적으로 변화시키기 위해 무엇을 하는지 다른 사람들의 언어행동에 의해 어떻게 변화되는지로 그 장애를 명시한다. 그 정의는 학업 환경에서 언어 목록에 대한 참조물을 명확히 언급한다. 그러므로 언어장애의 행동적 정의에는 손상된 읽기와 쓰기기술이 포함된다. 사실상 제1장에서 언급한 대로 언어목록에는 생각하기도 포함된다. 그러므로 언어기술, 특히 추상적인 언어기술의 손상은 구체적인 경험 아동의 사고를 제한할 수 있다.

어떤 의사소통장애도, 다른 사람들에 대한 의사소통의 영향을 제한할 수 있다는 것이 사실이다. 이런 경우에 감소된 효율성은 부족한 언어기술(손상된 말이나 목소리에 대비되는) 때문이다.

언어장애의 행동주의 정의와 언어학적 정의는 궁극적으로 특정한, 관찰 가능한, 가르칠 수 있는 언어기술이 온전한지 부족하거나 결함이 있는지 해석해야만 한다. 그럼에도 불구하고 두 가지 정의의 차이점은 현저하다. 언어학적 정의는 구조적이며 합리적이다. 이는 언어의 이론적 구분(형태, 내용,

사용)에 근거한다. 언어학적 정의는 언어가 정신체계라는 견해에 근거한다. 언어장애의 행동주의 정의는 경험적이며 기능적이다. 이것은 화자와 청자로서 아동의 행동을 강조한다. 행동주의 정의는 정신체계가 행동에서 추론되며, 행동을 연구하는 것이 더 효율적이라는 견해에 근거한다. 치료사의 주의를 아동의 행동에 돌리는 정의는 임상적 해석이 요구되는 추정된 마음 처리 과정으로 주의를 전송하는 정의보다 훨씬 더 실제적이다.

정의와 진단지침

지금까지 언급한 것을 포함하여 언어장애에 대한 모든 정의의 한계는 너무 추상적이어서 진단지침이나 기준으로 공식화하기에는 유용하지 못하다. 자체의 이론적 골격 내에서 각 정의는 언어장애의 본질을 포착한다는 점에서 타당할 수 있다. 그럼에도 불구하고 정의들은 임상적으로 유용한 진단기준을 자동적으로 생성하지 않는다. 그런 기준의 필요성은 전문적 실제의 제한 때문에 어느 정도 강요된 타협과 관찰 가능한 기술들에 대한 더 넓은 설명으로 변함없이 이끌 것이다.

> **경험적**이라는 용어는 진술이 객관적이고 관찰 가능하며 측정 가능한 사건이나 경험에 근거한다는 것을 의미한다.

미국에서는 아동 언어장애 대부분이 공립학교에서 진단된다. 특수교육에 영향을 주는 법적 제한과 입법 때문에 언어장애(다른 의사소통장애 역시)는 지역학구나 주교육부가 제안한 지침에 근거하여 진단한다. 이 지침은 장애의 과학적 정의를 엄격하게 고수하지는 못할 것이다. 실리적이고 재정적인 문제가 지침에 영향을 미친다. 그러므로 **결함**(deficiency), **부적당**(inadequacy), **비효율성**(ineffectiveness), **정상에서의 일탈 정도**(degree of deviance from the normal), **중대성**(severity), **중대한 장애**(significant impairment) 등과 같은 용어들이 운영상 임상적 결정을 돕기 위해 정의될 필요가 있다. 공립학교 치료사들이 직면하는 가장 기본적인 질문은 할당된 아동에게 서비스가 지시되기 전에 문제가 어느 정도 나타나야 하는가이다. 서비스가 지시되기 전에 요구되는 장애가 더 심할수록 그 프로그램이 주(state)에는 더 경제적일 것이다. 이 요인만으로 많은 공립학교의 지침이 정해질 수 있다. 또한 이 요인은 학교에서의 임상실제에서 표준화 검사의 사용을 요구한다.

일반적으로 표준화 검사는 아동들의 언어(또는 말)장애를 진단하는 데 도움이 된다고 말한다. 보다 자세하게 조사해 보면, 적어도 실제 일상에서는 사실이 아니라는 것을 알게 된다. 결과가 타당하다고 가정하면, 표준화 검사는 아동의 언어기술이 같은 연령의 다른 아동들과 다르다는 것을 나타내며 이 차이의 정도는 평균 수행에서의 표준편차로 나타낼 수 있다. 전형적 기술을 지닌 아동들과 비교하면 다소 다르게 보일 수 있으며, 이는 장애의 중증도(severity)라는 개념을 낳는다. 실제에서는 이런 결정만으로 서비스가 필요한 언어장애라고 시사하지 않으며, 서비스가 필요하지 않은 편차를 식별하는 것은 사회적 목적에도 부합하지 않는다. 그러므로 주와 지역학구의 지침이 도움을 준다. 예를 들어 채택된 지침에 따라 치료사들이 치료할 아동을 적합 또는 부적합으로 할 수 있다. 부모의 입장에서는 자기 아동이 장애를 가졌는지 아는 것은 중요하지만 서비스 받을 자격이 있는지를 아는 것은 한층 더 중요하다. 학교 치료사들은 검사편람에 나타난 대로 평균 수행에서 1에서 2표준편차만큼 기술이 떨어지는 경우에만 아동에게 서비스를 받을 자격을 줄 수 있다. 그러므로 대부분 표준화 검사는 서비스가 제공되어야 하는지 결정하기 위해서 사용된다. 채택된 서비스 기준보다 가까스로 위에 있는 아동 역시 여전히 장애가 있을 수 있지만 서비스는 거부된다. 정의상, 또 임상적 관점에서의 서비스 거부는 장애의 부재를 의미하는 것이 아니다. 그러므로 장애가 있을 수 있는 특정 아동들에게 서비스를 제공하지 않는다는 결정은 과학이나 임상적 판단의 문제가 아니라 기관의 정책 문제이다.

치료를 받기 위해 규준보다 일정한 편차만큼 벗어나야 한다는 관점의 가정은 규준에서 조금만 벗어난 아동은 전문적인 도움 없이 그들의 부족함을 스스로 극복해야 한다는 의미를 내포하고 있다. 이런 가정을 지지하는 어떠한 강력한 경험적 토대도 없으며, 사실 중재 없이는 언어장애와 학업수행에 대한 부정적 영향이 아동들에게 지속되는 경향이 있음을 지지하는 유용한 증거들이 존재한다(Beitchman et al., 1996; Beitchman, Wilson, Brownlie, Walters, & Lancee, 1996; Johnson et al., 1999; Rescorla, 2002). 기술이 조금 더 부족한 아동들은 여전히 치료를 필요로 할 수 있다. 그들은 기술결함이 보다 심각한 아동들보다는 덜 집중적인 단기간의 치료를 필요로 할 수 있다. 의사소통장애를 겪은 지 1~2년 정도 된 아동들은 치료를 받으면 더 빠르게 문제를 해결할 수 있으며, 그에 따라 이후의 성공적인 학업과 사회적 활동들을 준비할 수 있다.

공립학구(public school districts)를 포함하는 조직들은 제한된 자금으로 서비스를 제공하는 난제를 해결하기 위해 노력해 왔다. 당연히 그들은 장애의 과학적 증거에 근거하기보다는 실제적인 긴급한 필요에 근거를 더 두는 기준을 개발해야 했다. 일부 학교에서 많은 언어장애 아동들이 서비스 자격 부여를 위한 채택된 기준이 너무 높아서 필요한 서비스를 받지 못할 수도 있다. 이러한 상황은 2004년의 장애인교육증진법(Individuals with Disabilities Education Improvement Act)으로 재위임되고 개정된 1997년의 장애인교육법(Individuals with Disabilities Education Act, IDEA)의 수정판을 위반한 것이다. 중증장애인의 의사소통 필요성을 위한 국립합동위원회(National Joint Committee for the Communication Needs of Persons with Severe Disabilities; 2003)는 이 문제를 인지하여 언어치료 서비스 적법성을 결정하기 위해 사용해서는 안 되는 자의적 기준의 목록을 제시하였는데, 이 제멋대로인 기준들은 윤리적으로 부적절하며 법적으로도 문제가 있을 수 있기 때문이다. 평가를 하기 전 또는 평가를 하지 않고 자의적으로 적용되기 때문에 선험적 기준이라고 불리는 이러한 기준을 글상자 2.2에 나열했다.

부족한 재원으로 정해진 서비스를 어떻게 제공할 것인지는 전국의 학교관리자들이 직면한 문제이다. 그들은 가능한 최선을 다해 자원을 사용해야 하는 의무에 직면하여 아동의 요구에 적합한 기준이 아닌 자원에 적합한 기준에 의지해야 한다. 어떤 즉각적 해결책을 기대할 수 없는 문제이다. 그렇지만

글상자 2.2   과학 대 관리정책-학교 언어치료사의 난제

심각한 자금제한 안에서 위임된 서비스를 제공하려고 노력할 때, 학구는 자주 말-언어 서비스를 위한 적격성을 결정하기 위해서 선험적 기준을 채택한다. 기준이 평가 이전이나 평가가 없이 적용되고 과학적 증거로 지지되지 않으면 선험적이다. 그렇지만 언어치료사는 각 내담자의 의사소통기술과 필요성에 대한 독립적인 평가에 근거하여 언어장애를 진단하고 치료하기 위해 윤리적·법적 관심사에 속박된다. 중증장애인의 의사소통 필요성을 위한 국립합동위원회(2003)는 말-언어 서비스의 적격성을 결정하는 데 사용되지 말아야 하는 선험적 기준의 목록을 제창했다. 그 목록은 위임된 서비스를 위한 적절한 자금에 곤궁한 학구들이 사용하는 많은 일반적 실무에 대한 대답을 반영한다.

말-언어 서비스의 적격성을 결정하기 위해서 사용되지 말아야 하는 선험적 기준

- 인지기능과 의사소통기능 사이의 불일치. 언어치료사의 아동 언어장애 평가는 언어능력과 비언어 지능 사이의 불균형이 나타났는가를 요구하지 말아야 한다.
- 연령. 아동이 특정 연령이나 학년에 도달할 때 자의적으로 서비스에서 내보내지 말아야 한다(예 : 언어장애를 지닌 많은 아동들이 초등학교에서 중등학교로 올라갈 때 약식과정을 거쳐 서비스에서 배제된다.).
- 진단. 아동들이 특정한 진단을 받았다는 이유만으로 적격성에서 제외되지 말아야 한다(예 : 심각한 수준의 발달장애를 지닌 아동은 '교육 불가능'으로 간주되어 그 진단만을 기반으로 말-언어 서비스에서 자의적으로 배제될 수 있다.).

- 필수조건이라고 주장되는 인지나 다른 기술들의 부족. 언어치료사는 치료에서 이익을 보는 데 필요하다고 생각되는 '필수적 기술'을 아동들이 가지고 있지 않다고 하여 언어장애 아동을 배제하지 않는다(예 : 일부 학교 언어치료사들은 언어장애를 지닌 아동에게 주의집중을 가르칠 가능성을 고려하지 않고 그들이 '과업에 집중하지 못함'을 이유로 자격을 주지 않을 수 있다.).
- 과거에 받은 언어치료 서비스의 결과 진전이 없음. 과거의 치료가 도움이 안 된 것으로 보인다고 해서 아동을 서비스에서 배제하지 말아야 한다. 과거의 치료가 무익했다는 것이 새 접근법이나 장기 중재로 이익을 볼 수 없다는 것을 반드시 의미하는 것은 아니다.
- 교육상, 직업상, 그리고/또는 의료상 필요성에 대한 제한적인 판단. 언어치료사는 근무하는 기관의 제한적 정책이 자신의 독립적이고 전문적인 판단을 무시할 경우 그 정책을 따르면 안 된다.
- 적절하게 훈련된 인력의 부족. 언어치료사는 치료 대상이 많고 양질의 인력이 배치되기 어렵다는 이유만으로 아동들에게 자격을 주는 것을 거부하지 말아야 한다.
- 적절한 자금이나 다른 자원들의 부족. 언어치료사는 서비스를 위한 적절한 자금이 활용 가능하지 않으며 자원이 적다는 이유만으로 아동에 대한 자격 부여를 거부하지 말아야 한다.

무리한 요구이지만 언어치료사가 윤리적, 법적으로 부응해야 하는 요구이다.

학교 언어치료사는 "자신들이 전문적으로 서비스하는 사람들의 복지를 최상으로 여기도록" 요구하는 윤리강령에 구속된다(ASHA, 2003a, p. 13). 치료사가 갖는 첫 윤리적·직업적 의무는 근무하는 조직에 대한 것이 아니라 대상 아동에 대한 것이다. 언어치료사는 가치롭고 존중받는 직업인이므로 서비스를 필요로 하는 모든 아동에게 서비스 전달과 진단의 효율적인 옹호자일 수 있다. 치료사들은 모든 아동에게 필요한 서비스를 제공하려는 노력을 할 때 ASHA의 윤리강령과 중증장애인의 의사소통 필요성을 위한 국립합동위원회의 건의에 근거하여 강력한 지위옹호의 개발을 고려할 수 있다. 학구에서

사진 2.1 표준검사의 시행은 아동이 말 · 언어 서비스를 공립학교에서 받을 것인지를 결정할 것이지만, 검사의 결과가 언어장애를 정확하게 진단하는 것은 아니다.

부모옹호집단(parental advocacy groups)과 친밀하게 일하는 것도 언어장애 아동의 서비스를 위해서 필요한 자원을 지키는 데 도움이 될 것이다.

언어장애의 설명

언어장애에 대한 모든 정의들은 언어학, 행동주의, 또는 다른 무엇이든 간에 치료사들 사이에 상당한 논란을 일으킬 것 같다. 언어장애 아동이 손상될 수 있는 기술의 설명은 정의보다는 논쟁의 여지가 적고 더 실제적일 수 있다. 손상에 대한 설명은 언어장애 아동들을 평가하는 데 필수적이며 현저하게 유용하다. 언어장애의 설명은 그 자체가 이론적으로 중립이며 다양한(따라서 논란이 많은) 진단기준의 제약이 없으므로 다른 견해를 지닌 치료사들에게 더 유용할 수 있다. 치료사들은 자신이 서비스하는 아동이 지닌 언어장애를 설명한 후 자신의 전문적 환경에서 받아들인 지침에 따라 장애를 진단하고 치료할 수 있다.

언어장애를 가진 아동들의 이질적인 집단은 공통적으로 발생하는 일련의 결함들을 보인다.

- **언어 양의 부족.** 언어문제를 지닌 아동들은 대부분 학습하고 이해하여 산출하는 언어의 양에서 결함을 보인다. 이 아동들은 빈약한 언어 목록을 보인다. 초기발성의 부족, 어휘의 부족, 새로운 단어의 느린 학습 등은 사회적·학문적으로 필요한 언어를 학습하는 것에 문제를 보이는 첫 번째 징조이다. 그들의 사건과 개인적 경험에 대한 설명은 불충분하거나 부적절하거나 빈약할 것이다. 언어장애 아동은 특히 추상적인 사건을 가리키는 언어를 배우고 산출하는 데 어려움을 호소할 것이다. 그들의 표현은 현재의 구체적인 것으로 더 자주 제한될 수 있다.

- **불완전한 문법.** 언어장애 아동들은 일반적으로 적당한 문법요소들을 지닌 언어를 배우고 이해하며 산출하는 데 어려움이 있다. 구문론이 부족하여 문장은 더 짧고 단순하며 흔히 다양성이 전혀 없을 수도 있다. 이 아동들이 산출하는 언어는 다양한 문법형태소(예 : 복수형 *s*, 소유격 *s*, 현재진행형 *ing*, 관사, 대명사, 전치사 등)을 빠뜨릴 것이다. 구문이나 형태의 결함은 장애의 심각성에 따라 총체적이거나 포착하기 어려울 수 있다.

- **불충분하거나 부적절한 사회적 의사소통.** 화용언어문제가 있다고 설명된 언어장애를 지닌 아동들은 자신의 부족한 기술을 불충분하거나 부적절하게 산출할 수 있다. 그들의 사회적 의사소통은 시간, 장소, 인간, 대화의 주제에 부적당할 수 있다. 아동들은 대화를 시작하지 못할 수 있고 일단 시작된 주제를 유지하지 못할 수 있으며 화자를 중단시키거나 대화를 하면서 눈맞춤을 회피할 수 있다. 아동들은 사물 요구와 도움 요구를 못할 수 있고 들은 언어를 이해하지 못할 때 질문을 할 수 없을 것이며, 이해의 부족으로 간단한 명령에 복종하지 못하거나 다른 사람이 아동의 말을 이해하지 못했을 때 다르게 말하는 법을 모를 수도 있다.

- **비언어 의사소통기술의 부족.** 언어장애 아동들은 부족한 비언어 의사소통기술을 보일 수 있다. 몸짓과 다른 비언어 의사소통 수단들의 산출이 부족할 수 있다. 메시지의 이해를 촉진하는 몸짓은 그들이 구어로 의사소통하는 시도를 보완하지 못할 것이다. 아동들은 의사소통을 하는 동안에 다른 사람들이 사용하는 신호와 몸짓을 이해하지 못할 것이다. 비언어기술 학습은 지체되거나 손상될 수 있다.

치료사 : 안녕 탐, 오늘 어떠니?
탐 : (무반응)
치료사 : 이 그림에서 무엇이 보이니?(많은 동물들이 있는 그림을 보이며)
탐 : 야옹이(Kitty)
치료사 : 다른 건?
탐 : (어깨를 으쓱한다.)
치료사 : 이것에 대해 이야기해 줘.
탐 : 강아지가 자고 있어(Doggy sleeping).
치료사 : 무엇 위에서 자고 있지?
탐 : 침대(Bed).
탐이 산출했던 언어 양의 부족과 정교화의 결여에 주목하라.

치료사 : 매트, 이것들이 무엇이지?
매트 : 컵 두 개(Two cup).
치료사 : 여기 무엇이 보이니?
매트 : 소년이 달리고 있어(Boy running).
치료사 : 이건 누구 가방이니? 이 여자 것이니 아니면 저 남자 것이니?
매트 : 여자.
치료사 : 크레용이 어디 있니?
매트 : 상자(Box).
치료사 : 크레용이 상자에 있어라고 말해 봐.
탐 : 상자에(In box).
빠뜨린 문법형태소와 짧은 발화에 주목하라.

치료사 : 좋은 아침이다, 존!
존 : 안녕(Hi).
치료사 : 나는 너에게 오늘 우리가 무엇을 하려고 한다는 말을 하려고 했어(I was going to tell you that we are going to …)
존 : 제니 선생님, 무엇을 알아요?(Miss Jenny, you know what?)
치료사 : 그래, 말해 줘.
존 : 음, 새 신발(See, new shoes).
치료사 : 언제 그걸 샀니?
존 : 어제(Yesterday).
치료사 : 누가 너를 가게로 데려갔니?
존 : 난 오늘 레고놀이를 하고 싶어(I want to play with the Legos today).
치료사에게 인사를 하지 못한 것, 중단; 치료사가 도입한 대화의 주제를 유지하지 못한 것 등을 주목하라.

● 문해기술의 부족. 구어와 몸짓 의사소통의 결함 이외에도 언어장애 아동들은 읽기와 쓰기장애를 겪을 수 있다. 언어의 추상적 사용도 악화될 수 있다. 아동들은 관용어, 격언, 속담 등을 이해하지 못하거나 비유적이 아닌 문자 그대로 해석할 수 있다.

> 1. **어머니** : 조야, 피곤해 보인다. 왜 자지 않니?(Why don't you hit the sack?)
> **조** : 난 그걸 치킬 원치 않아!(I don't want to hit it!)
> 2. **어머니** : 비가 억수같이 쏟아지네(It is raining cats and dogs).
> **조** : (어리둥절해 하며) 아냐, 그냥 비가 오고 있어, 엄마(No, it is just raining, Mom!)
> *조가 관용적 표현을 문자 그대로 해석하는 것을 주목하라.*

언어장애 아동들의 기본적 문제에 대한 간략한 설명은 특정 원인론에 한정되지 않는다. 이 설명은 언어장애 아동들이 가질 수 있는 일정한 공통적 어려움을 정리한 것이다. 관련된 임상질환에 따라서 언어장애 아동들도 감각결함(예 : 청력손상), 행동문제(주의력결핍), 또 독특한 언어특징(예 : 자폐증을 지닌 아동들)이 나타날 수 있다. 그런 특수한 임상질환을 지닌 아동들의 언어는 이 책의 제3부에 포함된 뒤의 장들에서 설명된다.

다른 명칭으로 불리는 언어장애

아동이 지닌 사회적 의사소통 결함을 설명하기 위해서 **언어장애**(language disorder)라는 용어를 사용하는 것을 선호하지만, 다른 명칭들도 있다. 전문가 대부분이 그 용어를 사용하기는 하지만 치료사는 다양한 다른 용어와도 마주하게 된다. 일부는 역사적 중요성을 내포하고 있으며, 어떤 용어는 현재의 문헌에서는 언어장애의 유의어로 사용되기도 한다. 예를 들면, 아동들이 갖는 부족한 언어기술은 아동기 실어증(aphasia) 또는 선천적 실어증, 부전실어증(dysphasia), 언어일탈(language deviance), 언어결함(language impairment), 언어지체(language delay), 또는 언어장애(language disorder) 등으로 불릴 수 있다. 이것은 복잡한 문제로 전문가들은 이런 용어들의 정의뿐만 아니라 용어의 적절성과 타당성에 대해서도 의견이 일치하지 않는다.

아동기, 선천적 실어증, 부전실어증

언어장애에 관한 일부 초기 연구자들은 언어기술을 학습하는 데 곤란을 겪는 아동들이 신경학적으로 손상될 수 있다고 믿었다(Benton, 1964; Eisenson, 1972). 연구자와 치료사들은 실어증, 즉 뇌혈관사고(뇌졸중)로 야기되는 뇌의 특정한 부분적 병소에 기인한 성인 언어장애와 아동 언어장애 간 병소 종류의 유사성을 발견했다. 그러므로 과거에는 **아동기 실어증**(childhood aphasia)이라는 용어를 아동의 언어장애를 설명하기 위해 사용했다. 그러나 뇌의 병소적 문제로 언어장애가 수반되는 경향이 있다고 해도 모든 아동의 언어장애가 신경학적 문제 때문이라는 견해를 뒷받침하는 증거는 없다. 언어장애를 가진 많은 아동들이

> 아동기 실어증이나 부전실어증이라는 용어들은 왜 부적절한가?

국소적 뇌손상(focal brain injury)의 신경학적 또는 행동적 증상을 보이는 건 아니다. 잠재적 신경학적 손상을 배제할 수 없으며 미래 신경학 연구가 보다 생산적임이 입증될 수 있다고 해도 아동들 대부분의 언어학습문제를 설명하기 위해 **아동기 실어증**이라는 용어를 사용할 어떠한 정당성도 현재는 없다.

부전실어증(dysphasia)이라는 용어도 언어장애를 지닌 아동이 신경학적 결함을 가지고 있음을 함축적으로 담고 있다. **부전실어증**(dysphasia)은 신경학적 근거를 가진 언어장애이다. 이 용어는 아동기 실어증과 같은 이유로 현재 사용되지 않는다. 게다가 부전실어증이라는 용어는 삼킴장애로 정의된 **연하곤란**(dysphagia)의 평가와 치료가 언어치료사의 실제 범위에 포함되기 훨씬 전에 사용되었다. 연하곤란과 부전실어증이라는 두 용어는 아주 다른 의미지만 같이 사용하면 혼란을 일으킬 정도로 아주 유사하다. 이것이 부전실어증이라는 용어를 버린 또 다른 이유다.

연하곤란(dysphagia)은 언어장애인가?

언어일탈

과거에 일부 전문가들은 언어를 습득할 때 아동들이 표준에서 벗어난 양식을 따르는지 아니면 정상적인 양식을 따르지만 좀 더 느리게 발달하는지 알고 싶어 했다. 언어장애가 일부 아동이 보이는 이례적이거나 비정상적 양식을 따르는 결과라고 생각하는 사람들은 **언어일탈**(language deviance)이라는 용어를 사용할 가능성이 많다. 그 용어는 언어곤란을 지닌 아동이 언어습득에서 느린 것이 아니라 전형적으로 자기 언어를 배우는 아동에게서는 발견되지 않는 언어양식을 보임을 암시한다.

다른 문제가 없이 언어장애를 지닌 아동들이 언어습득의 일탈된 양식을 보이는가?

이것은 일부 진단범주에 확실히 적용된다. 예를 들어, 자폐증 아동들은 정상적으로 언어를 배우고 있는 사람이나 다른 복합적 비정상을 지니지 않고도 언어장애를 나타내는 사람을 포함하여 다른 아동들에게서는 발견되지 않는 언어양식을 보일 수 있다. 그럼에도 불구하고 오늘날 많은 언어장애 아동이 정상적 발달양식을 따르고는 있어도 그 습득은 느리며, 정상보다 낮은 수준에서 발달을 멈출 수 있다는 증거가 압도적이다. 그러므로 **언어일탈**이라는 용어는 언어장애를 지닌 아동들 대부분의 언어문제를 설명하지 않으며 현재 사용되지도 않는다.

언어결함

장애는 사람의 정상적인 기능에 영향을 줄 수도 있고 그렇지 않을 수도 있다. 결함은 "정상활동을 방해하는 해부학적, 생리학적 또는 심리학적 이상으로부터 생기는 구조나 기능에서의 어떠한 장애"이다(Anderson et al., 2002). 확실히 언어기술의 불완전은 정상적인 사회적, 학문적, 또는 직업상 활동들을 방해한다. 앞에서 언급되었듯이 아동과 성인들이 그들이 접해 있는 환경과 떨어진 환경에 있는 사람들의 행동에 영향을 미치는 것은 언어행동을 통해서이다. 불완전한 언어기술을 가지고 있는 아동과 성인들은 온전한 언어기술을 지닌 사람들처럼 완전하게, 명확하게, 또는 인상적으로 다른 사람들에게 영향을 미칠 수 없다. 요구를 할 수 없거나 읽을 수 없는 아동이 적절한 예시이다. 이러한 아동은 사회적·학문적 결함을 갖는다.

언어결함(language impairment)이라는 용어의 사용이 비록 그 부정적인 함의 때문에 그 사용을 반대할 수는 있어도, 광범위하며 일반적으로 받아들일 수 있기는 하다. 부정적인 함축은 어떤 문제나 한계를 시사한다. 따라서 어떤 진단 용어에서(천재의 진단은 예외가 될 수 있을 것이다!) 부정적인 함의를 제거하기는 어렵다. 이 책에서는 언어장애(language disorder)와 언어결함(language impairment)이라는 용어를 같

> 언어장애와 언어결함은 동일한 의미를 지니고 있는가?

은 의미로 사용하려고 한다. 그렇지만 다른 어떤 임상상태와 관련되지 않은 언어장애를 설명하기 위해서는 언어결함이라는 용어를 일상적으로 사용한다고 언급할 수 있다.

언어지체

지체는 무엇이 없는 상태가 아니라 지연되긴 하지만 최종적으로는 목적에 도달하는 것을 의미한다. 많은 초기 연구자와 치료사들은 언어를 느리게 배우는 아동이 비슷한 연령의 다른 아동을 곧 따라 잡을 것이라고 생각했다. 그러므로 언어지체(language delay)라는 용어는 '말이 늦은' 아동들을 설명하는 것처럼 보인다. 굼뜬 속도로 말늦은 아이는 학교를 다니며 발달이 진전됨에 따라 적어도 평균적인 언어기술을 습득할 것으로 기대되었다.

아동의 언어문제를 간단히 '지체되었다'고 주장할 수 있을지의 문제는 치료에 시사하는 점이 있다. 어느 정도까지 느리게 배우는 것을 용인해 주는 사회에서는 아마도 말이 늦은 아동을 치료할 필요성에 대해 많이 생각하지 않을 것이다. 그러므로 다른 용어법상 차별과는 다르게 이런 지체와 장애의 이분법은 경험적 연구를 많이 이끌어 냈다.

경증의 초기 언어지체를 보이는 많은 아동들은 결국 정상적인 언어기술을 습득하지만, 연구에서는 일부 잔류결함이 아동기 후기에 뚜렷해질 수 있음을 보여준다. Beitchman 등(1996)은 5세에 전반적인 언어기술이 느리다고 확인된 아동들이 12세 5개월 때의 재검사에서 여전히 불충분하기는 해도 언어, 인지, 학업 등의 측정을 잘 수행했다는 것을 발견했다. 후속 연구에서 Beitchman 등(1996)은 5세에 전반적인 언어기술이 낮았던 아동들은 12세 5개월의 연령까지 공격적 과잉행동증후군을 포함하는 행동장애를 나타낼 가능성이 많았음을 발견했다.

Stothard 등(1998)은 4세의 연령에서 언어지체를 보였던 청소년 71명에 대해 종단적 추적연구를 했다. 5세의 연령에서 그때까지 언어지체가 해결된 아동들과 언어지체가 아직도 지속되는 아동들 두 집단으로 나누어졌다. 연구자들은 초기 언어문제가 해결된 아동의 경우 어휘와 언어이해 평가에서 연령

을 맞춘 정상언어의 통제집단과 비교했을 때 15~17세의 연령에서 다르지 않았지만 문해기술 검사에서는 상당히 떨어짐을 발견했다. 더욱이 5세 연령까지도 아직 언어문제를 가지고 있던 아동들은 구어와 문어의 모든 측면에서 상당한 결함이 지속되고 있었으며, 어휘 성장에서 지속적으로 또래집단에 꽤 많이 지연되고 있었다.

Johnson 등(1999)의 또 다른 종단연구에서도 5세의 연령에서 말 그리고/또는 언어장애가 있다고 확인된 학생 집단을 12세와 19세의 연령에서 통제집단과 비교했을 때 지속적으로 의사소통장애를 보였음을 발견했다. 언어장애가 있다고 진단되었던 사람과 비교할 때 말(조음)장애로 진단되었던 사람들의 장기적 결과가 더 좋았으며 오랜 시간 동안 언어 수행에서 안정성을 나타냈다. 또한 단순언어장애라고 진단을 받았던 아동들이 감각, 구조적, 신경, 또는 인지 등의 결함과 관련된 언어장애를 지닌 아동들보다는 집단적으로 더 잘 수행했다.

Rescorla(2002)는 유아처럼 '말이 늦다'고 묘사된 아동 34명과 6~9세의 전형적으로 발달하는 아동 25명의 대응집단을 비교하는 연구를 했다. 말이 늦은 아동들은 대부분의 언어 과제에서 5세까지 평균범위의 수행을 보였지만 9세까지는 유의하게 더 낮은 점수를 받았으며, 읽기에서 약간의 미숙함을 보였다.

잔류결함에 대한 연구는 일부 중요한 문제들을 제기한다. 첫째, 더 나이 든 아동들(청소년들)에게 존재하는 지속적인 언어결함의 평가는 어렵다. 어휘평가, 언어표본, 형태와 구문기술의 표준화 검사는 고등학교 이상의 성취에서 요구되는 복잡하고 추상적인 언어기술을 총체적으로 저평가할 수 있다. 그러므로 더 나이 든 아동들에게 나타나는 잔류결함은 지금까지 보고된 것보다 더 클 수 있다. 둘째, 지금 삶의 초기에 제공되는 것보다 더욱 효율적이

4세 아동이 언어장애를 가졌다고 진단받은 경우 가장 좋은 정책은 (1) 그 아동이 결국은 다른 아동들을 따라잡을 것이라고 가정한다. 또는 (2) 치료와 부모교육을 제공한다의 두 가지 가운데 무엇일까?

고 집중적인 치료를 하게 되면 전부는 아니겠지만 일부 아동들에서 오래 끄는 것으로 보이는 대부분의 잔류효과를 제거하는 것이 가능하다. 셋째, 치료사를 곤란하게 하는 상태(예 : 발달장애, 신경장애, 자폐스펙트럼장애)를 겪고 있다고 진단된 심한 언어장애 아동은 집중적이고 효율적인 치료로 상당한 개선을 경험함에도 불구하고 지속적으로 언어결함을 보일 수 있다. 여하튼 언어장애가 아동에게 어떠한 부정적인 사회적, 학업상 결과를 가져오지 않게 단시간 안에 스스로 해결될 것이라는 가정은 지지할 수 없다. 조기중재와 부모교육은 언어장애를 지닌 모든 아동들의 경우에 필수적이다.

고유한 의미 때문에 **언어지체**라는 용어의 사용보다 **언어장애**라는 용어가 더 선호된다. 언어지체라는 용어는 아동의 언어장애가 발달장애, 자폐증, 또는 신경결함과 같은 다른 임상조건과 관련될 때는 특히 부적절하다. 이러한 진단으로 고군분투하고 있는 아동의 가족들에게 언어지체라는 용어는 잘못된 희망을 조장하여 적절한 치료를 받지 못하게 할 수도 있고 전문적인 도움을 구하지 못하도록 할 수도 있다.

언어장애의 출현율과 발생률

일정한 시간에 특정한 장애로 진단받은 사람들의 수가 **출현율**(prevalence)이다. 반면에 **발생률**(incidence)은 일정 기간, 일반적으로 1년에 걸쳐 정상 모집단에서 어떤 장애가 나타나는 비율이다. 출현율은 질병의 현재 상태이며 발생률은 그 질병이 미래에 발생하는 비율이다.

정상적으로 의사소통을 하고 있지만 관찰기간이 진행되는 동안 언어장애가 나타난 아동의 수는 장애의 발생률이다(American Speech-Language-Hearing Association, 1991; Portney & Watkins, 2000; Rothman & Greenland, 1998). 이 경우 언어장애로 진단된 아동의 수를 나타내기 위해서 신생아를 수년간 추적해야 할 것이다. 질병이나 장애를 보이는 사람들의 수를 나타내기 위해서 오랜 기간에 걸쳐 정상적인 또는 건강한 아동(또는 성인)을 관찰하는 것을 **종단법**(longitudinal method)이라고 부른다. 이 방법은 비용이 많이 들고 시간이 걸리기 때문에 거의 실시되지 않았다.

출현율을 측정하는 사람들은 항상 관심 있는 임상조건을 이미 가진 사람들로 시작한다. 출현율을 입증할 때 "현재 얼마나 많은 사람들이 장애 또는 질병을 가지는가?"라는 간단한 질문을 한다. 예컨대 "X 학구에서 얼마나 많은 아동이 언어장애를 가지고 있는가?"라고 물을 수 있다. 이런 단순한 질문에 대답하기 위해 연구자들은 학교나 다른 시설을 통틀어 임상기록의 표본을 뽑는다(Leonard, 1998; Portney & Watkins, 2000; Rothman & Greenland, 1998). 연구자들은 언어장애를 지닌 아동의 수를 센다. 본래 시골, 주, 또는 한 지역에서 언어장애로 진단받은 아동들 머릿수를 세는 단순한 총계가 실행가능하다면 출현율 자료를 줄 것이다. 그것만으로 연구자들은 한 장애의 출현율을 입증하기 위해 사회의 한 부분에 대해 한 번만 관찰을 하는 **횡단법**(cross-sectional method)을 사용한다.

대부분 아동기 언어장애는 출현율의 측정이 발생률의 측정보다 실제적으로 중요하다. 언어장애로 진단받은 대부분의 아동들은 사회적 의사소통을 시작할 때부터 이미 장애를 갖고 있다. 실어증이 있는 성인과는 달리 아동에게 나타나는 언어장애는 일반적으로 장애를 갖기 전에 유창한 언어기술이 있는 기간이 없다. 그렇지만 예외는 있다. 아동기의 다양한 단계에서 뇌손상을 입거나 심한 청각손상이 생긴 아동들은 정상적 언어기술이 있었던 선행의 다양한 기간을 가질 것이다. 그러나 대다수의 아동(자폐증, 선천적 청각손상, 특정 유전적 증후군을 지닌 사람들 포함)에게 언어장애는 사회적 의사소통의 가장 초기부터 명백하다. 그러므로 출현율은 찾아내야 할 척도이다.

출현율(prevalence)과 발생률(incidence)은 어떻게 다른가?

머릿수 총계의 방법은 단순해 보이지만 한 학구, 한 주, 또는 한 국가에 있는 언어장애 아동들을 세는 것은 범위가 클수록 점차 더 복잡해진다. 언어장애를 지닌 아동의 수를 세는 가장 일반적이고 실제적인 방법은 여러 조직(학구), 기관(주와 지역 아동서비스), 치료시설(사설치료실, 병원의 외래 언어청각치료실) 등에서 통계를 모으는 것이다.

출현율 자료를 입증하기 위해서 수집된 통계의 신뢰도와 타당도를 다음의 여러 요인이 감소시킬 수 있다. 첫째, 언어장애를 지닌 아동의 수는 연령에 걸쳐 변화한다. 경증의 언어장애를 위해 성공적인 중재를 받았던 더 어린 아동 일부는 나이가 들면서 그 장애에서 벗어날 수 있다. 둘째, 언어장애를 지닌 아동 일부는 언어장애로 인식되지 못한 채 학습장애, 정서장애, 자폐증, 발달장애, 뇌성마비, 청각 손상 등을 지닌 아동으로 계산될 수 있다. 셋째, 언어장애를 지닌 아동에 대한 통계를 보고하는 여러 기관은 진단과 서비스 전달의 기준을 다양하게 사용한다. 일반적으로 경증의 언어장애 아동은 중증의 언어장애 아동보다 빠질 가능성이 더 많다. 넷째, 언어장애는 사회경제적 집단에 따라 변한다. 왜곡된 상위층 사회경제적 수준의 표본추출은 가난한 계층의 장애 발생률보다 과소평가할 수 있다. 이런 이유로 일정한 연도에 따른 언어장애를 지닌 아동 수를 말하기는 어렵다.

몇몇 유용한 연구에서 아동의 12~13%가 언어장애를 나타낸다고 보고하였다. Beitchman 등(1986)은 캐나다의 오타와-칼튼 지역에 있는 5세 아동 1,655명의 표본 중에서 12.6%가 언어장애임을 발견했다. 또한 연구자들은 언어장애를 지닌 아동들의 4.56%가 말장애도 가졌음을 발견했다. Tomblin, Records, Zhang(1996)은 유치원 아동 1,502명의 미국 표본에서 13.58%에서 언어장애를 발견했다.

다른 복잡한 임상조건들을 갖고 있지 않은 아동들에게서 언어장애로 보고된 출현율은 상대적으로 변함이 없다. 언어문제 외에 다른 부분들은 정상인 아동을 단순언어장애라고 하여 제3장에서 자세히 다루었다. 여러 연구들이 유치원에서 7~8%의 단순언어장애 출현율을 시사한다. Tomblin 등(1997)은 영어만을 말하는 유치원 아동 7, 218명의 선별된 표본에 근거하여 7.4%의 출현율을 보고했다. 또한 연구자들은 소녀들의 경우 기대된 것보다 다소 더 높은 6%, 소년들은 8%의 출현율이었다고 보고했다. Ruben(2000)도 유치원 아동들의 7.5% 단순언어장애 출현율을 보고했다. 더욱이 미국 국립보건원(NIH)에 의한 한 연구에서는 5세 아동 가운데 7.6%의 출현율로 나타났다(Ervin, 2001).

아동에게 나타나고 있는 언어장애의 전반적인 출현율은 단순언어장애에서 보고된 7~8% 또는 선별되지 않은 아동들에서 보고된 12~13%보다 더 높다. 이 숫자의 어디에도 청력손실(농이나 난청), 발달장애, 자폐증, 뇌성마비, 외상성 뇌손상 등과 관련된 언어장애를 지닌 아동은 포함되지 않는다. 이런 질환을 위한 출현율 숫자는 앞으로 소개할 장들에서 논의할 것이다.

 다양한 언어장애

언어장애를 보이는 아동들은 다양하다. 따라서 그 총체적 임상상황은 아동들에 따라 변한다. 이 변화는 개별적 차이점 때문만이 아니라 관련된 임상조건 때문이기도 하다. 이 변화는 단순언어장애와 다른 임상조건과 관련된 언어장애의 두 넓은 범주로 분류될 수 있다.

단순언어장애(Specific Language Impairment, SLI)는 앞서 언급했듯이 다른 임상진단과 관련되지 않는다. 일부 아동들이 특정 감각이나 지적 기능에서 추가로 잠재적인 장애를 가지고 있을 수 있기는 하지만 그들의 주된 또는 근본적인 문제는 언어장애이다(Leonard, 1998; 자세한 것은 제3장 참조).

언어장애의 두 번째 범주는 범위가 넓으며 언어문제 이외에 다양한 장애를 포함한다. 그러므로 이 범주는 관련된 임상질환를 가진 언어장애라고 불릴 수 있다. 이 둘째 범주의 언어장애를 지닌 아동들은 또 다른 주된 또는 부차적인 진단을 갖는다. 본래 이 범주의 아동들은 언어장애와 또 다른 감각, 행동, 신경, 또는 지적 등의 장애라는 두 개의 임상조건으로 진단된다. 예를 들어, 일부 아동이 가지는 구어장애는 듣기 민감성 감소와 관련된다. 다른 아동들의 언어장애는 자폐증, 신경장애, 또는 발달장애 등과 관련될 수 있다. 그렇지만 이 아동들이 가지는 이중 진단은 대부분 실제적, 또는 전문적 중요성을 지닌 문제이다. 언어치료사들은 이중진단을 지닌 아동이 다른 문제를 가지고 있다는 것을 인식하면서도 언어장애 평가와 치료를 하게 된다. 또한 언어치료사는 언어장애가 다른 전문가들이 평가하고 치료하는 문제를 포함하는 더 큰 임상의 그림 가운데 한 부분임을 인식한다. 일차적 진단과 관련된 다른 언어장애는 이 책의 제3부에서 설명된다.

역사적으로 언어장애는 병인론으로 또는 설명적으로 분류되어 왔다. 일반적으로 임상질환과 관련된 언어장애를 부르는 명칭은 병인론에 근거한 분류라고 설명한다. 장애나 질병의 **병인론 분류**(etiological classification)는 그 원인에 근거한다. 병인론 분류로 언어장애를 장애의 추정되거나 표현된 원인에 따라 분류할 수 있다. 병인론 분류는 장애의 원인이나 원인이 알려질 때 가장 효율적인 처치가 이상적으로 가능하다는 의학모형에 근거한다. 원인이 밝혀지면 증상이 아닌 원인이 처치된다. 예를 들어 환자가 위통을 호소할 때 원인은 궤양일 수 있지만 그 증상은 고통이다. 고통을 일시적으로 관리할 수는 있지만 효율적이며 지속적인 처치는 궤양으로 돌려진다. 질병의 원인이 불분명할 때 처치는 치료가 아닌 증상에 관한 것이 될 것이며 근본적인 질병이 아니라 증상에만 처치된다. 환자에게 발병한 질병이 처치되지 않는 동안 아스피린으로 열만을 감소시키는 것이 증상에 관한 치료의 예이다.

병인론은 장애와 질병의 원인에 대한 연구이다.

언어장애에 적용하면 병인론 분류는 일부 아동들에게 발달장애, 자폐증, 농, 신경결함 등이 구어장애의 원인이라는 것을 암시한다. 그 아동들에게 자폐증, 발달장애 등이 없다면, 언어장애도 없었을 것이라는 논리이다. 그러므로 발달장애 또는 자폐증은 언어장애의 원인이 된다는 것이다. 불행히도 이 주장이 명백히 타당하기는 하지만 일부 중대한 한계점을 내포하고 있다.

과학적으로 원인과 효과는 별개이며 이 둘은 처음부터 공존하거나 동시발생하지 않아야 한다. 언어장애를 지닌 여러 아동의 경우 원인과 효과(언어장애)가 나타나면 그 둘은 시간상 분리된다는 기본적인 신조를 병인론 분류는 충족시키지 못한다. 발달장애나 자폐증이 아동 언어장애의 원인인가라는 질문을 생각해 보자. 그럴 수도 있지만 그렇지 않을 가능성이 더 크다. 아동이 발달장애나 자폐증이라는 것을

자폐증은 언어장애 또는 공존하는 질환의 원인이 될 수 있는가?

치료사가 어떻게 아는가? 그 아동의 언어가 부족하거나 특별한 특징을 보이기 때문에 어느 정도는 알 수는 있다. 언어장애는 이 임상조건들의 부분이며 그 조건은 부족하거나 비정상적인 아동의 언어행동 때문에 어느 정도 진단된다. 언어장애가 임상조건(자폐증이나 발달장애)의 부분이라면 그 조건이 장애의 원인일 리가 없다.

다른 경우에 병인론 분류는 부족하지만 더 나은 의미를 지닌다. 예로 난청과 언어장애는 기술적으로 별개일 수 있다. 아동의 난청은 언어장애 이전에 뚜렷해질 수 있다. 난청은 언어기술과 독립적으로 측정한다. 마찬가지로 외상성 뇌손상(Traumatic Brain Injury, TBI)은 언어기술과 독립적으로 측정할 수 있다. 일부 경우 정상 언어기술의 증거는 뇌손상 이전에 입증되었을 수 있으며 언어기술의 결함은 뇌손상 이후에 측정될 수 있다. 이 경우 병인론적 모형은 제한적 가치를 지닐 수 있다.

하지만 특정한 임상질환이 언어장애의 원인이라고 생각되는 각 사례에서는 그 원인이 결코 실험적으로 입증되지 않는다는 것을 주시해야 한다. 추정된 원인(예 : 발달장애)과 언어장애는 상호 관련된 질환이다. 둘 다 보다 중요한 다른 원인이 있을 수 있다. 이 원인에는 비정상적 유전자, 유전적 소인, 비우호적인 주변의 특정한 사건(예 : 아동과의 사회적 상호작용이나 자극의 부족) 등이 포함될 수 있다.

언어장애의 **기술적 분류**(descriptive classification)는 인과관계의 명시적인 가정을 회피한다. 기술적 분류를 지지하는 사람들은 언어장애의 원인을 명확히 밝히기는 어려우며, 따라서 주된 임상과제는 문제를 지닌 아동의 언어특성을 설명하는 것이라고 믿는다. 언어장애 아동의 의미, 문법, 화용 등의 결함을 포괄적으로 기술하는 것이 평가하고 중재하는 데 있어서 임상적으로 충분한 것이라고 간주된다.

언어장애에 대한 기술적 분류가 원인을 연구하거나 이해하는 데 중요하지 않다고 해서는 안 된다. 일부 아동들이 언어장애를 보이는 이유를 이해하는 것은 중요하다. 원인불명이라 해도 치료사는 언어장애를 치료할 수 있다. 만약 원인을 안다면 그 결과를 예방할 수 있을 것이다. 기술적 분류에 관한 논의에서 중요한 것은 원인이 연구되지 않은 관련된(병존하는) 질환에 대해 원인을 가정하거나 부여하는 것이 유용하지 않다는 것이다.

병인론 분류와 기술적 분류는 상호 배타적이지 않다. 그렇게 다뤄지면 어떤 분류도 아동의 언어장애를 이해하는 데 유용하지 않다. 그 원인과 효과를 잘 이해하는 것이 필요하다. 유효한 원인이 드러날 때까지 치료사와 연구자들은 지나친 공론은 억제해야 할 것이다.

특정 아동의 언어장애 원인으로 발달장애, 자폐증, 외상성 뇌손상을 생각하는 것이 유용하지 않은 반면, 아동이 관련 임상질환 중 하나를 겪고 있다는 것을 아는 것은 도움이 된다. 이 지식은 평가와 치료계획 모두에 필수적이다. 각 임상질환은 평가와 중재를 할 때 치료사에게 일부 특별한 난제들을 제기한다. 자폐증, 발달장애, 또 다른 임상질환 등에 대해 피상적인 지식만을 가진 치료사는 아동의 포괄적인 평가와 치료에 준비되지 못한 것이다.

기본적 치료기법이 여전히 동일하거나 상당히 유사하다고 해도 아동이 자폐증, 발달장애, 뇌손상,

또는 난청이나 전농을 가지고 있다면 아동의 언어장애 치료사는 다르게 접근할 것이다. 예를 들면 치료를 계획하고 수행할 때 치료사는 외상성 뇌손상 아동의 주의력결핍, 자폐증 아동의 도전적 행동문제, 발달장애 아동의 부족한 지적 잠재력, 난청 아동의 증폭 필요성 등을 다룰 준비가 되어야 한다. 언어기술을 가르치는 것 외에 치료사는 아동의 임상질환에 따라서 일부 바람직하지 못한 행동 감소시키기, 협동적인 행동 확립시키기, 집중 행동 증가시키기, 증폭기 사용하기 등의 계획을 세워야 한다. 단순언어장애 아동에게는 어떤 특별한 관심사가 유사하게 존재하지 않을 수 있다.

지금까지 언급된 이유 때문에 이 책에서 채택된 관련질환에서 비롯된 언어장애 설명은 치료계획과 운영에 영향을 미치는 관련 결함과 언어의 전반적인 양식을 분석하는 데 필요하다. 이런 태도는 현재 지식에 근거한 병인론 접근법의 한계점을 인정하고 언어장애 원인의 발견을 중요하게 인식하며 언어장애와 공존할 수 있는 임상질환의 평가 및 치료와의 관련성을 강조한다.

언어장애의 위험인자

특정한 원인들이 불확실하게 남아 있기는 하지만 많은 인자들이 언어장애와 관련된다고 알려졌다. 앞의 절에서 언어장애가 발달장애, 난청과 같은 임상질환의 일부라고 언급했었다. 다른 많은 인자들도 아동들의 삶에서 후에 언어장애와 관련된다. 임상진단 이전부터 사람들에게 존재하는 관련인자들은 **위험인자**(risk factor)라고 알려져 있다. 그 인자들이 장애를 발생시킨다는 보장은 없다 해도 특정인자의 존재와 특정한 장애의 이후 발현 사이에는 확실히 관련이 있다. 본래 그런 인자들은 장애와 서로 관계되며 장애는 일찍이 그 인자를 나타낸 아동들에게 예측될 수 있다. 보통 선천적, 출산 전후, 신생아, 또는 환경 등의 여러 인자가 언어장애와 관련되며 원인은 아니라 해도 기여인자로 생각할 수 있다.

선천적 위험인자

선천적 질환(prenatal conditions)에는 조산을 야기할 수 있는 질환을 포함하여 출생 이전의 발달하는 태아에게 영향을 미칠 수 있는 인자들이 포함된다. 다양한 모계인자들이 인간태아의 선천적인 발달에 영향을 줄 수 있다. 태아의 정상적 발달에 영향을 미치는 어떠한 변수도 언어습득에 해로운 영향을 미칠 수 있다.

알코올, 니코틴, 불법마약, 카페인 등과 같은 일반적인 기형발생(독성) 물질들을 어머니가 사용하는 것은 태아의 발달을 심하게 저해할 수 있다. 어머니의 약물사용은 출생하고 바로 금단현상과 관련된 증상을 보이는 약물중독 아기를 낳을 수 있다. 이 증상에는 떨림, 성마름, 고음의 울음, 발작, 섭식부족이 포함될 수 있다(American Academy of Pediatrics Committee on Drugs, 1998). 신장이

톡소플라스마증은 원생기생충 톡소플라스마 곤디(*toxoplasma gondii*)에 의해 생기는 질병이다. 풍진은 독일 홍역으로도 알려졌다. 거대세포바이러스는 포진 바이러스의 집단이다(인간 포진 바이러스 5). 단순포진(*herpes simplex*) 바이러스는 여러 종류의 피부질환을 일으킨다.

나 방광의 감염과 같은 어머니의 감염은 자주 심각한 태아기형을 야기한다. 태아도 어머니의 바이러스성 질병의 발병으로 심각하게 영향을 받을 수 있다. TORCH는 톡소플라스마증(Toxoplasmosis), 다른 감염들(Other infections), 풍진바이러스(Rubella virus), 거대세포바이러스(Cytomegalovirus), 또 단순포진 바이러스(Herpes simplex virus) 등 한 집단의 바이러스의 약어이며 이 모두는 발달 중인 태아에게 특히 해롭다.

어머니가 걸린 하나 이상의 어떠한 작용물도 태아나 신생아의 감염을 야기할 수 있으며 TORCH 증후군을 발생시킨다. 효과에는 유산이나 사산, 태내발육지연, 또는 조산 등이 포함될 수 있다. 감염된 태아가 생존하면 그 아기는 난청, 발달장애, 심장결함, 시각장애, 또 소두증과 전반적 성장지연과 같은 다른 기형을 가지고 태어날 가능성이 있다. 이 효과를 완화시킬 효과적인 의학 처치는 없다(Anderson et al., 2002).

올바른 출산전 건강관리는 발달 중인 태아에게 대단히 중요하다. 불행히도 미국에서 산모들의 17%가 임신 초기 3개월의 건강관리를 받지 않으며, 3.9%는 너무 늦게 받거나 못 받는다. 이것은 미국이 1,000명 출생당 7.0명의 사망 비율로 영아사망률이 높은 국가들 중에서 24위에 위치하는 이유 중 하나가 될 수 있다(March of Dimes, 2004). 임신 초기 3개월 동안 산전 건강관리를 받지 않은 어머니에게서 태어난 영아는 산전 건강관리를 받은 어머니에게서 태어난 영아보다 상당히 높은 사망률을 나타낸다(Rosetti, 2001). 산전 건강관리의 결여는 영아사망률이나 조산 또는 둘 모두의 위험을 증대시키며, 살아남은 영아들에게는 언어장애 전개상 중대한 위험인자이다.

저체중아의 조산. 기술발전과 의학연구로 인해 과거보다 좀 더 많은 영아들을 구하는 것이 가능해졌다. 조산된 영아는 언어장애로 발전될 위험이 있으며, 더 일찍 조산할수록 언어장애를 수반하는 어떤 유형의 장애가 있을 가능성이 높아진다. 임신 22주에 태어난 아동들은 10%의 생존율을 보이며, 생존한 영아 중에서 65%는 어떤 종류의 심한 결함을 가질 것이다. 임신 24주에는 50%가 생존할 것이며 그중 33%는 중대한 결함을 가질 것이다. 임신 26주에는 90%가 생존할 것이며 그중 20%가 중대한 결함을 가질 것이다(Rosetti, 2002). 조산의 알려진 원인에는 다음이 포함된다.

- 양수나 양막의 감염
- 어머니의 약물이나 알코올 남용
- 태아곤란증
- 어머니의 연령(16세 이하이거나 36세 이상)
- 어머니의 콩팥 감염
- 다태임신

- 태반출혈
- 과도하거나 불충분한 양수
- 양막의 조기파열
- 어머니의 임신중독증(preeclampsia), 그 증상에는 고혈압, 단백뇨(소변에 비정상적으로 많은 양의 단백질이 있는), 부종(종기) 등이 포함됨
- 자궁기형 또는 '무력한(incompetent)' 자궁경관

조산은 낮은 출생시 체중(Low Birth Weight, LBW)을 초래한다. 체중이 1,500그램, 또는 약 $3\frac{1}{3}$ 파운드에 미달되는 영아는 언어장애를 포함하는 발달장애가 될 위험이 높다고 간주된다. 종종 저체중 출생 영아들은 신생아 집중치료실에서 연장 체류를 경험해야 하며, 그 경험으로 아동의 발달이 저해될 수 있다(발달장애의 위험인자에 대한 신생아 집중치료실의 설명를 보려면 글상자 2.3 참조).

출산전후 위험인자

출산전후 상황(perinatal conditions)은 출산을 하는 동안 영아에게 영향을 미칠 수 있는 인자들이다. 출

글상자 2.3   발달장애의 위험인자인 신생아 집중치료실 : 언어치료사들이 도울 수 있는 방법

신생아 집중치료실(NICU)은 영아의 생존이 우선 관심인 고도로 훈련된 의료요원을 직원으로 두고 있다. 그렇지만 신생아 집중치료실의 환경은 영아의 빈약한 발달상 결과의 원인이 될 수 있다. 연구자들은 밝은 형광조명, 소음 수준, 또 영아 생존에 필요한 잦은 의료처치를 관리하는 의료요원의 무뚝뚝한 취급 등을 받아야 하는 영아의 감각 과잉자극에 대해 우려를 표현했다(Blackburn, 1998; Bremer, Byers, & Kiehl, 2003; Slevin et al., 2000). 어머니와 다른 가족들로부터의 고립에 더하여 그런 과잉자극이 영아의 언어, 인지, 신경발달에 해로울 수 있다고 생각된다.

소음, 밝은 빛, 비인격적 취급 등과 장래의 발달지연 사이의 직접적 인과관계는 과학적으로 입증되지 않았다. 그렇지만 의료요원과 관리자들은 필요한 의학치료에 더하여 '발달상 배려(developmental care)'를 제안했다. 언어치료사는 집중치료실의 영아들과 상호작용을 할 때 이전엔 '모성어(motherese)'라고 불렸던 "아동중심 말(child-directed speech)"을 사용하는 더 부드러운, 보다 가

족친화적인 신생아 집중치료실을 제안하고 의료 직원들을 교육할 수 있다. Robinson(2003)은 신생아 집중치료실의 직원들에게 다음의 추가적 제안을 했다.

- 가능한 한 약한 조명과 음향으로 조용하고 편한 환경을 제공하라.
- 불필요한 경보를 피하고 가능한 한 필요 경보를 없애라.
- 신생아 집중치료실 직원이 내는 소리와 불필요하게 시끄러운 대화를 조심하라.
- 실제 치료를 위해 침대 위의 밝은 조명을 사용한다면 영아의 눈을 꼼꼼히 가려줘라.
- 가족이 하는 영아와의 상호작용과 양육을 위해 가능한 한 많은 공간과 편의를 제공하라.
- 가족이 영아의 침대 공간을 자신의 필요에 맞추도록 독려하고 환경을 보다 '가정처럼' 만들기 위해 할 수 있는 것을 가족에게 요구하라.

산전후(peirnatal)라는 용어는 출산이나 탄생의 시간과 과정에 관련된다. 산고, 분만과 관련된 여러 인자들이 장애를 야기할 수 있다.

- 비정상적으로 긴 진통(22~24시간이 초산 영아의 평균)
- 급속분만이나 통제되지 않는 출산
- 영아의 비정상태위(예 : 발, 무릎, 또는 엉덩이 등이 먼저 나타나는 역위)
- 제왕절개분만
- 비정상 심박수를 야기하는 태아곤란증
- 태반이상
- 뇌손상을 야기하는 여하한 출산전후 상황

신생아의 위험인자

신생아의 위험인자(neoantal risk factors)는 영아의 발달에 영향을 미치는 것들이다. 신생아 시기는 출생에서 다음 28일까지 계속된다. 이 기간은 신생아에게 결정적으로 중요하다. 영아들에게 특히 위험한 시기이며, 첫해에 발생하는 사망의 65%가 이 4주의 기간에 발생한다(Anderson et al., 2002).

신생아 기간과 관련된 위험인자들에는 다음이 포함된다(Rosetti, 2002).

- 낮거나 비정상적으로 높은 출생 체중
- 고빌리루빈혈증(hyperbilirubinemia) : 보통 황달이라고 불리는 피부색의 두드러지는 노란 색조로 신생아의 혈액에 있는 빌리루빈(노란색 쓸개즙 색소)의 과다. 경증에는 어떤 처치도 필요 없이 관찰만 한다. 중증에는 과잉 빌리루빈이 독이 되어 핵황달이라 불리는 질환이 되어서 뇌손상이 발생할 수 있다.
- 급식 부족
- 모든 종류의 감염
- 셋 이상의 사소한 이상의 집합 : 식별할 수 있는 선천적인 증후군이 없다고 해도, 셋 이상의 이상(예 : 물갈퀴 손가락, 발가락, 또는 둘 모두, 구개열, 과도하게 크고 돌출된 귀 등)이 장래 발달장애의 위험요인을 구성한다.

이런 출산전, 출산전후 신생아의 위험요인을 경험한 영아들은 밀착 관찰되어야 한다. 이 아동들의 주기적 평가는 장애를 위한 중재가 가능한 한 빨리 이루어질 수 있도록 언어장애가 존재하는지 결정하는 데 필요하다.

의학적 · 유전적 인자

유전되거나 되지 않을 수 있는 다양한 의학적 조건들이 언어장애와 관련된다. 예를 들어 선천성 매독은 언어학습을 포함하는 아동발달의 모든 측면에 부정적 영향을 미칠 것이다. 다양한 종류의 두개골과 뇌이상이 언어장애와 관련된다. 비정상적으로 작은 머리(소두증) 또는 뇌척수액의 축적에 기인한 비대한 머리(수두증)를 가지고 태어난 아동들은 언어학습이 어려울 것이다. 지속성 중증 발작장애도 언어학습에 부정적 영향을 미칠 수 있다(자세한 것은 제14장 참조).

아동의 입원 연장이 필요한 중증의 만성질환도 언어학습을 지체시킬 수 있다. 후두조직을 포함하는 말기제(speech mechanism)의 어떠한 손상도 같은 결과를 초래할 수 있다. 물론 난청은 구어장애를 야기하는 입증된 감각결함이다(자세한 것은 제14장 참조).

발달적 비정상을 야기하는 많은 유전증후군도 언어장애와 관련된다(Leonard, 1988; McCauley, 2001). **증후군**(syndrome)은 병적인 유전적, 해부생리학상 과정에 기인한 징후와 증상들의 집합체이다. 증후군은 유전되는 것일 수 있거나 그 증상들이 출생시에 보이며 반드시 유전되는 것은 아니라는 점에서 선천적일 수 있다. 언어장애와 관련되었다고 알려진 증후군들의 목록은 많다. 예컨대 다운증후군은 언어기술과 인지를 부족하게 하는 유전자 이상 때문이다. 난청 같은 감각결함을 야기하는 다른 많은 유전증후군이 언어장애와 관련된다. 사실 수백 개의 증후군들이 신체적 성장, 지능, 청력, 또 말과 언어에 영향을 미칠 수 있다(Shpintzen, 2000). 언어(그리고 말)장애와 관련된 일반적인 유전증후군 일부의 목록은 글상자 2.4를 참조하라.

유전인자는 언어장애가 유전증후군과 관련되지 않을 때조차 역할을 하는 듯하다. 예를 들어 몇몇 연구에서 언어장애가 다른 가족들보다 특정한 가족에서 더 일반적이라고 밝혀졌는데, 이것은 전반적인 유전인자의 잠재적 영향을 시사한다(Choudhury & Benasich, 2003; Tallal et al., 2001; Tomblin, 1989). 유전인자의 영향은 단순언어장애의 정황에서 널리 연구되었으며, 제3장에서 고찰된다.

환경인자

명백히 언어학습은 우호적인 가족과 사회환경을 필요로 한다(Hart & Risley, 1995; McLaughlin, 1998; Moerk, 1983, 1992, 2000). 언어환경과 언어학습에 대한 많은 연구가 정상적이거나 정상에 가까운 지적 · 감각적 기능에도 불구하고 언어를 배우지 못한 사람들과 대비되어 정상적으로 언어를 습득하고 있는 아동들을 대상으로 행해졌다. 특정한 사회나 가족 변수가 언어학습에 영향을 미친다고 알려졌다. 예를 들어 저소득층 가정의 아동, 거의 교육을 받지 못한 부모를 둔 아동, 높은 비율의 빈곤을 겪는 특정 소수집단의 아동은 정상보다 낮은 언어기술을 갖는 경향이 있다(Bruck & Tucker, 1974; Kaiser & Delaney, 1996; Kaiser et al., 2000; Kaiser, Cai, Hancock, & Foster, 2002; Tough, 1982; Whitehurst &

글상자 2.4   **언어장애와 관련해 선정된 증후군**

다운증후군 : 21번 염색체의 이상 때문에 삼염색체성 21로도 알려져 있다. 다양한 정도의 발달장애, 중이염, 난청, 말과 언어문제 등이 특징이다.

코넬리아 디란지증후군 : 소두증, 발달장애, 또 심한 말과 언어장애 등의 특징을 가진 선천성 증후군이다.

묘성증후군 : 5번 염색체의 이상으로 야기되는 묘성증후군은 고양이 울음소리와 닮은 아기 울음으로 식별된다. 발달장애와 언어장애가 일반적이다.

태아알코올증후군 : 임신한 동안 어머니의 알코올 중독에 기인한 선천적 증후군으로 소두증, 발달장애, 육체적 성장문제, 또 말과 언어장애 등을 일으킨다.

약체X염색체증후군 : X 염색체의 긴 팔에 있는 취약한 곳에서 야기된 X 염색체와 연관된 증후군으로 말과 언어문제들을 일으킨다.

뫼비우스증후군 : 선천적인 양측성 안면신경마비, 일부 경우의 가벼운 발달장애, 혀의 힘 감소, 잠재적 언어장애를 가지는 유전증후군이다.

피에르 로빈증후군 : 대부분의 경우에 상염색체의 열성유전 탓으로 생기는 다소 드문 유전증후군으로 구개열, 난청, 또 말−언어문제 등과 관련된다.

프레더윌리증후군 : 육체적 성장문제와 말−언어장애 등으로 특색지어지는 유전증후군이다.

터너증후군 : 정상적인 2개가 아닌 1개의 X(성) 염색체로 야기되므로 여성에게만 영향을 미친다. 이 증후군을 지닌 일부 아동들은 지능결함이 일반적이지는 않지만 언어학습의 문제를 보일 수 있다.

Fischel, 2000). 결국 언어장애는 고소득층 가정 출신보다는 저소득층 가정 출신의 아동들에게 보다 더 많이 나타난다. 그렇지만 경우에 따라서는 아프리카계 미국인 같은 소수집단들에 속한 아동들에게 정상보다 낮은 언어기술 발생률이 더 높다고 보고된 것은 편향된 평가 때문일 수 있다. 부적절한 표준화 검사가 아동의 언어기술을 평가하기 위해서 사용될 경우 아동들은 불리한 입장에 놓이게 된다(Laing & Kamhi, 2003; Qi et al., 2003).

가족환경은 아동들의 훌륭한 언어기술을 증진시키는 데 중요한 인자이다. 자녀에게 문해성이 풍부한 가정환경을 제공하는 가족은 가정에서 문해성 자료를 제공하지 않는 가정보다 자녀의 언어기술을 더 좋게 증진시키는 경향이 있다. 가정에서 읽기와 쓰기에 상당한 시간을 쓰는 부모는 그런 문해성 활동에 몰두하지 않는 부모보다 더 나은 언어기술을 지닌 자녀를 두고 있는 경향이 있다. 자녀에게 이야기를 읽어주고 고급 언어를 보여주는 부모도 고급 언어기술을 증진시킨다. 연구(제3장에서 소개)의 고찰이 보여주듯이 아동의 언어와 문해기술을 증진시키거나 지체시키는 환경인자의 영향에 관한 증거는 상당하다(Whitehurst & Fischel, 2000). 그럼에도 불구하고 가난한 환경이 언어장애의 원인인가는 아직 미결의 문제이다.

요인 간의 상호작용

어떤 특별한 요인도 모든 아동의 언어장애를 설명할 수 없지만 여러 요인을 결합하면 가능하다. 언어장애를 지닌 아동들이 잡다한 집단인 것은 명백하다. 일부는 뚜렷한 유전적 또는 선천적 증후군을 지닌다. 다른 아동들은 상대적으로 건강하다. 일부는 경증에서 중증에 이르는 감각문제가 있지만 다른 아동들은 그렇지 않다. 일부는 빈곤한 가정환경에서 비롯된다. 다른 아동들은 정상적인 가정환경(정상 언어기술을 가진 형제가 있는)에서 자랐지만 언어학습에 실패한다. 그러므로 언어장애를 지닌 모든 아동에게 적용되는 일반적인 서술을 하는 것은 어렵다.

　아동의 신체적 건강, 지적(인지) 수준, 신체적(신경생리학적) 성장, 감각능력, 유전 또는 선천적 증후군의 존재 또는 부재, 부모의 교육과 직업, 언어적으로 풍부한 또는 빈곤한 가정환경 등 이 모두가 결합하여 언어를 배우는 아동에게 상대적으로 우호적 또는 비우호적 결과를 산출한다. 이와 같은 각각의 요인들이 미치는 특정한(혹은 알려지지 않은) 영향이 무엇인지도 중요하지만 정상 속도로 언어를 학습하는 것과 언어학습에 실패하는 것 모두 각 요인 간의 복잡한 상호작용의 결과라고 할 수 있다.

　각 경우에 한 변수나 다른 변수, 또는 적은 수의 결합 등이 언어학습에 결정적인 영향을 미칠 수 있다. 예를 들어 다른 잠재적인 변수와 비교하여 심각한 발달장애, 난청, 신경근 문제 등을 일으키는 유전증후군은 아동의 구어학습에 절대적인 영향력을 미칠 것이다. 유전 변수와 신경근 변수가 상대적으로 정상일 때 언어가 심각하게 빈약한 가정환경이 가장 결정적인 인자일 수 있다. 대부분의 경우 아마도 개별 경우들에 다양한 결합을 하는 변수들의 결합이 정상 언어습득이나 손상된 언어습득의 원인일 수 있다.

 ## 언어장애의 영향

언어장애의 원인들에 대한 불일치가 있을 수 있지만, 아동, 그 가족, 또 일반 사회 등에 대한 언어장애 효과의 심각성에는 대부분 동의할 것이다. 아동기 언어장애는 발달상 먼 미래에까지 영향을 미친다. 언어문제는 아동의 사회행동과 교육 성취에 영향을 미치며 조기언어장애를 지닌 많은 아동들이 나중에 학교에서 언어장애로 진단된다. 일부 아동이 가지는 부족한 언어기술은 공격적, 비협조적, 아니면 비사회적 행동에 이를 수 있다. 아동이 요구하기, 활동에서 협동하기, 사회적으로 놀이하기를 배울 경우 바람직하지 못한 행동이 감소된다고 하는 여러 연구들이 있었다(Parrish & Roberts, 1993).

　성인기에도 지속되는 언어장애는 직업상 중대한 곤란을 야기할 수 있다. 20세기 후반에 사람들이 생활비를 버는 방식이 육체노동에 근거한 직업에서 의사소통기술의 사용을 강조하는 기술적·전문적 직업으로 근본적인 변화를 했다. 그래서 부족한 의사소통기술을 가진 사람들은 직업 선택이 제한될 가능성이 있다. 게다가 성인의 부족한 언어기술은 국가에 손해이다. 1999년 달러에 근거하여, 의사소통장애를 원인으로 하는 성인 실업과 불완전고용은 미국 경제에 매년 1,226억 달러의 손실을 끼친다고 추정되었다(Ruben, 2000).

그런 중대한 결과 때문에 언어장애의 평가와 처치는 언어치료사의 의무 중에서 중요한 부분이다. 언어치료사는 언어장애 아동과 그 가족들의 삶의 질에 긍정적인 영향을 미치는 독특한 위치에 있다.

언어장애 아동들의 가장 큰 집단은 단순언어장애를 지닌 아동들이다. 아동들을 대상으로 일을 하는 언어치료사는 단순언어장애를 지닌 아동들의 사례를 수없이 겪었을 것이다. 단순언어장애 아동들은 외관상으로 언어장애 이외의 다른 추가 장애가 없다. 그러므로 그들은 추가적인 진단을 배려하기 위해서 평가와 치료절차를 수정할 필요 없이 자신의 언어장애를 평가받고 치료받을 수 있다. 그러면 기본적인 평가와 치료절차를 논의하기 전에, 단순언어장애 아동들의 특징을 보다 포괄적으로 이해하는 것이 유용할 것이다. 다음 장은 단순언어장애에 대해 논의될 것이며, 기본적인 평가와 치료절차, 즉 가감 없이 단순언어장애 아동들의 중재와 관련된 절차를 서술할 제2부로 이어진다.

■■ 요약

미국 말언어청각협회(ASHA)는 언어장애를 말로 하거나, 쓴, 그리고/또는 다른 상징체계들의 이해 그리고/또는 사용에서의 장애라고 정의한다. 미국 정신의학협회(APA)는 언어기술과 비언어 지능 사이의 불일치라는 용어로 언어장애를 정의한다. 행동에 관해서 언어장애는 다른 사람들의 언어행동에 의해 영향을 받고(수용언어), 사회, 교육, 직업 등의 환경에서 다른 사람들의 행동에 영향을 미치는(표현언어) 수용 가능하거나 효율적인 사회기술의 결여이다. 미국의 학구들과 주교육부들은 서비스의 적격성과 관련될 수 있는 기준을 사용하여 언어장애를 정의한다.

언어장애를 지닌 아동들이 다양한 집단이라 해도 그들은 일반적으로 (1) 부족한 언어량, (2) 문법의 결함, (3) 부적절하거나 불충분한 사회적 의사소통, (4) 비언어 의사소통기술의 결함, (5) 문해기술의 결함 등을 보인다.

유치원 아동들의 단순언어장애 출현율 7~8%는 자주 보고된다. 언어장애가 난청, 발달장애, 자폐증, 뇌성마비, 외상성 뇌손상 등과 같은 다른 질환들과 자주 관련되므로 언어장애의 총체적 출현율은 훨씬 더 높다. 언어장애의 두 넓은 범주, 즉 (1) 다른 임상진단과 관련이 없는 단순언어장애, (2) 다른 임상질환(난청이나 자폐증)과 관련된 언어장애 등이 존재한다. 언어장애는 설명적으로 또는 병인론으로 분류될 수 있다.

출생전, 출생전후, 신생아기, 또는 환경 등의 많은 위험인자가 나중의 아동 언어장애를 예측할 수 있다. 언어장애와 관련된 의학적 또는 유전적 인자들에는 선천성 매독, 두개골과 두뇌의 이상, 아동의 장기 입원을 필요로 하는 고질적인 질환, 난청 등이 포함된다. 또한 신체적 성장, 지적 기능, 청력, 말과 언어 등에 영향을 미치는 많은 유전증후군도 포함된다. 환경 위험인자들에는 언어학습에 영향을 미치는 것으로 알려진 특정한 사회적, 또는 가족 변수가 포함된다. 예를 들어, 낮은 사회경제적 지위는 언어장애의 위험요인일 수 있다. 각 아동의 언어장애는 변수들의 복잡한 집합 사이의 상호작용 결과일 수 있으며 어떠한 일반적 서술의 유효성도 제한된다.

언어문제는 사회행동, 교육 성취, 궁극적으로 직업 성공에 영향을 미친다. 그러므로 언어장애의 평가와 중재는 언어치료사의 중요한 의무이다.

 학습지침

1. 미국 말언어청각협회(ASHA)와 미국 정신의학협회(APA)가 제공한 언어장애 정의의 개념적 기초를 비판적으로 평가하라. 언어치료사가 APA의 정의를 아동의 언어장애를 진단할 때 사용한다면 그 주된 문제점은 무엇이겠는가?

2. ASHA의 정의를 교재에서 제공된 행동주의 정의와 비교하라. 두 정의 각각의 한계점과 장점을 지적하라. 어느 것을 선호하는가, 그 이유는?

3. 언어장애 아동들에게 서비스를 제공하는, 진단기준이 비정상적으로 제한적인 공립학교에 언어치료사로 고용되었다고 가정하자. 서비스가 필요한 더 많은 아동들에게 정말로 그 서비스가 제공되도록 보다 과학적인 토대를 가진 기준이 고려될 필요가 있다는 주장을 학교 경영진에게 어떻게 제출하겠는가? 어떤 종류의 과학적 주장을 하겠는가?

4. 언어장애와 관련된 위험인자에 대하여 학령기 아동의 부모에게 워크숍을 제공해 달라고 요청받았다. 그런 발표를 위한 개요를 준비하라. 어떤 요인들을 강조할 것이며, 그 이유는? 특정한 위험인자들이 다른 요인들보다 더 지배적일 수 있는 지역을 자신의 지역에 근거하여 정당화하라.

5. 언어장애의 병인론 분류와 기술적 분류를 비교하고 대조하라. 수반되는 임상 질환들에서 언어장애가 야기된다는 가정에 대해 무엇이 의심스러운가? 그 두 분류가 서로 배타적이 아니라는 언명을 비판적으로 고찰하라.

제 **3** 장 | # 단순언어장애 아동

개요

아동들에게 있는 언어장애에 대한 평가와 치료의 논의를 시작하기 전에 많은 아동들에게서 발견되는 언어장애들의 묘사를 제공한다. 앞의 장에서 언급되었듯이, 언어치료사들이 일반적으로 다루는 아동의 언어장애 형태는 단순언어장애로 알려졌다. 단순언어장애의 이해는 아주 다양한 아동들에게 적용되는 언어평가와 치료절차의 논의를 용이하게 할 것이다.

모든 측면은 아니지만 대부분에서 명확히 정상인 아동들이 보이는 언어문제는 보통 **단순언어장애** (Specific Language Impairment, SLI)로 불린다. 단순언어장애 아동들은 그 언어문제를 쉽게 설명해 주는 상태 또는 다른 유의한 임상상태를 가지고 있지 않다. 단순언어장애라는 용어는 결함이 언어에 한정된다는 것을 함축하며, 아동이 언어기술에 국한되는 유일한 결함을 지녔다는 의미이다. 자신의 언어기술을 제외한 모든 것에서 이 아동들은 정상발달 아동과 거의 유사한 발달수준을 보인다. 이는 단순언어장애에 대한 표준적 견해임을 유의해야 하며, 이 장의 초반부에는 단순언어장애에 대한 이러한 일반적인 관점을 다루었으며 그다음 단순언어장애 아동이 가지고 있는 잠재적이고 미세한 인지적, 운동적 어려움에 대한 서로 다른 견해를 다룰 것이다.

많은 아동들에서 언어장애는 다른 명확한 중증의 임상상태 일부와 관련된다. 나중의 장들에서 보게 되듯이 언어장애는 발달장애, 자폐증, 뇌성마비, 외상성 뇌손상, 난청 등과 관련될 수 있다. 이러한 질환이 있는 아동들은 동반된 임상상태와 함께 언어장애 둘 다 진단을 받는다. 다음 장들에서 설명될 평가와 치료절차를 적절히 수정하고 보완하여 동반된 임상질환을 지닌 아동에게 적용할 수 있다. 그러므로 이 아동들은 책의 마지막 절에 설명할 것이다.

과거에 선천성 실어증 또는 아동기 실어증이라는 용어를 언어장애 설명에 이용했다는 것을 제2장에서 언급했었다. 일반적으로 이 용어들은 지금 단순언어장애라고 부르는 것과 관련된다. 추정된 뇌손상이나 기능장애는 이 유형의 아동 언어장애에 대한 초기 설명이었으나 이러한 병리는 결코 설득력 있게 증명된 것은 아니다.

▧▧ 단순언어장애의 서술

어릴 때 언어학습이 느린 징표를 보였던 많은 아동들은 정상적으로 발달하는 아동을 따라잡게 되고

어느 유아가 '늦되는 아이'인지, 언어문제를 지속적으로 갖고 있을 것인지를 판단하기는 어렵다. 아동의 언어발달이 느리다면 조기중재가 정당화된다. '지켜보자'고 하는 것은 잠재적 언어장애에 위험한 정책이다.

단순언어장애는 4세가 넘어서야 진단받게 된다(Rescorla, 1989). 늦되는 아이의 언어문제는 느린 초기언어발달(slow early language development, SELD)로 설명할 수 있다. 일부 추정치는 아동들의 15%가 2세까지 50개의 단단어와 두 단어의 산출을 습득하지 못하는 늦깎이가 될 수 있다고 시사한다. 그들 중 거의 절반은 언어학습이 정상에 근접하도록 촉진될 수 있다. 나머지 반은 언어문제가 지속되는 경향이 있다. 단순언어장애는 취학전기와 학령기 아동의

약 7~8%를 차지한다. 자폐증이나 난청처럼 동반된 임상질환과 관련된 언어장애 아동보다 치료를 받는 단순언어장애 아동들의 예후가 더 낮기는 하지만(Johnson et al., 1999), 지속적 · 효율적 교육이 없다면, 이 아동들에서 단순언어장애는 존속될 것이다(Leonard, 1991).

단순언어장애를 지닌 아동들의 점수가 비언어 지능검사와 비교하여 언어 지능검사에서 어떻게 나오는가?

언어치료를 받는 정규학급의 아동 대부분은 단순언어장애를 지닐 가능성이 있다. 학문적으로 단순언어장애 아동들은 특히 언어결함을 치료받지 못한다면 평균보다 다소 낮은 성취를 보일 것이다. 그러나 일반적으로 단순언어장애 아동들은 정상이나 정상 근처의 지능을 가진다. 그러므로 그들의 언어 지능검사 점수는 비언어 지능검사의 점수보다 더 낮다.

단순언어장애 아동은 늦은 속도로 언어기술을 배우지만 습득 양상은 심하게 이상하거나 표준을 벗어나지 않는다. 그러므로 언어장애가 없는 아동과 비교했을 때 단순언어장애 아동은 각 연령이나 학년에서 더 낮은 언어기술을 보인다. 또한 단순언어장애를 지닌 아동들은 일부 언어기술이 다른 언어기술보다 더 발달될 수 있는 비동시적 언어발달 양상을 보일 수 있다. 예를 들어, 화용언어기술은 흔히 구문기술과 형태기술보다는 덜 손상된다. 보통 단순언어장애 아동은 음운, 의미, 형태, 구문, 화용 등의 문제들 가운데 여러 조합을 보인다.

초기 의사소통결함

나중에 언급하겠지만 보통 4세까지는 단순언어장애로 진단되지 않았지만 나중에 단순언어장애를 나타내는 영아들 역시 초기 의사소통행동에서는 결함을 보일 수 있다. 초기 의사소통결함의 일부가 후에 단순언어장애로 진단되지 않을 것이라 해도 아동의 초기 의사소통결함을 이해하는 것은 유익하다. 그러므로 초기 의사소통결함이 단지 일부 아동들에게서만 단순언어장애에 앞서 나타날 수 있으리라는 주의를 촉구하는 노트와 함께 이 결함을 설명하려고 한다. 여하튼 단순언어장애를 나중에 진단받는 영아와 유아들은 초기 의사소통결함을 보인다. 본래 초기 의사소통결함은 단순언어장애의 첫 경고표지이다.

아동들이 12개월과 18개월 사이에 단어를 산출하기 훨씬 이전에 초기 의사소통기술의 출현이 상당한 언어기술의 발현을 신호로 알린다. 영아의 초기 의사소통기술을 발달의 전언어적(prelinguistic) 단계로 설명하는 것이 일반적이다. 그렇지만 전언어적 행동은 비록 언어구조를 가지고 있지는 않지만 의사소통적이며, 이는 전언어적 행동을 의사소통적인 것으로 분류하는 데 있어서 언어구조가 결정적 요소가 아니라는 견해를 강조한다.

영아의 초기 의사소통행동 대부분은 반사행동에서 만들어진다. 제7장에서 설명되듯이 이후 의사소통행동의 토대를 놓는 데 도움이 되는 영아의 초기 반사행동에는 초기 옹알이(cooing), 옹알이

(babbling), 엄마의 얼굴 보기, 소리 특히 엄마의 목소리가 들려온 곳을 향해 머리 돌리기 등이 포함된다. 일부 연구자들은 후에 전의도적(preintentional) 의사소통행동, 의도적(intentional) 의사소통을 위해 기초가 되는 반사행동에 대해 설명한다. 전의도적, 의도적 행동들은 차례대로 발화매개적(perlocutionary), 발화수반적(illocutionary)이라고도 한다. 종종 전의도적(발화매개적), 의도적(발화수반적) 행동은 언어습득에 있는 단계의 특징으로 설명된다(Bates, 1976; Hulit & Howard, 2002; McLaughlin, 1998). 반사적으로 옹알이를 하는 아기가 의사소통하고 있는 것이 아니라 해도(따라서 언어학 용어로는 전의도적) 부모나 다른 양육자들은 아기가 의사소통하고 있는 것처럼 반응한다. 그렇게 함으로써 부모는 영아의 미래 의사소통행동의 토대를 놓는다. 예를 들어 의사는 부모에게 아동의 첫 '미소'가 사실은 위에 가스가 차서 나온 반사행동이라고 설명할 것이다. 그러나 부모는 그 미소 같은 찡그린 표정에 호의적으로 반응하며 영아는 결국 바라는 결과를 산출하기 위해 입술의 끝을 오무

영아의 첫 '단어'가 자주 엄마(mommy)나 아빠(daddy)와 유사한 것은 우연이 아니다. 부모는 아동의 무의식적인 전형적 옹알이 소리들(예 : /mama/ 또는 /dada/)을 열정적으로 강화시키며, 영아는 점차 더 다듬어진, 증대된 산출로 반응한다.

려서 사교적 미소 짓기를 배운다. 또는 어머니가 아동의 무의식적인 옹알이 소리를 의사소통적으로 해석하여 "이런! 안아줄까?"라고 말하며 아동을 껴안아 주는 반응을 할 수 있다. 때가 되면 아동의 반사적 옹알이는 의사소통행동이 되어 아동이 무언가 필요할 때에 특정한 소리를 낼 가능성이 있다. 언어학적 분석에서는 영아가 의사소통을 하려는 의도가

발현한다고 말한다. 하지만 명확하게 관찰될 수 있는 것은 영아의 초기 반사반응이 지금은 더 이상 나타나지 않으며 아동을 강화시키는 특정 방식으로 반응하는 양육자의 영향을 받아 특정 소리가 산출된다는 점이다. 이러한 부모의 반응은 결과적으로 빈도가 증가하는 아동 발화를 긍적적으로 강화시킨다. 이 발화들은 아동이 12개월과 18개월의 사이에 산출할 첫 단어를 위한 토대가 된다.

12개월경 진짜 첫 단어의 발현 이전에 영아의 의사소통 목록에는 몸짓, 얼굴 표정, 물체 조정 등과 같은 비언어적 행동이 포함된다. 들어 올려달라는 바람을 나타내려는 팔 쳐들기, 원하는 물건의 방향으로 손을 쥐었다 폈다 하기, 또 음료를 얻으려고 양육자에게 컵 건네기 등은 모두 초기 비언어적 의사소통 행동들의 예이다. 양육자의 언어행동에 대한 적절한 반응(수용언어)도 이 기간에 극적으로 증가한다. 12~18개월 사이의 아동들은 일반적으로 몸짓의 단서 없이 언어로 주어진 단순한 한 단계 지시를 따라 할 수 있다.

초기 의사소통행동에서 결함을 보이는 영아와 유아들은 나중에 단순언어장애를 나타낼 위험상태에 있다. 영아가 상호 눈맞춤에 몰두하지 않고 전형적인 발화를 보이지 않으며 옹알이에서 단지 소수의 자음만을 산출하거나, 흉내 내지 않고, 차례를 바꾸는 기술이나 공동주의를 확립하려는 양육자의 노력에 반응하지 않는다면 부모와 전문가들(소아과의사)은 언어장애의 가능성을 고려해야 할 것이다. Hamaguchi(2001)는 아동이 단순언어장애를 포함하는 후기의 언어장애를 나타낼 위험에 있음을 가리킬 수 있는 초기 의사소통기술에서의 결함양상들을 다음과 같이 설명했다.

출생에서 12개월까지

- 눈맞춤의 회피
- 거의 옹알이를 하지 않거나 비정상적으로 조용하다.
- 속삭이는 말에 지속적으로 반응하지 않는다.
- '바이바이'와 같은 모방하는 몸짓에 거의 관심을 보이지 않는다.
- 음조와 음량의 변화 없이 자주 운다.
- 감정을 거의 보이지 않는다.

12개월에서 18개월까지

- 눈맞춤의 회피
- "엄마(Mama)" 또는 "아빠(Dada)"라고 말하지 않는다.
- 요구받을 때 공통된 신체부위를 가리키지 않는다.
- 몸짓이 수반되지 않으면 말로 주어진 간단한 한 단계 지시(예 : "신발 가지러 가라!")를 따라 할 수 없다.

출생에서 18개월까지 언어장애가 가능한 다른 징표들에는 다음이 포함된다.

- 사교적 미소의 결여
- 발달상 적절한 놀이활동의 결여
- 몸짓 사용의 감소 또는 구어보다는 몸짓의 사용에 과잉의존
- 말소리 학습의 장애(음운론적 장애)

영아나 유아가 보일 수 있는 이런 초기 의사소통결함들은 다른 임상질환(예 : 자폐증 또는 발달장애)과 관련될 수 있다. 그러므로 이것이 단지 단순언어장애의 징후로만 생각될 수는 없다. 그러나 앞에서 언급했듯이 나중에 단순언어장애라고 진단을 받는 아동들 역시 이런 초기 의사소통결함을 나타낼 수 있다.

▨ ▨ 단순언어장애 아동의 언어, 말의 특징

단순언어장애 아동은 언어의 이해와 산출의 다양한 측면에서 다른 결함들의 조합을 보이는 집단이다. 게다가 단순언어장애로 진단된 많은 아동들이 보통 음운장애로 진단되는 말산출에서 문제를 보인다. 있을

언어의 음운 측면에 대한 더 많은 정보는 제1장을 참조하라.

수 있는 증상들의 다양성이 단순언어장애 아동의 진단과 치료라는 난제에 더해진다. 다음 절은 일반적으로 관찰되는 단순언어장애 아동들의 말과 언어행동을 설명한다.

음운장애

단순언어장애로 진단될 때까지 아동들은 음운장애도 나타낼 가능성이 있다. 조음 오류 패턴은 일반적으로 음운장애로 설명된다. 대체로 음운 패턴은 자기 언어 말하기를 배우는 아동들 대부분이 정상적으로 보이는 것으로 음절과 단어에 있는 음소들의 단순화된 산출이 포함된다. 말과 언어의 기술이 발달함에 따라 이런 음운변동은 사라진다. 더 어린 아동의 말과 비교하여 더 나이 든 아동의 말산출은 성인의 산출에 더욱 유사해진다.

음운장애를 지닌 아동들은 다른 아동들에게서는 정상적으로 사라진 이후에도 지속되는, 예측 가능한 오류 양상의 특징을 갖는 불명료한 말을 산출한다. 예를 들어 말을 배우는 많은 유아들은 다음절 단어에서 약한 음절을 탈락시킬 수 있다. 약음절 탈락으로 알려진 음운변동으로 *elephant*가 "ephant"가

어떤 두 음운변동이 전형적으로 발달하는 아동들보다 단순언어장애를 지닌 아동들에 의해 더 자주 산출될 수 있는가?

되고 *spaghetti*가 "ghetti"가 된다. 이것은 규칙적으로 유아들과 마주하는 성인에게는 아마도 쉽게 인식될 수 있는 산출이며 유아들이 3세에 이를 때까지는 문제가 되지 않는다. 그렇지만 그런 산출이 특히 5세 이후에

도 지속되면 그 아동은 음운장애, 즉 언어의 올바른 음산출의 습득에 장애가 있는 것으로 진단될 수 있다. 아동의 말에서 뚜렷한 여러 음운변동의 예를 보려면 표 3.1을 참조하라.

Leonard(1998)는 단순언어장애 아동의 음운변동은 분명히 전형적으로 발달하는 아동의 음운변동과 유사하지만 몇 가지 중요한 차이점을 보인다고 했다. 모음 바로 앞 자음의 유성음화(prevocalic voicing)와 단어의 첫 약음절 탈락은 단순언어장애 아동들 사이에서 더 높은 빈도로 나타날 수 있다(예 : /tap/을 /dap/으로, 또 /əmænə/를 /mænə/로). 또한 단순언어장애 아동들은 일반적인 음운변동과 관련이 없는 비정상적 오류(예 : t/r에 있는 것과 같은 유음의 폐쇄음화, l/w에 있는 것과 같은 반모음을 유음으로 대체)를 산출할 수 있다(Leonard & Leonard, 1985).

음운장애로 의심되어 언어치료사에게 평가 의뢰된 아동들 다수는 대부분이 언어의 의미, 구문, 형태 등의 요소에서도 어려움을 갖는 것으로 연구결과 밝혀졌다(Paul & Shriberg, 1982; Ruscello, St. Louis, & Mason, 1991; Shriberg & Kwiatkowski, 1994). Rescorla와 Lee(2001)는 단순언어장애로 진단된 아동들의 40%가 말문제를 가진다고 보고했다. 일부 경우 말산출의 문제가 언어장애에 기여하는 것일 수 있다. /t/, /d/, /s/, 또는 /z/ 등을 조음할 수 없는 아동은 과거시제, 3인칭 단수현재시제, 소유, 복수형 등을 표시하는 형태표지를 빠뜨리는 산출의 어려움을 보일 것이다. 또 다른 경우는 오조음으로 야기된 언어산출상의 오류가 있는 말장애가 주된 진단으로 발견될지도 모른다.

그러므로 음운장애로 전문가들에게 의뢰된 아동들도 언어장애에 대한 전체적인 평가를 받아야 한

표 3.1

아동들에게 나타나는 공통적인 음운변동

음운변동	언어구조로 표현된	두 단어 발화의 예
비강세음절 탈락	다음절어에서 하나 이상의 음절을 생략	*elephant*를 [ɛfənt]로 *tomato*를 [medo]로
마지막 자음 탈락	단어의 마지막 한 자음을 생략	*dog*를 [da]로 *bed*를 [bɛ]로
자음군 축약	자음군의 일부 또는 모두의 탈락이나 대체	*green*을 [gin]로 *stop*을 [tap]로 *flag*를 [æg]로
폐쇄음화	마찰음과 파찰음을 폐쇄음으로 대체	*drum*을 [dʌm]로 *soap*를 [top]로 *zoo*를 [tu]로 *thumb*을 [dʌm]로
연구개음 전방음화	연구개음을 앞쪽에서 산출되는 음들, 보통 치경음으로 대체	*job*을 [dab]로 *cup*을 [tʌp]로 *go*를 [do]로
후설음화	앞쪽에서 산출되는 음을 뒤쪽에서 산출되는 음으로 대체	*bag*를 [bæt]로 *bite*를 [balk]로
유음의 반모음화	유음을 반모음으로 대체	*top*을 [kap]로 *rabbit*을 [wæblt]로 *leaf*를 [jif]로

다. 마찬가지로 단순언어장애 아동에 대한 완전한 평가에서는 치료사가 아동에게 나타날 수 있는 음운장애를 주의해야 한다.

단순언어장애 아동 의미 문제

아동이 단어와 그 의미를 학습하기 어려워하는 것은 종종 단순언어장애의 첫 표지(sign)이다. 단순언어장애 아동들은 12개월부터 19개월 사이에 보통 습득되는 중요한 초기단어의 습득이 느릴 수 있다. 이 아동들은 18개월에서 24개월 사이의 아동이 전형적으로 나타내는 폭발적인 새로운 단어의 습득을 보이지 않을 수 있다. 일부 연구에서는 2세 정상발달 아동은 200개 이상의 어휘를 말할 수 있지만, 후에 단순언어장애로 진단될 수 있는 아동은 같은 연령에서 심하게 제약된 약 20개 어휘밖에 말하지 못했다고 하였다(Paul, 1966; Rescorla, Roberts, & Dahlsgaard, 1997).

단순언어장애를 지닌 아동들은 3세 이후에도 단어의 의미를 과잉확장하거나 과소확장하는 것이 지속될 수 있다(Nelson, 1993). **과잉확장**(overextension)은 단어의 부적절하게 일반화된 산출이다. 모든 성인 남성을 *daddy*라고 부르는 아동은 그 단어 산출을 지나치게 확장시키거나 부적절하게 일반화한다.

반대로 **과소확장**(underextension)은 적절한 일반화의 부족을 보이며, 과도하게 제약된 맥락에서 하는 단어산출이다. 아동은 다른 어떤 개도 언급하지 않고 가족의 애완견을 가리키기 위해서만 *dog*라는 단어를 산출할 수 있으며, 그것은 극히 제약된 단어의 산출을 보여준다.

> 3살 티미는 가족용 문짝 4개 세단을 '차'라고 부를 수 있지만, 또한 모든 다른 탈 것들, 즉 버스, 트럭, 오토바이 등을 차라고 말한다. 이것은 어떤 유형의 일반화 어려움의 예인가?

대부분의 영아들은 처음에 자기 어휘를 명사들이 지배하도록 구체적인 물체에 이름 붙이는 것을 배운다. 일반적으로 아동들은 명사를 배운 다음에 동사를 배우고, 2세쯤에 명사 + 동사로 구성된 첫 두 단어 조합을 산출하기 시작한다. 단순언어장애 아동은 이런 조기출현 단어의 조합을 습득하지만, 정상보다 더 느린 속도로 더 늦게 습득한다. 또한 단순언어장애 아동들은 전형적으로 발달하는 아동들처럼 빠르게 두 단어 조합이 소유("내 야옹이"), 사라짐("야옹이 갔어."), 또는 거부("안 돼, 야옹아!") 등과 같이 명사 + 동사 구조(예 : "야옹이 달려.") 이상의 다양한 의미를 전달한다는 것을 배우지 못할 수 있다.

사실상 의미론으로 자주 설명되는 다른 언어문제들은 단순언어장애 아동이 학교에 들어가면서 뚜렷해진다. Lahey와 Edwards(1999)는 전형적으로 발달하는 아동과 비교할 때, 학령기 단순언어장애 아동(4.3~9.7세)들은 일반적인 사물이 있는 그림의 이름을 부르는 데 더 많은 오류를 보인다. 일반적으로 언어기술이 확대되면서 아동은 추상적 의미를 지닌 단어를 배운다. 반면에 단순언어장애 아동은 추상적 개념을 이해하는 데 어려움이 있을 수 있다. 따라서 취학전기와 유치원에서 학업상의 어려움을 경험할 가능성이 있다. 단순언어장애 아동은 전형적

> 2.0의 평균발화길이를 지닌 전형적으로 발달하는 영아들은 형태와 구문 등의 특징을 다 터득하지 못한다. 성인들은 준언어적 행동들(예 : 목소리의 억양, 몸짓, 얼굴 표정)과 정황상 단서들로 아동들의 발화 의미를 알아차려야 한다.

으로 발달하는 아동들이 하듯이 쉽사리 크기, 형상, 색, 양, 질 등과 같은 개념 표현 단어들을 이해하거나 산출할 수 없다. 그들의 언어는 일반적으로 구체적인 사건과 사물로 제한될 수 있다.

단순언어장애 아동이 성장함에 따라 빈약한 어휘는 학업 성취와 사회화를 저해할 수 있다. 보다 광범위하고 추상적인 어휘에 대한 학문 수요가 증대하면서, 단순언어장애를 지닌 아동들은 낱말 찾기의 문제를 보일 수 있다. 그렇지만 단순언어장애 아동들은 그 단어를 단지 모르는 것일 수 있다. 특정 단어를 알지 못하면 *thing, stuff, this*, 또는 *that* 등과 같은 막연한 단어의 사용에 의지하게 된다. 특정한 단어 지식의 결여 역시 말유창성을 손상시

> 단순언어장애를 지닌 아동들의 수용언어기술은 표현언어기술에 비교하여 어떤가?

킬 수 있으며 휴지(머뭇거림), 끼워 넣기, 반복 등과 같은 역기능의 증가를 야기한다. 추상적 언어에서의 어려움 때문에 초등학교 고학년의 단순언어장애 아동들은 비유, 은유, 관용구, 속담 등을 이해하거나 산출하는 것에 어려움을 보인다.

단순언어장애 아동들에게는 언어산출기술과 언어이해기술 사이에 종종 불일치가 일어난다. 그들의 수용언어기술은 표현언어기술보다 우수하다. 단순언어장애 아동들이 말로 산출하지 않는 많은 단어를 이해할 수 있다는 것을 주목해 볼 수 있다.

단순언어장애 아동의 구문문제와 형태문제

단순언어장애 아동의 놀라운 진단상 특징은 구문과 형태 등의 결함을 포함하는 문법에서의 결함이다(Conti-Ramsden & Jones, 1997; Dale & Cole, 1991; Frome Loeb & Leonard, 1991; Leonard, McGregor, & Allen, 1992; Oetting & Morohov, 1997; Oetting & Rice, 1993; Paul & Alforde, 1993; Rescorla & Lee, 2001; Rice & Oetting, 1993). 일반적으로 단순언어장애 아동들은 더 짧고, 덜 복잡하며, 또 덜 다양한 문장으로 말한다. 문법형태소를 배우는 순서는 정상발달 아동과 같지만 언어산출에서는 여러 문법형태소를 생략하는 경향이 있다. 단순언어장애 아동들은 문법형태소를 배우는 데 더 많은 시간이 걸리거나 여전히 그것들을 문법형태를 생략할 수 있다.

단순언어장애 아동들의 부족한 구문 실력은, 덜 다양하며 일반적으로 부족한 의사소통 목록을 야기한다. 단순언어장애 아동들은 관형절의 삽입[예 : "가방을 든 남자가 비행기를 타려고 달렸다(The man with the big suitcase ran to catch the plane).")을 사용할 가능성이 더 적으며, 다양한 문장 형식을 산출하기 위해 문장구조를 조정하거나 변형할 가능성이 더 적다. 아동들은 수동태를 능동태로 바꾸거나 서술문을 질문으로 바꾸는 데 어려움을 느낄 수 있다. 관사, 전치사, 접속사 등과 같은 문법형태소를 포함하는 **기능어**(fuction word)는 생략될 수 있으며, **전보식 발화**(telegraphic speech), 즉 필수적인 단어들만 사용된 응축된 말의 방식을 사용한다.

형태문제는 특히 단순언어장애를 지닌 아동에서 현저하며 다음 형태의 특징을 학습하는 데 느리고, 또는 중재 없이는 이러한 특징 중 일부의 사용을 배울 수 없을지도 모른다.

- 규칙적 복수형 형태소와 그 이형태 변형(예 : /s/, /z/, /ez/ 변형들). 단순언어장애 아동들이 정상발달 아동들보다 복수굴절을 배우는 데 더 느리지만, 그래도 자신들이 주동사, 조동사, 연결사, 시제굴절 등을 배우는 것보다 더 쉽게 복수굴절을 터득한다.

> 잘못된 산출로 주어진 예의 일부는 아프리카계 미국 영어(AAE)의 사용과 일치하는 발화의 예이다. 방언상 차이점은 장애가 아니며 AAE를 산출하는 아동이 언어장애를 지녔다고 간주되지 말아야 한다. 이 난제에 대한 보다 상세한 논의는 제11장에서 제공될 것이다.

- 소유의 형태소. 소유 형태소의 이형태 변형(예 : *Cat's tail*과 *Mom's bag*)은 비록 일반적으로 지체되지만 단순언어장애 아동들이 배우는 다양한 종류의 동사들보다 덜 어려울 수 있다.
- 현재진행형 -ing. 동사 + *ing*의 산출은 보통 습득이 지체된다. 동사굴절의 이런 한 측면은 다른 형태 기술의 일부, 특히 동사굴절의 다른 측면들보다 배우기에 덜 어려울 수 있다.
- 3인칭 단수(예 : "He plays ball"을 대신한 "He play ball"). 이 형태소는 단순언어장애 아동들이 배우기에 특히 어렵다.
- 조동사의 다양한 형태. 이것도 단순언어장애 아동들이 배우기에는 매우 어렵다. 조동사 *is*(예 : "He *is* playing ball"을 대신한 "He playing ball"), 조동사 *are*(예 : "They *are* running"을 대신한 "They

running”), 과거형(*was*와 *were*) 등은 그 아동들이 바르게 산출하는 것을 배우기 전에 체계적 치료를 필요로 할 수 있다.

- **연결사의 다양한 형태.** 연결사 *is*(예 : “Daddy *is* big”을 대신한 “Daddy big”), *are*(예 : “They *are* nice”를 대신한 “They nice”), 그 과거형들(*was*와 *were*) 등은 단순언어장애 아동들이 배우기에는 특히 어렵다. 이것들도 체계적 치료를 필요로 할 수 있다.
- **시제굴절.** 단순언어장애 아동들이 터득하기 특히 어려운 또 다른 형태론상 특징. 규칙형 과거시제 *-ed*(*painted*에서처럼), /t/(*walked*에서처럼), /d/(*begged*에서처럼) 등을 포함하는 시제굴절은 체계적 치료를 필요로 할 수 있다.
- **불규칙 복수형.** 단순언어장애 아동들은 규칙형 복수굴절을 불규칙 단어에까지 과잉일반화할 수 있다(예 : *feet* 대신에 *foots*).
- **불규칙 과거형 동사.** 단순언어장애 아동들은 규칙형 과거시제굴절을 불규칙 동사에까지 과잉일반화할 수 있다(예 : *went* 대신에 *goed*).
- **단어의 단수형과 복수형 사이의 구별.** 단순언어장애 아동들은 이러한 구별에 대해 혼동할 수 있다.
- **조동사와 연결사 is**(예 : *is/are*, *was/were*)의 단수형, 복수형 사이의 **구별.** 아동들은 이러한 구별에 대해 혼동할 수 있다.
- **주격 표지**(예 : “Him go fast!”, “Her pretty!”). 단순언어장애 아동들이 습득하기 어려운 또 다른 산출이다.

단순언어장애 아동의 형태결함에 대한 설명

단순언어장애 아동들이 중요한 형태결함을 보이는 이유에 대해 다양한 설명을 제공하였다. 이 설명에는 (1) 지각과 관련된 설명, (2) 구문의 복잡성과 관련된 설명, (3) 의미의 중복과 관련된 설명 등이 포함되었다.

먼저, 지각과 관련된 설명은 단순언어장애 아동이 형태적 자질을 인식하지 못하고 나머지 단어와 문장의 유지(rest)만을 지각하기 때문에 형태론적인 자질을 산출하기 어렵다고 이야기한다. 연결발화에서 형태 자질은 강세를 덜 두고 더 낮은 억양으로 산출되며 따라서 나머지 단어들만큼 강조되지 않아서 그냥 빠뜨리기 쉽다(Leonard, McGregor, & Allen, 1992).

구문의 복잡성을 강조하는 설명은 문제의 근원이 구문론과 형태론 사이의 밀접한 관계라고 인정한다. 보다 복잡한 구문구조를 습득하려고 노력하는 아동들도 구문의 복잡성에 기여하는 의존형태소를 습득하는 데 어려움이 있을 것이라고 생각되며 형태 특징에서의 어려움은 구문론에서의 어려움보다 부차적이다(Watkins & Rice, 1991). 단순언어장애 아동은 시제가 선택적으로 다뤄지는 발달단계를 갑작스레 시작할 수 있다고 추측할 수 있으며, 단순언어장애의 근본적인 원인에 대한 선택적 부정사 확장(extended optional infinitive)의 설명이라고 불린다(Redmond & Rice, 2001; Rice et al., 2000).

의미 중복과 관련된 설명은 발화의 의미에서 형태 특징은 결정적이지 않기 때문에 단순언어장애 아동들이 특정한 형태 특징을 생략한다고 말한다. 가령 의미 중복은 복수성을 전달하는 영어의 구와 문장에서 나타날 수 있다. *two girls*라는 구는 *two*라는 단어가 하나 이상을 명백히 의미하고 있다는 점에서 중복적 정보를 포함하며 많은 외국어에서처럼 복수형 -*s*의 사용이 아마 불필요해질 것이다. 수와 같은 양적 표지의 사용이 복수성을 나타내는 많은 아시아어를 기본 언어로 하는 사람들은 영어 복수형 -*s*의 사용을 배우기 어렵다는 것을 깨닫는다. 아마도 영어를 말하는 환경에서 자란 일부 아동들도 중복 정보로 지각될 수 있는 것을 싫어하여 결국 문법적으로는 필요하지만 의미론적으로는 필요하지 않은 형태소를 생략하게 된다.

이 모두는 단순언어장애 아동이 구문론과 형태론의 영역에서 보이는 어려움에 대한 그럴싸한 설명들이다. 어느 것도 실험을 통해 사실이라고 입증되지 않았으되 다른 알려지지 않은 요인도 관련될 수 있을 것이다.

단순언어장애의 결정적인 진단기준이 공식화되지는 않았지만 형태론적인 결함은 단순언어장애의 가장 '유력한 임상표지'로 설명된다(Leonard, Miller, & Gerber, 1999). 그런 결정적인 '임상표지'를 찾아 과거시제 표기와 같은 형태 자질의 산출, 과거시제와 복수형의 발달, 조동사와 연결사 *is*의 산출에 대해 단순언어장애 아동들과 일반 아동을 비교하였다. 연구들이 차이점을 확립하는 데 종종 성공하기는 했지만 어느 연구도 단순언어장애의 위험에 처해 있는 아동들을 적극적으로 식별하는 기준을 확립하지는 못했다. 단순언어장애 아동들은 가지각색의 장점과 약점을 지닌 독특한 진단 특성을 드러낸다. 단순언어장애 아동들은 형태 자질이 종종 손상되지만 어느 하나의 공통되는 형태오류도 단순언어장애를 지닌 모든 또는 심지어 대부분의 아동들에게 존재한다고는 말할 수 없다.

단순언어장애 아동의 화용문제

단순언어장애 아동은 구문이나 형태 등의 기술보다 더 나은 화용언어기술을 갖는다고 자주 언급된다. 추가적인 연구로 지지한다면, 단순언어장애 아동의 이 같은 특징은 자폐증을 지닌 아동의 화용언어기술과 대조될 것이다(Caparulo & Cohen, 1983). 그러나 단순언어장애 아동의 화용기술에 대한 증거는 일관적이지 않다. 단순언어장애 아동의 화용언어기술에 대한 연구 고찰에서 Leonard(1998)는 연구된 거의 모든 화용언어기술에 대해 모순되는 증거를 발견했다.

일부 연구들은 단순언어장애 아동들의 화용언어기술과 대조군 사이에 거의 차이가 없다는 것을 보여주었다. 여러 연구들이 단순언어장애 아동들이 대화를 시작하고, 적절한 차례 주고받기 기술을 사용하며, 명료화의 요구에 반응하며, 또 명료화를 요구한다는 것을 보였다(Craig & Evans, 1989; Fey &

Leonard, 1984; Fey, Leonard, & Wilcox, 1981; Fujiki & Brinton, 1991; Gallagher & Darnton, 1978; Griffin, 1979; Van Kleeck & Frankel, 1981).

　　다른 여러 연구들은 단순언어장애 아동의 화용언어기술과 전형적으로 발달하는 또래의 화용언어기술 사이의 중대한 차이점들을 입증했다. Paul(1991)은 단순언어장애를 지닌 영아들이 자기 양육자와 **공동주의**(joint attention)(예 : 아동과 성인이 동일한 물체를 보고 그에 대해 이야기하거나 그것을 조정하기. 사진 3.1 참조)를 포함하는 상호작용을 더 적게 보임을 발견했다. 단순언어장애 아동이 또래보다는 성인과 대화를 시작할 가능성이 더 많은 반면 전형적으로 발달하는 아동은 또래와 대화를 시작할 가능성이 더 많다는 일부 증거가 있다(Rice, Sell, & Hadley, 1991). 단순언어장애 아동은 연령이 일치하는 일반적인 또래에게 말하기보다는 언어가 일치하는 또래 또는 다른 단순언어장애를 지닌 아동들에게 더 많이 말하는 것이 발견되었다(Fey, Leonard, & Wilcox, 1981). 다른 연구에서는 단순언어장애 아동들이 보통 대화 시작하기를 꺼리며, 부적절한 때에 대화를 시작하고, 또는 대화를 시작하기 전에 주의를 끌려고 중단하거나 소리를 칠 수 있다는 것을 보여주었다(Fey, 1986; Lucas, 1980; Paul, 1991).

　　단순언어장애 아동들은 일대일 또는 한 쌍의 의사소통적 상호작용에 반대되는 집단 의사소통상황에서 사회적 의사소통을 하는 데 더 어려움을 겪을 것이다. 또래집단이 사교적 담화를 할 때, 단순언어장애를 지닌 아동들은 그 대화를 '가로막을' 수 없을 것이다(Craig, 1993; Craig & Washington, 1993). Brinton 등(1997)은 세 명의 또래 대화집단에 참여할 때 단순언어장애 아동이 "유의하게 적게 말하고 다른 이에게 말을 걸지 않았으며 세 명 중에서 가장 협력하지 않았다."(p. 1011)고 보고했다.

　　단순언어장애 아동의 화용언어기술에 대한 모순되는 증거는 연구들 사이의 특정한 방법론상 차이점 때문일 것이다. 화용언어기술은 하나의 통일된 반응이 아니다. 그 기술은 다양한 종류의 반응들의 집합이다. 일부 화용기술(예 : 눈맞춤 또는 화제 시작)은 다른 것(예 : 주제 유지 또는 집단적 상호작용에서 적절한 때에 의미 있는 의견을 불쑥 끼워 넣기)보다 더 기본적이며 더 쉽게 배울 수 있다. 화용기술의 결함을 보여주는 데 실패한 연구들은 더 복잡한 상호작용기술을 측정하지 못했거나 같은 기술이더라도 더 복잡한 상호작용이 이루어졌거나 측정방식이 덜 민감했을 수 있다. 예를 들어 차례 주고받기조차도 상대적으로 더 간단한 일대일 대화에서 또는 상대적으로 복잡한 집단 상호작용에서 평가될 수 있다. 그런 차이점들은 다양한 결과를 불러올 수 있다. 다른 언어결함을 가지고 있는 아동들에서 화용언어기술의 결함을 예상하는 것은 합리적이다. 그럼에도 불구하고 모순되는 연구 증거 때문에 화용언어결함에서의 어려움은 단순언어장애 아동에서 추정될 수가 없다. 각 경우에 치료사는 그 기술을 신중하게 평가해야 한다. 언어치료 수업 동안 내내 계획에 따라 점차 더 복잡한 상호작용을 하는 것은 아동의 화용결함 존재여부에 대한 최종적인 판단을 하는 데 유용할 수 있다. 각 아동을 평가할 때 치료사는 단순언어장애 아동들에서 다음의 잠재적인 화용결함들을 고려해야 한다.

사진 3.1 공동주의는 아동이 성인의 주목을 상호 관심이 있는 품목으로 돌릴 때나 아동이 물체에 주의하라는 성인의 지시에 반응할 때에 입증된다.

- 사건과 사람들에 대한 더 적은 의견. 양과 다양성 모두에서 언어가 부족하여 일반적으로 화용에서 어려움을 보인다.
- 사건, 그림, 다른 자극에 대한 설명의 어려움. 부족하거나 빈약한 설명, 얼마 안 되는 기본적인 설명 용어의 반복이 언어의 지배적인 특징일 수 있다.
- 제기된 질문에 대한 대답으로만 제한된 상호작용. 단순언어장애 아동들은 질문에 대답할 수는 있지만 추가적인 정보를 제공하거나 질문은 할 수 없을 것이다.
- 부족한 몸짓 사용. 언어표현을 수반하는 의사소통의 여러 비언어 수단이 결여되거나 부족할 수 있다.
- 대화의 상호작용에서의 소극성. 특히 집단 상호작용에서 단순언어장애 아동들은 수동적일 수 있다. 그들은 끼어들기, 빠른 의견 제공하기, 의문 제기하기, 또는 자신의 경험 이야기하기 등의 시도를 못할 수 있다.
- 부적절한 차례 주고받기. 단순언어장애 아동들은 부적절하게 화자를 방해하고 대화에서 자기가 말할 차례일 때 반응하지 못할 수 있다.
- 대화 시작에서의 어려움. 단순언어장애 아동들은 새로운 주제에 대한 대화의 시작에서 느리거나

결함이 있을 수 있다.

- **대화 주제 유지의 어려움.** 단순언어장애 아동들은 일반적으로 다른 누군가가 대화를 시작한 주제에 대한 광범위한 대화를 유지할 충분한 정보나 언어기술을 갖고 있지 않을 수 있으므로 갑자기 주제를 바꿀 수 있다.

- **엉뚱한 의견의 산출.** 자폐증이나 발달장애 아동보다는 덜 자주 나타나기는 하지만, 단순언어장애 아동들은 이따금 대화하는 동안에 엉뚱하거나 부적절한 의견을 말한다.

- **불충분한 대화수정전략.** 단순언어장애 아동들은 다른 사람을 이해하지 못할 때 해명을 요청하지 못할 수 있다. 또한 자기 메시지에 대해 다른 사람들이 명료화를 요구할 때 다르게 반응하는 것이 어려울 수 있다.

- **불충분한 내러티브 기술.** 부족한 어휘, 구문론, 또 형태 특징 등은 단순언어장애 아동들의 내러티브 기술에 영향을 미칠 것이 분명하다. 허구적 이야기나 개인적 경험 이야기는 짧고 상세하지 못하며 또 반응할 자극이나 경험에 대한 몇몇 구체적 측면으로 제한될 수 있다. 연대기적 순서와 논리적 진전이 빈약할 것이다. 이야기에서 보통 추론되는 정보가 빠질 수 있다.

- **사회적 상호작용과 또래간 상호작용의 빈약.** 단순언어장애 아동들의 사회적 상호작용과 또래간 상호작용은 적은 접촉으로 제한될 수 있다. 그들은 또래보다는 성인과 이야기하기를 더 좋아할 수 있다.

단순언어장애 아동을 위한 첫 치료목표는 단어, 형태기술, 구문기술일 가능성이 가장 높다. 그러므로 언어치료를 하는 동안 치료사가 이 문제들에 대해 예리하게 주시하다 보면 나중에 언어 목표가 될 수 있는 화용문제들을 발견할 수 있다.

원인, 상관관계, 설명

무엇이 단순언어장애를 일으키는가? 이 장애는 어떻게 설명되어야 하는가? 장애의 설명은 장애의 원인이나 적어도 장애가 일어날 것 같은 조건들에 대한 자세한 진술이다. 단순언어장애를 설명하려는 시도는 경험적 연구와 이론적 성찰 모두로 이끌었다. 이용 가능한 경험적 자료나 그 자료에 근거한 이론들 어떤 것도 만족스럽게 그 장애를 설명하지 못한다.

원인이 대체로 노출되지 않은 단순언어장애와 같은 복잡한 장애를 설명하기가 어렵다는 것은 이해할 만하다. 그렇지만 치료사들은 불완전하거나 의심스러운 증거에 근거한 조급한 설명들에 주의할 필요가 있다. 사실상 원인을 규명하는 가장 좋은 방법인 실험적인 접근으로 원인을 알아내는 것이 인간의 질병이나 장애에서는 불가능하다. 그런 실험 연구는 동물의 질병 원인을 발견할 때에는 가능하지만 언어장애의 경우에는 명백히 가능하지 않다. 연구자들은 사람에게 언어장애를 유발하기 위해 통제된 조건 아래서 변수들을 조정할 수 없다. 그러므로 인간 의사소통장애의 본래 원인, 또는 유발 원인에 대한 모든 설명은 인과성을 뒷받침하는 데 약점이 있는 상관자료에 근거할 것이다. 통계학의 어떤 기본 과정도 상관관계가 인과성을 의미하지 않는다고 주장할 것이다. 단순언어장애는 특정요인과 상호 관련될 수 있지만 그 장애와 그 요인 모두 관찰되지 않았던 다른 어떤 것에 의해 야기될 수 있다.

두 요인 간 상관관계는 하나가 원인이고 하나가 결과라고 하거나 어느 하나가 원인이 될 수 있다고 특정하지 않는다. 더욱이 어떤 사람에게는 상관관계에 근거한 강력한 증거처럼 보이는 것이 앞서 말한 것과 같이 모호한 인과성으로 남을 수 있다. 예를 들어 단순언어장애 아동이 가족력이 있다고 한다면 유전적 영향이나 가족환경의 영향을 의미하는가? 많은 사람들은 자동적으로 유전적 영향이라고 추정하겠지만, 관찰이 환경인자들의 영향을 배제한다는 점에서 그 어떤 것도 아니다. 그러므로 아동 언어장애에 대해서는 논란의 여지가 있는 원인들만 존재한다.

특정한 잠재적인 유전, 신경해부학, 환경 요인이 아동에게 있는 단순언어장애와 상호 관련된다. 단일한 상관요인의 존재가 아동이 단순언어장애라는 것을 항상 의미하지 않을 수 있지만 다중인자들의 존재는 그 아동에게 단순언어장애가 발생할 기회를 증가시킬 수 있다.

잠재적 유전인자

정의에 따르면 단순언어장애가 진단된 다른 조건과 관련되지 않는다 해도 유전인자는 아동들에게 있는 단순언어장애의 진전에서 역할을 할 수 있다. 가족연구, 가계연구, 쌍둥이연구를 포함하는 유전연구가 아동의 단순언어장애와 관계될 수 있는 잠재적 유전인자를 연구하기 위해 행해졌다(McCauley, 2001). 단순언어장애에 관한 대부분의 유전연구는 **인구유전적 연구**(population genetic study)였다. 이것은 친족 및 친족관계가 아닌 사람들

인구유전적 연구들의 세 유형은 무엇인가?

의 장애를 대조함으로써 차별적 출현율에 근거하여 임상조건을 유발시키는 유전적 요소에 대한 영향을 추론하는 연구이다. **분자유전학**(molecular genetics)은 특별한 임상조건을 위해 특정 유전자를 분리한다. 분자유전학 연구의 결과는 인구유전적 연구의 결과보다 더 한정적이다. 분자유전학 연구가 단순언어장애와 관련이 있는 특정 유전자를 발견할 때까지 환경적 변인의 영향을 분리할 수 없어서 인구유전적 연구의 결과는 여전히 모호하게 남아 있다. 선택된 유전학 용어들의 정의를 위해서는 글상자 3.1을 참조하라.

가족연구. 가족연구를 하는 연구자들은 가족 중 얼마나 많은 사람들이 같은 장애를 가졌는가를 발견하기 위해서 발단자(proband, 연구자가 알게 된 장애를 가진 첫 사람, 이 경우에는 단순언어장애 아동)에서 시

가족연구에서 연구자가 알게 된 장애를 지닌 첫 사람에게 적용되는 용어는 무엇인가?

글상자 3.1   기초적인 유전학 용어

대립형질(allele) : 특정한 염색체 자리에 위치한 유전자의 다른 형태들

세포(cell) : 살아 있는 유기체의 구성단위이며 세포질과 핵을 갖고 있고 핵에는 유전자가 위치한 염색체가 포함된다.

염색체(chromosomes) : 유전자를 포함하는 세포핵에 있는 조직이며 유전형질의 기능단위

일치율(concordance rates) : 쌍둥이(일란성 또는 이란성)의 구성원들이 같은 임상질환을 갖는 정도. 더 높은 일치율은 보통 연구되는 임상질환의 유전적 근거를 시사한다고 생각된다.

DNA : 디옥시리보 핵산(deoxyribonucleic acid)은 살아 있는 유기체의 주된 유전물질이다.

불일치율(discordance rates) : 쌍둥이의 한 구성원만이 임상질환을 나타내는 정도

우성유전자(dominant gene) : 대립형질이 다를 때조차도 효과를 내는 유전자

역학(epidemiology) : 일반집단이나 특정집단에서 장애나 질병의 발생률 연구

가족집적성(family aggregation) : 혈족 사이에 질병과 장애의 집중된 출현율. 반드시 유전된 것을 의미하지는 않는다.

유전자(gene) : 유전형질의 기능단위로 염색체의 특정 위치에서 발견된다.

게놈(genome) : gene(유전자) + chromosome(염색체)의 합

성어로 한 종에 있는 유전물질의 총체(인간게놈)

유전자형(genotype) : 질병이나 장애의 표현형을 야기하는 유전적 이상

연쇄(linkage) : 동일한 염색체에 있는 두 유전적 좌위의 존재

좌위(locus) : 한 염색에 있는 한 유전자의 특정한 위치

분자유전학(molecular genetics) : 표현형 이상의 원인이 될 수 있는 특정 유전자를 분리하기 위해 개인의 혈액이나 타액을 표본으로 하는 DNA 염기서열에 대한 연구

돌연변이(mutation) : 유전자 화학에서의 영원한 변화로 새로운 종을 갑자기 나오게 할 수 있으며 유전적 이상의 원인이다.

가계(pedigree) : 어떤 임상질환의 영향을 받거나 영향이 없는 가족의 구성원들을 보여주는 도표

표현형(phenotype) : 관찰되거나 측정된 질병이나 장애의 증상복합체. 표현형은 임상질환의 유전적 표현이다.

인구유전학(population genetics) : 질병과 장애의 인과관계에서 잠재적인 유전적 또 환경적 영향을 식별하기 위해서 선택된 가족, 일란성 쌍둥이, 또 혈연이 없는 개인 등을 대상으로 한 질병과 장애의 출현율이나 발생률에 대한 연구

열성유전자(recessive gene) : 우성유전자의 활동 때문에 표현되지 못하는 유전자

성염색체(sex chromosomes) : 사람의 성을 결정하는 XX(여성)와 XY(남성) 염색체

작한다. 그 장애가 일반 집단에서보다 발단자의 가족에서 더 잘 일어나면 장애가 혈통적(familial)이라는 결론이—장애가 가족에 퍼지는 경향이 있다는 것을 시사하는 의도라면—유효하다. 장애가 유전적(genetic)이라는 뜻으로 정해지면 그 결론은 의문의 여지가 있다. 이 의심스러운 결론이 인구유전학 연구자들 사이에서는 예외라기보다 오히려 표준이기는 하지만 말이다. 가족 구성원들은 보통 유사한 환경에 노출되며 단순언어장애의 특징은 유전적 기질이라기보다는 그 환경에서 발생한 무언가 때문일 수 있다. 가족의 발생률 또는 출현율은 가족 안의 유전적 유사점에 대비하여 환경적 유사점들을 구분하지 않는다. 가족의 특징들은 보통 유전적으로 계승되는 것은 아니다.

가족연구에서는 단순언어장애의 출현율이 다른 가족에서보다 특정 가족에서 더 높다고 일관되게 나타났다(Spitz et al., 1997; Tallal, Ross, & Curtiss, 1989; Tomblin, 1989). 이것은 한 아동(발단자)이 단순언어장애로 진단되면 진단받은 아동의 혈족 중에 단순언어장애를 지닌 다른 아동들이 존재할 가능성이 있다는 의미이다. 이러한 연구들의 가장 큰 약점은 그 연구들이 단순언어장애가 의심되는 가족에 대한 중요한 정보를 그 가족의 구성원이 작성한 설문지에 의존하고 있다는 점이다. 친척 내 언어장애에 대한 가족 구성원 판단의 신뢰성은 의심스럽다.

다른 연구자들은 단순언어장애가 있는지 결정하기 위해 가족 구성원들을 직접 평가했다(Choudhury & Benasich, 2003; Plante, Shenkman, & Clark, 1996; Tallal et al., 2001; Tomblin & Buckwalter, 1994; Tomblin, Freese, & Records, 1992). 이 연구에서는 전문가들이 가족 구성원 가운데 단순언어장애를 직접 진단했으므로 훈련되지 않은 가족 구성원의 보고로 적용된 진단보다 더 신뢰할 만하다. 이 연구결과 또한 장애의 영향을 받지 않은 아동의 가족 구성원보다 단순언어장애를 지닌 아동들의 가족 구성원 사이에서 단순언어장애의 출현율이 더 높다는 것이 밝혀졌다. 일반 인구에서 단순언어장애의 출현율은 약 7%로 추정되는 반면 가족 출현율은 영향을 받은 가족 구성원의 20~40%까지로 추정된다. Choudhury와 Benasich(2003)의 연구는 이미 단순언어장애라고 진단된 적어도 한 명의 가족 구성원이 있는(영향을 받은 가족) 42명의 유아(37 가족)와 어떠한 언어장애의 가족력도 없는(영향을 받지 않은 가족) 94명의 유아(75 가족)를 주목했다. 유아들은 6개월이 되기 전에 모집되었으며 3세 때 언어검사가 시행되었다. 영향 받은 가족 절반에서 단지 한 아동만 단순언어장애로 진단되었다. 이는 절반의 경우 단순언어장애의 다른 가족력이 없으며 영향 받은 아동은 단순언어장애를 지닌 단 한 명뿐이라는 것을 의미한다. 단순언어장애를 지닌 적어도 한 명의 아동이 있는 가족의 다른 절반에서는 적어도 두 명의 구성원이 영향을 받았다. 연구자들을 종합하여 32%의 영향 가능성을 보고했다. 그러므로 여러 연구의 결과는 대략 절반의 경우에 유전인자의 영향이 추론될 수 있지만 대략 같은 수의 경우는 유전인자의 영향을 추론할 수 없음을 시사한다.

가계연구. 가계연구는 가족연구와 유사하지만 그 연구가 발단자의 여러 세대 전으로 확대된다. 연구자들은 가능한 한 많은 수의 발단자 가족 구성원을 조사하여 유전될 수 있는 특징의 양상을 찾는다. 현재까지 단순언어장애의 가계연구에서 나온 활용 가능한 자료는 여러 연구자들에 의해 추적된 한 가족에서 생겨났다(Crago & Gopnik, 1994; Gopnik & Crago, 1991; Vargha-Kadem et al., 1995). KE 가족이라고 불렸던 가족이 4세대에 걸쳐 연구되었다. 30명의 가족 구성원 중에서 대략 절반이 중증의 말·언어장애였으며, 때로는 그 장애가 단순언어장애라는 인상을 주었다고 보고되었다.

KE 가족에서 발견된 말과 언어장애가 유전적일 수 있다고 해도, 영향을 받은 가족 구성원에 대한 그 이상의 연구는 단순언어장애 진단의 유효성에 대한 의문을 제기했다. 영향을 받은 KE 가족 구성원들은 여러 동반결함, 특히 대부분 성인기까지 지속되는 심한 조음장애를 가졌다고 알려졌다. 이 가

행동불능증이나 발달장애로 진단을 받은 사람들은 단순언어장애를 갖지 않는다.

족 구성원들은 순차적 구강안면 동작(예 : "입술을 다물고, 눈을 크게 뜨고, 혀를 내밀어라.")을 모방하는 데 심한 어려움을 보였다. 이 어려움은 행위계(praxic)결함, 또는 실행증(apraxia), 즉 운동을 계획하고 실행하는 데 있어서의 곤란 등을 보여주는 징후라고 생각되었다. 영향을 받은 가족 구성원 중에서 6명은 85 이하의 지능으로 평가되었으며 단순언어장애 진단의 전조가 되는 지적 결함도 발견되었다(Vargha-Khadem et al., 1995).

KE 가족에 대한 이후의 연구에서 Watkins, Dronkers, Vargha-Kadem(2002)은 영향을 받은 가족 구성원의 특성 또는 표현형과 핵심결함의 존재를 설명했다. 연구자들은 다양한 언어적, 비언어적 과제를 이용하여 피험자 세 집단, (1) 영향을 받은 KE 가족 구성원, (2) 영향을 받지 않은 KE 가족 구성원, (3) 뇌혈관 사고(뇌졸중) 관련 실어증을 지닌 성인 환자 집단의 수행을 비교했다. 그 결과 영향을 받은 KE 가족 구성원의 말과 언어 특성의 결함이 실어증을 지닌 성인 환자의 결함과 유사했다. 영향을 받은 가족 구성원들은 심한 구강안면 실행증과 말장애를 보였으며, 이것은 단순언어장애 아동에게는 나타나지 않았다. 더 나아가 그 결과는 영향을 받은 KE 가족 구성원들과 받지 않은 구성원들은 단 하나의 검사, 즉 간단하거나 복잡한 비단어(예 : *rubid, hampent*) 반복검사를 토대로 서로 구별될 수 있다는 것을 나타냈다. 언어문제를 지닌 사람들은 정상언어 기술을 가진 사람들만큼 비단어(nonwords)를 잘 따라 할 수 없었다. 이 발견은 다른 복합적 언어장애가 단순언어장애 진단에서 아주 훌륭한 역할을 하지만 비단어 반복의 어려움은 단순언어장애를 진단하는 데 결정적으로 유용할 수 있음을 주장한 선행연구와 일치했다(Bishop, North, & Donlon, 1996; Gathercole et al., 1994). 여하튼 가족의 영향을 받은 KE 가족구성원들이 단순언어장애를 갖고 있었다는 점, 그리고 그들의 장애가 단순언어장애에 대한 유전적 근거를 시사한다는 점에 관한 제안은 부적절해 보인다.

쌍둥이연구. 쌍둥이, 특히 일란성 쌍둥이는 인구유전적 연구의 특별한 대상으로 주목을 받는다. 일란

쌍둥이연구에서 무엇이 장애의 유전적 근거를 시사하는가?

성과 이란성 쌍둥이 모두 일치율을 결정짓기 위해 연구될 수 있다. 일치율이란 어떤 임상질환이 쌍둥이의 한 명에서 발견되면 같은 쌍의 다른 한 명에서도 발견되는 비율이다. 일란성 쌍둥이는 같은 유전자를 공유하지만 이란성 쌍둥이는 보통 형제자매만큼 정도로 유전자를 공유한다. 이란성 쌍둥이보다 일란성 쌍둥이에서 나타나는 더 높은 일치율은 그 임상질환에 대한 유전적 토대를 시사한다. 이란성 쌍둥이와 비교하여 일란성 쌍둥이 중에서 더 높은 언어장애의 일치율을 보인 몇몇 연구결과들이 있다(Bishop, North, & Donlan, 1995; Tomblin & Buckwalter, 1998; Viding et al., 2004).

하나 이상의 유전자와 그 유전기제가 분자유전학 연구를 통해 확인될 때까지 단순언어장애의 일치율과 불일치율은 반대 해석에 노출되었다. 쌍둥이, 특히 일란성 쌍둥이는 보통 형제자매보다 더 유사한 환경과 부모의 반응을 공유한다. 연구에 따르면 언어와 인지기술이 측정될 경우 이란성 쌍

둥이와 일란성 쌍둥이의 환경적 유사성이 쌍둥이가 아닌 형제자매보다 두 배 이상이었다(Koeppen-Schomerus, Spinath, & Plomin, 2003). 그러므로 유전자를 공유하는 일란성 쌍둥이가 보통 형제자매보다 더 유사한 환경을 또한 공유하는데 이러한 사실은 쌍둥이 연구에서 보통 간과된다. 떨어져 양육된 쌍둥이들이 연구되지 않는다면 환경적 영향은 배제되지 않는다.

분자유전학 연구. 지금까지 고찰된 유전연구들은 모두 다양한 사회계층에서 차별적인 발생률을 분석하는 인구유전적 방법을 사용했다. 그에 반하여 단순언어장애 아동의 비정상적 유전자 또는 유전자 서열을 식별하는 분자유전학 연구들은 부족했다. 몇몇 연구에서 7q31이라는 인간 염색체에 있는 특정한 유전자 FOXP2(forkhead box P2)가 두뇌의 특정한 위치와 관계될 수 있음을 시사했다(Enard et al., 2002; Fisher et al., 1998; Lai et al., 2001). 그렇지만 이 유전자 좌위는 앞서 설명한 언어장애를 지닌 KE 가족 구성원에서 확인되었다. 앞서 언급했듯이 그들의 언어장애는 단순언어장애 아동에게서 발견된 결함 양상과 닮지 않았다. FOXP2는 단순언어장애보다는 중증의 언어적 운동신경장애와 관련될 가능성이 더 많다. 이런저런 이유로 여러 연구자들이 FOXP2가 단순언어장애와 관련된다는 주장을 의심했다(Meaburn et al., 2002; Newbury et al., & International Molecular Genetic Study of Autism Consortium, 2002; Newbury & Monace, 2002). 단순언어장애를 지닌 아동들의 철저한 분석과 FOXP2의 염색체 분석을 한 후 Newbury와 동료들은 그 유전자가 단순언어장애와 관련이 없는 것 같다는 결론을 내렸다. Meaburn 등(2002)은 언어장애를 지닌 아동 270명에서 FOXP2의 유전자 분석을 했다. 그 연구가 단순언어장애를 지닌 아동들로 제한되지 않았지만 결과는 언어장애를 지닌 아동 270명 중 누구에서도 FOXP2 돌연변이의 징후를 보이지 않았다. 본래 FOXP2에 인접한 영역에서 유전적 이상이 관찰될 수 있기는 했어도 단순언어장애를 야기하는 어떤 특정 유전자가 분리되어 나타나지는 않았다 (O'Brien et al., 2003). FOXP2, 즉 '말하는 유전자(talking gene)'에 관한 더 많은 내용은 글상자 3.2를 참조하라.

2002년에 보고된 두 분자유전학 연구가 단순언어장애와 연관된 다른 잠재적 유전자들을 제안했다 (Bartlett et al., 2002; SLI consortium, 2002). 두 연구 모두 단순언어장애를 지닌 참가자들을 선택했으며 DNA 분석을 위해 혈액표본 또는 타액표본을 얻었다. 단순언어장애 컨소시엄(2002)에 의해 보고된 첫 연구는 16번 염색체에서 하나의 유전적 민감성 좌위와 19번 염색체에서 또 다른 좌위를 확인했다. Bartlett 등(2002)에 의해 보고된 두 번째 연구는 13번 염색체에서 민감성 좌위를 확인했다. 어떤 연구도 다른 연구의 결과를 반복하지 않았다는 점에 주목해야 한다. 분자유전학 연구들이 그 유전자들을 배열한다고 해도 유전자 좌위를 확인하는 데 사용된 다양하고 복잡한 통계분석은 연구 전반에 걸쳐 다양한 발견들을 결과로 낳을 것이다. 유전자 좌위가 다양한 통계분석을 한 다른 연구들에서 반복될 때까지 분자유전학 연구들의 결론은 여전히 불확실한 채로 남아 있다.

이용 가능한 분자유전학 증거는 단순언어장애도 정상 언어습득도 설명하지 않는다. FOXP2 돌연변

글상자 3.2   **말하는 유전자의 이야기**

1998년과 2001년 사이에 한 무리의 과학자들(Fisher et al., 1998; Lai et al., 2001)이 SPCH1(말 유전자)이라고 불렸던 유전자를 설명했던 여러 분자유전학 연구들을 보고했다. 7q 염색체의 긴팔에 위치한 그 유전자는 중증의 말과 언어장애 때문에 많은 연구의 피험자가 되었던 영국에 있는 한 가족(KE 가족)의 구성원 27명에서 돌연변이된 것이 발견되었다. 나중에 SPCH1은 유전자 안에 날개 있는 나선형(forkhead box) 영역의 존재 때문에 FOXP2로 다시 이름 붙여졌다. 언론은 SPCH1의 이야기를 모아서, '말하는 유전자(talking gene)'의 발견이라고 부르며 환호했다. 곧 FOXP2는 단순언어장애와 자폐증의 유전적 토대로 인용되었다. 그 유전자는 또한 정상적 언어습득의 원인이 된다고 생각되었다. 이 주장들은 KE 가족의 구성원들이 구어실행증과 함께 중증의 조음문제도 가지고 있었고, 일부 구성원은 평균 이하의 지능이어서 단순언어장애의 기준에 부합하지 않았기 때문에 이 주장들은 항상 의문의 여지가 있었다. 자폐증을 지닌 사람들에 대한 분자유전학 연구들은 그들에서 돌연변이된 FOXP2를 발견하지 못했다. FOXP2 이상이 중증의 말과 언어문제들

을 야기한다고는 해도 당연히 그 유전자가 정상적 언어습득의 원인이 되지는 않는다.

그 후 수년간 단순언어장애를 지닌 아동들에 대한 유전연구들은 2p, 12q, 16q, 19q 등의 염색체들에 있는 유전자 이상이 관계될 수 있다고 시사했다. 이 연구들은 염색체 7q와 FOXP2에 어떤 연관도 없음을 보였으며, 이는 다시 단순언어장애에 대한 FOXP2의 중요성을 반박한다. 2p, 13q, 16q, 19q 등에 있는 이상들은 반복되지 않았기 때문에 그것들이 아동들의 단순언어장애와 관련되는지를 확신할 수 없다. 치료사는 이들과 다른 유전자 좌위에 대한 이후의 연구를 기다릴 필요가 있다.

단순언어장애에 대한 유전연구들은 자주 단순언어장애와 말과 언어장애의 다른 형태 사이의 명백한 구별을 못한다. 다른 임상집단들에만 적용될 수 있는 결론은 단순언어장애 아동들에게 과잉일반화되며, 이는 일부 유전학 연구자들 사이에서 아주 난처한 상황을 만들었다. 현재 단순언어장애 또는 정상 언어습득의 정확한 유전적 토대는 불명확하다.

이와 같은 단일한 유전자 이상은 KE 가족에서 발견된 종류의 단순한 표현형 장애를 설명할 수 있다. 장애의 중대성이 꼭 장애를 유전적으로 복잡하게 만드는 것은 아니며 많은 단일 유전자가 중증의 희귀한 장애를 발생시킨다라는 이미 알려진 사실에 주목해야 한다. 단순언어장애는 보다 일반적이며 보다 복잡한 장애이다. 서로간 또는 환경인자들과 상호작용할 수 있는 다수의 유전자들이 일반적이고 복잡한 장애를 유발한다(Meaburn et al., 2002; Newbury & Monaco, 2002). 많은 유전자들 각각은 단지 작은 효과만을 산출할 수 있으며 그 효과는 유전자에 따라 다양할 수 있으므로 돌연변이된 유전자보다 결함 있는 유전자 식별을 더 어렵게 한다. Meaburn 등(2002)과 Monace(2002)는 다양한 유전자-환경 상호작용들의 영향이 양적으로 다양한 장애를 산출한다고 언급했다. 단순언어장애 아동들의 언어기술이 정상발달하는 아동의 언어기술과 양적으로 다르다는 것은 합리적 묘사이다. 그 묘사도 단순언어장애의 인과관계에 대해 다양한 유전자-환경의 상호작용이라고 보는 견해와 일치한다.

잠재적 신경해부학 인자

일부 연구는 단순언어장애 아동의 뇌에서 언어 관련 영역들이 정상 언어기술을 지닌 아동의 뇌에서 상응하는 영역들과 구조적으로 다를 수 있음을 시사한다. 보통 우성반구에 있는 뇌의 페리실비안 영역(실비우스 열구를 둘러싼 조직), 그리고 보다 자세하게 브로카 영역과 베르니케 영역은 언어의 산출, 체계화, 이해 등과 관련된다. 페리실비안 영역은 그림 3.1에 도해되었다. 뇌형태학 연구라고 알려진, 뇌구조에서 차이점을 조사하는 연구는 언어장애를 포함한 여러 종류의 장애를 지닌 성인을 대상으로 대부분 행해졌다(Gauger, Lombardino, & Leonard, 1997; Leonard, 1998). 대부분의 연구들은 읽기문제를 지닌 성인과 아동의 뇌구조 분석을 시행했다. 그 결과 단순언어장애와 어느 정도 관련성이 있었지만 단순언어장애의 신경학적 토대에 대한 직접적 증거라고 간주될 수 없었다. 그렇지만 몇몇 뇌형태학 연구들은 단순언어장애를 지닌 아동들을 포함하였다.

좌반구는 오른손잡이의 95%, 왼손잡이의 70%에서 언어에 대해 지배적이다. 결국 대부분의 사람들에서 좌측 페리실비안 구조는 우반구에 있는 상응구조보다 약간 더 크다. 몇몇 연구들은 그것이 언어장애를 지닌 아동과 성인에게는 적합하지 않다고 시사했다. 몇 연구들은 단순언어장애 아동은 좌측 실비우스 영역의 크기가 더 크기보다는 우반구에 있는 것과 같거나 심지어 다소 더 작을 수 있다고 보고했다(Gauger, Lombardino, & Leonard, 1997; Plante et al., 1991). 게다가 단순언어장애 아동 일부는

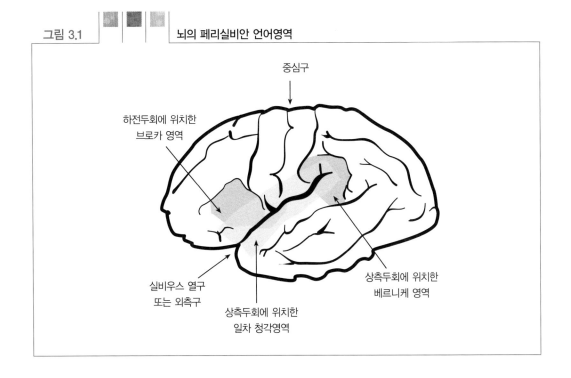

그림 3.1 | 뇌의 페리실비안 언어영역

단순언어장애가 없는 아동과 성인에서 발견되지 않는 구조인 브로카 영역의 추가적인 열구가 있을 수 있다(Gauger, Lombardino, & Leonard, 1997). 그런 이례적인 뇌구조는 좌반구와 우반구의 비전형적 불균형 또는 비전형적 배열로 설명된다. Hugdahl 등(2004)은 일련의 모음소리, 비단어, 진짜 단어 등을 포함하는 다양한 언어자극을 경청하는 6명의 통제집단의 비교에서 단순언어장애를 지닌 가족 구성원 5명의 측두엽과 전두엽의 뇌활성화가 증가된 것을 발견했다. 연구자들은 이 발견이 "선행연구에서 보고한 단순언어장애 가족 구성원들에게서 나타난 구조적 이상에 기능적으로 대응된다."고 결론을 내렸다(Hugdahl et al., 2004, p. 169).

아동들의 언어장애는 좌우 페리실비안 구조의 비전형적 배열과 언제나 관련되는가? 역으로 관련 반구 구조들의 전형적(정상) 배열은 정상언어를 보장하는가? 두 질문에 대한 대답은 '아니요'일 것이다(Plante, 1991). 비전형적 배열을 지닌 일부 아동은 단순언어장애를 갖지 않을 수 있다. 정상언어 기술을 가진 일부 아동은 비전형적 배열을 가질 수 있다(왼쪽 페리실비안 영역보다 오른쪽이 더 큰). 사실, 고전적인 Geschwind와 Levitsky(1968)의 연구는 정상적으로 기능하는 사람들의 거의 1/4에서 왼쪽 구조들이 오른쪽보다 더 크지 않을 수 있다는 것을 보여주었다.

뇌형태학상 의미는 일탈과 언어장애의 관련이 일관되지 않으며 대안적 해석의 여지가 있으므로 전적으로 명백하지는 않다. 비전형적 구조가 언어지체를 야기한다는 것은 흔한 설명이다. 그렇지만 이것은 지나치게 강한 주장이며 너무 단순화된 이론이다. 연구의 증거들은 그런 강한 주장을 명쾌히 지지하지 않는다. 신경생물학 연구는 강력한 환경적 자극이 뇌의 신경성장을 증진시킬 수 있음을 보여준다. 언어기술을 위한 환경적 자극이 빈약하면 뇌의 연결섬유조직의 발달이 제약될 수 있어서 좌반구에 있는 페리실비안 영역을 더 작게 할 수 있다는 가능성이 인식되었다(Gauger, Lombardino, & Leonard, 1997). 그러므로 비전형적 뇌배열은 빈약한 언어기술의 원인 또는 결과일 수 있다. 마찬가지로 단순언어장애 아동 뇌의 특정 영역에서 감소된 활성화는 빈약한 언어기술의 결과일 수는 있지만 그 원인이 될 수는 없다.

단순언어장애 아동들에서 유전학과 뇌형태학 발견들에 대한 정확한 해석에도 불구하고 유전적 근거는 일부 아동의 장애에 기여할 수 있을 확률이 크다. 미래 연구가 지금까지 알려지지 않은 유전적 근거를 밝히기야 하겠지만 명확한 유전적 근거 없이 아동들이 단순언어장애를 나타낼 가능성도 똑같이 크다. 이용 가능한 증거에 근거하면 단순언어장애를 드러내는 유전적 기질의 존재는 그럴듯한 가설이다. 이 유전적 기질이 특정한 비우호적 환경조건과 결합되면 단순언어장애로 이끌 수 있다.

잠재적 환경인자

임상질환이 특정한 유전적 이상을 가진다고 알려졌을 때조차도, 그 질환을 산출하는 유전인자와 결합할 수 있는 환경인자들의 영향은 배제될 수 없다. 사실 부모-아동의 언어적 상호작용을 포함하는 일상생활이 아동이 배우고 산출하는 언어의 양과 질에 영향을 준다는 가설은 의심의 여지가 없다(Hart & Risley, 1995, 1999; Moerk, 1983, 1992, 2000). 그렇지만 그런 사건들이 단순언어장애의 전반적인 인과관계에 어느 정도의 역할을 하는지는 불명확하다. 명백히 입증만 된다면, 환경인자는 똑같이 명백히 표현된 유전인자보다 더 효율적으로 언어장애를 다룰 기회를 줄 것이다. 여러 연구에서 빈곤하고, 부적절하고, 억압적인 언어 사용에 노출된 단순언어장애 아동의 발달을 알아보았다. 확실히 일부 아동들에게 언급된 언어가 정말 불충분하다면 이를 수정하는 것이 아동들에서 단순언어장애를 치료하고 예방하는 주된 목표가 될 것이다.

언어적 상호작용의 연구. 단순언어장애 아동과 대화 상대방 사이의 언어적 상호작용이 어떤 점에서 불충분한지 평가하기 위해서 연구자들은 단순언어장애 아동과 그 부모, 형제자매, 또래, 또는 친족이 아닌 성인 등의 언어적 상호작용을 준비했다. 많은 연구에서 정상 언어기술을 가진 아동과 그 부모 사이의 언어적 상호작용은 비교의 근거를 제공했다. 일부 연구에서 단순언어장애 아동과 생활연령을 일치시킨 일반 아동을 비교 연구하였으며 또 다른 어떤 연구는 단순언어장애 아동과 언어연령을 일치시킨 일반 아동을 연구했다.

언어적 상호작용의 여러 변수들은 연구자들에게 특별히 흥미가 있었다. 비교 아동은 정상 언어기술을 가진 아동인 반면, 대상 아동은 단순언어장애 아동이었다. 아동들의 집단과 대화 상대방의 다양성(부모, 친족관계가 없는 성인, 형제자매, 또래) 모두를 이용하여 연구자들은 여러 다른 변수 중에서 다음을 분석했다.

- 평균발화길이(MLU) 또는 총체적인 문법상 단순성과 다양성으로 측정되는 아동에게 언급되는 언어의 복잡성
- 상대방이 사용하는 의사소통방식(예 : 보다 지시적인지 덜 지시적인지)
- 상대방이 상호작용을 시작하는 빈도
- 의사소통을 시작하려는 상대방의 시도에 대한 아동의 반응
- 아동이 의사소통을 시작하는 빈도
- 아동의 시작에 대한 상대방의 반응
- 아동과 상대방이 묻거나 대답하는 빈도
- 아동에게 언급되는 반복적인 말의 빈도
- 대화 도중의 응시 또는 눈맞춤
- 아동에게 언급되는 말의 운율상 특징
- 아동의 산출을 나중에 나타날 다른 형태로 성인이 바꾸는 대화 상대자의 문장 재구성 사용

여러 연구들의 결과는 다소 모순적이다. 이 모순의 이유에는 연구방법의 다양성이 포함된다. 보다

중요한 것은 그 모순이 순전히 다소 서투르게 정의되고 주관적으로 측정된 변수들의 수에 기인한다는 것이다. 한 연구에서 70개의 척도가 조사되었다(Cross, 1981). 모순에도 불구하고 많은 연구결과는 단순언어장애 아동의 대화 상대자가 언어장애를 야기할 수 있는 그런 불충분한 방식으로 말하지 않는다는 것을 보여주었다(Leonard, 1998).

그렇지만 몇몇 일치하는 발견이 나타났다. 정상 언어기술을 가진 아동 어머니 집단과 비교할 때, 단순언어장애 아동 어머니들은 다음과 같다.

- 자녀와 상호작용을 덜 했고 자녀에게 더 소리치거나 위협했으며 또 자녀를 논리적으로 설득할 가능성이 더 적었다(Wulbert et al., 1975)
- 보다 지시적이었으며 자녀의 놀이를 요구하여 중단시킬 가능성이 더 많았다(Siegel, Cunningham, & van der Spuy, 1979)
- 자녀에게 질문을 더 적게 했다(Cunningham et al., 1985)
- 자녀에게 말을 할 때 더 짧고 덜 복잡한 발화를 사용했다(Bondurant, Romeo, & Kretschmer, 1983).
- 자녀에게 말을 할 때 더 적은 운율 변화를 보였다.
- 자녀의 발화에 더 적은 문장 재구성을 사용했다. 문장의 재구성에서 아동의 전보식 발화(예 : "want ball")는 문법적이지만 다른 형태로 재구성된다(예 : "Where is the ball?")(Conti-Ramsden, 1990; Nelson et al., 1995)

> 공존하는 것으로 보이는 두 변수 사이의 인과관계를 주장하는 것에는 주의가 필요하다. 인과관계가 존재한다고 해도 어느 것이 원인이고 어느 것이 결과인지를 결정하는 것은 어렵다.

단순언어장애 아동들에게 언급되는 말에서 알려진 차이점들이 정상발달 아동들에게 언급된 언어와 비교될 때 장애의 원인들인지는 의심스럽다. 대부분의 차이점들은 장애 그 자체 때문일 수 있다. 예를 들어 자녀에게 소리치는 경향이 있는 어머니들은 자녀의 무반응에 근거하여 자기 행동을 설명했다(Wulbert et al., 1975). 보다 명령적인 상호작용 방식이 언어적으로 불충분한 반응성을 통제하는 데 필요할 수 있었다. 더 짧고 더 간단한 문장을 부모가 사용하는 것은 아동이 그런 문장에만 반응하기 때문에 강화되었을 수 있다. 원래 부족한 언어기술을 가진 아동과 상호작용을 하는 사람들의 말에서 보이는 많은 변화는 아동의 언어능력의 수준에 맞춰 조정된 방식일 수 있다. 이러한 방식들은 아동이 지닌 단순언어장애의 결과이지 원인이 아닐 수 있다.

사회경제적 지위의 연구. 낮은 사회경제적 지위가 언어기술을 배울 기회를 부족하게 제공할 수 있다는 일부 증거가 있다. 낮은 사회경제적 지위는 제10장에서 설명할 아동의 서투른 언어와 문해기술과 상호 관련된다.

아동의 낮은 사회경제적 지위는 부모의 낮은 교육과 관련되는 경향이 있다. 낮은 사회경제적 지위와 부족한 교육을 받은 사람들 일부도 전반적인 지적 능력이 더 낮을 수 있다. 이 요인들은 생활 때문에 일하는 부모 모두에 대한 욕구와 상호작용할 수 있다. 낮은 사회경제적 지위에 있는 부모는 아동과 그렇게 많이 말할 수 없으며 그 부모의 말은 기본 욕구를 충족시키는 것에 제한되며 아주 불완전할 수 있다. 이러한 가정의 아동들은 고급 구어에 노출되지 못할 수 있다. 가정에서의 읽기와 쓰기도 부족할 수 있으며 결국 아동의 언어학습이 나빠질 수 있다. 이 일련의 논의가 합리적으로 보인다 해도 단순언어장애를 낮은 사회경제적 지위와 관련시키는 확실한 경험적 증거는 부족하다.

종단적 가족연구는 단순언어장애 아동들을 포함하지 않지만 사회경제적 지위와 일반적 언어학습 사이의 관계에 대한 설명적 증거를 산출했다. Hart와 Risley(1995)에 의해 실시된 연구에는 생활보호, 노동계층, 전문직 등 3개의 사회경제적 지위집단으로 나눠진 가족의 아동 42명에 대한 체계적 관찰이 포함되었다. 30개월 동안 연구자들은 한 달에 한 번씩 가정을 방문하였다. '가구 속으로 사라져서 (fading into the furniture)'(Hart & Risley, 1995, p. 35), 연구자들은 각 아동이 가족과 하는 언어 상호작용을 관찰했다. 정교한 코드체계를 사용하여, 연구자들은 그 아동이 포함된 가정 안에서의 각 의사소통적 상호작용을 기록했다. 그 결과자료는 3세 때 그 아동들의 어휘 크기와 그 가정의 사회경제적 지위 사이의 직접적 관계, 즉 사회경제적 지위가 낮을수록 어휘의 크기가 더 작아지며 사회경제적 지위가 높을수록 어휘의 크기가 더 커진다는 것을 나타냈다. 평균하여 3세까지는 전문직 가정들의 아동들이 1,100개의 단어를 산출했으며 노동계층 가정의 아동들은 700개의 단어를 산

> Hart와 Risley(1995)에 의해 조사된 세 사회경제적 지위 집단 전체에서 두 가지 중요한 차이점은 무엇이었는가?

출했고 또 생활보호 가정의 아동들은 단 500개의 단어를 산출했다. 그 자료를 더 분석하면 사회경제적 지위의 세 집단 전체에서 두 가지 중요한 차이점, 즉 (1) 일반적으로 부모가 자녀들에게 말하는 양, (2) 부모가 자녀에게 격려하는 진술의 수에 대비되는 기를 꺾는 진술의 수가 나타났다.

첫째, 전문직 가정의 성인들은 다른 가정에 있는 부모보다 더 많이 말했다. 그 자료의 선형 외삽법은 1년의 5,200시간에 전문직 가정의 아동들은 1,100만 개의 단어를 들을 것이고 노동계층의 가정에 있는 아동들은 600만 개의 단어를 들을 것이며 또 생활보호 가정에 있는 아동들은 300만 개의 단어를 들을 것이라는 것을 보여주었다. 또한 전문직 부모의 발화는 "양이 많을 뿐만 아니라 질적 특징에서도 상당히 풍부하다."(Hart & Risley, 1995, p. 124) 전문직 부모들은 명사, 수식어, 과거시제 동사, 조동사가 이끄는 '예/아니요' 질문, 평서문, 긍정문 등을 포함하는 자신의 발화에서 더 다양한 문법구조와 품사를 사용했다.

둘째, 그 세 종류의 사회경제적 지위에 있는 부모는 아동에게 금지하거나 기를 꺾는 진술의 수와 비교하여 긍정적이고 격려하는 진술의 수에서 차이가 난다. 평균적으로 전문직 가정의 아동들은 대략 격려하는 진술 6개에 대비해 기를 꺾는 진술 1개의 비율로 매시간 32개의 긍정적인 진술과 5개의 금지하는 진술을 들었다. 노동계층 아동들은 대략 격려하는 진술 2개 대비해 기를 꺾는 진술 1개의 비율인, 매시간 평균 12개의 긍정적인 진술과 7개의 금지하는 진술을 들었다. 생활보호 가정의 아동들은 대략

격려하는 진술 1개 대비해 기를 꺾는 진술 2개의 비율로 매시간 평균 5개의 긍정적인 진술과 11개의 금지하는 진술을 들었다. 생애 첫 4년까지의 자료를 추정하면, 전문직 가정에서 성장한 아동들이 기를 꺾는 반응보다 격려하는 반응의 예를 560,000개 더 많이 들었을 것이고, 노동계층 가정에서 성장한 아동들은 기를 꺾는 반응보다 격려하는 반응의 예를 100,000개 더 많이 들었을 것이며, 또 생활보호 가정에서 성장한 아동들은 격려하는 반응보다 기를 꺾는 반응의 예를 125,000개 더 많이 들었을 것으로 보인다.

Hart와 Risley(1995)의 연구는 다수의 아동과 그 가족에 대한 종단연구를 포함한다는 점에서 기념비적이다. 그렇지만 이 연구는 선택된 사회경제적 집단 안에 있는 전형적인 부모와 그 아동의 일상 상호작용을 이해하기 위해서 기획되었으며 어떤 종류든 언어장애와 관련된 잠재적 인자들을 분석하기 위해서 기획된 것은 아니다. 이 연구는 자기 아동들의 언어를 촉진하길 원하는 부모와 가정증진 프로그램(home enrichment program)을 입안할 계획인 치료사에 대해서는 중요한 함의를 갖지만 언어장애로 이끌 수도 있는 잠재적 인자들에 대해서는 어떤 주장도 하지 않는다. 연구자들은 그 연구에서 가정에서의 말의 양, 질의 차이점에도 불구하고 모든 아동은 3세까지는 유능한 화자가 된다고 거듭 말했다(Hart & Risley, 1995, 1999). 모든 아동의 언어기술은 정상 범주 안에서 차이가 있지만 아동은 대부분 자기 부모처럼 말한다는 것이 중요한 관찰이다.

Hart와 Risley(1995)의 첫 연구와 추후의 분석(Hart & Risley, 1999)에 근거하여 다소 공공연한 추측적인 진술을 행할 수 있다. 그들의 확고한 논의는 부모가 자녀에게 자기 말과 아주 다른 양과 질로 말한다는 것이다. 그럼에도 불구하고 아동 42명 모두 정상적으로 말하기를 배웠다. 연구자들은 말하기 또는 교육적인 어떤 특별한 방법이 정상적 언어습득을 위해 필요하지 않다는 것을 강조했다. 노동계층과 전문직 부모와 비교하면 복지를 수령하는 부모들은 양과 다양성에서 제일 적은 언어를 보였다. 그럼에도 불구하고 그들의 아동 역시 충분한 언어를 정상적으로 배웠다. 그러나 이 연구가 확인하지 않았던 것은 정상적 언어습득에 필요한 결정적인 핵심언어 상호작용이며, 이것은 연구자들이 목표로 한것은 아니었다. 언어 상호작용이 언어학습에 필요한 그 결정적 핵심보다 낮으면 어떨까? 그 결정적인 핵심 수준이 단순언어장애를 나타내는 유전적 민감성을 가질 수 있는 어떤 아동들에게서 더 높다면 어떨까? 다르게 표현하면, 어떤 아동들이 정상적으로 언어를 배우는 데 필요로 하는 것보다 더 많은 또는 다른 상호작용들을 필요로 한다면 어떤가? 특별한 상호작용에 대한 요구는 유전적 민감성을 지닌 아동들로 제한되는가? 또는 그 요구는 다른 환경인자들 일부에 근거하기도 하는가? 이 질문에 대답하기 위해 고안된 연구가 아동 언어장애의 다른 형태 및 단순언어장애와 관련된 잠재적 환경인자들을 발견할 것으로 기대할 수 있다.

단순언어장애는 정말로 언어에 한정되는가

단순언어장애가 다른 곳과 미국에서 현재 일반적으로 받아들여진 진단범주라고 앞서 말했다. 정의에 따르면 언어 외에 다른 결함이 없거나, 결함이 없다고 명백하게 설명할 수 있을 때 단순언어장애라는 진단이 내려진다. 그럼에도 불구하고 단순언어장애의 진단에 대해서 있어서는 안 되는 난처한 질문들이 계속 이어지고 있다. 일반적으로 수용된다 해도 연구자들은 단순언어장애라는 진단범주가 타당한지에 대해 의문을 갖는다. 많은 연구자들이 단순언어장애 아동이 다른 결함이 없다는 기본 전제를 의심했다. 일부 연구자들은 거의 항상 단순언어장애 아동의 언어 특징이 장애의 진단을 방해하는 문제와 관련이 있다고 본다. 확실하게 말할 수는 없지만, 연구자들은 단순언어장애 아동들이 짐작건대 인지기술과 감각기능에 근거한 많은 유형의 과제들과 관련해 어려움을 겪을 수 있다고 시사했다.

단순언어장애 아동에서 가능한 인지결함

단순언어장애 아동의 여러 인지기술이 연구되었다. 이 변수들에는 복잡한 추론과업의 어려움, 정보처리기술의 결함, 순차적인 청각 또는 시각자극을 빠르게 해석하기, 촉각(접촉)인지의 문제, 주의력결핍과 과잉행동성, 상징놀이 활동 등이 포함된다. 연구된 대부분의 변수들에 대하여 그 결과는 일관되지 않으며 긍정적인 발견의 해석은 논란의 여지가 있다.

복잡한 추론과업의 어려움. 시공간 기술을 사용하여 추론하는 기술을 검사하려고 고안된 연구에서 단순언어장애를 지닌 아동은 정상인 비교집단의 아동보다 더 서투르게 수행했다. 검사된 과제에는 다양한 각도로 기울인 용기에 있는 물의 수준이 어디에 있을지를 예측하도록 아동들에게 요구하기, 다른 방향에서 본 형태와 맞는 물건 고르도록 요구하기, 다른 방향으로 회전하는 제시된 형태가 같은지 다른지를 말하도록 요구하기 등이 포함되었다(Camarata, Newhoff, & Rugg, 1981; Johnston & Ellis Weismer, 1983). 모든 경우에 단순언어장애 아동은 통제집단 아동만큼 바르게 대답하지 못하거나 맞더라도 상당히 더 느린 속도로 반응했다.

정보처리기술의 결함. 일부 연구자들은 단순언어장애 아동들이 아마도 정상 언어기술을 가진 아동들보다 더 느리게 여러 정보를 처리한다고 하였다. 이런 느림이 언어 과제에 한정될 수 있거나 언어와 비언어 과제 모두로 확대될 수도 있다. Kai(1994)는 단순언어장애의 근본적인 원인이 반응을 불러일으키기 위해 언어, 시각, 공간 등 다양한 종류의 정보가 제공될 때 더 느린 반응속도라고 말한 일반화된 느림 가설(generalized slowly hypothesis)을 제안했다. Miller 등(2001)은 그림 명명하기와 같은 과업이 "그림의 인식, 그림 이름 인출, 이름의 체계화, 이름의 실제 산출 등을 포함한다(최소한)."고 시사했다(p. 417). 이 과정

> 단순언어장애가 언어, 시각, 공간 등의 정보가 제공될 때 느린 반응속도를 보인다는 가설은 무엇이라고 불리는가?

들의 각 과정에서 단순언어장애 아동들은 정상 언어기술을 가진 아동들보다 비례적으로 더 느리다고 추정된다. 게다가 단순언어장애 아동들은 비언어적 정보처리에서도 더 느리다고 추정된다.

정보처리에 대한 대부분의 연구는 단순언어장애가 있는 아동과 없는 아동의 반응시간(RT)을 측정한다. 일부 연구에서 일반적인 언어장애(nonspecific language disorders)를 지닌 아동의 반응시간(response tiome, RT)을 다른 두 집단의 아동들과 비교하기 위해 포함시켰다. 아주 다양한 언어와 비언어적 과제를 아동의 반응시간 측정을 위해 제시되었다. 언어 반응시간을 측정하기 위해서 아동들은 그림에 이름 붙이기, 들은 문장에 그림이 어울리는가 결정하기, 방금 보여준 연속된 그림을 기억하고 설명하기, 문장이 구문적으로 옳은지 판단하기, 운율 있는 단어 식별하기, 두 단어가 같은 소리로 시작하는지 다른 소리로 시작하는지 판단하기 등을 요구받았다. 비언어반응시간을 측정하기 위해서 아동들은 그림 맞추기, 방금 말로 제시된 연속된 숫자들을 기억하고 복창하기, 짧은 시간에 가능한 한 빠르게 건반 두드리기, 자극에 대한 반응으로 키 두드리기, 자극의 배열 중에 목표자극(예 : 기하학적 모양)이 있으면 키 두드리기, 회전하는 의미 없는 도형이 목표와 같으면 특정 키 두드리기, 두 자극이 좌우가 바뀐 모양이면 다른 키 두드리기, 청각음에 반응하여 키 두드리기, 핀 움직이기, 구슬 꿰기 등을 하도록 요구되었다(Kail, 1994; Miller et al., 2001; Montgomery & Leonard, 1998; Windsor & Hwang, 1999; Windsor et al., 2001).

반응시간 연구의 결과는 일반적으로 단순언어장애를 지닌 아동들이 단순언어장애가 없는 아동들보다 더 느리다는 것을 보였다. 이 느림은 언어와 비언어 반응시간 모두에서 기록되었다. 더욱이 일반적인 언어장애를 지닌 아동들도 정상 언어기술을 가진 아동들에 비교하여 더 느리게 나타났다. 단순언어장애를 지닌 아동들에게서 발견된 느린 정도는 연구에 따라서 다르다. 그 가변성은 부분적으로는 반응시간을 측정하는 데 있어서의 차이와 원자료의 통계적 분석에서 다른 방법을 써서 생긴 차이점 때문일 수 있다. 일부 연구와 분석방법들은 단순언어장애 아동의 반응시간이 언어장애가 없는 아동의 반응시간보다 약 30% 더 느리다고 시사하지만, 다른 연구들과 다른 분석방법들은 약 10%의 느림을 보인다. 출간된 데이터에 대한 위계적 선형모형 분석(hierarchical linear modeling analysis)이라 불리는 최근의 통계모형에서는 언어장애 아동이 유의한 일반적 느림을 나타내지 않았음을 보이기조차 했다(Windsor et al., 2001). 본래 일반적 느림을 강하게 뒷받침하기에는 아동과 각 연구에 따른 반응시간에 가변성이 너무 많다.

정보처리에서의 일반화된 느림과 대조적으로 일부 연구자들은 느리거나 결함 있는 정보처리에 대한 특정한 형태 가설을 제안했다. 인기 있는 가설 중의 하나가 Tallal 등에 의해 제안된 시간적 처리결함(temporal processing deficit)이다(Tallal, 1999; Tallal, Stark, & Mellits, 1985). 그 가설은 단순언어장애 아동들이 빠르게 주어진 자극을 인지하고 속도를 요하는 과업을 실행하는 데 어려움을 보인다고 말한다. 가설에 따르면 아동들은 상대적으로 빠른 속도로 주어지는 자극을 처리할 수 없으므로 시간적 처리결함을 갖는다. 단계적 판별함수분석(stepwise discriminant function analysis)이라고 불리는 복잡한 통계분석에 의해 Tallal 등(1985)은 시간적 처리를 측정하는 변수가 단순언어장애가 있는 아동과 없는 아동들에 대해 98%로 바르게 분류할 수 있다고 주장했다. 그들은 (1) 다음절 단어의 빠른 산출 ,(2) 촉각 구별(두 손가락에 놓인 두 감촉 확인), (3) 컴퓨터로 합성된 음절 /ba/와 /da/의 구별, (4) 음조와 빛 자극의 구별, (5) e와 k 철자를 순서대로 배열하기, (6) 뺨이나 손에 주어진 촉각 자극 찾아내기 등 시간적 처리변수 6개를 설명했다. 각 경우에 더 빨리 주어진 자극을 인식하거나 산출하기는 어려웠지만 반면 더 느리게 주어진 자극은 단순언어장애 아동에게 어렵지 않았다. 6개의 처리변수 중에서 두 변수는 촉각 구별을 포함했고 두 변수는 말을 포함했으며 한 변수는 청각을, 다른 한 변수는 시각자극을 포함했다. 다른 여러 연구들이 단순언어장애 아동은 배열된 청각이나 시각자극을 빠르게 처리하는 데 어려움이 있다고 설명했다(연구들을 고찰하려면 Tallal, 1999, Leonard, 1998 참조).

시간적 처리결함은 아동들이 정확하고 민첩하게 반응하는 데 어려워한다는 것을 의미할 뿐이다. 그들이 그런 어려움을 겪는 이유가 데이터만 가지고서는 확실하지 않다. 그 어려움을 보여주는 실제 데이터로는 그 어려움이 청각처리결함(auditory processing deficit) 때문이라는 것을 자동적으로 의미하지는 않는다. Tallal(1985)이 설명한 수행변수 6개는 청각처리가 아닌 기술을 포함할 수 있다. Segalowitz(2000)가 지적한 대로 '주의력, 작업기억, 주의산만성, 자극친근성, 종합적 처리속도 등'과 같은 다른 변수들의 효과를 특정한 측정에서 분리하기는 어렵다(p. 342). 흥미롭게도 Tallal 등이 연구한 6개의 변수 중에서 3개가 말을 포함한다. 그 변수들이 단순언어장애 아동들과

> 언어치료사는 수용언어장애를 진단하고 치료해야 한다. 청각사는 청각처리장애를 진단한다. 수용언어장애나 청각처리장애는 드물며 보통은 외상성 뇌손상이나 뇌졸중의 결과이다.

그렇지 않은 아동들을 구별한다는 것은 놀랍지 않다. 통계적 자극실험으로 Zhang과 Tomblin(1998)도 단순언어장애에 대한 시간적 처리이론의 유효성에 이의를 제기했다.

시간적 처리결함 가설은 단순언어장애 아동을 위한 상업적 치료 프로그램으로 이어졌다. 이것은 청각입력의 속도를 늦추고 아동이 정상 속도로 주어진 청각입력을 지각할 때까지 조금씩 제시속도를 늘리도록 고안된 일련의 비디오게임처럼 연습으로 구성된 'FastForWord'라는 잘 알려진, 대중화된 컴퓨터 프로그램이다(Scientific Learning Corporation, 1998). 이 프로그램은 저자들이 제공한 교육을 받은 사람들의 감독하에서만 이용 가능했다. 보도에 의하면 이 프로그램에 참여했던 아동들은 언어이해 검사점수에서 현저한 증가를 보였다. 이는 아동의 소집단이(한 연구에서 7명, 다른 연구에는 22명) 주중에 하루에 3시간, 주말에 '숙제'로 1~2시간, 한 달 동안 매일 FastForWord 훈련을 받았던 2개의 선행연구를 기초로 하여 주장한 것이다(Merzenich et al., 1996; Tallal et al., 1996). 첫 연구(Merzenich et al., 1996)에서 수용언어의 다양한 척도를 사용하여 통제되지 않은 사전검사-사후검사의 설계가 이용되었다. 사후검사의 측정은 각 아동이 자기 연령의 정상한계에 접근하거나 초과한, 2세에 상응하는 수용언어와 언어이해에서 평균적 증가를 보였다. 두 번째의 대단위 연구(Tallal et al., 1996)에서는 아동들

을 음향으로 수정된 말이 없이 컴퓨터게임 훈련을 받은 한 집단과 음향적으로 수정된 말로 그 훈련을 받은 다른 집단의 두 집단으로 나누었다. 음향적이나 시간적으로 수정된 말로 훈련을 받은 집단이 더 큰 증가를 보였다고 보고되었다(Merzenich et al., 1996; Tallal et al., 1996).

수용언어에서 그러한 상당한 증가를 얻었다는 소식은 부모와 교육자들에게 열렬한 환영을 받았으며, FastForWord는 소위 '청각처리장애'를 지닌 아동들을 위해 아주 수요가 많은 치료 프로그램이 되었다. 그렇지만 선행연구 어디에도 통제집단이 포함되지 않았으며, Tallal과 동료들의 연구는 다른 연구자들에 의해 반복되지 않았다. 더욱이 사례연구와 통제집단을 대상으로 한 적은 양의 실험적 연구들은 그 예비연구에서 보고되었던 증가에 훨씬 못 미치는 결과를 보였다(Friel-Patti, Desarres, & Thibodeau, 2001; Loeb, Stoke, & Fey, 2001; Rouse & Krueger, 2004; Troia & Whitney, 2003). FastForWord 프로그램의 효과는 특별할 게 없으며 생길 수 있는 얼마 안 되는 효과는 다른 소프트웨어 프로그램들을 사용하여 실현될 수 있는 정도의 동일한 효과라는 증거도 일부 있다(Gillam et al., 2001).

제4장에서 추천된 과학적 증거를 참조하라. FastForWord 프로그램의 효과를 지지하는 증거를 어떻게 생각하는가?

더욱이 치료의 강도가 보고된 일부 효과의 부분적인 원인일 수 있다. 그 치료가 단 한 달 동안만 제공된다 해도 매일 3시간씩의 연습과 1~2시간씩의 주말 연습은 약 30분씩 한 주에 두 번씩 제공되는 어떠한 전통적인 (또 효율적인) 치료보다 훨씬 더 집중적이다. 그러므로 FastForWord 훈련으로 수용언어기술에서 현저한 증가가 있다는 주장은 신중하게 해석되어야 한다(Gillam, 1999; Gillam, Loeb, & Friel-Patti, 2001).

일부 연구자들이 중재 후 바로 나타난 구어에서의 일부 긍정적인 변화를 보고했지만 FastForWord 훈련의 결과로 표현언어기술에서 임상적으로 유의미한 진전이 나타난 것은 아니다(Rouse & Krueger, 인쇄 중; Troia & Whitney, 2003). 한 종단연구의 결과도 중재 후 구어에서의 증가를 보고했으나 그 증가는 2년 동안 유지되지 않았다(Hook, Macaruso, & Jones, 2003).

기억기술의 결함. 기억기술이 인지기술의 일부이며 정보처리와 공통 성질을 갖는다는 가정에 근거하여 연구자들은 단순언어장애 아동들이 언어학습에 부정적 영향을 미치는 기억결함을 갖는지를 의심했다. 기억력 결함의 가설은 학습과 기억이 필요한 모든 과제에 일반화되었거나 언어학습에 한정되어 있었다. 대부분의 연구자들은 기억하기와 언어학습 등과 관련된 기억을 연구했다(Montgomery, 2002; van der Lely, 1993). 여러 종류의 고찰된 단기언어기억기술에는 단어 회상, 문장 이해, 숫자 회상, 수학적 사실의 단순암기를 포함한다(Fazio, 1996; Gillam, Cowan, & Marler, 1998; Hoffman & Gillam, 2004; Montgomery, 2002; Weismer, Evans, & Hesketh, 1999). 일반적으로 연구자들은 단순언어장애 아동(임상집단)의 수행을 정상적으로 언어학습을 하는 아동(통제집단)의 수행과 비교했다. 언어기억 연구의 결과는 다소 일관성이 없었다. 단기기억결함은 임상집단과 통제집단이 언어기술로 대응될 때보다 연령으로 대응될 때 임상집단에서 나타날 가능성이 더 많았다. 단순언어장애 아동은 단단어의 기억은 손상되지 않았지만 의미가 단어 순서에 의존하는 문장을 회상하는 데 어려움이 많을 수 있다는 결과가 나왔다.

많은 관심을 받았던 또 다른 과제는 비단어 반복, 즉 아동들이 의미 없는 말(예 : /anib/, /tervak/)을 반복하도록 요구받는 과제이다. 전형적으로 발달하는 어린 아동들의 비단어 반복 과제의 수행이 나이가 들어갈수록 개선된다는 일부 증거가 있으며 이는 그 과제가 단순언어장애의 조기선별을 위한 소중한 평가도구일 수 있다고 시사한다(Roy & Chiat, 2004). 여러 연구결과 단순언어장애 아동은 비단어 반복에서 어려움을 지니는 것으로 나타났다(Bishop, North, & Donlan, 1996; Dollaghan & Campbell, 1998; Edwards & Lahey, 1998; Ellis Weismer et al., 2000; Gathercole & Baddeley, 1990). 그렇지만 일반적으로 받아들여진 이러한 발견조차도 반증이 없지는 않다. 일부 아동들은 다소 서툴게 비단어를 반복할 수 있지만 언어연령으로 짝지었을 때는 차이가 없었다(van der Lely & Howard, 1993).

단순언어장애 아동들에서 발견된 언어단기기억결함의 의미가 전적으로 명확하지는 않다. 일부 연구자들은 기억결함이 단순언어장애의 원인일 수 있다고 믿는다(Gathercole & Baddeley, 1990; Montgomery, 2002). 불완전한 단기언어기억기술 때문에 일부 아동들은 문장의 뒤쪽 부분을 들을 때까지 앞부분을 기억하지 못하므로 언어를 정상적으로 배우지 못한다. 그래서 언어입력이 완전치 못하거나 부적절하게 처리되어 언어문제를 일으킨다는 것이다(Montgomery, 2002). 불행히도 이러한 설명은 단순언어장애 아동이 자신이 들은 내용의 일부를 잊어버리기 때문에 언어문제가 생긴다고 설명한 것을 다른 말로 바꿔 다시 말한 것과 같다. 만약 그러한 잊어버림이 실제로 존재한다면 언어문제의 일부이지 그 문제에 대한 설명은 아니다. 게다가 단기언어기억의 문제는 언어문제에서 추론된다. 문제에서 연유한 추론은 특히 그 추론된 실체가 그 문제의 요소로만 측정될 경우에는 도저히 설명을 구축하기 힘들다.

촉각(접촉)인지의 문제. 촉각인지 과제에서 Kamhi(1981)는 언어장애 아동들의 수행을 정상적으로 언어학습을 하는 아동들의 수행과 비교했다. 아동들은 '눈을 가리고' 기하학적 모양들 느낀 다음 상응하는 모양의 그림을 가리키도록 요구받았다. 연구결과 언어장애 아동은 정신연령이 같은 전형적으로 발달하는 아동보다 상당히 서투르게 수행했다. 이 결과는 후속연구(Kamhi et al., 1984)에서 반복되었다. 연구자들은 촉각인지 과제의 성공이 '보지 않은 물건의 상징적 표상을 생성하고 해석하는 아동의 능력'에 달려 있다고 보았기 때문에, 언어장애 아동의 서툰 수행은 서툰 '상징적 표상 능력(symbolic representational ability)'의 징표라고 해석하였다(p. 172). 이 '상징적 표상결함'은 적어도 아동 언어장애의 일부 원인이 된다고 설

> 촉각인지결함의 치료에 대한 함축은 불명확하다. 치료사들이 촉각인지결함을 치료해야 하는가? 아마도 아닐 것이다. 어느 것도 단순언어장애를 지닌 아동들을 위한 직접적 언어 훈련을 효과적으로 대치하지 못할 것이다. 이번 절에서 논의된 결함이나 다른 추정된 근본적인 '원인'에 대한 의견이 동일할 수 있다.

명되었다(p. 175). 또한 촉각인지의 결함이 다른 맥락에서 행해진 연구 모두에서 반복되었다고 해도 이 같은 발견은 그 결함이 기껏해야 단순언어장애를 지닌 아동들이 겪는 어려움의 일부일 뿐 원인이 아님을 나타낼 것이다.

집중력결핍과 과잉행동성. 단순언어장애 아동들이 다양한 자극들에 대한 집중력을 유지하는 데 문제가 있는지 또 그 아동들이 과잉행동성의 경향도 보이는지가 연구되고 있다. 기술적 연구를 하는 연구자들은 언어장애와 정신질환, 아주 흔히 주의력결핍과잉행동장애(ADHD)가 자주 공존한다는 결론 내렸다(Cohen et al., 1998; Love & Thompson, 1988; Oram et al., 1999; Tirosh & Cohen, 1998; Vallance, Im, & Cohen, 1999). 그렇지만 이 연구에서는 단순언어장애나 ADHD만 관련되는 것은 아니었다. 일부 연구자들은 말과 유창성장애를 지닌 아동들과 다른 정신질환을 지닌 아동들도 포함했다. 게다가 동반이환비율(rate of comorbidity : 둘 이상 장애의 공존)은 ADHD, 일부 다른 정신질환 등으로 진단되었거나 그런 진단을 고려하여 의뢰되었던 아동 집단을 평가하여 입증되었다. 결과적으로 동반이환비율은 말장애, 일반적 언어장애(꼭 단순언어장애일 필요는 없는), ADHD 또는 일부 다른 정신질환을 지닌 말장애와 언어장애 모두에 대한 것이었다. 따라서 단순언어장애와 ADHD 간 면밀한 관련 특성은 현재까지도 불명료하게 남아 있다.

ADHD에 대한 DSM-IV-R(APA, 2000)의 진단기준은 화용문제와 수용언어문제로 진단되기도 하는 여러 행동의 설명을 포함한다(표 3.2 참조). 이 때문에 ADHD를 지닌 아동들이 언어문제를 자주 나타내는 것으로도 볼 수 있다. 또한 ADHD 아동들이 언어와 관련된 진단되지 않은 장애를 겪고 있을 가능성이 있으므로 ADHD의 진단을 받은 아동은 언어장애를 주기적으로 평가받아야 된다고 제안되었다(Camarata & Gibson, 1999; Cohen et al., 1998; Tirosh & Cohen, 1998).

상징놀이 활동. 18개월까지는 아동들이 **상징놀이**(symbolic play)에 참가하기 시작한다. 상징놀이에서 아동은 놀이를 하면서 한 사물을 다른 것인 양 취급한다. 신발을 전화기인 척하며 그것을 이용하여 가상의 친구들과 대화를 나누거나 침대로 쓰이는 신발상자에 인형을 넣는 아동은 상징놀이를 보여준다. 아동발달에서 상징놀이는 중시되었다. 언어는 물건, 사건, 경험을 나타내기 위해서 말하는 것이기 때문에 발달에서 결정적으로 중요하다고 생각된다(Piaget, 1962; Vygotsky, 1967). 그래서 언어학습에 어려움이 있는 아동은 상징놀이에서 제기능을 못하는 것처럼 언어에 의하지 않은 개념이나 경험을 표현하는 데 어려움이 있을 것으로 예상할 수 있다.

여러 연구들이 언어장애를 지닌 아동들과 없는 아동들의 상징놀이 활동을 비교분석했다. 불행히도 연구자들이 단순언어장애를 가지고 있으며 다른 형태의 언어 또는 말장애를 갖지 않은 아동들을 신중하게 선택했다는 점이 그 모든 보고에서 명확하게 드러나지는 않았다. 단순언어장애 아동과 정상발달하는 아동의 상징놀이에 대한 Casby(1997)의 포괄적인 연구고찰은 결과가 일관적이지 않다는 것을 보인다. 어떤 연구들은 단순언어장애 아동들이 전형적으로 발달하는 아동들의 통제집단보다 상징놀이를 더 적게 한다고 보고한 반면 다른 연구들은 유의한 차이점을 드러내지 못했다. 더욱이 상징놀이에서 단순언어장애 아동과 그렇지 않은 아동 간에 발견된 차이점은 작았다. 또한

두 살 된 토미는 부엌 찬장을 뒤져서 자신이 생각했던 단지를 찾아, 자기 어머니에게 자기 '모자'를 유쾌하게 보인다. 이것은 어떤 방식의 놀이에 대한 예인가?

표 3.2

화용언어장애와 수용언어장애, ADHD에서 중복된 진단기준

DSM-IV-TR에서 발표된 주의력결핍과잉행동장애(ADHD)의 진단기준은 화용언어장애와 수용언어장애의 진단기준과 중복된다. 다음은 이런 중복되는 기준의 요약이다.

화용언어장애와 수용언어장애 또는 둘 모두 등의 증상과 겹치는 ADHD를 위한 DSM-IV-R의 기준	화용언어장애의 증상을 보이는	수용언어장애의 증상을 보이는
과업이나 놀이활동에서 집중력을 유지하는 데 어려움이 있다.	예	예
직접적으로 말할 때 경청하는 것으로 보이지 않는다.	예	예
관계없는 자극에 쉽게 산만해진다.		예
교실이나 자리에 앉아 있는 것이 기대되는 다른 상황에서 자리를 떠난다.	예	
과도하게 말한다.	예	
질문이 끝나기 전에 대답을 불쑥 한다.	예	
차례를 기다리는 데 어려움이 있다.	예	
다른 사람들을 중단시키거나 함부로 끼어든다(예 : 대화나 경기에 참견).	예	

기록된 차이점이 부분적으로는 단순언어장애 아동의 의사소통결함 때문일 수 있다. 또한 사회적 상호작용에 부정적으로 영향을 미치는 부족한 언어기술은 모든 종류의 상호작용하는 놀이에 영향을 미칠 수 있으며 어떤 단순언어장애 아동은 언어로 된 교육을 이해하는 데 영향을 줄 수 있는 이해결함을 보인다. 그러므로 Casby(1997)의 결론대로 상징놀이 결함은 단순언어장애를 설명할 만큼 유의하지 않을 수 있다. 상징놀이 결함이 유의하다고 해도 치료에의 시사점은 제한된다.

근본적인 결함의 이론적 시사점. 많은 이론적 문헌이 단순언어장애의 원인들은 근본적인 인지장애와 감각장애에 있다고 시사한다. 예를 들어 일부 이론들은 아동들의 단기기억문제, 주어진 청각자극을 빠르게 처리하는 데 있어서의 어려움, 모든 종류의 정보를 처리하는 데 있어서의 일반적인 느림, 언어자극을 처리하는 데 있어서의 특별한 어려움, 잠재적 주의력결핍과잉행동, 상징놀이 활동에서의 어려움 등이 단순언어장애의 한 가지 원인이거나 복합적 원인들일 수 있다고 주장한다. 이 가운데 언어장애에 대한 이유로 비언어적 청각 정보나 언어 정보를 처리하는 데 있어서의 어려움은 문헌들에서 많은 관심을 받아 왔다(연구들의 고찰을 위해서, Leonard, 1998; Miller et al., 2001; Tallal et al., 1985; Windsor et al., 2001 등 참조).

정보처리의 어려움이 아동의 언어학습문제를 야기한다는 가설은 언어의 특정한 측면(예 : 형태 또는 구문 특징)이나 일반 언어를 학습하는 데 있어서의 어려움을 설명하기 위해서 제시되었다. 형태문제의 맥락에서 전에 언급되었던 가설의 한 가지 변형은 단순언어장애 아동들이 간명하거나 빠르게 제시된 언어요소를 효율적으로 처리할 수 없다는 것이다. 아동들은 음의 길이가 더 긴 -*ing*와 같은 형태소보다 3인칭 단수 -*s*, 소유격 -*s*, 과거시제의 -*ed* 어미변화, 관사와 같이 간단하거나 강세가 없는 문법형태소들을 학습하는 데 문제를 보일 가능성이 더 많다는 것을 상기시켜 볼 수 있다. 아동은 간단하거나, 강세가 없거나, 또는 빠르게 제시된 말 자극을 처리할 수 없기 때문에 언어의 형태요소를 학습하는 것이 어려울 수 있다. 그 가설의 다른 변형, 특히 앞서 설명된 일반화된 느림 가설은 정보처리에서의 전반적인 느림이 언어학습문제들의 모든 측면을 설명할 수 있다고 시사한다.

아동들이 언어의 특별한 측면(예 : 간단하거나 강세가 없이 지속되는 형태소)이나 일반적인 언어입력을 처리하는 데 일부 선천적 문제를 가지고 있다는 가설은 심각한 논리적 문제를 일으킨다. 정보처

리의 어려움은 설명이 요구되는 관찰된 언어장애로부터 추론된다. 설명될 현상에서 추론된 설명은 순환논법에 근거하며 반복적으로 출발점에서 끝난다. 단순언어장애 아동들이 정보처리문제를 가지고 있다는 것을 어떻게 아는가? 언어학습문제를 가지고 있기 때문이다. 그들은 왜 언어학습문제를 가지는가? 언어처리문제가 있기 때문이다. 연구자들은 사실 단순언어장애 아동들이 단지 형태, 구문, 또는 일반언어의 문제 때문에 처리문제를 가진다고 추정한다. 따라서 추론된 처리문제들은 관찰된 언어문제를 설명하지 않는다.

만일 인지처리결함과 정보처리결함이 단순언어장애 아동들에게서 지속적으로 발견된다면 언어문제에 대해 어떻게 설명할지는 여전히 해결되지 않은 문제이다. 언어장애에 대한 다른 과학적인 설명들처럼 인지와 정보처리의 결함에 대한 설명도 미흡하다. 왜냐하면 대부분의 경우 한쪽에는 처리 과정의 어려움이 있고 다른 한쪽에는 언어의 이해와 산출이 있어서 둘 사이에 서로 관련이 있다는 것은 추측일 뿐이기 때문이다. 게다가 그런 설명은 발견된 모든 관련 문제(예 : 언어기억, 주의력결핍, 정보처리문제)가 설명될 문제(언어의 한계점)의 일부일 수 있다는 가능성을 고려하지 않는다. 다르게 말하자면 일부 아동들은 다른 인지적 과제(빠르게 제시된 자극에 효율적으로 반응하기와 같은)에서 쉽게 드러나지 않는 한계와 함께 언어장애 둘 다를 가질 수 있다. 단순언어장애 아동에게 다른 어떤 문제도 없다고 역사적으로 가정되었기 때문에, 단지 다른 다소 미묘한 문제들이 그들에게서 나중에 발견되었기 때문에, 나중에 발견된 문제가 먼저 설명된 문제를 설명한다는 것은 의미가 없다.

근본적인 결함의 임상적 시사점. 앞의 절에서 검토되었던 연구가 시사하듯이, 단순언어장애 아동들은 여러 인지결함과 감각결함을 가질 수 있다. 언어자료에 대한 단기기억, 여러 종류의 자극에 대한 반응속도, 유사한 자극들 간의 구별 모두 어떤 단순언어장애 아동들에게는 결함이 있을 수 있다.

그럼에도 불구하고 임상치료에서는 그러한 결함을 당연하게 받아들여서는 안 된다. 그런 근본적이고 공존하거나 관련된 결함들은 치료 목표가 될 필요는 없다. 어떤 아동이 상징놀이 기술을 증가시키는, 시공간 기술을 강화시키는, 기억기술을 증진시키는, 또는 추정되는 청각처리기술의 속도를 올리

는 등의 치료를 받는다면 그런 치료가 그 아동의 표현언어기술을 자동적으로 개선시킬 것이라는 보장은 사실 없다. 근본적인 약점의 훈련은 (1) 표현언어기술을 야기하며, (2) 표현언어기술을 훈련할 수 있기 전에 요구되며, (3) 그 결함훈련이 구어표현훈련보다 선행하지 않을 경우보다 직접적 언어훈련을 더 효율적으로 만든다는 것에 대해 어떤 중재연구의 증거에서도 나타나지 않았다. 추정되는 근본적 과정을 다루기 위해서는 귀한 언어중재시간을 소비하기 전에, 세 종류의 증거 모두에 대해 검증할 필요가 있다.

단순언어장애 아동의 예후

단순언어장애 아동들이 스스로 개선되는지 또는 정상 언어기술을 습득하기 위해 중재를 필요로 하는지는 예후의 문제이다. 예후의 문제는 종종 영아와 유아들이 단순언어장애를 가지고 있는지 아니면 말이 늦은 '늦되는 아이'인지 알아차리기가 어렵기 때문에 다소 복잡하다.

여하한 장애의 예후도 즉각적이고 효율적인 치료와 관련된 임상조건을 포함하는 여러 변수에 따라 변한다. 어느 정도 연령까지는 문제가 사라지거나 현저하게 약화되면 이후에도 같은 영향력을 가지고 지속될 가능성은 대체로 더 낮다. 예를 들어 3세에 단순언어장애를 지닌 아동들의 39%가 7세에도 단순언어장애일 수 있지만 5세까지도 가지고 있던 아동들 41%는 7세에도 계속 문제가 있을 수 있음을 일부 증거가 시사한다(Silva, 1987; Silva, Williams, & McGee, 1987). Johnson 등(1999)에 의한 종단연구는 단순언어장애를 지닌 아동들이 언어장애와 함께 다른 문제들(예 : 발달장애, 자폐증, 또는 난청)을 가진 아동들보다 예후가 더 좋다고 보고했다. 또한 주의력결핍, 과잉행동, 또는 둘 모두와 관련된 단순언어장애 아동들은 언어문제에만 제한된 문제를 가진 아동들보다 예후가 더 나빴다. 보통 말장애만 지닌 아동은 어떤 종류든 언어장애 아동보다 더 나은 예후를 보일 수 있다. 다른 연구에서는 단지 수용언어장애 또는 표현언어장애만 가진 아동들이 수용언어장애와 표현언어장애 둘 다를 가진 아동들보다 예후가 더 좋았다(Silva, 1987). 게다가 단순언어장애 아동들은 문법 특징을 배우는 것보다는 새 단어 학습에서 더 빠른 향상을 보인다(Rescorla, Roberts, & Dahlsgaard, 1997).

언어장애 회복과 지속의 특정한 비율은 연구들에 따라 변하며 전적으로 신뢰롭지는 못하다. 전하는 바에 따르면 언어장애는 단순언어장애 아동들 20%에서 60% 이상까지에서 지속될 수 있다(Beitchman et al., 1994; Bishop & Edmondson, 1987; Stark & Tallal, 1988). 4년간의 추적연구는 유치원을 다니는 동안 단순언어장애로 진단된 아동 196명의 60%가 4년 후에 다시 진단했을 때도 여전히 언어문제를 가지고 있는 것으로 나타났다(Tomblin et al., 2003). 일부 연구자들이 단순언어장애만을 지닌 아동들의 회복과 지속비율을 분리하려고 노력했지만 어떤 연구자들은 모든 종류의 언어장애와 말장애를 지닌 아동들

오랜 기간 참가자들을 추적하는 것은 어떤 방식의 연구인가?

을 자신들의 추정치에 포함시켰다. 예후를 평가하기 위해 아동을 종단연구하는 많은 연구자들은 언어치료 여부, 정도, 효력에 대해서는 설명하지 못했다는 것을 가장 곤란한 부분으로 꼽는다. 유치원 아동들의 언어장애를 처음 진단한 연구자들은 아동의 언어장애가 그대로라는 것을 입증하기 위해서 4년에서 7년 동안 그들을 방문했다. 그러면 그 아동들이 초등학교 때 어떤 언어치료도 결코 받지 않았다는 것을 의미하는가? 또한 그 아동들이 받았을 수 있는 어떤 언어치료도 효과가 없었다는 것을 의미하는가? 따라서 진전이 전문적 도움이 없는 자연스러운 귀결 때문인지 중재 덕분인지는 명백하지 않다. 언어치료에서는 지체되고 비효율적인, 또는 둘 모두인 아동들보다 조기에 더 효율적인 중재를 받았던 아동의 회복이 더 높은 비율을 보인다. 단순언어장애 아동들이 새로운 문법형태소들보다 새 단어들의 산출을 더 빠르게 배운다면 이 아동들을 다루는 치료사들이 보다 어려운 문법기술을 가르치기보다는 더 쉬운 단어 가르치기에 집중할 수 있을까? 모른다. 마찬가지로 초등학교 동안 단순언어장애의 지속이 학령기 아동들에게 제공된 언어치료의 실패를 드러낼 뿐인가? 이 의문들에 대한 대답은 중요한 사회적 · 임상적 의미를 지닌다.

▨▐▨ 단순언어장애의 이해 : 통합적 논의

단순언어장애의 고전적 정의는 단순언어장애를 초래할 수 있는 하나 이상의 명백한 임상질환들과 관련되지 않는다는 것이다. 최근 수십 년간 연구는 그 고전적 견해가 총체적 의미에서만 맞고 미묘하거나 특정한 의미에서는 맞지 않다는 것을 보여주었다. 사실 단순언어장애 아동들은 손상된 언어기억, 다양한 언어와 비언어 자극에 대한 느린 반응시간, 언어의 특정 측면들에서의 차별적 어려움 등과 같은 다른 문제들을 가질 수 있다. 본질에 있어서 단순언어장애 아동들은 특정한 지적(인지) 기술과 반응시간 등에서 다소 미묘한 장애를 가질 수 있다. 연구는 단순언어장애를 지닌 아동이 그런 장애가 있음을 말하고는 있지만 그 결함이 언어문제를 야기한다는 견해에 동의하도록 강요하는 어떤 말도 문헌에는 없다.

대부분의 설명은 다른 잠재적 원인을 무시하는 반면 특정한 인과관계를 가정한다. 제안된 원인들의 일부가 타당하지 않을 수 있다고 해도 단순언어장애가 단일한 원인을 갖는 것 같지는 않다. 대부분의 연구자들은 그것이 환경인자와 상호작용하는 다수의 유전적 영향일 수 있는 복잡한 장애라는 데 동의한다. 단순언어장애의 증후군은 단순언어장애 아동들이 언어이해와 산출에서 뚜렷한 어려움을 갖지만 언어와 비언어 기술에서 그렇게 명백한 관련 장애를 갖지는 않는다고 시사한다. 관련된 장애가 단순언어장애 증후군의 일부이고 그 원인이 아니라면 유전적 · 환경적 인자들만이 잠재적 원인으로 남는다.

가까운 장래에 분자유전학(차등적인 출현율을 분석하는 인구유전학이 아닌)이 단순언어장애의 보다 특정한 유전적 근거를 확인할 것이라는 것은 가능한 이야기이다. 특정 유전자가 확인된다고 해도 환경인자들이 장애의 표현형에 가변성을 만들 수 있다. 일부 유전학자들의 말대로 단순언어장애 각각 이 작은 영향만을 행사하는 다수 유전자의 영향 때문이라면 환경변수들의 영향은 중대할 것이다.

어떤 것에서도 명백한 결함이 없지만 특정한 환경조건하에서 다수 유전자의 부정적인 영향은 단순 언어장애를 나타내는 특히 강한 성향을 만들 수 있다. 단순언어장애의 높은 가족 발생률은 잠재적인 유전적 영향을 시사할 뿐 아니라 언어기술이 부족한 부모나 형제자매를 둔 아동들에게는 빈약한 언어 학습 환경이 영향을 줄 수 있다는 것을 시사한다. 제한된 언어기술의 유전자와 취약한 언어학습 환경 은 때때로 가족의 낮은 사회경제적, 교육적 수준과 결합하여 언어학습에 부가적인 장애물을 만든다. 제한된 언어기술의 유전자를 가진 아동의 환경에 대해서 추가적이고 전문화된 지속적인 조치가 필요 하다. 즉, 기존에 가족들의 부족한 언어기술과 교육에는 없었던 부분들에 대한 조치, 아동의 언어학습 을 위한 추가적인 자극과 강화를 제공하는 방법이 이에 해당된다.

앞서 설명한 다수의 유전자들과 복잡한 환경의 상호작용이라는 견해는 Leonard(1991)와 Dale, Cole(1991)이 과거에 지지했던 가설과 일치한다. 그들의 가설은 단순언어장애 아동들이 언어기술의 정상범주보다 더 낮은 곳에 있으며 개인적 차이를 나타낸다고 언급했다. 단순언어장애 아동들의 부족 한 언어기술은 어떠한 결함, 질병, 또는 손상 때문이 아니라 언어기술을 포함하는 모든 종류의 기술에 서 발견되는 정상적 변이 때문이다. 그런 정상보다 낮은 언어기술은 교육과 직업에서 언어기술이 중 요하기 때문에 더 문제가 된다. 그러므로 정상보다 낮은 음악이나 체육기술이 임상적 주의를 끌 필요 는 없겠지만, 마찬가지로 낮은 언어기술은 문제가 된다. 대부분의 경우 정상보다 낮은 기술은 다수의 유전적 · 환경적 영향의 부산물이다.

어떤 중재의 증거도 단순언어장애 아동들이 특별한 종류의 평가나 치료절차를 필요로 한다고 시사 하지는 않는다. 근본적인 처리문제(특히 청각처리문제)를 목표로 하는 언어결함에 대한 간접적 치료 의 인기에도 불구하고 언어기술에 대한 직접치료가 효율적이고 효과적인 것으로 알려져 있다(Dale & Cole, 1991; Hegde, 1998b; Leonard, 1991). 그러므로 다음 6개 장은 단순언어장애 아동이 나타내는 결함을 직접 대처하는 데 적절하며 실험적 연구를 통해 효과가 있음이 나타난 평가와 치료절차를 설 명할 것이다. 그리고 계속되는 장들은 이 절차에 대해 일부 수정이 필요한 다른 집단의 아동에 대해 설 명할 것이다.

요약

취학전기와 학령기 아동들의 거의 7~8%가 다른 종류의 장애와 관련되지 않은 언어장애의 한 형태를 가지고 있다. 그 장애는 언어에 제한된 것으로 보이기 때문에 단순언어장애로 불린다. 단순언어장애를 지닌 아동들은 더 느리지만 언어습득의 전형적 양상의 안에서 비동시성 언어발달을 한다. 옹알이나 눈맞춤 등의 결여와 같은 초기 의사소통결함은 단순언어장애의 첫 경고신호이다.

단순언어장애를 지닌 아동들은 산출기술보다 이해기술이 다소 나을 수 있다. 단순언어장애의 첫 표지는 단어들과 그 다양한 의미를 배우는 데 있어서의 어려움이다. 구문 또는 형태 등의 결함을 포함하는 문법에서의 결함은 단순언어장애 아동들에서 특히 두드러진다. 단순언어장애 아동들의 형태문제는 불완전한 인식, 구문의 복잡성, 의미의 중복에 근거해서 설명되었다. 단순언어장애 아동들의 화용 언어기술에 대한 증거는 일관적이지 않고 모순된 결과를 보이기도 한다. 하지만 치료사들은 가능한 화용적 어려움에 주의해야 한다.

가족, 가계, 쌍둥이 등에 대한 인구유전적 연구들에서 제안되었듯이 유전인자는 아동의 단순언어장애의 발달에 역할을 할 수 있다. 분자유전학 연구에서는 단순언어장애를 야기하는 결함 있는 유전자를 밝혀내지는 못했지만, 연구는 계속되고 있다. 일부 신경해부학 인자, 특히 언어와 관련된 두뇌조직의 차이를 보이는 인자의 중요성이 일부 연구자에 의해 강조되었다. 낮은 사회경제적 지위와 부족한 언어자극 등과 같은 환경인자들이 단순언어장애를 유발하는 유전인자와 결합할 것이다.

일부 연구자들은 단순언어장애를 지닌 아동들이 복잡한 추론과제에서의 어려움, 정보처리기술에서의 결함, 기억기술에서의 결함, 촉각인지에서의 문제, 주의력결핍과 과잉행동, 또 상징놀이 활동에서 어려움을 보인다고 주장하며 단순언어장애의 진단에 이의를 제기했다.

단순언어장애의 이론적 설명에는 인지와 인식의 영역에 있는 근본적인 결함 때문이라는 가설, 또는 언어기술에서의 정상적 변이 때문이라는 가설 등이 포함된다. 대부분의 연구자들은 단순언어장애가 다수의 유전적 · 환경적 영향에 의해 야기된다고 생각한다.

학습지침

1. 9살배기 토미의 학급교사는 언어평가와 치료를 위해 그를 여러분에게 위탁했다. 교사는 그 아동이 중대한 감각 또는 지적 결함은 없는 것으로 보이지만 그래도 9살 아동이 갖추어야 할 전형적인 언어기술은 없는 것 같다고 알렸다. 토미를 위한 언어평가의 개요를 만들어라. 이 개요에서 목표로 할 기술과 행동을 상술하라. 왜 특히 그 행동을 목표로 하는가? 여러분의 진단에서 가장 결정적인 행동을 강조하고 부차적으로 중요한 행동도 제안하라.

2. 초기 의사소통기술을 설명하고 나중의 언어장애를 진단하는 데 있어서 그 기술의 중요성을 논의하라. 초기 의사소통기술과 후의(정상적) 언어기술 사이에서 어떤 종류의 연속성을 보았는가? 대답에서 구체화의 중요성을 지적하라.

3. 음운장애란 무엇인가? 음운장애가 아동들에서 언어장애와 어떻게 상호작용하는지를 논의하라. 언어장애를 지닌 아동들의 일부 형태결함은 사실상 그들의 음운장애에 상응할 수 있다는 진술을 적당한 예를 들어 정당화하라.

4. 단순언어장애 아동들에서 보이는 형태결함을 위한 세 가지 설명, 즉 지각결함, 구문의 복잡성, 의미의 중복 등을 정확하게 말하라. 이 설명들을 지지하기 위해서 어떤 종류의 증거가 인용되는가? 그 증거와 설명을 어떻게 평가하는가?

5. 단순언어장애 아동들에 있는 화용언어기술에 대한 연구발견을 요약하라. 모순되는 발견을 지적하라. 이용 가능한 증거에 의하면 단순언어장애 아동의 화용언어기술에 대해 어떤 결론을 도출하는가? 자신의 결론에 도달하기 전에 단순언어장애 아동들이 지닌 화용언어기술에 대한 최근 출판된 논문들을 찾기 위해서 도서관(예 : MEDLINE, PsycInfo, ERIC)에 있는 총 데이터베이스를 탐색하라. 단순언어장애 아동의 화용언어기술을 연구하려고 의도한 여러 연구의 발견을 논의하라.

6. '가족의(familial)'가 의미하는 것과 '유전의(genetic)'가 의미하는 것을 구분하라. 단순언어장애에서 유전인자의 연구에서 결론을 내는 데 이 구별이 왜 중요한가?

7. KE 가족의 연구는 일반적인 언어장애와 특히 단순언어장애의 유전적 근거에 대하여 무엇을 가르쳤는가? 이 연구는 단순언어장애의 유전적 근거를 지지했는가? 왜 했는가, 또는 왜 안 했는가?

8. 단순언어장애에 기여하는 상호작용적(환경) 변수들을 설명하라. Hart와 Risley의 연구에서 밝힌 발견과 단순언어장애 아동의 어머니와 일반 아동의 어머니 간 차이점에 대한 발견을 포함시켜라. 연구결과는 무엇을 가리키는가?

제 2 부

언어장애의 평가와 치료

제 **4** 장

평가, 측정, 그리고 진단

개요

- 평가, 측정, 그리고 진단

- 최초의 판단 : 선별

- 평가절차와 측정절차

- 진단하기

- 권장사항 : 가족 구성원과 말하기

- 진단보고서 쓰기

- 요약

- 학습지침

누가 무엇 때문에 언어치료를 필요로 하는가? 중재를 제공하기 전에, 치료사들은 아동의 의사소통 양상의 특성을 야기하는 특정 사실을 입증할 필요가 있다. 치료사들은 그 아동을 위한 중재 입안하기 위해서 다음과 같은 질문에 대답할 필요가 있다.

- 왜 선문적 도움이 요구되는가?
- 가족 구성원은 그 아동의 의사소통기술에서 무엇이 문제라고 생각하는가?
- 교사 또는 의료요원 등과 같은, 의뢰하는 전문가들의 관심사는 무엇인가?
- 의뢰하는 전문가들은 가족의 관심사를 공유하는가?
- 아동에 대해서 어떤 사회적·학업적 요구가 행해지는가?
- 아동은 이 요구에 얼마나 잘 부합하는가?
- 아동의 일반적인 건강과 전반적인 발달은 어떤가?
- 치료계획에서 고려되어야 할 관련 임상질환이 있는가?
- 아동의 가족은 어떤가?
- 가족의 의사소통 양상은 어떤 것인가?
- 가족의 강점과 약점은 무엇인가?
- 가족의 인종문화적 배경은 무엇인가?
- 아동의 강점과 약점은 무엇인가?
- 아동의 언어기술은 어떻고, 어떤 언어기술을 가르칠 필요가 있는가?

이러한 질문들에 대한 답을 찾지 못한다면 그 아동을 위해 만들어진 중재계획은 부적당하거나 비효율적, 또는 둘 다일 수 있다.

아동을 위한 중재 프로그램을 확립하기 이전에 그 아동과 가족을 이해하기 위하여 널리 알려진 방법인 평가, 측정, 진단과 같은 임상활동이 이루어진다. 이 임상활동들은 아동과 그 가족, 그 아동의 사회적·교육적 환경과 같은 아동에 대한 자세한 프로파일을 만드는 데 도움이 된다. 그 프로파일은 아동과 가족의 특별한 필요성을 충족시키는 중재 프로그램, 즉 아동의 다양한 환경 안에서 유용하고 타당한 언어기술을 확립시킬 수 있는 중재 프로그램 설계에 도움이 될 것이다. 아동과 가족에 대해 수집된 정보가 정확하고 신뢰할 만할 때에만 그런 중재 프로그램이 설계될 수 있다. 유능한 치료사는 아동의 언어기술을 평가하고 치료하는 사전치료 과제을 관리하는 데 고도로 숙련되었으며, 그런 사전치료 과제는 정확한 진단과 효율적인 중재로 안내할 것이다.

이 장에서는 세 가지 중요한 사전치료 과제인 평가, 측정, 진단에 대해 검토하며 시작할 것이다. 또한 언어기술을 평가하고 측정할 절차들과 수집된 자료를 해석하는 방법을 보다 상세하게 설명할 것이다. 이 해석은 아동과 가족에 대한 프로파일을 만들고 임상문제를 진단하는 데 도움이 될 것이다. 마지막 절에서 진단보고서를 쓰는 절차를 제시하고 가족 구성원에게 진단정보를 제공하기 위한 제안을 할 것이다.

▨▨ 평가, 측정, 그리고 진단

평가(assessment)와 감정(appraisal)이라는 용어는 자주 상호 교환적으로 사용된다. 두 용어는 동의어로 취급할 수 있으며 보통 평가라는 용어를 사용한다. 일반적으로 진단(diagnosis)이라는 용어는 평가(또는 감정)와는 구별된다. 평가는 진단이라고 불리는 임상적 결정에 이르게 하는 활동이다. 평가과정 안의 측정을 강조할 필요가 있다. 평가를 하는 동안 얻은 신뢰할 만하고 타당한 측정은 임상진단을 정당화한다. 그러

> 치료사가 완수해야 하는 사전치료 과제의 세 측면은 무엇인가?

므로 평가, 측정, 진단은 치료사가 완수해야 할 사전처치로 세 가지 주요 측면으로 구별할 수 있다.

평가

아동의 언어장애 **평가**(assessment)는 치료에 선행하며, 임상활동들로 구성되고 정의는 다음과 같다. (1) 아동이 갖고 있는 의사소통행동과 갖고 있지 않은 의사소통행동, (2) 아동 환경의 의사소통 수요, (3) 언어기술에 영향을 미칠 수 있는 관련인자, (4) 아동 가족의 의사소통 양상, (5) 그 아동과 가족의 강점과 한계점.

또한 평가는 발전을 관찰하기 위해서 치료하는 동안에, 습득된 기술 수준을 기록하기 위해서 종료 전에, 또 임상적으로 확립된 기술의 유지를 평가하기 위해서 추적검사하기로 약속된 동안 시행될 수 있다(Hegde, 1996a). 치료 이전에 아동의 언어기술에 대해 신중하게 행해진 평가는 정확한 진단과 효과적인 중재계획에 이르게 할 것이다.

임상적으로 정확한 평가는 중요하지만 그렇다고 해서 치료사가 평가의 과정 자체에 매여 있어서도 안 된다. 너무 많은 회기에 걸쳐 진행된 비효율적인 평가로 인해 치료가 늦춰지는 일은 없어야 한다. 반면에 평가절차는 다양한 환경의 다양한 자극조건들에서 취하는 언어행동들에 대한 반복적인 측정으로 철저하게 구성해야 한다.

측정

아동의 언어기술을 평가하는 데 필요한 임상활동을 수행하는 동안 치료사는 자신이 관찰한 의사소통 행동들을 측정하여 양적인 자료를 수집한다. **측정**(measurement)은 "관찰된 사물, 사건, 그 수학적 성질 등을 정량화한다."(Hegde, 2003a, p. 185) 의사소통행동을 측정하려면, 그 행동이 측정에 적합한 방식으로 설명되어야 한다. **조작적 정의**(operational definition)는 관찰 가능하고 측정 가능한 용어들로 행동

을 설명한다. 예를 들어, 애매하게 정의된 '언어능력(language competence)'은 관찰 가능하지도 측정 가능하지도 않지만 행동으로 정의된 "대화할 때 말에서 규칙적 복수형태소의 산출"은 관찰 가능하며 측정 가능하다. '청각처리'의 측정은 가능하지 않지만 "2단계 언어지시에 아동이 옳게 반응한 횟수"를 측정하는

> 실무적 정의는 목표행동을 어떻게 정의하는가?

것은 가능하다. 관찰 가능하고 측정 가능한 방식으로 의사소통행동을 설명하는 것은 평가와 중재 모두에서 중요하다.

측정은 임상평가의 필수적 부분이다. 치료사의 진단상 판단은 다양한 자극조건하에서 다른 반응형태들에서 특정한 언어행동을 반복적으로 측정하여 생성된 양적 자료에 근거해야 한다(Hegde, 1996b). 반복적 측정은 측정의 신뢰성을 확립하기 위해서 필요하다. 예를 들어 한 가지 언어표본의 분석에만 근거해서 진단결정을 내리지 말아야 한다. 측정의 신뢰성을 보증하기 위해서 초반 몇 회기의 치료 동안 간략한 언어표본을 수집해야 한다.

평가모형

평가와 임상적 측정의 다양한 모형이 있다. 상호 배타적이지는 않지만 이 접근법들은 언어장애를 지닌 아동에게 나타나는 임상적으로 관련된 기술을 평가하는 다양한 수단을 강조한다는 점에서 다르다(Brice, 2002; Eisenberg, Fresko, & Lundgren, 2001; Laing & Kamhi, 2003; Plante, 1996; McCauley, 1996; McFadden, 1996; Washington & Craig, 2004). 치료사는 (1) 규준참조 표준화 검사, (2) 준거참조 평가, (3) 아동 특정적 측정 절차로 아동의 언어기술을 측정할 수 있다. 우리는 이 평가모형들을 간단히 살펴볼 것이며 아동 특정 접근을 강조할 것인데, 이 접근법은 규준참조 표준화 검사와 준거참조평가 2개의 강점을 결합한 것에 더해 일정한 이점을 제공한다.

규준참조 표준화 검사를 통한 측정

규준참조 표준화 검사(norm-referenced standardized test)는 정의된 개체군에서 선발된 아동들 표본의 수행을 토대로 하여 완성된 구조화된 평가이다. **규준**(norm)은 그 집단에서 선발된 아동들 표본의 수행이다. 표준화 검사에서 개인의 수행은 그 개인의 기술 수준에 대한 진단결정을 위해 규준과 비교된다. 치료사는 평가된 아동의 점수가 표준화 표본에 있는 아동들의 점수들보다 상당히 더 낮다면 언어장애로 진단한다.

표준화 검사에서 강조하는 절차들을 거치지 않고도 아동의 언어기술을 면밀하게 평가하는 방법이 있다. 그러나 많은 임상환경에서는 치료사가 말-언어 서비스를 받을 자격이 있는 아동들에게 표준화 검사 점수를 제공할 필요가 있다. 예를 들어 많은 학구에서는 말-언어 서비스를 포함하는 특수교육 서비스를 받을 아동들에게 표준화 검사의 점수를 요구한다. 그러므로 언어치료사들은 검사를 어떻게 선택하고 시

행하는지, 또 그 결과자료를 어떻게 해석하는지에 대한 철저한 지식을 갖추어야 한다. 그렇지만 언어치료사들은 표준화 검사의 한계점, 그 한계점의 부정적 결과를 최소화하는 법 역시도 이해해야 한다.

타당도와 신뢰도는 표준화 검사를 평가하고 선택하는 데 있어서 고려할 2개의 가장 중요한 문제이다. 대부분의 표준화 검사에 대해서, 다양한 종류의 타당성과 신뢰성을 입증할 수 있다.

역사적으로 **타당도**(validity)는 그 도구가 측정하려는 것을 측정하는 정도라고 정의되었다(Anastasi, 1982). 이런 고전적 의미에서 타당도는 표준화 검사의 한 측면이거나 속성이다. 타당도의 대안적 견해는 검사점수의 해석이 유의미하거나 만족스러운 정도라는 것이다. 이런 의미에서 타당도는 검사의 성질이 아니라 그 결과가 임상결정을 하기 위해서 해석되고 사용되는 방식이다(Hutchinson, 1996). 따라서 검사는 한 목적을 위해서는 타당할 수 있지만, 다른 목적을 위해서는 타당하지 않을 수 있다.

타당도의 일반적인 유형에는 다음이 포함된다.

- 내용 타당도
- 구성 타당도
- 공존 타당도
- 예언 타당도

내용 타당도. 검사의 내용이 그 검사가 측정하려고 하는 것을 측정하는 데 관련되고, 필요하며, 또 충분하다는 전문적 판단이 **내용 타당도**(content validity)이다. 예를 들어 언어 전문가들은 형태검사의 항목들을 검토하여 그 항목이 충분한 수로 되어 영어 형태소들의 산출을 정말로 측정한다고 결론을 내릴 수 있다. 또 다른 예로는 표현어휘를 측정한다고 주장하는 검사는 아동들이 이름을 댈 수 있는 그림으로 된 항목들을 포함해야 한다. 예에서처럼 내용 타당도는 전문적 판단을 통해 입증되며 다른 형태의 타당도들처럼 통계적 기법들을 포함하지 않는다.

구성 타당도. 정해진 검사점수가 측정되고 있는 기술에 관한 이론적 기댓값과 일치한다는 전문적 판단을 **구성 타당도**(construct validity)라고 부른다. 이론적으로 연령집단 전체에 걸쳐 측정된 언어기술은 점진적인 증가를 보여야 한다. 2세 아동은 언어검사에서 4세 아동보다 더 높은 점수를 얻어야 한다. 만약 더 어린 아동들과 더 나이 든 아동들의 점수

입학 희망자들을 대상으로 국가가 실시하는 시험은 예언 타당도를 가지고 있다. 대학수능시험(SAT)은 대학에서 학생이 얼마나 잘할 것인지를 예측한다고 믿어지며, 대학원 입학 자격시험(GRE)은 학생이 대학원 연구 프로그램에서 얼마나 잘할 것인지를 예측한다고 믿는다.

에 대한 고찰에서 연령의 증가에 따른 점진적인 증가를 나타내지 않는다면 그 검사는 이론적 기댓값과 모순되어 타당하지 않다. 구성 타당도 역시 전문적 판단의 문제이다.

공존 타당도. 같은 기술에 대한 새 검사와 잘 입증된 오래된 검사 사이의 긍정적인 상호관계는 **공존 타당도**(concurrent validity)라고 한다. 저자들은 자신들의 수용어휘에 대한 새 검사의 점수가 잘 입증된

같은 시행자가 동일한 아동에게 동일한 검사를 두 차례 했고, 점수가 상당히 비슷했다면, 어떤 두 유형의 신뢰도가 입증되었다고 추정되는가?

Peabody 그림어휘검사(Peabody Picture Vocabulary Test, PPVT-Ⅲ; Dunn & Dunn, 1997)의 점수와 긍정적으로 상호 관련된다고 주장할 수 있다. 새 검사와 더 오래된 검사 사이의 너무 높은 상호 관련은 그것들 사이에 별 차이점이 없다는 것을 시사하며, 비판적인 치료사는 새 검사의 필요성을 의심할 수 있다. 이것은 통계적으로 입증되는 타당도 형태라는 것을 주의하라(상관관계의 방법).

예언 타당도. 검사점수로 하는 관련과업의 장래 수행에 대한 상대적으로 정확한 예측을 **예언 타당도**(predictive validity)라고 한다. 아동의 언어기술에 대한 많은 검사들이 장래의 학업, 예를 들면 읽기 또는 쓰기를 배우는 데 있어서 아동들이 얼마나 잘 할 것인지에 대해 예언 타당도를 지녔다고 주장한다. 검사점수와 그 점수가 활용 가능할 때 예측되는 수행점수(때로는 기준점수라고 불리는) 사이의 만족스러운 긍정적 상호관계는 예언 타당도를 보장한다. 예언 타당도도 통계적으로 입증된다는 것을 주의하라.

신뢰도(reliability)는 동일 사건의 반복된 측정들이 일치하는 정도이다. 표준화 검사에서 얻은 점수들은 동일한 검사의 반복된 시행 전체에서 상대적으로 안정적이어야 한다. 그러므로 신뢰도도 반복된 측정들의 안정성으로 설명된다. 측정 또는 점수가 측정마다 계속 변한다. 측정방법이 신뢰할 만하지 못한 것이다. 신뢰도의 일반적인 유형에는 다음이 포함된다.

- 검사자 간 신뢰도
- 검사자 내 신뢰도
- 동형검사 신뢰도
- 검사-재검사 신뢰도
- 반분 신뢰도

두 명의 다른 시행자들이 두 차례에 걸쳐 동일한 검사를 동일한 아동에게 하고, 그 점수들이 상당히 같았다면, 어떤 두 유형의 신뢰도가 입증되는가?

검사자 간 신뢰도. 둘 이상 관찰자들이 동일한 검사 또는 측정절차를 시행할 때 점수의 일관성은 **검사자 간 신뢰도**(interjudge reliability) 또는 평가자 간의 신뢰도라고 한다. 그 일관성은 둘 이상의 관찰자 사이의 일치비율 또는 통계의 상관계수로 입증될 수 있다. 상관계수는 아동 또는 내담자 고유의 측정값에 대한 일치비율과 표준화 검사 점수들과 함께 더 자주 사용된다.

검사자 내 신뢰도. 같은 치료사가 두 시행 사이에 상당한 간격을 두고 동일한 사람에게 같은 검사를 두 번째 시행할 때에 점수들의 일관성은 **검사자 내 신뢰도**(intrajudge reliability)라고 한다. 이것은 또한 치료사가 검사를 시행하고 채점하거나 동일한 현상을 반복적으로 측정하여 비슷한 점수들을 얻도록 얼마나 잘 훈련되었는가의 지표가 될 수 있다. 잘 훈련받은 치료사들이 동일한 검사의 반복적 시행에서 아주 다른 점수들을 얻는다면 그 검사는 신뢰할 만하지 않다.

동형검사 신뢰도. 동일한 사람에게 시행된 동일한 검사의 유사한 유형들에서 얻은 점수들의 일관성은 **동형검사 신뢰도**(alternate form reliability)이다. 유사형태 신뢰도(parallel form reliability)라고도 부르는 이것은 아동 특정적 측정이 아닌 표준화 검사에 대부분 적용된다. 일부 표준화 검사들은 같은 검사의 두 형태를 제공한다. 그 항목들은 다르지만 그것들은 같은 기술을 측정한다. 같은 검사의 두 형태에서 일치하지 않는 결과가 나온다면 그 검사는 신뢰도가 떨어지는 것이다.

검사-재검사 신뢰도. 동일한 검사의 반복시행에서 얻은 점수들의 일관성은 **검사-재검사 신뢰도**(test-retest reliability)이다. 이 개념도 아동 특정적 측정에 적용된다. 높은 신뢰도를 얻기 위해서는 두 번 이상 얻은 동일한 아동 특정적 측정들이 서로 일치해야 한다.

반분 신뢰도. 한 검사의 두 절반에서 별도로 계산된 점수들의 일관성이 **반분 신뢰도**(split-half reliability)이다. 같은 검사에서 얻은 두 점수는 그 검사를 첫 절반과 두 번째 절반으로 나누거나 홀수 항목들의 점수와 짝수 항목들의 점수를 분리해(홀-짝 신뢰성이라 불리는)도 얻을 수 있다. 이것은 한 검사의 내부 일관성의 측정이다. 언어기술의 검사는 점진적으로 더 어려워지게 구성되어서 전반부는 후반부보다 전적으로 다른 수준에 있다. 결국 이 유형의 신뢰도는 많은 언어기술에 관한 표준화 검사들에 애매한 가치가 있다. 홀-짝 방법은 이 유형의 신뢰도를 입증하는 데 반분 방법보다 약간 더 적절하다. 게다가 일반적으로 반분 신뢰도는 시간이 경과함에 따른 검사의 안정성을 측정하지 않아서 신뢰도를 과장한다.

(1) 현재진행형 -ing, (2) 전치사구, (3) 과거시제 -ed, (4) 대명사 등의 산출을 위하여 의무적인 **상황**을 제공하는 임상활동과 언어자극을 설명하라.

표준화 검사의 장점

표준화 검사의 가장 명백한 이점은 그 검사가 아동이 치료 또는 특수교육 서비스를 받을 수 있도록 정당화하는 사회적으로 수용된 수단이라는 것이다. 또 다른 일반적 이점은 그 한계점 안에서 표준화 검사들은 임상 또는 교육상 결정을 하도록 돕는다는 것이다. 예를 들어 그 점수들에 근거하여 사람들은 검사된 기술에서 '정상'으로 또는 그 기술이 정상범주의 밖에(일반적으로 아래에) 있다는 의미에서 비정상으로 분류될 수 있다. 교육기관 안에서 표준화 검사의 점수는 아동들에게 다양한 특수교육 서비스를 받을 자격을 주는 데 도움이 된다. 표준화 검사는 시간이 오래 걸리는, 개별 아동 평가도구를 개발할 필요성을 대체한다. 표준화 검사를 '표준화'하도록 만드는 부분은 그것이 주어질 때마다 같은 방식으로 제공되어야 한다는 것이다. 따라서 언어자극 항목과 그림자극 항목, 지시, 조언, 또는 본보기 모두가 검사안내서에 제공되므로 그것을 준비할 필요가 없다. 결국 이 유형의 검사는 자신들이 반복적으로 시행했던 검사를 시행하는 데 정통한 치료사에게 편리하다. 특히 임상적 또는 교육상의 결정을 위해 다수의 아동을 아주 빨리 검사해야 할 때 편리하다. 검사에 대한 널리 퍼져 있는 비판에도 불구하고 조직과 기관들은 검사의 타당도를 인정하여 치료사와 교육자들에게 이를 사용하도록 격려한다.

표준화 검사가 객관적이며 양적인 자료를 제공한다는 믿음은 미국에서는 심리측정검사의 오랜 전통 때문에 뿌리가 깊다. 그러므로 많은 치료사들에게 표준화된 검사들은 언어치료 서비스 전달에 관한 관리정책을 만족시키는 수단을 제공한다.

표준화 검사의 한계점

일반적으로 인정된 장점들에도 불구하고 진단도구로서 규준참조 표준화 검사들은 많은 중대한 한계점을 갖고 있다. 그 검사들을 신중하게 사용하려면 이 한계점을 이해하는 것이 필요하다. 예를 들어 규준참조 표준화 검사는 다음에 관련된 한계점을 갖고 있다.

- 통계상 정규분포의 가정
- 언어행동의 부적절한 표본추출
- 언어 또는 인종문화 등의 편견
- '정상'표본 대신에 대표표본에 근거한 표준화

통계상 정규분포의 가정. 표준화 검사는 특정 연령의 아동 다수의 평균수행을 그 연령의 규준으로 한다는 가정에 근거한다. 그 연령집단에 대해 확립된 평균 이하인 아동의 수행은 장애의 진단을 정당화한다. 그런데 정의상 규준은 그 집단에서 임의로 뽑힌 아동 표본의 수행평균이다. 아동집단을 대표하는 표본은 양날의 칼이다. 일반적으로 표본은 작고 편협하므로 그 표본은 한 국가 또는 심지어 한 주(state)에 있는 아동 모두를 대표하지는 못할 것이다. 그 표본이 다양한 연령 수준에 있는 아동집단을 대표하기에 충분할 만큼 크다면 그렇게 큰 표본의 수행은 아주 잡다하여 도출된 평균이 개별 아동에게 유의미하지 않을 것이다. 규준은 평균의 통계상 표시이므로 개별 수행이 정확하게 반영될 수 없을 것이다. 규준은 동일한 인종문화 집단 안에서조차 사회적, 문화적 변수들이 야기하는 많은 차이점을 무시한다. 게다가 미국과 많은 다른 국가들에서처럼 다양한 사회에서 규준은 개별 언어수행의 평가와는 관계가 없을 수 있다.

언어기술의 규준참조 검사에는 모든 아동이 상대적으로 고정된 순서로 언어기술을 습득한다는 모순적인 가정이 포함된다. 아동들의 언어습득은 광범위하며 변덕스러운 양상을 보일 수 있지만 아동 전체에서 언어습득의 고정된 순서를 주장하는 것(Brown, 1973; Chomsky, 1968)은 일반적으로 지지되지 않는다. 발달순서에 대한 비판적 분석은 부모의 교육, 언어표현, 비공식적 교육노력 등을 포함하는 많은 환경변수들이 아동들의 언어학습에서의 변이와 관련된다는 것을 보였다(Moerk, 1983, 1992, 2000). 실험연구에서는 특정한 환경변수들이 조정되면 언어습득의 순서가 변할 수 있다는 것이 나타났다. 가령 아동은 자기가 아는 순서로 언어구조를 배울 수 있다(Atherton & Hegde, 1996; Capelli,

1985; DeCesari, 1985; Nelson, 1977).

언어행동의 부적절한 표본추출. 표준화 검사의 저자들은 주로 충분한 참가자들의 표본추출에 관여하지 검사될 기술을 적절하게 표본추출하는 것에는 관심이 없다. 전부는 아니라 해도 대부분의 검사들이 피상적으로 기술들을 검사한다. 예를 들어, 많은 검사에서는 특정한 구조의 문장이나 문법형태소를 산출할 기회를 단지 한두 번씩만 제공하여 특정 아동에 대해 전적으로 부적절한 자료가 나오게 된다. 아동에 대해 결정을 하려면 아동의 행동이 적절하게 표본추출되어야 한다. 검사가 다수의 아동에 근거하고 있다는 것은 이 과업과는 관계가 없다. 기술에 대한 면밀한 표본추출은 아동에 대해 타당한 판단을 하는 데 필요하다. 복수형 -s를 재현하기 위해 한 세트의 물건 이름을 부르도록 아동에게 요구하는 대신 치료사는 여러 물건 세트를 제공할 필요가 있다.

언어 또는 인종문화 등의 편견. 규준참조 표준화 검사는 제11장에서 상세히 고찰될 중대한 한계인 언어 및 인종문화적으로 편향되는 경향이 있다. 많은 검사개발자들이 표준화된 검사표본의 언어 및 인종문화적 다양성에 점차 더 주의를 기울이고 있기는 하지만 많은 규준참조 검사들은 검사받는 아동들의 인종문화적, 언어적 다양성을 완전히 고려하지 않는다(Brice, 2002; Laing & Kamhi, 2003; Washington & Craig, 1992).

'정상'표본 대신에 대표표본에 근거한 표준화. 규준참조 검사를 표준화시키는 표본을 얻을 때 검사개발자들은 다양한 종류의 장애를 지닌 아동들을 배제하는 경향이 있다(McFadden, 1996). 아동들의 언어기술에 대한 규준참조 검사는 정상 언어기술을 가진 아동들에만 표준화되었을 수 있다. 이 경우에 검사개발자는 언어문제를 지닌 아동들만이 아니라 다른 의사소통장애와 지적장애를 지닌 아동까지도 배제할 것이다. 그런 '정상'표본은 아동 전체 집단을 대표할 수 없으며 정상 아동들만의 수행에 근거한 검사는 실제보다 더 많은 아동을 언어장애라고 잘못 식별할 수 있다.

준거참조 평가

규준참조 표준화 검사의 대안은 **준거참조 평가**(criterion-referenced assessment)이며, 그것은 평가결과가 규준과 관련해서가 아닌 수행표준과 관련해서만 해석되는 평가방법이라고 정의된다(American Educational Research Association, American Psychological Association, and National Council of Measurement in Education, 1985; Laing & Kamhi, 2003; McCauley, 1996). 아동 표본에서 확립된 규준과 비교하여 아동의 수행을 평가하는 대신 준거참조 평가는 아동이 수행한 수준과 이 수준이 아동에게 기능적인가를 입증하려 한다. 치료사의 주된 관심사는 어떤 기술이 있는지, 없는지, 숙달되었는지, 아직 숙달되지 못했는지를 아는 것이다. 숙달기준은 임상적으로 확립될 수 있다. 예를 들어 5세 소년의 복수형 형태소의 산출이 그 연령의 정상적 수준인지 아니면 그 수준 이하인지를 묻는 대신 치료사는 그 기술의 산출을 표본추출하여 그것이 60%의 정확도로 산출되었음을 알아낼 것이다. 그리고 치료사는 그 기술 수준이 교실에서 성공하는 데 적절한지를 판단할 것이다. 다른 예를 들자면 치료사는 10세 아동의 대화 동안 주제 유지가 단 10%라는 것을 발견하고 이 수준이 사회적 의사소통을 하는 데 부적절하다고 결론을 내릴 수 있다. 대개의 경우 치료사는 수행의 목표 수준으로 80% 또는 90%의 정확도와 같은 기준을 사용할 것이다. 이 기준 수준에 부합하지 않는 기술들은 결함이 있다고 평가되어 중재목표가 될 것이다.

다양한 숙달 수준에서 보이는 언어기술들의 분석과 적절한 언어표본은 준거참조 평가의 기본적인 예이다. 게다가 치료사는 아동중심의 자극 교재들을 개발하여 더 깊게 특정한 기술들을 평가할 수 있다. 예를 들어, 치료사는 현재진행형 -*ing*와 조동사 *is* 등의 산출을 평가하기 위해 다양한 종류의 행동(예 : 걷는 소년, 읽는 소녀, 뛰어오르는 개)을 묘사하는 그림 20개를 사용할 수 있다. 자극항목을 선택할 때에, 치료사는 아동의 인종문화나 언어 등의 배경에 특히 주의를 할 것이다. 산출은 다양한 자극항목에서 생성되므로 올바른 반응비율이 결정될 수 있다. 그런 올바른 반응비율은 중재의 발전을 평가할 근거를 제공하는 첫 숙달 수준을 확립하는 데 도움이 된다.

준거참조 평가의 장점

준거참조 평가접근법은 규준참조 표준화 검사의 주요 한계점 일부를 방지하기 위해 개발되었다. 그 주된 목적은 부합되어야 할 수행표준과 관련하여 아동을 평가하는 것이다. 그러므로 이 접근법은 일찍이 지적되었던 집중력 문제를 지닌 아동을 대규모 아동 표본의 수행과 비교하여 평가할 때 발생하는 문제를 방지한다. 준거참조 평가는 아동 특정적 평가와 유사하다. 규준참조 표준화 검사와는 달리 준거참조 평가에는 그 아동이 언어기술을 산출할 충분한 수의 기회가 포함된다. 치료사는 언어기술을 표본추출하기 위해 아동에게 적당한 자극 교재들을 자유롭게 개발할 수 있다. 결국 준거참조 평가는 규준참조 표준화 검사보다 더 심층적으로 기술을 관찰할 수 있다.

준거참조 평가도구는 규준참조 표준화 검사를 특정 아동에게 이용할 수 없거나 부적당할 때에 특히 유용하다. 준거참조 평가도구는 규준참조 표준화 검사가 개발되는 표본에서 부적절하게 대표될 수 있는 다양한 인종문화나 언어 배경을 지닌 아동들의 의사소통기술을 평가할 때 가장 적당하다. 대부분의 임상환경에서 준거참조 평가는 치료목표(예 : 80% 또는 90%의 정확도 기준)에 부합할 때 아동의 진전을 지속적으로 평가하는 목적을 충족시킨다.

준거참조 평가의 한계점

일부 치료사들은 준거참조 평가가 발달규준에 대한 참조를 완전히 회피하지 못한다고 믿는다(Laing

& Kamhi, 2003). 어떤 아동이 보인 기술 수준이 적당한지를 판단하기 위해서 일부 치료사들은 발달규준에 의지할 필요가 있다고 이야기할 수 있다. 이것이 사실이라면 규준참조 표준화 검사들과 준거참조 평가들 사이의 구별이 모호해진다. 그렇지만 아동에 대한 사회적(그리고 아마도 보다 효율적으로), 학업적 필요의 관점에서 아동의 수행이 부적절한지 아닌지를 해석하는 것은 가능하다. 그렇지만 그런 해석은 아동에 대한 면밀한 관찰과 아동에게 놓인 학문 수요에 대한 상세한 분석을 요한다.

다양한 인종문화적 배경을 지닌 아동들을 평가할 때 준거참조 평가는 가족의 의사소통 양상들에 따른 특정 아동의 언어나 문화 등의 배경에 대한 포괄적인 지식을 아직도 필요로 할 수 있다. 언어기술의 수용 가능한 숙달 수준이 다양한 문화집단들에 걸쳐 존재할 수 있다면 그 수준에서의 차이점들은 임상의 난제들을 제기할 것이다. 마지막으로 준거참조 평가는 포괄적인 준비작업을 필요로 한다. 치료사는 특정 아동을 위한 자극 교재를 고안해야만 할 것이다.

아동 특정적 측정

아동 특정적 측정(child-specific measurement) 절차(내담자중심 측정으로도 알려진)는 치료사가 아동의 고유한 필요성에 부합하기 위해서 고안한 것이다. 치료사는 규준참조 표준화 검사를 사용하지 않으며, 그 결과를 규준적 자료와 비교하려고 의도하지 않으며, 개별 아동에게 고유한 결정을 내리는 것을 목표로 한다. 치료사는 언어표본추출, 또 의사소통의 특정한 측면을 측정하기 위해 고안된 절차 등을 포함하여 다양한 수단을 사용한다. 예컨대 특정 아동에서 불규칙 복수형 산출을 측정할 필요가 있는 치료사는 그런 단어들의 목록을 준비하여, 그 단어들이 있는 그림을 찾고, 그 단어의 이름을 대도록 아동에게 요구한다. 결과자료는 치료사가 평가하길 원하는 특정 행동들과 그 아동에 한정된다. 이런 의미에서 아동 특정적 평가는 그것이 아동의 현재와 독특한 상황, 인종문화적 배경, 가족의 의사소통, 아동에 대한 특정한 의사소통 수요 등을 더 많이 강조한다는 점을 제외하면 준거참조 평가와 유사하다.

언어의 표본추출 이외에, 아동중심 평가에는 (1) 아동의 문화와 언어 등의 배경을 평가하기 위해 부모와 다른 가족 구성원 면담하기, (2) 아동의 단어, 구, 말소리 등의 이해와 산출을 평가하기 위해 아동의 가정환경에서 단어 목록 만들기, (3) 형태와 구문 등의 산출을 평가하기 위해 아동에게 친근한 자극 교재 준비하기, (4) 화용언어기술을 평가하기 위해 아동의 문화와 가정 등의 배경을 반영하는 이야기와 이야기책 선택하기, (5) 아동이 측정될 기술을 산출할 다수의 기회 구 제공하기 등과 같은 절차들이 포함된다.

아동 특정적 측정의 타당도와 신뢰도. 아동 특정적 측정의 신뢰도와 타당도는 통계에 의하지 않으며 임상적이며 자료 한정적이다. 다수의 기회를 준 면밀한 평가, 반복된 측정, 평가과제와 상황을 구축할 때에 더 큰 가족의 개입 등이 평가자료의 임상 관련성과 유의미성을 보장한다. 타당도는 임상 결정과 그 과제들이 관련될 때 보장된다. 신뢰도는 가정표본으로 보충되는 반복적 임상언어표본에서처럼 다수의 반복적 평가로 보장된다. 복수형 -s와 같은 형태특성의 산출이 한두 개의 진부한 단어가 아닌 12개 이상의, 아동에 고유한 단어들로 측정될 때 신뢰도는 보장된다. 표준화 검사와 비교하면 아동 특정적 측정은 그 방법이 사용될 때마다 신뢰도를 확립한다(Hegde, 1996b).

치료사들은 반복적 언어표본추출을 하는 동안에 산출된 언어행동을 주로 측정하여 개별 아동의 자료 신뢰도를 확립한다. 예를 들어, 치료사가 아동이 복수형 -s를 생략한 첫 언어표본을 산출하는 동안 관찰한다면, 더 많은 언어표본은 많은 복수형 -s의 산출을 야기하도록 고안된 임상활동들을 하는 동안에 수집되어야 한다. 치료사는 아동과 숫자세기에 관한 그림책을 읽으면서 "여기에 무엇이 있지?"라고 물어보거나, 장난감 헛간과 동물을 가지고 놀면서 우리 안에 어떤 동물이 있는지, 헛간에는 무엇이 있는지 등을 물어볼 수 있다. 그런 임상활동들은 언어의 규칙이 특정한 언어구조의 사용을 지시하는

> 다음의 경우에 설명된 아동 특정적 측정의 유형을 식별하라.
> (1) 다른 사람들과 의사소통 교환을 하는 동안 아동의 행동을 치료사가 관찰한다.
> (2) 아동이 얼마나 오래 대화의 주제를 유지할 수 있는지 치료사가 시간을 잰다.
> (3) 아동이 불규칙 복수형을 산출하는 횟수를 센다.

상황, 즉 **의무적 맥락**(obligatory context; Brown, 1973)을 제공한다. "헛간에서 무엇이 보이니?"라는 질문은 헛간에 한 마리 이상의 오리가 있다면, "오리들이 보여!"라고 대답해야 한다. 치료사는 각 언어표본에서 아동이 복수형을 산출한 횟수를 세고, 그 수를 복수형이 산출되도록 준 기회들의 수로 나눠서 복수형 -s의 산출 정반응률을 낸다. 각 언어표본에 대해 계산된 비율이 상당히 가깝다면, 그 측정의 신뢰도는 확립된다. 정

반응률이 복수형 -s에 대한 적당한 측정이므로 그것은 타당한 측정이다. 이런 식으로 신뢰도와 타당도는 측정의 아동 특정적 방법이 적용될 때마다 확립된다.

아동 특정적 측정의 유형. 아동 특정적 방법과 수단에는 다양한 유형이 있지만, 여기서는 몇 개의 예시만 다룬다. 중요하고 자주 사용되는 방법은 기술의 **빈도측정**(frequency measure), 즉 특정한 자극상황에서 어떤 행동이 표현되는 횟수를 측정한다. 빈도측정은 정반응률이란 용어로 더 자주 표현되는데 많은 언어구조의 산출을 측정하는 유효한 수단이다. 치료사가 고안한 특별한 평가절차와 언어표본(예 : 아동에 고유한 복수형 -s의 산출을 측정하기 위한 한 세트의 단어)으로 빈도측정을 산출할 수 있다(Hegde, 2003a).

또 다른 아동 특정적 측정은 지속시간측정이다. 언어기술의 빈도와는 달리, **지속시간측정**(durational measures)은 한 기술이 유지되는 시간을 의미한다. 지속시간측정은 특정한 대화기술을 평가하는 데 특히 유용하다. 치료사는 아동이 눈맞춤 유지하기, 대화의 주제 유지하기, 또는 한 과제에 집중하기 등을 얼마나 오래할 수 있는지를 알 필요가 있을 것이다. 보통 지속시간측정은 빈도측정과 결합될 수 있다. 눈맞춤이 행해지는 빈도와 유지되는 지속시간은 그 기술에 대한 포괄적인 견해를 제공할 것이다. 지속시간측정은 빈도측정보다 하기가 더 어려워서, 가장 짧은 지속시간에서 가장 긴 지속시간까지 측정범위로 자주 보고된다(예 : "샐리는 언어의 표본추출을 하는 동안 6번 눈맞춤을 보였으며 1초에서

10초 사이의 눈맞춤 지속시간을 보였다.").

언어 상호작용의 표본추출(verbal interaction sampling), 즉 또 다른 아동 특정적 측정 절차는 사교 대화를 하는 동안에 나타난 언어기술을 측정하는 데 특히 유용하다(Hegde, 2003a). 치료사들은 자주 부모, 또래, 교사, 또는 다른 사람들과 그 아동 사이의 의사소통 교환 동안에 발생하는 행동들을 관찰하고 측정한다. 언어 상호작용의 표본추출에서 한 명 이상의 행동들은 사회적 의사소통을 하는 동안에 측정된다. 예를 들어, 치료사는 부모가 아동에게 어떻게 이야기책을 읽어주는지를 관찰할 수 있다. 치료사는 가정에서 일반적으로 부모들이 하는 것과 같이 이야기책을 읽어주라고 부모에게 요구하고 그 상호작용을 관찰할 수 있다. 부모는 책을 읽어주는 동안에 아동이 가만히 앉아 조용히 할 것을 요구하는가, 아니면 질문을 하고, 아동이 질문을 하도록 하며, 또는 의견을 격려하는가? 언어 상호작용의 표본추출에서 얻은 측정들은 자극조건, 반응특성, 또 치료사가 구하고 있는 정보의 유형 등에 따라 변할 것이다.

알려진 원인이 없는 질환들에는 어떤 종류의 중재가 주어지는가?

이야기책 읽기의 경우에, 치료사는 부모가 아동의 질문을 요구한 횟수(빈도측정) 또는 이야기를 듣는 동안 그 아동이 책을 본 시간의 길이(지속시간측정) 등을 셀 수 있다.

아동 특정적 측정의 한계점. 아동 특정적 측정의 가장 분명한 한계점은 표준화 검사를 시행하는 것보다 더 많은 시간과 노력이 든다는 것이다. 치료사는 아동 특정적 측정의 유효한 수단을 계획하고 고안해야 한다. 많은 기관, 특히 학교는 그것을 규정하지 않고 치료사들이 그것에 들일 필요가 있는 추가적인 시간과 노력을 지원하지 않는다. 이 한계 중 특히 보다 많은 시간과 노력을 쓸 필요성, 기관의 규정과 지원의 결여는 아동 특정적 측정을 사용하는 데 현실적인 장애물이다. 그렇지만 이 한계점 중 어느 것도 아동 특정적 측정의 타당도, 신뢰도, 유의미성, 임상 관련성 등에 대한 의문을 제기하지 않는다.

아동 특정적 측정의 장점. 아동 특정적 측정이 표준화된 자극을 제시하지 않으려고 한다고 해도, 아동 특정적 측정은 아동의 수행에 대한 양적, 객관적인 자료를 산출한다. 이는 아동과 가족에 대한 포괄적, 체계적인 관찰이 포함되기 때문에 임상 결정을 하기에 유용한 많은 양적 자료도 산출한다. 아동 특정적 평가를 완수한 치료사는 표준화 검사를 막 시행했던 치료사보다 그 아동과 가족에 대해 더 많이 안다. 아동 특정적 측정의 추가적 이점에는 행동의 적절한 표본추출, 아동의 필요성에 평가절차를 맞출 가능성, 아동과 가족중심의 진단과 치료계획을 할 가능성, 인종문화와 언어 같은 아동 배경과의 적합성 등이 포함된다.

진단

대부분 언어장애의 경우에는 거의 실현되는 바는 아니지만 이상적으로 **진단**(diagnosis)은 장애의 원인에 대한 결정이다. 이 이상은 그 용어를 빌려준 의학에서조차 항상 실현되지는 않는다. 언어병리학에서 진단은 관련된 기술의 타당하고 신뢰할 수 있는 측정 결과에 근거한 장애 존부의 결정이다. 이를 넘어 진단은 장애의 원인보다는 장애의 성질과 정도를 설명할 수 있다. 그런 결정은 항상 임상판단의 문제이지만 전적으로 주관적인 판단은 아니다. 아동의 체계적 관찰, 병력 정보, 또 다양한 진단검사와 아동 특정적 측정의 결과 등에 근거한 사정에 정통한 판단이다. 진단은 언어장애의 존재에 대해 긍정적일 수도, 어떤 언어장애도 존재하지 않는다는 것을 의미하여 부정적일 수도 있다. 각 경우에 내려진 진단은 평가과정 동안에 나타난 언어행동의 측정을 통해 수집된 자료에 의해서 뒷받침되어야 한다.

또다시 이상적으로는 장애나 질병의 원인이 발견된 경우에만 치료가 제공된다. 이것은 의학에서도 언어병리학에서도 항상 그렇지는 않다. **증상치료**(symptomatic treatment, 대증요법 : 원인에 대한 명확한 이해가 없는 그 증상들의 치료)는 의학에서는 매우 일반적이다. 뚜렷한 원인이 없는 언어장애의 효과적인 치료는 언어병리학에서 전형적이다. 의학모형과 대조적으로 언어장애의 원인을 특정하는 것은 가능성이 매우 적다. 이 말은 장애의 원인이나 원인들에 대한 특정한 지식이 중요하지 않다고 주장하는 것이 아니다. 반대로 원인치료는 증상치료보다 더 효과가 있으며 더 효율적일 수 있다. 그러나 가설적 원인을 치료하는 것은 도움이 되지 않는다.

일부 아동들은 언어장애와 함께 다른 진단을 받는다. 예를 들어 일부 아동들은 언어장애와 자폐증이나 외상성 뇌손상, 또는 발달장애를 갖는다. 이들 관련된 임상질병과 그 특성을 이해할 필요가 있

치료사가 일반적으로 받는, 아동에 대한 정보의 첫 조각은 무엇인가?

다. 그러나 이 관련된 임상진단에 근거하여 아동의 언어특성을 정확하게 예측하는 것이 항상 가능한 것은 아니다. 예를 들어 다운증후군을 지닌 일부 아동들은 경증의 발달장애만을 가지며 기능적인 말과 언어기술을 갖는다. 같은 진단을 가진 다른 아동들은 중증의 발달장애를 지닌 것으로 나타날 수 있으며, 말을 할 수 없을 수도 있고 조기중재 전문가들의 최선의 노력에도 불구하고 전생애에 걸쳐 종일 간호를 필요로 할 수 있다. 동일한 진단이 항상 같은 언어특성을 가리키는 것이 아니라는 것이 명백하다.

그렇지만 측정과 진단이라는 넓은 개념을 넘어 아동들에게 있는 언어장애의 진단과 치료를 이끄는 임상활동을 수행하기 위해서 치료사들이 사용하는 무수한 특정 절차들이 있다. 다음 절들에서는 이 특별한 절차들을 설명한다. 또한 선별절차, 진단방법, 평가자료의 해석방법, 진단보고서 쓰기 등으로 시작하여 부모, 교사, 이해관계가 있는 다른 사람들과 진단 발견을 공유하기 위한 제안으로 마친다.

최초의 판단 : 선별

조기중재의 실증된 효력 때문에 가능한 어린 나이에 아동에서 언어장애를 발견하는 것이 중요해졌다. **선별절차**(screening procedures)는 언어장애의 위험에 직면할 수 있는 아동을 식별하기 위해 고안된 것이다. 아동들은 다양한 상업적으로 이용 가능한 검사들(표 4.1 참조)을 사용하거나, 치료사들이 아동

 표 4.1

아동언어의 선별검사

검사	연령	시행 시간	검사된 언어기술
CSBS DP 영유아 점검표와 간단한 성적 Wetherby & Prizant(2003b)	6~24개월	5~10분	몸짓, 음, 단어, 응시, 객체 사용, 다른 비언어 의사소통행동
CELF-4 선별검사 Semel, Wiig, & Decord(2004)	5~21세	15분	표현언어와 수용언어 : 어휘와 구문론
Fluharty-2: Fluharty 취학전기 말과 언어선별검사 Fluharty(2000)	3~6세 11개월	10분	표현언어와 수용언어 : 문장 반복하기, 질문에 대답하기, 지시에 따르기, 행동 설명하기, 사건 순서대로 배열하기(또한 조음선별)
Joliet 3분 취학전기 말과 언어선별 Kinzler(1993)	2~4세	3~5분	표현언어와 수용언어 : 구문론과 어휘(또한 조음선별)
Joliet 3분 말과 언어선별(개정판) Kinzler & Johnson(1992)	유치원 2학년과 초등 5학년	3~5분	
유치원 언어선별검사, 제2판(KLST-S) Gauthier & Madison(1998)	3세 6개월 ~6세 11개월	5분	표현언어와 수용언어 : 지시에 따르기, 문장 반복하기, 공통된 사물 비교하기
말-쉬운 선별 일람표(K-1) Speech-Ease(1985)	유치원에서 초등 1학년까지	7~10분	표현언어와 수용언어 : 어휘, 연상, 청각적 회상, 기본 개념

의 언어기술을 빠르게 확인하려고 고안한 절차들을 통해서 선별될 수 있다. 선별절차들은 아동의 표현언어기술, 수용언어기술, 또는 둘 모두의 빠른 검사가 되도록 고안되며, 언어치료사보다 덜 훈련된 사람들에 의해 시행될 수 있다. 예를 들어, 학구들은 매년 유치원과 3학년 아동들에게 선별이 시행될 것을 규정하며, 이 선별은 완전한 자격증이 있고 자격이 인정된 언어치료사들보다는 등록되거나 인가된 보조언어치료사(speech aides)나 보조자들에 의해 자주 시행된다.

선별절차는 피상적이며 진단을 뒷받침하기에는 자료가 불충분하다. 선별결과는 언어장애가 존재하는지의 여부 또는 그 언어장애의 특질이 무엇인지를 보여주지 않는다. 반대로 선별을 통과하지 못했다는 것은 언어장애가 존재하는지 여부를 결정할 자격이 있는 언어치료가 시행하는 완전한 평가가 필요함을 나타낸다.

 ## 평가절차와 측정절차

어떤 아동이 언어기술의 평가를 위해 의뢰되거나 더 철저한 평가가 필요함이 선별절차를 통해 식별된 경우 치료사는 진단에 이르는 다양한 임상활동을 수행한다. 아동의 언어기술에 대한 첫 평가에는 다음 활동이 포함된다.

- 사례력 받기
- 아동, 부모, 양육자, 교사, 아동의 환경에 있는 다른 관련된 사람들 면담하기
- 구강안면 검사하기
- 청각 선별하기
- 표준검사를 선택하여 시행하기
- 구어표본을 포함하는 아동 특정적 측정
- 부모, 교사, 이해에 관련된 사람들과 평가결과 논의하기
- 중재에 대한 권고, 가능한 목표행동 제안, 또한 필요하다면 의뢰하기

사례력

이력, 또는 **사례력**(case history)은 그 아동과 가족에 대한 정보의 자세하게 쓴 보고이다. 공급된 정보는 그 아동, 가족, 그 아동이 가진 문제 등을 이해하는 데 필요하다. 이런 이해는 정확한 진단과 효과적인 치료 모두에 필수적이다.

사례력은 가족에게 표준 양식을 기입하게 하여 처음으로 얻어진다. 사례력 양식은 아동의 이름, 부모 또는 양육자의 이름, 출생일, 주소, 전화번호, 학년, 학교, 아동의 교사, 의사, 또는 다른 전문가의 이름 등과 같이 필요한 본인확인 정보를 제공하는 것으로 시작된다. 요약하면 사례력은 특정 임상이나 교육 등의 환경에 대한 본인확인 정보를 준다.

사례력 서식에 대한 가족의 대답은 그 아동, 도움을 구하는 의사소통문제, 가족, 건강, 교육, 또 아동의 언어에서 생길 수 있는 어려움과 치료사가 아동을 이해하도록 돕는 다른 관련문제 등에 대한 상세한 정보를 줄 것이다. 사례력 양식에서 일반적으로 물어보는 질문의 예는 글상자 4.1을 참조하라.

사례력이 아동의 평가에 필요한 모든 정보를 제공하는 것은 아니다. 사례력은 단지 중요한 사전평가 정보를 얻는 시작점일 뿐이다. 예를 들어, 부모는 그 아동이 '학업의 어려움'만을 지니고 있다고 보고할 수 있다. 이 어려움의 특징과 정도를 이해하기 위해서 그 이상의 정보를 얻기까지 이 서술은 유용하지 않다.

> 올바른 대답보다는 좋은 수검태도를 강화하는 것은 어떤 유형의 강화인가?

치료사는 이 정보를 얻고 면담을 통해 그 아동, 가족과의 생산적·전문적 관계를 확립하는 중요한 걸음을 뗀다.

가족 및 다른 사람 면담하기

면담(interview)은 아동, 그 가족, 또 교사들과 같이 그 아동의 환경에 있는 다른 관련인물 등과의 대면 대화이다. 면담의 목적은 다음과 같다.

글상자 4.1 아동의 사례력 양식에서 묻는 일반적 질문

신원확인 정보(예 : 이름, 출생일, 주소, 전화번호 등)

일반 정보

아동이 부모 모두와 함께 삽니까? 아니라면 아동은 누구와 함께 삽니까?

누가 아동을 위탁했습니까?

다른 전문가들은 아동에게서 무엇을 발견했습니까?

다른 전문가들의 결론이나 권고사항들은 무엇이었습니까?

아동은 어떤 언어(들)를 말합니까?

아동은 보통 어떻게 의사소통을 합니까? 몸짓? 단단어로? 짧은 구로? 문장으로?

문제가 처음 주목된 것은 언제입니까?

누가 처음 문제를 알아차렸습니까?

당신이 생각하기에 무엇이 그 문제를 야기했을 수 있습니까?

당신이 문제를 처음 알아차린 이래로, 아동의 언어에서 어떤 변화를 관찰했습니까?

아동이 그 문제를 알고 있습니까? 그렇다면 아동은 그것에 대해 어떻게 느낍니까?

당신은 자기 아동이 그 문제에 대처하는 것을 돕기 위해 무엇을 했습니까?

가족 중 누군가 말, 언어, 또는 청각 등의 다른 문제가 있습니까?

선천적 이력과 출생 이력

임신한 동안 어머니의 일반적인 건강은 어땠습니까?

임신 기간은 얼마입니까? 산고 시간은?

출생시 아동의 몸무게와 일반적인 상태는 어땠습니까?

임신이나 출생에 영향을 줄 수도 있는 비정상적 조건들이 있었습니까?

치료이력

아동의 일반적인 건강이 어떻다고 말하시겠습니까?

아동의 현재 복용약을 열거하세요.

여하한 중요 사고, 수술, 또는 아동이 겪었던 입원 등을 서술하세요.

아동이 다음 어느 것을 겪었습니까(의료 질병의 조사표가 다음에 온다.)?

발달이력

아동이 다음을 하기 시작한 대략의 나이를 쓰세요(기기, 앉기, 서기 등과 같은 발달의 중대시점 목록이 다음에 온다.).

아동에게 어떤 운동장애가 있습니까(예 : 불협음)?

아동이 어떤 급식문제를 겪고 있습니까(예 : 빨기, 침 흘리기, 삼킴 등에서의 문제)?

당신은 청각에 어떤 문제가 있다고 의심합니까? 그렇다면 이유는?

일반적인 행동

아동이 잘 먹습니까? 잠은 잘 잡니까?

아동이 다른 가족 구성원과 어떻게 상호작용합니까?

당신은 아동의 활동 수준을 어떻게 설명합니까(예 : 극도로 활동적, 가만히 있지 못함)?

아동이 자신의 머리를 세게 치거나, 흔들거나, 또는 돌립니까? 혼자서 놉니까?

아동이 다른 아동들과 어떻게 상호작용합니까?

교육이력

아동이 어디에서 통학을 합니까? 몇 학년이며, 교사는 누구입니까?

아동이 어떤 특수 서비스를 받습니까?

어떤 학업문제가 있습니까?

- 사례력 양식에서 빠뜨렸을 수 있는 추가적인 정보 얻기
- 사례력 양식에서 보고된 정보를 명확히 하거나 부연하기

- 그 아동, 가족, 또 그들의 인종문화 또 언어 등의 배경 파악하기
- 그 아동과 가족을 얼마간 관찰하기

면담을 시작하기 전 치료사는 면담 동안에 한층 더한 주의를 필요로 하는 영역들을 주의하며 완성된 사례력 양식을 고찰해야 한다. 면담 동안 사례력 양식에 작성한 일부 질문에 대해 반복이 있을 수 있지만 사례력 양식에서 충분히 보고되었다고 치료사가 생각한 정보는 다시 돌아볼 필요가 없다.

치료사는 아동의 인종문화적 배경과 주된 언어를 주의해야 한다. 면담 전에 치료사는 가족의 의사소통적 상호작용에 대한 첫인상을 얻기 위해서 부모 또는 다른 가족 구성원과 이야기할 수 있다. 이 정보로 치료사는 생산적 면담과 정확한 평가를 위해 더 잘 준비할 것이다. 또한 아동의 주된 언어에 능숙하지 않을 때 치료사는 면담 동안에 통역자의 서비스를 구할 수 있다. 아동기 언어장애를 진단하고 치료할 경우에 인종문화적 고려사항들에 관한 보다 상세한 정보는 제11장을 참조하라.

면담을 하는 동안에 치료사는 사례력 양식을 점검하고 불명확한 정보 또는 부연될 필요가 있는 것에 대하여 질문을 해야 한다. 치료사는 주의 깊게 경청해야 하는데, 언어장애를 지닌 아동의 가족 구성원 대부분은 꼭 말하고 싶어 하는 이야기가 있기 때문이다. 현명한 치료사들은 적절한 질문 몇 개를 하고 가만히 앉아서 가족 구성원들이 말하게 한다. 설명이 필요한 경우 치료사는 가족들에게 그 부분을 다시 말해 달라고 부드럽게 요청하거나 가족들이 말한 내용을 확실하게 이해하기 위하여 치료사가 다시 진술해 줄 수 있다. 설명이 필요하지 않은 경우 치료사는 들은 내용을 이해하였으며 감사하다는 표현을 해야 한다. 말하는 것과 면담 동안에 관찰할 수 있었던 것 사이에 명백한 불일치가 있을 때에도 치료사는 가족 구성원이 말하는 것을 비판하거나 반박하지 말아야 한다. 대신에 치료사는 면담과정을 그대로 녹음이 되도록 가족의 반응들을 기록함으로써 가족에 대한 관찰을 신중하게 주목해야 한다. 어떤 특정한 조언도 첫 면담 동안에 가족들에게 주어서는 안 된다.

전문적으로 철저히 행하게 되면 또한 첫 면담은 그 아동과 그 가족에게 생산적이며 실제로 도움이 되는 관계의 근거를 제공한다. 효율적인 면담은 아동과 그 아동의 환경에 있는 사람들의 필요성에 특유한 평가계획을 고안해 내는 데 임상적으로 유용할 정보를 생산한다. 평가의 추가적인 절차에는 구강안면 검사, 청각선별의 수행, 언어표본의 수집이 포함된다.

구강안면 검사

구강안면 검사(orofacial examination)는 말 또는 언어장애와 관계될 수 있는 여하한 총체적인 해부학 또 생리학 등의 편차를 배제하기 위해서 얼굴과 입의 발성구조를 점검하기 위해 행해진다. 구강안면 검사를 하는 동안에 치료사는 혀와 입술의 동작과 힘의 범위, 연구개의 움직임, 또 구강안면 전체의 전반적인 구조적 온전함 등에 대해 관찰을 해야 한다. 안면마비와 구개열과 같은 명백한 인자들은 이 검

글상자 4.2   **구강안면 검사를 하는 동안에 일반적으로 수행되는 과제**

대칭인지 얼굴 특징 조사하기

입근육운동을 본뜨게 하여, 다음을 포함하는 아동이 흉내 내는 움직임의 범위를 검사한다.

- 입을 열고 닫기("크고 넓게!" "꽉 다물어라!")
- 입술 오므리기("미소를 지어라!")
- 입 오므리기("입을 벌쭉거려라!")
- 혀 내밀기("입 밖으로 내밀어라!")
- 혀를 위, 아래, 왼쪽, 오른쪽, 또 빠르게 앞뒤로 기울이기(압설자가 촉각단서를 주기 위해서 사용될 수 있다.)

입술 또 혀 등의 힘 검사하기

- 아동에게 입술로 다음에는 혀로 압설자를 밀라고 요구하기
- 공기로 뺨을 부풀리고 있으라고 요구하기(뺨을 부드

럽게 누르며, "공기를 빼지 마라!")
- 아동에게 자신의 혀로 뺨을 안쪽에서 밀게 하기("내가 밀어 젖히게 하지 마라!"), 양쪽 모두를 검사하기

구강구조 조사하기

- 치열 검사하기 : 부정교합이 있는가? 충치가 있는가? 이가 빠진 것이 있는가?
- 인두구조 조사하기 : 편도선이 정상, 비대, 또는 결여되었는가?
- 경구개 조사하기 : 색이 정상인가? 높이는? 너비는? 주름이 있는지를 주의하라.
- 연구개 조사하기 : 대칭적인가? 목젖이 한쪽으로 치우쳐 있는가?
- 아동이 "/a/, /a/, /a/"라고 발성하는 동안 연인두폐쇄 관찰하기

사를 하는 동안에 주목된다. 글상자 4.2는 구강안면 검사의 다양한 측면들을 찾아 치료사들이 일반적으로 사용하는 일부 과제들을 열거한다.

청각선별

의사소통장애로 평가된 모든 아동들과 성인들은 난청을 배제하기 위해서 행해지는 속성의 청각 측정인 청각선별검사를 받아야 한다. 보정된 청력계를 사용하여, 500Hz, 1,000Hz, 2,000Hz, 또 4,000Hz 등의 순수음들이 청각 부스 밖의 '자유음장'에서 20~25db의 수준으로 각 귀에 접촉하게 한다. 아동은 소리가 들리면 손을 들라고 지시를 받을 것이며 청각선별을 통과하기 위해서 각 귀에 들리는 각 음들에 적절하게 반응해야 한다. 아동이 청각선별을 통과하지 못하면, 철저한 청각평가를 위해 청각사에게 의뢰된다. 청각선별에 사용되는 전형적인 서식은 글상자 4.3에 제시되어 있다.

구어기술의 측정

작성된 병력 검토하기, 더 심도 있는 가족면담 시행하기, 아동에게 있는 구조적 결함 또는 난청 배제하기 등을 시행했다면 치료사는 이제 아동의 언어기술을 관찰하고 측정할 준비가 되었다. 다양한 배경들에서 반복된 언어표본들이 아동의 구어기술을 가장 신뢰할 수 있게 포괄적으로 묘사하는 것이 이

글상자 4.3   **아동의 청각선별 서식**

이름 : _____   생일 : _____   오늘 날짜 : _____

주소 : _____

학교 : _____   학년 : _____

당신 아동에게 해당되는 모든 것에 표시를 하세요 :   의견 :

_____ 난청의 가족력?   _____

_____ 귓병?   _____

_____ 귀의 통증?   _____

_____ 수술?   _____

_____ 난청과 관련된 질병?   _____

_____ 귀에서 소리울림(이명)?   _____

_____ 소음에 노출?   _____

_____ 보청기?   _____

_____ 두부 손상?   _____

당신 아동이 현재 복용하고 있는 모든 약물을 그 복용량과 함께 열거하세요 :

전에 청각평가를 받은 적이 있습니까?(날짜, 장소, 또 발견될 것들 등을 쓰세요.)

결   과

X 또는 + = 적절하게 반응됨

O 또는 − = 무응답

CNT   = 검사불능(이유를 명기하세요.)

dB 수준 : _____

	500Hz	1,000Hz	2,000Hz	4,000Hz
오른쪽 :	_____	_____	_____	_____
왼쪽 :	_____	_____	_____	_____

_____ 선별 통과

_____ 선별 탈락

권고사항 :

상적이다. 대부분의 치료사들은 첫 평가를 하는 동안에 언어표본 하나를 기록한다. 치료의 첫 단계 동안에 수집된 더 간략한 표본들과 기본자료는 측정된 언어기술의 신뢰도를 확립하는 데 도움이 된다. 부모가 이후에 치료사에게 제출한 가정 언어표본들은 더 자연스러운 자료를 제공할 것이다.

　수다스러운 아동은 언어표본의 수집을 더 쉽게 한다. 물론 있을 수 있는 언어장애의 평가를 위해 언어치료사들에게 의뢰된 대부분의 아동들은 전혀 수다스럽지 않다. 일부 아동들은 최소한으로 말을 하거나 심지어 말을 하지 않을 수도 있다. 그러므로 치료사는 평가절차를 선택하기 이전에라도 아동의 언어수준에 대해 대략적으로 알 필요가 있다.

　앞서 언급했듯이 가족과의 면담과 첫 전화접촉은 평가절차에 대해 일정한 예비판단을 하는 데 도움이 될 것이다. 치료사는 또한 옆방에서 편면 창문을 통해서 아동이 가족 구성원들과 상호작용하는 것을 관찰할 것이다. 이 첫 관찰을 하는 동안 치료사는 다음에 주의해야 한다.

- 사례력은 무엇을 시사하는가? 말이 없는 아동 또는 단단어와 몸짓만을 하는 최소로 말을 하는 아동?
- 아동과 부모는 어떻게 상호작용하는가? 그들은 서로에게 몸짓을 하는가?
- 아동이 단어, 구, 또는 문장을 사용하는가? 아동이 문장을 이해하는 것으로 보이는가? 아니면 단어들만을 이해하는 것으로 보이는가?
- 아동이 치료사와 어떻게 상호작용하는가? 아동이 자발적으로 말을 하는가? 아동이 치료사의 질문에 대답을 하는가? 아동이 치료사에게 자신의 이름을 말할 수 있는가? 아동이 얼마나 기꺼이 치료사에게 말을 하는가?
- 아동이 수줍어하고 위축되어 있는가? 아동이 부모의 뒤에 숨는 것으로 보이는가?

　이런 종류의 관찰들은 치료사가 아동의 대략적인 언어수준과 유용할 수 있는 평가전략들을 결정하는 데 도움을 준다. 대체로 아동의 언어수준은 무발화에서부터 몇몇 고급언어 자질만 빠진 근본적으로 정상까지 사이에서 다양하게 나타난다. 그러므로 아동의 언어수준은 평가를 하면서 어떤 언어행동을 측정해야 하는지를 시사할 것이다.

측정 대상 : 지침으로서의 언어수준. 다음의 다소 임의적인 언어수준들은 각 언어수준에 대해 어떤 언어행동들이 측정되어야 하는가를 결정하기 위한 개략적이며 꼭 포괄적이지는 않은 제안으로만 사용될 수 있다. 치료사가 측정하려고 계획하는 행동은 아동이 (1) 말을 하지 않는가, (2) 최소로 말을 하는가, (3) 약간의 연속구어를 가지는가, 또는 (4) 구어의 몇몇 상급측면들에서 결함이 있지만 근본적으로 정상인가에 따라 다를 것이다.

　말이 없는 아동들은 근본적으로 발화가 없는 아동이다. 그러나 전혀 아무 말도 하지 않는 아동은 거의 없다. 이것은 보다 적절하게는 의사소통기술이라고 불리는 그 아동의 언어가 평가될 수 없다는 뜻은 아니다. 무발화 아동의 의사소통 목록에 관해 행할 수 있는 많은 관찰들이 있다. 치료사는 다음에 대한 관찰과 측정을 계획해야 한다.

- 아동이 사용하고 있을 수 있는 몸짓, 표시, 상징
- 말이 아닌 소리의 발성 또는 모방
- 말소리의 발성 또는 모방
- 사물 사이의 식별, 올바른 지적 등을 포함하는 음성자극에 대한 비언어반응들(이해)
- 간단한 단어 또는 구의 모방
- 단어의 자발적인 산출
- 눈맞춤, 차례 주고받기 등과 같은 화용언어기술

그 아동이 근본적으로 무발화라는 징후가 있다고 해도 평가는 항상 확인을 위해 다소 더 높은 수준을 검사한다. 이는 선택된 단어 모방과 자발적인 산출을 검사하는 이유이고, 성공적으로 야기될 경우에 설명되고 측정되는 이유이다.

자발적인 말과 언어의 결여는 거의 항상 다른 진단을 수반한다. 아동이 영아(18~36개월의 연령)이고 언어치료사가 그 아동을 검사하도록 온 첫 번째 전문가라면 더욱 심도 있는 평가를 위해 다른 전문가나 기관에 의뢰해야 한다. 언어치료사들이 발달장애, 자폐증, 또는 난청 등과 같은 진단들이 아닌가라고 의심하는 첫 번째 사람이 되는 일은 거의 없고 의사, 정신과 의사, 심리학자, 청각사와 같은 전문가들은 이런 진단을 할 자격이 완전히 부여된 사람들이다. 이 책의 제3부에서는 이 아동들의 필요성에 부합하기 위해 수정되거나 기간을 늘리거나 감소시키거나 또는 심지어 모두 폐기되어야 하는 평가절차를 위한 제안 이외에도 다양한 추가적인 진단을 가진 아동에 대해 설명할 것이다.

최소한으로 말을 하는 아동은 관련없는 단어반응과 몇 개의 구를 산출하지만 간단한 문장구조조차 산출하지 않는다. 이 경우에 치료사는 다음에 대한 관찰과 측정을 계획해야 한다.

- 1단계에서 언급된 모든 것
- 일반적인 사물, 장난감, 가족 구성원, 옷과 음식 품목 등의 이름 부르기
- 알파벳, 요일, 월 등을 암송하기, 수 세기
- 간단한 구의 산출과 모방, 단어조합
- 현재진행형 -*ing*와 복수형 등과 같은 특정한 문법형태소들의 산출 또는 이해
- 간단한 문장구조의 산출과 이해

일부 연속구어를 지닌 아동은 때때로 간단한 문장형태를 산출할 수 있어서 간단한 대화체 말의 표본수집을 가능하게 한다. 이 경우에 치료사는 다음에 대한 관찰과 측정을 계획해야 한다.

- 1, 2단계에서 언급된 모든 것
- 간단한 질문에 대답하기
- 다양한 문법 특징, 구문구조, 문장유형 등의 산출
- 반응의 평균길이, 전형적 발화의 길이 등
- 대화체 말의 이해

일부 연관구어를 산출하는 아동의 평가에서는 언어표본들을 더 강조한다. 또한 표준화 검사를 시행하길 원하는 치료사들은 이 수준의 아동들을 대상으로 평가할 때 언어표본을 얻을 많은 기회를 발견할 것이다.

언어의 상급 측면들에서만 결함을 지녔지만, 그 언어문제가 사소하여 명백히 정상언어로 말하는 일부 아동들은 언어치료사에게 의뢰된다. 그 아동은 정상에 가까운 언어 수행을 할 수 있지만 일부 고급 언어개념이나 구조를 사용하지 않거나 잘못 사용할 수 있다(예 : 수동태, 중문, 또는 복문 등의 결여, 비유언어를 사용치 못하거나 이해 못함, 종속절을 사용치 못함 등). 치료사들은 다음을 계획해야 한다.

- 대부분 대화체 말을 통해 평가하기
- 관심 있는 특정한 행동들을 표본추출하기 위해서 내담자중심 절차 사용하기

이렇게 설명된 언어수준들은 임의적이며, 아동들이 일반적으로 하나의 수준에 쏙 들어맞지는 않는다. 오히려 그 수준들은 언어행동들의 범위를 나타낸다. 제시된 제안은 다양한 정도의 언어결과를 가지는 아동들의 평가를 위한 엄격한 기준이 아닌 지침으로 사용될 것으로 여겨진다.

아동의 언어수준에 대한 첫 관찰을 통해 어떤 행동들이 측정되어야 하는가를 결정한 다음에, 치료사는 이 행동들을 측정할 방법을 고려해야 한다. 전에 논의한 대로 치료사들은 두 가지 주된 방법으로, 즉 (1) 표준화 검사의 시행을 통해, 또 (2) 아동 특정적 측정을 사용하여 언어행동들을 측정한다. 이 방법들에 대한 개념상 근거를 논의했으며, 아동 특정적 측정이 표준화 검사보다 더 바람직하다고 주장했다. 결과자료의 분석과 절차에 대한 보다 자세한 정보는 다음 절에서 제공할 것이다.

규준참조 표준화 검사의 선택과 시행

준거참조 또는 아동 특정적 측정을 선택하는 사람들을 포함하여 대부분의 치료사들은 앞서 설명된 이점들 때문에 일부 규준참조 표준화 검사를 사용할 것이다. 규준참조 표준화 검사를 선택할 때 치료사들은 그 검사를 사용할 것이 요구되면 검사의 부정적 결과들을 최소화하기 위해서 여러 조치를 취해야 한다. 첫째, 검사받을 아동이 속한 인종문화집단에서 아동들을 표본추출했던 검사를 선택해야 한다. 둘째, 치료사들은 언어장애를 진단하기 위해서 규준참조 표준화 검사에 있는 아동의 수행에만 의

존하지 말아야 한다. 정확한 진단을 위해서 아동의 언어수행을 복합적으로 측정해야 한다. 셋째, 복합적 측정은 다수의 검사가 될 수 없으며, 아동 특정적 측정 절차들을 포함해야 한다. 관련자극 교재를 사용하고, 부모나 다른 주양육자가 관여하여 얻은 좋은 언어표본은 좋은 시작점이 될 것이다. 넷째, 치료사는 '정상'표본에 전적으로 근거한 검사의 결과를 해석하는 데 신중해야 한다(McFadden, 1996). 쓸모가 있다면 진짜 대표표본(부족한 언어기술을 가진 아동들을 배제하지 않는)에 근거한 검사도 시행될 수 있다.

표준화 검사를 선택할 경우에 아동 특정적 결정을 하는 것이 바람직하다(일반적으로 정해진 검사들에 대해서는 표 4.2 참조). 검사에 고유한 타당성과 신뢰성 자료를 조사하는 이외에 치료사는 또한 다음을 결정해야 한다.

- 검사가 아동의 연령 수준에 적당한가?
- 검사가 아동의 언어기술에 대해 임상적으로 유용한 정보를 제공할 것인가?
- 검사의 시행과 채점을 위한 지시가 분명하게 제시되는가?
- 규준적 표본에 그 아동의 사회경제적 지위를 대표하는 아동들, 사는 환경(도시의-시골의), 또 문화, 언어, 인종 등의 배경 등이 포함되는가?

표준화 검사에 익숙하지 않은 치료사들은 아동에게 검사하기 전에 그 시행을 연습해야 한다. 검사를 시행하고 자료를 해석하는 데 있어서 검사개발자의 지시를 따라야 한다. 대체로 치료사들은 올바른 반응에 대한 어떠한 조언이나 강화 또는 틀린 반응에 대한 교정하는 의견을 주지 않고 검사를 시행해야 한다. 대신에 아동이 동기유발을 지속하게 하는 일반적인 행동들을 위한 비수반적 강화(noncontingent reinforcement)를 치료사는 아동에게 줄 수 있다(예 : "나는 네가 그렇게 세련되고 반듯하게 앉아 있는 방식을 좋아한다!", "열심히 공부하고 있구나!", "내가 해달라고 한 바로 그것을 하고 있네!").

표준화 검사와 준거참조 검사 사이의 차이점을 설명하라.

검사설명서는 아동이 획득한 점수를 해석하는 데 있어서 치료사를 안내할 것이다. 검사가 정의되는 기초인 표준표본에 있는 동일 연령의 다른 아동들의 점수와 그 아동의 점수를 비교하기 위해 실시될 수 있는 다양한 통계분석들이 있다. 표준화 검사와 관련된 통계자료의 용어와 유형은 글상자 4.4를 참조하라. 대부분의 학구들은 학생이 말-언어 서비스의 특수교육을 받기 위해서는 언어검사에서 평균보다 1.5 표준편차 이하여야 한다고 규정한다.

한 불만스러운 교사가 학교 구내에서 "아, 그래! 언어치료사! 그 사람들은 그림카드가 없이는 아동과 말할 수 없어!"라고 말하는 것이 우연히 들렸다.

언어표본. 치료사, 가족 구성원, 또는 둘 모두와 하는 아동의 대화상호작용이나 사실적인 언어상호작용을 기록하는 것을 **언어표본**(language sample)이라 부른다. 앞서 설명한 대로 녹음된 언어의 양이 아동의 언어기술 수준에 따라 변할 것임은 명백하다. 그 상호작용은 치료사가 특정한

표 4.2

아동들의 언어기술 평가를 위한 표준화 검사

검사	연령	시행시간	검사되는 언어기술
언어기초의 임상평가, 4판(CELF-4) Semel, Wiig, & Secord(2003)	5~21세	30~60분	표현, 수용언어 : 어휘, 구문론
CELF-취학전기, 2판 Semel, Secord, & Wiig(2004)	3~6세	30~45분	표현, 수용언어 : 화용언어기술을 포함
포괄적인 수용 및 표현어휘검사-2(CREVT-2) Wallace & Hammill(2002)	4~17세 11개월	20~30분	표현, 수용언어 : 단어 정의하기, 그림 가리키기
표현언어검사(ELT) Huisingh, Bowers, LaGiudice, & Orman(1998)	5~11세 11개월	40~45분	표현언어 : 구문론, 순서대로 배열하기, 분류하기, 묘사하기
표현 단단어그림어휘검사(EOWPVT) Brownell(2000a)	2~10세 11개월	20분	표현언어 : 그림자극을 단단어로 이름 부르기
표현어휘검사(EVT) Williams(1997)	2세 6개월~성인	20~30분	표현언어 : 이름 붙이기, 동의어
HELP 검사-초등 Lazzari(1996)	6~11세 11개월	25~30분	표현언어 : 어휘, 구문론, 정의
Peabody 그림어휘검사, 3판 Dunn & Dunn(1997)	2세 6개월~성인	25~30분	수용언어 : 그림 가리키기 과제
취학전기 언어평가기준, 4판(PLS-4) Zimmerman, Steiner, & Evatt-Pond(2002a)	출생~6세 11개월	20~45분	표현, 수용언어 : 어휘, 기본개념, 형태론, 구문론
수용 단단어그림어휘검사 Brownell(2000b)	2세 11개월~12세	20분	수용언어 : 그림 가리키기 과제
조직적 사진표현언어검사 3(SPELT-3) Dawson & Stout(2003)	4~9세 11개월	15~20분	표현언어 : 형태, 구문 형태(아프리카계 미국 방언을 대체하는 반응을 포함)
언어의 청각이해검사-3(TACL-3) Carrow-Woolfolk(1999)	3~9세 11개월	15~25분	수용언어 : 어휘, 문법형태소, 정교한 구와 문장 수용, 표현언어 : 어휘, 구문론, 문장 모방
언어발달검사-초급(TOLD-P:3)	4~8세 11개월	40~45분	문장 결합하기, 어휘, 구문론, 추상적인 언어, 어휘적 모호성
언어발달검사-중급(TOLD-I:3) Newcomer & Hammill(1997a, b)	8세 6개월~ 12세 11개월	25~30분	표현언어 : 형용어구, 품사, 속성, 기능, 정의
의미기술검사-초급(TOSS-P) Bowers, Huisingh, LaGiudice, & Orman(2002)	4~8세 11개월		
의미기술검사-중급 Huisingh, Bowers, LaGiudice, & Orman(2003)	9~13세 11개월		
아동들을 위한 토큰검사 DiSimoni(1978)	3~12세	10~15분	수용언어 : 시간, 공간 개념

관찰을 하기 위해 상호작용을 고안하고 유도하므로 전적으로 자발적이거나 사실적이지는 않다. 그럼에도 불구하고 특히 부모가 아동과 놀이 상황에서 대화를 하는 경우가 평가절차 중에서 가장 사실적이다.

언어표본추출 수업의 구축. 언어표본은 첫 평가시간 동안 녹음된다. 녹음은 치료사가 아동과 상호작용하는 것을 유지하도록 돕는다. 치료사들은 아동을 재촉하거나 아동을 대화에 몰입하게 하려고 너무 활기차게 노력하여 아동이 상황에 압도되게 하지 말아야 한다. 언어표본의 목적은 아동이 말하게 하

글상자 4.4 **표준화 검사와 관련된 용어, 점수, 통계**

기저 : 아동이 나머지 검사를 계속하기 전에 달성해야 하는, 연속적으로 올바른 답들의 특정한 수이며, 기저 아래의 모든 항목들은 맞다고 간주된다. 때로는 기저가 달성될 수 없다.

상한 : 아동에 의해 완수된 가장 높은 검사항목이며, 상한위의 모든 항목은 틀리다고 간주된다. 검사안내서는 검사를 마치기 전에 얼마나 많은 틀린 반응들이 있어야 하는지를 상술할 것이다.

원점수 : 아동이 검사를 받는 동안에 범한 오류의 수를 상한항목의 수에서 뺀 것

표준점수 : 원점수는 표준점수로 변환되며, 표준점수는 표준화된 비교를 할 수 있는 파생점수이다. 표준점수는 검사가 표준화되는 모집단의 표준편차를 기준단위로 사용한다.

표준편차 : 평균점수로부터 점수의 평균 차이로서, 개별점수가 표본집단에서 얻은 평균점수에서 얼마나 떨어져

있는가를 나타낸다. 대부분의 학구들은 특수교육 서비스를 받을 자격을 부여하기 위해 적어도 평균 이하 1.5 표준편차에 아동이 해당될 것을 규정한다.

측정의 표준오차 : 아동의 '참' 점수가 그 안에 해당될 것 같은 추정점수들의 범위. 동일한 과제의 인간 수행이 변할 것이기 때문에 계산된다.

신뢰대 : 측정의 표준오차로 결정된 점수들의 범위로 나타낸다. 신뢰대가 예를 들어 ±7이고 아동의 표준점수가 80이면, '참' 점수는 73과 87 사이 어딘가에 있다고 추정된다.

백분위 점수 : 표본집단의 얼마나 되는 부분이 피검자보다 더 낮게 득점을 했는지를 나타낸다. 예를 들어, 아동의 표준점수가 30%의 백분위 점수를 나타내면, 표본집단에 있는 아동들의 70%가 더 높은 점수를 받았다는 것을 의미한다.

는 것이며, 그러므로 치료사들은 자신의 말산출을 최소로 유지하며 아동이 담화의 대부분을 하도록 해야 한다.

면담과 사례력 정보에 근거하여 치료사는 장난감, 그림, 이야기책, 게임, 그 아동에게 익숙한 다른 물건 등을 선택해야 한다. 이 자극재료들은 아동의 가족과 언어, 문화 배경에 적합해야 한다. 아동이 집에서 가져온 자극품목들을 사용하는 것이 유용할 수 있다. 부모는 사전에 아동이 좋아하는 장난감, 이야기책, 또는 아동이 치료사에게 그것에 대해 간절히 말하고 싶을 수도 있는 다른 물건 등을 가져오라고 요구받을 수 있다.

아동 특정적 자극은 아동에게서 언어를 유도하는 데 효율적이지만 언어상호작용을 제한할 수 있는 장난감과 그림을 너무 많이 주는 것은 실수일 것이다. 일부 아동들은 놀이활동에 과도하게 몰입할 수 있어서 언어산출이 억제될 수 있다. 또 다른 실수는 아동에게서 말을 유도하기 위해서 물리적 자극(특히 장난감)에 너무 많이 의존하는 것이다. 일부 학생 치료사들은 자신들이 아동에게 꾸밈없이 말할 수 있다는 것을 잊는다! 사실 가장 좋은 언어표본은 치료사가 그 아동을 사실적인 대화에 몰두하게 할 때 얻을 수 있다. 아동이 말이 많다면 이것은 종종 적절한 언어표본을 모으는 데 필요한 전부이다. 보통 아동이 말이 적을수록 언어표본을 추출하기 위한 자극을 조정하는 것이 더 필요하다.

확대된 언어산출 유도하기. 아동에게서 확대된 말을 유도하기 위해 치료사들은 '예' 또는 '아니요'로 대

답되는 질문보다는 개방적인 질문을 해야 한다. 예를 들어, 치료사는 "이번 주말에 영화를 보았니?" 대신에 "이번 주말에 무엇을 했니?"라고 물어야 한다. 폐쇄적인 질문은 더 많은 언어를 이끌어 낼 개방적인 질문의 서두로서만 사용되어야 한다. 예를 들면, "이번 주말에 영화를 보았니?"라는 질문을 '그렇다'는 대답에 더하여 "아, 그래! 어떤 것?", "나는 아직 그런 것을 보지 못했지만 그것에 대해 말해 줘!" 또는 "네가 좋아하는 부분은 어디야?" 등과 같은 더 많은 질문을 이끌어 낼 수 있다면 좋은 질문이 될 수 있다. 그런 질문을 통해 치료사는 그 아동의 학교, 여가활동, 좋아하는 TV 쇼, 친구들, 생일파티, 휴가, 형제자매, 조부모를 포함하는 여러 주제들을 소개할 수 있다.

> 언어표본추출을 하는 동안에 왜 개방적인 질문이 폐쇄적인 질문보다 더 선호되는가?

　이야기책의 그림이 사용될 때 치료사는 "이건 트럭이지?", "그가 부엌에서 요리하고 있지?" 대신에 "여기에 무엇이 보이지?" 또는 "이 그림에서 무엇이 일어나고 있지?" 등과 같은 질문을 해야 한다. 아동이 놀이를 하다 흥미를 잃으면 치료사는 그 장난감을 잠자코 치우고 대화를 시작하든지 아동에게서 더 많은 말을 촉진하는 활동을 시작한다. 아동들에게서 언어의 확대를 유도하는 효율적인 방법은 그들에게 이야기를 해주고 다시 그것을 말하도록 요구하는 것이다. 치료사는 아동에게 짧고 간단한 이야기를 소리 내어 읽어주고 사건들과 등장인물에 대해 자주 질문을 할 수 있다.

활동에 변화 주기. 언어표본을 추출하는 동안 치료사는 아동이 계속 관심을 갖고 동기유발되도록 활동과 자극재료에 변화를 주어야 한다. 치료사들은 아동을 잠시 대화에 몰두시켜 더 깊은 언어를 야기하도록 의도된 놀이활동으로 나아가게 할 수 있다. 아동이 질문을 하도록 촉진하는 간단한 게임 활동은 단조로움을 깨는 데 도움이 될 수 있다. 아동에게 이야기를 소리 내어 읽어주는 것은 다양성을 소개하며 아동의 흥미를 자극할 수 있다. 치료사 유도 활동은 환자 또는 형제자매가 유도하는 활동에 변화를 줄 수 있다. 가족 구성원이 그 아동을 놀이 또는 대화에 몰입하게 하도록 요구받는 경우에, 치료사는 그 아동의 보다 사실적인 상호작용과 언어행동을 관찰할 기회를 갖는다.

발화의 맥락에 대해 기록하기. 언어상호작용을 하는 동안에 치료사는 아동발화의 맥락에 대해 기록을 해야 한다. 그런 기록이 없다면 기록된 발화 일부가 나중에 녹음기록에서 들을 때 무의미할 수 있다. 예를 들어, 아동이 "나는 책을 본다."라고 말하는 것을 녹음기록에서 들을 때 치료사는 그 아동이 다수의 책들에 대해 말하고 있다는 것을 기록이 보이지 못하면 그 아동이 복수형태소를 산출하지 않았다는 것을 모를 수 있다. '차'와 같이 간단한 단어의 발화는 그 아동이 사실 차를 원했지만 다른 방식으로 그것을 요구할 수 없었다는 것을 기록으로 알 수 없다면 나중에 해석될 수 없을 것이다.

적절한 표본 기록하기. 권장사항들은 다양하며, 충분하다고 결론을 내리는 데 일부 판단은 필수적이다. 치료사들은 적어도 50~100개의 발화를 수집해야 하며, 최대한 많은 표본의 수집이 이상적이다. 대부분의 아동들에게 그런 언어표본은 대략 30분 안에 수집될 수 있지만, 그 시간은 개별 아동에 따라 다

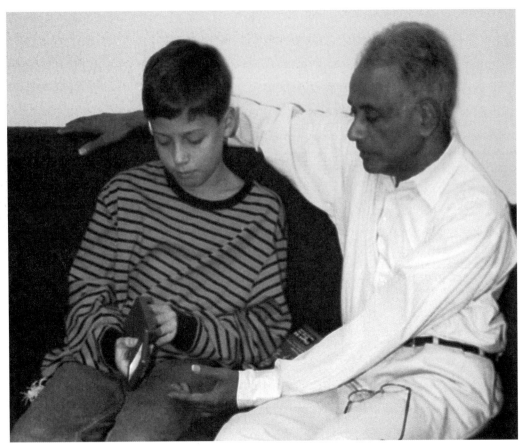

사진 4.1   그것에 대해 얘기해 줘! 여기 한 치료사가 한 아이에게 그가 좋아하는 비디오 게임에 대해 말하고 있다.

르다. 하나의 언어표본은 신뢰성을 보이지 않으므로 치료사들은 추가적인 표본을 얻을 필요가 있다. 이것은 아동이 첫 치료를 받으러 돌아올 때 수행될 수 있다. 간명한 언어표본들은 처음 두세 번의 치료시간 동안에 기록되어야 한다. 또한 언어표본들은 교실, 운동장, 또는 가정과 같은 다양한 환경에서 수집되어야 한다.

자극반응도의 검토 여부. 언어표본이 아동의 전형적인 언어사용을 평가해야 하지만, **자극반응도**(stimulability), 즉 제공된 원형을 아동이 모방하는 것을 검토할 것이 전통적으로 권장된다. 예를 들어, 아동이 언어표본을 추출하는 동안에 형용사를 전혀 산출하지 않았던 것을 인지한 치료사는 아동이 모방할 어떤 것의 모형을 만들 수 있다(예 : "자, 조니, 크고 빨간 공이야, '크고, 빨간 공!'이라고 말해봐"). 치료사를 흉내 내는 아동은 자극될 수 있다고 이야기된다. 일부 치료사들은 자극반응도가 치료의 훌륭한 예후를 시사한다고 가정한다. 특정한 종류의 반응을 모방하지 않는 아동은 아직도 치료를 필요로 하며, 행동형성, 즉 제6장에서 설명할 절차를 통해 이 반응들을 배울 수 있다. 그러므로 자극반응도 검사의 가치는 한정적이다.

대화(화용)기술을 유도하는 상호작용 준비하기. 대부분의 화용언어기술은 사실상 대화기술이다(상세한 것은 제1장 참조). 치료사는 **주제 개시**(topic initiation : 대화를 위한 새 주제를 소개하는 기술), **주제 유지**(topic maintenance : 갑작스러운 중단이나 새 주제의 소개 없이 동일한 주제에 대한 계속적인 대화), **대화 차례 주고받기**(conversational turn-taking : 번갈아서 말하고 듣기), **대화수정전략**(conversational repair strategies : 의사소통에 문제가 있을 때 청자와 화자 모두가 보이는 언어행동), **내러티브 기술**(narrative skills : 충분히 상세하게, 시간 순서대로, 등장인물을 묘사하며 이야기나 개인적 경험 이야기하기), **눈맞춤**(eye contact : 대화를 하는 동안에 상호 응시의 지속) 등과 같은 화용기술들을 위한 기회를 최대화하기 위해 언어표본추출을 하는 시간을 준비해야 한다. 제2장에서 설명한 대로, 언어장애를 지닌 아동들은 화용언어기술의 일부 또는 전부에서 결함이 나타날 수 있다.

주제 개시를 유발하기 위해 치료사는 다양한 자극, 즉 물건, 그림, 이야기책, 주제카드(읽을 수 있는 아동을 위한), 장난감, 또 주방놀이, 인형의 집 등을 사용하는 조직적 놀이 환경 등을 사용할 수 있다. 치료사는 자극항목에 아동의 주의를 끌고 아동이 그 항목에 대해 대화를 시작하는 것을 기다려야 한다. 대화의 에피소드는 간단할 수 있지만, 아동이 그것을 시작했다는 것은 그 기술에 대한 충분한 증거이다. 아동이 주제를 개시하지 않으면, 치료사가 아동에게 자극항목에 대해 무언가 말할 것을 지시해야 한다. 아동이 그래도 주제를 개시하지 않으면, 치료사가 문장완성과제(예 : "This is a …")와 같은 그 이상의 단서를 첨부할 수 있다.

주제 유지를 환기하기 위해서 아동은 말할 흥미가 있는 주제를 선택하도록 용인되어야 한다. 치료사는 필요하다면 주제를 유발하고 제안할 수 있지만 일단 주제가 개시되면 아동의 주도를 따라야 한다. 치료사는 동일주제를 유지하기 위해 대화에서 다른 사람이 보통 하듯이 반응해야 한다. "그래", "재밌네!", "네 이야기가 좋아!", "더 이야기해 줘.", "다음에는 어떤 일이 일어났어?" 등과 같은 의견들이 적절하다. 치료사는 아동이 동일주제의 대화를 지속하는 시간을 재기 위해서 스톱워치를 쓸 수 있다. 주제 유지는 적어도 세 가지 주제에 대해 측정되어야 한다.

대화 차례 주고받기는 대화 전체의 동안에 측정될 수 있다. 치료사는 일부 다른 주제에 대한 대화의 도중에 "그거 있잖아."와 "내 신을 봐!" 등과 같이 외부의 무관계한 의견으로 아동이 대화를 중단시키는 것을 즉각 알아차릴 수 있다. 그런 중단을 세고 나서 치료사는 "내가 말할 때는 들어라."라고 아동에게 말할 수 있으며, 잠시 말한 다음에 그 효과를 판단하기 위해서 "자 이제 네 차례다."라고 말할 수 있다.

명료화의 요구, 즉 대화수정전략은 치료사가 명료화 요구가 필요한 모호한 진술을 한 때에 유발될 수 있다. 예를 들어, 치료사는 여러 장난감차가 아동의 앞에 진열되어 있을 때, "나에게 차를 줘."라고 말하고는 아동이 명료화를 요구하도록 기다릴 수 있다. 이 기술의 자극반응도를 점검하기 위해서, 치료사는 명료화 요구의 원형을 만들고(예 : "'그게 무슨 말이에요?'라고 나에게 물어봐.") 아동이 그 요구를 모방하는 것을 기다릴 수 있다.

한 사람의 진술에 대한 명료화는 치료사가 아동의 진술을 이해하지 못하는 척하거나 실제로 이해하지 못하여 그렇다고 말할 경우 또 다른 대화수정기술을 유발할 수 있다. 치료사는 아동에게 반복하도록 요구하거나 "이해하지 못했어." 또는 "그게 무슨 말이니?"라고 말할 수 있다. 아동이 주장하여 명확하게 하도록 아동의 발언을 부정하는 것이 또 다른 기법이다(예 : "너는 두 살이 아니지, 그렇지?"에 아동은 "아냐! 나는 네 살이야!"라고 대답할 것이다). 치료사는 아동이 반응하도록 몇 초 동안 기다려야 하고 아동이 해명의 요구에 반응을 하지 않는지, 부적절한 반응을 하는지, 또는 적절한 반응을 하는지 등을 주목해야 한다.

눈맞춤은 아동과의 대화와 평가 내내 쉽게 확인할 수 있다. 눈맞춤의 결여는 문화적으로 결정된 행동일 수 있지만 치료사는 문화적으로 다른 가족들이 여전히 자신의 아동이 배우면 유용하다고 시인할 수 있는 치료목표가 될 수 있으므로 평가시간에 그것에 주의해야 한다.

내러티브 기술은 아동에게 이야기를 말하도록 요구하거나 또 방금 말한 이야기를 다시 말하도록 하여서 유발될 수 있다. 치료사는 다양한 언어수준으로 아동들에게 말해 줄 이야기 몇 개를 가지고 있어야 한다. 치료사는 또한 다양한 학년과 언어기술 수준들에 적절한 이야기 책들을 준비해 두어야 한다. 다음으로 치료사는 간단한 이야기를 소리 내어 읽고 아동에게 그것을 다시 말할 것을 요구할 수 있다. 아동이 쉽게 그 이야기를 다시 말하지 못하면 치료사는 같은 이야기를 아동에게 다시 말해 주고 아동이 충족하는지를 평가할 중요한 구들이나 결정적인 이야기 대목 등의 앞에서 한동안 멈춘다. 이야기는 또한 그림의 도움을 받아서 말할 수 있으며 아동은 그림을 보면서 이야기를 다시 말하도록 요구받을 수 있다. 매일 또는 가끔 하는 일과조차도 내러티브 기술을 유발하는 수단이 될 수 있다. 예컨대 치료사는 아동에게 잡화점에서 물건 사기, 식당에서 식사하기, 생일파티, 캠핑 여행, 방학, 특정한 경기하기 등과 같은 사건들을 설명하도록 요구할 수 있다.

기술 특정적 과제 고안하기와 시행하기. 기술 특정적 과제(skill-specific tasks)는 아동 특정적(또한 절대평가의) 평가, 측정의 중요한 측면이다. 확대된 언어표본조차도 아동이 많은 종류의 언어기술들을 산출할 기회를 제공할 수 없다. 특정한 종류의 언어반응이 결여된 것을 주의하지 못하고 평가를 하는 동안에 그 반응을 자극할 조치를 취하지 않은 치료사는 이후의 분석을 하면서 실망할 것이다. 부족한 언어기술을 모두 첫 평가시간 동안에 확인될 수 없다는 것은 사실이지만, 그 시간을 최대한 활용하기 위해서 치료사는 부지런히 아동의 산출을 관찰하고 가능한 한 많은 종류의 언어반응들을 유발하기 위해 기술 특정적 과제 절차를 위한 필요성을 빨리 식별할 필요가 있다.

아동의 다양한 언어반응산출을 검토하도록 돕는 여러 기술 특정적 과제가 있다. 예를 들어, 아동이 언어표본을 추출하는 동안에 대명사를 산출하지 않았다면, 치료사는 대명사 특정(pronoun-specific) 과제를 제공해야 한다. 성별을 확인할 수 있는 장난감을 사용하는 조직적 놀이활동은 *him*, *her*, *he*, *she*, *his*, *hers* 등의 대명사 산출을 유발하기 위해 이용될 수 있다. 예를 들어, 치료사는 *his* 또는 *hers*를 유발하기 위해서 "자! 모자다! 누구 모자지?"라고 물을 수 있다. 아동이 일부 또는 모든 전치사를 산출하지 못했다면, 치료사는 전치사를 유발하기 위해서 전치사 특정(preposition-specific) 과제를 제공할 수 있다. 치료사가 물건이나 장난감을 탁자 위에, 탁자 아래에, 상자 속에, 상자 뒤에 놓고, 전치사의 산출을 유발하기 위해서 "Where is the___?"라고 물을 수 있다. 아동이 현재진행형 *-ing*를 산출하지 못했다면, 치료사는 여러 행동들(걷기, 마시기)을 보이고 아동에게 그 행동을 설명하라고 요구할 수 있다. 일반적으로 평가되는 일부 목표행동을 유발하는 데 도움이 되는 기술 특정적 과제의 더 많은 예는 표 4.3을 참조하라.

이들 행동 특정적 과제를 하는 동안에 언어행동을 자발적으로 산출하지 않는다면, 치료사는 아동이 모방하는지를 보기 위해서 슬쩍 가르쳐 주거나 모형을 만들 수 있다(자극반응도의 경우에서처럼 예후에 대한 추론을 하지 않고). 성별을 식별할 수 있는 장난감의 예를 계속 들자면 아동이 질문에 반응하지 않았을 때 치료사는 간접적 모형(예 : "I think it's *her* hat. What do yo think?")과 같은 그 이상의 자극을 줄 것이다. 그래도 아동이 바르게 반응하지 않으면 치료사는 완전한 모형, 즉 "It's *her* hat. Say 'It's

표 4.3

기술 특정적 과제

목표기술	기술 특정적 과제
규칙복수형	아동에게 처음에 물건 한 개, 또 다음에 동일한 물건 두 개 등 그림의 이름을 부를 것을 요구한다(공 그림을 보여주고 "이것이 무엇이지?"라고 묻고, 두 개의 공 그림을 보이고 "이것들은 무엇이지?"라고 묻는다).
불규칙복수형	아동에게 불규칙복수 명사를 나타내는 다수의 물건 그림의 이름을 부를 것을 요구한다(*children*, *men*, *mice*, *feet*, *geese*, *sheep*).
3인칭단수 현재시제 (*talks*, *sleeps*, *eats*, *drinks*)	다양한 행동을 묘사하는 그림을 보여주고 아동에게 "What does she[he, they] do?" 또는 "Yesterday, he talked, today, he …"라고 묻는다.
규칙과거시제	다양한 행동을 묘사하는 그림을 보여주고, 문장완성과제를 사용한다("Today, he cooks, yesterday, he …[*cooked*]").
불규칙과거시제	불규칙과거시제 동사를 묘사하는 그림을 보여주고, 문장완성과제를 사용한다("Today, the baby sleeps, yesterday the baby … [*slept*]").
비교급 *-er*과 최상급 *-est*	물건이나 그림을 이용하여, 아동에게 문장완성과제를 준다("The dog is big, but the horse is even… [*bigger*], and the elephant is the … [*biggest*]").
형용사	물건이나 그림을 보여주고, 문장완성과제를 사용한다("This truck is … [*big*]", "This flower is … [*pretty*]").
부사	행동을 보이거나 행동을 묘사하는 그림을 보여주고, 아동에게 "How am I running?" [*quickly* or *slowly*], "How am I talking?"[*loudly* or *softly*] 등을 묻는다.

주의 : 관찰되고 있는 기술의 적절한 표본을 보장하기 위해서 다수의 예들을 항상 사용하라.

her hat.'"을 제공할 수 있다. 아동이 이 자극에 바르게 반응하면, 치료사가 중재를 하는 동안에 유용할 것 같은 자극이나 모형의 유형에 대한 좋은 정보를 얻게 된다. 평가보고서에서 치료사는 아동이 특정한 반응들을 산출하지 못하지만 모방은 한다고 보고할 것이다.

언어이해 조사하기. 지금까지 언어반응의 산출을 강조했다. 그러나 아동이 구어를 이해(이해력)하는 데 어려움이 있는지를 평가하는 것이 필요하다. 이해 또는 이해력은 아동(또는 성인)의 역할에 대한 일부 행동으로만 평가된다. 대화를 하는 동안 올바른 또는 관련된 언어, 비언어반응들은 이해의 훌륭한 지표이다. 치료사는 아동이 올바른 행동을 수행하는지 알기 위해 간단한 명령을 할 수 있다. 예를 들어 자극의 집합체에서 올바른 그림이나 물체 가리키기는 일반적으로 효과적이다. 과제는 아동의 수행에 따라서 다소 복잡하게 만들어질 수 있다. 복잡한 다단계의 명령(예 : "먼저 트럭을 가리킨 다음에 소를 가리켜라.", "크고 빨간 공과 작고 파란 차를 가리켜라.")은 보다 복잡한 명령의 예이다.

　녹음테이프에서 채점(분석)될 수 있는 언어의 산출과는 다르게 언어이해는 아동이 평가시간 동안에 과제를 수행하면서 채점되어야 한다. 치료사는 아동이 명령을 따르면서 저지른 실수의 수에 주의해야 한다. 아동이 저지른 오류의 유형을 알아채는 것이 유용하다. 예를 들어 치료사가 "크고 빨간 공과 작고 파란 차를 가리켜 봐."라고 요구할 때, 아동은 요구의 첫 부분이나 마지막 부분을 잊어버릴 수 있다. 또한 치료사는 이해에 실패하는 것으로 보이는 수준을 알아채야 한다. 아동이 1단계 또는 2단계의 명령은 옳게 따를 수 있지만 3단계의 명령은 실패할 수 있다.

다소 자세하게 말산출 평가하기. 언어장애를 지닌 아동들은 보통 음성오류를 일부 갖는다. 오류는 일부에서는 적고 다른 사람들에서는 많을 수 있다. 중증의 조음장애를 지닌 아동의 말은 부분적으로 또는 거의 이해할 수 없다. 그러므로 음성산출의 평가는 언어장애를 지닌 모든 아동들에게 필수적이다. 그렇지만 이 평가는 치료사가 평가의 첫 단계 동안에 주목한 오류의 양과 부모의 관심에 따라서 다소 상세할 수 있다. 오류가 적다면 치료사는 아동과 말하는 동안(언어표본추출) 그것을 알아챌 수 있다. 오류가 많다면 치료사는 언어표본에서 그것을 채점할 수 있다. 일부 경우에는 치료사가 조음과 음운 등의 검사를 시행하고 오류양상을 더 자세히 분석하기 위해서 또 다른 평가시간을 잡을 수 있다.

비언어 의사소통행동 평가하기. 앞에서 언급했듯이 평가를 해야 하는 일부 아동들은 거의 말을 하지 않을 수 있다. 사례력, 부모와의 면담, 또 아동에 대한 첫 관찰 등이 비언어 의사소통 평가의 필요성을 시사할 수 있다. 언어기술 대신에 평가목표가 몸짓, 가리키기, 무언가를 갖기 위해 치료사의 손을 잡기, 수화, 비언어 의사소통의 다른 형태 등이 될 것이다. 비언어 의사소통과 그 평가는 제15장에서 보다 자세히 논의될 광범위한 주제이다.

문해기술의 평가 고려하기. 공립학교에서 언어평가와 치료는 학생의 학업수행에 긴밀히 얽매인다. 언어치료사는 문해기술의 평가와 훈련에 개입한다. 흔히, 그리고 이상적이게도 문해평가는 언어평가가 완수된 후에 행해진다. 그렇지만 기본적인 몇몇 문해절차를 언어평가로 통합하는 치료사는 아동의 읽기와 쓰기기술에 대한 다소 기본적인 개념을 얻을 수 있다. 예를 들어 구어단어 산출과 이해를 평가할 때 아동이 올바른 단어를 지적하는가, 제시된 단어들을 바르게 읽는가, 알파벳의 철자들 이름을 대는가, 또 철자가 나타내는 음을 말하는가를 알기 위해서 치료사는 일련의 인쇄된 단어들을 제시할 수 있다. 아동의 쓰기기술을 기본적으로 알기 위해 치료사는 아동에게 알파벳 철자, 단순하거나 복잡한 단어, 구, 문장 등을 활자로 쓰게 할 수 있다. 그렇지만 시간이 결정적 요소일 경우 치료사는 구어와 의사소통기술에 집중해야 하며 문해기술을 더 깊이 있게 평가하기 위해서 나중에 시간을 별도로 잡을 수 있다. 문해평가에 대한 상세한 내용은 제10장을 참조하라.

자연스러운 상황에서 언어표본추출하기. 아동의 언어기술에 대한 철저한 평가에는 자연스러운 상황에서 그 기술들을 관찰하는 것이 포함된다. 가정의 환경은 특히 관찰에 중요하며 많은 학구들에서는 이를 인정하여 언어장애의 가능성이 있다고 위탁된 아동을 평가하기 위해서 가정으로 조기중재 팀을 보낸다. 학교 언어치료사들은 학령기 아동들이 교실, 운동장, 도서관, 식당 등에서 어떻게 의사소통하는지를 관찰해야 한다.

다른 상황에서 아동을 관찰하기 위해 흔히 첫 평가시간과 다음의 언어표본분석 이후까지는 기다리는 것이 최선이다. 치료사가 아동의 언어기술에서 가능한 결함들에 대해 충분히 안다면 특별히 이 결함들을 보다 자연스러운 상황 안에서 신중한 관찰을 위한 목표로 삼을 수 있다. 부모가 관찰을 하고 언어표본추출 절차에 참여하려고 하면 허용 가능한 방식으로 함께할 수 있다. 가정표본은 임상표본과 같은 방식으로 분석된다.

아동이 다양한 환경에서 의사소통하는 데 있어서 주로 가질 수 있는 문제들을 치료사가 찾고 있다고 해도 아동이 보이는 장점들을 찾는 것 역시 유용하다. 예를 들어 아동이 무발화에 가깝지만 명확히 정의된 비언어 몸짓을 통해 요구하는 것으로 보이면 치료사는 첫 치료 프로그램을 이 장점에 입각하여 시행할 수 있다. 많은 학구들이 아동의 장점과 약점이 평가를 하는 동안 분석되어야 한다고 규정하고 있으며, 아동이 할 수 있는 것을 기록하는 것은 아동이 할 수 없는 것을 기록하는 것만큼 자주 유용하다.

아동을 아는 사람들 면담하기. 다양한 상황에서의 관찰은 아동의 다양한 환경들에 있는 중요한 사람들과의 면담으로 보완되어야 한다. 부모와 다른 양육자들이 아동들의 행동에 대한 주요한 정보제공자들이지만, 형제자매, 또래, 교사, 코치, 아이 돌보미, 아동을 아는 다른 사람 등은 아동의 의사소통기술에 대한 유용한 정보를 제공할 수 있다. 공립학교 치료사는 또래, 교사, 코치, 식당종업원, 특수교육 요원, 사서 등에게 아동의 언어와 의사소통기술에 대해 말할 좋은 기회를 갖는다. 교사들은 아동이 산출하는 언어구조의 유형과 아동이 교실에서 보통 나타내는 결함의 종류에 대해 특별한 정보를 제공할 수 있다.

언어표본 분석하기. 언어표본은 발화가 행해진 맥락을 보여주는 기록과 함께 전사되어야 한다. 각 이해 가능한 발화는 다른 줄에 전사되어야 하며 불명료한 발화들의 수가 기록되어야 한다. 전사는 단어의 산출과 이해, 문장유형(구문구조), 형태의 산출, 또 대화기술 등을 포함하는 다양한 언어기술의 빈도를 측정하는 데 도움이 될 것이다. 게다가 대부분의 치료사들은 평균발화길이와 어휘다양도(type-token ratio)를 계산한다. 글상자 4.5는 언어표본의 전사에 사용될 수 있는 구성방식을 보여준다.

평균발화길이(MLU) 계산하기. 언어발달의 일반적인 척도, 즉 **평균발화길이**(Mean Length of Utterance, MLU)는 전체 형태소의 수를 세고 그 수를 언어표본에 있는 발화의 전체 수로 나누어서 계산된다.

$$(총\ 형태소의\ 수)\ /(총\ 발화수)$$

글상자 4.6은 형태소 세기에 대한 일부 지침들을 준다. 대략 5세까지 아동의 MLU는 연대기적 나이

글상자 4.5 | **언어표본전사의 서식**

이름 : _____   치료사 : _____
생년월일 : _____   표본날짜 : _____
형태소의 총수 : _____
  다음으로 나눠진
발화의 총수 : _____   =   평균발화길이 : _____

발화	맥락	형태소의 수

와 같아야 되므로 1세 아동은 단단어발화를 산출하는 것이 기대될 수 있으며 2세 아동은 보통 두 단어 수준에 있다(Brown, 1973). 확실히 이것은 개괄적인 경험법칙일 뿐이며, 개별 차이점들이 이런 규준적인 지침보다 더 중대하다. 두 단어보다는 한 번에 두 단락(paragraphs)을 산출하는 전형적으로 발달하는 2세 아동들을 알고 있다!

단어발화 분석하기. 아동의 단어산출과 이해(표현어휘와 수용어휘)는 분석되어야 한다. 치료사들은 다음의 빈도와 정확도를 측정해야 한다.

- 그림, 물체, 장난감 등의 이름 부르기
- 범주어를 사용하여 물체의 이름 부르기(예 : 음식, 장난감, 옷)
- 한 범주에 속하는 물체의 이름 부르기(예 : "네가 아는 모든 동물을 말해 줘."라는 치료사의 지시에 대한 반응으로 아동이 다수의 동물을 쉽게 이름을 부를 수 있었는가?)
- 그림에서 묘사된, 치료사에 의해 연기된, 또는 아동에 의해 수행된 행동들의 이름 부르기

치료사는 어떠한 비정상적 단어산출도 기록해야 한다. 과잉확장(overextension, 예 : 모든 성인 여성

글상자 4.6 **형태소 세기의 지침**

세기

- 하나인 각 독립형태소(어떤 접두어, 접미어, 또는 문법표지 등을 갖지 않는 단어)
- 하나인 각 의존형태소(*-ing*, *-ed*, 복수형*-s*, 소유격 *-s*)
- 둘인 축약된 단어(그 단어는 하나로 세어지고 축약형태소도 하나로 세어져서, *you're* 같은 단어는 두 개의 형태소로 셈)
- 하나인 복합어(sidewalk, outdoors, birthday)
- 하나인 연쇄동사(*gonna, wanna, hafta*)
- 하나인 불규칙복수형(*feet, mice*)
- 하나인 불규칙동사형(*ate, threw, went*)
- 하나인 동명사(명사로 기능하는 동사의 형태, 가령 "Running is my favorite exercise!")
- 하나인 사람, 장소, 또는 책제목이나 영화제목 등의 이름(Aunt Mary, *Goldilocks and the Three Bears*, Peter Piper's Pizza Place)

세지 않기

- *you know* 또는 *um*처럼 자주 사용되는 감탄사
- 수정될 잘못된 시작에 사용된 단어들("I went to the-Mom took me to the stores")
- 말더듬으로 반복되는 단어들은 마지막 산출만 센다("I-I-I-I go to school"은 7이 아닌 4로 셈함)
- 의례적으로 반복되는 단어들(*bye-bye*는 하나로 셈)
- 불명료한 발화
- 성인 모형의 흉내인 발화
- 불완전한 발화
- 기계적인 발화(암송되는 자장가, TV 상업광고의 대화)

출처: Brown(1973), Owens(2004), Shipley & McAfee(2004) 등에서 편집.

을 가리키기 위해 'mother'라는 단어를 사용, 또는 모든 둥근 것을 가리키기 위해서 'ball'이라는 단어 사용) 또는 과소확장(underextension, 예 : 가족의 애완동물만이 '고양이'이고 다른 모든 고양이는 고양이가 아니다.)의 증거가 있는가? 아동이 보다 한정적인 용어들을 막연하고 일반적인 용어들로 대체했는가(stuff, thing, this, that)?

어휘다양도(Type-Token Ratio, TTR)는 아동의 말에서 단어다양성의 척도이다. 아동이 산출하는 다른 단어들의 다양성을 발견하기 위해서 계산된다. 치료사는 먼저 언어표본에 있는 모든 단어들을 센다. 다음에 치료사는 표본에 있는 각기 다른 단어를 센다. 예를 들어, '집'이라는 단어가 세 번 사용되었다면, 단지 한 번으로 센다. 그리고 사용된 다른 단어들의 수는 다음과 같이 사용된 단어들의 총수로 나눠진다.

$$(총 \ 다른 \ 단어수) \ /(사용된 \ 총 \ 단어수)$$

TTR은 보통 3세에서 8세까지의 아동에서 약 .45~.50이다(Templin, 1957). 다르게 말하자면, 언어표본을 추출하는 동안에 말한 다른 단어들의 수가 보통 말한 단어들의 총수의 대략 절반이다. .5보다 상당히 더 낮은 TTR은 표현어휘의 부족을 나타낸다.

문장구조와 유형 분석하기. 전사는 아동의 다양한 구문구조 산출을 분석할 좋은 기회를 준다. **빈도측정**(frequency measure)은 아동이 특정한 구문구조를 올바르게 산출했던 횟수를 내는 일반적인 측정이다. 치료사는 다음과 같은 문장유형의 산출을 설명하고 측정해야 한다.

- 단문. 종속절이 없는 독립절("I laughed.")
- 서술문. 서술을 하는 구문("This is my cat.")
- 중문. 종속절 없이 쉼표와 접속사 또는 세미콜론으로 연결된 2개 이상의 독립절을 가진 문장("I went to the store, and then I went home.")
- 복문. 하나의 독립절과 하나 이상의 종속절을 포함한 문장("I played with my doll while Mommy washed dishes.")
- 의문문, 요구문, 명령문. 더 많은 정보를 요구하거나("What do you mean?", "Who is this?" 또는 "Where is it?"), 또는 다른 사람들에게 특정한 행동수행을 요구하거나("Please give me some milk", "Tell me more", "I want that"), 또는 '예/아니요' 대답을 요구하거나("Is this a boy?", "Is that a balloon?"), 또는 직접 명령하는("Sit down!", "Give me that!") 문장들
- 부정문. 주장을 거절하거나 부정하는 문장("That's not his ball, it's mine!")

산출되는 다양한 유형에 더하여, 치료사는 문장에서 문법적 단어들의 종류들을 설명해야 한다. 아동이 형용사, 전치사, 접속사, 관사, 대명사 등을 산출했는가? 아동이 하나 이상의 선행하는 수식어들

이 있는 명사를 사용하여 단어들을 명사구로 결합했는가(pretty ball, my pink shoes)? 아동이 조동사와 연결동사도 사용하여 단어들을 동사구로 결합했는가(조동사 : "He is eating", 연결사: "She is nice")? 아동이 단어들을 전치사구로 결합했는가("The dog is in the house")? 아동이 주어–동사–직접목적어의 구문을 사용했는가("He hit the ball")?

형태산출 분석하기. 아동의 형태특징산출(자립형태소와 의존형태소 모두)은 빈도로 측정될 수 있다. 빈도를 세는 것은 대부분의 문법형태소, 특히 의존형태소(복수형과 소유격 변화, 현재진행형, 규칙적 과거시제 변화 등과 같은)의 바른 산출비율을 계산하기 위해서 사용될 수 있다. 다음의 식은 올바른 산출비율을 계산하기 위해서 사용된다.

$$（올바른 산출의 수）/（꼭 들어가야 할 맥락의 수） \times 100$$

의무적 맥락(obligatory context)은 특정한 형태소가 포함되어야만 하는 경우라는 것을 상기하라. 예를 들어, "Two hats"라는 아동의 산출은 복수형태소 -s가 꼭 들어가야 할 맥락이다. 그것이 빠지면 오류이다. 예를 들어, 아동이 복수형태소 -s를 산출할 20개의 경우(꼭 들어가야 할 맥락들)가 있으며, 그중 10개만 산출했다면, 올바른 복수형태소의 산출은 50%(10을 20으로 나누고 100을 곱해서)이다. 그런 올바른 산출비율은 다음에 대해 계산될 수 있다.

- 규칙복수형(*cats, dogs*)
- 불규칙복수형(*feet, mice*)
- 동사시제의 문법표지(현재시제 -*s*, "He talks", 현재진행형 -*ing*, "He is walking", 과거시제 -*ed*, "He walked")
- 불규칙 과거시제 동사(*ran, ate*)
- 비교급과 최상급의 형태(*big, bigger, biggest*)
- 소유의 -*s*(*baby's bottle*)
- 대명사의 형태(주격 : "He went home", 소유격 : "It's her book", 목적격 : "Give it to him")
- 전치사(*in, on, under*)
- 관사(*the, a, an*)
- 연결사와 조동사(*is, are, was, were*)
- 접속사(*and, but*)
- 형용사(*big, small, pretty*)

치료사는 아동의 형태구조와 구문구조 산출을 여러 연구자가 설명했던 언어습득의 전형적인 순서와 비교할 수 있다. 아동들이 의미개념들과 다양한 구문언어구조, 형태언어구조를 일반적으로 습득하는 순서의 설명을 보려면 표 4.4를 참조하라.

대화체(화용) 언어기술 분석하기. 미숙한 언어기술을 보이는 아동에서도, 특정한 화용기술은 측정될 수 있다. 보통 아동의 언어기술 수준이 높을수록, 대화체 언어기술을 측정할 기회가 더 커진다. 측정되어야 할 기술에는 다음이 포함된다.

- 주제 개시. 아동이 대화를 위해 새 주제를 시작한 횟수
- 주제 유지. 아동이 정해진 주제에 대해 계속 말한 시간
- 대화 차례 주고받기. 중단시키는 말의 수, 청자와 화자의 역할을 적절하게 바꾸는 빈도
- 대화수정전략. 아동이 무언가 명료하지 못할 때 질문을 했던 빈도, 아동이 자신의 산출을 분명하게 하라고 요구받은 경우에 올바르게 반응했던 빈도
- 눈맞춤. 아동이 대화를 하는 동안에 눈의 접촉을 지속했던 빈도 또는 시간
- 내러티브 기술. 세부를 빠뜨리지 않고, 잘 시작하여 잘 끝내며, 사건들을 적절한 시간 순서로, 등장

표 4.4

구문구조, 형태구조, 의미론 개념 등의 전형적인 습득 순서

연령	구문구조	형태구조	의미론 개념
1~2세	단단어발화, 대략 18개월에 두단어발화가 나옴	24개월에 현재진행형 -ing와 복수형 -s가 나타날 수 있다.	동일한 단단어발화가 여러 의미를 전달할 수 있다. 18개월에 약 50개의 단어를 산출하고, 약 200개의 단어를 이해한다. 몸짓이 수반되는 일단계 명령을 따른다.
2~3세	MLU는 2.0~4.0 전보식 말 주어-동사("baby eat"), 동사-목적어("Go car"), 또 주어-동사-직접목적어("Mommy read book") 등을 포함하는 문장형태 Wh-의문형("What that?") 동사의 앞에 no나 not을 사용하여 부정을 표현("Not go!" "No eat!")	규칙과거시제 -ed[과잉 일반화될 수 있다(catched, blowed). 일부 불규칙 과거시제 동사가 나타난다(went). 전치사 in과 on 현재진행형 -ing 복수형 -s 규칙복수형 -s가 과잉일반화된다(mouses), 소유의 -s	36개월에는 약 3,600개의 단어를 이해한다. 200~600단어의 표현어휘 간단한 wh- 질문에 대답한다. 일부 신체부위를 식별한다. 한 부분 또는 두 부분으로 된 명령을 따른다. 36개월에 간단한 이야기를 말할 수 있다.
3~4세	MLU는 3.0~5.0 복문과 중문("I jump and play!") 삽입절("That dog over there is big.") 수동태("Mommy was kissed by Daddy.") 부정문("I can't do it!")	불규칙복수형(children, feet) 3인칭단수 현재시제(she talks) 과거, 현재진행형 시제(was running, is walking) 재귀대명사(myself, himself)	4,200~5,600단어를 이해한다. 800~1,500단어를 산출한다. how, why, 또 when 질문을 한다. 일반적인 반대말을 이해한다(night/day, big/little). 주위에 있는 물건들 대부분의 호칭을 안다. 개인적 경험을 관련시키며 일어난 순서대로 활동에 대해 말한다.

(계속)

표 4.4

구문구조, 형태구조, 의미론 개념 등의 전형적인 습득 순서 (계속)

연령	구문구조	형태구조	의미론 개념
4~5세	MLU는 4.5~7.0 완전한 문장 미래시제구문("I will go with Grandpa.") If…so 구문("If I am good, I get ice cream!" 또는 "I am good, so I get ice cream!")	비교급(*bigger*, *shorter*) 불규칙복수형의 보다 일관적인 산출 소유대명사(*mine*, *his*, *hers*)를 포함하는 대부분의 대명사들의 산출	같은 종류에 있는 항목의 이름을 댄다(*animals*, *clothes*, *toys*). 일반적 단어들을 정의한다. 정확하게 보다 긴 이야기를 말한다. 기능과 속성으로 물체를 식별한다("Show me the one that is round", "Show me the one you write with."). *why* 질문을 빈번하게 사용한다.
5~6세	MLU는 6.0~8.0 현재, 과거, 또 미래시제구문 문장형태가 보다 복잡해지고 문법오류가 감소한다. 언어형태가 성인수준에 접근한다.	부정대명사(*nobody*, *something*, *all*, *nothing*) 최상급 -*est*(*nicest*, *tallest*) 부사형 어미 -*ly*(*slowly*, *quickly*)	공간관계와 전치사를 이해하며 표현한다(*on top*, *in front of*, *behind*). 물체에서 유사점과 차이점을 묘사한다. 물체의 위치를 명명한다(*first*, *second*, *third*, *last*).
6~7세	MLU는 평균 7.3 완료시제("I *have had* enough", "I *will have eaten* by then.") 삽입절이 더 자주 나온다.	대부분의 형태 표지를 바르게 산출한다. 불규칙 비교급(*good-better-best*, *bad-worse-worst*) 동명사("I like to go *fishing*.")	시간개념, 계절, 일정 등을 이해한다. 알파벳의 암송, 대문자의 이름 부르기, 대문자와 소문자를 연관짓기 등을 할 수 있다. 100까지 센다.
7~8세	MLU는 7.0~9.0 복문이 표현언어에서 두드러진다.	대부분의 불규칙동사형을 바르게 산출한다.	농담과 수수께끼를 말 그대로 받아들인다. 일부 비유적 말을 산출한다. 사물을 상세하게 묘사한다. 바른 순서로 이야기를 다시 말한다.

출처: Roseberry-McKibbin & Hegde(2005), Paul(2001) 등에서 편집.

인물의 묘사, 올바른 이야기 배경 등이 있는 스토리텔링의 정확성과 적절함

대부분의 대화기술이 글로 된 전사(또는 녹음 테이프)에서 측정될 수 있지만, 눈맞춤은 평가시간 동안에 측정되어야 한다. 나중에 눈맞춤을 관찰하기 위해서 평가를 하는 동안에 영상촬영하여 그 비디오테이프를 조사하는 것이 대안이 될 수 있다. 치료사는 아동이 평가 동안에 눈맞춤을 유지하는 빈도 또는 시간에 주목할 수 있다. 전사나 녹음 테이프로 측정하는 대신에, 평가 동안에 모든 대화기술의 존부를 기록하는 것이 보다 효율적일 것이다. 다소의 경험이 있으면 치료사는 아동이 새 주제를 개시하지 못함, 치료사의 말을 가로막음(잘못된 차례 주고받기), 갑자기 주제를 바꿈(주제 유지를 못함), 요구를 받았을 때 모호한 진술을 명료하게 말하지 못함, 치료사가 불명료한 진술을 한 때 명료화를 요구하지 못함 등의 횟수를 빠르게 기록할 수 있다.

말의 다른 측면들 판단하기. 아동이 언어장애로 의뢰된다고 해도, 아동 언어행동의 다른 측면들을 비공식적으로 평가하는 것이 필요하다. 언어장애를 지닌 아동들에서 조음기술을 평가할 필요성은 일찍이 언급했다. 치료사는 음성오류를 찾으려 언어표본을 분석할 수 있다. 더욱이 치료사는 목소리, 유창성과 같은 다른 측면들에 대해 관찰해야 한다. 평가 동안에 치료사들이 듣는 것에서 대부분의 치료사들은 아동의 유창성과 목소리 특징들이 정상범주 안에 있는지를 알아챈다. 불확실한 치료사는 판단을 하기 위해서 말표본 분절에서 비유창성의 수를 셀 수 있다. 치료사는 음성 강도(소리의 크기), 주파수(음의 높이), 음질의 편향(쉰, 거친, 무호흡 등의 음성), 공명 특징들(과다한 콧소리, 적은 콧소리) 등을 주목해야 한다.

비언어 의사소통행동 분석하기. 언어장애를 지닌 대부분의 아동들은 그래도 언어로 의사소통을 한다. 언어로 의사소통을 하는 동안에 아동들은 몸짓, 얼굴 표정, 양육자들의 손을 유도(예 : 어머니의 손을 잡아, 그 손으로 원하는 물건 가리키기), 가리키기 등을 사용할 수 있다. 치료사는 평가를 하는 동안에 이런 비언어 의사소통행동들을 주의해야 한다. 아동이 거의 비언어이면, 보다 상세한 평가를 해야 한다. 비언어 의사소통의 분석을 위한 평가절차는 제15장에서 설명된다.

문해기술에 대한 예비관찰하기. 전에 언급한 대로 아동의 읽기와 쓰기기술을 기초적으로 알기 위해서 몇몇 간단한 절차들이 사용될 수 있다. 문해기술이 평가될 정도로 치료사는 결과를 분석하여 일부 예비견해를 말할 수 있다.

진단하기

사례력 정보는 평가결과의 분석과 결합하여 언어장애를 진단하고, 말과 언어결함을 설명하며, 또 진단보고서를 쓰는 등에 필요한 정보의 대부분을 제공할 것이다. 보고서는 치료로 인한 개선의 예후에 대한 진술과 권장사항들을 포함할 것이다.

평가시간의 끝에 치료사는 일시적인 진단을 하여 아동을 치료실에 데려온 부모 또는 다른 정보 제공자들과 그 진단을 논의한다. 모든 평가자료, 면담 정보, 사례력, 다른 전문가들에게서 얻은 정보 등이 분석되어 통합되고, 또 아동의 말, 언어, 또 의사소통기술들에 대한 결론이 도출되었을 때에만 최종적인 진단이 행해진다.

일찍이 언급했듯이 아동의 언어기술 측정은 진단을 뒷받침해야 한다. 언어기술이 결함이 있다고 판정되거나, 아동의 의사소통 필요성과 부담이 부합되지 않거나, 또는 아동의 학업과 사회에서의 성공이 위험하면, 언어장애의 진단은 정당화된다. 자기 전문배경의 지침을 따라야만 하는 치료사들은 이 진단을 하면서 그렇게 할 것이다. 예를 들어, 학교 치료사들은 언어장애를 진단하여 아동에게 치료받을 자격을 주기 위해서 특정 수준(예 : 평균 이하로 1.5 표준편차) 이하에 기술들이 해당되어야 한다는 지침을 따를 것이다.

권장사항 : 가족 구성원과 말하기

사설 또는 병원시설에서 평가시간은 치료실에 아동을 데려온 가족 구성원이나 보호자와의 대화로 끝난다. 대개 자료의 최종 분석과 통합 없이도 치료사는 언어장애의 일시적인 진단을 하거나 그 진단을 배제할 충분한 정보를 얻을 것이다. 첫 인상은 전적으로 예비적이며, 최종진단은 모은 모든 정보의 완전한 분석을 기다려야만 한다는 것을 치료사가 강조해야 한다.

치료사는 전문용어를 쓰지 않으며 평가의 결과와 임상적 인상을 부모와 논의해야 한다. 예를 들어 치료사는 '평균발화길이' 대신에 '조니가 한 번에 사용하는 단어들의 수' 또는 '조니의 문장의 길이'에 대해 말해야 한다. 치료사는 아동이 단어를 이해하고 산출하기, 문법적으로 완전한 문장 말하기, 장시간 한 주제에 대해 말하기 등에서 갖는 어려움의 종류를 요약할 수 있다. 완곡한 표현을 피하면서 치료사는 솔직하게 전문적으로 그러나 간단한 말로 정보를 주어야 한다. 치료사는 부모나 다른 사람들이

사진 4.2 치료사는 부모 또는 양육자와 함께 진단보고서에 담긴 정보를 직접 검토해야 한다.

가질 수 있는 어떠한 의문에도 대답해야 한다. 치료사는 다른 전문가들에게 의뢰, 같은 기관에서 또 다른 평가, 아동에 대한 언어치료 등을 제안할 수 있다.

 ## 진단보고서 쓰기

아동의 철저한 평가가 완수될 때까지 치료사는 아동의 언어기술, 아동 가족의 의사소통 양상, 또 아동이 직면하는 사회적, 학업상 수요 등에 관한 상당한 정보를 축적했다. 이 모든 정보를 통합하여 치료사는 진단보고서를 쓴다. 보고서를 우편으로 보내기보다는 치료사가 가족과 앉아서 보고서를 넘겨줄 수 있도록 가족을 치료실로 다시 초대하는 것이 가장 좋다. 치료사는 가족 구성원이 궁금해하는 어떠한 의문에도 대답해야 하며, 보고서에 담겨진 정보에 대한 가족의 반응을 관찰해야 한다. 보고서는 위탁전문가들(예 : 교사 또는 소아과의사)에게 송부될 수 있다.

진단보고서의 길이나 서식은 임상환경에 따라 다를 것이다. 일반적으로 보고서는 가족의 배경, 아동의 신체발달, 언어발달, 또 사회적 발달, 학업 성취와 요구, 다양한 평가절차들의 결과(예 : 구강안면검사, 청각선별, 말-언어 표본, 아동중심 측정, 면담 등) 등을 요약한다. 보고서는 보통 권장사항과 예후의 진술로 끝난다. **예후의 진술**(prognostic statement)은 정해진 상황에서 장애의 진행에 대해 숙고된 전문적 판단이다. 예를 들어, 치료사는 "아동이 9개월 동안 일주일에 두 번씩 치료를 받는다면, 언어기술에서 상당한 개선이 기대될 수 있다."고 진술할 수 있다. 언어치료사가 한 예후진술의 타당성에 대한 연구는 거의 없다. 그러므로 그런 진술은 엄밀히 전문적 의견으로 취급되어야 한다. 전형적인 진단보고 서식이 글상자 4.7에 있다. 잘 쓴 진단보고서의 다양한 예를 보려면 Hegde(2003b)를 참조하라.

언어장애의 진단을 위한 아동의 언어평가는 치료절차의 시작일 뿐이다. 치료사가 아동 언어기술의 평가라는 철저한 작업을 했다면 어떤 언어행동들을 가르치거나 증가시킬 필요가 있는지에 대해 명백한 징후가 있어야 한다. 치료사는 또한 어떤 바람직하지 못한 언어행동들이 감소될 필요가 있는지에 대해 잘 알아야 한다. 다음 장들은 개별 아동들의 필요성에 부합하기 위해 필요에 따라 수정할 수 있는 변형물들과 특정한 기법에 따른 언어장애치료의 기본골격을 제시할 것이다.

요약

평가는 치료에 필수적이며, 임상적으로 관련된 기술의 측정을 포함한다. 임상측정은 신뢰할 수 있고 (측정 전체와 일치하며) 타당도(그 절차가 측정하려고 의도한 것을 측정함)가 있어야 한다. 신뢰도의 다섯 가지 유형에는 검사자 간 신뢰도, 검사자 내 신뢰도, 동형검사 신뢰도, 검사-재검사 신뢰도, 반분 신

글상자 4.7 진단보고서의 전형적인 서식

언어, 말, 청각치료실
1234 W. Main Street
Anytown, U.S.A. 54321
(123) 456-7890

진단보고서

내담자 :	출생일 :
주소 :	치료실 파일번호 :
도시 :	진단 :
전화번호 :	위탁자 :
평가날짜 :	치료사 :

위탁 배경과 이유
이력

병력

가족, 사회, 교육 등의 이력

관찰과 평가결과

청각선별

구강안면검사

언어산출과 이해

말산출과 명료도

음성과 유창성

진단 요약과 권장사항

서명 : _____

　　　Jane Doe, M.A. CCC-SLP

뢰도가 있다. 타당도의 네 가지 공통 유형은 내용 타당도, 구조 타당도, 동시 타당도, 예언 타당도이다.

　규준참조 표준화 검사는 아동들 전체에 걸쳐 비교할 기회와 사용의 용이성 때문에 아동의 말과 언어기술을 측정하는 일반적인 방법이다. 규준참조 표준화 검사의 제한점에는 모집단의 다양한 부분에 대한 부적절한 표본추출, 개별 기술에 대한 부족한 표본추출, 기준에 의해 개별 아동의 기술 수준을 예측하는 데 있어서의 어려움 등이 포함된다. 준거참조 평가, 즉 규준을 주지 않지만 특정 기술의 습득 수준을 제공하는 검사들은 표준화 검사의 대안이다. 준거참조 측정과 유사한 아동 특정적 측정은 정해진 아동의 기술을 더 깊게 측정하는 것을 돕는, 치료사가 구성한 자극 교재이다.

　처음에 아동들은 평가가 정당한지를 알기 위해 선별될 수 있다. 완전한 평가에는 사례력 받기, 부모 면담하기, 구강안면 검사하기, 아동의 청각 선별하기, 표준검사, 절대평가검사, 또는 둘 다 시행하기, 언어기술에 대한 아동 특정적 측정하기, 대화체의 말과 내러티브를 통해 화용언어기술 평가하기, 또 진단할 결과 분석하기 등이 포함된다. 그런 다음 가정에서의 언어표본으로 임상적 방법을 보충할 수 있다.

 학습지침

1. 평가, 측정, 진단 등이 얼마나 상호관계된 과학적·임상적 활동들인지를 논의하라. 사용하는 모든 기술 용어들을 정의하고, "측정은 적합한 진단에 중요하다."라는 진술을 정당화하라.

2. 임상실습의 첫 학기 동안에 언어평가를 위해 치료실에 의뢰된 6살짜리 아동을 맡았다. 여러분은 그 아동이 영어-스페인어 이중언어 사용자라는 것을 알았다. 감독자는 여러분이 평가를 하는 동안에 사용할 평가도구 또는 절차목록을 그 아동에게 주라고 요구했다. 도구와 절차를 선택할 때, 여러분은 어떤 기준을 사용하는가? 여러분의 대답을 정당화하라.

3. 규준참조 표준화 검사 대비 준거참조 검사의 장점과 한계점을 논의하라. 각 검사의 가장 적절한 지원자는 누구이겠는가? 또 그 이유는?

4. 언어기술에 대한 새로운 검사의 저자는 임의로 표본추출된 아동들 집단에게 새 검사뿐만 아니라 안정된 검사도 시행했다고 보고했다. 그리고 저자는 두 검사에서 얻은 아동들의 점수를 서로 관련시켰다. 저자는 왜 이렇게 했는가?

5. 아동의 완전한 평가를 위해 필요한 단계와 절차를 설명하라. 다양한 인종문화적 배경에 있는 아동들과 관련된 문제를 검토하라. 표준화 검사와 언어표본이 전체 평가서식에서 하는 상대적인 역할을 상술하라.

6. 언어표본을 어떻게 기록하고 분석할 것인가? 분석에서 어떤 세부결과를 찾는가? 분석의 결과가 진단을 하는 데 어떻게 도움이 되는가?

제**5**장 | 언어장애의 중재 :
            증거에 기반한 체계

개요

이번 장에서는 아동의 언어치료연구에 근거하여 중재의 체계를 설명한다. 체계란 무엇인가? 그것
은 채워지고, 확장되고, 또 강화될 필요가 있는 개요이다. 이어지는 장들에서 이들 방법에 대해
몇 가지 제안을 할 것이지만, 아동과 그 가족, 그들과 작업하는 치료사 등에 따라 중요한 것이 결정될
것이다. 결국 중재 프로그램의 성공은 치료사, 내담자, 그 가족 등에 달려 있다. 목표를 달성하는 치료
는 치료사, 내담자, 그 가족 사이의 신중하게 획책된 협력의 결과이다. 이 관점이 자연스러운 환경에
서 임상치료된 아동들의 언어기술을 유지하는 것에 관해서는 제8장에서 완전히 전개될 것이다.

이번 장의 목표는 치료사, 내담자, 그 가족 등이 관련된 모두를 위해 언어치료를 성공시키기 위해
서 그 범위 내에서 협력하는 느슨하고 유연성 있는 체계를 제공하는 것이다. 가족의 특별한 환경과 아
동의 특성에 따라 결정된 변형, 임상판단, 또 전문가적 견해 등의 최대범위를 제공하기 때문에 체계는
느슨하고 유연성이 있다. 효과적이고 기능적인 치료는 내담자들과 그 가족들을 위한 수행이라고 생각
한다. 확실히 그렇다. 그러나 효과적이고 기능적인 치료는 또한 치료사에게도 아주 만족스러운 수행
이다. 실제임상에 막 들어온 학생 치료사들 또는 그 과정에 이미 있는 치료사들이 서비스를 받는 가족
들과 자신들을 위한 만족스러운 결과를 달성하는 데 유용한 체계를 발견할 것을 기대한다.

또한 치료사들이 치료연구의 증거에 의해 임상판단을 하도록 돕는 것이 우리 목표이다. 그 목표를
검토하기 위해 의학, 다른 인적 서비스 직업, 또 언어병리학 등에 있는 증거기반 실제의 개념으로 시
작한다.

 증거에 기반한 실제란 무엇인가

제안된 언어치료방법들은 무수히 많다. 불행히도 이 치료절차 중 많은 수가 현장실험을 받지 않았으
며 일부는 전문가의 주장만으로 뒷받침된다. 전문가들은 치료방법들이 증거에 기반해야 한다는 것을
지금은 잘 알고 있다. 과학적 관점에서 엄밀히 정의를 하면 **증거에 기반한 실제**(evidence-based practice)
는 통제되고 반복된 연구증거로 뒷받침되는 그러한 치료방법들만을 사용하는 것을 의미한다(Hegde,
2003a). 이러한 용어의 가장 엄밀한 의미에서 증거는 치료절차의 실험적으로 나타난 효과이다. 보다
넓게 정의하면 증거에 기반한 실제는 진단과 치료방법들을 위한 가장 좋은 증거를 실질적인 임상의
전문적 지식, 판단과 통합할 것을 필요로 한다. 게다가 증거에 기반한 실제는 환자 개인과 그의 선택
에 무엇이 최선인가를 고려한다(Sackett et al., 1996; Sackett et al., 2000). 증거에 의해 지지되는 방법
은 내담자, 그 가족, 또는 둘 모두에게 수용되지 않을 수 있다. 증거에 기반한 실제는 또한 치료사들에
게 입증되지 않은 방법들의 채택을 지체시키고 효과적이지 못한 방법들의 사용을 방지한다는 것을 함
축한다(Lohr, Eleazer, & Mauskopf, 1998). 증거에 기반한 방법들을 사용하기 위해 학생 치료사와 전문
가 모두 고안된 치료기법의 사용을 지지하는 증거의 양과 질을 비판적으로 분석하고, 그 서비스를 요

구하는 개별 내담자의 특징을 고려해야 한다.

인터넷에 자유롭고 쉽게 접근하는 정보화 시대에 내담자, 부모, 또 다른 관계자들은 언어치료사들이 특정한 기법을 시험적으로 사용할 것을 요구하는 경향이 있다. 예를 들어 소비자들은 그 기법이 효과적이라고 믿으면서 감각통합훈련, 의사소통 촉진, 플로어 타임(floortime : 성인이 아동과 함께 바닥에 앉아 하는 놀이치료기법), 청각통합훈련, 또는 구강운동 등과 같은 기법을 받게 해달라고 요구할 수 있다. 게다가 전문가도 '새롭고 혁신적인' 치료기법들을 치료사들에게 제안하며 그 사용을 강력히 주장한다. 이런 소비자의 요구와 전문가의 주장에 직면하여 언어치료사는 치료절차에 대한 유효성 자료를 비판적으로 평가하고 내담자와 그 가족들의 참가와 승인을 받아 최종 선택을 하기 위해 증거를 논의해야 한다. 치료의 효율성 자료를 평가하기 위해서 치료사들은 자료를 산출하는 데 사용된 연구방법과 증거를 평가하기 위해서 적용할 수 있는 표준체계를 알아야 한다.

치료연구의 개관

대체로 치료방법들은 (1) 효과적이어야 하며, (2) 기능적 결과를 나타내야 한다. 이것은 그 치료가 치료가 없는 것보다 더 나으며(즉, 효과적인), 또 자연스러운 상황에서 내담자에게 유용한(즉, 기능적인) 새로운 의사소통행동을 가져온다는 것을 의미한다(American Speech-Language-Hearing Association, 1997-2003; Hegde, 2003a; Warren & Rogers-Warren, 1985). 치료방법이 입증되지 않은 증거에 기반하거나 적용의 용이성, 사용 교재의 매력, 치료사들에게 갖는 호소력, 또는 지지하는 전문가들의 권위 등과 같은 주관적 요소 때문에 채택되지는 말아야 한다.

언어치료사들은 대신에 특별한 치료방법의 선택을 고려할 때 다음 세 가지 질문을 스스로 할 필요가 있다. (1) 그 기법이 내담자들을 개선시킬 수 있는가? (2) 그 기법은 효과적인가? (3) 다양한 인종문화적 배경을 가진 내담자들을 포함한 내담자, 치료사, 또 상황 등에 걸쳐 보편성을 갖추고 있는가? 불행히도 이 세 질문은 정해진 기법을 평가할 때 예 또는 아니요로 간단하게 대답될 수 없다. 치료연구 증거는 거의 단정적이지 않으며, 증거는 연구가 한 단계에서 다음 단계로 바뀜에 따라 계속 진화한다. 증거의 수준을 이해하기 위해서 치료연구의 다양한 종류, 즉 특별히 통제되지 않은, 통제된, 직접 반복된, 또 체계적으로 반복되는 등의 치료연구를 이해할 필요가 있다(Barlow, Hayes, & Nelson, 1984; Barlow & Hersen, 1984; Johnston & Pennypacker, 1993; Hegde, 2003a; Kazdin, 1982; Portney & Watkins, 2000).

단일대상은 치료효과를 평가하는 데 실제적이다. 기술의 기초선이 평가되고, 치료가 제공되고, 중단되고, 또 복귀되는 설계를 ABAB 설계라고 부른다. 첫 A는 기초선 평가 상태이고, 앞의 B는 처치, 두 번째 A는 처치중단, 또 두 번째 B는 처치의 복귀이다. 다른 설계조건들에는 피실험자들에 걸친 다양한 기초선이 포함된다. 이 설계에서 참가자들은 엇갈린 방식으로 치료를 받는다. 모든 피험자의 기술을 기초선 평가를 한 후에 치료사는 그중 한 명을 치료하고, 남은 참가자들의 기술들을 기초선 평가하며, 두 번째 참가자를 치료하고, 아직 치료받지 못한 참가자들에서 기초선 평가를 반복하는 것 등을 한다. 그 설계는 치료를 받은 사람들만이 변화했으며 치료를 받지 않은 사람들은 변화되지 않았다는 것을 보일 수 있다.

통제되지 않은 치료연구와 통제된 치료연구

치료연구는 통제될 수도 통제되지 않을 수도 있다. **통제되지 않은 치료연구**(uncontrolled treatment research)는 치료를 치료가 없는 것과 비교하지 않는다. 사례력 양식에서 치료를 받은 내담자들이 치료에서 도움을 받았다고 보고한다. 이것은 그 치료가 치료와 관련된다는 것만을 의미하지만 통제가 없기 때문에(예 : 치료 중단과 같은 통제조건들이나 치료를 받지 않는 통제집단의 부존재) 그 절차에 대한 어떠한 효

> 통제된 연구에서 사용될 수 있는 실험설계의 두 넓은 범주는 무엇인가?

과도 주장될 수 없다. 내담자들은 다른 이유 때문에 개선되었을 수 있다. 예를 들어, 언어치료를 받는 아동들은 성숙, 교사의 언어자극 프로그램, 또는 부모의 이야기책 읽어주기 때문에 개선될 수 있다. 일상적인 임상실제는 치료에 기여할 수 있는 치료 이외의 요소들을 배제하지 않는다는 점에서 비통제적이다. 치료사는 내담자의 행동에서 개선을 주장할 수 있지만 사용된 절차의 효력을 주장할 수 없다.

통제된 연구(controlled research)에서는 치료는 치료가 없는 것에 대비하여 비교되며 집단실험설계나 단일피험자실험설계를 포함할 수 있다. 집단설계접근법에서는 치료를 받는 한 집단(실험집단)은 그렇지 않은 다른 비교집단(통제집단)과 비교된다. 실험집단과 통제집단에서의 기술 수준을 처음에 비교하며 실험치료의 끝에 측정했을 때 실험집단의 기술만 상당히 개선되었을 경우에만 그 치료는 효과적이라고 한다. 단일피험자접근법에서는 몇몇 내담자(반드시 한 내담자일 필요는 없음)가 기초선(치료가 없는) 동안 또 실험치료가 제공되고 중지되고, 또 복귀될 때 관찰된다. 참가자의 기술이 처음에는 낮았다가, 처음 치료가 제공될 때 개선되며 중지되었을 때는 다시 낮아지고, 복귀될 때 또 다시 개선될 경우 그 치료는 효과적이다. 두 경우 모두에서 치료는 어떤 치료와도 비교되지 않는다. 치료사들은 치

> 치료의 유효성은 언제 정당하게 주장될 수 있는가?

료를 하는 동안 내담자들의 긍정적인 변화를 기록하는, 통상적인 업무 중에 항상 개선을 주장할 수 있겠지만 유효성은 치료가 집단설계전략이든 또는 단일피험자설계 전략이든 다른 어떤 치료도 없었던 경우와 비교

할 때에만 주장될 수 있다. 통제된 연구는 또한 **실험연구**(experimental research)라고 알려져 있다는 것도 주의하라. 본래 실험연구만이 치료절차가 효과적이라는 것을 보일 수 있다(Barlow, Hayes, & Nelson, 1984; Barlow & Hersen, 1984; Hegde, 2003a; Johnston & Pennypacker, 1993; Kazdin, 1982; Portney & Watkins, 2000).

반복되지 않는 치료연구와 반복된 치료연구

치료는 반복될 수도 반복되지 않을 수도 있으며 두 종류 모두는 통제될 수도 있고 통제되지 않을 수도 있다. 정해진 절차에 대한 첫 연구 또는 원래의 연구는 **반복되지 않는다**(Unreplicated). 통제되지 않는다면, 그 절차에 대한 첫 사례연구이다. 통제된다면 그 기법에 대한 첫 실험연구이다(아무 치료가 없는 것

과 치료를 비교하는). 치료연구는 같은 연구자 또는 다른 연구자들에 의해 되풀이될 때 **반복된다**(replicated). 반복은 개선의 신뢰성 또는 치료절차의 타당성과 그 절차의 일반적 적용 가능성을 확립하는 데 필요하다.

정해진 절차에 대해 행해진 원래의, 또는 첫 연구에 의해 나온 증거의 유형을 무엇이라고 부르는가? 그 연구가 다른 연구자들에 의해 반복되면 무엇이라 부르는가?

반복은 직접적이거나 체계적일 수 있다. **직접반복**(direct replication)에서는 같은 연구자가 결과가 신뢰될 수 있는지를 알기 위해서 치료절차를 거의 수정하지 않고 자신의 앞 연구를 반복한다. 원연구와 직접반복의 주된 차이점은 직접반복에 참가할 새 내담자들을 모집할 것이라는 점이다. 앞의 연구가 통제되지 않았다면 반복된 연구는 통제되지 않고 직접 반복된다. 앞의 연구가 통제되었다면 반복된 연구는 통제되고 직접 반복된다. 어쨌든 원연구와 반복연구의 결과들이 유사하다면, 그 절차는 신뢰할 만한 결과를 산출한다고 생각된다(Barlow, Hayes, & Nelson, 1984; Barlow & Hersen, 1984; Hegde, 2003a; Johnston & Pennypacker, 1993; Kazdin, 1982).

체계적 반복(systematic replication)에서는 그 기법이 다양한 조건에서 또 다른 치료사들과 유사한 결과를 낳을 것임을 보이기 위해 다른 내담자들을 이용하여 다른 상황들에서, 다른 연구자들에 의해 연구가 반복된다. 그러므로 체계적 반복은 치료절차들의 보편성을 확립한다. **보편성**(generality)은 치료절차의 더 넓은 적용 가능성을 의미한다. 반복되는 연구의 유형에 따라 통제되지 않은 체계적 반복연구 또는 통제된 체계적 반복연구가 될 수 있다. 치료연구의 이 유형들에 대한 요약은 표 5.1을 참조하라.

문화적으로 다양한 아동들에게 치료절차가 효과적인지의 여부는 인종문화적 일반성의 문제이다. 일반적으로 사용되는 치료기법들에 대한 인종문화적 일반성을 확립하기 위해서는 더 많은 연구가 필요하다.

치료연구의 이런 종류들은 치료연구 증거의 다양한 단계들을 낳게 되며 그 단계들은 위계에 따라 배열될 수 있다. 대략 6개의 단계 또는 범주의 치료연구 증거가 있다. 증거단계는 사실 아니지만 치료사들이 실제로 하는 것으로 인식할 필요가 있는 우리 직업에서의 일반적 관행에 대한 예증 하나를 이곳에 덧붙인다. 이 단계들은 연속선상에 있으며 연속선 위의 단계점(단계 또는 범주)은 판단하는 데 도움 되기는 하지만 불연속적으로 생각하지 말아야 한다는 것을 주의하라. 치료사는 치료절차를 고려할 때 그 절차에 축적된 증거를 평가하고 분류해야 한다. 그다음 주어진 기법은 증거를 달성한 위계단계에 의해 수용되거나 거부될 수 있다.

선택지침 : 치료연구 증거의 위계

치료절차를 선택하는 대안적인 지침이 있다. 예를 들어 의학에서 진단절차와 치료절차의 선택을 이끄는 연구증거의 단계들은 다수의 환자들이 임의적으로 선택되어 임의적으로 두(또는 그 이상) 집단들로 나뉜 임의적인 임상실험에 거의 근거한다. 그다음에 한 집단은 그 효과가 평가되고 있는 새로운 치료를 받을 것이지만 다른 집단은 위약치료 또는 이미 확립된 치료를 받을 것이다. 새 치료가 안전하며 최소한 옛 치료만큼 효과적이며 가짜약(위약)보다 더 효과적이라면 새 절차의 일반적 사용이 승인된

표 5.1

치료효과 증거의 체계 : 증거에 기반한 실제를 위한 치료절차의 선택지침

증거단계	연구방법	해석	권장사항
1단계 　전문적 의견	없다	주장된 기법을 뒷받침하는 어떤 증거도 없다.	긍정적인 증거가 나타나기 시작할 때까지 거부하라.
2단계 　비통제, 비반복증거	사례연구 : 통제된 실험이 아님	유효성이 아닌 개선만의 주장은 인정될 수 있다.	더 높은 수준의 증거를 지닌 기법이 사용될 수 없을 경우에만 이 수준의 증거를 가진 기법을 사용하라.
3단계 　비통제된 직접반복증거	동일 연구자에 의해 반복된 사례연구	원래 주장된 개선의 신뢰성이 보인다.	2단계와 동일하며, 주장된 개선이 보다 신뢰될 수 있다.
4단계 　비통제된 체계적 반복증거	다양한 정황에서 다른 사람들에 의해 반복된 사례연구	개선의 더 큰 보편성이 확립되며, 실험의 훌륭한 후보이다.	3단계와 동일하며, 주장된 개선이 다양한 상황에서 동일한 기법으로 실현될 수 있다.
5단계 　통제된 비반복증거	집단 또는 단일피험자접근법의 실험설계	첫 단계에서 개선이 아닌 효과가 주장되며, 치료는 무치료와 비교된다.	신중하게 기법을 사용하라. 더 높은 단계의 증거를 지닌 방법을 택하라. 반복과 모순증거를 주의하라.
6단계 　통제된 직접반복증거	동일한 원연구자에 의해 수행된, 원연구에서 사용된 동일한 실험설계	원래 주장된 유효성의 신뢰성이 보인다.	더 자신 있게 기법을 사용하라. 7단계의 증거를 가진 방법을 택하라. 반복과 모순증거를 주의하라.
7단계 　통제된 체계적 반복증거	다양한 상황에서 다른 연구자에 의해 수행된 실험설계	치료 유효성의 보편성이 잘 확립되며, 유효성의 증거로 가장 높은 수준이다.	가장 선호되는 치료절차이며, 일반적인 전문적 실제로 추천되며, 증거에 기반한 실제를 진정 뒷받침한다.

다. 의학에서 인기가 있으며 ASHA에 의해 주장된 증거단계들은 적은 수의 사람들이 치료평가를 위해 선택된 단일피험자설계를 적절하게 구분하지 않는다. 언어병리학과 행동과학에서 단일피험자 치료평가는 임의적인 큰 집단의 임상실험보다 훨씬 더 일반적이다. ASHA의 웹사이트가 나열한 언어치료에서의 치료 유효성 증거의 대부분은 단일피험자연구로 생성되었다(www.asha.org/members/research/NOMS). 그러므로 임의적인 임상실험들과 단일피험자실험연구 둘 모두를 포함하는 치료증거 위계가 효율적인 절차를 선택하기 위해 치료증거를 평가하는 데 있어서 치료사들에게 보다 유용할 것이라고 제안한다.

치료사들은 언어치료기법뿐만 아니라 언어병리학, 의학, 또 모든 인적 서비스 직업 등에서 제공되는 여하한 치료기법을 평가하기 위해서도 다음의 위계체계를 사용할 수 있다. 이러한 증거의 새로운 위계가 다른 곳에서(Hegde, 2003a) 자세히 설명되었으므로 여기서는 그것을 요약할 것이다. 여기서 제안된 체계의 비교를 돕기 위해서 큰 집단의 임의적 임상실험들에 근거한 위계단계는 글상자 5.1에서 설명된다.

1단계 : 전문적 의견

언어병리학에서의 일반적인 실제는 어떠한 연구자료도 없이 '새로운' 또 '흥미로운' 치료절차들을 설명하고 주장할 수 있다. 기법은 이성적 이론, 임상경험, 논리, 직관, 또 그것이 작용해야 한다는 확신 등을 근거로 정당화될 수 있다. 치료절차를 수용하기 위한 증거를 요구하지 않는 치료사들은 전문가의 견해만이 증거라고 추천하는 이런 단계의 증거가 무엇인지를 인식하지 않는다. 전문적 의견은 통제되지 않거나, 통제되거나, 반복되거나, 또는 반복되지 않는 증거에 근거하지 않기 때문에 일상 임상상황에서 기법을 적용할 논의사항이 아니다. 전문적 의견에

> 전문가의 주장을 너무 진지하게 받아들인 경우의 값비싼 실수는 그 실제가 검토되지 않았지만 많이 잘 알려져 있다. 총체적 언어접근법이나 의사소통의 촉진(자폐증을 지닌 아동들에 대해서는 제15장 참조)이 널리 실행되었을 경우, 그것들 중 어느 것을 뒷받침할 통제된 실험증거가 없었다. 그런 사실이 그것들의 광범위한 사용을 멈추지 못했다. 그것들은 현재 비효율적이라고 밝혀졌지만 일부 치료사들은 이것을 알지 못한다.

서 표현된 기법이나 아이디어는 치료연구를 할 가치가 있겠지만 이를 임상적으로 적용하는 것은 비윤리적이다.

2단계 : 비통제, 비반복증거

2단계 치료증거는 치료기법이 사람들 일부에게 적용되고 긍정적이거나 부정적인 결과가 보고될 때 달성된다. 이 유형의 증거는 첫 사례연구로 산출되므로 통제되지 않고 반복되지 않는다. 2단계로 설명되긴 했지만 이 앞 단계가 여하한 종류의 증거도 제공하지 않았으므로 치료에 찬성하는 일부 증거가 나타난 첫 단계이다. 사례연구에서 나온 증거는 치료가 적용되어 긍정적(또는 부정적) 결과를 가져오므로 전문적 의견보다 더 좋다. 결과가 긍정적이면 그 적용으로 개선이 기대될 수 있지만 치료사는 긍정적인 결과가 신뢰될 수 있는지를 알기 위해서 반복을 기다려야 한다. 긍정적인 2단계 증거는 그 기법이 개선을 야기할 가능성이 있음을 의미하지만 그 기법이 효과적임을 의미하지는 않는다고 하는 것이 불가피하다. 치료사가 2단계에 있는 기법을 사용할 유일한 조건은 더 높은 단계의 증거에 도달한 기법들이 전혀 없다는 것이다. 의사소통장애의 경우 대부분에서 이것은 사실이 아니다. 아동들을 위한 언어치료에서 특정 방법의 증거는 나중에 논의되듯이 더 높은 단계에 있다.

3단계 : 비통제된 직접반복증거

새 내담자들을 대상으로 자신의 이전 사례연구를 반복하는 연구자들이 3단계 증거를 산출한다. 원래의 임상상황에서 일반적으로 행해진다면 그 결과는 원래 결과의 신뢰성을 검사한다. 결과가 긍정적이면, 동일한 개선이 두 번째로 기록될 것이고 신뢰성을 입증할 것이다. 그럼에도 불구하고 이것은 직접적으로 반복되었어도 아직은 통제되지 않은 사례연구이다. 유효성이 아닌 개선만이 그 절차에서 요구될 수 있다. 성숙 또는 다른 사람들의 언어자극활동 등과 같은 그런 외부적 요소들이 치료를 받은 아

글상자 5.1   큰 집단의 환자들을 포함하는 임의적 임상실험에 근거한 치료연구 증거의 단계

의학에서 증거의 단계들은 3개의 주요한 등급으로 자주 분류된다.

I등급 증거. 진단이나 치료방법을 지지하는 최선의 증거를 고려하여, I등급 증거는 임의적 임상실험으로 생성된다. 적어도 하나의, 큰 임의적 임상실험의 결과가 I등급으로 분류된 절차를 지지해야 한다. 평가되는 치료는 표준치료, 무치료, 또는 위약 등과 대비하여 비교된다. 새 치료는 적어도 기존의 치료만큼 효과적이어야 하며, 위약효과(환자들이 치료받지 않는다고 해도 치료받고 있다고 생각할 때의 주관적인 개선의 느낌)를 상당히 능가해야 한다.

II등급 증거. 두 번째로 좋은 단계인 II등급 증거는 임의적으로 선택되지 않고 다른 집단들에 임의적으로 배당되지 않은 비교집단을 포함하는 연구로 생성된다. 환자들이 임의적으로 선택되어 집단들로 나눠지지 않을 때 그들이 처음에 유사하다는 어떤 보장도 없다. 그러므로 집단 중의 하나에 치료가 제공된 다음에 그들이 보이는 어떠한 차이도 전적으로 치료의 탓이 될 수 없다. 그럼에도 불구하고 그 증거는 다른 집단들에 있는 환자들에 대한 체계적 관찰에 근거한다. 본래 결과는 치료연구에서의 방법론적 약점들 때문에 덜 확고하다.

III등급 증거. 가장 선호되지 않는 III등급 증거는 전문적 의견, 사례연구, 또 역사적 대조를 한 사례연구 등에 근거한다. 사례연구는 개인 또는 사람들 집단이 치료될 때 개선된다는 것을 보인다. 그러므로 비교할 어떠한 통제 집단도 없을 것이며, 사례연구는 통제되지 않으며(자세한 것은 본문 참조) 개선을 주장할 수 있지만 유효성을 주장할 수 없다. 역사적 대조는 새 절차를 받은 현재 집단의 개선이 다른 절차를 받은 과거 집단의 개선과 비교될 때 사용된다.

본문에서 언급했듯이 증거 판단은 조사연구의 질을 고려해야 한다. 미국 말언어청각협회는 그 웹사이트(www.asha.org/members/slp/topics/ebp.htm)에 증거에 기반한 실제에 대한 정보를 제공한다.

동들에게 긍정적인 변화를 나오게 한다는 것은 아직도 가능하다. 그렇지만 그 절차가 통제된 연구에서 유효성을 산출할 수 있다는 가능성은 아주 많다. 그 기법은 현재 통제된(실험)연구의 훌륭한 후보이다. 또다시 치료사들이 더 높은 단계의 증거를 지닌 기법이 존재하지 않을 경우에만 3단계의 기법을 사용할 수 있으며 그런 경우는 아동들의 언어치료에 있지 않다.

4단계 : 비통제된 체계적 반복증거

치료연구자들이 다른 연구자들의 사례연구를 반복할 때, 4단계 증거가 나온다. 이 증거는 아직도 통제되지 않으며 그래도 사례연구의 증거는 있으므로 유효성이 아닌 개선의 주장만을 뒷받침할 수 있다. 증거는 다른 연구 치료사들이 다른 내담자를 이용하여 다른 임상정황에서 그 발견을 반복했으므로 이전 단계들에서보다 훨씬 더 강력하다. 이 단계의 증거는 다른 정황들에서 행해진 각 추가적인 반복으로 증가될 수 있다. 그러므로 이 단계의 증거는 점차 확대될 수 있다. 체계적 반복은 또한 그 결과를 개선시키는 치료에서의 변화를 포함할 수 있으므로 4단계는 기법에서 할 수 있는 최선의 사례연구 증거

를 제공한다. 4단계의 기법에 대한 통제된 연구는 긍정적인 효과를 낳을 가능성이 많다.

5단계 : 통제된 비반복증거

5단계에서 치료기법에 대한 통제된 연구는 치료절차의 유효성을 위한 첫 증거를 산출한다. 이것은 집단설계실험 또는 단일피험자실험에서 치료를 하지 않은 상태와 비교하는 첫 단계이다. 그러므로 증거는 내담자들에서의 개선을 나타내는 것을 넘어선다. 연구자는 다른 어떤 요소도 아닌 그 치료가 연구 참가자들에서 기록된 긍정적인 변화의 원인이라고 주장할 수 있다. 이 주장은 그 치료를 받은 사람들이 개선된 반면에 받지 않은 사람들은 변화하지 않았을 때 집단설계연구에서 정당화된다. 단일피험자연구에서의 정당화는 동일한 내담자가 치료가 제공될 경우에는 개선을 보였고 치료가 중단되었을 경우에는 악화를 보였다는 것이다. 그러므로 치료사들은 어느 정도 신뢰를 갖고 연구된 기법을 사용할 수 있다. 치료사들은 그 실험이 반복되지 않았고 그 적용은 실험연구에서 보고된 동일한 결과를 얻지 못할 수 있으므로 여전히 신중할 필요가 있다. 다른 연구들은 그 기법이 효과적이라는 것을 알지 못할 수 있다.

> 의학에서 자주 사용되는 임의적 임상실험은 통제된 치료평가연구의 예이다. 다양한 단일피험자설계도 치료의 유효성을 확립하는 데 도움이 된다.

6단계 : 통제된 직접반복증거

치료에 대한 첫 실험연구을 했던 동일한 연구자가 6단계 증거를 산출하기 위해 그 연구를 반복한다. 다른 내담자와 동일한 실험절차를 사용하여 원래의 연구자가 이전의 연구에서 실현된 결과의 신뢰성을 확립한다. 긍정적인 결과가 신뢰성이 있다고 나타내면, 그 기법은 더 큰 확신을 갖고 사용될 수 있다. 그렇지만 치료사들은 나중에 출판될 수 있는 모순증거를 주의해야 한다. 직접반복도 실험설계를 사용해야 한다는 것을 주의하라.

7단계 : 통제된 체계적 반복증거

7단계는 치료절차를 위한 치료 유효성 증거의 가장 높은 단계이다. 이것은 치료연구를 수행하는 연구자들이 달성하려고 노력하는 증거의 단계이다. 7단계 증거는 다른 전문적 정황에 있는 다른 연구자들이 다양한 내담자를 모집하여 그 기법을 실험적으로 평가할 때 확립된다. 이 실험의 결과가 긍정적이고 동일한 기법에 대한 초기연구들의 결과들을 반복하면, 그 절차의 보편성은 확립될 것이다. 그러면 그 기법은 일반적인 전문적 실제로 추천된다. 체계적 반복도 실험설계를 사용해야 한다는 것을 다시 주의하라. 기법의 일상적 임상 적용은 통제된 반복증거를 산출하지 않는다.

　치료사들은 치료연구를 고찰하고, 사용된 연구방법을 평가하고, 특정된 단계에 따라 증거를 분류하기 위해서 그 기술을 습득할 필요가 있다. 실제에서 치료방법에 대한 연구는 반드시 1단계에서 7단계까지 체계적으로 진행하여 움직이는 것은 아니다. 치료절차의 선택에서 임상 판단은 불가피하다. 그 판단은 치료연구의 지식에 근거한다면 옳을 것이다. 본래 치료사들은 유효성(또는 그것에 관한 결여)을 주장할 수 있는 실험연구에서 개선(또는 그것에 관한 결여)을 주장할 수 있는 임상사례연구를 분리하기 위해 지식을 갖춰야 한다. 여하한 종류의 치료증거도 없는 전문적 의견은 치료사에게 명확해야 한다. 마찬가지로 다수의 연구 클리닉에서 수행되고 다양한 내담자를 다룬 다수의 실험연구들도 명확해야 한다.

부정적 증거

어쩌다 출판되기는 해도 **부정적 증거**(negative evidence)는 사례연구들에서조차도 항상 아주 명백하다. 어떤 치료가 적용될 때 사례연구가 긍정적인 변화를 기록하지 못할 때, 그 방법을 의심하기 위해 실험

 사례연구에서조차도 비효율적이라고 나타난 치료방법을 사용하지 마라. 무용하다는 것을 보이기 위해 통제된 연구를 기다릴 필요는 없다.

연구를 기다릴 필요가 없다. 사례연구에서 실패한 방법은 실험연구에서 성공할 가능성이 없다. 사례연구에서 긍정적인 결과만이 의심되며 기록된 개선이 치료 또는 어떤 다른 요소 때문인지는 알려지지 않았다. 사례연구에서는 부정적 결과조차도 결정적이며 명백하여 그 방법이 무용하다는 메시지를 보낸다. 그렇지만 그런 메시지를 받아들이기 전에 치료사는 그 치료방법이 바르게 사용되었고 그 연구방법에 결함이 없다는 것을 확인해야 한다. 서투르게 설계되고 수행된 연구에서 나온 부정적 또는 긍정적 증거를 받아들이지 말아야 한다는 것은 명백하다.

아동 언어장애에 대한 치료연구

아동 언어장애의 치료에 대한 실험연구는 30년 이상 수행되었다. 이 연구의 대부분은 아동들과 성인들의 언어행동(언어)이 우연한 결과에 의해 형성되고 유지된다는 가정에 근거한 행동주의 접근법 안

언어기술, 언어구조, 또는 언어행동 등은 무엇인가? **언어기술**(language skills)과 **언어행동**(verbal behaviors)이라는 용어들을 교환적으로 사용할 것이다. 기술과 행동은 관찰할 수 있고 가르칠 수 있지만, **언어구조**(language structures)(정신체계인)는 그렇지 않다.

에서 행해졌다(Skinner, 1953, 1957). 이것은 언어가 정신체계라고 주장했던 촘스키(1957, 1965)의 입장, 즉 또 다른 영향력 있는 입장과 대비된다. 정신체계는 관찰될 수도 실험적으로 조정될 수도 없기 때문에 그런 믿음이 응용임상연구를 저해했다. 예를 들어 정신체계로서의 언어능력은 직접 관찰될 수도, 가르칠 수도, 또는 개관적으로 측정될 수도

없다. 치료사들은 언어기술을 가르칠 수 있지만 정신체계를 가르칠 수는 없다.

사람들의 행동(우연한 결과) 때문에 언어행동이 학습되고 유지된다는 견해는 행동과 반응에서의 변

화가 그 행동의 어떤 측면을 변화시키는지를 더 쉽게 알게 한다. 이런 논리를 따라 행동주의 과학자들은 우연한 결과가 사실상 성인들과 아동들에서 언어행동의 빈도와 전체 양상을 변화시킬 수 있다는 것을 보이기 위해 일련의 실험을 시작했다. 영아발성(옹알이)이 적극적인 사회적 강화로 실험상 증가될 수 있음을 보여주는 초기와 현대의 고전적 행동주의 연구에서 시작하여(Rheingold, Gewirtz, & Ross, 1959; Schumaker & Sherman, 1978; Todd & Palmer, 1968; Weisberg, 1961), 언어기술에 대한 변화된 사회적 상호작용의 영향을 연구들이 잘 기록했다. 1970년대와 1980년대에 지속된 연구는 언어장애를 지닌 아동의 다양한 집단에 언어기술을 가르치는 데 있어 행동주의 방법의 유효성을 증명했다(아동 언어장애에 대한 행동주의 치료연구의 역사적 고찰을 보려면, Bricker, 1993 참조). 1960년대 후반부터 수행된 치료연구는 언어장애를 지닌 아동들에게 비언어 의사소통기술과 형태, 구문, 또 화용 등의 언어기술을 가르치는 것이 흉내 내기, 대사 일러주기, 행동 형성, 긍정적인 강화, 차별적 강화, 교정적 피드백, 다른 절차 등과 같은 행동주의 기법들에 의해 수행될 수 있다는 것을 보여주었다. 연구는 또한 가정에서 훈련된 부모가 수행하는 행동주의 교육의 유효성을 기록했다(Crutcher, 1993; Goldstein, 2002; Goldstein & Hockenberger, 1991; Hegde, 1998a; Kaiser, 1993; Kaiser & Gray, 1993; Reichle & Wacker, 1993; Warren & Kaiser, 1986; Warren & Rogers-Warren, 1985).

언어장애를 지닌 아동들에게 언어기술을 가르치는 행동주의 방법에 대한 치료효과의 증거는 널리 체계적으로 반복되었다(Bricker, 1993; Kaiser & Gray, 1993; Goldstein, 2002; Hegde, 1998a, 2001b; Maurice, 1996; Reichle & Wacker, 1993; Warren & Rogers-Warren, 1985). 다양한 상황에서 연구자들은 별개의 조직적인 실험방법 또는 우발적 교수, 환경중심 교수, 또래훈련 등과 같은 사실적 방법을 포함하는 행동주의 기법에 대해 통제된 실험방법을 통해서 그 유효성을 기록했다. 자폐증 또는 발달장애를 지닌 아동의 언어장애를 치료할 때와 의사소통치료를 통해 문제행동들을 통제할 때, 중재의 행동주의 방법

다양한 종류의 장애를 지닌 아동들에게 언어기술뿐만 아니라 다른 종류의 많은 기술을 가르칠 때 행동주의 방법들의 유효성을 증명하는 *Journal of Applied Behavior Analysis*에서 발췌인쇄된 논문들의 광범위하고 인상적인 모음을 보려면, Bailey 등(날짜 없음)과 Vollmer 등(2000)을 참조하라.

들을 지지하는 체계적으로 반복된 통제된 증거는 다른 어떤 기법이나 접근법보다도 낫다(Carr et al., 1994; Goldstein, 2002; Hegde, 1998a; Maurice, 1996).

아동 언어장애의 증거기반 실제에 대해 웹사이트에 발표된 미국 말언어청각협회의 문헌목록은 170개 이상의 치료연구논문을 나열하며, 그 대부분은 행동주의 방법에 대한 실험자료를 보고한다. 방대하기는 하지만, 1996년에 멈춘 이 문헌목록은 행동주의 중재방법들에 대한 활용 가능한 적은 수의 연구만을 나열한다. 결국 이 책에서 수용한 치료접근법은 가장 높은 단계인 7단계에 이른 증거에 기반한다.

▨▮ 처음부터 끝까지 : 치료의 개관

의사소통장애의 치료는 (1) 아동들이 자신들의 언어공통체와 상호작용하는, (2) 언어공동체가 아동들과 상호작용하는 등의 방식을 변화시키도록 고안된다. 치료사들은 치료실에서 치료사가 마련한 제한된 사회적 상호작용이기는 하지만 아동들이 사회적으로 상호작용하는 방식을 변화시켜서 새 언어기술들을 자리 잡게 한다. 치료사들은 치료받는 아동들과 일반적으로 상호작용하는 사람들의 의사소통 행동들을 변화시켜서 새로 배운 언어기술들의 자연적인 유지를 조장한다. 치료의 최종결과를 달성하기 위해서 치료사는 아동의 부모와 다른 양육자들과 협력하여 치료계획을 입안해야 한다.

이번 장에서 치료 개관을 하는 기본적인 증거기반 행동주의 체계를 설명할 것이다. 체계(framework)라는 용어는 개별 아동의 필요성에 특유할 수 있는 부가적인 절차들의 포함과 수정에 적합한 기본적이며 융통성 있는 절차라는 것을 암시한다. 이번 장의 다음 절들에서 그 용어들을 더욱 상세히 쓰고, 각 단계에 관여된 절차들을 설명하고 용어들을 정의할 것이다. 뒤의 장들에서 학교에서의 언어중재를 통해 학업 수행 뒷받침하기와 언어기술 확립하기, 확대하기, 또 유지하기 등의 세부를 설명할 것이다.

행동주의 체계 안에서 언어장애를 치료할 때에 치료사는 다음을 한다.

- **목표행동 선택하기.** 첫 단계에서 치료사는 목표행동 선택의 원칙에 의하여 목표행동을 선택한다. 부모와 다른 양육자들은 교사들과 함께 가르칠 기술을 선택할 때 같이 의논하는 파트너가 되어야 한다.
- **기초선 확립하기.** 다음 단계에서 치료사는 선택된 목표행동의 예비치료 수준을 확립한다. 이것은 치료 동안에 아동들이 이루는(또는 하지 못한) 발전을 비교하는 데 도움이 될 것이다.
- **치료 시작하기.** 보통 치료사는 **불연속 시행절차**(discrete trial procedure)를 사용하여 목표행동에 대한 치료를 시작할 것이다.
- **초기의 일반적 산출 조사하기.** 아동이 올바른 반응의 미리 결정된 기준에 도달할 때, 치료사는 새로운 상황에서 목표행동의 산출 수준을 결정하기 위해서 **혼합조사**(intermixed probe)를 시행할 수 있다. 조사자료의 분석은 치료과정에 대한 지침을 제공할 것이다.
- **추가적인 치료 제공하기.** 혼합조사를 하여 동일한 기술에 대한 계속적 치료의 필요성이 시사되면 치료사는 아동의 올바른 일반적 산출이 설정된 기준 수준에 부합될 때까지 번갈아 가면서 치료 시행을 했다가 조사절차를 했다가 할 수 있다.
- **순수한 조사 수행하기.** 목표행동을 치료실에서 배웠다고 판단할 때, 치료사는 아동의 자연스러운 환경에서 목표행동이 발생하는지를 발견하기 위해서 반복적인 최종조사를 수행할 수 있다. 최종조사의 결과분석은 아동이 치료를 계속할 것인지, 종결할 것인지를 평가하는 데 도움이 될 것이다.
- **유지 조장하기.** 처음부터 유지절차들로 치료를 하고, 가정이나 다른 실제적인 환경에서의 행동들

을 지원할 경우 부모와 다른 사람들을 훈련시키는 것이 바람직하다.

- **종료 후 추적평가 제공하기.** 기술의 유지를 확정하기 위한 치료가 종료된 아동들의 주기적 평가는 추적평가의 핵심이다.
- **촉진치료 제공하기.** 기술들이 추적평가를 하는 동안에 유지되지 않았다면 치료사는 촉진치료를 마련할 수 있다. 촉진치료는 첫 기간의 치료가 종료된 다음에 제공되는 모든 치료이다. 그 목표는 자연스러운 환경에서 그 기술의 유지를 돕는 것이다. 치료사는 보통 전에 효과적이었다고 알려진 동일한 기법이나 더 낫다고 알려진 새 절차를 사용한다.

앞서 언급했듯이 이 치료계획은 가족 구성원, 교사와 협력하여 개발된다. 부모는 아동에게 매력적일 자극이나 활동을 위한 제안을 제공할 수 있다. 그들은 가정과 학교에서 유용할 특정한 언어기술을 제안할 수 있다. 치료절차가 아동의 수행을 감안하여 수정된다 해도 기본적인 치료, 조사, 또 유지절차 등은 처음부터 명확해야 하며 부모에게서 지지받아야 한다. 치료의 이런 기본적인 순서에 있는 모든 요소들은 내담자의 부모나 양육자들에게 제공되는 문서로 된 치료계획에서 설명되어야 하며, 그 계획을 완성하기 전에 그들과 철저히 논의되어야 한다. 치료계획을 작성하는 데 사용될 수 있는 많은 서식들이 있으며, 각 임상환경은 독특한 서식을 필요로 할 가능성이 있을 것이다. 아동기 언어장애를 위한 치료계획들의 다양한 예들을 보려면 Hegde(2003b)를 참조하라.

목표행동 선택의 원칙

목표행동(target behavior)은 치료사가 아동에게 가르치기를 원하는 어떤 언어적 기술 또는 비언어적 기술이다. 언어장애를 지닌 아동은 언어 및 비언어적 기술이 없다. 그렇지만 그 모두를 한 번에 가르치는 것은 불가능하다. 또한 모든 언어기술이 중요하지만 일부는 다른 것들보다 더 중요하다(즉, 보다 기능적이며, 사회적 의사소통에서 보다 효과적임). 그러므로 치료사는 개인, 사회, 또 학업 등의 환경에서 가장 효과적일 목표행동을 선택할 필요가 있다.

목표행동은 무엇인가?

가장 효과적인 목표행동은 효과적이며 유용할 뿐 아니라 기능적인 반응항목들이다. 서로 독립적인 기술들은 **기능적 반응 수준**(functional response classes)들을 형성한다. 한 항목 안의 반응은 같은 상황에서 정상적으로 학습되며, 항목에 걸쳐진 반응들은 다른 상황에서 학습된다. 한 항목 안의 개별 반응들은 지형적으로 다를 수 있지만, 그 환경에 대해 동일한 효과를 산출할 것이다(Baldwin & Baldwin, 1998; Carr, 1988; Catania, 1998; Drasgow, Halle, & Ostrosky, 1998; Hegde 1998a; Johnston & Pennypacker, 1993; Malott, Malott, & Trojan, 2000). 한 항목 안의 단지 몇몇 반응만이 가르칠 필요가 있으며 동일한 항목 안의 다른 반응들은 일반화에 의해 배우고 다른 반응들의 도움으로 유지된다. 한 항목 안의 반응을 가르치는 것은 다른 항목에 속하는 반응의 산출에 어떤 영향도 미칠 수 없다. 불행히도 언어학적 분류와 반응항목들은 다음 설명이 명백히 밝히듯이 같지 않다(Hegde, 1980, 1998a, 1998b; Hegde & McConn, 1981; Warren, 1985).

- 현재진행형 -ing는 반응항목이다. 이것은 -ing로 어미변화하는 일부 동사들을 가르치는 것이 아동들에게 다른 추가적인 훈련 없이도 다른 비슷한 단어들을 산출하도록 하는 데 충분하다는 것을 의미하며, 추가적인 훈련 없이도 산출되는 비슷한 반응들은 일반화에 의해서 그렇게 된다. 그러므로 일반화된 산출은 동일한 반응항목을 시사한다(Hegde & McConn, 1981; Hegde, Noll & Pecora, 1979).

- 규칙복수형은 단일한 언어학적 분류를 형성하지만, 다음과 같은 세 반응항목을 포함한다. (1) /s/로 끝나는 규칙형 복수단어들(*cats, hats*), (2) /z/로 끝나는 단어들(*bags, dogs*), (3) /ez/로 끝나는 단어들(*oranges*). 규칙복수형을 생성하기 위해서 각 항목의 여러 단어들을 가르쳐야 한다(Guess et al., 1968).

- 영어에서 각 불규칙 복수단어는 독자적으로 반응항목이다. 하나의 반응이 반응항목을 구성하며 불규칙 복수단어 각각은(*women, children, men, knives, fish*) 별도로 가르쳐야 하며, 하나의 불규칙 복수단어를 가르치는 것이 다른 불규칙 복수단어들의 일반화된 산출을 야기하지 않을 것이다(Hegde & McConn, 1981; Hegde, Noll, & Pecora, 1979).

- 규칙형 과거시제동사들은 단일한 언어학적 분류이지만 그 변화형이 음성표기 [t](*walked, talked*), [ed](*bagged, mowed*), [ted](*painted, corrected*), [ded](*nodded, added*) 등으로 끝나는가에 따라 다른 반응 항목들에 속한다. 각 어미변화를 가진 단어들은 그 자체의 반응항목에 속한 것처럼 분리하여 가르쳐야 한다(Schumaker & Sherman, 1970). 조음상 혼합(*nurtured*)으로 끝나는 다른 규칙형 과거시제단어들은 또 다른 반응항목을 형성할 가능성이 있다.

- 영어에서 각 불규칙 과거시제동사는 독자적인 반응항목이다. 이것은 단일한 반응만을 포함하는 또 다른 예외적인 반응항목이며, 각 반응은 *ran, went, read* 등과 같은 단어를 가르치는 것이 *flew, dug, fell*, 또는 *ate* 등과 같은 산출에 어떤 효과도 없을 것이므로 따로 가르쳐야 한다(Hegde & McConn, 1981; Hegde, Noll, & Pecora, 1979).

- 영어의 조동사와 연결사의 특정한 형태들은 문법적으로는 별개라고 생각되지만 단일한 반응항목들을 형성한다. 예를 들어, 조동사 *is*("The boy is running", "The girl is reading"에서처럼)의 산출을 배우는 아동은 추가적인 훈련 없이도 연결사 형태("The mother is kind", "The man is nice"에서처럼)를 산출할 것이다(Hegde, 1980).

- 영어의 주격 명사구(*the boy, the girl*)와 목적격 명사구(*the apple, the dress*)는 문법적으로 별개이지

만, 한 형태를 가르치면 아동이 두 형태 모두를 산출할 수 있기에 충분한 동일한 반응항목에 속할 것이다(McReynolds & Engmann, 1974).

- 모든 요구(명령)어는 하나의 반응항목이다. 일부 요구어를 가르치는 것으로 충분히 아동에게 다른 요구어를 산출하게 할 것이다(Skinner, 1957; Winokur, 1976).

- 각 대명사는 단일한 언어학적 분류에 속하지만 각각이 별도의 처리를 필요로 하는 별개의 반응항목이며, 예를 들어 *she*라는 대명사를 가르치는 것은 *he* 또는 *it*이라는 대명사에 어떤 효과도 없을 것이다(Hegde & Gierut, 1979).

- 의문문의 다양한 종류들은 다른 반응항목들을 형성할 것이며("What is that?"은 "Where is that?"과는 다른 반응항목임), 의문문의 각 유형은 별도로 가르칠 필요가 있다(Williams, Perez-Gonzalez, & Vogt, 2003).

아동의 필요성에 따라 일반적으로 목표행동들로 기능하는 많은 기능적 반응항목들이 있다. 기능적 반응항목들은 특정한 구조로 제한되지 않으며, 그것들은 단어, 구, 또는 문장이 될 수 있다. 예를 들어, 치료사들은 *walking*이라는 단어, *boy walking*이라는 구, 또는 "The boy is walking"이라는 문장 등의 산출을 가르칠 수 있다. 명사–동사–직접목적어("The boy kicked the ball.") 또는 명사–연결사–형용사("The ball is blue.")와 같이 보다 복잡한 구문구조도 목표가 될 수 있다. 그것들이 독립적인 반응항목들인지가 명확하지 않지만, 주제 유지, 눈맞춤, 차례 주고받기, 또 내러티브 기술 등과 같은 대화(화용)언어기술들은 일부 아동들에게 적당한 기능적 반응항목들일 것이다. 일부 치료사들은 과제에 정성 들이기 또는 이름 기억하기 등과 같은 인지기술들을 독립적인 반응항목으로 목표를 삼을 수 있다.

신중이라는 단어가 일반적인 치료목표에서 사용된다. 반응항목이 이러하다는 것을 실험적으로 보여야 하며 구조적인 언어학분석에 근거할 수 없다. 언어목표행동들을 선택하는 정밀한 방법은 언어의 언어학적, 구조적 분석에 근거한 특성이 아니라 언어행동의 기능단위를 사용한다. 불행히도 응용행동 분석가들이 한 연구를 포함하는 많은 언어치료연구는 구조적 언어특성에 근거한다. 결국 몇몇 반응들은 더 많은 훈련 없이도 아동이 다른 반응을 산출하게 하는 데 충분하다는 것을 나타내는 실험적 분석에 의해서 대부분의 언어목표는 타당하지 않음이 확인되었다. 임상적으로 동일하거나 유사한 우발적 일들로 창출된 반응항목은 꼭 구조적이지는 않지만 기능적으로 유사한 반응들이다. 반응항목들이 확립되는 방식을 이해하기 위해서 글상자 5.2를 참조하라.

기능적 반응항목들에 대한 연구가 아직 부족하기 때문에, 치료사가 각 아동의 독특성을 강조하는 아동중심의 전략을 사용하고, 치료를 위한 목표행동들을 선택할 때 아동의 개인적, 사회적, 문화적, 교육적 필요성과 요구를 고려하는 것이 최선이다. 아동이 먹을 과자, 마실 주

중추적 행동이란? Bosch와 Fuqua(2001)는 중재의 목표행동을 선택하기 위한 모형으로 **중추적 행동**(behavioral cusps)을 설명한다. 언어기술들에 한정되는 것은 아니지만, 중추적 행동은 (1) 새로운 강화물과 환경에의 접근 돕기, (2) 학습된 반응에서 새 반응 생성하기, (3) 부적절한 반응과 경쟁하기, (4) 내담자와 상호작용하는 다른 사람들에게 적극적으로 영향 주기, 또 (5) 사회공동체의 요구에 부합하도록 돕기 등을 하는 목표기술이다.

글상자 5.2   **반응항목은 어떻게 확립되는가?**
구조적인 언어분석이 아닌 실험적인 임상연구를 통해서

반응항목을 확립하는 상세한 실험방법은 (1) 먼저 예상되는 반응항목의 예들 몇몇을 가르치고 다른 유사한 예들이 훈련 없이 산출되는지를 알기 위해서 조사하기, (2) 처음에 가르친 예들의 학습을 번복하거나 제거하면 다른 예들의 산출이 결국 말소되는지를 알아보기 등을 필요로 한다. 반응항목에 대한 초기연구에서, McReynolds와 Engmann(1974)은 주격 명사구(*the boy*)나 목적격 명사구(*the apple*) 어느 것도 산출하지 못하는 아동집단이 주격 명사구만을 직접 배운 다음에 두 구 모두를 산출하기 시작했다고 증명했다. 아동들에게 관사를 생략하도록(그래서 명사만을 산출하게) 강화하여서 주격 명사구의 산출이 번복된 경우에, 아동들은 목적격 명사구의 산출도 하지 못했다.

　Hegde(1980)와 Hegde와 McConn(1981) 등의 연구들은 언어학자들이 조동사와 연결사가 구조적으로 다르다고 주장을 해도, 둘 중 하나를 가르치면 아동들에게 더 많은 훈련을 하지 않아도 다른 것을 바르게 산출하게 하는 데 충분하다는 것을 보였다. 게다가 그중 하나의 학습을 제거하면, 어느 것을 먼저 가르쳤는가에 상관없이 다른 것의 학습도 제거될 것이다. 결국 원래의 산출(조동사의 사용이나 연결사의 사용 어느 것이나)이 복구되면, 다른 산출도 복구훈련 없이 복구된다.

　한 초기 임상연구(Guess & Baer, 1973)는 규칙복수형이 구조적으로 단일한 분류이지만 복수형태소 /s/, /z/, /ez/ 등의 세 반응항목으로 사실상 나눠진다는 것을 보였다. 마찬가지로 규칙형 과거시제변화의 이형태 변화들(*walked*에서의 /t/, *painted*에서의 /ted/)은 별개의 반응항목들이다. 각각의 불규칙 형태는 독자적으로 한 항목이라고 본문에서 언급되었다. 임상연구에서 단일한 구조분류가 그 안에 더 많은 반응항목들을 갖는다고 나타낸다면, 치료사는 언어구조가 시사하는 것보다 더 많은 작업을 해야 한다. 반면에 두 구조가 기능적으로 동일하다면(조동사와 연결사, 주격 명사구와 목적격 명사구 등의 경우에서처럼), 작업은 언어구조가 시사하는 것보다 더 적다. 여하튼 목표행동의 순수한 구조분석은 갈피를 못 잡게 한다. 이 연구들은 스키너(1957)가 주장했듯이 진정한 언어행동의 반응항목들은 구조적인 언어분류와 상응하지 않을 수 있다는 것을 보인다.

스 등을 요구하거나 자신이 곤란을 겪고 있다고 말하는 것이 단순히 물건들을 분류하는 것보다 훨씬 더 유용하다. 자신의 청자에게 영향을 미치는 의사소통기술들을 배울 때 아동의 의사소통 시도는 본질적으로 강력하게 증대된다. 그런 기술들은 자연스러운 상황들에서 유지될 가능성이 훨씬 더 크다. Warren과 Rogers-Warren(1985)이 언급했듯이 "환경을 통제하는 성공적인 경험 그 자체가 강화하는 사건이 될 수 있다."(p. 6) 구문형태나 의미의 복잡성보다 기능적 언어를 강조하는 목표행동들은 아동에게 그런 경험을 제공한다. 치료를 위해 선택된 목표반응 행동(언어기술)은 다음과 같아야 한다.

● 인종문화적으로 아동에게 적절해야 한다. 평가와 치료에 영향을 미치는 인종문화적 요소들에 대해서는 제11장을 참조하라.

● 자연스러운 상황에서 아동에게 유용해야 한다. 아동생활의 부분인 명사(가족 구성원, 애완동물 등의 이름을 포함하는), 일상생활에서 자연스럽게 강화되는 요구, 아동의 생활에 있는 사건들에 대처하도록 기대되는 설명기술과 내러티브 기술 등이 특히 유용하다.

● 아동의 의사소통기술에 즉각적이며 사회적으로 중요한 영향이 있어야 한다. 구별되지 않는 불명료한

화)처럼 사회적 의사소통을 상당히 개선시킬 것이다.

- 자연스러운 상황에서 의사소통 수행을 확대하기 위해서 더 복잡한 기술을 쌓도록 도와야 한다. 추가적인 기능적 단어들에 더하여 보다 풍부한 의미를 가진 구로 확대될 수 있는 단어와 마찬가지로 기능적인 문장으로 확대될 수 있는 구는 보다 복잡한 기술을 세우도록 돕는다.
- 아동이 직면한 학문적·사회적 요구에 부합하도록 도와야 한다. 학령기 아동에게 가해지는 학업 요구의 분석은 아동이 교실에서 필요로 하는 기술을 선택하도록 도울 것이다. 아동의 교과과정에서 목표기술을 직접 선택하는 것이 유용할 것이다.
- 처음에 아동이 지나친 어려움 없이 배울 수 있는 것들이어야 한다. 치료사는 평가와 기초선 결과(baseline results)에 근거하여 판단할 수 있으며 아동이 치료에서 성공을 경험함에 따라 반응의 복잡성을 점차 증가시킬 수 있다.

목표행동의 순서

언어장애를 지닌 아동들은 자신들의 다양한 언어결함 때문에 다수의 목표행동을 배울 필요가 자주 있다. 한 번에 하나 이상의 기술을 가르칠 수 있지만 대부분의 아동들은 동시에 여러 목표를 배울 수 없다. 그러므로 일부 기술을 다른 것보다 더 빨리 가르칠 필요가 있으므로 목표행동은 신중하게 배열되어야 한다. 순서는 아동의 요구에 특정적이고 논리적이며 또 일관성이 있어야 한다.

치료를 위해 언어기술을 배열하는 두 접근법이 있다. 하나는 많이 보급된 규준적 접근법이며 다른 하나는 내담자중심의 실험적 접근법이다.

규준적 접근법

목표행동을 선택하기 위해서 많은 치료사들은 언어의 발달기준을 따르므로 그것은 **규준적 접근법**(normative approach)이다. 규준적 접근법을 선택한 치료사는 언어습득의 알려진 전형적인 순서에 따라 언어목표들을 배열한다. 아동에게 결여되어 있고 배울 필요가 있는 많은 기술 중에서 치료사는 나중에 터득되는 것들보다는 더 먼저 정상적으로 터득되는 기술을 우선 가르칠 것이다. 그러므로 치료사는 발표된 연령에 기반한 기준들에 따라 치료를 위한 언어기술들을 배열한다. 치료사들은 일반적으로 더 일찍 습득되는 기술이 나중에 습득되는 것보다 가르치기에 더 쉽다고 가정한다. 그들은 그 규준적인 순서를 벗어

기준을 따르고 운에 맡겨라! 모든 종류의 가르침은 규준적인 순서를 지켜야 한다는 것이 정상적으로 발달하는 아동들의 언어기술을 풍부하게 하지 않고 향상시키지 않는 주된 원인이다. 규준적인 가정들을 기꺼이 어긴 부모와 치료사들은 아동들의 향상된 기술들로 풍성하게 보상받을 것이다.

나 언어기술을 가르치는 것이 가능하지도 않으며 그런 시도가 다소 해로울 것이라고 가정한다. 언어학자들과 규준적인 연구자들은 이런 가정이 본래 타당하다고 생각한다.

규준적 배열은 일부 다른 가정에 근거한다. 예를 들어, 이 접근법을 따르는 치료사는 (1) 모든 언어행동은 아니라고 해도 대부분의 행동에 대한 타당한 기준이 있고, (2) 그 기준들이 개별 아동의 언어기술을 예측하며, (3) 아동들이 언어기술을 배우는 고정된 순서가 있으며, (4) 언어장애를 지닌 아동들이 규준적 순서로 언어기술을 배워야 한다는 등의 가정을 해야 한다. 이 가정들 각각은 의심의 여지가 있다. 이 가정들은 다른 곳(Hegde, 1998a)에서 비판적으로 고찰되었으며 그 논의를 여기에 요약한다.

언어규준의 타당성은 부족하다. 규준은 양날의 검이다. 규준이 작은 지역적, 또는 지방의 아동들 표본에 근거한다면, 그 규준은 전체적인 아동들을 대표하지 못한다. 큰 국가적, 또는 주의 표본들에 근거한다면, 연령 수준에 걸친 기술의 변이성이 너무 커서 평균을 내도 규준은 개별 아동에게는 큰 의미가 없다. 게다가 타당성과 상관없이 일부 기본적인 언어기술과 형태 특성의 규준이 존재하는 반면에, 대부분의 언어기술과 추상적인 언어 사용을 포함하는 많은 고급언어기술의 규준은 존재하지 않는다(McLaughlin, 1998). 결국 많은 표준화 검사에서 보고된 규준은 다양한 인종문화적 배경을 지닌 아동들과는 무관하다(Lahey, 1990; Laing & Kamhi, 2003).

규준은 개별 아동의 언어기술을 예측하지 못한다. 큰 표본이나 작은 표본에 근거하는지에 상관없이 그 연령의 규준을 유도하기 위해 정해진 연령 수준에 있는 많은 아동들의 수행 평균을 내면, 그 평균은 아동들 대부분의 수행을 반영할 수 없다. 그것은 정상적으로 발달하는 개별 아동의 수행을 반영하지 못할 것이다. 본래 규준은 아동들이 지닌 자연스러운 변이성과 개별적 차이점을 가려낸다. 일부 총일반화(gross generalizations)를 제외하면 치료사들이 임상실제에 필요한 정밀한 수준으로는 개별 아동의 언어기술을 거의 예측할 수 없다. 그러나 개인차가 임상중재에서는 중심적 관심사이므로 이러한 정밀성이 많이 요구된다.

모든 아동이 고정된 순서로 언어기술을 습득하지 않는다. 아동들이 언어기술을 배우는 불변의 순서가 있다는 것은 검증되지 않은, 널리 받아들여진 가정이었다. 언어를 습득하는 아동들을 집중적으로 종적으로 한 연구들은 언어습득에서 중대한 개인차를 보였다(Brown, 1973; McLaughlin, 1998). 순서뿐만 아니라 학습 속도도 아동들에 따라 다르다. 다시 말하지만 이 차이점들에 대한 지식은 가정된 동일성보다 임상적으로 더 가치 있다.

언어기술은 규준적 순서대로 가르칠 필요가 없다. 기술은 다른 어떤 가정된 순서로도 가르칠 필요가 없다. 발표된 규준에 따라 언어목표를 배열하는 것은 쉽고, 편리하며 또 대중적이다. 불행히도 혁신적이지도 아동중심적이지도 않기 때문에 규준적 접근법은 다양한 순서를 가진 임상실험을 방해한다. 언어

사진 5.1 "바이바이, 엄마!"와 같은 기능적인 구는 단단어보다 아동이 더 쉽게 배울 수 있다.

기술을 가르치는 가장 좋은 순서는 무엇인가? 혁신적인 치료사들은 자문을 하며 계속하여 실험을 통해 발견한다. 그들은 알려진 규준적 순서가 정말 최선이라고 가정하지 않는다. 그럴 수도 있겠지만 정상언어 습득에 대한 연구가 아니라 실험적 임상연구만이 그것을 증명할 것이다. 규준적 순서를 포함하는 다양한 순서들이 실험적으로 평가될 때, 치료사들은 어느 것이 최선인지를 알 것이다. 언어장애를 지닌 아동들이 전형적인 방식으로 언어를 배우지 않았다는 것이 임상훈련에 대해 대체순서를 고려할 충분한 이유가 된다.

내담자중심의 실험적 접근법

언어목표를 배열하는 유용한 접근법은 **내담자중심의 실험적 접근법**(client-specific experimental approach)이며, 그 접근법에서 선택된 기술들은 그 아동에 고유한 것이며, 가르치는 순서는 실험적으로 결정된다. 다양한 순서에 대한 공식적인 실험은 상대적으로 더 효율적인 순서를 제안해야 한다. 그러한 연구가 없을 경우에 일상적인 실무를 하는 치료사들은 내담자중심의 목표를 선택하여 개별 아동의 필요성에 부합하도록 배열할 수 있다. 치료사는 그 순서를 비공식적으로 실험할 수 있다. 그 기술을 규준적 순서에서 벗어나 가르치면 어떤가? 규준적으로 보다 고급의, 또 학업에 보다 유용한 기술을 규준적으로는 다소 빠르지만 기능적으로 덜 시급하게 필요한 기술보다 먼저 가르치면 어떤가? 그런 질문에 대답하려는 실험적 시도들은 규준적 순서보다 더 생산적일 수 있는 융통성 있고 가변적인 순서를 제안하는 임상적으로 유용한 자료를 가져올 것이다. 규준적 순서를 벗어나 언어기술들을 가르치는 것이 가능한가? 그런 질문에 대해 긍정적인 대답을 줄 뿐만 아니라 전형적으로 언어를 배우고 있는 아동들에서조차 아동들의 언어기술들을 향상시킬 흥미로운 기회들을 시사하기도 하는 일부 실험들과 임상자료들을 보려면 상자 5.3을 참조하라.

정해진 아동에게 어떤 순서가 가장 잘 기능하는가를 실험하고 발견하려는 자발성은 임상적으로 유익하며 효과적이다. 예를 들어 어쩌면 한 아동이 어떠한 기능적 단단어 산출도 하지 못하지만 양순음과 연구개음을 조음한다. 규준적 순서를 사용하고 있는 치료사는 양순음과 연구개음을 포함하는 단단어 발화의 산출에 대한 치료를 자동적으로 시작할 것이다. 이 전략이 최소의 성공을 하면 치료는 한참

치료를 선택하고 배열하는 실험적 접근법은 자기수정적이다. 즉, 선택된 접근법이 좋지 않으면, 치료사가 알게 될 것이다. 그러면 그 접근법은 변화될 수 있다.

동안 단단어 수준에서 꼼짝 못할 수 있다. 그렇지만 내담자중심 접근법을 사용하고 있는 치료사는 두단어 또는 세단어로 된 기능적 구들의 산출을 가르치는 실험을 하려고 결정할 수 있으며, 그 아동이 기능적 맥락에서 배울 때 "잘 가, 엄마" 또는 "엄마, 가. 안녕!" 등과 같은 발화들을 산출할 가능성이 사실상 더 많다는 것을 발견할 수 있다. 개별 아동들은 자신의 필요성에 특수한 치료 순서에서 더 많은 이익을 얻을 수 있지만, 치료사들이 치료를 계획할 때 기대된 규준적 순서를 벗어나는 것을 꺼린다면 결코 발견되지 않을 것이다.

내담자중심의 실험적 접근법에 의하여 선택된 목표행동들은 규준적 접근법에 의하여 선택된 것들과 항상 다를 것이라고 여기서 주장하는 것은 아니다. 그렇지만 내담자중심의 실험적 접근법은 규준적 접근법이 가로막은 가능성들을 넓힌다. 치료순서는 대부분의 기술로 자연스럽게 제안된다. 특정한 다른 기술에 대해 가르칠 수 있거나 가르칠 의미가 있다는 사실 때문이 아니라 특정한 언어기술을 가르쳐야 하기 때문에 가르치는 것이다. 예를 들어 현재진행형 -ing를 배우기 전에 주동사들을, 복수변화 전에 명사들을, 조동사 is의 사용 전에 동사 + -ing 등을 배울 필요가 있다. 내담자중심의 실험적 접근법과 결합된 상식이 설득력 있는 치료순서를 만드는 최선의 공식이다.

목표행동 상술하기

선택된 목표행동들은 명확하게 정의되거나 설명되어야 한다. 목표행동은 명확해야 하며, 구성적이기 보다는 기능적으로 정의되어야 한다. **구성적 정의**(constituent definition)는 사전에서처럼 다른 용어들로 용어들을 정의한다. 구성적으로 정의된 용어를 이해하기 위해서, 독자는 다른 용어들을 찾아야 한

글상자 5.3

언어기술의 규준적 순서 이전에 아동들에게 언어기술을 가르쳐서 아동들의 언어기술을 풍부하게 할 수 있는가? 그렇다! 규준적인 순서의 속박에서 아동들을 풀어줄 수 있다.

아동들이 언어기술을 배우는 순서는 유전적 제약, 신경생리학적 총체, 언어의 복잡성, 그 복잡성의 위계적 성질, 자극과 강화라는 환경적 우발성의 상대적 풍부성, 공식교육의 정도, 다른 알려지지 않은 변수 등을 포함하는 여러 요소 때문일 수 있다. 많은 명시적인 교육 없이도 아동들이 정상적으로 언어를 습득한다는 것은 자연스러운 상황에서 언어기술을 향상시키기 위해 보다 체계적인 시도를 하는 것이 유익하지 않음을 의미하는 건 아니다. 전형적으로 언어를 습득하지 못하면 체계적인 임상교육이 필요하다는 것은 명백하다. 그런 체계적인 임상교육은 정상적으로 언어를 습득하고 있는 아동들에게 유익해야 하며, 규준적인 기대치 이상의 풍부한 언어로 이끌어야 한다.

이런 종류의 논리를 따라서, Capelli(1985), DeCesari(1985), Atherton과 Hegde(1996) 등은 전형적으로 발달하는 아동들에게 자신들의 규준적인 순서에 앞서 언어기술을 가르칠 수 있다는 것을 입증했다. 별개의 실험, 모방학습, 긍정적인 강화와 교정반응 등의 잘 연구된 행동주의 방법을 사용하여 Capelli(1985)와 DeCesari(1985)는 규준적 순서에 훨씬 앞서서 취학전기 아동들에게 선택된 문법형태소의 산출을 가르쳤다. 행동에 걸친 다수의 실

험적 기초선 설계를 사용하여, 저자들은 21개월에서 28개월의 연령범주에 있는 취학전기 아동 6명에게 Brown의 습득순서를 벗어난 문법형태소들을 가르쳤다. 예를 들어, 아동들은 Brown의 습득순서에서 12등급인 비축약 조동사("The fish is swimming."에서와 같이)의 산출을 훈련받았고, 다음에 습득순서가 10등급인 3인칭 불규칙형("Mary eats."에서와 같이)을 다음에는 습득순서가 9등급인 규칙과거형("Johnny yelled.")을, 그다음에 습득순서가 5등급인 불규칙과거형("Daddy drove the car.")을 가르쳤다. 정상적으로 발달하는 아동들이 문법형태소들을 터득한다고 Brown이 발견했던 순서와 반대로 문법형태소를 가르쳤다. 모든 아동들은 규준적 순서의 반대로 형태소의 산출을 터득했으며, 비임상상황들에서 산출들을 일반화했다. Atherton과 Hegde(1996)는 결과가 신뢰성이 있다는 것을 입증하기 위해 Capelli와 DeCesari의 결과를 반복했다. 게다가 연구자들은 대화에서 차례 주고받기, 주제 유지와 같은 화용기술들을 습득하지 못한 어린 아동들도 자신들의 규준적인 기대치에 앞서 가르칠 수 있었다는 것을 입증했다.

다. **기능적 정의**(operational definition)는 목표행동을 측정 가능하고 관찰 가능한 용어로 설명한다. 어떤 행동이 측정 가능하고 관찰 가능할 경우에, 치료사들은 먼저 치료를 하기 전에 원하는 행동이 발생한 수준을 관찰하고 다음에 치료를 하는 동안 그 행동이 증가한 비율을 신중하게 측정하여 내담자의 개선을 직접 기록할 수 있다. 치료사가 아동들에게 가르친 어떤 행동도 기능적으로 기록될 수 있다.

> 기능적 정의는 목표행동을 어떻게 설명하는가?

서투르게 기록된 목표행동들은 그 행동을 가르치는 것과 아동이 그것을 배웠는지를 판단하는 것을 어렵게 만든다. 목표행동이 관찰 가능하지도 측정 가능하지도 않다면 치료사는 치료를 그만두거나 계속할 때를 알지 못할 것이며, 개선이나 치료효과를 판단하기 어려울 것이다. 기능적으로 기록된 목표와 대비된 서투르게 기록된 목표기술의 예를 보려면 글상자 5.4를 참조하라.

기능적으로 정의된 목표행동은 다음 요소들을 포함한다.

● **목표행동의 지형학적 측면.** 측정 가능한 용어들로 그 기술을 상술하라. 짐작건대 추상적이거나 관

찰할 수 없는 정신작용을 포함하는 기술 등 모든 목표기술은 그래도 모든 관찰자에게 제시될 때 명백해야 한다. 예를 들어 소년에게 어떤 단어를 정의하도록 요구하고 잘못된 반응을 받은 치료사는 아동이 그 머리에 의미의 인지구조를 결여하고 있다고 추정할 수 있지만 관찰되고, 측정되고, 또 기록된 것은 잘못된 정의이거나 반응의 전반적 결여이다. 처리(인지, 청각, 언어), 역량, 무능, 능력은 고질적인 단어들의 목록에서 수위를 차지한다. 언어라는 일반적인 용어는 너무 광범위하므로 한편으로는 다루기 힘들다. 목표행동의 설명을 쓰는 데 그런 용어들을 피하라. 대신에 추측건대 처리, 역량, 능력, 또는 광범하게 정의된 언어 등을 가리키는 언어기술로 그것들을 대치하라.

– 구두지시 따르기("코를 만져라.", "앉아라.")
– 복수형태소 -s의 산출

글상자 5.4

목표언어기술은 어떻게 상술되어야 하는가?
일부 좋은 예와 나쁜 예

이론에 근거한, 추정된, 관찰될 수 없는, 또 측정할 수 없는 과정들은 서투르게 기록된 목표기술의 주된 후보들이다. 가시적인 기술들로 보이는 것도 측정에 부적합한 설명을 제공하는 특정한 용어들로 표현될 수 있다. 측정은 기능적 정의의 열쇠이다. 목표기술에 대한 다음의 측정 가능한 설명과 애매한 설명을 비교하라.

애매한, 관찰되지 않는, 측정할 수 없는

공립학교의 치료사는 유치원에 다니는 소녀의 목표행동으로 다음과 같이 썼다. 치료목표는 학교교육을 받는 동안에 청각적 처리기술의 증진이다. 십중팔구 그런 목표행동 설명을 쓴 치료사는 일부 관찰된 행동 때문에 그렇게 했다. 아마도 소녀는 질문에 즉각 반응하지 못했을 것이다. 아마도 소녀는 복잡한 지시가 주어지면 당황한 것으로 보였을 것이다. 소녀는 큰 소리로 읽어준 것에 대한 질문에 대답하는 데 어려움이 있었을 것이다. 그 아동은 청각처리의 표준검사에서 낮은 점수를 받았을 것이다. 그럼에도 불구하고 치료를 위해 관찰 가능한 행동들을 목표로 하는 대신에, 치료사는 아동의 머릿속에서 일어난다고 추정되는 관찰할 수 없는 과정을 상술했다.

구체적인, 관찰 가능한, 측정 가능한

같은 소녀에게 치료사는 다음의 특정한 목표기술을 상술하는 것도 당연한 일이다. **치료목표는 전형적인 학급 상호작용을 하는 동안에 질문된 최소한 10개의 질문에 대해 적어도 90% 올바른, 언어로 된 또는 비언어로 된 반응들이다.**(치료사는 그런 질문들의 일부 예들을 줄 수 있다.)

치료목표는 아동에게 주어진 단일요소 지시들 최소한 10개에 대해 적어도 90%의 정확도를 가진 언어 또는 비언어반응들이다.(치료사는 그런 지시들의 일부 예들을 줄 수 있다.)

치료목표는 아동에게 큰 소리로 읽어준 이야기에 관한 최소한 10개의 질문에 대한 적어도 90%의 정확도를 가진 언어 또는 비언어반응들이다.(치료사는 이야기와 질문의 예들을 줄 수 있다.)

다음과 같은 애매한 목표행동 설명들을 어떻게 다시 작성하겠는가?

목표는 표현언어 의사소통을 증대시키는 것이다.
목표는 내담자의 단기기억을 증진시키는 것이다.
목표는 의사소통능력의 증진이다.
목표는 문법능력의 향상이다.

그것들을 다시 작성하면서 그 목표가 달성되었다는 것을 나타내는 행동이나 동작을 생각하라.

  – 10개의 *wh-* 질문하기

  – 3분 동안 대화의 주제 유지

  – 일반적인 속담 5개의 바른 이해

  – 아동이 조용히 읽은 이야기에 관한 질문 6개에 대한 바른 반응

  – 단어 10개의 바른 활자화

   (설명이 아직 완전하지 않으며, 단지 기술을 명시한다는 것을 주의하라!)

- **가르칠 목표행동의 지형학적 수준.** 목표행동의 설명에 그 기술을 가르치려고 계획하는 지형학적(구조적) 수준을 포함하라. 동일한 설명에 다양한 수준을 명시하거나 다양한 교수 수준을 위한 별개의 설명을 써라.

  – 구두의 한 단계 지시들 따르기("코를 만져라.", "앉아라.")

  – 20개의 단어에서 복수형태소 -*s*의 산출

  – 20개의 구에서 복수형태소 -*s*의 산출(20개의 단어와 구에서 복수형태소 -*s*의 산출)

  – 셋 또는 네 단어로 된 10개의 *wh-* 질문하기

  – 완전한 문장으로 5개의 음식품목 요구하기

  – 3분 동안 대화의 주제 유지(이것은 이미 지형학을 명기한다. 대화체)

  – 완전한 문장으로 된 일반적인 속담 5개의 바른 이해

  – 아동이 조용히 읽은 이야기에 관한 질문 6개에 대해 완전한 문장으로 올바른 반응

  – 단어 10개의 바른 활자화

- **정확도 기준.** 언제 기술이 학습되는가? 이것의 내역은 정확도 기준이다.

  – 90%의 정확도로 구두의 한 단계 지시 따르기("코를 만져라.", "앉아라.")

  – 90%의 정확도로 20개의 단어에서 복수형태소 -*s*의 산출

  – 90%의 정확도로 20개의 구에서 복수형태소 -*s*의 산출

  – 90%의 정확도로 서너 단어로 된 10개의 *wh-* 질문 하기

  – 90%의 정확도로 완전한 문장으로 5개의 음식품목 요구하기

  – 100%의 정확도로 3분 동안 대화의 주제 유지

  – 100%의 정확도로 완전한 문장으로 된 일반적인 속담 5개의 바른 이해

  – 90%의 정확도로 아동이 조용히 읽은 이야기에 관한 질문 6개에 대해 완전한 문장으로 올바른 반응

  – 90%의 정확도로 단어 10개의 바른 활자화

- **사용될 치료자극.** 일부는 일반적이고 일부는 특별한 여러 가지 자극들이 치료를 하는 동안에 사용될 필요가 있다. 목표행동의 설명은 정해진 훈련 수준들에서의 자극을 포함해야 한다. 치료가 한

단계에서 다음 단계로 옮겨감에 따라 자극들도 변화한다.

- 90%의 정확도로 치료사에 의해 주어진 구두의 한 단계 지시 따르기("코를 만져라.", "앉아라.")
- 복수의 물건들이 있는 그림이 제시되거나 "이것들이 무엇이지?"라고 질문을 받은 경우에 90%의 정확도로 20개의 단어에서 복수형태소 -s의 산출(그림과 질문 모두가 자극임을 주의하라.)
- 그림들이 제시되어 질문을 받아서 반응모형이 주어진 경우에 90%의 정확도로 문장들에서 조동사 *is* 산출(복잡한 일련의 자극, 즉 그림, 질문, 모형 등이 모방반응을 얻기 위해서 사용되는 것을 주의하라.)
- 구두의 정황과 자극이 제공된 경우에 90%의 정확도로 서너 단어로 된 10개의 *wh-* 질문 하기
- "뭘 먹고 싶니?"라고 질문을 받은 경우에 90%의 정확도로 완전한 문장으로 5개의 음식품목 요구하기
- 치료사가 화제를 시작한 경우에 100%의 정확도로 3분 동안 대화의 주제 유지
- 속담을 들은 경우에 100%의 정확도로, 완전한 문장으로 된 일반적인 속담 5개의 올바른 이해
- 아동이 조용히 읽은 이야기에 관한 질문 6개에 대해 90%의 정확도로, 완전한 문장으로 바르게 반응하기(소리 내지 않고 읽기는 자극조건이다.)
- 90%의 정확도로 구술된 단어 10개를 바르게 활자화

● **목표행동이 학습되고 유지될 배경.** 목표행동의 첫 배경은 일반적으로 그 목표행동이 처음에 확립된 치료실이다. 결국 사용된 배경은 보다 사실적일 수 있으며, 가정, 교실, 상점, 식당, 목표행동이 유지되는 여하한 곳 등을 포함할 수 있다.

- 치료실 배경에서 치료사에 의해 주어진 구두의 한 단계 지시를 90%의 정확도로 따라하기("코를 만져라.", "앉아라.")
- 치료실 배경에서 복수의 물건 그림이 제시되고 "이것들이 무엇이지?"라는 질문을 받았을 때, 90%의 정확도로 단어 20개에서 복수형태소 -s의 산출
- 치료실에서 그림이 제시되고, 질문을 받고, 또 반응모형이 주어진 경우에 90%의 정확도로 문장에 있는 조동사 *is* 산출하기
- 교실에서 구두 상황과 자극이 제공된 경우에 90%의 정확도로 서너 단어로 된 *wh-* 질문 10개 하기
- 가정 상황에서 "뭘 먹고 싶니?"라는 질문을 받았을 때, 90%의 정확도로 완전한 문장으로 된 음식품목 5개 요구하기
- 치료실 밖의 사회환경에서 치료사가 화제를 시작한 경우에 100%의 정확도로 3분 동안 대화 주제 유지
- 교실에서 교사가 속담을 말한 경우에 완전한 문장으로 된 일반적인 속담 5개를 100%의 정확도

로 바르게 이해하기
 - 가정 상황에서 아동이 조용히 읽은 이야기에 관한 질문 6개에 대해 90%의 정확도로 완전한 문장으로 바르게 반응하기
 - 교실에서 구술된 경우에 90%의 정확도로 단어 10개를 바르게 활자화하기

목표행동의 명기는 "아동이 …을 산출할 것이다."라고 말하는 것이 아님에 주의하라. 아동이 목표행동을 산출할지의 여부는 여러 변수에 달려 있을 것이므로 이러한 일반적인 실제를 피하는 것이 현명하다. 학교에서 목표기술이 학습돼야 할 날짜가 자주 특정된다. 그렇다면 그 말은 아동이 정해진 날짜 안에 90%의 정확도로 복수형 -s를 산출할 것이라는 전망을 암시하며, 이런 전망은 충족될 수도 안 될 수도 있다. 여기에 주어진 목표행동의 예들은 이러한 고유한 전망을 막는다.

> 기능적으로 정의된 목표행동의 요소는 무엇인가?

▊▊ 치료 배열의 원칙

치료사들은 치료를 계층적으로 구조화한다. 이 위계는 치료의 실행에 영향을 미치는 요소들에 근거한다. 기술이 기능적이든 규준적이든 그 지형학적 복잡성은 다양하다. 예를 들어, 아동은 단단어로, 두 단어 구로(*milk, Mommy!*), 또는 완전한 문장으로("I want some milk.") 우유를 달라고 할 수 있으며, 그 모두는 요구문이며 기능적이지만, 교육은 더 간단한 단어나 구에서 보다 복잡한 문장으로 옮겨가야 할 것이다. 이런 종류의 치료순서는 임상자료에 의해 제안되지만, 그 순서는 절대로 고정된 것이 아니다. 임상순서를 따르는 다른 이유들은 치료절차와 치료배경이 특정한 단계들을 거쳐 움직인다는 것이다. 그러므로 일반적으로 치료순서는 다음과 같은 반응지형학(response topography), 치료절차, 또 치료배경 등에 근거한다.

- 반응지형학에 근거한 순서
  - 간단하고 기본적인 기술에서 좀 더 고급의 복잡한 기술로(단어에서 구로, 다음에 문장으로, 최종적으로 대화로. 한 단계 지시를 따르기에서 두 단계 또 세 단계 지시 따르기로. 명사 + 동사의 문장구조를 산출하기에서 명사 + 동사 + 직접목적어의 문장구조들을 산출하기로)
- 치료변수에 근거한 순서
  - 모방적 산출에서 유발된 산출로
  - 유발된 산출에서 자발적 산출로
  - 지속적인 강화에서 간헐적인 강화로(강화계획에 대한 정보를 보려면 제6장 참조)
- 배경에 근거한 순서

– 고도로 조직화된, 치료사에 의해 통제되는 자극정황들에서 야기된 언어기술에서 덜 조직화되고 보다 자발적인 임상상황에서 산출된 기술로

– 치료사의 계획된 유발로 치료실에서 산출된 언어에서 아동이 사회환경에서 만나는 일상자극으로 야기된 자연스러운 상황에서 산출된 언어로

– 치료실에서의 기술 확립에서 자연스러운 환경에서의 기술 유지로

일반적으로 사용되는 순서들은 단계를 건너뛰는 것이 아동의 학습에 부정적으로 영향을 미치지 않을 수도 있기 때문에 비공식적인 실험을 더 잘 받는다. 예를 들어, 단어 수준에서 선택된 문법형태소들의 산출을 확립한 후에 치료사는 구 단계의 훈련을 건너뛰어 문장 단계의 몇몇 시행을 제공할 수 있다. 아동이 보다 높은 단계에서 진보를 계속하면 훈련시간과 노력이 절약될 것이다. 그렇지 않다면 치료사는 항상 더 낮은 단계로 떨어뜨릴 수 있다.

개선 판단하기 : 기초선의 필요성

치료를 시작하기 전에 목표행동의 기준을 설정해야 한다. **기초선**(baseline)은 치료가 없는 상태에서 반응률의 측정이다. 그것은 치료 이전 내담자 반응의 일반적이며 습관적인 수준을 나타내며, 보통 정반응의 퍼센트로 표현된다.

어떤 행동도 그 자연스러운 출현을 결정하기 위해, 그다음에 교육에 의한 개선을 주장하거나 주장하지 않기 위해서 기준설정될 수 있다. 비전문적 예가 이 개념의 이해를 증가시킬 수 있다. 공식적인 교육을 전혀 받지 않은 5세 소녀에게 축구 골대에 공 차넣기를 가르치면 돈을 받는다고 해보자. 당신은 첫 시간 동안 그녀가 어떤 교육도 받지 않은 채로 "천부의 재능을 가지고 있다."는 것을 알고 놀라며 즐거워할 것이다. 그녀는 10번의 시도 중에서 8번을

> 용어상의 문제. **기저율**(baserate)이라는 용어는 명사("그녀는 기저율을 입증했다.")와 동사("그녀는 복수형을 기준평가했다.")로 사용된다. **기초선**이라는 용어는 명사("나는 기초선을 입증했다.")로만 사용된다.

골대 안에 공을 차넣는다. 골대에 공을 차넣는 것에서 그녀의 기초선은 80%이며, 어떤 교육도 단지 작은 이득만을 얻을 수 있다. 만일 그녀에게 공을 차넣는 것을 계속 가르친다면 사람들이 그 교육의 '결과'에 감명을 받을지는 모르지만 그녀가 80%의 정확도보다 훨씬 더 좋아질 가능성은 없다. 그러므로 당신의 교육으로 그녀의 공을 차넣는 능력이 개선되었다고 말할 수 없으며 개선이 있었다고 주장하는 것은 비윤리적일 것이다. 반면에 그 첫 기초선의 시간 동안에 그녀가 골대에 공을 차넣는 10번의 시도 중에서 2번만 성공한다면(20%의 기초선) 개선의 여지가 많으며 교육이 정당화된다.

언어기술의 사전치료 기초선은 다음을 필요로 한다.

● 언어기술이 존재하지 않았는지 낮은(부적절한) 수준으로만 존재했는지를 보여서 **치료의 필요성**

입증하기. 이것은 불필요한 치료 제공을 없애 주며 치료를 하는 동안에 개선을 추적하는 것을 도울 것이다.

- 치료를 진행하는 동안에 아동의 언어기술에서 **개선 주장하기.** 기술이 기초선에서 입증되었던 비율 이상으로 증가할 때 치료사는 개선을 기록하고 주장할 수 있다.
- 개선이 없는 경우에는 **치료 수정하기.** 기술이 기저율 이상으로 개선되지 않으면 치료사는 실패의 잠재적 이유를 분석하기 시작하여 수행된 치료를 수정할 수 있다. 예를 들어 목표기술을 만들기 위해 사용한 선 그리기 같은 자극은 효과가 없었는데 그림은 효과가 더 좋았을 수 있다. 사용된 강화자극이 실제로 도움이 되지 않아서 다른 사후결과가 필요할 수 있다. 그 절차는 또 다른 절차를 위하여 완전히 포기되어야 할 것이다.

치료의 필요성을 입증하기 위해서 기초선 자료는 목표행동의 산출이 존재하지 않거나 받아들이기에는 너무 낮다는 것을 보여야 한다. 85%의 기초선 정확도를 지닌 기술은 치료목표가 아니다. Fey(1986)는 10~50%의 올바른 기초선 반응률이 치료를 정당화한다고 제안했다. 50~90%의 기저율은 기술의 발현을 나타내며, Fey(1986)에 따르면 직접중재의 우선순위가 더 낮음을 나타낸다. 0%의 기초선 반응률에 있는 기술들에 대한 견해들은 다양할 수 있다. 여기서는 산출되지 않은 반응은 다루기 어려울 수 있지만 항상 그렇지는 않기 때문에 그런 기술들을 시행치료하는 것이 고려돼야 한다고 권장한다. 그 기술들이 다루기 어렵다고 증명되면 치료사는 항상 다른 목표들을 선택할 수 있다.

> 목표행동의 기초선을 고려하는 것이 왜 필요한가?

기초선 절차

기초선 절차는 목표행동에 따라 바뀐다. 복잡한 문장형태, 화용기술, 언어의 추상적 사용 등을 포함하는 고급언어기술은 단어, 형태 사용, 기본적인 구문구조 등과는 다른 기초선 절차를 필요로 한다. 치료사는 초기단계에서는 기본적인 기술을 가르치지만 치료의 후기단계에서는 보다 고급의 기술을 가르친다. 먼저 기본적인 기술의 기초선을 입증하는 절차를 설명하고 고급언어기술을 위한 절차를 설명할 것이다.

언어기술의 기초선을 입증할 때에 다음 단계들이 포함된다.

- **기능적으로 정의된 목표행동**을 가르치기 위한 예 쓰기. 우선 하나, 둘, 또는 아주 적은 수의 목표행동을 가르칠 수 있으며 첫 치료시간에서 아동의 수행은 지표로서 기능할 것이다. 목표행동의 예 20개쯤이 적어도 세 가지 기술(기본 단어, 복수형 -s, 단어들의 현재진행형 -ing)에 필요하다. 기본단어들의 경우에는 20개의 단어 각각이 예이다. 복수형 -s(cups, hats)와 -ing형(eating, walking)의 경우에는 변화형을 포함하는 각 단어가 예이다. 치료사는 치료가 그 수준에서 시작될 수 있다면 예들 각각

을 구(*two cups, boy eating*)나 간단한 문장("I see two big cups" 또는 "The girl is walking")으로 확장할 수 있다. 치료순서에서 나중에 가르칠 예들은 치료를 시작하기 바로 전에만 기준평가될 것이므로 이 시점에서 기록할 필요가 없다. 다양한 언어목표를 위해 준비된 여러 예를 보려면 Hegde(1998c)를 참조하라.

- **목표 예를 위한 자극항목 준비하기.** 신중하게 선택된 치료자극들은 목표반응을 효율적으로 야기하는 것을 돕는다.

  - 기록된 예 각각을 야기하기 위해서 **물리적 자극**이 필요하다. 물리적 자극은 항상 그림과 물건으로 구성된다. 취학전기 아동들이나 인지결함을 지닌 사람들에게는 물건이 반응을 야기시키는 데에 그림보다 더 효율적일 수 있다. 좋아하는 책, 장난감, 동물봉제완구, 또는 다른 물건 등과 같이 아동의 가정환경에서 나온 물건은 특히 유용하다. 선그림들이나 만화 같은 그림 대신에 색채감이 있고 불명료하지 않으며, 또 아동에게 매력적인 그림이나 사진이 특별히 효율적이다. 선택된 자극항목들은 아동의 인종문화적, 또 사회경제적 배경들과 어울려야 한다. 예를 들어 내담자가 사우디아라비아에서 최근에 이민 온 소년이면 눈 풍경을 묘사한 그림은 그를 당황하게 만들 것이다.

  - 목표 예를 야기하기 위해 **언어자극**이 필요하다. 치료의 초기단계에서 치료사는 물리적 자극과 언어자극을 동시에 제공한다. 언어자극은 목표반응을 야기하는 데 도움이 되는 단어, 구, 질문, 문장 등으로 구성된다. 아동에게 보여준 일반적인 물건의 이름을 부르는 목표행동을 위해 "이것이 무엇이지?", 또는 동사의 산출을 위해 "그 사람이 무엇을 하고 있지?" 등을 묻는 것처럼 단순할 수 있다. 다른 목표행동은 보다 복잡한 언어자극을 필요로 할 것이다. 예를 들어, 과거시제 *-ed*를 야기하기 위해서, "오늘 그가 걷는다, 어제 그가 _____(Today he walks, yesterday he _____)."와 같은 그 언어자극을 위한 문장완성형 과제를 동반한, 어떤 사람이 행동을 수행하는 그림으로 물리적 자극이 구성될 수 있다.

- **기록지 준비하기.** 기초선이 행동을 꼼꼼하게 측정한 비율이므로, 목표기술의 모든 발생이 기록되는 용지가 준비될 필요가 있다. 기록서식은 기술 수준에 따라 다양할 수 있으며 대화체 말에서 측정된 기술은 융통성 있는 형식을 필요로 한다. 표 5.2는 기본적인 기술을 위한 전형적인 기록지를 보여준다.

- **기초선 시행 관리하기.** 기본적인 기술의 기초선은 **불연속 시행**(discrete trial)들로 입증된다. 불연속 시행은 정해진 목표반응을 산출할 하나의 조직적 기회이며, 시행들이 짧은 시간으로 서로 분리되기 때문에 별개이다. 각 예에 대해 치료사는 표 5.2에서 보여지듯이 하나의 야기되고 모방되는 시행을 관리한다. 나중에 설명될 이유 때문에 모든 야기된 시행은 모든 모방된 시행보다 앞서 관리되어야 한다. 야기된 시행은 보다 사실적인 자극조건(아동은 자연스러운 환경에서 하는 것처럼

물리적 자극을 제공받고, 그에 관한 질문을 받으며, 또 대답할 것이 기대된다.)에서 기술수준을 입증하는 데 도움이 된다. 모방되는 시행은 자발적으로 반응을 산출할 수 없는 아동이 모형이 주어지면 흉내 낼 수 있는지를 평가하는 데 도움이 된다. 일반적으로 정반응의 비율은 야기된 시행에서보다는 모방되는 시행에서 조금 더 높다.

야기된 시행을 관리하기 위해서 치료사는 다음을 한다.
- 아동의 앞에 물리적 자극항목 중 하나를 놓는다(그림, 하나 이상의 물건).
- 질문하고("이것들이 무엇이지?"), 요구하고("그 소년이 무엇을 하고 있는지 말해 줘."), 또는 목표반응을 야기하는 데 도움이 되는 다른 언어자극을 제공한다.
- 아동이 반응하도록 몇 초 동안 기다린다.
- 기록지에 그 반응을 기록한다(표 5.2 참조).
- 아동의 시야에서 그 물리적 자극항목을 치운다.
- 시행이 끝났음을 나타내기 위해서 2~3초간 기다린다.
- 다음 시행을 시작하기 위해 자극을 다시 제공한다.

모방되는 시행을 관리하기 위해서 치료사는 다음을 한다.
- 질문을 하거나 요구를 한 바로 다음에 원형 제시의 추가적인 단계를 더한다. 예를 들어 고양이 두 마리가 있는 자극그림을 놓고 "무엇이 보이니?"라고 질문을 한 다음에, 치료사는 바로 "자 니는 '고양이 두 마리'라고 말한다."라고 목표반응의 원형을 만든다. 그리고 치료사는 반응을 기록하고 몇 초 동안 물리적 자극을 제거하고 또 다음 시행을 시작하기 위해서 물리적 자극과 언어자극을 다시 제시한다.

기준평가의 중요한 특징은 여하한 종류의 의견도 올바른 반응, 틀린 반응, 또는 무반응 등에 대해 주어지지 않는다는 것이다. 또 다른 유명한 특징은 모든 야기된 시행들이 여하한 모방되는 시행보다 앞서서 관리된다는 것이다. 그러므로 야기된 시행과 모방되는 시행을 번갈아 하는 것은 기초선을 무용지물로 만들 것이다. 그럼에도 불구하고 아동이 반응하기에 흥미를 유지하게 하도록 치료사는 '가만히 앉기', '잘했어요', '협동적임', '아주 착해요' 등으로 아동을 강화할 수 있다. 이런 방식의 강화가 기초선 시행에 대한 반응에 달려 있지는 않다.

- **기초선 자료 분석하기.** 치료사는 표 5.2에서 보여지듯이 야기된 시행과 모방되는 시행에 대해 별도로 비율을 계산한다. 다음 공식은 올바른 기초선 반응비율의 퍼센트를 계산하기 위해서 사용될 수 있다.

(정반응의 수)/(전체 반응의 수)×100 = 정반응의 퍼센트

표 5.2

기초선 기록지

이름 :	날짜 :	치료시간 # :
연령 :	치료사 :	
장애 :	언어 :	
목표행동 :	구에서 소유격 -s의 산출	
강화 :	비유관적(기초선 시행)	

목표 예	시행	
	야기된	모방되는
1. Mommy's hat		
2. Matt's socks		
3. Jenny's shoes		
4. Cat's mat		
5. Pat's bike		
6. Kate's ring		
7. Dad's jacket		
8. The rabbit's carrot		
9. The boy's books		
10. The girl's bag		
11. The dog's tail		
12. Kate's ring		
13. Teacher's chair		
14. Doctor's office		
15. Elephant's nose		
16. Bunny's house		
17. Pam's car		
18. Kitty's bowl		
19. Bird's feathers		
20. Beth's pencil		
올바른 총비율		

주의 : + = 올바른 반응, – = 틀린 반응, 0 = 무반응?

사진 5.2 "소들이 어디 있지?" 치료사는 조직적 활동을 하는 동안 전치사구를 산출할 많은 기회를 아동에게 준다.

대화체 언어표본에서의 기초선

별개의 시행 기초선은 치료를 위해 직접 목표로 삼은 기술을 야기하기 위해 특별히 계획된 언어표본으로 보충되어야 한다. 이것은 두 번째 표본일 것이며, 첫 번째는 평가를 하는 동안에 고려될 것이다. 언어의 표본추출은 기초평가된 목표기술을 산출할 많은 기회가 아동에게 제공되도록 하기 위해서 구조화되어야 한다. 많은 복수의 물건이 규칙형 복수형태소를 포함할 가능성이 있는 묘사를 생성하기 위해서 사용될 수 있다. 전치사구의 산출을 기초평가하기 위해서 아동에게 물건의 위치를 묘사할 많은 기회를 제공하는 구조화된 활동들이 제공될 수 있다(구조화된 활동의 예는 사진 5.2 참조). 아동들의 이야기책에 있는 많은 동작 장면은 동사와 동사 +*ing*의 산출을 야기하기 위해서 제공될 수 있다. 언어표본분석의 결과는 별개의 시행 기초선 절차에서의 결과와 일치해야 한다.

 ## 치료의 원칙

실험적으로 지지되는 **행동치료**(behavioral treatment)는 선행사건, 특정한 언어기술, 청자의 반응 형태라는 결과 사이의 상호 의존적인 관계의 관리로 정의될 수 있다. 사회적 기술인 언어는 특정 청자가 알아듣거나 알아듣지 못할 때 다양한 사회조건에서 정착되거나 정착되지 못한다. **선행사건**(antecedent events)은 치료를 하는 동안 아동에게 체계적으로 제공되는 특정한 자극으로 기능하는 사회상황, 분리되거나 단순화된 사회상황의 특정한 측면들이다. 선행하는 자극사건은 치료사가 치료를 위해 준비한 그림, 물건, 또는 사건 등을 포함한다.

상술된 언어기술은 실험적으로 지지되는 한 기능적인 언어반응항목들이다. 그렇지 않으면 치료사는 지형학적으로(언어학적으로) 설명된 반응항목을 추정하거나 사용해야 한다. 불충분하지만(글상자 5.2 참조) 이런 관행은 일반적이며 다른 선택은 없다. 결국 언어기술은 보통 반응의 형태(모습)나 그 지형학적 측면들로 설명된다. 예를 들어, 단어, 구, 문장 등은 다른 지형학적 차원을 가지며, 다른 목표언어기술들로 기능한다.

청자의 반응은 사회적 맥락에서 언어기술을 형성하며 유지한다. 그러므로 치료사는 바라는 기술이 선택되고 강화되도록 아동의 시도와 산출에 대해 신중하게 반응한다. 치료사들로부터의 그러한 반응들은 기술적으로는 수반된 결과라고 알려져 있다. 간단하게 말하자면 아동이 올바른 반응, 틀린 반응, 또는 무반응을 하자마자 치료사가 즉각적으로 반응하는 방법이 수반된 결과이다. 치료사는 아동의 반응에 따라 다르게 반응한다. 그러한 차별적인 임상반응 없이는 어떤 학습도 있을 수 없다. 기술적으로 치료사가 전달하는 수반적 결과는 올바른 반응을 강화하고 증대시키거나 틀린 반응을 약화시키고 감소시킬 것이다. 전반적인 **행동 수반성**(behavioral contingency)은 의사소통의 단계를 설정하는 선행자극 사건, 의사소통행동 그 자체, 또 보통은 청자의 반응이라는 형태로 뒤따르는 결과 사이의 추상적인 관계이다. 치료사는 치료에서 이러한 수반성을 조정할 필요가 있다. 치료 동안 치료사는 반복적으로 수반성에 내재하는 사건의 기본적인 연속(자극-반응-결과)을 재시행한다.

치료시간의 구조

치료사들은 종종 치료시간을 빡빡하게 할 것인지 또는 느슨하게 구성할 것인지를 생각한다. 빡빡하게 구성된 치료시간에 치료사는 특정한 목표행동의 산출과 자극을 명백히 통제하며 반응의 정확성에 대한 분명하고 규칙적인 의견을 준다. 엄밀하게 조직화된 치료시간은 다음 절에서 설명되는 별개의 시행절차를 사용하는 경향이 있다. 느슨하게 조직된 치료시간에 치료사와 내담자는 치료사로부터의 한정적 지시와 통제를 덜 받는 보다 사실적인 상호작용에 참가하며, 그런 치료시간은 특정한 반응을 일으키는 별개의 시행들을 포함하지 않는다. 느슨하거나 빡빡한 구조라는 문제는 과거에 논의되었지만 가짜 문제이다. 치료구조는 동적이며, 엄밀하고 느슨한 구조들은 발전하고 변화하는 치료 구성의 양쪽 끝이다. 엄밀한 구조는 특히 기본적인 지형학적 수준(단어나 구의 수준)에서 목표행동을 확립하는 데 있어 느슨한 구조보다 더 효율적이다. 그렇지만 엄밀한 구조는 대화체의 말을 가르치고 일반화와 유지를 증진시키는 데 있어서는 약하다. 기본적인 언어기술을 확립하는 데 있어서 비효율적이기는 하지만 느슨한 형식은 보다 복잡하고 자발적인 언어기술(예 : 대화와 내러티브 기술)을 가르
치고 기술의 일반화와 유지를 증진시키는 데 있어서는 효율적이다(Campbell & Stremel-Campbell, 1982; Hart, 1985).

수없이 반복되는 치료의 기본적인 연속이란 무엇인가?(힌트 : 'S-R-C'를 상기할 것)

게다가 구조의 정도는 개별 아동의 필요성에 맞추어 선택된다. 이후의 장에서 보게 되듯이, 최소한으로 말을 하거나 발달장애, 자폐증, 외상성 뇌손상, 또는 주의력결핍을 지닌 아동들은 언어장애에만 국한된 장애를 지닌 아동(예 : 단순언어장애를 지닌 아동들)보다 한층 구조화된 치료시간에서 효과를 얻을 가능성이 크다. 더욱이 상대적으로 더 나은 언어기술을 지닌 아동들은 맨 처음부터 느슨하게 조직된, 보다 사실적인 치료시간에서 효과를 볼 수 있다(Campbell & Stremel-Campbell, 1982; Hart, 1985). 그러므로 치료구조의 정도는 치료사의 주관적 선호의 문제가 아니며 치료순서와 내담자 특징의 문제이다.

많은 아동, 특히 보다 중증의 장애와 관련된 질환을 지닌 아동들을 위한 언어치료는 상대적으로 엄밀한 구조로 시작해서 느슨한(또 사실적인) 구조로 옮겨갈 수 있다. 아동이 첫 기술을 터득하고 치료가 보다 복잡한 기술 수준들로 진행해 감에 따라 치료사는 점차 치료시간의 구조를 완화시켜서 결국은 보다 사실적인 의사소통과 닮게 할 수 있다. 그래서 모든 경우에 처음 구조의 정도에 상관없이, 치료의 나중 단계들은 점진적으로 덜 구조화된 형태를 사용할 것이다. 자연스러운 대화가 치료목표인 맨 마지막 단계에서는 상호작용에서 정상적인 구조만이 있어야 한다.

치료 시행

한 가지 중요한 차이점이 있는, 기초선을 확립하기 위해서 사용되는 동일한 불연속 시행절차가 치료의 첫 단계에서 기본적인 기술을 가르치는 데 사용된다. 그 차이란 아동으로부터의 정반응, 오반응, 무반응 등에 대해 치료사가 즉시 반응하지 않거나, 즉각적이며 차별적으로 반응하거나 하는 차이이다. 기술적으로 차별적인 피드백은 언어기술의 올바른 산출, 잘못된 반응, 무반응 등에 달려 있다. 치료사는 올바른 반응에 대해 아동을 칭찬하고(또 다른 방식으로 강화를 주고), 틀린 반응이나 무반응에 대해서는 고쳐주는 의견을 줄 것이다.

모방되는 별개의 시행으로 치료를 시작하기 위하여 치료사는 다음을 한다.

1. 아동의 앞에 자극그림이나 물건을 둔다. 자극으로 기능할 행동을 보이거나 사건을 실연해 보인다.

2. 준비된 언어자극과 모형을 즉시 전달한다("이것들이 무엇이지? 자니, '고양이'라고 말해 봐.").

3. 아동에게 반응할 여유 시간을 준다.

4. 모형이 제공된 반응을 바르게 모방한 아동에 대해 바로 칭찬하고("잘했어! 네가 말한 단어의 끝에서 –s를 들었다!") 다른 방식으로 강화하거나(치료시간이 끝날 때 작은 선물과 바꿀 교환권), 또는 둘 모두를 한다. 반응이 틀린 경우 즉시 고쳐주는 피드백을 제시한다("이런! 이번에는 –s를 듣지 못했네.").

5. 표 5.3에 있는 치료 기록지에 반응을 기록한다.

6. 시행이 끝났다는 것을 알리기 위해 몇 초 동안 그림이나 물건을 치우고 다음 시행을 소개한다.

새 자극들이 제공되어야 하는 오류가 지속되는 경우가 아니라면 반복적 시행에는 같은 자극이 제공되는 것이 최선이다. 아동이 성공적으로 반응하고 있었던 자극항목에 대해 긍정적인 연습을 하게 하

■ ■ ■   표 5.3

치료 기록지

이름 :	날짜 :	치료시간 # :
연령 :	치료사 :	
장애 : 언어	목표행동 :	
기준 : 90%의 정확도	강화 :	

목표반응	훈련시행 10회									
	1	2	3	4	5	6	7	8	9	10
1.										
2.										
3.										
4.										
5.										
6.										

주의 : + = 올바른 반응, – = 틀린 반응, 0 = 무반응, m = 모방 시행, e = 야기된 시행(모형 제시 없이)

는 것이 목적이다. 아동이 치료사의 모형을 모방하기 위해 노력하고 있다면 이것은 특히 중요하다. 아동이 마침내 모형을 모방하기 시작하면 치료사는 바로 다른 자극항목으로 바꿔서 아동의 올바른 반응 비율이 증대되는 탄력을 상실시키지 말아야 한다.

고도로 조직화된 불연속 시행훈련의 장점은 하나의 치료시간에 아동이 목표행동을 산출할 기회를 많이 제공한다는 것이다. 30분의 치료시간 동안 치료사가 아동에게서 말 그대로 수백 개의 반응에 대한 자료를 수집한다는 것은 드물지 않다. 목표행동을 산출할 기회의 증대는 불연속 시행훈련이 목표행동을 처음으로 확립하는 데 있어서 효율적이며 효과적인 한 이유이다.

치료사는 치료실에서 기본적인 기술들을 확립하기 위해 치료 시행을 고안한다. 아동은 치료사가 치료자극을 제공할 때 결국 목표기술을 확실히 산출할 것이다. 그렇지만 치료의 목적은 아동이 치료에서 사용되지 않은 자극에 부딪혔을 경우에 그 기술을 산출하는 것이다. 이것이 이루어지지 않으면 치료는 실패하게 될 것이다. 아동이 가정과 학교를 포함하는 사회상황에서 사물과 사건에 맞닥뜨렸을 경우에 그 기술은 사라질 수 있다. 그러므로 아동이 치료에서 사용되지 않은 자극에 반응하는지를 주기적으로 평가하는 것은 치료과정의 일부이다. 그런 평가를 프로브(probe)라고 한다.

일반적 산출의 조사

프로브(probe)는 치료에 근거한 일반적 산출의 평가이다. **일반화된 산출**(generalized productions)은 훈련에서 사용되지 않은 자극에 대해 주어진 것들이다. 처음에는 불안정하고 머뭇거리지만, 일반화된 산출은 오래된 자극(훈련된)부터 새 자극(훈련되지 않은)까지 학습의 확산을 나타낸다. 일반적으로 자극의 유사성에 근거한 일반화된 산출은 자연스러운 배경에서도 강화될 때까지 유지되지 않을 것인데 언어기술의 유지에 관한 제8장에서 이 문제로 돌아갈 것이다. 처음에 불안정하지만 일반화된 산출은 치료사와 아동 모두에게 행운이다. 무한정의 훈련을 불필요하게 만드는 것이 일반화된 산출이다. 예를 들어, 선택된 단어들에서 복수형태소 -*s*의 예 몇 개를 배우는 것으로 치료사는 추가적인 치료 노력 없이 아동은 배우려는 노력 없이도 그 형태소를 취하는 많은 단어들에서 형태소 사용이 가능해질 것이다. 언어학자들은 언어를 생성적이라고 말하는 반면 일반화된 산출을 기록하는 임상과학자들은 오래된 것으로부터 새것으로의 학습 확산이라고 말한다.

치료사가 아동에게서 일반화된 산출의 시작을 빨리 파악할수록 치료 효율은 더 커진다. 그러므로 일반화된 산출이 발현하는지를 평가하기 위해서는 주기적으로 치료를 잠시 쉬는 것이 유용하다. 발현하면 치료사는 더 높은 단계의 훈련으로 옮겨갈 수 있다. 그렇지 않으면 동일한 기술에 대한 추가적인 훈련이 필요하다. 이 추가적 훈련은 일반화된 산출이 발현할 때까지 계속될 것이다. 본래 자연스러운 환경에서 일반화된 산출과 기술의 종국적 유지는 언어치료의 성공에 대한 최종시험이다.

혼합형 프로브, 순수한 프로브, 최종대화 프로브 등 세 유형의 프로브가 있다. 앞의 두 가지는 별개의 시행에서 관리되며, 마지막의 것은 이름이 암시하듯이 사실적인 대화에서의 기술 프로브이다. **혼합형 프로브**(intermixed probe)는 치료의 첫 단계 동안에 일반적 산출을 평가할 때 훈련 자극항목과 훈련하지 않은 자극항목이 번갈아 있기 때문에 그렇게 부른다. **순수한 프로브**(pure probe)는 훈련되지 않은 항목만 제시하기 때문에(훈련 자극과 훈련하지 않은 자극이 혼합되지 않음) 그렇게 부른다. 치료사는 아동이 혼합형 프로브의 기준에 부합될 때 순수한 프로브를 행한다. 아동이 치료를 그만두기 전에 치료사는 임상환경과 자연스러운 환경 모두에서 **최종대화 프로브**(final conversational probes)를 반복적으로 시행한다.

모든 프로브의 뚜렷한 특징은 치료가 아동들에게 제시된 새(훈련되지 않은) 자극들에 대한 반응을 위해 억제된다는 것이다. 즉, 치료사는 새로운 자극들에 대한 반응에 어떠한 긍정적이거나 교정적인 의견도 주지 않을 것이다. 그렇지만 혼합형 프로브에서는 훈련 자극들에 대한 반응을 위한 의견을 아동이 받는다. 순수한 프로브에서 프로브에 대해 주어진 어떠한 의견도 이미 훈련된 반응에만 수반되므로 훈련 자극을 포함하지 않기 때문에 어떠한 의견도 없다.

프로브 특히 순수한 프로브는 기초선 시행과 유사하다. 그럼에도 불구하고 프로브는 기초선과 혼동해서는 안 된다. 프로브와 기초선의 차이점은 그것들이 시행되는 이유와 때를 이해할 경우에 명백해진다. 프로브는 새로운 상황에서 새로 가르친 목표행동의 산출의 평가를 도우며 치료를 하는 동안이나 그 후에 시행된다. 기초선은 목표행동의 치료 이전 수준을 평가하는 것을 도우며 치료가 시작되기 전에 시행된다. 또한 치료사는 이 두 절차에 의해 생성된 자료를 다르게 사용한다. 기초선 자료는 치료 덕분일 수 있는 개선을 기록하는 것을 주로 도우며 반면 프로브 자료는 임상적으로 확립된 기술의 일반적 산출을 기록하며 치료과정을 유도한다.

> 치료에서 사용되는 프로브 세 종류의 이름을 대고 설명하라.

혼합형 프로브 절차

치료의 시작단계에서 혼합형 프로브를 시행하기 위해서 치료사는 다음을 한다.

● 표 5.4에서 보인 종류의 프로브 자료 기록지를 준비한다. 표에서 훈련 자극과 훈련되지 않은 자극이 번갈아 있으며, 이것이 이 프로브를 혼합형으로 만드는 것임에 주목하라. 훈련된 자극은 첫 훈련기준에(나중에 설명되는) 그에 대한 올바른 반응이 도달하는 치료에서 사용되었던 것이다. 훈련하지 않은 자극은 기초평가에서 사용되었을 수 있다. 치료사가 예 4개에 대한 첫 훈련기준(예 : 복수형 -s의 훈련에서 cats, hats, cups, boots 등에 관한 90%의 정확도)을 아동이 충족시킬 때 첫 혼합형 프로브를 시행한다고 가정하자. 치료사는 예 20개(복수형 -s를 가진 단어들)에 대해 기초평

가를 할 것이며 이 20개 중에 훈련된 것을 4개 두고 16개는 훈련되지 않은 자극으로 남겨둔다. 이런 훈련 자극들과 훈련하지 않은 자극들은 혼합되며 기록지에 기록된다. 치료사는 훈련 자극들이 훈련하지 않은 것들보다 더 적으므로 훈련 자극들을 재사용할 것이다. 이 예에서 훈련 자극 4개는 훈련하지 않은 자극들과 번갈아 필요한 횟수만큼 사용될 것이다.

- 먼저 훈련 자극을, 다음에 훈련하지 않은 자극을 제시하여 야기된 별개의 시행절차를 이용한 프로브를 시행한다. 치료사는 프로브 절차 내내 훈련 자극과 훈련하지 않은 자극들을 계속 번갈아 쓸 수 있다.
- 훈련을 하는 동안 사용된 훈련 자극에 대해 행해진 올바른 반응이나 틀린 반응에 대한 결과(강화인자나 교정하는 의견)를 제공한다. 치료사는 훈련하지 않은 자극항목에 대해 행해진 반응들에는 어떠한 결과도 제공하지 않는다.
- 치료사는 맞거나 틀린 각 반응을 채점하고 자료 기록지에 기록하며 무반응일 경우에는 틀린 것으로 계산한다.
- 치료사는 올바른 프로브 반응률을 계산한다. 훈련 자극에 대해 행한 반응을 무시하고, 올바른 프로브 반응률을 계산하기 위해 단지 프로브 자극에 대해서 행한 올바른 반응과 틀린 반응을 센다. 프로브 반응률이 적어도 90% 올바르다면 치료사는 다른 훈련 수준으로 옮겨가고, 그렇지 않으면 나중의 절에서 설명된 추가적인 예들에 대한 훈련을 제공한다.

순수한 프로브 절차

안정적이며 수용 가능한 혼합형 프로브 비율로 나타나는 것처럼(90% 올바른) 반응들이 명백히 확립되었을 때 말기단계에서 사용된다. 순수한 프로브는 단어와 구 수준의 훈련에서는 불필요하며 혼합형 프로브는 훈련을 더 높은 수준으로 변경하는 것으로 충분할 것이다. 별개의 순수한 프로브 시행은 통제된 문장산출의 수준에서 시행될 수 있다. 아동이 문장에서 순수한 프로브 기준을 충족할 때 치료는 대화체 말로 발전될 수 있다. 훈련되지 않은 항목들만 순수한 프로브에서 제공되므로 모든 반응이 순수한 프로브 반응률 계산을 위해서 사용된다. 표 5.4의 서식은 훈련하지 않은 자극이 그 위에 나열된 경우를 제외하고 순수한 프로브 반응률을 기록하기 위해서 사용될 수 있다.

최종대화 프로브 절차

마지막 프로브는 치료실에서 또 가정, 학교, 공동체 배경 등과 같은 자연스러운 환경에서 수집된 대화체 언어표본으로 구성된다. 그러므로 각 아동에게 여러 최종적 프로브가 있을 수 있다. 치료사는 다양한 환경에서 아동의 직접관찰을 통해 언어표본을 수집할 수 있다. 그 대신에 치료사는 가정, 다른 환

■ ■ ■   표 5.4

혼합형 프로브 기록지

이름 :	날짜 :	치료시간 # :
연령 :	치료사 :	
장애 :	목표행동 :	
기준 :	강화인자 : FR2(훈련된 자극들에 대해서만 행한 반응)	

목표반응	자극	점수
1.	훈련된	
2.	훈련되지 않은	
3.	훈련된	
4.	훈련되지 않은	
5.	훈련된	
6.	훈련되지 않은	
7.	훈련된	
8.	훈련되지 않은	
9.	훈련된	
10.	훈련되지 않은	
11.	훈련된	
12.	훈련되지 않은	
13.	훈련된	
14.	훈련되지 않은	
15.	훈련된	
16.	훈련되지 않은	
17.	훈련된	
18.	훈련되지 않은	
19.	훈련된	
20.	훈련되지 않은	
21.	훈련된	
22.	훈련되지 않은	
23.	훈련된	
24.	훈련되지 않은	
25.	훈련된	
26.	훈련되지 않은	
27.	훈련된	
28.	훈련되지 않은	

경에서 녹음된 대화의 표본을 부모에게 요구할 수 있다.

　이 대화언어 표본들을 분석하면, 아동들이 자연스러운 환경에서 새로 배운 목표행동을 얼마나 잘 사용하고 있는지를 볼 수 있을 것이다. 최종 프로브가 아동이 프로브 기준 수준을 달성하지 못했음을 나타내면 대화 수준에서 추가적인 훈련이 필요할 것이다. 대화기술을 유지하는 데 있어서 부모와 형제자매의 훈련도 필요할 것이다.

　하나 또는 몇몇의 목표반응이 훈련되는 반복적인 별개의 시행은 다음의 결정기준을 필요로 한다. 치료사들이 언제 올바른 반응의 원형 만들기를 그만두는가? 치료사들이 다른 예로 옮겨갈 수 있도록 언제 첫 예(예 : *two cups*, "The boy is walking", *Mommy's hat*)의 훈련을 멈추는가? 치료사들이 언제 목표기술(예 : 복수형 *-s* 또는 동사 + *ing*의 산출)이 학습되었다고 생각하는가? 이것들은 따라야 할 기준이 필요한 임상결정의 문제이다.

임상결정의 기준

아동이 치료과정을 따라가도록 돕는 임상결정은 아동 수행의 양적인 측정에 근거해야 한다. 다음에 오는 것은 융통성 있는 신뢰할 만한 임상판단으로, 임상자료(아동의 수행측정)에 비추어 적용되어야 하는 제안된 일련의 기준이다. 제안된 기준 대부분은 이 장에서 앞서 언급되었던 많은 아동 언어치료 연구들에서 사용되었으므로 경험적으로 뒷받침된다. 결국 내담자의 수행에 근거한 임상판단은 결정기준을 형성하는 데 도움이 된다. 그러므로 치료사들은 자유롭게 제안된 기준을 폐기하거나 수정하며 새로운 기준을 만들 수 있다. 그런 행동들에 대해 자료에 근거한 이유들을 치료사들이 상술하면 유용할 것이다.

모델링 중단의 기준

치료 시행이 모델링으로 시작되기 때문에 언제 그 사용을 중단하느냐는 치료사가 해야 할 첫 결정이다. 목표행동을 확립하는 데 효과적이기는 해도 모델링을 과다 사용하지 말아야 한다. 모델링은 모방행동을 이끌지만 치료사는 자발적인(모방되지 않은) 반응들로 옮겨갈 필요가 있다. 그러므로 모방행동이 과하게 강해지기 전에 모델링을 중단할 필요가 있다. 그러나 언제? 일반적으로,

**　　　아동이 올바른 모방반응 5개를 계속할 때 모델링을 중단하고 모델링이 없이 발생된 시행을 소개한다.**

　발생된 시행은 모델링을 제외하고 앞서 설명된 모든 치료 시행 단계들을 포함할 것이다. 모델링을 생략하고 발생한 시행은 언어의 자연스러운 맥락에 가깝다. 고양이 두 마리가 있는 그림을 제시한 후에 치료사는 "이것들이 무엇이지?"라고 묻고 아동의 반응("고양이 두 마리")을 기대하며 기다린다. 올

바른 반응은 강화를 받을 것이며, 틀린 반응은 교정하는 의견을 받을 것이다.

모델링에 복귀하는 기준

아동들이 모방 시행에 대해 올바른 모방반응 연속 5개라는 제안된 기준을 충족한 후에라도 항상 야기된 시행에 대해 올바른 반응률을 유지하지는 않는다. 이것은 발생된 시행을 하는 동안에 얼마나 많은 틀린 반응이 모방 시행으로의 복귀를 시사하겠는가라는 또 다른 의문을 제기한다. 일반적으로,

발생된 시행 2개 연속에 대해 틀린 반응을 아동이 할 경우에 모방 시행으로 복귀한다.

모방 시행으로 복귀하는 기준 수준이 낮은 것이 치료의 시작에서 특히 좋다. 아동이 너무 많은 연속의 발생된 시행들에 대해 오류를 범하도록 허용하지 말아야 하는데 그렇지 않으면 아동들이 너무 많은 교정 의견을 불필요하게 받게 될 것이다. 복귀된 모델링은 아동이 또다시 올바른 모방반응 5개를 연속해서 할 때까지 지속되어야 한다. 그 시점에서 모델링은 다시 한 번 중단되고 발생된 시행들로 복귀된다.

아동의 올바른 반응률이 안정되기 시작함에 따라 보다 자유로운 기준이 모델링을 재도입하기 위해 사용될 수 있다. 치료가 진행됨에 따라 발생된 시행들에 대해 4 또는 5개의 연속적으로 틀린 반응이 모델링으로 복귀하기 전에 기록될 수 있다. 여러 올바른 반응을 가로막는 1 또는 2개의 틀린 반응은 모델링으로 복귀할 이유가 되지 않는다. 그러므로 치료사들은 아동의 수행에 근거하여 모델링을 중단하고 복귀할 기준수준을 설정하는 데 있어서 융통성이 있어야 한다.

보기훈련의 기준

발생된 시행들에 대한 올바른 반응들이 지속적으로 유지되면, 치료사는 아동이 훈련을 받아 예를 배울 때를 결정해야 한다. 제안된 보기훈련의 기준은 다음과 같다.

아동이 한 예에 관한 발생된 시행들에 대해 연속 10개의 올바른 반응을 하면 다음 예로 옮겨가라.

수용 가능한 대체기준은 적어도 10개(또는 그 이상)의 발생된 시행 단위에 대해 90%의 올바른 반응률이다. 치료사는 작성된 치료계획에서 따라야 할 기준을 명시했을 것이다.

보기훈련의 기준은 목표행동이 아닌 주어진 예가 학습된다는 것만을 말하고 있음을 주의하라. 즉, 아동이 단어 수준에서 복수형 -s의 경우에 *cats*와 같은 예에 대해 훈련기준을 충족할 때, 이는 그 특정한 발화가 학습된다는 것만을 의미하며, 복수형 -s의 특징은 아동이 설명될 다른 기준을 충족시킬 때까지는 습득되었다고 간주될 수 없다.

프로브 기준

일찍이 언급했듯이, 프로브 기준은 훈련이 옮겨갈 수 있도록 기술의 일반적 산출을 평가하는 데 도움이 된다. 모든 프로브(첫 혼합형, 연이은 순수형, 최종대화형)에 대해 일반적 기준은 다음과 같다.

프로브 기준은 목표언어기술에 대한 90%의 올바른 프로브 반응률이다.

시행된 프로브의 종류에 따라 동일한 프로브 기준이 다른 행동을 강요할 수 있다.

- 아동이 혼합형 프로브의 기준(90% 올바른)을 충족한다면, 막 완수한 훈련의 수준에서 그 특징을 잠정적으로 배웠다는 것을 의미한다. 예를 들어, 단어에 있는 현재진행형 -*ing*의 예 4~6개의 훈련을 한 다음에 시행된 혼합형 프로브는 아동이 조사된(훈련되지 않은) 동사 + *ing*를 산출할 수 있다는 것을 보인다. 적어도 90%의 정답이라는 혼합형 프로브의 기준을 충족한 아동에게 치료사는 다음으로 훈련을 옮길 수 있다.
  - 더 높은 수준의 반응지형학. 예를 들어, 문법 특성이 단어 수준에서 훈련되었다면, 훈련은 구의 수준(*boy walking* 또는 *two cups*)으로, 또 구의 수준에서 문장 수준("The boy is walking" 또는 "I see two cups")으로 옮겨질 수 있다.
  - 다른 목표기술. 훈련이 첫 목표에 대한 더 높은 수준의 반응지형학으로 옮겨짐에 따라, 치료사는 기본적인(단어 또는 구) 수준에서 훈련을 시작하기 위해서 두 번째 목표를 추가할 수 있다. 예를 들어, 단어 수준에서 복수형 -*s*의 혼합형 프로브 기준을 충족한 아동에게 치료사는 새로운 특성(전치사 *in* 또는 *on*)을 위한 훈련을 기본적 수준에서 시작하면서 이 특성(복수형 -*s*)을 위한 훈련을 구의 수준으로 옮길 수 있다.
- 아동의 혼합형 프로브 반응률이 70%의 정답에 못 미치면, 치료는 새 예들로 계속될 수 있다. 혼합형 절차로 조사를 다시 하기 전에 새로운 예 3~4개의 산출을 가르치는 것이 유용할 것이다.
- 아동의 혼합형 프로브 반응률이 90% 미만이고 70% 이상이면, 이미 훈련된 항목에 대한 추가적인 별개의 시행훈련이 필요하며, 이것으로 다음 프로브에 대한 90% 올바른 반응률을 얻기에 충분할 것이다.
- 아동의 순수한 프로브 반응률이 문장(순수한 프로브가 시행된 첫 수준)에서 90% 이상이면 치료사는 회화체 말로 치료를 옮길 수 있다. 그때부터 치료사는 다음을 할 수 있다.
  - 반응률이 회화체 말에 고유한 전형적인 사회적 강화인자에 의해(특별한 강화계획은 없이) 유지되는가를 보기 위해서 대화에서 순수한 프로브를 주기적으로 시행한다.
  - 아동이 회화체 말을 위한 순수한 프로브 기준을 충족하지 못하면 훈련을 계속한다.
  - 아동이 치료실에서 회화체 말을 위한 순수한 프로브 기준을 충족할 경우에 가족 구성원에게 가

정에서의 회화체 말의 표본을 제출해 달라고 요청한다. 실제적이라면 치료사가 학교의 교실이
나 운동장에서 간단한 언어표본들을 구할 수 있다.
- 가정이나 학교의 표본 중에서 적어도 3개가 순수한 프로브 기준을 충족시키면 그 기술이 완전
  히 훈련되었다고 간주한다. 치료사는 또한 순수한 프로브 기준을 충족시키지 못한 다른 목표
  기술에 대해 필요한 모든 수준에서 훈련을 계속할 수 있다.
- 아동이 모든 목표기술에 대한 순수한 프로브 기준을 충족시켰다면 아동에게 치료를 그만두게
  한다. 그리고 치료사는 아동을 추적치료와 촉진치료의 일정에 올려놓는다.

종료 이후 추적치료와 촉진치료

종료된 내담자의 추적평가와 촉진치료의 필요성은 언어병리학에서 자주 무시된다. 아동이 치료가 종
료되자마자 잊어버리지 않는 것이 이상적이다. 치료종료 후 3~6개월이 지날 쯤에 **추적평가**(follow-up
assessment)를 위해 아동을 보는 것이 유용하며, 추적평가는 회화체 말에 있는 목표언어기술의 순수한
프로브이다. 이 순수한 프로브 표본의 분석에 근거하여 치료사는 치료가 없어도 목표언어행동이 유지
되고 있는지의 여부를 판단할 수 있다.

목표언어행동이 유지되지 않고 있다면 아동은 첫 종료 이후에 언제든 제공되는 치료인 **촉진치료**
(booster treatment)를 받을 수 있다. 촉진치료는 일반적으로 짧으며 이전과 같은 절차를 사용할 수 있
다. 새로운 치료가 선택되면 증거에 기반해야 한다. 그것은 이전에 설정된 정확도 기준에 맞춰 목표행
동의 수행을 재확립하거나 증가시키는 데 도움이 된다. 촉진치료의 필요성은 언어병리학에서 잘 연구
되지 않았지만 많은 아동들이 언어기술을 유지하기 위해서 촉진치료를 필요로 할 것이라고 임상경험
은 시사한다.

촉진치료가 치료사가 자연스러운 상황에서 장기간에 걸쳐 목표행동을 유지하는 데 도움을 주기 위
해서 사용할 수 있는 유일한 전략은 아니다. 치료사들은 초기단계에서부터 추가적인 유지전략을 치료
에 통합하고 기술들을 강화시키고 유지하기 위해 부모교육이나 교사교육 등과 같은 추가적인 절차들
을 사용한다. 유지전략들은 제8장에서 논의될 것이다.

치료구조에 대한 설명에서 빠진 것은 치료사들이 내담자의 필요성에 대응하여 치료구조에 '채워 넣
기' 위해서 사용할 수 있는 많은 기법, 즉 올바른 반응 발생시키기, 올바른 반응 강화하기, 틀린 반응에
대한 교정 의견 주기, 또 중재를 방해할 수 있는 특정한 바람직하지 못한 행동 감소시키기 등을 위한
기법들이다. 다음 장에서 이런 기법 일부를 설명할 것이다.

요약

많은 언어치료기법들이 주장되고 있으므로 치료사들은 증거에 기반한 실제의 특질인 증거에 근거한 절차들을 선택해야 한다. 치료는 일부가 연구에 근거하고 있지 않지만 다양한 종류의 연구에 근거할 수 있다. 치료연구는 통제되지 않을 수도(개선만을 나타내는 사례연구), 통제될 수도(효율성을 나타내는 실험연구), 직접반복될 수도(동일한 연구자의 연구목록), 또 체계적으로 반복될 수도 있다(다른 연구자들의 연구반복).

치료는 증거에 근거하거나 증거에 기반하지 않는 7단계가 있다. 1단계는 전문적 의견(증거로 내세워진 의견), 2단계는 비통제, 비반복증거(치료기법에 관한 첫 사례연구), 3단계는 비통제된 직접반복증거(동일한 연구자에 의한 사례연구의 반복), 4단계는 비통제된 체계적 반복증거(다른 배경들에서 다른 연구자들에 의한 사례연구의 반복), 5단계는 통제된 비반복증거(절차의 첫 실험평가), 6단계는 통제된 직접반복증거(원래의 연구자에 의한 실험연구의 반복), 7단계는 통제된 체계적 반복증거(다른 배경들에서 다른 연구자들에 의한 실험연구의 반복)로 이루어진다. 행동치료법은 실험연구로 잘 지지되며 대부분의 절차들이 7단계의 증거에 도달했다. 치료사들은 더 높은 단계의 증거가 있는 또 다른 절차가 이용 가능할 경우에는 그 절차를 선택하지 말아야 한다.

아동의 언어치료는 (1) 기능적 목표행동의 선택, (2) 첫 목표행동의 기준 평가하기, (3) 별개의 치료 시행 관리하기, (4) 일반적 산출 조사하기, (5) 유지 증진하기, (6) 추적평가 하기, (7) 촉진치료 제공하기 등을 포함한다.

선택된 기능적 기술들은 규준적 순서 또는 내담자중심의 실험적 순서에 따라 가르칠 수 있다. 반드시 규준적 순서대로 가르쳐야 한다고 강요할 이유는 없다.

학습지침

1. 증거에 기반한 실제라는 원리를 논의하라. 증거에 기반한 실제에 대한 다양한 견해를 설명하라. 학생 치료사들과 전문가들이 증거에 기반한 실제를 어떻게 시행할 수 있는가?
2. 통제되지 않은 연구, 통제된 연구, 반복되지 않는 연구, 직접반복된 연구, 또 체계적으로 반복된 연구 등의 사이에 있는 차이점을 설명하라. 어떤 종류의 연구가 치료절차에 유리한 가장 높은 단계의 증거를 산출하는가? 이유는?
3. 치료연구의 위계를 제안하는 다양한 방식을 비교하고 대비하라. 어느 것을 선호하며, 그 이유는?

4. 의사소통장애에서 치료의 다양한 의미를 탐구하라. 이번 장에서 정의된 치료는 어떤가? 그것을 어떻게 비판적으로 평가하는가?

5. 6세 아동의 평가를 마친 다음 치료를 필요로 하는 심한 언어장애라고 진단을 했다. 따를 것이라고 기대되는 학교지침에 따라 그 아동이 서비스 적격이 있다고 결정했다. 그 평가 결과는 그 아동이 어휘가 부족하고, 대부분의 문법 특징을 생략하며, 짧은 문장으로 말하며, 또 다양한 화용결함을 지녔음이 나타났다. 이 아동을 위해,

   a. 취한 목표행동선택 접근법이나 철학을 기술하고 그 선택을 정당화하라.

   b. 선택한 첫 또는 중간 치료목표들을 설명하고, 기능적 용어들로 정의하고, 또 선택된 목표들을 짧게 정당화하라.

   c. 첫 치료절차를 기술하라.

6. 5번 질문에서 설명된 동일한 아동에 대해 치료가 위계식으로 조직화될 수 있는 다양한 방식을 설명하라. 선택된 목표행동을 가르칠 순서를 기술하라. 여러분이 취한 접근법을 정당화하라.

7. 기준평가와 프로브를 구별하라. 기준평가 또는 프로브 동안에 주어진 반응에 대해 어떤 종류의 의견을 주는가? 준 이유는? 안 준 이유는?

8. '느슨한' 구조와 '빡빡한' 구조에 대한 논란을 논의하라. 이 문제에 대한 입장은 무엇이며 그 이유는? 어떤 구조가 일반적으로 치료의 처음에 사용되며, 치료가 진행됨에 따라 어떻게 수정되는가?

제6장 | 증거기반 치료기법

개요

앞선 장에서 우리는 아동 언어장애를 다루는 증거기반 모형에 대해 기술하였다. 이제 우리는 아동들의 기초 언어기술을 가르치는 특정 기법들을 이 모형 안에 채워 넣어야 한다. 앞선 장에서 기술된 독립회기 방식(discrete trial procedure)에는 언어기술을 확립하고 이를 강화시킬 수 있는 추가적 기법들이 요구된다. 이 장은 모든 치료 프로그램에서 거의 대부분의 치료사들이 사용하는 기초적인 치료절차에 대해 기술할 것이다. 이어지는 장들에서는 기초 언어기술들이 어떻게 확립되고, 확장되며 유지될 수 있는가에 관해 기술할 것이다.

이 장에서 기술될 기법들은 치료사들의 치료 레퍼토리의 일부가 되어야 한다. 이 기법들은 아동 언어장애치료뿐 아니라 어떠한 연령집단의 의사소통장애치료에도 역시 효과적인 방식이다. 즉, 이 방식들은 의사소통장애 전반에 걸쳐 작동되는 포괄적인 치료절차인 것이다. 이 기법들의 언어장애치료 효율성은 통제적인 임상연구들에 걸쳐 충분히 입증되어 왔다. 이 기법들은 또한 다양한 비언어적 기술들을 형성해 내고 장애를 지닌 아동들이 나타내는 여러 문제행동들을 감소시키는 데에도 역시 효과적이다(Baldwin & Baldwin, 1998; Barrera & Sulzar-Azaroff, 1983; Berg & Wacker, 1989; Camarata, 1993; Charlop & Walsh, 1986; Egel, Richman, & Koegel, 1981; Farmer-Dougan, 1994; Goldstein & Cisar, 1992; Goldstein & Ferral, 1987; Goldstein & Mousetis, 1989; Goldstein & Wickstrom, 1986; Guess, 1969; Guess & Baer, 1973; Hart, 1985; Hegde, 1980; Hegde & McConn, 1981; Hegde, Noll, & Pecora, 1979; Laski, Charlop, & Screibman, 1988; Lerman et al., 2004; Malott, Malott, & Trojan, 2000; Martin & Pear, 1999; Matson et al., 1993; Matson et al., 1990; Odom et al., 1992; Shabani et al., 2002; Taylor & Levin, 1998; Williams, Donley, & Keller, 2000; Zanoli & Daggett, 1998). 이 기법들의 사용은 증거기반 이행이 될 것이다. 이 기법들은 아동의 요구에 맞게, 치료에 대한 아동의 반응에 맞게, 그리고 부모의 선호도에 맞게 사용되어야 할 것이다. 한 아동의 목표행동 확립에 적절했던 어떤 방식이 다른 아동에게도 반드시 그러리란 법은 없다. 치료사는 방식 적용에 유연해야 하며, 이것들을 기꺼이 수정할 준비가 되어 있어야 한다. 따라서 이 장은 치료절차의 수정에 관한 절로 끝을 맺는다.

 1968년부터 1985년까지 이루어진 많은 실험적 중재연구 모음은 Bailey 등(연대 미상)을 참조하라. 그리고 1968년부터 1999년까지 이루어진 또 다른 연구 모음은 Vollmer 등(2000)을 참조하라.

임상에서 출발하여 자연스러움으로 이동하기 : 용암

모든 사회적 공동체는 언어행동(verbal behavior)(언어적 기술)을 발생시키고 이를 지속시킨다. 사람들 그리고 환경의 물리적 및 사회적 속성들(우리는 이러한 속성들을 간단히 사건이라고 지칭할 것이다.)은 언어행동에 대한 자극(선행사건)의 역할을 한다. 불행히도 언어장애 아동들의 경우, 사람 및 사건들이 자극으로 기능하지 못한다. 사람, 사건, 사물, 질문, 요구 등이 이들로부터 기대되는 언어적 반응을 이끌어 내지 못한다. 치료사의 역할 중 일부는 언어장애 아동들에게 이러한 자극기능을 확립시킴으로써 이들도 장애가 없는 다른 아동들과 마찬가지로 언어 및 사회적으로 적절하게 반응하도록 만드는 것이다.

명백히 언어장애 아동들은 반응을 위한 특별한 자극을 필요로 한다. 왜냐하면 언어장애란 부분적으로는 자연스러운 자극에 대해 전형적으로 반응하는 것의 실패이기 때문이다. 예를 들어, 치료사는 처음에는 아동이 모방할 수 있도록 정확한 문장을 시범해 줄 필요가 있을 것이다. 이러한 시범(모델링)은 일상의 상호작용에서는 전형적이지 않으며 자주 사용되는 것도 아니다. 그러므로 치료사는 아동이 언어기술을 배울 수 있도록 임상환경을 정렬하고 특별한 자극을 제공하는 역할을 담당해야 한다. 이러한 특별한 자극에는 다음 장에서 논의될 기법들이 포함된다.

"나는 반응을 이끌어 내기 위해 오직 자연스럽게 발생되는 기회 외에는 어떠한 방식도 사용하지 않는다." 일부 치료사들은 이렇게 말한다. 그러나 언어장애 아동들로부터 언어를 이끌어 내기에는 이러한 기회만으로는 충분치가 못하다. 이들은 '자연스러운 환경'에서 전형적으로 마주치게 되는 것과는 다른 방식으로 배열된 특별한 자극을 요구한다. 결국 이런 것이야 말로 치료의 본질인 것이다.

그렇지만 언어장애치료의 궁극적 목적은 치료사가 제공한 특별한 자극에 의존하지 않은 채, 자연스러운 환경에서 자연스럽게 발생된 결과에 대한 반응으로 목표 언어행동을 산출하도록 하는 것이다. 그러므로 언어행동 확립을 위해서는 특수한 자극을 사용해야 하겠으나, 그 자극들을 점진적으로 철회시킴으로써 자연스럽게 일어나는 사회적 사건들에 대해 정확한 반응이 유지될 수 있게끔 해야 한다. 이처럼 특수자극을 통제하는 점진적 철회 절차를 **용암**(fading)이라 하는데, 이 기법은 아동이 전형적인 사회적 자극조건하에서 목표행동을 산출할 수 있게 될 때까지 이에 필요한 특수자극을 점진적으로 감소시켜 나간다(Baldwin & Baldwin, 1998; Malott, Malott, & Trojan, 2000; Martin & Pear, 1999). 실험적으로 평가된 대부분의 구어 및 수화치료 프로그램에서뿐 아니라 다양한 장애를 가진 아동들을 위해 설계된 사회적 및 학업기술훈련 프로그램에서도 역시 초기에는 시범, 촉구, 단서제공과 같은 특수한 자극들이 사용되다가 나중에는 점차 감소된다. 더욱이 연구들은 부모들 역시 이러한 기법들을 효과적으로 사용하도록 훈련받을 수 있음을 보여준 바 있다(Barrera & Sulzar-Azaroff, 1983; Berg & Wacker, 1989; Charlop & Walsh, 1986; Egel, Richman, & Koegel, 1981; Goldstein & Cisar, 1992; Goldstein & Mousetis, 1989; Goldstein & Wickstrom, 1986; Hart, 1985; Kuhn, Lerman, & Vorndran, 2003; Laski, Charlop, & Schreibman, 1988; Matson et al., 1993; Matson et al., 1990; Odom et al., 1992; Shabani et al., 2002; Taylor & Levin, 1998; Zanoli & Daggett, 1998).

아동이 특수한 자극(시범과 같은)에 정확히 반응하면, 치료사는 해당 반응이 미래에 더욱 잘 일어날 수 있도록 하는 특정 방식으로 반응해 준다. 이처럼 언어기술을 공고히 해주는 임상적 반응을 강화물(reinforcer)이라 한다. 종종 이 같은 강화물 역시 특수한(일상적이지 않은) 것으로서 다소 인공적이며 사회적 환경에서는 덜 빈번히 발생되는 것이다. 그러므로 강화물 역시 점차 정상적인 사회적 상호작

글상자 6.1	언어치료사 용암시키기-사라지기 활동!

'배경화면 속으로의 용암(fade into the wallpaper)'이라는 말은 치료사가 모든 내담자를 치료하면서 궁극적으로 행해야 할 바를 말한다. 언어치료 과정에서 아동들이 접하게 되는 가장 현저한 특수자극은 바로 치료사 그 자신이다. 그러므로 치료에서 사용된 모든 특수자극과 마찬가지로 치료사 자신 역시 용암되어야 한다. 치료사들은 시범, 촉진, 지시, 손짓을 통한 안내 등의 양을 줄여가면서 스스로 사라져 간다. 그러나 치료사 자신이 용암되는 가장 중요한 방법은 다른 이들을 치료에 참여시키는 것이다. 치료사들은 타인을 치료회기의 참관인으로 참여시키면서 목표기술에 대한 자신들의 영향력을 감소시킨다. 부모, 교사 및 그 외의 사람들에게 목표기술을 유도하고

지속시키는 방식을 가르치게 되면서 치료사들은 스스로를 용암시키는 추가적이며 더 강력한 단계를 밟게 되는 것이다. 아동이 목표행동의 숙달에 이르게 되면 치료사는 구석에 서서(배경화면이건 아니건 간에!), 혹은 심지어 치료실을 떠나거나 다른 이들 앞에서 아동이 보이는 반응의 비율을 관찰하면서 문자 그대로 스스로를 용암시켜 나가는 것이다.

치료사를 포함하여 모든 특수자극을 소거시키는 일은 자연스러운 환경 내에서의 목표행동 유지를 촉진하는 중요한 단계가 된다. 언어기술의 유지와 관련된 상세한 내용은 제9장을 참조하라.

용의 전형적인 상태로 돌아가 더욱 낮은 빈도의 그리고 보다 자연스러운 것으로 변화되어야 한다. 이 역시 용암이다. 마찬가지로 아동이 잘못된 반응을 하거나 문제시되는 방해행동(자리에서 벗어나거나 주의를 기울이지 않는 등의)을 보이면, 치료사는 이것을 바로잡거나 멈추기 위한 특정 방식으로 반응하게 된다. 이를 교정적 피드백(corrective feedback)이라 한다. 이 피드백 역시 자연스러운 환경의 전형적인 상태로 되돌려져야 한다. 이것 역시 용암법이다.

이 장에서 논의되는 모든 기법은 오직 필요한 만큼만 그리고 점진적으로 감소될 수 있도록 아껴 써야 함과 동시에, 아동으로 하여금 특수한 단서나 자극에 의존하지 않은 채로, 또한 인공적 강화물 없이는 기술을 계속 사용하지 못하는 아동이 되지 않게끔 하면서 해당 정반응을 그대로 유지시키도록 도울 수 있을 정도의 꼭 알맞은 지원이 제공되어야 한다. 부모는 자기 자녀의 치료에 참여시키면 비일상적인 자극을 보다 자연스러운 사건들이나 상호작용으로 용암시켜 나가는 것에 도움이 될 것이다(치료에 타인을 참여시키는 것과 관련된 더 많은 정보는 글상자 6.1 참조).

용암이 이루어지는 방식은 사용된 특정 자극과 이를 뒤따르는 치료사의 행위(강화물 및 교정적 피드백)에 따라 달라진다. 그러므로 치료사가 정반응을 이끌어 내고, 정반응을 강화시키며, 바람직하지 못한 행동을 감소시키기 위해 사용하는 다양한 기법들에 대한 논의 전반에 걸쳐 우리는 이 기법들을 용암시키는 방식을 함께 설명할 것이다.

아동을 올바른 경로로 데려가기 : 시범

시범(model)이란 아동에게 모방적 반응을 가르치고자 하는 모든 사람에 의해 이루어지는 목표행동 산출을 말한다. 초기에는 아동에게 모방하도록 반응을 시범하는 이가 치료사이다. 그렇지만 곧 치료사는 다른 이들, 즉 교사, 부모 또는 기타 양육자 및 형제자매를 모집하여 아동에게 그 기술을 시범해 주도록 한다. 시범은 새로운 기술을 가르치는 데 필수적이며 효과적인 기법이다(Baldwin & Baldwin, 1998; Malott, Malott, & Trojan, 2000; Martin & Pear, 1999). 1970년대에 이루어진 고전적 연구들(Garcia, Guess, & Byrnes, 1973)을 포함하여, 앞서 인용된 다수의 치료연구들은 아동에게 언어기술을 포함한 다양한 기술의 교육에 대한 시범의 유용성을 입증해 왔다. 현장 시범(Secan, Egel, & Tilley, 1989; Williams, Donley, & Keller, 2000)에 덧붙여 등장인물에 의해 바람직한 행동이 시연되는 비디오 시범이 아동에게 언어 및 기타 기술을 가르치는 데 도움이 된다는 연구들도 있다(Ballard & Crooks, 1984; Nikopoulos & Keenen, 2004).

> 치료회기 동안 누가 시범을 제공하는가? 누가 모방하는가?

치료사는 정상적으로 반응을 이끌어 낼 법한 한 가지 그 이상의 자극을 제시하고, 그러나 아마도 언어장애 병력으로 인해 그에 대한 반응에 실패하게 되면 곧 기대되는 기술을 시범해 준다. 예를 들어, 치료사가 무엇인가를 먹고 있는 소년의 그림을 보여주면서 "그는 무엇을 하고 있지?"라고 질문한다. 이것은 전형적인 아동이라면, "먹어요." 또는 "한 남자 아이가 먹고 있어요."라는 반응이 유발될 것이나, 아마도 언어장애 아동으로부터는 그렇지 못할 것이다. 그러므로 치료사는 그림을 제시하고 "그는 무엇을 하고 있지?"라고 질문한 직후, "존, '그는 먹고 있어.'라고 말해 보렴."이라고 시범해 준다. 다음 치료사는 아동이 이 시범을 모방하기를 기대하면서 잠시 기다린다. 치료사의 시범에 이어지는 아동의 반응을 **모방**(imitation)이라 함을 주의하라. 그러므로 시범은 치료사의 행위이기 때문에 하나의 치료절차이며 모방은 아동의 행위이므로 치료절차가 아니다.

시범은 정반응이 쉽게 유발되지 못할 때 필요한 것으로서 치료의 초기단계에서 나타나는 가장 일상적인 것이다. 그러므로 의사소통장애치료에서 빈번히 사용된다. 사실상 시범은 말언어 훈련과정에 반드시 필요한 절차인 것이다. 인용된 많은 치료연구들이 그 효과를 입증하고 있다.

아동기 언어장애치료에 있어서 시범은 종종 일반적으로 반응을 이끌어 내는 질문 뒤에 이어진다. 예를 들어, 문장 수준에서 현재진행형 -ing 산출을 가르칠 때, 한 사람이 어떤 행위를 하고 있는 그림을 보여주며 그저 시범만 제공하는 것은 바람직하지 못하다(예 : "'한 남자가 먹고 있다.'라고 말해 보렴."). 이보다는 치료사가 먼저 전형적인 질문을 한 후, 시범을 제공해야 한다(예 : "남자가 뭘 하고 있지?', '남자가 먹고 있다.'라고 말해 보렴."). 만일 질문한 직후마다 일관적으로 시

> 아동들은 매일의 일상에서 성인의 시범을 자발적으로 모방한다. 시범은 이러한 성향을 활용한 것으로서 이보다 한 걸음 더 나아가 아동에게 모방하도록 요구하는 것이다.

범이 제공되고, 이를 앞으로 설명될 방식으로 용암시켜 나가면, 시범 없이 오직 질문만으로도(대개의 질문이 늘 그러하듯이) 반응이 유발될 것이다.

시범의 용암

치료 초기단계에서 빈도 높게 그리고 일관적으로 제공되는 시범은 가능한 한 신속하게 용암시켜야 한다. 치료가 진행됨에 따라 시범의 필요성은 점차 감소되어야 한다. 치료사는 대화기술을 가르치는 동안에는 시범을 자주 사용하지 말아야 한다. 자연스러운 환경에서 부모나 그 밖의 사람들은 시범을 아주 가끔씩만 사용해야 한다. 시범은 모방을 이끌어 낸다. 시범이나 모방은 자발적 대화에서는 과다하게 사용되는 것이 아니므로 이 두 가지 모두 용암되어야 하는 것들이다.

시범의 용암을 위해 치료사는 부분적 시범을 제공할 수 있다. **부분적 시범**(partial model)이란 정반응의 한 부분, 오직 아동이 반응을 모방하기에 꼭 알맞은 만큼만을 제공하는 것이다. 문장 수준에서의 현재진행형 -*ing* 교육의 예를 다시 들어 보자. 치료사는 완전한 시범(예 : "'소녀가 무엇을 하고 있지?', '소녀가 뛰고 있어.'라고 말해 봐.")으로 시작하게 될 것이다. 아동이 만일 시범된 반응을 정확하게 그리고 연속적으로 다섯 차례 모방하게 되면, 치료사는 시범을 그만두어야 한다. 만일 아동이(시범 없이) 질문에 정확히 반응하지 못하면, 치료사는 정반응 유도를 위해 부분적 시범을 제공할 수 있다(예 : "'소녀가 무엇을 하고 있지?', '소녀가 뛰고 있어.'라고 말해 봐."). 아동이 부분적 시범에 정반응하면, 치료사는 오직 질문만으로 아동의 정반응을 이끌어낼 때까지 점진적으로 부분적 시범을 줄여나가게 된다.

시범의 음성 강도를 점진적으로 줄여나가는 것 역시 용암의 또 다른 방식이 될 수 있다. 치료사는 정상적인 음성 강도(크기)의 시범 제공으로 시작한다. 이후의 독립회기에서 치료사는 시범된 자극이 완전 소거(더 이상 들리지 않음)될 때까지 자기 목소리를 차츰차츰 낮추어 가는 것이다. 아동의 정반응 비율이 완전 소거 시점보다 낮아지면 치료사는 아동의 정반응에 필요한 만큼만 소리를 조용히 내기 시작한다.

시범될 자극을 제시할 때 소리 크기를 낮추는 것은 **동시 말하기**(simultaneous speech)라는 기법에서도 사용될 수 있는데, 이 기법은 치료사와 내담자가 목표반응을 동시에 산출하는 것을 말한다. 시범을 제공하기에 앞서, 치료사는 "나와 함께 말해 보자."라고 말한다. 예컨대 낱말 수준에서의 현재진행형 -*ing*를 가르치면서, 치료사는 행위를 보여주는 그림자극을 제시하며, "'소녀가 무엇을 하고 있지?' 말해 봐, '뛰고 있어.' 나와 함께 말해 보자, '뛰고 있어.'"라는 구어자극을 제공할 수 있다. 반응이 확립되고 나면, 치료사는 이제 동시 말하기를 하면서 목소리 크기를 낮춘다. 곧 낱말을 입모양으로만 하다가 동시 말하기를 하면서 완전히 생략시킨다.

아동이 일단 치료사의 시범을 모방하게 되면, 이제 정반응 비율의 바람직한 준거 수준을 충족시키기 위해 필요한 일은 그리 많지 않다. 중증의 언어장애 아동들은 모방을 하지 못하는 일이 매우 많으며, 이조차도 오직 부분적으로만 모방할 때가 많다. 아동이 시범된 반응을 모방하지 않으면 치료사는 앞으로 설명하게 될 추가적인 치료방식인 형성을 사용해야 한다.

단서 제공하기 : 촉구

촉구(prompt)란 온화한 암시와 같다. 이것은 기타 유발자극 또는 시범자극에 추가되거나 이와 혼합되는 특수한 자극의 또 다른 형태이다. 촉구는 아동이나 성인에게 다양한 기술을 가르칠 수 있는, 이미 충분히 입증된 행동주의적 기법이다(Baldwin & Baldwin, 1998; Malott, Malott, & Trojan, 2000; Martin & Pear, 1999). 앞서 강조한 바와 같이, 촉구는 아동 언어치료에 대한 여러 조사연구에서 효과적인 것으로 나타났다(Berg & Wacker, 1989; Goldstein & Wickstrom, 1986; Kuhn, Lerman, & Vorndran, 2003; Matson et al., 1990; Odom et al., 1992). 촉구에는 구어, 텍스트, 그리고 비언어적인 것들이 있을 수 있다(Shabani et al., 2002).

구어 촉구

구어 촉구(verbal prompt)란 정반응 유발을 위해 설계된 특수한 언어자극이다. 부분적 시범도 구어 촉구의 하나이다. 예를 들어, 몇 차례에 걸쳐 "말해 봐, '나는 두 권의 책을 보고 있다.'"라고 완전한 반응을 시범해 준 후, 치료사는 "말해 봐, '나는 두 권의 _____을 보고 있다.'"와 같은 부분적 시범만을 제공해 줄 수 있다. 부분적 시범은 아동에게 "책" 또는 "나는 두 권의 책을 보고 있다."라고 말하도록 하는 촉구가 되는 것이다. 이는 명확한 구어 촉구이다. 치료사가 목소리 강도를 달리할 경우에도 일종의 구어 촉구를 제공해 주는 것이다. 시범에 음성적 강조가 포함된 부분을 제공하는 것 역시 구어 촉구이다(예 : "Say, 'The boy is eat*ing*.'"). [역자주 : 치료사가 문장을 들려줄 때 낱말 *eating*의 현재진행형 형태소 *-ing* 부분만을 강조하여 말해 줌]. 치료사는 종종 일련의 반응 안에 담겨 있는 목표기술만을 강조해 주기도 한다(Risley & Reynolds, 1970). 위의 예에서는 *-ing*가 음성적으로 강조되고 있다.

구어 촉구의 또 다른 유형이 고전적인 문장완성 방식, 즉 **결어보충**(cloze) 방식이다. 예를 들어, 반대어라는 의미적 개념을 가르치고자 할 때, 치료사는 아동에게 코끼리 그림과 쥐 그림을 보여주고, 적절한 그림을 손으로 가리키면서 문장완성 문장완성과제는 또한 무엇이라 부르는가? 과제 형식의 구어 촉구를 제공한다. 이때 치료사는 "이것은 크고, 이것은…"라고 말할 것이다. 결어보충 촉구는 아동으로부터 '작다'라는 반응을 이끌어 내게 될 것이다.

구어 촉구에 원하는 반응의 일부가 반드시 포함되어야 하는 것만은 아니다. 예를 들어, 만일 아동이 반응 산출을 머뭇거리는 것처럼 여겨지면, 치료사는 온화한 말투로 "기억해 볼 수 있니?" 또는 "뭐라고 말해야 할까?"라고 물을 수 있다. 비록 이러한 형태의 구어 촉구에는 원하는 반응의 어떠한 요소도 담겨 있지 않지만 아동의 정반응 산출에 유용할 수 있다.

텍스트 촉구

텍스트 촉구(textual prompt)는 목표반응 유도를 돕는 활자화된 단서를 말한다. 텍스트 촉구는 구어훈련과 문해기술 통합에 특히 유용할 수 있다. 가령 아동에게 기능어 낱말 세트를 가르치고자 할 때, 치료사는 전형적으로 사물, 사람 또는 행위가 담긴 그림을 훈련자극으로 사용하게 된다. 이러한 언어치료에 문해기술을 통합시키기 위해, 또는 단순히 부가적인 촉구를 만들어 내거나 또는 낱말 산출을 이끌어 내기 위해, 치료사는 각 그림의 아래쪽에 관련 낱말을 활자화할 수 있다(예 : 컵 그림뿐 아니라 활자화된 낱말 컵을 가리키면서 "이게 뭐지? 말해 봐, '컵'"). 결과적으로 치료사는 낱말에 대한 시범 없이, 반응에 대한 촉구로서 활자화된 낱말을 가리키는 방식을 통해 질문("이게 뭐지?")을 던진 것이다. 아직 완전히 읽기를 배우지 않은 아동이라 할지라도 통으로 읽기는 알고 있을 수 있고, 또한 활자화된 낱말로부터 단서를 얻을 수 있다. 결과적으로 아동에게 낱말 읽기를 가르치면서, 치료사는 그림은 소거시키고 오직 활자화된 낱말만을 촉구자극으로 제시할 수 있는 것이다(언어치료에 문해훈련을 포함시키는 상세한 기법에 대해서는 제10장 참조).

　종종 치료사는 아동의 주의를 유지시키기 위해 "날 보렴." 또는 "그림을 보렴."이라는 말을 아동에게 계속해야 할 경우가 있다. 치료사는 이 같은 구어적 지시를 제공하면서 치료사는 동시에 탁자 위에 낱말이 쓰인 큰 카드를 배열시킬 수도 있다. 이어서 치료사는 특정 반응을 촉구하는 활자화된 관련 메시지를 가리킬 수 있다(예 : "날 보렴.", "그림을 보렴.", "조용히 앉아 있어야지." 등).

비언어적 촉구

비언어적 촉구(nonverbal prompt)는 신체적 촉구(physical prompt)라고도 한다. 비언어적 또는 신체적 촉구는 치료사가 목표반응의 정확한 산출을 이끌어 내기 위해 제공하는 다양한 신호나 몸짓을 말한다. 예를 들어, 아동에게 현재진행형 -ing를 가르칠 때, 치료사는 읽고 있는 소년의 그림을 보여주며, "그가 무엇을 하고 있지?"라고 묻는다. 다음 동사 '읽고 있다'를 유도하기 위해 손에 책을 펼치고 있는 것과 같은 제스처를 보여준다. 마찬가지로 질문을 한 후, 치료사가 웃으며 손으로 자신의 웃음을 가리키며 동사 '웃다'를 이끌어 낼 수 있을 것이다. 전치사 '위에(on)를 유도해 내기 위해 치료사는 탁자 위(on)를 두드릴 수 있다. 형용사 '크다, 작다'의 산출을 이끌어 내고자 할 때는 치료사가 큰 또는 작은 것을 암시하는 손동작을 번갈아 대조시킬 수 있다.

촉각 촉구(tactile prompt)는 비언어적 촉구의 특별한 변형으로서 일부 아동, 특히 자폐나 발달장애 아동에게 효과적인 것으로 알려져 있다. 놀이터나 그와 유사한 자연스러운 환경에서의 아동들로부터 구어 개시를 촉구하기 위해 원격조정되는 진동호출기가 사용되기도 한다(Shabani et al., 2002; Taylor & Levin, 1998). 보다 보편적인 촉각 촉구는 아동에게 반응을 산출하도록 촉구하기 위해 아동을 단순히 어루만지는 것이다.

내러티브 기술을 가르침에 있어서, 연속적 활동들이나 간단한 또는 다소 복잡한 이야기를 나타내는 순서화된 사진들 역시 비언어적 촉구로 사용될 수 있다. 순서화된 그림 보조와 함께 이야기를 들려준 후, 치료사는 그 이야기의 나래이션을 유발하는 언어 및 비언어적 촉구(예 : 순서에 맞게 그림을 가리킴) 모두를 사용할 수 있다.

일부 치료사들은 유명한 어린이 동화와 함께 손동작을 하거나 손가락놀이를 이용하여 아동에게서 목표행동을 이끌어 내기도 한다. 어떤 이들은 미국 수화가 특히 중증의 장애 아동들에게 일련의 기능어 교육에 효과적임을 발견할 수 있을 것이다. 낱말 어순 또는 구문구조의 단서를 주기 위해(촉구) 치료사는 손가락 형식(지문자 형태)의 영어를 사용할 수 있는데, 여기서는 손동작과 손가락 철자를 빠르게 실시하고, 이어서 영어 구문이 이어진다. 어떠한 경우에서든 사용되는 모든 촉구 유형은 아동으로부터의 정반응 유도에 꼭 필요한 만큼만 최소로 사용되어야 한다.

촉구의 용암

언어 및 비언어적 촉구는 시범에서와 같은 방식으로 용암시킨다. 부분적 시범은 점차적으로 짧아져서 완전히 소거되기에 이른다. 시범의 음성 강도(크기)도 점진적으로 작아지다가 언어적 촉구가 더 이상 들리지 않게 되고 더는 필요치 않은 시점에 이른다. 비언어적 촉구를 소거시키기 위해 몸짓이나 신호들이 아동의 정반응 산출을 위해 더 이상은 필요치 않게 되는 시점까지 점진적으로 덜 뚜렷해져 간다. 글상자 6.2에는 촉구의 위계가 제시되어 있다.

Hegde와 Davis(1999)에 따르면 치료사가 다음과 같은 지침을 따를 경우 촉구의 용암이 더욱 용이해질 것이다.

- 치료의 초기단계에서 촉구를 보다 자주 사용하라. 정반응이 보다 안정화되면 촉구의 빈도를 점차 낮추어라.
- 큰 소리의 또는 긴 촉구보다는 다소 미세하고 짧은 촉구를 선호하라.
- 언어적 촉구보다는 몸짓 촉구를 선호하라.
- 적절하기만 하다면 완전한 시범보다는 가능한 한 부분적인 시범을 촉구로 사용하라.
- 촉구의 제공은 머뭇거리는 것같이 보이는 첫 신호 또는 오반응이 나타나는 시점에서 지체 없이

글상자 6.2 **촉구 기법의 위계 사용하기**

치료사가 잘 계획된 순서에 따라 제시되는 다양한 촉구를 사용한다면, 어떤 것이 아동에게 잘 맞았는지 또 어떤 것은 그렇지 않았는지 문서로 기록하기가 보다 용이해질 것이다. 예를 들어, 아동이 시범을 모방하지 않는다면 치료사는 그 시범에 생략된 부분을 두드러지게 하는 음성적 강조를 추가할 수 있다. 아동이 그래도 정확하게 따라 하지 못하면 수신호와 같은 신체적 촉구를 추가할 수도 있다. 이 개념은 한마디로 덜 분명한 촉구에서 출발하되 필요하다면 보다 명확한 촉구로 이동할 준비가 되어 있어야 한다는 것이다. 이 과정 속에서 치료사는 연속적 접근의 사용, 즉 점진적으로 보다 나은 반응을 형성하고 강화시켜야 한다. 다음은 '-하고 있다[현재진행형 -*ing*]'를 이끌어 내기 위한 촉구 기법들의 위계에 관한 예이다.

치료사 : [행동이 묘사된 그림을 보여주며] 그가 무엇을 하고 있지? 말해 봐, "그는 달리고 있어(running)."

아동 : 그 달린다(He run).

치료사 : 아니, 나는 완전한 문장을 듣지 못했어. [그림을 치우고 오반응을 기록한다. 그리고 그림을 다시 제시한다.] 그가 무엇을 하고 있지? 말해 봐, "그는 달리고 있어."[목표반응에서 빠져 있는 부분에 음성적 강조를 추가한다.]

아동 : 그는 달린다.

치료사 : 좋아, 그거야! [보다 향상된 반응을 강화함으로써 형성하며]. 하지만 "달리고 있어."라고 말해야 하는 걸 잊지 마.[그림을 치우고 오반응을 기록한 후, 다시 그림을 제시한다.] 그가 무엇을 하고 있지? 말해 봐, "그는 달리고 있어." ['달리고 있어'를 시범해 줄 때 일부 대체적인 수신호를 사용한다. 아마도 검지손가락으로 허공에 선을 그리며]

아동 : 그는 달리…[아동이 머뭇거림. 치료사가 즉시 수신호를 제공하자] 고 있어.

치료사 : 아주 잘했어! 네가 해냈어! [정반응을 기록하며, 촉구한 기법도 기록한다.]

일단 아동이 정확히 반응하고 나면, 치료사는 아동이 오직 시범 단서만으로 정반응할 수 있게 될 때까지 먼저 수신호를, 다음에는 추가되었던 음성적 강조를 제거해 가면서 단서들을 줄여나간다. 정확히 모방된 반응이 연속적으로 다섯 차례 이어지고 나면 이제 치료사는(따라 하기에서) 유도된 시도로 이동해야 한다.

이 간략한 예에서 아동은 세 차례의 시도로 정확한 답을 한 차례 산출하여 33%의 정반응률을 보였다. 이 비율이 회기 내내 이어진다면, 치료사는 아동이 "음성적 강조와 비언어적 촉구가 주어진 시범 시도에서 33%의 정확도를 보임"이라는 진술로 자료를 기록한다.

이루어지게 하라.

● 촉구는 점진적으로 보다 미묘하고 보다 짧은 것으로 줄여나가는 방식을 통해 용암시켜라.

더 복잡한 기술 쌓기 : 형성

연속적 점근(successive approximation)이라고도 하는 **형성**(shaping)은 일련의 단순한 기술을 쌓아 올리는 방식으로 더 복잡한 기술을 가르치기 위해 설계된 치료절차이다. 형성에 관한 고전적 임상연구에서 함묵적 조현병 환자에게 "껌 주세요."라고 말하도록 가르쳤다(Isaacs, Thomas, & Goldiamond, 1960). 처음에는 껌의 일부를 나타내는 입술의 미세한 움직임이 강화되었다. 다음 단계에서는 전혀 차별적이지 못한 음성 반응에, 껌(gum)과 아주 약간만 유사한 음성반응, 그리하여 결과적으로 낱말 산출에 보다 근접한 반응에 대해 강화하여, 마지막에는 "껌 주세요."가 강화되었다. 이 고전적 연구 이후로 형성은 언어치료 기법의 일부가 되었다. 형성은 자폐 아동들에게서 종종 나타나는 자해 또는 공격행동을 대체하는 기능적 의사소통기술의 교육에 효과적인 것으로 입증되었다(Maurice, 1996; Reichle & Wacker, 1993; Shirley et al., 1997).

> 우리가 가진 기술의 대부분이 일상의 삶으로부터 형성된 것이다. 이것은 사람들이 가장 먼저 할 수 있는 바를 행하는 기법이다. 전체 기술보다는 그 기술의 작은 조각들이 더 배우기 쉽다. 우리는 복잡한 모든 기술을 보다 작고, 다루기 쉽고, 쉽게 배울 수 있는 기술들로 쪼갠다. 그다음 우리는 이것들을 다시 합치는 것이다.

아동이 반응을 따라하지 못하거나 해당 반응이 아동이 그 전체를 습득하기에는 너무 복잡하여 이를 더 작은 하위기술 또는 하위단계로 세분해야 할 때 필요한 것이 형성이다. 형성을 사용할 때 치료사는 최종 목표행동을 기술하고, 이후 다시 결합되어 최종 목표산출을 이끌게 될 초기 및 중간단계 기술들을 정의한다(Baldwin & Baldwin, 1998; Malott, Malott, & Trojan, 2000; Martin & Pear, 1999; Hegde, 1998b).

> 형성을 의미하는 또 다른 용어는 무엇인가?

이후 치료사는 아동이 모방하도록 초기기술을 시범하고, 모방된 반응을 강화해 준다. 첫 번째 기술이 시범 없이 산출되면, 치료사는 이어서 두 번째 기술을 시범하고 강화시킨다. 이러한 방식으로 아동이 마지막 단계에 이르러 이전의 모든 기술이 통합된 최종 목표행동을 산출하게 될 때까지 치료가 지속된다.

형성은 무언어 아동 또는 최소한으로만 말하는 아동에게 특히 유용하다. 이런 아동들은 심지어 자신들을 위해 시범된 한 낱말 수준의 간단한 단어조차 따라하지 않는 경우가 있다. 이 같은 아동들을 위한 치료는 이들이 따라하지 않는 소수의 기능적 낱말(예 : 엄마, 주스, 쿠키, 바이바이) 산출부터 시작된다. 예를 들어, 엄마(Mommy)를 따라하지 않는 아동에게 이 낱말을 가르치고자 할 때, 치료사는 목표낱말로 형성될 수 있는 초기 반응을 강화시킨다. /m/의 산출을 위해 그저 두 입술을 모아 조음 자세를 취하는 것만으로도 초기의 간단한 반응이 될 수 있다. 그다음 치료사는 단계를 높여, 아동이 강화를 얻으려면 /m/ 소리산출을 위해 두 입술을 붙여 소리내야 하는 다음 절차로 이동한다. 이 같은 초기 반응들로부터 최종적

> 치료사가 처음부터 목표행동이 완벽하게 모방되어야 한다고 고집한다면, 아동은 오랜 시간 동안 단지 교정적 피드백만을, 그리고 고작해야 얼마 되지도 않을 강화만 받는 기간을 감내해야 할 것이다. 아동이 초기에 치료사의 시범을 완전하게 모방하지 않을 때는 이 같은 문제를 막기 위해 치료사가 형성 절차를 사용해야 하는 것이다.

반응을 향하여 보다 복잡한 속성들이 점진적으로 추가되면서 목표반응이 형성될 수 있는 것이다. /m/ 소리는 Ma로 형성될 수 있으며, 이것은 다시 Mom으로, 그리고 종국에는 Mommy로 형성될 수 있을 것이다.

아동기 언어장애치료에서 반응을 형성해 내기 위해서는 다음과 같이 수행한다.

- 목표행동을 정의하라.
- 아동이 모방하거나 추가적인 단서(손짓을 통한 안내, 촉구 또는 지시)를 통해 산출할 수 있는 초기 반응에 대해 기술하라.

- 이후 형성이 이루어져 목표행동 산출로 이어지게 될 중간단계 반응에 대해 기술하라.
- 초기 반응 및 해당 반응을 강화시키는 방식으로 치료를 시작하라.
- 초기 반응이 안정적으로 산출되면 다음 단계의 중간 반응으로 이동하라.
- 중간 반응 중 어느 하나가 안정적으로 산출되는 시점마다 최종 반응을 향한 바로 다음 단계의 요소들로 치료를 전환하라.
- 최종 반응으로 치료를 종결하라. 이에 대한 더욱 많은 훈련을 제공하라.
- 부가적 언어요소들을 추가하여 구나 문장 형성으로 나아가라.

도움의 손길 주기 : 수동식 안내

일부 아동들, 특히 중증의 장애를 지닌 아동들은 반응산출을 위해 신체적 도움을 필요로 한다. 신체적 안내라고도 하는 **수동식 안내**(manual guidance)는 아동이 움직임을 실현할 수 있도록 치료사가 제공하는 온화하지만 확고한 신체적 도움으로 구성되어 있다(Baldwin & Baldwin, 1998; Hegde, 1998b; Malott, Malott, & Trojan, 2000). 예를 들어, 낱말 *Mommy*의 산출을 형성시키는 동안, 아동이 두 입술을 힘주어 붙이는 초기 반응을 모방하지 않을 경우, 치료사는 엄지와 검지손가락을 이용하여 아동의 입술을 제 위치로 부드럽게 이끌고, 입술이 서로 접촉하자마자 아동에게 강화를 제공한다.

수동식 안내는 주어진 언어적 교시 또는 지시에 대한 정확한 비언어적 반응을 점검하는 방식으로 언어이해를 가르치고자 할 때 유용하다. 예를 들어, 아동에게 1단계 지시 따르기를 가르칠 때, 치료사는 아동에게 "공을 상자에 담아."라고 말하면서 손으로 아동의 손을 잡아 공을 집어 상자에 넣도록 이끌 수 있다(사진 6.1은 수동식 안내의 예).

수동식 안내는 다른 형태의 비언어적 의사소통을 가르칠 때 역시 이용될 수 있다. 일부 아동들은 신체적으로 또는 인지적으로 또는 두 가지 모두에서 너무 열악하여, 구어 및 언어습득은 적어도 초기 치료목표로 정하기에는 비현실적인 목적일 수 있다. 이러한 아동들을 위해서는 보완대체의사소통(Augmentative and Alternative Communication, AAC) 체계가 의사소통수단이 될 수 있다. AAC는 언어병리학의 특화된 영역이며, 제15장의 주제이다. AAC 체계를 가르칠 때 수동식 안내가 사용될 수 있는데, 여기서 아동은 의사소통을 위해 활자화된 메시지, 그림 신호 또는 상징 가리키기를 할 필요가 있다. 수동식 안내는 정확한 메시지를 가리키지 못하는 아동에게 도움을 줄 수 있을 것이다. 치료사는 손과 손을 겹쳐 잡는 식의 수동식 안내를 사용하여 여러 그림 가운데 특정 그림을 가리키게 할 수 있다. 예컨대 탁자 위에 두 장의 그림을 놓고, 치료사는 "컵을 가리켜라."라고 지시하며, 아동의 손가락이 컵 그림을 향하도록 잡아 이끌 수 있다.

수동식 안내의 용암

수동식 안내는 가능한 한 신속하게 용암시켜야 한다. 치료사는 손을 완전히 겹쳐 잡는 조작에서 부드러운 터치로 이동하며, 결국 아동이 독립적으로 행동을 수행할 수 있게 되면, 수동식 안내가 전혀 없는 상태로 옮겨간다.

앞서 소개된 예의 어떠한 사례에서도 이 같은 방식의 용암이 이루어질 수 있다. 낱말 *Mommy*의 초성 /m/의 산출과 관련하여, 수동식 안내는 치료사가 부드럽지만 확고하게 아동의 두 입술을 압박하는 것으로 시작하게 된다. 아동이 /m/ 소리 실현을 배우고 나면, 치료사는 아동의 입술에 가하는 압력을 점차 감소시키고, 다음에는 손가락을 아동의 입술 가까이에 두되 입술에 접촉시키지는 않다가, 입술로부터 손을 단계적으로 멀어지게 함으로써 결국에는 수동식 안내가 완전히 사라지게 한다.

1단계 지시 따르기를 배우는 소년의 예에서, 치료사는 "공을 상자에 담아라."라는 지시를 돕기 위해 완전히 손을 겹쳐 잡는 것으로부터 아마

사진 6.1 도움의 손길 주기 : 부모가 수동식 안내를 사용하여 아동이 노란 블록을 파란 블록 위에 올려놓도록 돕고 있다.

도 공을 향해 부드럽게 손을 밀어주는 정도로 신체적 조작을 감소시켜 나가다가 소년이 자기 스스로 반응하게 되면 이를 완전히 철회시킨다. 중증장애를 가진 아동에게 메시지 가리키기 기술을 가르치는 경우에서도 치료사의 손을 겹쳐 잡기 도움을 마찬가지 방식으로 용암시킬 수 있다.

수동식 안내는 아마도 이 장에서 논의된 것 중 가장 침습적인 기법일 것이다. 이것은 꼭 필요할 경우에만 가능한 한 최소로 사용되어야 하며, 신속하게 용암되어야 한다. 이것은 아동이 정반응 산출을 위해 치료사의 수동식 안내에만 의존해 버리게 될 가능성을 막아줄 것이다.

▨▐▨ 그저 단순히 말해 주기 : 지시

수동식 안내뿐 아니라 이 장에서 언급된 다른 기법들의 효율성은 치료사의 **지시**(instruction), 즉 행위 수행 방식에 대한 구어적 지시가 수반되었을 때 더욱 강화될 것이다. 전형적으로 지시는 시범, 정적 강화(positive reinforcement) 또는 차별적 강화(differential reinforcement)가 포함된 기타 유형의 행동 연계와 조합된다(Baldwin & Baldwin, 1998; Ringdahl et al., 2002). 아래와 같이 단순히 명령 이후 수동식 안내가 이어지는 장면이 쉽게 일어날 수 있음을 상상해 보라.

치료사 : [아동 엄마의 사진을 제시한다.] 이게 누구야? 말해 봐, "Mommy" [손을 뻗어 아동의 두 입술 을 함께 누른다.]

이 장면을 아래와 비교해 보라.

치료사 : 우리가 "Mommy"라고 말하려면 두 입술을 붙여야 할 필요가 있단다. 날 보렴.[산출을 시연해 준다.] "Mommy" 내가 입술을 어떻게 모았는지 보고 있니? 한번 해보자.[엄마 사진을 제시한다.] 이 게 누구지? 말해 봐, 'Mommy'. 이제 내가 네 입술을 붙일 수 있도록 도울 수 있도록 해줘.[손을 뻗어 아동의 두 입술을 함께 누른다.]

두 번째 장면에서는 치료사가 시연과 함께 지시를 제공하였다. 지시는 배워야 할 기술을 설명한다. 아동 언어장애치료에 있어서 지시는 목표행동을 설명하고, 자연스러운 환경에서 목표행동이 어떠한 조건하에서 산출되어야 하는지, 그리고 언제가 적절한지, 그것을 어떻게 산출하는지 명시하는 것이 다. 일반적인 언어 목표행동을 위해 제안되는 지시가 표 6.1에 제시되어 있다.

비록 제시된 두 번째 장면은 치료사나 내담자의 민감성에 더 호소하는 것이기는 하지만, 지시의 효 율성(지시 단독의, 또는 다른 절차와 결합되었을 때의)은 실험적으로 거의 평가된 바 없다. 우리는 일 상생활에서 많은 기초기술의 습득을 위해 지시에 의존하는 경우가 많으므로 지시가 치료회기에 통합 되며, 아마도 치료 개시 시점에서는 상당한 역할을 하리라는 것은 쉽게 가정할 수 있다.

지시는 시연(demonstration)과 짝을 이루었을 때 더욱 유용할 것이다. 시연은 시범과 유사하지만 따라하도록 기대되는 것은 아니다. 치료사는 내담자에게 모방할 것을 요구하지 않은 채로 무엇인가를 어떻게 하는지 그저 보여주는 것일 뿐이다. 대조적으로 조작적 시범(이 장 및 이전 장에서 논의된 시범의 한 유형)을 사용할 때, 치료사는 시범

▨ 시연과 시범의 차이점은 무엇인가?

의 즉각적인 모방을 요구한다. 시연과 시범의 또 다른 차이점은 치료사가 조작적 시범에 앞서 제공하 는 단순한 명령(예 : "무엇을 보고 있지? 말해 봐, '나는 두 마리 고양이를 본다.'")과는 달리 시연에는 훨씬 더 상세한 지시가 종종 수반된다는 것이다.

표 6.1

일부 보편적인 언어 목표행동을 위한 지시

지시 뒤에는 즉각적으로 독립적인 시범회기의 제시가 이어져야 한다.
지시를 제공할 때 목표행동에 대한 음성적 강조를 사용한다.

목표행동	수준	제안되는 지시
규칙복수 -s(ducks의 /s/, balls의 /z/, houses의 /ez/)	낱말	내가 이것 중 하나를 보여주면 [사물 한 개의 그림을 보여줌. 예 : a duck], "duck"이라고 말해라. 그러나 두 개 이상을 보여주면 [두 마리 이상의 오리를 보여줌] "ducks"라고 말해라. 끝소리에 /s/를 넣는 것을 기억해라!
불규칙복수(각각 별도의 목표행동)	낱말	내가 이것 중 하나를 보여주면 [사물 한 개의 그림을 보여줌. 예 : foot] "foot"이라고 말해라. 그러나 두 개 이상을 보여주면 [two feet을 보여줌] "feet"이라고 말해라.
전치사(in, on, under, over, behind, between 등)	구	여기 인형이 있고 [인형과 의자로 시연함], 내가 어디에 있냐고 물으면, "on the chair"라고 말해라[가르쳐야 할 각각의 전치사에 대해 시연함].
현재진행형 -ing	낱말	지금 현재 누군가 무엇인가를 하고 있을 때는 낱말의 끝에 "ing"를 말해라. 그러니까 내가 이와 같은 그림을 보여주고 [행동이 묘사된 그림을 보여줌] "그가 무엇을 하고 있지?"라고 물으면 너는 "running"이라고 말해라.
조동사 is와 현재진행형 -ing	문장	이 그림을 보렴. 그녀는 지금 무엇인가를 하고 있어. 그녀는 읽고 있어(She is reading). 따라서 내가 이런 그림을 보여주고 "그녀가 무엇을 하고 있지?"라고 물으면 "She is reading"이라고 말해라. 문장 전부를 말해야 함을 기억하라!
3인칭 현재시제 -s(eats의 /s/, sings의 /z/, washes의 /ez/)	낱말 또는 문장	이 그림을 보렴. 어린 소녀가 무엇인가를 하고 있지. 그녀는 잠을 자(She sleeps). 따라서 내가 이런 그림을 보여주고, "그녀가 무엇을 하고 있지?"라고 물으면, 너는 "sleeps" [또는 "She sleeps"]라고 말해라.
소유격 -s(Jack's의 /s/, Daddy's의 /z/, Maurice's의 /ez/)	낱말, 구, 또는 문장	여기 모자가 있어. 이것은 엄마(Mommy)의 것이야. 그러니까 내가 이 모자가 누구 것인지 물으면, 너는 "Mommy's"[또는 "Mommy's hat", 또는 "It's Mommy's hat"]이라고 말해라.
규칙 과거시제 -d(cried의 /d/, walked의 /t/, tasted의 /ted/)	낱말, 구, 또는 문장	네가 지금 웃고 있다면, 너는 "I laugh"라고 말해라. 그러나 네가 웃음을 그쳤다면, 너는 "I laughed."라고 말해라.
불규칙 과거시제(각각 별도의 목표행동)	낱말, 구, 또는 문장	우리는 어느 정도 과거에(어제처럼) 일어난 일들에 대해 말할 수 있도록 도와주는 몇 가지 특별한 낱말들에 대해 공부할 거야. 이 그림을 보렴. 지금 현재 그는 현재 피자를 먹고 있어. 어제, 그는 피자를 먹었어(Right now, he is eating pizza, Yesterday, he ate pizza).

　아동에게 언어 목표산출에 필요한 지시를 제공할 때, 아동이 이해할 수 있도록 간단하고 명료한 언어를 사용해야 한다. 지시는 경험이나 구체적 예와 연합된 것이어야지 언어 규칙과 관련된 것이어서는 절대 안 된다. 예를 들어, 복수의 -s 산출을 위해 치료사는 아동에게 "좋아, 자니, 영어의 복수용법

규칙에 따르면, 한 개 이상의 사물을 언급할 때는 유성음화되지 않는 음소로 끝나는 규칙 복수 낱말에는 -s를 첨가해야 한단다.”라고 말하지는 않을 것이다. 오히려 치료사는 복수의 -s가 사용되는 구체적인 일상 환경을 강조하거나 그림자극으로 지시를 설명하거나, 그리고 목표 형식의 산출을 예시해 주면서 아동에게 비기술적인 용어로 목표행동을 설명할 것이다. 그다음의 지시는 아래와 유사한 내용일 것이다.

치료사 : 자니, 내가 이것 중 하나를 보여주면 [자니에게 한 마리의 고양이 그림을 보여주며], 너는 ‘고양이’라고 말해. 그러나 내가 둘을 보여주면 [자니에게 두 마리의 고양이 그림을 보여주며] 너는 ’고양이들’이라고 말하렴.

지시는 대화기술(conversational skills)(화용적 언어행동) 확립에 가장 유용하다. 대화기술이 적합하게 사용될 수 있는 사회적 조건에 대해 설명하는 것이 아동에게 유용할 수 있다. 예를 들어, 대화 수정을 가르치고자 할 때, 아동에게 “누군가가 말한 어떤 부분에 대해 이해하지 못했을 때는 ‘뭐라고 하셨죠?’라고 물으렴.”이라고 말해줄 수 있을 것이다. 사회적 관례에 대해 가르치고자 할 때, 치료사는 사회적 상황과 그 관례에 대해 설명하고 시연해 보일 수 있다. 이를테면, “우리가 누군가를 처음으로 만났을 때 우리는 그 사람을 바라보며, 손을 흔들며, ‘안녕하세요?’라고 말하렴” 또는 “네가 누군가의 앞을 지나쳐 가야 한다면, 너는 ‘실례합니다’라고 말하렴.”이라고 지시하는 것이다. 이 같은 지시 다음에는 이에 대한 시범 행동이나 그에 대한 강화가 이어질 필요가 있다.

치료사는 아동에게 주어진 지시를 반복하도록 요구해야 한다. 이것은 지시에 대한 아동의 이해를 평가할 수 있도록 도우며, 필요하다면 지시를 반복하거나 확장할 수 있는 기회를 제공해 줄 수 있다. 수용언어장애 아동의 경우, 지시 이해에 대한 빠른 평가가 특히 중요하다. 아동의 수행 정도에 따라 치료의 전 과정 동안 지시가 주기적으로 반복되어야 할 필요도 있다. 그뿐만 아니라 치료가 새로운 수준으로 이동하는 매 순간 새로운 지시가 주어져야 한다.

요약하자면 언어장애로 치료를 받고 있는 아동들에게 지시를 제공할 때 치료사는 다음과 같은 바를 행해야 한다.

- 지시를 제공할 때는 간단하고 직접적인 언어를 사용하라.
- 지시와 시연을 조합시켜라.
- 주어진 지시에 대한 아동의 이해 정도를 평가하라.(아동에게 지시를 따라해 보도록 요구하라.)
- 필요하다면 지시를 반복하거나 명료화해 주어라.
- 치료가 동일한 목표행동의 새로운 수준으로 이동하거나 또는 전혀 새로운 목표행동으로 이동할 때는 새로운 지시를 제공하라.
- 지시를 전반적인 치료전략의 일환으로 사용하라.

지금까지 우리는 언어장애 아동으로부터의 정반응 유도를 도울 수 있는 다양한 기법에 관해 설명하였다. 자극-반응-후속결과라는 치료의 연쇄에서 이 같은 기법들은 **자극**의 고리가 된다.

치료과정에서 아동이 치료사가 제시한 자극 사건에 대해 나타낸 **반응**(response)이 정확하다면, 치료사는 이 정반응이 미래에 산출될 가능성을 증대시키도록 역할을 담당하는 **후속결과**(consequence)를 제공해 주어야 한다. 아동의 반응이 정확하지 않았다면, 치료사는 이 오반응 및 이와 유사한 오반응의 미래 산출 가능성을 감소시키는 기능을 할 만한 다른 후속결과를 제공해야 한다. 이 같은 목적을 달성하기 위해 치료사는 두 가지 세트의 기법을 필요로 한다. (1) 정반응을 증가시키기 위한 것과 (2) 오반응(침입적 행동—치료를 방해하는 아동의 행동—을 포함하여)을 감소시키기 위한 것. 우리는 먼저 이 두 가지 후속결과 유형 중 첫 번째진 정반응을 증가시키는 기법에 관한 논의로 다음 절을 시작할 것이다.

더 많이 말하도록 유도하기 : 언어기술 증진기법

실질적으로 모든 치료사는 자신들이 다루는 아동들에게 피드백을 제공한다. 아동들은 이러한 피드백 없이는 좀처럼 배우지 못한다. 피드백이 기술적으로 개념화되고, 체계적으로 사용되면 바람직한 기술이 증가되고 그렇지 못한 행동은 감소될 수 있다. 기술적으로 피드백이란 반응이 나타난 직후 제공되는 후속결과이다. **후속결과**는 여러 결과를 달성시키기 위해 다양한 방식으로 제공될 수 있다. 다시 말하자면 이것은 강화나 교정 중 하나일 수 있다. 기술을 증가시키는 후속결과는 강화이며, 감소시키기 위한 것은 교정이다. 아동의 정반응 직후 치료사가 제공하는 후속결과는 해당 반응을 강화시키는 것이어야 한다 (Baldwin & Baldwin, 1998; Hegde, 1998b; Malott, Malott, & Trojan, 2000; Martin & Pear, 1999).

> 어떠한 사건이 강화물인가를 결정하는 두 가지 요인은 무엇인가?

강화물(reinforcer)(예 : 언어적 칭찬, 토큰)이 되려면, 반응이 나타난 바로 직후에 후속결과가 제공되어야 하며, 이것은 정반응률을 증가시키는 것이어야만 한다. 정반응률이 증가되지 않는다면, 그 후속결과는 사실상 강화물이 아니다. 정반응률의 추이를 기록한 자료를 수집하면 특정 후속결과가 강화물이었는가의 여부를 알 수 있게 될 것이다. 이는 주관적이지 않은 객관적인 평가가 된다. 치료사와 아동이 강화를 위해 사용된 것에 대해 좋다고 느끼더라도 정반응률의 증가가 없다면 이 같은 좋은 감정에 이어지는 실질적인 강화는 존재하지 않는 것이다.

> 샐리의 학교 언어치료사는 정반응을 보일 때마다 샐리가 그림의 특정 부분들을 색칠해 넣을 수 있도록 해주었다. 정반응 비율이 증가하기 시작했다. 샐리는 색칠하기를 즐겼다. 그렇지만 세 회기가 지난 후, 샐리의 정반응률이 정체되기 시작했다. 비록 색칠하기 활동은 여전히 강화적인 것처럼 보였으며, 아동과 언어치료사 모두 이 행동을 좋아했음에도 불구하고, 이는 더 이상 강화물이 아니었다.

그렇다면 어떤 강화물이 한 특정 아동에게 진짜 강화물이 될 것인가의 여부는 실제로 치료가 시작되기 전에는 예측할 수 없는 것이다. 치료사는 아동의 정반응 강화를 위한 최상의 방식을 찾기 전에 먼저 여러 종류의 후속결과를 실험해 볼 필요가 있을 것이다. 치료를 개시하기에 앞서서 치료사는 아동이나 아동의 부모 또는 교사에게 아동의 흥미에 관해 물어봄으로써 아동에게 무엇이 강화적인 것인지를 평가할 수 있을 것이다.

한 아동에게 강화 기법이 다른 아동에게도 그러리란 법은 없다. 예를 들어, 능동적인 아동은 치료회기의 마지막 5분 동안 치료사와의 공차기 놀이 기회를 위해 열심히 노력할 수 있을 것이다. 다른 아동은 특별한 그림에 색칠하기나 책 표지에 붙일 스티커 고르기를 반응에 대한 후속결과로 택했을 때 잘 반응할 수 있을 것이다. 치료사는 심지어 동일한 아동에게조차 치료의 전 과정 내내 특정 후속물이 언제나 효과적일 것이라고 가정할 수는 없다. 활용 가능한 다양한 후속결과들을 마련하고 치료회기 내내 이를 적용할 준비가 되어 있어야 한다.

여러 유형의 강화물이 존재하며, 이것들은 모두 강화 원칙의 절차적 용례이다. 아동 언어장애를 다룸에 있어서 가장 보편적으로 사용되는 절차는 정적(postive) 강화이다.

강화의 두 가지 주요 절차는 무엇인가?

정적 강화의 두 가지 일반적 범주는 (1) 일차적 강화와 (2) 이차적 강화이다(Baldwin & Baldwin, 1998; Hegde, 1998b; Malott, Malott, & Trojan, 2000; Martin & Pear, 1999).

일차적 강화

일차적 강화(primary reinforcement)란 강화를 받는 수령인에게 생물학적 가치를 지니는 후속결과를 배열함으로써 목표기술을 증가시키는 방식이다. 종(種)의 생물학적 생존을 촉진하는 후속결과를 **일차적 강화물**(primary reinforcer)이라 한다. 음식, 마실 것, 그리고 은신처와 같은 것들이 일차적 강화의 예이다. 이것은 그 효과가 학습될 필요가 없는 강화물이다. 인류는 자연스럽게 일차적 강화물을 추구하게 마련이다. 따라서 심지어 학습장애 아동조차도 일차적 강화에는 반응을 하게 된다.

먹을 것과 마실 것은 아동 언어장애를 다룰 때 가장 유용하다. 치료사는 아동의 정반응 직후에 아동이 좋아하는 약간의 아침식사용 시리얼이나 주스 같은 음식류를 제공함으로써 이를 강화할 수 있다. 음식류의 제공이 행동의 '자연스러운' 후속결과일 필요는 없다. 일차적 강화는 이를테면 명사 이름 대기나 형용사 산출과 같은 어떠한 언어행동이든 이를 증가시키도록 사용될 수 있다. 그렇지만 아동에게 요구하기 또는 요청하기를 가르칠 때는 먹을 것이나 마실 것 모두 강력하면서도 자연스러운 강화물일 수 있다. 예를 들어, "난 주스를 원해요." 또는 "과자 좀 줄래요?"와 같은 요구하기를 가르치고자 할 때는 해당 요구에 명시된 바로 그 후속결과야말로 유일한 강화물이 되는 것이다.

치료실에서 아동 언어장애를 다룰 때 일차적 강화물을 사용하는 단점은 몇 가지가 있다. 첫째, 특정 후속물(예 : 음식류)을 요구하는 것 외의 언어적 반응에 대한 일차적 강화물은 자연스럽지 못하다. 가정이나 학교에서 아동들은 사물 이름 대기나 대화 주제 유지의 결과로 일차적 강화물을 받지는 않는다. 따라서 치료실에서 언어행동 확립을 위한 일차적 강화물의 사용은 아동의 자연스러운 환경에서 그 행동의 일반화나 유지를 촉진시키지는 않는다. 이러한 문제를 최소화하기 위해 치료사는 언제나 일차적 강화물을 따뜻한 언어적 칭찬 형식의 사회적 강화물("좋아!", "바로 그거야!", "맘에 들어!" 등) 과 짝지어야 한다. 일차적 강화물을 사회적 강화물과 결합시킴으로써 치료사는 아동이 언어적 칭찬, 다시 말해 아동들이 자연스러운 환경에서 마주칠 가능성이 훨씬 높은 강화 유형 하나만으로도 반응하는 법을 배울 수 있도록 일차적 강화물을 점진적으로 줄여나갈 수 있다.

둘째, 일차적 강화물이 효과를 내기 위해서는 아동은 최소한 이에 대한 어느 정도의 결핍을 느끼고 있었어야 한다. 학교에서 아동들은 점심시간 이후의 수업에서는 그 이전의 수업일 때에 비해 음식 때문에 더 열심히 공부할 가능성은 적다. 물론 아동에게 먹을 것이나 마실 것을 지나칠 정도로 결핍시키는 것과 관련된 윤리적 문제도 있다. 그럼에도 불구하고 아동과 가족 모두 받아들일 수 있을 만한 약간의 제약은 가능하다. 가령 부모에게 언어치료를 받으러 오는 길에 햄버거, 감자튀김, 콜라 같은 패스트푸드 식사를 사주지 말라고 완곡히 설득할 수 있다.

셋째, 설사 치료회기에 앞서 음식류에 대해 약간의 욕구만 있는 아동이었다 할지라도 일차적 강화물은 지나친 포화효과를 가져온다는 또 다른 단점이 있다. 예를 들면 치료 초반부에는 소량의 아침식사용 시리얼이 훌륭한 강화물로 작용할 수도 있을 것이다. 그러나 치료가 진행됨에 따라 아동은 말 그대로 배가 부를 것이고, 따라서 더 이상 '음식을 위해 노력'하려고 하지는 않을 것이다. 만일 아동이 너무나 배가 부르다면 실질적으로 오히려 음식의 제공을 피하고자 노력할 것이고, 이는 정반응률에 있어서의 불행한 결과를 가져올 것이다. 치료사 입장에서 이 같은 문제를 예방하기 위한 방식은 약간의 음식은 제공하되 모든 반응마다 다 주지는 않는 것이다.

넷째, 치료실에서의 일차적 강화물 사용과 관련된 일부 실제적인 문제들이 있다. 음식류 때문에 지저분해질 수 있고, 반응에 맞게 제때 제공하기도 쉽지 않으며, 이로 인해 반응과 강화물 제공 간의 시간적 지체가 초래된다. 아동이 음식을 씹어 삼킬 때까지 기다리는 일도 귀중한 치료시간의 낭비를 초래한다. 예를 들어, 아동이 아기곰 모양의 젤리를 다 먹을 때까지 기다려 본 치료

> 용어에 대한 요약 : **강화**는 행동을 증가시키는 한 절차이다. **강화물**은 행동을 증가시키도록 개인에게 주어지는 특정 후속결과이다.

사라면 누구든 이 같은 문제를 겪어 보았을 것이다. 일부 치료사들은 치료가 끝난 후 음식 강화물이 담긴 컵을 아동에게 내밀 것이다. 그렇지만 종종 일차적 강화물을 사용할 수 있는 대상이라 할 수 있는 지적장애 아동들에게 이는 임상적 실제에 맞지 않는 것이다.

다섯째, 삼킴장애(swallowing difficulties) 아동의 경우, 신경학적 문제로 인해 일차적 강화물을 사용할 때는 극도의 주의가 요구된다(상세한 내용은 제14장 참조). 치료사가 삼킴장애 관리에 대한 훈련까지 받은 것이 아니라면 강화물로 음식을 활용하는 것은 안전하지 못할 수도 있다. 문제가 상대적으로 가볍고 아동이 가정에서 최소한의 도움만으로 스스로 먹어 왔다면 빨리 흡수될 수 있는 음식이 선호

될 것이다. 아동이 안전하게 먹을 수 있는 음식에 대해 부모로부터 안내를 받거나 또는 삼킴장애 전문가로부터의 자문을 받는 것이 안전한 강화물 선택을 도울 것이다.

여섯째, 아동 및 가족 특정적인 건강 관련 사안이나 섭식 취향으로 인해 강화물로 음식을 사용하는 일이 어려울 수 있다. 일정 유형의 일차적 강화물을 사용하기에 앞서서 치료사는 부모로부터 이들이 일차적 강화물 사용을 승인하는가의 여부를 확인해야 한다. 부모가 동의했다면 치료사는 아동이 특정 음식에 대한 알레르기가 있는지, 일정 유형의 섭식조절 과정에 있지는 않는지 또는 일부 부모가 반대하는 음식은 없는지에 대해 추가적으로 확인해야 한다. 삼킴장애와 마찬가지로 알레르기 역시 생명을 위협할 수 있으며 따라서 매우 신중하게 다루어야 한다. 장애 또는 만성질환을 겪는 여러 아동에게 특정 음식을 금지하거나 제한하는 특별한 섭식조절이 실시된다. 어떠한 경우에서든 음식 아이템에 대한 부모의 승인 및 취향에 대한 정보가 언제나 확보되어 있어야 한다.

이 같은 단점에도 불구하고, 음식은 무언어 또는 최소한만 언어적이고, 언어적 칭찬에는 좀처럼 반응하려 들지 않는 중증의 장애 아동들에게 특히 효과적인 일차적 강화물이다. 치료사는 일부 아동들의 경우 음식이나 마실 것을 주는 것이야말로 치료의 초기단계 동안 정반응이 강화될 수 있는 오로지 유일한 방식임을 알아차리곤 한다. 그러므로 치료사는 초기의 행동 확립을 위한 일차적 강화물의 제공을 주저하지 말되, 다만 이러한 강화물은 가능한 한 신속하게 줄여나가려고 해야 한다.

이차적 강화

기술 증가를 위한 사회적 후속결과 사용을 **이차적 강화**(secondary reinforcement)라 한다. 일차적 강화와는 달리 사회적 결과의 효과는 과거의 학습에 따라 달라진다. 이것의 강화효과는 과거의 경험에 의한 것이다(Baldwin & Baldwin, 1998; Hegde, 1998b; Malott, Malott, & Trojan, 2000; Martin & Pear, 1999). 사람들은 자신들의 사회적 문화와 환경과의 상호작용의 결과물로서의 이차적 강화에 반응하는 법을 배운다. 치료사가 아동의 정반응률 증가를 돕기 위해 사용할 수 있는 이차적 강화에는 다양한 유형의 방식이 존재한다. 여기에는 사회적 강화, 정보 피드백, 조건화된 일반화된 강화, 그리고 개연성 높은 행동의 사용 같은 것들이 포함된다.

사회적 강화. 이차적 강화의 한 형태인 **사회적 강화**(social reinforcement)는 사회적으로 중개되는 후속결과로 이루어진다. 우리가 이 장의 앞부분에서 설명한, 아동에게 주어지는 따뜻한 언어적 칭찬은 언어장애치료에 사회적 강화의 사용이 어떻게 통합될 수 있는지를 보여준다. 언어적 칭찬만이 오로지 유일한 사회적 강화물은 아니다. 아동에게 주의를 기울이고, 얼굴과 얼굴을 맞댄 눈맞춤, 미소 짓기, 그리고 어깨를 토닥토닥 두드려 주는 일 등이 모두 사회적 강화물들의 예라 할 수 있다.

치료의 초기단계에서는 사회적 강화가 일부 다른 유형의 강화와 짝지어졌을 때 더욱 효과적이다.

일차적 강화물(예 : 음식이나 음료)과 기타 유형의 이차적 강화물(예 : 이 절의 후반부에 설명될 스티커나 토큰) 모두 사회적 강화물과 결합될 수 있다. 사회적 강화물을 기타 유형의 강화물과 결합시키는 이점은 후자가 먼저 용암될 수 있다는 점이다. 반응률이 한동안 오직 사회적 강화물의 사용만으로도 유지되면, 이 강화물 역시 일상의 상호작용에 고유한 사회적 강화에 가까워질 때까지 점진적으로 감소시킬 수 있다. 예를 들어, 외현적인 언어적 칭찬(예 : "네가 낱말 끝에 -s를 붙였구나! 좋았어!")은 소거되고, 단지 보다 자연스러운 미소, 눈맞춤, 끄덕임 등만이 강화물로 남아 있게 될 것이다.

　이 밖에도 사회적 강화 사용의 여러 장점이 있다. 아동들은 자연스러운 환경 속에서 사회적 강화를 받는 것을 무척 좋아한다. 아동의 환경 내에 속한 사람들에게 이를테면, "와, 네가 지금 정말 말을 하고 있다니!" 또는 "네가 말하는 것 좀 봐!"(이 외의 사회적 강화물에 대한 제안은 글상자 6.3 참조)와 같은 진술을 통해 아동의 새로운 언어행동을 강화시켜 주도록 교육시키는 일도 용이하다. 그러므로 사회적 강화의 사용은 아동이 자연스러운 환경 내에서 새롭게 습득한 언어행동의 유지를 촉진시키는 데 도움을 줄 것이다.

　또한 사회적 강화물에는 일차적 강화물 사용을 능가하는 몇 가지 분명한 이점들이 있다. 사회적 강

글상자 6.3 **"잘했어!"라는 말 대신 쓸 수 있는 문장**

사회적 강화는 따뜻함, 열정, 다양성과 함께 제공되어야 한다. 너무나도 많은 치료사들이 치료회기 내내 그저 반복적으로 "잘했어!"라고 말하는 상투적인 습관에 익숙해져 있다. 여기 여러분의 사회적 강화 제공을 다양화시켜 주는 예가 몇 가지 있다.

1. 그거야!
2. 네가 해냈구나!
3. 바로 그거야!
4. 딱 맞았어!
5. 훨씬 더 좋아졌구나!
6. 네가 말하는 방식이 맘에 들어!
7. 네가 그걸 말할 수 있다는 걸 알게 되었어!
8. 뭐라 말해야 할지 알고 있구나!
9. 난 네 말을 듣는 게 좋아!
10. 그래! 하이파이브!
11. 헤이! 잘 맞혔어!
12. 정말 좋은 문장이야!
13. 정확히 맞았어!
14. 너한테 잘 어울려!
15. 대단한데!
16. 그렇게 하는 거야!
17. 완벽해!
18. 정말 훌륭해!
19. 헤이, 할 말을 잘 기억하고 있었구나!
20. 바로 그렇게 말하는 거야!
21. 넌 정말 정확히 말했어!
22. 너 이걸 정말 잘하는구나!
23. 네가 해냈어!
24. 더 이상 잘할 순 없어!
25. 그동안 한 것 중 최고야!
26. 정말 최고야!
27. 좋아! 계속 그렇게만 해!
28. 멋지게 해냈어!
29. 와! 진짜 잘하는데!
30. 정말 스스로 잘 말하는구나!

화는 결여감에 따라 달라지지 않으며, 포화효과가 나타나지도 않으며, 또한 치료과정을 방해하지도

누구든 칭찬 받는 것이 지겹다고 말하는 사람을 본 적이 있는가?

않는다. 앞서 강조한 바와 같이 사회적 강화는 일차적 강화를 용암시키는 일에도 역시 효과적이다.

이 같은 뚜렷한 이점에도 불구하고, 사회적 강화물 역시 몇 가지 한계는 있다. 이 중 하나는 사회적 강화 그 자체만으로는 거의 대부분 언어치료사의 서비스를 요구하는 매우 중증의 언어장애 아동들을 동기화시키기에는 충분치 못하다는 점이다. 구어 목록이 극단적으로 제한된 이런 아동들은 언어적 칭찬으로 강화되기 힘들다. 심지어 장애가 그렇게까지 중증은 아닌 아동들이라면 기타 유형의 강화물과 결합된 사회적 강화는 종종 치료 초기단계에서의 기초적 언어기술 확립에는 더 효과적일 수 있다. 또 다른 한계는 "잘 말했어!"나 "컵이 아니라 컵들이라고 말했구나!" 등과 같은 진술이 포함된 외현적인 사회적 강화는 다소 인위적이라는 것이다. 이것은 대화 교환의 흐름을 방해한다. 그러므로 앞서 제안된 바와 같이, 치료사는 외현적인 사회적(언어적) 강화는 줄여나가며, 미소, 어루만짐, 고개 끄덕임, 인정해 주기("그래!" 또는 "나도 그렇게 생각해!") 등과 같은 내현적인 사회적 강화를 유지시켜 아동을 강화해 주어야 한다. 부모들에게도 역시 외현적인 사회적 강화는 오직 초기에만 사용하고, 이를 용암시켜야 하며, 내현적인 사회적 강화물을 일관적으로 사용하도록 당부해 주어야 한다.

정보 피드백. 아동이 특정 기술을 학습하는 동안 그 진보 과정에 대한 피드백을 제공함으로써 행동을 증가시키는 것을 **정보 피드백**(informative feedback)이라 한다(Baldwin & Baldwin, 1998; Hegde, 1998b; Malott, Malott, & Trojan, 2000). 예를 들어, 치료사는 아동에게 차트에 스티커를 붙이게 하면서 정반응의 궤적을 유지하도록 도울 수 있다. 치료회기가 끝날 무렵, 치료사는 지난 회기에 비해 증가된 정반응을 가리키며 "봐, 안토니오, 어제는 별이 10개뿐이었는데 오늘은 22개나 되네, 잘했어!"와 같이 말할 수 있다.

치료사는 아동이 정반응을 산출한 직후 언어적 칭찬과 함께 정보 피드백을 짝지어 제공함으로써 아동으로 하여금 해당 반응이 옳았을 뿐 아니라, 자신이 옳게 해낸 것이 정확히 무엇인지 인식할 수 있게 한다. 예를 들어, 복수형 -s가 목표행동일 경우 치료사는 "좋아! 난 낱말 끝에서 -s 소리를 들었어!"라고 말할 수 있다.

아동의 언어행동 교육을 위해 설계된 많은 컴퓨터 소프트웨어 프로그램 역시 정보 피드백을 사용한다. 목표행동을 가르치고, 정보 피드백을 제공하기 위해 이처럼 컴퓨터 프로그램을 활용하는 기계적인 수단의 사용이 널리 퍼져 있기는 하지만, 그 효율성에 관한 연구는 제한적이다. 그러므로 추가적인 효율성 연

치료사는 언제나 정보 피드백에 칭찬이나 기타 다른 강화물을 추가시킬 수 있다.

구가 수행되기 전까지는 단지 정보 피드백만 제공하는 컴퓨터 언어 프로그램 사용은 주의해야 한다.

조건화된 일반화된 강화. 다양한 강화물에의 접근성을 제공하는 후속결과를 사용하여 행동을 증가시키는 방식을 **조건화된 일반화된 강화**(conditioned generalized reinforcement) 또는 간단히 일반화된 강화라 한다(Baldwin & Baldwin, 1998). 폭넓은 효과를 미치며 결핍 상태에 의존하지 않는 후속결과를 조건화된 일반화된 강화물이라 한다. 여기서 (1) 조건화된이라는 표현은 그 강화효과가 과거 경험으로부터 기반한 것이기 때문이며, (2) 일반화된이라는 것은 이것이 다른 매우 다양한 기타 강화물로의 접근을 가능하게 해주기 때문이다. 대부분의 사회에서 가장 보편적으로 사용되는 조건화된 일반화된 강화물은 돈이다. 과거의 경험이 없다면, 돈이란 그저 소량의 종잇조각에 불과하다. 그렇지만 이것은 다른 여러 보충적 강화물, 즉 돈으로 살 수 있는 모든 재화나 서비스에의 접근성을 제공하므로 사회 구성원들에게 강화적인 것이다.

언어장애 아동(및 기타 기술훈련)을 다룰 때는 종종 토큰 체계의 강화를 사용하여 정반응률을 증가시키기도 한다(Heward & Eachus, 1979; Kazdin, 2001; Kirby, Holborn, & Bushby, 1981; Odom et al., 1985). 토큰은 아동에게 정반응의 후속결과로 주어지는 스티커, 스탬프, 차트에 붙이는 표식, 플라스틱 칩, 구슬 또는 기타 작은 사물들로 이루어져 있다. 사전에 정해진 토큰 수가 채워지면, 이것을 아동이 선택한 대체 강화물(backup reinforcer), 보통은 작은 장난감, 사탕, 예쁜 연필이나 펜, 또는 기타 원하는 물건으로 교환할 수 있다. 토큰은 특별한 장난감 놀이, 음악 듣기, 아이스크림 가게에 데려가기 등과 같은

> 조건화된 일반화된 강화에서 조건화된이라고 표현하는 이유는 무엇인가? 왜 일반화되었다고 말하는가?

아동이 선호하는 일부 활동들로 교환되는 것도 역시 가능하다. 어떠한 대체 강화물을 선택하든 간에 치료사는 이를 사용해야 함을 잊지 말아야 한다. 조건화된 일반화된 강화물(토큰)이 그 자체만으로 강화적인 것은 아니다. 토큰의 효능은 아동이 치료 중에 벌어들인 그 토큰으로 '구매'할 수 있는 매력적이며 강력히 원하는 매우 다양한 대체 강화물의 사용 가능성에 달려 있는 것이다.

조건화된 일반화된 강화 체계의 사용에는 몇 가지 이점들이 있다. 여기에는 아동으로 하여금 열심히 하도록 만드는 무언가가 존재한다는 점에서 이 방식은 결핍 상태에 의존하지도 않으며, 포화효과도 발생하지 않게 마련이다. 토큰은 치료실에서의 치료 중 다루기가 쉽고, 따라서 치료과정을 방해하지도 않는다. 이것은 치료사가 한 아동에게 강화를 주고, 또 다른 아동으로 빨리 전환해야 하는 집단 치료 환경에서 특히 유용하다. 치료사가 제공할 수 있는 대체 강화물의 다양성에도 제한이 없으며, 동물원으로의 야외소풍이나 좋아하는 식당에서의 점심식사와 같은 일부 소중한 경험을 대체 강화물로 제공하는 것도 가능하다.

조건화된 일반화된 강화의 주된 어려움은 아동에게 매력적으로 다가설 정도의 대체 강화물의 적정 유지와 관련된 비용의 문제이다. 일부 환경에서는 공적 자금이 허용되지 못하며, 조건화된 일반화된 강화를 사용하고자 하는 치료사가 개인의 사비를 털어 자신만의 대체 강화물이 담긴 '보물상자'를 구비해야 할 때도 있다.

조건화된 일반화된 강화의 또 다른 문제점은 용암의 어려움이다. 비록 이것이 특별히 이러한 강화

유형에만 국한된 문제는 아닐지라도, 조건화된 일반화된 강화가 갑작스럽게 중단되었을 경우, 정반응률이 감소되는 경향이 있음을 밝힌 연구가 있다(Kazdin, 2001). 또한 사회적 강화가 언제나 조건화된 일반화된 강화와 결합되어 사용될 경우, 어떤 아동은 토큰 강화 시스템에 대한 필요성 없이 사회적 강화만으로도 반응하는 법을 배울 수 있는 아동이었을 수 있다.

개연성 높은 행동. 보다 자주 발생되는 행동을 바람직하되 자주 나타나지 않은 행동과 연계시켜 이를 증가시키는 방식을 **개연성 높은 행동**(high probability behaviors)이라 한다(Baldwin & Baldwin, 1998; Hegde, 1998b; Malott, Malott, & Trojan, 2000; Martin & Pear, 1999). 이것은 동일인의 한 행동이 다른 행동의 강화를 돕는다는 점에서 일반적인 강화 형태는 아니다. 이것은 기존의 발생 가능성이 높은 행동을 사용하여 가능성이 낮은 행동을 강화시키는 이차적 강화방식이다. 개연성이 높은 행동이란 이미 과거에 강화되었기 때문에 아동이 수행할 가능성이 높은 행동을 말한다. 개연성 낮은 행동은 아마도 강력한 강화물의 부재로 인해 출현빈도가 낮은 행동을 말한다. 아동에게는 언어기술은 개연성이 낮은 행동이므로 치료목표가 된다. 만일 이것이 발생 가능성이 높은 것이라면 그 아동은 치료를 필요로 하지는 않을 것이다.

일상에서 개연성이 높은 행동이 낮은 행동의 강화에 사용될 수 있는 예는 많다. 한 10대 청소년의 경우, 비디오 게임은 개연성 높은 행동이며, 정원의 잔디를 깎는 것은 낮은 행동일 것이다. 만일 현명한 부모라면 잔디깎기 이후에 비디오 게임을 하도록 유도할 것이며, 정원사를 고용해야 할 필요도 훨씬 줄어들 것이다! 아동들에게는 숙제를 끝내야(개연성 낮은 행동) TV를 보도록(개연성 높은 행동) 허락해 줄 수 있을 것이다. 다이어트를 하려고 안간힘을 쓰는 남자라면 만일 한 주의 다이어트에서 결실을 본다면 주말에는 아이스크림을 먹기로 자기 스스로와 약속할 수도 있을 것이다.

임상적 실제에 있어서 언어치료사들은 이 기법을 적용하여 정반응이 특정 준거에 도달하면 아동이 원하는 일부 활동에 참여할 수 있는 기회를 제공한다. 이 활동은 특별한 그림에 색칠하기, 원하는 장난감 놀이, 칠판에 그림 그리기, 또는 작은 트램폴린 위에서 뛰놀기 같은 것일 수 있다. 개연성이 높은 행동을 강화로 사용하는 것은 조건화된 일반화된 강화와 조합될 수도 있다(예 : "제니, 네가 오늘 차트에 별을 10개 모으면, 넌 2분 동안 Mr. Potato Head 게임을 할 수 있게 될 거야.").

몇몇 경우에서 이루어져야 할 치료과제와 연계된 개연성 높은 행동은 치료과제에 수반된 것이라면 무엇이든 아동이 자유시간 동안 해도 되는 것으로 선택하게 할 수 있다. 즉, 치료사는 "답지에 이렇게 생긴 표식을 10개 모으면 [10개의 정반응을 의미] 2분 동안 자유시간을 줄게. 너는 놀아도 되고, 내게 말해도 되고, 음악을 들어도 되고, 그 밖의 무엇이든 해도 돼."라고 말할 수 있다. 수행에 수반되는 자유시간은 목표행동의 산출을 증가시킨다는 증거가 있다(Zarcone, Fisher, & Piazza, 1996).

개연성 높은 행동은 언어장애치료의 강력한 강화물로 기능할 수 있으며, 단조로운 치료회기를 '활기차게' 만들어 주는 역할도 한다. 그렇지만 이 기법에도 몇 가지 단점은 있다. 명백히 이것은 매우 시간 소모적인 강화방식이다. 매번 정반응이 일어나는 연계적 기초마다 개연성이 높은 행동을 할 기회를 제공해 줄 수는 없다. 이것은 너무나 많은 시간을 소모해 버린다. 이러한 문제의 해결책은 개연성이 높은 행동에 참여할 기회와 교환될 수 있는 토큰(조건화된 일반화된 강화)을 제공하는 것이다.

개연성이 높은 행동의 또 다른 단점은 전부 아니면 전무의 형태로 제시된다는 점이다. 아동이 필요한 준거 수준 도달에 실패하면 원하는 행동을 실시할 기회가 없을 것이고, 따라서 아동은 이 회기 전체에 대해 전혀 강화받지 못하게 될 것이다. 이는 아동의 학습에 좋지 못하다. 그러므로 이 방식을 사용할 경우에는 처음에는 정반응 준거 수준을 낮게 책정하고, 이후 정반응률의 증가에 따라 점진적으로 이를 높여 나가야 할 것이다.

다변적 연계

지금까지의 강화 유형에 관한 논의 전반에 걸쳐, 우리는 서로 다른 기법들을 조합하여 그 효과를 증가시켜야 한다고 제안해 왔다. 즉, 치료사는 **다변적 연계**(multiple contingencies)를 사용해야 한다는 것이다. 따라서 사회적 강화는 언제나 일차적 또는 이차적인 기타 유형의 강화와 조합시켜 사용해야 한다. 개연성 높은 행동은 조건화된 일반화된 강화(토큰)와 결합될 수 있으며, 각각의 토큰은 사회적 강화와 짝지어질 수 있다. 각각의 다변적 연계는 내담자의 특성에 따라 달라져야 한다. 치료사는 몇 가지 유형의 강화 및 그 조합을 실험적으로 실시하여 각 아동에게 가장 효율적인 강화방식을 결정해야 한다.

언어기술 강화하기 : 후속결과 다변화

아동은 정반응마다 강화물을 제공받거나, 단지 한정된 수의 반응에만 받거나, 또는 특정 시간 구간에만 제공받을 수 있다. 즉, 강화는 일정 계획에 따라 제공될 수 있다는 것이다. **강화 계획**(schedule of reinforcement)은 정반응 또는 정반응들의 준거 수준과 강화물 제공 간의 관련성에 대한 정의를 의미한다(Baldwin & Baldwin, 1998; Hegde, 1998b; Malott, Malott, & Trojan, 2000; Martin & Pear, 1999). 두 가지 주요 강화 스케줄은 (1) 연속강화와 (2) 간헐강화이다.

연속강화 계획

연속강화 계획(continuous schedule of reinforcement)에서는 아동에게 모든 정반응마다 매번 강화물을 제공한다. 연속강화는 가장 밀도 높은 강화 계획이다. 이것은 치료 초기단계에서 새로운 기술을 확립

주요 두 가지 강화 계획은 무엇인가?

시킬 때 가장 효과적이다. 그렇지만 연속강화 계획은 가능한 한 빨리 용암시켜 아동이 밀도 있는 강화 형식에 의존하지 않게 해야 한다.

간헐강화 계획

치료사는 강화를 소거시키기 위해 연속강화 계획에서 **간헐강화 계획**(intermittent schedules of reinforcement)으로 이동한다. 간헐적 계획은 정반응 중 오직 일부에 대해서만 강화물이 허용되어 일정 수의 반응은 강화 없이 진행된다. 이것도 임의로 하는 것이 아니라 체계적으로 진행되며, 치료사는 (1) 비율강화 계획과 (2) 간격강화 계획 두 가지 유형 중 어느 하나의 간헐강화 계획을 선택할 수 있다.

언어치료사는 톰이 정반응을 할 때마다 약간의 시리얼을 주면서 "잘했어"라고 말했다. 언어치료사가 사용한 강화 유형은 무엇인가? 어떠한 강화 계획이 사용되었는가?

비율강화 계획(ratio schedules of reinforcement)은 아동이 산출한 정반응 수와 강화물 제공 간의 관계를 정의한다. 비율강화 계획은 고정적이거나 변동적인 것 중 하나이다. **고정비율**(Fixed Ratio, FR) **계획**에서는 특정 수의 반응마다 강화물을 얻게 하는 것이다. 연속강화 계획(FR1) 역시 모든 정반응마다 강화된다는 점에서 고정비율이라 할 수 있다. FR1 계획을 줄여나가기 위해 치료사는 강화물 제공에 요구되는 정반응 수를 점진적으로 높인다. 첫 번째 간헐강화 계획은 FR2로 이동하여 두 번째 정반응마다 강화되고, 치료사는 이후 정반응이 네 차례 나타났을 때마다 강화를 주는 FR4로 전환할 수 있다.

언어치료사는 티미에게 처음에는 3회, 다음에는 7회, 그다음에는 5회의 정반응에 대해 각각 토큰을 제공하고, 회기 내내 이러한 변화된 패턴을 그대로 반복하였다. 아동이 만약 회기가 끝날 무렵 총 10개의 토큰을 획득하면 언어치료사의 '보물상자'로부터 선물을 고를 수 있게 된다. 여기서 사용된 강화 유형은 무엇인가? 사용된 강화 계획은 무엇인가?

치료사는 **변동비율**(Variable Ratio, VR) **계획**을 사용하여 강화를 용암시키기도 한다. 변동비율 계획에서는 강화물을 얻기 위해 필요한 정반응 수가 대략 평균 주변에서 변화되는 것이다. 예를 들어, VR3 강화 계획에서는 치료사가 처음에는 세 번째 정반응을 강화시키고, 다음에는 두 번째 정반응에 대해, 그리고 마지막에는 네 번째 정반응에 대해 강화를 주는 것이다. 이 예에서 총 9회의 정반응에 대하여 세 차례의 강화가 주어졌다. 그러므로 평균적으로 강화물 획득에 필요한 정반응은 3회이다(3+2+4=9, 9/3=3).

언어치료사가 샐리에게 3분짜리 독립회기를 실시하였다. 이 시간 구간이 종료된 후 샐리가 산출한 첫 번째 정반응의 후속물로, 언어치료사는 "훌륭해 잘했어!"라고 말하였다. 이후 3분리 작업을 다시 실시하고, 이 시간 이후 산출된 첫 번째 정반응에 강화를 주었다. 여기서 사용된 강화 유형은 무엇인가? 사용된 강화 계획은 무엇인가?

간격 계획(interval schedules)은 아동에게 강화물을 얻을 기회가 제공되기 전까지 경과되는 시간의 관련성을 기술한다. 간격 계획 역시 고정적이거나 변동적일 수 있다.

고정간격(Fixed Interval, FI) **계획**은 고정된 일정 시간이 경과하면 아동에게 강화물을 얻을 기회를 제공하는 것이다. 5분짜리 고정간격(FI 5분)에서는 5분의 구간이 종료된 후 나타나는 첫 번째 정반응에 대해 강화가 이루어질 것이다. 직전에 강화된 반응 시점부터 새로운 간격이 개시된다. 따라서 강화된 정반응은 이후의 5분간을 점유하게 되는 것이다.

변동간격(Variable Interval, VI) **계획**은 강화물 획득이 허용되는 경과 시간이 평균 주변에서 변화되는 것이다. 예를 들어, VI 5분 계획에서는 처음에는 강화물 획득 기회가 직전의 강화 시점으로부터 5분이 경과된 후에 가능하며, 다음에는 3분, 그다음에는 7분이 경과해야 한다. 이 예에서 강화물을 얻을 기회는 총 15분의 시간 동안 3회가 제공되며, 평균 5분당 1회가 된다.

간헐적 간격강화 계획에서는 오로지 계획된 시간이 경과되어야만 강화물을 얻을 수 있다. 실질적인 강화물 제공은 아동의 반응에 따라 달라진다. 만일 반응이 정확하다면 강화물이 주어질 것이고, 그렇지 못하면 강화물은 철회된다.

비록 치료사들은 일반적으로 비율강화 계획을 더 많이 사용하고는 있으나 어떤 목표행동들에는 간격강화 계획이 더 적합할 때도 있다. 예를 들어, 종종 학교 언어치료사들은 과제에 주의하거나 대화 주제를 유지하는 데 있어서의 대화기술 부족을 보이는 일부 아동들을 다룰 때가 있다. 이러한 기술을 가르치고자 할 때, 치료사는 표준적인 고정간격 계획을 일부 변화시킨다. 아동이 5분 동안 학습과제에 집중하거나 또는 3분 동안 대화 주제를 유지하면 언어적 칭찬을 통한 정적 강화가 이루어진다. 이때 사전에 명시된 시간 구간 동안 해당 기술이 유지될 때마다 강화물이 주어지는 것이다. 후속되는 치료단계에서, 해당 기술이 더 길게 유지되는 시간 구간에 따라 언어적 칭찬이 수반된다. 다시 말하거니와 강화적인 칭찬의 제공은 아동의 주의행동 또는 주제 유지에 직결된다는 점을 기억하라. 만일 명시된 시간 구간이 종료되기 바로 직전에 아동의 주의가 흐트러지면 강화물은 제공되지 않을 것이며, 다음번 시간 구간이 경과하기 전까지는 강화물 획득의 기회는 다시 찾아오지 않는 것이다.

특정의 간헐강화를 사용하고자 할 때, 치료사는 강화를 너무 빨리 줄여나가려 해서는 안 된다. 강화 계획의 변화가 너무 급격하고 클 경우에는 **비율 변형**(ratio strain), 즉 정반응률이 극단적으로 감소되는 조건이 초래된다. 예를 들어, 치료사가 연속강화 계획(FR1)으로부터 갑자기 FR10의 고정비율 계획으로 이동한다면, 내담자의 반응률은 비율 변형 수준 아래로 떨어진다. 치료사는 모든 치료회기에서 아동의 정반응률에 관한 자료를 지속적으로 기록해야 한다. 정반응률이 떨어지면 강화는 이전의 보다 관대했던 계획, 어쩌면 한동안 심지어 반응을 재확립시키기 위한 연속강화 계획으로 되돌아가야 할 것이다.

세심한 치료사들은 강화가 이루어진 다음에는 아동이 약간 쉬어 가려는 듯한 모습을 보인다는 것을 알아챌 수 있을 것이다. 이 같은 멈춤은 강화물을 제공받은 후의 작은 휴식 같은 것이다. 이러한 휴식을 **강화 후 휴지**(post-reinforcement pause)라 하는데, 이것은 강화의 비율 또는 간격이 일정 조건에 도달하여 강화물이 제공되고 난 후에 나타난다. 치료사는 또한 어떠한 강화 계획이 적용되었는가에 따라 강화 후 휴지의 길이가 달라진다는 점도 인지할 수 있을 것이다. 이것은 강화 계획의 각 유형에 따른 특징이 일부 반응 양상에 반영되는 현상이다. 학자들은 강화 계획이 반응률에 어떠한 영향을 미치는지 실험적으로 입증하였다. 강화 계획과 관련된 반응 양상에 대한 보다 자세한 설명은 표 6.2를 참조하라.

일반적으로 강화 계획을 고려할 때는 다음을 고려해야 한다.

표 6.2

강화 계획과 반응 양상

강화 계획	반응 양상	강화 후 휴지
고정비율(FR)	• 높은 반응률 • 주기적으로 열심히 노력하다 쉬는 양상 • 점진적으로 강화를 약화시킬 때 아동이 열심히 하는 결과를 낳을 수 있음 • 지나치게 급격한 비율 증가는 비율 변형(정반응률의 급감)을 초래할 수 있음	• 명백성 : 뚜렷한 강화 후 휴지 • 비율이 클수록 휴지도 길게 나타남
변동비율(VR)	• 높은 반응률 • 고정비율 계획보다 더욱 안정적이며 일관적인 반응이 나타남	• 뚜렷한 강화 후 휴지는 나타나지 않음
고정간격(FI)	• FR 계획에 비해 반응률이 더 낮고 일관적이지 못함 • 시간이 흐를수록 반응률이 증가됨 • 반응률이 구간 종료 직전에 집중적으로 나타남 • 강화물 제공 이후 반응률이 완만하게 증가함	• 명백성 : 뚜렷한 강화 후 휴지 • FR 계획에서 나타나는 것보다 더 긴 휴지 시간
변동간격(VI)	• 안정적인 반응률 • FI보다는 VI 조건하에서 반응률이 더 높음 • 간격 시간이 짧을수록 반응률도 높아짐, 반대로 길수록 낮아짐 • 반응률이 VR에서보다는 더 낮을 수 있되, 일관적이며 고르게 나타남	• 뚜렷한 강화 후 휴지는 나타나지 않음

- 연속강화 계획으로 치료를 개시하라.
- 간헐강화 계획으로 이동함으로써 강화를 소거시켜라.
- 대부분의 언어기술 강화를 위해서는 간격강화 계획보다는 비율강화 계획을 우선시하라.
- 시간 구간에 입각하여 기술을 강화하기 위해서는 간격강화 계획을 우선시하라(예 : 명시된 시간 동안의 대화 중 눈맞춤, 명시된 기간 동안 조용히 앉아 있기 등)
- 강화물을 급작스럽게 철회시키기보다는 점진적으로 용암시켜라. 정반응률을 모니터할 수 있도록 자료를 유지시키며, 이에 맞게 강화 계획을 조정하라.

아동의 협조 얻기 : 문제행동 감소시키기

앞 절에서 우리는 치료사가 언어장애 아동에게 가르치고자 하는 올바른 의사소통행동 유도 및 증가를 위해 설계된 기법들에 대해 논의하였다. 그렇지만 동시에 치료사는 두 가지 유형의 행동을 감소시켜야 한다. 부정확하며 부적절한 언어행동 및 일부 아동들이 언어치료 중에 보이는 몇 가지 문제행동들. 그러므로 치료사에게는 목표기술 증가를 돕는 방식뿐 아니라 바람직하지 못한 행동을 감소시키기 위한 방식도 요구된다(Baldwin & Baldwin, 1998; Hegde, 1998b; Malott, Malott, & Trojan, 2000; Martin & Pear, 1999). 이 장에서 이미 인용된 대부분의 치료연구들에서는 종종 "아니." 또는 "옳지 않아!"와 같은 간단한 구어 반응 등, 바람직하지 못한 행동을 감소시키기 위한 몇 가지 유형의 방법이 포함되어 있다.

> 반응-감소 기법의 포괄적인 두 가지 범주는 무엇인가?

아동들은 언어치료 중에 틀리거나 부적절한 언어반응(예 : 책들을 책으로 말하거나, 또는 대화 주제를 부적절하게 전환함) 및 방해적 행동(치료회기 중의 울음, 자리에서 벗어나는 행동, 끼어드는 질문을 함)을 보이곤 한다. 치료사에게는 이러한 모든 행동을 감소시키는 절차가 요구된다. 행동주의적인 반응-감소 기법은 크게 (1) 직접적 반응-감소 기법과 (2) 간접적 반응-감소 기법 두 가지 범주로 나뉜다.

직접적 반응-감소 기법

직접적 반응-감소 절차(direct response-reduction procedures)에서는 감소되어야 할 행동에 연계성을 배치한다. 이는 감소시켜야 할 행동이 막 산출되려고 하거나 또는 산출되고 난 직후에 치료사가 이를 감소시키기 위한 무엇인가를 즉각적으로 이행한다는 것을 의미한다. 아동 언어장애의 임상치료 중에 사용되는

> 직접적 반응-감소 방식의 주요 네 가지 유형은 무엇인가?

직접적 반응-감소 기법들에는 **교정적 피드백**, **반응 대가**나 **타임아웃** 같은 기법을 사용하는 **강화의 철회**, 그리고 **소거**가 포함된다. 이러한 각 기법 모두 오반응을 감소시키기 위해 또는 치료에 개입되는 문제행동을 감소시키기 위해 사용될 수 있다.

교정적 피드백. 임상치료 중 오반응 감소를 위해 가장 보편적으로 사용되는 기법이 **교정적 피드백**(corrective feedback)이다. 이것은 아동에게 방금 산출된 반응이 옳지 않다고 말해 주는 것이다. 치료사로부터의 이러한 반응 유형은 종종 처벌 절차로 기술되기도 하지만(Baldwin & Baldwin, 1998; Malott, Malott, & Trojan, 2000; Martin & Pear, 1999), 교정적 피드백이 보다 중립적이며 적절한 용어이다(Hegde, 1998b). 이 피드백에는 그것이 왜 틀렸는가에 관한 정보도 담겨 있을 수 있다. '아니'나 '틀렸어'라는 말이 교정적 피드백의 예가 될 수 있다. 그렇지만 정보가 추가된 보다 자연스러운 피드백이 아동에게 도움이 되며 덜 거칠게 들릴 것이다. 예를 들어, 복수의 -s 산출을 가르칠 때, 치료사는 "오, 오! 이번에는 -s가 안 들리는데! 다시 한 번 해보자!"라고 교정적 피드백을 제공하면서 다음의 독립적 시도를 이어나갈 수 있다. 이러한 교정적 피드백은 모든 치료회기의 일부가 될 수 있다. 치료사는 잘못된 반응이 산출된 직후에 교정적 피드백을 제공해야 한다. 또한 치료사는 목표행동의 빈도를 측정하여,

만일 어떤 유형의 피드백이 효과적이지 않다면 다른 것을 선택해야 한다.

아동의 제멋대로 하는 잘못된 행동을 '그저 바라보는' 것만으로 제어할 줄 아는 부모들이라면 다 알고 있듯이, 교정적 피드백은 비언어적 방식으로 제공될 수도 있다. 치료실에서 이루어지는 비언어적인 교정적 피드백으로는 오반응의 첫 번째 신호가 나타날 때 손을 들어 이를 제지시키는 동작을 취하거나 살짝 고개를 가로저으며 '아니야'란 의미를 표현하는 것이 있을 수 있다.

> 인지결함을 지닌 아동을 다룰 때는 구어 반응과 얼굴 표정을 일치시키는 것이 특히 중요하다. 관대하면서도 긍정해 주는 듯한 미소와 함께 "외 그건 옳지 않아"라고 말하는 것은 혼동을 초래하는 것이며, 수용언어가 제한적인 아동들에게는 결코 도움이 되지 않을 것이다.

교정적 피드백은 온화하되 확고해야 하며, 메시지와 얼굴 표정이 일치해야 한다. 치료사가 지나치게 엄격한 표정을 취할 필요도 없지만, 강화물을 제공할 때이든 교정적 피드백을 제공할 때이든 늘 똑같이 미소 짓는 얼굴이라면 아동에게는 혼란스러울 수 있다. 오반응에 대해 교정적 피드백을 제공할 때는 중립적인 표정을, 그리고 정반응에 대해 강화를 제공할 때는 따뜻한 미소를 사용하는 것이 더 효과적이다.

강화의 철회. 바람직하지 못한 행동은 그것이 의도된 것이건 아니건 간에 오로지 일종의 강화적 후속물로 인해 유지되는 것이다. **강화의 철회**(reinforcement withdrawal)는 어떤 행동을 유지시키게 만든 후속물을 제거함으로써 그 행동을 약화시키는 것이다. 실험연구는 강화적 후속물이나 관련 상황을 철회시키는 것이 원치 않는 행동 감소에 효과적인 전략임을 밝힌 바 있다(Hegde, 1998b). 그 기본 절차에는 (1) 반응 대가, (2) 타임아웃 유형이 있다. 두 가지 모두 폭넓게 연구되어 효과적인 것으로 밝혀졌다.

반응 대가. 각 오반응이 강화물 상실을 초래하게 되는 방식을 **반응 대가**(response cost)라 한다. 이 방식에서는 오반응이 발생할 때마다 아동이 이미 획득한 강화물이 철회된다. 오반응에 대해 아동의 강화물이라는 '비용'이 발생되는 것이다(Baldwin & Baldwin, 1998; Hegde, 1998b; Malott, Malott, & Trojan, 2000; Martin & Pear, 1999).

> 일부 치료사들은 아동을 좌절시킬지도 모른다는 두려움 때문에 반응 대가 방식을 사용하지 않을 때도 있다. 그러나 현명한 치료사라면 토큰 상품을 증가시키고 철회시키는 방식을 찾아내어 회기 종료시점에서는 언제나 아동은 결국 대체 강화물을 얻게 되도록 조절할 수 있을 것이다. 정반응에 대해서는 하나가 아니라 두 개의 토큰을 주고, 오반응에 대해서는 오직 한 개만 철회시킬 수도 있다. 방금 철회된 토큰을 손에 쥔 채, "자, 난 네가 할 수 있다는 걸 알아!"라고 말한다. 이로부터 아동은 다시 이를 되찾아 올 기회를 얻게 된다.

반응 대가에는 두 가지 방식의 변형, 즉 (1) 획득-상실과 (2) 오직-상실이 있다. 두 방식 모두 조건화된 일반화된 강화물(토큰)이 필요하다. 조건화된 일반화된 강화를 사용할 때, 치료사는 정반응에 대해 토큰, 스티커, 표시기호, 또는 이 밖의 구체적 아이템으로 이를 강화시킨다는 점을 상기하라. 이 아이템들은 아동들이 일정 수를 다 모은다면 이후 대체 강화물로 교환될 수 있다. 획득-상실 반응 대가를 사용할 때, 치료사는 아동의 정반응에 대한 강화적 후속물로 토큰을 제공하고, 오반응의 후속결과로 하나를 다시 되찾아올 수 있다.

반응 대가로 오직 상실하기만 하는 방식은 회기 개시시점에서 아동의 바람직한 행동 산출과 무관하게 일단 토큰의 수를 후하게 제공한다. 아동이 오반응을 산출하면 토큰

이 제거된다. 요약하자면 오직 상실 방식에서의 토큰은 획득되는 것이 아니라(역자주: 정반응을 통해) 일단 이전에 이미 주어져 있는 것이다. 오반응마다 이 토큰을 잃게 되는 것이다.

　언어치료 과정에서 반응 대가를 사용하는 일에는 특히 아동의 정반응률이 낮고 오반응률이 높은 치료 초기단계에서는 몇 가지 단점이 있을 수 있다. 특히 오직-상실 방식에서는 토큰이야말로 원하는 강화물을 얻을 수 있는 유일한 기회를 제공하는 것임에도 불구하고, 아동은 이를 반복적으로 잃기만 하면서 감정적으로 대응하고 좌절할 수 있기 때문이다. 이 같은 문제를 예방하기 위해 아동의 정반응률이 증가하기 시작할 때까지는 오반응 감소를 위한 몇 가지 다른 방식들이 사용될 수 있다. 여기서도 역시 치료사는 정반응에 대해서는 2개나 3개의 토큰을 주고, 오반응에 대해서는 오직 1개만 되찾아 오는 방식을 쓸 수 있을 것이다. 결과적으로 아동은 대개 회기 종료시점에서는 대체 강화물을 얻을 기회가 생길 것이다. 이것은 아동으로 하여금 어떠한 정반응에 대해서도 강화 받지 못한 채로 치료실을 떠나게 하는 것보다는 훨씬 더 바람직한 결과일 것이다(반응 대가 방식의 예는 사진 6.2 참조).

타임아웃. 이 방식에서는 치료사가 특정 건에 대한 강화 상태를 종결시킨다. **타임아웃**(time-out)이란 반응에 연계되어 부과되는 비강화 기간(period of nonreinforcement)으로서, 이를 통해 해당 반응의 감소

사진 6.2 "자, 넌 할 수 있어!" 이 같은 치료사의 표정과 토큰의 제시는 반응 대가 토큰 치료과정에서 아동으로 하여금 열심히 하도록 촉구할 수 있다.

를 불러오는 것을 말한다. 이것은 오반응에 따라 직접적으로 이어지는 강화로부터의 '타임아웃'인 것이다(Baldwin & Baldwin, 1998; Hegde, 1998b; Malott, Malott, & Trojan, 2000; Martin & Pear, 1999).

타임아웃은 치료를 방해하는 바람직하지 못한 행동(예 : 자리를 떠나는 행동, 탁자를 발로 차는 행동, 지나치게 많이 질문하는 행동 등)의 감소 및 오반응 감소 모두에 사용될 수 있다. 타임아웃에는 세 가지 유형이 있는데, 이 중 두 가지는 언어장애 아동에게 적용 가능하다.

타임아웃의 가장 극단적인 유형인 격리식 타임아웃은 최중도 발달장애나 정신 질환자 또는 이 두 가지 모두 가진 이들을 위해 시설에 감금 또는 격리하는 데 사용되었다. 격리식 타임아웃에서는 개인을 환경으로부터 떼어내고, 이를테면 빈 방과 같은 고립된 장소에 배치하여, 해당 개인은 어떠한 유형의 강화에도 접근하지 못하게 된다. 잘못된 행동을 저지른 자녀를 자기 방(비록 자녀의 방은 종종 장난감, 컴퓨터 또는 TV와 같은 강화물들로 채워져 있긴 하지만)에 들어가 있도록 하는 부모들의 경우가 가벼운 형태의 격리식 타임아웃을 시도하는 예이다. 결과적으로 이 방식을 통해 바람직하지 못한 행동을 감소시키고자 한 부모들의 시도는 효과적이지 못할 것이다.

| 타임아웃의 세 가지 유형은 무엇인가?

격리식 타임아웃(isolation time-out)은 심지어 심각할 정도로 공격적이고 폭력적이거나 자해행동을 하는 사람들에게 적용할 때조차도 논란의 여지가 많다. 그러므로 아동의 언어장애를 치료할 때 이를 사용하는 것은 적합하지 못하다. 여기서 언급된 격리식 타임아웃은 단지 타임아웃 기법을 충분히 설명하고, 나머지 두 가지 유형의 타임아웃과 개념적으로 구분하기 위한 것일 뿐이다.

배제식 타임아웃(exclusion time-out)에서는 아동을 현재 환경에서 진행되고 있는 활동으로부터 배제시키는 것이다. 교사들은 잘못된 행동을 범한 학생들을 교사 책상 옆에 배치된 특별한 책상에 앉아 있게 하거나, 벽을 바라보게 하거나, 심지어 교실 밖에 나가 있도록 할 필요가 있을 때 배제식 타임아웃을 이행한다. 휴식시간 동안에는 운동장 관리를 맡은 교사가 규칙을 어긴 학생을 담벼락을 보고 있게 함으로써 놀이시설이나 활동으로부터 그 학생을 벗어나 있게 한다.

일부 치료사들은 아동이 치료를 방해하는 행동을 반복적으로 드러낼 경우, 아동의 의자를 돌려 치료실 벽을 바라보게 하는 식의 짧은 배제식 타임아웃을 사용하기도 한다. 우리는 설사 사용한다 해도 이 기법의 사용빈도는 낮아야 한다고 믿는다. 치료회기는 짧고, 따라서 반응-감소 기법들로 귀중한 치료시간을 지나치게 소모시켜서는 안 될 것이다.

비배제식 타임아웃(nonexclusion time-out)이 세 번째 유형인데, 여기서는 아동이 활동의 정상적인 흐름으로부터 배제되지 않는다. 비배제식 타임아웃은 아동에 대한 매우 짧은 순간 동안의 비강화(어떠한 강화도 발생되지 않는 '얼어붙는 순간')가 이루어진다. 아동 및 성인의 바람직하지 못한 행동 감소에 미치는 비배제식 타임아웃의 효과를 입증한 상당수의 행동조절 연구들이 존재한다(Brantner & Doherty, 1983). 의사소통장애치료에서의 비배제식 타임아웃 사용을 지지하는 연구도 있다(Ahlander,

1999; Carter-Wagner, 1997; Costello, 1975; Hegde & Parson, 1990; James, 1981; Martin, Kuhl, & Haroldson, 1972; Onslow et al., 1997). 비배제식 타임아웃에서 치료사는 아동이 잘못된 반응을 보이면 바로 "그만"이라고 말하고, 아동에게서 얼굴을 돌려 몇 초간(보통 5초) 다른 곳을 바라본다. 그다음 치료사는 다시 눈맞춤을 확립한 후 대화적인 말이나 치료적 시도의 제공을 재개한다.

　　타임아웃 절차를 사용하는 치료사는 이 기법이 때로는 목표화된 바람직하지 못한 행동을 감소시키기보다는 오히려 실질적인 증가를 초래하는 모습을 목격하기도 한다. 이러한 역설적 효과에는 최소한 두 가지 이유가 존재할 수 있다. 첫째, 아동이 치료가 싫다고 여길 경우에는(피하고 싶어 하는 어떤 것), 아동이 타임아웃 방식의 적용을 오히려 치료로부터의 짧은 휴식으로 여기며 환영할 수 있다. 둘째, 아동이 해당 기법을 싫어하기는커녕 오히려 치료사가 그 행동에 관심을 보이는 모습에 즐거움을 느낄 수도 있을 것이다. 이러한 주의로 인해 바람직하지 못한 행동이 강화될 수 있고, 따라서 감소보다는 증가될 수 있는 것이다. 물론 이 두 가지 이유 모두 동시에 작용하여 행동이 증가될 수도 있을 것이다. 아동은 치료로부터의 짧은 중단 그리고 치료사로부터 관심 모두를 즐긴다. 만일 이 두 가지 중 하나 혹은 두 가지 모두가 목표행동을 강화시킨다고 의심될 때는 바람직하지 못한 행동의 감소 혹은 심지어 제거를 위해 소거 방식이 사용되어야 할 것이다.

소거. 일정 반응에 대해 이를 중지시키고자 하는 어떠한 시도도 하지 않은 채 단순히 그 반응의 강화물을 종결시키는 것을 **소거**(extinction)라 한다. 치료사가 보이는 관심으로 인해 유지되는 바람직하지 못한 행동의 경우에는 중지되어야 할 강화물은 그 관심이다. 여기서 소거는 바람직하지 못한 행동을 무시해 버리는 것과 같다(Baldwin & Baldwin, 1998; Hegde, 1998b; Lerman & Iwata, 1996; Malott, Malott, & Trojan, 2000; Martin & Pear, 1999).

　　치료회기 중의 아동의 울음 행동은 소거의 훌륭한 대상이 될 수 있다. 아동이 치료회기 중에 울기 시작하면, 치료사는 아동에게 단지 "네가 울음을 그쳐야만 우리는 앞에 하던 것으로 돌아갈 수 있게 될 거야."라고 말하고, 아동에게 등을 돌린 후, 움직이지 않은 채 가만히 앉아 있는다. 치료사는 아동이 울고 있는 동안에는 아동에게 어떠한 관심도 표시하지 않는다. 울기를 멈추자마자 치료사는 즉각적으로 아동을 향해 돌아앉아 미소 지으며 언어적으로 또는 기타의 방식으로 강화한 후 치료활동을 재개한다.

　　치료사는 소거가 처음 적용되는 시점에서는 해당 행동이 잠깐 동안은 오히려 증가한다는 것을 알게 될 것이다. 소거 격발(extinction burst)이라 하는 이 효과는 보통 어떤 행동에 대해 소거가 처음 적용되었을 때 나타난다(Lerman & Iwata, 1996). 예를 들어, 아동의 울음 강도가 더 세지는 것이다. 치료사는 아동의 바람직하지 못한 행동에 반응하여 결국 이 같은 소거의 격발에 '굴복'해서는 안 된다. 일단 소거 절차가 시작되었다면, 일관적으로 적용되어야 하며, 그렇지 않으면 효과적이지 않다. 치료사가 아동의 바람직하지 못한 행동을 계속 무시해

> 아장이의 분노 발작(temper tantrum)[역자 주: 생떼를 쓰며 난리를 치는 모습]에 소거를 적용하는 부모들이라면 소거 격발에 매우 익숙할 것이다. 현명한 부모들이라면 이 경우 아동이 자해 또는 그 밖의 다른 위험이 있지 않고서는 이 소거 격발에 굴복하지 않는다.

| 글상자 6.4 | | 바람직하지 못한 행동의 소거에 영향을 미치는 요인 |

바람직하지 못한 행동을 소멸시키는 데 소요되는 시간은 다음의 것들로부터 영향을 받는다.

- 이전에 이루어진 소거에의 노출. 제거되어야 할 바람직하지 못한 행동은 처음에는 이미 이전에 소거가 진행되었다가 재출현된 행동들에 비해 제거하는 데 시간이 많이 소요된다.
- 강화 계획. 간헐적 계획하에서 강화되었던 바람직하지 못한 행동들은 연속적으로 강화되었던 행동들보다 더 많은 시간이 소요된다(예 : 징징거릴 때마다 언제나 원하는 것을 얻을 수 있었던 아동의 행동은 징징거려도 오직 가끔씩만 원하는 것을 얻었던 아동의 행동보다 소거시키기가 더욱 쉽다.).

- 과거의 강화량. 많이 강화되어 왔던 행동들이 그렇지 않았던 행동들에 비해 더 많은 시간이 소요된다.
- 반응이 강화되어 온 기간. 오랜 기간 동안 강화되어 왔던 행동은 비교적 최근에 출현한 행동에 비해 소멸시키는 데 더 많은 시간이 소요된다.

요약하자면, 제거되기 가장 어려운 행동은 이전에 결코 제거되어 본 적이 없으며, 오랜 기간 동안의 간헐적 강화 계획하에서 많은 강화를 받아 온 행동일 것이다. 반대로 제거시키기 가장 쉬울 만한 행동은 이전에 제거되어 본 적이 있으며, 연속적 강화 계획 하에서 짧은 기간 동안 많지 않은 강화를 받은 바 있는 행동일 것이다.

버리면 그것은 결국 감소하게 되고, 다음에는 완전히 멈춰지게 될 것이다.

성공적으로 소거된 행동이 이후에 다시 출현할 수도 있다. 이 경우 그 행동을 제거하기 위해 소거가 다시 한 번 적용되어야 한다. 연구는 이전에 소거 과정이 진행되었던 행동은 차후의 소거 적용에 보다 신속하게 반응할 것임을 밝힌 바 있다(소거에 영향을 미치는 이외의 요인들은 글상자 6.4 참조).

간접적 반응-감소 기법

교정적 피드백, 반응 대가, 타임아웃과 같은 기법에서는 바람직하지 못한 행동에 대해 직접적으로 수반적 반응이 적용된다. 그렇지만 그에 대해 어떠한 연계성도 부여하지 않은 채로 이를 감소시키는 것도 가능하다. 바람직하지 못한 반응 감소를 위해 오직 바람직한 행동에 대해서만 연계적 반응을 부여하는 것을 **간접적 반응-감소 기법**(indirect response-reduction techniques)이라 한다(Hegde, 1998b). 간

어떤 행동을 증가시키면서 동시에 다른 행동을 감소시키기 위해 사용되는 기법은 무엇인가?

접적 반응-감소 기법은 바람직하지 못한 행동에 대한 소거 적용과 조합되어 그 행동을 감소시키며, 바람직한 행동에 대해서는 정적 강화가 적용되어 그 행동을 증가시키게 된다. 바람직하지 못한 행동은 감소시

키면서 동시에 바람직한 행동은 증가시키는 과정을 **차별적 강화**(differential reinforcement)라 한다. 다음과 같은 차별적 강화의 네 가지 유형의 효율성에 관한 많은 실험연구들이 이루어져 왔다(Baldwin & Baldwin, 1998; Brown et al., 2000; Hegde, 1998b; Lerman & Vorndran, 2002; Malott, Malott, & Trojan, 2000; Martin & Pear, 1999; Reichle & Wacker, 1993; Ringdahl et al., 2002). (1) 다른 행동에 대

한 차별적 강화(DRO), (2) 양립불가 행동에 대한 차별적 강화(DRI), (3) 낮은 반응률에 대한 차별적 강화(DRL), (4) 대안적 행동에 대한 차별적 강화(DRA). 언어장애 아동을 다루는 치료사들은 이 같은 간접적 반응-감소 기법 각각을 효과적으로 사용한다.

다른 행동에 대한 차별적 강화. 아동에게 특정의 바람직하지 못한 행동은 강화되지 않을 것임을 알려주는 기법이 **다른 행동에 대한 차별적 강화**(Differential Reinforcement of Other behavior, DRO)로 알려져 있다. 치료사는 기타의 다른 바람직한 행동을 따뜻하게 강화해 주면서 그 바람직하지 못한 행동은 무시하기(또는 소멸시키기) 위한 절차를 진행한다. 제거 목표가 되는 바람직하지 못한 행동은 구체적으로 명시되는 반면, 강화를 받게 될 바람직한 행동은 여러 가지가 있으며 명시되지도 않는다.

예를 들어, 치료사는 치료 중에 탁자를 걸어차는 아동의 행동을 해결하기 위해 이 기법을 사용할 수 있다. 따라서 탁자를 걸어차는 이 행동은 감소시켜야 할 목표가 된다. 그다음 치료사는 탁자를 걸어차는 행동은 무시하고, 대신 아동이 보이는 그 밖의 다른 모든 바람직한 행동에 대해서는 칭찬을 해준다(예 : "난 네가 그림을 바라보는 것이 맘에 들어!", "넌 손을 참 얌전하게 가만히 두는구나!"). 치료사는 아동이 바람직한 행동을 보이면 보이는 그대로 그것을 강화해 준다. 종종 이 접근은 그 자체만으로도 바람직한 행동의 감소를 가져온다. 어떨 때는 아동에게 그것이 바람직하지 못한 행동임을 지적하면서 아동이 보인 다른 바람직한 행동들에 대해 강화를 제공해야 할 수도 있다. 치료사는 아동에게 "지미, 네가 오늘 탁자를 걸어차지 않으면 내 보물상자에서 상품을 골라 가질 수 있을걸!"이라고 말하거나, 또는 일부 다른 강화 유형을 제공해 줄 수 있다. 이 사례에서의 아동은 바람직하지 못한 행동을 하지 않은 것에 대해 강화를 받는다. 때때로 어떤 바람직하지 못한 것이 감소하면 다른 것이 출현하거나 증가할 때가 있다. 예를 들어, 지미는 치료 내내 탁자를 차지 않고 그럭저럭 버티긴 하겠으나, 회기 종료시점에서는 치료사를 꼬집을 수도 있다. 그렇다면 강화물을 얻기 위해 필요한 치료사의 새로운 규칙은 "걸어차기 안 됨 그리고 꼬집기도 안 됨"이 될 수 있을 것이다.

> 다른 행동에 대한 차별적 강화(DRO)를 말하는 또 다른 용어는 무엇인가?

이 방식에서는 강화되어야 할 바람직한 행동들은 여러 가지이고 명시된 것도 아니며, 바람직하지 못한 행동은 명시된 것으로서 강화를 받기 위해서는 이것이 빠져 있어야 하는 것이므로, 이 기법을 종종 생략 훈련(omission training)이라고도 한다. 이 방식에 대해서는 충분한 연구가 이루어져, 이미 치료 환경 및 교육 환경 모두에서 바람직하지 못한 행동 감소에 효과적인 것으로 밝혀진 바 있다(Carr, Robinson, & Palumbo, 1990; Rolider & Van Houten, 1990).

양립불가 행동에 대한 차별적 강화. 바람직하지 못한 행동들의 대부분은 바람직하며 서로 양립불가한 반대편이 있게 마련이다. 양립할 수 없는 어떤 행동을 증가시킴으로써 이차적으로 바람직하지 못한 반응을 감소시키는 절차를 **양립불가 행동에 대한 차별적 강화**(Differential Reinforcement of Incompatible behavior, DRI)라 한다.

지미의 어떤 바람직한 행동을 강화하고 탁자를 걷어차는 행동은 무시하는 일 대신에, 치료사는 이것이 자주 발생되지 않는 행동임을 깨닫고는, 그가 발을 바닥에 붙일 때까지 기다렸다가 그에게 "네 발이 훌륭하고 얌전하구나, 잘했어!"라는 말로 이를 강화하는 모습을 가정해 보라. 이 사례에서 치료사는 지미의 기타 다른 바람직한 행동에 대해서는 강화하지 않는다. 치료사는 목표화된 바람직하지 못한 행동과 대응하여 양립되지 못하는 그 행동에 대해 강화를 주는 것이다.

바람직하지 못한 행동과 그에 대응하는 양립불가한 바람직한 행동의 예는 많다. 발을 얌전히 두는 것은 걷어차는 것과 양립불가하고 두 손을 탁자 위에 두는 것은 꼬집는 것과 양립불가하며, 치료사를 바라보는 것은 허공을 응시하는 것과 양립불가하며, 의자에 앉아 있는 것은 치료실 이곳저곳을 뛰어다니는 것과 양립불가하는 등, 이 외에도 많이 있다.

앞서의 예에서 제안한 바와 같이, DRI의 사용은 강화될 바람직한 행동이 소멸되어야 할 행동과 물리적으로 양립불가할 경우에 가장 효과적이다. 간단히 말해 아동은 바람직한 행동을 수행하면서 동시에 바람직하지 못한 행동을 할 수는 없다. 그렇다면 DRO에서는 강화되는 행동은 감소되어야 할 바람직하지 못한 행동과 반드시 양립불가한 것일 필요는 없다는 점에서 DIR과 DRO가 구별될 수 있을 것이다.

낮은 반응률에 대한 차별적 강화. 지미가 치료시간 거의 대부분 동안 발을 탁자 다리 사이로 이리저리 흔들며, 쉬지 않고 탁자를 걷어차고 있다고 가정해 보자. 이 경우 치료사는 **낮은 반응률에 대한 차별적 강화**(Differential Reinforcement of Low rates of responding, DRL)를 사용할 수 있는데, 이는 아동의 문제행동 빈도 감소에 강화를 제공하는 것이다. 그러므로 치료사는 치료회기 동안 지미가 탁자를 덜 자주 걷어찬 것을 강화할 수 있다. 치료사는 지미에게 "지미, 네 발을 얌전히 하는 일을 네가 오늘 더 잘한다면, 넌 집에 가기 전에 자석칠판에 그림 그리기 시간을 가질 수 있을 거야."와 같이 말하며 자신의 계획을 알려준다. 만일 지미의 탁자 걷어차기 행동이 아주 약간이라도 감소한다면, 치료사는 그 개선을 강화해 주어야 한다. 다음 회기에서 강화를 받으려면 탁자 걷어차기는 그보다 덜 이루어지는 식으로 진보되어야 한다. 이는 이전에 설명되었던 듯이, 바람직한 행동이 '형성되어 높아지는' 것과 매우 동일한 방식으로 바람직하지 못한 행동이 '형성되어 낮아지는' 결과를 가져다준다.

어떤 바람직하지 못한 행동들은 너무나 자주 출현하는 것인 만큼, DRL이야말로 이것들의 감소에 가장 성공적인 기법일 수 있을 것이다. DRL의 주된 단점은 이 기법이 오직 행동의 감소(행동의 제거가 아니라)만을 불러올 뿐이라는 것이다. DRL의 사용을 통해 행동이 현저한 수준으로 감소하고 나면, 그 행동의 제거에는 DRO와 같은 또 다른 기법들이 효과적으로 사용되어야 할 것이다.

대안적 행동에 대한 차별적 강화. 바람직하지 못한 행동을 좀 더 수용 가능하며, 사회적으로 좀 더 바람직한 행동으로 대치시키는 것이 **대안적 행동에 대한 차별적 강화**(Differential Reinforcement of Alternative behavior, DRA) 이다. 이 기법의 사용을 위해 치료사는 바람직하지 못한 행동을 유지시키는 강화적 후속물을 찾아내야 할 필요가 있다. 아동이 보다 바람직한 반응으로도 그와 동일한 후속결과를 받아낼 수 있다면 그것은 무엇인가? 아동이 어떤 바람직한 행동으로도 동일한 강화물을 받게 되도록 치료사가 후속물들을 배열해 낸다면 바람직하지 못한 행동의 빈도는 감소하게 될 것이다.

종종 언어장애 아동들은 바람직하지 못한 행동들을 학습하기도 하는데, 이는 그 부모가 자기도 모르게 그 행동들을 강화시켰기 때문이다. 음식이나 장난감을 요구하는 법을 배우지 못한 아동은 성인의 손을 움켜쥐고, 성인을 원하는 장난감으로 이끌며, 비명이나 그 밖의 적절치 못한 발성을 하며, 끝없이 성화를 부리며, 난리법석을 떨기도 한다. 이러는 동안 성인들은 아이가 무엇을 원하는지 알아내려고 애쓴다. 이런 일이 일어날 가능성을 사전에 막기 위한 수많은 시행착오를 통해 성인은 결국 이런 모든 부적절한 행동을 멈추게 할 만한 무엇인가를 제공하기 마련이다. 불행히도 그리하여 잠시 멈춰진 이 행동은 정적으로 강화된다. 이것은 다음번에는 더 강력한 힘으로 다시 출현하게 될 것이다.

언어치료사들은 DRA를 사용하여 부적절한 행동을 제거할 수 있다. 이 경우 대안적인 행동이란 사회적으로 보다 적절한 의사소통행동, 즉 음식이나 기타 아이템에 대한 요구하기가 될 것이다. 대치되어야 할 바람직하지 못한 행동은 무시하고, 오직 대안적인 행동에만 반응하도록 아동 주변의 성인들을 교육시킴으로써 바람직한 대안적 행동이 유지되도록 만들 수 있다. 예를 들어, 배가 고플 때마다 비명을 질러대는 아동에 대하여, 치료사는 낱말 '먹다'를 가르치며 일차적 강화물로 음식을 제공하여 해당 반응을 확립시킬 수 있다. 이후 치료사는 아동 주변의 성인들에게 비명을 무시하고 아동에게 낱말 먹다의 산출을 유도하고, 그 산출에 대해서는 음식을 제공함으로써 즉각적으로 강화시키는 방식을 교육시킨다.

다음 장들에서 우리는 무언어 또는 최소한으로 말하는 아동들에 대해 논의할 것이다. 이들 아동 중 많은 수가 바람직하지 못한 행동으로 일부 의사소통 기능을 대신하는 모습을 보인다. 예를 들어, 한 무언어 자폐 소년은 스스로 자족할 수 있으며, 자신이 집에 있거나 화장실이 어디에 있는지 알 때는 훌륭한 용변기술을 보인다. 그렇지만 낯선 환경에서는 마구 뛰어오르며 소리치는 방식으로 화장실에 가고 싶어 함을 표현한다. 만일 구어언어가 현실적인 목표가 되지 못한다면, 언어치료사는 아동에게 접근 형태로 **화장실**을 뜻하는 미국 수화를 가르쳐 줌으로써 결국 바람직하지 못한 행동을 제거할 수 있을 것이다(Carr et al., 1994).

> 대안적 행동에 대한 차별적 강화(DRA)를 이르는 또 다른 용어는 무엇인가?

가르쳐야 할 바람직한 행동이 대치되어야 할 바람직하지 못한 행동과 동일한 기능을 담당한다는 점에서 DRA를 기능적 등가 훈련(functional equivalence training)이라고도 한다. 바람직하지 못한 행동과 바람직한 행동은 기능적으로 등가이다. 그렇지만 이 중 하나는 다른 것보다 사회적으로 더 적합하다.

DRO, DRI, DRL, DRA 구분하기. 간접적 반응-감소의 모든 기법에는 차별적인 강화가 포함되는데, 여기에서는 바람직한 행동이 정적으로 강화되거나 증가되는 반면, 바람직하지 못한 행동은 소거(또는 무시하기)를 통해 감소된다. 간접적 반응-감소 기법의 유형들은 각각 다음과 같이 구분된다.

- 다른 행동에 대한 **차별적 강화(DRO)**. DRO에서는 명시된 바의 바람직하지 못한 행동은 강화되지 않게 될 것이다. 치료사는 바람직하지 못한 행동은 무시하는 가운데 기타의 다른 바람직한 행동을 강화하게 된다. 감소되어야 할 바람직하지 못한 행동과 비교하여, 강화될 행동은 대안적인 행동과 기능적으로 등가의 것도 아닐뿐더러, 물리적으로 양립불가한 행동도 아니다.
- 양립불가 행동에 대한 **차별적 강화(DRI)**. DRI에서는 증가될 행동과 감소될 행동이 물리적으로 양립불가하며, 두 가지가 함께 동시에 나타나 것은 불가능하다. 이 밖의 간접적 반응-감소 방식에서는 이러한 조건이 충족되지 않는다.
- 낮은 반응률에 대한 **차별적 강화(DRL)**. DRL에서는 내담자에게서 어떤 행동의 빈도가 감소되는 모습이 나타날 때 강화가 주어진다. 이는 바람직하지 못한 행동을 '형성해 내려가는' 과정이다. 다른 방식에서는 점진적으로 더욱 감소되는 행동 빈도가 강화의 대상이 되지 못한다.
- 대안적 행동에 대한 **차별적 강화(DRA)**. DRA에서는 의사소통 기능을 담당하는 바람직하지 못한 행동에 대하여 동일 기능을 담당하는 보다 바람직하며 사회적으로 수용 가능한 행동으로 대치시킨다. 이 방식에서는 새로운 바람직한 행동과 이전의 바람직하지 못한 행동은 기능적으로 등가의 것이다. 다른 방식들에서는 기능적 동질성을 가지는 행동에 대한 탐색은 주된 관심사가 아니다.

규칙 깨기 : 절차 수정하기

모든 아동에게 그리고 언제나 효과적인 언어치료절차란 존재하지 않는다. 한 아동에게 잘 맞는 것이 다른 아동에게도 반드시 잘 맞는 것은 아니며, 심지어 동일 아동에게조차도 치료회기가 달라지면 맞지 않을 수 있다. 치료사는 아동의 진보에 대한 정확한 기록을 유지함으로써 원하는 효과를 산출하지 못하는 절차들을 수정할 수 있다. 이러한 수정에는 (1) 강화물 변경 및 반응-감소 기법의 변경, (2) 자극의 변경, (3) 목표행동의 수정 또는 전적인 변경이 포함될 수 있다.

강화물 변경 및 반응-감소 기법의 변경

효과적인 강화물과 반응-감소 기법의 고유한 특질이란 수집된 자료가 훌륭한 진보를 나타내 주며, 치료절차를 정당화해 주는 것이다. 다시 말하자면 자료는 치료회기 내에서 바람직한 언어기술이 실제로 증가되었으며, 바람직하지 못한 행동들은 감소되었음을 보여주는 것이어야 한다.

시간대나 내담자 모두에 걸쳐 동일하게 효과적일 수 있는 표준적인 강화물 또는 반응–감소 기법이란 존재할 수 없으므로, 치료사는 모든 치료회기에 대한 아동의 수행을 지속적으로 측정해야 한다. 만일 측정값이 한 절차(반응의 강화 또는 감소)가 기대했던 효과를 가지지 못한다면, 치료사는 대안적인 방식을 찾아야 한다. 특정 후속결과(반응 증가 또는 감소)의 실패가 강화 원리 또는 교정적 피드백 원리의 실패는 아니다. 각 기법들의 세트 내에는 효과적일 수 있는 대안들이 언제나 준비되어 있다. 만일 언어적 칭찬이 효과적이지 못하면 토큰 체계는 효과적일 수 있다. 만일 언어적인 교정적 피드백("아냐"라고 말하기)이 효과적이지 못하면 타임아웃은 효과적일 수 있다.

자극의 변경

목표기술 유도를 위한 자극이 훌륭하지 못하면 치료 동안의 학습은 지체될 수 있다. 일부 경우 아동들은 물리적 자극이 모호하거나 매력적이지 못해서, 또는 언어적 자극이 혼란스럽거나 비일관적이기 때문에 목표 언어기술을 배우지 못할 때도 있다.

아동에게 제시되는 그림들은 매력적이며, 다채로운 색채인 것이 좋으며, 그림이 전달하고자 하는 개념을 명확히 표상하는 것이어야 한다. 예를 들어, 단일한 일상적 사물이나 명확하게 묘사된 행동을 수행하고 있는 인물을 나타내는 컬러사진은 다양한 것들이 묘사된 흑백의 선그림이나 만화 같은 것들보다 훨씬 선호된다. 만일 치료사는 사용하고 있는 그림자극이 반응 유발에 효과적이지 않다고 의심된다면, 이 자극들을 다른 것으로 변경해야 한다.

때때로 매우 어린 아동들이나 지적장애 아동들은 어떠한 그림자극에도 잘 반응하지 못하는 경우가 있다. 이러한 경우 실제 사물이나 실제로 시연되는 활동은 아동으로부터 목표 언어행동을 더욱 잘 유도해 낼 가능성이 높다. 치료사는 여러 가지 자극 형식들에 대하여 실험적으로 아동의 정반응률에 대한 효과성을 검증해 보아야 한다.

창의적인 치료사는 지속적으로 더욱 훌륭한 절차를 탐사하며 이미 수립된 절차들을 조정함으로써 더 큰 효과를 창출해 낸다. 절차의 개선은 언제나 가능한 일이다. 치료사는 반응률의 개선이 보이지 않으면 무엇인가를 변화시키는 일을 주저하지 말아야 한다. 실패는 가장 초기단계에 분석되어야 하며, 비효율적인 절차들은 더 이상 늦지 않게 가능한 한 당장 중단되어야 한다. 그러므로 치료사는 모든 회기에서 목표기술의 빈도 측정을 위한 일을 행해야 한다. 치료사가 이를 행하지 않으면, 선택된 절차를 언제 지속해야 할지, 이를 언제 수정해야 할지, 그리고 언제 이 절차를 폐기해야 할지에 관해 알지 못하게 될 것이다.

목표행동의 수정 또는 전적인 변경

대부분의 경우 치료사는 낱말, 낱말이나 구 안의 문법형태소, 그리고 간단한 수준에서의 화용적 구조를 가르치는 것과 같은 초기 목표행동을 선택하게 된다. 아동이 초기 또는 잠정적인 훈련 준거(90% 또는 그 이상의 탐침 반응률)를 충족시키게 되면 치료사는 더욱 복잡한 훈련수준으로 이동한다. 여기서도 역시 치료사는 매 치료회기에서 다루어야 할 소수의 목표들을 먼저 선택한다.

예를 들어, 한 치료사가 네 가지 문법형태소로 치료를 시작할 수 있다. 그런데 아동이 심지어 형성 프로그램을 통해 단순화시켰을 때조차도 이 행동을 그저 모방하는 것도 할 수 없을 경우, 치료사는 이 초기 행동은 해당 아동에게 지나치게 복잡한 것임을 깨달을 수 있다. 이 경우 치료사는 반응 복잡도를 더 낮은 수준으로 끌어내려야 한다. 예를 들어, 어떤 형태소를 구 수준에서 가르치는 것이 아동에게 너무 어려운 것으로 판명된다면, 치료사는 이를 낱말 수준에서 가르쳐야 한다. 그 속성이 어떤 수준에서든 심지어 형성기법에서조차 너무 어렵게 여겨지는 것이라면, 치료사는 이를 다른 속성으로 전환하고, 어려운 속성은 나중에 다시 재개할 수 있다

낮은 반응률 외에도 치료사에게 목표행동의 전환을 요구하는 아동의 기타 행동들이 있다. 예컨대 치료에 대해 지루해함, 치료자극에 대한 무관심, 관련없는 자극에 관심을 기울임, 방해되는 질문을 자주 함(예 : "다 한 거예요?" 또는 "그거 알아요?"), 탁자 밑으로 기어들어가기 등은 목표행동이 아동에게 너무 어려운 것일 수 있음을 암시해 주는 것들이다. 앞서 강조한 바와 같이 아동은 자신이 싫어하게 된 치료로부터 벗어나고 싶을 때 바람직하지 못한 행동을 보일 수 있다. 이때 치료사는 목표기술을 단순화하고, 이를 형성시켜야 하며, 또한 보다 강력한 강화물을 찾아내야 한다.

유능한 치료사라면 신속하고 효율적으로 다양한 수준의 반응 복잡도를 거쳐, 대화적 말 수준으로 이동한다. 언어치료의 궁극적 목적의 성취, 즉 사회적 환경에서 언어기술의 사용이 적절하며 또한 지속되는 성취가 이루어지는 곳은 바로 사회적 대화 수준인 것이다. 그러므로 제8장은 대화기술을 가르치기 위한 기법을, 제9장은 자연스러운 환경에서의 언어기술 유지를 촉진시키는 절차들에 대해 설명하고 있다. 그렇지만 대화기술의 훈련 및 자연스러운 환경에서의 유지를 설명하기에 앞서, 우리는 이 장에서 설명된 기법들을 기초적인 언어기술 확립을 위한 방식과 통합시키는 전반적인 절차에 관해 살펴볼 필요가 있다. 이 방식들은 다음 장에서 설명할 것이다.

 ## 요약

언어장애 아동들을 치료함에 있어, 치료사는 특수자극을 갖추고, 아동의 목표기술 산출 시도에 뒤이어 신중하게 배열된 후속결과를 제공해야 한다. 해당 아동을 위한 최종목표는 자연스러운 환경에서

자연스럽게 발생된 결과에 대한 반응으로 목표 언어행동을 산출하게 하는 것이므로, 치료사는 특수자극을 용암시키고 외현적 후속결과를 감소시켜야 한다.

치료사가 아동의 목표 언어기술을 촉발하기 위해 사용하는 특수자극에는 그림이나 기타 물리적 자극, 지시와 시연, 구어 시범(목표행동을 치료사가 산출하는 것), 촉구(반응의 완전한 시범이 아닌 부분적 힌트), 그리고 수동식 안내(아동을 손을 잡아 이끌어 그림을 가리키게 함)가 있다. 시범이 제시될 때는 언제나 아동에게 해당 시범을 모방하도록 요구한다. 시범, 수동식 안내 및 이 밖의 특수한 절차들은 점진적으로 촉구를 감소시키는 방식으로 용암시킨다. 아동이 시범된 목표행동을 모방하지 않는다면, 연속적 점근이라고도 하는 형성을 통해 모방되지 못한 기술을 보다 단순한 요소로 쪼개어 각 요소들을 독립적으로 가르친 후, 이를 다시 합치는 방식으로 가르칠 수 있다.

치료사는 아동의 정반응에 대한 강화적 후속물을 배열하여 그 빈도를 증가시키거나, 오반응에 대한 교정적 피드백을 통해 그 빈도를 감소시킬 수 있다. 강화물과 교정적 피드백 모두 그 의도된 효과를 달성하려면 반응이 일어난 직후에 제공되어야 한다.

강화물에는 일차적 또는 이차적인 것이 있다. 일차적 강화물(먹을 것, 마실 것, 은신처)은 종의 생물학적 생존을 촉진한다. 이 강화물들은 그 효과가 학습되어야 할 필요가 없는 것들이다. 이차적 강화물은 사회적 조건화에 의해 효과를 내는 것으로서, 여기에는 사회적 강화(따뜻한 언어적 칭찬, 관심, 미소 등), 조건화된 일반화된 강화(토큰), 정보 피드백(수행준거를 충족시킨 아동의 진보에 대한 언급), 그리고 개연성 높은 행동(발생 빈도는 낮되 매우 바람직한 행동을 증가하도록 돕는 고빈도 행동)이 포함된다. 강화물은 모든 반응마다 매번 제공될 수도 있고(연속강화 계획), 특정 반응에 대해서만 제공될 수도 있다(간헐강화 계획).

치료사는 직접적이거나 또는 간접적 반응-감소 기법 중 하나를 통해 틀렸거나 또는 적절치 못한 의사소통행동 및 침입적(비협조적) 행동을 감소시킨다. 직접적 반응-감소 기법에는 교정적 피드백, 반응 대가, 타임아웃, 소거가 있다. 간접적 반응-감소 기법에는 바람직한 행동을 증가시키면서 그 후속결과로서 바람직하지 못한 행동을 감소시키는 다양한 형식의 차별적 강화 방법들이 있다.

모든 시점에서 그리고 모든 아동들에게 언제나 효과적인 언어치료절차란 존재하지 않으므로, 치료사는 회기마다 아동이 보이는 진보를 모니터해야 하며, 그 기록이 입증해 주는 바에 따라 필요하다면 치료기법을 수정해야 한다. 이러한 수정에는 강화물 변경 및 반응-감소 기법의 변경, 자극의 변경, 그리고 목표행동의 수정 또는 전적인 변경이 있다.

 학습지침

1. "언어장애의 행동주의적 치료에는 자극의 체계적인 조작이 포함된다."라는 진술을 입증

하라. 자극의 조작에는 어떤 유형이 있으며 이것이 필요한 이유는 무엇인가? 각각의 치료 자극에 대해 간단히 설명하고, 이것이 가지는 다양한 언어기술 교육과의 특별한 관련성에 대해 요약하라.

2. 여러분의 임상 이행 과정에서 거의 무언어에 가까운 아동을 치료해 달라는 요구가 있다. 이 아동은 전형적으로 오직 몇 개의 기초적인 낱말만을 산출한다(예 : 엄마, 아빠). 여러분의 임상감독은 여러분에게 기본적이며 기능적인 낱말의 교육에 먼저 중점을 두는 구어언어 프로그램을 계획하도록 요구하였다. 이에 대한 초기치료 프로그램을 설계해 보라. 기초 목표낱말 세트의 목록을 작성하고, 이를 어떻게 가르칠 것인지 기술해 보라. 여러분은 어떠한 특정 치료기법을 사용할 계획이며, 그 이유는 무엇인가?

3. 다양한 유형의 정적 강화가 갖는 장점과 단점에 대해 논의해 보라. 특정 유형의 강화물이 특별히 요구되거나 효과적일 수 있을 법한 특정 유형의 아동에 대해 명시해 보라. 여러분이 먼저 부모의 승인을 얻어야만 하는 강화물 유형을 나열해 보라.

4. 동일인에게서 발생되는 고빈도 행동의 도움을 통해 실제 발생빈도는 낮지만 일상에서 매우 바람직한 행동의 빈도를 증가시킬 수 있는 최소한 세 가지의 예를 제시하라. 그 절차가 이행되는 방식을 구체적으로 설명하라.

5. 가장 첫 번째 치료회기에서 4세의 아동은 엄마가 치료실을 떠나자마자 바로 울기 시작하였다. 여러분이 엄마를 방으로 들어오게 하자 아이는 울음을 멈추었다. 그러나 엄마는 곧 무엇인가에 대해 너무 자주 설명하고 제안하는 등 치료에 개입하기 시작했고, 여러분은 이것이 효과적이지 못하며 실질적으로 치료에 지장을 주는 것이라고 여긴다. 두 번째 회기에서 여러분은 엄마에게 밖에 나가 있도록 요청하였지만 그러자 아동은 울기 시작하였다. 여러분은 장난감과 게임으로 아동을 즐겁게 하려는 시도를 했고, 아동은 울음을 멈추었다. 여러분이 치료자극을 보여주기 시작하자 아동은 다시 울기 시작하였다. 여러분의 임상감독은 치료회기 동안 아동이 울지 않게 하려면 효과적인 기법을 사용해야 할 필요가 있다고 말해 주었다. 여러분은 이 아동을 어떻게 다룰 것인가? 첫 치료회기에서 무엇이 잘못되었는지, 그리고 다음의 세 번째 회기에서는 어떠한 절차를 사용할 것인지 구체적으로 설명해 보라.

6. 치료절차가 수정되어야 할 특정 조건에 대해 기술하라. 전형적으로 어떠한 유형의 수정이 요구되는가? 여러분은 수정이 필요한지를 어떻게 알아낼 수 있는가? 그 수정이 성공적인지는 어떻게 입증할 것인가?

제**7**장 | 기초 언어기술 확립하기

개요

제5장에서 제시된 증거기반 치료 모형과 제6장의 치료기법들에 대한 이해를 토대로 치료사는 언어장애(Language Disorder, LD) 아동들의 기초적인 언어기술을 확립할 준비가 되었을 것이다. 이 책이 취하고 있는 일반적인 접근은 명백히 아동의 생활연령이나 언어발달 단계를 토대로 하는 것이 아니다. 오히려 이 접근은 기술 기반적인 것이다. 연령이나 단계와 무관하게, 아동들에게는 특정 언어기술을 가르쳐야 할 필요가 있다. 때때로 아동의 연령은 기술 교육에 가장 중요한 고려사항이 아닐 수도 있다. 예를 들어, 특정 발달장애 아동의 경우, 특정 언어기술 세트를 배울 때는 인지적 결함이 없는 단순언어장애 아동(상세한 내용은 제3장 참조)이 동일 기술을 배울 때에 비하여 생활연령 면에서 더 나이가 많아야 한다. 일단 한 아동을 위한 목표 언어기술이 선택되고 나면, 제5~8장에 기술된 절차들이 언어기술 확장에 도움이 될 것이다. 제9장에서는 확립된 언어기술의 초기 일반화 및 궁극적인 유지를 촉진하는 절차들이 기술된다.

전형적으로 학습하는 어린 아동들의 언어기술은 마찬가지로 학습하는 더 나이 든 아동들의 그것과 다르다. 가장 보편적인 개념상, 언어장애란 연령 및 단계에 근거한 전형적인 언어기술에 대한 기대가 위반되는 현상이라 할 수 있다. 치료사는 나이 든 LD 아동이 전형적인 어린 아동에게서 기대되는 바와 동일한 언어기술을 보일 것이라고 전제할 수는 없다. 동일한 연령 수준에서도 LD 아동들이 보이는 기술결함의 수준 역시 서로 다르다. 다시 말하자면 언어장애는 전형적인 습득 패턴의 **역순**(reversal)이라는 체계적 단계를 따르지 않는다. 예를 들어, 4세의 언어장애 아동은 전형적으로 학습하는 3세 또는 2세 아동과 흡사할 수 있다. 6세의 중증 언어지체나 지적장애(발달장애) 아동은 전형적으로 발달하는 2세 아동과 더욱 유사할 수 있다. 이런 아동은 기초적이며 기능적인 낱말 세트를 배울 필요가 있을 것이다. 단지 문제가 경도나 중등도의 단순언어장애인 또 다른 6세 아동의 경우라면, 그는 4세의 전형적 발달아동과 흡사할 것이다. 이 아동은 언어기술이 보다 진보되어 있을 것이고, 따라서 임상 면에서 문법형태소, 다양한 문장 형식, 그리고 언어의 사회적 사용을 배우게 될 것이다.

요약하자면 연령이나 연령에 기반한 규준은 다수의 아동집단의 전반적인 언어기술을 예측할 뿐이며, 이는 개개 아동들을 위한 특정 언어목표 선택의 토대로 쓰이기에는 신뢰성이 없다. 이때 유용한 임상적 접근은 개개 아동들에게 각자가 처한 사회, 학업, 가족, 그리고 개인적 요구에 따라 필요한 바를 가르치는 것이다. 일부 어린 LD 아동에게는 더 나이 든 LD 아동들보다 상대적으로 보다 진보된 기술을 가르칠 수도 있다. 그러므로 어떻게 서로 다른 언어기술을 가르쳐야 할 것인지 알고 있는 치료사라면 영유아를 포함하여 모든 연령대의 아동들에게 언제든 효과적인 서비스를 제공할 수 있을 것이다.

> 연령에 기반한 규준은 목표행동 선정의 훌륭한 토대가 되지 못하므로, 제4장에서 우리는 목표행동 선택에 있어서의 내담자 특정적인 접근을 옹호한 바 있다.

기초 언어기술 선택하기

기초적인 언어기술이란 무엇인가? 치료사들은 이 문제에 관해 어느 정도는 서로 다른 대답들을 할 것이다. 보편적으로 인정되고 있는 기초 언어기술 목록이란 존재하지 않는다. 그러므로 각 치료사들마다 일정한 판단을 해야 할 것이다. 훌륭한 판단이란 이론적으로 또는 개인적 도그마에 의해 제시되지 않는 것이다. 이 절에서 기초적이라고 제안되는 기술들 역시 판단의 문제이며, 치료사들은 이 정의에서 특정 기술들을 자유롭게 제거하거나 추가할 수 있다. 이 장은 판단(기초기술의 선택 및 치료 모두에 관한)에 필요한 모형을 임상적 수정이 가능한 유연성에 입각하여 제공하고 있다. 아동, 아동의 가족, 교사 그리고 이 아동의 삶과 연관된 사람들에게 맞도록 특정적으로 이루어진 평가 결과는 이러한 판단에 강력한 영향을 미치게 될 것이다.

새로운 치료목표가 제5장, 제6장에서 제시된 기본적인 치료 모형과 절차를 이미 숙달한 치료사에게 문제를 부과하는 것이어서는 안 된다. 치료사들은 판단하건대 가족, 사회, 그리고 학업과 관련된 의사소통의 개선을 가져다줄 것이라고 판단되는 기술들을 선택하고 가르칠 수 있다. 모든 아동들은 자기 자신에게 독특한 기술 패턴을 위한 치료를 필요로 한다. 연령이나 언어습득 단계만이 오직 그 독특한 패턴을 결정해 주는 것은 아니다. 내담자 특정적인 치료목표를 사용하는 치료사라면 발달적 규준에 따른 목표 선택에 제약을 가하는 '통조림으로 만든' 의사소통기술 목록을 거부할 것이다. 언어병리의 연구 기반 및 그 이행 범위가 확장됨에 따라 목표기술도 변화되거나 확장된다. 삼킴기술이나 문해기술이 치료목표에 추가된 것이 바로 그 예이다. 역사적으로 언어목표 그 자체는 대개 말더듬과 조음장애에 국한된 치료목표의 목록에 추가되어 온 것들이다.

초기 의사소통기술

아동들은 자신의 생활연령과 무관하게 초기 의사소통기술이 부족하다. 이 기술의 일부는 아직은 정교한 언어구조를 가지고 있지 않은 것이므로, 언어습득 문헌에서는 이를 전형적으로 언어이전(Hulit & Howard, 2002; McLaughlin, 1998)의 것으로 기술하고 있다. 그러나 반사적 발성(reflixive vocalization)을 제외하고는, 언어이전기 행동들은 의사소통적인 것이다. 그러므로 언어이전기 기술이라는 용어보다는 초기 언어기술 또는 의사소통기술이라는 용어가 이를 더 잘 설명해 준다.

언어이전기 기술이라는 말보다 더욱 선호되는 용어는 무엇인가?

치료사가 치료를 위해 선택할 수 있는 몇 가지 초기 의사소통기술에는 다음과 같은 것들이 포함되어 있다.

- **초기 발성.** 전형적으로 습득하는 유아의 초기 발성(early vocalizations)의 일부는 반사적이거나 또는

글상자 7.1 초기 발성

아동이 발성을 습득하는 방식에 관한 지식은 평가 및 가능한 목표행동의 제안에 일부 도움이 된다. 제안된 접근은 내담자 특정적이며 기술기반적인 것이므로, 발달적 순서를 엄격히 따라야 할 필요는 없다. 연구자들마다 다양한 단계에 대한 진술이 다르다. Oller 등(1999)은 4단계의 초기 발성을 상정하여 설명하였는데, 이는 아래와 같이 전개된다.

단계	연령	발성에 대한 설명
발성	0~2개월	모음과 유사 : 말과 흡사한 발성이 산출됨, '생리적인' 소리(트림, 코골기)와 '고정적 신호' 소리(울기, 웃기), 성도가 편안한 상태에서 발성됨
원시적 조음	2~3개월	목울림 : 발성 중의 조음이 시작됨, 연구개음 산출
확장	3~6개월	유아가 조음기관을 가지고 '놀이를 하는' 것처럼 여겨짐, 투레질이나 비명을 터뜨림, 성인과의 음성유희를 즐김, 유아가 성도가 폐쇄된 상태에서의 자음과 흡사한 소리로부터 완전한 모음에 이르는 '거의 옹알이에 가까운 것'을 산출함
전형적 옹알이	6~10개월	적절히 형성된 자모음(CV) 음절산출, 자음에서 모음으로의 빠른 전이, 주변의 성인들은 이 산출에 의미를 부여하고, 결국 첫낱말이 형성됨(/baba/에 'bottle'이나 'blanket'의 의미가 부여되고, /mama/, /dada/는 'mommy'와 'daddy'를 의미한다고 강력히 여김). 전형적 옹알이에는 자음은 변화되지 않는 반복적 옹알이가 포함되며(/dadada/), 변형된 옹알이에는 자음과 모음이 변화한다(/badidabu/).

전형적으로 발달하는 대개의 유아들은 10개월경이면 전형적 옹알이를 나타내므로, 이 옹알이의 부재는 말장애, 언어장애 또는 이 두 가지 모두의 초기 전조가 된다. 성인들은 유아가 만들어 낸 소리들을 시범하고, 유아들로 하여금 이를 따라하도록 촉구하며, 다음에는 더 다양하고 보다 복잡한 발성의 시범으로 형성하는 일들을 통해 유아의 발성을 확장시킬 수 있다.

의사소통적 효과가 결여되어 있는 것이다. 그렇지만 곧 이들은 의사소통적 속성들을 습득한다. 부모에게 그 어떤 것도 의미하지 않았던 일부 발성 유형들은 얼마 되지 않아 배고프다 또는(기저귀가) 젖어 있다를 의미하게 된다. 이것이야말로 발성이 의사소통적 효과를 가지게 되었다는 의미이다. 아동의 발성은 부모를 행동하게 만든다(예 : 유아를 먹이거나 기저귀를 갈아줌). 최중도의 지적장애나 신체적 결함을 지닌 아동들이나 이 밖에 소리를 많이 내지 않는 소수의 전형적인 아동들은 이러한 목표를 상대적으로 더 높은 연령대에서 필요로 하게 될 것이다. 발성에는 무작위로 아무렇게나 흩어진 다양한 행동들이 포함되지만, 결국 이것들은 보다 잘 조직된 말언어 행동으로 형성되기에 이른다(전형적인 초기 발성의 발달은 글상자 7.1 참조). 종종 초기 발성은 쉽게 관찰 및 측정되는 독립적인 행동이 아니다.

언어행동에는 구어 및 비구어(수화)적 의사소통 둘 다 있음을 기억하라. 이 정의는 의사소통을 특정 형태(구어, 손짓 또는 이외의 것들)로 제한하지 않는다.

사진 7.1 눈맞춤은 매우 초기 연령대에 확립된다. 눈맞춤의 부재는 언어 또는 말장애, 또는 두 가지 모두의 전조가 된다.

유아가 내는 다양한 소리들이 조합되며 고정적이지 못한 형태가 창출된다(Hulit & Howard, 2002; McLaughlin, 1998). 기타 합병증(예 : 발달장애, 자폐, 또는 청각장애) 없이도 침묵을 지키는 2세의 일부 아장이들은 일관적이면서도 차별적인(자극–특정적인) 발성을 할 필요가 있다. 그러므로 어린 아동이나 중증의 장애를 지닌 더 나이 든 아동들을 위한 치료목표가 되어야 할 발성에는 다음과 같은 것들이 포함된다.

– 특히 말소리가 들려올 때 목울림소리(cooing sound) 내기(유아나
  어린 언어지체 아동들을 위한 전형적인 치료목표)
– 단음절 발성(아기들이 내는 'ba', 'ga', 'da' 및 이와 유사한 소리
  들)이 포함된 옹알이, 반복적인 소리('bababa', 'gagaga', 'dadada'
  및 이와 유사한 발성), 그리고 다양한 자모음 조합 및 그 변화

> 전형적으로 발달하는 아동들은 10개월경에 전형적 옹알이(글상자 7.1)를 시작한다. 이 시기까지 전형적 옹알이가 결여되어 있다는 것은 말장애, 언어장애 또는 이 두 가지 모두의 초기 전조라 할 수 있다.

  ('badaga', 'gabida' 및 이와 유사한 발성)(전형적으로 아기들, 어린 언어지체 아동, 그리고 중증
  의 언어장애를 지닌 모든 아동들을 위한 치료목표)
– 낱말 점근, 옹알거리는 소리들이 합쳐져 낱말처럼 들리는 발성으로 나타나는 것을 포함
  (Mommy에 대한 'ma', Daddy에 대한 'da')(이 목표들은 점진적으로 개선되는 점근으로 변화될
  수 있으며, 이것이 다시 차기 목표가 된다.)

● **초기 눈맞춤.** 여기에는 엄마를 바라보거나 엄마의 음성에 대한 반응으로 또는 그 밖의 말소리가 들리는 곳을 향해 눈길을 전환하는 행동이 포함된다. 양육자와 아동 간에 확립된 눈맞춤 패턴은 사회성 발달 및 의사소통발달의 일환이 된다.

유아는 성인의 얼굴을 응시하고 눈맞춤을 확립한다. 눈맞춤의 결여는 언어장애의 초기 전조가 된다.

자폐 아동들에게는 이 기술이 특히 손상되어 있다. 대화 중의 눈맞춤은 이후 화용언어장애 아동들의 치료목표로 설정될 수 있다.

● **가리키기와 몸짓하기.** 이것들은 의사소통 기능을 담당하므로, 가리키기(pointing)와 몸짓하기(gesturing)가 아기들이나 아동들에게 결여되어 있다면 이것들 역시 적절한 목표라 할 수 있다. 이러한 비구어적 기술들은 일단 확립되기만 하면 구어기술을 가르칠 때 도움이 될 것이다.

낱말의 세계

발성과 몸짓 너머, 낱말은 중증의 언어장애 아동들이 배워야 할 가장 잘 조직된 목표기술이다. 아동과 성인이 이를 사용하게 됨으로써 이것은 오직 하나의 사물을 의미하거나 또는 복수의, 다양한 그리고 중복적인 의미를 통해 사물들의 세계를 나타내기도 한다. 이는 순수한 언어구조(낱말, 구, 문장과 같은)는 언어의 자의적인 영역임을 시사한다. 치료사는 구어산출을 기능적 단위로 인식해야 할 필요가 있다. 아동이 "난 쿠키를 원해!"를 뜻하는 특정 억양 패턴으로 "쿠키"라고 말했을 때와 같이, 단일 낱말이 구나 문장과 동일한 효과를 낼 수 있다.

개개 아동을 위해 선택해야 할 낱말들은 그의 가족 및 사회적 의사소통 맥락과 연관된 것이어야 하며, 치료사가 보유하고 있는 표준적인 목록으로부터가 아니라 그의 가정환경으로부터 기원하는 것들이어야 한다. 비록 일부 기초 낱말들은 모든 아동에게 다 그런 것은 아니더라도 대부분의 경우 보편적인 것일 수 있으나, 사회적 의사소통의 차이를 만들어 낼 수 있는 것은 고유한 낱말들이다(예 : 가족의 이름).

낱말은 단지 중증의 언어지체 아장이나 어린 아동들만을 위한 치료목표가 아니라, 경도에서 중등도의 언어결함을 가진 학령기 아동들에게도 역시 적용될 수 있는 목표이다. 이들 아동들의 경우에는 학업 교과과정 그리고 교사의 자문이 목표낱말 선정에 도움을 줄 것이다. 낱말은 모든 연령 및 모든 단계의 아동들을 위한 치료목표이지만, 아동들이 학교에 입학하게 되면 목표낱말은 사회적 및 학업 관련 의사소통을 강화시켜 주는 것들이어야 한다.

보다 진보된 낱말뿐 아니라 몇 가지 최초의 기능적 낱말 역시 언어장애 아동을 위한 전형적인 치료목표가 된다. 언어습득 문헌에는 아동이 습득하는 최초의 50여 개 낱말에 대해 기술되어 있다(Gleason, 2001; McLaughlin, 1998). 아래와 같은 범주로부터 일반적이며 아동 특정적인 낱말이 포함된 목표를 도출해야 한다.

- 가족 구성원의 이름(엄마, 아빠를 포함하여), 애완동물, 아동이 좋아하는 특정 음식 품목, 아동의 의복 품목, 좋아하는 장난감, 아동이 상호작용하는 가정 내 사물(예 : 책, 컵, 병), 신체부위, 일반적인 생활환경 내의 사물(예 : 집, 나무, 눈, 자동차, 꽃, 의자, 가게), 문해와 관련된 사물(예 : 책, 크레용, 공책, 연필), 아동이 늘 시청하는 TV 프로그램의 캐릭터, 그리고 아동에게 읽어주는 이야기책의 캐릭터 또는 캐릭터의 이름. 이처럼 일반적이면서도 아동 특정적인 낱말들이 부모 또는 기타 양육자와의 상담을 통해 선택되어야 할 것이다.
- 아동의 가정이나 놀이환경에서 전형적인 활동의 묘사를 돕는 행위 낱말(예 : 가다, 타다, 위로, 아래로, 앉다, 놀다, 만들다, 잡다, 노래하다, 걷다, 뛰다, 먹다, 마시다, 자다, 읽다, 쓰다, 웃다)들의 대다수는 이후에 '~하고 있다(동사+*ing*)'의 형태로 확장된다(가고 있다, 타고 있다, 놀고 있다, 먹고 있다, 걷고 있다, 웃고 있다).
- 서술적이며 형용적인 용어(예 : 큰, 작은, 차가운, 뜨거운, 역겨운, 더러운, 좋은, ~없다, 매끄러운, 둥근, 빨간, 파란)
- 일상의 관례적 용어. 이들 중 일부는 비록 한 낱말 이상의 의미를 담고 있다 할지라도, 종종 한 낱말 단위로 학습되고 산출된다(예 : 바이 또는 바이바이, 잘 자, 아냐, 그래, 까꿍, 고마워요, 또 만나, 안녕).

평가결과에 따라 치료사는 초기 기능적 낱말보다는 더욱 진보적인 낱말들을 선택할 수 있다. 이 낱말에는 아래와 같은 것들이 포함된다.

- 보다 길고, 완전하게 형성된 낱말(예 : grandfather 대 grandpa, good night 대 night-night)
- 추상적 낱말(예 : 좋은, 나쁜, 원형의, 이것, 저것, 음식, 의류, 깨끗한)
- 복잡하거나 또는 아동의 말에서 덜 보편적인 낱말. 명사(탁자, 의자, 전화, 학교, 난로, 책상, 코트, 드레스), 동사(일하다, 웃다, 운전하다, 잔디 깎다), 형용사(거친, 부드러운, 키 큰, 슬픈, 행복한, 높은, 낮은, 얇은, 두꺼운, 노란), 그리고 아동 특정적 정보로부터 시사되는 기타 범주의 낱말

> 치료사가 학교 교사에게 자문을 구하면 보다 진보적인 아동 특정적인 목표낱말의 신뢰성 있는 원천을 얻게 될 것이다(예 : 과학 용어, 지리 용어, 문해 개념 등).

- 학업 및 문해 관련 낱말. 학교 교사로부터의 자문이나 아동의 교과과정에 대한 분석을 토대로 선택됨(교과서, 에세이, 덧셈하다, 뺄셈하다, 역사, 수학, 그림 그리기, 비교하다)

낱말에서 구로

기초적인 언어기술 훈련은 낱말에서 구로 나아간다. 어떤 낱말이든 아동이 신뢰성 있게 적절하게 산출하기 시작하면, 이것들은 두 개 이상의 낱말이 합쳐진 구(phrase)로 확장된다. 구는 언제나 훈련된 낱

말을 포함하게 될 것이다. 여기에 더해질 추가 낱말들은 이미 훈련된 낱말일 수도 있고 아니면 새로운 것일 수도 있는데, 이때는 그 낱말에 대한 훈련 역시 동시에 이루어진다. 치료사는 범주별(명사와 동사, 또는 명사와 형용사)로 최소한 10여 개 정도의 낱말이 훈련 준거(3회의 치료회기 동안 90%의 정확도)에 도달하면 이때부터 낱말을 구로 조합하기 시작한다. 이때 아래와 같이 서로 다른 범주의 낱말들을 조합함으로써 구가 형성된다.

- 훈련된 명사와 훈련된 동사를 조합시킴(*Mommy walk* 또는 *Mommy walking*, *Daddy read* 또는 *Daddy reading*, *Snoopy eat* 또는 *Snoopy eating*)
- 훈련된 서술적 용어 또는 형용사를 훈련된 명사와 조합시킴(*big book*, *small car*, *birdie all gone*, *smooth paper*, *blue crayon*)
- 일상의 관례적 용어들이 포함된 구를 만들어 냄("Mommy say bye-bye", "Daddy say good night")

치료사는 또한 보다 진보적인 낱말들을 조합하여 적절해 보이는 구를 만들어 내기도 한다. 다시 말하거니와 이처럼 이미 훈련된 낱말들로 구를 만들어 내는 일은 유용할 것이다. 그러므로 아래와 같은 구의 훈련은 아동이 다양한 낱말을 배우게 될 때까지 뒤로 미루어질 수 있다.

- 보다 길고 완전히 형성된 낱말을 구로 확장시킴("my grandfather", "Mommy say good night")
- 상대적으로 추상적인 낱말을 구로 확장시킴(*good cookie*, *bad dog*, *pretty kitty*)
- 복합어이거나 또는 덜 보편적인 명사를 구로(*dining table*, *my chair*, *hot stove*), 동사들을 구로 (*Mommy working*, *baby laughing*, *Tommy driving*), 형용사를 구로(*rough paper*, *soft ball*, *tall man*, *sad face*), 그리고 기타 범주에서 이미 훈련된 모든 낱말을 구로 확장시킴
- 학업 및 문해 관련 낱말들을 구로 확장시킴(*my textbook*, *writing an essay*, *adding numbers*, *drawing pictures*)

초기 형태론적 기술

형태론적 기술(morphologic skills)은 기초적 및 진보적인 수준 모두에서의 많은 기능적 반응 계열에 필수적인 요소이다. 일부 구와 그리고 대개의 문장은 하나 이상의 문법형태소를 포함하고 있다. 그러므로 아동이 일단 기초적이거나 또는 상대적으로 진보된 낱말 세트를 배우고 나면, 형태론적 요소의 산출이 치료목표가 되어야 한다. 비록 치료사들은 아동이 이미 학습한 낱말을 고려하여 이후의 치료단계에서 가르쳐야 할 기능적 목표를 정할 필요는 있으나, Brown(1973)의 14가지 문법형태소(표 7.1 참조)가 좋은 출발점이 되어 줄 것이다.

대개의 문법형태소들은 낱말, 구, 그리고 문장 수준에서 훈련시킬 수 있다. 몇 가지 오직 기초적인

표 7.1

14개 형태소(Brown, 1973)

형태소		월령	형태소의 예
1.	현재진행형 -ing(조동사 없이)	28~36	Doggie running Daddy eating
2.	전치사 in	28~36	Dolly in house Daddy in car
3.	전치사 on	28~36	Kitty on chair Hat on head
4.	규칙 복수 -s와 그 변이형 : /s/, /z/, /ez/	28~36	Ducks go swim Stars in sky Mommy wash dishes
5.	불규칙 과거시제	36~42	ate, saw, threw, went, came
6.	소유격 -s	36~42	Mommy's hat Kitty's ball
7.	주동사로서의 동사 형식 to be(비축약형 접사)	36~42	Daddy is.("누가 더 크지?"와 같은 질문에 답하며) Is Grandma sleeping?
8.	관사 a와 the	40~46	I see a baby. Daddy drive the car.
9.	규칙과거 시제 형식 : /d/, /t/, /ed/	40~46	Baby cried. I walked home. I skated fast!
10.	규칙 3인칭 동사 형식	40~46	Birdie sings. Daddy eats.
11.	불규칙 3인칭 동사 형식	42~52	He has it. She does.("누가 공을 잡았지?"와 같은 질문에 답하며)
12.	조동사로서의 동사 형식 to be(비축약형 접사)	42~52	Is Mommy coming? Are they going?
13.	문장 내 주동사로서의 축약된 동사 형식 to be(축약형 접사)	42~52	They're going home. I'm not here. She's a dancer.
14.	문장 내 조동사로서의 축약된 동사 형식 to be(축약형 접사)	42~52	He's eating a pizza. We're playing a game. You're making a mess!

문장 수준에서만 가르칠 수 있는 것도 있다. 이미 가르친 낱말들에 의거하여, 치료사는 아래와 같은 것들을 포함하여 몇 가지 문법형태소를 선정한다(Hegde, 1998).

- 현재진행형 -ing. 치료사는 이것을 낱말 수준(*walking, eating, jumping, smiling*), 구 수준(*Mommy walking, Daddy eating*), 문장 수준("Mommy is walking", "Daddy is eating")에서 가르칠 수 있다.

- 전치사. 전치사(*in, on, under, behind*)를 훈련용으로 선택할 수 있다. 전치사들은 대개 구 수준(*on the table, in the box, behind the book*)이나 문장 수준("The ball is on the table", "The car is in the box", "The pencil is behind the book")에서 의미 있게 훈련된다.

- 규칙 복수굴절. 규칙형 복수 -*s*에서는 세 가지 이형 변이(/s/, /z/, /ez/)를 각각 독립적인 반응 계층으로 따로 훈련시켜야 한다. 이것은 낱말(*cups, bags, oranges*), 구(*two cups, five bags, many oranges*), 문장("I see two cups", "Give me five bags", "They are sweet oranges") 수준에서 훈련된다.

- 불규칙 복수. 영어의 불규칙 복수형 각각이 독립적인 반응 계층이 되며, 각 낱말들을 따로 가르쳐야 한다. 각 요소는 낱말(*women, feet, teeth, mice*), 구(*three women, two feet, many teeth, three mice*), 문장("I see three women", "These are my two feet", "I have many teeth", "There are three mice") 수준에서 가르칠 수 있다.

- 불규칙 과거시제. 각각의 불규칙 과거시제 낱말은 독립적인 반응 계층이다. 따라서 이 각각을 낱말

한 낱말 범주로 기술되지만 사실상 독립적인 별도의 반응 계층이라 할 수 있는 일부 언어 형식들을 말해 보라.

(*ate, fell, flew*), 구(*ate pizza, fell down, flew away*), 문장("I ate pizza", "Suzie fell down", "The bird flew away") 수준에서 가르쳐야 한다.

  - 규칙 과거시제 굴절. 세 가지 형태의 규칙 과거시제 굴절 /d/, /t/, /ted/ 가 독립적인 반응 계층을 형성한다. 각 계층에 해당되는 용례를 낱말(*climbed, kicked, painted*), 구 또는 짧은 문장(*she climbed, he kicked, man painted*), 그리고 완전한 문장("She climbed the stairs", "He kicked the ball", "The man painted yesterday") 수준에서 훈련시켜야 한다. 이 문장들에서 관사들은 아직 훈련된 것이 아니라면 생략될 수 있다.

- 소유격 굴절. 영어의 소유격에는 세 가지 이형 변이인 -*s*, /z/, /ez/는 각각 세 가지 반응 계층을 구성하므로 별도로 훈련시킬 필요가 있다. 이것들은 낱말(*cat's, baby's, horse's*), 구(*cat's tail, baby's bottle, horse's mouth*), 문장("It is the cat's tail", "That is the baby's bottle", "This is the horse's mouth") 수준에서 훈련될 수 있다. 이 문장에서의 관사는 독립적으로 훈련이 이루어지기 전까지는 선택적으로 다루어질 수 있다.

- 관사. 이것들은 비록 맥락적 의미와 관련되어 있기는 하지만, 언어학적으로는 하나의 계층이라 해도 각각의 관사마다 하나의 반응 계층을 이룬다. 모든 관사는 오직 구(*a dog, the ball*)나 문장("I see a dog", "The ball is red") 수준에서만 의미 있

별도의 언어 범주로 기술되지만 하나의 반응 계층에 속한다 할 수 있는 두 가지 언어 형식의 이름을 말해 보라.

게 훈련시켜야 한다. 관사 *a*에 비해 보다 특정적인 관사 *the*는 일반적인

것과 특별한(특정적인) 것을 구별시켜 주는 구 세트에서 훈련되어야 한다. 예를 들어, 치료사는 "I saw a cat", "the cat's name was Blanca"로 두 관사 사이의 차이를 보여줌으로써 이를 가르쳐야 한다.

- **대명사.** 이 구조적 범주에는 각각에 별도의 훈련이 필요한 복수의 반응 계층들이 포함된다. 대명사 *he, she*, 그리고 *it*은 훌륭한 초기 목표라 할 수 있으며, 낱말("Who is reading? Say "she") 수준이나 단순한 문장("He is playing", "She is nice", "It is crawling") 수준에서 훈련된다. 이 밖에 소유대명사(*mine, ours*)나 지시대명사(*this, that*)와 같은 형식들은 보다 이후에 가르칠 수 있다.

- **조동사.** 조동사는 사건이나 사물에 대한 진술을 돕는 기본적인 언어구조의 일부이다. 예를 들어, 문법형태소 *is*나 *was*는 주동사에 선행하는 조동사이다(He *is* walking; She *was* sleeping). 이것은 축약될 수도 있고(He's walking), 축약 불가한(She *was* sleeping) 것도 있다. 두 예는 현재 및 과거의 조동사 형식을 보여준다. 이것들은 또한 단수와 복수 형태도 가지고 있다(*was/were, is/are*). 각 형식 모두 별도의 훈련을 요하는 반응 계층이다. 대부분은 오직 구(*he was, she is, they were*) 수준이나 문장("He was playing", "She was running", "They were jumping") 수준에서만 훈련되며, 문장 수준에서의 훈련이 가장 의미 있다. 이는 축약형("She's hiding", "He's throwing")에서도 역시 마찬가지로 적용된다. 만일 조동사를 먼저 가르치게 된다면, 접사는 가르칠 필요가 없을 것이다. 왜냐하면 이 두 가지는 동일한 반응 계층에 속해 있기 때문이다. 치료사는 접사 산출을 확인하기 위한 탐침을 써야 할 것이다(조동사와 접사의 예는 글상자 7.2 참조).

- **접사.** 접사는 조동사와 동일한 형태를 취하지만, 무엇인가 또는 누군가에 대한 속성이나 특성이 기술된 문장에 사용된다. 문장 "She is smiling" 내의 *is*는 조동사이다. 그러나 문장 "She is kind"의 *is*는 접사이다. 접사의 여러 형식을 각기 독립적으로 훈련되어야 하지만, 만일 조동사를 먼저 가르쳤다면 그렇지 않을 수도 있다. 접사를 먼저 가르쳤다면, 조동사를 훈련할 필요는 없다. 탐침을 통해 이를 확인할 수 있다. 접사는 축약("Clown's funny", "She's nice") 및 비축약("He was small", "She was good") 형식 모두를 가르쳐야 하며, 역시 마찬가지로 문장 수준에서 의미 있는 훈련이 가능할 것이다.

- **접속사.** 이것은 구와 문장을 확대시켜 주므로 초기의 훌륭한 목표기술이라 할 수 있다. 접속사 *and*와 *but*은 특히 훌륭한 초기 목표라 할 수 있다. 비록 접속사 *and*는 구(*cat and mouse, milk and cookie*)나 문장("I see a cat and mouse", "I want milk and cookie")에서 가르칠 수 있으나, 접속사 *but*은 오직 문장("I like chocolate, but I can't eat it", "Dan was sick, but he came to school") 수준에서만 가르칠 수 있다.

- **형용사.** 형용사는 사물이나 사건의 속성에 대한 진술을 도우므로 초기 의사소통 훈련에 유용하다. 개개 형용사가 그 자체로서 하나의 반응 범주이며, 따라서 각 낱말은 독립적으로 훈련되어야 한다. 여기에는 일반화된 산출이라는 것이 존재하지 않는다. 형용사는 낱말(*big/small, tall/short,*

글상자 7.2 조동사 대 접사

동사 *to be*는 영어에서 가장 불규칙적인 동사 중 하나이다. 아래의 동사 *to be*의 현재시제에서의 활용을 생각해 보라.(각각의 과거시제도 함께 고려해 보라.)

1인칭 단수	I *am*
2인칭 단수	You *are*
3인칭 단수	He, She, 또는 it *is*
1인칭 복수	We *are*
3인칭 복수	They *are*

동사 *to be*의 형식이 문장의 주동사로 쓰였을 때는 이를 접사라 한다. 전형적으로 접사는 명사 앞이나, 특징 또는 속성을 암시하는 낱말 앞에 선행한다. 예는 다음과 같다.

I *am* an attorney.
You *are* smart.
She *is* my mother.
We *are* happy.

They *are* medical students.

동사 *to be*의 형식이 주동사로서가 아니라 동사의 도우미 역할을 할 때는 이를 조동사라 한다. 전형적으로 조동사는 주동사 앞에 선행한다. 현재시제 용례는 다음과 같다.(역시 마찬가지로 과거시제 형식도 함께 생각해 보라.)

I *am* going.
You *are* singing sweetly.
He *is* working at the store.
We *are* traveling to China.
They *are* sleeping soundly.

비록 접사와 조동사 형식은 각각 별도의 언어구조이지만, 두 가지는 하나의 반응 계층에 속한다는 사실이 실험적으로 입증되어 왔다. 일반화라는 토대 위에서, 이 중 어느 한 가지를 가르치는 것만으로도 나머지 형식의 산출이 충분히 가능하다.

---

happy/sad), 구(*big house/small house, short man/tall man, happy woman/sad woman*), 문장("This is a big house"와 "This is a small house, "He is short"와 "He is tall, "She is happy"와 "She is sad") 수준에서 대조적인 자극으로 짝지어 훈련시킬 수 있다.

● 비교급과 최상급. 형용사는 *-er*이나 *-est* 굴절을 활용하여 비교급과 최상급으로 변화될 수 있다. 이것들은 대개 문장 수준에서 훈련된다("This is heavy", "This is heavier", "That is the heaviest"; "This dog is small", "This cat is smaller", "This mouse is the smallest"; "The car is big", "This van is bigger", "This bus is the biggest").

이 밖에 치료사가 언어장애 아동들에게 가르쳐야 할 많은 문법형태소가 있다. 위에 제시된 목록은 개개 아동에게 가르쳐야 할 형태론적 목표기술의 오직 선택적인 일부 예에 불과하다.

구에서 기초 문장으로

앞 절에서 제안한 바와 같이, 어떤 문법형태소들은 오직 단순한 문장 수준에서만 가르칠 수 있다. 그러나 아동들에게 가르쳐야 할 대개의 기능적 낱말들은 초기에는 구에서 점차 문장으로 확장되어야 한다. 이것은 언어구조 및 행동적 반응 계층 모두에서 마찬가지이다. 질문은 한 낱말("정말?"), 구("그래서 뭐?") 또는 문장("뭘 말하는 건데?")으로 모두 가능하다. 요구하기(맨드_mand, 행동주의적 분석에서 말하는 기능적 반응)도 한 낱말("주스"), 구("주스 줘"), 문장("난 주스를 원해.")으로 가능하다. 치료사는 아동을 가능한 한 빨리 문장 수준(동일 반응 계층에 대한 보다 정교한 형식)으로 데려가야 한다. 왜냐하면 이것이 청자에게 미치는 효과는 낱말이나 구의 그것보다 더 정밀하기 때문이다.

언어장애 아동에게 가르치게 될 모든 문장 유형을 나열하는 것은 실용적이지 못할 것이다. 일련의 보다 진보적인 언어기술을 쌓는 기본적인 예는 다음과 같다.

- **목표화된 문법형태소가 담긴 문장.** 기초 언어기술을 확립시킴에 있어서, 치료사는 언어장애 아동들에게서 풍부하고 다양한 문장이 창출될 수 있도록 돕는 문법형태소를 목표로 삼을 것이다. 앞서 기술했던 복수, 소유격, 현재진행, 조동사, 접사, 대명사, 관사, 접속사, 시제 한정사, 형용사, 비교급, 그리고 최상급들은 아동의 사회 및 학업생활을 변화시킬 언어기술을 가져다줄 것이다. 이 기술들은 학령기 아동들에게는 문해기술 수립의 훌륭한 토대가 되어 줄 것이다. 치료사는 한두 가지 문법형태소가 목표인 문장을 지나, 기초 언어기술을 풍성하게 해줄 추가적인 문장 유형을 가르치고 나서야 이 기초기술들의 현저한 정교화가 담기게 될 대화기술 훈련을 향해 나아가게 될 것이다.

- **서술문**(택트_tacts). 일상의 의사소통에서 많이 나타나는 구어 반응은 사건, 사람, 사물에 대해 진술하거나 논평하는 문장(역시 이것들은 낱말이나 구일 수도 있음)이다. 그러므로 문장은 언어장애 아동을 가르치기 위한 유용한 목표가 될 것이다. 구조주의 언어학의 관점에서 보면, 대개의 능동적 평서문은 서술적인 것이다. 서술언어(tact)를 학습한 아동은 사회적 의사소통 및 학습에 매우 유용한 주요 언어기술들을 획득하게 될 것이다.

- **부정문**(거의 다 맨드_mands). 비록 그 반응은 대개 "아냐!"나 "그거 아냐!"의 형식을 취하기는 하겠지만, 아동들은 초기부터 부정적 반응을 배운다. 부정문장은 아동들에게 청자의 행동에 영향을 끼치는 일부 초기의 언어적 수단을 제공해 준다. 그러므로 사회적 세계에 영향을 미칠 수 있는 언어기술이 결핍된 아동에게 유용할 것이다. 부정문은 *no, not, do not, did not, is not were not* 등이 포함되어 있는가의 여부에 따라 몇 가지 다른 형태를 취할 수 있다.

- **맨드**(요구하기 언어)(질문 및 요구). 질문을 묻거나 도움을 요청하지 못하는 아동들이 맨드를 배우고 나면 이들은 사회적 의사소통에 커다란 개선을 경험하게 될 것이다. 중증의 언어장애 아동들은 이 구어기술을 배울 필요가 있다. 맨드는 광범위한 반응 계층으로서 그 반응은 경우에 따라 다르지만, 이 모든 것들이 스스로를 강화시켜 줄 수 있는 바를 명시하고 있다("물 주세요."라는 요청에는 이 발화의 강화물이 명시되어 있음). 아동들은 무엇, 어디, 언제, 어떤 것, 왜, 어떻게로 시작되는 다양한 형식의 질문을 배우게

mand는 무엇을 명시해 주는가?

된다. 이들은 또한 타인들로부터 정보, 도움, 사물을 요청하는 다양한 요구들을 배우게 된다.

지금까지 기술된 낱말, 구, 문장 유형들은 기초기술들을 가르칠 수 있는 대략적인 단계를 구성해 준다. 일단 목표기술을 선택하고, 이를 조작적 용어로 기술(제5장 참조)하고 나면, 치료사는 기초선 수립의 준비가 된 것이다. 치료는 그다음에 이어지는 것이다.

기초선 수립하기

제5장에서 강조한 바와 같이, 기초선(baseline)이란 목표기술에 대한 치료 이전의 측정치로서 치료사의 책무 수립에 도움을 준다. 기초선은 치료 자료와 통합되어 언어기술의 체계적인 개선(또는 그 결여)를 보여준다. 이것은 치료 이전에 존재하던 해당 기술의 측정값이므로, 치료사는 이 검사 중에 산출된 어떠한 반응에 대해서도 그에 수반되는 강화(정적 또는 부적강화)를 제공하지는 않을 것이다. 제6장에서 언급한

기초선 수립 과정 중 어떠한 유형의 강화가 제공되는가?

바와 같이 강화물이란 일반적 반응에 수반되어 이루어지는 것으로서 목표기술의 유발을 돕는 특정 활동에 대한 아동의 흥미를 지속시키는 역할을 한다.

기초선은 초기 평가, 이어지는 재평가와 표준화 검사 너머로 나아간다. 이것은 아동 특정적이며, 치료사가 신뢰성 있게 설계한 목표기술의 표본이기도 하다. 믿을 만한 기초선 및 치료회기 동안의 지속적인 목표기술 평가가 없다면, 치료사는 결과의 개선을 평가하지도, 치료를 수정해 내지도 못할 것이다.

우리는 제5장에서 기본적인 독립 시도 기초선 절차에 관해 설명했다. 이에 대해 약간의 수정이 이루어진 동일한 절차를 사용하여, 문장산출을 포함한 기초적 언어기술의 기초선을 정한다. 이에 더해 자연스러운 언어표본이 공식적인 기초선 결과를 보완해 줄 것이다.

초기 의사소통기술 기초선

초기 의사소통행동들은 모두 대략 동일한 방식으로 기초선이 정해진다. 자연스러운 관찰 및 평가 지향적 조작(예 : 시범화된 독립 시도) 방식 모두가 기초선 자료를 제공해 준다. 자연스러운 관찰 시간 동안에는 흥미로운 행동의 출현을 기록하고, 그 발생지점을 정확한 전사(transcription)와 함께 기록해 둔다. 이것은 특정 시간 동안 관찰되는 일정 행동의 빈도를 산출해 준다는 점에서 양적 절차(quantitative procedure)라 할 수 있다.

자연스러운 관찰 과정에서 수집된 자료는 무엇에 관해 말해 주는가?

초기 발성. 모든 초기 발성은 발성치료를 요구하는 유아나 아동에 대한 체계적인 관찰을 통해 기초선이 정해진다. 아동의 쿠잉, 옹알이 및 기타 발성에 대해 발생 가능성이 높은 일정 시간 동안 관찰한다. 유

아의 경우 이 행동들은 잘 먹고 기저귀도 젖어 있지 않으며, 신체적으로 안락하며, 등을 대고 누운 상태에서, 자기 유희적으로 또는 양육자와의 유희로 잘 발생된다. 정상적인 옹알이 시기를 지나쳤고 여전히 무언어 상태인 아동들의 경우, 초기 발성은 마찬가지로 안락한 상태에서 장난감을 가지고 놀거나 또는 양육자와 놀이를 할 때 잘 나타난다.

치료실이든 아동의 가정에서든, 아동 및 그 어머니(또는 기타 양육자)에게 놀이가 될 수 있으며 안락한 환경을 배열하고, 일정 시간 동안 관찰하고, 발성의 빈도를 기록하는 것이 필요하다. 예를 들어, 치료사는 3분의 관찰 시간 동안, 아동이 다섯 차례를 발성(쿠잉, 옹알이, 낱말과 흡사한 것, 또는 기타 목소리들)했음을 알아낸다. 만일 발성이 나타나면, 20분간의 관찰 시간을 서로 다른 날에 세 차례 실시하는 것으로 충분하다. 만일 아동이 어떠한 발성도 하지 않거나 매우 제한적인 발성만을 한다면, 치료사는 관찰 시간을 연장시키거나 관찰 횟수를 높여야 할 것이다. 어떤 경우에서든 부모와의 인터뷰는 자료의 신뢰성에 대한 판단을 도울 것이다. 치료사는 부모에게 치료실에서 관찰된 발성이 가정에서 아동이 보이는 발성 그대로를 반영하고 있는가의 여부를 물어야 한다. 나아가 부모에게 가정에서 발성의 음성 녹음이나 동영상 녹화를 시도하고 분석을 위해 그 자료를 제출해 달라고 요구할 수도 있다. 이러한 유형의 자연스러운 관찰은 유도된 독립 시도를 대치해 줄 것이다.

시범된 독립 시도 관찰은 자연스러운 관찰에 대한 보완수단이 될 것이다. 치료사는 아동에게 다양한 유형의 발성(예 : "아아", "오오", "바바")을 시범하고, 이에 대한 모방이나 또는 이에 근접하는 소리가 나타나는지의 여부를 기록해야 한다. 각각의 시범된 발성의 제시는 독립 시도로 다루어져야 한다.

초기 눈맞춤. 유아나 아기들은 엄마를 바라보거나 자신들이 들은 인간의 목소리 특히 엄마의 목소리가 나는 쪽을 향해 고개를 돌리기도 한다. 이들에게 말을 걸면, 아기들은 화자의 얼굴을 쳐다보며 눈맞춤을 지속한다. 자연스러운 관찰이나 독립 시도는 이러한 초기 의사소통행동의 기초선 수립에 도움을 준다. 엄마와 면담을 하거나 엄마-아동 간 상호작용을 직접 관찰하는 것으로도 아동이 소리가 들리는 쪽을 바라보는 빈도나 구어 상호작용 동안 눈맞춤을 유지하는 빈도측정이 충분히 가능하다. 엄마가 아동의 이름을 부르거나 또는 기타 유형의 말을 산출하고 이에 대한 아동의 반응을 관찰하는 독립 시도가 자연스러운 관찰로 나타난 결과를 보완해 줄 것이다.

가리키기와 몸짓하기. 전형적으로 발달하는 유아들은 가리키고 몸짓을 나타낸다. 중도 언어장애 아동들은 원하는 사물을 가리키지 못할 수 있다. 대신 이들은 울거나 소란을 피운다. 운동능력이 좋은 아동들의 경우, 치료사는 가리키기 기술의 기초선을 잡기 위한 독립 시도를 이행할 수 있다. 치료사는 아동에게 사물들의 배열을 보게 한 후 특정 아이템을 가리키기 해보도록 요구해야 한다. 여러 사물들로 최소한 20번의 가리키기 기회를 제공하는 것이 가리키기의 믿을 만한 기초선 수립에 도움이 될 것이다.

놀이 상황에서의 자연스러운 관찰로 가리키기와 몸짓하기에 관한 독립 시도 자료를 보완할 수 있을 것이다. 특정 사물이나 놀이 자원을 지닌 채로, 치료사는 아동이 원하는 아이템을 가리키기 하는 빈도를 측정할 수 있다. 또한 아동이 몸짓을 사용한다면, 치료사는 이 몸짓이 요구하거나 요청하는 것처럼 여겨지는 바대로 따라주고, 그다음 아동이 강화된(만족스러워하는) 것처럼 여겨지면, 그 몸짓은 아마도 의사소통 의도를 가진 것으로 기록될 것이다.

중증의 신체장애를 가진 아동들은 자신들의 바람과 요구를 의사소통하기 위한 레퍼토리 내에 존재하는 미묘한 행동을 보이기도 한다. 예를 들어, 사물을 향해 몸을 돌리거나, 손가락이나 발가락을 움직이거나 또는 사물이 있는 방향을 주시하는 등은 의사소통을 시도하고자 하는 것일 수 있다. 이러한 행동 역시 자연스러운 관찰 및 독립 시도에 근접하는 일부 자극들의 조작 모두를 통하여 기초선이 정해질 수 있다.

> 아장이들은 공동 참조(joint reference)를 수립하기 위해 사물을 가리키기 하는데, 이것이 성인의 주의를 어떤 아이템이나 관심으로 이끌 수 있다.

기능적 낱말 기초선

치료가 시작되는 시점에서는 모든 잠재적 목표낱말들이 기초선 설정에 유용하지도 않거니와 또한 필요한 것도 아니다. 어느 시점이건 치료사는 대략 한 번에 그저 몇 개의 낱말들만, 아마도 아동에 따라 5~20개 정도를 가르친다. 치료회기 내에서 제시되는 정확한 낱말의 수는 아동 특정적일 것이며, 그 역시 아동에 따라 크게 달라질 것이다. 그러므로 치료사는 오직 현 시점에서 치료목표가 되는 낱말들에 대해서만 기초선을 수립해야 한다. 제5장에서 최신의 것이 아닌 기초선은 쓸모없는 것이었음을 상기하라.

앞서 기술된 특정 범주에 해당하는 현재 목표낱말(소수의 첫 기능적인, 보다 진보된 또는 학업 및 문해와 관련된 소수의 낱말들)에 대해 독립 시도에서 기초선을 정해야 한다. 최대 20개가량의 낱말을 선택하고, 제5장에서 제시한 기초선 기록 양식에 적어둔다. 각 낱말들에 대한 물리적 자극(그림 아니면 사물 위주로)도 선택해야 한다. 중도 언어장애 아동의 경우 기본 낱말은 구체적이며, 아동 환경에 일상적인 것, 그리고 사물을 이용해 유도해 내기 쉬운 것들로 선택될 것이다. 자극용 사물이나 그림을 제시하면서, 치료사는 모든 시도마다 질문을 던지고(예 : "이게 뭐지?"나 "지금 보고 있는 게 뭐지?"), 시범화된 시도에서는 즉각적으로 반응을 시범해 주어야 한다. 낱말들에 대한 자연스러운 관찰, 그리고 부모들로부터 집에서 자녀가 산출하는 것을 들은 바 있다고 보고된 낱말들이 독립 시도를 통해 얻은 측정치를 보완해 줄 것이다. 예를 들어, 자연스러운 상호작용 동안 아동이 산출한 "안녕"이나 "바이"를 기록해 두어야 한다.

구 기초선

필연적으로 목표낱말의 기초선 수립을 위해 설계된 것과 동일한 방식들은 구의 기초선 수립에도 역시 잘 맞을 것이다. 치료사는 구를 만들어 내기 위해 훈련된 낱말에 또 다른 낱말을 추가해야 한다. 치료 사는 표준적인 기록지를 사용하여 구를 적어두고, 기초선 설정을 위한 유도 및 시범화된 시도를 이행 해야 한다.

자연스러운 관찰 및 부모로부터의 정보를 조합하여, 치료사는 집이나 치료실에서의 아동의 산출에 관한 신뢰할 만한 자료 세트를 확보할 수 있다. 독립 시도에서 별다른 의미 없이 제시된 어떤 구들의 경우, 치료사는 오직 자연스러운 관찰이나 부모의 정보에 의존해야 한다.

초기 형태론적 기술 기초선

모든 형태론적 기술은 자연스러운 관찰을 통해서뿐만 아니라 독립 시도를 통해 기초선 수립이 이루어 질 수 있다. 자연스러운 맥락에서 목표 형태론적 요소들을 유발하도록 설계된 놀이중심적 기초선 수 립 과정을 통해 언어표본을 확보할 수 있다. 치료사는 놀이중심 회기를 구성하여 목표 형태론적 요소 산출 기회를 극대화해야 한다. 예를 들어, 다양한 복수의 사물이나 그림들, 여러 행위 그림들, 또는 실 제 실연되는 행위들은 복수명사나 동사+*ing* 산출의 기초선 수립에 도움이 될 것이다.

다시 마찬가지로 형태론적 목표에는 여러 가지가 있고, 치료 초기시점에서 그 모두의 기초선을 정 할 필요는 없다. 일정 시점에서 치료사는 한 번에 기초선 수립이 필요한 오직 몇 개의 요소들만을 가르 칠 것이다. 치료사는 제5장의 기록지를 사용하여, 각각의 문법형태소 목표에 해당하는 20개의 용례를 기록한다. 그다음 치료사는 유도 시도 또는 본 장에 설명된 것과 동일한 시범화된 독립 시도를 통해 각 용례들의 기초선을 정해야 한다.

처음에는 모든 형태론적 요소들은 첫 훈련 수준에 따라 낱말 또는 구 수준에서 기초선을 정하게 된 다. 예를 들어, 현재진행형 -*ing*는 *boy walking*이나 *girl dancing*과 같은 구에서 기초선을 정하는 반면, 복 수형태소의 이형 변이는 *books, bags, oranges*와 같이 낱말 수준에서 기초선을 정할 수 있다. 표 7.2는 선 택된 형태론적 기술들에 대한 낱말 또는 구 수준에서의 시범화된 시도 및 유발 시도의 예를 보여준다.

문장 기초선

문장 역시 독립 시도 및 자연스러운 언어표본을 통해 기초선을 수립해야 한다. 치료사는 당장 가르쳐 야 할 몇 가지 문장 유형을 유도하기 위한 언어표본을 구성할 수도 있다. 그다음 치료사는 독립 시도 및 시범화된 시도의 조합 속에서 각 예시 문장들을 제시한다. 치료사는 언어표본 및 독립 시도에서의 반응을 분석하여, 모방된, 유도된, 그리고 자발적으로 산출된 문장들 각각에 대한 별도의 기초선을 확

■ ■ ■ 표 7.2

문법형태소 용례 및 기초선 수립 방식

형태론적 요소	유도 시도	시범 시도
현재진행형 *-ing* Walking Running	**그림자극 사용** What is the boy doing? What is the girl doing?	**그림자극 사용** What is the boy doing? Say "walking" What is the girl doing? Say "running"
불규칙 복수 Women Children	**그림자극 사용** Who are these?(Who are they? Who are theses?(Who are they?)	**그림자극 사용** Who are these? Say, "women" Who are these? Say, "children"
전치사 On In	**사물 조작** Where is the book? Where is the cat?	**사물 조작** Where is the book? Say, "on the table" Where is the cat? Say, "in the hat"
불규칙 과거시제 Ate Flew	**그림자극 사용** Jessie is eating pizza today. He ate pizza yesterday also. What did he do yesterday? Today, Susan is flying a kite, She flew a kite yesterday also. What did she do yesterday?	**그림자극 사용** Jessie is eating pizza today. He ate pizza yesterday also. What did he do yesterday? Say, "Jessie ate pizza" Today, Susan is flying a kite, She flew a kite yesterday also. What did she do yesterday? Say, "Susan flew a kite"
규칙 과거시제 Hugged Kicked	**구어자극 및 사물 사용** Today, Mommy hugs you. What did Mommy do yesterday? Today, You kick this ball. What did you do yesterday?	**구어자극 및 사물 사용** Today, Mommy hugs you. What did Mommy do yesterday? Say, "Hugged me" Today, You kick this ball. What did you do yesterday? Say, "I kicked"
대명사 He She	**그림자극 사용** Who is playing? Who is writing?	**그림자극 사용** He is playing. Who is playing? Say, "He is" She is writing. Who is writing? Say, "She is"

(계속)

보할 수 있다.

부모에게 요청하여 얻은 언어표본은 가정에서 산출된 자연스러운 문장에 대한 추가 정보를 제공해 줄 것이다. 치료사는 주된 목표행동을 기술하고, 해당 아동의 목표 문장산출 기회를 극대화할 수 있는 제안점을 기록한다. 부모에게 치료사가 언어표본을 수집하는 방식을 지켜보도록 요청하거나, 나아가 치료실에서의 표본 수집 과정에 참여하게 함으로써 이들이 집에서 적절한 언어표본을 수집하도록 준비시킬 수 있다. 치료사는 표 7.3에 나타난 구나 낱말을 확장하여 기초선 수립을 위한 문장 및 가르쳐

■■■ 표 7.2

문법형태소 용례 및 기초선 수립 방식 (계속)

형태론적 요소	유도 시도	시범 시도
조동사 Is Are	그림자극 사용 What is the boy doing? What are the girls doing?	그림자극 사용 What is the boy doing? Say, "The boy is running" What is the girl doing? Say, "The girls are reading"
접사 Is Was	그림자극 사용 Look! It's a ball. Tell me something about the ball. Look! It's your teacher from last year in kindergarten. Tell me something about her.	그림자극 사용 Look! It's a ball. Tell me something about the ball. Say, "The ball is round" Look! It's your teacher from last year in kindergarten. Tell me something about her. Say "My teacher was nice!"
접속사 And	그림자극 사용 What do you see?	그림자극 사용 What do you see? Say, "cookies and milk"
형용사 Big Small	사물 사용 Look at these two balls.[큰 공을 가리키며] Is this big or small? Look at these two balls.[작은 공을 가리키며] Is this small or big?	사물 사용 Look at these two balls.[큰 공을 가리키며] Is this big or small? Say, "big" Look at these two balls.[작은 공을 가리키며] Is this small or big? Say, "small"
비교급/최상급 Smaller Smallest	사물 사용 This block is small. This block is _____? [더 작은 블록을 가리키며] This block is smaller than this one, but this one is the _____? [가장 작은 블록을 가리키며]	사물 사용 This block is small. This block is _____. Say, "smaller" [더 작은 블록을 가리키며] This block is smaller than this one, but this one is the _____. Say, "smallest" [가장 작은 블록을 가리키며]

야 할 문장들을 생성해 낼 수 있다. 표 7.3은 표 7.2의 문장 예들을 기반으로, 기초선 수립에 필요한 부가적인 문장 유형에 맞게 확장시킨 몇 가지 예시 문장을 나타내고 있다. 이 두 가지 표는 단지 선택적 예들만을 보여주고 있으나, 치료사는 각 문장 유형마다 최소 20개의 예문을 기록해 둘 필요가 있다. 전반적인 언어목표들의 예는 Hegde(1998b)를 참조하라.

표 7.3에 제시된 바와 같이, 서술형 문장 또는 택트(tact)는 다양한 사물이나 그림들을 보여주고, 서술적 진술을 시범해 주거나 유도하는 방식으로 기초선을 잡을 수 있다. 서술형 문장의 기초선 수립 및 훈련은 종종 몇 가지 문법형태소 맥락 안에서 이루어지기도 한다. 예를 들어, "I see two cups"(복수의 -s), "The ball is big"(형용사), "The man is nice"(접사), "The woman is running"(조동사와 -ing) 등과 같은 문장을 말하도록 배우는 아동은 자극이 되는 환경의 일정 속성에 대한 택트 또는 진술을 이미 배운 것이다.

표 7.3

문장 유형의 용례와 기초선 수립 방식

목표 문장	유도 시도	시범 시도
현재진행 -ing Walking	**그림자극 사용** What is the boy doing?	**그림자극 사용** What is the boy doing? Say, "The boy is walking"
불규칙 복수 Women	**그림자극 사용** Who are these?(Who are they?)	**그림자극 사용** Who are these? Say, "These are women"
전치사 On	**사물 조작** Where is the book?	**사물 조작** Where is the book? Say, "The book is *on the table*"
서술적 문장	**그림자극 사용** What do you see in this picture?	**그림자극 사용** What do you see in this picture? Say, "I see a man painting"
접속사 But	**그림자극 사용** You like this coat. It's Sally's. What do you say?	**그림자극 사용** You like this coat. It's Sally's. What do you say? Say, "I like this coat, but it's Sally's"
맨드 (요구)	**환경 내 자극 조작** 아동이 손이 미치지 못하는 사물을 바라보고 있고, 치료사가 묻는다. What do you want? 아동에게 어려운 문제가 주어지고, 그는 이를 어려워하고 있다. 치료사가 묻는다. What do you want me to do?	**환경 내 자극 조작** 아동이 손이 미치지 못하는 사물을 바라보고 있고, 치료사가 묻고 시범해 준다. What do you want? Say, "I want that car" 아동에게 어려운 문제가 주어지고, 그는 이를 어려워하고 있다. 치료사가 묻는다. What do you want me to do? Say, "Help me please"
의문	**그림, 사물, 또는 오직 구어자극만 사용** 낯선 사물이나 그림을 보여주며 치료사가 묻는다. Do you know what is this? [아동이 "아니요"라고 말하거나 고개를 가로젓는다.] 나에게 물어보면 내가 말해 줄게. 엄마가 보이지 않으면 뭐라고 묻지? 한 여성의 그림을 보여주며, 치료사가 요청한다. You want to know who this woman is. Ask me a question. When you want to know how to play this game, what do you ask me?	**그림, 사물, 또는 오직 구어자극만 사용** 낯선 사물이나 그림을 보여주며, 치료사가 묻는다. Do you know what is this? [아동이 "아니요"라고 말하거나 고개를 가로젓는다.] 나에게 물어보면 내가 말해 줄게. Ask me. "What is this?" 엄마가 보이지 않으면 뭐라고 묻지? Ask, "Where is Mom?" 한 여성의 그림을 보여주며, 치료사가 요청한다. You want to know who this woman is. Ask me a question. Ask me, "Who is this woman?" When you want to know how to play this game, what do you ask me? Ask me, "How do I play this game?"
부정문장	**그림이나 오직 구어자극만 사용** 어린 소년의 그림을 보여주며, 치료사가 묻는다. Is he an old man? 치료사가 아동에게 묻는다. Are you a baby? 치료사가 묻는다. were you at the zoo this morning?	**그림이나 오직 구어자극만 사용** 어린 소년의 그림을 보여주며, 치료사가 묻는다. Is he an old man? Say, "He is not an old man" 아동에게 묻는다. Are you a baby? Say, "I am not a baby" 치료사가 묻는다. were you at the zoo this morning? Say, "I was not at the zoo this morning"

부정문장은 *no*, *not*, *do not*, *did not*, *is not*, *were not* 등과 같은 단어가 포함되는가의 여부에 따라 몇 가지 다른 형태를 취할 수 있다. 이에 대한 기초선을 수립하고 이를 가르치는 일이 중요한 이유는 이것이 아동에게 거절, 반론, 또는 현재 제공된 것 외의 다른 어떤 것에 대한 요구 등에 대한 접근성을 제공하기 때문이다[이것이야말로 부정문이 필연적으로 맨드(요구하기 언어), 즉 요구, 요청, 또는 명령일 수밖에 없는 이유임]. 표 7.3은 부정문의 몇 가지 예와 기초선 수립 방식에 대해 설명하고 있다.

요구하기 형식 내의 완전하거나 또는 명백한 맨드는 아동이 타인에게 영향을 미칠 수 있는 기술을 강화시켜 주며, 자기 스스로를 위한 결과를 만들어 내며, 그리고 각자의 동기 상태를 만족시켜 준다(예 : 식욕, 갈증)는 점에서 유용한 훈련 목표라 할 수 있다. 여러 형식의 의문문 역시 특정 사물이나 후속결과 또는 정보에 대한 요청이나 명령을 간접적으로 암시하고 있다는 점에서 마찬가지로 맨드의 역할을 한다. 의문문을 포함하여, 맨드의 예는 표 7.3을 참조하라.

기초 언어기술 가르치기

대개의 아동들에게는 독립 시도를 통해 기초기술을 가르치는 것이 효과적이다. 일단 기초기술이 확립되고 나면, 통제된 놀이 상황에서의 대화 말 수준에서 보다 자연스럽게 가르치는 것이 생산적일 것이다. 더 자연스러운 접근은 비록 치료실에서 확립된 기술의 일반화된 산출 및 유지를 촉진하는 데 더 강력하긴 하나, 이 접근에서는 학습 속도를 높이기 위한 집중적 시도는 허용되지 않으므로, 치료의 초기 단계에서는 덜 효과적일 수 있다. 그러므로 기초 언어기술을 확립할 때는 시범화된 시도 및 유도 시도가 권장된다.

기초 언어기술의 치료는 제5장에서 설명된 일반적인 증거기반 모형을 따를 것이다. 기초 언어기술 확립을 위해서는 제6장에서 설명된 특정 치료기법들이 요구된다. 다음 절은 기초 언어기술 확립 방법뿐 아니라, 증거기반 실제의 진행 과정 및 전반적인 모형에 대해서도 역시 설명할 것이다.

초기 의사소통기술 가르치기

대부분의 중증 언어지체를 지닌 유아, 아장이, 그리고 어린 아동들에게는 더욱 진보된 언어치료로부터 이득을 얻을 수 있기 전까지는 일부 초기 의사소통기술을 먼저 가르쳐야 한다. 이들 아동들은 거의 무언어 상태에 가까울 것이며, 따라서 훈련은 가장 기초적인 수준에서 시작되야 할 것이다. 보다 복잡한 기술의 토대가 되어 줄 초기 기술을 확립시킬 수 있는 몇 가지 일반적인 치료전략들이 있다.

초기 발성 증가시키기. 기본적으로 쿠잉과 옹알이까지 포함된 초기 발성은 시범과 정적 강화를 통해 확립될 수 있다. 몇몇 초기 언어치료 연구들에서는 실질적으로 정적 강화를 통한 옹알이 및 유아들의 기타 발성 증가가 이루어진 바 있다(Hegde, 1998a). 초기 발성을 증가시키기 위해 치료사는 직접치료 (direct treatment)를 실시해야 할 뿐 아니라, 양육자들에게 발성을 자극하고, 강화하며, 유지시키는 방식을 가르쳐야 한다. 치료목표가 될 수 있는 초기 발성의 유형에 대해서는 글상자 7.1을 참조하라.

직접치료 중에는 아동의 반응을 기록지에 기록한다. 부모에게도 역시 가정에서 반응을 기록하는 방식을 가르칠 수 있다. 치료사는 먼저 발성 증가를 초래하는 기법들을 적용하며, 부모에게 치료회기를 관찰하도록 하며, 이 방식을 가정에서도 사용하고 그 가정기반 치료를 모니터하도록 가르쳐야 한다. 초기 발성 증대를 위한 치료로서 치료사의 역할 및 양육자의 역할 모두에 적용되는 일반적인 전략은 아래와 같다.

- 아동이 충분히 잘 먹고, 안락하며, 주의 깊을 때 짧은 치료회기를 가져라.(내담자는 유아, 아장이 또는 약간 더 나이 든 아동일 수 있음을 주의하라.)
- 치료회기에 아동이 좋아하는 장난감, 그림책, 그리고 일상적 사물들을 준비하라.
- 아동과 놀이를 하며, 아동이 당신의 얼굴에 주목하게 하라.
- 행위, 그림, 사물, 그리고 아동이 현재 조작하고 있는 사물들에 대해 계속 기술하라.
- 발성된 반응을 정적으로 강화해 주어라.
  - 아기들의 경우 발성을 강화하기 위해 볼을 만져주고, 부드럽게 간지럼 태워주며, 웃어주거나 또는 안아주어라. 필요하다면 주스나 우유 같은 일차적 강화물을 사용하라.
  - 아장이나 보다 나이 든 아동들의 경우에는 만지고, 웃고, 놀이용 장난감을 주고, 주스나 우유를 제공하라. 강화를 위해 여기에 언어적 칭찬("훌륭해!", "잘했어" 등)을 추가하라.
- 자발적 반응이 없으면 발성을 형성시켜라.
  - 아동의 곁에서 눈맞춤을 유지하라.
  - 초기 발성, 특히 옹알이 소리를 자주 시범해 주어라.
  - 모방된 반응은 비록 그것이 근접한 것일 뿐이더라도 이를 강화하라.
  - 보다 복잡한 발성(아동의 발성이거나 또는 아동으로부터 기대되는 발성)을 향해 나아가는 시범을 제공하라.
  - 진보적으로 보다 더 근접한 것이거나 정확한 모방을 강화하라.
  - 시범을 통해 발성을 음절이나 낱말로 형성하라.
  - 아동이 자발적으로 또는 질문에 대한 반응으로 낱말을 산출할 수 있도록 시범을 용암시켜라.

초기 눈맞춤 증가시키기. 구어 상호작용 중의 눈맞춤은 지시, 시범, 모방된 반응에 대한 정적 강화, 그리고 시범의 용암을 통해 증가될 수 있다. 기록지상에 정반응과 오반응을 기록함으로써, 치료사는 초기 발성을 확립시키는 과정에서 아래와 같은 방식들을 통해 눈맞춤을 유지 및 강화시킬 수 있다.

- 눈맞춤이 일어나면 언제든 아기를 만지고, 웃고, 무엇인가 애정어린 말을 하거나, 또는 부드럽게 간지럼을 태워주어라.
- 눈맞춤이 사라지면 언제든 부드럽게 얼굴을 향해 이를 다시 수립해 내라. 눈맞춤을 강화하라.
- 지시를 이해할 수 있는 아동이라면 이를 제공하라("날 보렴."). 아동이 지시에 순응하면 이를 강화하라.
- 비언어적 촉구("날 보렴."을 의미하는 손짓)를 제공하고 이에 대한 정반응을 강화하라.
- 촉구를 용암시키고, 이어지는 모든 치료회기 내에서의 언어적 교환 중에 일어나는 눈맞춤을 계속 강화하여 그 기술을 유지시켜라.

가리키기와 몸짓 증가시키기. 초기 발성이나 눈맞춤의 확립을 돕는 동일한 방식이 가리키기와 몸짓을 가르칠 때도 역시 효과적일 것이다. 모든 정반응과 오반응을 기록지에 기록한다. 치료전략에는 다음과 같은 것들이 있다.

- 앞서 설명했던 바대로 초기 발성을 가르칠 때와 마찬가지 방식으로 가리키기와 몸짓을 가르쳐라.
- 아동이 원하는 사물을 아동의 손이 미치치 못하는 곳에 두어라.
- 사물에 다가가기 위한 아동의 분별적이지 못한 시도가 나타날 때는
  - 사물을 가리키며, 아동에게 "이걸 원하니?"라고 물어라. 아동의 손을 잡아 사물을 가리키게 하는 수동식 지원을 제공하라.
  - 아동에게 사물을 제공함으로써 즉각적으로 강화하라.
  - 아동이 원하는 무엇인가를 손에 쥐고 "이걸 원하니?"라고 물어라. 아동에게 손을 뻗도록 촉구하라. 필요하다면 수동식 안내를 제공하라. 사물을 아동의 손에 쥐어주어라.
  - 촉구하고, 손으로 이끌며, 언어적 교환 과정에서 일어난 모든 적절한 가리키기와 몸짓 행동을 강화하라.

기능적 낱말 가르치기

기초선이 설정된 기능적 낱말들은 놀이중심적 치료회기 내에 형성된 독립 시도를 통해 가르칠 수 있다(표 7.4). 그리고 여기에서 독립 시도를 제외시키면 시킬수록 이 치료회기는 점차 보다 자연스러워질 것이다. 한 낱말 산출의 기초선 수립에 사용된 동일한 자극이 치료회기에 사용될 수 있다. 모든 시도에 대해 기록지에 채점한다. 아래와 같은 전략들이 있다.

- 초기에는 덜 공식적이며 구조화된 놀이회기 또는 아동과 작은 테이블을 사이에 두고 마주 앉는 좀 더 공식적인 회기 내에서의 독립 시도를 통해 선택된 낱말을 가르쳐라.

표 7.4

독립 시도 훈련을 위한 놀이중심적 활동

목표행동	놀이중심 활동	물리적 자극	유도 시도용 구어자극	시범 시도용 구어자극
기능적 낱말 산출	가정, 학교, 또는 공동체 내에서의 일상생활에 기초한 가장활동	아동의 가정, 학교 또는 공동체에서 취한 장난감이나 실제 사물	What is this? What do you need?	What is this? Say, "spoon" What do you need? Say, "pencil"
현재진행 -ing 산출	아동과 함께 행위낱말을 시연함(running, jumping singing, cooking)	시연할 때 필요한 교구(stirring에 필요한 접시와 스푼)	What are we doing?	What are we doing? Say, "running"
인칭대명사 산출	다양한 장난감을 사용한 가장활동	소년/소녀 인형과 같은 인기 있는 장난감, 또는 성별이 구분되는 기타 장난감 등	Whose _____ is this? Who is _____ing? Who did you give it to?	Whose _____ is this? Say, "his" Who is _____? Say, "she is" Who did you give it to? Say, "my turn"
	보드 게임	아동에게 적절한 수준의 매력적인 보드 게임	Whose turn is it? Who rolled the dice? Who needs a turn?	Whose turn is it? Say, "my turn" Who rolled the dice? Say "you did" Who needs a turn? Say, "he does"
전치사 산출	장난감 농장, 인형의 집, 장난감 주방을 이용한 가장활동	가장놀이를 위해 구성된 놀이 세트	Where is the _____? [dog, horse, cow etc] Where did you put the _____? [spoon, cup, bowl, etc] Where does this one go?	Where is the _____? Say, "in the barn" Where did you put the cup? Say, "on the table" Where does this one go? Say, "under the sink"
복수 -s(/s/, /z/, /ez/) 산출	숫자 세기 게임, 손가락 놀이(Five Little Monkeys), 가장활동	복수의 장난감 사물	Here is one _____. Here are two _____. How many are there? Who goes in the barn now?	Here is one truck. Here are two _____. Say, "trucks" How many are there? Say, "two trucks" Who goes in the barn now? Say, "two cows"

– 회기 중에 아동에게 사물이나 그림을 보여주고, "이게 뭐지?"라고 물어라.

– 즉각적으로 정반응을 시범하라.

– 아동의 정확한 모방을 강화하라. 오반응에 대해서는 교정적 피드백을 제공하라.

– 반응을 기록하고, 몇 초가량 기다렸다가 다음 시도를 재개하라.

- 아동이 연속적으로 5번의 모방된 반응을 산출하면 시범을 중지하라. 단지 질문만을 하여 아동에게 반응하도록 하는 유도 시도를 개시하라. 2~3회의 오반응이 관찰되면 다시 시범으로 돌아가라.
- 아동이 10회의 연속적인 유도 시도에 정확히 산출하면(또는 일정 시도 구간 내에서 정반응이 90%에 도달하면) 훈련을 중지하라.
- 동일한 낱말 반응을 유도함에 있어서 훈련자극과 비훈련자극이 번갈아 제시되는 혼합적 탐침을 실행하라(예 : 훈련에서 사용되었던 것과 동일한 컵 그림이 색깔, 크기, 모양 등이 다른 컵 그림으로 교체됨). 아동이 탐침 준거를 충족시키지 못한 낱말들을 재훈련시켜라.

  > 오직 비훈련(신규)자극만이 제시되었을 때는 순수 탐침 준거는 80 또는 90%의 정반응임을 기억하라.

- 오직 새로운 자극만을 제시하여 동일 목표낱말을 유도하는 순수 탐침을 실행하라. 탐침 준거가 90% 정반응에 도달하지 못한 훈련 낱말에 대해서는 추가적인 훈련을 제공하라.
- 순수 탐침 준거가 충족되면 가르치는 것을 멈추어라.
- 훈련된 낱말들을 구로 조합하는 방식으로 구 수준의 훈련을 개시하라.

구 가르치기

이전에 가르친 기초적인 기능적 낱말이나 보다 진보된 낱말들을 비훈련 낱말들과 결합하여 구를 생성해 낼 수 있다. 훈련된 낱말이란 모든 맥락에서 순수 탐침 준거를 충족한 것이어야 함에 주의해야 한다. 훈련된 명사들이 형용사(*big car*) 또는 인칭대명사(*my car*)와 결합될 수도 있고, 훈련된 동사들이 명사나 대명사(*house burning, she fell*)와 결합될 수도 있으며, 이 밖에 여러 가지가 있을 수 있다. 낱말을 가르칠 때 사용했던 것과 동일한 절차를 치료전략으로 활용하여 구를 가르쳐야 한다.

- 치료회기 중에 사물이나 그림을 보여주고, 아동에게 "이게 뭐지?"라고 물어라. 아동은 훈련된 낱말로 정확히 반응한다("자동차").
- 구로 시범해 주어라. "'이건 누구 자동차지? 이거 네 자동차 맞지?' 말해 봐, '내 자동차'". 아동이 이 구를 모방한다.
- 아동의 정확한 모방에 대해 언어적 칭찬이나 토큰(아동이 더 좋아하면)으로 강화하라.
- 시범은 용암하고, 유도 시도를 개시하며 이 훈련을 계속하고, 이를 낱말 훈련에서 실시했던 방식처럼 탐침을 바꾸어 가며 번갈아 제시하라.

  > "시범을 언제 종료시킬 것인가, 언제 탐침을 사용할 것인가?" 등과 관련된 임상적 결정 방식은 제5장을 다시 살펴보라.

- 탐침 준거가 90% 정반응 수준에 도달하면 구를 가르치는 것을 멈추고, 초기 형태론적 기술을 가르치기 시작하거나, 또는 이것과 기초 문장구조를 번갈아 가르치기 시작하라.

초기 형태론적 기술 가르치기

형태론적 기술훈련에서도 이제까지 설명했던 바와 동일한 전략을 따른다. 문법형태소는 낱말, 구 또는 단순한 문장에서 가르칠 수 있다. 형태론적 기술훈련은 특정의 지형학적 수준(예 : 낱말이나 구)에 국한되는 것이 아니다. 만일 아동이 이를 그럭저럭 다룰 수 있다면, 문장 수준에서의 훈련이 가장 효과적일 것이다. 치료사는 고정된 규칙을 따를 것이 아니라, 현재 아동이 할 수 있는 것과 그렇지 못한 것에 기초하여 훈련의 입문 수준을 설계해야 한다. 낱말 훈련에서 소개된 교수전략이 낱말 수준에서 할 수 있는 그

기초선 수립을 위한 시도에서 치료 시도로 전환시켜 주는 것은 무엇인가?

리고 이 수준에서 해야 할 필요가 있는 형태론적 요소들(예 : *cups, walking, talked, bigger* 등)에도 마찬가지로 적용될 것이다.

구 수준에서 훈련 가능한 형태론적 요소들은 앞서의 구 훈련에서 설명된 절차를 따를 수 있다. 어떠한 경우에서든 치료사는 시범, 유도, 촉구, 용암, 그리고 탐침을 사용하는 어느 정도는 다소 구조화된 독립 시도를 사용하게 될 것이다. 치료사는 특정 형태론적 요소의 산출을 자극하기 위해 사물, 그림, 사건 및 행동으로 시연되는 행위들을 사용하게 될 것이다(기초선 시도의 예는 표 5.2 참조). 여기에 반응에 대한 정적 강화 또는 교정적 피드백의 추가가 치료적 시도를 만들어 줄 것이다. 몇 가지 형태론적 요소들이 문장 수준에서 훈련되는 전략은 다음과 같다[몇몇 형태론적 요소들의 훈련에 대한 많은 예시들은 Hegde(1998b) 참조].

- 구를 가르쳤을 때 사용했던 동일한 방식으로 문장을 가르쳐라.
- 불규칙 과거시제 동사를 가르치기 위해
  - 피자를 먹고 있는 소년(boy eating pizza)의 그림을 보여주어라.
  - "Jessie is eating pizza today. He ate pizza yesterday also. What did he do yesterday? Say[역자주: '따라해 보렴'이라는 의미로], 'Jessie ate pizza yesterday'"라고 말하라[역자주: 시범을 실행하는 장면에 대한 설명].
  - 낱말 *ate*를 강조하라(촉구로서의 강조에 대한 더 자세한 사항은 제4장 참조)
  - 아동의 정확한 모방을 언어적 칭찬으로, 또는 아동이 더 좋아한다면 토큰으로 강화하라.
  - 오반응에 대해서는 교정적 피드백을 제공하라("아냐, 넌 'eat'라고 말했어. 내가 원하는 건 'ate'야.")
  - 반응을 기록하고 이를 다음 시도에 제공하라.
  - 결정 준거(예 : 5회 연속하여 정확하게 모방된 반응)에 따라 시범을 용암시켜라. 그림을 보여주고, "Jessie is eating pizza today. He ate pizza yesterday also. What did he do yesterday?"라고 말하라. 문장을 시범해 주지 않고, 아동의 반응에 대해 강화하거나 교정적 피드백을 제공하라.

- 필요하다면(예 : 유도된 반응이 두 번 이상 틀림) 시범을 다시 도입하라.
- 결정 준거(예 : 10회 연속하여 유도된 반응이 옳음)에 맞게 탐침을 실시하라.
- 탐침 준거가 충족되지 못하면 추가적인 훈련을 제공하라.

● 규칙 과거시제 -ed 굴절을 가르치기 위해
- 아이를 안고 있는 엄마의 그림을 보여주며, "Today Mommy is hugging her. Yesterday she did the same. What did Mommy do yesterday?", Say, 'Mommy hugged her'"라고 말하라[역자주: 자극 제시 후 시범 제공 장면].
- 다른 용례들을 훈련시켜라.
- 앞서의 불규칙 과거시제 굴절 목록에서 설명되었던 바와 같은 훈련 및 탐침을 계속하라.

● 비교급/최상급을 가르치기 위해
- 하나는 작고, 다른 하나는 더 큰 공을 2개 보여주어라.
- "Look at these two balls[더 큰 것을 가리키며]. Is this ball big or small? Say, 'This ball is big.'[big을 강조하며]"이라고 말하라.
- 강화하거나 또는 교정적 피드백을 제공하라.
- "Look at this ball[더 작은 것을 가리키며]. Is this ball big or small? Say, 'This ball is small.'"이라고 말하라.
- 강화하거나 또는 교정적 피드백을 제공하라.
- 여러 용례를 훈련시켜라.
- 임상적 결정 준거에 의거하여 시범의 용암, 유도, 탐침 등이 포함된 기타 훈련 절차를 이행하라.

● 소유격 형태소를 가르치기 위해
- 장난감 자동차를 들고 있는 소년의 그림을 보여주어라.
- 그림을 가리키며, "This is Tommy. It is his car. whose car is this? Say, 'This is Tommy's car'"라고 말하라.
- 강화하거나 또는 교정적 피드백을 제공하라.
- 여러 용례를 훈련시켜라.
- 임상적 결정 준거에 의거하여 시범의 용암, 유도, 탐침 등이 포함된 기타 훈련 절차들을 이행하라.

지금까지 제시된 형태론적 훈련의 예는 다른 문법형태소들을 가르칠 수 있는 모델이 되어 줄 것이다. 훈련이 한 목표에서 다른 목표로 이동하게 될 때는 예외적으로 한 가지만 빼고는 훈련 절차가 일관적으로 유지되어야 함을 잊어서는 안 된다. 예외적인 한 가지는 목표기술을 유도해 내는 절차만 변경된다는 것이다. 각각의 새로운 목표행동마다 치료사는 이를 유도하기 위한 새로운 절차를 필요로 한다. 시범, 용암, 촉구, 그리고 반응에 대한 후속결과(강화 또는 교정적 피드백)는 동일하게 남아 있되,

물리적 자극이나 유도 질문은 변화되는 것이다. 그러므로 치료사는 치료에 새로운 목표가 선택되었다 해도 새로운 치료절차를 찾는 일에 신경을 쓸 필요는 없을 것이다.

기초 문장 가르치기

형태론적 훈련에서 이미 제시했던 예들이 몇몇 문장 훈련 전략을 그대로 설명해 준다. 치료사는 이 예들을 사용하여 기타 언어목표를 위한 문장을 생성해 낼 수 있다(Hegde, 1998b). 치료사는 관련된 자극의 조건들을 구성하여 아래와 같은 서술적 진술 유형, 즉 문장을 유도하고 강화하며 확대시킬 수 있다.

- 서술적 문장(텍트)을 가르치기 위해
  - 그림(자동차)을 보여주고, "What do you see?"라고 물은 후, 즉시 "Say, 'I see a car'['뭐가 보이니?' '자동차가 보여요.'라고 말해 봐.]"라는 시범을 제공하라.
  - 연필 그림을 보여주고, "What do you do with this?"라고 물은 후, 즉시 "Say, 'I wirte with it'['이것으로 무엇을 하지?' '이것으로 글씨를 써요.'라고 말해 봐.]"이라는 시범을 제공하라.
  - 어떤 파란 것을 보여주고, "What color is it?"이라고 물은 후, 즉시 "Say, 'It is blue'['이것은 무슨 색깔이지?' '그것은 파란색이에요.'라고 말해 봐.]"라는 시범을 제공하라.
  - 아동의 머리에 모자를 씌우고, "What is on your head?"라고 물은 후, 즉시 "Say, 'I have a hat on my head'['네 머리 위에 뭐가 있지?' '나는 머리에 모자를 쓰고 있어'라고 말해 봐.]"라는 시범을 제공하라.
  - 강화 또는 교정적 피드백을 제공하라. 시범의 용암, 탐침, 그리고 치료와 탐침의 교대 실시가 포함된 기타 치료절차를 이행하라.
- 부정 문장을 가르치기 위해, 아동이 반대할 수밖에 없는 환경을 배열하라.
  - 잘못된 그림(a cat)을 보여주고, "Is this a dog?"이라고 물은 후, "Say, 'No, it is a cat'['이것은 개일까?' '아뇨, 그것은 고양이예요'라고 말해 봐.]"이라는 시범을 제공하라.
  - 흰색 풍선을 보여주고, "I think this balloon is blue. What do you think?"라고 말한 후, 즉시 "Say, 'No, it is not blue, it is white[난 이 풍선이 파랗다고 생각해. 넌 어떠니? 말해 봐, '이것은 파랗지 않아요. 이것은 흰색이에요.']"라는 시범을 제공하라.
  - 어린 소년의 그림을 보여주고, "Is he an old man?"이라고 물은 후, 즉시 "Say, 'He is not an old man'['그는 늙은 사람이니?' '그는 늙은 사람이 아니에요.'라고 말해 봐.]"이라는 시범을 제공하라.
  - 여자아이에게 "Are you a boy?"라고 물은 후, 즉시 "Say, 'I am not a boy!'"라는 시범을 제공하라.

- 두 조각난 장난감을 들고, "Did you break this toy?[네가 이 장난감을 부러뜨렸니?]"라고 물은 후, 즉시 "Say, 'I did not!'"이라는 시범을 제공하라.
- 강화 또는 교정적 피드백을 제공하라. 시범의 용암, 탐침, 그리고 치료와 탐침의 교대 실시가 포함된 기타 치료절차를 이행하라.

- 맨드(질문과 요청)를 가르치기 위해
  - 아동이 원하는 물건(예 : 장난감 자동차)을 높은 선반 위에, 그러나 눈에 잘 띄는 곳에 배치하라. 해당 아이템을 가리키며, "Do you want that car on the shelf? I can get it for you if you say, 'I want that car, please.' "Say, 'I want that car, please.'[선반 위의 자동차를 원하니? 네가 '저 자동차 주세요.'라고 말하면 네게 줄 수도 있어. 말해 봐, '저 자동차 주세요.']"라고 요구하라.
  - 아동에게 어려운 퍼즐을 제공한 후, 아동이 잘 맞추기 힘들어할 때, "Do you need help? I can help you. Say, 'Help me, please.'[도움이 필요하니? 내가 도와줄 수 있어. 말해 봐, '도와주세요.']"라고 요구하라.
  - 가상의 상황을 만들어라. "You are very thirty. You want a glass of water. What do you say? Say, 'I want water, please.'[넌 지금 몹시 목이 말라. 넌 물을 원하고 있어. 뭐라고 말해야 할까? 말해 봐, '물 주세요.']"라고 말하라.
  - 또 다른 가상의 상황을 만들어라. "Your tummy is hurting. You want medicine from your Mom. What do you say? Ask, 'Can I have some medicine for my tummy ache, Mom?[넌 배가 아파. 엄마에게 약을 달라고 해야 해. 뭐라고 말해야 할까? 요구해 보렴, '배가 아픈데 약 좀 주세요, 엄마!']"이라고 말하라.
  - 목표 요구를 유도해 낼 수 있는 기타 자극조건들을 만들어 내라.
  - 강화 또는 교정적 피드백을 제공하라. 시범의 용암, 탐침, 그리고 치료와 탐침의 교대 실시가 포함된 기타 치료절차를 이행하라.

치료사는 여기에 제시된 예들을 따라 추가적인 목표 문장을 기록하고, 이 장에서 언급된, 그리고 제5장에서 상세히 기술된 증거기반 치료기법을 사용하는 일반적인 모형 내에서 이 문장들을 가르칠 수 있다. 전형적으로 아동은 시범과 유도, 그리고 탐침과 훈련 과정을 거치게 된다.

치료 계열화하기

치료를 모든 단계에서 계열화하는 일반적인 지침은 제5장에서 기술된 바 있다. 치료는 반응의 지형에 따라 계열화된다. 치료는 낱말 또는 구의 기초 지형에서 출발하여, 문장과 대화말을 거치게 된다. 치료는 또한 자극의 위계를 거치기도 한다. 시범에서 출발하여 유도하기, 치료실 내에서의 통제된 대화, 그리고 자연스러운 환경에서의 자발적 대화를 향해 나아간다. 마지막으로 치료는 반응의 후속결과에 기초한 계열을 따라 이동하기도 한다. 치료는 고밀도의 강화로부터 출발하여, 점진적으로 밀도가 낮아지는 단계를 거치게 된다. 언어기술에 대해 일차적 강화가 사용되었다면, 이것 역시 자연스러운 환경에서 보다 보편적이라 할 수 있는 사회적 강화에 좀 더 근접해 가는 과정이 창출되어야 할 것이다.

사례연구 형태에서 이러한 계열들이 제시되고 있다. 여기에서는 아동이 낱말 수준에서의 훈련에서 출발하여 문장 수준에 이르게 된다. 보다 복잡한 기술 수준 및 보다 자연스러운 상황으로 나아가는 치료의 이동에 관해서는 다음 장에서 설명될 것이다.

치료 계열에 관한 임상사례

조는 중도 언어장애가 있는 4세 소년이다. 그는 단지 소수의 낱말만을 말했으며, 말 대신 몸짓이나 가리키기를 했다. 의사소통이 잘 되지 않으면 난리치며 울부짖었다. 그의 언어장애에 대한 과거의 치료 경력은 없었다. 주 2회의 치료가 제안되었다. 목표기술은 다음과 같았다.

- 그림이나 사물에 대한 이름을 물었을 때, 치료실이나 가정 내 상황에서의 세 가지 검사표본에 걸쳐 기능적 낱말 세트를 90%의 정확도로 산출한다.
- 그림이나 사물에 대한 이름을 물었을 때, 치료실이나 가정 내 상황에서의 세 가지 검사표본에 걸쳐 구 세트를 90%의 정확도로 산출한다.
- 치료실이나 가정 내 상황에서 기록(녹음)된 최소 세 가지의 구조화된 대화말 표본에서 기초 문장 세트를 90%의 정확도로 산출한다.

조의 부모와의 면담을 거쳐, 구와 문장으로 확장될 수 있는 30개의 기능적 낱말을 치료목표로 선택하였다. 여러 구와 문장으로 확장될 낱말의 예는 표 7.5에 제시되어 있다. 제시자극으로는 그림과 사물이 선택되었다. 유도 시도와 시범 시도 세트 내에서 각 낱말의 기초선이 수립되었다. 유도 시도에서 조

표 7.5

사례연구에서 기술된 기능적 낱말 목록 예시

의복 품목	장난감	음식 품목	가족 용어	형용사	동사
hat	ball	banana	Mommy	big	walking
socks	car	cake	Daddy	small	sleeping
shoes	train	juice	sister	happy	eating
shirt	doll	milk	brother	red	running
pants	bike	pizza	Grandma	smooth	playing

가 정확히 산출한 낱말들은 제외하고, 이를 산출하지 못했던 새로운 낱말들로 교체하여 30개의 훈련 및 탐침용 낱말 목록이 유지되도록 하였다. 그러므로 선택된 모든 낱말들의 정확한 기초선은 0이다.

치료는 4개의 낱말 세트, 즉 명사 2개와 형용사 2개(공, 차, 크다, 작다)부터 시작되었다. 치료사는 보통 이 같은 서술적인 용어(택트)보다는 좀 더 기능적인 목표(요구나 도움을 원하는 맨드)를 선택할 수 있으나, 맨드는 구나 문장 수준에서 더 잘 가르칠 수 있음(예 : "Car, please"; "I want juice")을 주의 하라. 아동들은 요구보다는 이름을 보다 쉽게 배우며, 이것은 치료 초기의 성공을 확립하도록 도움으 로써 아동의 동기를 높여줄 수 있다. 물론 치료사는 엄마, 아빠 및 가족 구성원의 이름들과 같은 낱말 들을 가르칠 수도 있다. 치료는 다음과 같이 발전되었다. 처음에 치료사는 시범화된 독립 시도로 낱말 '공'을 가르쳤다. 그녀(치료사)는 정반응마다 언어적 칭찬과 토큰을 제공하였다. 조는 이 토큰들을 매 회기 종료시점에 자신이 고른 선물과 교환하였다. 몇 회의 시범 시도 내에서 그는 5회 연속으로 정확 하게 모방된 반응을 나타냈다. 치료사는 시범을 중단하였다. 이후 그녀는 사물을 제시하여 오직 "이게 뭐지?"라는 질문만을 하였다. 처음 두 차례의 유도 시도에서는 조의 정반응률이 0으로 떨어졌다. 그래 서 그녀는 시범으로 다시 복귀하였다. 두 번째로 5회 연속 정확히 모방된 반응이 관찰되자, 치료사는 다시 시범을 중단하였다. 그러자 조는 치료사가 사물을 보여주고 질문하면 정확하게 '공'이라고 말하 기 시작했다. 조가 10회 연속으로 정확하게 유도된 반응을 산출하자 치료사는 두 번째와 세 번째 낱말 '크다'와 '작다'로 치료를 전환하였다.

낱말 '크다'와 '작다'를 치료하는 과정에서 치료사는 사물자극을 대조시킴으로써(예 : 큰 책과 작은 책) 낱말 '공' 산출의 일반화 평가를 위한 조합적 탐침을 이행하였다. 그녀는 서로 다른 크기, 모양, 색 깔의 공들(balls)을 제시하고 앞서와 동일한 질문(이게 뭐지?)을 하였다. 그녀는 훈련된 사물과 새로운 자극을 번갈아 제시하였다. 만일 조가 새로운 자극에 정확히 반응하지 못하면, 치료사는 그 자극이 포 함된 몇 회의 훈련 시도를 제공하였다. 조가 5개의 신규 자극 중 4개에 대해 '공'이라고 정확히 말하면 (이 훈련 수준 용인되는 80%의 탐침 준거), 그녀는 잠정적으로 낱말 '공'은 훈련된 것이라고 판정하였 다. 그녀는 계속하여 형용사 '크다'와 '작다'를 가르쳤다. 조가 각 형용사들에 대해 10회 연속으로 유 도된 정반응이라는 훈련 준거에 도달하자, 그녀는 서로 다른 크기, 색깔 및 질감의 사물들을 제시함으 로써 '크다'와 '작다' 산출의 일반화를 탐침하였다. 조가 자신에게 제시된 훈련되지 않았던 5개의 큰 사물 중 4개와 훈련되지 않았던 작은 사물 5개 중 4개에서 정확히 이름을 말하면, 치료사는 새로운 낱 말(차)과 첫 번째 구 수준 훈련으로 치료를 전환하였다. 그녀는 훈련된 3개의 낱말로부터 2개의 구(큰 공, 작은 공)를 생성시켰다.

치료사는 이후 '차', 그리고 두 개의 구 '큰 공'과 '작은 공'을 가르쳤다. 그녀는 또한 다른 낱말들과 훈련된 낱말들로부터 생성된 다른 구들도 역시 가르쳤다. 조는 약 30개의 낱말과 30개의 구 산출을 학 습하였고, 이들 모두에서 탐침 준거에 도달하였다.

사진 7.2 '큰 공'이라고 말하도록 배우기

그 후 치료는 소수의 문법형태소들을 가르치기 시작하였다(표 6.1에 열거된). 그녀는 그리고 형태소를 기본적으로 동일한 방식, 즉 목표형태소에 대한 시범과 음성적 강조를 동반한 촉구, 시범의 용암, 탐침을 통해 가르쳤다. 그녀는 새로운 용례로 추가 훈련을 제공하였고, 조가 탐침 준거 중 하나를 충족시키지 못할 때는 이미 훈련된 용례를 제공하였다. 조가 오직 훈련되지 않은 자극이나 사물이 제시되었을 때도 목표형태소에 대한 순수 탐침 준거에 도달하자 그녀는 이제 문장으로 이동하였다.

치료사가 몇 가지 문법형태소를 훈련시키는 동안 몇 가지 문장을 이미 가르치게 되자, 조는 추가적인 문장들을 배우는 데 능숙해졌다. 치료사는 다양한 문장들을 가르쳤고, 이 중 몇 가지 예는 표 7.3에 제시되어 있다. 그녀는 처음에는 각 문장들을 시범하고 촉구하는 독립 시도하에서 가르치다가 이를 유도 시도로 용암시켰다. 그녀는 조에게 서술 문장, 부정 문장, 요구하기 및 질문하기 세트를 가르치는 것으로 이 훈련 수준을 마감하였다. 각 문장 유형에 대하여 조는 초기의 조합된 순수 탐침 준거와 이어지는 순수 탐침 준거에 도달하였다.

다음 단계 준비하기

기초 언어기술을 배운 아동의 경우, 보다 복잡한 목표, 대화말, 그리고 가정이나 학교에서 해당 기술을 유지하는 일이 차기 목표가 될 것이다. 대화말을 포함하여 복잡한 언어기술을 가르칠 때 치료사는 아동이 이미 배운 기초기술들을 유지시키기 위한 조치를 취해야 한다.

언어기술의 유지를 촉진하기 위해 부모나 학교 교사를 훈련시키는 부분은 다음 장에서 설명될 것이다. 이것이 반드시 치료사가 해야 할 마지막 일을 의미하는 것은 아니다. 만일 아동이 기초기술을 유지하지 못한다면, 보다 진보된 기술을 가르치는 것은 가능하지 않거나 또는 무의미한 일일 것이다. 그러므로 아동에게 보다 진보된 언어기술에 대한 효과적인 교육을 준비시키기 위해 치료사는 교사, 가족 구성원 및 기타 양육자들이 자연스러운 환경에서 언어기술을 지속시킬 수 있도록 조치해야 한다. 이 기법들은 제8장과 제9장에 상세히 기술되어 있으나, 치료사가 치료 개시시점에서 취해야 할 몇 가지 초기단계들은 여기에서 간략히 언급될 수 있다. 치료사는 양육자에게 치료회기를 관찰하도록 한다. 이들은 목표기술에 대해 명확히 이해해야 한다. 교사와 양육자에게 목표기술과 그 예가 기록된 목록이 제공되어야 한다. 교사가 보는 앞에서 간단한 치료 예시가 이루어질 수 있다. 아동이 해당 기술을 배우기 시작하게 되면, 교사와 양육자는 언어구조의 산출을 촉구하고 강화해 주어야 한다.

아동의 부모와 교사들에 대한 조치를 취하는 동시에, 치료사는 기초기술 확장을 위한 차기 수준의 치료계획 수립을 시작해야 한다. 우리는 다음 장에서 이 수준의 치료에 대해 설명할 것이다.

요약

이 책이 취하고 있는 접근법은 **기술기반적인** 것으로서, 명백히 생활연령이나 발달단계에 기초한 것은 아니다. 모든 언어장애 아동은 사회, 학업 및 개인적 요구 충족에 도움이 되는 언어기술을 배울 필요가 있다. 치료사는 아동이 어떤 기초기술을 배워야 할지에 관한 내담자 특정적인 고찰에 근거하는 자신만의 판단을 활용해야 한다. 일부 아동들의 경우 초기 의사소통기술(쿠잉과 옹알이)이 적절한 초기 목표가 될 것이며, 반면 다른 아동들에게는 진보된 형태론적, 구문론적, 또는 화용론적 기술이 가장 유용한 초기 목표가 될 수도 있다.

초기에 가르치는 소수의 첫 기능적 낱말들에는 가족 구성원의 이름이나 아동의 환경 내 사물의 이름, 행위 낱말, 서술적이며 형용사적 용어, 일상생활과 관련된 용어들이 포함되어야 한다. 이에 이어서 진보적으로 보다 복잡하며 추상적인 낱말들이 목표가 될 것이다. 임상적으로 확립된 낱말산출은 구나 문장으로 확장되어야 한다.

치료목표가 되는 초기 형태론적 기술들에는 현재진행형 -*ing*, 구나 문장 내의 전치사, 규칙 복수굴절, 불규칙 복수, 불규칙 과거시제, 규칙 과거시제 굴절, 소유격 굴절, 관사, 대명사, 조동사, 접사, 접속사, 형용사, 그리고 비교급과 최상급이 포함된다.

치료가 개시되기에 앞서 치료사는 목표기술의 기초선을 수립해야 한다. 치료는 전형적으로 독립 시도로 시작되는데, 이것은 목표반응 산출을 위한 각각의 시도가 짧은 시간 구간으로 분리되는 것을 말한다. 지시, 시범, 촉구, 형성, 용암, 정적 강화, 그리고 교정적 피드백은 각 복잡성 수준에 따르는 목표기술 확립에 도움이 된다. 치료의 최종단계에서는 대화 상호작용 속에서 보다 자연스럽게 가르치는 것이 일반화된 산출의 촉진 및 궁극적인 유지의 촉진을 도울 것이다.

학습지침

1. 기초 언어기술에 해당하는 목표행동 선택과 관련된 서로 다른 접근법들을 비교하고 대조하라. 언어 범주 대 반응 계층이라는 관점에 따라 언어 형식을 기술할 때의 차이점에 관해 논의하라. 반응 계층의 예를 제시하라. 반응 계층이 치료에 미치는 영향은 어떠한가?

2. 기초선은 치료를 개시하기 이전에 필수적인 것이다. 기초선의 중요성 및 필요성은 무엇인가? 낱말, 구, 문장 세트의 기초선은 어떻게 수립하는가? 기초선 확립에 포함되는 각 단계를 명시하라.

3. 여러분에게 오직 몇 개의 두 낱말짜리 구 이상은 산출하지 못하는 3세 아동이 맡겨졌다. 여러분의 감독자는 이 아동을 위한 포괄적인 치료 프로그램을 작성하도록 요청하였다. 아래와 같은 기술을 가르치기 위한 과정(계열)을 상세히 설명하라. 특정 기술 확립에 요구되는 모든 기법의 이름을 말해 보라.
   - 초기 발성 증가시키기
   - 초기 눈맞춤 증가시키기
   - 가리키기와 몸짓 증가시키기
   - 기능적 낱말 가르치기
   - 구 가르치기
   - 초기 형태론적 기술 가르치기
   - 기초 문장 가르치기

4. 일단 치료가 시작되면, 여러분은 다음 단계에서 무엇을 할 것인지, 그리고 아동이 어떻게 진보하게 될 것인지를 확정하기 위한 임상적 결정을 내려야 하는 다양한 '교차로'에 직면하게 될 것이다. 치료 중인 아동의 예를 들어 다음과 같은 임상적 결정 준거를 명시하라.

- 시범에 대한 초기 중단
- 시범의 재개
- 아동이 특정 기술의 용례를 습득했는가의 여부 결정 및 다음 용례를 향해 이동함
- 아동이 특정 기술을(단지 그 용례가 아니라) 습득했는가의 여부 결정

제 **8** 장 언어기술 확장

개요

- 이전에 습득한 기술 확장하기

- 다양한 문장 유형 가르치기

- 대화말 가르치기

- 내러티브 기술 가르치기

- 추상적 언어기술 가르치기

- 대화기술 통합시키기 : 모든 것을 함께 모아라

- 비임상적 환경으로 이동하기

- 요약

- 학습지침

이전 장에서 우리는 제5장과 제6장에서 설명된 기법의 도움을 통해 기초 언어기술을 확립하기 위한 방식들에 관해 설명하였다. 아동의 효과적인 구어 목록을 창출하려면, 이 기초기술들을 대화 말, 내러티브 기술, 그리고 화용언어기술로 설명되는 기타 다양한 기술들이 포함된 보다 진보된 언어 기술로 확장시켜 주어야 한다. 마지막으로 추상적이며 학업과 관련된 언어의 몇 가지 필수적인 요소들을 아동에게 도입시켜 주어야 한다. 이 장은 이 목표기술 및 이를 가르치기 위한 전략들에 관해 설명할 것이다.

▨▥ 이전에 습득한 기술 확장하기

초기 목표행동을 선택하는 이유는 적어도 부분적으로는 이것들이 보다 복잡한 행동을 이루는 구성요소들이기 때문이라는 것을 제5장에서 강조한 바 있다. 따라서 치료사는 아동에게 명사에 이름 붙이기(*ball*, *kitty*, *flower*)를 가르치는 것으로부터 시작하여, 이 기술 위에 형용사를 추가하고(*big ball*, *pretty kitty*, *red flower*), 그다음에는 동사를 추가하는(*play big ball*, *hold pretty kitty*, *smell red flower*) 방식으로 쌓아 올린다. 이어서 치료사는 점차 진보적으로 더욱 복잡해지는 구문과 형태론적 형식이 녹아 있는 문법적으로 더욱 완전한 산출을 가르치게 된다. 치료사는 이 같은 단계들로 가능한 한 빨리 이동하여, 아동들을 더욱 진보적인 수준의 언어기술 훈련으로 이끌어야 한다.

행동주의적인 언어기술 교육방법은 보다 진보적인 사회적 의사소통기술의 촉진을 도울 수 있다는 증거가 있다. 많은 연구가 자폐 또는 발달장애를 지닌 아동들을 대상으로 이루어져 왔다. 스크립트 용암(Krantz & McClanahan, 1998; Sarokoff, Taylor, & Poulson, 2001), 비디오 시범(Charlop & Milstein, 1989; Nikopoulos & Keenan, 2004), 시간지연(Charlop & Trasowech, 1991; Ingenmey & Van Houten, 1991), 또래 훈련 및 상호작용(Goldstein et al., 1992; Kamps et al., 1992; Pierce & Schreibman, 1995), 부모 및 형제 훈련(Kaiser, 1993; Neef, 1995; Schreibman, O'Neil, & Koegel, 1983), 맨드-시범(또는 요구-시범), 지연, 그리고 치료사와 또래 모두에 의한 우발교수(incidental teaching)가 포함된 환경중심 교육(McGee et al., 1992; McGee et al., 1983; McGee, Krantz, & McClanahan, 1985), 그리고 기능적 의사소통 훈련(Duran, Berotti, & Weiner, 1993; Durand & Carr, 1992; Reichle & Wacker, 1993)과 같은 교육 프로그램들이 단일대상 실험연구에서 효과적이었던 것으로 밝혀졌다. 이 치료 프로그램들은 말의 개시, 자발화, 대화 상호작용, 대화 주제의 확장, 추상적 언어(관용어 이해), 수화를 통한 자발적인 표현 그리고 보완대체수단을 통한 화용언어와 같은 특정 기술들이 포함된 사회적 상호작용을 가르치는 것에 효과적이었다(다수들 가운데, Carr & Kologinsky, 1983; Chandler, Lubeck, & Fowler, 1992; Charlop & Milstein, 1989; Charlop & Trasowech, 1991; Ezell & Goldstein, 1992; Goldstein & Cisar, 1992; Haring et al., 1986; Koegel & Frea, 1993; Matson et al., 1993; McGee, Krantz, & McClanahan,

1985; Pierce & Schreibman, 1994; Secan, Egel, & Tilley, 1989; Warren & Rogers-Warren, 1985). 이들 연구 및 그 밖의 연구결과들이 여러 치료사, 환경, 대상들에 걸쳐 반복 연구되어 왔다. 이러한 모든 교육 프로그램 내에서는 시범, 형성, 촉구, 지시, 용암, 정적 강화, 차별적 강화, 수반적 반응의 지연, 교정적 피드백 등 이전 장들에서 설명된 바와 같은 행동주의적 기법들을 통해 기술은 확립된다. 그러므로 이 프로그램들이 공유하는 효과적인 기법들을 감안하면 이들의 차이는 그리 현저하지 않다. 발달장애를 지닌 개인들의 훈련, 일반화 및 사회적 기

> 치료방식의 효과를 입증하고 있는 통제된 실험조사 연구들이 여러 환경과 여러 연구자들에 걸쳐 같은 결과로 반복되어 왔다는 것은 어떠한 수준의 과학적 근거인가?(힌트 : 표 5.1 참조)

술의 유지에 대한 1992년의 고찰에서는 1976년부터 1990년 사이에 이루어졌고, 21개 저널에 출판된 51편의 연구가 포함되어 있었다(Chandler, Lubeck, & Fowler, 1992). 검토자들은 이 연구의 대다수가 훈련된 기술의 완전하거나 또는 부분적인 일반화를 산출했음을 강조하였다. 보고된 일반화는 제공된 치료의 성공을 알려주는 지표인 것이다.

다양한 문장 유형 가르치기

치료가 진전됨에 따라 치료사는 아동에게 보다 다양하고 보다 긴 문장 유형을 가르쳐야 한다. 문장 수준에서의 진보된 목표행동들은 처음에는 앞선 장들에서 설명된 독립 시도를 먼저 사용했을 때 가장 효율적으로 확립된다. 행동이 확립될수록 더욱 자연스러운 맥락에서 목표행동들이 유도될 수 있도록 보다 느슨한 형태의 치료구조가 사용되어야 한다. 견고한 구조에서 느슨한 구조로의 이동이 이루어질 때는 먼저 자연스러운 활동 속에서 아동에게 직접적인 시범을 제공하고 모방을 요구하는 것으로부터 시작해야 할 필요가 있다. 모방된 반응이 확립되면 아동이 목표행동을 자발적으로 산출하기 시작할 때까지 시범을 용암시킬 수 있다. 이 절에서 우리는 먼저 문장 수준에서의 보다 진보된 목표행동의 유형을 소개하고 이 목표행동들을 보다 자연스러운 맥락에서 확립시키기 위한 기본적인 치료절차의 변형에 관해 논의할 것이다.

언제나 그렇듯 선정된 목표행동들은 내담자 특정적인 것이어야 하며, 아동의 의사소통적 요구와 문화적 배경에 적합한 것이어야 한다. 이러한 목표행동들은 거의 언제나 아동이 요구하고, 논평하며, 질문할 수 있게 해주며, 궁극적으로는 구문적으로 더욱 복잡한 문장 형식을 사용하여 대화할 수 있게 해줄 것이다.

맨드

맨드(요구하기)는 그 자체로서의 강화물을 명시하고 있다. 아동이 "과자 먹어도 돼요, 엄마?"라고 요

청하는 순간, 엄마는 그 요구를 강화해 주는 것(과자)이 무엇인지 알 수 있다. 그러므로 이 맨드(강화된)는 아동의 자연스러운 환경에서 유지될 가능성이 매우 높아지는 것이다. 맨드는 사물을 요구하고, 명령을 하거나, 또는 정보를 찾는 것일 수 있다. 맨드는 가장 효과적인 의사소통 수단의 하나이다. 언어기술이 결핍된 아동들의 경우, 맨드는 자신들의 환경에 영향을 미칠 수 있는, 전례 없던 통제력을 부여해 준다는 점에서 이 맨드로부터 엄청난 이득을 얻게 될 것이다. 맨드는 초기에는 두 낱말 구로 확립될 수 있다("Want cookie!", "Tell me!"). 이어서 이 요구는 문법적으로 보다 완전한 산출로 확장되어야 한다("I want a cookie" 또는 "Tell me a story"). 결국에는 그저 가르친 요구에 사회적 예절이라는 요소가 첨가될 것이다("May I have a cookie, please?" 또는 "Would you please tell me a story?").

> 맨드(mands)는 그 자체로서 강화물을 명시해 준다! "Want milk"(milk가 강화물), "Sit down, please"(자리에 앉는 것이 강화물), "Tell me a story"(이야기를 들려주는 것이 강화물), "Where is my doll?"(어디 있는지 말해 주는 것이 강화물). 맨드에 관한 상세한 내용은 제1장을 참조하라.

치료는 독립 시도 또는 아동으로 하여금 자신의 맨드(mands)에 대한 강화를 얻을 수 있도록 다양한 사물이나 활동들이 배열되는 반구조적 환경으로부터 출발하게 된다. 질문을 하고, 요구하기를 시범하고, 요구에 부응해 주는 것(강화를 제공함)이 전형적인 훈련 전략이 된다. 예를 들어, 아동이 퍼즐 조각을 모을 때, 치료사는 중요한 퍼즐 조각 하나를 손에 쥔 채, "'뭘 원하니?' 말해 봐, '나는 그 조각을 원해.'"라고 요구한다. 아동이 이 반응을 모방하면, 치료사는 그 퍼즐 조각을 건네준다. 아동의 손이 미치지 못하는 선반 위의 사물 요구하기를 유도해 낼 수 있고, 이 요구는 그 사물의 제공으로 강화될 수 있다. 독립 시도 치료 중에 요구하기를 유도해 내기 위한 구어 전략은 표 8.1을 참조하라. 처음에는 완전한 형태의 요구하기를 산출하지 못하는 아동의 경우 형성 절차가 사용될 수 있는데, 여기에서 강화가 주어지기 위해서는 점진적으로 보다 완전한 반응이 요구된다. 이러한 아동의 경우 초기단계의 요구는 심지어 가리키기와 같은 비언어적 반응일 수도 있고, 이어서 한 낱말(*doll, gum*)일 수 있는데, 이것이 이후 보다 완전한 형태로 확장되는 것이다.

독립 시도에서 보다 복잡한 맨드가 확립되고 나면, 치료사는 이 반응을 자연스러운 의사소통 맥락에서 유도해 내야 한다. 언어치료 중에 아동에게 목표화된 요구하기 문장을 산출할 많은 기회를 제공하기 위해 치료사가 사용할 수 있는 수많은 활동들이 있다. 이와 관련된 일부 제안들은 표 8.2를 참조하라. 또한 다음 절에 설명될 맨드-시범 절차를 보라. 치료사는 아동이 보다 진보된 수준에서 치료받고 있을 때는, "고맙습니다."라는 말을 유도해야 하는 것을 잊어서는 안 된다!

택트

서술과 논평 다른 말로 **택트**(서술언어)는 대화말에 필수적이다. 이러한 언어행동 계열은 언어기술을 큰 범위로 확장시켜 준다. 그러므로 택트는 매우 유용한 언어목표이다. 언어장애 아동의 학업 수행은 훌륭한 택트 레퍼토리와 함께 현저히 개선된다. 명사 및 동사 산출과 같은 기초적 기술들은 구로 신속

표 8.1

맨드(요구 문장)의 독립 시도 훈련에 필요한 구어자극

목표행동	문장 시범	문장 유도
Give me… 요구하기 산출	You want some milk. Say, "Give me some milk, please."[넌 우유를 원해. 말해 봐, '우유 좀 주세요.'라고]	You want some milk. What do you ask? [넌 우유를 원해. 뭐라고 부탁해야 할까?]
	You want the blue crayon. Say, "Give me the blue crayon, please."	You want the blue crayon. What do you ask?
want… 요구하기 산출	You want the yellow block. Say, "I want the yellow block, please."	You want the yellow block. What do you ask?
	You want the doll house. Say, "I want the doll house, please."	You want the doll house. What do you ask?
	You want to play ball. Say, "I want to play ball, please."	You want to play ball. What do you ask?
May I… 요구하기 산출	You want another puzzle piece. Say, ""May I have another puzzle piece, please?"	You want another puzzle piece. What do you ask?
	You want some more glue. Say, "May I have some more glue, please?"	You want some more glue. What do you ask?
	You want another turn. Say, "May I have another turn, please?"	You want another turn. What do you ask?

하게 확장되어야 하며, 곧이어 보다 진보된 수준으로, 그리하여 그에 대한 사건이나 논평을 기술하는 문법적으로 완전한 형태로 확장되어야 한다. 아동에게 무엇인가를 서술하거나 논평하도록 가르치기 위해 설계될 수 있는 가능한 목표행동들에는 아래와 같은 것들이 포함된다.

> 택트에 대한 상세한 내용은 제1장을 참조하라.

- 사물의 특징에 대해 서술하기("이 공은 둥글고 빨갛다.", "이 고양이는 하얗고 복슬복슬하다.")
- 사물의 부분에 대해 서술하기("차에는 바퀴, 지붕, 기름탱크가 있다.")
- 사물의 쓰임새에 대해 서술하기("너는 머리를 단정히 하기 위해 빗을 사용한다.", "너는 연필로 글씨를 쓴다.")
- 부사를 사용하여 행위 서술하기("그는 빨리 달린다.", "그녀는 천천히 걸었다.")
- 사물 또는 사건에 대해 논평하기("꽃이 예쁘다.", "이 게임은 재미있어!")
- 논평을 사용하여 행위 순서 서술하기("그는 가게로 걸어가고 있어. 이제 그는 식료품을 사고 있어. 이제 그는 식료품 값을 내고 있어. 이제 그는 집으로 걸어가고 있어.)
- 감정 표현하기("나는 이 차가 좋아!", "나는 이 게임 하고 싶지 않아!")

표 8.2

보다 자연스러운 맥락에서 맨드 문장을 확립하는 임상활동

맨드 문장을 유도하는 임상활동	가능한 목표행동
보드 게임	이제 내가 해도 되나요? 주사위 좀 주세요 다른 게임 해도 돼요?
퍼즐	조각 좀 더 가질 수 있을까요? 도와주세요.
공작활동	가위, 풀, 종이, 반짝이, 스티커 등 주세요. 이거 자르는 것 좀 도와주실래요? (특정 색깔을 명시하며) : 색 크레용 주세요. (풀, 반짝이, 종이, 찰흙, 물감 등) 좀 더 가질 수 있을까요?
음식준비 (땅콩버터 샌드위치 만들기)	빵(땅콩버터, 젤리, 바르는 도구) 좀 주세요. 이거 자르는 것 좀 도와주실래요? 한 입 먹어도 돼요? 더 먹어도 돼요?
가장놀이 활동 (티파티 놀이)	컵(받침, 티, 설탕, 크림, 스푼) 주세요. 컵에 따라 주세요. 차 좀 더 마실 수 있을까요?
아동용 게임 (Mother May I?와 Go Fish)	엄마, 내가 한 단계 나갈까요?(Mother, may I take one step?) 당신 거 다섯 개 주세요.(Give one your fives, please)

방금 설명된 문장 형식을 확립하기 위한 독립 시도 치료에서는 사물이나 그림자극을 사용할 수 있

이 텍스트들 각각에 있어, 여러분은 어떻게 정반응에 대한 강화와 오반응에 대한 교정적 피드백을 제공할 것인지 설명해 보라.

다. 논평하기를 위한 목표행동 확립을 위해 권장되는 전략들은 표 8.3을 참조하라. 치료사는 아동이 각 목표행동을 배우고 나면 보다 느슨한 구조로 이동해야 한다. 아동으로부터 논평하기를 유도할 수 있는 임상활동에는 아래와 같은 것들이 포함된다.

- 각 부분에 대한 서술이 가능한 장난감 가지고 놀기(예 : 장난감 농장, 자동차, 트럭, 기차), 그리고 "이것에 대해 말해 줘!"나 "이것은 뭐 하는 데 필요한 거지?" 그리고 "이제 무슨 일이 일어날까?" 와 같은 구어자극을 통해 반응 유도해 내기
- 아동과 동사를 시연하고, 아동에게 그 행위를 서술하게 하고, "우리는 어떻게 뛰고 있지? 빠르게, 느리게?"나 "우리는 어떻게 노래 부르고 있지? 큰 소리로, 작은 소리로?"와 같은 구어자극을 통해 반응 유도해 내기

표 8.3

택트(논평) 확립을 위한 독립 시도 치료용 자극

목표행동	문장 시범	문장 유도
사물자극을 사용하여 속성 서술하기(외양, 부분 및 용도)	여기 빗이 있어. 난 네가 빗에 대해 말해 주길 원해. 너는 빗이 어떻게 생겼는지, 어떤 부분들이 있는지, 이것으로 무엇을 하는지 또는 그 밖에 네가 생각할 수 있는 무엇이든 말해 줘. 말해 봐, "이 빗은 검은색이야, 손잡이가 있어, 이것으로 머리카락을 빗지."	여기 빗이 있어. 이 빗에 대해 최소한 세 가지만 말해 줘.
그림자극을 사용하여 부사 산출하기	이 여자아이는 깊게 자고 있어. 이 여자아이는 어떻게 자고 있지? 말해 봐, "깊게." 이 록스타가 크게 노래 불러. 이 록스타는 어떻게 노래 부르지? 말해 봐, "크게." 엄마가 따뜻하게 웃고 있어. 엄마는 어떻게 웃고 있지? 말해 봐, "따뜻하게."	이 여자아이는 깊게 자고 있어. 이 여자아이는 어떻게 자고 있지? 이 록스타가 크게 노래 불러. 이 록스타는 어떻게 노래 부르지? 엄마가 따뜻하게 웃고 있어. 엄마는 어떻게 웃고 있지?
그림자극을 사용하여 행위 순서에 대해 논평하기	강아지에게 밥을 먹여야 해. 그 주인은 먼저 무엇을 해야 할까? 말해 봐, "강아지 사료 캔을 가져온다." 강아지 주인은 다음에 무엇을 할까? 말해 봐, "캔을 연다." 강아지 주인은 다음에 무엇을 할까? 말해 봐, "접시에 음식을 담는다." 그다음 무슨 일이 일어날까? 말해 봐, "주인이 강아지에게 밥을 준다." 마지막엔 무슨 일이 일어날까? 말해 봐, "강아지가 밥을 먹는다."	강아지에게 밥을 먹여야 해. 그 주인은 먼저 무엇을 해야 할까? 강아지 주인은 다음에 무엇을 할까? 그다음 무슨 일이 일어날까? 마지막엔 무슨 일이 일어날까? 최종적으로는 "강아지에게 밥을 먹여야 해. 무슨 일이 일어날까?"로 용암시킨다.

● 공작활동이나 간단한 음식 만들기를 수행하며 "먼저 뭐부터 해야 할까?", "이제 무엇을 해야 할까?" 그리고 "다음엔 무엇을 해야 할까?"와 같은 질문을 함으로써 아동으로부터 반응 유도해 내기

일부 통제적인 치료로부터의 증거는 오직 택트만 가르칠 것이 아니라, 동일 회기 내에 맨드(예 : 빠진 사물 요구하기)와 택트(예 : 이름 대기) 두 가지 모두를 가르치는 것이 보다 효과적임을 제안하고 있다(Arntzen & Almas, 2002; Carroll & Hess, 1987). 비록 이 연구들은 간단한 이름 붙이기(택트)만 다룬 것이지만, 보다 복잡한 택트 역시 맨드와 결합시켰을 때 훈련이 더욱 잘 이루어질 가능성이 있다. 한 시도에서 아동이 한 사물에 대해 기술하고(예 : "이것은 둥글고, 노란 공이다."), 다음 시도에서는 그것을 요구할 수 있을 것이다(예 : "내가 저 둥글고 노란 공을 가져도 돼요?).

구어나 수화로 요구하기를 하지 못하는 아동들은 난리를 피우거나 공격행동을 보일 수도 있기 때

표 8.4

의문문 발달 과정

연령	의문 유형	산출의 예
1~2세	음성 억양 상승을 사용하는 *예/아니요* 의문	Go?
	두 낱말 *무엇(what)* 의문	
	두 낱말 *어디(where)* 의문	What that?
		Where kitty?
2~3세	한 낱말 *왜(why)* 의문	Why?
	3~4낱말의	
	무엇(what) 의문	What Grandma do(ing)?
	어디(where) 의문	Where Daddy go(ing)?
	접사를 사용한 *무엇(what)* 의문	What is that?
	접사를 사용한 *어디(where)* 의문	Where is ball?
	언제(when) 의문	When go bye-bye?
3~4세	조동사 도치를 사용한 *예/아니요* 의문	Is that my juice?
	조동사 도치를 사용한 *Wh-* 및 *How* 의문	
	무엇(what)	What are you making?
	어디(where)	Where is my dolly?
	언제(when)	When is my birthday?
	어떻게(how)	How is the baby?
	Do 의문	Does he like babay?
	부가의문	He is nice, isn't he?
	법	Would you read to me?
	다낱말 *왜(why)* 의문	Why is he crying?

문에 맨드는 종종 아동들의 바람직하지 못한 행동 감소에 효과적이다(Reichle & Wacker, 1993). 간단한 맨드의 성공적인 교수에 관해 보고했던 연구결과들을 복잡한 맨드로 연장시킬 수 있을 것이다(Winborn et al., 2002).

질문하기

질문하기를 배우면 아동들은 자신들의 교육을 진척시키는 강력한 도구를 얻게 되는 것이다. 언어지체 아동들에게는 종종 독립 시도 치료를 통해 기본적인 질문 형식들을 가르쳐 주어야 하며, 이후에는 자연스러운 장면에서 이것들을 사용하도록 직접적으로 촉구해 주어야 한다. 12~26개월 사이의 전형적으로 발달하는 아동들은 억양이 올라가는 한 낱말 발화를 사용하여 '예/아니요' 질문을 묻기 시작한다(Justice & Ezell, 2002b). 기타 의문 형식들의 발달 과정은 표 8.4를 참조하라. 앞선 장들에서 우리가 아동 특정적인 중재접근법을 옹호했던 바를 떠올리면, 목표행동을 기록함에 있어서 지나치게 발달적 과정만을 곧이곧대로 따를 필요는 없을 것이다. 설사 아동이 아직 더 이전에 숙달했어야 할 질문 형식을 아직 획득하지 못하고 있다 해도, 만일 치료사에게 자연스러운 환경 내의 어떤 아동에게는 **어떻게**(how) 를 묻는 질문을 배우는 것이 가장 유용한 것이라고 판단된다면, 그것이 바로 목표행동이 되어야 한다.

초기에 아동의 목록 내에 존재하지 않는 의문 형식을 확립시킬 때는 독립 시도 치료가 유용할 것이 다. 질문하기를 가르치기 위해 제안된 전략들은 표 8.5를 참조하라. 치료사는 아동이 정확하게(비록 모방된 것이라 할지라도) 질문하기를 했다면 이를 칭찬해 주고, 다음에는 자연스러운 환경에서 일어

표 8.5

문장 형식의 질문 확립을 위한 구어자극

목표행동	문장 시범	문장 유도
무엇(what) 질문 산출		
오직 구어자극만 사용	무엇인가에 대해 알고 싶을 때는 질문을 해야 해. 네가 어떤 사람의 이름을 알고 싶다면, 말해 봐, "네 이름이 뭐야?" 네가 내 이름을 알지 못하면, 말해 봐, "당신 이름이 뭐죠?"	네가 내 이름을 알지 못하면, 너는 뭐라고 말해야 할까?
	네가 이게 무엇인지 알지 못하면, 말해 봐, "이게 뭐예요?"	네가 이게 무엇인지 알지 못하면, 너는 뭐라고 말해야 할까?
그림자극 사용	네가 그들이 무엇을 하고 있는지 알지 못하면, 말해 봐, "그들은 무엇을 하고 있어요?"	네가 그들이 무엇을 하고 있는지 알지 못하면, 너는 뭐라고 말해야 할까?
왜(why) 질문 산출		
그림자극 사용	네가 어떤 것을 이해하지 못할 때, 너는 "왜"라고 묻지. 이 그림을 봐. 그는 화난 것 같아. 내게 물어봐, "그는 왜 화가 났어요?"	이 그림을 봐. 그는 화난 것 같아. 넌 왜 그런지 알고 싶어. 너는 뭐라고 말해야 할까?
	보렴. 돼지가 더러워. 네가 왜 그런지 알고 싶으면, 말해 봐, "이 돼지는 왜 더러워요?"	보렴. 돼지가 더러워. 넌 왜 그런지 알고 싶어. 너는 뭐라고 말해야 할까?
	보렴. 장난감이 부서졌어. 네가 왜 그런지 알고 싶다면, 말해 봐, "이 장난감은 왜 부서졌어요?"	보렴. 장난감이 부서졌어. 너는 왜 그런지 알고 싶어. 너는 뭐라고 말해야 할까?
언제(when) 질문 산출		
오직 구어자극만 사용	만일 네가 어떤 일이 언제 일어나는지 또는 일어날 것인지 알고 싶다면, 너는 언제로 시작하는 질문을 하면 돼. 자, 엄마가 가족과 동물원에 갈 거라고 말했다고 치자. 넌 언제 갈 건지 궁금해. 말해 봐, "언제 우리는 동물원에 갈 거예요?"	엄마가 가족과 동물원에 갈 거라고 말해. 넌 언제 갈 건지 궁금해. 너는 뭐라고 말해야 할까?
	네 친구가 네게 할머니를 만나러 갈 거라고 말해. 너는 그게 언제인지 궁금해. 말해 봐, "언제 너는 할머니를 만나러 갈 거야?"	네 친구가 네게 할머니를 만나러 갈 거라고 말해. 너는 그게 언제인지 궁금해. 너는 뭐라고 말해야 할까?
	너는 내가 언제 자는지 궁금해. 말해 봐, "당신은 언제 자요?"	너는 내가 언제 자는지 궁금해. 너는 뭐라고 말해야 할까?

(계속)

표 8.5

문장 형식의 질문 확립을 위한 구어자극 (계속)

목표행동	문장 시범	문장 유도
어디(where) 질문 산출 오직 구어자극만 사용	네가 무엇인가 또는 누군가가 어디 있는지 모를 때는 어디로 시작되는 질문을 하는 거야. 자, 너는 네 누나가 어디 있는지 모른다고 치자. 내게 물어봐, "누나가 어디에 있어요?"	너는 네 누나가 어디 있는지 모른다고 치자. 너는 뭐라고 말해야 할까?
	네가 생일파티에 갈 건데 어디인지 모른다고 치자. 말해 봐, "어디에서 생일파티 해?"	네가 생일파티에 갈 건데 어디인지 모른다고 치자. 너는 뭐라고 말해야 할까?
누구(who) 질문 산출 오직 구어자극만 사용	네가 어떤 사람이 무엇인가를 했는지 궁금하거나, 누군가를 알지 못한다면, 너는 누구로 시작되는 질문을 하는 거야. 누군가가 네 방을 치웠다고 치자. 너는 누가 그랬는지 궁금해. 말해 봐, "누가 내 방을 치웠죠?"	누군가가 네 방을 치웠다고 치자. 너는 누가 그랬는지 궁금해. 너는 뭐라고 말해야 할까?
	네게 새로운 이웃이 생겼다고 치자. 너는 그들이 누구인지 몰라. 말해 봐, "새 이웃은 누구예요?"	네게 새로운 이웃이 생겼다고 치자. 너는 그들이 누구인지 몰라. 너는 뭐라고 말해야 할까?
그림자극 사용	이 그림을 보렴. 너는 이 소년을 몰라. 말해 봐, "이 소년은 누구예요?"	이 그림을 보렴. 너는 이 소년을 몰라. 너는 뭐라고 말해야 할까?
어떻게(how) 질문 산출 오직 구어자극만 사용	네가 무엇인가를 하는 방법을 알지 못한다면, 너는 어떻게로 시작하는 질문을 하는 거야. 네가 배가 고프다고 치자. 너는 땅콩버터 샌드위치를 원해, 그러나 너는 이걸 한 번도 만들어 본 적이 없어. 말해 봐, "땅콩버터 샌드위치를 어떻게 만들어요?"	네가 배가 고프다고 치자. 너는 땅콩버터 샌드위치를 원해, 그러나 너는 이걸 한 번도 만들어 본 적이 없어. 너는 뭐라고 말해야 할까?
	여기 퍼즐이 있어. 네가 이걸 맞추는 방법을 모른다고 치자. 말해 봐, "이 퍼즐을 어떻게 해야 맞출 수 있어요?"	여기 퍼즐이 있어. 네가 이걸 맞추는 방법을 모른다고 치자. 너는 뭐라고 말해야 할까?
사물자극 사용	여기 네가 해본 적이 없는 새로운 게임이 있어. 내게 물어봐, "이 게임 어떻게 해요?"	여기 네가 해본 적이 없는 새로운 게임이 있어. 너는 뭐라고 말해야 할까?

나는 양상 그대로 바로 아동의 질문에 답해 주어야 한다. 대답이야말로 아동의 질문하기 행동에 대한 자연스러운 강화물인 것이다.

치료사 [그림자극을 사용하여 무엇 의문을 가르치며] : 너는 이게 무엇인지 모르는구나. 내게 물어보렴, "이게 뭐예요?"

아동 : 이게 뭐예요?

치료사 : 훌륭해! 너는 훌륭하게 질문했어! 이건 컴퓨터야.

아동의 질문하기 행동이 치료실에서 확립되고 나면, 보다 자연스러운 맥락에서 질문이 유도될 수 있다. 다양한 구조화된 활동들이 사용될 수 있는데, 치료사는 이 안에서 아동으로 하여금 목표행동을 산출할 수 있는 적절한 수의 기회를 신중히 자극한다. 가능한 임상적 활동들은 다음과 같다.

- 대화적 이야기책 읽기(제10장 참조). 이것은 아동에게 읽어주는 상호작용적 형태의 읽기로서 아동으로 하여금 책에 대해 질문하거나 논평하도록 이끈다.
- 아동 게임. 이것을 각색하여 아동으로부터 질문하기를 유도해 낼 수 있다(*where* 질문을 위한 숨바꼭질, *what*이나 *who* 질문을 위한 추측하기 게임 등).
- 보드 게임. 아동들에게 게임을 어떻게(*how*) 하는 것인지, 다음에는 무엇(*what*)이 올 것인지, 다음은 누구(*who*) 차례인지 등에 관해 질문하도록 촉구할 수 있다(사진 8.1).
- 역할놀이 활동. 식당에서 음식 주문하기("오늘은 뭐가 좋지요?"), 식료품 쇼핑하기("[음식 품목 이름]은 어디 있죠?"), 버스 타기("정거장은 어디죠?") 등을 가장한다.

사진 8.1 "누가 할 차례지?"
보드 게임은 보다 진보된 언어를 훈련시킬 때, 이를테면 대명사와 같은 많은 수의 목표행동을 유도하는 데 사용할 수 있다.

구문적으로 보다 복잡한 문장산출하기

구문적으로 복잡한 문장을 가르치는 것에 관한 치료연구는 제한적이다. 비록 우리에겐 기존에 존재하는 것 이상의 좀 더 통제된 증거가 필요하긴 하겠으나, 복잡한 문장 형식이라 해서 형성, 촉구, 시범 및 차별적 강화 효과와 무관할 것이라고 가정할 만한 어떠한 경험적 이유도 없다. 그러나 여러 복잡한 문장구조들은 기본 구조의 확장이다. 언어장애 아동들은 단순한 문장 형식 이상으로 진보하는 것에 어려움을 보일 수 있다. 이들은 사춘기에 이르러서도 전형적으로 발달하는 또래들에 비해 여전히 구문적으로 덜 복잡한 문장들을 계속 산출하게 된다. 언어장애 청소년들은 정상적으로 말하는 또래들과 비교하여, 특징적으로 복문(예 : "그는 피자를 먹었어, 그리고 그의 아내는 샐러드를 먹었어."), 종속절(예 : "이 숙제를 끝내고 난 후, 잠을 자러 갈 거야."), 내포절("길모퉁이에 서 있던 남자가 택시 기사를 향해 손을 흔들었다.")의 산출이 더욱 적다. 구문적으로 보다 복잡한 문장들은 다른 어떠한 목표행동들도 다 마찬가지였듯이 독립 시도 치료를 통해 가르칠 수 있다. 진보적인 구문구조를 가르치기 위해 제안된 전략은 표 8.6을 참조하라.

반응이 점차 확립됨에 따라 치료사는 가능한 한 신속하게 자연스러운 환경에서의 대화말 수준으로 이동해야 한다. 필요하다면 시범이 포함된 직접적인 촉구를 사용하여 아동으로부터 복잡한 문장을 유도해 내야 한다. 예를 들면 다음과 같다.

치료사 [짧은 산출을 유도한 직후] : 너는 "아빠는 열심히 일해."라고 말했어. 너는 "그리고 나서 그는 집으로 와."라고 말했어. 이걸 하나의 큰 문장으로 말해 볼 수 있니? 말해 봐, "우리 아빠는 열심히 일하고 나서 집으로 와."

아동 : "우리 아빠는 열심히 일하고 나서 집으로 와."

치료사 : 훌륭해! 너는 이걸 하나의 큰 문장으로 말한 거야!

이어서 치료사는 시범을 용암시켜야 한다. 치료사는 먼저 짧은 산출을 유도(예 : "우리 누나는 매일 학교에 가."와 "그녀는 숙제를 해.")한 후, 아동에게 이를 결합시키도록 요구할 수 있다.

구문적으로 보다 복잡한 문장 사용에 대한 지시 역시 문해 교육에 포함될 수 있다(제10장 참조). 왜냐하면 그 속성상 문어 양식은 대화에서의 구어에 비해 구문적으로 더욱 복잡한 것이기 때문이다. 아동이 자신의 말 속에서 산출할 수 있는 복잡한 문장 형식들을 문해 교육에 포함시킬 수 있을 것이다. 그림자극에 근거한 짧은 이야기를 쓰게 하는 것이 더욱 긴 문장 쓰기를 가르칠 때 유용할 것이다.

환경중심 교수 : 치료의 변형

좀 더 길고 보다 복잡한 문장 구조의 사용을 유도해 내는 것과 관련된 논의 전반에 걸쳐, 우리는 초기 단계에서는 독립 시도 치료를 사용하고, 이후 보다 자연스러운 맥락에서 목표행동을 유도하는 다양한

표 8.6

복잡한 문장구조 유도하기

목표행동	문장 시범	문장 유도
복문 (남자는 책을 읽고 있었고, 여자는 TV를 보고 있었다.)	여기 사람들이 무엇인가를 하고 있는 두 장의 그림이 있어. 우리는 이 그림들을 하나의 큰 문장으로 만들 수 있어. 말해 봐, "남자는 책을 읽고 있었고, 여자는 TV를 보고 있었다."	이 두 장의 그림을 하나의 큰 문장으로 만들어 봐.
그림자극 사용	여기 두 장의 그림이 있어. 우리는 이 그림들을 하나의 큰 문장으로 만들 수 있어. 말해 봐, "코끼리는 크고, 생쥐는 작아." 부사나 복합 형용사를 사용하여 이를 더욱 확장시켜라.	이 두 장의 그림을 하나의 큰 문장으로 만들어 봐.
종속절 (여러 유형이 있음 : 특정 목표행동에 따라 변형시킴)	아이들은 먼저 저녁을 먹을 거야. 그런 다음 이들은 자기 숙제를 할 거야. 우리는 이 아이들에 대해 하나의 큰 문장을 만들 수 있어. 말해 봐, "아이들이 저녁을 먹은 후, 그들은 자기 숙제를 할 거야." 그 소년은 행복해, 오늘이 그의 생일이거든. 우리는 이 소년에 대해 하나의 큰 문장을 만들 수 있어. 말해 봐, "이 소년은 행복해, 왜냐하면 오늘은 그의 생일이니까."	아이들은 먼저 저녁을 먹을 거야. 그런 다음 이들은 자기 숙제를 할 거야. 이 아이들에 대해 하나의 큰 문장을 만들어 봐. 그 소년은 행복해, 오늘이 그의 생일이거든. 이 소년에 대해 하나의 큰 문장을 만들어 봐.
내포 종속절	그 여자는 나의 어머니다. 그녀는 간이식당에서 일한다. 우리는 이 여자에 대해 하나의 큰 문장을 만들 수 있어. 말해 봐, "간이식당에서 일하는 저 여자는 나의 어머니다." 그는 어제 나의 잔디깎이를 빌려갔다. 그것은 고장났다. 우리는 이 잔디깎이에 대해 하나의 큰 문장을 만들 수 있어. 말해 봐, "그가 어제 내게서 빌려간 잔디깎이가 고장났다."	그 여자는 나의 어머니다. 그녀는 간이식당에서 일한다. 이 여자에 대해 하나의 큰 문장을 만들어 봐. 그는 어제 나의 잔디깎이를 빌려갔다. 그것은 고장났다. 이 잔디깎이에 대해 하나의 큰 문장을 만들어 봐.

임상활동의 사용을 권장해 왔다. 이 같은 자연스러운 임상활동들은 환경중심 교수(실험적으로 효과가 입증된 치료방식)에서의 그것과 유사하다. 환경중심 교수 및 이와 유사한 방식들은 **종종 자연주의적 언어훈련 기법**(naturalistic language training techniques)(Hart, 1985)이라는 용어하에서 여러 갈래로 나뉘어 기술되어 왔다.

> 환경중심 교수를 배운 부모들은 자녀에게 새로운 언어기술을 가르칠 때 특히 효과적일 수 있다. 부모들은 일상생활 속에 언어치료가 내포되게 할 수 있는 많은 기회를 갖게 된다.

　　환경중심 교수(milieu teaching)는 자연스러운 환경 내에 행동주의적 원칙을 담아낸다(Hancock & Kaiser, 2002). 환경중심 교수의 전반적 목적은 환경자극에 대한 반응으로서의 아동 주도적인 의사소통적 상호작용을 유도하고 이를 강화시키는 것이다. 그러므로 이 방식은 아동중심적인 것이다. 기술을 가르치기 위해 의사소통의 자연스러운 맥락을 활용하며, 또한 대화 형식을 사용한다는 것이 기법의 주된 두 가지 강점이다. 이것은 발달장애나 자폐뿐 아니라, 중증의 언어장애 아동들을 대상으로 가장 폭넓게 연구된 바 있는 방법론 중 하나이다. 여러 자극물, 환경, 그리고 개인에 걸쳐 입증된 목표행동의 일반화와 함께 이 결과들은 일반적으로 긍정적인 것으로 나타났다. 통제적 실험방식을 통해, 여러 치료사들에 의해 여러 환경하에서 환경중심 교수의 효과가 체계적으로 복제되어 온 바 있다. 그러므로 이 방식은 일반적인 적용이 가능한 것으로 권장되고 있다(Kaiser & Hester, 1994; Warren, 1992; Warren et al., 1994; Warren et al., 1993; Yoder et al., 1994). 그 부모에게 이 접근법과 연합된 다양한 방식들의 사용을 훈련시켰을 경우에도 역시 그 자녀들의 언어에 긍정적인 효과가 입증된 바 있다(Hemmeter & Kaiser, 1994; Kaiser, Hancock, & Nietfeld, 2000; Yoder & Warren, 2002).

환경중심적 접근이 전적으로 새로운 것은 아니다. 이 안에서 사용되고 있는 실질적인 치료기법들은 이미 입증된 행동주의적 원칙에 의거한 것이다. 앞서의 장들에서 설명한 수반적 연계성 다루기(contingency management)는 심지어 환경중심 접근법 내에서도 주된 치료절차인 것이다. 이 접근이 가지는 새로운 측면이란 언어반응이 유도되고 강화되는 자연스러운 맥락에 의존한다는 점이다. 이 접근은 독립 시도와 비교하여 보다 느슨한 구조 내에서 언어목표가 확립된다. 그 이점은 이를 통해 확립된 기술은 독립 시도 방식을 통해 확립된 기술에 비해 자연스러운 환경으로 보다 쉽게 일반화될 수 있다는 점이다.

환경중심 교수 모형 내에서 사용되는 (1) 맨드-시범, (2) 지연, (3) 우발교수 방식은 유도 및 확장에 효과가 있는 것으로 입증되어 왔다. Hart(1985)는 이 세 가지 방식에 대한 상세한 설명을 제공했으며, 이는 아래와 같이 요약된다.

맨드-시범. 맨드(요구)-시범(mand-model) 기법의 목적은 발화 단서로서의 공동주의(joint attention)를 확립시키는 것이다(Rogers-Warren & Warren, 1980). 맨드-시범 기법을 사용하는 부모들은 아동이 원하는 사물에 다가가는 모습을 관찰하면 즉시 아동에게 발화 산출을 촉구한다(예 : "네가 원하는 걸 내게 말해 줘"). 아동이 반응하지 않거나 또는 최소한의 한 낱말 반응만을 한다면, 성인은 이때 아래와 같이 아동의 발화를 확장시켜 주기 위한 시범을 제공할 수 있다.

성인(비디오테이프를 바라보고 있는 아동을 관찰하며) : 네가 무엇을 원하는지 내게 말해 봐.
아동 : 영화
성인 : "나는 영화 원해."라고 말해 봐.
아동 : 나는 영화 원해.
성인 : 잘했어! 네가 '나는 영화 원해!'라고 말했구나. 여기 있어!

맨드-시범 방식은 아동에게 요구하기를 가르칠 때 효과적인 것으로 밝혀졌다(Mobayed et al.,

2000; Rogers-Warren & Warren, 1980). 비록 환경중심 교수의 전반적인 목적은 아동 주도적인 의사소통적 상호작용에 있지만, 맨드–시범 기법은 성인중심의 공동주의가 일어나는 순간의 경우들을 확립시켜 준다. 아동에게 의사소통을 주도하도록 격려하는 방향으로 나아가는 것은 훌륭한 일이다. 그렇지만 "필요한(그리고 자연스러운 환경에서 실제 일어나는) 일은 성인의 존재에 대해 주의하는 일 외에도 자극의 통제하에서 발화가 일어나게 하는 것이다."(Hart, 1985, p.72) 지연이나 우발교수와 같은 부가적 기법들은 아동으로 하여금 부모의 주의를 이끌어 내어 사물이나 사건으로 향하게 하도록 훈련시키는데, 이것이 결국 성인 중심적인 것이 아니라 아동 주도적인 의사소통적 상호작용을 가져다준다.

> 환경중심 교수의 전반적 목적은 무엇인가?

지연. 아동에게 발화단서로서의 청자의 주의 외에도 환경자극에 반응하도록 가르치기 위해 환경중심 접근법에서 사용되는 기법을 **지연**(delay)이라 한다. 성인은 아동에게 발화를 산출하도록 즉각적으로 촉구하기보다는 지연 기법을 사용하여, 기대에 찬 표정을 지은 채로 아동이 의사소통적 상호작용을 개시하도록 기다린다. Halle, Marshall, 그리고 Spradlin(1981)은 아동으로부터 언어를 자발적으로 유도하기 위해 지연을 사용하는 절차를 다음과 같이 요약하였다.

1. 성인은 뭔가 매력적인 사물을 보여주며, 기대를 가지고 아동을 바라본다.
2. 아동이 성인이나 사물 또는 두 가지 모두를 바라보면, 성인은 계속 기대어린 표정으로 아동을 바라보며 약 15초간 말없이 있는다.
3. 아동이 발화를 하지 않으면, 발화를 유도하기 위해 성인이 촉구를 제공하며, 그리고 필요하다면 완전한 시범을 제공한다. 성인은 촉구나 시범을 다시 제공하되, 매번 아동이 말하도록 15초간 기다린다.
4. 아동에게 세 번째 시범을 제공한 후, 성인이 아동에게 원하는 사물(아동이 발화를 산출했는가의 여부와 상관없이)을 준다.

지연 기법의 목적은 아동에게 먼저 말하도록 이끌기 위한 것이다. 그렇지만 이것은 아동에게 개시할 기회를 부여하기 위해서는 여전히 성인의 존재에 대한 주의가 요구되는 방식이라 할 수 있다(사진 8.2에서 지연 기법을 사용하는 치료사 참조). 아동으로 하여금 성인과의 의사소통적 상호작용을 독립적으로 개시하도록 하는 목적은 우발교수 방식을 사용했을 때보다 잘 실현될 수 있을 것이다.

우발교수. 성인과의 의사소통적 상호작용을 독립적으로 개시하는 아동에게 정교한 언어산출을 가르치도록 돕는 기법을 **우발교수**(incidental teaching)라 한다. 우발교수에서 성인은 아동이 주제를 개시하도록 기다리며, 아동의 정교한 언어를 촉구하며[역자주 : 정교한 언어에 대한 촉진적 단서를 제공하며], 그리고 나서 아동의 개시에 의해 명시된 강화물을 제공한다(Hart & Risley, 1975). 이 기법은 자폐 아

사진 8.2 치료사가 시간지연 기법을 사용하고 있다. 치료사는 아동이 자신에게 풀을 요청할 때까지 기다리며 기대어린 표정으로 아동의 얼굴을 응시하고 있다.

동에 대한 읽기기술 교육으로도 연장된 바 있다(McGee et al., 1983; McGee, Krantz, & McClannahan, 1986). 구어 의사소통기술의 우발교수에 포함된 단계는 아래와 같다.

1. 아동이 상호작용을 개시하면, 성인은 아동에게 충분한 주의를 기울이며, 아동이 개시한 주제에 대해 공동주의 초점을 생성한다.
2. 성인은 언어 정교화를 요구한다("넌 뭘 원하지?" 즉, 어떠한 구어자극이라도 주제의 정교화를 유도해 낼 수 있음). 성인은 정교화 요구에 앞서 먼저 시범을 제공할 수도 있다(예 : "넌 과자를 원해! 넌 뭘 원하지?").
3. 아동이 정교화하지 않으면 성인은 추가적인 촉구를 제공한다. 만약 기대하고 있는 반응이 아동의 이전 언어 목록에서 관찰된 적이 없던 것이라면, 성인은 아동이 모방할 수 있도록 적절한 정교화의 완전한 시범을 제공해 준다.
4. 아동이 언어 정교화를 산출한다면, 그것이 자발적이건 또는 촉구에 대한 반응으로 나타난 것이건 간에 성인은 그 발화를 언어적으로 강화해 주거나 또는 아동이 원하는 사물을 제공해 준다(예 :

"바로 그거야! 잘했어! 자, 여기 과자!")

　우발교수 방식을 사용하는 부모, 교사 및 치료사들은 자극을 제공해 주는 '자연스러운 환경'이 아동의 의사소통적 상호작용의 개시를 유도해 줄 수 있으리라고 수동적인 믿음을 가져서는 안 된다. 성인은 아동이 개시할 기회를 제공할 가능성이 높은 다양한 자극들을 환경 안에 배열해야 한다. 예를 들어, 공작활동을 하는 동안 계획을 완수하는 데 필요한 자원들은 아동의 손이 미치지 않는 곳에 두어서 아동으로 하여금 성인에게 그것을 요청해야만 하도록 만들 수 있다. 부모들은 자신들이 생각하건대 아동이 원하고 있을 것이라고 여겨지는 것은 무엇이든 제공해 보는 방식을 통해 아동의 요구를 예상할 것이 아니라, 아동이 의사소통적 상호작용을 개시할 때까지 기다려 보고, 아동이 그리 한다면 그에 대한 추가적인 언어를 촉구해 주도록 부모 교육을 시킬 수 있을 것이다.

대화말 가르치기

이전에 습득시킨 기술들이 다양한 문장 유형으로 확장되고 나면, 아동은 대화 수준으로 진전하게 될 것이다. 치료 환경은 자연스러운 환경 안에서 목표행동의 일반화와 유지가 강화되는 전형적인 환경과 유사한 방향으로 점차 바뀌어 가야 한다. 언어중재의 최종목표란 사회적 상황에서 대화기술을 유지하는 것이다. 목표행동은 반드시 대화 수준에서 훈련되어야 한다. 자연스러운 환경 내에서 대화에 대한 최종적인 탐침이 이루어져야 한다. 자연스러운 환경 내에서 시간이 지나도 대화기술의 유지가 촉진되도록 계획을 배치할 필요가 있다(상세한 내용은 제9장 참조).

　치료의 이러한 진전단계에서는 이전에 훈련한 목표행동과 결합하여 대화기술을 가르쳐야 한다. 대화기술은 전형적으로 언어의 화용적 측면으로 설명되고 있다. 화용론이란 언어의 사회적 사용에 관한 학문이다. 따라서 어떠한 의사소통적 시도도 모두 화용적인 것이다. 화용기술은 다음과 같은 두 가지 역동적 단계에서 훈련될 수 있다. 사회적으로 의미 있는 상황에서의 한 낱말 또는 구 산출, 그리고 이를테면 사회적 상호작용 개시, 대화 주제 유지, 대화 차례 주고받기, 그리고 대화수정전략 사용과 같은 대화기술 산출. 명백히 첫 단계의 화용훈련에는 두 번째 단계에서보다 덜 복잡한 목표기술이 포함되어 있다.

　일부 아동들, 특히 자폐나 발달장애와 같은 임상적 조건을 가진 아동들의 경우에는, 사회적 의사소통의 결핍은 그것이 오직 유일한 결함이거나 아니면 가장 심각한 결함일 수 있다. 더욱이 적절한 언어중재를 받은 적이 있는 지적장애 아동들의 경우, 치료실에서 습득한 언어를 사회적 상황에서 산출하는 것에는 여전히 현저한 어려움을 보이기도 한다. 발달장애 또는 전반적 발달장애(pervasive developmental disorder)(특히 아스퍼거증후군) 아동들은 대화말 수준에서의 지속적인 치료를 받아야 할 필요가 있다. 임상적 조건과 연합된 아동들에게서 나타나는 언어장애의 특징과 이 외에 이 특징들을 다루기 위한 평가 및 치료절차의 조정에 관한 부분은 이후의 장들에서 설명될 것이다.

치료실에서 배운 낱말이나 구가 자연스러운 환경에서 사용되어 원하는 효과를 얻게 된다면, 이 단순한 목표행동들로 화용적 목적을 달성하게 될 것이다. 대화기술, 즉 보다 복잡한 화용기술인 이것 역시 처음에는 치료실에서 확립될 필요가 있으며, 이후 자연스러운 환경에서 일반화되고 유지될 필요가 있다.

화용적 접근법은 의미적이거나 또는 문법적 훈련 목표를 대치시키는 것이 아닐뿐더러, 여기에는 다른 세트의 치료절차가 요구되는 것도 아니다. 앞선 장들에서 설명된 모든 치료절차가 대화(화용)기술을 가르치는 수단인 것이다. 조작적으로 정의된 목표행동, 목표행동에 대한 신뢰성 있는 기초선, 강화 및 교정적 피드백의 원칙이 적용된 치료, 그리고 아동의 진보를 모니터하기 위한 자료수집이 포함된 기본적인 치료과정이 화용적 언어행동을 가르칠 때도 역시 유용하다.

치료사가 기초적인 언어기술 및 이에 대한 일반화된 산출을 이미 확립시켰다고 가정하자. 그리고 이 절에서 이제 우리는 대화기술에 집중할 것이다. 대화기술은 아동이 이미 습득한 의미, 형태, 그리고 구문적 목표들 위에 쌓아 올리는 것이다. 이 절은 선택된 대화기술을 가르치는 기법을 설명할 것이다. 우리는 통제된 대화 수준에서 시작하여, 주제 개시, 주제 유지, 대화 차례 주고받기, 그리고 대화 수정전략과 같은 특정의 대화기술들이 통합되어 있는 자발적 대화 수준으로 나아갈 것이다.

통제된 대화

대개의 아동들에게 있어 통제된 대화는 고도로 구조화된 독립 시도에서의 문장산출과 느슨하게 구조화된 자발적 대화에서의 문장산출 사이의 공백을 연결해 주는 중간적 기술을 의미한다. **통제된 대화**(controlled conversation)란 자발적 대화에서보다는 좀 더 지시적인 형태의 치료사-아동 구어 상호작용을 말한다. 통제된 대화를 유도해 내기 위해, 치료사는 지시적이며 촉구하며 암시적인 대화말 속에서 목표행동의 산출을 이끌어 낼 수 있는 활동들을 선택해야 한다. 예를 들어, 목표행동이 만일 *he*와 *she*와 같은 대명사 산출이었다면, 치료사는 성별이 구분되는 인기 높은 장난감을 사용하는 활동을 구성할 수 있다. 남자와 여자 또는 소년과 소녀 그림이 담긴 이야기책 역시 이 목적에 잘 맞을 것이다. 만일 목표행동이 전치사 산출이라면, 치료사는 동물들이 헛간 안으로(in) 또는 울타리 밖으로(out) 드나드는 장난감 농장이나, 또는 선로 위(on)를 달리거나 다리 위(over), 아래(under)를 지나가는 장난감 기차를 사용할 수도 있을 것이다. 어떤 활동의 과정에 대한 대화는 가능한 한 자연스럽게 유지되어야 한다. 치료사는 아동으로 하여금 자극이 촉구하는 사물, 사건, 그리고 가상의 이야기에 관한 이야기를 주도하도록 만들어야 한다. 그렇지만 통제된 대화의 초기단계에서는 아동에게 아동 개개인에 맞는 일정 수준의 도움과 지지가 요구된다. 아동의 언어산출이 제한적일 경우에는 다른 아동들을 다룰 때와 마찬가지로 치료사가 아동에게 사건, 주인공, 이야기 및 활동들에 관한 질문을 해야 한다. 치료사는 필요한 경우에만 촉구를 하거나 힌트를 주어야 한다. 촉구나 힌트가 대화 유도에 실패하는 오직 유일한 경우는 치료사가 아동에게 문장을 시범하고 모방하도록 요구할 때뿐이다.

창의적인 치료사라면 임상환경 내에서 대화말 수준의 목표행동을 유도하기 위해 사용할 수 있는 활동들은 셀 수 없이 많을 것이다. 이러한 활동들의 주된 요건은 자발적인 대화 교환에 비해 어느 정도는 보다 더 구조화되고 지시적이라는 것이다. 회기를 구조화하여 아동들이 보다 자연스러운 자극에 대한 반응으로 목표행동을 산출하도록 연습시킬 수 있다. 힌트, 촉구, 시범은 이 교환을 전형적인 대화에서보다는 좀 더 지시적인 것으로 만들어 버린다. 치료사는 목표행동의 유도는 이루어지지 않은 채로 단지 치료를 '재미있게' 만들려는 목적으로 이행되는 무계획적인 놀이활동들을 삼가야 한다. 이러한 활동들은 귀중한 치료시간을 낭비하는 것이다.

치료가 통제된 대화 수준으로 전환될 때, 치료사는 아동의 정반응률이 감소하는 모습을 목격하게 될 수도 있다. 반응률을 개선시키기 위해, 아동에게 강력한 시범이 필요할 수도 있다. 치료사는 이 높은 수준에서 한동안 시범을 유지하게 될 수 있으나 이는 곧 용암될 것이다. 만일 시범-모방 과정이 지속되어야 할 필요가 있다면, 짧은 시간 동안이나마 이를 통제된 문장산출 수준으로 낮출 필요가 있을 것이다.

자발적 대화

자발적 대화(spontaneous conversation)는 사회적이며 자연스러운 맥락 및 자극에 의해 유도된 것이다. 이 자극들은 물리적(예 : 관찰 중인 또 다른 아동의 놀이)이거나 또는 언어적("안녕, 오늘은 어때?")인 것일 수도 있다. 자발적인 대화말을 촉진시키기 위해, 치료사는 치료과정 전역에 걸쳐 제공되었던 특별한 자극들을 용암시킬 필요가 있다. 아동들은 치료실 환경 내에서의 대화 가운데 목표행동을 산출해야 하는데, 이 목표행동은 치료사의 촉구 없이, 명백히 어떠한 시범도 이루어지지 않은 채로 일어나는, 대화 주제 및 자연스러운 상호작용 본연에 의거한 자극으로부터 유도된 것이라 할 수 있다. 치료는 아동의 자연스러운 환경에서 직면하게 되는 조건들에 매우 근접하는 수준의 느슨한 구조에서 실시된다.

어떤 아동들은 자신들이 새로이 획득한 언어행동들을 대화 수준에서의 광범위한 훈련 없이도 사회적으로 그리고 적절하게 산출하기도 한다. 그러나 또 어떤 아동들은 새롭게 획득한 의사소통행동들을 사회적 맥락에서 산출하는 것에서의 실패, 즉 이들의 산출은 부적절하거나 무관하게 나타나는 모습을 보인다. 이러한 아동들에게는 사회적 의사소통의 맥락 내의 언어반응 계층을 산출하는 데 필요한 지시가 요구된다. 기초적인 언어기술을 정상적으로 습득한 일부 아동들도 사회적 의사소통에서는 현저한 결함을 보일 수 있다. 이러한 경우에는 치료과정 속에서 사회적 의사소통을 목표로 삼을 필요가 있다.

대화기술은 앞선 장들에서 설명된 절차들을 사용하여 가르칠 수 있다. 목표행동을 조작적으로 정의하고, 치료 이전의 빈도에 대한 기초선을 수립하고, 강화와 교정적 피드백이 수반된 치료를 실시하며,

그리고 아동의 진보를 모니터하기 위해 자료를 수집하는 일들이 대화기술 훈련의 모든 요소가 되는 것이다. 독립 시도 절차를 폐기하는 것이 아동중심적인, 즉 아동의 주도에 따라 주제가 선택되며, 아동의 흥미가 직접적인 자발적 대화를 이끄는 대화말 촉진에 도움이 될 것이다. 자발화 유도를 위해 설계된 자연스러운 담화 맥락 내에서 훈련 구조는 더욱 느슨해질 것이다. 앞서 사용되어 온 일종의 물질적인 또는 일차적인 강화물들은 보다 자연스러운 후속결과로 대치될 것이다.

> 어떠한 행동에 대해서든 기초선 수립이 가능하다! 그 절차는 목표행동의 유형에 따라 달라질 것이다.

외현적인 언어적 칭찬, 토큰, 또는 일차적 강화물을 제공하는 대신, 치료사는 이제 질문 등과 같은 것에 대한 반응으로 미소, 관심, 승인 또는 거절과 같이 자연스럽게 발생되는 후속물들을 통해 대화 중에 산출된 아동의 언어기술들을 강화해 주게 될 것이다.

중재목표로 선정되는 특정 대화기술은 다음과 같다.

- 눈맞춤
- 주제 개시
- 주제 유지
- 차례 주고받기 기술
- 대화수정전략

눈맞춤

아동이 대화적 담화 중에 유지하도록 배우는 눈맞춤의 정도는 거의 이들이 양육되는 문화에 따라 형성된다. 많은 히스패닉이나 아시아계와 같은 일부 문화에서는 아동들에게 성인의 눈을 직접적으로 계속 접촉하지는 말아야 하며, 시선을 아래로 향하는 것이 존경을 나타내는 표식으로 여겨지고 있다(Roseberry-McKibbin, 2002). 아동의 눈맞춤 결여가 만약 문화적 영향의 결과일 가능성이 있다면, 치료사는 이 기술의 확립이라는 목표를 수립하기 전에 먼저 아동의 부모나 교사에게 자문을 구해야 한다(문화적 차이에 관한 정보는 제11장 참조).

미국 주류 문화에서는 직접적인 눈맞춤이 대화적 담화의 중요한 일부로 평가된다. 이것은 청자와 화자가 함께 어울리고 있으며 대화 주제에 집중하고 있다는 표식이다. 성인들 가운데 대화 중에 눈맞춤을 피하는 사람이 있다면 그는 다소 부정직하거나 무언가 모면하려는 사람으로 여겨질 수 있다. 눈맞춤을 확립하지 않는 아동은 부주의하거나 성인을 무시하고 있는 것으로 여겨질 것이다. 미국의 부모들은 어린 아동들에게 "네가 내게 말할 때는 나를 봐야 해!"라고 말로 꾸짖기도 한다. 그렇지만 청자에게 화자와 눈맞춤을 유지하도록 원하면서도 화자 역시 종종 청자로부터 시선을 다른 곳으로 향할 때도 있음을 주목해야 한다.

언어장애 아동들에게는 종종 대화 중에 눈맞춤을 유지하도록 도움을 줄 필요가 있다. 우리가 제13장에서 배우게 될 내용과 같이, 눈맞춤의 결여는 종종 자폐와 연합된 심각한 언어장애의 첫 번째 징후가 되기도 한다. 그렇지만 이보다 덜 심각한 언어장애 아동이라 할지라도, 눈맞춤 유지 방식을 배우기 위한 직접적인 중재가 필요할 수 있다. 치료사는 아래와 같은 절차를 사용하여, 그리고 개개 아동의 요구에 따라 필요하다면 이를 수정한 절차에 따라 눈맞춤 유지를 가르쳐야 한다.

눈맞춤 빈도 및 지속시간 기초선을 수립하라. 치료가 시작되기 전에 눈맞춤의 기초선을 수립하려면, 치료사는 장난감, 그림 또는 필요한 활동들의 도움을 받아 아동과의 대화에 참여해야 한다. 어떠한 유형이든 아동이 보인 눈맞춤의 횟수를 세고, 눈맞춤이 유지된 지속시간을 측정해야 한다. 일부 아동들은 치료회기 동안 눈맞춤을 전혀 하지 않을 수도 있는데, 이때 기초선 값은 0이 된다. 어떤 아동들은 한 회기 동안 두세 차례, 그것도 고작 1초 이하로 지속되어 순식간에 지나쳐 버리기도 한다. 이에 대한 중재가 시작되기 전에 정확한 기초선 자료가 마련되기 위해서는 최소 두 회기 이상에 걸쳐 눈맞춤을 측정해야 한다.

기초선 수립이 이루어지고 나면 치료사는 치료를 시작해야 한다. 모든 치료회기 동안 눈맞춤의 빈도와 지속시간을 계속 측정해야 한다. 예를 들어, 치료사는 아동이 30분의 회기 내에서 5회의 눈맞춤을 유지하였고, 그 지속시간은 1~3초의 범위(이때는 평균보다는 범위나 중앙치가 보다 선호됨)였다고 기록할 수 있다. 이러한 수치는 눈맞춤의 빈도와 지속시간의 증가를 기록하는 데 도움이 될 것이다.

눈맞춤에 대한 지시를 제공하라. 치료사는 다음과 같은 지시의 제공으로 치료를 시작할 수 있을 것이다. "자니, 사람들이 서로 이야기할 때는 서로 바라본단다. 내가 네게 말을 걸 때, 나는 네가 나를 바라보기를 원해. 그래야 네가 내 말을 잘 듣고 있는지 알 수 있거든." 학교 치료사는 어린 아동에게 "우리는 우리 **몸** 전체로 듣는다. 우리는 우리의 귀를 연 채로, 교사에게 **눈**을 향하고, 몸은 가만히 있는 채로 듣는다."에 관해 말해 줄 수 있다.

대화 중의 눈맞춤을 시범하라. 치료사는 정확한 구어 행동을 위해 행하는 바와 똑같이 아동이 모방할 수 있도록 눈맞춤을 시범해 주어야 한다. 치료회기 내내 치료사는 자신의 얼굴이 아동의 시선 안에 머물게 해야 한다.

눈맞춤 유지를 촉구하라. 다양한 단서를 활용하여 눈맞춤이 유지되도록 아동에게 촉구할 수 있다. 아동들은 이를테면 두 사람이 서로의 눈을 바라보고 있는 그림과 같은 시각 단서들로부터 이득을 얻을 수 있다. 언어적 단서들에는 "날 봐." 또는 "어디를 보고 있니?"와 같은 촉구도 포함될 수 있다. 치료사는 아동의 시각적 주의를 이끌어 내기 위해 손으로 자신의 눈을 가리키는 식의 비언어적인 손짓 단서를 제공할 수도 있다. 치료사는 아마도 아동의 손을 가볍게 어루만짐으로써 아동의 주의를, 그리고 이어서 눈맞춤을 끌어내는 방식의 촉각단서를 제공할 수도 있다. 만일 아동이 여전히 눈맞춤에 실패한다면, 치료사는 눈맞춤이 이루어질 수 있는 위치로 아동의 머리를 부드럽게 돌리

> 토큰이 제공되고, 이것이 회기 종료시점에서 원하는 상품으로 교환되는 경우, 이는 정반응에 대해 어떠한 강화 유형이 사용된 것인가?(힌트 : 제6장 참조)

는 식의 수동식 안내를 사용해야 한다.

　이미 설명했던 촉구의 위계를 보다 덜 침입적인 것에서 더욱 침해적인 것의 순서로 배열한다. 치료사는 정반응 유도에 필요한 최소한의 침입적 촉구로부터 출발해야 한다. 아동이 초기의 지시나 시범에 반응한다면 더 이상의 단서가 제공되어서는 안 될 것이다. 또한 덜 침입적인 단서로 눈맞춤 유지를 돕는 일에 실패한다면, 보다 침입적인 단서가 제공되어야 할 것이다. 다른 어떠한 목표행동에서도 모두 마찬가지였듯이, 눈맞춤이나 그 밖의 대화기술을 위한 촉구단서는 최소한 만큼만 유지되어야 하며, 아동이 눈맞춤을 시작하면 곧 용암되어야 한다.

이루어진 눈맞춤을 강화하라. 모든 대화기술에서도 마찬가지겠으나, 눈맞춤에 대한 강화는 일반적인 담화 중에 늘 일어나게 마련인 자연스러운 후속결과로 구성되어야 한다. 예를 들어, 치료사는 아동이 눈맞춤을 하면 즉시 미소 지으며 아동에게 전적인 그리고 열정적인 주의를 기울여 준다. 이는 사람들이 서로 눈맞춤을 할 때 자연스러운 환경에서 전형적으로 발생되는 것에 일관되는 강화 사건이다.

　치료 중에 측정된 눈맞춤의 빈도와 지속시간에 의거하여, 치료사는 목표기술이 증가했는가의 여부를 결정한다. 만일 증가가 없다면 치료사는 그 밖의 보다 덜 자연스러운 후속결과를 사용해야 할 필요가 있을 것이다. 이때는 작은 선물로 보충되는 토큰 시스템이 효과적일 것이다.

　다른 유형의 후속결과 역시 토큰 시스템만큼 효과적일 수 있다. 예를 들어, 실질적으로 눈맞춤을 전혀 하지 않는 어떤 아동이 장난감 기차를 가지고 노는 것은 아주 좋아할 수 있다. 치료사는 장난감 기차, 그리고 서로 연결해야만 하는 선로(기찻길)를 가져온다. 치료사는 이 선로 조각들을 자신의 얼굴로 들어올려 눈높이에 이르게 한다. 이 자극물을 보는 아동은 결과적으로 치료사의 얼굴도 함께 보게 될 것이다. 눈맞춤이 이루어지게 되면, 치료사는 사물(이 경우에는 선로 조각들)을 제공하거나 "네가 날 보는구나. 잘했어!", "대단한걸, 날 바라보고 있구나!", "날 바라보아 주어서 고마워!", "난 네가 바라볼 때가 좋아." 등과 같은 언어적 강화물을 제공함으로써 이를 강화해야 한다. 이 같은 언어적 칭찬이 아마도 의미적으로 괴상한 "훌륭한 바라봄이야!"보다는 더 바람직할 것이다.

눈맞춤 지속시간이 더 길어지도록 형성하라. 만약 덜 자연스러운 강화방식을 통해 눈맞춤을 확립해야 할 필요가 있다면, 눈맞춤 지속시간이 점진적으로 보다 길어질 수 있도록 형성해 주어야 하는 일 역시 필요하다. 눈맞춤 기초선이 0에 가까운 아동이라면 순식간에 지나가 버리는 어떠한 유형의 눈맞춤이라도 즉각적으로 강화해 줄 필요가 있다. 언어적 칭찬이 효과적이라면, 순간적인 눈맞춤의 빈도라도 증가되게 마련이다. 이때 치료사는 눈맞춤 지속시간이 조금씩이라도 점차 길어져야만(그저 한 번에 2~3초라도) 강화해 주는 방식으로 '판돈을 올려야' 한다. 아동이 눈맞춤을 점진적으로 보다 길게 유지하는 것을 배우고, 사용했던 덜 자연스러운 일정 강화물이 용암되고 나면, 보다 자연스러운 강화적 후속결과(예 : 아동의 대화에 대한 치료사의 주의, 미소, 고개 끄덕이기 등)를 통해 이 행동이 유지될 수 있다.

주제 개시 : 일단 나아가게 하라

주제 개시(topic initiation)란 화자의 새로운 대화 주제 도입을 말한다. 이는 사실상 대화의 개시와 같다. 모든 대화기술 가운데 아마도 주제 개시가 가장 자발적인(가장 최소한의 외현적 자극의 통제하에서 이루어지는) 기술일 것이다. 많은 언어장애 아동들이 주제를 개시하는 데 실패하거나 또는 부적절한 시점에서 부적절한 주제를 도입한다. 따라서 주제 개시는 치료의 목표이다.

주제 개시 기초선을 수립하라. 주제 개시에 대한 기초선 수립을 위하여 치료사는 아동을 일련의 구조화된 놀이활동에 참여시켜야 한다. 먼저 아동이 치료사로부터의 촉구 없이, 적절한 주제에 관해 스스로 대화를 개시한 횟수를 측정해야 한다. 기초선 자료는 최소한 2회 이상의 회기로부터 수집한 후 기록되어야 한다(예 : "자니는 첫 회기에서 치료사와의 대화를 1회 개시하였고, 두 번째 회기에서는 전혀 하지 않았다." 또는 언어장애 아동들에게서 나타날 가능성이 매우 높은 것으로는, "두 회기 동안, 자니는 치료사에게 대화를 개시하지 않았다."). 일단 기초선 자료가 수집되고 나면 치료가 시작될 것이다. 회기마다 치료사는 그 진보를 기록하기 위해 주제 개시의 빈도를 기록해 두어야 한다(예 : "오늘 자니는 치료사에게 대화를 세 차례 개시하였다.").

다양한 자극을 활용하라. 이 진보된 언어치료 단계에서는 아동에게 가용한 자극의 수나 유형을 제한할 필요도 없을뿐더러 오히려 제한하는 것이 바람직하지 못할 수 있다. 대화를 개시하도록 아동을 유혹하기 위해서는 새로운 대화 주제를 암시하는 데 사용할 수 있는 다양한 자극을 준비하는 것이 최상일 것이다. 새롭고 흥미로운 사물, 그림, 이야기책, 주제카드(읽을 수 있는 아동에게는), 장난감 그리고 구조화된 놀이 상황(장난감 주방과 같은)이 대화를 촉발해 줄 수 있을 것이다.

아동이 개시를 머뭇거릴 때는 치료사가 조작적인 사물이나 약간 괴상한 자극으로 아동의 주의를 향하게 할 수 있다. 치료사는 또한 한 편의 이야기를 말해 주는 일련의 그림 가운데 첫 번째 그림을 보여 줄 수도 있다. 그렇게 한 후 치료사는 아동에게 제시된 자극에 대해 대화를 개시할 기회를 주기 위해 몇 초간 기다려야 한다.

아동에게 촉구를 제공하라. 주제 개시는 구어 및 시각단서를 사용하여 촉구시킬 수 있다. 만일 아동이 말하기를 주저한다면, "말해 줘!"와 같은 온화한 언어적 촉구를 제공할 수 있다. 문장 완성, 즉 결어보충(cloze) 기법을 사용하여 주제 개시의 부분적 시범을 제공해 줄 수도 있다(예 : 가족들이 각자의 자전거를 타고 있는 그림에 대해 언급하며, "그들은…"). 치료사는 기대에 찬 표정으로 아동의 주제 개시를 이끄는 언어적 촉구를 제공해야 한다.

그림카드와 같은 시각단서 역시 새로운 대화 주제를 암시하는 데 활용될 수 있다. 그림카드는 아동이 자연스러운 환경에서 마주칠 가능성이 높은 상황, 행위, 또는 사물을 반영하는 것이어야 하며 아동의 문화적 배경과도 밀접하게 관련된 것이어야 한다. 비록 이것이 일반적으로 제안되고 있는 바이기는 하지만, 한편 낯선 자극이나 상황이 아동으로부터 더 많은 대화를 촉발시킬 가능성도 있다. 그러므로 치료사는 친숙하거나 새로운 사건, 동물, 사물, 또는 사람들이 포함된 자극들로 실험해 보아야 한다. 아동이 만일 낯선 자극 때문에 말하기를 꺼리는 것이라면 아동의 가족이나 문화적 배경에 더욱 가까운 자극들을 선택해야 할 것이다. 아동이 읽을 수

> 때때로 아동에게 낯선 그림 또는 장면을 보여주는 일도 대화를 유도하거나 무엇인가 새로운 것을 가르치는 데 유용할 수 있다. 예를 들어, 시내에 거주하여 한 번도 바다를 본 적이 없는 아동이라면 해변가가 묘사된 그림에 관해 적절한 질문을 해보도록 요구하는 방식으로 자극을 줄 수 있을 것이다.

있다면, 함축적인 주제가 문자로 서술되어 있는(예 : "내 생일파티") 주제카드가 사용될 수 있다. 아동들에게 새로운 대화 주제를 개시하기 위해 이 주제카드를 사용하여 스스로에게 단서를 제공하도록 가르칠 수 있다. 치료가 진전되면 주제카드를 용암시키고, 아동에게 이야기해 볼 만한 새로운 주제에 대해 생각해 보도록 요청할 수 있다.

주제 개시를 강화해 주어라. 전형적 발달을 보이는 아동들에게 있어서는 대화적 담화의 주고받기 자체가 본질적으로 강화이다. 성인들은 전형적 발달 아동이 대화를 개시하면, 이에 관해 주의를 기울여 줌으로써 그 주제 개시 행동을 강화해 준다. 그렇지만 언어장애 아동의 경우 치료의 초기단계에서는 보다 구체적이며 덜 자연스러운 형태의 강화를 제공해 줄 필요가 있을 것이다.

예를 들어, 아동이 외현적 촉구나 시범 없이 무엇인가를 말할 때는 언제든지 바로 그 주제 개시 행동을 향한 언어적 칭찬을 제공해 줄 수 있을 것이다(예 : "오, 네가 그것에 대해 묻다니 정말 행복한걸!" 또는 "내게 말을 걸어주어서 고마워!" 또는 "그래, 나 역시 그것에 대해 얘기해 보고 싶었어!"). 처음에 치료사는 현재의 주제, 자극, 또는 사건과는 다소 동떨어진 진술이라 할지라도 이를 수용해 주어야 한다. 주제 개시 행동이 점차 확립되어 감에 따라, 치료사는 보다 자발적인 논평이 있을 때만 강화를 제공해 주어야 한다. 주제 개시가 좀더 자발적인 것이 되게 하려면 치료사가 모든 촉구, 카드, 그림, 그 밖의 어떠한 특수자극이나 강화든 다 용암시켜야 할 것이다.

주제 유지 : 계속 나아가게 하라

주제 유지란 화자가 동일 주제에 관해 계속 말하여 연장된 지속을 의미한다. 이 지속은 개인의 대화 일화(에피소드)나 사회적 동의에 따라 다양하게 변화될 수 있다. 관련 없는 논평을 자주 끼워넣거나 또는 갑작스럽게 주제를 바꾸어 버리는 사람은 주제 유지 기술이 결여된 것이다.

언어장애를 가진 아동들은 종종 대화 개시뿐만 아니라 대화를 계속 진행시키는 것에도 역시 어려움을 겪는다. 다시 말하자면, 이들은 주제 유지 기술이 결여되어 있는 것이다. 그러므로 주제 유지는 언어치료에서 빈번하게 목표화되는 대화기술 중 하나이다.

주제 유지의 기초선을 수립하라. 주제 유지 치료를 개시하기 전에 기초선 수립이 이루어져야 한다. 이를

위해 치료사는 아동이 촉구 받지 않는 상태에서 동일 주제에 대해 말한 지속시간을 측정해야 한다. 주제 유지 기초선은 최소한 세 차례 이상 독립적으로 측정되어야 한다. 치료계획에 이 측정값의 범위가 요약되어 있어야 한다(예 : "자니는 최소 10초에서 최대 1분간 주제를 유지하였다.").

아동 스스로 주제를 암시하고 선택하게 하라. 치료사는 아동 및 부모에게 아동이 말하고 싶어 하는 바에 관한 주제 목록을 적어 달라고 요구해야 한다. 치료사는 또한 초기에는 다양한 대화 주제를 제공하고 아동에게 하나를 선택하도록 할 수 있다(예 : "너는 네 여름방학이나, 네 애완견, 아니면 네 지난번 생일파티에 관해 말하고 싶니?"). 이후 치료가 진행되고, 아동의 주제 유지 기술이 향상되면, 아동에게 치료사가 제안하는 주제나 또는 미리 준비된 목록을 참고하지 않은 채로 다른 주제를 선택해 보도록 촉구할 수 있다. 따라서 주제 유지는 주제 개시와 연합하여 가르칠 수도 있다. 아동이 대화 개시에 보다 능숙해짐에 따라 치료사는 주제를 도입함에 있어 아동의 주도를 따라야 한다.

치료사는 아동에게 동일 주제에 대해 말하도록 요구되는 지속시간에 대해 처음에는 짧고, 현실적인 목표를 설정해야 한다. 대안적으로 치료사는 한 주제에 대해 산출될 낱말의 수를 목표로 설정할 수도 있다. 치료사는 아동의 주제 유지 기술이 향상됨에 따라, 형성 절차를 활용하여 목표화된 지속시간이나 낱말 수를 점진적으로 확장시켜 나가야 한다.

주제 유지를 돕기 위해 아동에게 촉구를 제공하라. 치료사는 아동이 동일 주제에 관해 대화를 지속시킬 수 있도록 돕기 위해 언어적 촉구를 사용해야 한다. 이를 위해 치료사는 다음과 같은 구나 질문을 사용할 수 있다.

- 내게 더 말해 줘.
- 더 말해 줘.
- 그걸 긴 문장으로 말해 줘.
- 그다음엔 어떻게 됐어?
- 와, 대단한걸?
- 누가 뭐라고 말했어?
- 누가 무엇을 했어?
- 어디에서 일어난 일이야?
- 언제 일어난 일이야?
- 어떻게 일어난 일이야?
- 어떻게 끝났어?
- 넌 그것에 대해 무엇을 좋아해?
- 그것에 대해 재미있는 [흥미로운, 나쁜, 슬픈] 건 뭐야?

이러한 언어적 촉구는 동일 주제에 대해 더 말하게 자극할 수 있도록 돕는다.

주제 유지에 대한 강화나 교정적 피드백을 제공하라. 치료사는 아동이 동일 주제에 대해 계속적으로 말한 것에 대해 강화해 주어야 한다. 마찬가지로 전형적 발달 아동들은 주제 유지에 대해 대화 주고받음이라는 즐거움을 통해 자연스럽게 강화가 이루어지는 것에 반해, 언어장애 아동들에게는 처음에는 보다 명확한 강화가 필요하다. 한편 아동이 대화 중에 주제를 벗어나면 교정적 피드백이 필요할 수도 있다.

언어적 칭찬은 많은 아동들에게 효과적일 수 있으며, 기타 다른 형태의 강화를 사용하기 전에 이것이 먼저 시도될 필요가 있다. 치료사는 아동에게 "좋아! 계속해 봐!"또는 "네가 ~에 대해(예 : 네 새로운 금붕어에 대해) 계속 말하는 게 난 좋아."와 같이 말해 줄 수 있다. 아동이 만일 관련 없는 논평을 하거나 갑자기 주제를 전환하는 모습을 보일 때는 언어적인 교정적 피드백을 제공할 수 있다. 아동의 주제 유지 기술이 개선되어 가면, 치료사는 아동과 자료를 공유해 가며 정보적 피드백을 제공해 주어야 하며, 이것이 또한 강화물로서 작용할 수 있을 것이다. 예를 들어, 치료사는 아동에게 그래프를 보여주며, "봐, 넌 지난번에는 같은 주제에 대해 2분 동안 말했지. 그렇지만 오늘은 4분이나 말했네! 정말 대단해!"와 같이 말해 줄 수 있을 것이다.

일반화에 관한 탐침을 실시하라. 치료사가 여러 다른 연령대의 아동들에게 적용시킬 수 있는 동일 주제에 관한 유지 지속시간이나 낱말 산출과 관련된 규준이란 존재하지 않는다. 그러므로 치료사는 이 기술의 적합성에 관한 판단을 내려야 할 필요가 있다. 아동이 4~5개의 주제에 대해 수용 가능한 지속시간 동안 말하거나 또는 합리적인 낱말 수를 산출하는 것을 습득했을 때, 치료사는 치료 중에 사용된 적이 없는 새로운 주제로 탐침을 실시하여, 이 기술이 일반화되었는지를 알아보아야 한다. 만일 아동이 탐침과정에서 새로운 대화 주제를 유지하지 못한다면, 치료사는 몇 가지 추가적인 주제를 훈련시켜야 할 것이다. 이후 치료에서는 몇 가지 예시 주제(필요하다면 새로운 것도 추가하여)를 활용한 훈련과 일반화에 대한 탐침을 교대로 실시해야 한다.

차례 주고받기 기술 : 내가 말하고, 네가 말한다

전형적으로 발달하는 아동들은 유아 시절에, 특히 주변 성인들과의 '짝짜꿍놀이(Patty-Cake)' 또는 'How Big Is Baby?' 같은 '아기놀이'에 참여하면서 차례 주고받기(turn-taking) 기술을 배우게 된다. 성인들은 아기를 무릎 위에서 올렸다 내렸다를 반복하다가 잠시 멈추며 아기가 발성이나 몸짓을 통해 더 해달라

> "끼어들지 말거래" 이 말은 아직은 차례 주고받기 기술을 배우지 못한 아동들이 자기 부모로부터 일상적으로 듣는 명령이다.

고 표현하기를 기다리곤 하는데, 이 행위는 의사소통의 주고받기에 중요한 의미를 가지는 차례 주고받기 유형을 강화해 준다. 이후 계속하여 성인들은 부적절한 끼어들기를 하지 못하게 하는 전형적인 방식을 통해 차례 주고받기의 중요성을 가르치게 된다.

차례 주고받기 기술이란 화자와 청자 간의 대화에서 일어나는 사회적으로 용인되는 비율의 상호교환적 역할과 관련된 것이다. 차례 주고받기 기술의 결함은 아동이 화자를 방해하거나 또는 말해야 할 단서에 대해 반응하지 않을 때 뚜렷이 드러난다. 언어장애 아동들은 종종 차례를 적절히 지키지 못하며, 이 기술을 배우기 위한 직접적인 중재를 필요로 한다.

아동의 차례 주고받기 기술 기초선을 수립하라. 차례 주고받기 기초선 수립을 위해 치료사는 한 회기 동

안 아동이 치료사의 말에 끼어들거나 또는 말해야 할 단서에 대해 반응하지 않은 횟수를 측정해야 한다. 다시 말하면 최소 세 차례 이상의 독립적인 측정이 기록되어야 한다. 이 경우 기초선 자료는 치료사가 감소되기를 희망하는 행동(예 : 끼어들기) 빈도와 또한 치료사가 증가되기를 희망하는 행동(예 : 말해야 할 단서에 대해 반응하기)의 빈도 역시 나타내 줄 것이다. 예를 들어, 아동과 10분간의 대화 동안 3회에 걸쳐 측정된 기초선 자료는 아동이 치료사의 말을 8~12회 중단시켰으며, 20회의 말해야 할 단서에 오직 2회만 반응하였음을 나타낼 수 있다. 그렇다면 중단 횟수의 감소와 아동의 말 단서에 대한 반응 횟수 증가가 치료목표일 수 있다. 이어지는 치료 자료에서 아동이 10분간의 대화에서 2~3회만 끼어들었고, 10개의 말 단서 중 6개에 반응(반응률 60%)한 것으로 나타난다면 치료사는 이를 개선된 차례 주고받기 기술로 기록하게 될 것이다(Atherton & Hegde, 1996).

아동이 자기 차례를 취하도록 촉구를 제공하라. 언어적 또는 비언어적 촉구는 아동에게 차례를 지키도록 가르치는 데 유용하다. 언어적 촉구는 아동이 말해야 할 때, 아동에게 "네 차례야!"라고 말해 주는 것으로 구성될 수 있다. 비언어적 신호에는 아동에게 이제 말해야 할 순간임을 알게 하도록 기대에 찬 표정과 함께 어우러진 손짓이 포함될 수 있다. 만일 아동이 말에 끼어들기 시작하면, 그 방해를 중단시키기 위해, "멈춰!"와 같은 언어적 단서, 또는 손가락을 입술에 대는 행동[역자주: '쉿!'이라는 의미로 손가락을 입술로 가져가 조용히 하라고 표현하는 행동]과 같은 비언어적 단서를 사용할 수 있다.

사물 역시 차례 주고받기 기술 촉구에 사용될 수 있다. 예를 들어, 화자의 역할을 가르치기 위한 변별적 자극으로 실제 마이크나 장난감 마이크를 사용할 수 있다. 치료사는 이것을 아동과 번갈아 사용하면서, 아동에게 오직 마이크를 들고 있을 때만 말을 하며, 치료사가 이것을 들고 있을 때는 경청해야 함을 가르칠 수 있다(Atherton & Hegde, 1996). 이 같은 사물을 사용할 때, 치료사는 아동에게 부과되는 동일한 규칙을 일관되게 적용해야 한다(즉, 오직 마이크를 들고 있을 때만 말하며, 아동이 마이크를 들고 말할 때는 이를 주의 깊게 들어준다.).

아동의 올바른 차례 주고받기를 강화하라. 그것이 어떻게 유도된 행동이든 간에, 어떠한 차례 주고받기라도 즉시 강화되어야 한다. 마이크를 건네고 아동이 말을 하면 언어적으로 칭찬해 주어야 한다. 치료사는 "네게 마이크를 주었을 때 말을 해주어서 고마워!"와 같이 말할 수 있을 것이다. 마찬가지로 아동이 발언권을 양보했을 때(아동이 촉구 받지 않고도 치료사에게 마이크를 건네주는 때와 같은)도 칭찬을 해주어야 한다. 치료사는 "내 차례를 갖게 해주어서 고마워!"라고 말할 수 있을 것이다.

아동에게 치료사의 역할을 수행해 보도록 가르칠 수도 있다. 이때 아동은 누가 말할 차례인지 결정할 수 있을 것이다. 아동이 치료사에게 "이제 당신 차례예요."라고 말하거나 또는 치료사에게 비언어적 신호를 주며 말하게 하거나, 또는 마이크를 건네주는 행동에 대해 강화해 준다.

촉구를 용암시켜라. 치료계획 수립과정에서 지정된 수행준거를 충족(예 : 두 차례의 연속적인 대화에서 차례 주고받기 오류가 일어나지 않음)시키면, 특수 변별자극으로 사용되었던 모든 신호나 기타 촉구들은 용암되어야 한다. 말을 한 직후 짧은 시간 동안 기대어린 표정으로 말없이 기다려 주는 것이 마이크 사용이나 언어적 촉구(예 : "네 차례야.")를 용암시키는 데 도움이 될 것이다. 말하도록 손짓하는 것이 다른 자극들의 용암에 유용할 것이며, 이후 이 손짓 역시 이제 아동이 말할 차례임을 암시해 주는 짧은 시간 동안의 침묵과 눈맞춤으로 용암되어 나갈 수 있을 것이다. 이후 아동을 촉구하는 신호나 기타 특수한 변별자극이 사용되지 않는 상태에서 이루어지는 아동의 차례 주고받기 기술 산출을 탐침하기 위해 새로운 활동이나 새로운 대화 주제를 사용하는 추가 회기가 실시되어야 할 것이다. 아동이 특정 준거를 충족시키게 되면(강화물이 제공되지 않는 가운데 최소 90% 이상의 차례 주고받기 정확도) 이제 다른 목표를 향해 이동할 수 있을 것이다.

대화수정전략 : 바르게 이해시켜라

대화수정전략은 의사소통 붕괴가 발생되었을 때 화자와 청자 모두에게서 나타나는 언어적 행동이다. 청자는 명료화를 요구할 때 대화수정전략을 사용한다(예 : "죄송하지만 잘 이해하지 못하겠어요. 다시 한 번 말해 주시겠어요?"). 화자는 이러한 명료화 요구에 대한 반응으로, 자기 생각을 다른 방식으로 다시 진술하거나, 더 자세히 설명하거나, 배경정보를 제공하거나, 보다 분명히 또는 더 큰 소리로 말하거나, 예를 제공해 주는 등의 대화수정전략을 사용하게 된다. 이러한 청자의 요구와 화자의 반응은 명료한 의사소통의 유지를 돕는다.

> 훌륭한 대화수정기술은 교사의 지시에 대한 명료화를 필요로 하는 학생에게는 특히 중요하다. 자신이 과목이나 숙제를 알고 있지 못함을 교사로 하여금 알게 하는 학생은 자신의 성공 확률을 높일 수 있을 것이다.

언어장애 아동들은 종종 명료화 요구를 어떻게 하는지 모를 때가 있다. 이는 심지어 유능한 의사소통자들조차도 편한 의사소통 상대가 아니면 이야기된 어떤 것을 자신이 이해하지 못했음을 시인하기는 좀처럼 힘들다는 점을 감안하면 나름 납득할 만한 일이다. 언어장애 아동들은 종종 대부분의 의사소통 상황을 편안하거나 안전하다고 여기지 않을 때가 있다. 이러한 아동들은 심지어 자신들이 메시지를 이해하지 못했음을 이미 알고 있을 때조차도 무엇인가 부적절하게 행동하거나 말할 때가 있다. 또한 자신들이 표현한 메시지에 대해 명료화 요구가 이루어졌을 때도 이들은 종종 청자가 메시지를 이해하도록 돕기 위해 자신들의 산출을 변화시키는 방법을 알지 못하기도 한다. 명료화 요구에 직면하면 이 아동들은 자신들의 효과적이지 못했던 산출을 그대로 반복하는 모습을 보이기도 한다. 그러므로 대화수정전략은 중재가 요구된 적절한 목표행동인 것이다.

대화수정전략의 기초선을 수립하라. 치료를 시작하기 전에 치료사는 아동이 보인 대화수정전략 빈도의 기초선을 수립해야 한다. 아동과의 다양한 활동에 참여하면서 치료사는 아동에게 명료화를 요구하는 독립적인(측정할 수 있는) 기회를 제공해야 한다. 이 같은 기회를 제공함에 있어서 치료사는 아동에게 메시지를 불명료하게 제시할 필요가 있다. 예를 들어, 치료사는 공작품 만들기를 제시하며 아동에게 지시를 하되, 이 지시들 가운데 일부를 조그맣게 웅얼거리듯 말하여 아동이 그에 대한 명료화를 요구하는지 살펴볼 수 있다. 또한 아동에게는 스스로 자신의 진술을 명료화할 수 있는 기회도 제공되어야 한다. 이러한 기회를 제공하기 위해 치료사는 아동에게 "무슨 뜻이야?", "이해하지 못하겠어.", "네가 말한 것을 알지 못하겠어." 등과 같이 질문해야 한다. 이러한 질문 각각이 아동이 자기 진술을 명료화 시킬 수 있는 독립적이며 측정 가능한 기회가 된다(Hegde, 1998a).

치료사는 치료회기 중에 아동이 치료사에게 지시의 명료화를 요구하거나, 명료화 요구에 대해 적절하게 반응한 횟수를 측정해야 한다. 이러한 기초선 자료가 요약되어야 하며(예 : 회기 동안에 Susie는 명료화를 1회 요구하였지만, 명료화 요구에 대해서는 전혀 반응하지 않았음), 이것이 진보를 측정할 수 있는 출발점을 제공해 줄 것이다. 이전과 마찬가지로 대화수정전략의 신뢰할 만한 기초선 수립을 위해서는 최소한 세 차례의 측정이 이루어져야 한다.

화자에게 명료화를 요구하도록 아동을 가르쳐라. 기초선 수립에서 사용했던 전략은 화자에게 명료화를 요구하도록 가르칠 때도 역시 유용하다. 필연적으로 치료사는 아동에게 명료화를 요구할 수밖에 없도록 모호한 진술을 만들어 낸다. 예를 들어, 치료사는 몇 개의 장난감 자동차를 늘어놓고는, "그 차 줘." 와 같이 모호한 진술을 하여 아동이 명료화를 요구하기를 기다리는 것이다. 아동이 명료화를 요구하지 않거나, 어떻게든 반응을 해버린다면(예 : 자동차 중 하나를 집어 들면), 치료사는 "아니, 그거 말고!"라고 말한 후, 아동이 치료사가 원하는 게 뭔지 묻도록 기다릴 수 있는 것이다. 만일 아동이 여전히 명료화 요구를 하지 않으면, 치료사는 "네가 확실하지 않을 때는 '무엇을 의미하는 거죠?'라고 나한테 물었으면 좋겠어, 알았지?"와 같은 지시 및 시범을 제공해 줄 수 있다.

다음 치료사는 또 다른 모호한 진술을 하고, 아동에게 즉각적으로 명료화 요구를 시범해 주어야 한다(예 : "그 차 줘. 말해 보렴, '무엇을 의미하는 거죠?'"). 치료사는 아동이 모방한 명료화 요구(예 : 아동이 "무엇을 의미하는 거죠?"라고 말함)에 대해, 미소 짓거나 요청된 정보를 제공해 줌으로써(예 : "난 빨간 차를 원해, 고마워!") 이를 강화해 주어야 한다. 치료사는 아동에게 시범 시도를 몇 차례 더 실시하되, 가능한 한 빨리 시범을 중단시켜야 한다. 만일 아동이 시범이 생략되었을 때는 명료화 요구를 하지 않는다면, 시범 없이 언어적 촉구(예 : "내게 뭘 물어보아야 할까?")를 사용할 수 있을 것이다. 아동에게서 여전히 반응이 나타나지 않으면 시범 시도가 몇 차례 더 재개되었다가 다시 용암되어야 한다. 치료사는 명료화 요구 행동이 확립될 때까지, 상황을 설정하고, 모호한 진술을 만들어 내고, 아동이 명료화 요구를 산출하게끔 만드는 데 필요한 모든 행동(예 : 자극 그 자체, 언어적 촉구, 또는 시범화된 산출)을 제공하는 방식으로 작업할 수 있다(Hegde, 1998).

요구 받았을 때 진술을 명료화하도록 아동을 가르쳐라. 청자가 명료화를 요구하면 효과적으로 반응하도록 아동을 가르치기 위해, 치료사는 아동의 표현을 충분히 이해하지 못한 청자의 역할을 수행해야 할 것이다. 예를 들어, 치료사는 한 가지 주제를 개시하여 아동이 그에 관해 말을 이어나가도록 하다가 아동의 이야기를 이해하지 못한 척할 수 있다. 그다음 치료사는 질문을 하거나 또는 아동으로 하여금 진술을 명료화할 수밖에 없게 만드는 논평을 한다. 치료사는 예를 들어, "무슨 뜻이지?" 또는 "무엇을 말하려고 하는 거야?"와 같이 물을 수 있다. 치료사는 또한 "네가 말하려는 게 무엇인지 잘 알지 못하겠어.", "이해할 수 없어!", "그것을 다르게 말해 줄 수 있니?", "좀 다른 낱말들로 말해 보겠니?" 등과 같이 진술할 수 있을 것이다.

치료사는 또한 아동의 발화를 의도적으로 부정해 버림으로써 아동이 주장하는 방식으로 명료화하게 될 것이다(Hegde, 1998a). 예를 들어, 아동이 놀이공원에 놀러간 것에 대해 말했을 때, 치료사가 "너는 롤러코스터를 스무 번 타지는 않았구나, 그렇지?"라고 말하면, 아동은 이에 대해 "네, 나는 그것을 두 번 탔다고요!"라고 대꾸할 것이다. 아동이 만일 정확히 반응하지 못하면, 치료사는 아동의 발화를 질문으로 재구성하고, 억양을 올리고 잘못된 부분을 강조하여 말하는 것(예 : "네가 롤러코스터를 스무 번 탔다고?")과 같은 또 다른 형태의 촉구를 시도해 볼 수 있다.

아동이 여전히 적절한 수정전략으로 반응하지 못하면, 치료사는 동일한 것을 달리 말하는 방식을 시범해 주어야 한다. 아동에게 치료사의 시범화된 발화를 모방하도록 요구해야 한다. 아동의 대화수정기술이 증가하게 되면 치료사는 시범을 그만두고, 아동에게 다시 말해 보도록 촉구하며, 그리고 대화말을 유도하는 치료를 지속해야 한다. 미소 그리고 "오! 이젠 알겠어! 고마워!"와 같은 언어적 칭찬과 함께, 치료사는 시범에 의한 것이건 혹은 자발적인 것이건 간에 아동이 산출한 다양한 구나 문장을 강화해 주어야 한다.

■ ■ 내러티브 기술 가르치기

이야기나 개인적 경험을 말하는 것은 대화를 효과적인 것으로 만들어줄 뿐 아니라 상호 간의 강화적인 것으로 만들어 준다. 내레이션은 특정 기술들의 집합체로서, 이중 가장 중요한 기술은 이야기의 시작에서 끝까지 논리적으로 일관된, 정합적이며, 시간적으로 올바른 계열에 따라 이동하는 것이다. 내러티브 기술을 가르칠 때 중요한 고려 사안은 아동의 문화적 배경이다.

비록 내러티브 기술에 있어서의 문화적 차이가 언어장애로 진단되지는 않으나, 모든 아동들의 학업 및 사회적 수행은 풍부한 내러티브 기술을 통해 함께 개선될 수 있다.

문화적 고찰

내러티브의 전통은 문화에 따라 다르다. 예를 들어, 일부 아메리카 원주민들에서는 이야기를 한다는 것은 존경 받는 성인들만이 할 수 있는 하나의 특권이다. 아동들은 내러티브를 산출하도록 기대되지 않으며, 따라서 이들은 내러티브 기술이 능숙하지 못할 수 있다. 미국 흑인 아동들은 내러티브의 주요 과정에서 벗어나 등장인물의 행위나 인물 특성에 대해 논평하는 경향이 있다(Roseberry-McKibbin, 2002). 미국의 아시아계 아동들은 내러티브의 간결성 수준에서 상세한 것을 보다 선호하는데, 다른 인종집단에게서는 이것이 꽤나 제한적인 것처럼 여겨진다(McCabe & Bliss, 2003).

내러티브 기술에 있어서의 아동 개인의 차이는 특정 인종문화 집단의 많은 아동들에게도 역시 적용될 수 있다. 개개 아동들은 집단의 경향에 순응할 수도 순응하지 않을 수도 있다. 앞서 이루어진 진술이 일반적이기는 하지만, 이것을 이들 집단의 모든 구성원에게 무차별적으로 적용해서는 안 될 것이다. 그렇지만 치료사는 특정 나래이션 패턴은 문화적 차이(내러티브 기술의 결함이 아닌)를 나타내는 지표일 가능성을 고려해야 한다.

스토리텔링 기술 가르치기

여러 문화에 걸쳐 많은 언어장애 아동들은 종종 내러티브 기술에 어려움을 느낀다. 언어장애 아동들은 이야기를 하면서 사건의 순서를 혼동하고, 이야기의 중요한 세부사항을 생략하고, 중요한 이야기 요소를 건너뛰며, 등장인물의 감정이나 반응을 설명하지 못하거나, 또는 이야기를 갑작스럽게 종료시키기도 한다. 언어장애 아동들이 종종 이러한 어려움을 보이므로, 내러티브 기술은 중재목표가 되는 것이다. 아래와 같은 일반적인 절차가 언어장애 아동들의 내러티브 기술 확립에 도움이 될 것이다(McCabe & Bliss, 2003).

내러티브 기술의 기초선을 수립하라. 아동에게 짧은 이야기를 들려준 후, 이를 다시 말해 보도록 하는 것이 내러티브 기술 기초선 수립을 위한 간편한 방식이다. 아동에게는 최소한 세 가지 이상의 이야기를 다시 말하도록 요구해야 하며, 각 이야기에 대해 세 차례의 기초선 측정이 이루어져야 한다(한 번은 어떠한 그림이나 촉구 없이, 또 한 번은 오직 그림만 제시하며, 마지막은 그림과 촉구를 모두 제시하며). 추후 분석을 위해 아동의 내레이션을 녹음해야 한다. 치료사는 아동에게 먼저 어떠한 그림이나 촉구도 제공하지 않은 채로 짧은 이야기를 들려주고 이를 아동이 다시 말해 보도록 한다. 그다음 치료사는 그 이야기를 다시 말해 주고, 내러티브 기술이

> 이렇게 세 가지 조건하에서 내러티브 기술의 기초선을 수립하는 일은 치료계획을 고안하는 일에 유용한 정보를 제공해 줄 것이다. 아동의 내러티브 산출이 추가적인 시각적 및 언어적 촉구와 함께 진보적으로 개선된다면 이것이 의미하는 임상적 시사점은 무엇인가?

향상되었는지를 알아보기 위해 아마도 그림을 사용해야 할 것이다. 그 후 아동이 정확한 순서에 따라 이야기할 수 있게 하기 위해 그림 및 언어적 촉구의 도움(예 : "그다음엔 어떻게 됐지?", "누가 그렇게 말했지?", "그녀가 뭐라고 말했지?", "그다음에 그는 무엇을 했지?")을 받으며 세 번째 다시 말하기를 해보도록 요구해야 한다. 기초선 수립 과정에서는 아동에게 어떠한 강화나 교정적 피드백도 제공되어

서는 안 된다. 치료사는 아동의 이야기를 사건의 논리적 전개, 이야기 세부 사항, 주인공 및 이들의 행위나 반응에 대한 서술, 사건의 시간적 순서, 그리고 이야기의 결말에 관해 분석해야 한다. 아동의 내러티브 시도에 대한 전사를 꾸준히 파일로 수집하여 치료 동안의 개선을 평가해야 한다.

치료과정의 일환으로(이야기를) 말하거나 다시 말하기 하라. 기초선 자료 수집에서 사용된 것과 동일한 방식이 내러티브 기술을 가르칠 때도 유용하다. 치료사는 초기에 내러티브 기술을 가르칠 때는 기초선 수립에서 사용했던 이야기를 사용해야 한다. 새로운 이야기는 추가 훈련이나 탐침 시행을 위해 선택된다. 기초선 수립 회기에서와 마찬가지로, 아동의 이야기는 추후 분석을 위해 녹음되어야 한다. 치료사는 짧은 이야기를 그림과 함께 이야기해 주어야 한다. 그다음 아동에게 기초선 회기에서 사용되었던 그림 및 언어적 촉구의 도움을 받으며 이야기를 다시 말하도록 요구해야 한다. 아동의 수용 가능한 스토리텔링을 정적으로 강화해 주어야 한다. 아동이 부적절한 사건 순서로 말하거나 이야기의 중요한 요소를 빼먹거나, 또는 촉구에 정확하게 반응하지 못하면, 치료사는 부드럽게 아동의 이야기를 중지시키고, 추가적인 촉구를 제공하거나, 수정을 이끌어 내는 질문을 던지거나 또는 아동이 정확하게 지속하는 데 도움이 될 만한 반응을 시범해 주어야 한다. 예를 들어, 골디락스와 곰 세 마리(*Goldilocks and the Three Bears*)라는 이야기를 이용하면서, 치료사는 "오, 오, 골디락스는 세 마리 곰의 죽을 먹기 전에 이들의 침대에서 잠을 잔 거니?" 또는 "잠깐! 그녀는 아빠 곰의 의자에도 앉은 거 아니니?"와 같이 말할 수 있을 것이다. 아동이 만일 "그다음 그녀는 무엇을 했지?"와 같은 질문에 정확히 답하지 못한다면, 치료사는 "그다음 그녀는… 이제 말해 봐, '그다음 그녀는 무엇을 했지?'"와 같이 말하며 시범을 제공할 수 있다. 아동이 적절하게 이야기를 수정하거나 또는 치료사의 시범화된 반응을 모방하면 이에 대해 따뜻한 강화가 이루어져야 할 것이다(예 : "알겠어! 넌 정말 이야기를 잘하는 아이구나!").

아동의 내러티브 기술이 향상됨에 따라 치료사는 전과는 다른 그리고 진보적으로 더욱 긴 이야기를 사용해야 할 것이다. 아동이 그림이나 시범 없이 이야기를 정확하게 말하기 시작하면 이것들은 용암되어야 할 것이다. 촉구의 사용도 최소한만 해야 할 것이다.

개인적 경험을 서술하는 쪽으로 치료를 전환하라. 스토리텔링에서의 내러티브 기술이 확립되고 나면, 치료사는 개인적 경험 서술로 치료를 전환시켜야 한다. 치료사는 아동의 부모나 보호자에게 유치원 갈 준비하기, 의사 방문하기(병원 가기), 잠자리에 들 준비하기와 같이 아동이 가정에서 행하는 일상적인 일들을 보여주는 일련의 그림을 준비해 달라고 요구한다. 부모 또한 최근의 가족 여행, 아동 본인 또는 형제의 생일파티, 또는 이와 유사한 특별한 경우를 나타내는 그림들을 가져다줄 수 있을 것이다. 치료사는 먼저 기초선 과정에서 다음에는 이후 치료과정에서 이 그림들을 개인적 이야기의 주제로 활용해야 할 것이다.

치료에 앞서 치료사는 개인적 경험 이야기하기 기초선을 수립해야 한다. 다양한 질문이 개인적 경험 이야기하기를 유도해 낸다(예 : "네 생일날 뭐 했니?", "지난 주말에는 뭐 했어?", "여름방학 때 넌 어디에 갔니?" 등). 최소한 세 가지 이상의 개인적 경험 내러티브의 기초선을 측정해야 한다. 한 번은 어떠한 그림이나 촉구도 없는 채로, 또 한 번은 오직 그림만 사용하여(가족으로부터 제공받은 그림), 그리고 마지막은 그림과 촉구를 모두 사용한다(예 : "다음엔 무슨 일이 일어났지?", "다음에 그는 무엇을 했지?" 등). 아동의 이야기는 추후 분석을 위해 녹음되어야 한다. 치료사는 아동의 개인적 내러티브를 사건의 논리적 전개, 이야기 세부사항, 사건의 시간적 순서, 그리고 결말에 입각해 분석해야 한다. 기초선 과정에서는 아동에게 어떠한 강화나 교정적 피드백도 제공해서는 안 된다. 치료과정 동안 이루어진 개선을 기록해 두기 위해, 개인적 경험에 대한 아동의 내러티브 시도를 지속적으로 전사해 두어야 할 필요가 있다.

치료는 동일한 개인적 경험의 기초선 수립에서 사용했던 언어자극과 함께 시작되어야 한다. 스토리텔링에서 제안된 바와 유사한 언어적 촉구는 개인적 내러티브를 가르칠 때도 역시 마찬가지로 사용될 수 있다. 치료사는 기초선 과정에서 제시했던 그림들을 사용하여 아동이 개인적 경험을 순서화하도록 도와야 한다. 치료사는 아동의 개인적 내러티브가 확립되어 감에 따라, 촉구를 중지하거나 또는 필요할 때만 제공함으로써 신중하게 이를 용암시켜야 한다. 탐침은 새로운 개인적 경험을 사용하여 실시해야 한다.

치료 중에 치료사 스스로 자신의 개인적 경험을 이야기하는 것이 아동에게 내러티브를 촉구할 수 있다는 일부 증거가 있다. 치료사는 자신의 경험을 이야기해 준 다음, 아동에게 비슷한 경험을 이야기해 달라고 요구하거나 촉구할 수 있다(McCabe & Bliss, 2003; McCabe & Rollins, 1994; Peterson & McCabe, 1983). 예를 들어, 치료사는 "어제, 나는 의사를 찾아가 주사를 맞았는데, 그게 나를 병들지 않게 지켜줄 거야. 그녀는 친절한 의사였어. 하지만 난 여전히 조금 무서웠지. 너도 의사에게 가본 적 있지?"와 같은 말로 시작할 수 있을 것이다. 같은 방식으로 자신의 휴가 때 여행, 생일파티 등을 서술하는 치료사는 아동으로부터 유사한 내러티브를 고무시킬 수 있을 것이다. 정교화를 위한 촉구, 정확한 순서 유지, 실수에 대한 교정적 피드백, 그리고 훌륭한 내러티브 기술에 대한 정적 강화들이 개인적 내러티브를 공고화시켜 줄 것이다. 늘 그렇듯 치료 초기단계에서 사용된 촉구나 시범은 용암되어야 한다.

> 아동들이 말하기 좋아하는 "오, 저런"—자신들은 어쩌다 그렇게 됐는지, 어떻게 해서 그것이 좀 나아졌는지에 관해 말하기 좋아하는—이야말로 바로 우리의 경험이다. 자기 형제가 어떻게 곤란에 빠졌는가 하는 것도 이 밖에 또 좋아하는 주제 중 하나인 것처럼 여겨진다.

스크립트 치료. 대화 및 사회적 상호작용을 거치면서 개인적 내러티브를 가르치는 효율적인 방식 중 하나가 스크립트 치료(script therapy)이다. 스크립트란 참여자가 겪는 일상생활의 사건, 일화, 그리고 개인적 경험에 대한 계획 또는 그에 대한 서술을 말한다. 언어치료에서 사용되는 그대로, 아동이 다른 아동들이나 성인들과 함께 참여하는 일종의 가장놀이나 가상놀이 또는 기타 조직화된 활동들에 대한 계획이 스크립트이다. 예를 들어, 가정에서 이루어지는 일과 관련된 놀이, 의사놀이, 쇼핑, 케이크 굽기, 축제 방문하기, 가상의 상점에서 사고팔기, 미술품이나 과학 프로젝트 완수하기, 퍼즐 맞추기와 같은 일상을 서술하거나 이를 시연하는 행위가 스크립트이다.

　이러한 의미에서 스크립트라는 것이 전형적으로 문자로 쓰여 있는 것만은 아니다. 비록 치료사는 치료에서 문자로 쓰인 스크립트를 따라가기는 하지만 말이다(Thiemann & Goldstein, 2001). 스크립트는 과제를 완수하고, 특정 장면을 재연하거나 또는 가상의 사건을 재생산하는 데 필요한 올바른 순서 또는 단계를 명시해 준다. 스크립트는 전형적으로 사건이나 경험에 대한 정신적인 또는 인지적인 표상으로 정의된다(Schank & Abelson, 1977). 그렇지만 이 같은 모든 표상이 직접적으로 관찰 가능한 증거를 기반으로 추정된 것은 아니다. 스크립트는 사건에 관한 추상적 지식을 암시하는 것이지만 이러한 지식은 오직 사회적 경험과 학습을 통해서만 습득되는 것이다. 비록 대개의 경우 치료가 시작되도록 돕는 것은 치료사의 스크립트일 수 있겠지만, 치료사와 아동 모두가 스크립트를 제공(시연될 활동이나 사건을 제안함)할 수 있다.

> **스크립트**는 집단 언어치료에 적합할 수 있는데, 이것이 효과적임은 실험적으로 입증된 바 있다. 그러므로 학교 치료사는 확신을 가지고 이 방식을 사용해도 좋을 것이다.

　아동들의 사회적 상호작용을 가르침에 있어 스크립트 치료 사용을 지지하는, 단일대상설계 및 집단실험설계 모두를 통해 수집된 통제적 증거가 있다. 이 증거는 여러 치료사, 전형적으로 발달하는 아동, 그리고 진단적 범주(예 : 자폐 아동 및 단순언어장애 아동)에 걸쳐 체계적으로 복제된 바 있다. 그러므로 이 스크립트 방식은 그 일반적 사용이 권장되고 있다(Goldstein & Cisar, 1992; Gronna et al., 1999; Krantz & McClannahan, 1998; Robertson & Weismer, 1997; Sarokoff, Taylor, & Poulson, 2001; Thiemann & Goldstein, 2001). 스크립트 치료는 언어기술, 특히 사회적 상호작용, 대화의 언어, 즉 내러티브 기술을 가르칠 때 유용할 수 있다. 중재 연구들에서는 말의 개시, 질문하기, 요구하고 논평하기, 그리고 정중한 사회적 교환 산출하기 등을 포함하는 다양한 계열의 언어행동을 스크립트 치료를 통해 가르친다. 비언어적 의사소통행동 역시 이를 통해 가르친 바 있다(Goldstein & Cisar, 1992).

　스크립트 치료를 사용함에 있어 치료사는 선택된 사건(예 : 생일파티 참가하기 또는 가상 상점 운영하기)의 순서를 서술하는 것부터 시작한다. 그다음 치료사는 역할을 가정하고 아동 및 다른 이들(참관인, 부모, 형제 등)에게 기타 역할(예 : 상점점원, 손님, 피자배달원 등)을 부여한다. 실물교구를 사용하여 치료사와 아동이 그 사건을 재연한다. 각 아동에게 현재 이루어지고 있는 역할에 걸맞은 언어를 산출하도록 가르친다. 가령 여러 언어행동 가운데, 상점점원에게는 "도와드릴까요?"라고 묻도록 가르치며, 손님은 "연필 있나요?"라고 말하도록 가르칠 수 있다. 치료사는 그 역할들을 서로 바꾸어서 해당 사건을 반복할 수 있다. 이 사건은 아동이 해당 사건과 여기에 사용된 언어 표현에 충분히 익숙해질 때까지 반복될 수 있다. 스크립트를 재연해 내는 동안, 치료사는 아동에게 현재 수행되고 있는 행위에 대해 서술하고 논평하기, 질문을 하거나 질문에 답하기, 물건이나 정보 요구하기, 가정된 인물의 감정이나 사고에 대해 서술하기 등을 하도록 요구한다. 필요하다면 치료사는 특정 반응을 촉구하고(예

: "네가 피자를 한 조각 더 원한다면 뭐라고 말해야 할까?"), 정반응을 시범하며("말해 봐, '한 조각 더 먹어도 될까요?'"), 특정 언어구조를 더 강하게 말하는 방식으로 강조하는(예 : "그 냅킨 좀 집어줘, 그것은 상자 안에 있어.") 등을 이행할 수 있다. 치료사는 또한 결어보충 방식(문장 완성 또는 부분적 시범)을 사용할 수도 있는데, 이 방식에서 치료사는 중요한 구나 핵심적 진술 바로 앞에서 잠시 멈추고, 아동이 발화를 끝내거나 스크립트를 추가적으로 전달하도록 기다린다(예 : "넌 페퍼로니 피자를 주문하는 중이야. 전화로 남자에게 말하렴, '나는 _____을 원해요.'"). 어떠한 경우에서든 치료사는 아동이 정확하게 스크립트를 재연해 내거나 목표화된 언어행동을 정확히 산출하게 되면 이를 정적으로 강화해 주어야 한다. 치료사는 필요하다면 교정적 피드백을 제공해 주어야 할 것이다.

일단 아동이 목표화된 언어기술을 드러내면서 몇 가지 스크립트를 정확하게 수행하게 되면, 치료사는 촉구뿐만 아니라 스크립트 그 자체도 차츰 용암시켜야 한다. 치료사는 아동에게 스크립트를 재연하는 일 없이 해당 사건 및 행위를 이야기하도록 요구해야 한다. 만일 아동이 스크립트 치료에서 행위나 사건에 대한 자발적인 서술을 향해 뻗어나가지 못한다면 중간적 촉구의 하나로 그림이 사용될 수 있을 것이다. 그렇지만 궁극적으로는 아동이 스크립트나 그림 없이도 사건을 서술하고 경험을 이야기할 수 있어야 한다. 일반화에 대한 탐침을 실시하기 위해서는 아동들에게 그간 시연되거나 스크립트화되지 않았던 새로운 사건 또는 경험을 이야기해 보도록 요구해야 한다(Nelson, 1993; Paul, 2001; Ripich & Creaghead, 1994; Thiemann & Goldstein, 2001).

스크립트 치료는 특히 집단을 대상으로 구어 상호작용을 가르칠 때 보다 적합하다. Goldstein과 그의 동료들에 의해 이루어진 대부분의 실험연구들은 장애 아동과 장애가 없는 아동들을 대상으로 사회적 상호작용 기술을 습득시키는 집단 형식을 사용한 바 있다(Goldstein & Cisar, 1992; Thiemann & Goldstein, 2001). 이 밖의 연구 역시 언어장애 아동들을 대상으로 다양한 사회적 기술을 가르칠 때 스크립트를 활용하는 집단치료 형식의 사용을 지지하고 있다(Gronna et al., 1999; Krantz & McClannahan, 1998).

추상적 언어기술 가르치기

추상적 언어기술에는 직유, 은유, 관용어나 격언의 사용 및 이해가 포함되어 있다. 이 모두는 보편적 특징을 공유하고 있다. 집단적으로 그 안에 담긴 구나 문장들은 개개 낱말이 보통 의미하는 것들 이상의 의미 또는 그와는 다른 의미를 나타낸다. 추상적 언어는 또한 유머, 역설 또는 풍자적인 진술의 이해와 산출을 포함하기도 한다. 마찬가지로 이러한 표현 역시 특정 맥락에 따라 무엇인가 특별하거나 또는 다른 의미를 나타내는 낱말이 담겨 있다. 이러한 기술에 관한 연구는 거의 없었으며, 대개는 그 속성에 대한 서술이 주를 이루고 있다.

　　Nippold와 동료들은 아동들의 관용어 이해를 검사하는 일련의 서술형 연구를 수행하였다. 연구자들은 전형적으로 발달하는 5, 8, 11학년의 아동집단을 대상으로 관용어에 대한 설명을 쓰거나 또는 4개의 지문 가운데 관용어가 가장 잘 설명되어 있는 것을 선택하도록 하는 과제를 제공하였다. 이 결과에서는 학령 수준에 따른 수행 증가가 나타나, 관용어 이해에는 발달적 진보가 있음을 보여주었다(Nippold, 1996, 1998; Nippold & Taylor, 1995; Nippold, Uhden, & Schwarz, 1997). 이러한 결과들은 증가된 언어 경험 및 추상적 언어에 대한 노출은 아동의 관용어와 기타 비문자적[역자주: 문자 그대로 해석되어서는 안 되는] 표현을 강화해 줄 것이라는 가설을 지지하는 것으로 해석되었다(Nippold & Taylor, 1995).

　　비록 추상적 및 상징적 언어에 관한 규준 자료는 부족하지만, 이러한 언어기술들은 아동들에게 학업적 및 사회적으로 유용한 것들이다. 일부 연구자들은 아동들은 청소년기에 이를 때까지는 격언에서와 같은 추상적 언어 요소들을 이해하지 못한다고 주장해 왔다. 특히 Nippold(1998)는 어린 아동들은 맥락이 생략되어 있을 때는 다른 많은 검사들에서와 마찬가지로 격언이나 그 밖의 추상적 언어에 좋은 점수를 받지 못한다고 주장하였다. 추상적 언어기술은 아동들에게 지시, 설명, 다양한 예시, 그리고 실제 삶을 가장한 상황을 통해 가르칠 수 있다. 그러므로 어떤 아동에게 추상적 언어기술이 적절한 목표가 된다면, 이를 가르쳐야 할 것이다. 학령기 아동의 문해기술이 강조되는 경우에 이러한 접근이 지지된다.

　　덜 추상적인 언어기술을 가르칠 때 효과적인 것과 동일한 교수전략이 보다 추상적인 구어기술을 가르칠 때도 역시 효과적일 것이다. 비록 추상적인 구어기술 교육과 관련된 훨씬 많은 실험적 증거가 요구되기는 하지만, 접근 가능한 증거는 관용어 이해 및 산출과 같은 추상적 기술은 행동주의적 중재기법을 통해 가르칠 수 있음을 시사하고 있다. 예를 들어, Ezel과 Goldstein(1992)은 발달장애 아동들에게 '잠자리에 들다(hit the sack), 서먹서먹한 분위기를 깨다(break the ice), 한잔하다(wet the whistle), 밥숟가락을 놓다, 죽다(kick the bucket), 속이다(pull the leg), 일석이조(kill two birds)' 등과 같은 표현들에 담긴 문자 그대로의 의미와 관용적 의미를 구별하도록 훈련시킬 수 있음이 입증되었다. 대상들에 걸친 중다기초설계가 사용한 실험설계를 통해(Hegde, 2003a), Ezel과 Goldstein(1992)은 발달장애를 지닌 아동들에게도 관용어 이해를 가르칠 수 있음을 실험적으로 입증하였다. 이들은 그림 속에 묘사된 문자 그대로의 의미와 관용적 의미를 설명하고, 정확한 관용적 표현이 묘사된 그림을 선택하게 하며(예: 아동에게 만일 누군가가 'let the cat out of the bag'이라고 말한다면 이는 '누군가에게 무심코 비밀을 말해 버리다'라는 의미임을 말해 주며), 그리고 관용적 의미(문자 그대로의 의미에 대항하여)를 표상하는 그림을 정확히 선택했을 때 이를 강화하는 기법을 사용하였다. 그렇지만 관용어 및 그 밖의 형식들의 추상적 언어기술을 자발적인 사회적 상황에서 정확히 산출하도록 가르치기 위한 전략들을 연구해야 할 필요성이 매우 크다고 할 것이다. 선택된 상징적 구어기술 및 그에 대한 훈련전략들에 관해서는 표 8.7과 글상자 8.1을 참조하라.

표 8.7

상징적 언어 : 목표행동, 독립 시도 치료에 권장되는 자극 및 후속결과

목표행동	반응 시범을 위한 자극	반응 유도를 위한 자극	권장되는 후속결과
구어자극에 대한 반응으로 직유(또는 은유) 산출, 몇 가지 예를 사용한 반복 시도 사용	**직유** : 이 소년은 느리게 달린다. 느리게 움직이는 어떤 것을 생각해 볼 수 있니? …좋아! 달팽이는 느리게 움직이지. 말해 봐, "이 소년은 달팽이처럼 달린다."	이 소년은 느리게 달린다. 느리게 움직이는 어떤 것을 생각해 볼 수 있니? …좋아! 달팽이는 느리게 움직이지. 이 소년이 어떻게 달리는지에 관한 문장을 만들어 보렴.	정반응에 대해 : 아주 훌륭해! 너는 소년을 달팽이와 비교하는 좋은 문장을 만들어 냈어!
	은유 : 그녀는 빛나고 반짝이는 눈을 가지고 있어. 이 밖에 빛나고 반짝이는 무엇인가를 생각해 볼 수 있니? …좋아! 별은 빛나고 반짝거리지. 말해 봐, "그녀의 눈은 빛나고 반짝거리는 두 개의 별이다."	그녀는 빛나고 반짝이는 눈을 가지고 있어. 이 밖에 빛나고 반짝이는 무엇인가를 생각해 볼 수 있니? …좋아! 별은 빛나고 반짝거리지. 그녀의 눈에 대한 문장을 만들어 봐.	오반응에 대해 : 오오, 나는 그녀의 눈이 어떻게 별과 같다는 것인지에 대해서는 전혀 듣지 못했어. 다시 한 번 해봐.[필요하다면 추가적인 단서를 제공하라. 글상자 7.2 참조]
보편적으로 사용되는 관용어 산출, 몇 가지 예시를 통한 반복 시도 사용, 시범 시도에서의 지연된 시범 사용	비가 아주 많이 내리면, 사람들은 말하지, "비가 억수같이 내려요."("It's raining cats and dogs") 비가 많이 올 때, 넌 뭐라고 말할까?	밖에 비가 아주 많이 내리고 있어. 넌 뭐라고 말할까?	정반응에 대해 : 좋아! 너는 "비가 억수같이 내려요!"("It's raining cats and dogs")라고 말했구나.
	누군가 시험을 위해 열심히 공부할 때, 그는 이렇게 말할 거야, "나는 책과 씨름해야 해."("I have to hit the books") 네가 열심히 공부해야 할 때, 넌 뭐라고 말할까?	너는 시험을 위해 열심히 공부해야 해. 넌 뭐라고 말할까?	오반응에 대해 : 아냐, 우리가 배운 그대로 그걸 다시 말해 보렴. [무엇이든 유용한 추가 단서를 제공하라. 글상자 7.2 참조]
보편적으로 사용되는 격언의 문자 그대로의 의미 설명, 학생들에게 이솝 우화 또는 벤자민 프랭클린의 *Poor Richard's Almanac*을 읽게 하여 (또는 학생들에게 읽어주어) 각각의 격언을 소개, 시범 시도에서의 지연된 시범 사용	따라서 이 이야기의 교훈은 더 큰 문제가 되기 전에 작은 문제들을 주의하는 것이 가장 좋다는 것이지. "호미로 막을 데 가래로 막는다."("A stitch in time saves nine.") 이게 무슨 뜻일까?	따라서, 이 이야기의 교훈은, "호미로 막을 데 가래로 막는다."("A stitch in time saves nine.") 이게 무슨 뜻일까?	정반응에 대해 : 맞았어! 그게 바로 그 격언이 뜻하는 것이야!
	따라서 이 이야기의 교훈은 만일 네가 번 돈을 절약한다면, 결국에는 무엇인가 세어 볼 만한 것들을 가질 수 있게 된다는 것이지. "100원 아낀 것은 100원 번 것이나 마찬가지다."("A penny saved is a penny earned") 이게 무슨 뜻일까?	따라서 이 이야기의 교훈은, "100원 아낀 것은 100원 번 것이나 마찬가지다."("A penny saved is a penny earned") 이게 무슨 뜻일까?	오반응에 대해 : 아니, 그게 아냐. 그것에 대해 다시 한 번 이야기해 보자.[무엇이든 유용한 추가 단서를 제공하라. 글상자 8.1 참조]

글상자 8.1 | **상징적 언어를 가르치기 위한 추가적 촉구**

은유 또는 직유를 산출하고, 관용어를 산출하며, 그리고 격언의 의미를 설명하기 위한 정반응을 촉구하기 위해

1. 이전 자극을 검토하라.
   - "그 밖에 무엇이 느리게 달리는지 기억하니?"
   - "밖에 비가 아주 많이 내릴 때는 사람들이 뭐라고 말하는지 기억하니?"
   - "'a stitch in time'이 실제로 무엇을 뜻하는 것인지 기억하니?"

2. 결어보충 방식을 사용하라.
   - "그 소년은 _____처럼 달린다(달팽이)"
   - "It's raining cats and _____(dogs)"
   - "_____ _____되어 버리기 전에 작은 문제들에 주의하라(큰 문제가)."

3. 용암과 함께 부분적 시범을 사용하라.
   - "그 소년은 _____처럼 달린다" 다음, "그 소년은 _____ 달린다." 다음, "그 소년은 _____" 등
   - 관용어나 격언에서도 동일한 절차를 사용하라.

4. 음소적 단서를 사용하라.
   - "그 소년은 ㄷ_____처럼 달린다" ["The boy runs like a _s_____"]
   - "It's raining c_____"
   - "Take care of a small problem before it becomes a b_____"

5. 완전한 시범을 제공하라.
   - "말해 봐, '그 소년은 달팽이처럼 달린다.'"
   - "말해 봐, 'It's raining cats and dogs'"
   - "말해 봐, 'Take care of a small problem before it becomes a big problem'"

대화기술 통합시키기 : 모든 것을 함께 모아라

이 장에서 논의된 대부분의 화용언어기술들은 각각 독립적인 목표행동으로 가르칠 수 있다. 그렇지만 자연스러운 상황 속에서의 대화를 거치는 동안, 사람들은 특정의 화용언어기술들을 동시에 나타낸다. 사회적 담화에 있어서 화용기술들은 서로 간에, 그리고 형태론적 및 구문적 기술들도 함께 통합된다. 예를 들어, 사람들은 문법적으로 용인되는 구어산출 속에서 차례를 주고받으며, 대화 주제를 유지하고, 명료화를 요구한다.

그렇지만 임상적으로 그 통합된 산출을 강화해 주지 않으면, 각각 독립적으로 배운 기술들은 여전히 별도의 것으로 남아 있게 마련이다. 그러므로 기술들을 각각 별도로 배운 언어장애 아동들은 새로이 습득한 대화기술들을 통합하기 위한 추가적인 훈련을 필요로 한다. 치료사는 특정 기술들을 가르친 후, 이전에 배운 모든 기술이 포함된 대화적 에피소드로 훈련을 전환시켜야 한다. 다음과 같은 절차들을 사용하여 아동에게 새로이 습득한 화용언어기술들이 포함된 대화말을 가르칠 수 있을 것이다.

모든 화용언어기술 촉구하고 강화하기

대화기술의 통합적 훈련은 치료사와 내담자가 말하고 있는 주제로부터 출발해야 한다. 치료사는 아동이 대화 주제를 암시하는지 알아보기 위해 몇 초간 기다릴 수 있다. 만일 아동이 그렇게 하지 않으면, 치료사는 아동에게 대화 주제를 암시하도록 요구해야 한다(예 : "오늘은 무엇에 대해 말해 보고 싶니?"). 만일 아동이 개시하지 않으면 치료사가 대화 주제를 암시해야 한다. 필요하다면 주제카드나 그림책이 사용될 수 있으나, 보다 자연스러운 방식이 대화 주제 개시에 효과적이지 못할 경우에만 오직 그렇게 해야 한다.

궁극적으로 물리적 자극은 용암되어야 하며, 자연스러운 구어자극만으로도 대화 개시에 충분할 수 있어야 한다. "넌 우리가 시작에 앞서 무엇을 먼저 해야 할지 알고 있지?"와 같은 촉구는 아동에게 "우리는 먼저 말해야 할 주제를 정해야 해요."와 같이 말하도록 아동을 자극할 것이다. 이러한 촉구는 주제카드, 그림책, 그리고 보다 자연스러운 구어자극에 힘입어 대화를 이끌어 낼 수 있는 기타 직접적인 자극들의 용암을 도울 수 있을 것이다.

치료사는 아동의 이전에 배운 모든 화용언어기술들의 적절한 사용을 강화해야 한다. 예를 들어, 주제 개시, 눈맞춤 유지, 그리고 차례 주고받기가 이전의 치료목표였다면, 이것들에 대해 필요하다면 모두 촉구가 제공되어야 하며 언어적 칭찬을 통한 강화도 이루어져야 한다. 만약 아동이 이제 눈맞춤을 유지시키고 있다면, 그 행동은 강화되어야 하는 것이다(예 : "난 네가 나를 바라보는 모습이 정말 좋아!").

치료사는 주제에 관해 더 질문하고, 아동에게 더 말해 보도록 요구하며, 아동이 더 연장된 시간 동안 동일 주제를 지속시키도록 하위주제를 촉구하는 방식들을 통해 아동의 주제 유지를 도울 수 있다. 아동이 특정 주제에 대해 말을 지속하면 이에 강화가 이루어져야 한다(예 : "넌 이 주제에 대해 할 말이 아주 많구나!", "너는 같은 주제를 가지고 오랫동안 이야기하고 있구나!", 그리고 "나는 이것에 관해 너랑 이야기하는 것이 정말 즐거워!").

만일 새롭게 습득된 기술이 차례 주고받기였다면, 치료사는 아동에게 차례를 지키도록 상기시킬 필요가 있다. 치료사는 아동이 치료사의 차례에 부적절하게 끼어들면, "아냐!" 또는 "멈춰!"와 같이 말할 수 있다. 치료사는 아동에게 "네 차례야!"라고 말함으로써 아동이 차례를 가지도록 촉구할 수 있다. 만일 아동이 훌륭한 차례 주고받기 기술을 보인다면, 치료사는 아동을 강화해야 한다(예 : "너는 이제 내가 말할 차례라는 걸 정말 잘 알고 있구나! 그리고 나는 네가 네 차례일 때 말하는 방식이 정말 좋아.").

대화수정기술을 통합시키기 위해, 치료사는 종종 모호한 진술을 만들어 냄으로써 아동으로 하여금 질문을 하거나 명료화를 요구하게끔 하는 촉구를 제공하기도 한다. 또한 치료사는 혼란스러운 듯한 표정을 짓고 "무슨 뜻이지?"라고 물음으로써 의미를 분명히 하기 위한 진술의 수정을 촉구할 수 있다. 아동이 적절한 대화수정기술을 보이면 그에 대한 강화가 이루어져야 한다(예 : "좋은 질문이야!" 또는

"고마워, 이제는 알겠어!").

치료사는 또한 이 기술이 대화 속에서 연장되는 내러티브를 유도해 내야 한다. 마찬가지로 아동은 훌륭한 내러티브 기술에 대해 강화받아야 한다(예 : "훌륭한 스토리텔링이야! 나는 네가 이야기를 시작하고 끝내는 방식이 맘에 들어.", "너는 주인공[주인공의 이름을 말하며]이 그것을 어떻게 느꼈을지를 잘 말했어." 그리고 "나는 네가 하는 이야기를 듣는 게 정말 좋았어!"). 내러티브는 상징적 언어의 산출을 고양시키는 훌륭한 대화 맥락이다. 치료사는 내러티브 중에 직유, 은유, 또는 관용어들을 도입해야 한다. 치료사는 다음에 아동의 상징적 언어기술을 정확히 산출하도록 요구하고, 그를 강화해 주어야 한다(예 : "나는 네가 그녀의 머리카락을 '석탄처럼 까만'이라고 서술한 방식이 좋아. 그리고 맞아! 그는 '무심코 비밀을 말해[let the cat out of bag]' 버렸어!")

이전에 가르친 이 밖의 어떠한 화용언어기술이라도 모두 이러한 방식을 통해 대화적 담화 속으로 통합시켜야 한다. 아동이 화용언어기술에 진보적으로 점차 능숙해져 감에 따라, 촉구 및 외현적 강화의 필요성은 조금씩 감소되어 결국에는 함께 용암될 것이다. 이후 치료사는 자연스러운 상황에서의 대화기술로 치료를 전환시키게 될 것이다.

비록 이 절에서 강조된 것은 대화기술 훈련 및 그 확장이었지만, 치료사는 이전에 가르친 구문 및 형태론적 기술들에 대한 조망도 잊어서는 안 될 것이다. 대화기술들과 함께 아동의 문법형태소의 정확한 산출, 사물에 대한 진술(택트), 그리고 특별한 구문 형식들(복문) 역시 강화되어야 할 것이다.

▓▎▓ 비임상적 환경으로 이동하기

앞 절에서 논의된 통합적인 대화기술을 가르치는 방식은 이 기술을 비임상적 환경으로 연장하는 것에도 효과적일 것이다. 치료사는 치료실 외부, 즉 도서관, 간이식당, 교실, 그리고 가능하다면 가정 및 그 밖의 지역사회 환경과 같은 장소들에서의 대화로 아동을 참여시켜야 한다. 먼저 아동은 비임상적 환경에서의 대화기술 산출에 대해 외현적 강화를 받아야 한다. 그렇지만 이 행동이 더욱더 확립되고 나면, 자연스러운 대화말 주고받음 속에 내재된 본연적인 것 외의 모든 촉구나 강화기법들은 용암되어야 한다.

마지막 단계는 아동의 가정, 지역사회, 그리고 교육적 환경에서 목표행동의 산출을 다루고 모니터함으로써 그 목표행동이 유지되도록 하는 일이다. 자연스러운 환경에서의 목표기술 유지를 위해서는 치료실 밖에서 이루어지는 치료사의 해당 기술에 대한 강화뿐만 아니라, 반응 유지 절차에 대한 부모교육 역시 필요하다. 치료과정 동안 가족 구성원에게 치료실에서 확립된 언어기술에 주의를 기울이도록 가르쳐야 한다. 부모는 이 기술들을 촉구하고, 시범하며 강화하는 방식을 배워야 한다. 언어치료는 훌륭한 유지가 제대로 이루어졌을 때만이 성공적이라 할 수 있는 것이다. 그러므로 자연스러운 환경에서의 목표행동 유지가 바로 언어중재의 최종목표인 것이다. 우리는 이를 다음 장에서 다룰 것이다.

요약

기초 언어기술을 확립시킨 후, 치료사는 이를 보다 복잡하며 사회적으로 보다 유용한 언어로 확장시켜 나간다. 이를테면 요구하기, 자발적 논평 제공하기, 질문하기, 그리고 궁극적으로는 사회적 대화를 유지하는 것과 같은 기술들은 보편적으로 목표화되는 진보적인 언어기술들이다. 이러한 진보적 기술들은 초기에는 독립 시도로 가르치며, 이어서 사회적 맥락 내에서 이행되는 보다 자연스러운 방식으로 진행된다.

맨드(요구하기)를 가르칠 때, 치료사는 원하는 사물을 쥐고, 아동으로 하여금 그것을 요청하도록 고양시킨다. 아동에게 서술이나 논평을 택트(제공)하도록 가르치기 위해, 치료사는 초기에는 아동으로 하여금 시범화된 서술적 진술을 모방하게 하고, 보다 자발적인 반응을 촉진시키기 위해 그 시범을 용암시킨다. 감정 표현이나 논평하기 역시 마찬가지 방식으로 가르칠 수 있다. 아동에게 원하는 정보를 주지 않은 채 시범을 제공하는 방식으로 질문하기를 가르칠 수 있다.

여러 가지 자연스러운 교수절차를 이용하여 사회적 맥락에서 유용한 기술들을 확장시킬 수 있다. 이 절차들에는 환경중심 교수가 포함되는데, 여기서의 전반적인 목표는 자연스러운 환경에서의 환경 자극에 대한 아동 주도적인 의사소통적 상호작용을 유도하고 또 이를 강화하는 것이다. 환경중심 교수에는 맨드-모델(요구-시범), 지연, 우발교수와 같은 특정 절차들이 포함된다. 이 모든 것이 언어장애 아동들에게 사회적 의사소통기술을 가르치기 위해 자연스러운 맥락을 활용한다.

화용언어기술을 가르치는 것은 언어장애 아동들의 의사소통기술을 확장시키기 위한 중요한 과제이다. 이를테면 주제 개시, 주제 유지, 차례 주고받기, 눈맞춤 유지, 대화 수정과 같은 대화기술을 가르치는 일은 먼저 통제적인 대화 수준에서 시작한 후, 자발적 대화 수준으로 나아가야 한다. 통제된 대화란 자발적 대화보다는 좀 더 지시적인 구어 상호작용을 말한다. 치료사는 지시적이며, 촉구가 제공되며, 그리고 힌트가 주어지는 대화말을 고무시킬 수 있는 활동들을 선택한다. 자발적 대화는 자연스러운 자극의 통제하에 있다. 그러므로 이를 촉진하기 위해서는 치료사가 제공하는 대부분의 특수자극들은 용암되어야 한다. 사회적 의사소통기술 역시 치료에서 사용되었던 지시, 시범, 형성, 촉구, 정적 강화, 그리고 특수자극의 용암을 활용하여 가르치게 된다.

내러티브 기술은 특히 중요하며, 진보적인 언어기술로서, 이는 아동에게 짧은 이야기를 들려준 다음 이를 다시 말하게 하는 방식으로 가르칠 수 있다. 치료사의 촉구와 정적 강화는 아동이 가능한 한 더욱 상세히 말할 수 있도록 도울 것이다. 궁극적으로는 아동에게 시범이나 촉구가 거의 없는 상태에서 개인적 경험을 이야기하도록 요청할 수 있을 것이다. 내러티브 기술을 가르칠 때 특별히 효과적인 방식을 스크립트 치료라 한다. 여기에는 현재 대상에 의해 시연되고 있는 일상 사건들, 에피소드(일화), 그리고 개인적 경험들에 대한 계획이나 서술이 포함되어 있다. 아동이 다른 아동들 또는 성인들과 함께하는 가장놀이 또는 가상놀이가 스크립트의 예라 할 수 있다.

기술 확장의 최종단계에서의 목표는 추상적 언어기술이다. 직유, 은유, 관용어, 격언에 대한 이해 및 산출은 학업에서의 성공에도 필수적이다. 추상적인 언어기술을 가르치기 위한 효과적인 절차를 확립하기 위해서는 더욱 많은 연구가 요구된다.

학습지침

1. 여러분은 4세 소년에게 앞 장에서 명시된 기초 언어기술을 가르쳤다. 그렇지만 부모는 이 아동이 집에서는 스스로 말을 많이 하지는 않는다고 호소하였다. 여러분은 사회적으로 보다 유용할 수 있는 확장적 언어기술을 아동에게 가르칠 계획을 세우고 있으며, 따라서 그는 곧 집에서도 이를 산출할 수 있게 될 것이라고 부모를 안심시켰다. 여러분의 임상감독은 여러분에게 그 기술을 확장하고 사회적 의사소통을 촉진시키기 위해 환경중심 교수의 세 가지 기법을 사용해 보라고 제안하였다. 여러분 스스로 언어목표 기술들과 환경중심 방식이 명시된 치료 프로그램을 설계해 보라. 이 세 가지 기법을 어떤 순서에 따라 적용시킬 것인지 설명하고, 그 순서의 정당성을 밝혀라.

2. 언어장애 아동들에게 진보적인 또는 확장적인 언어기술을 가르치고자 할 때, 여러분은 어떠한 유형의 특수한 자극상황을 배열해야 하는가? 이 자극상황을 여러분이 기초적인 언어기술을 가르칠 때 사용하는 자극상황과 비교해 보라. 확장적인 언어기술 및 이를 유도하고 강화하기 위해 배열되어야 하는 특수 유형의 자극조건에 관한 예를 제시하라.

3. 요구하기 및 질문하기와 같은 기술을 가르칠 때, 여러분은 대부분의 기초기술을 가르칠 때 가능했던 방식과 마찬가지로 목표기술 산출에 대해 오로지 언어적 칭찬(예 : "너는 아주 잘 요구한 거야!")만을 사용할 수 있는가? 그렇거나 그렇지 않다면 그 이유는 무엇인가? 진보적인 언어기술에서는 이와 무엇이 다른가? 아동에게 요구하기 또는 질문하기를 가르치고자 할 때, 여러분은 어떻게 아동을 정적으로 강화해 줄 것인가? 구체적인 임상적 예를 제시하라.

4. 여러분이 자극물을 제시하거나, 지시를 제공하고, 질문을 하며, 반응을 시범하는 등의 일을 할 때 여러분의 아동 내담자가 이를 지속적으로 방해하고 있다. 그리하여 여러분은 아동에게 대화에서의 차례 주고받기를 가르치기로 결정한다. 여러분은 아동에게 어떻게 이 화용언어기술을 가르칠 것인지 간단명료하게 서술하라. 여러분이 차례 주고받기 기술의

개선을 기록할 때 사용되는 측정 방식을 명시하라.

5. 통제된 대화와 자발적 대화를 조작적으로 구별해 보라. 이 두 유형의 대화기술에 대한 기초선 수립은 어떻게 이루어지는가? 치료 시에 여러분은 통제된 대화에서 자발적 대화로 이동한다. 여러분은 어떻게 치료회기 내에서 통제된 대화로부터 자발적 대화를 향한 부드러운 전환을 이루어 낼 것인가?

6. 여러 가지 화용언어기술(눈맞춤, 주제 개시, 주제 유지)을 동시에 가르치는 것이 가능한가? 만일 그렇다면 여러분이 이 세 가지 기술을 동시에 목표화할 수 있는 방식을 설명하라.

7. "대화수정전략에는 화자 및 청자 모두의 행동이 포함된다."라는 명제를 입증해 보라. 동일한 인물이 화자 역할과 청자 역할 수행에 필요한 서로 다른 기술을 배워야 할 필요성에 대한 예를 제시하라.

8. 사회적 의사소통기술의 습득을 요구하는 아동을 위한 생일파티 스크립트를 작성해 보라. 손님, 가족 구성원, 아동 각각의 역할(그리고 기술)을 명시해 보라.

9. Ezel과 Goldstein(1992)은 언어장애 아동들에게 관용어 이해를 어떻게 가르쳤는가? 여러분은 이 기법을 연장하여 선정된 관용어의 정확한 산출을 가르칠 수 있는가? 여러분이 이행할 방식을 설명해 보라.

제**9**장 언어기술 유지 :
　　　　　　　가족과의 유대

개요

- 유지 : 임상적 치료 너머로 나아가기

- 일반화 : 잘못 이해되고 있는 개념

- 유지 : 자연스러운 상황에서 지속되는 기술

- 문제 우회하기 : 가정기반 아동치료

- 기술 유지 촉진을 위한 전략

- 추수활동 및 증폭치료

- 요약

- 학습지침

임상적으로 확립된 언어기술을 자연스러운 상황에서 유지시키는 것만큼 가족 협력의 필요성을 더 잘 나타내 주는 주제는 없다. 아동의 언어기술이 시간의 흐름 속에서 그리고 자연스러운 상황들 속에서 유지되기 전까지는 치료가 끝난 것이다. 이 목표를 달성하기 위해 치료사는 가족 구성원, 교사, 그리고 아동과 상당량의 시간을 함께 보내는 개개인과의 강력한 유대를 창조해 내야 할 필요가 있다. 유지 촉진의 과업은 치료사, 가족, 그리고 종종 교사 간에 공유된 책무라 할 수 있다. 치료사는 치료실 내에서 도움이 적거나 또는 전혀 없는 가운데 목표기술 확립이라는 과제를 완수할 수는 있지만, 다른 이들의 도움 없이 유지를 이루어 내지는 못한다. 문제가 시작되는 지점(여기서는 원인을 암시하는 것이 아님)은 바로 자연스러운 환경이며, 이 문제가 훌륭히 해결되어야 하는 장소 역시 가정이나 학교가 포함된 자연스러운 환경인 것이다.

■■ 유지 : 임상적 치료 너머로 나아가기

대부분 아동들의 경우, 전형적인 가정 및 연장된 사회 환경만으로도 언어기술을 습득하기에 충분하다. 그런데 그렇지 못할 때 아동들은 언어치료사(SLP)에게 의뢰된다. 명백히 대부분의 아동들이 언어기술을 배우고 유지하기에 충분한 정상적 상호작용으로부터의 혜택을 언어장애 아동들은 얻지 못했던 것이다. 앞 장들에서 설명된 증거기반 치료기법을 사용하여, 치료사는 치료실 내에서 효과적으로 언어기술을 확립시킨다. 치료사는 자극조건들을 체계적으로 배열하며, 아동들의 의사소통 시도에 대해 언어기술 강화에 도움이 되는 후속결과를 제공해 준다. 자극조건 및 반응의 후속결과는 자연스러운 환경에서 나타나는 것과는 다소 다르다. 반응 유발을 위한 그림이나 기타 임상적 자극, 그리고 정반응에 대한 언어적 칭찬은 비록 원칙적으로는 자연스러운 사건들과 유사할 수도 있겠으나, 그 차이 역시 아동에게 문제를 초래하기에 충분할 정도로 다른 것이다. 더욱이 목표 언어기술들이 초기에는 종종 사무실, 특수학급 상황, 또는 치료실 내에서—이 모두가 평범하지 않은 환경이다—확립된다. 이러한 보편적 관행에 대한 한 가지 예외적이며 최신의 경향이 가정기반 치료로서, 앞으로 이에 대해 설명할 것이다. 그렇지만 대부분의 학령기 언어장애 아동들은 여전히 구조화된 치료 환경에서 새로운 언어기술을 배우며, 이 역시 전형적인 사회적 상황과는 유사점이 거의 없다. 결과적으로 치료실에서 언어기술을 일관적으로 산출하는 아동이 가정이나 기타 자연스러운 환경에서는 그렇게 하지 못할 수도 있다. 또한 치료실에서 확립되어 초기에는 보다 자연스러운 상황에서 산출되기도 했던 목표행동들이 오히려 시간이 지남에 따라 점차 약화될 수도 있다.

자연스러운 상황에서의 목표행동의 초기 산출을 일반화된 산출이라 하는데, 이것이 치료의 궁극적인 성공을 보장해 주지는 못한다. 언어기술은 아동의 자연스러운 환경에서 지속되어야만 한다. 이 기술들은 아동의 학업 및 사회적 삶에 긍정적인 효과를 미쳐야만 하는 것이다. 그러므로 오직 아동이 임상적으로 확립된 언어기술을 가정, 교실, 놀이터 및 그 밖의 자연스러운 상황 속에서 산출하고 유지할 때 비로소 치료가 완결되었다고 할 수 있다. 그러나 이보다도 더욱 엄정한 치료의 성공 준거도 있다. 아동이 자신의 기술을 지속적으로 확장시켜야 하며, 별다른 공식적 가르침 없이 새로운 기술을 배워야 하며, 학습의 각 단계에서 배운 것들을 차곡차곡 쌓아 나가야만 한다. 언어치료를 받은 아동들이 이 같은 엄정한 준거를 충족시키는가에 관해 언급한 연구들은 매우 부족한 실정이다.

　치료사들은 치료를 받는 아동들에 따라 자연스러운 환경 속에서 언어기술 유지를 촉진하는 일이 다소 어렵게 여겨질 수도 있을 것이다. 아동들이 어떠한 진단범주에 속하는가 하는 것이 그 차이를 만들 수 있다. 예를 들어, 자폐, 발달장애, 뇌손상 아동, 또는 유전적 질환을 겪는 아동들에게는 치료실에서 확립된 언어기술의 일반화된 그리고 유지된 산출을 이루어 내기 위해 특별한 도움이 요구될 수 있다. 자폐나 발달장애를 가진 아동들의 훈련된 언어행동은 치료에서 사용된 자극에 귀속되는 경향이 있음을 보여주는 연구들이 있다. 이 아동들은 훈련에서 사용된 자극에는 일관적으로 언어적 반응을 보였으나, 훈련되지 않은 자극에는 그렇지 못하였다. 이러한 특징은(과도한) 자극 통제 또는 자극의 과잉선택으로 설명된다(Alpert & Rogers-Warren, 1985; Bailey, 1981; Dube & McIlvane, 1999; Rincover & Koegel, 1975; Stremel-Campbell & Campbell, 1985). 여러 가지 가운데 자극의 과잉선택이 훈련된 기술을 새롭거나 또는 자연스러운 상황으로 일반화시키지 못하는 한 가지 원인이 된다. 비록 그 원인은 명확하지 않으나, 중증의 언어결함을 지닌 중복장애 아동들 역시 일반화된 언어기술을 나타내는 것에 지체를 보인다(Drasgow, Halle, & Ostrosky, 1998). 언어 외에는 달리 손상되지 않은 단순언어장애 아동들은 보다 나은 일반화를 보일 가능성도 있다. 그렇지만 이에 대한 확정적인 증거는 없다.

　비록 특정 진단범주들에 따라 임상적으로 확립된 언어기술의 일반화 가능성에 대한 증거는 제한적이지만, 다양한 장애를 지닌 아동들의 일반화된 산출의 실패는 보편적인 현상이다. 예를 들어, 1976년에서 1990년까지 아동의 언어기술을 포함한 사회적 기술치료에 관해 이루어진 51편의 연구를 고찰한 결과, 전체의 오직 27%에서만이 치료된 기술의 완전한 또는 부분적인 일반화가 보고된 바 있다(Chandler, Lubeck, & Fowler, 1992). 그러므로 치료연구의 대부분은 기술의 일반화 및 유지라는 완전한 목표를 달성하지 못한 것일 수 있다. 이 연구를 고찰한 이들은 보다 훌륭한 일반화를 보고한 연구의 수는 가장 최근의 5년(1985~1990) 동안 31%가 증가했음을 지적하기도 하였다. 아마도 이러한 증가는 앞으로 설명하게 될 특정 방식들을 동원하여 일반화된 산출을 이끌어 내는 일에 관심을 더욱 집중한 결과일 것이다.

　자연스러운 환경에서의 언어기술 유지를 달성한다는 어려운 과업은 일부 혼란스러운 용어들, 그리고 치료에서 추구되어 온 부적절한 최종목표와 연합되어 왔다. 그러므로 이 장에서는 개념적 및 방법론적 문제를 제기하며, 이와 함께 그 해결방안을 제시하여 언어치료의 최종목표, 즉 시간의 경과 속에서 유지되는 확장 그리고 확장시키는 기술기반을 이루어 내고자 한다.

▨ ▨ 일반화 : 잘못 이해되고 있는 개념

전통적으로 치료사들은 아동들이 보이는 자연스러운 상황에서의 목표행동 산출 실패는 치료실 상황에서 배운 반응을 보다 전형적인 환경으로 일반화시키는 것에서의 실패로 여겨 왔다. **일반화**(generalization)란 학습된 반응이 새로운 자극, 새로운 상황으로 연장되며, 그리고 새로운 유형의 반응으로 확장되는 행동적 과정을 말한다. 이

> **일반화**란 기술적 용어이다. **전이**는 그렇지 않다. 누구도 한 가지 기술 또는 행동을 한 상황에서 또 다른 상황으로 '옮기지' 않는다.

것의 가능성은 임상연구와 실험연구 모두에서 이미 충분히 확립된 바 있다(글상자 9.1 참조). 만일 오래된 학습이 새로운 조건으로 확산되는 것이 일반화라면, 그때는 이것이 치료의 최종목표처럼 보일 것이다. 치료사들은 치료실에서 보여준 사물의 이름을 말하도록 배운 한 아동이 자연스러운 환경에서 마주친 유사한 사물의 이름을 말하기 시작했다면, 치료는 성공적인 것이라고 추론하였다. 일례로 한 아동이 특정 양말 그림이 제시되었을 때, "양말"을 말하도록 배웠다면, 이어서 그는 집에서 다른 색깔과 크기의 양말을 보았을 때도 그 낱말을 산출하게 되고, 결국 그 가르침은 성공적인 것이다. 기술적으로 아동이 유사성에 근거하여 반응하

> 반응의 일반화가 곧 반응의 유지를 보장하는가?

며 명백한 차이점은 무시해 버리면, 일반화가 발생되는 것이다. 그러므로 치료사는 종종 일반화, 즉 '전이(carry over)'를 치료의 최종목표로 정의하곤 한다. 치료실에서 배운 행동은 자연스러운 환경으로 '전이되며', 이런 경우 아동의 치료를 종결해도 된다고 믿을 수 있다.

이는 일반화라는 용어에 대한 잘못된 정의로부터 기인한 보편적 오해이다. 일반화는 오직 발생될 수 있는 반응의 초기 확장만을 이르는 것이다. 이것이 그 반응의 유지를 말하는 것은 아니다. 사실상 일반화된 반응은 강화(비록 때때로 이루어지는 것이라 할지라도)가 없으면 유지되지 않는다. 그러므로 일반화는 임상적 중재의 최종목표가 될 수 없다. 이 문제를 보다 잘 이해하려면 자연스러운 환경과 치료실 양쪽에서 언어를 습득하는 데 중요한 두 가지 행동 과정을 먼저 알아보아야 할 것이다.

일반화와 변별

언어행동(산출되는 것으로서의 언어)은 기술의 방대하고 복합적인 목록(레퍼토리)이다. 모든 언어기술을 따로따로 가르쳐야만 한다면, 언어습득은 엄청나게 어려운 일일 것이다. 다행히도 이 목록의 기술을 독립적으로 가르쳐야 할 필요는 없다. 언어기술의 방대한 모음은 반응 계층(response classes)으로 분류된다. 예를 들어, 복수의 *s*는 영어의 많은 낱말과 결합되며, 이를 산출하지 못하는 아동에 대해 치료사가 이 접미사가 붙는 모든 낱말들을 별도로 다 가르쳐야 할 필요는 없다. 낱말에 복수 -*s*가 붙는 몇 개의 예시만을 산출하도록 배운 아동은 추가 훈련 없이도 다른 많은 낱말들에 이 형태소를 정확히 사

글상자 9.1 일반화된 반응의 사망

중재가 제공되지 않는다면, 일반화(치료실에서 아동에게 가르친 언어기술과 같은)란 지속되지 못하는 행동 과정이다. 일반화는 개의 침흘리기 반응 조건화가 일어난 파블로프의 실험실에서 최초로 관찰되었다. 이후 스키너는 조작적 조건화(operant conditioning)를 통해 동일한 현상을 관찰하였다. 파블로프는 한 가지 신호음으로 조건화된 반응은 유사한 신호음에 의해 유도될 것임을 관찰했다. 스키너는 강화를 얻기 위해 막대를 누르는 것과 같은 조작적 반응은 다른 형태, 색깔, 그리고 장소의 막대로 일반화될 것이라는 사실을 관찰했다. 일반화는 초기에는 반응이 비훈련자극으로 확산되는 것이라고 정의되었다. 그렇지만 파블로프와 스키너 모두 일반화된 반응은 주기적으로 강화시키지 않으면 전형적으로 소멸되고 말 것이라고 보고했다는 점은 보편적으로 잘 알려져 있지 않은 실정이다. 파블로프가 조건화된 신호음과 점차 달라지는 신호음을 계속 제시하자 결국 침 흘리기 반응은 소멸되었다. 스키너가 어떠한 강화도 없이 쥐에게 다른 유형의 막대를 누르게끔 유도하자, 막대 누르기는 결국 사라져 버렸다. 다른 신호음, 또는 다른 유형의 막대 누르기 반응에 대한 강화가 제공되자 그 반응은 다시 일상적으로 복구되었다. 이는 곧 일반화된 반응이란 강화가 주어지지 않으면 소멸된다는 것을 의미한다.

언어를 배우는 아동에게도 이러한 일이 일어나는가를 조사하고자, Cardoza와 Hegde(1996)는 기하학적 형태의 선화(line drawing)를 개발하였다. 일부는 점차 작아지거나 점차 커지는 형태로 각 자극들은 크기에 변화가 있었다. 그 양극단으로 가면 모양이 원래의 형태와는 유사하지 않게 된다. 아동들에게 원래의 그림(조건화된 자극)들 각각에 대해 이름을 고안해 내도록 주문하였다. 이들이 각각의 원래 자극에 일관적인 이름을 말할 수 있게 되었을 때, 아동들에게 동일 자극의 변형을 보여주었다. 이 결과, 자극이 훈련 받았던 원래 자극과 점차 달라질수록 이름 대기 반응의 정확도가 함께 감소되었다. 결국 자극이 조건화된 자극과 많이 달라 보이자 많은 아동들은 그저 자기 어깨를 들썩했을 뿐, 그 이름 대기에는 실패하고 말았다. 요약하자면 신뢰할 만한 학습된 반응조차 그 자극이 달라지자 희미해진(소거된) 것이다. 이는 치료실에서 사물 이름 대기를 배운 아동이 가정에서 너무나도 달라진(동일한 범주의) 자극에 직면했을 때 반응에 실패하는 일이 언제 그리고 어떻게 나타나는가를 정확히 알려주고 있다. 이들은 조건화된 자극으로부터 오직 약간만이 다른 자극에 반응할 가능성이 높다. 그조차도 오직 강화가 이를 지속시켰을 때만 그럴 뿐이다. 보다 중요한 것은, 만일 부모가 자기 아이로 하여금 크게 달라진 자극에도 반응할 수 있기를 원한다면, 이들은 그 반응을 강화해 주어야 한다는 것이다(그리고 이는 일반화 촉진을 위한 전략이 아니라 치료 그 자체라고 불러야 한다.).

용하기 시작하게 될 것이다. 대부분의 언어 요소에 대해서도 치료사는 그저 몇 가지 예시만을 가르침으로써 아동 스스로 훈련받지 않은(새로운) 맥락에서 이를 산출하도록 만들기만 하면 된다. 이처럼 과거의 학습에 의거한, 그러나 직접적인 훈련 없이 이루어지는 새로운 산출이 일반화이다. 일반화에서 아동은 동일 계층 내의 달라진 자극에 대해 동일 반응을 제공하게 된다(Baldwin & Baldwin, 1998; Malott, Malott, & Trojan, 2000). 다른 예를 하나 더 들자면, 치료실에서 특정 형태와 색깔의 컵을 보여주었을 때, '컵'이라고 말하도록 배운 아동이 집에서 다른 형태 및 색깔의 컵을 보고 같은 낱말을 산출하는 것이다.

언어학자들은 경험주의적 학자들에게 한 가지 도전을 부여한다. 아동들이 외현적 교수 없이 새롭고 변형된 언어 형식을 배우는 일이 어떻게 가능한 것인가? 언어학자들은 언어가 습득되려면 언어산출의 무한한 다양성 전체를 배울 필요가 있다고 가정한다. 이것은 사실이 아니다. 교육 없이도 일반화를 통해 새롭고(창의적인) 그리고 다양한 학습이 가능하다.

일반화는 외현적 교육이 거의 없는 가운데에서도 방대한 양의 새로운 학습이 이루어지는 기반이 된다. 일상의 상황들이 여러 일반화된 반응을 유발해 낸다. 예를 들어, 개를 사랑하는 사람은 그 밖의, 유사한 개들의 출현 앞에서 유사한 방식으로 반응한다(예 : 개를 토닥토닥 두드리기, 개에게 부드럽게 말하기). 기술적으로 일반화는 하나의 동일 개념 내에서 작동한다. 이것은 동일 계층에 대한 반응에 국한되었을 때 잘 작동된다. 예컨대 오직 복수의 -s를 수반하는 낱말들에 대해서만 일반화가 발생되는 한 이것은 사회적으로 수용 가능하다. 그러나 만일 복수의 -s가 불규칙 복수 낱말로 일반화되면, 이것은 수용 불가한 일반화라 할 수 있다. 복수의 -s가 하나의 개념인 반면, 불규칙 복수는 또 다른 개념인 것이다. 일반화는 개념 내에서 존재해야 하는 것이지, 개념에 걸쳐서 존재하는 것이어서는 안 된다.

수용 불가한 일반화는 변별이라는 과정에 의해 제한된다. 일반화가 한 계층 내의 자극에 대한 동일한 또는 유사한 반응을 생성하는 것인 반면, 변별은 다른 계층에 속하는 자극에 대해 동일 반응이 출현하는 것을 방지해 준다. **변별**(discrimination)이란 반응 및 개념을 차별화해 주는 행동 과정이다(Baldwin & Baldwin, 1998; Malott, Malott, & Trojan, 2000). 사람들이 다른 계층의 자극에 대해 다른 반응(또는 개념)을 습득하는 것은 변별을 통해서 이루어지는 것이다. 따라서 아동이 여러 형태와 색깔의 컵에 대해 '컵'이라고 이름을 말하도록 배우는 일은 일반화에 의거한 것이며, 접시에 대해서는 '컵'이 아니라 '접시'라고 말하도록 배우는 일은 변별에 의거한 것이다. 일상의 상황들이 변별적 반응을 유발해 낸다. 친구 전화는 따뜻하게 받는 사람이 전화판촉원 전화는 바로 끊어 버린다. 내담자는 고가의 상품은 피하고 합리적인 가격의 상품을 구매한다. 아동은 스파게티를 열심히 먹어대면서도 그 안의 초록색 샐러드는 골라낸다. 변별적 자극에 대한 추가적 내용은 글상자 9.2를 보라.

요약하자면 일반화는 변별의 반대 개념이다. 변별은 서로 다른 자극에 대해 서로 다른 반응이 주어질 때 나타나는 것이다. 일반화는 서로 다른 자극이 동일한 반응을 유도해 냈을 때 일어난다. 일반화는 변별의 결핍이며 그 역도 역시 마찬가지이다.

아동이 언어를 습득할 때 과잉 일반화(overgeneralization)로 인한 오류를 보일 때가 있는데, 아동의 언어습득을 연구하는 이들은 이를 종종 **과잉확장**(overextension)이라 부르기도 한다(McLaughlin, 1998). 예를 들어, 공이란 낱말을 배운 아동이 달, 껌 뭉치, 또는 오렌지같이 동그란 것은 무엇이든 공이라 하는 것이다. 또한 어떤 아동은 처음에는 모든 남자들을 다 **아빠**라 부르기도 한다. 이를테면 복수의 -s나 과거시제 -ed와 같은 형태소를 배운 아동이 이를 과잉 일반화하여 *feets* 또는 *mouses*나 *goed* 또는 *drawed*라 하는 일이 생길 수 있다.

아동들은 또한 과잉 변별적인 경향을 보일 수도 있는데, 이는 언어습득 문헌에서 종종 **과소확장**(underextension)이라 불리는 과정을 말한다(McLaughlin, 1998). 예를 들어, 집에서 키우는 애완용 고양이를 배운 아동이 다른 고양이들에 대해서는 같은 이름을 적용시키지 못하는 것이다. 어떤 아동은 야구공을 보고 '공'을 배우고는, 골프공이나 축구공, (미식)축구공, 농구공에 대해서는 해당 낱말을 말하

글상자 9.2 변별적 자극이란 무엇인가?

우리는 우리 주변에 펼쳐진 많은 사물과 사건 들을 보고 듣지만, 그 모든 것에 다 반응하지는 않는다. 우리는 오직 특정 사건, 사물, 사람 등에 대해서만 반응한다. 우리가 오직 반응을 보이는 대상이 변별적 자극이다. 사람들은 보통 우리는 특정 자극을 무시하기로 선택한다 또는 우리는 반응해야 할 자극을 선택한다고 말한다. 우리는 어쩌면 이 두 가지 모두 하지 않는 것일 수도 있다. 우리가 반응하거나 또는 반응하지 않는 것은 모두 과거 경험의 기능이다. 우리는 과거 어떤 자극에 대한 반응은 강화되지 않았거나 또는 처벌받았었기 때문에 현재 그 자극에 대해 반응하지 않는 것이다. 우리는 과거 어떤 자극에 대한 반응으로 강화를 받았었기 때문에 지금 이에 대해 반응하는 것이다. 어떤 자극의 출현 앞에서 반응이 강화되었다면, 이 자극은 미래에 동일하거나 유사한 반응을 유발해 내는 힘을 획득하게 된다. 이러한 자극들이 변별적인 것이다. 치료사들이 치료에서 사용하는 모든 자극들은 변별적이다. 왜냐하면 그 자극에 대해 나타난 정반응은 강화를 받게 될 것이기 때문이다. 아동들이 자연스러운 환경에서 그 자극들을 마주치게 되는 순간, 임상적으로 확립된 기술들이 산출될 가능성이 높아질 것이다.

지 못할 수 있다.

아동들은 차별적 강화 원칙, 즉 특정 자극에 대한 바람직한 반응은 강화되고, 동일 자극에 대한 바람직하지 못한 반응은 강화되지 않는다는 원칙을 통해 적절한 일반화와 변별을 학습하게 된다. 부모들은 아동이 컵에 대해 '컵'이라고 말하며, 접시에 대해 '접시'라고 말할 때는 정적 강화를 주지만, 이 이름들이 서로 뒤바뀌면 강화를 철회시키거나 승인할 수 없다고 표현하게 될 것이다. 또 다른 예를 들자면, 아동이 달을 보고 '공'이라 말하자, "그건 공이 아냐, 그건 달이야!"라고 말하는 것이다. 이후 아동은 달을 정확히 말하여 칭찬을 받을 수 있다. 이렇게 차별적 강화를 통해 아동은 공과 달의 변별을 배우는 것이다. 마찬가지로 어떤 아동은 형태론적인 최상급 형식 -est를 과잉일반화하여 mostest나 bestest와 같이 산출하는 결과가 나타나고, 이에 대해 마찬가지로 교정적 강화를 통해 해당 반응이 약화되며, most와 best의 산출에 대한 승인으로부터 해당 반응은 강화되는 것이다. 그리하여 동일 계층의 자극에 대한 일반화 및 계층에 걸친 자극에 대한 변별 모두가 확립되는 것이다. 종합하자면 일반화와 변별은 서로 다른 언어적 개념(언어적 반응 계층)의 확립을 돕는 것이다.

언어치료 중 치료사는 다른 자극조건에 대해 적절히 반응하도록 가르침으로써 변별을 확립시킨다. 예를 들어, 치료사는 규칙 복수 낱말 산출(예 : cups, hats)에서의 접미사 -s 사용은 차별적으로 강화하지만, 아동이 이를 불규칙 복수 낱말에 일반화시키면(예 : mens, womens) 이에 대한 교정적 피드백을 제공한다. 치료사는 복수의 사물들과 관련된 불규칙 복수 낱말들의 산출은 정적으로 강화시켜 줄 것이다. 일단 치료실에서 바람직한 행동이 확립되고 나면, 자연스러운 환경에서의 해당 행동의 초기 일반화 및 궁극적 유지를 촉진하는 것이 치료사의 역할이다.

일반화는 자극조건의 물리적 속성 그리고 반응 그 자체의 기능적 속성에 기반하는 거의 자동적 과

정이라 할 수 있다. 비록 일반화된 행동은 변화될 수도 있으나, 일반화는 행동적 원칙이지 목표 행위
는 아닌 것이다. 일반화에는 그것이 발생될 수만 있다면 모두 유용할 수 있는 몇 가지 유형이 존재한
다. 왜 일반화가 최종적인 치료목표가 되지 못하는가에 대해서는 나중에 밝혀지겠지만, 이것이 발생
되기만 하면 도움이 된다. 그러므로 치료사는 일반화 및 궁극적인 유지를 촉진하기 위한 단계를 밟아
나갈 수 있다.

자극 일반화. 이미 습득한 반응이 새롭되 유사한 자극(훈련에서 사용되지 않았던)과 관련해 산출되는
것을 **자극 일반화**(stimulus generalization)라 한다. 자극 일반화는 자극의 물리적 속성에 기반한 것이다.
이 현상은 기초 및 응용연구 양쪽에서 이미 충분히 밝혀진 바 있다(Baldwin & Baldwin, 1998; Malott,
Malott, & Trojan, 2000). 개를 사랑하는 사람들이 다른 유사한 개들에 대해 보인 긍정적인 반응의 예
가 곧 이 유형의 일반화인 것이다. 아동의 언어에서 아동들이 임상훈련에서 사용된 자극의 출현으로
부터 반응을 배운 후, 동일 계층의 비훈련자극의 출현에 대해 동일 반응을 보이면, 이때 자극 일반화
를 드러내는 것이다. 예를 들어, 한 아동이 네 장의 그림자극(예 : "소년이 먹고 있어.", "소년이 달리
고 있어.", "소년이 자고 있어.", "소년이 웃고 있어.")의 출현에 대해 현재진행형 *-ing*를 요구하는 준
거 수준에 맞게 산출함으로써 이를 습득할 수 있었다. 치료사는 이 반응이 다른 비훈련 자극으로 전이
될 것인가를 알아보기 위해 훈련 그림자극과 비훈련 그림자극(예 : "소년이 읽고 있어.", "소년이 걷
고 있어.", "소년이 점프하고 있어.", "소년이 노래하고 있어.")을 교대로 섞은 교차적 탐침(intermixed
probe)을 수행하였다. 만일 비훈련 맥락에서도 아동의 반응 속에 *-ing*가 포함되어 있다면, 자극 일반화
가 발생된 것이다. 이는 명백히 바람직한 임상적 결과일 것이다. 치료사는 이러한 자극 일반화에 의존
해야 할 것이다. 왜냐하면 특정 유형의 언어행동을 유발할 수 있는 모든 유형의 자연스러운 자극을 다
포함시킬 수는 없을 것이기 때문이다.

상황 일반화. 한 가지 상황에서 습득된 반응의 산출이 훈련에서 포함되지 않은 새로운 상황에서 나타나
는 것을 **상황 일반화**(setting generalization)라 한다. 치료란 치료실에서 언어기술을 배운 아동이 가정이
나 기타 상황에서 이를 산출했을 때 비로소 성공적이라 할 수 있는 것이다(Durand & Carr, 1991). 보편
적인 임상적 문제점은 아동이 치료실 상황에서 어떤 반응을 배웠지만 이를 다른 상황에서 산출하지 못
했을 때 나타나는 것이다. 이러한 일이 발생되는 이유는 치료실 상황과 자연스러운 상황이 뚜렷이 다
르기 때문이다. 치료실(또는 임상 사무실)은 자연스러운 상황과는 고립된, 어떤 형태로든 무엇인가가
딸린 채로 특정 자원과 장비들이 갖추어진 곳이다. 이는 치료의 초기단계에서는 필요하며 또는 바람직
한 것이지만, 결국 아동들 스스로 치료실 상황과 자연스러운 상황을 변별하는 일이 초래될 수 있다. 아
동이 치료실과 그 밖의 다른 모든 자연스러운 상황들을 변별하게 되면, 치료실에서 확립된 행동이 자
연스러운 상황으로 일반화되어 산출되는 일은 나타나지 않는다. 학교 상황에서 /l/를 /w/로 대치하는

아동에게 /l/를 가르쳐 놓은 행복한 치료사가 놀이터에서 그 아이를 만나 "Hewo Mrs. Johnson!"이라는 인사를 받는 일은 너무나도 많이 일어날 것이다. 명백히 치료를 받고 있는 대부분의 내담자들은 치료실에서는 같은 방식으로 말하다가도 실제 세계 속에서는 다른 방식으로 말하는 일이 많다. 그렇다면 이 치료사가 직면한 주요 과제란 이 장의 다음 절에서 설명될 전략들을 활용하여, 치료실과 자연스러운 상황 간의 차이점을 줄임으로써 상황 일반화를 촉진시키는 일이 될 것이다.

대화 상대 일반화. 특히 구어기술과 관련된 특별한 유형의 일반화가 **대화 상대 일반화**(conversational partner generalization)인데, 이것은 새롭게 습득된 기술이 훈련에 관여되지 않았던 다른 사람에게 연계되어 산출되는 것을 말한다. 최근에 배운 형태론적 요소나 문장 유형을 치료사와 말하면서 일관되게 사용하는 어떤 아동이 가정에서 부모나 형제와 말할 때는 못하는 경우가 있을 수 있다. 치료사는 해당 기술의 조건화된 대화 상대인 반면, 가족 구성원은 그렇지 못한 것이다. 사실상 가족 구성원은 여전히 치료 이전의 부족한 기술과 관련된 변별적 자극에 불과한 것이다. 그러므로 마찬가지로 치료사가 해야 할 일은 가족 구성원 및 교사를 포함하여 아동과 전형적으로 상호작용하는 다른 사람들과 연계된 기술을 촉진시키는 것이다.

반응 일반화. 치료사가 가장 주의하는 대부분의 일반화 형태는 자극의 유사성(또는 비유사성)에 기반하는 것이지만, 유용한 일반화 형태는 반응의 속성 그 자체에 기반하는 것이다. 훈련되었던 것과 유사한 새로운 반응이 산출되는 것을 **반응 일반화**(response generalization)라 한다. 예를 들어, 몇몇 낱말로 이루어진 맥락(예 : *Mommy's hat, Daddy's coat*) 안에서 소유의 -*s*를 쓰도록 막 배운 아동이 보다 길거나 또는 다소 다른 방식으로 새로운 반응(예 : "I see kitty's tail", "These are doggy's ears")을 산출하게 될 수도 있다. 반응 일반화는 언어의 확장 및 그 창의적 산출에 기여하는 바가 현저하다.

> 임상적으로 가장 유용한 일반화 형태는 (1) 자극 일반화, (2) 상황 일반화, (3) 대화 상대의 일반화, (4) 반응 일반화이다.

　아동이 새로운 자극, 상황, 대화 상대방, 그리고 반응에 일반화된 산출을 나타내는 것은 명백히 도움이 될 것이다. 대개의 치료사들은 일반화가 뚜렷이 나타난다면 아동은 치료로부터 종결될 준비가 되어 있는 것이라고 여긴다. 즉, 치료사들은 일반화가 치료의 최종목표라고 여기고 있는 것이다. 불행하게도 이는 잘못된 가정이다. 일반화의 개념을 좀 더 자세히 살펴보면 이것이 치료의 최종목표로 간주되어서는 안 된다는 사실이 당장 명백히 드러난다.

임상적 문제점

일반화가 치료의 최종목표여야 한다는 대중적 개념은 임상적으로 문제점이 있다. 언급했던 바와 같이, 일반화가 발생되면 이것은 자연스러운 상황에서의 행동 확립을 향해 나아가는 중간단계로 기능할 수 있을 것이다. 그렇지만 이것이 치료의 최종목표여야 한다는 믿음은 일반화의 본질과 실질적인 과정이 고려되지 않은 일반화의 제한적인 정의에 기초한 것이다.

일반화에 기초하여 새로운 반응이 산출될 때, 일반화된 반응은 중재가 없다면 더 이상 지속되지 못한다. 중재가 발생된다면 이것은 치료이지 일반화가 아니다. 강화한다는 것은 치료하는(중재하는) 것이고, 일반화는 치료가 중단되었을 때 발생되는 것임을 기억할 수 있을 것이다. 그러므로 Hegde(1998b)는 자극이 변화되고 강화가 중지되었을 때 반응의 비율이 감소되는 것을 일반화라고 정의한 바 있다. 제5장에서 치료 중에 목표행동이 특정 준거 수준에 도달하면 치료사는 이 반응이 비훈련 자극으로 일반화되는가를 알아보기 위해 탐침을 실시한다는 점을 기억해 보라. 치료사는 조합적 탐침을 사용하여 훈련자극에 대해 나타난 반응을 강화하고 비훈련자극에 대해 나타난 반응에 대한 모든 피드백을 철회한다. 치료사는 비훈련자극에 대한 정반응을 강화하지 않는다. 왜냐하면 이러한 강화는 치료이지 일반화 산출(새로운 자극 앞에서 강화되지 않았던 반응 산출)에 대한 평가는 아니기 때문이다. 그렇지만 일반화된 반응이 계속 강화를 받지 못하게 되면, 이것들은 감소하게 되고 결국에는 완전히 소멸되어, 치료의 바람직한 결과는 좀처럼 나타나지 않게 되는 것이다.

중재의 궁극적 단계가 **프로그램 일반화**(program generalization)라는 견해는 Stokes와 Baer(1977)가 대중화시킨 개념이다. 그렇지만 이들의 프로그램 일반화를 위한 전략에는 기술을 일반화시키기 위한 강화가 포함되어 있었다. 여기에는 만일 치료사가 올바른 행동을 강화한다면 이것은 치료라는 전제가 깔려 있다. Stokes와 Baer의 제안이 시사하는 바는 만일 부모가 가정에서 동일한 행동을 강화해 준다면, 이는 일반화 촉진의 전략이 된다는 것이다. 장담하건대 치료사와 부모는 언어기술이 일반화되도록 강화를 주고 싶어 할 것이지만, 이것은 프로그램 일반화를 위한 것이 아니라 그 기술이 지속되게끔 만들기 위한 것이다. 일반화된 반응이란 강화되지 않은 반응이며, 일반화는 최종적으로는 사라져 버릴 것이므로, 옹호되고 있는 전략이란 혼란스럽고 모순되는 것이다. 어떠한 치료사도 우리가 반응률 감소를 계획하고 있다고 믿지는 않을 것이다. 우리가 곧 보게 될 바와 같이, Stokes와 Baer(1977)는 일반화된 반응을 촉진하는 몇 가지 단계를 제안했으며, 여기에는 어떠한 개념적 또는 방법론적 문제점도 나타나지 않는다. 그렇지만 일반화된 반응이 강화가 이루어지면 이것들은 더 이상 일반화된 반응이라 할 수 없다. 무엇이든 강화된 반응을 가르치는 순간, 이는 일반화된 반응이 아닌 것이다. 치료사가 부모나 그 밖의 사람들에게 아동의 환경 속에서 일반화된 반응을 강화해 주도록 요구하는 순간, 이들은 더 이상 이미 발생된 일반화를 촉진시켜 달라고 요구받은 것이 아니다. 이들은 아동의 자연스러운 환경 속에서 유지를 촉진하기 위한 치료를 이행해 달라는 요구를 받고 있는 것이다.

> 강화한다는 것은 치료하는 것이다. 누가 강화할 것인가는 문제가 되지 않는다. 부모의 강화도 역시 치료이다. 의사가 알약을 주면 이것은 약이다. 부모가 가정에서 같은 알약을 주어도 이것 역시 여전히 약인 것이다.

치료실에서 확립된 행동이 자연스러운 상황에서 유지되는 것이 치료의 최종목표이다. 아동들은 일상의 삶 속에서 늘 되풀이되는 과정 중에 일어나는 전형적인 대화 속에서 새로 습득한 언어기술을 사용할 수 있어야만 한다. 이 반응들은 강화되어야 유지된다. 자연스러운 상황 속에서 반응을 유지하는 데 필요한 강화는 치료사에게서 나오는 것이 아니라, 아동의 가족, 교사, 양육자 그리고 정기적으로 아동과 만나는 그 밖의 모든 사람들로부터 나오는 것이다. 아동의 삶 속에 중요한 영향을 미치는 이 개인들에게 사실상 자연스러운 상황에서 치료를 이행하도록 가르쳐야만 하는 것이다. 그렇다면 치료사가 해야 할 역할이란 다음 절에서 논의될 다양한 전략들을 활용하여 유지를 계획하는 일일 것이다.

> 치료의 즉각적인 목표는 무엇인가? 최종목표는 무엇인가?

유지 : 자연스러운 상황에서 지속되는 기술

유지(maintenance)란 임상적으로 확립된 기술들이 시간과 상황에 걸쳐 지속적으로 산출되는 것을 말한다. 유지된 기술들은 다양한 상황에 걸쳐 그리고 시간의 경과 후에도 지속된다. 치료실 상황에서 확립된 반응은, 비록 초기 일반화를 보이기는 해도, 종종 보다 자연스러운 상황에서 유지되지는 못하므로, 유지 프로그램을 계획할 필요가 있다. 일반화가 방해를 받는 이유는 자극 및 상황의 비유사성에 의한 것인 반면, 반응이 유지되지 않는 이유는 자연스러운 상황에서 지속되는 정적 강화의 결여 때문이다. 어떠한 상황에서든 반응이 유지되는 것은 오로지 지속적인 강화 덕분이다(Skinner, 1953; Sulzer-Azaroff & Mayer, 1991).

어떤 경우에는 아동의 삶 속에서 그의 정반응을 강화해 주는 오직 유일한 인물이 치료사일 때도 있다. 만일 자연스러운 환경 내에서 아동의 정반응이 무시된다면, 이것들은 소멸되고 말 것이다. 더욱 심각한 것은 자연스러운 상황에서 바람직하지 못한 행동이 강화되면 그 행동의 증가가 확실해진다는 점이다. 예를 들어, 최소한의 말밖에는 하지 않던 아동이 치료실에서 "도와주세요."라고 말하도록 배웠다. 그러나 그는 여전히 자연스러운 환경에서는 징징대며 우는 방식으로 의사소통을 했는데, 이는 성인들이 그 부적절한 행동에 대해 주의를 기울이고 도움을 주는 방식으로 이를 강화해 버렸기 때문이다. 요약하자면 아동은 자연스러운 상황에서 지속적으로 구(오래된) 자극과 비효과적이며 부적절한 의사소통방식을 지지해 주는 그에 대한 후속결과에 직면하게 될 수 있다.

치료사는 유지를 계획함으로써 자연스러운 상황(치료실에서와 마찬가지로)이 아동이 학습해야 할 목표행동의 변별적 자극으로 작용될 수 있게 해야 한다. 자연스러운 상황에서의 유지를 위해 사용되는 치료절차가 곧 치료실 상황에서의 행동 확립을 위해 사용되는 방식과 동일했을 때 이러한 목표가 보다 쉽게 달성될 수 있을 것이다. 아동의 자연스러운 환경 내에 존재하는 사람들은 치료실에서 치료사가 행하는 바와 동일한 방식으로 아동의 행동을 강화해 주어야 한다. 언어기술은 아동의 가족 구성원, 또래, 그리고 교사가 아동의 대화 상대방이 되어 주었을 때 더 잘 유지될 것이다. 치료사는 이 주요 인물들에게 아동의 의사소통에 필요한 긍정적이며 강화된 기회를 만들어 내도록 이끌어 주어야 한다.

아동의 환경 내에 존재하는 이들은 구어 상호작용을 아동이 주도하도록 이끌어 주어야 한다.

■|■ 문제 우회하기 : 가정기반 아동치료

가정에서의 일반화된 산출이라는 문제점을 비껴갈 수 있는 한 가지 방식은 아동의 가정에서 가르치는 것이다. 교육이 가정에서 발생되면 일반화된 산출은 최소한 가정환경에서는 매우 잘 일어나게 될 것이다. 물론 다음 절에서 설명하게 될 추가적인 절차가 필요하기는 하겠으나, 유지 역시 더 잘 이루어질 것이다. 특히 0~3세의 연령 범위에 해당하는 아동들을 위한 가정기반치료(home-based therapy)는 가족중심치료(family-centered therapy)에 대한 관심의 증가로부터 확장된 것이다. 가족중심치료에서는 부모와 아동이 평가 및 치료계획에 함께 참여한다. 이 프로그램의 치료사는 부모교육과 가정기반치료를 포함시킨다.

언어장애 아동들을 위한 가정기반적인 부모 제공 치료의 효율성을 지지하는 실험연구들이 점차 증가하고 있다. 예를 들어, Derby 등(1997)은 대상들에 걸친 중다기초 연구설계를 이용하여, 부모가 가정에서 가르친 4명의 중도 언어장애 아동들의 문제행동 감소와 의사소통행동 증가를 보고하였다. 부모들에게 기능적 의사소통훈련(Functional Communication Train, FCT; 제6장에서 설명된 대안적 행동에 대한 차별적 강화와 유사한 방식의) 기법을 교육시킨 후, 이들로 하여금 자녀에게 *please*나 *done*의 수화 표현이나, 또는 바람직하지 못한 행동 대신 *I want* _____와 같은 운반구(carrier phrase)를 사용하게 하는 것과 같은 적절한 의사소통행동을 가르치게 했다.

Gibbard(1994)는 집단연구설계를 적용하여, 엄마가 부모 언어훈련 회기에 참여한 집단의 아동들은 엄마가 어떠한 훈련도 받지 않은 통제집단의 아동들과 비교하여 표현언어기술이 보다 증가하였음을 보고하였다. 추가 실험에서 이들은 (1) 엄마가 부모 언어훈련을 받은 집단, (2) 엄마가 어떠한 훈련도 받지 않았으되 아동들이 언어치료사로부터 직접 치료를 받은 집단, 그리고 (3) 엄마가 언어기술 교육보다는 일반적인 학습에 중점을 둔 부모훈련을 받은 집단의 아동들을 포함시켰다. 이 결과 첫 두 집단의 아동들은 마지막 집단에 비해 표현언어에서 유의하게 큰 이득을 얻은 것으로 나타났다. 더욱이 더 큰 개선이 나타난 두 집단 간에는 유의한 차이가 없었으며, 이로부터 Gibbard(1994)는 "부모훈련은 개별 말언어치료만큼이나 효과적이다."(p.131)라는 결론을 내렸다.

이 밖에 많은 연구들이 다양한 가정기반적 중재의 바람직한 결과를 나타냈다(Eiserman, Weber, & McCoun, 1992; Howlin & Rutter, 1989; Miller & Sloane, 1976; Salzberg & Villani, 1983; Wulz, Hall, & Klein, 1983). 그렇지만 가정기반적 방식의 과학적 타당화는 아직 불완전하다. 부모교육 및 가정기반적 치료 프로그램의 효과를 평가한 연구들은 제공된 특정 중재에 대한 불완전한 설명, 작은 표본 크기, 치료 충실성의 결여, 그리고 짧은 중재기간을 포함한 방법론적 문제점들로 인해 비판받고 있다

(Goldstein, 2002). 그렇지만 수행된 연구에서 나타난 일반적으로 바람직한 결과들은 가정기반적 중재가 추가적인 과학적 조사를 이행할 가치가 있는 유망한 치료기법임을 알게 해준다. 부모나 양육자들에게 자연스러운 환경에서 목표행동을 유도하고, 강화하며 이를 유지할 수 있도록 교육시킨다는 개념은 자연스러운 환경 안에서의 가족중심적인, 협동적 치료에 부여되는 주안점과 명백히 일치하는 것이다.

그러므로 치료사는 실질적인 부모교육 요소를 치료계획 내에 포함시켜야 한다. 부모들에게 치료회기를 관찰하고, 그다음 독립 시도뿐 아니라 가정에서의 보다 자연스러운 치료 형식 이행을 배우도록 이끌어야 한다. 부모들은 언어기술 확립을 위한 모든 기법인 시범, 촉구, 강화, 교정적 피드백 제공을 배워야 한다. 부모들은 초기에는 치료회기를 관찰하거나 이에 참여하는 방식을 통해 이 기법 및 그 밖의 기법을 배우게 될 것이다. 이후 치료사가 가정치료를 관찰하거나 진전을 측정하기 위해 이들의 가정을 방문하게 될 때, 이들은 더욱 미세하게 조정된 기법을 얻게 될 것이다. 자기 자녀들의 진보에 따라 부모들은 일상의 정례적 활동 속에 언어치료를 내포시키는 **환경중심 교수**(milieu teaching) 기법을 배우는 것 역시 가능해질 것이다. 그저 한 주에

사진 9.1 가정기반치료는 언어장애 아동들에게서 더욱 큰 진보를 가져다줄 수 있다. 이 엄마는 언어치료사로부터 배운 이야기책 읽기 기법을 동원하여, 가정에서 자폐를 지닌 자기 아이에게 주의하기 행동을 이끌어 내고 있다.

두 차례 정도의 40분 치료회기를 갖는 게 고작인 치료사들보다 부모들은 자기 자녀와 훨씬 더 많은 시간을 함께 보낸다. 만일 보다 자연스러운 기법을 하루 종일 적용할 수만 있다면, 아동은 더욱 빠른 진보와 시간 경과에 따른 기술 유지를 더 잘 보이게 될 것이다.

그렇다면 자연스러운 상황 안에서 아동에게 치료를 가져다준다는 것은 곧 치료실 상황에서 습득된 기술의 유지를 촉진하는 주된 전략이 되는 것이다.

기술 유지 촉진을 위한 전략

유지 전략(maintenance strategies)이란 치료를 자연스러운 상황으로 연장시키는 데 도움이 되는 기법들을 말한다. 자연스러운 상황에서의 반응 유지라는 문제가 해결되기 위해서는 더욱 많은 연구가 필요하다. 그렇지만 다양한 유지 전략들이 치료를 자연스러운 상황으로 연장시키는 데 유용할 수 있음을 보여주는 연구가 있다. 이 전략들의 한 세트에는 치료사가 치료 이전에, 치료 중에, 그리고 치료 이후에 행하는 선택들이 포함된다. 또 다른 세트에는 자연스러운 상황 안에서 유지를 촉진시켜 주도록 아동 삶의 주요 인물들을 훈련시키는 일도 포함된다. 두 세트 모두 내담자, 가족 구성원 또는 기타 양육자, 그리고 학교 상황에서의 교사들의 참여가 요구된다.

유지 계획을 고안함에 있어 치료사의 기술적 과제는 두 가지로 구성되는데, (1) 치료실 상황과 자연스러운 상황 간의 차이점 감소시키기, (2) 아동 환경 내의 주요 인물들에게 새로운 기술의 유도 및 강화를 담당하는 효과적인 의사소통 상대방이 될 수 있도록 교육시키기가 그것이다. 첫 번째 과제는 일반화 그리고 유지의 촉진을 도울 것이며, 두 번째 과제는 유지를 보다 특정적으로 겨냥하고 있는 것이다. 일반화 촉진을 위해 취하는 단계들이 유지 전략의 축조를 도울 것이다. 만일 반응이 초기에 일반화되면, 부모나 기타 인물들이 시간의 경과에 따라 이것이 약화되는 것을 예방하기 위한 조치를 취하는 것이 보다 용이해질 것이다. 만일 기술이 자연스러운 상황으로 일반화되지 않으면, 부모나 그 밖의 사람들은 그 기술이 처음으로 산출되게 하고 난 후 이를 유지시키기까지 좀 더 어려운 작업을 해야 할 것이다.

일반화와 비교하여 유지는 별다른 관심을 받지 못했는데, 이는 부분적으로는 치료사들이 전형적으로 아동의 언어기술 확립 및 증가에 주의를 중점을 두어 왔기 때문이다. 유지는 치료가 관련된 가족 구성원 및 기타 인물들을 포함시켜야 할 것을 요구한다. 앞서 강조한 바와 같이, 만일 사람들이 아동에게 치료 이전에 해왔던 그대로를 답습한다면, 기술은 유지되지 않을 것이다. 이는 곧 아동만이 아니라 아동의 삶에 속한 이들이 모두 변화되어야 함을 의미한다. 이 변화는 통제된 치료실 상황에서 전문적으로 유능한 치료사와 상호작용하는 아동의 변화에 비해 이루어 내기가 더욱 어려운 일이다.

> 일부 치료사들은 아동의 의사소통에 대해 지나친 통제에 몰두하는 것은 자연스럽지 못한 일이라고 주장하기도 한다. 그러나 의사소통은 언제나 둘 또는 그 이상의 사람들 사이에서 일어나는 상호의존적인 사회적 관계에 달려 있는 것이다. 이 맥락을 통제한다는 것은 곧 의사소통 상대방을 효과적으로 변화시키는 방식을 사용함을 의미한다. 이러한 통제 없이는 치료사나 부모 누구라 할지라도 훌륭한 의사소통기술을 촉진시키지 못할 것이다.

치료사는 가족 구성원, 교사, 그리고 그 밖의 사람들에게 기존의 상호작용 유형을 어떻게 변화시켜야 하는지를 보여주어야 한다. 다른 방식으로 행동하고 반응해 주어야 하며, 아동으로 하여금 새로이 습득한 언어기술을 사용할 수 있는 장을 마련해 주어야 한다. 아동이 그 언어기술을 드러낼 때, 환경 내의 성인들은 사회적 칭찬과 바람직한 자연스러운 후속결과를 제공해 주어야 한다. 반대로 성인들은 아동의 고질적이며 바람직하지 못한, 그리고 비효율적인 의사소통방식을 지지하는 일을 중단해야만 한다. 요약하자면 유지 전략을 이행하기 위해 치료사는 선행사건과 후속결과를 치료실 상황으로부터 자연스러운 상황을 향해, 그리고 자기 자신들로부터 아동 환경의 주요 인물들을 향해 전이시켜야 한다.

　　유지 전략은 치료계획의 일부가 되어야 한다. 언제나 아동, 가족 구성원, 그리고 교사들의 참여와 함께 개발되고 기록되어야 한다. 그러므로 치료사는 치료의 가장 첫 시점부터, 심지어 목표행동을 선택하는 바로 그 시점부터 언어기술의 초기 일반화 촉진 및 궁극적인 유지 촉진에 관해 고려해야만 한다.

　　유지 전략은 치료의 모든 과정 전반에 걸쳐서도 체계적으로 프로그램화할 수 있다. 비록 실패하는 일도 제법 있지만, 다행히도 앞 장들에서 설명된 행동치료 기법이 많은 사례에서 완전하거나 또는 부분적인 일반화의 촉진에 도움이 된다. 예를 들어, 앞서 기술된 51편의 사회적 기술에 대한 치료연구 고찰에서, Chandler, Lubeck, Fowler(1992)는 연구에서 사용되었던 촉구, 정적 강화, 지시, 교정적 피드백, 그리고 시범과 같은 치료기법들이 훈련된 기술의 일반화된 산출 획득에 성공적이었음을 발견하였다. 이 고찰은 또한 동일한 기법이 비록 기술 확립에는 성공적이었으나, 많은 사례에서 일반화된 산출을 이끌어 내지 못했음을 보여주고 있기도 하다. 더욱 중요한 것은 일반화된 산출 획득에 성공적이었던 연구의 대부분(73%)이 이를 촉진하기 위해 한 가지 이상의 특별한 기법을 사용했다는 점이다. 일반화 촉진을 위한 다양한 전략 가운데 기능적인 목표의 선택, 일상 환경에 근접하는 강화 스케줄 사용(비차별적 수반성), 느슨한 훈련, 환경으로부터의 일상적인 자극 선택, 일반화된 반응에 대한 강화, 그리고 단지 추가적인 훈련의 제공이 이 연구들에서 보다 보편적으로 사용된 것들이었다. 그러므로 초기 일반화 및 이에 후속되는 유지를 촉진하기 위해 특별한 고려를 해야 할 필요성이 있다.

　　제5장에서 제8장 사이의 독립 시도 치료에서 치료의 연쇄는 자극-반응-후속결과로서, 여기서 치료사 및 기타 주요 인물들이 자극을 제시하고, 아동은 반응하며, 치료사와 주요 인물들은 정반응률을 높이고 오반응률은 낮추기 위해 설계된 후속결과를 제공하는 것이었음을 기억할 수 있을 것이다. 이 치료 연쇄의 각 요소와 관련된 유지 전략들은 궁극적으로는 자연스러운 환경 내에서 행동이 유지될 확률을 높이기 위한 방식으로 적용될 수 있을 것이다. 그렇지만 전체를 아우르는 요인은 치료회기의 구조 그 자체이다. 그러므로 효과적인 유지 전략에는 (1) 치료회기의 구조 및 속성, (2) 자극 관리, (3) 반응 관리, (4) 후속결과 관리 같은 네 가지 유형의 조작이 포함된다.(Durand, Berotti, & Weiner, 1993; Goldstein, 1993; Hegde, 2001b; Stremel-Campbell 7 Campbell, 1985).

치료회기의 구조

제4장에서 언급했던 바와 같이, 치료회기에서 사용되는 구조의 정도는 치료단계 및 아동의 특성에 따라 다양하게 변화한다. 치료 초기단계에서 언어기술 확립을 위해 독립 시도 방식을 사용하는 치료사는 구조화된 치료회기를 사용하게 될 것이다. 중증의 언어장애나 관련된 임상적 조건(예 : 자폐 또는

발달장애)을 가진 아동들에게는 상대적으로 견고한 구조가 필요할 것이다. 모든 경우에 있어서 일단 치료실에서 상대적으로 견고한 구조하에서 기초 언어기술이 확립되고 나면, 언어기술의 일반화된 산출 및 궁극적인 유지를 촉진하는 것에서는 보다 느슨하며 자연스러운 구조가 유용할 것이다(Campbell & Stremel-Campbell, 1982; Hart, 1985).

아동에 맞게 구조 재단하기. 아동의 강점과 약점에 관한 평가는 치료회기의 구조 정도를 재단하는 데 도움을 줄 것이다. 만일 기초적인 낱말이나 구를 가르칠 필요가 있을 경우에는 독립 시도에 기반한, 견고한 구조의 치료회기가 아동의 학습에 보다 효과적일 것이다. 만일 아동이 보다 진보적인 언어기술(구문구조나 화용언어기술을 포함하는)에 대한 훈련을 필요로 한다면, 치료사는 견고하게 구조화된 형식을 지양해야 할 것이다. 보다 자연스러운 대화지향적 치료는 그것이 실질적으로 필요할 때만이 아니라 심지어 치료의 초기단계에서도 역시 더욱 유용할 것이다. 대화 수준에서 그리고 자연스러운 형식 항에서 훈련을 시작하는 아동들은 유지를 촉진하는 치료로부터 출발할 수 있을 것이다.

치료회기의 구조 용암시키기. 견고한 구조가 사용되었다면, 이것은 보다 자연스러운 사회적 교환의 형태로 용암되어야 한다. 치료사는 아동이 언어기술 산출에 보다 능숙해짐에 따라 구조를 용암시켜 나간다. 구조의 용암에는 보다 자연스러운 대화적 교환 형식을 사용하여 독립 시도로부터 벗어나는 것이 포함된다. 이 형태에서 치료사는 아동으로 하여금 대화 주제를 선택하고, 대화 교환을 주도하며, 사회적 교환에 있어 이전보다는 일반적으로 더욱 능동적인 역할을 담당하도록 이끈다. 구조의 용암에는 또한 치료의 물리적 환경을 변화시키는 일 역시 포함된다. 이는 자극의 물리적 조작에 관한 문제인만큼 우리는 다음 절에서 이 주제를 다루게 될 것이다.

치료자극 관리

치료 중에 사용되는 자극 아이템들은 아동에게 있어 목표반응을 유발해 내는 변별적 자극으로서의 특별한 역할을 떠맡는다. 만일 치료사가 자극 아이템을 자의적으로 선택한다면, 유지를 촉진할 수 있는 기회를 놓치고 말 것이다. 치료에서 사용되는 자극 아이템은 자연스러운 환경에서 산출될 정반응에 대한 통제력을 확장시켜 줄 수 있는 것이어야만 한다. 치료사가 다음과 같은 것들을 포함하는 자극을 선택했을 때 이 같은 통제력이 보다 잘 발생될 수 있을 것이다. (1) 아동의 자연스러운 환경에 속하는 물리적 자극, (2) 아동이 자연스러운 상황에서 직면하게 될 가능성이 높은 구어자극, (3) 대화 상대방 및 물리적 환경의 다양화.

아동의 자연스러운 환경에 속하는 물리적 자극. 치료사들은 그것이 편리하다는 이유로, 상업적으로 판매되는 정신없이 복잡한 자극 자료들 가운데서 치료자극을 선택하는 일이 너무나도 자주 일어난다. 이들 중 그 무엇도 개개 아동의 과거 경험이나 문화적 배경에 특별히 관련된 것이 아닐 수 있다. 만일 치료사가 치료 중에 사용하는 자극 아이템이 자연스러운 환경 속에서 아동이 접할 가능성이 낮은 것이라면 반응의 유지는 열악할 것이다. 그렇지만 아동 고유의 환경으로부터 선택된 자극은 치료실 치료가 이루어지는 동안 아동으로부터 목표행동을 유발하는 변별적 가치를 부여해 줄 것이다. 아동이 가정, 학교 또는 지역사회에서 그 자극과 접촉하게 되는 순간, 그 자연스러운 상황에서 마찬가지의 목표행동이 유발될 것이다. 그렇다면 자극 아이템의 선택은 아동 특정적이며 가족 특정적인 것이 되어야 한다. 아동, 부모 또는 양육자, 그리고 아동의 교사와의 상담은 목표행동 및 이 목표행동으로부터 암시되는 자연스러운 자극을 선택하는 데 도움이 될 것이다. 보편적이며 기능적인 아이템, 그리고 보다 선호되는 사물들이 사용되어야 한다. 아동에게 치료회기 중에 사용할 수 있도록 가정에서 장난감이나 좋아하는 아이템을 가져오도록 권장할 수도 있을 것이다. 그림카드나 사진을 자극으로 사용했을 때와 비교하여, 자연스러운 환경으로부터 선택한 사물을 사용했을 때 발달장애 아동이 습득한 이름 대기 반응의 일반화된 산출이 보다 효과적이었음을 입증한 연구가 있다(Welch & Pear, 1980).

그림의 경우 사실적이며 모호하지 않고, 색감이 뛰어날 때는 이 역시 가치가 있다. 사물과 비교하여, 그림은 휴대하기가 용이하고 다양하며, 여러 유형의 사건을 나타내는 데 유용할 수 있다. 그림이 사용될 때는 실질적으로 가능하다면 실제 사물과 짝지음으로써 보다 높은 일반화된 산출을 촉진할 수 있다(Welch & Pear, 1980). 그럼에도 불구하고 특히 명사, 동사, 그리고 형태론적 훈련의 초기단계에서는 그림보다는 사물이 더 바람직하다. 상업적으로 통용되는 많은 선화(line drawing)는 특별히 매력적이지도, 그렇다고 특히 사실적이지도 못하다. 더욱이 사물들은 사건이나 개념 들을 예시하기 위해 조작을 가하는 것 역시 가능하다. 예를 들어, 만일 아동이 집에서 장난감 트럭이나 자동차를 치료실로 가져온다면, 이것들을 이용해 가다, 멈추다, 운전하다, 싣다, 끌다, 당기다, 파다 같은 동사나 빨리, 느리게 같은 부사, 그리고 큰, 작은 같은 형용사를 예시해 줄 수 있을 것이다. 이 낱말 모두는 구나 문장으로 확장될 수 있으며 대화훈련에 통합시킬 수 있을 것이다.

그림이 되었든 사물이 되었든 간에, 치료자극은 아동의 자연스러운 환경 내에 출현하는 아이템들을 대표할 수 있는 것이어야만 한다. 이는 아동이 다양한 인종문화적 배경에서 왔거나 또는 사회경제적 지위가 낮을 경우에 더욱더 중요한 요인이 된다. 예를 들어, 그림이 사용되고 있을 경우, 여기에는 비록 다른 집단 출신을 배제시킬 필요까지는 없으나, 아동 고유의 인종문화적 집단에 속하는 인물의 그림이 포함되어 있어야 한다. 치료의 초기단계에서 사용될 수 있도록 집에서 문화적으로 관련된 사물들을 가져오게 할 수 있다. 치료사는 또한 사회경제적 지위가 낮은 계층의 아동들은 자신들의 자연스러운 환경 내에서 특정 가구나 장비 아이템은 접해 보지 못했거나, 또는 여러 장난감이나 스포츠용품을 다루어 보지 못했을 가능성에 대해서도 역시 주의해야 한다. 아동의 학교 상황

우리는 아동에게 친숙하지 못한 자극은 결코 치료에 사용하지 말아야 한다고 제안하는 것은 아니다. 조만간 아동은 새로운 자극들과 마주치게 될 것이다. 치료 초기단계에서는 친숙한 자극들이 아마도 가장 효과적일 것이다.

에서 취한 자극 아이템 역시 대개의 아동들에게 적합한 것일 수 있다. 아동들에게 친숙하지 못한 자극 들은 치료의 후기단계에서 사용될 수 있다. 이 경우 그 이름이나 기능, 또는 자극의 용도를 아동에게 가르쳐야 할 필요가 있다. 친숙하지 못한 사물 또는 사건 들에 대한 아동의 어휘를 확장시키고, 이에 대한 노출을 증가시키는 것이 언어치료의 목적이라는 점을 감안하면 이는 매우 훌륭한 일인 것이다.

자연스러운 상황에서 직면하게 될 가능성이 높은 구어자극. 치료 초기단계에서는 일관적인 구어자극 및 시범을 제공해야 할 필요가 있다. 예를 들어, 한 치료사가 아동에게 하나는 단일 사물을 나타내고, 다른 것은 여러 사물을 나타내는 두 장의 그림을 보여주면서 복수의 s를 가르치고 있다. 이때 치료사는 "Here is a picture of one cat. Here is a picture of two _____. Say, 'cats'"라고 말하며 구어자극을 제공한다. 이러한 방식으로 반응은 효율적으로 확립될 것이나(그리고 몇몇 경우에는 이렇게 하는 것이 필요하기도 하지만), 이러한 구어자극은 자연스러운 환경에서는 보편적으로 사용되지 않는다. 치료사는 아동에게 두 마리 고양이의 그림을 보여주며, "What are these? Say, 'cats'"라고 요구하는 방식으로도 똑같이 효율적으로 반응을 확립시킬 수 있음을 깨닫게 될 것이다. 마침내 시범이 용암되고 나면, 아동은 성인들이 자연스러운 환경에서 훨씬 더 자주 묻게 될 법한 간단한 질문에 반응할 수 있도록 배우게 될 것이다. 마찬가지로 치료사가 초기에 반응 확립을 위해 사용할 만한 그 밖의 모든 촉구 역시 가능한 한 신속하게 소거되어야 하며, 그리하여 보다 자연스러운 구어자극(예 : "그것에 대해 더 말해 줘", "무슨 일이 일어나고 있는 거야?", "그는 뭘 하고 있어?" 등)을 사용하여 아동으로부터 반응을 유도해 낼 수 있을 것이다. 다시 말하자면, 구어자극은 아동의 환경 속에서 보편적으로 들을 수 있는 질문이나 구로 이루어져 있어야 한다는 것이다(예 : "이 그림의 이름을 말해 봐."보다는 "이게 뭐야?").

대화 상대방 및 물리적 환경의 다양화. 초기에 정반응에 대해 강화를 주는 유일한 인물이 치료사이며, 초기 반응에 대한 강화가 이루어지는 유일한 환경이 치료실인 경우, 이 두 가지 모두 아동에게는 변별적 자극이 될 수 있다. 이러한 일이 일어났을 때, 아동은 특정 방 안에서 치료를 집행하는 특정 치료사 앞에서만 오직 바람직한 반응을 산출하게 될 것이다. 이 같은 문제를 예방하기 위해, 치료사는 여러 다른 대화 상대방을 모집해야 하며, 아동이 언어기술 산출에 대해 강화를 받게 될 물리적 환경 역시 다양화시켜야 한다.

대화 상대를 다양화시키기 위해 치료사는 다른 인물들을 불러 치료회기에 참여시킬 수 있다. 치료사는 초기에는 가족 구성원을 초청하여 치료회기를 관찰하도록 한다. 그렇지만 이들은 곧 치료에 참여해야 한다. 가족 구성원은 치료사를 따라 아동의 대화말에 참여해야 한다. 이것은 치료사가 강화 및 교정적 피드백을 예시해 줄 수 있는 기회를 가져다준다. 이어지는 회기에서 치료사는 가족 구성원에게 아동의 정반응을 유도하고 강화하는 방식을 가르쳐야 한다. 가족 구성원은 이

가족 구성원이 공식적인 치료회기를 관찰하고, 이에 참여하게 하는 일은 가정기반치료를 이행하도록 가족 구성원을 교육시키는 첫 단계가 된다.

러한 방식을 통해 빠르게 변별적 자극으로서의 신분을 획득하게 되고, 아동이 이들의 존재 앞에서 정반응을 산출할 가능성은 더욱 높아지는 것이다. 치료사는 다른 치료사, 학생, 교사, 전문가 동료, 또는 기타 자원자 들을 모집하고 치료실로 초대하여 아동을 관찰하고 그와 상호작용하며, 아동의 언어기술을 강화해 주게끔 한다.

　물리적 환경 역시 이와 유사한 방식으로 다양화시켜야 한다. 치료실 역시 아동의 정반응에 필요한 변별적 자극이 될 수 있지만, 이후 이것이 보다 자연스러운 환경에서 산출될 가능성은 낮아진다. 물리적 환경을 다양화하기 위해서는 아동의 반응이 치료실에서 확립되어 감에 따라 치료를 보다 자연스럽고 덜 구조화된 상황으로 이동시켜야 한다. 치료사는 치료회기에 따른 사무실, 또는 학교 상황을 사용하는 방식으로 단순히 치료실을 바꾼다든가, 교실에서 치료를 이행하여 정규적인 교실활동 안에 이를 내포시키는 방식부터 시작할 수 있을 것이다. 곧 아동을 치료실 밖으로 데리고 나가, 아마도 공원 주변을 산책한다든가 또는 학교 도서관이나 교실을 방문할 수도 있을 것이다. 치료사는 놀이터, 학교 간이식당, 교실, 강당, 쇼핑 센터, 식당, 그리고 아동의 가정에서 목표행동 산출을 비공식적으로 모니터할 수도 있을 것이다.

　자연스러운 상황에서 주어지는 비공식치료에는 대개 대화말이 포함되어야 한다. 치료실이 아닌 환경에서 아동을 다룰 때는 목표행동에 대해 미세한 방식으로, 가령 얼굴 표정이나 손짓 신호를 사용하는 방식으로 촉구가 이루어져야 한다. 마찬가지로 강화나 교정적 피드백 역시 미묘한 방식으로 제공되어야 한다. 실질적으로 아동이 자연스러운 환경에서 대화 수준의 치료를 받게

> 치료실 환경은 변별적 자극이 될 수 있으므로, 밖으로 나가기 전에 아동에게 치료실 밖으로 나가게 되면 '훌륭한 말'을 사용해야만 한다고 말해 주어야 한다.

될 때쯤이면, 강화 또는 교정적 피드백은 최소한만 필요시되어야 할 것이다. 이러한 수반적 연계는 자연스러운 후속결과가 점차 증가되는 방식으로 이루어지게 될 것이다.

　자극의 관리(아동의 자연스러운 환경으로부터 온 자극, 단순하며 보편적인 구어자극, 그리고 대화 상대방 및 물리적 환경의 다양화를 포함하여)는 임상적으로 확립된 반응을 자연스러운 환경에서 유지시키는 일을 촉진해 줄 것이다. 그러나 치료사는 심지어 아동에게 유용하며 자연스러운 환경에서 산출되고 강화될 가능성이 높은 목표행동을 선택하여 치료를 시작하게 되는 시점 그 이전부터 유지의 문제점들을 고려해야만 한다.

반응 관리

유지 전략의 중요한 한 부분은 적절한 목표기술을 선택하여 이를 효과적으로 관리하는 것이다. 치료사는 목표행동 선택에 앞서서 유지의 잠재력을 먼저 고려해야 한다. 일단 목표행동이 선택되고 나면, 치료사는 아동에게서 이 기술을 확립시키기 위해 다중적이며 다양한 예시들을 사용해야만 한다. 또한 치료사는 반응 지형의 모든 수준에 대한 충분한 훈련을 제공해야 하며, 언제나 이는 대화 수준에서 종

사진 9.2 "네 차례야!" 치료사는 목표행동 산출 촉진을 위해 교실 상황에 합류해야 한다.

료되어야 한다. 반응을 이런 방식으로 관리하게 되면, 자연스러운 환경에서의 정반응 유지가 훨씬 더 잘 발생될 것이다.

목표행동 선택하기. 제4장에서 우리는 목표행동 선택에 있어서의 아동 특정적 방식에 관해 논의한 바 있다. 목표행동은 아동의 인종문화적 배경과 환경에 적합한 것이어야 한다고 제안되고 있다. 목표행동은 아동의 일상적인 삶과 관련된 기술들을 포함하여 아동에게 유용한 것이어야만 한다. 새로이 획득된 언어행동은 아동의 의사소통기술에 있어서의 즉각적이며 사회적으로 현저한 차이를 창출해 내야 한다. 이러한 목표행동들은 종종 아동에게 기능적인 것이라고 불리는 것으로서 청자에게도 영향력을 행사할 수 있다(Warren & Rogers-Warren, 1985). Chandler, Lubeck, Fowler(1992)가 분석했던 51편의 연구 가운데, 전체의 65%에서 사회적 기술의 일반화를 훈련의 기능적 목표행동으로 선택한 바 있다.

용례는 치료사가 가르치는 목표기술의 특정한 예이다. Two cups와 four hats는 규칙복수 -s의 용례인 것이다. 이러한 용례를 얼마나 많이 가르쳐야 하는가?

아동의 문화적 배경에 따라 아동에게 부여되는 학업 및 사회적 요구에 관해 공부해 본 치료사라면 아동에게 최상의 공헌이 가능한 목표기술을 선택할 수 있을 것이다. 제5장에서 논의한 바와 같이 가정, 교실, 그리고 이 두 곳 모두에서 산출될 것으로 기대될 수 있는 행동을 목표로 선택해야만 한다. 아동들이 자기 환경에 대해 강력하며 긍정적인 효과를 미칠 수 있도록 허용해 주는 의사소통기술을 배우게 되면 이 기술들은 유지될 가능성이 높다.

치료사가 자신들 또는 기타 성인들이 발달 규준에 따라 아동의 연령 수준에 적합하다고 여겨지는 바에 근거하여 목표행동을 선택하는 일은 너무나도 자주 일어난다. 예를 들어, 무언어에 가까운 아동에게 귀중한 치료시간이 필수적으로 색깔, 형태, 신체부위, 비기능적 사물(예 : 소파, 카펫, 벽)의 이름을 대라고 하거나 사물 숫자 세기와 같은 목표행동을 가르치는 데 소비되고 있다. 그러나 만일 아동이 무엇인가 먹거나 마실 것을 요구하고, 도움을 요청하며, 밖에 나가 놀거나, 또는 누군가에게 인사하며 그의 이름을 물어야 한다면 이때 필요한 언어기술은 무엇인가? 이처럼 기본적인 요구와 사회적 상호 작용에 입각한 목표행동은 추상적인 개념이나 규준 정보에 입각한 목표에 비해 아동의 가정환경 속에서, 그가 자연스러운 상황에서 마주하게 될 전형적인 자극에 대한 반응으로서 산출될 가능성이 더욱 높은 것이다. 예를 들어, "나는 ＿＿＿을 원해요." 또는 "도와주세요."와 같이 요구하도록 배운 아동은 이제 자신이 타인에게 중요한 영향력을 미칠 수 있음을 깨닫게 될 것이다. 더욱이 이러한 요구는 그 자 체로서 강화가 되는 이름을 말하게 되며("과자 주세요."), 환경 내의 성인들은 이것을 실제로 제공해 줄 가능성이 매우 높아지게 된다.

다중적이며 다양한 용례 선택하기. 일반화 및 유지의 실패는 아마도 불충분한 훈련이나 목표행동에 대한 용례가 고작 얼마 되지 않은 훈련에 기인한 것일 수 있다. 유지 촉진을 위해서는 충분한 수의 다양한 용례를 가르쳐야 할 필요가 있다(Chandler, Lubectk, & Fowler, 1992; Hughes et al., 1995; Kreimeyer & Anita, 1988). 목표행동 확립에 필요한 용례의 수는 아동에 따라 다르다. 이 수를 결정하는 준거가 제 5장에서 설명한 탐침 반응률이다. 만일 조합적 탐침의 결과, 일반화가 거의 없거나 전혀 없는 것으로 나타난다면, 추가적인 용례에 관한 훈련이 요구될 것이다. 대개의 경우, 80~90%의 정확한 탐침 반응 률 확보를 위해서는 6~10개의 용례가 필요하다.

만일 용례가 다양하지 못하면, 아동은 동일자극의 제시에만 과도하게 의존하는 자극-의존적 (stimulus-bound) 경향을 보일 것이다. 이 같은 문제를 피하기 위해 치료사는 목표행동에 대한 다중적 이며 다양한 용례를 가르쳐야 한다. 예를 들어, 만일 낱말 '공'이 가르쳐야 할 목표 이름 중 하나라면, 모든 종류의 공 그림, 즉 야구공, 농구공, 골프공, 축구공 등을 제시해 주어야 할 것이다. 만일 현재진 행형 -ing의 용례로 문장 "The boy is running"이 사용되었다면, 다음에는 이 용례를 유도해 낼 수 있 도록 서로 다른 소년들이 서로 다른 상황(예 : 달리기 경주에서, 축구경기를 하며 등)에서 달리고 있는 여러 장의 그림을 선택해야 할 것이다. 그러나 더욱 바람직한 것은, -ing의 일반화 및 지속적인 산출 을 가르치기 위해 치료사는 남성, 여성, 소녀, 소년, 동물, 그리고 무생물 사물(예 : 자동차, 기차, 비행 기)들이 행위에 포함되며, 현재진행형이 다양한 동사들과 결합되어 있는(예 : *running, eating, reading, flying, jumping, racing,* 등) 다양한 용례들을 제시해 주어야 한다는 것이다.

다양한 자극조건들하에서 아동이 습득한 목표기술은 자연스럽게 목표반응을 유도하게 될 경우가 많고 다양한 그 자연스러운 상황에서 더 잘 출현하게 될 것이다. 비록 반응 확립을 위한 초기 훈련단계 에서는 소수의 특정 자극을 고수해야 할 필요도 있으나, 이 자극을 가능한 한 빨리 다양하게 변화시킴 으로써 보다 광범위한 자극조건의 통제하에서 반응이 출현할 수 있게 해야 한다.

반응 지형의 모든 수준에 걸쳐 충분한 치료 제공하기. 종종 학생치료사들은 아동에게 모든 수준의 반응 지형, 특히 모든 중요한 대화 수준에서 충분한 치료를 제공하는 것에 실패할 때가 있다. 예를 들어, 만일 아동이 특정 목표를 여전히 단지 구나 통제적 문장 수준에서 학습했을 뿐임에도 불구하고, 치료가 지나치게 빨리 종료되고 나면, 목표행동은 자연스럽게 발생되는 반응형식인 대화 수준에서의 강화를 받지 못하게 될 것이다. 일부 학생 치료사들은 치료과정 속에서 대화말 수준에 도달하기 위한 신속한 전환에 실패하기도 한다. 예를 들어, 한 학생 치료사가 고통스러운 표정을 지은 채로 임상감독관에게 다가와 이렇게 고백한다. "이 아동은 구 수준에서의 대명사 산출이라고 제가 기록했던 목표행동을 숙달했습니다. 이제 고작 학기의 중반일 뿐인데요! 이제 전 무엇을 해야 할까요?"

> 낮은 수준에서의 목표행동 숙달은 좋은 소식이다. 치료사는 가능한 한 빨리 치료의 다음 단계로 이동하여 대화말 수준으로 진보해 나가야 한다.

아마도 이제 막 실습을 시작한 학생 치료사에게 이런 일이 그다지 큰 잘못은 아닐 것이나, 명백히 이 학생은 치료의 전반적 요점을 놓치고 만 것이다. 아동은 반응 지형의 모든 수준에서 다루어져야만 하며, 가능한 한 빨리 대화말 수준에 도달한 후, 그 수준에 적합한 치료를 받아야만 한다. 그렇다면 이것이 목표기술의 초기 일반화에 도움을 줄 것이며, 따라서 자연스러운 상황에서 부모나 기타 인물들이 그 산출을 강화해 주기 시작함으로써 그 기술의 유지를 촉진시킬 수 있게 될 것이다.

> 여러분은 S-R-C가 무엇을 나타내는 것인지 기억하고 있는가?

지금까지 설명된 자극과 반응의 관리는 자연스러운 환경 속에서의 유지 촉진에 도움을 줄 것이나, 이것만으로는 충분치 못하다. S-R-C(자극-반응-후속결과)의 치료 연쇄의 최종적 요소가 포함된 추가적 전략, 즉 아동의 반응에 대한 후속결과 제공하기 전략 역시 필요하다.

후속결과 관리

정반응에 수반된 후속결과 제공이 치료 연쇄의 최종단계가 된다. 후속결과를 관리하여 자연스러운 상황에서 목표기술의 궁극적인 유지를 촉진시킬 수 있는 여러 가지 전략이 있다. 이 전략들에는 다음과 같은 것들이 포함된다. (1) 반응 후속결과 관리, (2) 자연스럽게 발생되는 후속결과를 강화물로 사용하기, (3) 아동 환경 내의 주요 인물들에게 수반성 관리 가르치기, (4) 아동에게 자기모니터링 기술 가르치기, 그리고 (5) 아동에게 강화를 요청할 수 있도록 가르치기(수반성 점화하기).

> "나는 언어치료 시 아동에게 강화를 제공하지 않는다. 왜냐하면 이것은 인공적인 것이기 때문이다." 일부 치료사들은 이렇게 강변할 때가 많다. 그렇지만 이들은 **피드백**을 제공하는 것에는 동의할 것이다. **강화**란 사회적(언어적) 상호작용의 본질을 포착해내는 기술적 용어이다. 만일 어떤 화자의 구어반응에 대해 언제나 똑같은 반응만 제공된다면, 여기에 언어적 상호작용이란 존재하지 않는 것이다. 아동의 구어 시도에 대해 **차별적으로 반응**하는 것이 강화 또는 교정적 피드백이다.

반응 후속결과 관리. 제5장에서 우리는 치료사가 아동의 정반응과 오반응에 대해 반응하는 다양한 방법들에 관해 설명하였다. 이는 기술적으로는 강화 계획 또는 교정적 피드백으로 설명되는 것으로서, 치료사의 이 같은 차별적 반응들은 자연스러운 환경 속에서 목표기술을 확립시키고 궁극적으로는 이를 유지시키는 일을 돕는다. 치료 초기단계에서 치료사는 모든 정반응을 강화하고, 모든 오반응에 대해서는 교정적 피드백을 제공해야 한다(연속적인 후속결과 계획). 정반응 및 오반응에 대한 차별적 및 연속적 피드백은 기술 확립에 효과적이다.

그렇지만 치료의 궁극적 목적은 치료실에서 치료사가 제공하던 고도로 특수화된 강화 및 교정적 피드백 없이도 자연스러운 상황에서 그 기술을 유지해 내는 것이다. 그러므로 치료사는 연속적인 후속결과 계획으로부터, 아동이 치료 중에 산출한 정반응의 일부에 대해서는 반응해 주지 않는 간헐적 계획으로 가능한 한 빨리 이동해야 한다. 정반응률이 유지되고 증가되려면 연속적 방식에서 간헐적 방식으로의 전환이 점진적으로 이루어져야만 한다. 간헐적 계획으로 전환된 후 정반응률이 감소하면, 치료사는 짧은 시간 동안 연속 계획을 다시 재개해야 한다. 궁극적으로는 강화가 감소되었을 때도 아동의 정반응률이 유지될 수 있어야 한다. 대화말 수준에서 강화에 대한 요구는 최소화된다.

치료 초기단계에서는 반응이 이루어지면, 즉시 강화 또는 교정적 피드백이 제공된다. 지연된 강화 또는 교정적 피드백은 기술 확립에는 비효과적이거나 비효율적이다. 그렇지만 이러한 지연이 늘 일어나는 자연스러운 환경에서 목표기술 유지를 촉진시킬 때에는 지연된 후속결과 제공이 바람직할 수 있다(Baer et al., 1984; Dunlap et al., 1987; Stromer, McComas, & Rehfeldt, 2000). 일상의 상호작용과 흡사한 것이라면 어떠한 임상적 절차라도 치료실에서 확립된 기술의 유지에 도움이 될 것이다. 그러므로 치료 최종단계에서 치료사는 반응 후속결과의 제공을 주기적으로 지연시켜 봄으로써 해당 기술이 여전히 지속되고 있는지 알아볼 필요가 있다. 만일 그러하다면 치료사는 반응 후속결과를 더욱 자주 지연시켜야 한다. 치료사는 지연시키는 시간의 길이도 점진적 단계를 거쳐 늘려야 하며, 정반응률의 감소가 눈에 띄는 어떠한 시점에서든 지연 길이를 다시 감소시킬 수 있도록 준비하고 있어야 한다.

자연스럽게 발생되는 후속결과를 강화물로 사용하기. 치료실 상황에서 치료사는 언어적 칭찬(예 : "낱말 끝에서 *s* 소리를 들었어. 정말 잘했어!"), 일차적 강화물(예 : 음식 품목), 또는 이 두 가지 모두를 사용할 수 있다. 치료의 초기단계에서는 확립된 반응을 얻기 위해 이 같은 강화물을 사용할 필요가 있다. 자폐, 발달장애, 또는 이 두 가지를 함께 지닌 무언어 아동들의 경우, 치료 초기단계에서는 이러한 일차적 강화물이 정말로 필요하다. 그렇지만 자연스러운 환경에서라면 아동은 이런 식으로 강화를 얻을 가능성은 적다. 예를 들어, 복수의 -*s*는 자연스러운 상황에서는 일반적으로 특정 언어적 칭찬이나 아동의 입에 들어가는 몇 조각 팝콘으로 보상되는 일은 흔치 않다.

앞서 강조한 바와 같이 치료사는 모든 강화물을 어느 정도는 용암시키게 된다. 용암은 언어행동의 강화에는 일반적으로 사용되지 않는 일차적 강화물의 경우에는 특히 더 중요하다. 여러 유형의 언어반응에 대한 가장 보편적인 언어적 강화물이 언어적 승인이다. 아동이 어떤 사물의 이름을 정확히 말하거나 문법적으로 복잡한 문장을 산출했을 때는 언어적 승인이 자연스럽다("그래, 저건 기린이야!" 또는 "긴 문장을 훌륭하게 말했구나!"). 특정 유형의 언어적 칭찬("그래, 이번엔 [복수의] *s*를 들었어!")의 대부분은 보다 일반적인 승인 형태의 진술("좋아", "정확해!" 또는 "훌륭해!") 속으로 용암되어 간다.

일차적 강화물(음식 및 기타 사물)은 비록 비전형적인 것이긴 하나 맨드(요구, 명령, 질문 등, 제1장과 제6장 참조)라고 하는 하나의 언어행동 계열에서는 강화물이 될 수 있다. 맨드는 그 자체로서 강화물을 명시하며, 그 반응이 구체화한 바로 그것이 최상의 강화물이 된다. 청자의 순응은 모든 맨드의 가장 효과적이자 자연스러운 강화물이 된다. 예를 들어, 목표행동이 요구하기("주스 좀 주세요." 또는 "저 크레용 써도 돼요?")일 경우, 이 요구가 명시한 바를 즉각적으로 제공해 주는 것

> 기술적으로 맨드는 동기화된 상태(결여감, 필요성)(에 의해 야기되는)의 기능이다. 맨드를 강화하기 위해서는 인과적으로 요구가 충족되어야만 한다. 이것은 어떤 사건에 대한 설명이나 논평을 이르는 택트와는 다르다.

이 자연스러운 후속결과일 것이다. 만일 목표행동이 질문하기라면, 아동이 던진 질문("지금 몇 시예요?" 또는 "이름이 뭐죠?")에 답해 주는 것이 자연스러운 후속결과의 제공이 될 것이다. 만일 목표행동이 명령하기라면, 치료사는 아동이 명령하도록 배운 그 행위를 치료사가 수행해야 할 것이다. 고도로 구조화된 놀이활동 가운데, 아동은 자신이 정확히 기술한 아이템을 받음으로써 형용사 산출에 대한 자연스러운 강화를 제공받게 될 것이다. 이 모든 경우에서 명시된 강화물과 함께 자연스러운 언어적 칭찬을 추가해 주는 것이 바람직할 것이다. 예를 들어, 치료사는 "아주 잘 요구했어. 자, 크레용.", "정확히 질문했구나! 내 이름은 Verbalena야.", "내게 앉으라고 정확히 말했어. 봐, 난 지금 앉고 있어!" 등과 같이 말할 수 있다.

조건화된 일반화된 강화물(토큰, 스티커, 등)의 사용은 사람들이 돈으로 '대체 강화물'(누군가가 원하는 어떤 것)을 구매할 때 일어날 법한 일을 모방한 기법이다. 제6장에서 언급한 바와 같이 몇 개의 토큰을 획득하면 원하는 바를 실행할 수 있도록 허용하는 활동(2분간 색칠하기)도 대체 강화물일 수 있다. 아동에게 대체 강화물을 '구매'할 수 있는 충분한 '돈'을 '획득'할 수 있도록 기회를 제공하는 일은 그 자체로서 아동이 자기 환경에서 보편적으로 접하는 개념으로 이끌어 준다. 이것은 또한 아동의 부모나 교사에게도 쉽게 가르칠 수 있는 기법이다.

강화물을 아동이 자연스러운 상황에서 쉽게 마주칠 수 있을 법한 것과 매우 유사한 것이 될 수 있도록 치료를 구조화하는 여러 방식이 있다. 앞서 언급한 바와 같이 치료실 상황에서 요구되는 보다 특수화된 강화기법을 사용하면서 이를 더욱 자연스러운 강화기법과 짝지을 필요가 있다. 치료사는 기타 유형의 강화물과 함께 언제나 온화한 언어적 칭찬을 제공해 주어야 한다. 정반응률이 확립되어 감에 따라 치료사는 점진적으로 특수화된 강화물을 철회함으로써 따뜻한 언어적 칭찬(아동의 환경 내 인물들로부터 더 많이 사용될 법한 강화 유형) 앞에서 반응률이 유지될 수 있게 해야 한다.

아동 환경 내의 주요 인물들에게 수반성 관리 가르치기. 이것이야말로 치료를 자연스러운 상황으로 연장하는 핵심이다. 만일 아동과 규칙적으로 상호작용하는 사람들이 정확한 기술의 산출을 촉구해 주고, 그 산출을 강화하며, 아동이 오류에 대해 처벌적이지 않은 교정적 피드백을 제공해 주기 시작하면, 치료는 곧 자연스러운 상황으로 연장된다. "아동의 환경 속으로 치료를 연장하고, 이 안에서 치료 수반

성을 관리하는 일"은 어떠한 일이 발생되어야
할 것인가에 대한 기술적 진술이다. 가족 구성
원들이나 기타 주요 인물들의 경우 이것은 그
들 삶에 있어서의 진정 중요한 변화라 할 수 있
다. 이들은 아동에 대한 지지적이며 자발적인
의사소통 상대방이 되어야 한다. 이 전략은 치
료를 자연스러운 상황으로 연장하는 것이 최종
적인 치료전략이라는 견해를 강조하고 있다.

치료 초기단계에서 가족 구성원 및 아동 환
경에 속한 기타 인물들에게 치료회기를 관찰하
도록 권장하여 목표행동을 유도하고 이를 강화
하는 방식들에 스스로 익숙해지도록 해야 한
다. 치료가 진행됨에 따라 아동 환경 내의 모든
중요한 개인들, 즉 부모, 교사, 형제, 또래, 양
육자 및 기타 사람들에게 가정이나 기타 비치
료실 환경에서 목표행동을 유도하고, 시범하
고, 촉구하며, 강화하도록 가르쳐야 한다(동생
을 다루는 형의 예 사진 9.3 참조). 치료의 제
공에 여러 동료들이 참여했을 때는 한 명의 동
료만이 참여했을 때에 비해 기술이 더 잘 일
반화되는 경향이 있다는 증거가 있다(Pierce &
Schreibman, 1995, 1997). 추가적으로 앞서 언
급한 바와 같이 가정기반치료는 목표기술 유

사진 9.3 전형적으로 발달하는 형이 언어장애인 자기 동생이 집에서 장난감
을 가지고 적절히 놀 수 있도록 돕고 있다.

지의 촉진에 효율적이라는 증거도 있다(Arndorfer et al., 1994; Derby et
al., 1997; Krantz, MacDuff, & MacClanahan, 1993).

치료사는 아동이 새로이 습득한 언어기술을 지지하고 유지할 수 있
는 방식에 맞게 활동할 수 있도록 주요 인물들을 교육시킴으로써 치료
를 자연스러운 상황으로 연장시키는 일이 갖는 중요성을 강조해 주어
야 한다. 이 같은 지지는 보통 촉구, 칭찬(아주 풍성한), 온화하며 미세
한 교정적 피드백, 때로는 시범, 주기적인 지시, 그리고 일반적으로는
아동의 의사소통에 대한 관심과 같은 형태로 나타날 것이다. 이 같은 노

부모에게 가정에서 자기 자녀의 목표기술을
촉구하고 강화해 주도록 요청하고자 하는 치료
사는 부모로부터 이러한 도움을 받을 수 있도
록 아동을 준비시켜 주어야 한다. 한 번은 어떤
엄마가 일단 자기 아들에게 처음으로 훌륭한
긴 문장산출을 강화해 주자, 아동이 "엄마가 왜
그렇게 말해? 엄마는 제니 선생님이 아니잖아!"
[역자주 : 제니 선생님은 이 아동의 치료사를
의미함]라고 말했다고 보고한 바 있다. 이후 이
아동은 제니 선생님이 엄마에게 자신을 돕기를
원했다는 사실을 알게 된 후부터는 [엄마의] 피
드백에 훌륭히 대응하게 되었다.

력을 통해 아동의 환경 내 인물들은 아동을 사회적 상호작용 속으로 끌어들일 뿐 아니라, 이 상호작용 속에 진입하고자 하는 아동 스스로의 어떠한 시도이든 이를 강력히 강화시켜 주는 것이다. 결국 주요 인물들은 이 같은 상호작용이 아동에게 고도로 강화적인 것이 되게 하는 방식으로 아동과 더욱 자주 상호작용해야 한다.

치료사는 학교 교사와 협동 방식으로 작업한다. 교사는 아동에 대한 평가의 안내를 돕고, 가능할 법한 치료목표를 제안하는 방식으로 치료의 가장 첫 출발점부터 함께해야 한다. 만일 교사의 입력이 세심하게 고려되고 그대로 이행된다면, 교실 중재에 대한 치료사의 제안은 따뜻하게 환영받을 것이다.

학교 상황에서는 치료를 교실 상황으로 연장시키는 일에 아동의 교사가 참여하는 것이 중요하다. 교사에게는 아동의 목표행동이 기록된 문서를 제공해야 하며, 그 행동들을 미세하되 효과적인 방식으로 유도하고 강화시키는 법을 알려주어야 한다. 예를 들어, 아동에게 도움 요청하기를 가르쳤다면, 교사는 아동이 도움을 요청했을 때 긍정적으로 반응해 주어야 한다. 만일 목표행동이 평균발화길이의 확대라면, 교사는 아동으로부터 보다 긴 표현을 촉구하고 이를 강화해 주어야 한다. 질문하기를 배우고 있는 중인 아동이라면, 교사는 부드럽게 그 행동(예 : "자니, 혹시 질문 있니?")을 유도하고, 즉각적으로 그 질문에 대답해 주어야 할 것이다.

요약하자면 치료사는 자연스러운 상황에서의 언어기술 유지의 가능성을 극대화하기 위해 아동 환경 내의 주요 인물들과 매우 가깝게 지내야 한다. 또한 치료사는 주요 인물들에게 단지 치료실에서 목표화된 행동들만이 아닌, 매일의 정례화된 활동 속에서 아동이 드러낼 법한 모든 적절한 언어행동을 파악하고 이를 강화해 주는 방식 역시 교육시켜야 한다. 아동과 관련된 모든 사람들이 아동의 언어기술은 오직 자연스러운 자극과 자연스러운 후속결과를 조절할 수 있는 상황에서만 유지될 수 있다는 점을 이해하는 것이 중요하다.

아동에게 자기모니터링 기술 가르치기. 주요 인물들에게 치료를 자연스러운 상황으로 연장하도록 가르치는 일은 효과적인 유지 전략일 수 있지만, 아동에게 주변에 누구도 도와줄 사람이 없을 때는 정반응을 유지시킬 수 있도록 자기모니터링(self-monitoring)하는 기술을 가르쳐 주는 일이 오히려 더욱 효과적일 수 있다. 아동들은 자신들의 의사소통행동을 자기모니터링하도록 배울 수 있다. 이들은 또한 자신들의 환경이 제공하지 못할 때는 스스로 강화를 추구하는 방식도 배울 수 있다.

자기모니터링은 자기평가(self-evaluation)와 자기교정(self-correction)까지 포함된 교육 가능 기술이다. 이와 관련된 몇 가지 방식이 연구된 바 있으나(Rhode, Morgan, & Young, 1983; Sainato, Goldstein, & Strain, 1992; Shapiro, McGonigle, & Ollendick, 1980), 이들 중 가장 실질적이며 단순한 방식은 아동에게 자기 스스로의 산출을 평가해 보도록 가르치는 것이다. 스스로의 형태론적, 구문적 및 화용적 행동산출을 기록하도록 배운 아동은 정확한 산출을 자기모니터링하기 시작하게 될 것이다. 이를 위해서는 아동이 언어가 산출되었을 때 그 정확한 형식이 예상되고 재인되는 행동을 이해할 필요가 있다. 그러므로 아동에게 먼저 정반응과 오반응을 구별하도록 가르치고 난 다음, 자신의 정반응과 오반응을 대조하도록 가르쳐야 한다. 치료사는 아동의 정반응과 오반응 구별을 도울 수 있도록 음성적 강조를 사용하면서, 아동에게 두 가지 산출을 시범해 주어야 한다("The boy walking"과 "The boy is walking" 또는 "two cup"와 "two cups").

아동이 정반응과 오반응을 변별하도록 가르치고 난 후, 그에게 치료사의 반응을 따라가며, 아마도 차트에 정반응은 + 표시로, 오반응은 − 표시(또는 행복한 얼굴과 슬픈 얼굴 스탬프 또는 치료사가 유용하다고 여기는 그 밖의 다른 체계를 사용하여)로 기록하면서 반응들을 평가하도록 요구한다. 치료사는 가능한 선까지는 아동의 자기모니터링 기술에 대한 즉각적인 피드백을 주어야 한다. 예를 들어, + 또는 −로 표시하는 데 실패한 아동에게는 그렇게 하도록 촉구단서를 제공할 수 있을 것이다. 회기 종료시점에서 아동의 판정과 치료사의 판정을 서로 비교해 볼 수 있을 것이다. 치료사는 아동에게 정보적이거나 또는 교정적 피드백을 제공하면서 아동에게 그 결과를 간단히 설명("와, 이것 봐! 우리는 오늘 4개의 반응 중 3개에서 일치했어!")함으로써 기록하는 기술이 개선될 것임을 보장해 준다.

> 치료사가 자신의 관사 *the* 산출에 관해 차트를 작성하는 모습을 지켜본 한 6세 소년이 치료사에게, "뭐하는 거예요?"라고 물었다. 치료사는 "네가 'the'를 몇 차례나 정확히 말했는지 세고 있는 중이야. 너도 세어 보고 싶니?"라고 답했다. 그는 자신도 셀 것을 열정적으로 동의했다. 그는 치료사가 자신에게 그 양식서류와 연필을 건네자 너무도 기뻐했다.

차트에 반응을 기록하는 일은 진보 중인 아동에게는 본질적으로 강화로 작용한다. 치료사는 아동에게 치료회기 종료시점마다 필요하다면 언어적 칭찬을 함께 제공하면서("오늘 네가 몇 차례나 정확히 해냈는지 보렴."), 더욱 종합적인 차트 위에 정반응률의 점을 찍게(산포도를 그리게) 함으로써 회기별 진보를 추적할 수 있게 해줄 수 있다.

다음 단계는 아동에게 자기교정을 가르치는 것이다. 자신의 정반응과 오반응 기록을 안정적으로 해낼 수 있게 된 아동에게 자신이 범한 오류를 잡아 내어 멈추고, 재구성하거나 또는 이를 수정하도록 요구할 수 있다. 아동이 이렇게 오류를 멈추거나 수정할 때마다 치료사는 이를 언어적으로 강화시킬 수 있다. 아동이 오류를 멈추거나 수정하는 일에 실패할 때마다 치료사는 이를 빠르게 중지시키고, 오류의 최초 징후가 나타나는 즉시 이를 멈추고 이 오류를 수정하도록 촉구단서를 제공해 줄 수 있을 것이다.

아동에게 자기모니터링 기술을 가르치는 일은 심지어 주변에 아무도 없을 때조차도 목표행동이 점검될 수 있도록 보장해 준다. 아동이야말로 언제나 행동을 모니터할 수 있는 유일한 개인인 것이다. 아동 스스로가 자신의 치료사가 되면, 자연스러운 상황에서의 목표행동 유지는 현저히 강화될 것이다.

아동이 직면할 가능성이 있는 함축적인 문제는 아동이 이제 막 가정에서 산출할 수 있게끔 습득하게 된 바람직한 의사소통행동들을 자기 삶의 주요 인물들이 강화해 주지 않을 수 있다는 점이다. 일부 부모들은 아동이 보다 효과적으로 의사소통하게 되어 행복해졌을지는 모르겠으나, 치료사의 교육에도 불구하고, 아동이 힘들게 획득한 의사소통기술들에 관심을 기울여 주지 못할 때가 있다. 바쁜 교사들 역시 아동의 바람직한 행동에 즉각적으로 주의를 향하지 못할 수 있다. 이처럼 무시된 반응들은 사라져 버리기 쉽다. 이러한 경우에, **강화 회복**(reinforcement recruitment)이라고도 하는 **수반성 점화**(contingency priming)가 유용할 수 있다(Craft, Alber, & Heward, 1998; Mank & Horner, 1987; Morgan, Young, & Goldstein, 1983; Stokes, Fowler, & Baer, 1978). 이것은(반응을) 무시하는 사람들로부터 강화(보통은 관심이나 긍정적 논평)를 추출해 내는 기법을 말한다. 아동은 이 기법을 활용하여 환경 내 인물들에게 정반응에 대한 긍정적 피드백을 제공해 주도록 촉구하는 법을 배운다. 현 맥락에서 아동은 자신의 새로운 언어기술에 대한 타인들로부터의 관심을 이끌어 내는 방식으로 이들에게 촉구하게 된다. 오직 자신들의 기술에 대해 효과적으로 자기평가(자기모니터링)하도록 배운 아동만이 이 기법을 활용할 수 있다. 자신이 정확한 언어반응을 산출했다는 사실을 알고 있는 아동은 그 행동에 대한

강화의 점화란 강화의 구걸이다! 그러나 이것은 바람직한 구걸이다! 이것은 "날 봐!"라고 요구하는 것이다. 강화 점화의 가장 최악의 사례는 뽐내는 것이다. 어떤 연령대의 사람이건 타인에게 칭찬을 점화시킨다. 이전에 보였던 비협조적 행동을 멈추게 된 한 아동(이를 드러내지 않도록 차별적 강화를 받은 후)이 회기를 마치고 나와, 아빠에게 선언하였다. "아빠, 나 오늘은 조금도 난리치지 않았어!" 그리고 아빠로부터 따뜻한 포옹을 받는다. 청자들은 "나 헤어스타일 바꾼 거 알아?", "보세요, 린디 씨, 나 구두 샀어요!" 또는 "내 새 넥타이 맘에 들어?"라는 질문을 들었을 때, 상대는 어떤 답을 해주기를 기다리는지 잘 알고 있다.

한 부모의 관심을 이끌어 낼 수 있다. 아동들은 수반성 점화를 사용하여 부모, 교사 및 기타 인물들에게 정확한 산출을 강화해 주도록 상기시킬 수 있다. 아동이 "엄마! 나는 'I eated it!'"이 아니라 'I ate the hot dog'라고 말했어. 와, 훌륭하지 않아?"와 같이 말하는 매 순간 수반성 점화가 일어나며, 뒤이어 엄마로부터 따뜻한 언어적 칭찬이 이어진다.

　이 절에서 설명된 유지 전략들은 언어기술의 강화, 그리고 자연스러운 환경으로의 치료 연장에 도움이 될 것이다. 이 전략들은 또한 자연스러운 환경에서의 자기모니터링 기술 및 강화 점화를 가르치는 것에도 역시 유용할 것이다. 그렇지만 심지어 가장 세심하게 설계된 유지 프로그램조차도 아동의 언어행동이 추가적인 임상적 중재 없이도 영구히 유지될 것이라고 보장해 주지는 못할 것이다. 치료 종결 후 언어행동이 소멸되어 버릴 가능성을 막기 위해, 치료사는 추수(follow-up) 평가를 제공하고, 필요하다면 치료를 증폭시키기 위한 계획을 수립해야 한다(Hegde, 1998b; Hegde & Davis, 1999).

추수활동 및 증폭치료

치료 종결시점이 되면 아동의 자연스러운 환경에서의 언어행동 유지를 모니터링하기 위한 추수평가 계획이 수립되어야 한다. 비록 이 계획은 치료사의 판단에 따라 결정될 수 있으나, 점차 빈도를 낮추어 가며 추수평가를 제공하는 것이 일반적 원칙이다. 예를 들어, 치료사는 종결 후 첫 6개월 동안 두 차례, 1년 후 한 차례, 그리고 아마도 2년 후 한 차례 더 실시하는 추수평가를 계획할 수 있다. 추수계획은 언제나 개별적인 것이며, 이보다 약간의 증감은 있을 수 있다.

　추수평가는 대화말에 대한 탐침이며, 치료실뿐 아니라 자연스러운 상황에서 수집된 언어표본 분석으로 이루어진다. 치료사는 부모나 교사에게 가정, 학교, 지역사회, 또는 그 밖의 다른 상황에서 아동

의 대화말을 녹음해 오도록 요구할 수 있다. 한 가지 대안으로 치료사는 아동의 집이나 교실, 놀이터 또는 그 밖의 환경을 방문하여 아동의 언어산출을 들어볼 수도 있다. 신뢰성 확보를 위해, 각각 다른 상황에서 녹음된 최소한 두 가지 이상의 아동 말 표본을 확보할 필요가 있다. 자연스러운 상황에서 수집된 표본 외에도 치료실에서 수집된 표본으로 보강시켜야 한다.

만일 언어표본으로부터 아동의 언어기술이 일상의 대화말 수준에서 유지되고 있는 것으로 나타난다면, 차기 추수평가 때까지는 더 이상의 조치가 필요치 않다. 그렇지만 만일 분석 결과, 아동이 치료실에서 습득한 언어기술이 자연스러운 환경에서 유지되지 않거나 그 산출비율이 수용 불가할 정도로 낮은 수준이라면, 아동에게는 이전에 배운 행동을 재확립하기 위한 증폭치료(booster treatment)가 제공될 필요가 있다.

증폭치료는 원래의 치료 종결로부터 일정 시간이 경과한 후에 제공되는 짧은 치료회기로 구성된다. 증폭치료는 원 치료만큼 집중적이거나 광범위한 것이어서는 안 된다. 대개의 경우 비록 반응률 저하가 심각할 때는 보다 많은 회기가 필요하겠으나, 보통은 한두 차례의 회기 정도면 목표행동의 재확립이 가능하다. 치료사는 이전에 작업했던 동일한 치료를 사용하거나, 또는 최근에 효과적인 것으로 입증된 것이 있다면 다소 변형된 방식을 사용할 수 있을 것이다.

치료 종결 후 유지가 결여되어 있다는 것은 아동의 의사소통기술을 지지해 주는 주요 인물들의 활동이 차츰 희미해졌다는 것을 암시하는 것일 수 있다. 이것이 확인된다면 치료사는 아동의 목표기술 강화를 부모나 기타 인물들에게 가르쳤던 지지적 행동(촉구하기, 강화하기)을 검토해 보아야 한다. 요컨대 증폭치료와 함께 아동의 언어기술을 지지해 주는 짧은 재활성화 과정을 거쳐 해당 기술이 이전 수준 또는 바람직한 수준으로 환원될 수 있을 것이다.

부모나 교사에게는 공식적으로 치료가 종결되고 난 후에도 주기적인 추수평가 및 미래에 치료회기가 필요할 수도 있음을 치료의 최초 출발시점부터 미리 알려주어야 한다. 아동 삶의 주요 인물들에게 추수평가 및 증폭치료의 필요성을 치료가 시작되기도 전에 미리 공지해 두면 치료가 종결된 후, 언어 행동이 저하되기 시작한다 해서 이들이 그 치료를 실패한 것이라고 여기게 되는 일은 좀처럼 발생되지 않을 것이다. 또한 이들이 추수평가를 위해 아동을 다시 데려올 가능성 역시 더 높아질 것이다. 마지막으로 치료사는 아동의 주요 인물들로 하여금 자신들이 아동의 언어산출 또는 이해에 주목할 만큼의 악화된 변화가 있다면 무엇이든 보고해야 할 필요가 있음을 알게 해야 한다. 사람들은 무엇인가 해결책이 있음을 알게 되면, 그 문제를 보고할 가능성이 더 높아지게 마련이다.

언어표본에 대한 주기적인 추수평가를 거쳐 언어 목표행동이 자연스러운 환경에서 지속적으로 유지되는 것으로 나타난다면, 치료사는 역할을 다했고, 목표에 부합되었다고 간주할 수 있을 것이다. 이때야말로 치료가 완료된 순간이며, 아동은 자신의 완전한 의사소통의 잠재력을 실현해 낸 것이다.

그렇지만 일부 아동들의 경우에는 치료가 지속적인 과정이어야 할 때가 있다. 자폐나 발달장애와 같은 연합된 임상조건으로 인해, 언어기술에 필요한 도움을 언제나 요구할 수밖에 없는 아동들이 이에 해당한다. 이러한 아동들을 위해서는 평가와 치료방식 및 절차 양면에 걸쳐 부분적인 수정이 이루어져야 한다. 다음 장에서는 언어장애와 연합된 몇 가지 임상조건들에 대해 알아보고, 특수아동들의 요구에 맞도록 평가와 중재를 조정해 내는 방안에 관해 제안할 것이다.

 요약

확장된 사회적 의사소통기술은 자연스러운 환경 속으로 일반화되어야 하며, 이후에는 시간의 경과 후에도 계속 유지되어야 한다. 이러한 목적을 달성하기 위해서는 아동의 삶에 관련된 부모 및 기타 인물들과의 유대가 필요하다. 일반화란 학습된 반응이 새로운 자극 및 새로운 상황으로 연장되는 행동 과정을 말한다. 치료사는 자극, 상황, 대화 상대방, 그리고 반응의 일반화를 촉진시켜야 한다. 변별은 일반화의 반대이다. 이것은 반응 및 개념을 차별화하는 행동 과정이다. 아동은 특정 자극에 대한 바람직한 반응은 강화되고, 그렇지 못한 반응은 강화되지 않는 차별적 강화라는 행동주의 원리를 통해 일반화와 변별을 학습한다.

　일반화가 아닌 유지는 일반화된 반응이 유지될 수도, 그렇지 않을 수도 있다는 점에서 결국 치료의 궁극적인 목적이 된다. 유지 촉진을 위해 치료사는 치료자극, 목표반응, 반응 후속결과를 관리하는 특수한 절차들이 포함된 다양한 전략을 사용한다. 이 장에서 설명된 여러 가지 가운데, 자연스러운 치료자극 선택하기, 기능적이며 아동 특정적인 기술 목표화하기, 다중적 용례와 함께 기술 가르치기, 대화 수준에서 충분한 치료 제공하기, 간헐적 강화 계획으로 전환하기, 강화 지연시키기, 자연스럽게 발생되는 후속결과 사용하기, 자기모니터링 기술 가르치기, 부모들에게 목표기술을 자극하고, 촉구하며 강화하도록 교육시키기와 같은 방식들이 아동의 사회적 의사소통기술의 유지를 촉진시키는 데 도움이 될 것이다. 주기적인 추수활동 및 기술이 저하되었을 때의 증폭치료계획을 수립하는 것이 유지라는 목표를 향해 나아가게 해줄 것이다.

 학습지침

1. 언어학습 및 교육에 중요한 일반화와 변별의 두 가지 행동 과정에 대해 논하라. 이 두 과정의 작동을 설명하고 있는 정상 아동의 언어에 관한 문헌에서 예를 찾아 제시하라. 언어장애치료에서 유사한 예를 제시하고, 언어장애 아동치료에서 이 두 과정에 대한 작업이 갖는 중요성을 밝혀라.

2. 이 장에서 이루어진 "치료의 최종목표는 일반화가 아닌 유지이다."라는 진술을 비평적으로 평가해 보라. 이 장에서 일반화가 이러한 방식으로 정의되는 이유는 무엇인가? 이것은 일반화에 관한 보다 보편적인 가정과 어떻게 다른가?

3. 여러분은 현재까지 학교 환경에서 아동을 다루어 왔다. 여러분은 지금까지 학교 치료실 안에서 기초 및 보다 진보한 언어기술 양자를 가르침에 있어 현저한 진보를 이루어 냈다. 그렇지만 교사는 교실 안에서의 아동은 여러분이 개별 회기에서 목표화했던 기술 중 어떠한 것도 산출하지 못하고 있다고 불만을 제기하였다. 그래서 여러분은 아동이 교실에서 기술을 산출할 수 있도록 돕고, 그리하여 시간이 지나도 유지를 촉진시키기 위해 교사가 할 수 있는 방안에 관한 간단한 워크숍을 열기로 결정하였다. 이 워크숍의 개요에 관해 기술하고, 구체적으로 교사에게 요구되는 것이 무엇인지에 관해 설명하라. 여러분의 제안을 교사가 쉽게 이행할 수 있도록 비기술적인 언어로 진술하라.

4. 치료실에서 배운 언어목표의 유지 촉진을 돕기 위해 여러분이 가르칠 수 있는 기술이 자기모니터링이다. 아동이 자기모니터링을 하고 있는지를 판정하는 방식에 관해 기술하라. 그 측정 방식을 구체적으로 명시해 보라. 여러분은 5세 아동에게 어떻게 자기모니터링을 가르칠 것인가? 지금 여러분이 화용언어기술을 가르치고 있다는 전제하에서 설명하라.

5. 이 장에서 설명된 여러 강화 계획(스케줄)의 차이를 구분해 보라. 각 계획 유형별로 예를 제시하라. 기초기술을 가르치는 것으로부터 출발하여, 습득시킨 보다 진보적인 기술들을 자연스러운 맥락으로 이동시킬 때까지의 포괄적인 치료 프로그램 내에서 이 강화 계획을 어떻게 사용할 것인지에 관해 구체적으로 기술해 보라.

6. 여러분은 여러분이 언어장애를 치료해 온 7세 아동의 부모와 만날 스케줄을 계획하였다. 이 만남의 의제는 부모에게 여러분이 아동에게 가르쳐 온 언어기술 유지의 촉진을 돕는 기법을 가르치기 위한 것이다. 여러분이 부모에게 제공할 수 있는 제안점들은 무엇인가? 부모가 해야 할 일을 비기술적인 언어로 진술해 보라. 또한 부모의 작업 및 아동의 진보를 여러분은 어떻게 모니터링할 것인지, 그리고 부모의 활동을 어떻게 정교화시켜 줄 것인지 기술해 보라.

제 **10** 장 학업 수행 지원 :
　　　　　　　 언어와 문해

개요

- 특수교육 서비스 제공 현황

- 문해교육의 현황

- 읽기 및 쓰기 평가

- 읽기 및 쓰기 중재

- 평가 및 중재 너머 :
  문해지식기반 진보 및 효과적인 문해 실제 옹호

- 요약

- 학습지침

특수교육 서비스 제공을 결정하는 교육철학의 특정 추세는 공립학교에서 일하는 언어치료사(SLP)로부터 심대한 영향을 받아 왔다. 장애 학생 옹오단체가 모든 학생들의 일반교육 교실에서의 완전통합을 촉진시킴에 따라 특수교육과 일반교육 서비스 이행의 차이점은 점차 희미해지고 있다. 완전통합에의 압력은 공립학교 학생들의 최소제한환경에서의 적절한 그리고 무상의 교육을 규정하는 연방법안에 의해 가속화되어 왔다(장애 아동을 위한 서비스 제공 모델에 영향을 미치고 있는 연방법안의 개요는 글상자 10.1참조). 전통적으로 언어치료 서비스가 공립학교에서 제공되어 온 근간인 풀아웃(pull-out) 모델은 완전통합 정책과는 상충하는 것이며, 그리하여 이 서비스의 이행을 보다 통합적인 것으로 만들기 위해 대안적 모델이 제안되어 왔다. 교육적 원칙의 전환, 그리고 특수교육 서비스에 필요한 기금의 제한으로 인해 초래된 과중한 업무부담이 대안적 모델을 통한 서비스 제공을 요구하게 되었다. 그렇지만 대안적 모델이 보다 효과적인 중재를 초래했는가의 여부에는 의문의 여지가 있다

글상자 10.1   장애 아동에 대한 서비스 제공 모델에 영향을 미치는 연방법안

전장애아교육법(PL 94-142, 1975)

이 법안은 모든 아동에게 그 장애의 중증도와 상관없이, 무상의 적절한 공교육(Free and Appropriate Public Education, FAPE)이 최소제한환경(LRE) 내에서 제공되어야 함을 보장한다. 이 법안은 장애 아동들이 개개 학생의 요구에 맞게 재단된 개별화교육계획(Individualized Education Plan, IEP)을 제공받아야 한다고 명시하고 있다. 나아가 이 법안은 부모들에게 아동의 교육 프로그램에 영향을 미칠 수 있는 사안의 결정에 참여할 권리가 주어질 것을 규정하고 있다.

장애인교육법 수정안(PL 99-457)

이 법안은 PL 94-142를 3~5세의 취학전 아동들에게 확대하여 이들에게 무상의 적절한 공교육 제공을 규정한 것이다. 이 법안은 또한 장애 위험이 있거나 또는 장애를 지닌 출생에서 2세까지의 유아들을 위해 각 주가 이행하는 프로그램 개발을 지원하는 자발적 프로그램을 창출하였다. 이 법안은 자격을 갖춘 아동 및 가족들에게, 단지 아동 개인뿐만이 아니라, 그 가족 전체에게 필요한 서비스 제공을 상세히 명시하는 개별화된 가족 서비스 계획(Individualized Family Service Plan, IFSP)을 제공받도록 규정하고 있다.

전장애인교육법(IDEA)(PL 101-476, 1990)

PL 94-142를 재천명하고 수정하여 재명명한 것이 1990년도 전장애인교육법(IDEA)이다. PL 101-476의 조항 중 하나는 개개 장애 학생들은 최소 16세가 되기 이전에, IEP 내에 포함되어 있는, 학생들의 성인 삶으로의 이동을 위한 계획인 개별화전이계획(Individual Transition Plan, ITP)을 제공받도록 규정하고 있다. 그러므로 ITP는 직업훈련, 추가 교육, 그리고 가능한 한 독립적인 성인의 라이프스타일을 위한 로드맵으로서의 기능을 담당한다. IDEA는 1991, 1997, 2004년에 추가 개정되었다. 수정조항에는 전형적으로 발달하는 또래들이 있는 '자연스러운 환경'에서의 조기 중재 서비스 제공 규정, 그리고 유아들의 취학전 서비스로의 이동, 아장이들의 공립초등학교로의 이동을 촉진하는 전이 절차에 관한 규정이 포함되어 있다. 가장 최근의 수정조항인 2004년도 전장애인교육개선법(Individuals with Disabilities Education Improvement Act of 2004)은 많은 이슈 가운데, 학생들이 연구기반적 방식을 통해 훈련된 고도의 자격을 갖춘 전문인들에 의해 제공되는 교육 받을 권리에 대해 규정하고 있다(장애 아동위원회, 2004).

(Kavale & Mostert, 2003).

　이 밖의 교육적 추세는 학교 언어치료사의 역할의 주된 변화를 창출해 냈다. 이제 언어치료사들의 업무 범위에는 문해결함을 지닌 아동들을 위한 중재까지 포함되어 있다. 미국말언어청각협회(American Speech-Language-Hearing Association)가 취하고 있는 견해에 대한 진술(ASHA, 2001)은 언어치료사는 읽기장애 역시 포함된 의사소통장애 아동들의 평가 및 치료에서의 '중요하면서도 직접적인 역할'을 한다고 진술함으로써 이러한 변화를 나타내고 있다. ASHA는 또한 모든 공립학교 학생들의 문해 촉진이라는 언어치료사의 역할을 인식하면서, 언어치료사들은 "학교 단위 또는 지역사회가 기울이고 있는 기타 아동들 및 청소년들을 위한 문해에의 노력"을 지원하고 이에 공헌해야 한다고 천명하고 있다(p. 69). 일부 언어치료사들은 이러한 역할을 받아들이고 있으며, 또 다른 일부는 급증하고 있는 사례량을 지적하며 이에 저항하고 있다.

　이 장은 (1) 특수교육 서비스 제공 현황과 (2) 문해교육의 현황에 관해 보다 심도 있게 살펴보는 것으로부터 출발할 것이다. 이 장은 문해결함을 평가하고 치료하는 절차들에 관한 설명으로 결론을 내릴 것이다.

특수교육 서비스 제공 현황

의사소통장애 아동들을 위한 서비스는 전통적으로 **풀아웃 모델**(pull-out model)을 통해 제공되어 온 바 있는데, 이 모델은 아동이 치료실에서 개인적으로, 또는 보다 보편적으로는 소집단 치료 형태로 서비스를 제공받게 하는 것이다. 주당 최소 2회 이상, 회당 최소 40분 회기(학교 환경에서 인정되는 최소 기준)의 개별 치료 제공을 담당하는 학교 언어치료사들은 치료효과 연구의 지지로부터 혜택을 얻는다. 이 책에서 권장되는 치료절차는 치료실 환경에서의 일대일 치료에 기반하고 있다. 이것이 실험연구에서 지지를 받아 온 치료 유형의 하나이다. 언어장애 아동들은 특수화된 중재 제공에 숙련된 전문 언어치료사에 의해 독특한 방식으로 배열된 특수자극을 요구한다는 사실이 기억날 것이다.

　공립학교는 여러 측면에 있어 이러한 유형의 서비스 제공이 실현되는 이상적인 환경이라 할 수 있다. 학교 언어치료사는 종종 학교 캠퍼스를 돌아다니므로(때로는 쉬지 않고), 언제나 아동 및 교사가 이들을 활용할 수 있다. 학교 언어치료사에게는 교실, 운동장, 간이식당 등 자연스러운 환경에서 자기 사례에 해당하는 아동들을 관찰할 수 있는 무한한 기회가 존재한다. 충분히 존중받으며, 교실 교사와의 상호 호혜적인 전문적 유대감을 누리는 학교 언어치료사는 교사에게 충고를 해주며, 교실 환경에서 언어 목표행동을 유발하고 이를 강화해 주는 방식을 시연해 주는 등 효과적으로 협력할 수 있다. 또한 공립학교에는 치료절차 및 서비스 제공 모델의 효율성을 조사하는 유망한 연구소로서의 아직 미실현된 잠재력 역시 갖추어져 있다.

불행히도 학교 언어치료사들은 종종 교실이나 운동장 활동의 일상으로부터 제외되는 때가 있다. 많은 학교 언어치료사들이 순회식 형태로 일한다. 이들은 이 학교, 저 학교를 돌아다닌다. 결과적으로 이것이 이들로 하여금 자신이 일하는 관내 학교 담당자들과의 어떠한 개인적 또는 전문적 연계를 수립하기 어렵게 만들 수 있다. 종종 이러한 고립은 '스피치 룸'의 물리적 배치, 아마도 휴대용 설비들이 정규 교실과는 분리된 곳에 위치하는 것과도 관련되어 있다. 종종 언어치료사들의 고립은 이들을 압도할 만큼의 과도한 사례수와 이들이 작성해야 할 서류더미로 인해 초래된 일일 수도 있다. 결론인즉슨 일반교육 활동에 관여할 만큼의 시간은 없다는 것이다. 일부 교사들은 아동들의 언어장애를 치료하는 것은 언어치료사의 역할이라고 여긴다. 이런 교사들은 언어치료사로부터 충고를 받아들이고 이 충고를 교실교육 및 활동에 통합시켜야 한다는 개념에 거부감을 가질 수 있다. 간략히 말하자면, 언어치료사들이 풀아웃 모델상에서 그리고 치료실 안에만 파묻혀 배타적으로 서비스를 제공하며, 지나칠 정도로 많은 아동들에게 효과적인 치료를 제공하기 위해, 게다가 관련 서류를 꾸준히 유지하기 위해 필사적으로 애쓰는 일은 너무나도 자주 발생된다. 여러 경우에 있어 일반교육 인사들과 협력적 유대감을 수립하는 일은 바람직하지만 달성될 수 없는 목표일 때도 많다.

이러한 딜레마에 대한 빠른 해결은 특수교육 서비스 예산을 증대시켜 사례수를 감소시키는 것이다. 사례수만 합리적이라면 효율적인 말언어치료 제공이 그리 어려운 일은 아닐 것이다. 그렇지만 사례수가 합리적이지 못한 경우가 너무나 많다. 예를 들어, 캘리포니아 주의 법안은 언어치료사의 학군 내 평균 사례수는 55명의 아동을 넘지 못하도록 규정하고 있지만, 여전히 일상적으로는 한 명의 언어치료사가 100명을 담당하고 있는 실정이다. 이 같은 놀라운 사례수는 언어치료사의 부족 그리고 활용 가능한 특수교육 서비스 예산이 점차 제한되고 있는 현상에 기인한 것이다.

증가된 사례수로 인해 새로운 방식의 서비스 제공이 필요해졌다. ASHA(1996a)는 보조 언어치료사(Speech-Language Pathology Assistants, SLPA)의 활용을 승인한 바 있다. 이는 자격을 갖춘 학교 언어치료사의 감독을 받는 준전문가를 말한다. 이들의 업무 범위는 제한적이다. 이들은 평가 또는 치료계획 수립을 이행할 수는 없으되, 감독 언어치료사가 처방한 치료를 이행할 수는 있다. 아직까지는 SLPA가 제공하는 서비스의 효율성에 관한 증거는 충분히 수집되지 못했다.

증가된 사례수 외에도 입법 및 교육철학은 보다 통합적인 서비스 제공 모델을 규정하고 있다. 연방 예산 및 주 예산의 확대를 추구하는 장애인 옹호단체의 목적 및 입법 목적은 필연적으로 중증의 장애 학생에 대한 정규교육 교실로의 완전통합이라는 추세를 만들어 내기에 이르렀다. 많은 이들의 궁극적 목적은 모든 학생들을 일반교육이라는 틀 안에서 만나야 한다는 필요성에 따라 일반교육과 특수교육 간의 경계를 사라지게 하는 것이다. ASHA는 1996년 자신들의 견해에 대한 진술에서, "ASHA는 통합을 향한 변화는 절대적 조건하에서 이행될 때는 최선이 아닐 수 있다고 믿는다. 오히려 개개 아동과 그 가족들의 독특하면서도 특정적인 요구가 언제나 고려되어야 한다."(p. 35)라는 일부 신중한 조건을 전제로 이 경향을 인정하고 있다. 많은 특수교육자들은 여전히 또 하나의 '밴드왜건 효과'(장애 학생들을 정규교육 배치의 완전통합을 향한 돌진) 안에서 개인적 요구가 간과되는 일은 없어야 한다는 것에 동의하고 있을 것이다.

완전통합에 대한 압력은 몇몇 학군에서의 풀아웃 모델의 철회를 이끌어 내기도 했다. 아동들이 치료에 참여하는 동안에는 교실교육이라는 귀중한 시간이 상실되며, 그리고 치료실 상황에서 습득된 말언어행동이 교실 상황에서 잘 일반화되지도 못하는 그런 방식으로 홀로 남아 배제된다는 낙인이 찍히는 것이라고 여겨지기도 한다. 이제 학교 언어치료사들은 완전통합이라는 교육철학 및 법조항과 보다 일관되는 형태의 대안적인 서비스 제공 방식을 개발해야 할 필요성에 직면하였다. 대안적인 서비스 제공에 사용되는 가장 보편적인 두 가지 방식은 (1) 자문 모델과 (2) 협력 모델이다.

자문 모델

자문 모델(consultative model)에서는 말언어 서비스가 간접적으로 제공된다. 평가, 진단 및 치료계획 수립이 모두 언어치료사에 의해 이행되는 기능들이다. 그렇지만 중재는 자연스러운 환경에서 언어 목표행동을 유도하고 강화하도록 배운 사람에 의해 제공된다. 언어치료사는 부모, 교사, 보조교사에게 자문을 하며, 심지어 언어치료사가 고안한 중재계획을 이행하게 될 아동의 친구들에게도 자문을 한다. 언어치료사는 치료계획이 수립 중일 때는 아동과 관련된 모든 이들을 만나 이들 스스로 아동의 진보를 모니터

진실인가 거짓인가? 자문 모델에서는 언어 서비스가 직접적으로 제공된다.

하고, 피드백을 제공하며, 그리고 필요하다면 무엇이든 치료계획의 일부를 수정할 수 있게 해야 한다.

자문 모델은 매우 경도의 언어장애를 가진 아동에게 이로울 수 있다. 그렇지만 자문 모델이 높은 사례량을 관리하는 방식으로 불합리하게 사용되는 경우가 너무나도 많다. 보다 중증의 언어장애 아동들은 직접적인 치료를 통해 이득을 얻을 것이며, 또한 그래야만 한다. 우리의 경험상, 자문 모델은 유지전략으로 다시 말해 교실 안에서의 목표행동 준거의 충족과 자연스러운 환경에서의 준거 충족 후의 궁극적인 치료 종결 사이를 연결하는 '교량'으로 사용되는 것이 최상이다. 추가적으로 이 모델이 학령기 아동의 의사소통장애치료하기라는 목적에 도달하게 해준다는 어떠한 증거도 없다.

협력 모델

협력 모델(collaborative model)은 학교 언어치료사와 기타 학교 담당자들 간의 상호 관련성을 강조하며, 모든 특수교육은 교과과정과 직접적으로 연계되어 있어야 하며, 최소제한환경 내에서 제공되어야 한다라는 규정 요건과도 일치하는 것이다. 수많은 협력 모델의 변형들이 제안되어 온 바 있으나, 일부 공통요소는 다음과 같은 것들이다.

글상자 10.2   전문가팀의 유형

언어치료사와 함께 일할 수 있는 세 가지 유형의 팀은 (1) 다학제적 팀, (2) 초학문적 팀, (3) 간학문적 팀이다. 이 세 가지 중에 간학문적 유형이 협력 모델에 가장 적합하다.

다학제적
다학제적 팀에서는 몇 가지 영역이 표상된다(언어치료사, 심리학자, 학교 간호사, 적응적 물리교육 전문가 등). 각 전문가들은 별도의 평가를 실행하고 이에 대해 기술하는데, 여기에는 다른 구성원들로부터의 입력은 거의 없다. 치료는 요구되는 치료 유형에 가장 가까운 전문가에 의해 이루어지며, 여기서도 역시 다른 구성원들로부터 입력은 거의 없다.

간학문적
간학문적 팀 구성원 간에는 더욱 많은 상호작용이 발생한다. 팀 구성원의 제안은 다른 구성원에 의해 수정될 수도 있으며, 평가보고서는 협력적으로 기술되지만, 치료는 다학제적 팀에서와 마찬가지로 한 명의 구성원이 담당한다.

초학문적
초학문적 팀 구성원 간에는 평가 및 치료의 모든 측면에서 상호작용이 발생된다. 평가는 팀 구성원 전체 앞에서 이루어지며, 평가보고서 역시 협력적으로 기술되며, 또한 치료도 몇몇 팀 구성원들이 담당한다.

- 부모, 교사, 담당공무원, 기타 교육 서비스 제공자, 그리고 학생이 포함된 교육팀 구성원으로서의 언어치료사(전문가팀의 유형은 글상자 10.2 참조)
- 평가방식 결정, 치료목표 기술, 치료계획 고안 및 중재 이행에서의 공유된 책무
- 교실 및 기타 자연스러운 환경에서의 특수교육 서비스 공급

협력 모델하에서 작업한다는 것은 학교 언어치료사로 하여금 법에서 명시된 바와 같이 학교 교과과정에 철저히 친숙해져야 함을 요구한다. 이는 학생들에게 통합적이며 고품질의 교육 서비스 제공에 초점을 둔 전문가 간 유대감을 촉구하는 일이다. 협력 모델이 효과적이려면, 학교 언어치료사는 학교 교사들로부터 환영받는 자원으로 기능해야 한다.

그 개념에 맞게 적용하자면 협력 모델에는 교실 환경에서의 중재 제공이 포함된다. 교실의 언어치료사는 학급 전체를 대상으로 한 교육을 제공하면서 동시에 자기 사례에 해당하는 아동의 언어행동을 모니터링하거나, 또는 교사가 수업을 진행하는 동안 이 아동에서 저 아동을 향해 '유영'하기도 한다. 달리 가능한 또 다른 일은 언어치료사가 교실에 들어가 자기 사례에 해당하는 아동을 따로 떼어 개별 치료 또는 소집단치료를 제공하는 것이다.

협력 모델의 많은 측면들이 이상적으로 여겨질 수는 있겠으나, 그 효과를 지지하는 실험연구는 결여되어 있다. 협력 모델이 충분히 환영받기 위해서는 의사소통장애의 직접치료를 허용하는 전통적인 풀아웃 모델보다 이것이 더 우월하다는 점이 입증되어야 할 것이다. 최소한 언어 목표행동은 협력 모델을 통해 적어도 풀아웃 모델과 동등한 효과로 확립될 수 있음이 입증되어야 하는 것이다. 그렇지만

문제는 심지어 전통적인 풀아웃 모델 역시 그 효과가 실험적으로 평가되지 못해 왔다는 점이다.

다양한 서비스 제공 방식을 조합하여 언어 서비스를 제공할 수 있을 것이다. 초기에는 언어행동을 치료실 상황에서의 일대일 직접치료를 통해, 아니면 최소한 소집단치료를 통해 확립하는 것이 최선일 것이다. 이를 위해서는 전통적인 풀아웃 모델의 지속적인 사용이 요구될 것이다. 그렇지만 언어행동이 확립되고 난 후에는, 자연스러운 환경에서의 목표행동의 일반화 및 유지 촉진에는 자문과 협력이 조합된 서비스 제공 방식이 유용할 것이다. 공립학교 캠퍼스 안에서 이루어지는 일상생활에 통합되는 존중 받는 전문가로서의 학교 언어치료사를 정립시키는 것에는 보다 협력적인 방식을 사용하는 것이 명백히 이로울 것이다.

> 자문 및 협력 모델은 목표행동의 일반화 및 유지 촉진에 도움을 줄 수 있다.

절실히 요구되는 것은 공립학교에서 권장되거나 사용되고 있는 서비스 제공의 어떤 유형이든 그 효과에 관한 증거가 마련되어야 한다는 점이다. 무엇이든 새로운 모델이 다른 것보다 더 옹호되는 이유는 그 입증된 효과성 때문일 것이다. 그러나 교육 및 특수교육의 그 밖의 대부분의 경향들과 마찬가지로, 새로운 개념들은 실험연구로부터 기반한 것이 아니다. 이것들은 사회적·정치적·경제적 필요성에 기반한 것이다.

서비스 제공 모델을 변화시켜야 한다는 요구에 부응한다는 것은 단지 오늘날의 학교 언어치료사들만이 직면하고 있는 도전은 아니다. 교육에 있어서의 수많은 경향들이 학교 언어치료사들을 아동의 문해결함을 치료하는데도 역시 유용한 전문가라고 정의내리는 결과를 가져왔다. 이 장의 나머지 부분들은 이러한 경향들에 대해 논의하고, 읽기와 쓰기 평가 및 치료방법에 관해 설명할 것이다.

문해교육의 현황

현재 언어치료사가 아동의 문해와 관련되게 된 몇 가지 이유 가운데, 교육에 있어서의 다음과 같은 세 가지 새로운 이유가 중요한 의미를 지닌다. 그것은 바로 (1) 읽기 준비도를 아우르는 초기문해라는 견해의 채택, (2) 총체적 언어교육 모델 사용으로부터 벗어나 외현적 기술교육을 선호하는 경향, 그리고 (3) 읽기 및 쓰기는 언어기반적 활동이라는 인식이다.

초기문해 대 읽기 준비도

지난 여러 해 동안 교육자들은 아동들은 공식적인 읽기 및 쓰기교육이 시작되기 이전에 읽기 준비 기술을 갖추고 있어야 한다고 믿어 왔다. 아동의 (1) 시각, 청각 및 언어적 기술에 필요하다고 여겨지는 바를 가지고 있는가의 여부, (2) 6.5세의 정신연령에 도달했는지 여부를 확인하기 위해 다양한 공

추정되는 일부 기술들을 드러내지 못하는 아동들에게 기타 특정 기술들을 가르쳐서는 안 된다는 사고방식은 가장 해로운 심리교육적 신화일 뿐이다. 대부분의 경우에 있어서, 추정되는 바의 선결요건에 시간을 소비하는 것보다는 목표기술들을 직접 가르치는 일이 보다 이로울 것이다.

식검사들이 사용되고 있다. 이러한 기술을 갖추지 못한 아동들은 읽기 및 쓰기교육으로부터 이득을 얻지 못할 것으로 여겨지고 있다(Erickson, 2000; Polloway & Smith, 1992). 그러므로 인지결함을 지닌 아동들은, 그것이 비교적 가벼운 상태라 해도 직접적인 문해교육으로부터 배제되고 있다(Erickson, 2000). 불행히도 특정의 선결 기술이 없거나 또는 인지결함이 있는 아동들은 **문해기술**(literacy skill) 교육으로부터 이득을 얻지 못할 것이라는 전제는 어떠한 실험적 근거에도 기반하지 못한 것이다. 그러므로 이러한 아동들에게는 문해기술이 낮으리라는 확신이 교육적 도그마였다.

그렇지만 보다 최근 들어, 연구자들은 아동들이 학교에 들어가기 훨씬 전부터 활자를 인식하고, 문해기술의 근간이 발달하기 시작한다는 점을 보고했다(Gillam & Johnston, 1985; Snow, Burns, & Griffin, 1998; Sulzby, 1985; van Kleeck, 1990, 1998; Whitehurst & Lonigan, 1998). 이러한 **초기문해기술**(emergent literacy skill)은 가정된 바의 그 어떤 '읽기 준비도(reading readiness)'와도 독립된 별개의 것일 수 있다. 예를 들어, 아동들은 가정이나 지역사회 내에서 환경 내 활자들을 지각하고, 그 상표, 로고 및 보편적으로 마주치는 기호들의 의미를 인식하게 될 수 있다. 이는 아동들의 활자화된 자료에 대한 의미 이해의 가장 첫 출발점일 수 있다.

활자 및 그 메시지에 대한 기본적인 이해를 넘어서, 취학전 아동들은 초기문해기술에 있어서 크게 다른 양상을 보인다. 이용 가능한 많은 읽기자료와 쓰기 장비들이 갖추어진 문해가 풍부한 가정에서 자라는 아동은 문해가 빈곤한 가정환경의 아동들에 비해 언어 및 문해기술상에서 보다 앞서가는 경향을 보인다. 가정에서 읽기 및 쓰기자료에 노출된 아동들은 책을 쥐고, 페이지를 넘기는 법을 배우며, 활자화된 낱말과 그것이 전달하는 의미 간의 관계를 형성해 내기 시작한다. 가정에서 규칙적으로 읽고 쓰기를 하는 부모와 양육자들은 자녀에게 훌륭한 역할 모델이 되어 준다. 취학전 아동에게 책을 읽어주는 부모와 양육자들은 자녀에게 읽기 및 쓰기에 대한 초기 시도를 촉진하고 강화해 준다. 이 결과 이들은 자녀에게 있어서의 긍정적이며 유쾌한 문해활동이라는 경험을 창출해 낸다(Teale & Sulzby, 1986; Whitehurst & Lonigan, 1998).

문해가 풍부한 가정의 아동들은 공식 문해교육으로부터 이득을 얻을 수 있는 충분한 준비가 갖추어진 채로 공립학교에 입학한다. 불행히도 문해자료가 빈약하며, 이야기책 읽기가 잘 이루어지지 않거나 전혀 없는, 그리고 성인이 읽거나 쓰지 못하는 가정 출신의 아동들이 많이 존재한다. 이들은 기본적인 활자 개념을 갖추지 못한 채로, 그리고 이들로 하여금 읽고 쓰기를 배우도록 동기화해 줄 만한 학습 경험을 거의 겪지 못한 채로 학교에 입학하는 일이 생길 수 있다(Hart & Risley, 1995; Whitehurst & Fischel, 2000).

비록 초기문해와 미래의 읽기 및 쓰기기술 간의 인과적 관련성에 관한 뚜렷한 연구는 없지만, 초기

문해에 관한 연구는 읽기장애의 위험이 있는 아동들의 조기 판별 및 치료에 관한 매우 커다란 관심을 불러일으켰다. 취학전 평가팀에서 일하며, 초등 저학년 아동들을 사례로 다루고 있는 학교 언어치료사들은 아동의 가정 문해 환경을 평가하고 이에 대한 풍부화에 도움을 주는 독보적인 역할을 담당한다.

총체적 언어교육 대 외현적 기술교육

비록 단일대상의 통제적 실험연구가 그 효과를 입증한 바는 없었음에도 불구하고, 총체적 언어접근법은 지난 수십여 년간 효과적인 읽기교육 방식으로 환영받아 왔다. 총체적 언어접근법에 기저하는 기본적인 전제란 읽기와 쓰기는 듣기와 말하기가 습득되는 바와 매우 동일한 방식으로 자연스럽게 습득되는 것으로서, 낱말 해부호화(활자화된 개개 낱말을 '소리 내어 말하기'), 문법, 철자하기 및 구두점 찍기와 같은 기초기술에 대한 외현적 교육으로 이루어지는 것이 아니라는 것이었다.

읽기 및 쓰기기술은 구어언어와 매우 유사하게 외현적 교육 없이 학습되는 것이라는 전제는 경험적 연구 및 일반적 상식에 직면하여 멀리 사라져 버렸음에도 불구하고, 이 접근법은 여전히 오랜 기간 동안 인정되어 온 바 있다. 많은 대학 교수들이 검증해 볼 만한 사안이긴 하지만,

> 교육에서는 '새롭고 개선된' 접근이라고 내세울 수 있을 만한 실험적 증거 없이도 종종 거센 물결과도 같은 일정 경향들이 나타날 때가 있다.

이 결과 적절한 읽기 및 쓰기기술을 갖추지 못한 채 대학에 입학하는 젊은이들이 양산되었다. 결과적으로, 총체적 언어접근법의 이점이라는 확인되지 않은 맹신은 아동을 유능한 읽기자 및 쓰기자로 변모시키기 위해서는 외현적 교육이 필요하다는 깨달음으로 대체되어 버렸다.

음운인식과 음소인식. 학교 언어치료사와 특별히 관련된 것은 체계적인 파닉스(phonics) 교육, 즉 아동들에게 알파벳 철자의 이름과 그 철자들이 표상하는 소리를 가르치는 방식 사용으로의 회귀이다. 초기문해가 미래의 문해기술의 전조라고 여겨지는 바와 매우 동일한 방식으로, 음소인식을 포함하는 음운인식의 속성은 아동들이 파닉스 교육으로부터 이득을 얻을 수 있는 능력의 선결요건이라고 전제되고 있다(그 정의들에 관해서는 글상자 10.3 참조). 이 결과, 학교 언어치료사들은 종종 매우 어린 아동들에게 음운인식을 평가하고 가르치도록 기대되고 있다. 철자-소리 관계 및 소리 패턴에 대한 교육이 이롭긴 하겠으나, 아동들의 이후 문해기술에 음운인식 및 음소인식이 필요한가에 대한 연구결과는 명확하지 않다. 다음 절에서는 이 논점에 관해 엄정하게 평가해 볼 것이다.

언어기반적 활동으로서의 읽기 및 쓰기

읽기장애란 일차적으로 시각적 결함에 의거한 것이라는 과거의 가정과는 대조적으로, 연구를 통해 지지된 바대로 읽기 및 쓰기는 언어기반적 활동이라는 견해보다 더욱더 언어치료사가 문해와 관련되어야 함을 정당화해 주는 요인은 아마도 없을 것이다. 이제는 읽기와 쓰기는 아동의 구어언어기술의 확

| 글상자 10.3 | 문해 용어들에 관한 기초적 정의 |

문해기술 : 읽기 및 쓰기

초기문해기술 : 이후의 읽기 및 쓰기기술 발달에 선행하거나 또는 이에 요구되는 선결요건이라고 가정되는 초기기술

파닉스 : 소리−철자 간 대응 및 낱말 '소리내어 말하기'(해부호화)를 강조하는 읽기 교육법

문자소 : 알파벳 철자로 표상되는 문어의 최소 부분. 문자소는 음소를 표상한다. 문자소는 단 하나의 철자 또는 철자 조합으로 이루어져 있을 수 있다(예: /k/나 /s/에 대한 c, /ŋ/에 대한 ng, /o/, /u/ 또는 /au/에 대한 ough).

음소인식 : 구어 낱말 속의 개별 음소 또는 소리들을 변별적으로 듣고, 찾아내며, 조작할 수 있는 기술

음운인식 : 음소인식을 포함할 뿐 아니라, 운(rhyme), 낱말, 음절, 그리고 두운과 각운(onset and rime)을 인식하고 조작하는 능력을 포함하는 용어

음절 : 모음을 포함하는 낱말의 부분, 모음은 그 자체로서 자립하거나 또는 한 개 이상의 자음으로 둘러싸일 수 있다(ba-by, re-frig-er-a-tor).

두운과 각운 : 모든 낱말은 두운과 각운이 있다. 두운은 음절의 첫 자음 소리이다. 각운은 모음과 이에 수반되는 모든 것이 담긴 음절 구성 부분이다(낱말 dog의 두운은 d-이고, 각운은 -og이다. 낱말 bring의 두운은 br-이고, 각운은 -ing).

장이라고 인식되고 있다(Catts & Kamhi, 1999; Goldsworthy, 1996). 구어가 능숙할수록 아동에게 읽고 쓰기를 가르치는 일은 그만큼 더 용이해진다. 반대로 구어언어기술이 낮을수록 아동에게 읽고 쓰기를 가르치는 데 소모되는 노력의 정도가 더욱 커진다. 언어장애 아동 가운데에서의 읽기장애 출현율(prevalence)

> 언어장애 아동 가운데에서의 읽기장애 출현율이란 무엇을 말하는가?

은 60%에 달하는 것으로 밝혀진 바 있다. 그러므로 언어장애 아동들은 문해결함으로 발전될 위험에 처해 있는 것이다(Lewis et al., 1998; Wiig, Zureich, & Chan, 2000). 1학년 말에 읽기가 열악한 아동들은 열악한 독서자로 남게 될 가능성이 높다는 증거도 있다. 성숙 그 자체만으로는 읽기를 진보시키지 못할 것이다(Catts et al., 2002; Flax et al., 2003; Justice et al., 2003; Whitehurst & Fischel, 2000).

구어 및 문어 모두에서의 기술을 향상시키기 위해서는 중재가 요구된다. 훌륭한 구어언어기술은 문해기술을 축조할 토대가 되는 것은 사실이나, 구어언어기술(심지어 매우 뛰어난 기술이라 할지라도)이 자동적으로 수용 가능한 문해기술을 가져오는 것은 아닐 수 있다. 인간 문명의 진화과정에 있어서, 문어기술의 흔적이 없는 오랜 기간 동안에도 탁월한 언어기술은 존속되어 왔다. 심지어 이 21세기에 조차 구어상으로는 유능한 많은 이들이 읽거나 쓰지 못하는 경우가 있다. 그러므로 문해기술을 확립시키거나 향상시키기 위해서는 문해기술 그 자체를 외현적으로 가르쳐야 한다. 훌륭한 구어기술은 문해기술의 토대이므로, 언어치료사들은 읽기 및 쓰기장애 치료를 위한 중재 제공에 충분이 준비되어 있는 이들이다. 이들이 받은 언어장애 평가 및 치료의 기술적 훈련들은 읽기 및 쓰기장애 평가와 치료에도 역시 적절히 공헌할 것이다.

문해 문제를 평가하고 치료함에 있어서 언어치료사의 역할 증가에 대한 인식과 함께, 미국말언어청각협회(ASHA)는 아동들의 학교에서의 학업수행 지원을 위해 언어치료사가 담당할 수 있는 역할에 관한 몇 편의 논문을 출간하였다. 이 글들은 언어치료사가 아동 및 청소년들의 읽기와 쓰기 향상을 도울 수 있도록 먼저 언어치료사들에 대한 훈련이 이루어져야 한다고 기술하고 있다. ASHA(2001)에 따르면, 언어치료사들은 다음과 같은 사안을 위해 프로그램을 설계하고 이행하게 될 것이다.

세상의 많은 언어들이 문어 형식을 가지고 있지 않다. 나아가 이는 문해라는 것이 구어의 '자연스러운' 확장이 아님을 의미하는 것이다.

1. 언어습득 및 초기문해를 촉진시킴으로써 문어의 결함을 예방한다.
2. 읽기 및 쓰기결함의 위험에 노출된 아동을 판별한다.
3. 읽기 및 쓰기를 평가한다.
4. 중재를 제공하고, 읽기 및 쓰기 중재 프로그램의 결과를 기록한다.
5. 일반교육 교사, 부모 및 학생들에 대한 지원을 제공한다.
6. 효과적인 문해 실제를 옹호하며 지식기반을 진보시킨다.

읽기 및 쓰기 평가

언어치료사는 읽기 및 쓰기 평가에 앞서 아동의 수용 및 표현언어기술을 먼저 평가해야 한다. 그러므로 제4장에 기술된 평가절차를 읽기 및 쓰기결함을 가진 아동들에게 적용할 수 있다. 구어언어기술을 넘어서, 치료사는 읽기 및 쓰기기술을 직접적으로 평가하기 위해 특정 표준화 검사나 아동 특정적 검사를 활용할 수 있다.

읽기 및 쓰기평가에 이용할 수 있는 많은 표준화 검사도구들이 있다. 표 10.1은 교육 환경에서 가장 보편적으로 이용되고 있는 읽기 및 쓰기검사 목록이다. 비록 추가적인 훈련이 요구되기는 하지만, 이제 이 검사의 시행은 언어치료사의 업무 범위 안에 속한다.

아동 특정적 검사는 많고 다양하며, 아동의 문해기술에 관해 표준화 검사보다 더욱 유용한 정보들을 제공해 줄 수 있다. ASHA는 (1) 초기 수준(취학전), (2) 초기 초등 수준(유치원에서 3학년까지), (3) 후기 수준 같은 세 가지 발달 수준별로 읽기 및 쓰기기술을 평가하는 아동 특정적 방식 사용을 제안하고 있다(4학년 이상; ASHA, 2001). 제안된 절차 중 일부는 여전히 연구를 통해 지지될 필요는 있으나, ASHA의 진술은 이 세 가지 수준에 다른 비공식적 문해 평가에 관한 유용한 시사점을 제공해 준다. 먼저 각 단계별(초기, 초기 초등, 후기 학년)로 부가되어야 할 독특한 기술들에 관해 설명할 것이다. 이어서 다중적 수준에서 평가되는 몇 가지 기술에 대해 설명하고 이에 관해 논의할 것이다.

표 10.1

문해기술 평가도구

검사 도구명	연령 범위	평가되는 기술
Comprehensive Test of Phonological Processing(CTOPP) Wagner, Torgesen, & Rashotte(1999)	5세~성인	소리 탈락, 소리 및 낱말 합성, 그리고 소리, 낱말, 음절의 분절이 포함된 음소 조작, '빠른 이름 대기' 평가도 포함되어 있음
Gray Diagnostic Reading Tests(GRDT-2) Bryant, Widerholt, & Bryant(2004)	6~13세 11개월	철자/낱말 찾기, 읽기 어휘, 읽기이해 하위검사, '빠른 이름 대기', 그리고 음운인식
Phonological Awareness Test(PAT) Roberston & Salter(1997)	5~9세	운맞추기, 소리/철자 연합, 낱말 해부호화, 음절 분절, 그리고, 고립, 탈락 및 대치를 포함하는 음소 조작, '가상으로 철자 하기'의 선택적 하위검사
Test of Early Written Language-2(TEWL-2) Hresko(1996)	3~10세 11개월	초기 쓰기기술, 철자하기, 대문자화하기, 구두점 찍기, 문장 구성, 그림단서에 따라 이야기 쓰기
Test of Reading Comprehension(TORC-3) Brown, Hammill, & Widerholt(1995)	7~17세 11개월	일반적인 어휘이해, 구문적 유사성, '이야기스러운' 문단에 관한 질문에 답하기
Test of Written Expression(TOWE) Mcghee, Bryant, Larsen, & Rivera(1995)	6세 6개월~ 14세 11개월	'이야기 개시자'에 대해 반응하는 에세이 쓰기(학생에게 이야기의 결말까지 지속하도록 요구함) 포함하는 쓰기기술
Test of Written English(TWE) Anderson & Thompson(1998)	6~17세 11개월	문어 표현 및 문단 쓰기 기술 선별, 또한 대문자화하기 및 구두점 찍기 역시 평가
Woodcock Language Proficiency Battery-Revised Woodcock(1991)	2세~성인	구어언어, 읽기, 그리고 쓰기언어 평가, 영어판과 스페인어판이 있음

초기 수준(취학전)에서의 읽기 및 쓰기 평가

언어치료사는 먼저 제4장에서 기술된 공식 및 비공식적 방식을 포함하여, 아동의 수용 및 표현언어 평가를 수행해야 한다. 아동이 언어장애로 판명된다면, 언어치료사는 문해와 관련된 가정환경 및 부모 행동 역시 조사해야 한다. 아동이 심지어 언어장애를 나타내지 않는다 해도, 언어치료사는 아동의 가정환경 및 부모의 행동이 문해 촉진을 향상시킬 수 있는 것이었는가에 관해 의심해 보아야 한다. 이것이 다른 전문가들 및 부모와의 자문을 보장해 줄 수 있을 것이다.

> 초기(취학전) 수준의 아동에게 있어, 치료사는 무엇을 비공식적으로 평가해야 하는가?

> 학교 언어치료사는 아동의 말과 언어를 평가하기 위해 종종 가정을 방문한다. 이들은 또한 별도로 가정에서 제시되는 문해 자료의 양을 관찰할 수도 있다.

치료사는 (1) 가정환경의 문해 풍부화 정도, (2) 활자 및 그 기능에 관한 아동의 초기 지식, (3) 문해를 촉진하는 부모 행동 평가, (4) 음운인식 같은 것들을 비공식적으로 평가한다. 이들 가운데 음운인식은 이후의 절에서 설명할 것이다.

가족 문해 평가. 치료사는 아동의 가정환경을 평가하여 이것이 충분히 문해적으로 풍부한가의 여부를 결정한다. 가정방문, 부모 또는 양육자 인터뷰, 그리고 부모나 양육자가 채워넣는 질문지들은 이 같은 평가에 도움이 될 것이다. 이들 가운데 가정방문을 통한 직접 관찰이 가장 신뢰성이 높다.

가정을 방문한 상태에서 언어치료사는 문해 자료들이 가정 내에 뚜렷이 존재하는가의 여부를 관찰해야 한다. 책, 신문, 그리고 잡지가 있는가? 종이, 펜, 칠판, 지우기 쉬운 판, 이젤(판), 크레용, 보드마커, 분필 등과 같은 쓰기용 자원들을 아동이 쉽게 손에 넣을 수 있는가? 쓰기나 읽기활동에 적합한 가구는 있는가? 부모, 양육자, 또는 이 모두가 규칙적으로 읽어주고 있다는 증거가 있는가?

이러한 관찰은 철저하되, 민감한 방식하에서 이루어져야 한다. 언어치료사는 상투적인 방식을 피해야 한다. 비록 빈곤 속에서 살아가는 아동들은 종종 문해가 풍부한 가정환경으로부터 얻을 수 있는 이득을 얻지 못하기는 하지만, 그렇다고 해서 낮은 사회경제적 가정은 자동적으로 빈약할 것이라고 억측할 수는 없다(Adams, 1990; Hart & Risley, 1995; Snow, Burns, & Griffin, 1998). 마찬가지로 중류나 상류층 부모가 반드시 문해가 풍부한 환경을 아동에게 제공해 줄 것이라고 억측해서도 안 된다. 언어치료사가 가정방문을 할 때 만일 그 집에 활용할 만한 것이 없다면, 책과 쓰기 자료를 가져가 평가 시 자극 아이템으로 사용할 필요가 있다.

우리의 경험상, 일부 가정 내에 문해 자원이 결여되어 있다는 사실로 인해 슬픔을 느낀 일부 학교 언어치료사들은 자신들이 평가한 아동들을 위한 작은 선물로 책, 크레용, 마커, 또는 몇 가지 문해 관련 자원들을 그 집에 그냥 두고 온 적도 있다.

활자 지식 평가. 언어치료사는 아동이 활자 및 그 목적에 대한 초기 지식(일반적으로 활자인식이라 부르는 기술)을 나타내고 있는지 관찰해야 한다. 언어치료사는 아동들에게 그들이 환경 속에서 보편적으로 마주치게 되는 로고나 표식들을 보여줄 수 있다. 예를 들어, 언어치료사는 아동에게 패스트푸드 레스토랑의 로고 그림이나 수프캔의 상표를 보여주고, 아동에게 관련 상품의 이름을 말해 보게 할 수 있을 것이다. 아동이 일상적인 활자 기호들(*stop*, *exit*, *enter*, *men's room*, *women's room* 등)의 의미를 알고 있는가의 여부 역시 이 평가의 한 일환일 수 있다.

언어치료사는 또한 아동들이 활자에 관한 몇 가지 기초개념을 알고 있는지 역시 관찰해야 한다. 책을 뒤집어서 건넸을 때, 아동이 이를 올바른 방향으로 다시 뒤집는가(책을 올바르게 정향하기 과제)? 성인 독자가 책을 읽어주는 동안 잠시 멈추면, 아동이 책의 페이지를 넘기는가? 보다 진보적인 취학전 수준의 기술 평가에는 아동이 낱말, 문장, 또는 문단의 경계를 찾아내는가의 여부, 아동이 활자는 위에서 아래로, 그리고 좌측에서 우측으로 읽는 것임을 이해하는가의 여부, 그리고 종종 읽어주었던 책의 맥락 내에서 아동이 철자나 낱말들을 찾아내는가의 여부를 점검하는 일이 포함된다. 아동에게 "내가 어디서부터 읽어야 할까?", "철자 *m*을 찾아낼 수 있니?", "낱말 하나를 찾아낼 수 있니?", "문장 전체가 어떠니?", "이 문장에 담긴 낱말들을 세어 볼 수 있니?", "이 문단에 담긴 문장들을 세어 볼 수 있니?", "이 이야기의 끝은 어디일까?" 등과 같은 질문을 사용하여 이와 같은 보

직접적인 읽기 및 쓰기교육을 제공하기 전에 먼저 활자의 기초개념을 가르쳐야 할 필요성은 여전히 또 다른 가정에 불과하다. 그 타당성에 관해서는 아직 실험적으로 입증된 바 없다.

다 진보적인 기술들을 평가할 수 있을 것이다.

그렇지만 치료사는 이 활자 기초개념들이 읽기 및 쓰기의 선결요건이라고 전제해서는 안 된다. 아동들이 활자의 기초개념에 관한 지식이라고 정의된 바의 능력을 나타내기 전까지는 읽기 및 쓰기를 가르칠 수 없음을 입증한 연구 같은 것은 없다. 그러므로 치료사는 이러한 기술들이 반드시 중재의 일차적 목표일 것이라고 여겨서는 안 된다. 대신 치료사

> 부모의 허용. 언어치료사는 아동의 활자인식을 평가하기 위해 가정의 찬장에서 가져온 물건을 자극 아이템으로 사용할 수 있다.

> 활자 개념이란 책이 골격을 갖추고 있다는 것이다. 이 개념이 책 읽는 데 필요한 것인가?

들은 읽기 및 쓰기를 직접적으로 가르치고 난 연후에, 책의 방향, 낱말과 문장의 경계, 그리고 좌에서 우로의 방향성에 관련된 지식들이 나타나는가의 여부를 탐침하는 실험을 실시해 보아야 한다. 읽기와 쓰기를 배운 아동이 여전히 기초적인 활자 개념에 관한 지식을 가지고 있지 못하다면, 이러한 지식은 비이론적인 것이며, 경험적으로 부적절한 것이 될 것이다.

문해적으로 풍부한 환경에 노출되어 온 아동은 읽고 쓰는 척하는 모습을 보이기 쉽다. 언어치료사는 이러한 행동 및 이와 관련된 행동들을 관찰해야 한다. 예를 들어, 아동이 마치 책을 읽기라도 하는 양, 책을 들여다보고 페이지를 넘기는 행위를 즐겨 하는 것처럼 보이는가? 아동이 자기가 좋아하는 책의 한 지면을 들여다보면서 단락을 외워서 암송할 수 있는가? 아동이 선긋기나 갈겨쓰기 같은 방식으로 쓰는 척하고는, 성인에게 "이거 뭐라고 읽어?"라고 묻는가? 이 질문 또는 이와 유사한 질문에 대한 답이 긍정적인 것이라면, 이는 부모나 그 밖의 사람들이 그러한 기술들을 강화해 왔음을 의미하는 것이다.

읽기 및 쓰기에 대해 정적으로 강화를 받아 왔던 아동은 문해 관련 활동에 대해 명백한 즐거움을 드러낸다. 그러므로 치료사는 아동이 색칠하기, 선긋기, 또는 갈겨쓰기를 즐겨 하는가의 여부를 관찰해야 한다. 아동은 자신에게 읽어주기를 열망하는 것처럼 보이는가? 함께 책읽기는 아동에게 즐겁고 바람직한 경험인 것처럼 보이는가? 아동이 활자화된 낱말들에 어느 정도는 지속적인 주의를 기울이고 있는가?

이 모든 질문에 대한 대답은 부분적으로는 아동의 환경 내에 존재하는 성인들의 행위에 따라 달라질 것이다. 이것이 바로 아동과 가장 자주 접촉하는 성인들의 문해 관련 행동들에 관한 관찰 역시 필요한 이유인 것이다.

부모 및 양육자의 문해 관련 행동 평가. 중재 계획은 아동 환경의 조정이라는 제안 역시 포함하는 것이므로, 언어치료사는 부모 및 양육자들을 인터뷰하고 관찰함으로써 이들 자신의 문해 관련 행동들을 평가해야 한다. 이를 이행하는 가운데, 언어치료사는 부모가 개개 가정 내에서 문해를 촉진하는 정도에 영향을 미칠 수 있는 문화적 또는 사회경제적 요인, 또는 이 두 가지 요인 모두에 관해 고려해야 한다. 아메리카 토착 종족들은 구어적 전통을 가지고 있으며, 활자화된 낱말에 커다란 가치를 반드시 부여하지는 않았다(Kay-Raining Bird & Vetter, 1994). 최근에 라오스에서 이주한 집단인 몽족 사람들은

1950년대 들어 프랑스와 미국 선교사들에 의해 도입되어 유행하게 되기 이전까지는 오랜 기간 동안 문어를 소유한 바 없었다(Lindsay, 2004). 또한 낮은 사회경제적 계층(SES) 가정의 가족들은 제한된 자원을 필연적으로 생존이라는 기초적 요구에 투입해야 하므로 문해에 대해서는 우선권을 낮게 부여하고 있는 것으로 밝혀졌다(Koppenhaver, Evans, & Yoder, 1991; Marvin & Mirenda, 1993).

그렇지만 문해 촉진을 위해서는 이러한 문화 및 사회경제적 요인이 고려되는 가운데에서의 효과적인 문해 실제가 옹호될 필요가 있다. 다양한 문화적 배경이나 낮은 SES, 또는 이 두 가지 가계 모두의 부모들에게는 자녀에게 문해가 풍부한 환경을 제공해 줄 것을 촉구하고 또 이를 지원해 주어야 한다. 문해 관련 부모 행동 관찰은 치료사에게 가정기반적 중재 프로그램 고안에 필요한 정보를 제공해 줄 것이다.

그러므로 치료사는 아동의 부모 및 가정환경이 문해를 지원하는 정도에 관해 철저히 평가해야 한다. 부모나 양육자는 문해의 훌륭한 역할 모델이 되고 있는가? 이들은 아동이 보기에 하루하루를 기준으로 매일 읽고 쓰는가? 이들은 아동이 쓰거나 그린 작품들을 냉장고 문이나 집안 어느 곳에든 진열함으로써 자신들이 아동의 문해 노력에 관심을 기울이고 있음을 나타내는가? 이들은 아동에게 이야기책 속에 간단한 낱말들을 읽도록 가르치거나 알파벳 철자를 활자화하도록 가르치기 위해 어떤 노력을 기울여 왔는가? 이들은 아동의 읽고 쓰기 위한 첫 노력들에 관해 긍정적인 논평을 해주었는가?

부모나 양육자들이 취할 수 있는 가장 중요한 행동은 아동에게 매일매일 읽어주는 것이다. 언어치료사는 아동에게 얼마나 자주 읽어주는지, 그리고 어떤 종류의 자원들을 읽어주는지 평가해야 한다. 만일 함께 책읽기가 그 가정의 문화의 일환이라면, 언어치료사는 부모나 양육자에게 어떤 방식으로 아동에게 읽어주는지 시연해 보도록 요청하고, 읽기 중에 일어나는 상호작용을 관찰해야 한다. 이들이 책을 끝까지 읽어주는 내내, 아동은 특별한 논평이나 질문하는 일 없이 가만히 앉아 경청하도록 요구받는가? 아니면 부모나 양육자가 아동의 질문에 반응해 주거나 또는 아동으로 하여금 질문에 반응하도록 요구되는 양방향적 스타일이 존재하는가? 좌석의 배열은 어떻게 되어 있는가? 아동과 읽어주는 부모가 나란히 앉음으로써 아동이 부모가 읽고 있는 활자화된 자원들을 볼 수 있도록 하는가? 부모는 아동의 주의를 그림을 향해 이끌어 내고, 책에서 제공하는 정보들을 확장시켜 주는가? 부모는 읽고 있는 낱말이나 문장을 손으로 가리키는가? 부모는 아동에게 이야기책 지면 위의 철자나 낱말을 찾아 보도록 요구하는가? 타당한 관찰을 만들어 내기 위해, 치료사는 부모에게 늘 하는 방식대로 읽어보도록 요청하고 이를 비침입적으로 관찰해야 한다.

초기 초등 수준(유치원~3학년)에서의 읽기 및 쓰기 평가

다시 말하거니와 문해기술에 대한 직접 평가 이전에 말언어기술 평가가 먼저 선행되어야 한다. 초기 초등 수준에서 치료사는 (1) 철자 찾기, (2) 초기 읽기기술, (3) 초기 쓰기기술, 그리고 (4) 말언어 평가

에 통합되는 기타 문해 관련 기술들을 평가해야 한다. 게다가 일부 연구자들은 이 밖의 특정 기술들도

평가해야 한다고 제안하는데, 이는 이 기술들이 이후의 읽기 수행을 예
언하는 것으로 가정되고 있기 때문이다. 이 기술들에는 음운인식, 빠른
자동적 이름 대기 음운기억이 포함된다. 이 기술들의 가치에 대해 간략

초기 초등 수준(유치원~3학년) 아동들의 경
우 치료사는 무엇을 평가해야 하는가?

히 설명하고, 이것이 문해 평가 및 치료에 미치는 가치에 대해 평할 것이다.

철자 찾기 평가. 다양한 요인과 미래의 문해기술 간의 상관관계를 밝히고자 한 연구들은 철자 이름에
대한 아동의 지식은 이후의 문해습득에 대한 강력한 예언자임을 입증한 바 있다(Kaminski & Good,
1996; Scarborough, 1998a; Stevenson & Newman, 1986). 철자지식이 문해기술의 한 부분임을 감안하
면 이는 그리 놀랄 만한 일은 아니다. 아동이 알파벳 철자의 이름을 능숙하고 쉽게 말할 수 있는가의
여부를 평가하는 일이 중요하다. 또한 아동이 철자의 이름과 그 철자가 표상하는 소리 간의 차이를 구
별할 수 있는가를 평가하는 일 역시 중요하다. 치료사는 다양한 알파벳 철자를 제시하고, 아동에게 그
이름들을 말해 보도록 요구해야 한다. 아동이 철자 이름을 말한다면, 치료사는 "맞아, 그것은 B야!"라
고 말한 후, "이것이 어떻게 소리나는지 알고 있니?"라고 물을 수 있다. 이러한 유형의 평가에서는 언
어치료사가 가져온 자극 아이템이나 또는 아동의 집에 있는 책이나 장난감 같은 아이템을 이용할 수
있을 것이다.

일반적으로는 아동이 철자 이름 지식을 드러낸다면, 이는 앞으로 훌륭한 문해가 나타날 전조임을
암시한다. 반대로 유치원에서 3학년 나이의 아동에게 철자 이름에 관한 지식이 결여되어 있다면, 이는
나쁜 전조를 암시하는 것이다. 이러한 지식이 결여된 아동들은 읽기장애로 발전될 위험에 놓인 것으
로 예측된다. 이러한 예언적 주장은 명백한 진술이 된다. 특히 3학년 나이에 철자 이름에 관한 지식이
없는 아동이라면, 이미 문해기술의 문제를 가지고 있는 것이다.

초기 읽기기술 평가. Gough와 Tunmer(1986)의 읽기에 관한 유명한 견해는 두 가지 처리, 즉 (1) 해부호
화와 (2) 이해과정을 통해 이루어진다고 제안한다. 이 연구자들에 따르면 해부호화는 활자를 낱말로
변환시키는 소리-철자 연합(sound-letter association)에 관한 지식을 포함한다. 이 이론이 주장하기를
누군가 해부호화 기술이 뛰어나다면, 심지어 결코 접해 보지 못한 낱말들도 그 이해를 위한 예비 단계
로서 '소리 내어 말할' 수 있게 된다. 불행히도 관찰 불가능한 해부호화 처리과정은 아동이 드러내는

관찰 가능한 소리 내어 말하기 기술을 통해 추론될 수 있을 뿐이다. 그

치료사가 관찰 불가능한 '해부호화' 및 이해
의 처리과정 대신 평가할 수 있는 관찰 가능한
기술은 무엇인가?

러므로 해부호화는 종종 활자화된 낱말 각 철자의 소리를 말하는 방식
을 통해 이루어지는 소리 내어 읽기(reading aloud)를 의미한다. Gough

와 Tunmer(1986)의 이론은 읽기란 그저 읽기(그리고 이해)라고 간단히 선언한다. 그러므로 경험적인
치료사는 만일 자신들이 아동들에게 알파벳 철자 이름 대기 및 활자화하기, 낱말과 문장 소리 내어 읽

기, 그리고 아동이 읽은 내용에 대한 질문에 답하기(이해)와 같은 관찰 가능한 기술들을 지향하는 보다 생산적인 평가 및 치료에 임할 수 있을 것이다.

읽기(소리 내거나 또는 조용히)와 읽은 내용에 관한 이해는 부분적으로는 서로 별개의 것일 수도 있다. 읽기장애를 가진 일부 사람들은 활자화된 자료를 이해 없이 그저 읽을 수 있다. 읽기장애가 없는 사람들 역시 복잡하며 친숙하지 못한 자료들을 조금밖에는 또는 전혀 이해하지 못한 채로 읽는 일도 있을 수 있다. 그러므로 치료사는 평가 및 치료 모두에서 소리 내어 읽거나 조용히 읽게 하는 것뿐만 아니라, 이해 역시 목표로 삼아야 할 필요가 있다.

대부분의 학교 교과과정들은 아동이 유치원을 떠날 무렵이면, 철자 3개로 이루어진 간단한 실제낱말 또는 무의미낱말을 '소리 내기' 할 것을 요구하고 있다. 이 기술은 아동이 만일 낱말 읽기의 결함을 가지고 있을 경우에는, 철자 3개짜리의 활자화된 낱말을 제시하고 이들에게 '소리 내도록'(/f/ - /i/ - /t/) 요구한 후, 이를 다시 '빠르게 말하도록'(feet) 요구하는 방식으로 평가할 수 있다.

유창성 역시 언어치료사가 조사해야 하는 읽기의 한 측면이다. 이것은 아동에게 읽기 수준 평가를 위해 고안된 읽기자료를 읽게 하여, 정확히 읽은 낱말수를 측정하며, 이를 아동이 읽은 시간(분)으로 나누어, 아동이 분당 정확히 읽은 낱말수를 구할 수 있다(5분 동안 100낱말을 정확히 읽으면, 분당 정확히 읽은 낱말수는 20). 그다음 언어치료사는 관찰된 유창성 정도가 수용 가능한 수준인지 결정한다.

읽기이해 평가를 위해 치료사는 아동에게 짧은 문단을 읽게 한 후, 읽은 자료에 관해 질문을 한다. 아동이 방금 읽은 내용을 재구성하거나 다시 말하도록 요구하는 방식을 통해서도 역시 이해를 평가할 수 있다.

초기 쓰기기술 평가. 치료사는 아동의 그리기 및 쓰기기술의 표본을 확보해야 한다. 치료사는 아동에게 선을 그리거나 쓰게 하고, 아동이 쓰기 과제에 대해 얼마나 잘 임하는가를 관찰해야 한다. 언어치료사는 또한 쓰기 과업을 위해 계획을 생성한 것처럼 여겨지는지, 그리고 이 과업이 진행됨에 따라 그 쓰기를 수정하는 등의 계획 이행 능력을 갖추고 있는 것처럼 보이는지에 관해 주목해야 한다. 예를 들어, 아동이 쓰기를 하면서 주저하거나, 이미 쓴 것을 지우거나 또는 X표 해버리거나, 혹은 모든 것을 처음부터 다시 시작하는 등의 과정을 반복하고 있는가? 아동에게 물었을 때, 그는 그 쓰기가 전달하고자 하는 메시지를 설명할 수 있는가?

부모의 공식 및 비공식적 교육의 도움을 받아, 매우 어린 아동들의 선긋기나 갈겨쓰기는 이들이 유치원에 들어갈 무렵이면, 철자 비슷한 형태를 취하기 시작한다. 언어치료사는 아동이 철자를 독립적으로 활자화할 수 있는지 알아보아야 한다. 그렇지 않다면 치료사는 아동에게 철자를 베껴 써 보도록 요구할 수 있다. 아동이 철자를 정확하게 베껴 쓰지 못한다면, 언어치료사는 아동이 점이나 선으로 철자의 윤곽을 그려놓은 것을 그대로 따라 쓸(선을 그을) 수 있는지 관찰해야 한다. 베껴 쓰거나(점선을) 따라 쓰기를 하는 아동은 쓰기의 초기 전조를 보이는 것이다. 철자 베껴 쓰기에 어려움을 보이는 아동은 그렇게 할 수 있도록 교육받을 필요가 있다.

　　보다 진보된 쓰기기술을 가진 아동들에 대해서는, 쓰기가 이루어진 역학 쓰기의 내용을 평가해야 한다. 쓰기 역학에는 문장 형성, 낱말 사용, 철자, 구두점, 그리고 문법이 포함된다. 내용 평가에는 아동의 쓰기에 내재된 정합성과 논리적 전개에 관한 판단이 요구된다. 아동이 쓴 산물의 내용으로부터, 일부 연구자들은 아동의 '이야기 감각'을 추론하는 경향이 있는데, 이것은 좋은 이야기란 시작과 끝, 그리고 이 사이에 존재하는 논리적인 구도의 발달을 갖추고 있어야 한다고 전제되는 인식을 말한다. 그렇지만 어린 아동이 이 같은 '논리적인 구도의 발달'에 대한 공식적인 감각을 무엇이든 가지고 있는가의 여부, 그리고 이야기를 이해하고 즐기기 위해서는 이러한 감각이 요구되는 것인가의 여부에는 아직 의문의 여지가 남아 있다.

기타 문해 관련 평가 과제. 언어치료사는 다음과 같은 문해 관련 기술 평가를 포괄적인 말언어 평가 속에 통합해 낸다.

1. 보편적인 사물이나 개념에 대한 이름 대기
2. 간단한 사물이나 개념들에 대해 그 속성과 기능을 설명하는 방식으로 정의하기(예 : 사물의 이름을 대고, 사물의 용도와 그 구성 요소에 대해 말하기, 반의어, 동의어 지식 나타내기 등)
3. 격언, 비유, 유머, 말장난[역자주 : 다의어나 동음이의어를 이용한 말장난], 그리고 역설과 같은 상징적 언어 이해 및 산출하기
4. 이야기 다시 말하기나 이를 재구성하기, 그리고 아동에게 읽어주었거나 또는 아동이 읽은 문단 길이 수준의 자료에 관한 질문에 답하기

후기 수준에서의 읽기 및 쓰기 평가

4학년에 들어선 아동들은 점차 어려워지는 교과과정, 쉽게 말해 그 주안점이 읽기 위해 배우는 것에서 배우기 위해 읽는(Snow, Scarborough, & Burns, 1999) 방향으로 이동하는 교과과정에 직면하게 된다.

> 4학년 수준이 되면, 교과과정은 **읽기 위해 배우는** 것에서 **배우기 위해 읽는** 단계로 이동한다.

여전히 읽기의 역학과 싸워야 하는 아동들은 읽은 내용에 대해서가 아니라, 읽기 그 자체에 집중해야 할 필요성을 느끼게 될 것이다. 이런 아동들은 교과과정에 접근하는 것에 어려움을 보일 것이다. 이것이 곧 말언어치료를 포함하여, 특수교육 서비스를 받을 자격의 보편적 준거이다. 상급 학년 아동들의 문해기술을 평가하는 언어치료사는 평가받을 아동의 수준에 특화된 방식을 사용한다. 여기에는 막 시작되는 수준과 초기 수준에서 설명된 방식 중 무엇이든 포함될 수 있다. 그렇지만 보다 경도의 읽기장애 학생들에게는 보다 상위 수준에서의 읽기 및 쓰기 평가가 요구될 수 있다.

후기 수준에서의 읽기 평가. 언어치료사는 학생들의 보다 진보된 문어 지식을 평가해야 한다. 학생은 소설이나 비소설(논픽션), 전기(biograhpy), 시(poetry) 등과 같은 문해 장르들을 구별할 수 있는가? 학생은 텍스트의 의도(예 : 정보 제공하기, 즐기기, 설득하기 등)를 정의하고 기술할 수 있는가? 학생은 쓰인 자료를 그 역학 및 내용에 따라 비평적으로 평가할 수 있는가?

또한 학생의 보다 진보된 의미론적, 형태론적 및 구문론적 지식 역시 평가해야 한다. 학생은 접미사를 찾아내고 이것이 어근 낱말의 의미를 어떻게 변화시키는지에 관해 기술할 수 있는가? 학생은 다중적 의미를 가진 낱말들을 설명할 수 있는가? 학생은 교실 교과의 보다 진보적인 학업 관련 어휘에 대한 이해를 나타내고 있는가? 학생은 문학 작품 내에서 사용된 직유, 은유, 그리고 우화와 같은 상징적 언어를 설명할 수 있는가?

후기 수준에서의 쓰기 평가. 언어치료사는 학생의 쓰기표본을 확보하고 이를 분석해야 한다. 쓰기표본에 사용된 낱말수를 측정하여 그 생산성을 평가해야 한다. 표본의 구문적 측면 역시 평가해야 한다. 학생은 내포절(embedding clauses)과 함께 복문 구조를 적절히 사용하고 있는가? 또한 이 표본으로부터 적절한 철자 그리고 정확한 대문자화 및 구두점

> 치료사는 학생의 쓰기에 관한 양적 자료를 수집해야 한다. 철자쓰기 및 구두점 찍기의 정확도 비율을 계산할 수 있다(학생이 낱말을 적절히 대문자화한 수를 세고, 이를 적절히 대문자화해야 할 수로 나누어 구한다.).

찍기 사용에 관해서도 분석해야 한다. 역학적 측면 외에 그 내용 역시 평가해야 한다. 쓰기표본은 정합적이며, 훌륭한 문단구조와 함께 논리적 전개에 따라 쓰여 있는가?

후기 수준에서의 구어 평가. 문해와 관련된 상위 수준의 구어기술을 포함하여, 학생의 구어에 대한 철저한 평가가 이루어져야 한다. 언어치료사는 학생의 언어표본으로부터 보다 증가된 구문적 복잡성이 나타나는지 분석해야 한다. 학생은 상징언어를 적절히 사용해야 하며, 낱말의 다중적 의미, 동의어 그리고 반의어에 관한 지식을 나타내야 한다. 게다가 학생은 보다 복합적인 학업 관련 어휘들을 이해할 뿐 아니라 이를 사용할 수 있어야 한다.

읽기 및 쓰기 평가를 위한 추가 방식

앞서 열거된 방식에 덧붙여, 이를테면 음운인식, 음운기억, 그리고 빠른 자동화된 이름 대기와 같이, 기저하는 처리과정으로 가정되고 있으며 또한 미래의 문해장애의 전조라고 여겨질 수 있는 것들에 대한 평가를 위해 고안된 몇 가지 다른 방식이 더 있다. 비록 이것들을 평가해야 할 필요성을 제안하는 뚜렷한 실험적 증거는 아직 없지만, 보편적으로 언어치료사는 전문가적 관점에서 이를 평가한다. 우리는 여기서 이를 비평적 평가를 위한 것이라고 언급하고자 한다. 이들 중 그 어떤 것도 그 자체만으로 아동이 문해장애의 위험에 놓여 있을 것이라고 판정하는 유일한 준거로 사용되어서는 안 된다.

음운인식 평가. 음운인식의 결함과 이후의 읽기장애 간에 정적 상관이 존재한다는 일부 증거가 있으므로, 아동의 **음운인식**(phonological awareness)을 간단히 평가할 만한 어느 정도의 가치가 있을 수 있다. 초기 수준에서 3세 아동은 운(rhyme)을 찾아내고 산출하며, 낱말의 음절구조를 인식하며, 그리고 두운(즉, *brown bear*와 같은 구에서의 첫소리의 유사성)을 인식할 수 있어야 한다. 이 기술들은 노래, 책, 동요를 자극으로 사용하여, 말놀이(verbal play) 맥락 내에서 평가할 수 있다(Catts et al., 2002; Roth & Baden, 2001; Rvachew et al., 2003). 일부 연구자들은 아동의 초기 학년에서의 음운인식 결여는 그가 읽기장애의 위험에 놓여 있음을 알려주는 명확한 신호라고 믿고 있다.

1학년이 끝날 무렵이면, 아동의 음운인식에는 음소인식(언어의 개별 음소들에 대한 조작)이 포함되어야 한다. 이것은 아동에게 다음과 같은 과제들을 수행하게 하는 방식을 통해 알아볼 수 있다.

1. 낱말에서 음소 분리("*bat*의 첫소리는 무엇인가?")
2. 서로 다른 낱말에서 동일한 소리 재인("*cat, catch, car*-이 낱말들은 모두 어떤 소리로 시작되는가?")
3. 음소 분절("*sit*에는 몇 개의 소리가 있는가?")
4. 음소 탈락("'*flag*'이라고 말하라. 이것을 /f/를 빼고 다시 말하라.")
5. 음소 대치("'*bar*'라고 말하라. 이것에서 /b/를 /f/로 바꾸어 다시 말하라.")

음운인식 및 음소인식 평가를 지지하는 증거는 대개 이론적인 것이다. 이에 관한 경험적인 증거는 모두 상관적인 것이다. 아동에게 낱말에 담긴 소리의 수를 세게 하고, 낱말 안의 특정 소리를 생략시키거나 대치(이는 조음장애 아동들에게서 너무나도 많이 나타나는 현상이다.)시켜 말하도록 요구하는 일에 지나치게 많은 시간을 소모하기에 앞서, 치료사는 이러한 평가가 실험적으로 입증된 치료에의 시사점을 제공한다는 증거를 먼저 찾아야 할 것이다. 치료연구로부터의 증거는 음운인식치료가 문해기술 확립 또는 조음장애치료를 위해 필요한 것임을 입증해야만 한다. 그러나 이와 관련한 어떠한 증거도 존재하지 않는다. 그러므로 음운 및 음소인식 평가에 시간을 소모하는 것보다는 오히려 읽기 및 쓰기기술을 직접적으로 평가하는 것이 보다 유익할 것이다. 아동에게 철자를 형성하고, 철자를 베껴 쓰며, 간단한 낱말을 읽게 하며, 그리고 문어자료의 내용을 이해하는지 알아보는 일이 아동의 현재 문해기술과 과거 학습 경험에 대한 정확한 평가를 제공해 줄 가능성이 오히려 더 높을 것이다. 음운인식 평가의 가치를 믿는 치료사라면 이것이 음운론적, 언어적 및 문해결함치료에 미치는 가치를 실험적으로 증명해 낼 수 있어야 할 것이다. 예를 들어, 이들은 음운인식과 함께하는 말, 언어훈련 또는 문해치료가 음운인식 훈련을 제외했을 때에 비해 보다 효과적인 것임을 증명해야 할 것이다. 이러한 실험적 증거가 산출되기 전까지는 말, 언어, 그리고 문해결함을 지닌 모든 아동에게 음운인식 훈련을 제안하는 것은 아직 시기상조인 것이다.

음운기억 평가. 일부 연구자들은 음운기억(phonological memory)과 관련되어 있다고 가정되는 측면들을 검사하기 위해 설계된 다양한 과제상에서의 아동의 수행과 읽기장애 사이의 관련성을 확립하기 위해 노력해 왔다. 이 과제에는 청각적으로 제시된 숫자, 철자, 낱말, 그리고 무의미낱말(nonwords) 따라하기가 포함되어 있다. 이러한 유형의 과제에서의 결함과 언어장애, 저조한 음운인식, 그리고 읽기장애 사이의 상관이 다양한 연구들에서 보고되어 온 바 있다(Montgomery, 1995; Torgesen & Wagner, 1998; Wagner et al., 1993). 이 같은 상관적 증거가 치료사는 그렇다면 무의미음절 따라하기와 같은 기술들을 훈련시켜야 한다고 시사해 주는가의 여부는 아직 의문의 여지가 남아 있다. 음운기억 평가의 필요성을 입증하는 실험적인 치료 증거는 없다.

빠른 자동적 이름 대기 평가. 또 다른 연구자들은 빠른 이름 대기 과제에서의 어려움과 미래의 문해결함 사이의 높은 상관을 보고한 바 있다. 빠른 자동적 이름 대기(Rapid Automatized Naming, RAN)는 아동에게 일상 사물, 색깔, 형태, 또는 숫자 그림과 같은 자극을 빠르게 제시하고, 그 이름을 묻는 방식으로 측정한다(Bowers & Wolf, 1993; Scarborough, 1998b). 이후의 연구자들은 알파벳 철자의 빠른 이름 대기를 평가하는 것이 훨씬 더 유용하다는 것을 밝혔다(Schatschneider et al., 2002). 이러한 결과는 아동들에게 문해기술을 직접적으로 가르치는 것이 이 기술 뒤에 기저할 것이라고 가정되는 무엇인가를 가르치는 일보다 더욱 생산적일 것이라는 주장을 지지하고 있다.

다시 말하면 빠른 자동적 이름 대기에 가능한 연구란 그 속성상 상관적인 것이다. 이 연구들은 단지 빠른 이름 대기 과제 수행이 저조한 아동은 문해기술 습득에서도 역시 실패할 위험에 놓여 있음을 보여주고 있을 뿐이다. 그러나 문제는 빠른 이름 대기 교육 프로그램이 과연 더 훌륭한 문해기술을 가져다줄 수 있을 것인가 하는 점이다. 즉, 빠르게 이름을 댈 수 있도록 배운 아동은 최소한 그렇지 않은 아동들보다 문해기술 가르치기가 보다 용이할 것인가? 이러한 질문에 답해 줄 만한 어떤 임상실험이 존재하는가? 불행히도 답은 '아니요'이며, 따라서 언어치료사가 할 수 있는 최선은 오로지 실험자료에 의해 지지된 활동들만을 지지하는 일이다. 실험자료가 존재하지 않는다면 이 기술들을 직접 가르치고, 그 개선을 기록하는 일은 언제나 임상적 의의를 가져다주는 일일 것이다.

음운인식, 음운기억, 그리고 빠른 자동적 이름 대기 평가가 모두 시행되었다면, 이는 아동의 수용 및 표현구어와 드러난 문해기술과 관련된 기타 결과들의 보완자료로 여겨져야 할 것이다. 아동이 읽기장애의 위험에 놓여 있음을 알려주는 진단이 이러한 이론적 구조들에만 기대어 이루어져서는 안 될 것이다.

읽기 및 쓰기 중재

자연스러운 상황에서의 언어기술 유지에서와 마찬가지로, 효과적인 문해치료는 치료사, 학급 교사, 그리고 가족 구성원 간의 강력한 유대의 결과일 것이다. 지금까지 기술된 세 가지 영역의 평가, 즉 아동의 구어, 가정환경, 그리고 읽기 및 쓰기는 읽기 및 쓰기장애를 예방하고 이를 치료하는 데 도움을 주는 효과적인 문해 풍부화 프로그램 형성의 기초를 마련해 줄 것이다. 언어치료사는 아동의 문해기술 향상을 위해 (1) 학급 교사와의 협력, (2) 지속적인 구어언어 행동중재 제공, (3) 취학전 아동의 문해를 촉진하는 부모 행동 목표화하기, (4) 직접적인 읽기 및 쓰기교육 제공과 같은 것들을 이행해야 한다.

학급 교사와의 협력

우리는 이미 이 책의 여러 절에서, 언어치료사는 학령기 아동을 위한 효과적인 언어 및 문해교육을 설계하고 이를 이행하기 위해, 학급 교사와 밀접하게 협력해야 함을 강조해 왔다. 예를 들어, 치료사는 아동을 위한 언어치료 목표 선택에 있어 교사에게(부모에게뿐 아니라) 자문해 주어야 한다. 교사는 교실 내에서 문해기술 촉진에 특별히 도움이 될 만한 목표들을 제안해 줄 수 있다. 학업 관련 낱말, 양적 용어(quantitative term), 비교 용어 등이 특히 도움이 될 것이다. 적어도 증거에 의해 지지된 것임을 전제로, 교사가 읽기 및 쓰기를 가르치기 위해 사용하는 기법들을 차용하여 치료사와 교사 모두가 이와 동일하거나 또는 유사하게 효과적일 수 있는 절차로 활용할 수 있게 해야 할 것이다. 치료사는 새롭고 효과적인 절차를 사용하도록 교사들을 초대하고, 이들에게 이를 시연해 줄 수 있다.

교사와 치료사는 교육(치료)적 자극을 공유할 수도 있다. 예를 들어, 치료사는 교사에게 다양한 구어기술을 가르치기 위해 자신이 준비한 자극들을 보여준다. 그림자극 아래 목표낱말이나 목표 구가 활자화된 것에서와 같이, 문해기술을 구어훈련 속에 통합시켰을 때, 교사와 치료사 모두가 이 두 가지 세트의 기술을 동시에 촉진시킬 수 있다.

구어언어행동을 위한 지속적인 중재

문해는 말, 언어와 직접적으로 연계되어 있는 것이므로 언어의 음운, 의미, 구문, 그리고 형태론적 측면의 개선을 위해 제공된 중재는 문해 개선에도 역시 도움이 될 것이다. 언어치료사는 평가에 이어서, 교사와의 상담을 통해 내담자 특정적인 목표행동을 선택해야 한다. 선택된 기술은 아동의 교과과정에 적합한 것이어야 한다. 언어치료에서는 교실에서 가르치는 낱말 및 구문구조가 특별히 중요할 것이다.

다음 절에서 우리는 문해기술을 표준적인 언어치료 속에 통합시키는 방식에 관해 설명할 것이다. 치료사는 수용 및 표현언어 기술치료 양쪽 모두에 문해기술 촉진을 돕는 치료목표와 활동을 포함시켜야 한다. 그렇지만 치료목표에 문해기술이 추가되었다는 이유로 치료절차가 변경되지는 않을 것이다. 제5~9장에서 제안된 방식들이 구어 및 문해기술 교육 모두에 유용할 것이다.

문해 촉진 부모행동 목표화하기

부모행동과 아동의 후기 문해기술 간에 존재하는 증명된 관련성에 비추어, 언어치료사는 가정환경에 대한 추수평가를 실시하고, 부모 및 양육자에게 아동의 문해기술을 더 잘 촉진시킬 수 있는 방안에 관해 제안해 주어야 한다. 부모에게는 다음과 같은 사항을 촉구해야 한다. (1) 보다 풍부한 문해 환경을 제공하라, (2) 아동에게 보다 훌륭한 문해의 역할 모델을 제공하라, (3) 문해기술에 대한 더 많은 실제를 제공하라, 그리고 (4) 양방향적이며 활자에 초점을 둔 함께 책읽기가 되게 하는 기법들을 사용하여, 아동에게 더 많이 읽어주어라.

문해적으로 풍부한 환경 제공하기. 언어치료사는 부모에게 가정에서 아동이 이용할 수 있는 읽기 및 쓰기자료를 갖추는 일의 중요성에 관해 교육시켜야 한다. 부모들에게는 아동들에게 정기적으로 접근할 수 있는 다양한 책과 잡지, 그리고 신문들을 제공해 주도록 촉구해야 한다. 연필, 크레용, 종이, 칠판, 물감과 붓 같은 쓰기 자원 역시 가정에 갖추어져 있어야 한다.

언어치료사는 부모들이 낮은 비용으로 문해가 풍부한 가정환경을 제공할 수 있는 방법에 접근할 수 있도록 도와야 한다. 부모들에게는 지역 도서관에서 책을 빌리도록 권장할 수도 있을 것이다.

가정에 이러한 자원들이 결여되어 있다면, 언어치료사는 도서관이나 서점의 위치에 관한 정보나, 또는 아동의 문해 지원에 활용될 수 있는 지역 내 공공 프로그램에 관한 정보 역시 제공해 주어야 한다. 지역사회 안에는 무료 또는 저가로 문해자료를 이용할 수 있는 원천들이 있게 마련이다. 종종 초등학교에서 책읽기 운동을 후원할 때가 있는데, 여기서는 책을 기증받아 이를 원하는 이들에게 배포하기도 한다. 어떤 언어치료사들은 사무실 임대회사나 대형서점들을 대상으로, 자신들이 다루는 가족에게 제공될 수 있도록 문해자료들을 기증해 달라고 적극적으로 요청하기도 한다. 최소한 언어치료사는 지역사회 내 가족들이 이용할 수 있는 다양한 문해 관련 서비스에 관해서 만큼은 반드시 알고 있어야 할 것이다.

부모들에게는 가정 안에서 읽기와 쓰기활동이 이루어질 수 있는 환경을 제공하도록 요구해야 한다. 관련 가재도구에는 아동용 크기의 탁자와 의자, 그림판(이젤), 책꽂이 같은 가구들이나 읽기자료들로 채워진 바구니 같은 것들이 포함되어야 하며, 또한 이 옆에는 환한 조명이 갖추어진 방안의 아늑한 한쪽 구석의 안락한 흔들의자나 빈백의자(beanbag chair)[역자주: 커다란 천 주머니 안에 작은 플라스틱 조각들을 가득 채워 의자처럼 기대어 앉을 수 있도록 만든 것]가 배치되어 있어야 한다. 아동이 앉을 수

있는 색감이 훌륭한 카펫 샘플들은 보다 구체적인 가구를 대신할 수 있는 저렴한 비용의 대안으로서, 보통은 지역 내 바닥재 매장에서 무료로 얻을 수도 있다. 아동이 만일 자기만의 '책 읽는 장소'를 가지고 있다면, 이들이 읽고 쓰게 될 가능성은 더욱 높아질 것이다.

부모들에게는 또한 문해의 경험을 가정 상황 너머 지역사회 속으로 확장시켜 주도록 촉구해야 한다. 문해와 관련한 지역사회로의 외유에는 이야기 시간을 위해 도서관이나 서점을 방문하는 일도 포함된다. 부모들은 아동 도서 저자의 발표회나 책에 사인을 해주는 특별한 행사에 아동을 데려갈 수도 있을 것이다. 만일 부모가 아동용 도서를 원작으로 한 영화가 곧 개봉될 것임을 알고 있다면, 먼저 그 책을 아동에게 읽어준 후, 영화를 보러갈 수도 있을 것이다. 부모는 성인이 종종 참여하는 책읽기 클럽과 유사한 클럽을 아동이 구성해 보도록 도와줄 수도 있을 것이다. 문해를 즐겁고 풍부한 일이 되게끔 촉진하는 지역사회 활동들은 아동

사진 10.1 아동에게 안락한 '책 읽는 장소'를 제공하는 일은 문해행동을 강화시켜 줄 것이다.

으로 하여금 영구적인, 그리고 능숙한 독서자가 되도록 격려해 줄 것이다.

문해의 훌륭한 역할 모델 제공하기. 아동들은 성인들이 환경 속에서 규칙적으로 읽고 쓰기를 할 때 읽기 및 쓰기를 배우려는 동기가 높아질 수 있다. 언어치료사는 부모나 양육자들에게 자녀들의 관점에서 문해 관련 활동을 수행하도록 촉구해야 한다. 예컨대 가정에서의 문해 평가 결과 한 어머니가 자기 아들을 유치원에 데려다 주고 나서야 신문을 읽는 경향이 나타났다고 가정해 보자. 언어치료사는 그 어머니에게 아침 일상을 재조직하여, 아이가 곁에 있는 동안 신문의 최소한 어느 한 섹션이라도 읽게끔 권고할 수 있다. 어머니는 어떤 것이든 큰 활자 낱말, 특히 아동이 관심을 가질 만한 것(예 : 삽지로 들

어간 장난감 관련 광고의 그림과 활자 낱말)을 손으로 가리키며 소리 내어 읽을 수 있다.

아이가 보는 앞에서 수표나 식품구매 목록을 쓰거나 편지를 쓰는 일도 부모들을 위한 또 다른 제안일 수 있다. 성인들은 또한 자신들의 문해 활동에 대해 설명하거나 논평할 수도 있다. 이를테면 식품구매 목록을 작성한 부모는 "나는 우리가 상점에서 사야 할 것들을 기억할 수 있도록 목록을 만들어야해!", 그리고 하나씩 적을 때마다 잠시 멈추어 가며, "어디 보자, 우리는 우유… 그리고 시리얼… 그리고 고양이 사료가 필요하구나!"라고 논평할 수 있을 것이다. 성인들은 아동이 문해와 연결된 기능적인 일상활동들에 함께 참여하면서 이것을 관찰할 수 있을 때 문해의 훌륭한 역할 모델이 될 수 있다.

문해기술 연습 제공하기. 아동들은 환경 속에서 성인들이 문해와 관련된 활동을 하는 모습을 그저 단순히 지켜보는 정도로 제한되어서는 안 된다. 성인들은 아동에게 일상의 문해 관련 활동에 참여하도록 직접적으로 촉구해 주어야 한다. 예를 들어, 성인은 식료품 목록을 작성하고, 아동에게 "우리한테 더 필요한 건 뭘까?"라고 묻고, 아동이 불러준 대로 반응하며 이를 받아 적으며, 아동의 주의를 적고 있는 낱말들로 향하도록 유도해야 한다. 아동이 현재 쓰기를 시작하고 있는 단계라면, 아동의 손을 잡아 이끌어 해당 낱말을 쓰도록 해주어야 한다. 그리하여 아동은 목록을 언급하고, 물건들을 찾아내면서 목록의 상품을 하나씩 지워나가는 식료품점으로의 여행에 참여하게 될 것이다. 성인들이 하루 전체에 걸쳐, 문해 관련 활동 속에 아동을 참여시킬 수 있는 방식은 수없이 많다. 아동들에게 다음과 같이 행하도록 이끌 수 있을 것이다.

1. 레시피에 적혀 있는 대로 주방일 돕기
2. 보드 게임의 지시문을 읽고 그대로 따르기
3. 지시문에 따라 가재도구나 장난감 정리하는 일 돕기
4. 해야 할 일상활동 목록 작성하기
5. 특별한 이벤트가 기록되고, 다양한 색깔로 꾸며진 개인 달력 유지시키기
6. 감사노트, 생일초대, 친척에게 보내는 편지 등과 같은 다양한 유형의 서신들을 그림으로 그리거나 쓰기
7. 안내책자, 광고, 지도를 살펴가며 야외활동 계획이나 여행 계획 세우기

물론 이 목록에 포함된 것만이 전부는 아닐 것이다. 아동에게 일상활동의 맥락 안에서 문해기술을 연습할 많은 기회를 창의적이며 일관되게 제공해 주도록 부모들을 격려해야 한다. 모든 경우에서와 마찬가지로, 문해활동에 참여하는 아동들에게는 기타 방식들로 칭찬하고 강화해 주어야 한다.

함께 책읽기. 연구자들은 초기에 발생되는 함께 책읽기는 구어발달, 문해습득, 그리고 이후의 학업성취에 긍정적인 효과를 미친다는 것을 시사하는 상관적이며, 실험적인 증거들을 보여주었다(Crain-

함께 책읽기 과정 속에서 아동의 언어 및 문해발달 촉진에 효과적인 것으로 입증된 두 가지 접근법은 무엇인가?

Thoreson & Dale, 1992; Senechal & Cornell, 1993; Whitehurst & Lonigan, 1998). 부모들은 종종 아동에게 책을 읽어주면서 아동을 그 책 내용에 대한 대화 속에 참여시키지 않거나, 또는 아동의 주의를 그 활자에 향하도록 이끌지 않을 때가 있다. 이는 아동에게 전혀 읽어주지 않는 것보다는 그래도 낫겠지만, 언어치료사는 책을 함께 읽으면서 아동의 언어 및 문해발달을 더 잘 촉진시킬 수 있는 기법을 부모들에게 가르칠 수 있다. 이에 효과적인 것으로 입증된 두 가지 접근법은 (1) 대화적 읽기 사용, (2) 인쇄물 참조하기 사용이다.

Whitehurst와 그의 동료들은 다양한 사회경제적 배경 및 문화적 배경에 속한 아동들을 포함시킨 몇몇 연구를 수행하여, **대화 읽기**(dialogic reading)라고 칭하는 자신들의 함께 책읽기 프로그램의 효과를 조사하였다(Arnold et al., 1994; Lonigan & Whitehurst, 1998; Valdez-Menchaca & Whitehurst, 1992; Whitehurst et al., 1998). 이 실험연구 결과, 일대일 방식의 대화적 읽기는 취학전 아동들의 언어기술에 긍정적 효과를 미치는 것으로 나타났다. 다른 연구자들도 취학전 환경에서의 대화 읽기 기법의 효과를 역시 입증한 바 있다(Justice et al., 2003; Wasik & Bond, 2001).

대화 읽기는 성인들로 하여금 개방형 질문을 묻고, 텍스트에 정보를 더해 주며, 아동에게 그 이야기를 다시 말하게 할 것을 요구한다. 예를 들어, 성인은 아동에게 "이 페이지에서는 어떤 일이 일어나고 있는 것 같아?" 또는 "다음엔 어떤 일이 일어날 거라고 생각하니?"와 같은 질문을 던진다. 성인은 이 이야기의 내러티브에 대한 논평을 덧붙이거나 또는 아동의 질문에 대한 답으로 정보를 추가해 주기도 한다. 성인은 아동에게 그저 얌전히 앉아 있도록 요구하기보다는, 오히려 논평하고, 질문하고, 이야기를 정교화하며, 이야기를 다시 말하도록 촉구한다. 점진적으로 성인은 아동이 이야기꾼이 될 때까지 점차 더 길게 이야기를 다시 말하도록 촉구한다.

인쇄물 참조하기(print-referencing)의 사용은 Justice와 동료들(Justice & Ezell, 2000, 2002a; Justice et al., 2002)에 의해, 아동들에게 함께 책읽기를 사용하여 초기문해기술을 가르치는 외현적 방식으로 제안된 것이다. 인쇄물 참조하기를 훈련받은 성인들이 책을 읽어준 아동들은 통제집단과 비교하여, 활자인식 및 알파벳 지식에서 더욱 커다란 개선을 보였다.

종종 부모, 혹은 심지어 교사들조차 책을 읽어줄 때는 아동이 얌전히 앉아 있어야 하는 것이 교실 환경에서의 성공을 위한 훌륭한 준비 요건일 것이라고 여길 때가 있다. 그렇지만 어린 아동들의 경우에는, 상호적 책읽기 스타일이 초기 언어 및 문해발달에 필요한 훨씬 더 많은 이득을 거둘 수 있게 해줄 것이다.

인쇄물 참조하기를 사용하는 성인들은 아동의 주의를 활자화된 지면의 요소들로 향하게 하기 위한 다양한 촉구자극을 사용한다. 예를 들어 성인은 아동에게 다음과 같이 물을 수 있다.

- "이 지면에 있는 낱말 하나를 내게 보여줘."
- "이 페이지의 첫 번째 낱말을 찾아낼 수 있니? 마지막 낱말은 뭐지?"
- "이 페이지에 있는 낱말들을 나와 함께 세어 볼까?"

- "이 페이지에 철자 M[또는 그 밖의 다른 철자]은 어디 있지?
- "이 페이지에도 무엇이든 네 이름에 있는 것과 같은 철자가 있니?"
- "낱말 *pop*은 어디 있는 것 같아?"

성인은 아동의 정확한 답에 대해 칭찬하고("맞아, 그게 바로 M이지. 네가 찾아냈구나!"), 오답에 대해서는 온화한 교정적 피드백("오-! 글쎄! M은 여기 있지. 보이지?")을 제공해 주어야 한다.

성인들이 이러한 대화 읽기와 인쇄물 참조하기들의 사용 방식을 학습했을 때, 보다 목적지향적이고 상호적이며, 더 효과적인 함께 책읽기가 이루어지는 것이다. 언어치료사는 아동의 문해기술 개선을 중재하고자 할 때에는 이 같은 성인 행동들을 목표로 삼아야 한다.

직접적인 읽기 및 쓰기 중재 제공

어떤 이들은 언어치료사가 읽기 및 쓰기치료에서는 간접적인 역할을 취해야 한다고 제안하고 있다. 이것은 문해 교육은 학급 교사에게 또는 읽기 및 읽기자료 전문가에게 맡기는 것이 최선이라는 것이다. 기껏해야, 언어치료사는 읽기장애를 위한 치료계획을 수립하고 이를 이행하는 측면에서 다른 전문가들과 협력해야 한다고 얘기된다. 적어도 문해훈련이 구어 의사소통훈련에서 많은 시간을 앗아가 버리는 것이라면 이것이 적절한 제안일 수도 있을 것이다.

음운인식, 빠른 자동적 이름 대기, 그리고 초기문해와 같은 기저의 처리과정에 관심을 집중하는 것은 언어치료사들이 문해 중재에서 편안하다고 느낄 만한 역할을 추구하고자 한 결과일 가능성도 있을 수 있다. 그렇지만 논의된 바와 같이, 이 추정된 기저기술과 문해기술 습득 사이의 인과적 연계를 입증하는 실험적 증거는 전혀 없다. 더욱이 문해기술에 대한 직접적인 교육이 가정된 기저기술들을 가르치는 것보다 덜 효과적이라는 어떠한 증거도 없다. 그러므로 이 기저기술들을 가르치는 것에 스스로를 한정시키고 있는 언어치료사라면 자기 내담자의 읽기 및 쓰기상에서 커다란 개선을 창출해 내지 못하게 될 것이다.

언어치료사가 문해에 참여해야 할 만한 이유를 날조해야 할 이유는 없다. 구어기술과 문어기술 간의 직접적인 연계는 이미 확정된 것이고, 언어치료사의 확장된 임상 범주에는 명백히 읽기와 쓰기의 평가 및 중재가 포함되어 있다. 많은 학군, 특히 읽기 전문가를 고용할 수 있는 자원을 갖추지 못한 곳에서는 언어치료사들을 위해 문해교육에 필요한 추가적인 훈련을 제공하고 있다. 문해 평가 및 치료에 차출된 그 밖의 언어치료사들은 자신들의 지식 및 기술을 강화시키기 위해 스스로 관련된 훈련을 받고자 시도하고 있다. 다른 영역의 전문가들과 협력하는 것은 언제나 바람직한 일이지만, 언어치료사들이 자신을 이차적인 문해 전문가라고 규정할 필요는 없는 것이다.

그러므로 언어치료사들은 부수적인 전문가 또는 기저하는 처리과정을 다루는 전문가의 역할을 할

사진 10.2 아동의 주의를 활자로 향하게 하는 일은 초기문해 촉진에 도움이 될 것이다.

것이 아니라, 자신들이 언어치료에서 다루고 있는 아동들에게 직접적으로 읽기 및 쓰기를 목표화해야
한다. 이는 전통적인 말언어치료 맥락 내에서 이루어질 수 있을 것이다. 어떠한 의사소통장애치료도
모두 문해훈련의 탁월한 맥락이 될 수 있다. 조음장애나 언어장애치료는 문해기술훈련을 통합시키는
것에 특히 유용하다. 더욱이 학급 교사와 연계하여 시간과 자원이 허용되는 가운데, 언어치료사는 기
초적인 읽기 및 쓰기기술을 독립적인 중재 목표로 삼을 수 있다.

말언어치료 맥락에서 읽기기술 가르치기

언어치료사는 여러 가지 방식을 통해 문해교육을 말언어치료 속에 통합시킬 수 있다. 의사소통장애
아동의 읽기기술 촉진을 위해, 언어치료사는 치료의 모든 단계마다 언제나 그림이 포함된 문어자료들
을 시범화된 자극과 짝지어야 한다. 개별 음소 수준에서, 활자화된 철자 또는 철자들(**문자소**)이 제시되
어야 한다. 낱말, 구, 문장 수준에서는 활자화된 낱말이 제시되어야 한다. 치료사는 반응 시에 활자를
가리키거나 아동에게 가리키게 함으로써 아동의 주의가 활자를 향하도록 유도해야 한다. 예를 들어,

훈련에 선택된 일상 명사의 그림만을 보여주기보다는, 자극 그림마다 그 밑에 낱말을 크기가 큰 철자로 활자화시킬 수 있다(양말, 셔츠, 컵, 모자 등의 활자화된 낱말). 치료사는 "이게 뭐지?"라고 묻기 전에, 먼저 그림과 낱말 모두를 가리킨다. 치료사는 아동이 그림 없이 제시된 낱말을 통으로 읽을 수 있는지 주기적으로 탐침할 수 있다. 이 같은 일반적인 전략들을 학교에서의 조음 및 언어중재 속에 효과적으로 통합시킬 수 있다.

말목표, 언어목표 또는 이 두 가지 모두를 치료할 때는 종종 이야기책을 자극으로 활용할 수 있다. 이야기책은 목표행동에 적합한 것일 수 있도록, 그리고 아동이 반응을 산출할 수 있는 여러 차례의 독립 시도 기회를 제공할 수 있도록 신중하게 선택되어야 한다. 예를 들어, 보통명사의 이름 대기가 목표행동이라면, 아동이 "이게 뭐지?"와 같은 구어자극에 대해 반응할 수 있는 수많은 기회를 제공할 수 있는 여러 가지 그림책들이 있다. 마찬가지로 현재진행형 '~고 있어' 와 같은 동사시제를 위한 독립 시도("그가 무엇을 하고 있지? 말해 봐, '그는 점프하고 있어.'") 속에 행위 시퀀스가 묘사되어 있는 이야기책들을 통합시킬 수 있다. 대명사와 같은 언어목표를 가르치고자 할 때, 치료사는 *He Bear, She Bear*(Berenstain & Berenstain, 1974) 또는 *Are You My Mother?*(Eastman, 1960)와 같은 책들을 선택할 수 있다. 읽기를 가르칠 때는 치료사가 먼저 문장 전체를 읽어줌으로써 시범을 제공한 후, 반응 유발을 위해 질문을 하거나 또는 문장완성과제(sentence completion task)를 만들어 내야 한다(예 : "엄마 새가 알 위에 앉아 있다. 이것은 누구의 알일까?"). 어떤 책을 치료에 통합시킬 것인가에 관한 창의적 방안들은 무수히 많지만, 이는 목표행동을 직접적으로 다룰 수 있는 방식으로 이루어져야만 한다. 언어치료사는 그저 아동에게 읽어주기만 하는 것으로 귀중한 치료시간을 허비해서는 안 된다. 표 10.2에는 다양한 목표행동에 사용하도록 권장되고 있는 간략한 애호 도서목록 및 구어자극들이 함께 제시되어 있다.

> 문해훈련을 말언어치료와 통합시키기 위해, 그림자극 및 시범화된 자극들을 언제나 문어자료와 함께 짝지어야 한다.

> 독립 시도 치료 속에 쉽게 통합될 수 있는, 아동의 읽기 유창성을 증진시켜 주는 것으로 알려져 있는 기법은 무엇인가?

언어치료사는 또한 보다 진보된 언어훈련 과정 속에서 더 나이 든 아동들이 자료를 읽도록 도울 수도 있을 것이다. 국립읽기위원회(2000, 2001)에 따르면, 반복적으로 안내되는 읽기는 아동의 낱말 재인, 읽기 유창성, 그리고 문어자료 이해에 긍정적인 효과를 미친다. **안내된 읽기**(guided reading)는 아동으로 하여금 직접적인 피드백과 안내를 제공받아 가면서 책을 소리 내어 읽도록 하는 것이다. 치료사는 구, 문장 또는 문단을 읽어주는 것부터 시작하여 아동에게 유창한 읽기 시범을 제공한다. 그다음 아동은 수용 가능한 수준의 유창성에 도달할 때까지 반복적으로 읽게 된다. 이 방식은 읽기기술 개선을 위한 중재를 제공하는 동시에, 그 목표가 어떠한 언어구조이든, 아동에게 이를 산출할 수 있는 반복적인 기회를 제공해 준다는 점에서, 그 자체만으로도 매우 훌륭한 독립 시도가 될 수 있게 해준다.

여기에 선택된 목표행동을 위한 독립 시도 치료에서 사용될 수 있는 이야기책의 표본이 있다. 이들은 하나 또는 몇 가지 구문적 및 형태론적 기술 또는 의미론적 개념에 집중하게 하는 데 사용될 수 있

표 10.2

보편적으로 목표화되는 언어행동을 위한 자극으로서의 이야기책

목표화된 행동	권장 도서	구어자극의 예(반복적 시도 사용)
현재시제 -s	*Watch William Walk*(Jonas, 1997) *Cleo on the Move*(Mockford, 2002) *The Little Sailboat*(Lenski, L., 1937)	유도자극 : "What does William do?" 시범자극 : "What does William do? Say, 'He walks.'"
형용사	*Old Hat, New Hat*(Berenstain & Berenstain, 1998) *Big and Little*(Miller, 1998) *The Little Mouse, the Red Ripe Strawberry, and the Big Hungry Bear*(Wood & Wood, 1984)	유도자극 : "What kind of hat is it?" 시범자극 : "What kind of hat is it? Say, '*Old hat.*'"
복수 -s(/s/, /z/, /ez/)	*One Beautiful Baby*(Osborne, 2002) *Dogs, Dogs, Dogs*(Newman, 2002)	유도자극 : "Baby has two _____." 시범자극 : "Baby has two _____. Say, '*eyes*'"
전치사	*Itsy-Bitsy Spider*(Trapani, 1993) *A Nap in a Lap*(Wilson, 2003)	유도자극 : "Where did the spider go?" 시범자극 : "Where did the spider go? Say, '*up the tree*'"
대명사	*Who's Afraid of the Dark?*(Bonsall, 1980) *Our Granny*(Wild, 1994)	유도자극 : "Who hears steps on the roof?" 시범자극 : "Who hears steps on the roof? Say, '*she* does'"
비교급 -ier	*Very Hairy Harry*(Koren, 2003)	유도자극 : "Harry is hairy. What does he want to be?" 시범자극 : "Harry is hairy. What does he want to be? Say, '*hairier*'"

는 간단하며 반복적인 책들이다. 이 책들은 걸음마기부터 유치원 연령의 아동들에게 적합한 것들이다.

구와 문장으로 이루어진 언어치료라면, 치료사는 마찬가지로 각각의 그림자극 아래쪽에 이를 활자화시킬 수 있을 것이다. 예를 들어, 구 수준에서 규칙복수 형태소를 가르치고자 할 때, 치료사는 각 그림자극 밑에 *two cups, many books* 등을 써넣을 수 있을 것이다. 문장 수준에서 현재진행형 *-ing*를 가르칠 때는, 치료사가 "The boy is running", "The Mom is reading", "The Dad is writing" 등을 사용할 수 있을 것이다. 앞서 제안한 바와 같이, 아동의 주의를 그림과 활자자극 모두를 향하게 하면서 훈련을 지속해야 할 것이다. 아동이 그림 없이도 구나 문장을 읽기 시작하게 되었는지 주기적으로 탐침을 실시할 수 있다. 조음장애 아동에게 음소를 가르칠 때도 역시 유사한 전략들을 채택할 수 있다. 치료사가 구어언어기술을 확장시키기 위해 사용할 때와 동일한 강화물을 읽기 반응에 대해서도 역시 수반적으로 연계시킬 수 있을 것이다.

말언어치료 맥락에서 쓰기기술 치료하기

말언어치료 과정에서 아동들은 알파벳 철자, 낱말, 구, 문장, 그리고 문단을 쓰도록 요구받을 때도 있다. 치료사는 처음에는 아동의 손을 잡아 이끌며 치료 중인 말소리를 나타내는 철자를 쓰게 하거나 또는 언어목표를 나타내는 문어자료를 산출하게 해야 할 수도 있다. 따라 쓰기기술이 훌륭한 아동은 이러한 수동식 안내가 필요없을 것이며, 독립적으로 문어자료를 생산해 낼 수 있을 것이다. 수동식 안내와 독립적 쓰기의 중간단계에서는 아동에게 철자의 윤곽(점이나 선으로 이루어진)을 따라 쓰게 하고, 아동이 이것 없이 쓸 수 있게 될 때까지 점차 이 윤곽을 감소(용암)시켜 나간다.

> 아동이 따라 쓸 수 있도록 윤곽을 제공하고, 점진적으로 이 윤곽을 줄여나가는 것은 어떠한 치료기법의 예라 할 수 있는가?

　보다 진보적인 언어훈련 과정에서는, 내레이션이나 이야기 요소 배열하기와 같은 대화기술 그 자체로 쓰기훈련을 만들어 낼 수 있다. 치료사는 아동의 문어산출에 대해 정확한 문법 사용, 그리고 대문자화, 구두점 찍기, 철자와 같은 활자 규약의 정확한 사용을 평가해야 한다. 정확한 산출에 대한 칭찬이나 또는 잘못된 산출에 대한 교정적 피드백을 통해 쓰기의 질에 대한 직접적인 피드백이 주어져야 한다. 아동에게는 잘못된 산출을 다시 쓰기 하는 연습을 제공해야 하며, 이때 아동이 이를 해내고 나면 "아주 정확해!"와 같은 칭찬을 많이 해주어야 한다.

독립적 목표로서의 읽기 및 쓰기 치료하기

구어 의사소통장애의 치료는 대부분의 언어치료사들에게 그 우선권이 남아 있을 가능성이 있음은 당연한 사실이다. 아마도 일부 치료사들은 문해 평가 및 치료를 전공하여 아동에게 직접 서비스를 제공하거나 다른 치료사 및 교사들에게 자문해 줄 수도 있을 것이다. 치료사는 말언어기술의 치료를 위태롭게 하지 않는 채로도 아동의 문해기술 향상에 공헌할 수 있다. 그러므로 시간과 자원이 허용되는 한, 언어치료사는 기타 말언어목표와는 독립적인 읽기 및 쓰기를 직접적으로 목표화할 것을 고려해야 한다. 이는 학교 환경에서 아동의 읽기 및 쓰기장애치료에 관여하는 모든 전문가들과의 직접적인 자문과 협력을 통해 이루어져야 한다.

> 문해기술을 직접적으로 겨냥하거나, 이를 말치료 또는 언어치료 속에 통합시킴으로써, 언어치료사는 중재가 명백히 교과기반적인 것이 될 수 있도록 보장한다.

　언어치료사는 부모나 교사와의 자문에 응하여, 이들이 읽기 및 쓰기교육에 자극으로 활용할 수 있도록, 가정환경 및 학교 교과에서 추출된 기능적인 낱말, 구, 문장의 목록을 고안해 낼 수 있게 도와야 한다. 언어장애 아동의 경우, 선택된 낱말, 구, 문장은 언어치료의 목표로도 역시 잘 들어맞을 것이다. 조음장애 아동의 경우 선택된 목표들은 음소산출을 가르치는 데 잘 들어맞을 것이다. 치료사는 알파벳 철자들의 각 이름을 가르치는 것에서 출발하여, 이후 소리-철자 연합 그리고 낱말, 구, 그리고 문장 읽기 형성을 향해 나아가야 한다. 이러한 전 과정 속에서 아동에게 제시된 자료의 읽기뿐 아니라 쓰기 역시 가르쳐야 한다.

언어, 읽기 및 쓰기를 위한 중재가 통합적인 과정으로 제공되는 것이 최선일 것이다. 예를 들어, 아동에게 쓰기를 가르치기 전에, 이들이 먼저 일정 수준의 구어언어 능력에 도달할 때까지 기다릴 필요가 있다. 언어, 읽기 그리고 쓰기의 전일적 속성을 인식하는 균형 잡힌 프로그램이 아동의 문해기술 향상에 가장 효과적임을 보여준 연구가 있다(Nelson, 1993).

쓰기기술치료에 구어 의사소통훈련에서는 사용되지 않는 어떤 특별한 기법이 요구되는 것은 아니다. 주된 차이점은 아동에게 제시되는 자극만 다르다는 것이다. 전통적인 구어 의사소통훈련이 활자화된 자원을 강조하지 않는 데 비해, 문해지향적 의사소통훈련은 자극자료로 활자화된 언어를 요구한다. 치료절차에는 구어 및 비구어 반응 모두를 가르치는 데 효과적인 것으로 알려져 있는 교육, 시연, 시범, 촉구, 수동식 안내, 용암, 차별적 강화, 그리고 교정적 피드백이 포함될 것이다.

문해 중재에서의 음운인식 및 빠른 자동적 이름 대기

우리는 두 가지 유명한 기술인 음운인식과 빠른 자동적 이름 대기(RAN)를 중재목표로 제안하지는 않았다. 이 두 기술이 누리는 인기로 인해, 우리는 그 유용성을 고찰해야 한다는 견해에 따라 이 두 기술을 평가해 보아야 한다고 제안한 바 있다. 앞서 강조한 것처럼, 아동의 말언어장애를 치료하고 문해기술에 대한 직접적인 중재를 제공하는 치료사들은 그렇다면 음운인식과 빠른 이름 대기로부터 어떠한 변화가 나타났는지 알아보기 위한 탐침을 실시할 수 있을 것이다.

> 기술연구 결과는 만일 아동이 음운인식기술에서 결함을 보인다면, 역시 저조한 독서자가 되는 경향이 있음을 시사하고 있다. 이는 어떠한 유형의 증거인가?

조사연구들에서는 **음소인식**(phonemic awareness)을 포함하는 음운인식과 아동의 후기 읽기 수행 간에 직접적인 인과적 관련성이 입증되지 않았다. 기껏해야 음운인식과 읽기장애 간의 상관이 입증되었을 뿐이다. 읽기 및 쓰기가 저조한 아동들은 음운인식 과제에서도 역시 수행이 낮은 경향을 보인다(Stackhouse et al., 2002; Stanovich & Siegel, 1994; Torgesen et al., 1997). 음운인식이 단지 상관적이라는 증거만으로 무엇이 무엇의 원인이 된다고 확정할 수는 없는 것이다. 저조한 음운인식기술이 저조한 문해기술을 초래하는가? 혹은 역방향의 결과를 초래하는가? 그 무엇도 다른 것의 원인이나 효과에 의한 것이라고 주장하기는 역시 불가능하다. 음운인식의 결여는 그저 말언어기술의 제한이라는 커다란 문제 가운데의 한 부분에 불과한 것일 수 있다.

음운인식치료의 정당성을 보장받으려면, 음운인식치료가 없다면 문해결함은 효과적으로 치료될 수 없을 것임을 입증하는 연구가 있어야 할 것이다. 언어치료사는 이러한 증거가 제시되기 전까지는 문해 자체보다 직접적으로 연계된 기술들을 목표로 삼아야 할 것이다. 그저 문해발달에 필수적일 것이라고 단순히 가정되는 행동치료에 귀중한 치료시간들을 허비해서는 안 될 것이다. 목표기술(문해)과 상관되어 있는 무엇인가(음운인식)를 치료하는 일이 그 목표기술 자체(문해)를 치료하는 일보다 더 중요해야 할 이유는 분명치 않다. 마찬가지로 빠른 자동적 이름 대기를 가르칠 것을 지지하는 통제적 자료 역시 존재하지 않는다.

가정된 바의 기저하는 처리과정 또는 가정된 바의 미래 읽기장애의 전조나 예언변인보다는 읽기 및 쓰기기술을 직접 목표화하는 것이 오히려 최선일 것이다. 심지어 음운인식훈련 요소를 균형잡힌 문해 프로그램 내에 포함시킬 것을 제안한 바 있는 국립읽기위원회(NRP, 2000, 2001)조차 이 훈련에 대해 다음과 같이 제안하였다. (1) 1학령 기간 내에 20교육시간 이상을 차지해서는 안 된다, (2) 두 가지 유형 이상의 음운인식 또는 음소인식을 포함시켜서는 안 된다, (3) 알파벳 철자를 사용하여 아동에게 음소 조작을 가르쳐야 한다(NRP의 결과 요약은 글상자 10.4 참조). 마지막 제안은 기껏해야 문해와 상관적 관련성을 가지고 있을 뿐인 기술들을 치료하는 것보다는 직접적인 읽기 및 쓰기교육을 실시하는 것이 보다 효과적이라는 주장을 특별히 강조하고 있다.

■ ■ 평가 및 중재 너머 : 문해지식기반 진보 및 효과적인 문해 실제 옹호

문해에 관한 언어치료사의 역할과 책무를 기술함에 있어서, ASHA에서는 언어치료사는 문해 지식기반을 진보시키고 효과적인 문해 실제를 옹호하는 일을 돕는다고 제안하고 있다. 이 장 전체에 걸쳐 아직 경험적 연구를 통해 해결되지 못한 논쟁적 주제에 관해 논의하였다. 교육에서는 '밴드왜건(bandwagon)' 효과[역자주 : 무엇인가를 충동적으로 추종하는 현상을 의미하는 비유]가 너무나 자주 일어난다. 그리하여 유행되는 한 가지 사고에 젖어 버리면, 과학적 효과의 조사 없이 수없이 많은 학생들을 길고 소모적인 시간 동안의 교육으로 이끌곤 한다. 교육정책이 수립되기 이전에, 먼저 실험적으로 평가된 효율성 관련 자료들이 수집되고, 이에 기반하여 교육적 결정이 이루어지는 때가 온다면 정말로 훌륭한 나날들이 될 것이다.

언어치료사들은 문해를 포함하여, 자신들이 시도하는 모든 영역에 관한 지식기반을 진보시키는 독특한 위치를 점유하고 있다. 이들은 "밴드왜건에 올라타라. 그리고 거기에 나타나는 모든 유행하는 경향들을 끌어안으라!"는 주장에 저항해야 한다. 이들은 오히려 다른 영역에서와 마찬가지로 읽기 및 쓰기교육 기법들의 효과에 관한 연구들에 대해서도 비평적으로 평가하여, 오직 효과적인 것으로 입증된 방식들만을 사용해야 한다. 언어치료사들은 자신들이 읽기 및 쓰기결함을 치료하기 위해 행하고 있는 무엇인가가 특별히 잘 들어맞는 것인지 알아보고자 한다면, 스스로 연구를 설계하고, 그 방식에 대한 실험적 평가를 주제로 삼아 그 결과를 제시하거나 출간해야 한다. 이는 오직 ASHA가 규정한 바의, 지식기반을 진보시키고 효과적인 문해 실제를 옹호하기 위한 노력을 통해서만 비로소 실현될 수 있을 것이다.

글상자 10.4   **국립읽기위원회의 결과**

국립읽기위원회(NRP)—연구자, 교사, 공무원, 그리고 부모 14명으로 구성—가 미의회로부터 소집되어 "아동에게 읽기를 가르치는 다양한 접근법의 효과성을 포함하여, 연구기반적 지식 수준을 평가"하였다(National Reading Panel, 2000, p.1). NRP는 선택된 문해 관련 주제에 관한 100,000편 이상의 연구를 분석하였다. 이 결과는 다음과 같이 요약되어 있다.

고려된 주제	핵심 결과 및 제안사항
음소인식	• 음소인식은 가르칠 수 있는 기술이다. • 음소인식은 아동이 읽고 철자하기를 학습하는 데 도움이 된다. • 아동들에게 알파벳 철자를 사용하여 음소들을 조작하도록 가르쳐야 한다. • 음소인식 교육은 여러 유형보다는 한 가지 또는 두 가지 이내의 음소 조작 유형으로 국한되어야 한다. • 음소인식 교육은 한 학년 동안 학급수업 20시간 이상을 차지해서는 안 된다.
파닉스 교육	• 체계적이며 외현적인 파닉스 교육 프로그램은 낱말 재인, 철자하기 및 읽기이해를 유의하게 향상시킨다. • 파닉스 교육은 읽기습득에 어려움을 보이거나, 읽기장애의 위험에 노출된 아동들에게 특히 유용하다. • 파닉스 교육은 조기에 시작되어야 한다.
읽기 유창성	• 아동의 읽기 유창성은 반복적인 텍스트 읽기 및 즉각적인 피드백을 통해 향상된다. 안내된 읽기는 읽기 유창성 증진에 효과적인 기법이다. • 안내나 피드백이 거의 없는 채로, 소리 내지 않고, 독립적으로 읽기가 읽기 유창성 증진에 효과적이라고 경험적으로 입증된 바 없다.
어휘교육	• 아동 어휘의 많은 부분은 간접적으로 학습되지만, 일부 어휘들은 직접적으로 가르쳐야 한다.
읽기이해	• 아동들은 이해 전략 교육으로부터 이득을 얻는다.

요약

교육적 현황의 변화는 서비스 제공 모델에서의 변화 및 문해장애의 평가와 치료에 대한 학교 언어치료사의 관여의 변화를 가져다주었다. 치료사는 전통적인 풀아웃 모델, 자문 모델 또는 협력 모델을 사용할 수 있다. 치료사는 언어목표행동 확립을 위해 풀아웃 모델을 사용하며, 자연스러운 환경에서의 일반화 및 유지를 촉진하기 위해서는 자문 및 협력 모델을 사용할 수 있다. 공립학교에서의 또 다른 경향은 언어장애 아동들의 문해결함 평가 및 치료에 언어치료사들이 점진적으로 더 많이 관여하게 되었다는 것이다. 문해기술이 언어에 기반하는 것이라는 점에서 이들의 참여는 바람직한 것이다.

공립학교에서 언어치료사는 초기, 초기 중등, 그리고 후기 수준에 따라 문해기술을 평가한다. 이 평가는 전통적인 말언어 평가의 한 일환이 될 수도 있다. 일부 연구에서는 치료사가 음운인식, 음운기억, 그리고 빠른 자동적 이름 대기와 같은 관련 기술들을 평가하고 치료해야 한다고 제안하고 있으나, 이러한 관련 기술의 평가 및 치료가 문해기술을 직접적으로 평가하고 치료하는 것보다 더 우월할 수 있다는 강력한 증거는 없다.

읽기 및 쓰기는 표준화 검사를 포함하는 공식검사 또는 치료사가 개별 아동에게 적용시키기 위해 설계한 비공식적 방식을 통해 평가될 수 있다. 어떠한 경우이든 간에 중요한 과업은 문해 관련 활동에 관한 아동의 가정환경을 평가하는 일이다.

언어치료사는 읽기장애의 예방과 중재를 돕기 위해 학급 교사와 협력하고, 말언어행동 중재 제공을 지속하며, 직접적인 읽기 및 쓰기 중재를 제공해야 한다. 나아가 언어치료사는 아동의 가족들로 하여금 풍부한 문해 환경과 훌륭한 문해 역할 모델, 그리고 체계적인 문해기술훈련의 제공을 담당하도록 이끌어야 한다. 부모들에게는 아동의 문해기술을 촉진해 주는 것으로 알려져 있는 특정 방식의 이야기책 읽기(대화 읽기와 인쇄물 참조하기)를 가르쳐 주어야 한다.

학습지침

1. 서비스 제공 모델의 변화 그리고 아동의 말언어기술과 문해 간의 관련성에 관한 인식들은 언어치료사들로 하여금 읽기 및 쓰기의 결함을 평가하고 치료하는 일에 더욱더 많이 참여할 수 있도록 촉진하였다. 이러한 경향에 대해 기술하고, 학령기 아동의 문해 촉진을 위한 언어치료사의 역할에 관해 미국말언어청각협회(ASHA)가 취하고 있는 입장을 요약하라.

2. 교육자 및 일부 말언어치료사 들에 의해 읽기 및 쓰기의 선행요건이라고 간주되고 있는 기술들에 관한 연구 및 이론에 대해 비평적으로 평가해 보라. 선행요건으로 가정된 각각에 대해 기술해 보라. 여러분은 제시된 증거에 입각하여 어떠한 결론을 내릴 것인가? 여러분이 만일 언어 및 문해결함을 지닌 아동을 다루고 있다면, 이 두 영역 모두(구어 및 문해)에서 아동을 돕기 위해 여러분이 취할 수 있는 접근법은 무엇인가? 연구 증거를 토대로 여러분의 대답을 정당화하라.

3. 연구는 문해기술이 말언어기술과 동일한 방식으로 습득된다는 가정을 지지하고 있는가? 왜 그런지 혹은 그렇지 않은지 설명해 보라.

4. 언어 및 문해에서의 유의한 결함을 가진 8세 아동을 위한 평가 계획을 설계해 보라. 이 아동은 초기 초등 수준이며, 스페인어를 말하는 가정 출신이라고 가정해 보라. 여러분이 평가해야 할 기술과 평가방식에 관해 명시해 보라. 여러분이 선택한 방식을 정당화하라.

5. 지금까지 여러분은 언어 및 문해결함을 지닌 몇 명의 아동을 다루어 왔다. 여러분은 가정에서의 문해기술 촉진을 위해 부모행동 조정의 중요성을 감안하여, 부모 모두를 소워크숍

(mini-workshop)에 초대하였다. 여러분이 이 워크숍에서 제공해야 할 특별한 제안점들은 무엇인가? 여러분은 아동의 진보 및 부모행동의 진보를 어떻게 모니터링할 것인가?

제**11**장 다문화사회의 아동 :
　　　　　평가 및 치료에서의 시사점

개요

- 문화적 역량 : 그 의미는 무엇이며, 어떠한 도움이 되는가

- 차이는 장애가 아니다

- 서로를 이해하기 : 통역가와 함께 일하기

- 다문화 아동에 대한 비편향적 평가

- 다문화 아동을 위한 치료 : 그 일반성에 관한 질문

- 다양한 문화적 배경의 아동 및 부모와 함께 일하기

- 요약

- 학습지침

미국의 많은 주요 도시들에 있는 학교 복도를 걷다 보면, 여러분은 서로 다른 여러 문화 및 언어적 배경 출신의 아동들이 함께 교육받고 있는 장면을 쉽게 목격할 수 있을 것이다. 미국에는 문화적 및 언어적으로 다양한(Culturally and Linguistically Diverse, CLD) 배경 출신의 아동수가 점차 증가하고 있는데, 이는 지속적인 이주와 일부 CLD 집단의 높은 출산율 때문이다(Roseberry-McKibbin & Hegde, 2005). 사실상 미국에서는 모든 주요 인종집단의 수가 증가하는 반면 백인 인구는 점차 감소하고 있다. 2000년도 미국통계국에서는 미국 인구의 4명 중 1명은 백인이 아님을 보고하였다. 예상된 추정치에 따르면, 2020년경에는 3명 중 1명 이상이, 그리고 2050년이면 인구의 절반이 백인이 아니다(U.S. Census Bureau, 2000).

물론 통계조사에서 자신을 '백인 아님'이라고 기재한 사람들 모두가 스스로를 역시 문화적으로도 다양한 사람이라고 정의한 것은 아니다. 문화적 다양성은 개인의 선조 고향이나 피부색으로 결정되는 것은 아니다. 통계조사에서 '백인 아님'이라는 란에 표기한 많은 미국인들이 미국 사회의 '주류'라는 영역에 완전히 동화되어 있다고 여기고 있다. 그러므로 이 장에서 논의될 문화적 다양성이란 피부색의 문제가 아니다. 이는 대형 미국 사회의 맥락 내에서 사회, 학업, 그리고 직업과 관련된 의사소통에 영향을 미치는 언어 및 문화적 차이점의 문제인 것이다. 미국 주류와는 다른 언어 및 문화적 배경을 가진 많은 이들은 사회, 학업 및 직업적 삶에 특별히 부정적 영향을 미치지 않는 의사소통 패턴을 나타내고 있다. 문화적 다양성은 이 밖에 언어적 배경, 종교적 신념, 지역적 제휴, 교육 수준, 그리고 사회경제적 신분

> 미국적 행동 규준에 적응한 특정 문화집단 출신의 사람들은 미국 사회의 '주류' 문화에 성공적으로 동화되었다는 말을 듣게 된다.

사진 11.1 미국은 갈수록 다문화적이며 다양한 사회로 변모해 가고 있다.

을 포함하는 많은 요인들에 의해 결정되며(Moxley, 2003), 이것이 학문적 및 임상적 주의를 요구하는 차이점을 창출해 낸다. 문화적 동화 정도가 낮은 개인들은 최근에 미국에 입국한 이들, 자기 모국을 자주 방문하는 이들, 그리고 자기 가족이나 지역사회 이외의 타인들과의 접촉이 제한적인 이들이다 (Roseberry-McKibbin, 2002). 이들은 현재 지배적인 미국적 가치와 사회적 풍습과의 갈등을 초래하는 문화적 신념과 관습을 가지고 있기도 하다. 이 같은 갈등은 CLD 아동 및 성인의 의사소통장애 평가와 치료에 영향을 미칠 수 있으므로, 언어치료사(SLP)는 문화적 역량(cultural competence)에 관해 알 필요가 있다.

문화적 역량 : 그 의미는 무엇이며, 어떠한 도움이 되는가

CLD 인구가 증가함에 따라, 말언어병리 분야의 저자와 연구자들은 언어치료사가 문화적으로 유능해 져야 할 필요성에 관해 기술하고 있다. 문화적 역량은 대략적으로 "문화적 인식, 문화적 민감성, 그리고 문화적 이해를 아우르는 다차원적 개념"이라고 정의되어 왔다(Wolf & Calderon, 1999, p.5). 언어 치료사는 내담자의 문화적 배경이 문화적으로 다양한 개인의 의사소통 장애 평가 및 치료에 어떠한 영향을 미칠 수 있는가에 대해 이해해야 한 다고 여겨지고 있다. 언어치료사는 자신들의 고유한 가치체계를 이해

> 여기에 인용된 문화적 역량의 정의는 조작 적 정의인가 아니면 구성 성분에 의거한 정의 인가?

하고, 그다음 타문화의 가치체계가 이와 어떻게 상충할 수 있는가에 관해 학습함으로써 문화적 역량 에 도달할 수 있다. 미국 공립학교의 다양한 학생들을 다루는 언어치료사들은 이들 가정의 가치와 교 육 시스템에 스며들어 있는 미국 주류의 가치가 서로 일치하지 않음을 깨달을 때도 있다.

비록 타문화에 대한 존중 및 그 다양성에 대한 이해는 논란의 여지 없이 바람직한 특성이라 할 수 있으나, 문화적 역량의 문제는 단지 치료사의 개인 내적인 품성을 강화하는 차원을 넘어서는 것이어 야 한다. 우리에게는 일단 문화적 역량이 확보되고 나면, 보다 효과적인 치료가 이루어질 수 있음을 입증하는 증거가 필요하다. 다시 말하자면, 치료사들에게 문화 및 언어적 차이점에 대한 학습(아마도 타언어의 낱말 몇 가지를 배우고, 미국의 전통적 가치와 타문화의 가치 간의 충돌에 대해 이해)을 통해 문화적으로 유능해지도록 요구하는 것만으로는 부족하다는 것이다. 확실히 결정해야 할 것은 이러한 노력들이 모든 문화 및 언어적 배경의 아동들을 위해 보다 훌륭한 치료결과를 가져다줄 것인가의 문 제다.

불행하게도 문화적으로 유능한 치료사가 보다 효율적인 치료를 이행할 수 있는가의 여부를 조사하 는 실험적 연구는 결여되어 있다. 다문화적 이슈를 다룬 대부분의 연구들은 기술적인(비실험적인) 연 구이자 평가와 관련된 주제만을 지향하고 있다. 자료는 주로 인터뷰, 질문지, 그리고 설문방식을 통 해 수집되어 왔다. 거의 대부분의 경우에서 출판된 문헌들은 미국 사회와 다양한 다문화 집단 간의 부

모-아동 상호작용 방식, 장애를 바라보는 태도, 교육 및 구어 의사소통에 부여되는 가치, 그리고 고유한 언어적 특성상에서의 차이점들을 주로 기술하고 있다. 모든 출처에서 치료적 논점에 관한 논의는 제한되어 있다(Battle, 2002; Coleman, 2000; Erickson, Devlieger, & Moon Sung, 1999; Goldstein, 2000; Johnston & Wong, 2002; Kamhi, Pollock, & Harris, 1996; Kayser, 1995; McNeilly & Coleman, 2000; Rodriguez & Olswang, 2003; Roseberry-McKibbin, 2002; Salas-Provance, Erickson, & Reed, 2002; Wilson & Wilson, 2000). 치료사의 문화적 역량 또는 민감성 수준을 기술한 다른 연구들은 결함 영역을 지적하고, 다문화적 주제에 관한 대학의 교과과정 및 서비스 제공 기관의 바람직한 변화에 대해 지적하였다(Hammer et al., 2004; Roseberry- McKibbin, & Eicholtz, 1994).

다문화적 논점을 다룬 연구는 다양한 배경의 아동들에게 보다 적절한 평가 및 치료를 제공하는 데 효과적인 것으로 밝혀진 측정 가능한 임상기술들로 변환되지 못하였다. 이는 부분적으로는 **문화적 역량**이라는 용어가 지나치게 광범위하고 잘못 정의되었으며, 문화적 역량을 가져다줄 측정 가능한 임상적 기술을 명시해 주지 못한다는 이유에서 기인한 것이다. 그렇다면 아마도 다문화적 논점에 흥미를 가지는 연구자들이 다음 단계에 취해야 할 조치는 치료사들이 문화적 역량을 확보하기 위해 학습해야 할 특정 기술들을 보다 잘 정의내리는 일일 것이다.

궁극적으로는 가정컨대 문화적 역량을 나타내는 것으로 가정되는 특정 임상기술이 의사소통장애 아동(및 성인)들에게 실제로 효과적인 서비스를 가져온다는 것을 입증하는 실험연구가 있어야 할 것이다. 가장 시급한 일은 기존의 치료방식들이 다양한 문화적 배경의 아동들에게도 동일하게 효과적인지 밝히는 것이다. 이 문제에 관해서는 통제적 증거가 부족하거나 전혀 없다. 우리는 다음 절에서 문화적으로 다양한 아동들의 언어장애치료에 관한 논점으로 회귀할 것이다.

이 장에서 우리는 말언어치료 분야의 임상 서비스 제공에 영향을 미치는 주요 다문화적 논점들에 관해 고찰할 것이다. 말언어치료사는 다음과 같은 일을 행해야 할 필요가 있다. (1) 언어장애와 언어적 차이를 구별한다, (2) 가족상담 및 임상적 절차의 용이성을 위해 통역가들과 함께 일한다, (3) CLD 아동에 대한 비편향적 평가를 이행한다, (4) 치료절차의 효과 및 이에 요구되는 수정을 평가한다, 그리고 (5) 다양한 문화 및 언어적 개인력을 가진 아동 및 가족들에 대해 이해하고 치료한다.

 차이는 장애가 아니다

우리는 제2장에서 언어장애란 언어의 이해와 산출에서의 손상임을 배웠다. 이것은 사회적, 개인적, 학업 및 직업 영역에서의 부정적인 결과가 함께 수반되는 구어행동의 결함을 지칭한다. 한편 **언어 차이**(language difference)란 특정 언어 및 문화 공동체와 연합되어 있는 주로 언어산출(어느 정도는 이해까지)의 변이를 말한다.

미국흑인영어 : 방언적 차이의 사례

횡행하고 있는 한 가지 오류는 다소 다르게 말하는 언어를 장애라고 여기는 것이다. 그러나 심지어 한 국가 또는 사회에서조차 동일한 방식으로 발화되는 언어란 존재하지 않는다. 모든 언어는 변이를 가지고 있고, 이를 **방언**(dialects)이라 한다. 예를 들어, 미국 영어는 고유한 방언을 가지고 있다. 여기에는 애팔래치아 영어, 남부 영어, 뉴욕 영어, 보스턴 영어 등과 같은 변이들이 있다. 결과적으로 소위 표준 미국영어(Standard American English, SAE)는 개개 화자들이 말하는 방언이라기보다는 오히려 추상적 인 실재에 가깝다. 마찬가지로, 전세계 영어 방언들에는 그 수많은 변인 가운데, 캐나다 영어, 영국 영어, 호주 영어, 뉴질랜드 영어가 포함된다. 이들 및 이 밖의 모든 변이가 일차적 또는 영어 모국어 방언 이라 불린다(Hegde, 2001a). 비록 다른 언어(보통은 화자의 모국어)의 영향으로 인한 방언들이 더러 장 애로 여겨진 적도 있긴 하지만, 역사적으로 어떠한 일차적(모국어) 영어 변이도 언어장애라고 진단되 는 오류가 일어난 적은 없었다. 예를 들어, 스페인어 화자가 제2언어로 말하는 영어는 장애로 혼동될 수도 있다.

교육자, 언어치료사 그리고 사법재판소는 영어의 방언적 변이를 말하는 미국 흑인 아동의 맥락 안 에서 미국영어 방언의 논점에 직면해 있다. 1970년대에, 미시간 주의 일부 미국 흑인 부모들은 주교육 국에 미국흑인영어 방언에 대한 이해의 결여 및 교육자들이 미국흑인의 문화와 의사소통 패턴에 대해 가지는 일반적인 비민감성에 대해 소송을 제기하였다. 미국 흑인 부모들의 입장에 동의하여, 1979년 미국 동부의 미시간 지방법원은 학교당국이 미국 흑인방언에 대한 교육자들의 및 이해 증가를 위한 계획 수립 및 그를 이행해야 한다고 판결하였다. 법원의 이러한 매우 전향적인 판결은 영어의 방언적 변이를 말하는 아동들에게 제공되는 언어 서비스를 포함하여, 일반교육 및 특수교육 양면에서의 다양 한 변화를 초래하였다.

대부분의 미국 흑인들이 말하는 영어 형식은 여러 가지 이름으로 알려져 있다. 미국흑인영어 (African American English, AAE), 흑인영어(Black English), 흑인영어방언(Black English Vernacular), 그 리고 가장 최근에는 흑인어[역자주 : 에보닉스(Ebonics), 검은색이라는 의미의 'ebony'와 'phonics'의 합 성어]가 있다. 방언은 그 공동체에 살고 있는 개인들에 의해 직접적으로 영향을 받는 것이므로, 모든 미국 흑인들이 다 AAE를 말하는 것도 아니며, 백인을 포함하여, 어떠한 민족이나 인종에 속한 이들도 AAE를 말할 수 있다. 행동주의적 관점에서 보면, AAE를 말하는 아동들은 자기 공동체의 구성원들에 의한 차별적 강화의 원리를 통해 형성되어 온 구어행동을 산출하게 된다. SAE와는 어떻게 다른 방식 의 말이든 간에, 그것은 아동이 자라나는 공동체로부터 수용되고 배양된 것이다. 언어학적 관점에서 보면, AAE를 말하는 아동들은 영어 언어의 규칙지배적 변이(rule-governed variation)를 사용하고 있는 것이다(Dillard, 1972). 흑인어를 둘러싼 논쟁과 그에 대한 언어학적 견해에 관한 추가 정보는 글상자 11.1을 참조하라.

글상자 11.1   미국흑인영어 : 방언인가 아니면 언어인가?

지난 과거 동안 AAE를 방언으로 보아야 할 것인지 또는 영어와는 완전히 별개의 한 언어로 보아야 할 것인가에 대한 논쟁이 있었다. 1996년, 캘리포니아 주 오클랜드 교육위원회는 한 결의안을 발표하였는데, 여기서 AAE[이 결의안에서는 흑인어(에보닉스)라 명칭함]는 하나의 독립적인 언어, 쉽게 말해 오클랜드 통합 학군이 담당하는 대다수 학생들의 일차 언어라고 천명되었다. 이 결의안은 학생들에게 표준미국영어를 제2언어로 교육시키면서 일차 언어를 가르쳐야 한다고 선언하고 있다. 이는 많은 이들로부터 이중언어 학생들을 위해 가용한 연방기금으로부터 예산을 확보하기 위한 시도라고 여겨졌다.

후에 이 위원회는 이 결의안을 수정하여 일차 언어로 에보닉스를 지칭하는 문구들을 모두 삭제하였지만, 이는 AAE 사용에 대한 폭넓은 관심이라는 주제로 대중매체상에서의 격렬한 논쟁이 있은 후에 비로소 이루어진 일이다. 미국언어연구학회(1997)에서는 이 논쟁에 답하여 자신들만의 결의안을 선포하였는데, 이 단체는 "언어학적 및 교육학적 관점에서 중요한 것은 AAVE(African American Vernacular English)를 '언어'나 '방언' 중 무엇으로 불러야 할 것인가가 아니라, 오히려 그 체계성이 인식되어야 한다는 것이다."라고 진술하며, 규칙지배적인 AAE의 타당성에 관한 주의를 환기하였다.

공립학교에서 일하며 AAE를 사용하는 많은 아동 인구를 다루는 치료사들은 AAE가 미국 영어의 체계적인 방언적 변이라는 점을 이해해야 한다. 치료사는 방언이 가지는 음운적, 의미적, 구문적 및 화용적 규칙을 알고 이해할 필요가 있다. 어떠한 사회적 방언이든 간에 그것이 방언적 언어규칙에 입각한 것이라면, 이를 산출하는 아동은 언어장애를 나타내는 것이 아니다. 이들의 언어는 자기 공동체 내에서 완전히 기능적이며 수용 가능한 것이다. 사회적 방언에 관한 ASHA(1983)의 성명서에 천명된 바와 같이, "… 영어의 어떠한 방언적 다양성도 말언어장애 또는 병리적 형태라 할 수 없다. 사회적 방언은 그 각각이 영어의 기능적 및 효과적 변화로서 적합하다."(p. 24) 물론 어떤 아동이 AAE(또는 그 밖의 다른) 방언 내에서 언어장애를 지닐 수도 있을 것이다. 그러므로 미국 흑인 아동의 언어장애를 진단함에 있어, 치료사는 아동의 언어기술을 SAE 기술에 대해서가 아니라 AAE 기술의 수용 가능성에 대해 판단해야 한다. 이를 위해 치료사는 AAE 내에서의 장애와 정상적인 방언을 구별하는 데 필요한 수준의 역량에 도달해야 한다. 미국 흑인 아동을 적절히 진단하기 위해, 치료사는 AAE 방언의 규칙을 이해하고 있을 필요가 있다. AAE 방언의 일부 음운, 형태 및 구문적 특성에 관한 목록이 표 11.1과 11.2에 제시되어 있다.

비록 방언이 장애나 결함은 아니지만, SAE를 배우는 것에 교육 및 직업과 관련된 이점이 있다. 공립학교에서 AAE를 잘 이해하고 정통한 교사들도 여전히 SAE를 가르치고 있으며, 또한 다양한 교과목들을 SAE로 가르치고 있다. 대부분의 대학 교과 역시 SAE로 제공된다. 직장에서도 역시 대개는 SAE를 사용한다. 특히 기술 분야에 있어서 직장에서의 성공과 승진, 높은 교육 수준, 그리고 전문적 환경들 역시 표준미국영어 기술에 의해 촉진된다. 그러므로 스스로 AAE를 말하고 자녀에게 이를 가르치는

표 11.1

표준미국영어(SAE)와 비교되는 미국흑인영어(AAE)의 일부 음운산출 특징

AAE 특징	SAE 산출	AAE 산출
비강세 음절 탈락	about	'bout
모음 앞 /p/ 유성음화	potato	botato
종성자음의 탈유성음화	mad	mat
낱말 종성 위치에서 자음군 축소	cold	col'
	must	mus'
/s/+파열음 자음군의 치환	ask	aks
종성자음 탈락	man	ma-
치간마찰음의 양순음화	five	fi-
	bath	baf
	thumb	fum
	together	togever
치간마찰음의 파열음화	that	dat
	with	wit
음절성 비음 앞에 선행하는 유성마찰음의 파열음화	heaven	heben
음소 /l/ 탈락 또는 약화	tool	too'
	always	a'ways
음소 /r/ 탈락 또는 약화	more	moah
	professor	p'fessah
/ŋ/을 /n/으로 대치	thinking	thinkin'
	something	singin'
/ɛ/를 /ɪ/로 대치(비음 앞에서)	hen	hin
	men	min

주 : AAE의 특징은 지역에 따라 다를 수 있다.
출처 : Compiled from Craig et al. (2003), Pollock (2001), and Roseberry-McKibbin (2002).

대부분의 부모들은 자녀의 SAE 학습을 지지할 가능성이 높다. 이들은 기회가 축소되지 않도록 하기 위해, 구어 및 문어 형식 모두에서 SAE도 학습함과 동시에 AAE는 보존되게끔 시도할 가능성이 높다. 미국 흑인 및 이 사회 그 밖의 다른 이들은 AAE가 다소 병리적이라거나 또는 퇴보적인 것이라는 잘못된 개념에 이의를 제기하고 있다.

AAE를 말하는 아동의 부모가 서비스를 요구할 때는 언어치료사가 치료를 제공하는 것이 인정된다. 어떠한 방언을 말하는 사람이든 간에 그 자신 또는 그의 가족이 요구할 때는 치료를 제공하는 것이 인정되지만, 이는 언어장애로 잘못 진단된 것이므로 이러한 치료는 결코 필요치 않다. 방언을 수정하기 위한 치료는 선택적이다. 언어치료사는 자기 자녀에게 SAE를 배우게 해야 한다

내담자 또는 내담자의 가족이 비병리적인 말이나 언어의 개선을 선택했기 때문에 치료가 제공된다면, 이를 어떠한 유형의 치료라 하는가?

표 11.2

표준미국영어(SAE)와 비교되는 미국흑인영어(AAE)의 일부 구문 및 형태론적 특징

AAE 특징	SAE 산출	AAE 산출
*be*를 현재진행시제 조동사로 사용	He *is* talking.	He *be* talkin'.
조동사를 인칭과 무관하게 사용	They *are* eating.	They *is* eatin'.
현재완료진행시제에서 조동사 생략	She *has been* writing.	She *been* writin'.
과거 조동사 *was*를 수, 인칭과 무관하게 사용	They *were* talking.	They *was* talkin'.
조동사의 전반적인 생략	She *is* singing.	She singin'.
과거시제 표지 탈락	He *walked* to the store yesterday.	He *walk* to the store yesterday.
단순 과거시제 위치에서 *had*+동사 *-ed*를 보다 빈번히 사용	The car stopped.	The car had stopped.
다중(또는 이중) 부정	He *has nothing*.	He *don't got nothin'*.
현재시제 *-s* 생략	He *eats* all the time.	He *eat* all the time.
복수 *-s* 생략	It costs two *dollars*.	It cos' two *dollar*.
축약형 *-s* 생략	*That's* not right.	*That* not right.
소유격 *-s* 생략	It's *Jack's* coat.	It *Jack* coat.
*Done*이 과거시제 동사와 결합-행위가 완료되었음을 나타냄	She *cooked* the ham.	She *done cooked* the ham.
행위나 사건이 반복되고 있음을 나타낼 때, 접사 *is*를 *be*로 대치	She *is* often kind.	She *be* kind.
*those*가 *them*으로 대치	*Those* flowers are beautiful.	*Them* flowers are beautiful.
대명사를 사용하여 주어를 재진술	My father takes me fishing.	My father, *he take* me fishin'.

주 : AAE 및 SAE의 특성 모두 지역에 따라 달라질 수 있음.
출처 : Compiled from Encyclopedia: Black English Vernacular (2004); Green (2004); Roseberry-McKibbin (2002); Ross, Oetting, and Stapleton (2004).

는 부모의 희망을 수용할 수도 있지만, 오직 아동이 자기 언어의 표준과 대비하여 언어장애로 판정될 때에만 치료가 제안될 수 있는 것이다. 언어 차이에 기반하여서는 결코 치료가 제안되지 않는다(Hegde & Davis, 1999).

직접적인 서비스가 차단된다면, 학교 언어치료사는 학급 교사의 자문역할을 담당해야 한다. 치료사는 교사가 AAE의 일부 특수한 특징들을 이해할 수 있도록 도울 수 있다. 치료사는 또한 교사가 문화적

> 두 가지 방언의 발화를 배우는 아동들을 기술하는 용어는 무엇인가?

으로 풍부한 방언과 결함을 가진 장애를 구별할 수 있도록 도울 수도 있다. 치료사는 아동이 AAE와 SAE 모두에서 능숙한 이중방언 아동이 되도록 돕는 교사의 역할을 지원해 줄 수 있다. **이중방언**(bidialectal) 아동은 언어의 두 가지 변이에 모두 능숙한 아동을 말한다. 이러한 경우에서의 목표는 아동의 가정 방언의 중요성을 제거하거나 감소시키는 것이 아니라 학업, 사회 및 직업적 성공을 위해 요구되는 추가 방언에의 능숙함을 창출해 주는 일이다. 이 같은 맥락에서 Campbell(1993)은 제2방언으로서의 SAE 교육, 즉

| 글상자 11.2 | 다문화 시나리오 #1 |

드숀의 유치원 교사인 스미스 선생님은 그의 말언어 평가를 위해 학교 언어치료사에게 그를 의뢰했다. 스미스 선생님은 자신이 "그가 말하는 낱말을 이해하지 못하겠다!"라고 의뢰지에 기록하였다. 학교 언어치료사는 누군가 드숀의 말과 언어에 문제가 있을 수 있다고 여긴다는 점에 대해 놀라워하고 있는 그의 엄마를 불렀다. 학교 언어치료사는 드숀을 평가하고, 그의 음운, 구문 및 형태론적 오류들 모두는 그가 지나치게 미국흑인영어(AAE)를 많이 사용하고 있기 때문임을 발견하였다. 언어치료사는 또한 운동장에서 드숀을 관찰하고, 그가 또래들과 잘 연계되어 있으며, 어떠한 의사소통의 어려움도 보이지 않고 있음을 발견하였다.

이 치료사는 무엇을 해야 할 것인가?

드숀은 가족이나 친구들로부터 그의 말이 잘 이해되고 있으므로, 그는 아마도 언어장애가 아닌 언어 차이에 해당되는 AAE를 사용하고 있는 것이다. 그렇지만 유치원 교사가 그가 하는 말을 이해하지 못한다면, 치료사는 그의 방언이 그의 학업성취를 방해할 수 있으므로 그를 서비스 제공 대상으로 결정할 수도 있다. 치료는 오직 드숀의 가족이 그가 미국표준영어(SAE)를 배우는 것이 최선의 선택이라는 점에 동의했을 때에만 비로소 제공될 수 있다(부모에게 치료목표를 승인해 주도록 요청하는 방식은 글상자 11.7 참조).

"가정에서의 언어적 다양성의 전일성이 동시에 유지되는 채로의 교육용 언어"(p.11)를 가르칠 것을 주장하였다. 예를 들어, 교사는 SAE가 학생의 가정 언어와는 다른 것이되 그렇다고 더 우월한 것은 아님을 인정한 채로, 학생에게 모방된 반응을 요구하는 방식으로 일관적인 SAE 시범을 제공할 수 있다("너는 집에서는 'I be goin' to recess'라고 말하지. 학교에서는 'I am going to recess'라고 말해. 자, 'I am going to recess'라고 내게 말해 봐, 좋아! 잘 말했어!"). 글상자 11.2에는 AAE를 말하는 한 학생에 관한 일상적인 시나리오가 담겨 있다. 우리는 다음 절에서 다양한 인종문화적 배경을 가진 아동들을 위한 치료에 대한 주제로 돌아올 것이다.

이중언어로 인한 방언

아동이 **일차언어**(primary language, L1으로 지칭) 및 **이차언어**(secondary language, L2로 지칭)를 함께 사용하고 있다면, 이차언어는 방언적 변이로 발화되는 것일 수 있다. 이 방언은 아동이 성인이 될 때까지도 지속될 수 있으며, 이차언어가 지배적인 언어로 바뀔 수도 있다. 이 경우 이차언어는 그 중요도나 능력 면에서 이차적인 것이 아니다. 이것은 단지 학습이 이루어진 연대기적 의미에서 그저 이차적이라는 것이다. 이것은 다른 언어가 숙달된 후에 학습된 것이다. 그렇지만 일부 개인들의 경우 이차언어는 일차언어에 비해 덜 능숙한 것으로 남게 되기도 한다.

두 가지 언어를 이미 배웠거나, 현재 배우고 있는 중인 아동의 경우에는 단지 그가 말하는 방언이라는 이유만으로도 해당하는 이차언어에 장애를 보이는 것처럼 여겨질 수도 있다. AAE를 사용하는 아

언어장애 아동을 가진 일부 이중언어 부모는 자신들이 두 언어를 동시에 도입시킨 일이 자녀에게 혼란을 줄 수 있었던 것인지 궁금해한다. 이들 부모에게는 언어장애가 두 가지 언어의 노출로 야기된 것이 아니라는 사실을 확인시켜 줄 필요가 있다.

동의 경우에서와 마찬가지로, 언어장애처럼 보이는 이것은 장애가 아닐 수 있다. 다시 말하면 이중언어 아동으로부터 이차언어에서의 장애를 진단하기 위해서는, 치료사가 일차언어의 언어학적 규칙 및 수용 가능한 구어행동에 대해 이해하고 있어야 한다. 다시 말해 치료사는 이중언어 아동이 어떻게 두 가지 언어를 습득하고 산출하는가, 그리고 이 언어 가운데 어느 하나 또는 두 가지 모두에서 어떻게 언어장애를 진단해 내는가에 관한 훌륭한 지식을 갖추고 있어야 하는 것이다.

두 가지 언어를 말하고 이 모두가 동등하게 평가되는(강화되는) 이중언어 가정에서 자라는 아동들은 전형적으로 두 언어 모두를, 단일언어 가정에서 자라는 아동들과 마찬가지로 특별한 어려움 없이 습득한다. 두 가지 언어를 동시에 습득하여, 결국 유아 때부터 이중언어 상태가 되는 것을 **동시적 이중언어**(simultaneous bilingualism)라 한다(Genesee, 1988; Kessler, 1984; Schiff-Myers, 1992). 전형적으로 발달하는 아동들은 두 언어를 향한 노출 때문에 손상받지는 않을 것이다. 사실상 이것이야말로 두 가지(또는 그 이상의) 언어를 잘 배울 수 있는 이상적인 환경일 것이다. 만일 이중언어 아동이 언어장애를 가지고 있다면, 이것은 이중언어와 무관한 다른 요인들로 인한 결과일 가능성이 높다.

일부 아동들은 가정에서 제1언어(L1)를 배우고 난 후, 가정 밖(학교 또는 보다 광범위한 사회 환경)에서 또 다른 언어에 노출될 수도 있다. 이러한 아동들은 제2언어(L2)를 순차적으로 학습한 것인데, 이것이 **순차적 이중언어**(sequential bilingualism)이다. 전형적으로 이러한 아동들은 가정에서 일차언어를 배우고, 만일 취학전 프로그램에 다니지 않게 된다면, 대략 5세 전후에 공립학교에 입학하여 영어를 배우기 시작한다. 순차적으로 이중언어자가 된 아동들은 동시적 이중언어일 때에 비해, L2 발달의 더욱 커다란 다양성을 보이게 된다(Kayser, 2002).

미국에서는 공립학교 입학 시점에서 유창한 영어를 가지지 못한 아동들을 이중언어로서의 영어(English-as-a-second-language), 즉 ESL 학생이라고 기술한다. 이차적인 언어라는 것이 반드시 취약한 언어를 시사하는 것은 아니므로, 기술적으로 이것은 잘못된 용어이다. 그러나 불행히도 미국의 공립학교에서는 종종 이것이 이러한 의미로 사용되고 있다. ESL 학생들에게 제공되는 교육은 학교에 따라 크게 달라져, 1학년 때부터 이중언어 수업이 이루어지는가 하면, 반대로 '가라앉을 것인가 아니면 헤엄칠 것인가(sink or swim)' 하는 완전 몰입(total immersion)의 철학으로 아동들에게 일차언어를 전혀 교육시키지 않는 곳도 있다. 제공받는 지원의 양과 무관하게, ESL 아동들은 이차언어 학습자들에게 나타나는 전형적인 언어습득 패턴을 보일 가능성이 높다.

심지어 잘 훈련된 언어치료사들조차 제2언어 학습자에게서 관찰되는 의사소통행동들이 언어 차이와 언어장애 중 무엇에 의한 것인지 확정하기 어려워할 때가 있다. 그렇다면 언어치료사가 언어장애의 특성과 특히 순차적으로 이루어진 이중언어의 변이 특성 간의 차이점을 이해하는 것이 무엇보다 중요할 것이다. 순차적 변이에 보편적으로 나타나는 일부 처리과정에는 다음과 같은 것들이 있다.

- 간섭
- 침묵기
- 화석화
- 기호 전환

간섭. 제1언어가 제2언어로 일반화되는 측면을 말한다. 이 일반화는 제2언어의 정확한 산출에 대한 **간섭**(interference)을 야기하는 것으로 알려져 있다. 제1언어의 속성들이 제2언어산출의 음운, 의미, 구문 및 화용적 측면에 방해를 야기할 수 있다. 제2언어산출에 개입되는 외국식 강세는 제1언어의 음운 체계로 인한 것이다. 아동들은 자신들의 일차언어에 존재하지 않는 음소들을 산출하는 데 어려움을 보

표 11.3

일차언어로서의 스페인어가 영어 음소 조음에 미치는 간섭의 예

조음의 차이	L1으로서의 스페인어가 조음 차이에 영향을 미치는 방식
대치 :	
b/v 대치(valentine을 balentine으로)	스페인어의 /v/는 양순음으로 산출
ch/sh 대치(shoe를 chew로)	스페인어에는 'sh' 음소가 없음
유성 'th'를 /d/나 /z/로 대치(them을 dem으로)	스페인어에는 유성 또는 무성 'th' 음소가 없음
모음 대치(big을 beeg로, bat을 bet로)	스페인어에는 오직 5개의 모음(ah, 단음 e, 장음 e, o, u)과 몇 가지 이중모음만 존재
j를 y로 대치(jump를 yump로, joke를 yoke로)	스페인어에는 단일의 y 음소가 없음(n은 n+y의 소리 조합, manana-'manyan')
음소 /r/를 탄설음이나 진동음으로 산출	스페인어의 /r/는 단일 탄설음(pero)이나 진동음(perro)으로 산출
	스페인어에서는 초성 /h/ 묵음(Hidalgo, helado)
낱말 초성 위치에서 /h/ 탈락(hello를 'ello로)	스페인어에는 첫소리에서 /s/ 포함된 자음군으로 시작되는 낱말이 없음, 자음군 앞에 모음이 선행함(school은 escuela 또는 husband는 esposo)
초성 /s/+자음군 앞에 중성모음 삽입(snake를 esnake로)	
치경자음 /t/, /d/, /n/, /s/, /z/를 치음화	스페인어의 치경음, 특히 /s/와 /z/는 혀의 위치가 보다 앞쪽에서 산출됨
낱말 종성 위치의 파열음을 탈기식음화	스페인어 낱말은 기식성 파열음으로 끝나지 않음
종성자음 탈락(boat를 bo로)	낱말 종성 위치에서 산출될 수 있는 자음들에는 오직 /s/, /n/, /r/, /l/, /d/만 있으며, 이에 비해 음절 종성위치에서는 24개의 자음이 올 수 있음
비분절적 특징상의 차이(강세, 음도, 의문문과 평서문의 억양)	스페인어는 영어보다는 덜 변조됨, 영어 산출이 단조로워질 수 있음
	스페인어 발화는 낮은 음도 수준에서 시작하여 첫 강세 음절에서 음도 변화가 이루어짐, 영어 발화는 이보다 높은 음도에서 시작하여 강세 낱말에서 음도 변화가 이루어짐

출처 : Compiled from Brice (2002); Goldstein (2001); Roseberry-McKibbin (2002).

표 11.4

일차언어로서의 아시아 언어가 영어 음소 조음에 미치는 간섭의 예

조음의 차이	L1으로서의 아시아 언어가 조음 차이에 영향을 미치는 방식
종성 자음 탈락(*hide*를 *hi*로, *book*을 *boo*로)	여러 아시아 언어에서는 낱말이 모음으로 끝나는 빈도가 보다 높음
음절상의 차이 :	
음절 탈락(*telephone*을 *tephone*으로, *tomato*를 *mato*로)	여러 아시아 언어에서의 대부분의 낱말들은 단음절임, 따라서 일부 ESL 화자들은 음절을 탈락시킴
잘못된 음절에 강세를 줌(*ef'-fort*를 *e-fort'*로, *syl-la' -ble*을 *syl'-la-ble*로)	아시아 언어의 음절 강세 패턴은 영어의 그것과 다름, 특히 운율 변화를 통해 의미적 정보들이 전달되는 음조 중심의 아시아어 화자들은 영어 강세 패턴을 특별히 어려워함
대치 :	
sh를 ch로, ch를 sh로 대치(*shape*를 *chape*로, *chair*를 *shair*로)	이 음소들은 모두 일부 아시아 언어에는 존재하지 않는 것들임. 그러므로 아시아어가 일차언어인 일부 ESL 화자들에게는 이 음소들의 산출이 어려울 수 있음
유성 및 무성 th를 여러 음소로 대치(*these*를 *dese*로, *that*을 *sat*으로, *think*를 *tink*로)	
b/v 대치(*vase*를 *base*로)	
a/æ 대치(*hat*을 *hot*으로)	
/r/를 /l/로 및 /l/를 /r/로 대치(예 : *right*를 *light*로, *lucky*를 *rucky*로)	/l/와 /r/가 혼동되는 경우, 많은 아시아 언어에서는 이 소리들이 동일한 음소 범주로 산출됨
낱말 내 모음 길이의 축소, 미국 청자들에게는 말소리가 '불규칙적인' 것으로 들림	많은 아시아 언어에서는 모음들이 적당히 짧음, 축소된 모음 길이는 L1이 아시아 언어 화자들이 산출한 영어에서의 운율적 차이를 가져오는 한 가지 중요한 요인임
자음군 축소(*break*를 *bake*로)	많은 아시아 언어들은 자음군이 적거나 전혀 없음

주 : 아시아 언어들에 대한 일반화는 매우 잠정적일 수밖에 없다. 왜냐하면 이 대륙은 광범위하게 다른 어족들에 속하는 수백 가지 언어의 모태이기 때문이다.
출처 : Compiled from Cheng (1987) and Roseberry-McKibbin (2002).

일 가능성이 매우 높다. 예를 들어, 러시아 아동들은 음소 /θ/의 산출을 어려워할 수 있는데, 이는 러시아어 음성 목록에는 이것이 없기 때문이다. 미국에서는 치료사들이 가정에서는 스페인어나 아시아 언어 중 하나를 말하다가 이제는 이차언어로서의 영어를 배우고 있는 아동들을 매우 보편적으로 접한 곤 한다. 그러므로 이 두 집단의 아동들이 보이는 말언어 특성에 관해 기술하는 많은 연구들이 축적되고 있다. 표 11.3과 11.4에는 스페인어와 아시아어 화자들이 보이는 영어의 일부 조음 특성이 제시되어 있다.

의미론적으로 아동들은 자신들의 일차언어의 어휘 내에서 표상되지 않는 개념들을 어려움을 보일 수 있다. 열대성 기후 출신 아동은 눈, 눈썰매차, 코트, 스노우슈즈, 얼음낚시, 눈폭풍 등에 준하는 낱말이나 구를 가지고 있지 못할 것이다. 또한 언어 간에는 상징언어(figurative language) 역시 직접적으로 전

표 11.5

L1으로서의 스페인어가 영어에 미치는 구문 및 형태론적 간섭

스페인어의 구문 및 형태론적 구조	스페인어 산출 표본	영어 구문에 나타난 간섭의 표본
형용사는 명사 뒤에 위치하는 경우가 매우 많음	la *casa grande* la *pluma azul*	the *house big* the *shirt blue*
부사는 동사와 직접목적어 사이에 위치함	El maneja *muy rapido* el coche.	He drives *very fast* the car.

최상급은 낱말 *mas*로 나타냄
  어근 낱말에 접미사(-er 또는 -est와 같은)를
  붙이지 않음
	El es *mas* viejo que su padre.	He is *more old* than your father.

전치사구로 소유를 나타냄, 소유격 -s 형태소가 없음	Este es la madre *de mi amigo*.	This is the mother *of my friend*.*
스페인어에서는 이중 부정이 적법함	No *tengo nada*	I don't have *nothing*.
의문문은 억양을 올리는 형태로 묻는 경우가 매 우 많음, 평서문을 도치시키지 않음	Vas a ir a la oficina?	You're going to the office? *

* 이것들은 영어에서는 잘 출현되지 않는 구조이나 기술적으로 잘못된 것들은 아니다.

환되지 못한다. 아동의 일차언어에서 사용되는 격언은 이차언어 표현의 산출이나 이해를 방해할 수도 있을 것이다. 예를 들어, 제1언어로 스페인어를 사용하는 어떤 ESL 화자는 한 농담에 대한 반응으로 "You're taking my hair!"라고 잘못 말하여, 영어 화자 청자를 당황하게 만들 수 있는데, 이 발화는 스페인어의 "Me estas tomando el pelo!"를 문자 그대로 영어식으로 번역해 버린 것으로서, 영어에서의 "You're pulling my leg!_나를 놀리는 거야!"와 같은 의미를 지니는 말이다(Burke, 1998). 또 다른 ESL 화자는 영어의 속어 "Go fly a kite_꺼져버려!"를 문자 그대로 연을 날리라는 명령으로 해석해 버릴 수도 있는 것이다.

제1언어의 구문 및 형태론적 구조는 제2언어의 산출에 방해가 될 수 있다 스페인어를 말하는 히스패닉 아동들은 *dog big*이나 *I have hunger*와 같은 발화를 산출하기도 하는데, 이는 스페인어의 구문 규칙과 일치하는 것이기 때문이다(*perro grande*와 *Tengo hambre*). 스페인어 구문 및 형태론이 영어 산출에 어떠한 영향을 미치는가에 관한 추가적인 예는 표 11.5를 보라.

대화 규칙이나 그 관습은 여러 문화에 따라 크게 다르며, 따라서 이것은 한 아동이 서로 다른 언어마다의 유사한 기술들을 습득하는 것을 방해할 수 있다. 예를 들어, 미국에서는 대화에서의 직접적인 눈맞춤을 높게 평가한다. 이는 한 개인이 신중하게 경청하고 있음을 의미한다. 직접적으로 눈을 맞추는 이는 정직하고 올바른 사람으로 간주되며, 적절한 눈맞춤을 유지하지 않는 이들은 "교활하게 눈을 이리저리 굴리는" 것으로 간주될 수 있다. 아동

반대로 치료사들은 아동의 화용적 행동은 반드시 문화적 영향에 의거한 것이라고만 가정해서도 안 될 것이다. 언어장애 아동들은 자신들에게 말하게끔 요구하는 상황을 피하도록 학습되어 왔기 때문에 눈맞춤을 보이지 않는 것일 수도 있다.

표 11.6

주류 미국 영어와 비교한 미국 흑인의 일부 화용적 언어행동

미국 흑인의 화용적 언어행동	주류 미국 영어의 화용적 행동
집단 대화 시에 차례 주고받기(trun-taking)가 보통은 관찰되지 않는다. 중단(상대의 말에 끼어들기)는 일반적으로 묵인되어, 가장 단호한 사람이 가장 '주도적인' 참여를 하는 경쟁적 대화 스타일을 초래함	집단 대화 시에 차례 주고받기를 보다 엄정히 고수함, 끼어들기는 무례한 것으로 간주됨
대화 스타일은 생동적이고 집중적이며, 매우 개인적임	대화 스타일은 전형적으로 덜 집중적이며, 보다 비개인적이며, 개인적 감정은 덜 표현하는 형식
비록 끼어들기가 대화 집단 내의 사람 간에는 용인되지만, 외부인이 '치고 들어올' 때는 공격적인 것으로 간주됨. 대화는 인정된 참여자들 간에 사적으로 이루어지는 것으로 간주됨	일반적으로 외부인이 대화의 원에 참여하는 것은 상냥하고 호의적인 것으로 간주됨("실례합니다, 내가 돕진 못하겠지만, 여기서 듣자 하니…")
이제 막 소개된 사람에게 개인적 질문을 하는 것은 부적절하고 침입적인 것으로 간주됨	소개된 사람에게 가족, 직업 등을 묻는 것은 일반적으로 적절하며 우호적인 것으로 간주됨, 방금 만난 사람에게 관심을 보이고 있다는 표시로 받아들여짐
아동과 성인 간의 눈맞춤은 권장되지 않으며, 특히 아동에게 훈계가 이루어지고 있을 때는 더욱 그러함. 눈맞춤을 하는 아동은 상대를 존중하지 않는 것처럼 여겨질 수 있음	아동들에게는 그들이 존경하는 마음으로 경청하고 있다는 의미에서 성인에게 눈맞춤을 하도록 권장됨

출처 : Compiled from Roseberry-McKibbin (2002); van Keulen, Weddington, and De Bose (1998); and Willis (1998).

들에게는 성인이 말할 때는 성인을 바로 쳐다보도록 요구된다. 이들이 그리하지 않으면, 성인들은 이들 주의를 기울이지 않는 것이라고 생각한다. 미국의 부모들이 아이를 야단칠 때, "내가 말하고 있을 때는 날 쳐다봐야지!"라고 말하는 모습은 별난 일이 아니다. 반대로 일부 문화, 특히 아시아권의 문화에서는 특히 아동이 성인에게 보이는 직접적인 눈맞춤은 오히려 무례함을 나타내는 것으로 간주된다. 이러한 문화에서는 야단맞고 있는 아이들은 뉘우치고 있다는 의미로 눈을 계속 아래로 향하고 있어야 한다. 이 같은 문화적 배경에 속한 아동들은 미국적 관습에 빠르게 적응하지 못할 가능성이 높으며, 이를테면 눈맞춤 같은 이들의 화용언어기술상의 차이가 언어장애의 징후로 여겨져서는 안 될 것이다. 미국 흑인 아동들의 화용언어상 차이의 예는 표 11.6을 보라.

침묵기. 제2언어를 배우는 아동들은 종종 **침묵기**(silent period)를 거치는데, 이는 아동이 제2언어를 많이 듣기는 하되 산출은 거의 하지 않는 기간을 말한다. 이 침묵기는 관찰학습이 이루어지는 시기일 수 있다. 아동들은 자신들이 들은 바를 내적으로 시연하고 있는 것일 수 있다. 이들은 낱말과 구를 학습하고 있는 중이지만, 이를 말하는 것은 주저하고 있는데, 이는 이들이 제2언어의 발화에 대해 아직 강화를 받지 못했기 때문이다. 이들이 어느 정도의 성공과 강화를 얻게 되기 전까지는 새로운 언어는 낮은 빈도로 그리고 주저

누구든 외국어를 배우려고 노력해 본 사람이라면 아마도 즉석에서 언어를 산출하는 것을 매우 꺼렸던 기억이 날 것이다. 고등학교의 외국어 교사가 학생들에게 스페인어나 프랑스어로 질문에 답해 보도록 요구할 때, 열성적으로 자원하여 손을 드는 학생은 거의 없으며, 설사 있다 해도 이런 학생은 극소수에 불과할 것이다.

함과 함께 산출될 것이다.

침묵기를 거치고 있는 중인 아동들은 제2언어 습득을 위한 시도가 정체되어 있는 것처럼 여겨질 수도 있다. ESL 아동들을 다루는 전문가들은 아동들의 제2언어 산출 시도를 따뜻하게 강화해 주어야 할 것이다.

화석화. 높은 수준의 언어 능숙성을 획득하고 난 후조차도 일부 오류들은 **화석화**(fossilized)된 채로 남아 있을 수 있는데, 이는 이 밖의 언어산출은 탁월함에도 불구하고 그 오류만큼은 지속되고 있음을 의미한다. 영어는 종종 그 비일관성 때문에 비난받기도 한다. 예를 들어, 모든 불규칙 복수 낱말 및 불규칙 동사들은 그 자체로서 각각의 반응 계층을 이룬다. 이 각각은 개별적으로 학습되어야 한다. 아마도 어떤 이유로 자기 학년 수준에 맞게 영어를 말하고 쓰는 아동이 대부분의 다른 불규칙 복수나 불규칙 동사들은 정확히 산출하면서도, "My foots hurt!" 또는 "I blowed my birthday candles out!" 같은 오류들만은 지속적으로 나타내는가 하는 이유를 쉽게 이해할 수 있을 것이다.

기호 전환. 두 언어 사이의 교환이 쉽게 일어나는 것을 **기호 전환**(code-switching)이라 한다. 이것은 유창한 이중언어자에게 전형적으로 나타나는 행동이다. 기호 전환은 낱말, 구, 또는 문장 수준에서 나타날 수 있다. 미국의 다문화 사회에서 여기저기서 영어 낱말이나 구가 섞인 외국어로 하는 대화를 자주 듣는 것은 그리 특별한 일도 아니다.

이중언어 초기 상태에 놓인 아동들은 제2언어(L2)를 말하면서 일차언어(L1)의 낱말이나 구를 대신 사용할 때가 있다. 이 초기단계에서의 기호 전환은 L2의 제한적인 지식의 결과로 나타난 것일 수 있다. 그렇지만 아동들의 L2 학습이 진보해 감에 따라 기호 전환은 점차 사회적 상황이나 참여하는 대화 상대방에

이중방언 아동은 발화 상황에 따라 두 가지 방언 간의 기호 전환을 보이기도 한다.

따라 차별적으로 달라지게 된다. 화자는 어떤 이와 이야기할 때, 한 언어로 말하다가도 동일한 상황에서 또 다른 사람에게는 즉각적으로 다른 언어로 전환하기도 한다. 이는 두 언어 모두에서의 훌륭한 기술이 갖추어진 효율적이며 수용 가능한 기호 전환이다. 많은 이중언어인들이 기호 전환을 한다. 그렇지만 일부 연구에서는 기호 전환에 대한 지나친 의존은 두 언어 중 어느 하나에서 능숙성이 결여되어 있음을 의미하는 것이라고 하였다(Langdon & Cheng, 1992).

종종 제2언어 습득의 정상적인 과정에 대한 지식을 갖추지 못한 일부 전문가들에게는 ESL 아동이 언어장애를 보일 가능성이 있는 것으로 여겨질 수도 있을 것이다. 예를 들어, 학교 SLP는 단지 영어 습득 과정에 놓여 있는 ESL 아동들의 말언어를 평가해달라는 너무나도 많은 불필요한 의뢰를 받게 될 수도 있다. 제2언어 습득 패턴에 관한 서비스를 제공하는 학교 당국은 교사들이 정상적 과정을 인식할 수 있도록 도울 수 있다. 학교 언어치료사는 ESL 아동들의 L2 발달을 촉진하기 위해 교사들과 정보를 공유하고, 이들에게 자문하며, 그리고 이들과 협력해야 한다. 글상자 11.3은 학교 언어치료사가 보편

글상자 11.3   **다문화 시나리오 #2**

영어가 제2언어(ESL)인 아동의 비율이 높은 초등학교에서, 한 언어치료사가 1학년 교사들로부터 받은 의뢰지 더미를 힘겹게 들여다보고 있다. 이 대부분이 ESL 학생에 대한 평가를 요구하는 것이었고, 언어치료사는 자기 경험상, 영어 및 일차언어(L1) 모두를 완전히 평가해 봤자, 이들 중 대다수는 기저하는 어떠한 언어장애에도 발견되지 못할 것임을 이미 알고 있었다. 이러한 의뢰들로부터 요구되는 매우 많은 평가들이 언어치료사들을 1년 내내 좌절시키고 있다.

이 치료사는 무엇을 해야 할 것인가?

교사들을 제2언어의 정상적인 습득 과정에 대해 교육시키기 위해 고안되어 시행 중인 서비스는, 특히 교사들로 하여금 어떻게 자기 학생들의 영어 초기 사용을 격려하고 강화해 줄 것인가에 대한 치료사의 제안이 담겨 있을 때는, 부적절한 의뢰의 수를 지속적으로 낮추어 줄 수 있을 것이다.

적으로 접하게 되는 상황을 묘사하고 있다.

　다문화 아동들을 다룸에 있어서, 전문가들은 제1언어가 제2언어에 영향을 미치고 있는 현상이 언어장애를 나타내는 것이라고 잘못 판단하는 일을 피해야 한다. 그렇지만 치료사가 다문화 아동이 가지고 있는 모든 결함을 문화 및 경제적 배경, 사회적 방언의 사용, 또는 제2언어 습득의 정상 과정 속에서 나타난 결과일 뿐이라고 단순히 치부해 버리는 일 역시 또 다른 오류일 것이다.

서로를 이해하기 : 통역가와 함께 일하기

공립학교에서는 아동의 일차언어 및 영어 모두에 완전히 평가하는 것이 윤리적으로도 옳고 법적으로도 요구되는 사항이다. 이를테면 특수교육법하에서의 부모의 권리 목록과 같은 모든 형식과 기록은 일차언어로 번역되어 있어야 하며, 또한 가족 구성원과의 구어 의사소통은 일차언어로 이행되어야만 한다. 통역가가 이러한 윤리적 및 법적 요건들을 이행하는 데 어느 정도 실용적인 수준의 도움이 될 것이다.

　점차 다문화사회가 되어 가는 것이 언제나 쉬운 과업만은 아니다. 미국의 여러 주에서는 다양한 인종문화적 배경의 아동들에게 적절히 제공되어야 할 법적 및 전문적 책무를 이행해야 하는 중대한 도전을 언어치료사들에게 부과하고 있다. 예를 들어, 캘리포니아 주에서 가장 거대한 통합 학군인 로스앤젤레스 지역에서는 학생들이 말하는 일차언어가 56가지가 있다고 보고하고 있다(California State Department of Education, 2004). 공립학교의 ESL 아동의 수는 빠르게 증가하고 있음에도 불구하고, 현재 이중언어를 사용하는 언어치료사의 수는 학생들의 일차언어 평가 및 치료 요구에 부응할 만큼 충분치 못하며, 또한 이 숫자가 최소한 빠른 속도로 증가하고 있지도 못하다. 2003년 ASHA의 회원으로서 자격을 갖춘 전체 언어치료사 가운데, 오직 6.3%만이 스스로를 소수 인종에 속한다고 하였으며, 오직 2.7%만이 히스패닉 또는 라틴 인종이라고 규정하였다(ASHA, 2003b). 심지어 이렇게 매우 낮은 비율 가운데에서조차 이중언어를 사용하는 이는 아주 소수이다.

평가 및 치료 대상 아동의 일차언어를 말하지 않는 치료사는 통역가/번역가(IT)의 도움을 구할 수 있을 것이다. **통역가**(interpreter)는 한 언어의 구어 메시지를 다른 언어로 전환하는 사람이다. **번역가**(translator)는 한 언어의 문어 메시지를 다른 언어로 전환하는 사람이다. 그렇다면 통역가/번역가로 정의되는 사람은 다음의 두 가지 기능을 모두 수행할 수 있다. 평가 및 치료과정에서 아동을 위해, 그리고 가족과의 회의에서 구어로 통역해 준다. 그리고 특수교육 서비스와 관련된 다양한 인쇄 형식 및 보고서들을 일차언어로 번역한다.

> 통역가는 어떤 일을 하는가? 또 번역가는 어떤 일을 하는가?

통역가/번역가 선정하고 훈련시키기

통역 및 번역은 훈련이 요구되는 기술적이며 객관적인 과제이다. 유능한 역할 수행을 위해 단지 두 가지 이상의 언어에 유창한 것만으로는 충분치 못하다. 치료사들은 특히 평가 과정이나 회의 과정에서, 단지 편리하다는 이유로 가족 구성원들이나 학교 지원팀 담당자에게 통역가/번역가(IT) 역할을 맡아 달라고 요구하기도 한다. 그러나 가족 구성원들은 아동에게 감정적으로 치우쳐 있으며, 기술 영역에서의 훈련이 부족하기 때문에 이들은 IT로는 부적합할 수 있다. 예를 들어, 가족 구성원들은 표준화 검사 동안 주어지는 지시를 통역하는 과정에서 아동에게 힌트를 주도록 유혹받을 수도 있다.

이와 대조적으로 유능한 IT들은 특정 기술 및 지식에 숙련된 이들이다. 말언어병리학과 관련된 IT의 바람직한 특성이 다양한 저자들에 의해 기술되어 온 바 있다(Langdon, 2000; Langdon & Cheng, 2002; Langdon & Quintanar-Sarellan, 2003; Roseberry-McKibbin, 2002). 효과적인 IT들은 다음과 같아야 한다.

- 영어 및 아동과 가족의 언어에 있어서의 강력한 구어 및 문어기술을 소유하고 있어야 한다.
- 전문가 윤리를 고수해야 한다. 비밀을 유지하고, 공정해야 하며, 그리고 다른 이들의 견해와 문화를 존중해야 한다.
- 메시지를 정확히 전달하고 정보를 정확히 기록하기 위해 훌륭한 단기기억을 가지고 있어야 한다.
- 문화적 차이가 어떻게 상호작용에 영향을 미치는가에 관해 설명함으로써 문화 간의 의사소통 촉진을 도와야 한다.

아울러 언어치료사는 IT에게 말언어병리 분야의 특정 기술 및 지식에 대한 훈련을 제공해 주어야 한다. IT들을 위한 훈련에는 다음과 같은 것들이 포함되어야 한다.

- 전문용어 및 특수교육 법안에 관한 친숙성
- 검사시행 절차
- 제2언어 습득의 정상적인 과정에 관한 정보
- 특수교육팀에서의 IT의 역할에 관한 정보

통역가/번역가와 작업하기 : 통역 과정의 세 가지 단계

Langdon과 Quintanar-Sarellana(2003)는 통역 과정에서 일어나는 세 가지 단계를 (1) 보고하기, (2) 상호작용, (3) 보고 듣기 단계로 기술하였다. 이 3단계 과정은 약어로 BID 라하며, 이 각각의 단계에는 아래와 같은 특정 과제들이 포함되어 있다.

통역 과정의 세 가지 단계는 무엇인가?

보고하기. 첫 단계인 **보고하기**(briefing)에서, 언어치료사는 통역가/번역가(IT)에게 자문을 제공하고 다가올 통역 과제의 목적에 대해 설명해 준다. 만일 IT가 평가 이행을 돕기로 되어 있다면, 언어치료사는 시행될 검사를 가져와서 검사시행 및 검사채점에 필요한 특정 지시에 관해 설명한다. 만일 IT가 아동치료를 지원하기로 되어 있다면, 언어치료사는 치료계획을 설명하고, 자극용 자원들을 보여주며, 사용하게 될 자료수집 방식에 관해 설명해 준다. 언어치료사는 IT가 다가올 과제에 부가되는 사항 및 이를 이행하는 방식에 관해 완전히 이해할 수 있도록 보장해야 한다. 언어치료사는 가능한 한 IT들이 아동, 가족 구성원 또는 이 모두를 전화로 또는 직접 대면하도록 하는 예비 접촉을 만들어 친밀감(라포)을 형성하고 작업의 유대감이 개시되도록 해야 한다.

상호작용. **상호작용**(interaction)은 IT가 서비스를 제공할 때 나타나는 실질적인 일들을 말한다. 언어치료사는 반드시 상호작용 과정 속에 존재해 있어야 한다. 아동 및 가족 구성원들과의 상호작용을 통역가 혼자 다루도록 내버려 두는 것은 윤리적이지도 못하며 바람직하지도 않은 관행이다.

만약 상호작용에 가족 구성원들과의 만남이 포함되어 있다면, 언어치료사는 다음과 같은 행동을 보여야 한다. 첫째, 정보를 제공하는 동안, 언어치료사는 가족을 봐야지 통역가를 바라보아서는 안 된다. 눈맞춤에 관한 문화적 관습은 존중되어야 하겠으나, 어떠한 상황에서도 통역가를 향해 고개를 돌린 채, "그들에게 말해 주세요."라고 해서는 안 된다. 오히려 언어치료사는 **가족들과의 대화를 수행해야 하는 것이다.** 둘째, IT가 이어지고 있는 메시지를 통역할 수 있도록 자주 쉬어가면서 짧은 문장으로 말해야 한다.

통역가가 가족들과 이야기하고 있는 동안 '옆선'에서의 대화를 주고받는 것은 무례하고 전문적이지 못한 태도이다.

멈추는 일 없이 쉬지 않고 말해 버리면, 이야기된 바를 정확히 기억해야 하는 IT로부터 잘못 통역하는 일이 발생될 가능성이 높아질 것이다. 셋째, 전문용어들을 마구 늘어놓음으로써 IT가 이를 적절히 해

사진 11.2 이 사진에서 잘못된 것은 무엇인가?

석하지 못하게 해서는 안 된다. 언어치료사는 오히려 간단하고 직접적인 용어들을 사용해야 하며, 유능한 언어치료사라면 가족들과 대화할 때 늘 그러하듯이, 불가피할 경우에는 기술적인 용어들에 대해

글상자 11.4  다문화 시나리오 #3

8세의 특수교육 아동인 주아는 3년 후 완전한 재평가를 받기로 되어 있었다. 최근 라오스에서 이주해 온 이 학생의 가족은 몽족어를 사용하고 있었고, 학교 평가팀은 지역 내 몽족어 통역가로부터 개별화교육계획(IEP)을 위한 회의에 도움받을 수 있음을 알게 되었다. 이 학생의 어머니는 IEP 회의에 참석하여, 자신들의 평가결과를 그녀에게 들려주기 위해 모인 전문가들에게 미소 지었다. 이들도 다시 미소로 화답하였지만, 곧이어 이들은 자기들끼리만 논평하기 시작하고, 노트북 컴퓨터에 맹렬히 타이핑을 해대며 자신들의 다양한 보고서를 요구되는 하나의 다학제적 보고서로 취합해 내고 있었다. 학교 언어치료사를 포함하여, 각 전문가들은 한 명씩 한 명씩 통역가에게 직접 말하면서 자기의 평가결과를 보고했다. 통역가

가 어머니에게 말을 하는 동안, 이 전문가들은 계속 옆선에서 대화를 주고받았다. 회의가 끝날 무렵, 이들은 통역가에게 그 어머니가 혹시 질문은 없는지 물어봐 달라고 부탁했다. 그녀는 질문하지 않았다.

여러분이 이 학교 언어치료사라면, 여러분은 달리 어떻게 이 가족과 상호작용할 것인가?

통역가와 함께 일할 때, 전문가들은 가족 구성원에게 직접 말해야 한다. 통역가가 말하고 있을 때는 옆선에서의 대화나 보고서를 작성하는 행위가 있어서는 안 된다. 대신 전문가들은 통역가가 말을 끝낼 때까지 조심스러운 자세로 앉아 있어야 한다.

사진 11.3   전문가들은 자신들이 한 말이 가족 구성원들에게 통역되는 동안 조용히 그리고 신중한 자세로 앉아 있어야 한다.

먼저 정의를 내려주어야 한다. 넷째, IT가 이야기된 바를 통역하는 동안에는, 언어치료사는 물론 그 밖의 모든 전문가들은 조용히 앉아 신중한 태도를 취하고 있어야 한다.

상호작용 과정에서 IT는 가능한 한 가족들 곁에 가까이 앉아 있어야 한다. 필요하다면 IT는 잘못 해석될 가능성이 있는 메시지를 통역하기 전에 먼저 명료화를 요구해야 한다. 통역가가 참여하는 회의는 그렇지 않을 때에 비해 두 배가량의 시간이 소요된다. 참여하는 모든 이들에게 인내와 존중이 요구된다. 성공적인 상호작용이란 그 목적이 달성되며, 내담자와 전문가 간의 유대감이 강화되는 상호작용이다(상호작용 과정에서 해선 안 될 일들에 관한 예는 글상자 11.4 참조).

보고 듣기. 상호작용이 끝난 후, 언어치료사와 IT는 조용히 앉아 함께 **보고 듣기**(debriefing) 시간을 가져야 한다. 이 과정 속에서 상호작용 중에 일어난 모든 문제에 대해 논의되어야 하며, 미래의 상호작용에서는 이를 어떻게 개선시킬 것인가에 관해서도 역시 논의가 이루어져야 한다. 또한 반대로 무엇이 잘 이루어졌는가에 대해서도 언어치료사와 IT는 함께 논의해야 한다.

이는 또한 IT가 그 가족이나 아동에 대해 어떠한 인상을 받았는지에 관해서도 역시 함께 공유할 수 있는 시간이기도 하다. 언어치료사는 평가 또는 평가결과에 대한 제언을 작성할 때, IT가 관찰한 바를 함께 고려할 수는 있으나, 진단, 학교 배치, 또는 치료 결정에 관한 완전한 책무는 결코 IT에게 있는 것이 아니다.

통역가와 함께 작업하는 것은 CLD 아동을 평가하고 치료할 때 고려될 수도 있는 몇 가지 조정사안들 가운데 하나일 뿐이다. 다음 절에서는 CLD 아동을 위한 정확한 평가 및 효과적인 치료에 관련된 문제들에 대해 논의할 것이며, 먼저 평가와 관련된 것부터 시작할 것이다.

다문화 아동에 대한 비편향적 평가

제4장에서 우리는 아동의 언어수행 평가를 위한 두 가지 유형, 즉 (1) 표준화 검사, (2) 아동 관찰 및 언어 표본수집이 포함된 아동 특정적 방식에 대해 설명한 바 있다. 이 두 가지 중 아동 특정적 방식이 언어장애의 정확한 진단에 필요한 보다 상세한 유형의 정보를 생산해 줄 가능성이 더 높다. 그 정의상 아동 특정적 방식은 아동 개개인에 대해, 그 또는 그녀의 언어 및 문화적 배경에 대해, 그리고 그 가족의 행동 패턴에 대해 고려한다. 그러므로 이 방식은 CLD 아동에게 특별히 더 적합하다. CLD 아동 평가에서 나타나는 문제의 대부분은 다양한 문화, 언어, 사회경제 및 교육적 배경의 아동들에게 그저 표준화 검사를 집행하는 너무나도 보편적인 관행으로부터 기인한다. 다음 절은 CLD 아동의 언어장애 진단에 있어서의 표준화 검사 사용과 관련된 논점들에 대해 설명할 것이다.

표준화 검사도구들의 편향성

우리는 제4장에서 표준화 검사는 타당도 및 신뢰도의 문제, 적절한 행동 표집의 결여, 그리고 표본집단으로부터 수집된 규준자료를 개개 아동의 언어수행에 적용시킬 수 있을 것인가의 문제점들을 야기한다고 지적한 바 있다. 이러한 문제점들로 인해 표준화 검사는 아동 특정적 언어수행 검사의 보충물로 여겨져야 한다고 제안되고 있다. CLD 아동을 평가할 때는 표준화 검사의 문제점이 더욱 복잡해진다. 제4장에서 논의된 모든 문제 외에도 표준화 검사는 문화적으로 편향된 경향이 있으며, CLD 아동에 대해서는 전적으로 또는 부분적으로나마 타당하지 못한 결과를 초래하게 할 수도 있다. CLD 아동에게 시행되는 표준화 검사의 주된 문제점들에는 다음과 같은 것들이 포함된다.

- 검사에 사용되는 아이템이, 특히 대상 아동이 이중언어자일 경우에는 더더욱 문화 및 언어적 차이를 반영하지 못한다.
- 표준화 검사 규준 수립에 사용된 아동의 표본이 종종 CLD 아동을 대표하지 못하게 되는데, 이는 규준 표본에 CLD 아동은 제외되어 있었기 때문이다.
- 다문화 인구를 위해 설계되었다고 홍보되는 검사에는 종종 타당도 및 신뢰도가 결여되어 있는 경우가 있다.
- 나름 좋은 의미에서 행한 치료사의 검사 수정이 결과의 타당도를 약화시킨다.

문화 및 언어적 차이. 표준화 검사는 종종 문화적 차이 그리고 언어 간에 걸친 구조 및 의미상의 변이를 고려하지 않은 채 설계되는 경우가 있다. 수많은 연구들에서 CLD 아동들은 백인의 중산층 아동 인구 표본으로부터 규준이 수립된 표준화 검사상에서의 수행이 뒤떨어진다는 점을 보여준 바 있다. 그러나 이 열등한 수행의 많은 부분들은 기저하는 언어결함이라기보다는 오히려 문화적 전통이나 사회경제적 배경상의 차이에 의한 것일 수 있다(Campell et al., 1997; Fagundes et al., 1998; Long, 1994; Nelson, 1993; Wyatt, 1998).

문화적 편견은 검사 상황이 아동의 문화적 배경에 적절하지 못할 수도 있다는 보편적인 예상에 의해서도 역시 발생될 수 있다. 전형적으로 검사 시행자는 아동이 협조적이며, 검사 과제에 주의를 기울이고 있고, 문제에 답하기 위해 최선을 다할 것이라고 기대하기 마련이다. 그렇지만 일부 문화에서는 아동들이 성인 앞에서는 조용히 그리고 존경하는 자세로 있을 것이 기대되기도 한다(Matsuda, 1989; Roseberry-McKibbin, 2002). 어떤 CLD 아동은 성인이 직접 질문을 하거나 질문에 직선적으로 답하도록 요구되는 상황에 익숙하지 못할 수 있다. 더욱이 여러 나라에서 표준화 검사가 미국에서만큼이나 보편적인 것은 아니다. 일부 나라에서 온 아동들은 미국 주류사회의 검사 문화에 익숙하지 못하여, 검사를 받는 일이 낯설고 스트레스를 주는 경험으로 여기게 될 수도 있다. 이들은 다양한 교육 환경(여기서 가장 검사를 많이 받는 아동들이 아마 미국 아동들일 것임)에서 여러 가지 검사를 받아 본 경험이 없을 것이다. 심지어 미국의 주류 배경에 속한 아동조차도 종종 낯선 이들에게 수줍음을 보일 때가 있다. CLD 아동은 검사 과정에서 낯선 성인 앞에서 불편해할 가능성이 훨씬 더 높다. "검사 중에 기대되는 상호작용과 실제 아동에게 친숙한 것 사이에 괴리가 존재한다면", 문화적 편견이 일어날 가능성이 높을 것이다(Brice, 2002).

표준화 검사는 또한 언어적 편견의 위험도 매우 높다. 일차언어로부터의 간섭이 잘못된 구문 및 형태론적 구조를 초래할 수 있고, 이는 표준화 검사상 오류로 기록될 것이다. 또한 현재 영어를 학습 중인 아동들은 보다 어린 아동들이 보편적으로 나타내는 발달적 오류(예 : 과거시제 *-ed*의 과잉일반화된 사용)와 유사한 오류들을 보이는 경향도 있다. 특히 영어를 제2언어로 말하는 CLD 아동의 경우에는 표준화 검사의 어휘 역시 혼란스러운 것일 수 있다. 일부 아동들은 일상적 대화를 그럭저럭 따라갈 정도만큼은 영어를 알고 있으며, 또한 학교중심의 사물이나 개념에 대한 영어 어휘들은 알고 있을 수도 있으나, 그 밖의 많은 아동들은 그렇지 못하다. 일부 표준화 검사들에서는 아동의 문화적 환경 내에서는 절대 존재하지 않는 어떤 자극 아이템들을 제시해야 할 때도 있다. 예를 들어, 최근에 이주해 온 아동들의 경우, 미국 스포츠, 장난감 과일, 채소, 가재도구 및 미국의 공휴일 풍경 같은 그림들을 어려워할 수 있다. 문화적으로 다른 일부 아동들은 미국 동요나 동화, 미국의 주류 아동들에게 친숙한 이야기책 주인공들을 참조하는 것들에도 당황하게 될 것이다. 이러한 자극들에 대한 오반응이 언어장애의 징후는 아닐 것이다(Roseberry McKibbin, 2002). 아직 기초 수준의 영어 기술을 학습 중인 아동들의 경우에는 어휘 표준화 검사 점수가 낮다는 이유로 이들을 언어장애라고 진단해서는 안 된다.

인구로부터 모집된 표본의 대표성 결여. 표준화 검사의 규준이 수립되는 인구표본은 종종 대부분이 백인, 중산층의 영어 단일 화자로 구성되어 있다. 이는 미국 사회 내의 CLD 배경에 속한 많은 아동들에게 공정치 못하다는 이유로 그간 납득할 만한 비난을 받은 바 있는 관행이다(Washington, 1996 ; Wyatt, 1998). 치료사가 CLD 아동 평가를 위해 표준화 검사를 선택할 때 제일 먼저 해야 할 일은 검사 매뉴얼을 조사하여 규준자료 생성에 사용된 표본에 인종 및 사회경제적 문제점이 있는지 확인하는 것이다. 만일 이것에 아동이 속한 집단의 대표성이 결여된 것으로 나타난다면, 그 검사를 사용해서는 안 될 것이다.

보다 최신판의 보편적으로 사용되는 표준화 검사 제작자들은 표본이 문화적으로 보다 다양하게 구성되도록 일부 노력을 기울여 왔다. 그렇지만 미국 내 여러 지리적 위치에 따라 지역 인구를 구성하는 다양한 인종집단의 비율이 매우 다르다. 그러므로 국내 모든 지역의 아동들을 진정으로 대표할 수 있는 표본을 상상하기가 어렵다.

CLD 아동용으로 설계된 검사의 문제점. 설사 어떤 표준화 검사가 특별한 다문화 집단을 평가하기 위해 특정적으로 설계된 것이라고 소개되고 있다 할지라도, 치료사는 이를 사용하기 전에 먼저 비판적으로 살펴보아야 한다. 영어를 다른 언어로 직역(직접 번역)해 놓은 검사는 내용 타당도(content validity)가 취약할 수 있는데, 이는 종종 이 직역이 두 언어 간의 언어적 차이를 반영하지 못할 수 있기 때문이다. 예를 들어, 일부 상업적으로 이용 가능한 스페인어판 검사들은 기존의 영어판 검사가 직역된 것, 부분 수정된 것, 또는 이 두 가지 모두인 경우가 있다(Brice, 2002). *Spanish Preschool Language Scale-3*(Zimmerman, Steiner, & Evatt Pond, 2002b)라는 한 스페인어판 검사에 대해 독립적인 연구자들이 세세하게 조사한 결과, 이 검사는 신뢰도 및 타당도 준거를 충족시키지 못하며, 이 검사의 시행은 스페인어 화자 아동들을 언어장애로 과잉판별하는 결과를 초래했다고 결론 내렸다(Restrepo & Silverman, 2001).

표준화 검사의 수정. 일부 치료사들은 자신들이 생각하건대 검사 대상 아동에게 특별히 편향적이라고 여겨지는 일부 문항들을 생략시키거나, 정해진 문항 이상을 검사하거나, 반응 시간을 추가 제공하거나, 미묘한 힌트를 주는 방식 등을 통해 문화적으로 보다 '공정한' 표준화 검사가 이루어지도록 시도하기도 한다. 그렇지만 검사가 **표준화되어 있다**는 것은 제작자가 그 시행절차 및 결과 해석 방식을 명확하게 명시해 놓았기 때문인 것이다. 어느 때든 표준화 검사에 대한 어떠한 변경이라 할지라도 그 검사의 타당도를 약화시키게 마련이다.

표준화 검사를 수정하면서 치료사는 이 검사를 아동의 언어기술에 관한 준거참조적(criterion-referenced) 확인으로 변경시키기도 한다. 아동의 언어기술에 관한 적절한 정보가 확보되기만 한다면 이것도 바람직할 것이지만, 준거참조적 평가 이행을 위해 표준화 검사를 수정하는 것보다 더 훌륭한 방법은 있다. 그러므로 치료사는 아동에게 더 적합하도록 표준화 검사를 수정하기보다는, 오히려 어떠한 아동에게서든, 특히 CLD 아동에게서 언어장애를 진단할 때는 표준화 검사가 가장 최상의 또는 오직 유일한 방식이 아니라는 점을 이해해야 한다. 그 대안으로서 아동 특정적 평가방식이 있는데, 이는 아동의 언어수행을 보다 잘 대표하는 결과를 산출해 줄 것이며, 또한 보다 신뢰할 만한 정확한 진단을 내릴 수 있게 해줄 것이다.

표준화 검사 결과를 CLD 아동에게 공정하고 타당한 방식으로 적용하는 것상에서의 많은 문제점들을 감안한다면, 다양한 문화적 배경에 속한 아동들을 평가할 때는 아동 특정적인 검사방식을 사용하는 것이 최선일 것이다. 어쨌든 CLD 아동에게 불가피하게 표준화 검사가 사용되었다면, 그 결과를 기록할 때는 반드시 보고서에 이 검사의 편향 가능성으로 인한 결론의 유보가 언급될 필요가 있다. 많은 기관들이 언어치료사에게 진단보고서에 일상적으로 포함되는 이 효과에 관한 장황한 표준들을 제시해 주고 있다. 만일 자료에 반드시 이러한 유보가 제시되어야 한다면, 우리는 이것이 도대체 왜 제시되는가에 대해 스스로 생각해 보아야 한다.

표준화 검사의 대안 : 아동 특정적 절차

CLD 아동 평가에는 제4장에 기술된 아동 특정적 절차가 사용되어야 한다. 자연스러운 상황에서의 아동 관찰, 언어표본 분석, 그리고 부모, 양육자, 교사와의 면담 등이 모두 아동의 언어기술에 관한 덜 편향적이며 보다 정확한 평가에 기여할 것이다. 사실상 CLD 아동 평가에 있어서 효과적인 아동 특정적 절차를 위해 수정되어야 할 만한 것은 극히 적다. Craig와 Washington(2000)은 보편적으로 사용되는 표현 및 수용어휘 검사 배터리가 언어장애를 지닌 미국 흑인 아동과 언어장애가 없는 미국 흑인 아

> 일부 전문가들은 아동 특정적 절차는 비공식적인 것이라고 기술하고 있다. 그러나 여기에 비공식적이라 할 만한 것은 전혀 없다.

동을 구별시켜 줌을 발견하였다. 이 평가 배터리에 포함된 언어표본 분석에서는 낱말 또는 형태소로 본 평균의사소통단위길이(Mean Length of Communicative Units, MLCU; 4장에서 설명한 MLU와 유사한 개념) 측정, 어휘 다양도와 복합구문 사용 빈도 분석, 그리고 수용언어 면에서, *wh* 의문문에 대한 반응 및 수동태와 능동태 문장구조 이해에 대한 분석이 통합되어 있었다.

심지어 특정 평가 배터리 없이도, 아동의 언어환경 및 가정환경에 적합한 자원들(다음 절 참조)을 자극으로 하여 수집한 훌륭한 언어표본을 통해서도 아동의 어휘, 구문구조, 형태론적 특징 및 화용적 행동들에 대해 분석할 수 있다. 또한 특정 아동에게 부여되는 의사소통적 요구에 대한 분석도 추가적인 아동 특정적 절차 설계에 도움이 될 수 있다. 예를 들어, 교실 안에서 아동에게 노출되는 유형의 낱말들, 아동에게 부여되는 문해 요구, 그리고 아동이 읽고 이해하도록 기대되는 학령 수준의 책들 모두가 아동 특정적 평가를 위한 자원이 될 수 있다.

일부 특수한 고려 사항

아동 특정적 절차 외에도 CLD 아동들에게는 몇 가지 특수한 고려가 요구된다. 이러한 아동들을 평가할 때, 치료사는 다음과 같은 바를 이행해야 한다. (1) 이중언어 아동에게는 두 언어 모두에 대한 별도의 평가를 수행한다, (2) 문화적으로 적합한 자극 아이템을 선택한다, (3) 평가 과정에 아동의 문화에 담긴 가치와 전통에 대한 지식을 반영시킨다.

우리는 앞에서 이중언어 아동의 두 언어 모두를 평가해야 할 필요성에 대해 논의하였다. 표준화 검사 과정에서보다는 아동 특정적 평가 과정에서 이러한 과제를 수행하는 것이 보다 어려운 일일 수는 있겠으나, 이 평가는 각각 별도로 시행되어야 한다. 치료사는 평가 과정에서 아동에게 두 언어 중 어느 하나로든 반응하도록 이끄는 쪽으로 치우칠 수 있거나, 또는 스스로가 이중언어자인 치료사의 경우에는 반응을 촉구하기 위해 언어를 바꾸어 가며 말하는 경향을 보이게 될 수도 있다. 평가 과정에서 언어를 혼용하는 일은 두 언어 중 어느 하나에서 아동의 표현 및 수용언어기술에 대한 잘못된 초상을 초래할 수도 있다. 가능한 한 먼저 어느 한 언어로 평가를 시행하고 난 다음에 두 번째 언어로 평가를 해야 한다.

고려해야 할 또 다른 사항은 아동의 문화적 배경 및 가정환경을 반영하는 자극 아이템을 선택하는 문제이다. 아동의 자연스러운 환경에서 보편적으로 발견되지 않는 자극 아이템을 제시하는 일은 잘못된 진단으로 향하는 편향적 평가를 초래할 수 있다. 타이 난민캠프로부터 최근에 이주한 한 몽족 아동의 경우 선인장, 펭귄, 또는 수족관과 같은 사물 그림들(이 그림들은 모두 보편적으로 시행되는 표준화된 표현언어검사에 담겨 있는 것임)을 인식하기는 어려울 것이다. 대부분의 미국 장난감, 퍼즐, 인형, 플레이도우(paly dough, 일종의 찰흙놀이)와 같은 놀잇감 역시 최근에 미국으로 이주해 온 CLD 아동으로부터 언어를 유도해 내기에는 적합하지 못할 것이다. 언어장애와 정상언어 간의 차별적 진단이 곧 평가의 목적이므로 평가 과정에서는 편향적인 자극의 사용을 피하는 것이 바람직하다. 첫 면담 과정에서 부모에게 선택된 자극용 자원들(장난감, 그림, 사물, 자원이 포함된 활동들)을 보여주어, 이들로 하여금 이 자원이 아동에게 친숙한 것인지를 확인하는 일이 바람직할 것이다. 이 중 아동에게 친숙하지 못한 것이 있다면, 부모의 제안에 따라 새로운 자원으로 대치시킬 수 있을 것이다.

언어치료사가 아동의 문화에 담긴 가치와 전통에 대한 지식을 일부 가지고 있다면, 아동 특정적 평가가 보다 효과적으로 실행될 수 있을 것이다. 인류학 분야에서 차용한 기법인 **민족학적 면담**(ethnographic interview)에는 특정 문화권의 사람들을 찾아가 이들에게 그 문화에 대한 상세한 질문을 하는 일이 포함된다(Roseberry-McKibbin, 2002). 많은 비율의 아동들이 문화적으로 다양한 환경에서 일하고 있다는 사실을 직시하고 있는 치료사들은 부모나 해당 공동체의 기타 구성원들을 이러한 유형의 면담에 참여시킴으로써 아동의 모국 문화에 관한 정보를 수집하기로 결정할 수 있을 것이다. 치료사가 아동의 문화에 관해 배울 수 있는 또 다른 방식에는 직접 관찰, 독서, 기타 전문가들과의 상담, 컨

퍼런스 참가와 같은 일들이 있을 것이다. 치료사가 아동 문화의 전통과 가치에 관해 해박하다면, 언어장애와 언어적 차이를 보다 정확히 구별해 낼 수 있을 것이다. 또한 치료사는 이 지식을 통해 아동을 위해 보다 적합한 평가 자원들을 선택할 수 있게 될 것이다.

다문화 아동을 위한 치료 : 그 일반성에 관한 질문

말언어병리에서의 다문화적 논점에 관한 문헌의 대부분은 평가의 논점에 관한 것이다. 문화적으로 적합한 평가의 중요성은 아무리 강조해도 지나치지 않다. 그럼에도 불구하고 우리는 문화적으로 민감한 평가절차 너머로 나아갈 필요가 있다. 다문화적 의제는 치료를 향해 나아가야 한다.

불행히도 의사소통장애치료 효율성 연구의 대부분은 백인의, 중산층 이상의 표본을 대상으로 이루어져 왔다. 우리는 주류집단에게 효과적인 것으로 알려져 온 치료절차가 소수집단 구성원에게도 역시 효율적인가에 관해서는 알지 못한다. 이것은 **인종문화적 일반성**(ethnocultural generality)의 문제로서, 이는 어느 한 인종문화적 집단에게 효과적인 것으로 알려진 어떤 치료가 역시 다른 인종문화적 집단에게도 얼마나 효과적일 수 있는가 하는 정도를 지칭하는 용어이다(Hegde, 2003a). 다양한 집단 간에 걸쳐 효과적인 치료절차는 인종문화적 일반성을 가지고 있는 것이다.

> 한 치료방식이 다양한 인종집단으로부터 온 사람들에게 효과적임이 실험적으로 입증된다면, 이는 어떠한 유형의 일반성을 가지는 것이라고 말할 수 있는가?

명백하게 기술된 인종문화 집단들에 걸쳐 평가된 치료절차의 효과에 대한 연구는 적거나 거의 없다. 치료효과 연구들은 종종 대상들의 인종문화적 배경에 관한 상세한 정보를 충분히 제공하는 것에 실패할 때가 있다. 더욱이 다양한 대상이 모집되었을 경우에는 그 집단에 대한 평균으로 경향이 정해지게 된다. 치료에의 반응에 대한 개인별 자료를 제공하지 못한다는 것은 문화적으로 다양한 대상 간에 걸친 효율성 평가를 어렵게 만든다. 이상적으로는 어떤 방식이 특정 인종문화집단에 대해 실제로 효과적인지를 보여주는 실험자료가 필요하다. 폭넓게 사용되고 있는 방식이 가진 인종문화적 일반성을 입증하기 위한 치료효과 연구를 수행할 필요 또한 매우 절실하다.

특정 치료절차가 특정 인종문화집단에 잘 들어맞지 않는다는 부정적 증거가 없을 경우, 치료사들은 실험적으로 최소한 일부 언어장애 아동들에게 효과적인 것이라고 평가되고 입증된 치료절차들을 (이 실험은 다양한 아동들을 표집한 것이 아니었음에도 불구하고) 선택하게 될 수도 있다. 그 효과가 다른 치료사들에 의해, 다른 상황에서도 마찬가지로 검증된 치료방식이 있다면 이는 상당한 정도의 확신을 가지고 사용될 수 있을 것이다. 광범위하게 검증된 연구들은 다양한 배경의 아동들을 표집했었던 것일 가능성이 높다.

이 책에서 설명된 치료절차들은 매우 다양한 아동들에게도 역시 효과적일 가능성이 높다. 시범, 지시, 촉구, 정적 강화, 차별적 강화, 형성, 소거, 그리고 교정적 피드백과 같은 행동주의적 방식들은 말언어병리학 및 행동과학 두 분야 모두에서 폭넓게 검증된 바 있다(Hegde, 1998b; *Behavior Analysis in Developmental Disabilities*, 1968-1985). 현재 행동주의적 치료방식의 일반성은 충분히 확립되어 있다. 반대 증거가 나타나기 전까지는, 굳이 일부 아동들은 이 방식의 효과와 무관할 것이라고 가정할 하등의 이유가 없다. 또한 다양한 인종문화적 배경의 아동들에게 독특한 치료절차가 필요할 것 같지도 않다. 이 절차들을 일부 수정할 필요는 있을 수 있지만, 내담자 특정적인 수정은 어떠한 아동이나 성인을 치료할 때도 마찬가지인 치료의 한 일환일 수 있다.

다양한 배경의 아동들에게 서비스를 제공함에 있어서는 평가와 치료에 관한 논점을 구별하는 일이 중요할 것이다. 평가에서 중요한 모든 논점이 반드시 치료에서도 역시 중요한 것은 아니다. 예를 들어, 아동에게 친숙하지 못한 자극을 선택하고, 이에 대한 반응 실패를 이유로 아동을 언어장애라고 결론 내리는 일은 부적합할 것이다. 그럼에도 불구하고 일단 아동이 언어장애라고 정확히 진단되고 난 후에는 그 친숙하지 못한 동일 자극이 훌륭한 치료자극이 될 수 있다. 앞선 사례에서의, 최근에 이주한 몽족 아동은 자신의 새로운 환경에서 보편적인 낱말과 개념에 대한 학습을 통해 커다란 이득을 얻게 될 것이다. 또 다른 예를 들자면, 눈맞춤의 결여라는 이유로 아시아계 아동을 언어장애로 진단하는 것은 부적절한 일이겠으나, 이 기술 및 기타 화용언어기술들은 아동의 학업 및 사회적 성공을 강화시켜 줄 수 있는 적절한 치료목표가 될 수 있다. 선택된 치료목표가 아동 가정에서의 의사소통 패턴과 상충된다면, 치료사는 부모와 목표에 대해 논의하고, 이를 가르칠 수 있도록 허용하는 부모의 승인을 얻어야 한다. 목표는 부모의 희망에 따라 채택될 수도, 제거될 수도 또는 수정될 수도 있다. 다음 절에서는 제안된 치료목표에 대한 부모의 승인을 얻는 방식에 관해 설명할 것이다.

다양한 문화적 배경의 아동 및 부모와 함께 일하기

치료사들은 자신들이 공헌하는 아동 가족의 문화, 문학, 그리고 그 정신적 유산에 관한 이해의 폭을 더욱 넓힘으로써 스스로를 질적으로 상승시키고, 아마도 치료사로서의 효능성을 강화시켜야 할 것이다. 단순히 인종문화적 집단 간에 걸친 언어적 차이를 기억하고 있는 것만으로는 충분치 못하다. 그들의 역사에 대해 이해하고, 여러 인종집단의 문학작품을 읽는 일들은 조망을 확장시켜 주고, 문화적 다양성에 관한 치료사의 이해를 증가시켜 줄 것이며, 또한 치료사를 문화적으로 더욱 풍부하게 만들어 줄 것이다.

치료사는 다른 문화적 배경의 아동 및 가족에 대한 더욱 풍부한 이해를 확보하되, 인종집단 구성원을 정형화시키는 함정을 피해야 한다. 치료사는 다른 문화적 배경의 가족들은 다른 많은 이들은 충분히 동화된 주류의 가치들을 거부할 것이라고 억측해서는 안 된다. 또한 비록 특정 인종 구성원을 전형적으로 특징짓는 문화 및 의사소통적 속성에 관한 여러 목록들이 존재하는 것은 사실이지만, 치료사

는 자신들이 곧 평가하고자 하는 특정 인종 배경의 아동 역시 반드시 그 속성을 드러낼 것이라고 추측

문화적 동화란 다른 나라로 이주해 온 이들이 그 나라의 가치와 행동양식을 받아들였을 때 일어나는 것이다. 이때 많은 이들은 과거의 문화와 새로운 문화 모두에 함께 머무는 이중 문화 상태가 된다.

해서도 안 된다. 특정 인종문화집단의 어떤 구성원이 자신이 속한 집단적 속성에 따라 동일하게 행동하는 것은 아니다. 이는 미국 내의 흑인, 히스패닉, 아시아계 모두에게 마찬가지이다. 그러므로 내담자 특정적인 평가 및 치료는 어떤 문화 또는 인종적 배경의 아동 또는 성인을 정형화시켜 버리고 마는 위험을 피할 수 있게 해줄 것이다(Hegde, 2001a, b).

그렇지만 일부 경우 아동의 모국 문화 가치와 미국 주류 문화의 가치 사이에 충돌이 발생할 수 있고, 이로 인해 효과적인 중재 제공에 영향이 미칠 수 있다. 예를 들어, 주류 미국 문화는 고도로 개인적이다. 대부분의 미국인들은 삶에 있어서 자기 충족 및 개인적 잠재력 실현을 추구하는 것을 매우 바람직한 일로 여긴다. 그렇지만 많은 인종집단들은 집단적 가치를 중시한다. 개인적 요구가 집단의 요구만큼 중시되지는 못한다. 집단에 대한 충성도와 확장된 가족이라는 개념에 훨씬 더 많은 가치가 부여된다. 일부 인종집단의 아동들은 미국 주류 아동들에 비해 가족의 행복을 위한 책무를 더 많이 부여받는다. 가족의 경제적 생존을 위해 나이 든 아동들은 다양한 일을 하며, 때로는 강도 높은 노동을 하며 가족의 지원을 돕도록 요구하기도 한다. 형제가 많은 가정에서는 나이 든 아동들에게 어린 동생들을 돌보도록 요구되기도 한다. 이 같은 의무들은 치료회기에서의 높은 결석률을 초래하거나, 가족의 행복을 위해 아동의 교육 목표가 보류됨에 따라 일반적으로 치료를 그만두게 되는 비율이 높아지는 결과를 초래한다. 학생이 필요한 일을 따라 가족과 함께 이주해 왔거나 또는 가족을 돕기 위해 학교를 완전히 그만두어 버리는 경우에는 언어치료사가 할 수 있는 일은 거의 없다. 아동이 학교를 그만두는 일을 막거나 또는 치료회기의 결석률을 낮추기 위해서는 학교와 치료사가 지속적으로 교육 및 임상 서비스를 제공받는 일에 대한 부모와 아동의 동기를 높여주기 위해 노력해야 할 것이다.

다양한 문화적 가치를 가지고 있는 가족들이 인구에 많은 비중을 차지하고 있는 환경에서 일하는 치료사들은 스스로가 어려운 위치에 서 있음을 깨닫게 될 것이다. 이들은 자신들의 사례에 포함된 아동들이 질적으로 훌륭한 중재를 받을 수 있도록 옹호함으로써 이 아동들이 학업적으로 성공할 수 있도록 하는 전문가로서의 의무와 개인적인 성향을 가지고 있다. 다른 한편으로는 치료사들은 또한 이 목표와 충돌할 수 있는 문화적 차이를 가능한 한 존중하고 수용해야 할 의무도 가지고 있다. 아동의 문화적 전통을 알고 이해하는 치료사는 가족과 더 잘 협력함으로써 서로 상충하는 가치들을 조화시키고 보다 효과적인 중재를 제공할 수 있게 될 것이다.

가족의 위계. 치료사들이 가족의 위계 구조에 관해 면밀히 살피면 다문화 가족의 협조를 얻어 낼 가능성이 훨씬 더 커질 것이다. 어떤 문화에서는 아동에 관한 일차적인 의사결정자가 어머니가 아니다. 아버지가 가장 큰 영향력을 행사하거나 또는 가족 구성원 중 최고 연장자가 '최종 결정권'을 쥐고 있는 사람일 수 있다. 사려 깊은 치료사라면 그 가족 중 아동의 치료과정에 누가 가장 큰 영향력을 행사하는

자인지를 결정하고, 그 또는 그들에게 직접적인 권장과 제안을 제시할 수 있을 것이다.

다양성과 장애. 장애를 바라보는 견해나 행동주의적 성향은 일부 인종집단들에 따라 다를 수 있다. 주류 미국인들은 아마도 개인적 성취에 대한 중시로 인해, 스스로 해낼 수 있는 만큼의 최대한 모든 것을 성취해 내는 이들에게 경의를 표하는 경향이 있다. 미국에서 제공되는 특수교육 시스템은 장애 학생들이 성인이 되어서 가능한 한 독립적인 삶을 영위할 수 있도록 하는 기회를 극대화하도록 설계되어 있다. 그렇지만 이 외의 여러 인종집단들의 구성원들은 장애 학생을 변경될 수 없는 신의 섭리의 한 일부분이라고 여기기도 한다. 또 어떤 이들은 장애를 가진 아동을 개인의 특성에 내재된 선량함을 시험하기 위해 보내진 신의 선물로서, 이 아동을 얼마나 잘 돌보는가가 이들의 인간적 가치를 결정하는 것이라고 여기기도 한다. 이러한 믿음이나 성향은 특수교육의 목적과 상충될 수 있다. 학교 담당자들이 신중히 고안된 개별화교육계획(IEP)에 관해 논의하기 위해 가족 구성원들을 소집할 때마다, 이 가족들이 아동의 미래에 관해 서로 다양한, 그러나 똑같이 견고하게 조직된 문화적 영향에 의거한 가치관을 가지고 있음을 깨닫게 되는 일은 그리 특별한 것도 아니다. 아마도 그 계획이라는 것은 아동의 전 일생을 그 형제가 돌보도록 지정된 것이거나, 또는 아마도 미래의 배우자가 그 아동의 행복을 책임지게끔 되어 있을 수도 있다. 아동은 가족 단위 내에서 돌보아질 것이므로, 그 가족 구성원들에게는 독립성을 촉진하기 위해 설계된 목적에 관해 논의하는 일 자체가 부적절한 것으로 여겨질 수 있다.

치료사가 이러한 가치에 직면하게 되면 가족의 소망을 인정하고, 정당화해 주며, 수용해 주는 일이 최선일 것이다. 그렇지만 이것이 치료사가 아동을 위한 추가적 중재에 관한 옹호를 중단해야 한다는 의미는 아니다. 가족의 바람에 대한 수용과 이해를 통해 이러한 대립적 유대가 뒤바뀔 수만 있다면, 그 가족은 전문가의 치료목표에 대한 제안을 수용하게 될 가능성이 더욱 높아질 것이다. 문화적 가치가 어떻게 중재 과정에 영향을 미칠 수 있는가 하는 예가 글상자 11.5에 제시되어 있다.

언어치료사의 치료와 호응할 수 있는 긍정적인 문화적 영향 활용하기. 서로 다른 문화적 가치가 미국의 주류 가치와 반드시 상충하는 것만은 아니다. 그리고 상충될 수 있는 가치들도 실질적으로 중재를 강화하는 방식으로 포용될 수도 있다. 여러 문화 속에 위치하는 가족에 대한 강조는 중재 과정 동안의 바람직한 가족 참여 수준을 가져다줄 수 있다. 많은 아시아계 집단은 교육에 매우 높은 가치를 부여하며, 실질적으로 교사를 존경하며, 학습에 결함이 있거나 특별한 장애를 가진 아동들을 위한 중재를 능동적으로 추구한다. 사실상 치료사들은 일부 주류 가족들과 일할 때보다 오히려 일부 문화적 집단으로부터 더욱 많은 협조를 얻어 내기도 한다. 다문화 가족과 함께 일하는 치료사는 효과적인 치료 제공이라는 유익한 결과를 산출시킬 수 있는 문화적 성향을 활용해야 한다. 문화적 성향을 수용하여 중재를 강화시키는 방식에 관한 예가 글상자 11.6에 제시되어 있다.

가족들이 스스로 존중받고 있다고 느낄 때는 치료사의 제안을 보다 잘 수용하게 될 것이다. 이들은

글상자 11.5   **다문화 시나리오 #4**

한 중학교에서 다운증후군을 가진 파키스탄 출신의 여학생 레이샤를 위한 연간 IEP를 위해 특수교육위원회가 소집되었다. 그녀는 이제 막 14번째 생일을 맞이했고, 주법(state law)에 따라 성인기 삶의 목적을 명시하는 전이 계획이 시행되게끔 되어 있었다. 학교 언어치료사를 포함한 특수교육팀은 자신들이 느끼건대, 그녀에게 가능한 한 독립적인 삶을 영위할 수 있도록 하는 기회를 제공하기 위해, 직업훈련 요소를 포함하여 가능한 직업에 대한 추천과 함께 전이 계획을 수립하려고 열심히 노력하였다. 영어를 사용하는 그녀의 가족은 IEP 팀의 제안을 조용히 경청하였다. 그 후 이들은 레이샤를 위한 자신만의 계획이 있노라고 말하였다. 그녀는 18세가 되면 이미 정해 놓은 파키스탄 남성과 결혼을 하게 되어 있었다. 그녀의 남편이 결혼지참금에 대한 대가로 그녀와 미래의

자녀들을 돌보게 되어 있었다. 이 지참금은 그녀가 18세가 되면 정부로부터 매달 받게 될 장애연금이었다.

여러분이라면 이 가족의 계획에 어떻게 반응할 것인가?
자기 자녀에 대한 이 가족의 계획은 인정되고 정당화되며, 존중받아야 마땅하다. 특수교육팀은 이 가족의 희망을 기록해 두어야 한다. 가족에게 자신들의 계획이 이해되었음을 알려준 후, 직업훈련으로 이끄는 추가적인 목표에 대한 가족의 승인을 얻기 위한 노력이 실행되어야 한다. 가족의 생각을 수용해 줌으로써, 특수교육팀은 혹시 있을지 모를 비우호적 유대를 전환시키고, 이를 통해 이 가족이 추가 교육의 제안을 승인할 가능성을 더욱 높일 수 있을 것이다.

또한 자신들에게 자녀의 치료목표에 대해 제안할 수 있는 기회가 주어진다면 치료사의 제안을 더욱 잘 수용하게 될 것이다. 이를테면 눈맞춤, 명료화 요구, 추가적 정보를 위한 질문하기, 차례 주고받기, 성인의 질문에 즉각적으로 반응하기 등과 같이 아동에 대한 문화적 훈육의 일부는 아니되, 교육적

글상자 11.6   **다문화 시나리오 #5**

뇌손상을 입은 10살짜리 히스패닉계 남자아이인 미구엘은 지역 아동병원의 외래클리닉에서 말언어치료 첫 회기를 받고 있었다. 스페인어뿐 아니라 영어도 역시 말하는 그의 가족들이 그의 치료회기에 함께 따라왔다. 엄마, 아빠, 외할머니, 친할머니, 고모, 삼촌, 그리고 각각 3살과 6살인 2명의 사촌형제까지 포함해 총 8명이 언어치료사의 방에 떼지어 모여 있었다. 언어치료사는 이들에게 "죄송합니다만 여러분이 모두 여기 있으면, 미구엘에게 효과적인 치료를 할 수가 없습니다. 여러분은 라운지에서 기다리고 있어야 합니다."라고 단호하게 말했다. 가족들은 마지못해 이에 순응했다.

여러분이라면 달리 어떻게 행동했을 것인가?
여기 치료결과에 긍정적인 영향을 미칠 수 있는 문화적 성향이 있다. 치료사는 처음에는 가족 구성원 모두를 환영하고, 어느 정도 사회적 대화 시간을 가져야 한다. 이는 'simpatica'라고 하는 관습으로서, 많은 히스패닉 가족들에게 존재하는 하나의 관행이다. 치료사는 그 후 한두 명만 남고 나머지는 라운지에서 기다려 달라고 부드럽게 제안할 수 있다. 가족들을 수용하고, 이들이 그곳에 있어야만 했던 이유를 이해하며, 그리고 라포를 수립함으로써 치료사는 효과적인 중재의 장을 마련할 수 있다. 치료시간을 조금 잃기는 하겠지만, 미래의 더 많은 이득을 얻게 될 것이다.

환경에서 아동에게 가치 있는 사회적 기술을 추구하고자 하는 치료사들은 가족 구성원들을 치료계획 수립에 참여시켜야 할 것이다. 그리고 가족에게 자신의 자녀들이 교육 환경 내에서 보다 잘 적응할 수 있도록 기술들을 학습하기를 원하는지 물어야 한다. 가족과 형성된 신뢰하고 상호 존중적인 유대감은 이 가족이 제안된 치료목표를 승인할 가능성을 높여줄 것이다. 글상자 11.7은 문화적으로 상충할 수도 있는 보편적인 치료목표들에 대한 부모의 승인을 얻어 내기 위해 제안된 질문양식이다.

글상자 11.7 **당신의 자녀에게 무엇을 가르쳐야 할지 알려주십시오**

이 양식은 아동의 가정에서 사용하는 언어로 제공되어야 한다.

당신의 자녀는 평가를 받고 말 그리고/또는 언어중재가 요구되는 것으로 나타났습니다. 향후의 개별화교육계획(IEP) 회의를 준비함에 있어서, 아동의 교육목표를 충족시키는 데 유용할 만한 기술들에 대한 아래의 제안들을 살펴보시기 바랍니다. 당신의 자녀가 배우기를 희망하는 기술을 골라 표시하고, 서명란에 서명을 한 후, 아동의 교사에게 제출해 주시기 바랍니다.

나는 내 아이가 배우기를 희망합니다.

_____ 친숙하지 못한 영어 단어
_____ 친숙하지 못한 경험에 관하여(예 : 동물원 가기, 해변 가기, 스포츠 이벤트에 참여하기)
_____ 자기 수업에서 어떻게 질문하는가?
_____ 교사의 질문에 어떻게 답하는가?
_____ 교사의 가르침이 이해되지 않을 때 어떻게 도움을 요청하는가?
_____ 말할 때 어떻게 자기 차례를 지키는가?
_____ 자신이 교사를 바라봄으로써 경청하고 있다는 사실을 어떻게 교사에게 알게 할 것인가?
_____ 모국 문화의 관습과 전통에 관하여
_____ 미국 문화의 관습과 전통에 관하여
_____ 미국의 예절 관습에 관하여(손님을 맞이하는 법, 서로 소개하는 법)
_____ 표준미국영어(SAE) 말하는 방식
_____ 기타 기술들(직접 기록해 주시기 바랍니다.)

_____
_____
_____

서명 : _____   날짜 : _____
  (부모 또는 보호자 서명)

감사합니다! 우리는 당신과 당신의 자녀와 함께 협력할 수 있기를 소망합니다.

언어치료사들은 다문화 인구를 위한 공헌과 관련된 논점들을 이제 막 이해하기 시작하고 있다. 치료사들이 자신들의 임상을 발전시키게 됨에 따라, 이들은 CLD 아동 및 그 가족들과의 유대감을 촉진시켜 줄 것으로 여겨지는 기법들을 발견하게 될 것이며, 이것이 아마도 평가의 정확도와 치료의 효율성에 기여해 줄 것이다. 특정 인종문화집단에게 특별히 유망한 치료기법을 발견한 치료사는 이 방식을 동료들과 공유해야만 할 것이다. 이뿐만 아니라 더 나아가 그 방식의 효율성에 관해 스스로 실험을 수행하여 그 결과를 발표해야 할 것이다. 이러한 방식을 통해서만이 우리는 CLD 아동 및 그 가족들의 요구를 충족시킬 수 있는 최상의 방식의 발견을 희망해 볼 수 있을 것이다.

요약

미국 인구에 있어서의 문화 및 언어적 다양성의 증가는 다양한 아동들의 의사소통 요구에 공헌하고자 노력하는 언어치료사들에게 새로운 도전을 제시하고 있다. 치료사들은 이제 평가 및 치료방식에 있어서뿐만 아니라, 문화 및 의사소통과 관련된 주제에서도 역시 유능해져야 할 필요가 있다. 치료사들은 다음과 같은 일들을 어떻게 해야 할지 알아야 한다. (1) 언어장애와 언어 차이를 구별한다, (2) 통역가들과 함께 일한다, (3) 문화 및 언어적으로 다양한 아동들에게 비편향적 평가를 이행한다, (4) 한 아동의 문화적 배경이 치료에 어떠한 영향을 미칠 수 있는지 이해한다, 그리고 (5) 다양한 문화적 배경에 속한 가족들과 함께 일한다.

언어장애란 언어의 이해와 산출의 손상을 말한다. 한편 언어 차이는 대개 언어산출에 있어서의 변이이며, 이는 특정 언어 또는 문화 공동체와 연합된 것일 수 있다. 어떠한 언어도 오직 한 가지 고정된 방식으로만 하는 것이 아니며, 따라서 사회적 방언이 존재한다(한 언어의 변이들로서 언어장애의 증후는 아님). 미국에서는 미국흑인영어(AAE)는 영어의 특별한 방언적 변이 중 하나이다.

일부 이중언어 아동들은 제1언어의 영향으로 인해 영어 방언을 말하기도 한다. 아동들은 두 언어를 동시에 또는 순차적으로 습득하기도 한다. 제1언어가 종종 제2언어의 습득을 방해하는 때도 있다. 두 언어를 습득하는 아동들은 자신들의 대화 상대방에 따라 언어를 기호 전환하는 경향이 많을 수 있다.

이중언어 아동에게는 두 언어 모두(영어와 각자의 제1언어)에서 평가하는 일이 우선시되어야 한다. 언어치료사들은 이중언어 아동의 평가를 완수하기 위해 통역가 또는 번역가의 도움을 청해야 한다. 다양한 문화적 배경을 가진 아동을 평가할 때는 내담자 특정적 및 가족 특정적 방식을 사용하는 것이 중요하다. 많은 표준화 검사들이 그 표준화 과정에서 인종문화적으로 다양한 아동들을 표집하는 데 한계가 있었으므로 이를 사용하는 것은 부적절한 일일 수도 있다.

문화 및 언어적으로 다양한 아동들을 위한 치료절차를 선택함에 있어서, 이 방식이 갖는 인종문화적 일반성 정도를 고려하는 것이 중요하다. 많은 연구를 통하여 여러 표준적인 치료절차들이 다양한 아동들에게도 역시 적용 가능한 것인지를 입증할 필요가 있다. 일반적으로 말하자면 이 책에서 설명된 행동주의적 치료절차들은 폭넓은 일반성을 가지고 있다. 인종문화적으로 다양한 아동에게 이 방식들을 사용해 나가는 동안, 치료사는 그 진보를 신중하게 기록함으로써 해당 방식이 특정 아동에게 잘 작동되지 못할 수 있다는 최초의 암시가 나타난다면, 그 방식을 수정할 수 있을 것이다.

학습지침

1. 언어장애와 언어 차이를 구별해 보라. 방언 및 장애에 관한 논점에 대해 미국 말언어청각협회(ASHA)가 취하고 있는 입장에 대해 요약하라. 미국에서 말하고 전통적으로 받아들여지고 있는 영어 변이에 관한 예를 통해, 방언에 따른 차이는 언어장애 또는 말장애 진단의 토대는 아니라는 진술을 증명해 보라.

2. 아동들은 어떻게 두 가지 언어를 습득하는가? 이중언어 습득의 각 단계 및 함축적 문제점들은 무엇인가? 이중언어는 어느 하나 또는 두 가지 모두에 있어서의 언어적 역량에 부정적인 영향을 미치지 않는다는 주장을 비평적으로 평가해 보라.

3. 여러분에게 영어를 말하는 아동의 말언어기술을 평가해달라는 요청이 들어왔다. 이 아동과 그 가족은 집에서는 스페인어를 사용한다. 여러분이라면 이 아동을 어떻게 평가해 나갈 것인가? 여러분은 어떠한 유형의 외부 도움을 필요로 할 것인가? 여러분은 이 외부의 원조를 어떻게 활용할 것인가? 평가에 도움이 되도록 가족 구성원이나 학교 지원팀을 활용하는 것이 바람직하지 못한 이유는 무엇인가?

4. "이중언어 상태이거나 또는 문화적 차이점을 가진 아동에게는 많은 표준화된 언어기술 검사들이 부적절하다."라는 주장에 대해 조사해 보라. 매우 다양한 아동들에게 문화 및 언어적으로 적절한 검사를 표준화시키는 일에 관심을 가지는 미래의 검사도구 개발자들에게 적절한 제안을 제공해 보라.

5. 한 교사가 여러분에게 8세의 아프리카계 미국인 아동에 대해 말언어 평가 및 필요할 수도 있는 치료를 의뢰하였다. 여러분은 이 아동의 평가에 어떠한 접근을 취할 것인가? 여러분은 어떠한 유형의 절차들을 사용할 것인가? 여러분의 평가결과가 부정적인 것으로 나타났다고 가정하고(즉, 이 아동은 말 또는 언어장애가 없음), 여러분은 이 아동의 교사에게 평가자료 및 제언을 어떻게 전달할 것인가? 평가절차 및 교사를 향한 제언을 구체적으로 명시하라.

6. 문화적으로 다양한 아동들에 대한 연구의 대부분이 평가절차에 관한 것들이다. 그러므로 일반적으로 효과적인 것이라고 알려져 있는 치료절차들이 다양한 문화적 배경을 가진 아

동들에게도 특별히 효과적인가에 관해서는 아직 명확하지 않다. 이러한 맥락에 입각하여, "평가와 관련된 특정 논점들은 다양한 배경의 아동들을 치료하는 것과는 무관한 것일 수 있다."는 주장을 증명해 보라. 여러분의 논리를 정당화시킬 수 있는 예를 들어 보라.

제3부

특정 인구에 속한 아동의 언어장애

제 **12** 장 발달장애 아동

개요

- 발달장애 : 특성

- 원인, 상관 및 해석

- 말언어기술

- 평가 및 치료 수정

- 요약

- 학습지침

제3장에서 우리는 언어장애만이 오직 유일한 진단명인 아동들에 대해 기술하였다. 이들은 언어 특정적인 결함을 나타내며, 따라서 단순언어장애(specific language impairment)라고 한다. 이 장과 앞으로 이어지는 장들에서 우리는 언어장애와 추가적인 장애를 함께 가진 아동들에 대해 설명할 것이다. 이중 진단을 받은 아동들이 있다. 예를 들어, 이 장에서 기술되는 아동들은 언어장애 그리고 발달장애(Developmental Disability, DD)를 가지고 있다. 이 아동들에게는 언어중재 이상의 것이 요구된다. 그러나 우리의 일차적 관심사는 언어장애 평가 및 치료이다. 언어치료사들은 발달장애 아동들을 돕는 포괄적인 프로그램을 설계 및 이행하는 전문가팀의 한 구성원이 될 것이다.

발달장애 아동들에게 전적으로 새로운 평가나 치료절차가 요구되는 것은 아니다. 그럼에도 불구하고, 이들에게는 몇 가지 특별한 고려가 필요하다. 그 평가 및 치료절차가 수정되거나 추가될 필요가 있을 수 있다. 그러므로 이 장에서 우리는 이 책의 제1부에서 설명했던 치료절차들을 반복하지는 않을 것이다. 대신 우리는 발달장애 아동들에게 적용되어야 할 특별한 고려에 관해 명시할 것이다.

■ ■ 발달장애 : 특성

발달장애(DD)는 아동의 사회적, 행동적, 지적, 신체적 및 정서적 발달에 영향을 미치는 복합적 현상이다. 이것은 언어기술을 포함하여 모든 유형의 기술에 심각한 영향력을 미친다. 전형적으로 이 복합적 현상에는 이를테면 지적장애, 뇌성마비, 자폐스펙트럼장애, 청력손실 등과 같은 조건들이 포함되어 있다. 그렇지만 이 장에서 우리는 이 용어를 아동의 정신지체를 참조하는 보다 좁은 의미로 사용할 것이다.

 발달장애는 인구의 약 1~3%를 차지한다. 발달장애 출현율은 소녀보다는 소년 인구에서 약간 더 높다.

언어치료사들은 발달장애에 관한 기본적 지식, 즉 그 원인 및 연합 조건, 일반적 및 언어적 특성, 그리고 평가 및 치료의 수정과 관련된 것을 이해하고 있어야 한다. 우리는 먼저 발달장애의 정의로부터 출발할 것이다.

발달장애의 정의

보편적으로 일치된 발달장애 또는 정신지체의 정의란 없다. 그렇지만 부모나 기타 사람들, 특히 지적 결함이 뚜렷할 경우에는 더더욱 자기 아동들에게서 나타나는 발달장애를 알아차리는 것에 전혀 어려움을 느끼지 않는다. 대부분의 부모나 교사들은 제한적인 지적 수행이 포함된 행동적 결함을 통해 발달장애를 인식한다. 일부는 선천적인 신체 이상 또는 신체적 성장결함이 있는 경우도 있다. 이들 대부분이 기술습득(언어기술을 포함하여)에 있어 정상에 비해 더욱 느릴 것이다.

자주 인용되고 있는 발달장애의 정의는 미국 정신지체협회(American Association on Mental

글상자 12.1 발달장애 대 지적장애 : 용어의 선택

우리는 지적결함이 일차적인 결함인 아동집단을 지칭함에 있어서 **정신적으로 지체된**(mentally retarded)보다는 오히려 **발달적으로 무능한**(developmentally disabled)이라는 용어를 선택하였다. 많은 공공기관에서 제공되고 있는 발달장애의 정의에 비추어 보면 이것이 기술적으로 이상한 것임을 알 수 있다. 예를 들어, 미국 보건복지부 산하 발달장애 부서에서는 발달장애를 다음과 같이 정의하고 있다.

> 5세 이상의 개인에게서 나타나는 만성적 장애로서 다음과 같은 양상을 보인다.
> (1) 정신적 또는 신체적 손상 또는 정신 및 신체적 손상의 조합에 기인한다.
> (2) 개인이 22세에 이르기 이전에 나타난다.
> (3) 무한히 지속될 가능성이 있다.
> (4) 다음과 같은 삶의 주요 활동 영역 중 세 가지 또는 그 이상에서의 실질적인 기능적 제한을 초래한다[AAMR의 정신지체 정의에서 명시된 것과 유사한 삶의 기술 영역 목록이 이어짐].(Administration on Developmental Disabilities, U.S. Department of Health and Human Services, 2005, online)

여기에서의 현저한 차이점은, 정신지체협회의 정의에서는 18세 이전에 나타날 것이 요구되고 있는 반면, 이 정의에 따르면 발달장애는 22세 이전에 나타나야 한다는 점이다. 일반적으로 말하자면, 발달장애라는 용어는 반드시 지적결함으로 표출되는 것 이상의 장애들을 포괄하는 보다 광의의 용어이다. 예를 들어, 자폐, 뇌성마비 등을 가진 개인들이 발달장애를 가지고 있다고 기술될 수 있으나, 이들은 어떠한 수준의 인지적 손상도 보이지 않는다. 더욱이 정신지체인들의 권익옹호단체들은 이 인구가 지속적으로 발달장애라고 기술될 경우, 서비스 상실 가능성을 이유로 정신지체라는 용어를 계속 사용할 것을 고집하고 있다. 예를 들어, 범국가적 단체인 지체된 시민연대(ARC)는 "발달장애의 정의를 충족시키지 못하는 경도 정신지체인들을 위한 지원 및 서비스 이용 가능성에 직접적인 영향을 미칠 수도 있는" 용어상의 어떠한 변경에도 맞서겠다고 진술하며, 정신지체라는 용어를 계속 사용할 것을 주장하고 있다(ARC, 2005, online).

우리는 인지적 결함을 가진 이들을 지칭하기 위해 사용되는 용어를 둘러싼 정치적 현실과 이에 대한 진심어린 논쟁을 이해하며 수긍하고 있다. 발달장애라는 용어를 사용하기로 한 우리의 결정은 자기 자녀들이 **정신지체**보다는 오히려 **발달장애**를 가지고 있다고 언급되는 것을 압도적으로 선호하고 있는, 우리가 공헌하고 있는 너무나도 많은 가족들과의 상담 결과에 근거한 것이다. 우리의 선택은 미국심리학회(APA)에서 문헌으로 제안된 양식과도 일치하는 것으로서, 여기에서는 우리가 '명칭에 민감해야 하며', 그리고 '사람들은 자신들이 그렇게 불리기를 희망하는 방식으로 불러야 할 것'을 요구하고 있다(APA, 2001, p.63). 그러므로 이 장에서 그리고 이 책 전역에 걸쳐, 발달장애라는 용어가 사용될 것이지만, 이는 **정신지체**와 동의어로 받아들여져야 할 것이다.

Retardation)의 정의이다(AAMR, 2005). 이 협회는 발달장애의 정의 및 기술에서 **정신지체**(mental retardation)라는 용어를 사용하고 있다. 비록 우리는 발달장애에 다른 임상조건들도 포함되어 있음을 인정하기는 하나, 이 장에서는 두 용어를 동일한 의미로 사용할 것이다(이 용어들에 대한 논의는 글상자 12.1 참조). AAMR에 따르면,

> 정신지체는 개념적, 사회적, 그리고 실용적 적응기술에서 나타나는 지적 기능 및 적응행동 양면에 있어서의 유의한 제한으로 특징지어지는 장애를 말한다. 이 장애는 18세 이전에 시작된다.(온라인)

AAMR의 정의에는 표준화된 지능검사로 측정된 지적 제한과 다양한 기술로 규정되는 행동적 결함 모두가 포함되어 있다. 이 정의에는 일반적으로 70 이하의 IQ 검사점수와 적응기술에서의 유의한 결함이 결합되어 있다. 다양한 개념적, 사회적 및 실용적 기술들이 적응기술이라고 기술되어 있다. 개념적 기술에는 언어, 읽기 및 쓰기기술이 포함된다. 사회적 기술에는 대인 행동, 책임감, 규칙 준수, 희생양이 되는 것 피하기 등이 포함된다. 실용적 기술은 먹기, 옷 입기, 식사 준비, 약 복용, 전화 사용, 금전 관리, 위험 예방, 그리고 자기관리를 포함하는 일상생활의 활동들을 지칭하는 것이다(AAMR, 2005). 발달장애라고 보는 견해는 여기에 지원받아야 할 모든 측면의 행동 및 특정 기술들이 포함되어 있다는 점에서 임상적으로 유용한 것이다. 이 견해는 발달장애를 진단하고 지원 프로그램을 설계하기 위해 아동 삶의 다양한 차원을 이해해야 할 필요성을 강조하고 있다. 이 견해는 오직 IQ 검사점수 하나만으로 진단이 이루어지는 것을 막아준다. 표 12.1에는 선별된 지능검사들에 대한 간단한 설명이 제시되어 있다.

개인이 나타내는 제한은 언제나 그 개인이 속한 사회 및 문화적 공동체에 입각하여 이해되어야 한다(AAMR, 2005). 한 문화에서의 특별한 결함이 다른 문화에서는 그렇지 않을 수도 있으므로, 또래들 및 그 문화에 전형적인 수준의 기술을 고려하는 것이 중요하다. 예를 들어, 구어적 전통에 가치를 부여하는 문화에서는 읽기 및 쓰기의 결여가 발달장애의 징표는 아닐 것이다. AAMR의 진술 역시 발달장애 아동들은 오직 결함만을 보이는 것은 아님을 강조하고 있다. 이들은 특별한 강점도 나타내며, 이들의 제한뿐 아니라 그 강점을 이해하는 것이 필수적이다.

발달장애, 즉 정신지체에 관해 잘 알려져 있는 또 다른 정의가 미국 정신의학협회의 정의이다(APA, 2000). APA에 따르면,

> 정신지체의 본질적 속성은 유의하게 평균 이하인 일반적 지적 기능(준거 A)과 다음과 같은 기술 영역 중 최소 두 가지 이상에서의 적응적 기능의 유의한 제한이 이에 수반되는 것이다. 의사소통, 자기관리, 가정생활, 사회/대인관계 기술, 지역사회 자원 활용, 자기지시, 기능적 학업기술, 직업, 여가, 건강, 그리고 안전(준거 B). 그 시작은 반드시 18세 이전에 개시되어야 한다(준거 C)(p. 41).

APA의 정의는 또한 발달장애 진단을 위해서는 적응적인 삶의 기술을 평가해야 할 필요성 역시 강조하고 있다. 다른 정의나 설명과 마찬가지로 APA는 70 이하의 지능점수를 제안하고 있는데, 이는 평균으로부터 대략 2 표준편차 이하에 해당하는 것이다. 70~75의 지능을 가진 이들이라 해도 유의한 적응기술의 결함을 보인다면 이들 역시 발달적으로 장애를 가지고 있는 것이다. 반대로 70 이하의 지능을 가진 개인이라도 그의 적응기술이 사회 및 개인적 요구를 충족시킬 만큼 적합하다면 발달적으로 장애가 아닌 것일 수 있으며, 이는 곧 지능검사상의 점수란 어떻게 개인이 삶의 요구를 충족시킬 수 있는가 하는 것보다는 덜 중요한 것임을 적절히 시사해 주는 것이다. 지능검사를 실시하고 해석할 때는 아동의 문

지능 70은 평균으로부터 몇 표준편차에 해당하는 것인가?

표 12.1

선별된 지능검사

도구명	연령범위	설명
Comprehensive Test of Nonverbal Intelligence Hammill, Pearson, & Weiderholt (1997)	7세~성인	비언어성 추론기술 검사, 언어기술이 제한된 개인들의 평가에 적합함
Kaufman Assessment Battery for Children Second Edition Kaufman & Kaufman (2004a)	3~18세	계열적 및 동시적 정보처리를 포함한 인지기술 검사
Leiter International Performance Scale-Revised Roid & Miller (2004)	2~20세 11개월	청각장애 및 뇌성마비 아동, 비영어권 언어 발화, 그리고 낮은 사회경제적 지위(SES) 아동들에게 적합함
Merrill-Palmer Revised Scales of Development Roid & Sampers (2004)	2개월~6세 6개월	비네 검사의 대안으로 사용될 수 있음
Slosson Full-Range Intelligence Test Algozzine, Eaves, Mann, & Vance (1993)	5~21세	언어기술 및 비언어기술 모두를 평가함
Stanford-Binet Intelligence Scale-Fifth Edition Roid (2004)	2세~성인	언어 및 비언어성 지능과 인지기술 검사
Test of Nonverbal Intelligence-Third Edition Brown, Sherbenou, & Johnsen (1997)	6세~성인	언어기술이 제한된 아동 검사에 유용함
Wechsler Preschool and Primary Scale of Intelligence-Third Edition Wechsle r(2002)	3~7세 3개월	언어 및 비언어성 지능검사
Wechsler Intelligence Scale for Children-Fourth Edition Wechsler (2003)	6~16세	언어, 수행(비언어성) 그리고 통합척도 점수를 제공해 줌

화 및 언어적 배경을 함께 고려해야 한다. 게다가 아동의 검사 수행을 보다 어렵게 할 수 있는 감각(예 : 맹 또는 농) 또는 운동결함(예 : 손의 마비 또는 부전)이 수반되는지의 여부를 고려해야 한다.

　그 결함이 반드시 18세 이전에 출현해야 한다는 준거는 두 가지 정의 모두에 공통되는 것으로서, 이는 이를테면 외상성 뇌손상(traumatic brain injury), 신경학적 질환, 또는 정신의학적 장애로 인해 적응기술이 붕괴된 18세 이상의 개인이 발달장애로 진단되는 일을 배제시킨다.

발달장애 분류

발달장애는 여러 가지 방식으로 분류될 수 있다. 이 중 한 가지는 여러 지능검사 점수대와 짝지어진 행동적 결함의 손상도에 따른 것이다. 또 다른 분류는 병인론적 요인에 따른 것이다.

발달장애는 정도의 문제이다. 이것은 현존하거나 또는 부재하는 질병이 아니다. 이것은 아동에 따른 다양한 행동적 결함이다. 그러므로 APA(2000)는 발달장애를 그 손상도에 따라 분류하고 있으며, 다시 말하거니와 역시 자신들이 선호하는 정신지체라는 용어를 사용하고 있다.

- 경도 정신지체(mild mental retardation). 발달장애로 진단된 아동의 약 85%가 이 범주에 속한다. 이 집단의 대략적인 IQ 범위는 50~55에서 70에 이른다. 경도 발달장애를 가진 아동의 결함은 5세 이전에는 뚜렷하게 나타나지 않는다. 이들은 취학전 기간 동안에는 거의 정상에 가까운 것처럼 보인다. 이들은 6학년 수준의 학업기술을 습득하며, 직업을 구하고, 어느 정도 독립적인 삶을 살 수 있다. 그렇지만 이들에게는 어느 정도 일관적인 감독(supervision)이나 지원이 요구된다.
- 중등도 정신지체(moderate mental retardation). 발달장애 아동의 약 10%가량이 이 범주에 속한다. 이 집단의 IQ 범위는 35~40에서 50~55에 이른다. 이 아동들은 초기 아동기 동안 의사소통기술을 습득하며 직업훈련을 통한 이득을 얻을 수 있다. 이들에게는 스스로를 돌보기 위한 감독이 요구된다. 이들은 비록 2학년 교육 수준 이상에 도달하지는 못할 수 있으나 대부분의 학업 및 사회적 기술들에서의 훈련은 가능하다. 이들은 대개 안전한 작업장의 감독하에서 비숙련 또는 반숙련 작업을 수행할 수 있다.
- 중도 정신지체(severe mental retardationv). 발달장애 아동의 약 3~4%가 중도의 인지결함에 해당된다. 이 집단의 IQ 범위는 20~25에서 35~40에 이른다. 이 집단의 언어습득은 매우 제한적이다. 이들은 초등 학령기 동안 기본적인 언어기술들을 습득할 수 있다. 이들은 그저 소수의 낱말을 통으로 읽을(sight read) 수 있다. 이들은 철저하고 지속적인 감독하에서 그저 단순한 작업만을 수행할 수 있을 뿐이다.
- 최중도 정신지체(profound mental retardation). 발달장애 아동의 약 1~2%가 최중도 인지결함에 해당된다. 이 집단의 IQ 범위는 20 또는 25 이하이다. 유전적 증후군이나 신경학적 조건들이 종종 최중도 발달장애와 연합되어 있다. 언어 및 운동발달이 심각하게 손상되어 있다. 이 아동들은 추가적인 감각결손을 가지고 있을 수 있다(예 : 청각 및 시각의 결손). 이들은 보통 신경근육계 결함도 역시 가지고 있다(예 : 부전 및 마비).

병인론적 요인에 기반한 두 번째 분류에서는 (1) 유전적/유기체적 (2) 가계적 두 가지 주요 범주에서 발달장애를 인식한다(Zigler & Hodapp, 1986). 이 두 가지 분류는 다음과 같은 기타 특징들과 함께 나타나는 행동 및 지적결함 손상도와 관련되어 있다.

- 유전/유기체적 기반의 발달장애. 가계적 변이와 비교하여, 유전/유기체적 기반의 발달장애에는 보다 중증 형태의 행동적 결함이 수반된다. 유전적 질환과 더불어 감각 및 신체상의 중복 결함을 지닌 아동들 중 많은 수가 이 범주에 속한다. 그러므로 이들 아동은 발달적으로 장애를 가지고 있다

고 쉽게 판별된다. 이 아동들은 건강상의 문제도 많이 나타나는 경향이 있다. 발달장애가 유전/유기체적 요인과 연합되어 있는 아동들은 50 이하의 지능을 갖는 편이다. 이 유형의 발달장애는 사회의 모든 영역에서 발견된다. 이 아동들의 형제들은 정상 지능인 경향이 있다. 이 범주에 속한 아동들은 삶 전체에 걸쳐 보다 집중적이고 포괄적인 지원을 요구하며, 이들은 기타 아동들 또는 가계력에 의한 지체를 보이는 아동들에 비해 기대수명도 낮다. 이 유형의 발달장애 아동들은 결혼을 하고 자녀를 낳을 가능성이 낮다.

- **가계적 발달장애.** 용어 자체가 암시하는 바와 같이, 특정 가계 구성원에게 공통되는 발달장애이다. 유전이 중요한 역할을 하는 것으로 여겨진다. 일반적으로 IQ는 유전/유기체적 발달장애 아동들에 비해 다소 높은 편으로서 50 이하는 거의 드물다. 유기체적 병리, 유전적 증후군, 그리고 감각 및 신체의 중복적 결손은 드물거나 전혀 수반되지 않는다. 가계적 발달장애 아동들은 낮은 사회경제적 수준에서 보다 보편적으로 나타나며, 이들의 부모나 형제 역시 평균 이하의 지능일 수 있다. 가계적 발달장애를 가진 이들은 상대적으로 정상적인 건강, 외모, 그리고 사망률을 향유하고 있다. 이들은 어느 정도의 지원을 통해 간단한 특정 직업을 유지할 수 있으며, 상대적으로 독립적인 삶을 영위해 나갈 수 있다. 이들은 결혼을 하고 자녀를 둘 수 있으되, 이 자녀들의 일부 또는 대개는 정상 이하의 지능일 확률이 높다.

한 장애에 대한 어떠한 분류도 어느 정도는 자의적인 것일 수 있음을 주목해야 한다. 이것이 양적 IQ 점수에 의해 제안된 것이라 할지라도, 경도, 중등도, 중도, 그리고 최중도라는 범주는 주관적인 것이다. 경도의 신체 또는 감각결손이 가계적 발달장애처럼 여겨지는 특성과 연합되어 있는 많은 경우에서는 유전/유기체적 발달장애와 가계적 발달장애 간의 차이는 명확하지 않을 수 있다. 말언어치료사들이 발달장애 아동들을 분류하는 데 그칠 것이 아니라, 개개 아동의 강점과 약점에 관한 내담자 특정적 분석을 실시했을 때 이들에게 보다 잘 공헌할 수 있게 될 것이다.

발달장애 출현율

발달장애의 정확한 출현율을 확정하는 것은 그동안 쉽지가 않았는데, 이는 특히 이것이 정신지체, 자폐스펙트럼장애, 뇌성마비와 같은 다양한 조건을 함께 포함하고 있기 때문이다. 심지어 오직 정신지체만 고려한다 해도 그 출현율 수치는 인구의 1~3%까지 달라질 수 있다.

장애 아동들을 위한 국립보급센터(National Dissemination Center for Children with Disabilities; NICHCY at www.nichcy.org)에서는 국내의 100명당 3명이 정신지체를 가지고 있으며, 공립학교에서 특수교육 서비스를 받고 있는 모든 아동 10명당 1명이 발달장애를 가지고 있다고 보고하였다. 대서양 연안 지역의 발달장애 및 기형출산 출현율을 모니터하고 있는 미국 질병통제 및 예방센터에서는

3~10세 아동 1,000명당 정신지체 출현율이 9.7명이라고 보고하였다(www.cdc.gov/ncbddd/dd/ddsurv. htm). 이로부터 정신지체 출현율은 인구의 대략 1% 정도라고 추산할 수 있다.

여러 출처별로 보고된 출현율의 차이는 부분적으로는 조사된 지체 정도가 달랐고, 보호시설에 속한 아동들을 포함시켰는지 아닌지의 여부, 그리고 기타 발달장애 아동들을 포함시켰는지 아닌지의 여부에 기인된 것일 수 있다. 예를 들어, Larson 등(2001)은 시설에 수용되어 있지 않은 정신지체 출현율은 인구의 0.78%, 다른 형태의 발달장애는 1.13%, 그리고 정신지체 및 기타 발달장애가 조합된 출현율 수치는 1.49%라고 보고하였다.

발달장애는 여아들에 비해 남아들에서 보편적으로 나타나는 편이다. 발달장애, 특히 정신지체는 어린 아동들(3~5세)보다는 보다 나이 든 아동들(6~10세)에게서 더욱 보편적이다. 그리고 중도의 지체보다는 경도 정신지체가 더욱 보편적이다.

■ ■ 원인, 상관 및 해석

발달장애의 원인에는 여러 가지가 있다. 추정된 원인들의 대부분은 상관에 의거한 것이다. 즉, 발달장애 아동 진단 또는 관찰에 앞서 어떤 특정 사건(이벤트)이 선행된다는 것이다. 이 사건들이 실제 원인인지 아니면 단지 동시발생적 사건들인지는 아직 논쟁의 여지가 있다. 여러 사례에 있어서 확신을 가지고 원인을 확정하기는 불가능하다. APA(2000)는 발달장애를 가진 개인들의 약 30~40%는 뚜렷한 병인이 결정되지 못한 상태라고 진술하고 있다. 그럼에도 불구하고 그 가능한 원인을 이해하고 이것이 평가에 미칠 수 있는 영향을 조사하는 것은 중요할 것이다. 과학적으로는 발달장애의 원인 그 자체보다는 이에 연합된 요인들에 대해 논의하는 것이 보다 바람직할 것이다.

> 상관이 원인 결정의 충분한 증거가 되지 못하는 이유는 무엇인가?

가능성 있는 다양한 인과적(병인론적) 요인들이 발달장애와 연합되어 있다. 발달장애의 손상 정도에 영향을 미칠 수 있는 단 하나의 요인도 있지만, 일반적으로는 다른 요인들이 조합되어 있다. 그러므로 여러 경우에 있어서 아동에게 나타나는 발달장애는 원인이 중복적이라고 할 것이다. 심지어 유전이 요인인 경우조차도, 유전 및 환경 요인 간의 상호작용이 아동의 최종적 결과를 결정할 수 있을 것이다.

유전적 요인

그것이 선천적이든 아니든 간에, 유전적 요인이 발달장애를 결정하는 정확한 범위는 분명치 않다. 그 추정치도 폭넓고 범위도 부정확하다. 사례의 25~50% 정도가 유전적 요인에 의한 것이다(Inlow &

글상자 12.2 유전적 증후군을 초래하는 염색체 이상에 관한 개요

- 인간 세포 1개마다 23쌍의 염색체가 있다. 이들은 크기에 따라 다르며 각각에 1~23의 번호가 매겨져 있다. 여기에는 두 가지 성염색체가 포함되어 있는데, 여성은 XX, 남성은 XY이다.
- 염색체에는 유전자가 담겨 있는데, 이 유전자는 유기체의 설계도 역할을 하는 단백질 조합을 구성한다.
- 염색체의 작은 압축점(동원체라 함)이 두 절편으로 쪼개지는데, 이것을 종종 날개라 한다. 염색체의 어느 한쪽 날개 또는 절편은 더 작고, 이 작은 부분을 p, 그리고 나머지 보다 긴 날개(장완)는 q라 지칭한다.
- 특정 번호의 가닥 또는 절편에서 염색체 이상이 나타난다.
- 염색체 이상은 다음과 같은 다양한 기형을 포함한다.

  - 전좌 : 한 염색체의 파편이 다른 염색체에 연결됨
  - 고리 형성 : 한 염색체의 두 끝이 서로 연결되어 고리 모양을 형성
  - 탈락(또는 결실) : 한 염색체에서 사라진 부분을 이르는 일

반적인 용어. 묘성증후군의 경우 5번 염색체의 단완 부분이 탈락되어 있음(5p-)
- 복제 : 염색체의 일정 부분 또는 전체가 반복되어 있음. 다운증후군의 경우 21번 염색체의 전체가 하나 더 발견되어 3개가 복제된 결과가 초래됨(따라서 그 명칭이 21번 삼염색체임. 삼염색체는 3개의 실체를 의미함)
- 역위 : 염색체의 한쪽 날개가 끊어지고 뒤집히거나 역전되어 다시 연결
- 모자이키즘 : 신체 전체의 세포 내에 서로 다른 수의 염색체가 존재함. 정상적으로는 인체의 모든 세포들은 동일한 수의 염색체를 가지게 됨. 예를 들어 다운증후군인 일부 개인들의 경우, 피부세포의 60%, 그리고 혈액세포에서는 오직 5%에서 삼염색체가 발견됨

- 염색체의 부분적 손실은 생존 가능한 유전적 증후군을 초래하는 것에 반해, 완전 손상은 전형적으로 치명적이다. 각 염색체가 3개(2개가 아니라)로 복제되어도 역시 마찬가지로 치명적이다.

Restifo, 2004; Leonard & Wen, 2002; McLaren & Bryson, 1987). 유전적 조건 모두가 다 선천적인 것은 아님을 주목해야 한다. 유전적 요인의 영향력을 추정하는 데 있어서 그 변이가 큰 이유는 발달장애가 수백 가지 유전적 증후군의 특징을 보이며, 이 증후들의 일부는 최근에 발견된 것들이기 때문이다. Inlow와 Restifo(2004)는 자신들의 분자유전(molecular genetic) 연구들을 고찰한 결과, 2002년까지 약 282개의 유전자들이 발달장애의 표출과 연합되어 있으며, 아직 밝혀내야 할 수백 가지 이상의 유전자들이 남아 있다고 결론지었다. 이들은 매달 1~2개씩의 발달장애 신규 유전자들이 발견되고 있다고 강조하였다(Inlow & Restifo, 2004). 글상자 12.2에는 유전자 기능에 영향을 미치며, 그 결과 발달장애 및 기타 유전적 장애를 초래하는 염색체 이상에 관한 개요가 제시되어 있다.

많은 유전적 증후군들이 발달장애와 연합되어 있으며, 또한 이 발달장애는 유의한 말언어결함과 연합되어 있다. 다른 것들에 비해 더욱 보편적인 증후군들에는 다음과 같은 것들이 포함된다.

- 다운증후군. 발달장애의 보편적 증후군 중 하나인 **다운증후군**(Down syndrome)은 염색체 기형에 의한 것이다. 다운증후군인 이들은 전형적인 46개가 아니라 추가적인 염색체(47개)를 하나 더 가지고 태어난다. 추가 염색체가 21번 염색체의 세 번째 복제본이므로 이를 21번 **삼염색체**(trisomy

다운증후군은 생애 후반부에 이르면 알츠하이머병으로 갈 위험이 높다.

21)라고 부르기도 한다. 이 작은 추가 염색체가 이 증후의 표출과 연합되어 있다. 생존한 채로 태어나는 800명당 1명씩 이 증후군이 나타난다. 정신연령은 그 발생과 연관되어 있는데, 젊은 여성보다는 나이 든 여성이 다운증후군 아동을 출산할 가능성이 더 높다. 이 증후군의 특징에는 근긴장 약화(근긴장저하증), 평평한 안면 프로파일, 작은 귀와 눈, 코 및 턱, 머리의 앞뒤 간격이 짧은 형태(단두형), 짧은 구강 및 인두 구조, 안면 중앙 미발달, 좁고 높게 형성된 구개, 상대적으로 크고 주름이 깊게 파인 혀와 이 혀가 앞으로 돌출되어 있는 경향, 등쪽에 초과 피부가 있는 짧은 목, 짧은 손가락(단지), 눈가 안쪽주름(몽고주름)이 포함된다. 발달장애는 전형적으로 경도에서 중등도 수준이며 말, 언어 그리고 청각결함이 보편적으로 나타난다. 다운증후군 중 소수는 정상적이거나 다소 예외적인 언어기술을 나타내기도 한다(Rondal, 1998).

- 태아알코올증후군. 선천적 증후군인 **태아알코올증후군**(Fetal Alcohol Syndrome, FAS)은 임신기간 중 산모의 알코올 남용에 기인한 것이다. 이 증후는 여성이 임신기간 중 음주를 금한다면 완전히 예방할 수 있다. 출산전 알코올에 노출되었기 때문에 출산전후에 영향을 받게 된다. 질병통제 및 예방센터(CDC)에 따르면, 1,000명의 신생아 중 0.2~1.5명에서 FAS가 나타난다. FAS의 발생률은 미국 인디언/알래스카 원주민 인구에서 좀 더 높게 나타난다(신생아 1,000명당 3명). 알코올과 관련된 신경발달의 결함 및 기형아 출산(FAS로 분류되지 않는) 추정치는 이보다 3배가 더 높다. 가임기 여성의 50% 이상이 술을 마신다. 모든 임신의 50% 이상은 계획되지 않은 것이다. 임신 여성 30명 중 1명은 태아가 알코올의 영향으로 인한 손상에 노출되는 수준까지 술을 마신다(CDC, 2004a). 이 증후를 가지고 태어난 아동들은 발달장애 및 신체성장 결함이 보편적이다. 신체적 징후에는 일반적인 신체성장 결핍, 소두증(작은 머리), 작은 눈, 상악 형성부전(위턱의 미발달), 돌출된 이마 및 하악(아래턱), 짧은 눈꺼풀 주름, 가느다란 윗입술, 몽고주름, 일부 경우 구개열, 심장 기형, 열악한 운동 통합, 그리고 신장장애가 포함된다. 과잉행동과 같은 행동장애, 일상생활에서의 결함, 비행 및 범죄 행동, 부적절한 성적 행동, 부모로서의 양육능력 결함, 그리고 열악한 판단 및 추론 기술이 전형적으로 나타난다. FAS로 태어난 아동들은 이후 약물 및 알코올 남용의 성향을 보인다. 말과 언어장애가 보편적으로 나타난다.

태아가 하루 1~2온스 정도의 알코올에 노출되면 태아발달에 부정적인 영향이 나타난다. 하루 2온스 이상의 알코올은 명백한 효과를 산출하게 될 것이다.

- 약체X염색체증후군. X 염색체상의 단일 유전자 변이가 **약체X염색체증후군**(Fragile X Syndrome, FXS)을 초래한다. 이 조건의 원인이 되는 유전자는 FMR(fragile X DD 1)이라 한다. 이 유전자의 기형이 뇌기능에 필요한 것으로 판단되는 단백질 생성을 막는다. FXS의 발생률은 남아 신생아 2,000명당 1명이다. 여성의 경우는 이보다 더 작은 수가 영향을 받아, 여성(250명당 1명)이 남성(700명당 1명)보다 장애가 덜 나타난다. 일반적으로 X염색체와 연관된 장애는 여성에게 영향을

미치지 않지만, FXS는 이들 모두에게 나타난다. 이 영향을 받은 남성은 여성보다 더욱 중증의 발달장애를 보인다(Shprintzen, 2000). FXS 아동들, 특히 남아의 경우는 말언어장애를 보이며, 여기에는 조음장애, 말소리 반복, 반향어, 자곤, 전보식 발화, 형태론적 요소 생략, 불명료한 독백, 그리고 사회적 맥락에서의 제한적인 언어산출이 포함된다. 이 증후의 주목할 만한 언어적 특징은 낱말, 구, 또는 대화 주제에 있어서의 보속현상(perseveration)이다. 일부 FXS 아동은 몸짓 사용에서의 현저한 취약성을 보이기도 한다(Roberts et al., 2002). 일부 아동들에게서는 중이염과 전도성 청력손실이 나타나기도 한다(Abbeduto & Hagerman, 1998). 일부 FXS 아동들은 자폐 아동들처럼 말하며 주제에서 벗어나거나 부적절한 논평을 보이기도 한다(Sudhalter & Belser, 2001). 초기 아동기 시절에는 신체적 특징은 뚜렷하게 나타나지 않는다. 이후 아동이 성장해 감에 따라, 가늘고 긴 머리, 활처럼 굽은 구개, 큰 손과 귀, 그리고 평평한 발바닥이 나타나는 경향을 보인다.

> 산모의 15번 염색체가 결실되어 아버지 쪽의 동일 염색체가 이중으로 복제되면, 안젤만증후군(Angelman syndrome)이라는 유전적으로 상이한 증후군이 초래된다. 부계 또는 모계 유전자 기형으로 인한 여러 유전적 증후군들은 각인이라는 유전 과정에 의거한 것이다. PWS(프레더윌리증후군)는 처음으로 밝혀진 각인에 의한 유전적 장애이다. 안젤만증후군을 가진 아동들은 말과 언어를 전혀 발달시키지 못한다.

- **프레더윌리증후군.** 또 다른 유전증후 중 하나인 **프레더윌리증후군**(Prader-Willi Syndrome, PWS)은 q11~q13 영역의 부계 염색체 15번이 탈락되어 있거나, 또는 아동이 어머니로부터만 동일 복제된 15번 염색체를 가지고 있어서 결국 부계 염색체는 전혀 없을 때 발생된다. PWS 사례의 70%에 이르는 수가 부계 15번 염색체가 결실되어 있다. 10,000명에서 15,000명당 1명이 PWS이다. 이것은 남성과 여성에게 동일 빈도로 영향을 미친다(Cassidy, 1997; Lewis et al., 2002). PWS 유아는 섭식문제와 근긴장저하증을 보인다. 아동기에는 왕성한 식욕을 보이며 결국 비만이 초래된다. 이 아동들은 분노발작, 완고함, 우울, 강박행동, 그리고 부적절한 사회적 관계성을 드러낸다. 이들은 구개궁이 좁고 아래턱이 작은(소하악증) 경향을 보일 수 있다. PWS 아동들은 과소비음 또는 과비음과 함께 조음장애를 나타낸다. 이들의 언어장애에는 짧은 구와 문장으로 이루어진 평균 이하의 평균발화길이(MLU), 제한적인 어휘, 그리고 내러티브 및 대화기술에 있어서의 현저한 결함이 포함된다. PWS 아동의 언어기술은 나이를 먹어 가며 점차 개선되기는 하지만 여전히 손상된 채로 남는다(Lewis et al., 2002).

- **묘성증후군.** 'cri-du-chat'는 프랑스어로 고양이 울음소리를 뜻한다. **묘성증후군**(cri-du-chat syndrome)을 가지고 태어난 아기들은 고양이의 야옹소리와 흡사한 고음도 울음을 보인다. 이것은 그 추정된 출현율이 신생아 2만 명 중 1명에서 5만 명 중 1명으로 희귀한 증후이다. 이 증후는 모든 발달장애의 약 1%를 차지한다. 이 증후의 유전적 기초는 5번 염색체의 단완(짧은 쪽 날개)의 작은 일부가 결실되어 있는 것이다. 그러므로 이 증후 역시 5p 증후군(5p minus)으로 알려져 있다. 이 증후는 고음도 울음 외에도 출생시 저체중, 느린 신체 성장과 운동발달, 작은 머리(소

두증), 넓은 눈 간격(hypertelerosim), 또는 구순구개열, 낮게 위치하는 부전형성된 귀, 손가락 또는 발가락이 막이 있거나 부분적으로 붙어 있는 증상, 그리고 낮은 근긴장도라는 특징들을 보인다. 이 아동들에게서 발견되는 행동장애에는 자해행동, 반복적 움직임, 소리에 대한 과민반응, 그리고 사물에 대한 집착적인 애착 등이 포함된다(Cornish & Pigram, 1996). 묘성증후군을 가진 많은 아동들이 말발달에서 중증의 결함을 보인다. 마찬가지로 언어기술의 경우에도, 비록 이들은 자신들의 기초적인 요구에 대한 의사소통은 될지 모르지만 그 외에는 극도로 제한되어 있다(Cornish & Munir, 1998; Cornish & Pigram, 1996). 이 아동들에게서는 중이 감염과 연합된 전도성 청력손실이 보편적으로 나타난다.

- **윌리엄스증후군.** **윌리엄스증후군**(Williams syndrome)은 발달장애와 동시에 상대적으로 온전한 언어기술을 가지고 있다는 일부 초기연구의 제안으로 인해 말언어병리학자들이 특별한 관심을 가지는 희귀 증후군이다(Thal, Bates. & Bellugi, 1989). 이러한 초기 관찰에 입각하여, 언어란 중증의 지적결함에도 불구하고 선천적으로 주어지는 독립적인 단원(모듈)일 수 있다는 주장이 제기되었다. 이어진 연구에서 윌리엄스증후군 아동의 언어기술은 각자의 인지기술에 필적한다. 즉, 이들이 자신들의 지적 수준에 비해 놀랄 만큼 뛰어난 언어기술을 가지고 있지는 않다는 결과가 나타났으며(Karmiloff-smith et al., 2003; Reilly et al., 2004; Stojanovik, Perkins, & Howard, 2001), 이를 통해 이 증후에 대한 이 같은 특성화 및 이에 기반한 언어이론에 대해서는 일반적으로 반론이 제기되었다. 발달장애에 덧붙여 저체중 출생, 유아기 동안의 느린 신체 및 행동발달, 학습장애, 주의결함, 시공간 결함 및 성마름, 다양한 유형의 공포증, 그리고 말언어장애가 이 증후의 특징이다(Mervis, 2003; Vicari et al., 2002). 심혈관의 문제, 치아 및 신장 기형 역시 이 증후의 한 특징이다. 이 증후를 가진 아동들의 뚜렷한 특징 중 하나는 과잉사회성이다. 이들은 강박적으로 사람들과 인사를 나누며, 낯선 이들에게 다가서고, 불쑥 대화를 걸기 시작한다(Doyle et al., 2004). 이 장애에서는 7번 염색체의 유전 물질(특정적으로, 7q11.23)의 결실된 흔적이 나타난다.

이 밖에 많은 증후군들이 발달장애 및 의사소통결함을 포함하고 있다. 말언어치료사들은 발달장애 및 유전적 증후군들에 대한 다른 원천들도 참조해야 한다(Baroff, 1999; Shprintzen, 2000).

산전 요인

발달장애와 연합되어 있는 산전 요인(prenatal factor)들은 임산부가 겪는 해로운 조건들을 말한다. 이 같은 조건들은 태아의 성장에 영향을 미치며 뇌의 결함을 야기하여 결국 아동의 발달장애를 초래한다. 이 요인들에는 다음과 같은 것들이 포함된다.

- **풍진**(Rubella)(독일홍역_German measles). 이것은 더 이상 발달장애의 빈도 높은 산전 원인은 아

니지만, 여전히 잠재적 요인이 된다. 산모가 한 번만 감염되어도, 특히 임신 10주 동안의 감염은 치명적인 손상을 야기한다. 아동은 발달장애 외에도 청각 및 시각결손이 될 수 있으며, 말언어장애가 보편적으로 존재한다.

● 산모의 납 중독(maternal lead poisoning). 산모가 납 성분의 화학연기를 흡입하게 되면 태아의 뇌에 손상이 가해진다. 미국 질병통제 및 예방센터(CDC, 2004b)에 따르면, 1~5세 아동 중 약 434,000명이 0.1리터 혈액당 납 성분 10마이크로그램이라는 권장치를 초과하는 혈액수치를 나타냈다(CDC, 2004b). 납 중독은 초기 증후를 나타내지 않기 때문에, 종종 문제가 인식되지 않는 경우가 있다. 그 손상도에 따라 납 중독은 학습장애(언어장애를 포함하여), 행동문제, 간질, 혼수 상태 및 사망을 야기할 수도 있다. 낡고 노후화된 건물 안쪽이나 그 주변의 납이 함유된 페인트나 납에 오염된 먼지들이 납 노출의 두 가지 주요 원천이 된다. 이제는 납 성분 페인트는 더 이상 사용되고 있지 않지만, 미국에서는 약 2,400만 가구의 주거단위가 납에 오염되어 있는 것으로 알려져 있다(CDC, 2004b). 스테인드글라스 유리창, 자동차 배터리 생산 및 재활용, 그리고 납에 오염된 식수를 마시는 일 같은 것들이 납 중독의 기타 원인이 된다.

● 산모의 수은 중독(maternal mercury poisoning). 산모가 수은 공기를 흡입하게 되면, 태아의 뇌에 손상이 초래된다. 열악한 신체 및 정신발달이 산전 수은 중독의 전형적 증상이다. 많은 산업 형태에서 수은을 사용하며, 그 노동자들은 잠재적 수은 중독에 노출되어 있는 상태이다. 예를 들어, 알카라인 배터리, 전자기 스위치, 전구 및 의료장비(예 : 온도계, 혈압측정장비) 생산에 수은이 사용되고 있다. 염소 및 가성소다 제조업체 등과 함께 여러 광산업 및 화학업종에서 수은이 사용되고 있다. 광맥에서 금을 추출할 때도 수은이 필요하다. 사람들은 가정이나 직장에서 수은을 잘못 취급하거나 이것이 설비에서 쏟아져 나왔을 때 이에 노출될 수 있다. 수은 중독의 기타 원인은 이것에 오염된 음식을 먹거나(예 : 물고기) 물을 마시는 것이다. 출산전 수은 중독에 관한 신뢰도 있는 발생률은 아직 미비하지만, CDC의 보고서는 수백 명의 아동들이 수은 가스에 노출된 사고를 인용한 바 있다(Agency for Toxic Substances and Disease Registry, 2004).

● 산모의 산소결핍(maternal anoxia). 산소결핍증(anoxia)은 산소결핍 또는 현저하게 감소된 산소 공급을 의미한다. 임신기간 중의 빈혈이나 혈관성 질환은 태아의 산소결핍증을 초래하게 되며, 이것이 태아의 뇌손상 가능성을 포함하여, 태아성장결함을 야기한다.

● 산전 외상(prenatal trauma). 산모가 당하는 다양한 유형의 사고들이 태아의 뇌손상을 초래할 수 있다. 특히 임신 후반부의 교통사고는 뇌손상을 야기하는 것으로 알려져 있다.

● 엑스레이 및 방사선(X-ray and radiation). 임신기간 중의 과도한 방사선 노출은 태아 성장에 해로운 영향을 미치며 뇌를 포함하여 신경계 손상을 야기할 수 있다.

● 조산 및 저체중 출생(prematurity and low birth weight). 미숙아(조산) 또는 저체중으로 태어난 아

동들은 발달장애 및 뇌성마비를 포함한 기타 신체적 결함의 위험이 크다. 미숙아로 태어난 아동

> 조산(또는 미숙아)은 임신 37주 후반이 되기 전에 출산되는 것을 말한다. 2,500그램 이하의 저체중이 나타난다. 1,500그램 이하의 매우 낮은 저체중도 있다.

들은 일반적으로 저체중의 경향을 보인다. 저체중 신생아의 60% 이상이 미숙아로 태어난다. 기간을 충분히 채우고 태어난 일부 신생아들 역시 저체중을 보일 수 있다. 이런 신생아들은 임신기간 중 작았거나 성장이 제한적인 전력이 있다. 이 두 경우 모두에서의 산전 요인들이 태아의 성장을 제한하고, 뇌발달에 해로운 영향을 미칠 수 있다. 미국에서는 연간 13명의 신생아 중 1명이 저체중으로 태어나며, 이것이 유아 사망 원인의 65%를 차지한다.

- 산모의 약물 남용 및 알코올 중독(maternal drug abuse and alcoholism). 산모의 약물 남용도 태아 성장에 영향을 미칠 수 있다. 앞서 강조한 바와 같이 산모의 알코올 남용은 태아알코올증후군(FAS)을 초래할 수 있다.

출산 요인

분만 과정에서 해로운 영향을 미치는 요인들을 출산 요인(natal factors)이라 한다. 이 요인들은 분만 과정에서 아동을 손상시킨다. 중추신경계에 영향을 미치는 요인들은 발달장애를 초래할 가능성이 더 높으며, 여기에는 다음과 같은 것들이 포함된다.

- 태아 산소결핍증. **태아 산소결핍증**(fetal anoxia)은 분만 시간이 길어지거나 또는 신생아가 출생 직후 울지(그리하여 호흡하지) 못했을 때 일어나는 산소 공급 감소로 인해 뇌손상이 발생되는 것을 말한다.
- 분만 과정에서 발생되는 기타 유형의 뇌손상. 몇 가지 기타 요인들이 분만 과정에서의 문제를 야기하여 잠재적인 뇌손상이 초래될 수 있다. 예를 들어, 잘못된 겸자 분만, 산관 내에서의 뇌 압박, 그리고 태아의 잘못된 위치와 같은 것들 모두가 뇌손상을 야기할 수 있다.

산후 요인

아동의 성장, 특히 뇌 성장에 해로운 영향을 미치는 요인들이 **산후 요인**(postnatal factors)이다. 기술적으로는 아동이 태어난 후 뇌기능에 영향을 미치는 어떠한 요인들도 모두 산후 요인이라 할 수 있다. 그렇지만 산후 요인은 전형적으로는 초기 아동기 동안 뇌손상이나 뇌 성장 결함을 야기하는 것들을 의미하는 것이다. 태아 성장에 영향을 미치는 일부 산전 요인들 역시 산후 요인으로 작용할 수 있다. 모든 유형의 중독(예 : 수은 중독)이나 독성물질이 그 한 가지 예이다. 산후 요인에는 다음과 같은 것들이 포함된다.

- 면역 접종 후 뇌염(post-immunization encephalitis). 일부 아동들은 DPT[디프테리아(diphtheria), 백

일해(pertusis 또는 whooping cough), 그리고 파상풍(tetanus 또는 lockjaw)] 예방접종주사를 맞은 후 부정적 반응을 나타내기도 한다. 이런 아동은 고열, 경련(경기)을 보이며 의식을 잃기도(coma) 한다. 회복이 느리며, 반응이 뒤처지고 발달장애가 수반될 수 있다.

- 공수병 백신(rabies vaccine). 이 백신은 운동마비와 뇌손상을 야기할 수 있으며, 결국 발달장애를 초래하게 된다.
- 납 중독(lead poisoning). 우리는 앞서 임신 여성의 납 중독이 태아의 뇌를 손상시킬 수 있음을 강조한 바 있다. 마찬가지로 아동도 납에 중독되어 중추신경계 손상을 겪게 될 수 있다.
- 수은 중독(mercury poisoning). 아동이 수은 가스에 접촉될 경우, 출산전 독성물질 요인 중 하나인 이것 역시 산후 요인으로도 작용할 수 있다.

외상성 뇌손상

외상성 뇌손상(Traumatic Brain Injury, TBI)은 외부의 힘이나 외상으로부터 야기되는 후천성 뇌손상을 말한다. TBI는 아동기 발달장애의 매우 보편적인 원인 중 하나이다. 연간 10만 명의 아동 중 200~250 명이 TBI를 겪게 된다. 자동차 사고, 추락, 가정폭력, 아동학대, 스포츠 관련 사고, 횡단보도에서의 사고들과 같은 다양한 요인들이 TBI를 초래한다. 출산전 및 출산시점에서의 요인 또는 질환(예 : 뇌종양 또는 뇌졸중)으로 인한 뇌손상은 TBI에 포함되지 않는다.

제14장에는 외상성 뇌손상 및 그 후속결과에 관한 절이 포함되어 있다. 여기에 언급되어 있는 바와 같이, 일부 아동들의 경우 인지결함이 영구적으로 후속된다. 외상성 뇌손상 아동들은 말언어장애 외에도 다양한 행동장애를 보일 가능성이 있다(예 : 주의결함, 충동적 행동, 공격적 행위, 사회적으로 부적절한 행동 등).

내분비계 및 신진대사장애

몇 가지 내분비계 및 신진대사장애(endocrine and metabolic disorders) 역시 발달장애와 연합되어 있다. 발달장애와 연합된 가장 주목할 만한 내분비장애(endocrine disorder)는 **갑상샘기능저하증**(hypothyroidism, (갑상샘 결함)이다. 이 호르몬의 결핍은 출산전 또는 출산후부터 시작될 수 있다. 초기 아동기에 치료되지 못하면, 이 질환이 발달장애를 초래한다. 갑상샘기능저하증은 종종 자율면역계 반응(autoimmune reaction)이 갑상샘(선)(thyroid gland)에 저항하는 항체를 형성하고, 이것이 티록신(thyroxin, 갑상샘 호르몬) 생성을 제한하기 때문에 일어나는 것이다. 아동의 갑

내분비계는 호르몬을 분비하고 이를 혈류 속으로 방출하는 선(샘) 및 그 구조 시스템을 말한다. 이 호르몬들이 성장과 신진대사를 조절한다.

상샘기능저하증 증후에는 황달(피부, 눈동자, 점막이 황색화됨), 목쉰 울음소리, 식욕감퇴, 배꼽탈장

(umbilical hernia, 돌출된 배꼽), 변비, 그리고 뼈의 성장 느린 증상이 포함된다.

발달장애와 연합된 주된 신진대사장애에는 **페닐케톤뇨증**(phenylketonuria, PKU)과 지방질 신진대사 결함이 있다. PKU는 신생아 만 명당 1명씩 발생하는데, 페닐알라닌(phenylalanin)이라고 하는 아미노산의 대사에 결함이 나타나는 것이다. 이 산이 농축되면 신체에 독성으로 작용하며, 신경 및 뇌손상을 야기한다. 간의 효소가 없는 경우도 이 대사장애의 원인이 된다. 이 조건은 유아기 초기에 효과적으로 치료될 수 있기 때문에 대부분의 주(states)에서는 모든 신생아들에 대한 PKU 검사 실시를 의무화하고 있다. 이 결과, 비록 세계의 다른 일부 국가들에서는 아닐 수 있어도, 미국에서 만큼은 PKU가 이제 발달장애의 보편적인 원인은 아니게 되었다.

지방질 신진대사장애(lipid metabolic disorders)는 신경조직 내에 지방질을 축적시킴으로써 발달장애 및 건강문제를 야기한다. 잘 알려진 지질대사장애 중 하나인 타이삭스병(Tay-Sachs disease)은 뇌와 신경계 안에 강글리오시(ganglioside) GM2라는 지방성 물질을 과도하게 축적시키는 치명적이며 선천적인 유전적 장애이다. 맹, 농, 삼킴장애, 그리고 중증의 발달장애가 수반된다. 말언어습득도 손상된다. 이 질병은 유럽 중서부 유대인들의 후손에게서 자주 발견된다.

두개 기형

두개골 및 뇌 형성 기형은 익히 알려져 있는 발달장애의 한 가지 원인이 된다. 이 같은 이상은 산모의 약물 남용, 엑스레이 및 방사선, 비타민 결핍, 그리고 독성물질에의 노출과 같은 몇 가지 출산전 원인들에 의한 것이다. 두개 기형(cranial abnormalities)을 초래하는 유전적 요인에는 염색체 기형이 포함된다. 두개의 기형은 발달장애 및 신체적 기형과 장애에 연합된 다양한 유전적 증후군의 한 일부이다. 일부 두개 기형은 생존할 수 있는 반면 일부는 사망에 이른다.

- 무뇌증. 선천적 기형인 **무뇌증**(anencephaly)은 두개골이 없거나 종종 두개 피부가 없다. 다양한 요인들로 인해, 배아기(embryonic period) 동안 두개 구조가 융합되지 못한다. 뇌가 외부로 노출되고 감각기관이 없어, 이 조건은 삶과 양립될 수가 없다. 미국에서는 매년 약 1,000에서 2,000명의 신생아들이 두개 기형으로 태어난다.

- 대두증. 비대한 머리 둘레를 **대두증**(macrocephaly)이라 한다. 일부 가계에서는 어떠한 임상적 징후 없이도 전형적인 크기보다 더 큰 머리가 전승되기도 한다. 임상적으로 비대한 머리 둘레는 뇌수종(hydrocephalus 또는 hydrocephaly)과 같은 다양한 요인들로부터 기인할 수 있으나, 기타 원인들의 출현율을 보면 대두증과 뇌수종은 분명히 구분된다. 예를 들어, 알렉산더병(Alexnader's disease)이나 카나반병(Canavan's disease)과 같은 일부 희귀성 뇌질환들이 대두증을 유발한다. 이 두 질병 모두 대뇌백질위축증(leukodystrophy)이라는 하나의 범주에 속하는데, 이 질환은 뇌의 백질이 감

퇴되는 것으로서, 뇌의 지방질 표층의 손실(탈수초화, demyelination) 그리고 뇌조직을 지지하는 세포인 교세포(glia) 섬유의 기형적 형성과 연합되어 있다. 대뇌백질위축증을 가진 아동들은 정신 및 신체성장 모두가 지체된다. 말과 언어의 습득에 결함을 보인다.

- 소두증. 신체의 나머지 부분에 비해 상대적으로 작은 머리 둘레를 **소두증**(microcephaly)이라 한다. 작은 머리를 가지고 태어났거나 또는 정상 크기의 머리로 태어난 아동이 나머지 신체적 성장에 비례하여 머리 크기가 커지지 않을 수 있다. 염색체 이상과 연합된 증후군들이 종종 소두증을 초래한다. 지체되었거나 또는 손상된 운동발달, 발달장애, 과잉행동, 경련(경기), 그리고 말언어결함이 소두증의 보편적인 예후이다.

- 뇌수종. 대두증과 마찬가지로 **뇌수종**(hydrocephaly)에서도 머리가 커지지만, 이것은 다른 원인에 의해 발생되는 것이다. 가장 보편적인 두개 기형 중 하나인(10,000명당 1명으로 발생) 뇌수종은 뇌의 뇌실(ventricles) 내에 뇌척수액(cerebrospinal fluid, CSF)이 축적되어, 뇌가 확장되고 부풀어 오르는 증상을 초래한다. CSF는 여러 뇌실 안의 맥락총(choroid plexus)이라는 조직체에 의해 생성된다. 정상적으로 순환되는 이 액체는 뇌를 보호하는 쿠션 역할을 하고, 일부 영양소를 공급하며, 그리고 노폐물을 제거하는 역할을 해준다. 적절한 순환에 문제가 있거나 지나치게 많이 생성되면 이 액체가 계속 쌓이게 될 것이다. 선천적인 두개 기형, 뇌종양, 뇌 감염, 기타 요인들이 이 액체의 순환을 폐쇄시킬 수 있다. 이렇게 누적된 액체는 뇌 내부의 압력(뇌압)을 증가시킨다. 뇌는 두개골을 향해 압박을 받게 될 것이고, 이것이 조직의 손상을 초래한다. 이 조건이 만일 두개골의 여러 조각들이 융합되기 이전에 발생되면 머리가 팽창하게 된다. 이 융합은 약 5세가량에 이루어진다. 아동의 성장은 느려지고 발달장애의 징후가 출현한다. 무기력, 성마름, 시각의 변화, 협응의 상실, 구토, 두통, 그리고 기타 신체적 징후가 전개된다. CSF 생성을 조절하기 위해 약물 치료도 가능하지만, CSF 순환을 개선시키기 위한 외과수술적 중재가 주된 치료법이다. 뇌조직의 손상 정도에 따라 발달장애의 손상 정도 역시 달라질 것이다.

말언어기술

발달장애 아동들의 말언어기술은 폭넓은 범주 내에서 다양하게 나타난다. 언어기술에 있어서의 개인 차가 뚜렷이 나타난다. 특정 아동에게서 언어기술이 어떻게 발달할 것인가를 예측하는 것은 일반적으로 어려운 일이며(Brady et al., 2004), 경도 형태의 발달장애 아동에게서 이러한 예후를 결정하는 일은 특히 어려운 문제가 된다. 이 아동들의 의사소통기술은 발달장애의 손상도, 기타 결함의 출현 여부(예 : 청각손실이나 운동결함), 제공된 재활 서비스의 효율성, 서비스 개시 시점, 그리고 가족 지원 정도에 따라 달라진다. 일부 아동들은 단지 경도 수준의 의사소통기술 결함만을 보이는 반면, 다른 아동들은 최중도 결함을 보이며, 따라서 비언어적 의사소통 수단이 요구될 수도 있다.

　과거 전문가들은 발달장애 아동들이 언어습득에서 다만 느린 것일 뿐 그 습득 과정은 정상 과정을 거치는지, 아니면 이들이 괴상하고, 지그재그식의 비정상적인 언어습득 과정을 거치는지에 관해 논쟁하였다. 일부 전문가들은 발달장애 아동들은 정상적으로 발달하는 아동들에게서 나타나지 않는 언어 패턴을 드러내며, 이는 곧 비정상적인 언어습득 패턴을 시사하는 것이라고 주장한 바 있다. 발달장애 아동들은 정상적인 과정으로 언어를 습득한다고 믿고 있는 대부분의 연구자들은 이러한 제안에 동의하지 않고 있다. 그럼에도 불구하고 다운증후군 아동들은 구문기술을 상회하는 어휘기술을 가지고 있을 수 있다(Stoel-Gammon, 1990)는 이유로, 발달적으로 장애를 겪는 아동들의 비정상적인 패턴이라는 제안은 아직 전적으로 거부되고 있지는 못하다. 언어기술에 있어서의 이 같은 고르지 못한 발달은 전형적인 언어습득 패턴과는 질적으로 상이한 언어발달 패턴을 시사하는 것이라고 여겨지고 있다.

　말과 언어의 모든 측면이 발달장애 아동에 영향을 미칠 수 있다. 여전히 우리의 가장 주된 관심사는 언어장애 및 그 치료에 관한 것이긴 하지만, 지금은 발달장애 아동들에게서 나타나는 가장 보편적인 말언어 특징에 관해 요약할 것이다.

음운기술

발달장애 아동들은 자기 언어의 말소리 산출 습득에 어려움을 갖는다. 그 결과, 이들 아동에게서는 조음장애가 보편적으로 나타난다. 발달장애 아동들의 약 70%가 말장애를 보일 수 있다(Fristoe & Lloyd, 1979). 조음장애의 정도는 지적 손상 및 연합된 임상적 조건의 정도에 따라 달라진다. 지적 손상이 크면 클수록 조음의 문제 역시 커진다. 자신의 발달장애가 유전적 증후의 한 일환인 아동이거나 구개안면 기형(예 : 구개열) 아동들은 발달장애가 다른 복합적 조건과 연합되지 않은 발달장애를 가진 아동들에 비해 더욱 심각한 조음장애를 보이는 경향이 있다. 많은 발달장애 아동들에게서 나타나는 청력손실 역시 말장애의 손상 정도에 영향을 미치는 한 가지 요인이다.

　일반적으로 발달장애 아동들은 지적장애가 없는 기타 발달장애 아동들과 유사한 형태의 말장애를 보인다. 발달장애 개인에게서 나타나는 음운변동 패턴은 인지결함이 없는 개인에게서 나타나는 그것과 흡사하다(Shriberg & Widder, 1990). 자음 생략, 말소리 왜곡, 특정 소리를 다른 소리로 대치하기가 발달장애이거나 발달장애가 아닌 아동에게서 모두 마찬가지로 나타난다. 이들 중 자음 생략이 발달장애 아동들이 보이는 기타 유형의 조음오류에 비해 보다 지배적으로 나타나는 오류이다. 일반적으로 음운변동 및 개별 말소리 오류 모두는 인지결함 정도가 더욱 큰 아동들에게서 보다 자주 일어나며 더 심각한 결함으로 나타난다(Bleile & Schwarz, 1984; Klink et al., 1986; Moran, Money, & Leonard, 1984; Shriberg & Widder, 1990).

언어기술

앞서 언급한 바와 같이, 발달장애 아동들의 언어습득 속도는 보다 느리지만, 이들은 현저하게 다른 패턴의 습득을 보이지는 않는다. 발달장애 아동들이 언어습득에서 느리다는 것은 이들이 궁극적으로는 전형적인 또래들을 따라잡을 것임을 의미하는 것은 아니다. 학교에서의 일관적인 특수교육 서비스와 함께, 초기에 그리고 효과적인 말언어훈련을 받은 경도의 인지결함 아동들의 언어기술은 전형적인 아동에 근접한 언어기술로 발전될 수도 있다. 그러나 제공된 최상의 말, 언어 및 특수교육 프로그램에도 불구하고 중증의 발달장애 아동들은 여전히 일부 언어적인 제한을 받게 된다. 그럼에도 불구하고, 발달장애 아동들에게 제공되는 말언어 서비스는 이로운 것일 수 있다. 효과적인 치료를 받은 아동의 언어기술은 개선된다.

> 발달장애를 가진 아동과 그렇지 않은 아동 간의 언어기술을 비교함에 있어서, 누구든 아동의 생활연령(CA) 또는 지능검사 점수에 의거한 정신연령(MA) 중 하나를 사용할 수 있을 것이다. 두 집단을 오직 CA로 일치시켰을 때는 유의한 집단차가 나타나지만, MA로 일치시켰을 때는 그렇지 않다. MA로 일치시켰을 때는 발달장애 아동들이 그렇지 않은 아동들보다 나이(생활연령)가 더 많을 것이다.

말장애와 마찬가지로, 발달장애 아동들에게서 나타나는 언어장애 역시 인지결함을 보이지 않는 아동들에게서 나타나는 그것과 흡사하다. 특정 유전적 증후군, 특히 다운증후군 아동들의 언어기술은 많은 연구들의 관심이 되어 왔다(Eadie et al., 2002; Laws & Bishop, 2003; Miles & Chapman, 2002). 그러므로 발달장애 아동들의 언어장애에 관해 우리가 알고 있는 것 중 많은 부분들이 다운증후군에 특화된 것들이다. 그렇지만 발달장애와 연합되어 있는 기타 유전적 증후군들에 대한 연구도 점차 확대되어 가고 있는 중이다(Abbeduto & Hagerman, 1998; 치몬두 & Almazan, 1998; Cornish & Munir, 1998; Laws & Bishop, 2004; Lewis et al., 2002; Phillips et al., 2004; Uchino et al., 2001; Zapella, Gillberg, & Ehlers, 1998).

구어이해

구어이해 결함은 언어장애의 일반적인 특징 중 하나이다. 그렇지만 언어의 이해와 산출 간의 관련성은 복잡하다. 어떤 측면에서는 이 두 가지 사이에 일대일의 관계는 존재하지 않는 것 같다. 일반적으로 말하건대, 특히 전형적으로 발달하는 아동들에게 있어서, 언어의 특정 요소의 이해는 그 산출보다 약간 선행하는 경향이 있다. 즉, 아동들은 아직 자신들이 그 산출은 숙달시키지 못한 구어 말소리, 낱말, 구 또는 문장들을 이해할 때가 있다. 그렇지만 이와 동시에 아동들은 자신들이 이해하지 못하는 낱말과 구를 산출할 때도 있다(Hulit & Howard, 2002; McLaughlin, 1998).

발달장애 아동들은 구어이해에 있어서 전형적인 또래들과 극단적으로 다른 것은 아니다. 이들 역시 말과 언어의 일부 요소들에 대한 완전한 지식을 갖추기 이전부터 일부를 이해하며, 또한 완전한 이해 없이도 기타 요소들을 산출하기도 한다. 그렇지만 일반적으로 발달장애 아동들은 복합적이며 추상적인 낱말, 복합구문 및 긴 구문구조를 이해하고, 추상적 개념에 대해 토론하는 것에 어려움을 보일 것이라고 추측된다. 다운증후군 아동들은 개별 낱말보다 구문구조를 이해하는 것에 더욱 큰 어려움을 보이는 것으로 알려져 있다(Chapman, Schwartz, & Kay-Raining Bird, 1991). 언어산출에서의 심각한 손상은 이해에 부정적인 영향을 미칠 가능성이 있다. 다운증후군 아동들에게서는 비록 산출보다는 이해가 더 뛰어난 것으로 언급된 바 있으나(Stoel-Gammon, 1990), 발달장애 아동들이 전형적인 또래들에 필적하는 이해기술을 가지고 있을 것 같지는 않다(Fowler, 1990; Laws & Bihop, 2003; Mahoney, Glover, & Finger, 1981; Miller, 1988, 1999).

의미기술

의미기술은 다양한 계열에 속하는 낱말들의 산출 및 이해를 지칭한다. 또래들에 비하여, 발달장애 아동들은 일반적으로 제한적인 어휘를 가지고 있다. 예를 들어, 다운증후군 아동들은 어휘에 다양성이 결여되어 있는 것으로 알려져 있다. 이들은 비록 새로운 낱말들을 꾸준히 습득하기는 하지만, 전형적인 또래들에 비하여 그 속도도 매우 느리고 습득하는 낱말의 수도 훨씬 적다(Miller, 1992). 필연적으로 인지결함을 가진 아동들은 더 적은 수의 낱말, 더 짧은 낱말, 덜 복합적인 낱말, 그리고 구체적인 낱말 들을 산출

> 격언은 어떠한 언어 유형의 예라 할 수 있는 가?

하고 이해한다. 이들은 구체적인 사건이나 사물에 관해 말하는 경향이 있다. 인지결함을 지닌 아동들은 또한 격언과 같은 추상적 진술을 이해하거나 산출하는 것에도 어려움을 보인다(Ezel & Goldstein, 1991).

기타 언어기술 및 개념들에서와 마찬가지로, 발달장애 아동들은 전형적 아동들이 보이는 것과 동일한 과정을 거쳐 의미기술을 습득하는 것처럼 여겨진다(Kamhi & Johnston, 1982; Rosenberg, 1982). 발달장애 아동들에게서 발견되는 이러한 제한 이외의 의미적 제한들은 발달장애를 가지지 않은 아동들에게서 발견되는 것에 필적한다(예 : 단순언어장애, 자세한 내용은 제3장 참조). 단순언어장애 아동들과 유사하게, 발달장애(특히 다운증후군) 아동들 역시 형태론적 및 구문적 기술에 비해 이보다는 훌륭한 어휘기술을 나타내기도 한다(Laws & Bishop, 2003).

형태 및 구문기술

비록 대부분의 연구들이 오직 다운증후군 아동들만을 표집한 것이기는 하지만, 발달장애 아동들의 경우 일반적으로 형태론적 기술이 열등하다(Eadie et al., 2002; Chapman et al., 1998; Laws & Bishop, 2003; Rutter & Buckley, 1994). 언급된 바와 같이, 발달장애 아동들의 형태론적 기술은 이들의 어휘에 비해 더욱 열등할 수 있다. 발달장애 아동의 형태론적 기술은 제3장에서 기술된 단순언어장애 아

동들의 그것과 대략 비슷하다. 일반적으로 대부분의 발달장애 아동들, 그리고 특히 다운증후군 아동들은 아래와 같은 다양한 문법형태소를 산출하는 것에 어려움을 보일 수 있다.

- 규칙 복수굴절
- 불규칙 복수(비록 규칙 복수굴절보다는 결함이 덜할 수 있으나)
- 현재진행형 *-ing*
- 소유격 형태소
- 규칙 과거시제 굴절
- 불규칙 과거시제 낱말들(비록 규칙 과거시제 굴절보다는 결함이 덜할 수 있으나)
- 3인칭 단수
- 접사 및 조동사
- 전치사
- 대명사

규칙 복수(*cups, bags*)와 규칙 과거시제(*moved, painted*)와는 반대로, 불규칙 복수형식(*women, men*)과 과거시제(*went, spent*)는 전체 낱말로 습득되는 것이다. 이러한 차별적 결함은 아동이 전체 낱말에 비해 보다 작은 단위의 형태론적 요소들을 습득하는 것에 더욱 큰 어려움을 갖기 때문일 수 있다. 성인의 말 속에서 강세를 받지 못하는 소단위의 굴절 형태론적 요소들을 습득하는 것에서의 일부 어려움은 많은 수의 지적장애 아동, 특히 다운증후군 아동들에게서 발견되는 경도의 청력손실에 기인한 것일 수 있다(Laws & Bishop, 2003).

발달장애 아동들의 구문론적 기술 역시 전형적 아동들의 그것보다 아래에 위치한다. 우리는 앞서 인지결함을 지닌 아동들은 형태론적 및 구문론적 기술에 비해 상대적으로 보다 풍부한 어휘를 가지고 있다고 강조한 바 있다. 그렇다면 필연적으로 가장 심한 정도의 결함은 형태 및 구문기술에서 나타나게 될 것이다. 발달장애 아동들은 비교적 단순한 문장을 이해하고 산출하는 경향이 있으며, 또한 보다 복잡하고 복문의, 그리고 그 사용 빈도가 낮은 구문 형식을 이해하거나 산출하는 것에서는 더욱 어려움을 보인다. 발달장애 아동들은 또한 자신들에게 시범해 준 보다 길고 보다 복잡한 문장들을 모방하는 것에도 어려움을 보인다(Eadie et al., 2002).

발달장애 아동들은 특정 구문구조를 특별히 더 어렵게 느낄 수 있다. 예를 들어, 이들은 접속사 *and*의 사용을 비교적 쉽게 습득하지만, 대화 말 가운데에서 '*because*'를 정확히 사용하는 것에서는 어려워할 수도 있다. 이들은 *and*를 과도하게 사용하기도 한다(Kamhi & Johnston, 1982). 발달장애 아동들은 질문을 보다 적게 하거나 또는 기타 모든 유형의 질문(예 : *where, when*)을 다 *what* 의문문으로 대치하기도 한다.

화용기술

화용언어기술에 관한 연구는 서로 다른 유형의 인지결함들을 포함시킨 바 있으나, 이 역시 대개는 다운증후군에 관심을 두고 있다. 서로 다른 유형의 발달장애 아동들이 차별적인 화용언어기술 또는 결함을 보일 것인지의 여부는 분명치 않다. 그럼에도 불구하고, 중등도에서 중도의 발달장애 아동들이 사회적 의사소통 및 대화말 기술에서 유의한 결함을 보이는 것만큼은 명백해 보인다. 마찬가지로 발달장애 아동들의 화용적 결함 역시 인지적 결함을 보이지 않는 아동들에게서 발견되는 그것과 대략 비슷하다.

아래와 같은 사회적 의사소통 및 대화말 결함이 보고된 바 있다.

- 부족한 내러티브 기술. 발달장애 아동, 특히 중등도에서 중도의 인지결함을 보이는 아동들은 사건, 경험, 이야기에 대한 상대적으로 부족한 내레이터(narrator)이다. 예를 들어, 프레더윌리증후군 아동들은 이야기 다시 말하기를 하지 못하거나 그 이야기에 관한 질문에 답하지 못한다. 설사 이야기 다시 말하기를 할 수 있다 해도 현저한 오류를 보인다(Lewis et al., 2002; Reilly et al., 2004). 이러한 결함은 단순언어장애 아동들에게서 발견되는 그것과 필적한다. 만일 이야기 다시 말하기를 위해 방금 이야기된 바에 관한 즉각적 기억(단기적 청각기억)이 요구되는 것이라면, 다운증후군 아동들은 설사 전형적인 아동들과 정신연령(MA)으로 일치시켰을 때조차도 이야기된 바를 회상하는 것에 특별한 어려움을 보일 수 있다(Kay-Raining Bird & Chapman, 1994). Miles와 Chapman(2002)은 정신연령, 구문이해, 그리고 평균발화길이(MLU)로 일치시킨 다운증후군 아동들은 전형적인 또래에게서 발견되는 바에 필적하는 내러티브 기술을 가지고 있을 수 있다고 보고하였다. 이 같은 결과는 발달장애를 가진 아동과 가지지 않은 아동집단 간에 출현하는 차이는 이들을 어떤 방식으로 일치시켰는가에 따라 달라질 수 있다는 관찰결과를 강조해 준다. 명백히 이들을 언어 점수에 따라 일치시켰을 때는 어떠한 유의한 차이도 나타나지 않을 수 있다. 그러나 이들을 생활연령(CA)으로 일치시키면 일반적으로 전형적 아동들에게서 더 우세한 결과가 나타난다. 요약하자면, 다운증후군 아동들은 적절한 대화기술을 나타낼 수도 있으나 이는 오직 지적결함이 없는 아동들보다 더 높은 연령수준(삶의 경험이 보다 많은)에서만 그렇다는 것이다(Miles & Chapman, 2002).
- 제한적인 사회적 교환의 개시. 유의한 정도의 발달장애 아동들은 대화 또는 어떠한 형태로든 사회적 교환을 자발적으로 개시하기를 꺼리거나 개시하지 못한다. 이 아동들은 누군가 말을 걸면 이에 반응하기는 하지만, 종종 먼저 말을 시작하기를 꺼린다. 우리는 앞서 윌리엄스증후군 아동들은 이 같은 일반적인 관찰결과에서 예외적인 경우라고 강조한 바 있다. 이들은 대개 낯선 이들에게 강박적으로 말을 걸며 사회적 교환을 시작한다(Doyle et al., 2004).

- 부적절한 주제관리. 발달장애 아동들이 갑작스럽게 새로운 주제를 도입해 내는 일은 별로 없다. 이는 훌륭한 주제관리기술을 의미하는 것이다. 그렇지만 외관상 명백히 훌륭한 주제관리기술처럼 여겨지는 이것은 부분적으로는 대화 시 새로운 주제를 도입하기 어려운 그들의 결함 때문일 수 있다. 어떠한 경우이든 간에, 선택된 주제에 관한 이들의 대화 참여는 수동적이다. 이들은 자기 주장은 거의 덧붙이지 않은 채로, '그래' 또는 '오케이'라고 말하며, 자기 대화 상대방에게 지속적으로 동의를 표한다(Abbeduto, 1991). 결국 발달장애 아동들은 개시된(아마도 다른 누군가에 의해 개시된) 주제의 유지에 일조하고 있기는 하지만, 이에 새로운 정보를 덧붙임으로써 해당 주제를 확장시키지는 못한다. 요약하자면 이 아동들은 대화 주제 유지에 있어서의 능동적인 역할을 수행하지는 못하는 것이다.

- 대화 차례 주고받기에서의 잠재적 결함. 대화 차례 주고받기(conversational turn-taking)는 발달장애 아동들, 특히 이 아동들이 자기 엄마에게 말할 때 나타나는 그나마 훌륭한 화용언어기술 중 하나이다(Davis, Stroud, & Green, 1988; Tannock, 1988). 그렇지만 발달장애 아동들이 낯선 이들과 말을 할 때도 역시 적절한 차례 주고받기 기술을 보이는가에 관해서는 명확하지 않다. 앞서와 마찬가지로, 이 기술은 발달장애의 손상도에 따라 다르다. 인지결함의 중증도 수준이 높으면 높을수록, 낯선 이들과 상호작용하는 아동들은 차례 주고받기에서의 결함을 더욱 크게 나타낼 것으로 보인다.

- 제한적인 대화수정기술. 이 기술에는 청자가 들은 바를 이해하지 못했을 때, 그리고 누군가 화자의 말을 이해하지 못하여 명료화를 요구했을 때, 이에 적절히 반응하는 것이 포함된다. 발달장애 아동들은 제법 많은 대화수정기술들을 나타낸다. 이들은 일반적으로 자신의 말을 이해하지 못하는 청자에게 민감한 편이며, 청자의 이해를 촉진하기 위해 무엇인가를 행한다. 심지어 중도에서 최중도 수준의 발달장애 성인들 또한 청자가 자기 말을 잘 이해하지 못할 때는 자신들의 산출을 수정하려는 시도를 한다(Scudder & Tremain, 1992). 그럼에도 불구하고 수정기술은 발달장애 손상도와 무관하지 않으며, 수정전략의 질과 빈도가 발달장애를 가지지 않은 개인들에게서 발견되는 것보다 매우 부족하다는 점을 시사하는 증거가 존재한다. 인지결함 정도가 더욱 큰 아동들은 그 정도가 다소 약한 아동들에 비해 수정을 덜 하는 모습이 나타난다. 대부분의 아동들은 충분할 만큼 수정을 잘하지는 못한다. 일부 아동들을 그저 자신들이 말한 내용을 개정하거나 확장하는 대신 그대로 반복할 뿐일 때도 있다. 지역사회 환경에 속한 아동들은 수용시설에 있는 아동들보다는 더 자주 산출수정을 시도하는 경향이 있다(Brinton & Fujuki, 1991; Levyt, Tennenbaum, & Onroy, 2003 참조, 관련 연구들에 대한 고찰은 Brady et al., 1995 참조). 심지어 기타 다른 유형의 발달장애 아동들에 비해 언어기술이 뛰어난 윌리엄스증후군 아동들조차도 역시 화용 및 사회적 언어결함을 보인다(Laws & Bishop, 2004).

비록 이러한 아동들에게서 발견되는 특정 언어기술 수준에 관한 명확한 자료를 얻기 위한 추가 연구들이 필요하기는 하지만, 최근까지 요약된 연구는 발달장애 아동들의 언어기술에 관한 광범위한 초상을 제공해 주고 있다. 예를 들어, 발달장애 아동들이 주제 유지 또는 대화수정전략에 있어서 현저한 결함을 보이는가의 여부는 아직 명확하지 못하다. 여러 연구에 걸쳐 보고된 차이점들이란 대개 대상의 특성 및 측정된 기술의 깊이에 따른 것이다. 인지결함의 정도는 명확한 요인이다. 발달장애 아동들이 수용 가능한 대화수정전략을 가지고 있다는 주장은 아동의 인지결함이 표현언어를 심각하게 제한할 만큼 충분히 손상되어 있지 않았을 때에 비로소 잠재적으로 타당하다 말할 수 있을 것이다. 발달장애 아동들이 대화수정전략을 나타낼 수도 있다는 주장은 곧 이들이 청자가 자신의 말을 이해하지 못했을 때를 알고, 자신이 방금 한 말을 그대로 반복하되, 다만 충분한 빈도로 효과적인 수정기술을 언제나 나타내는 것은 아님을 의미하는 것일 수도 있다. 그러므로 발달장애 아동들의 수정기술의 질 (quality)을 조사하기 위해서는 추가적인 연구가 필요하다.

평가 및 치료 수정

발달장애를 가진 아동들을 다루는 언어치료사(SLP)들은 다학제팀(multidisplinary team)의 한 구성원일 수 있다. 전문가팀은 다운증후군과 같은 선천적 조건을 가진 아동들에게 평가 및 치료 서비스를 제공한다. 앞으로 발달장애가 나타날 것으로 의심되는 아동들은 전형적으로 다학제팀에 의해 평가를 받고, 다학제팀은 만일 발달장애가 진단된다면, 이에 따른 중재를 제안한다. 언어치료사들은 특수교육전문가, 심리학자, 물리치료사, 작업치료사, 적응적 신체교육 전문가, 사회복지사, 그리고 아동의 잠재력 극대화를 위해 설계된 집중적 조기중재 프로그램을 제공하는 기타 전문가들과 함께 협업한다.

발달장애 아동을 평가하고 치료함에 있어서, 언어치료사들은 아동들의 말언어기술상에서 자신들이 직면하게 될 가능성이 높은 광범위한 다양성이라는 조망을 간직해야 한다. 일반적으로 경도의 발달장애 아동들은 말언어기술을 보다 전형적으로 발달시켜 나가며, 그 발달 정도 역시 꽤나 클 것이다. 그러나 발달장애의 손상정도가 더욱 큰 아동들은, 특히 조기중재가 제공되지 않는다면, 말언어습득에 있어서의 더욱 커다란 결함을 나타내게 될 것이다. 그렇지만 심지어 중도 발달장애를 가진 개인들에게서도 '의사소통능력에 있어서의 폭넓은 다양성'이 보고되어 온 바 있다(McLean et al., 1999, p. 237). 이러한 다양성은 비단 언어기술에서뿐만 아니라, 다른 사회 및 운동기술에서도 역시 명확히 나타난다. 예상되는 바와 같이 중재가 개시된 시점, 중재의 질과 강도, 그리고 교육 프로그램에의 가족 참여 정도가 발달장애 아동들의 기술 수준상의 현저한 차이를 만들어 낼 수 있다.

어떠한 경우이든 간에 집중적 치료는 발달장애 아동들의 삶에 있어서의 심대한 차이를 만들어 낸다. 특정 아동의 인지결함 정도에 관해 고려에 따라 평가 및 치료절차에 대해 일부 수정을 가해야 할 필요가 있다. 다음 절은 이와 관련된 필요한 수정들에 관해 기술하였다.

평가절차의 수정

비록 발달장애 아동들에게서 나타날 가능성이 높은 말언어 특성들이 그간 상세히 기술되어 온 바 있으나, 치료사는 모든 발달장애 아동들이 이러한 특성을 똑같이 또는 대부분 가지고 있을 것이라고 억측해서는 안 된다. 또한 치료사는 개개 아동에 대한 평가를 수행함에 있어서 발달장애 아동들에게서 보편적으로 나타나는 언어적 특징의 목록에 과도하게 의존해서도 안 된다. 치료사는 오히려 그 밖의 다른 아동들을 대할 때와 마찬가지로, 아동 특정적 및 가족특정적 방식의 발달장애 아동 평가로 접근해야 한다. 표준화 검사를 시행하고자 하는 치료사도 역시 마찬가지 방식을 택해야 하겠으나, 우리의 그간의 경험상, 발달장애 아동들에게서는 자연스러운 상황에서의 대화말에서 이들이 보이는 수행에 비해 표준화 검사에서 종종 수행이 더 낮게 나타나는 정도가 기타의 다른 아동들에 비해 훨씬 더 크게 벌어지는 경향이 있다.

때때로 발달장애 아동들은 '검사가 불가능한'이라고 기술될 때가 있는데, 이는 이들에 대한 표준화 검사 시행이 어렵기 때문이다. 그렇지만 아동 특정적 검사방식의 평가를 사용하는 언어치료사라면 어떠한 아동에게서든 그의 의사소통기술에 관해 기술해 낼 수 있다.

제4장에 요약된 평가절차를 일반적으로 발달장애 아동들게도 적용시킬 수 있다. 다음은 평가된 특정 아동의 인지결함이 어느 정도이든 간에 이에 맞게 수정해 내는 방식들에 관한 내용이다.

가족 의사소통 관찰 및 평가. 초기에 아동 및 가족을 평가하는 것이 아동 특정적 평가절차의 선택에 도움이 될 수 있다. 아동과의 몇 분간에 걸친 비공식적 대화 역시 아동의 의사소통기술 수준에 대한 첫인상을 얻는 데 도움이 될 것이다. 치료사는 아동과 가족 간의 구어 상호작용 패턴에 관해 적어 둘 수 있다. 아동은 오직 최소한의 발화만 하는가? 아동은 대개 낱말로, 구로, 또는 문장으로 말하고 있는가? 아동은 비교적 훌륭한 언어기술을 드러내고 있는가? 최소한의 언어기술만을 가진 아동을 평가할 때는 상대적으로 훌륭한 언어기술을 가진 아동을 평가할 때보다 기본적인 절차들이 요구될 수 있다. 후자 집단에 속한 아동들에 대해서는 구문적 요소를 포함하여 보다 복잡한 언어구조에 관해 평가할 수 있다.

부모교육은 발달장애 아동치료의 중요한 일환이므로 치료사는 가정에서의 상호작용 패턴에 관한 가능한 한 많은 정보를 얻기 위해 노력해야 한다. 그러므로 치료사는 아동의 환경 내 인물들이 현재 아동과 상호작용하는 방식에 관해 철저히 기술해 낼 필요가 있다. 예를 들어, 환경 내 인물들은 아동의 의사소통 시도에 대해 이를 고무시키는, 그리고 민감한 방식으로 반응해 주는가? 이들은 아동에게 훌륭한 언어산출을 시범해 주고 있는가? 이들은 아동들이 요구와 희망을 표현하고자 할 때 발화의 산출을 아동에게 요구하고 있는가? 아동을 위해 말을 거는 형제는 있는가?

자연스러운 환경에서의 아동 평가. DD 아동들은 일상의 정례화된 활동 맥락 내에서 기회가 제공되었을 때는 자신의 의사소통기술을 드러낼 가능성이 더 높다. 이들은 공식적인 검사 상황에서는 훨씬 어려워한다. 그러므로 표준화된 평가 상황에 비해 보다 비공식적이며, 덜 구조화된, 그리고 보다 자연스러운 상황이 이들로부터 의사소통기술을 유도해 내는 데 더 도움이 될 것이다. 다시 말하거니와, 대화를 나눌 때 형제나 부모를 참여시키는 것이 유용할 수 있다. 더욱이 가정에서 녹음된 말표본을 확보하는 것은 치료실에서 유도된 기술과 가정에서 나타난 기술 간을 비교하는 데 도움을 줄 것이다.

강점 및 약점 판별. 발달장애 아동들은 사회적 기술 및 학업기술에서 약점뿐 아니라 강점도 함께 나타내기도 한다. 예를 들어, 다운증후군 아동들은 매우 사교적이며 배우는 것에 열의를 보이기도 한다. 다른 아동들은 훌륭한 운동기술을 가지고 있거나 또는 부주의한 행동을 보이지 않는다. 발달장애 아동 중 일부는 훌륭한 기계적인 암기기술을 보인다. 또 어떤 아동들은 구어기술에 비해 비언어기술이 상대적으로 더 뛰어나다. 언어치료 시에 이 같은 강점들이 활용될 수 있다. 그러므로 치료사는 단지 아동의 약점에만 초점을 둘 것이 아니라, 강점에 관해서도 역시 초점을 두어야 한다. 발달장애 아동의 가족의 강점과 약점 역시 중요한 평가 요소이다. 예를 들어, 아동에게 인내심을 가지는 부모, 언어기술 자극을 위해 아동에게 이야기를 읽어주는 부모, 자녀를 돕기 위해 새로운 방식을 배우는 일에 관심이 많은 부모, 그리고 아동을 치료실에 데려오기 위해 자신의 업무 스케줄을 기꺼이 변경하는 부모들은 다른 가족들이 나타내지 못하는 강점을 가지고 있는 것이다. 지지적이며 애정이 넘치는 형제가 있는 발달장애 아동들이라면 다른 아동은 갖지 못할 강점을 누릴 수 있다.

연합된 결함 평가. 많은 발달장애 아동들이 연합된 감각 및 운동결함을 가지고 있다. 아동 및 가족을 위한 효과적인 치료 및 재활을 설계하기 위해서는 발달장애와 연합되어 있는 다양한 결함에 관한 정확한 정보들을 확보할 필요가 있다. 치료사는 행동장애, 주의결함, 청력손실, 시각결함, 신경운동적 문제, 그리고 유전적 증후군의 존재를 각별히 주의해야 한다. 치료사는 이 같은 임상적 조건들에 관해 다른 전문가들에게 의뢰할 필요가 있다. 그간 다른 전문가들이 아동을 보아 왔다면, 치료사는 그들로부터 아동에 관한 보고서를 확보해야 한다.

특수교육전문가와의 협력. 학령기 발달장애 아동들을 다루고 있는 특수교육전문가로부터 정보를 얻는 것은 특히 중요하다. 치료사는 아동을 위한 교육계획에 관한 정보를 얻기 위해 아동의 특수교육 교사와 접촉할 필요가 있다. 이어서 아동을 위한 의사소통치료계획을 설계함에 있어서, 치료사는 교육전문가로부터 자문을 얻어 교육적으로 관련 있는 치료목표를 선택해야 한다.

발달장애 아동의 말장애에 관한 고려. 많은 발달장애 아동들의 경우 동반되는 음운 및 조음장애로 인해 언어산출, 특히 복수의 -*s*와 과거시제 -*ed*와 같은 문법형태소 산출에 대한 평가가 어려워질 수 있다. 초기에는 언어기술 증가에 앞서 말명료도 증가를 위한 치료계획이 선행되어야 함을 염두에 둔 채로, 말산출 평가가 강조될 필요가 있다.

수용언어기술 평가. 치료사는 아동이 구어 지시에 어떻게 반응하는지에 관해 특별한 관심을 기울일 필요가 있다. 치료사는 아동이 어떤 수준에서 어려움을 겪고 있는지 기록해 두어야 한다. 1단계 지시에서 결함을 보이는가? 아니면 2단계 또는 3단계 지시에서 그러한가? 서로 다른 촉구단서들로 실험해 봄으로써 아동의 반응 방식을 살펴볼 수 있을 것이다. 예를 들어, 아동은 몸짓 또는 아마도 손짓 안내(예 : 아동에게 "상자에서 블록을 꺼내렴."과 같은 요구를 하면서 아동의 손을 부드럽게 잡아 이끌며 블록을 집어 들게 함)가 수반되었을 때는 아동이 구어 지시에 보다 쉽게 반응할 수 있는가? 이러한 관찰은 치료사가 치료의 초기 수준을 결정하는 데 도움이 될 수 있다.

현 상태의 그리고 앞으로 발현될 문해기술 평가. 어떤 치료사들은 인지결함이라는 관점에서, 발달장애 아동들의 문해기술 평가는 불필요한 단계일 것이라고 믿을 때가 있다. 그렇지만 많은 발달장애 아동, 특히 고기능 다운증후군 아동들은 일정 수준의 문해에 도달할 수 있다. 이 영역이 무시되면 이후의 지속적인 문해를 보장하기 힘들다.

공격 또는 자해행동에 민감하게 대응하기. 최중도 인지결함이거나, 또는 인지결함과 자폐를 동시에 겪고 있는 아동들 중 일부는 공격적 행동이나 자해행동을 나타내기도 한다. 신중하게 수집된 사례력은 치료사로 하여금 이러한 가능성에 민감하게 대응할 수 있게 해줄 것이다(Lerman et al., 1997). 이러한 행동들에 관해 알고 있는 치료사라면 평가 시에 미리 필요한 조치를 취할 수 있을 것이다. 예컨대 치료사는 어쩌면 아동이 치료사에게 집어던질지도 모를 딱딱한 물건이 있다면 아동이 이에 접근하지 못하게 제한하거나 아동의 움직임을 제한할 수 있도록 좌석을 배치할 수도 있을 것이다.

무발화 또는 발화가 거의 없는 아동 평가. 최중도 장애를 지닌 아동들은 무발화이거나 최소한의 발화만 할 때가 있다. 이러한 경우에는 구어 의사소통훈련의 실현 가능성이 제한된다. 그러므로 이러한 아동들은 보완대체적(augmentative or alternative) 의사소통방식의 적용 대상이 될 수 있다. 이 같은 경우 치료사는 제15장의 무발화 또는 발화가 거의 없는 아동 평가에서 설명될 특정 평가절차들을 활용할 수 있을 것이다.

치료절차의 수정

제5장에서 제9장에 걸쳐 설명된 치료절차들은 일반적으로 발달장애 아동들에게도 적용시킬 수 있는 것들이다. 예시와 짝지어진 지시를 제공하며, 시범, 교정적 피드백, 그리고 정적 강화를 제공하는 것이 발달장애를 포함한 모든 아동들에게 잘 들어맞는 원리이다. 발달장애 아동들에게는 치료의 강도가 강화되어야 한다. 전형적인 주당 2회의 회기 대신 더 짧되 빈도는 더 높은 주별 회기가 제공되어야 할 것이다. 아동의 초기 언어기술을 지원하기 위해서는 부모교육 및 교사와의 협동 요소를 포함하는 전

반적 의사소통 프로그램(total communication program)이 투입되어야 할 것이다.

어떤 아동에게든 조기중재가 중요하겠으나, 발달장애 아동의 경우에는 이것이 더욱 결정적인 요인이 된다. 아동의 의사소통기술 잠재력 증진을 위해 중재는 가능한 한 빨리 시작되어야 하며, 조기중재에 관한 증거 역시 이를 지지해 주고 있다(Berglund, Eriksson, & Johansson, 2001). 가족 구성원, 교사 및 아동의 환경 내 기타 인물들과의 협력은 목표행동으로 자리매김될 기능어(functional words), 구, 또는 문장 목록을 개발하는 데 도움이 된다. 가정과 학교를 포함한 자연스러운 환경 내에서의 아동의 상호작용 패턴에 가장 즉각적이며 이로운 효과를 미칠 수 있는 목표행동들을 선택하는 것이 아동과 가족 모두에게 유익할 것이다. 예를 들어, 지시를 이해하지 못하는 발달장애 아동의 경우 그 아동에게 명료화를 요구하거나 다시 질문하도록 가르치는 일은 아동의 사회적 기능 및 학업기능에 가장 긍정적인 영향을 가져다줄 것이다.

이 밖에 발달장애 아동의 교육에 유용한 몇 가지 제안이 있다. 비록 다음 절에서 제공될 제안 중 많은 것들은 언어치료를 받는 모든 아동들에게도 적합한 것이겠으나, 이 제안들에 대한 각별한 주의가 발달장애 아동치료의 성공에 도움이 될 것이다.

기능적 목표기술의 선정 및 순서화. 다른 아동들을 다룰 때와 마찬가지로 치료사는 아동, 가족, 그리고 학업 상황에서의 수행에 즉각적인 기능적 가치가 있는 목표 의사소통기술들을 선정해야 할 필요가 있다. 치료사는 가족 구성원과 아동의 정규교사 및 특수교사의 자문을 통해 목표기술들을 선택할 수 있다. 치료사는 아동에게 부여되는 학업적 요구에 따라 추상적인 언어구조들(예 : 관용어, 은유, 격언)을 임상적 치료목표로 선택할 수도 있다(Ezell & Goldstein, 1992). 치료사는 아동의 개인적 내러티브와 이야기 내러티브 그리고 대화수정기술에 각별히 관심을 기울여야 한다(Haring et al., 1986; Scudder & Tremain, 1992). 제7장에 기술되어 있는 절차들은 발달장애 아동들에게 화용언어기술을 가르치는 데 효과적이다.

치료사들은 상대적으로 보통 때보다는 더 많은 수의 다양한 목표행동 예시들을 사용해야 할 필요가 있을 수 있다. 종종 목표행동들을 계열화하여, 처음에는 간단한 기술을 가르치고 나머지 기술을 그 오류를 최소화하기 위해 신중한 순서를 계획해야 할 것이다. 작은 단위의, 점진적인 단계를 통해 언어기술 산출을 이끌어 가야 한다. 치료사는 발달장애가 없는 아동들을 다룰 때보다는 더욱 자주 형성 절차를 사용해야 할 것이다(이 같은 방식을 통해 목표행동들을 설정하는 예는 글상자 12.3 참조). 형성 절차를 사용하는 동안, 치료사는 처음에는 완전히 교정적인 반응 또는 완전한 반응을 제공하기보다는 강화를 더 많이 해주어야 한다. 형성 후반단계에 이르면, 치료사는 점진적으로 아동에게 강화를 제공받기 위해서는 보다 더 정확히 반응할 것을 요구해야 한다.

신중한 치료자극 선택. 치료사는 아동의 가정환경, 학교 또는 이 두 가지 모두로부터의 자극을 선호하는

글상자 12.3   **목표행동 순서화**

발달장애 아동들이 전체 과제를 배울 수 있게 하기 위해서는 먼저 보다 작은, 그리고 점진적으로 증가되는 단계들로 과제를 세분해 주어야 할 필요가 있다. 다음은 전치사구 산출을 향해 나아가는 일련의 목표행동의 예이다.

장기목표

*in, on, over, under*를 이용한 전치사구를 산출한다.

목표행동 #1

치료 환경 내에서 치료사의 질문("Where is the ball?")에 대한 답으로 한 낱말 발화(*in, on, over, under*를 사용하여)

를 80%의 정확도로 산출한다.

목표행동 #2

치료 환경 내에서 치료사의 질문에 대한 답으로 전치사(*in, on, over, under* 중 하나)와 명사로 구성된 두 낱말 발화(*in box, under table*)를 80%의 정확도로 산출한다.

목표행동 #3

치료 환경 내에서 치료사의 질문에 대한 답으로 전치사, 관사, 그리고 명사로 구성된 세 낱말 전치사구(*in the* box, *on the chair, under the table, over the bridge*)를 80%의 정확도로 산출한다.

편이다. 치료사는 부모, 형제, 기타 양육자, 그리고 교사들에게 아동이 좋아하는 것에 관해 자문을 구해야 한다. 선그림으로 된 것 대신 구체적인 사물이 목표행동 유발에 보다 효과적일 수 있다. 사물을 사용할 때는 이를 그 밑에 낱말이 인쇄된 그림과 짝지음으로써(Welch & Pear, 1980) 이후 덜 구체적인 자극으로의 궁극적인 전이가 보다 용이해질 수 있도록 해야 한다. 치료회기 동안 현실적인 사진이나 구체적으로 시연해 볼 수 있는 행위를 자극으로 사용하는 것이 발달장애 아동들에게 특히 효과적일 수 있다. 추상적이거나 비현실적인 선그림은 피하는 것이 좋다. 아동의 학교와 교실에서 취한 자극들을 부분적으로 수정해서 사용하는 것이 특히 유용하다(Hart & Risley, 1974).

발달장애 아동들은 다양한 자극을 즐기지만, 이러한 다양성이 이들을 압도할 만큼 너무 지나쳐서 결국 산만한 행동을 초래하게 해서는 안 될 것이다. 동일 목표에 대한 예시들을 가르칠 때는 독립적인 단일자극이 아니라 일련의 자극들을 배열하는 것이 보다 효과적일 것이다. 다양화된 자극은 또한 자극의 과잉선택 확률(훈련에서 사용되었던 오직 한 가지 자극에만 반응하는 경향, 제9장 참조)을 최소화하고 일반화를 촉진하는데도 역시 도움이 될 것이다(Bailey, 1981; Dube & McIlvane, 1999). 가령 낱말 *book* 산출을 가르칠 때 치료사는 서로 다른 형태, 크기 및 색깔의 책들을 사용할 수 있을 것이다.

자극을 제시하는 방법 역시 다양화시킬 수 있다. 예로 치료사는 치료자극을 책상 위에 배치하고, 이를 바닥에 앉은 채로 보여주거나, 이를 선반 위에 놓는 등을 행할 수 있다. 다양한 방식으로 제시된 자극의 배열은 가정, 교실 등에서의 일반화된 산출을 촉진해 줄 것이다(Schussler & Spradlin, 1991).

지시, 시범, 촉구의 효과적인 활용. 단순언어장애 아동들과는 달리, 발달장애 아동들에게는 단순한 지시를 회기 전역에 걸쳐 자주 반복해 줄 필요가 있다. 치료사는 아동의 지시이해를 점검하기 위해 아동으로 하여금 자신이 하도록 되어 있는 내용을 말하도록 요구해 볼 수 있다. 치료사는 또한 해당 지시와 수반하여 광범위한 예시를 제공할 필요도 있을 것이다.

목표반응 역시 보통 때보다는 더 많이 시범되고 촉구되어야 할 필요가 있다. 특히 치료의 초기단계에서는 더 자주 그리고 반복적으로 제공되는 목표반응에 대한 시범과 촉구를 통해 오류율을 감소시키고 아동에게 제공될 더욱 높은 정적 강화 제공 빈도를 보장하는 것이 용이해질 것이다. 치료사는 실시간 시범에 덧붙여, 비디오 시범 기법을 사용할 수도 있는데, 이것은 아동들에게 자신들이 모방해 낼 수 있는 일반적인 대화 패턴을 시청하게 하는 것이다(Nikopoulos & Keenan, 2004). 빈도 높게 제공되는 구어 촉구에 인지결함을 가진 아동들이 긍정적으로 반응하기 쉬운 촉각적 촉구(예 : 어루만짐)를 짝지을 필요도 있다(Berg & Wacker, 1989). 어떤 아동들에게도 마찬가지이듯, 치료사는 지시 시범, 그리고 촉구를 점진적 단계에 따라 용암시켜야 하며, 만일 정반응률에 일정 감소가 감지되면 언제든 이것들 중 어떤 것 또는 이 모든 것을 다시 재개할 준비가 되어 있어야 한다.

기능적이며 효과적인 후속결과 선택하기. 아동의 기호를 평가하여 아동이 선호하는 강화물을 선택하는 것이 특별히 중요한 일이다. 아동이 좋아하는 아이템이나 효과적인 후속결과에 관해 부모에게 자문을 구하는 것이 필수이다. 아동으로 하여금 강화물을 선택할 수 있도록 실험적으로 평가한 방식에서는 두 가지 강화물을 동시에 제시하고 이 중에서 아동이 먼저 고른 것으로 선정한다. 이 방식은 음식류 대 작은 장난감 또는 어떤 장난감 대 다른 장난감과 같이 물질적인 강화물로 하는 것이 가장 최선일 것이다(Fisher et al., 1992).

많은 발달장애 아동들, 특히 최소한의 구어기술만을 가진 아동들은 일차적 강화물에 보다 잘 반응한다. 일차적 강화물(예 : 음식)은 치료 초기단계에서 특히 유용하다. 언제 사용하든 간에 이것도 항상 이차적 강화물과 함께 짝지어야 할 필요가 있다. 이는 가능한 한 신속하게 일차적 강화물을 용암시키고, 그리하여 아동이 궁극적으로 일차적 강화 없이 구어 칭찬만으로도 반응할 수 있게 하는 데 도움이 될 것이다. 아동이 훌륭한 진보를 이루어 나가게 되면, 구어 강화가 주어지는 빈도 역시 감소시켜야 할 것이다. 치료가 대화말 수준으로 나아가게 될 때는 이것이 특히 중요하다. 미소, 끄덕임, 동의, '잘 말한 것'에 관한 일반적 강화, 길고 훌륭한 스토리텔링 등과 같이 대화 그 자체에 고유하게 담겨 있는 자연스러운 강화는 치료된 의사소통기술의 유지에 도움이 될 것이다(Ducharme & Holborn, 1997).

초기 회기의 구조. 대부분의 DD 아동들에게는 집중적이며 잘 구조화된 치료 프로그램이 필요하다. 집중적인(보다 빈도 높은) 치료는 심지어 중도의 인지결함을 가진 아동들에게도 장기적인 정적 효과를 가져다주는 것으로 알려져 있다(Smith et al., 1997). 잘 구조화된 초기 회기(initial sessions)는 산만한 행동이 나타날 기회를 최소화시키는 채로 기술을 확립시키는 데 도움이 될 것이다. 그렇지만 치료사는 가능한 한 빨리 보다 자연스러운 상황으로 나아가야 한다. 예를 들어, 치료사는 구조화된 독립 시도 치료를 통해 구나 문장 수준에서 과거시제 굴절을 가르칠 수 있겠으나, 곧 아동 삶에서의 과거에 발생된 사건에 관해 이야기하는 것과 같은 방식의 보다 자연스러운 과제로 나아가야 한다. 이를테면 이미 효과적인 것으로 익히 알려진 바 있는 환경중심 교수나 우발 교수(incidental teaching)와 같은 자연스러운 치료절차들(Farmer-Dougan, 1994; Gobbi et al., 1986; Warren & Gazdag, 1990)이 사회적 의사소통에 필요한 목표기술 확립에 도움을 줄 것이다.

치료 중에 짧은 휴식을 자주 갖는 것이 많은 발달장애 아동들에게 바람직할 수 있다. 치료사는 이 같은 자유시간은 인정될 만한 과제 수행 정도에 맞게 수반적으로 제공해야 한다. 이렇게 했을 때 목표기술이 증가되는 것으로 알려져 있다(Zarcone, Fisher, & Piazza, 1996). 예를 들면, 일정 수준의 정반응들이 모이면 치료사는 2분의 자유시간을 제공하는 것이다.

시간지연 기법의 효과성. 시간지연 방식은 자폐 및 기타 아동들의 자발화 증가에 효과적인 것으로 밝혀졌으며, 또한 다른 인구에서도 역시 효과적일 것으로 기대된다(Charlop, Schreibman, & Thibodeau, 1985a; Dyer, Christian, & Luce, 1982; Ingenmey & Van Houten, 1991; Matson et al., 1990). 치료의 마지막 단계에서, 치료사는 시범을 지연시켜야 한다. 치료사는 질문을 한 후, 치료 초기단계에서처럼 곧바로 시범을 제공해서는 안 된다. 그 대신 치료사는 인지결함을 가진 아동들의 반응시간이 느린 경향을 감안하여 몇 초 정도 더 기다려 주어야 한다. 강화물 제공의 지연 역시 자연스러운 말의 촉진에 도움이 될 것이다. 왜냐하면 일상적인 환경에 존재하는 강화물이란 치료환경에서 제공되는 그것에 비해 다소 지연되는 것이기 때문이다. 치료사는 오류를 감소시키기 위해, 아동에게 자극 제시 후 몇 초 정도를 기다렸다가 반응하도록 가르칠 수 있다. 약간의 지연이 있은 후, 반응하도록 손짓으로 표시하는 방식이 효과적일 것이다.

바람직하지 못한 행동 감소시키기. 치료사는 언어훈련 동안 나타나는 바람직하지 못한 행동의 출현을 주의 깊게 살펴야 한다. 이러한 행동의 잠재적 이유는 아동이 어려워할 만한 과제의 요구 때문인 것일 수 있다. 요구되는 과제를 수행할 수 없는 아동은 이를테면 의자 밑을 기어 다니거나 또는 치료자극에 주의하는 것을 거부하는 등의 바람직하지 못한 행동을 드러낼 가능성이 있다. 이러한 일이 발생될 경우, 치료사는 요구를 감소시키거나 과제를 단순화시킬 필요가 있다. 제6장에서 우리는 바람직하지 못한 행동의 몇 가지 유형 및 이를 감소시키는 기법에 관해 기술한 바 있다. 이 방식들은 주로 대안적이며 바람직한 행동에 대한 강화를 사용하는 차별적 강화의 한 변형 방식이다. 예를 들어, 아동이 의자에서 벗어나려 하면, "안 돼!"라는 말을 반복할 것이 아니라, 아동이 얌전히 착석하고 있는 것에 대해 일관적이며 따뜻하게 강화를 제공하는 것이다.

유지에 대한 특별한 고려. 다양한 환경에서 목표행동을 가르치는 것이 일반화 산출의 촉진을 도울 것이다. 치료사는 형제나 또래, 부모 및 기타 양육자들을 언어치료에 참여시킬 수 있다. 아동의 의사소통 시도를 지지해 주기 위해, 치료사는 또래나 형제들이 아동의 대화 상대방이 될 수 있도록 교육시켜야 한다. 주요 인물들에게 목표언어 기술들을 시범해 주고 촉구해 주며, 또한 그러한 기술의 산출에 대해 언어적 칭찬을 제공해 주도록 훈련시켜야 한다(Goldstein & Wickstrom, 1986; Goldstein & Mousetis, 1989; Kaiser, 1993; Lancioni, 1982; Laski, Charlop, & Schreibman, 1988).

학업 상황에서 치료사는 발달장애 아동들을 위한 언어치료 프로그램의 개발 및 이행을 위해 학급 교사나 특수교육 교사와 밀접하게 협력해야 한다. 교사가 목표기술 선택에 발언권을 가져야 한다는 것은 이미 강조한 바 있다. 치료과정 전체에 걸쳐 치료사는 교사로 하여금 치료실에서 확립된 언어기술을 학업 회기 내에서 유지 및 확장시키는 일을 돕게끔 안내해야 한다. 치료사는 교사에게 새로이 습득된 기술산출을 강화해 주도록 요구한다. 치료사는 가능한 한 고립된 치료실보다는 교실 환경 내에서 기술들을 가르쳐야 한다.

아동에게 다른 이들로 하여금 자신의 목표기술 산출을 강화해 주는 역할을 맡기도록 가르치는 것도 또 하나의 유지전략이 될 수 있다. 치료사는 아동에게 가정이나 교실에서 자신이 새로 습득한 기술산출에 대해 타인으로부터 관심을 이끌어 내도록 가르쳐야 한다(Craft, Alber, & Heward, 1998; Morgan, Young, & Goldstein, 1983).

심지어 그 자신이 발달장애인인 어머니들조차도 지시, 예시, 시범 및 긍정적 피드백을 통해 자기 자녀의 의미 있는 사회적 상호작용을 증진시키는 방식을 효과적으로 훈련받을 수 있음을 시사하는 증거가 있다(Feldman et al., 1986). 치료사는 피라미드식 훈련 프로그램을 사용할 수 있는데, 이것은 가정에서 치료를 이행하도록 훈련받은 한 가족 구성원이 또 다른 가족 구성원을 훈련시키는 것이다. 이러한 프로그램하에서 아동이 보인 진보를 모니터하기 위해, 치료사는 다른 이들이 어떻게 하는지, 그리고 아동은 이에 어떻게 반응하는지에 관한 체계적인 자료를 수집해야 한다(Kuhn, Lerman, & Vorndran, 2003; Neef, 1995).

무발화 또는 최소발화를 위한 전략. 무발화이거나 최소한의 발화만을 하는 아동이라면, 치료사는 제15장에서 기술될 보완대체의사소통(augmentative alternative communication)을 사용하는 전략을 고려해야 한다. 미국 수화는 단독으로 또는 구어와 조합하여 인지결함을 지닌 아동들을 효과적으로 가르쳐 왔다(Gaines et al., 1988; Sisson & Barrett, 1984). 일부 증거는 전반적 의사소통의 맥락 내에서 가르친 수화(예 : 수화훈련에서 사용된 그림자극 이름 대기)가 더 빨리 습득된다는 점을 시사하고 있다(Clarke, Remington, & Light, 1988). 또한 발달장애 아동들에게 비구어 의사소통을 가르침에 있어 비초상적 체계보다는 초상적 체계(iconic system)가 더 우월할 수 있다(Hurlbut, Iwata, & Green, 1982).

심지어 가장 집중적인 치료 프로그램이 아마도 매일매일 제공된다 할지라도, 그 결과는 인지결함의 손상도에 따라 크게 달라질 것이다. 그렇지만 발달장애를 가진 대부분의 사람들은 주류사회 내에서 생산적인 삶을 영위하고 있다. 발달장애 옹호를 위한 노력에 힘입어, 심지어 가장 심각하게 손상된 아동들조차 시설에 수용될 위험은 극적으로 감소했다. 많은 발달장애 아동들이 학교에 다닌다. 이들은 친구를 사귄다. 이들은 직업을 갖는 방식을 배운다. 성인이 되어서 일부는 정부기관으로부터 최소한의 지원만을 받으며 거의 전적으로 독립적인 삶을 살아간다. 어떤 이들은 지원받는 정도는 다양한 채로, 집단 가정에서 살아간다. 말언어치료사를 포함하여, 많은 전문인들에 의해 제공되는 집중적이며 효과적인 중재는 발달장애 아동들의 가능성을 증대시켜 준다. 발달장애 아동들이 최대한의 잠재력을 실현하도록 돕기 위한 시도는 보상받을 만한 가치가 있다.

■■ 요약

발달장애(DD)를 정의함에 있어서, 미국 정신지체협회(AAMR, 2005)는 지적 제한과 행동적 결함을 강조하고 있다. 미국 정신의학협회(APA, 2000)는 최소한 두 가지 이상의 적응기술에서의 제한이 동반되는 평균 이하의 일반적인 지능을 강조하고 있다. 두 가지 주요 병인론적 요인은 유전/유기체적 및 가계 요인이 전형적으로 발달장애와 관련되어 있다.

여러 가지 가운데 다운증후군, 태아알코올증후군, 약체X염색체증후군, 프레더윌리증후군, 묘성증후군, 윌리엄스증후군은 발달장애의 유전적 기초를 설명한다. 출산전, 출산시, 그리고 출산후의 여러 가지 부정적인 조건들은 태아 성장 그리고 후속되는 유아 및 아동기 동안의 발달에 영향을 미치는 유기체적 요인이다. 이 외에도 외상성 뇌손상, 내분비장애, 대사장애, 그리고 두개 기형이 아동의 발달장애에 영향을 미치는 원인이 된다.

발달장애 아동들 가운데에서는 비록 그 실질적인 기술 수준은 광범위한 범위 내에서 폭넓게 달라지기는 하지만 말언어장애가 보편적으로 나타난다. 발달장애 아동들의 말과 언어기술에 관한 대부분의 연구는 다운증후군 아동을 대상으로 이루어져 왔다. 구어이해의 손상, 제한적인 어휘, 그리고 형태 및 구문론적 기술의 결함이 발달장애 아동들의 특징을 이룬다. 이 아동들은 복합적이며 추상적인 낱말, 복문 및 보다 긴 구문구조, 그리고 추상적 개념에 관한 설명에서 어려움을 보일 수 있다. 부족한 내러티브 기술, 제한적인 사회적 교환의 개시, 부적절한 주제 관리, 대화 차례 주고받기에서의 잠재적 결함, 그리고 제한적인 대화수정기술이 발달장애 아동들이 보이는 언어기술의 특징을 이룬다.

발달장애 아동들을 평가할 때 치료사는 평가절차를 수정하여, 자연스러운 환경에서 평가하고, 다른 아동들과의 상호작용을 평가하며, 동반된 음운장애에 관해 기술하고, 수용언어의 결함 정도를 확정하며, 문해기술에서의 약점을 판별하며, 그리고 이들의 비언어적 의사소통기술을 이해하는 것에 집중해야 한다.

발달장애 아동들을 위한 치료절차의 수정에는 중재의 강도를 증가시키고, 구조화된 치료회기를 사용하며, 시범과 지시를 반복적으로 사용하며, 목표기술을 단순화시키고, 점진적 단계에 따라 보다 복잡한 기술들을 형성시키며, 필요하다면 전반적 의사소통 프로그램을 설계하며, 그리고 부모교육 및 교사의 협력을 얻어 내는 일이 포함된다.

■■ 학습지침

1. 미국 정신지체협회(AAMR, 2005)와 미국 정신의학협회(APA, 2000)에 의한 발달장애의 정의를 기술하고 이 둘을 비교해 보라. 언어치료사가 APA의 진단 준거를 사용할 경우 어떠한 문제가 생길 수 있는가?

2. 이 책에서 논의된 바의 발달장애에 연합된 일부 유전적 증후군에 대해 기술하라. 이 책에서 논의되지는 않았으나 발달장애에 연합되어 있는 또 다른 일부 유전적 증후군을 문헌에서 찾아 조사해 보고 그에 관해 기술하라.

3. 여러분에게 발달장애의 가능성을 가진 한 아동을 평가하고 필요하다면 언어치료를 이행해달라는 의뢰가 들어왔다. 힘들게 사례력을 수집하는 과정에서, 여러분이 부모로부터 얻고자 하는 출산 전, 출산시, 출산후 요인에 관한 정보는 무엇인가? 여러분이 부모에게 질문하고자 계획하는 요인들의 중요성에 관해 명시해 보라.

4. 발달장애 아동의 평가에 있어서, 여러분은 표준적인 평가 과정에 대해 어떠한 유형의 수정을 가할 것인가? 이러한 수정의 필요성을 정당화하고 그 중요성을 강조해 보라.

5. 여러분에게 언어기술이 극단적으로 제한되어 있는 발달장애 아동을 치료해달라는 요청이 들어왔다. 아동은 거의 한 낱말 또는 두 낱말 발화 수준으로 말한다. 이 아동을 위한 치료 프로그램을 설계함에 있어서, 여러분은 어떠한 유형의 특별한 절차(목표행동, 자극, 강화물)를 사용할 것인가? 이러한 절차 수정의 정당성을 입증해 보라.

제**13**장 자폐 및 기타 전반적 발달장애 아동

개요

- 전반적 발달장애인가 또는 자폐스펙트럼장애인가

- 전반적 발달장애의 출현율

- 원인, 상관 및 해석

- ASD/PDD 아동의 언어 및 의사소통

- 평가 및 치료 수정

- 요약

- 학습지침

이를테면 자폐와 같은 몇 가지 소수의 초기 아동기 장애들은 집중적인 임상적 관심을 모은다. 또한 이런 몇 가지 초기 아동기 장애는 그 부모들을 극심한 비통에 잠기게 한다. 이러한 임상적 조건을 1943년에 최초로 기술한 Leo Kanner는 이 아동들이 '매혹적인 기이성'을 보인다고 생각하였다. Kanner와는 독립적으로, Hans Asperger(1944)도 기이한 행동을 보이는 아동들에 대해 역시 기술하였는데, 그는 이들에게는 자신들의 남은 여생을 위해서는 특수교육적 요구와 특별한 관리가 필요하다고 인식하였다. 그의 1944년도 독일 논문(영어판은 1991년에 출판)에서, Asperger는 이 "특수한 (exceptional) 인간 존재들에게는 특수한 교육적 치료가 주어져야 하며…"(1991, p. 37)라고 강조하였다. 자폐 아동 및 성인들이 특수한 교육 및 재활 요구를 지니고 있다는 사실은 현재까지도 여전히 진실이다. Kanner와 Asperger 모두 이 고통스러운 조건의 본질, 즉 타인들과의 관계형성에 있어서의 최중도 결함을 함께 인식하고 있었다. Asperger는 "사회적 결함이 너무나도 심대하여 이것이 그 밖의 모든 것을 뒤덮고 있다."(1991, p.37)라고 기술하였다. 마찬가지로 Kanner(1943)도 타인과의 정서적 접촉에 있어서의 심대한 결핍을 강조하였다. Kanner와 Asperger 및 이들이 다룬 아동들에 대한 짧은 이야기가 글상자 13.1에 제시되어 있다.

Kanner와 Asperger가 기술한 임상적 조건의 진단 준거는 여러 해에 걸쳐 진화되어 왔다. 우리가 간단히 살펴볼 바와 같이, 이 두 전문가가 최초로 기술했던 이 조건들이 서로 별개의 독립적인 것인지 아니면 동일한 증후의 양극단에 위치하고 있는 것인지에 관한 논쟁이 계속되고 있다(Wing, 1991).

Kanner(1943)와 Asperger(1944) 각각에 의해 기술된 아동들은 극단적으로 비전형적인 언어발달 패턴을 보인다. 우리는 이제 자폐 또는 그 변형을 보이는 아동들이 종종 보이는 첫 번째 징후에 대해 알고 있다. 이것은 언어습득의 실패, 또는 질적으로 다른 언어습득 패턴(이상하게 비동시적인 언어발달) 또는 자신들이 습득했던 언어가 무엇이건 간에 결국 필연적으로 함묵적이 될 때까지 이를 상실해 가며, 오직 퇴행적인 언어습득을 보이는 것이다. 자폐 진단과 연합되어 있는 언어장애는 종종 극단적인 중증의 손상을 보이며, 이것이 곧 말언어치료사들이 이 집단에 특별한 관심을 보이는 이유이다. 자폐 아동들은 종종 심각한 행동문제를 보이기 때문에 이 아동들을 효과적으로 다루기 위해서는 평가 및 치료절차를 명백하게 수정해야 할 필요가 있다. 말언어치료사들은 자폐의 초기 징후 및 그 다양한 진단 준거, 그리고 자폐 아동을 돕기 위해 설계된 효과적인 평가 및 치료절차에 관해 철저히 숙지해야 할 필요가 있다.

전반적 발달장애인가 또는 자폐스펙트럼장애인가

몇 가지 장애와 함께 Kanner와 Asperger가 기술했던 아동기 장애들을 전반적 발달장애 또는 자폐스펙트럼장애라 한다. **전반적 발달장애**(Pervasive Developmental Disorder, PDD)는 아동발달에 있어서의 심

글상자 13.1 　　　　두 소아과의사와 그들의 아동 : Leo Kanner와 Hans Asperger의 이야기

오스트리아의 두 명의 소아과의사가 일부 평범하지 못한, 현재는 자폐(autism) 또는 아스퍼거증후군(Asperger's syndrome) 중 하나로 진단되는 아동들에 관해 기술하였다. 이 두 가지 모두 의학 및 교육적 측면에서, 이들이 다룬 아동들에 대해 거대한 관심이 모아지고 있다. Leo Kanner(1896~1981)는 1943년에 이러한 아동들에 대한 첫 번째 글을 출판하였다. Hans Asperger(1906~1980)는 Kanner의 글을 알지 못한 채로, 이와 유사한 아동들에 대한 논문을 1944년에 출판하였다. 이 둘은 결코 서로 만난 적이 없다. Kanner는 자기 아동들의 이상한 행동을 기술하기 위해 자폐라는 용어를 사용하였고, Asperger는 비슷한 행동을 보이는 자신의 아동들을 독일어로 'autistischen psychopathern(영어로 autistic psychopathy, 자폐적 정신질환)'이라고 기술하였다. Kanner와 Asperger 모두 스위스의 정신과의사 Eugene Bleuler(1857~1940)로부터 자폐라는 용어를 차용하였는데, 이 사람은 그 밖의 또 다른 유명한 용어인 정신분열증(schizophrenia)이라는 명칭을 만들어 낸 것으로 유명하다. '세상의 현실로부터의 분리(detachment from worldly reality)'가 이 두 용어 모두의 본질이다.

1924년에 미국으로 이주해 온 Kanner는 영어로 글을 썼고 곧 빠르게 유명해졌다. 그는 이 나라 최초의 아동정신과의사로 인정되고 있다. 그는 1930년에 존스홉킨스

병원에 최초로 아동정신과 클리닉을 개설하였다. 오스트리아에 남아 있던 Asperger는 독일어로 논문을 썼고, 이후 영국의 정신과의사인 Lorna Wing(1981)이 논문을 출판하고, 이 복잡한 증후를 '아스퍼거증후군'이라고 명명하게 되기 전까지는 그 밖의 나라들에서는 유명하지 못하였다. 결국 아스퍼거의 글은 영어권 세계에서도 관심을 모으기 시작했다. 이 두 증후군의 차이점에 관한 논쟁이 이어졌다. 역설적이게도, 아스퍼거증후군이라는 명칭에 책임을 져야 할 Wing(2000)은 이제는 이것이 자폐와 다른 것이라고 믿지 않는다. Asperger(1979)는 결국 영어판 논문을 출판하면서, 당시 유명했던 Kanner의 유아기 자폐(infantile autism)라는 용어를 차용하였다.

타당한 임상조건을 확립하기 위해 수많은 사람들을 관찰할 필요는 없다는 점을 강조하는 것은 흥미로운 일이다. Kanner의 최초의 보고서는 11명의 아동에 대해 기술하였다. Asperger는 오직 4명의 남아에 대해서만 보고한 바 있다. 비록 이 두 사람 모두 계속하여 그 밖의 아동들에 대해 보고한 바 있긴 하지만 말이다. 이들의 관찰은 전세계 수천 명의 임상가들에 의해 복제되어 왔다. 자폐라는 증후군의 확립에 도움을 준 것은 다수의 표본에 대한 피상적인 관찰이 아니라 아동 개개인에 대한 예리하고 집중적인 관찰이었던 것이다.

각하고 중복적인 손상으로서 일반적으로 3세 이전의 어린 아동들에게 전형적으로 진단된다(American Psychiatric Association, 2000). PDD라는 개념은 주로 미국 정신의학협회(2000)에 의해 지지되는 것이다. 일단의 독립적인 연구자들(Wing & Gould, 1979; Wing, 1988)은 고전적인 자폐와 자폐의 변형들이 포함된 장애 스펙트럼이라는 개념을 지지해 왔다. 두 가지 개념(전반적 발달장애 및 장애 스펙트럼) 모두 논란의 여지가 있다. 전반적(pervasiv)이라는 개념에 대한 비판은 이 용어에서 시사되는 바대로, 자폐가 발달의 모든 측면에 대해 동일하게 또는 동일한 손상도로 부정적인 영향을 미치지는 않는다는 점을 주장한다. 자폐를 가진 어떤 개인들은 일부 전형적인 기술들도 가지고 있다(Gillberg, 1991; Wing, 1991). 스펙트럼이라는 개념에 대한 비판은 자폐를 가진 개인들이 보이는 결함들은 실제로 이들 삶의 모든 측면에 영향을 미치며, 스펙트럼이라는 개념은 참일 수도 있고 그렇지 않을 수도 있는 자

폐의 변형과 함께 이어지는 연속성을 암시하고 있다는 점을 지적하고 있다(Volkmar & Cohen, 1991).

　　모든 PDD의 보편적인 특성에는 사회적 상호작용 및 의사소통기술에서의 결함, 그리고 상동적 행동, 관심 또는 활동의 출현이 포함되어 있다. 비록 모든 발달장애 아동들이 역시 PDD로 진단되는 것은 아니지만, 종종 PDD와 연합된 발달장애의 손상 정도가 존재한다. 과거 PDD의 증후를 보이는 아동들에게는 종종 정신질환이라는 명칭이 부여되거나, 아동기 정신분열증(childhood schizophrenia)으로 진단되기도 하였다. 비록 PDD 아동들이 그 동반조건(co-occurring condition)의 하나로 정신분열증이 있을 수도 있지만, 이제 PDD는 아동기 정신분열증과는 다른 것으로 여겨지고 있다. PDD에 대한 생물학적 기반의 의학적 검사(예 : 혈액 분석)는 없으므로, PDD 진단은 행동적 관찰을 기반으로 이루어진다.

> 전반적 발달장애의 범주에 속한 네 가지 진단명은 무엇인가?

　　PDD는 하나의 진단범주가 아니라 자폐, 아스퍼거증후군, 레트증후군, 그리고 소아기붕괴성장애를 아우르는 특정 범주들을 말하는 것이다. PDD에 관해 이루어진 기초연구 및 임상연구의 많은 부분들이 자폐에 관한 것들이었다. 비록 우리는 PDD의 기타 형태(특히 아스퍼거증후군)에 관한 기초 정보 및 대조적 정보들을 일부 제공하겠지만, 이 장에서는 대개 자폐 아동들에 대해 다룰 것이다. PDD 아동들을 사례로 가지고 있는 언어치료사들은 대개 자폐 아동들을 다루고 있다. PDD에 대한 전반적 개요는 표 13.1을 참조하라.

자폐

자폐증후군(PDD 또는 스펙트럼 중 무엇으로 불리든 간에)은 아동들에 걸쳐 그 손상도 및 다양성이 다르다. 나중에 기술될 바와 같이, 일부 아동들은 최소한의 영향만을 받아서 다소 별난 개인으로 오인될 수도 있다. 반대로 일부는 다른 것들은 정상적이되 극단적으로 기이한 개인들이 자폐의 특징을 나타낼 수 있다. 흥미로운 것은 자폐 아동을 특징짓는 사회적 결함이라는 것이 일반적인 인구에서도 이제까지 여겨져 왔던 것보다는 더 보편적으로 나타난다는 사실이며(Constantino & Todd, 2003), 이는 자폐의 특성이라는 것은 인구 내에 연속적으로 분포되어 있음을 시사하는 것이다. 다른 아동들은 너무나도 심대한 영향을 받아 포괄적이며 항구적인 보호를 필요로 한다. 우리는 전반적인 스펙트럼을 포괄하기 위해 **자폐**라는 용어를 사용할 것이지만, 그 분류에 관한 논란을 인식하여, 아스퍼거증후군은 독립적으로 기술할 것이다. 비록 스펙트럼이라는 개념은 경도에서 중도라는 연속성을 시사하고 있기는 하나, 이 분류에 포함되어 있는 서로 다른 장애들이 연속선상에 위치하고 있는 것인지 아니면 실제로 단절되어 있는 것인지에 관해서는 논란의 여지가 있다.

정의. 자폐는 지나치게 제한적이며 집착적인 관심이 결합되어 있는 채로, 전형적인 사회적 상호작용에 대한 무관심, 심각하게 손상된 의사소통기술, 반복적이며 상동적인 움직임이라는 특징이 현저하게 나

표 13.1

전반적 발달장애(PDD) 개요

특정 장애	출현율	주요 특징
자폐성 장애(또한 자폐스펙트럼장애, ASD)	10,000명의 개인당 35~40사례	손상된 사회적 상호작용, 의사소통결함, 상동적 패턴의 행동, 관심 및 활동. 발달장애와 연합될 수 있음
아스퍼거장애(또한 아스퍼거증후군, AS)	10,000명의 아동당 27~36사례	손상된 사회적 상호작용, 반복적이며 상동적 패턴의 행동, 관심 및 활동(이 두 가지는 자폐에서와 마찬가지임), 상대적으로 뛰어난 의사소통기술과 조합되어 있음. 전형적으로는 발달장애와 연합되어 있지 않음. 따라서 일부 아스퍼거장애를 가진 이들을 고기능자폐인으로 판단함
레트증후군	10,000명의 여아 신생아당 1~3.8% (Yale Child Study Center, 2004) 명확한 자료의 결여로 인해 보고된 바 없음, 자폐보다는 훨씬 덜 보편적이며, 남아에게서 보다 보편적인 것으로 여겨짐	6~18개월까지는 명백히 정상적인 발달을 보임, 출생시 정상적인 크기의 머리 둘레, 심각하게 손상된 언어기술, 반복적인 손 움직임, 몸통 흔들기 및 불안정한 걸음걸이
소아기붕괴성장애	보고된 바 없음	3~4세까지는 정상적으로 발달했다가 이후 사회적 기술손상, 창자 및 방광 통제 손상, 언어 및 운동기술 상실, 놀이 결핍, 사회적 발달 결핍이 나타남
전반적 발달장애-달리 명시되지 않는(PDD-NOS)		자폐 진단 준거를 완전히 충족시키지는 않는 자폐증후군, 진단 준거가 명시되지 않는 모호한 범주임

타나는, 경도에서 최중도 손상의 스펙트럼 위를 따라 변화되는 전반적 발달장애이다. 비록 자폐 아동들이 소근육 또는 시공간기술과 같은 특정 영역에서 일부 연령에 맞는 기술들을 보이기도 하지만, 이 조건은 실질적으로 아동발달의 모든 영역에 영향을 미친다. 또한 소수는 심지어 독특한 정상 이상의 기술을 드러낼 때도 있다. 이것은 삶의 영구적인 장애이다. 아동들은 자폐에서 '벗어난 성장'을 하지 못한다.

진단 준거. 자폐의 신체적 원인은 아직까지 밝혀지지 않았으므로, 자폐는 행동 관찰을 통해 진단되며, 그 진단은 의사나 심리학자에 의해 거의 적절히 이루어진다. 미국에서는 자폐 진단 시에 **정신장애진단 및 통계편람 4판-수정판**(DSM IV-TR)(American Psychiatric Association, 2000)에서 정의한 준거를 보편적으로 사용하고 있다(DSM IV-TR의 표본은 글상자 13.2 참조).

이 준거에 따르면 자폐로 진단되는 아동들은 (1) 사회적 상호작용, (2) 의사소통, (3) 반복적이며 상동적인 행동, 관심 및 활동이라는 세 가지 영역에서 결함을 드러낸다(American Psychiatric Association, 2000).

이 세 가지 중에서 사회적 상호작용과 의사소통은 불가분의 관계로 얽혀 있다. 자폐 아동들은 타인들과의 대인관계 형성에 초연하거나 명백히 무관심한 것으로 자주 기술된다. 화용언어기술과 관련하여 눈맞춤이 나타나지 않으며, 얼굴 표정 및 그 밖의 기타 '몸짓 언어'가 없거나 부적절하다. 자폐 아동

글상자 13.2   자폐성 장애 진단 준거 표본 : DSM IV-TR(2000)

자폐성 장애로 진단하기 위해서는 아동이 다음과 같은 세 가지 영역 각각에서의 특징을 나타내야 한다. (1) 사회적 상호작용, (2) 의사소통, (3) 반복적이며 상동적인 행동, 관심과 활동. DSM IV-TR은 자폐 진단이 타당한 것으로 간주되기 위해 아동은 각 영역에서 몇 가지 특징을 나타내야 하는가에 관한 준거를 제시하였다. 이 증후의 시작은 3세 이전에 개시되어야 한다. 다음은 DSM IV-TR이 각 영역별로 기술한 일부 특징들에 관한 표본이다.

사회적 상호작용

아동은 이 영역에서 최소 두 가지 이상의 특징을 나타내야 하며, 이중 일부는 다음과 같은 것들이 포함된다.

● 눈맞춤과 같은 비언어적 행동 및 기타 비언어적인 화용언어기술 산출의 결함
● 또래와의 관계 형성 발달의 부재
● 공동참조 확립의 부재(DSM IV-TR상에서는 "즐거움, 흥미 또는 성취를 공유하고자 하는 시도의 결핍"으로 기술되어 있음, p. 75)

의사소통

아동은 이 영역에서 최소 한 가지 이상의 특징을 나타내

야 하며, 이중 일부는 다음과 같은 것들이 포함된다.

● 구어발달이 전혀 또는 거의 부재함
● 구어를 사용하는 경우, 상동적, 반복적 또는 특이한 언어산출(반향어 산출이 포함될 수 있음)
● 전형적인 놀이(DSM IV-TR상에서는 "다양하고 자발적인 가상놀이 또는 사회적 모방놀이"라고 기술되어 있음, p. 75)의 부재

반복적이며 상동적인 행동, 관심 및 활동

아동은 이 영역에서 최소 한 가지 이상의 특징을 나타내야 하며, 이중 일부는 다음과 같은 것들이 포함된다.

● 제한적이며 상동적인 흥미에 대한 집중적인 몰두
● 비기능적인 정례적 활동의 엄격한 고수
● 상동적이거나 반복적인 또는 이 두 가지 모두가 나타나는 운동행동(예 : 온몸으로 빙빙돌기, 손뼉치기, 양 팔로 날개짓하기, 손가락 비틀기, 흔들기 등)

자폐 진단은 대개 소아과의사와 심리학자 또는 정신과의사가 포함된 전문가팀에 의해 적절히 이루어진다.

들은 원하는 사물을 가리키지 않으며, 타인과 흥미로운 사물이나 활동을 공유하는 일을 즐기지 않는

자폐 진단을 위한 DSM IV-TR 준거에서 기술되고 있는 세 가지 손상 영역은 무엇인가?

것처럼 보이며(예 : 공동참조 확립의 부재), 성인이나 또래로부터의 동의를 구하려 하지 않는다. 이들은 타인들로부터의 사회적 단서를 인식하는 것처럼 여겨지지 않으며, 사회적 칭찬이나 거부에 대해 전형적으로 반응하지 않는다. 이들은 가족 구성원, 가족의 애완동물, 가족의 친구들에 대한 정서적 애착을 나타내지 않는다. 간단히 말해서 DSM IV-TR이 기술한 바의 "사회적 또는 정서적 호혜성 결여"(p.75)가 나타나는 것이다.

이러한 호혜성의 결핍은 자폐 아동들의 중증으로 손상된 의사소통기술에서 당장 명백하게 드러난다. 말과 언어의 최중도 장애가 나타나며, 자폐 아동의 대략 50%가 무언어이다(Pirzant, 1983). 자폐 아동들에게서 구어가 발달할 때도, 이들이 산출하는 언어는 종종 전형적 아동들에 의해 산출되는 것과는 명백히 다르며, 특히 화용기술에서 가장 큰 결함이 나타난다. 이들은 상동적이고 반복적인 또는 특

이한 언어를 산출하면서, 대화 주제를 개시하고 유지하는 것에 실패하기도 한다.

사회적 상호작용 및 의사소통에서의 결함 외에도, 자폐 아동들은 상동적 행동 또는 활동을 자주 드러내며, 강박적이며 지나치게 제한적인 흥미 또는 특정 사물에 대한 고착을 보이기도 한다. 어떤 아동에게서는 쉬지 않고 양팔을 날개짓하고, 손뼉을 치고, 몸을 빙글빙글 돌리거나 이리저리 흔드는 상동적 움직임의 전형적인 예를 관찰할 수 있다. 혼자 놀거나 또는 또래와 함께 놀 때, 자발적인 가상놀이가 나타나지 않는다.

> 치료사는 자폐 아동이 타인에 대해 전적으로 관심을 보이지 않거나 또는 의사소통을 전혀 하지 못한다고 가정해서는 안 된다. 이들도 관계 형성 및 의사소통을 시도하며, 다만 이 시도들이 괴상하다고 여겨질 만큼 평범하지 않을 뿐이다.

아동은 한 가지 또는 소수의 몇 가지 특정 흥미에 집착하기도 한다. 예를 들어, 우리는 빨래용 세제의 상표명에 매혹되어 있는 한 자폐 청소년을 알고 있는데, 그는 매번 상점에 갈 때마다 그 위치로 향하는 정확한 통로를 맹렬히 달려가서는 자신의 지식을 시험하거나 또는 새로운 상품이 출시되지는 않았는지 조사하곤 하였다. 또 다른 이는 1950년대의 고전적인 록큰롤 뮤직 방송을 꾸준히 들으며, 실질적으로 1950년대에 출시된 모든 톱텐(Top 10) 곡들의 가사, 아티스트, 음반출판회사, 음반발매 연도에 대해 잘 알고 있다.

어떤 자폐 아동은 장난감 기차나 미니카와 같은 특정 사물에 강박적인 집착을 보이기도 한다. 이 활동 속에서는 전형적인 놀이라 할 수 있는 어떠한 것도 관찰되지 않는다. 자폐 아동들은 장난감 자동차를 이리저리 굴리기 위해 뒤뜰의 흙 위에 '도로'를 내거나 '다리'를 놓는 일보다는, 오히려 자동차들을 신중하게 일렬로 늘어놓나 색깔, 크기 또는 그 모양에 따라 분류하거나, 또는 반복적으로 자동차 핸들을 돌리는 일에 훨씬 더 많은 노력을 기울일 것이며, 이러한 행동들은 사물의 부분들에 대해서만 집착하는 자폐 아동들의 성향에 일치하는 모습이다. 자폐 아동들은 특정의 비기능적인 정례적 활동 또는 스스로 고안해 낸 의식들의 맥락에 대해서만 흥미를 추구한다. 그것에 매혹되어 오직 자기만 알고 있는 이미 확립된 일상활동이나 의식들로부터 벗어난 것들은 이들에게 환영받지 못한다. 자폐 아동들은 전형적으로 유연하지 못하며, 이러한 일상활동이 붕괴되었을 때는 발작적인 행동을 보이기도 한다.

자폐 아동들이 앞 절에서 기술된 모든 특징을 언제나 다 드러내는 것은 아니다. 더욱이 많은 자폐 아동들은 종종 자폐 진단 준거와 일치하지 않는 행동을 드러낼 때도 있다. 예를 들어, 우리는 특정 중재가 없었을 때도 신체적 접촉을 시도하는 것처럼 여겨지며, 종종 전형적인 놀이를 보이거나 눈맞춤을 유지하는 모습을 나타내는 자폐 아동을 알고 있다(자폐 아동의 눈맞춤에 관한 예는 사진 13.1 참조). 자폐 진단 준거에 있어서, 그 진단의 정당성을 확보하기 위해서는 반드시 각 범주별로 충분한 수의 특징들이 출현해야만 한다.

> 자폐 아동들에게는 정례적 활동에서 조금만 달라져도 발작을 촉발할 가능성이 된다. 특정 시간마다 인기 높은 TV 게임쇼를 늘 시청해 왔던 한 자폐 아동은 축구경기 중계로 인해 이 쇼가 결방되자 분노하며 난리를 쳤다. 그 부모는 이러한 때를 대비하여 이 게임쇼의 비디오테이프를 지속적으로 마련해 두는 것이 유용함을 빠르게 터득하였다.

사진 13.1   치료사는 자폐 아동이 눈맞춤을 확립시키지 못하거나, 또는 이들이 그 진단과 연합되어 있는 모든 특징을 다 나타 낼 것이라고 가정해서는 안 된다.

연합되어 있는 임상조건. 다양한 임상조건들이 자폐와 연합되어 있는 것으로 밝혀졌다. 국립정신건강연 구소(NIMH, 2004)는 (1) 감각결함, (2) 간질, (3) 약체X염색체증후군, (4) 결절성 경화증, (5) 발달장 애 같은 임상조건들이 자폐와 연합되어 있다고 보고하였다.

자폐 아동들의 감각결함은 충분히 입증된 것으로서 감각 입력에 대한 과잉 또는 과소반응성 중 어 느 한 형태를 발생시킬 수 있거나, 또는 아동은 이 두 가지 증후 모두를 나타낼 수도 있다. 일부 자폐 아동들은 뻣뻣한 새 옷이나 성긴 조직의 가구 덮개 같은 것들을 견디지 못하기도 한다. 어떤 자폐 아 동은 제트비행기의 굉음에 전혀 반응하지 않다가도 휴대전화의 음악 벨소리에 공포에 빠져 비명을 질 러대기도 한다. 또 다른 아동들은 고통이나 불편함에 대해 지나치게 과소반응하는 모습을 보이는데, 예를 들면, 뜨거운 난로에 몸이 닿아도 움찔하지 않거나, 또는 영하의 겨울 날씨에도 재킷을 요구하지 않는다. 벽에 머리를 부딪치거나 자기 손을 깨무는 등의 자해행동을 보이는 소수의 자폐 아동들은 그 밖에는 달리 경험하지 못한 감각자극을 취하려는 것일 수 있다(Kennedy Krieger Institute, 2004).

자폐 아동 중 약 24%가량이 간질발작(seizure)으로 발전되는데, 그 시작은 초기 아동기 또는 사춘기 에 가장 자주 발생된다(NIMH, 2004). 발작은 뇌에서의 비정상적인 전기적 활동으로 인한 것이며, 의식 상실, 경련, 또는 허공 응시(staring spells)와 같은 증후로 표출된다. 발작의 존재는 뇌에서 나타나는 전위를 측정하는 EEG(뇌전도) 검사를 통해 확정된다. 항경련성 약물로 발작을 조절할 수는 있으나, 부작용이 나타날 수 있으므로 꼭 필요한 만큼만 최소한 투약하도록 처방해야 한다는 보수적인 프로토콜이 명시되어 있다.

약체X염색체증후군은 ASD 아동의 약 2~5%에 영향을 미치는 유전적 장애이다(NIMH, 2004). 이것을 약체X라 부르는 이유는 현미경 검사에서 X 염색체의 손상된 일부가 집혀 있는, 즉 '취약한' 상태로 나타나기 때문이다. 취약한 X 염색체는 발달장애를 초래하는 원인이다. 남성들은 오직 하나의 X 염색체밖에 없으므로, 취약한 X 염색체로부터 더욱 심각한 영향을 받게 된다. 여성들은 두 개의 X 염색체를 가지며, 이중 오직 하나만 기형이라면, 나머지 정상적인 X 염색체에 의해 그 효과가 차단될 수도 있을 것이다. 자폐로 진단된 아동을 가진 부모들은 아동에게 약체X염색체 검사를 받아 보게 해야 하는데, 왜냐하면 이 장애가 존재하는 것으로 판정된다면, 향후 태어나게 될 남아들 역시 장애일 확률이 50%이기 때문이다(NIMH, 2004).

결절성 경화증(tuberous sclerosis)은 ASD인 사람들의 약 1~4%에서 발생되는 또 다른 유전적 장애이다. 이 장애의 효과에는 뇌와 기타 생명유지 주요기관에서의 양성(비악성) 종양 증식, 간질(epilepsy), 정신적 퇴보 및 다양한 피부질환들이 포함된다. 비록 자폐 사례 중 결절성 경화증이 함께 나타나는 비율은 아주 낮긴 하지만, 이 조건은 자폐와 동반 발생되는 것으로 알려져 있다(Bolton & Griffiths, 1997; Muhle, Trentacoste, & Rapin, 2004). 불행히도 이 장애에 대한 효과적인 치료는 없다(Anderson et al., 2002).

최초로 자폐가 임상적으로 기술되었을 무렵, 발달장애는 이 증후를 구성하는 일부라고 믿어지지는 않았었다. 그렇지만 이제는 자폐로 진단된 많은 아동들 역시 일정 수준의 동반적인 인지결함을 함께 가지는 것으로 알려져 있다. 자폐 인구 중 보고된 발달장애의 비율은 25~70%에 이른다(Klin, 2003).

자폐 아동들은 종종 발달의 특정 영역에서 연령에 적합하거나 또는 심지어 더욱 높게 진보된 기술을 가지고 있을 때도 있기 때문에, 이들에게서 추가적으로 발달장애를 진단해 내는 일이 언제나 용이한 것만은 아니다. 연구자들은 자폐 인구 내에서 높은 수준의 기술과 동시에 일반적으로 낮은 지능이 동반 출현하는 서번트(학자)증후군(savant syndrome)이 더 높게 나타나는 것 같다는 점을 강조해 왔다(Heaton & Wallace, 2004; 이 예는 글상자 13.3 참조). 비록 다른 진단명을 가진 아동들에게서도 기록된 바 있긴 하지만, 또 다른 조건인 고기능읽기장애(hyperlexia) 역시 자폐 아동들에게서 흥미로운 빈도로 관찰되는 증후이다. 고기능읽기장애는 중증의 언어 및 학습장애를 가진 아동들에게서 나타나는 능숙한 읽

발달장애, 자폐 또는 이 두 가지 모두를 가진 이들의 약 5~17% 정도에서 자해행동이 나타난다(Kennedy Krieger Institute, 2004).

약체X염색체증후군에 대한 더 자세한 내용은 제12장을 참조하라

ASD 아동들의 약 2~5%에서 발생되는 것으로 밝혀진 유전적 장애는 무엇인가?

높은 수준의 기술과 일반적으로 낮은 지능의 동반적 출현은 어떤 증후와 연합되어 있는 것인가?

글상자 13.3   **자폐 및 서번트증후군의 일부 예**

서번트증후군의 출현율은 일반 인구에서보다 자폐 인구에서 더 높은 것으로 믿어지고 있으나, 그 정확한 수치는 알려져 있지 않다. 추정치에 따르면 자폐 아동의 .06~9.8%가 타 영역에서의 일반적으로 낮은 기술과는 일치하지 않는 일부 특별한 기술을 가지고 있는 것으로 보고되어 왔다(Heaton & Wallace, 2004). 훌륭한 음악가, 화가, 또는 시인인 아동에 대한 일화적 보고들도 있었다. 또한 다양한 수학적 계산이나 기계 수리를 수행할 때 놀라운 기술을 선보이는 이도 있다.

매혹적이긴 하지만 일화적 보고는 이렇게 흥미로운 자폐 아동 하위집단에 관한 어떠한 설득력 있는 결론을 얻기 위해 반드시 이행되어야만 하는 일종의 체계적인 연구로 구성된 것이 아니다. 그렇지만 이 저자들은 우리 중 한 사람도 개인적으로 잘 알고 있는 내담자들의 서번트증후군에 몇 가지 예에 관해 기술하지 않고는 못 배겼을 것이다.

- 자폐를 가진 한 대학생 나이의 젊은 남성은 5년 치 달력을 들고 있는 치료사의 질문에 답하여, 어떤 주의 날짜가 무슨 요일에 해당하는지 실수 없이 빠르게 계산

해 내는(과거이든 미래이든) '달력 마술(calendar trick)'을 선보였다.

- 지역별 동계 장애인올림픽 게임이 있던 어느 해, 한 치료사가 손과 무릎에 설피를 찬 무발화 청소년 선수가 맹렬이 눈을 파헤치고 있는 장면을 목격하였다. 그녀는 그에게 다가갔을 때 그가 완벽한 양각의 조각을 만들고 있었음을 깨달았는데, 이것은 두 가지 유명한 카툰 캐릭터(만화 주인공)를 조각한 것임을 한눈에 알아볼 수 있는 것이었다. 그녀가 나중에 안 사실인데, 그래픽 아티스트와 같은 그의 기술은 대단한 것이었다.

- 3살짜리 남자아이가 평가를 위해 대학의 클리닉에 왔다. 그는 방 안으로 걸어 들어오면서 탁자 위의 피바디 그림어휘력검사(Dunn & Dunn, 1997)를 슬쩍 봤다. "오!" 그는 아주 기쁜 표정으로, 이 검사 표지에 적힌 글자들을 하나씩 가리키며 말했다. "/pʌ, pʌ, vʌ, tʌ/!" 그의 말과 언어에 대한 평가결과, 고기능읽기장애가 동반된 채로, 자폐의 가능성에 대한 추가적인 평가를 위해 심리학자에게 의뢰를 할 필요가 있었다.

기능력의 출현을 말한다(Kupperman, Bligh, & Barouski, 2004). 비록 자신들이 읽은 내용에 대한 이해는 거의 없을지 몰라도, 고기능읽기장애 아동들은 5세 무렵이면, 공식적인 교육이 없이도 주목할 만큼 잘 읽는다(Klin & Volkmar, 1995; O'Connor & Hermelin, 1994; Tirosh & Canby, 1993). 고기능읽기장애가 장애의 증후인지, 아니면 자폐를 가졌으되 고기능읽기장애는 아닌 아동들과 비교하여 향후 훨씬 더 좋은 예후를 암시하는 전도유망한 기술인지에 관한 논란이 있다(Grigorenko, Klin, & Volkmar, 2003; Kupperman, Bligh, & Barouski, 2004).

자폐 아동들에게서 나타나는 주목할 만한 기술의 존재는 이들을 위한 중재 제공에 이용될 수 있는 강점이기는 하지만, 자폐와 연합된 전반적인 결함의 손상도에 대한 강조가 등한시되어서는 안 될 것이다. 자폐 아동들에게 있어서 발달장애가 지배적으로 나타나는가 그렇지 않은가의 여부에 관한 논쟁은 고려할 가치가 없는 것일 수도 있다. 대부분의 자폐 아동들은 발달장애가 있는 것처럼 보일 것이며, 역시 집중적인 중재, 그리고 거의 대부분 영구적인 지원을 필요로 한다.

자폐는 몇 가지 정의된 바의 연합된 임상조건, 그리고 아직 조사 중인 몇 가지 조건(예 : 다양한 유전

적 이상성, 뇌의 기형성, 심리적 조건 등)을 가진 복합장애이다. 그 진단적 초상은 전혀 완수되지 못했으며, 나아가 자폐 증후에 그 밖의 많은 다른 조건들이 중복적으로 교차하는 모습이 발견될 수 있다.

아스퍼거증후군

자폐는 PDD의 가장 심각한 장애로 인식되고 있는 반면, 아스퍼거증후군은 가장 가벼운 것으로 인정되고 있다. AS를 독립적인 진단범주로 묶는 것은 부정확한 것이라고 주장할 법한 많은 이들이 있다. 이들은 이것은 단지 자폐스펙트럼의 반대편 끝에 있는 것일 뿐이라고 주장한다(Asperger, 1991; Wing, 1991). 이러한 주장은 AS와 고기능자폐(High-Functioning Autism, HFA)의 차이를 구별하는 것의 어려움, 그리고 실제로 진단적 명칭을 내리기 어렵다는 사실에 근거한 것이다.

정의. **아스퍼거증후군**(Asperger's Syndrome, AS)은 사회적 상호작용에서의 심각한 결함이라는 가장 뚜렷한 특징을 가지는 전반적 발달장애이다. 자폐와는 달리 말언어습득은 그리 지체되지 않으며(비록 여기에는 논쟁적 주장이 있긴 하지만), AS 아동들은 발달장애를 거의 수반하지 않는다.

진단 준거. AS에 관한 DSM IV-TR의 준거는 자폐 진단을 위해 설정된 것과 대개 중복되며, 실제로 첫 번째 영역(사회적 상호작용)과 세 번째 영역(반복적이며 상동적인 행동, 관심 및 활동 패턴; 글상자 13.2 참조)은 그것과 정확히 일치한다. 그렇지만 두 번째인 의사소통 영역은 AS 준거에서 제외된다. 대신 DSM IV-TR의 준거에서는 "그 어려움이 사회, 직업, 기능상의 기타 중요한 기능적 측면들에서의 임상적으로 유의한 결함을 초래"하는 반면, 언어 또는 인지발달에 있어서는 '임상적으로 유의한' 지체가 나타나지 않는다고 진술되어 있다(American Psychiatric Association, 2000, p. 84).

임상적으로 AS 아동들은 화용언어기술에 있어서 중증의 결함을 드러낸다. AS 아동들은 뚜렷이 괴상하며, 타인의 감정이나 관점, 또는 보통 사람들의 대화 주고받기를 이해하지 못하는 것처럼 여겨진다. 이들은 고립된 주제(예 : 기차, 뱀, 대중교통 경로 등)에 강렬한 관심을 발달시키며, 자신들이 공유하고 싶어 하는 이러한 주제에 관한 많은 사실적 정보들을 끌어모은다. AS 아동들과는 대화는 일방향적인 것으로서, 아동은 청자에게 대화 차례를 갖도록 해주는 일 없이, 자기만의 제한적인 관심사에 관해 실질적인 독백에 몰두한다. AS 아동들은 사회적 단서를 '읽어 내지' 못하며, 성급하고 탐욕스럽게 논평을 하고, 주제를 전환하는 가운데, 청자가 이를 지켜워하고 있음을 나타내는 신호에 주의를 기울이지 못하는 것으로 기술되어 왔다(Klin, 2003).

> AS를 가진 개인들은 '인터뷰 형식'의 대화 유형에 참여할 때 가장 수행을 잘한다. 이들은 자기만의 관심사에 관한 질문에 열정적으로 반응할 것이나, 자기 상대방에게 대화 차례를 가지도록 초대하는 질문은 하지 않을 것이다.

연구자들은 AS 아동들이 종종 친구가 되고 싶어 하는 바람을 표출하기는 하지만, 또래에게 접근하는 것이 병적으로 서툴며, 이들의 사회화 노력은 종종 거절되거나, 때로는 잔인하게 묵살되기도 한다고 지적하고 있다(Klin & Volkmar, 1995; Volkmar et al., 2000).

AS를 다른 진단명들로부터 분리해 내는 경계는 명확하지 않다. 앞서 강조한 바와 같이, AS는 자폐 스펙트럼의 상단 끝지점을 나타내는 것이라고 주장할 법한 많은 이들이 있으며, 따라서 진단을 구분해 낼 필요가 없는 것이다(Klin, 2003; Wing, 1981, 1991). Bishop(1989)은 유연하지 못한 진단범주에 입각하여 자폐를 개념화하기보다는 오히려 우리는 "자폐의 핵심적 증후가 언어 또는 비언어적 행동들이 불균형적으로 손상되어 있는 보다 가벼운 형태의 다른 장애들에 그늘을 드리우고 있는 것"(p.107)임을 인식해야 한다고 제안하였다. 이 논점에 관한 연구를 고찰하여, Howlin(2003)은 AS 아동들이 비록 ASD 아동들과는 구별될 수 있으나, 그 차이는 아동의 연령이 증가함에 따라 희미해지며, 이들이 성인기에 이르게 되면 언어는 주목할 만큼 더욱 손상될 것이라고 결론지었다.

AS가 기타 PDD 진단명들로부터 명확히 구별 가능한 독립적인 진단명이라는 견해를 주장하는 이들은 이러한 내용을 DSM IV-TR에 포함시켜야 한다고 제안하는 연구자들에 의한 사례연구 및 분석 결과를 지적하고 있다(Ozonoff, Rogers, & Pennington, 1991; Volkmar et al., 1994). 이 연구자들에 의해 밝혀진 AS 아동들의 언어기술은 자폐 아동들의 그것에 비해 현저히 뛰어난 것이었다. 비록 AS 아동들 중 일부는 경도의 인지결함을 가지고 있는 것으로 보고되어 온 바 있지만, AS 인구에서의 발달장애의 출현율은 자폐 인구에서보다는 더 낮다(Klin & Volkmar, 1995). 더욱이 AS 아동 중 많은 비율이 타인과의 사회화에 대한 명백한 욕망을 드러낸다. AS 아동들은 일반적으로 성인이나 또래들의 출현에 위축되지 않는다. 이들은 앞서 기술한 것처럼 비록 서툴고 부적절한 방식이긴 하지만 열정적으로 대화에 임하려 한다. 이들의 사회적 고립은 대개 이들 자신들의 서툴면서도 지나치게 공공연한 상호 작용 시도의 결과물이다. 이것은 또래나 성인들과 사회적 방식에 따라 상호작용하는 것에 전형적으로 전혀 관심을 보이지 않는, 그리고 거부당하는 것에 결코 힘겨워하지 않는 자폐 아동들과는 뚜렷이 대조되는 모습이다.

AS의 또 다른 변별적 특징은 자폐 아동들에 비해 어느 정도는 좀 더 긍정적인 것처럼 여겨지는 예후이다. AS 아동들은 점차 성숙해져 감에 따라, 자신들의 결함을 지적으로 인식할 수 있게 되며, 사회화되는 적절한 방식을, 우리가 이 어려운 기술들을 배울 때와 마찬가지의 동일한 방식으로 익힐 수 있게 된다. 추수연구 결과 AS를 가진 일부 성인들은 지원을 받아야 하는 정도는 서로 다르지만, 인상적인 수준의 독립성을 이루어 낼 수 있음을 나타내고 있다. 비록 사회적 결함은 이들 삶 전체에 걸쳐 지속되겠으나, 일부 AS 성인들은 결혼을 하며, 성공적인 직업을 갖기도 한다(American Psychiatric Association, 2000; Bishop, 1989; Siegel, 1996; Volkmar et al., 2000).

AS 진단의 타당성에 관한 논쟁은 당분간은 줄어들지 않을 것 같다. 임상적으로는 자폐를 경도에서 최중도 손상에 걸쳐 있는 선형의 스펙트럼장애라고 개념화하는 것에는 아마도 일부 위험이 따를 수 있다. 이러한 개념화는 자폐스펙트럼의 경도 극단상에 위치한 이들에게는 중재의 요구가 거의 없는, 즉 집중적인 중재가 보장되기 힘들다는 것을 함축하는 것처럼 여겨지기 때문이다. Klin(2003)이 지적한 바와 같이, AS 아동들은 오직 보다 중증의 자폐적 증후와 비교했을 때에만 '경도'인 것이다. 이들은 일반 인구와 비교해 보면 여전히 최중도의 손상을 가지고 있다. 이들은 집중적 중재를 향한 이들의 요구를 이해하고 있는 전문가들로부터 강력하게 옹호될 자격을 갖추고 있다.

AS 아동들은 종종 자폐 아동들과 마찬가지로 동일한 유형의 집중적인 중재를 필요로 한다. 그렇지만 AS에 대한 초점은 보다 진보적인 화용언어기술에 부여될 것이다.

레트증후군

레트증후군(RS)은 그 초기단계에서 이 아동들이 종종 자폐로 오진단될 때도 있기 때문에 전반적 발달장애의 하나로 포함된다. Tsai(1992)는 RS 아동과 자폐 아동 사이의 다양한 행동적 차이점들을 인용하며, 이 장애는 자폐와 충분히 구별되는 것으로서 독립적인 진단명이 보장되어야 한다고 주장하였다. 최근 이 장애는 X염색체의 장완(Xq28) 쪽의 MeCp2 유전자 변이의 결과인 것으로 밝혀진 바 있다.이는 RS가 자폐와 명백히 구분되는 독립적인 진단범주임을 확립시킨 발견이다(Amir et al., 1999).

정의. 레트증후군(Rett's Syndrome, RS)은 PDD의 범주에 속하는 것으로서, 유전적 요인에 기반한 신경학적 장애이다. 이것은 거의 배타적으로 여성에게만 영향을 미치지만, 최근 들어 MeCp2 변이를 가지고, RS의 증상을 드러내는 남성들에 대한 일부 보고들도 있다(Leonard et al., 2001; Schanen et al., 1998; Zeev et al., 2002).

진단 준거. RS 아동들은 생의 첫 6~18개월 사이에는 앉기, 기기, 그리고 종종 전형적 연령대에서의 걷기와 같은 발달의 이정표를 충족시켜 정상적으로 발달하는 것처럼 여겨진다. 이러한 정상적인 발달기간이 지난 후, 아동은 의도적인 손 움직임을 상실하기 시작한다. 독특한 비틀기 또는 '손 씻기' 같은 상동적인 움직임이 RS의 첫 번째 징후 중 하나이다. 걸음걸이의 이상 및 머리 성장 속도의 감퇴 역시 RS의 징후들이다. 그간 발달되었던 얼마 안 되는 언어가 퇴행하기 시작하며, 이로 인해 표현 및 수용언어기술들의 상실이 초래된다. 이 장애의 초기단계에서의 RS 아동들은 자폐 같은 사회적 참여의 결핍을 드러내면서, 자폐 아동들과 비슷하게 보인다. 일부 연구자들은 이는 일시적인 조건일 뿐이며, RS 아동들이 이후 청소년기에 이르면 종종 보다 사회적으로 변화한다고 보고하였다(Hagberg, 1989; Tsai, 1992). 점차 나이가 들어감에 따라, 이들의 자폐 같은 행동들은 감소하는 데 반해, 이들의 신체적 결함은 점차 뚜렷해진다.

소아기붕괴성장애

자폐아 부모의 약 20%가 자기 자녀들은 발달의 첫 2년 동안에는 분명히 정상적인 것처럼 보였다고 보고하고 있다(American Psychiatric Association, 2000). 이 아동들을 소아기붕괴성장애(CDD) 아동들로부

몇 퍼센트의 부모들이 자신의 자폐 아동들의 삶에 있어서의 초기 몇 개월 동안의 정상적인 발달 기간에 대해 보고하고 있는가?

터 분리해 내는 선(line)은 뚜렷하며, 전문가들은 이 선은 철회되지 말았어야 했던 것이었다고 주장했다(Hendry, 2000; Rapin, 1997).

정의. **소아기붕괴성장애**(Childhood Disintegrative Disorder, CDD)는 아동이 퇴행되기 시작하여, 사회, 언어, 자조, 그리고 운동기술을 상실하게 되기 전까지는 꾸준한(최소 2년 이상) 정상발달 기간이 있었다는 특징을 가지는 전반적 발달장애이다. CDD는 발병이 개시되어 기술의 감퇴가 이어지기 이전에 먼저 정상적인 발달기간이 존재했었다는 점에서 RS와 유사성이 있다. 그렇지만 이것은 정상적인 발달기간이 보다 더 길고, 또한 이것이 주로 남성에게 영향을 미친다는 점에서는 RS와 구별된다. CDD에서는 이제까지 RS의 사례에서와 같은 유전적 기초는 전혀 발견된 바 없다(Amir et al., 1999).

진단 준거. 지속적인 정상발달 기간은 CDD 진단의 주요 준거이다. 비록 그 시작은 일반적으로 3~4세 사이에 일어나지만, 이 기간은 최소 2년 이상 지속된 것이어야 한다. 퇴행은 갑작스럽게 발생할 수도 있고, 서서히 발생할 수도 있다. 일부 CDD 아동들은 기술들을 갑작스럽게 상실하게 된다. 어떤 아동들은 점진적으로 그렇게 된다. 각각의 특별한 과정이 궁극적인 결과에는 어떠한 영향도 미치지 않는 듯하다(Mouridsen, 2003). 일정 시점이 되면 기술의 상실은 고원을 이루게 되고, 심지어 일부 개선이 나타날 때도 있지만, 이 장애와 연합된 결함들은 극단적이며 또한 영구적으로 지속된다. CDD 아동들은 함묵적이며, 중도에서 최중도 수준의 발달장애를 가질 수도 있다. 이 조건이 확립되고 나면 이들은 저기능자폐(low-functioning autism) 아동들과 구별이 불가능해진다(American Psychiatric Association, 2000; Mouridsen, 2003; Volkmar, 1992). 이를 구별하는 일은 사실상 너무나도 어렵기 때문에, CDD를 별개의 진단범주로 구분해야 할 타당성에 관한 심각한 문제가 제기되고 있다(Hendry, 2000).

전반적 발달장애-달리 명시되지 않는

전반적 발달장애를 구획하는 징후들은 명확하게 기술해 내기 어렵다. 다양한 PDD들에 관한 앞서의 논의에서 명시된 바와 같이, 그 진단 준거들은 종종 중복되며, PDD를 가진 아동들에게서는 이 준거들의 무한한 조합이 나타나기도 한다. 이들은 결코 동질적인 집단이 아니다. 그 결과 이 진단명들의 타당성에 관한 논쟁이 이어져 왔다. 아동들이 보이는 징후들은 PDD 범주에 포괄된 진단 준거의 어느 한 가지 세트 내에 깔끔하게 안착되지 않는다.

　일부 아동들은 PDD의 일부 징후를 보이지만, 그렇다고 해서 이것이 어떤 특정 진단명을 충분히 보장해 주는 것은 아니다. 전문가들은 이를테면 **전반적 발달장애-달리 명시되지 않는**(Pervasive Developmental Disorder-Not Otherwise Specified, PDD-NOS) 장애를 가진 아동이라는, DSM IV-TR에서 대략적으로 기술된 진단범주로 진단해 내기도 한다. 이것은 PDD 진단에 있어서의 '모두 틀어쥐기'일 뿐이라고 비판받고 있다(Filipek et al., 1999; Walker et al., 2004). PDD-NOS는 진단에 필요한 어떠한 특정 지침도 제공하지 못하는 '역치 이하'의 범주라고 기술되어 왔다(Yale Child Study Center, 2004a). PDD-NOS는 이질적인 아동집단에 적용되는 잘못 정의된 진단이라는 이유로, 이 조건에 관한 체계적인 조사는 이행될 수 없었다. 그렇지만 이 범주는 기존의 어떠한 진단 준거와도 일치하지 않는 중증의 사회적 결함을 드러내어, 비전형적인 자폐처럼 여겨지는 아동들을 인식할 수 있는 방식을 제공하고 있다.

전반적 발달장애의 출현율

많이 변화되며, 종종 불분명하기까지 한 PDD 진단 준거로 인하여, 정확한 출현율 값을 얻는 것은 어려운 일이었다. 여러 출처에서 서로 다른 수치들을 제안하고 있다. 기타 PDD들과는 달리, 자폐의 출현율은 연구자들로부터 많은 관심을 받아왔다. 미국 정신의학협회(2000)에서는 10,000명당 2~20명의 사례를 출현율로 추정하고 있다. APA는 레트증후군, 아스퍼거장애(또는 증후군), 또는 소아기붕괴성장애의 출현율 수치는 제시하고 있지 않다.

APA의 극단적으로 넓은 범위(10,000명당 2~20사례)는 이 추정치를 신뢰하지 못하게 만드는데, 이는 아마도 장애 진단에 사용되는 다른 준거, 그리고 자료의 수집 및 분석에 사용된 다양한 역학조사 방식(epidemiological methods) 때문일 수도 있다. 일반적으로 보다 낮은 추정치는 좁고 고전적인 의미에서 정의된 자폐 출현을 나타내는 것이다(Wing & Potter, 2004). 오랜 기간 동안 역학조사자들은 자폐 연구에서 고전적인 견해를 취해 왔다. 만일 자폐의 정의가 넓어지면서 스펙트럼 전반을 포괄하게 되면, 이보다 높은 출현율이 보고될 가능성이 높다. 또한 1985년 이전에 보고된 출현율은 1990년대에 보고된 것들과 현저히 다르게 나타난다. 종종 1985년 이전에 보고된 자폐스펙트럼장애 출현율(보다 광범위한

> Kanner의 고전적 자폐는 (1) 정서적 접촉의 심대한 결여, (2) 반복적이며 정교화된 의례적 행동의 오직 두 가지 특성으로만 정의된다.

정의)은 10,000명당 4~5명이다. 1985년 이전의 고전적인 자폐 출현율은 10,000명당 2명이다(Merrick, Kandel, & Morad, 2004). 1990년대의 범세계적인 출현율 수치는 이미 점차 증가되는 추세를 보여주고 있다. 유럽, 미국, 그리고 일본에서 이루어진 자폐 출현율 연구에 대한 1993년도 고찰은 10,000명당 16명까지 올라간 수치를 보고하고 있다(Wing, 1993). 미국과 유럽에서 1990년대 후반에서 2000년대 초반까지 보고된 출현율은 이보다 더 높은 수치를 제안하고 있다. 고전적 자폐의 경우, 10,000명당 17~40명, 그리고 전체 스펙트럼에 대한 수치는 10,000명당 67명까지 올라간다(Bertrand et al., 2001; Chakrabarti 7 Fombonne, 2001; Yeargin-Allsopp et al., 2003). 스웨덴에서 보고된 출현율은 아동 10,000명당 71명이다(Merrick, Kandel, & Morad, 2004). 이 숫자들은 자폐 출현율상의 놀라운 증가를 시사하고 있다.

이러한 극적인 증가는 많은 이들로부터, 혹시 보고된 이 출현비율은 단순히 ASD 진단 준거의 확장,

이 장애에 대한 인식의 증가, 두 가지 또는 아마도 기타 요인들까지 조합시켜 버린 결과 때문은 아닌지에 대한 의문을 제기하게 만들었다(Coury & Nash, 2003). 그렇지만 캘리포니아에서의 체계적인 연구(California Department of Developmental Services, 2003) 결과, 자폐 출현율의 증가는 타당한 현상인 것으로 밝혀졌다(캘리포니아에서의 자폐 출현율에 관한 정보는 글상자 13.4 참조).

발생률은 몇 년 정도의 일정 기간 동안 건강한 아동들을 추적하여, 해당 진단명이 부여된 아동의 수를 측정하는 방식으로 결정되는 것이다.

캘리포니아 연구에서 밝혀진 결과는 실제로 서비스를 요구하는 아동 수에 있어서의 극적인 증가가 있음을 보여주고 있다. 그렇지만 이 결과가 곧 자폐의 발생률(incidence) 역시 반드시 같은 비율로 증가하였음을 의미하는 것은 아니다. 어떤 장애가 증가 중에 있다는 믿을 만한 증거는 출현율 연구를 통해서 나타나는 것이지, 어떠한 종류든 출현율 연구에서 얻을 수 있는 것이 아니다. 지금까지는 자폐에 관한 어떠한 출현율 연구도 없었다(Wing & Potter, 2004).

발생률 그 자체의 증가도 있을 수는 있겠으나, 이 경우 다른 요인들의 영향을 배제시킬 수는 없다. 자폐 출현율에 관한 범세계적 자료를 신중히 검토해 보면(Wing, 1993; Wing & Potter, 2004), 몇 가지 골치 아픈 문제점들이 제기된다. 자료가 시사하는 바대로, 정말 전세계적인 발생률 증가가 가능할 수 있는 일인가? 자폐 발생률이 여러 나라에서 동시에 증가한다는 것은 의심스러운 일이다. 자폐의 스펙트럼이라는 개념이, 그리고 아스퍼거증후군과 같은 관련 조건들이 혹시 자폐 진단에 영향을 미칠 수 있지는 않은가? 실제로 이런 일이 발생될 수 있음을 보여주는 몇 가지 증거가 있다. 자폐스펙트럼장

글상자 13.4   캘리포니아의 자폐 출현율

캘리포니아 주는 그 자체로서 발달장애 출현율 연구 및 보고된 증가의 타당한 원인을 조사할 수 있는 특별히 적합한 연구소라 할 수 있다. 이 주의 1969년도 Lanterman 법안 문구에는 발달장애인들에게는 지역센터라고 하는 21개의 독립적으로 운용되는 조직들에 의해 집행되는 모든 범위의 서비스가 보장되어 있다. 이 지역센터들에서 수집된 자료들을 통해 캘리포니아 주에서 서비스를 제공받을 자격을 갖춘 발달장애인의 수가 추적되어 왔다. 캘리포니아 주 발달서비스국에서는 1999년도 지역센터 자료를 기초로, 1983년에서 1995년 사이에 지역센터 서비스를 제공받고 있는 자폐인들의 수가 269%나 증가하였다고 보고하였다(California State Department of Developmental Services, 2003).

안타깝지만 가장 최근에 보고된 캘리포니아 주의 출현율 수치는 1987년에서 2002년까지의 기간 동안, 놀랍게도 자폐가 634%나 증가하였다고 기록되어 있다. 출현비율 측정을 보면, 1970년도의 10,000명당 4명에서 1997년도의 10,000명당 31명으로 774%가 증가하고 있다. 1997년에서 2002년 사이에 출생된 아동을 진단한다면 캘리포니아에서 서비스를 제공받고 있는 PDD 아동들의 수는 지속적으로 가파르게 증가될 것으로 예상된다(California State Department of Developmental Services, 2003).

이 자료 그리고 이와 유사한 자료들은 단지 자폐를 위한 서비스를 요구하는 아동 및 그 가족의 수에 있어서의 다만 현상학적 증가가 이어져 왔다는 점을 보여주고 있을 뿐이다. 이 자료들이 실질적인 자폐 출현율이 전세계적으로 증가되고 있음을 보여주고 있는 것은 아니다. 출현율 자료에 대한 비평적 고찰은 본문을 참조하라.

애의 더욱 높은 출현율에 주목하기 시작한 것은 오직 1980년대 후반에서 1990년대 사이라고 가정하는 것은 엄격히 말하자면 틀린 이야기이다. 1979년도 영국의 연구에서는 오직 IQ 70 이하의 아동들만을 대상으로 하였을 때는 자폐 출현율이 10,000명당 20명이라고 보고되었는데, 이는 고전적 자폐에서 보고되는 전형적인 수치보다 4~5배나 더 높은 것이다. 아마도 이 연구자들이 70 이상의 IQ를 가진 아동들을 포함시켰다면, 1956년에서 1970년 사이에 출생한 아동들에서는 더 높은 출현율이 나타났을 것이다. 1990년대 초반 이전까지만 해도 아스퍼거증후군의 출현율을 보여주는 수치는 없었다. 이후 1993년, Ehlers와 Gillberg는 1975~1983년에 출생한 IQ 70 이상의 스웨덴 아동들에 대한 조사를 실시하여, 10,000명당 36사례의 출현율을 보고하였다. 따라서 오직 고전적인 자폐와 아스퍼거증후군만을 포함시킨 자폐스펙트럼의 총출현율 수치는 10,000명당 56명에 이르게 될 것이다(Wing & Potter, 2004). 이렇게 높은 출현율 수치에서조차 여전히 레트장애와 소아기붕괴성장애와 같은 기타 스펙트럼 장애의 출현율(이것들이 비록 상대적으로 희귀한 조건이긴 하지만)은 빠져 있는 것이다. 더욱이 Ehlers와 Gillberg(1993)는 비록 자폐 또는 아스퍼거증후군의 준거 모두를 충족시키지는 않지만, 추가적으로 10,000명당 35명의 아동이 자폐적 유형의 사회적 결함을 보인다는 점도 함께 보고하였다. Wing과 Potter(2004)는 만일 자폐 유형의 사회적 결함을 지닌 아동들까지 모두 계산한다면, 그 출현율은 10,000명당 91명까지 높아질 수 있다고 주장하였다.

> 특정 영역에서의 아동 대다수에 대해 직접적으로 평가하는 강력한 연구들에서는 아동들을 횡단적으로 조사한 연구이거나 또는 그 자료가 사례 기록이나 전화 접촉 방식을 통해 수집된 연구들에서 더욱 높은 출현율이 산출된 바 있다.

장애 스펙트럼에 대한 전체 출현율은 역사적으로 전세계에 걸쳐, 특히 IQ 70 이상의 아동들에서는 더더욱 실제보다 낮게 추정되어 왔다. 캘리포니아 보고서(California State Department of Developmental Services, 2003)는 캘리포니아 일부 발달장애 아동들에 포함된 자폐는 제외된 것일 수 있음을 인정하고 있다. 이 보고서는 또한 서비스를 요구하는 자폐 아동들의 가장 가파른 증가는 IQ 70 이상에서 나타났다고 진술하고 있으며, 이는 그간의 진단 준거는 변화되지 않은 기간 동안, 보다 높은 IQ를 가진 아동들에게 이 준거가 적용되어 온 것일 수 있다는 견해를 지지하는 결과이다. 그럼에도 불구하고, 1998년도에 캘리포니아에서 서비스를 받고 있는 아동의 수에 따라 추정된 출현율 수치는 IQ 70 이하 아동에서는 10,000명당 20.6, 70 이상에서는 14.9, 전체 수치는 35.5명에 이르게 된다. IQ 70 이하 아동의 20.6명이라는 추정치는 Wing과 Gould가 1979년에 보고한 수치에 가깝다. 캘리포니아 주에서의 IQ 70 이상 아동의 14.9는 10,000명당 36명이라는 스웨덴 추정치의 절반 이하에 머문다. 조지아 주의 수도 애틀랜타에서 보고된 출현율은 34.5인데, 이는 캘리포니아주의 35.5에 근접한 값이다(Yeargin-Allsopp et al., 2003). 최근까지의 미국의 지역별 연구 가운데, 뉴저지의 브릭 타운십 연구에서 가장 높은 수치 중 하나가 보고되었다. 10,000명당 자폐는 40, 그리고 전체 스펙트럼은 67 사례였다(Bertrand et al., 2001; Centers for disease Control and Prevention, 2000).

서비스를 요구하는 아동 및 가족의 수에 있어서의 최근의 증가는 이 장애의 실질적인 발생률 증가

외에도, 최소한 부분적으로는 전체 스펙트럼에 귀속될 수 있는 아동들에 대한 보다 정확한 진단 기능, 이 장애에 대한 사회적 관심의 증가, 자폐 프로그램을 위한 기금의 증가, 경도 손상 아동들을 위한 도움을 요청하는 가족들이 더욱 증가되고 있는 경향, 연구방법론의 다양화 및 기타 요인들에 의거한 것일 수도 있다.

원인, 상관 및 해석

자폐 아동들에 대한 서비스를 요구하는 숫자의 증가 이면에서는 이 아동들에 대한 최선의 교육 방식을 찾고자 분투하는 가족과 학군, 그리고 점차 증가 추세인 자폐 인구에게 서비스(종종 영구적인 서비스)를 제공하고자 노력하고 있지만, 예산이 부족한 지방정부들이 난처한 상황에 직면해 있다. 자폐의 원인을 찾아내고, 궁극적으로는 그 치료를 추구하고자 하는 관심은 역대 그 어느 때보다도 최고조에 달하고 있다. 부모의 절망, 학군 및 정부에 부여되고 있는 압력이 자폐의 원인 및 신속한 치료의 보장이라는 의사과학적 발견들(pseudoscientific discoveries)을 양산해 왔는데, 우리는 이에 대해 간단히 논의할 것이다. 자폐의 원인과 치료법이 발견된다면, 아마도 이것은 많은 노력을 기울인 그리고 집중적인 연구의 결과일 것이다. 이러한 연구는 현재도 시행되고 있으며, 이 절에서는 비록 완전히 결론이 난 것도 아니고 아직은 미약한 것일지는 몰라도, 자폐의 원인에 대한 일부 유망한, 그리고 최신의 발견들에 대한 논의로 결론을 내릴 것이다.

자폐 병인론에 대한 의사과학적 이론

자폐의 원인에 대한 이론들은 결코 부족하지 않다. 불행히도 많은 초기 및 현재까지의 이론들이 의사과학적인 것들이며, 종종 우연한 사건들에 근거한 것들이다. 실험적 지지가 결여되어 있음에도 불구하고, 때로는 잘 알려진 전문가들에 의해서 이러한 이론들이 과학적으로 이미 입증된 것인 양 옹호되기도 한다(Green, 1996; Herbert, Sharp, & Gaudiano, 2002). 어떤 과학적 질문에 답하기 위해 합리적인 가설을 숙고하고 이를 제안하는 것도 바람직한 일이지만, 먼저 이에 대한 진지한 과학적 검증을 거치게 하는 일 없이 그 이론의 타당성을 주장하는 것은 비윤리적인 일이다. 더욱이 아직 밝혀지지 않은 이론들에 근거한 치료절차는 비효과적일 가능성이 매우 높으며, 일부 사례에서는 이러한 치료를 받고 있는 사람들에게 실질적으로 해로울 수도 있다. 자폐에 관한 의사과학적 이론의 예는 (1) 정신분석학적 이론과 (2) 신체적 원인에 관한 이론으로 나눌 수 있다.

정신분석학적 이론. 자폐에 관한 초기 이론들은 이것은 대개 자신의 신생아와 결속되지 않는 차갑고 냉담한 엄마에 의해 야기된 것일 수 있는 심리학적 이상이라고 주장했다. 자폐 아동들은 이처럼 환영받지 못한 환경으로부터 스스로 철회될 것을 선택하여, 아동기 정신분열증(childhood schizophrenia)과 유사한 장애를 드러내는 것이라고 믿었다.

이러한 견해를 열렬히 옹호했던 Bettelheim(1967)은 아동을 상당 기간 동안 부모와 격리시킬 것을 요구하는 치료요법을 촉진시켰다. 비록 오늘날까지도 자폐의 원인으로 모자(엄마-아동) 간 애착의 부전을 지속적으로 강조하고 있는 정신분석학자들이 일부 있긴 하지만, 자폐의 기원에 관한 이 같은 이론에는 통제적 증거가 전적으로 결여되어 있다(Rosner, 1996).

신체적 원인에 관한 이론. 대부분의 과학자들은 현재 자폐는 생물학에 기반을 두고 있다고 믿고 있다. 그러므로 자폐의 신체적 원인에 관한 이론들이 과다하게 넘쳐나고 있다는 것은 이해할 만한 현상이다. 다음 절에서 논의되겠지만 이러한 이론 중 일부에는 장점도 있고, 지금도 조사가 이루어지고 있으며, 자폐의 타당한 해석이라는 유망성도 보여주고 있다. 그 밖의 많은 이론이 대중 언론이나 인터넷을 통해 주장되고 있고, 그 즉시 대중은 이를 타당한 것으로 받아들인다. 자폐아의 가족들은 종종 막대한 비용을 희생해 가며, 이 이론들에 근거한 가장 최신의 인기 있는 자폐 '치료법'을 구하기 위해 모여든다(이 이론들에 관한 설명, 그로 인한 치료법 및 그 효과에 대한 평가는 표 13.2 참조).

즉각적이며 강력한 관심을 모으고 있는 한 가지 이론은, 선진국 아동 대부분에게 3세 이전에 접종되는 홍역, 볼거리, 풍진(MMR) 백신의 해로운 부작용으로부터 자폐가 초래된다는 개념이다. 자폐는 전형적으로 3세경에 진단되므로, 많은 이들은 MMR 백신 접종과 자폐에 연합된 증후의 개시 간의 상관을 이 백신 내에 존재하는 티메로살(thimerosal)과 수은 성분의 방부제 탓으로 돌리고 있다. 1998년, Wakefield와 동료들은 12명의 자폐아에게서 중증의 위장(소화기) 증후가 나타났다고 보고하였다. 이 보고서에서 이들은 아동의 부모 중 8명이 MMR 백신으로 인한 자기 자녀의 행동문제의 개시 및 기술 상실과 관련되어 있다고 강조하였다. 연구자들은 이 아동들에게서 궤양성(만성) 장결장염(chronic enterocolitis)[역자주 : 일종의 식중독]을 찾아냈으며, 이것이 이들의 '신경정신의학적 부전'과 관련된 것일 수 있으며, 또한 이러한 증후의 개시는 MMR 접종 이후에 발생된 것이라고 결론을 내렸다. 이들은 이러한 조건 및 이와 MMR 백신과의 가능한 관련성에 관한 추가연구의 필요성을 제기하였다(Wakefield et al., 1998).

역학조사 연구들은 자폐와 MMR 백신 사이의 연합을 지지하는 증거는 전혀 없으며, 또한 이 둘 사이의 상관에 대한 증거조차 전혀 없음을 지속적으로 밝혀내고 있다. Taylor 등(1999)은 498명의 자폐 사례를 판별하여 다음과 같은 결과를 얻어냈다. (1) 이 접종을 18개월 이전에 받은 아동, 18개월 이후에 받은 아동, 그리고 접종받지 않은 아동들 간에 그 진단이 이루어진 연령상의 차이가 없었다. (2) 자

> 1960년대에, 전문가들은 자폐아의 어머니들을 향해, 자기 아이에게 차갑고, 무감각한 감정을 지닌 '냉장고 엄마'라는 말로 기술하였다. 이 근거 없는 이론은 수많은 부모에게 정서적 외상을 안겨 주었다. 종종 같은 가족 안에 그 밖의 너무나도 정상적인 형제들도 있고, 따라서 이 이론은 결국 더 이상 믿어지지 않게 되었다.

> **전장염**(enterocolitis)은 대장과 소장 모두에 걸친 일종의 염증을 말한다.

 표 13.2

가정된 원인	주장된 치료법	효과에 관한 증거 평가
아동의 과민한 청력	청각통합훈련(AIT) : 아동에게 헤드폰을 통해 다양한 크기와 음도로 필터링되고 변화시킨 음악을 듣게 함(Berad, 1993; Stelhi, 1991)	통제연구 결과, AIT로부터 파생된 이득은 전혀 없는 것으로 나타남(Bettison, 1996; Gillberg, Johannsson, Steffenburg, & Berlin, 1997; Mudford et al., 2000; Zollweg, Palm, & Vance, 1997).
아동의 감각운동 부전	감각통합치료(SIT) : 그네타기(이리저리 흔들기), 아동의 몸을 빗질하듯 쓰다듬기, 균형잡기 활동 참여 등의 다양한 활동을 통한 감각운동 결함의 교정 시도(Ayres, 1979)	아동들은 비록 이 활동을 즐길 수는 있겠으나, 통제연구 결과, SIT에 특화된 효과에 관한 증거는 전혀 없음(Hoehn & Baumeister, 1994; Iwasaki & Holm, 1989; Mason & Iwata, 1991).
아동의 비타민 결핍	다양한 비타민과 미네랄의 대량 투여, 대개는 주로 비타민 B6와 마그네슘(Rimland, 2003)	일화적 사례연구 : 비타민 대량 투여의 효과에는 통제적인 과학적 증거가 없으며, 오히려 B6의 경우, 신경손상, 그리고 마그네슘의 경우, 심박동 감소와 반사 약화와 같은 해로운 부작용이 초래될 수 있음(Deutsch & Morrill, 1993).
아동의 음식 알레르기 (Adams & Conn, 1997)	글루텐이나 카세인 무첨가 섭식, 케토제닉 섭식, 유제품 무첨가 섭식 등과 같은 다양한 제한적 식이요법	식이요법 조정 후, 자폐로부터 회복된 것처럼 여겨지는 아동에 대한 독립적 보고가 있었음. 그러나 섭식이 자폐의 중요한 요인임을 증명하는 통제적인 과학적 증거는 없음
아동이 칸디다증이라고 하는 조건을 초래하는 효모에 감염됨. 칸디다증을 앓는 일부 아동들이 나중에 자폐 증후로 발전되었다는 일화적 보고에 근거한 것임(Adams & Conn, 1997; Edelson, 2004)	여성의 효모 감염에 대한 약물요법인 니스타틴 처방	칸디다증이 자폐를 유발한다는 통제적인 과학적 증거는 전혀 없음. 니스타틴은 자폐치료에 전혀 효과가 없음

출처 : Compiled from Herbert, Sharp, and Gaudiano (2002); and other sited studies.

폐의 개시와 MMR 백신 사이의 시간적 관련성이 나타나지 않았다. (3) 접종 후의 수개월 동안 발달적 퇴행이 집중화되지 않았다. (4) MMR 백신 접종 시점과 부모의 최초 염려가 나타난 시점이 시간적으로 합치되지 않는다. Madsen 등(2002)은 1991년 1월에서 1998년 12월 사이에 덴마크에서 태어난 모든 아동을 포함하는 대규모 역추적 연구를 수행하였는데, 전체의 82%인 537,303명이 MMR 백신을 맞았다. 그런데 접종 집단과 미접종 집단 간에 자폐 출현율에서의 유의한 차이가 나타나지 않았다. 더욱이 접종 후 자폐 사례의 시간적 집중화 역시 전혀 나타나지 않았다. 연구자들은 또한 자폐 아동의 하위집단 중 MMR 백신에 노출되어 중증의 소화기(gastrointestinal) 결함이 발생한 집단이 있다는 증거는 없음을 발견하였다(DeFelice, 2003; Peltola et al., 1998; Taylor et al., 2002). 자폐와 MMR 백신 간의 어떠한 상관도 존재하지 않음을 보여주는 압도적인 과학적 증거에 입각하여, 결국 Wakefield 등(1998) 연구에서의 두 명의 최초 조사자는 MMR 백신과 자폐 간의 관련성을 시사하는 자신들의 입장을 철회하는 글을 출판했다. 그렇지만 이들은 여전히 자폐 아동들의 소화기 결함에 대한 지속적인 조사의 필요성을 요청했으며, 이 주제는 자폐 연구자들로부터 지금까지 많은 관심을 받고 있다(Murch et al., 2004).

자폐에 대한 의사과학적 이론을 필두로 이러한 논쟁을 기술하는 일은 아마도 공정하지 못한 일일 것이다. 이 과정에서 나타나는 많은 것들이 타당한 과학적 조사 방식과 일치한다. 관찰이 이루어지고, 매우 집중적인 연구가 수행되며, 타당한 결론이 도출된다. 그러나 자폐가 MMR 백신에 의해 야기된다는 개념은 이것이 적절하게 조사되기도 전에 먼저 광범위한 인기를 얻게 됨으로써, 일부 부모들로 하여금 자녀에게 필요한 백신을 미루게끔 만들고, 이 부모들을 MMR 백신으로부터 야기된 높은 수준의 수은을 신체에서 제거해야 한다며 관장이나 중금속제거 요법과 같은 침입적 치료법을 처방해 버리는 비윤리적인 전문가들을 찾아가게끔 만들어 버렸다(중금속제거 요법에 관한 설명은 글상자 13.5 참조). 이러한 의사과학적 이론이 가져오는 해악은 명백하다. 아동들은 필요한 백신이 거부되는 위험을 안게 될 것이며, 자폐아의 부모들은 효과적인 치료의 추구와는 다른 길로 향하게 될 것이다.

자폐에 관한 증거기반이론

현재는 유전적 소인과 초기 환경적(아마도 임신기간 중의) 손상의 조합이 자폐행동을 초래하는 뇌의 이상을 유발할 수 있다는 과학적 증거들이 많이 존재한다(Herbert, Sharp, & Gaudiano, 2002). 비록 아

글상자 13.5　　　중금속제거 요법과 자폐 : 의사과학으로부터 초래될 수 있는 해악의 예

MMR 백신 내의 티메로살, 수은 성분의 방부제의 존재는 자폐가 아동의 혈관 내의 중금속 유입의 결과라는 개념을 이끌어 냈다. 자폐의 증후와 납 중독의 증후 사이의 유사성이 강조되었다(Bernard et al., 2001a, b). 이러한 일련의 추론들이 부모들로 하여금 자기 자폐 자녀의 중금속제거 요법을 따르게끔 만들었다.

중금속제거 요법에서는 일반적으로 혈관을 통해 중금속제거 물질, 다시 말해 중금속(이를테면 수은)을 비활성화시키는 화합물을 형성시켜, 이후 소변을 통해 제거될 수 있게 하는 특정 분자들을 투여한다. 이것은 대개 납 중독이 명백한 사례에서 적절히 사용되는 치료법이다. 일부 부모들은 비록 자폐 자녀에게서 체내의 수은이 일정 수준 이상으로 높아져 있다는 어떠한 증거가 없음에도 불구하고, 중금속제거 요법을 따르고자 했다. 이 치료

를 주장한 어떤 이는 심지어 ASD 아동들의 머리카락 분석에서, 이들의 머리카락에는 ASD가 아닌 인구에서보다도 더 낮은 수은 수치가 나타났노라고 고백한 일도 있다(Kidd, 2002). 이 치료의 부작용으로는 보편적으로 설사와 피로감이 나타나며, 이보다는 덜 보편적이지만 보다 심각한 부작용으로는 간 효소 수치 상승, 비정상적 혈구, 그리고 미네랄 이상이 나타난다(Holmes, 2002).

이제까지의 우리의 경험으로는, 치료실에서 치료를 받고 있는 어린 자폐 아동에게서 중금속제거 요법이 실제로 뚜렷하게 드러날 정도의 피로감이나 처짐이 나타나지는 않았다. 부모들은 이 치료를 시행하는 전문가들로부터, 이 치료를 받는 동안에는 아이가 좋아지기 전에 먼저 더 나빠질 수도 있다는 말을 들어왔기 때문에 그다지 걱정하지도 않았다.

직까지는 명확한 결론이 도출된 것은 아니지만, 유전연구 및 뇌의 구조적 이상에 관해 수행된 다양한 조사들은 미래의 과학적 돌파구에 대한 매우 유망한 미래를 보장하고 있다.

유전연구. 자폐는 유전에 기반한다는 증거가 있다. Muhle, Trentacoste, Rapin(2004)은 자폐 유전연구를 고찰하여, 자폐는 "비유전 및 유전적 원인들이 중복된, 질병이 아닌 증후"(p.472)라고 제안하였다. 자폐의 유전적 기반을 지지하는 증거에는 자폐의 남아 대 여아의 불균형적 비율(대략 3:1)이 포함되며, 이는 이것이 X 염색체와 관련된 장애(X-linked disorder)임을 시사하는 것이다. 자폐아의 형제에서 나타나는 자폐비율은 2~8%로서, 이는 일반 인구에서 발견되는 비율보다 유의하게 더 높은 수치이다(Chudley et al., 1998). 쌍둥이 연구에서는 자폐의 동시발생 비율이 일란성(monozygotic, MZ) 쌍둥이의 경우는 60~91%이지만, 이란성(dizygotic, DZ) 쌍둥이에서는 동시발생이 전혀 없거나 또는 10% 이상을 넘지 않는 것으로 나타났다(Bailey et al., 1995; Jamain et al., 2003;

> 어떤 임상조건이 일란성 쌍둥이 모두에게서 함께 공존하고 있다면, 이 조건은 일치한다고 할 수 있다. 만일 둘 중 오직 어느 하나에게만 영향이 미친다면, 이 조건은 불일치하는 것이다

Steffenburg et al., 1989). 자폐 아동의 가족 구성원들에게서, 강박장애, 의사소통장애 및 다양한 공포증과 같은 기타 조건의 발병비율이 더욱 높게 나타난다는 추가적인 증거들이 있다(Hollander et al., 2003; Smalley, McCracken, & Tanguay, 1995). 비록 그 비율에 있어서의 불일치가 유전적 가설을 약화시키고 있기는 하지만, 자폐의 유전적 기초에 관한 증거는 설득력이 있으며, 이 조건을 설명할 만한 자폐 민감성 유전자들을 찾아내는 일이 많은 연구의 주제가 되고 있다.

현재로서는 뚜렷하게 자폐의 원인으로 밝혀진 특정 유전자 또는 유전자들은 없다. 사실상 전반적 발달장애 가운데 명백한 유전적 기초를 가진다고 판명된 것은 오직 레트증후군뿐으로서, 이것은 최근에 MeCP2 유전자 변이의 결과인 것으로 밝혀졌다(Amir et al., 1999). 최근 들어 종단적인 가계연구(제3장 참조)의 대상이었던 KE[역자주 : 익명의 이니셜] 가계에게서 나타나는 말언어장애의 원인인 것으로 판명된 FOXP2 유전자 변이는 자폐인들에게서는 나타나지 않았다(Gauthier et al., 2003; Newbury et al., 2002; Wassink et al., 2002). 이를테면 결절성 경화증(tuberous sclerosis)과 같은 유전적으로 기반된 동시발생적 조건을 가진 자폐 아동에게서 단일 유전자 변이가 나타날 수 있지만, 이 변이가 자폐의 원인이라고 말할 수는 없다. 결절성 경화증을 겪는 모든 사람이 자폐는 아니며, 자폐 인구 가운데 오직 2%에서만 이 조건이 출현할 뿐이다(NIMH, 2004).

> 세로토닌은 개인의 기분에 영향을 미치는 신경전달물질이다. 이것은 신경 시냅스를 거쳐 분비되고 빠르게 재흡수된다. 선택적 세로토닌 재흡수 억제제는 재흡수를 지연시킴으로써 뇌 안의 세로토닌 수치를 높이게 한다.

연구자들은 자폐와 관련된 것일 수 있는 최소한 10개 이상의 유전자를 발견해 왔다. 가능성 있는 7, 15, 17번 염색체의 유전자들이 현재 조사 중에 있다(Muhle, Trentacoste, & Rapin, 2004). 많은 사례들에서 유전자 이상이 일어날 법한 가능한 위치라고 초기에 판별되었던 염색체들이 여러 연구에 걸쳐 동일한 결과로 나타나지 않았다는 사실에 주목할 필요가 있다. 과학자들은 또한 유전적 원인은 이질적이며(heterogenous), 쉽게 말해 서로 다른 가족들에

서 서로 다른 유전자들이 자폐를 유발한다는 것을 함축하며 특정 개인에게서는 복수의 유전자들이 관여하는 다중유전적(polygenic)인 것으로 판단하고 있다(Jamain et al., 2003).

뇌의 구조적 이상에 관한 연구. 자폐인의 뇌 검시(autopsy) 및 자기공명영상(MRI) 연구는 일부 유망하고 흥미로운 결과를 산출시켰다. 뇌간, 전두엽, 변연계, 그리고 소뇌에서 이상이 발견되었다(Courchesne, 1997; Sokol & Edwards-Brown, 2004). 그렇지만 비록 일부 흥미로운 관찰이 이루어진 것은 사실이나, 자폐를 가진 개인들에 걸쳐 일관적인 결과가 나타난 것은 아니며, 또한 자폐의 뇌이상을 알려주는 명확한 표지는 나타나지 않았다.

　Courchesne와 그의 동료들은 ASD로 진단받은 아동들의 병원 기록, 임상자료, MRI 결과를 조사하는 역추적 연구를 수행하였다(Courchesne et al., 2001; Courchesne, Carper, & Akshoomoff, 2003). 이들은 유아기 동안의 기형적인 뇌 성장 패턴, 즉 대두증을 지적하였다. 여기에 기술된 패턴은 ASD 아동들은 출생시점에서 평균적으로 전형적 유아들에 비해 머리 둘레가 더 작았다. 그다음 출산 후의 초기 몇 달 동안에 머리 크기가 비정상적으로 빠르게 성장했으며, 대뇌피질의 부피도 이와 함께 증가하는 모습을 보였다. 아동기 중반에서 후반에 이르면, 이러한 가속화된 뇌 성장이 느려지다가 사춘기 후반에 이르면, 자폐 아동의 머리 둘레는 전형적인 평균으로부터 유의하게 달라지지 않게 된다. 이와 같은 뇌 성장의 기형적 패턴은 이 밖의 몇몇 연구자들에 의한 역추적 연구들을 통해 다시금 입증되었다(Aylward et al., 2002; Bolto et al, 2001; Deutsch & Joseph, 2003; Gillberg & de Souza, 2002).

> 대두증은 신체의 기타 부분에 비해 상대적으로 머리와 뇌의 크기가 기형적으로 크다는 특징이 나타난다.

　ASD 유아의 비전형적인 머리 성장은 다음과 같은 몇 가지 가능성을 시사해 준다. 첫째, 출생 시의 작은 머리 둘레와 이후에 나타나는 머리 크기의 비정상적으로 빠른 성장 패턴은 자폐의 위험을 경고해 주는 초기 징후가 될 수 있다. 둘째, 만일 유아기 동안의 가속화된 머리 성장이 ASD의 진단적 징후라면, 매우 이른 시기의 중재 제공이 가능해지며, 가정된 바의 발달 중인 뇌의 가소성에 의한 도움을 받을 수 있을 것이다. 셋째, 만일 출생시점에서 뇌의 비정상성이 나타난다면, 자폐가 이후의 삶 속에서 발생되는 요인들(예: MMR 접종에 따른 해로운 반응, 환경 내 독성물질에의 노출, 소화기 장애의 전개)이 관련되어 있다는 설명은 앞으로는 불가능한 원인으로 여겨지게 될 것이다.

　이것들은 아직 복제되지 못한 자료에 근거한 잠정적인 개념일 뿐이다. 초기 몇 개월 동안 비정상적으로 큰 머리 둘레를 가진 아동들 모두가 이후의 삶에서 자폐로 진단되는 것은 아니다. 반대로 자폐 아동 모두가 유아기의 가속화된 뇌 성장이라는 전력이 있는 것도 아니다(Wallace & Treffert, 2004). 이 조건 앞에서는 반드시 위험 요인이 먼저 선행되어야 한다는 주장도 제기되고 있다. 대두증은 자폐의 원인이 아니라 그저 또 하나의 연합된 조건일 뿐일 수도 있는 것이다(Lainhart, 2003).

　자폐의 원인에 관해 더 잘 이해하기 위해서는 추가적인 연구들이 이어져야 한다. 우리가 다른 맥락에서 이미 논의했던 것처럼, 일반적으로 치료는 원인이 밝혀지지 않았을 때보다는 밝혀졌을 때 더 효과적인 법이지만, 그 유전 또는 신경학적 원인이 밝혀지기 전이라 해도 의사소통장애를 치료하는 것은 여전히 가능한 일이다.

ASD/PDD 아동의 언어 및 의사소통

일반적으로 말하자면, 말을 하는 PDD/ASD 아동들은 음운, 의미, 형태, 구문 및 화용기술이 포괄된 실질적으로 모든 유형의 언어기술에서 결함을 드러낸다. 추가적으로 반향어라는 한 가지가 더 있는데, 이것은 PDD/ASD 아동들에게만 나타나는 독특한 특성인 것으로 여겨진다.

반향어. 반향적 언어는 말을 하는 PDD/ASD 아동들의 전형적 특성이다. **반향어**(echolalia)란 화자가 자신이 들은 바를, 즉석에서 또는 나중에, 종종 상당히 먼 미래에 그대로 반복하는 것을 말한다. 이는 부모나 교사들에게 성가시고 받아들일 수 없는 특징일 수도 있겠으나, 반면 반향적 말은 청자를 향한 의사소통적 효과를 미친다는 일부 견해도 있다(Prizant & Duchan, 1981). 예를 들어, 한 성인이 아동에게 "사탕 줄까?"라고 묻자, 아동이 그대로 "사탕 줄까?"라고 답했다면, 이것이 아동의 "네!"라는 유일한 대답 방식인 것일 수 있다. 그렇지만 실험연구에서는 아동에게 "I don't know"와 같은 또 다른 일반적인 구어 반응을 가르치거나(Schreibman & Carr, 1978), 또는 아동에게 반응하기 전에 잠시 멈추는 시간을 갖게 하는 것을 포함하여 정확히 반응하는 법을 가르치는 방식(Foxx et al., 1988; McMorrow & Foxx, 1986; McMorrow et al., 1987)으로 이 같은 반향적

> 반향어와 모방은 서로 비슷하지만, 분명 다른 것임을 주의하라. 바람직한 모방 반응은 해당 반응에 대한 촉구단서로서 제공된 시범에 이어지는 것이다. 바람직하지 못한 반향어는 이를 촉구하기 위해 제공된 시범에 수반적으로 연계된 것이 아니다.

반응을 억제시킬 수 있는 것으로 나타났다.

음운적 결함. 말을 하는 PDD/ASD 아동들은 다른 아동들이 보이는 것과 같은 유형의 조음음운장애를 나타낼 수 있다. 그렇지만 종종 초분절적(suprasegmental) 음운 영역이 주목할 만큼 비전형적 방식으로 손상되어 있을 때가 있다. 그 특성은 다음과 같다.

- 운율의 결함. 아동의 말은 '노래를 부르는 것 같은' 단조로운 소리로 들리거나, 또는 그 안에 뚜렷한 패턴이 전혀 나타나지 않는 부적절한 운율을 보이기도 한다.
- 부적절한 강도. 아동은 뚜렷한 이유 없이 속삭이거나 또는 반대로 크게 고함치기도 한다.
- 비정상적인 억양 패턴. 아동의 억양은 문장의 의미와 호응되지 않는다. 예를 들어, 아동은 평서문의 억양을 올리는 방식(비정상적)을 산출하여 의문문(정상적)을 대신한다.

의미적 결함. PDD/ASD 아동 중 일부는 특히 자신이 관심을 가지는 특정 분야와 관련해서 만큼은 인상적인 어휘를 나타내는 것처럼 보인다. 그렇지만 다음과 같은 것들을 포함하는 언어의 의미적 측면에

서 종종 뚜렷한 결함이 나타난다.

- 부족한 수용언어. 아동들은 심지어 가장 단순한 1단계 지시(예 : "네 코를 만져라.", "손뼉을 쳐라.", "앉아라.")를 따르는 것조차 어려워할 수 있다.
- 추상적 낱말과 대비하여 구체적 낱말의 보다 빠른 습득. PDD/ASD 아동들에게는 감정이나 개념에 대한 이름을 말하는 것보다 사물에 대한 이름을 말하는 것이 훨씬 더 쉽다.
- 낱말 및 개념의 일반화 결여. PDD/ASD 아동들은 낱말을 제한적인 의미나 맥락 안에서 사용하는 경향이 있다(예 : 이들은 친숙한 장난감 이름이 공인 것을 배울 수 있지만, 이 이름을 그 밖의 다른 공으로 일반화시키지 못함. 이는 과소확장이라고도 함).
- 낱말 간의 연합에 대한 지식 결여. 아동이 낱말 비누와 물의 의미를 알 수는 있으나, 이 두 낱말 간의 관련성은 이해하지 못할 수 있다.
- 괴상한 구와 문장산출. PDD/ASD 아동들은 무엇인가를 행하는 방식을 기억하거나, 또는 타인에게 자신이 원하는 바를 말하는 자신들만의 고유한 방식을 창안해 내기도 한다(예 : 아프거나 화가 날 때마다 "가시에 찔렸어!"라고 말하는 한 소녀에 대한 보고가 있다. 또 한 소녀는 부모에게 자신이 화장실을 사용해야 할 필요가 있음을 알리고자 할 때는 "녹슨 지퍼… 노란 양말!"이라고 말하기도 했다)(Gilpin, 1993; Prizant & Wetherby, 1987).

> 한 엄마가 자신의 고기능자폐 아들에게 11번째 생일케이크를 자기 스스로 주문해 보도록 허락하기로 했다. 그는 주문을 받는 점원에게 케이크 위에 어떤 만화 주인공이 그려지기를 원하는지, 어떤 맛의 케이크를 원하는지, 그리고 그 케이크에 입힐 설탕은 어떤 색깔로 원하는지에 대해 말할 수 있었다. 엄마가 그에게 케이크가 무엇이라고 말하면 좋을지[역자주 : 케이크에 뭐라고 써 있으면 좋을지] 말해 보라고 하자, 그는 화를 냈다. "미쳤어요?"그는 말했다." 케이크는 말을 할 수 없다고요! 그냥 저걸로 주라고 해요!"(Gilpin, 1993).

- 상징언어 이해의 부재. 격언, 관용어 및 속어를 문자 그대로의 의미로 받아들이는 모습을 보이기도 한다.

구문 및 형태론적 결함. 말을 하는 PDD/ASD 아동들은 자신들의 정신연령에 걸맞은 구문 및 형태론적 구조를 산출하기는 하지만 일부 특이한 점이 동반된다. 그 특징에는 다음과 같은 것들이 포함된다.

- 짧고 단순한 문장산출. 이러한 산출이 '출렁이는' 것처럼 들리는 운율에 영향을 미친다.
- 잘못된 어순. 아동의 낱말 조합이 정상적이지 않다(예 : "Green is her dress", "Now back home go we!").
- 문법형태소 생략. 이러한 생략이 전보식의, 괴상하게 굴절된 말을 초래한다.
- 대명사 도치. 너(you)를 나(I)로 대치하거나 또는 그 반대순으로 대치하는 것이 보편적인 특징이다. 초기의 정신분석학자들은 이를 자폐아들의 극단적인 자기중심주의를 나타내는 한 가지 표식이라고 여겼다. 현재는 이것이 아동의 추상적 언어에 대한 어려움, 그리고 반향적 말을 산출하는 경향은 대명사 도치에 따른 원인일 가능성이 더 높다고 믿어지고 있다.

화용언어기술의 결함. PDD/ASD의 핵심적 결함은 언어의 화용적 측면에서 나타난다. 자폐 아동이 보이는 사회적 상호작용 및 화용언어기술상의 결함이야말로 해당 진단명을 가장 명백하게 암시해 주는 영역이다. 앞서 논의된 바와 같이, 아스퍼거증후군(AS)과 PDD/ASD 범주 내의 기타 진단명으로 판명된 아동들 사이에는 몇 가지 현저한 차이점이 존재하며, 앞으로 이에 대한 강조가 이루어질 것이다. 이 결함에는 다음과 같은 것들이 포함된다.

- 눈맞춤이 없거나 아주 짧게 지나쳐 버림. 이는 PDD/ASD 의 첫 번째 표식 중 하나이다.
- 주제 개시의 결여. PDD/ASD 아동들은 대화 상대방을 찾으려는 경향이 없다. 그렇지만 AS 아동들은 어떤 주제가 자기만의 관심과 닿아 있을 때는 또래들이나 성인들과 고집스럽게 대화를 개시하려는 경향을 보인다.
- 주제 유지의 결여. PDD/ASD 아동들은 대화 중 부적절한 논평을 하거나, 또는 갑작스럽게 대화를 종료시키기도 한다. 반대로 AS 아동들은 지나칠 정도로 긴 시간 동안 주제를 유지하면서, 자신들이 좋아하는 관심사에 관해 일방향적인, 그리고 실질적으로 독백에 가까운 말을 계속한다.
- 대화수정기술의 결함. PDD/ASD 및 AS 아동 양자 모두 대화 상대방들의 명료화에 대한 요구를 인식하지 못하는 것처럼 보인다. 이들은 이러한 요구를 이행하기 위해 자신들의 발화를 수정하는 모습을 보이지 않으며, 자기 스스로 자발적인 명료화 시도를 하려 하지 않는다.
- 일반적으로 부적절한 말. PDD/ASD 및 AS 아동 양자 모두 시간, 장소, 인물에 부적합한 발화들을 산출하는 경향이 있다. 예를 들어, 한 가톨릭 가족은 자신들의 고기능자폐 아들이 주일미사 동안 신부가 손을 들어 성체에 축복을 내리려 할 때마다 "터치다운!"이라고 소리친다고 보고했다 (Gilpin, 1993).
- 차례 주고받기 기술의 제한. PDD/ASD 아동들은 부적절한 논평으로 개입하거나 또는 사람들의 담화에 내재된 주고받기라는 감각이 없을 수 있다. 특히 AS 아동들은 자기 대화 상대방이 차례를 하도록 초대하는 일 없이, 특정 주제에 관해 쉬지 않고 말하는 경향이 있다.

위에 열거한 목록들이 진단 체크리스트로 사용되어야 함을 의미하는 것은 아니며, 또한 이것이 PDD/ASD 아동들이 보이는 의사소통행동에 대한 가장 포괄적인 진술이라는 말은 더더욱 아니다. 언제나 그렇듯이 치료사는 아동 특정적인(child-specific) 관찰을 실시해야 하며, 설사 현재 조사되고 있는 아동이 PDD/ASD로 진단을 받았음에도 불구하고, 기술된 바의 모든 특징을 가지고 있지 않거나 또는 문헌에서는 전형적으로 주목되지 않았던 행동들을 나타낸다 할지라도 그리 놀라워하지는 말아야 할 것이다.

무언어 PDD/ASD 아동들의 의사소통

PDD/ASD 아동들의 대략 50% 정도가 무언어임을 기억하라(Prizant, 1983). 이들은 구어 없이 부적절한 방식으로 스스로를 표현하고자 시도하며, 이것이 결국 중증의 행동결함을 가져오며 중재를 요구하게 만드는 요소이다. 일반적으로 무언어 상태의 PDD/ASD 아동들은 다음과 같을 수 있다.

- 설명할 수 없는 이유로 분노하며, 이 때문에 양육자들은 그가 원하는 것이 무엇인지 알아내기 위해 애써야 한다.
- 성인의 손을 잡아 원하는 사물로 향하게 하거나 또는 손이 닿지 않는 문을 여는 일과 같은 원하는 행동을 수행하도록 손을 잡아 이끈다.
- 종종 갑작스럽게 그리고 뚜렷한 이유 없이 비명을 지르거나 듣기 싫은 으르렁거림이나 목을 울리는 소음들을 산출한다.
- 신체적으로 마구 휘둘러 타인에게 상해를 가하거나 물건들을 파괴한다.
- 침뱉기, 발로 차기, 깨물기, 또는 꼬집기 등과 같은 바람직하지 못한 다양한 행동들을 나타낸다.

행동주의 과학자들은 사회적으로 더욱 용인되는 의사소통방식이 제공되면 PDD/ASD 아동들의 문제행동들이 감소될 수 있음을 보여준 바 있다. 다음 절에서 우리는 바람직하지 못한 행동 감소에 대해 보다 상세히 논의할 것이다.

평가 및 치료 수정

일반적으로 앞선 장들에서 기술되었던 아동 특정적 평가절차들과 행동주의에 기반한 중재기법들을 PDD/ASD 아동들에게도 적용시킬 수 있다. 자폐 아동들에게 독립 시도 치료를 이행할 수 있는가에 관한 일부 논쟁적 이슈들이 제기되어 왔다. 아동에게 독립 시도 치료가 부여되어야 할 시간량에 관한 논쟁들이 소용돌이쳤는데, 특히 응용행동분석(Applied Behavioral Analysis, ABA; Green, 1996; Lovaas, 1987; McEachin, Smith, & Lovaas, 1993) 프로그램을 통한 자폐의 '치료'라는 다소 과장된 주장들이 이러한 논란들을 더욱 가열시켰다. ABA는 "행동분석 방식 활용 및 의미 있는 방식으로 사회적으로 중요한 행동들을 변화시킨다는 연구결과 활용"으로 기술되어 왔다(Green, 2005, online). ABA 프로그램에는 집중적인 독립 시도 훈련 요소들을 포함하는 것뿐만 아니라, 일상에서 반복되는 활동 내에 지시적 독립 시도(instructional discrete trial)를 내포시키는 우발 교수 방식을 통합시킨 것이다. 비록 그간 이 치료를 통해 자폐가 '치료된' 아동들은 많지 않았으나, 반복된 그리고 잘 통제된 실험들은 독립 시도가 포함된 응용행동분석은 자폐 아동들의 증후를 다루는 데 환산할 수 없을 정도로 큰 가치가 있음을 지속적으로 밝혀낸 바 있다(Maurice, Green, & Luce, 1996).

평가 및 치료절차들에 있어서의 수정은 주로 초기 중재에서 요구되는 강도에 맞게, 그리고 바람직하지 못한 행동관리 계획을 통합시켜야 할 요구 수준에 맞게 구성되어야 할 추가적인 관찰에 초점을

글상자 13.6 | 자폐의 위험을 알리는 초기 징후

치료사들은 다음과 같이 자폐의 위험을 알리는 초기 징후들에 주의해야 한다.

- 눈맞춤의 부재(호혜적 응시는 전형적으로 매우 어린 유아들에게서도 나타난다.)
- 6개월경까지 공동참조 기술(상대가 바라보는 방향을 같이 바라봄, 시선을 전환하여 상대의 주의를 특정 사물로 향하게 하는 가리키기 방식)이 부재
- '아기놀이'('자기 차례에 행동하는 것'으로 부모의 발화에 대해 반응함, 까꿍놀이 등)로 참여를 통해 증명되

는 차례 주고받기의 부재
- 12개월경까지 옹알이가 부재함
- 12개월경까지 몸짓하기가 부재함
- 12개월경까지 한 낱말이 부재함
- 24개월경까지 자발적이며 비반향적인 두 낱말 구가 부재함
- 어떤 연령대에서든 언어 또는 사회적 기술이 상실됨

출처 : Compiled from Klin, Volkmar, and Sparrow (2000) and Woods and Wetherby (2003).

두고 있는 것이다. 우리는 다음 절에서 이러한 수정에 관해 논의할 것이다.

PDD/ASD 아동들을 위한 평가절차의 수정

말, 언어, 또는 이 두 가지 모두의 결여는 많은 가족들이 자기 자녀의 발달에서 무엇인가 잘못되었다고 느끼게 되는 보편적인 첫 번째 표식 중 하나이다. 그러므로 PDD/ASD 진단은 정신과의사나 심리학자들이 가장 잘 진단할지는 몰라도, 언어치료사들이야말로 종종 이 장애일지도 모르는 아동을 가장 먼저 만나는 첫 번째 전문가들일 것이다. 치료사는 PDD/ASD의 초기 징후에 대한 지식을 바탕으로, 철저한 평가를 수행하고, 아동의 의사소통행동에 관한 정확한 진술을 제공하며, 그리고 추가적인 평가를 위해 기타 전문가들에게 의뢰를 이행하는 일을 돕는다. 자폐의 위험을 알려주는 초기 징후들은 글상자 13.6을 참조하라.

독특한 언어 및 의사소통 패턴 평가. 치료사는 앞서 기술된 언어결함의 존재 또는 부재를 잘 살펴야 한다. 치료사는 반향적 말, 대명사 도치, 잘못된 어순, 말의 무의미한 반복, 부적절한 언어, 일반적으로 타인과의 의사소통에 대해 관심을 보이지 않음, 사회적 놀이에서의 호혜성 결여, 사물에 대한 강박적 몰두(예 : 장난감 자동차의 핸들을 돌림, 퍼즐 조각을 일렬로 늘어놓기), 그리고 비정상적인 운율 특성(예 : 불규칙적인 음도, 지나친 고음과 지나친 저음이 번갈아 나타나는 음도, 불규칙한 말 속도, 폭넓게 변화되는 음강도)을 포함하여, PDD/ASD의 독특한 의사소통 패턴에 관해 각별한 주의를 기울여야 한다. 내담자 특정적인 평가에 있어 치료사는 무엇이 되었든 이질적인 낱말, 구, 또는 문장산출을 주의깊게 기록해 두어야 한다.

　　일부 사례들에 있어 치료사는 아동과 그의 가족들을 여러 장면에서 관찰해야 할 때가 있다. 가족 구성원, 특히 아동의 형제와 아동 간의 상호작용을 관찰하는 일은 아동의 기이한 행동을 보다 즉각적으로 밝혀내 줄 수 있다.

규준참조적 표준화 검사의 신중한 사용. 말언어평가를 위해 규준참조적인(norm-referenced) 표준화 검사에 의존하는 치료사들은 PDD/ASD 아동을 평가하는 일이 어렵다는 것을 깨닫게 될 것이다. 이상행동, 주의력결핍, 부적절한 반응 및 그 밖의 기타 특징들이 표준화 검사 시행을 어렵게 만들 것이다. 일반적으로 규준참조적 검사는 PDD/ASD 아동들의 의사소통평가에서는 비효율적이며, 아마도 타당하지 못한 방식일 수 있다. 아동이 만일 해당 검사에서 요구되는 과제에 집중할 수 있다면, 제4장에서 설명된 표준화 검사 중 어떤 것이든 사용해 볼 수 있을 것이다. 많은 고기능자폐 아동들은 언어표본과 같은 아동 특정적 절차에 덧붙여 추가적인 정보를 제공해 주는 검사를 신중하게 선택해 볼 수 있는 적절한 후보군이 될 것이다. 전통적인 말언어 표준화 평가도구를 집행하고자 하는 치료사는 이 검사의 점수가 아동의 의사소통기술과 결함을 잘 표상할 수도, 또는 그렇지 않을 수도 있음을 주의해 가며 그 결과를 해석해야 한다. 이 밖에 특정적으로 PDD/ASD 아동 검사에 맞게 개발된 일부 표준화 도구 및 준거참조적(criterion-referenced) 진단도구들도 있다. 선별된 검사들에 관한 설명은 표 13.3을 참조하라.

표 13.3

PDD 평가도구

검사	연령 수준	소요 시간	설명
Asperger Syndrome Diagnostic Scale(ASDS) Myles, Jones-Bock, & Simpson(2000)	5~18세	10~15분	아동이 AS일 가능성을 확인하기 위해 설계된 50문항의 '예/아니요' 질문, 질문지 형식, 표준점수 및 백분위
Childhood Autism Rating Scale(CARS) Schopler, Reichler, Renner(1998)	2세 이상	5~10분	경도-중등도와 중도 자폐를 구별해 냄, 준거참조적, 질문지 형식
Differential Assessment of Autism and Other Developmental Disorders(DAADD) Richard & Calvert(2003)	2~8세	경우에 따라 다름	아동의 발달장애를 구별해 냄, 발달장애와 학습장애 및 발달장애와 PDD
Gillam Asperger's Disorder Scale(GADS) Gillam(2000)	3~22세	5~10분	자폐 또는 기타 PDD 아동으로부터 AS 아동을 구별해 냄, 질문지 형식
Gillam Autism Rating Scale(GARS) Gillam(1995)	3~22세	5~10분	자폐를 판별하고 중증도를 추정해 냄, 표준점수 및 백분위
Pervasive Developmental Disorders Screening Test-II: Early Childhood Screener for Autistic Spectrum Disorders Siegel(2004)	18개월 이상	10~20분	최소 18개월 이후부터 PDD로 발전될 위험이 있는 아동들을 판별해 냄, 부모 보고 형식의 선별검사

문제행동 평가. 일부 PDD/ASD 아동들은 매우 심각한 행동결함을 보이므로, 치료사는 어떠한 유형이든 자해행동(예 : 머리 부딪히기, 피부 할퀴기), 사람들이나 물건들에 대한 공격행동 및 상동행동(예 : 빙글빙글 돌기, 날개짓하기)의 출현에도 역시 주목해야 한다. 문제행동에 대한 비공식적인 기능적 분석을 실시하기 위해, 치료사는 바람직하지 못한 행동을 촉발시키는 것으로 여겨지는 선행자극 및 이를 강화시킬 수 있는 것들에 대해 날카롭게 살펴야 한다. 아동이 어떤 조건하에서 부적절하게 행동하는가에 대한 기록(예 : 치료사가 아동에게 어려운 퍼즐을 완성하도록 요구할 때)이 가능할 법한 선행자극을 암시해 줄 것이다. 만일 관심이 철회될 때는 부적절한 행동이 가라앉다가, 관심을 기울이면 다시 증가되는 경우라면 이 행동은 관심에 의해 지속되는 후속사건인 것이다. 이러한 분석은 이후 치료회기 동안 행동을 감소시킬 때 도움이 될 것이다.

많은 PDD/ASD 아동들은 최소한만을 말하거나 또는 무발화 상태에 있다. PDD/ASD 아동들을 포함하여, 무발화 아동들의 의사소통행동 평가는 제15장 보완대체의사소통에서 다룰 것이다.

평가결과를 가족과 공유하기. PDD/ASD를 시사하거나 또는 이를 확정하는 진단 정보를 가족 구성원들에게 제공해 주어야 하는데, 이때는 이러한 진단이 가족에게 가져다줄 절망감에 대한 민감성과 지식, 그리고 이들의 감정에 대한 공감이 반드시 필요하다. 진단은 기타 전문가들에 의해 이루어지는 것이 최선이므로, 언어치료사는 앞으로 심리학자나 소아과의사에 의한 추가적인 평가가 이루어질 필요가 있을 것이라는 제안만을 단순히 알려주고 말 수도 있다. 그렇지만 가족이 가질 수도 있는 의문점에 대해 직접적이되 따뜻하게 답해 주어야 한다.

대부분의 가족들은 확정된 PDD/ASD 진단에 대해 자기 자녀를 위해 앞으로 무엇이 필요할 것인가에 관해 알고 싶어 한다. 기술적 용어로, 이들은 그 개선은 어떨 것인가 하는 예후, 그리고 이들이 자기 자녀로부터 기대할 수 있는 궁극적 결과는 무엇인가에 관해 알고 싶어 한다. PDD/ASD 아동들의 사회 및 의사소통행동에서의 개선에 관한 예후는 때에 따라 달라질 수 있는데 (1) 발달장애의 존재 유무, (2) 만약 발달장애가 존재한다면 그 중증도, (3) 구어기술 및 언어기술 수준이 그렇다. 자폐스펙트럼상의 상극단에 위치하여, 구어 및 언어기술이 훌륭하며, 발달장애가 없는 아동들은 일정 수준의 발달장애를 가진 채로 무언어 상태에 있는 아동들에 비해 그 개선의 예후가 보다 훌륭하며, 아마도 심지어 정상화도 가능할 수 있다(Coplan, 2000; Szatmari et al., 2000). 명백히 그 예후에 영향을 미치는 아마도 가장 중요한 요인은 중재의 질, 강도, 지속기간일 것이다. 앞서 논의한 바와 같이, "우리 아이가 결국엔 말을 하게 될까요?"라는 질문에는 결코 답하기가 쉽지 않다. 우리의 경험상으로는 만일 아동이 5세가 될 때까지 말을 하지 못하면, 더 이상 구어가 발달하지는 못할 가능성이 높으므로 다른 의사소통체계를 고려해 볼 필요가 있을 것이다.

가족들에게 가능할 법한 예후의 표지들에 관해, 그리고 구어발달 가능성 또는 기존 기술의 개선 가능성에 관해 알려주는 것이 최선일 것이다. 또한 가족들에게 자녀의 잠재력이 최대한 발전하도록 보장하기 위해서는 집중적인 조기중재 프로그램이 최선의 방식임을 알려주는 일 역시 중요하다. 가족들을 참여시키는 것은 중재 성공에 필수적인 요소이다. 부모에게 자기 자녀를 위해 할 수 있는 무엇인가 가시적이며 유용한 것들을 제공하는 일이 자기 아이가 PDD/ASD를 가졌다는 소식을 듣고 그 부모들 대부분이 경험하게 될 충격, 거부, 분노를 완화시켜 주기 위한 긴 여정과 함께 이어져야 할 것이다.

> 자폐 아동의 사회 및 의사소통적 상호작용의 개선에 관한 예후를 결정해 주는 세 가지 요인은 무엇인가?

PDD/ASD 아동들을 위한 치료절차 수정

자폐 아동들에게 구어 및 비구어 의사소통행동을 포함하여, 목표행동들을 가르치기 위한 행동주의적 방식들은 포괄적인 실험적 지지를 받아왔다(Goldstein, 2002; Hegde, 2001b; Maurice et al., 1996; Reichle & Wacker, 1993). Lovaas(1987)의 도입 이후로, 독립 시도 치료는 자폐 아동들을 '정상화시키는(normalizing)' 방식으로 발전되어 왔다. 비록 이 아동들이 정상화될 수는 없다 해도, 이 독립 시도 치료를 통해 이들의 일반적 행동 및 의사소통행동이 유의하게 개선된다.

Goldstein(2002)은 자폐 아동들을 위해 설계된 절차들의 치료 효율성에 관한 연구들을 고찰하였다. 그는 다음과 같이 6가지의 폭넓은 범주로 분류되는 중재 프로그램에 관한 잘 통제되고 반복된 연구부터 확정된 효율성의 증거를 발견하였는데 (1) 독립 시도 훈련 형태를 통합시킨 중재, (2) 수화를 통합시킨 의사소통 중재, (3) 자연스러운 환경에서 이행되는 중재, (4) 문제행동을 대치시키도록 설계된 중재, (5) 사회적 및 스크립트화된 상호작용 촉진 중재, 그리고 (6) 집단에 적용시키는 교실 및 부모 중재가 그것이다. 전부는 아니지만 이 절차의 대부분은 행동주의 원리에 기반한 것이다. 제5장에서 제9장까지 전개된 행동주의적 치료 원리들은 확신을 가지고 사용해도 좋을 것이다. PDD/ASD 아동들을 치료함에 있어서 고려해야 할 추가적 사안들에 관해서는 다음 절에서 요약할 것이다.

치료절차의 신중한 선택. 앞서 강조한 바와 같이 자폐는 새롭고 혁신적인 치료기법들의 온상이다. 결과적으로 제안된 방식들을 받아들이거나 거부하기 위해서는 치료효과 연구로부터의 정교한 지식들을 확보하는 일이 특히 필요할 것이다. 치료사들은 자폐아들을 위한 치료방식에 관한 효과 연구들을 평가하고자 할 때는 위계적 준거를 적용할 필요가 있다(치료연구 증거의 위계에 관해서는 제5장 참조). 치료사는 중재의 행동주의적 원리들을 지지하는 압도적인 양의 과학적 증거를 고려해야 한다. 이들은 또한 감각통합치료, 청각통합훈련, 그리고 촉진적 의사소통과 같은 대중적인 방식들의 증거는 부족하다는 사실도 염두에 두어야 할 것이다.

독립 시도의 효과적인 사용. 독립 시도 훈련은 자폐아들을 위한 행동주의적 중재의 주춧돌이라 할 수 있다. 독립 시도는 자극 제시, 반응 유발, 그리고 후속결과 제공 각각이 독립되어 있는 것을 말한다. 요약하자면 목표반응 산출을 위한 시도들이 짧은 시간 구간으로 나누어져 있다. PDD/ASD 아동들의 의사

소통기술을 확립시킬 때는 독립 시도 훈련으로 치료를 시작하는 것이 가장 최선이다. 이 아동들에게

총체적 의사소통접근법은 무엇인가?

기술을 가르칠 때 대량적 시도가 특히 유용할 것이다. 독립 시도에는 시범, 촉구단서 제공, 형성, 용암, 그리고 차별적 강화 및 교정적 피드백과 같은 치료절차들이 포함되어 있다. 실험연구에서는 독립 시도를 자연스러운 환경에 통합시켰을 때 더욱 효과적인 것으로 나타났다(Delprato, 2001 ; Koegel, O'Dell, & Koegel, 1987). 가정이나 교실에서의 의사소통적(그리고 이 밖의) 목표기술들을 강화시키는 것에는 일상 전체에 걸쳐 배치되는 짧은 구간의 독립 시도들이 효과적일 것이다.

문제행동 감소. 연구에서는 대안적이며 경쟁적인, 즉 양립될 수 없는 바람직한 행동들의 증가를 돕는 행동주의적 기법들은 PDD/ASD 아동들의 바람직하지 않은 그리고 문제시되는 행동들을 감소시키는 데 유익한 부수 효과를 나타내는 경향이 있는 것으로 나타난 바 있다. 이 같은 바람직한 행동은 그렇지 못한 행동을 대치시킨다. 예를 들어, 아동의 얌전히 앉아 있기에 대한 강력한 강화(돌아다니는 행동에 대해 지속적으로 훈계하는 대신)는 얌전한 착석을 촉진하게 될 것이고, 이와 양립되지 못하는 돌아다니기는 감소할 것이다. 부여된 학습과제를 완수하지 못하여 분노발작을 일으키는 아동에게는 교사로부터 도움을 요청하는 방식을 가르칠 수 있을 것이다. 교사에게 도움을 요구하는(그리하여 교사의 관심에 의해 강화되는) 아동은 발작을 일으키는 일도 적어질 것이다. 이들 및 기타 기법 속에서 배운 새로운 기술을 통해 과거의 바람직하지 못한 방식으로 얻었던 것과 동일한 결과(관심, 도움)를 얻을 수 있게 해줄 것이다. 바람직하지 못한 행동을 바람직한 행동으로 대치시켜 주는 이 같은 기법들은 전자(바람직하지 못한 것)를 더 이상 필요 없게 만들어 줄 것이다. 이러한 기법들은 긍정적인 행동 지지(postive behavior supprot), 즉 문제행동을 보이는 아동들의 삶의 질 향상에 중점을 두는 행동주의적 접근법의 일환이다(Koegel, Koegel, & Dunlap, 1996).

치료사에 의해 부여되는 어려운 과제로부터의 요구 역시 바람직하지 못한 행동을 증가시킬 수 있다. 이 같은 행동들을 통제하기 위해서는 치료사가 과제의 요구, 과제 복잡성, 그리고 회기의 지속시간을 점진적으로 증가시킬 필요가 있다. 필요하다면 아동의 바로 정면에 앉아, 아동의 다리를 치료사의 다리 사이에 위치시키면, 아동의 바람직하지 못하며 산만한 움직임들을 신체적으로 제한하는 데 도움이 될 것이다. 이러한 절차들을 사용함에 있어서, 치료사는 탁자 위에만 집중할 수 있게 될 때까지 의자를 탁자에 점차 조금씩 더 가까이 가져가야 한다. 반대되는 바람직한 행동을 차별적으로 강화하여 바람직하지 못한 행동들을 감소시키는 이 같은 간접적인 방식들은 제6장에 보다 자세히 기술되어 있으며, 이는 글상자 13.7에서도 다시 고찰되고 있다.

사회적 상호작용 촉진 기법. 제8장에서 기술된 바의 사회적 및 스크립트화된 상호작용 촉진을 위한 중재는 자폐아들의 사회적 고립을 완화시키는 데 효과적인 것으로 입증되어 왔다. 스크립트화된 사회적

| 글상자 13.7 | 간접적 반응-감소 기법 고찰 |

다른 행동에 대한 차별적 강화(DRO)

DRO에서는 바람직하지 못한 행동의 소거(무시하기)를 목표로 하며, 치료사는 바람직하지 못한 행동이 출현하지 않는 한, 바람직한 그 밖의 어떠한 행동도 모두 강화해 준다.

예 : 비명을 질러대는 한 자폐 아동에게 비명이 나타나지 않는 한, 그 밖의 모든 구어행동들에 대해 강화가 이루어진다.

양립불가 행동에 대한 차별적 강화(DRI)

DRI에서는 바람직하지 못한 행동과 양립될 수 없는 행동이 강화된다. 대개는 강화된 행동이 바람직하지 못한 행동과 신체적으로 양립불가할 때 효과적이다.

예 : 다른 사람들을 꼬집는 한 자폐 소년에게 자기 손을 호주머니에 계속 넣고 있도록 가르칠 수 있다.

낮은 반응률에 대한 차별적 강화(DRL)

DRL에서는 바람직하지 못한 반응의 비율이 더 낮아질 경우에 강화를 제공해 준다. 강화를 받기 위해서는 먼저 바람직하지 못한 반응의 비율이 점차적으로 낮아질 것이 요구되는 방식을 통해, 강화의 준거를 점진적으로 감소시킨다. DRL은 바람직하지 못한 행동을 감소시킬 수는 있으나, 이를 완전히 제거시키지는 못할 것이다.

예 : 분당 열 차례씩 양팔을 새처럼 날개짓하는 한 자폐 소녀가 8, 6, 4, 2회로 날개짓이 줄어들 때마다 차례대로 강화를 제공한다. 아동이 이 행동을 전혀 보이지 않는 동안에는 아동에게 1분 전만 해도 여러 번(몇 차례) 날개짓했음을 강조하면서 강화를 제공한다.

대안적 행동에 대한 차별적 강화(DRA)

DRA에서는 아동에게 바람직하지 못한 해당 행동에 담긴 의사소통적 의도를 표현해 낼 수 있는 사회적으로 보다 수용 가능한 방식을 가르친다.

예 : 화장실에 가고 싶을 때마다 이상행동을 일으키는 한 자폐 소년에게 화장실을 의미하는 미국 수화를 가르칠 수 있다.

상호작용은 자폐아와 그 또래들에게 사회적 활동을 가르치는 데 도움이 된다. 예를 들어, 사회적 스크립트에는 쇼핑, 요리, 생일파티 및 기타 사회적 활동 속에서의 서로 다른 아동들이 맡게 될 서로 다른 역할에 관해 기술되어 있다. 역할놀이에 관해 치료사가 제공하는 정확한 시범에 힘입어, 아동들은 사회적 상호작용을 습득하게 된다. 아동들이 읽을 수 있다면, 특정 행위에 대해 글로 쓰인 단서나 촉구(예 : 생일축하 노래 부르기)는 올바른 행동을 유발해 줄 뿐 아니라, 아동의 문해기술 역시 강화해 줄 수 있다. 목표행동들이 확립되어 감에 따라 전형적으로 이 스크립트들을 용암시켜 나간다(Krantz & McClannahan, 1998; Sarokoff, Taylor, & Poulson, 2001; Thiemann & Goldstein, 2004; 스크립트 치료에 관한 보다 상세한 설명은 제8장 참조).

교실 및 부모 중재. 가장 일상적인 매일매일의 생활 속에서 자폐 아동들과 상호작용하는 이들을 돕기 위해 설계된 프로그램들은 수많은 치료목표들을 증가시키는 것으로 나타났다(Goldstein, 2002). 비록 엄격하게 통제된 연구를 실시하기에는 이 프로그램들이 너무나 다면적이긴 하지만, 보고된 이점들은 효과적인 치료방식들에 관한 Goldstein의 목록 내에 속한 이 중재 유형들의 통합이 유익함을 보여주고 있다. 이러한 중재들은 부모나 교사들에게 행동주의적 관리 기법에 대해, 그리고 자연스러운 환경 안에서 의사소통기술을 유도하고 이를 강화하는 방식들을 배울 수 있게 해준다. 자폐치료에 유망한 기법들에 관한 일부 최근의 효과성 연구 목록들은 표 13.4를 참조하라.

시간지연 절차의 효과적인 사용. 시간지연 절차는 의사소통 상호작용의 자발적 개시를 증가시키는 데 효과적인 것으로 밝혀졌다(Charlop, Schreibman, & Thibodeau, 1985; Ingenmey & Van Houten, 1991; Matson et al., 1990; Taylor & Harris, 1995). 이 방식에서는 치료사가 반응을 유도하는 자극을 제시하되, 이 상황에 대해서 상대적으로 자발적으로 무엇인가를 행하거나 논평하도록 격려하는 촉구단서의 제공을 잠시 지연시킨다. 아동이 촉구단서 없이 반응을 산출하게 될 때까지 지연 시간을 점진적으로 연장시킬 수 있다(시간지연에 관한 보다 자세한 설명은 제8장 참조).

비디오 시범 기법의 효과적인 사용. 또래들과의 사회적 상호작용 모습을 비디오로 녹화한 내용을 시

표 13.4

자폐 치료법 효과에 관한 일부 연구

연구	대상	방법	치료목표	결과
Buffington, Krantz, McClannahan, & Poulson (1998)	4명, 4~6세	시범, 촉구단서, 토큰강화, 그리고 칭찬을 통합시킨 독립 시도 훈련(DTT)	몸짓 및 구어 반응	제로 기초선, 아동 및 반응 범주들에 걸친 훌륭한 증가
Charlop, Schreibman, & Thibodeau (1985a)	7명, 5~11세	시간지연 기법	사물 요구하기	요구하기가 빠르게 습득되고 일반화됨
Hwang & Hughes (2000)	언어전 아동 3명, 32~43개월	환경중심 교수(MT), 연계적 모방, 기대를 가지고 바라보기, 자연스러운 강화물	눈맞춤, 공동주의, 운동 모방	행동 및 아동들에 걸친 증가, 눈맞춤 일반화는 훌륭하였으나, 공동주의하기 일반화는 최소
Koegel, Camarata, Valdez-Menchaca, & Koegel (1998)	3명, 3~5세	DTT, 시범, 촉구단서, 모방, 원하는 사물로 강화 제공	"이게 뭐야?" 질문 산출, 명사 산출	질문하기 습득 및 일반화, 새로운 명사 산출 증가
Sarakoff, Taylor, & Poulson (2001)	2명, 8세와 9세	스크립트화된 대화	제공된 자극에 관한 논평	스크립트화된 논평 습득, 일부 스크립트화되지 않은 논평도 산출됨
Thiemann & Goldstein (2004)	5명, 6세 8개월~9세 1개월	또래 훈련 및 문어 텍스트로 단서 제공	주의 지속, 개시하기 및 연계 반응	사회적 의사소통 향상, 동료로부터의 수용 및 우호감 개선
Williams, Donley, & Keller (2000)	2명, 모두 4세	DTT, 시범, 촉구단서 및 강화	감추어진 사물에 대해 요구하는 세 가지 형태의 질문	두 아동 모두 세 가지 형태의 질문 모두를 습득

청하는 PDD/ASD 아동들은 적절한 사회기술을 나타내는 방식을 배울 수 있음을 보고한 연구가 있다. 치료사는 아동들이 모방할 수 있도록 정상적인 사회적인 상호적 놀이가 담긴 비디오를 보여줄 수 있다(Charlop & Milstein, 1989; Charlop, Schreibman, & Thibodeau, 1985b; LeBlanc et al., 2003; Nikopoulous & Kennan, 2004).

보완대체의사소통 전략의 잠재적 사용. 일부 PDD/ASD 아동들은 아무리 최선을 다해도 유의한 구어 의사소통기술을 획득하지 못할 수 있다. 이러한 아동들을 위해서는 보완대체의사소통 전략(augmentative and alternative communication strategies)이 적합할 수도 있다. 또는 아동들에게 수화와 자신들의 제한적인 구어 의사소통을 함께 사용하도록 가르치는 **총체적 의사소통**(total communication)이 유용할 수도 있다. 몇몇 연구는 PDD/ASD 아동들의 사회적 의사소통 촉진에 미치는 수화 훈련의 이점을 증명하였다(Carr et al., 1978; Layton, 1988; Yoder & Layton, 1988). 치료사는 제15장에서 논의된 기타 보완대체의사소통 방식들도 함께 고려해 볼 수 있다.

목표행동 유지 촉진 기법. 제9장에서 설명한 것처럼 자연스러운 환경 안에서 목표 언어기술의 유지를 촉진시키기 위한 다양한 기법이 PDD/ASD 아동치료에도 사용될 수 있을 것이다. 요약하자면 자연스

사진 13.2 비디오테이프에 매혹된 자폐 아동들은 비디오 시범이라 불리는 기법을 통해 이득을 얻을 수 있다.

러운 환경에서 보상받을 가능성이 높은 행동들을 가르치고, 가족 구성원들에게 중재 기법들을 가르치며, 그리고 자연스러운 환경 내에서 치료하는 것이 효과적인 전략으로 밝혀졌다(Derby et al., 1997; Schepis et al., 1982; 자세한 내용은 제9장 참조). 이를테면 제8장에서 설명했던 환경중심 교수와 같은 자연스러운 치료절차(앞서 기술된 시간지연 절차를 포함하는) 역시 유지의 촉진에 도움이 될 것이다. 가족들의 일상적인 생활에 잘 들어맞는 부모교육 프로그램은 자연스러운 환경 내에서의 교육이 하루 종일에 걸쳐 용이해지도록 만들어 줄 것이다. 이러한 프로그램들은 가족의 스트레스를 감소시켜 주면서, 아동의 의사소통을 증진시켜 줄 것이다(Koegel, 2000; Koegel, Bimbela, & Schreibman, 1996; Schreibman, Kaneko, & Koegel, 1991).

■■ 요약

일단의 아동들이 일반적으로 특수한 진단범주를 구성하는 매우 중증의 그리고 전반적 발달장애를 가지고 있다. 전반적 발달장애(PDD)는 전형적으로 3세가 되기 이전에 진단되는 자폐, 아스퍼거증후군, 레트증후군, 그리고 소아기붕괴성장애가 포함된, 아동발달에 있어서의 중복적 결함을 말한다. 자폐는 또한 자폐스펙트럼장애(ASD)라고 불리기도 하는데, 이는 아동들에 걸쳐 증후의 중증도 및 다양성이 크게 변화되기 때문이다.

사회적 상호작용과 의사소통결함 및 반복적이고 상동적인 행동, 관심, 활동이 자폐의 진단에 속한다. 자폐 아동들은 감각문제, 발작, 약체X염색체증후군, 결절성 경화증 그리고 발달장애도 가지고 있을 수 있다. 일부 자폐 아동들은 특정 영역에서 특별히 뛰어난 기술을 보일 수도 있다.

비록 고전적인 자폐를 가진 아동들은 IQ가 70 이하지만, 특정한 자폐 증후를 보이면서도 달리 70 이상으로 평가되는 아동들은 아스퍼거증후군(AS)으로 진단된다. 자폐를 가진 아동들은 고전적 의미의 자폐아들에 비해 훨씬 뛰어난 언어기술을 발휘할 수도 있으며, 이들의 발달장애도 덜 심각한 경향을 보일 수 있다.

레트증후군(RS)은 여아들에게 주로 영향을 미치는 유전 기반의 신경학적 장애이다. 이것은 유전적 원인이 밝혀진 유일한 PDD이다. 소아기붕괴성장애는 생의 첫 2년 동안 정상적인 발달이 이어지고, 이어서 대부분의 기술이 퇴행된다는 점에서 자폐와 구별된다.

PDD, 특히 자폐의 출현율은 놀라운 속도의 증가 추세에 있는 것으로 보고되고 있다. 미국에서는 자폐를 위한 서비스를 요구하고 있는 아동 및 그 가족의 수에서 매우 가파른 상승이 갈수록 자주 보고되고 있는데, 그렇다고 이것이 반드시 자폐의 발생률 역시 증가 추세에 있음을 의미하는 것은 아니다.

자폐 아동들은 반향어, 음운적 결함, 의미적 결함, 구문 및 형태론적 결함, 그리고 심각한 화용언어 기술의 결함을 보이는 경향이 있다. 많은 자폐 아동들이 부적절한 음도, 강도 및 억양으로 구별되는 비정상적 운율 특성을 보인다. 그렇지만 일부 자폐 아동들은 예외적으로 뛰어난 어휘와 훌륭한 구문 기술을 가지고 있을 수도 있다. 기타 언어장애 아동들과는 달리, 자폐 아동들은 평범하지 않으며, 이 질적인, 심지어 괴상하기까지 한 표현들을 나타낼 때도 있다.

　일반적으로 평가 및 중재에 있어서 아동 특정적인 행동주의적 방식들은 PDD 아동들에게도 적용이 가능하다. 치료사는 PDD의 증후와 관련된 특정 관찰을 실시하면서 PDD의 위험을 나타내는 초기 신호를 잡아내는 데 능숙해야 하며, 또한 문제행동의 출현에 주목해야 한다.

　행동주의적 치료는 자폐 아동들의 언어 및 관련 행동에 효과적인 것으로 밝혀졌다. 여러 가지 가운데, 독립 시도 훈련, 수화 사용, 자연스러운 환경에서 실시되는 중재, 문제행동들을 보다 적응적인 행동들로 대치시키기 위해 설계된 중재, 사회적 및 스크립트화된 상호작용을 촉진시키기 위한 중재, 그리고 교실 및 부모 중재가 특별히 효과적이다.

학습지침

1. 전반적 발달장애(PDD) 대 자폐스펙트럼장애(ASD)와 관련된 이슈에 대해 논하라. 또한 Kanner의 자폐 대 아스퍼거증후군과 관련된 이슈에 대해서도 설명하라. 이 논쟁으로부터 여러분이 도출한 결론은 무엇인가? 여러분은 자폐와 아스퍼거증후군을 하나의 연속선상에 있는 것으로 볼 것인가, 아니면 서로 분리된 별개의 진단범주로 볼 것인가? 이 두 가지 진단범주 간의 공통점과 차이점에 대한 강조를 통해 여러분의 답을 논리화하라.

2. 자폐의 가능한 인과성에 관한 현 시대의 사고방식에 대해 요약하라. 원인에 관한 Kanner의 견해 및 정신분석학적 견해에 대한 설명을 거쳐 인과성에 관한 역사적 변화를 소개하라. 자폐 비율의 증가와 아동의 백신 접종 간의 가설에 관한 문헌으로부터 여러분이 찾아낼 수 있는 증거는 무엇인가?

3. 다음의 두 가지 대립적 주장에 대해 비평적으로 평가해 보라. (1) 자폐의 발생률은 전세계 모든 곳에서 놀라울 정도로 크게 증가해 왔다. (2) 자폐의 발생률이 증가한 것이 아니라, 다만 그 서비스에 대한 요구가 증가한 것뿐이다. 여러분이 생각하기에 장애의 실질적인 발생률을 증가시킬 수 있는 기타 요인들과 함께, 자폐 및 아스퍼거증후군 진단에 있어서의 역사적 추세, 공적인 인식의 증가, 그리고 재활에 필요한 예산의 증가에 대해 조사해 보라.

4. 10세 자폐 소년이 말언어치료를 위해 의뢰되었다. 여러분은 곧 이 아동이 치료를 어렵게 만드는 다양한 형태의 바람직하지 못하며 방해되는, 즉 파괴적인 행동을 보인다는 것을 발견하게 된다. 차별적 강화를 통해 바람직한 행동을 증가시킴으로써 반대로 바람직하지

못한 행동을 감소시키는 방식에 관한 앞선 장들에서의 설명에서 얻은 지식을 기반으로 다른 아동을 꼬집거나, 치료사 또는 다른 아동의 물건을 움켜쥐거나, 그리고 어떤 과제를 수행하도록 요구받았을 때 분노발작을 일으키는 등의 바람직하지 못한 행동들을 감소시킬 수 있는 치료 프로그램을 설계하라.

5. Goldstein(2002)이 고찰하고 지지했던 가장 효과적인 치료절차들에 관해 기술해 보라. 그 장점에 관해 Goldstein은 어떠한 유형의 증거를 인용했는가?

제**14**장

언어장애가 동반되는 세 집단 : 외상성 뇌손상 · 뇌성마비 · 청각장애 아동

개요

- 외상성 뇌손상 아동

- 뇌성마비 아동

- 청각장애 아동

- 요약

- 학습지침

이 장에서 우리는 몇 가지 부가적인 문제와 연합되어 언어장애를 나타내는 세 가지 집단의 아동, 즉 (1) 외상성 뇌손상 아동, (2) 뇌성마비 아동 (3) 청각장애 아동에 대해 설명할 것이다. 우리는 이 세 집단의 아동들을 명백히 다른 것으로 인식하고 있다. 그럼에도 불구하고 우리는 편의성 및 간결성에 입각하여 이를 동일한 장에서 함께 기술하고자 한다.

각 집단에 따라 연합된 조건 및 그 원인들에 대해 설명할 것이다. 그다음 각 조건과 연합된 언어의 전형적 결함에 관한 설명이 이어질 것이다. 각 절들은 이 부가적 진단명으로 평가된 아동들의 고유하면서도 복합적인 요구에 부합하도록 이행되어야 할 평가 및 치료절차의 수정에 관한 제안으로 끝을 맺을 것이다.

외상성 뇌손상 아동

외상성 뇌손상(Traumatic Brain Injury, TBI)은 두개대뇌 외상(craniocerebral trauma), 머리 외상(head trauma) 또는 머리 상해(head injury)라고 알려져 있기도 하다. TBI는 특히 이것이 심각할 경우에는 더더욱 즉각적인 의료적 응급 상태를 초래하며, 장기적인 장애를 야기시킨다. 아동, 청소년 및 젊은 성인들에게는 TBI가 특히 잘 일어날 수 있다. 현재로서는 TBI가 거의 모든 사회에서 젊은 인구들의 사망 및 장애의 가장 보편적 원인이다. 중증의 TBI로부터 초래된 신체 및 지적 결함은 개인과 그 가족에게 인간적, 사회적 및 경제적으로 엄청난 영향을 미치게 된다. 중도 TBI는 많은 개인들의 경제적 활동력을 영구적으로 감소시킨다. 손실되거나 또는 감소된 소득에 더해 생애 주기 전체에 걸친 의료 및 재활비용이 추가될 경우, TBI는 개인 및 그 가족에게 약 5백만 달러 이상의 비용을 부과하게 될 것이다(Hartley, 1995). TBI를 가진 개인들을 보살피기 위해 연간 250억 달러 이상의 비용이 소요된다(Adamovich, 1997; Bigler, 1990; Benson & Ardila, 1992). TBI 아동들을 위한 전문적 관리에는 의료적 처치, 재활, 그리고 말언어 서비스가 포함된다. 외상성 뇌손상은 신체적 외상 또는 외부의 힘으로 인해 발생되는 뇌의 상해를 말한다. 이러한 형태의 뇌손상은 일반적 행동뿐만 아니라, 다양한 지적 및 운동기술에도 영향을 미친다. 뇌손상을 초래하는 모든 유형의 신경학적 질환(예 : 뇌졸중에 의한 대뇌손상, 종양, 감염, 진행성 신경계 질환, 신진대사장애, 독성물질, 그리고 유전적 또는 선천적 조건들)은 외상성 뇌손상이라는 용어에서 배제된다.

머리 외상 그리고 외상성 뇌손상이라는 용어는 종종 같은 의미로 간주되지만, 여기에는 차이점이 있다. 뇌손상은 거의 언제나 머리의 외상과 관련된 것이다. 그렇지만 경도 수준의 머리 외상은 설사 안면구조에는 상해를 미칠 수 있어도 뇌에는 상해를 미치지 않을 수 있다. 경도의 머리 상해보다는 심각한 뇌의 상해로부터 인지 및 의사소통의 결함이 나타날 가능성이 더욱 높다.

외상성이 아닌 뇌 상해에는 어떠한 유형이 있는가?

TBI의 발생률과 출현율

아동들의 TBI 발생률 추정치는 연구마다 크게 다르다. 예를 들어, 어떤 연구자들은 경도의 손상을 계산에 포함시키고, 또 어떤 이들은 그렇지 않다. 일부에서는 성인뿐 아니라 아동도 포함시켰다. 다른 연구에서는 오직 아동과 청소년만을 포함시켰다. 반면 또 다른 연구자들은 오직 아동만 포함시켰다. 더욱이 일부 연구자들은 뇌손상이 지속되는 이들만을 포함시키는 반면, 또 어떤 이들은 뇌손상의 존재 여부와 상관없이 모든 유형의 머리 손상을 가진 이들도 포함시킨다. 마지막으로 일부 연구자들은 뇌의 외상으로 사망한 이들은 계산하지 않는 데 반해, 다른 이들은 이 숫자 역시 함께 계산하기도 한다(Kraus & McArthur, 2000). 아동들의 경우, TBI 발생률은 100,000명당 200명, 그리고 사망률은 10% 정도로 추산된다(Weiner & Weinberg, 2000). 일반 인구에서 제안된 발생률 수치는 이보다 높은 100,000명당 367명에 달한다. 소아 백혈병(childhood leukemia)은 아동 사망의 주요 원인 중 하나지만, TBI로 인한 사망은 이보다 10배나 더 높다. 매년 약 백만 명의 아동이 병원에서 응급치료를 받으며, 이들 중 약 165,000명은 입원하게 된다. 이들 중 20,000명 이상은 포괄적인 재활 서비스가 요구되는—비록 이들 중 다수가 이런 서비스를 받지 못할 것이지만—중등도에서 중도 수준의 인지 및 신체적 증후가 발생하게 된다.

> TBI가 발생되기 쉬운 또 다른 연령집단은 노인이다. 75세 이상의 노인 가운데, TBI 발생률은 100,000명당 3,000명에 달한다.

TBI와 관련된 몇 가지 위험 요인은 이미 잘 밝혀져 있다. 예를 들면 다음과 같다.

- **연령.** 15~24세의 연령집단에 속하는 청소년과 젊은 성인들에서 TBI 출현율이 매우 높게 나타난다. 출현율은 15~19세 연령집단에서 가장 높게 나타난다(연구에 따라 100,000명당 400~700명).
- **성별.** 소년들이 TBI를 겪게 될 가능성이 더 높으며, 또한 이로 인해 사망할 가능성도 더 높다.
- **생활여건.** TBI 발생률은 인구밀도가 높은 도심지에 살거나 낮은 사회경제적 위치에 속한 이들에게서 상대적으로 더 높게 나타난다(Hartley, 1995).
- **인종문화적 요인.** TBI는 백인보다는 아프리카계나 히스패닉계에서 보다 보편적으로 발생될 수 있다. 강도, 총상, 그리고 기타 형태의 폭력들로 인한 머리 손상은 도심의 빈곤 지대에 거주하는 소수 인종들에서 더 높게 나타날 수 있다(Payne, 1997).
- **시간.** 아동들이 학교를 떠나 다양한 활동을 행하게 되는 정오에서 자정 사이의 시간대에서 대부분의 손상이 일어난다.
- **환경.** TBI는 도로 위나 가정에서 가장 많이 발생된다.

아동 TBI의 원인

아동들의 TBI에는 다양한 원인이 존재한다. 일부 원인들은 장기적인 반면, 다른 것들은 상대적으로 새로운 것들이다. 일부는 특정 사회에 국한된 것도 있고, 일부는 보편적인 것들도 있다. 어떤 원인들은 모든 연령집단에 걸쳐 나타나는 반면, 아동들에게서 보다 보편적으로 나타나는 것들도 있다. 터프츠-뉴잉글랜드 의료센터 국립소아외상등록소 및 기타 출처들에 따르면, 가장 보편적인 아동 TBI의 원인에는 다음과 같은 것들이 포함된다.

- **추락.** 가장 빈도 높은 원인인 추락은 모든 TBI의 약 1/4 이상을 차지한다(26%). 계단, 높은 가구(의자, 선반), 발코니에서의 추락 그리고 창문 밖으로 떨어지는 것 등이 가장 보편적이다.

- **자동차 사고.** 차에 타고 있는 아동들이 TBI의 두 번째로 빈도 높은 원인에 노출된다. TBI의 약 19%가 자동차 사고 때문이다. 교통사고로 인한 TBI로 고통받고 있는 아동들의 77%에 달하는 수치는 안전벨트를 매지 않았거나 보호용 카시트에 앉아 있지 않았기 때문일 수 있다. 자리에 고정되지 않았던 아동들은 차 안에서 나뒹굴거나 창밖으로 내던져질 수 있다.

- **보행 중 상해.** 아동 TBI를 초래하는 세 번째 원인이다. 아동들이 길을 건널 때, 인도 가장자리나 도로에서 놀거나 걸어다닐 때, 또는 단순히 도로로 갑자기 뛰어나가다가 차량에 부딪쳐 TBI로 이어질 수 있다.

- **자전거 타기.** 자전거를 타다가 다양한 이유(예 : 갑자기 나타난 물체와 충돌) 또는 다른 교통수단과의 충돌로 인한 낙상이 아동 TBI의 중요한 원인이 된다.

- **사회 및 가정폭력.** 의도적이거나 또는 사고에 의한 폭력이 중증의 TBI를 초래한다. 아동 TBI의 10%가 총상이나 자상(칼에 찔림)에 의한 것이다. 이러한 상해의 다수는 고의적인 것이나, 일부는 다친 아동들이 그저 방관자였다는 점에서 사고에 의한 것이라 할 수 있다.

- **아동 학대.** 그 자체로서 의도적 폭력의 또 다른 형태를 구성하는 아동 학대는 종종 (고통이) 가해진 뇌의 외상이나 손상이라고도 불린다. 아동의 머리를 때리는 행동이 TBI를 초래하는 아동 학대의 빈번한 유형이다. 또 다른 학대 유형의 하나인 흔들린아기증후군[shaken baby syndrome, 혹은 가해진 아동기 신경외상(inflicted childhood neurotrauma)]은 폭력적이며 의도적 및 반복적으로 아동을 무작위로 흔들어, 머리의 빠른 가속-감속을 초래하여, 뇌손상뿐 아니라 기타 형태의 손상(예 : 망막출혈)의 원인이 되는데, 이런 일은 대개 전형적으로 3세 이전에 일어난다(Forbes et al., 2004).

- **모든 형태의 지상 교통수단에 의한 사고.** TBI의 상대적으로 새로우며, 일부 서구사회에서는 좀 더 보편적인 원인이 제반 지상 교통수단의 사용 및 그에 따른 사고에 의한 것이다. 미국에서는 제반 지상 교통수단 사고에 의한 TBI의 빈도가 점차 증가 추세에 있다. 여성보다는 남성이 더 많이 다치며, 이 제반 지상 교통수단에 의한 사고의 1/3이 아동에게 발생되고 있다(Carr et al., 2004).

- **스포츠 활동 관련 상해.** 한 연구에서는 스포츠 활동과 관련된 모든 소아 상해의 87%가 머리와 목 부위에 집중되는 것으로 밝혀졌다(Schalomon et al., 2004). 이를테면 축구, 농구, 야구, 스키 활강, 아이스 스케이팅, 스케이트보드와 같은 스포츠 활동 외에도, 기타 스포츠들이 TBI의 원인이 될

수 있다. 한 연구는 스키 활강 사고로 인한 아동 사망을 이끄는 원인이 TBI라고 보고한 바 있다 (Xiang, Stallones, & Smith, 2004).

- **농장과 관련된 상해.** 농기계와 관련된 사고 역시 아동에게 TBI를 일으키는 또 다른 원인이다(Smith et al., 2004). TBI를 초래하는 사고들은 가축(종종 말을 포함하여)이나 농장에서 사용되는 장비들 (예 : 달리는 트랙터에 올라타기)과 관련된 것일 수 있다.

- **가정 안에서의 사고.** 가정 안에서 일어나는 다양한 유형의 사고가 아동에게 TBI를 초래할 수 있다. 사고에 의한 총기 발사, 안면이나 머리 손상을 일으킬 수 있는 위험한 장난감, 화재 관련 사고, 동력 장비나 기계의 부주의한 사용(예 : 잔디깎기 기계에 올라탐)이 소아 TBI를 초래할 수 있는 더욱 흔한 가정 내 사고들의 예이다.

아동들이 모터가 달린 장난감을 사용하는 일이 많아질수록 머리 상해 역시 더 많아질 것이다. 비록 구체적인 자료는 존재하지 않지만, 최근까지 모터가 달린 스쿠터(이륜)는 아동들에게 많은 상해를 입히는 것으로 보고되고 있다. 아동들의 경우 비록 추락이 TBI 및 그로 인한 사망의 으뜸가는 원인이기는 하지만, 교통사고로 인한 TBI의 전체 발생률(자동차 사고, 보행 사고, 자전거 사고, 제반 지상 교통수단과의 충돌을 모두 포함하여)은 그 밖의 모든 단일 요소 각각에 의한 수치를 추월하고 있다. 교통수단에 의한 사고로 초래된 TBI의 대부분은 이에 연루된 아동 중 오직 소수만 보호 장비(예 : 안전벨트, 헬멧)를 착용해도 예방될 수 있는 것들이다.

TBI의 신경학적 효과

머리 외상에 의한 신경학적 효과는 외상의 손상도, 외상의 유형, 충격이 가해진 속도 및 기타 몇 가지 요소들에 따라 달라진다. 종종 침습적 및 비침습적 두 가지 유형의 손상이 뚜렷하게 나타난다.

침습적 손상(penetrating injuries)은 두개골이 골절되고, 뇌막(뇌의 덮개)이 파열되어 뇌조직이 손상되는 것을 말한다. 머리에 개방된 상처가 있으며, 따라서 이는 개방성 뇌손상(open head injury)이라고도 알려져 있다. 총탄, 칼, 못을 박는 장비 등이 머리를 뚫고 들어갔을 때 이러한 유형의 손상이 초래된다. 침습적 물체의 파편(총탄, 깨진 유리조각)이 머리에 박혀 있을 수도 있다. 일부 침습적 뇌손상은 치명적일 수도 있다. 생존한 개인의 침습적 뇌손상의 신경학적 영향에는 뇌내압(intracranial pressure)의 즉각적인 증가, 불규칙한 혈압 변동, 뇌혈류량 감소, 뇌조직 괴사, 이차감염, 뇌부종, 신체적 장애(예 : 사지의 마비 또는 약화), 감각결손(예 : 시각 결손), 지적(인지적)결함, 그리고 의사소통의 문제들이 포함된다.

비침습적 손상(nonpenetrating injuries)은 뇌 안에 어떠한 외부 물체나 조각들도 들어가지 않은 손상을 말한다. 뇌막은 완전한 채로 보존되어 있다. 그리고 두개골 골절이 있거나 또는 없는 채로 뇌가 손상된다. 사

> 두개골이 온전한 상태에서도 뇌손상이 일어날 수 있는가?

고, 추락, 머리에 가해진 육중한 타격, 그리고 다양한 형태의 아동 학대(흔들린아기증후군을 포함하여)가 비침습적 손상을 만들어 내는 경향이 있다. 머리에 개방된 상처가 없기 때문에, 이를 폐쇄성 뇌손상(closed head injury)이라고도 한다.

비침습적 뇌손상의 일차적 결과로 가속-감속 손상(역자주 : 신체 일부가 움직이고 있는 중에 다른 사물이나 다른 신체 일부에 의해 가해진 충격에 의한 손상)과 비가속성 손상이 나타난다. **가속-감속 손상**(acceleration-deceleration injuries)은 일단 격렬한 움직임이 머리에 가해지고 이어 그것이 느려지는 것을 말한다. 이것은 움직이는 머리에 가해지는 힘에 의한 손상이다. 움직이고 있는 사물로부터 충격을 받은 머리는 먼저 충격 외상(외부의 힘 또는 사물과 접촉한 지점에서의 외상)을 받게 될 것이다. 충격 지점에서의 뇌조직 손상을 **충격손상** (coup injury)이라 한다. 그러나 보다 중요한 것은 머리가 격렬하게 움직이기 시작하면, 두개골 내부의 뇌 역시 앞뒤로(충격이 가해진 방향에 따라) 움직이게 된다는 것이다. 머리의 움직임이 느려지거나 멈추는 순간, 내부의 뇌는 여전히 움직여 두개골 안쪽 면 반대편에 충돌하게 되어 **반충(격)손상**(contrecoup injury)이 초래된다. 따라서 충격 지점에서는 충격손상이, 그리고 뇌의 반대편에서는 반충손상이 발생되는 것이다. **비가속성 손상**(nonaccelerating injuries)은 머리가 고정된(움직이지 않고 정지된) 상태에서 가해지는 힘에 의해 발생되는 손상을 말한다. 예를 들어, 딱딱한 표면에 누워 있는 아동의 머리에 가해진 타격은 비가속성 손상을 초래하게 될 것이다. 이러한 경우에는 머리 및 뇌의 움직임(가속 또는 감속)이 적거나 전혀 없을 것이다.

> 충격손상은 어떤 지점에 발생하는가? 또 반충손상은 어디에 발생하는가?

비침습적 뇌손상의 가속/감속력에 의해 초래될 수 있는 심각한 신경학적 결과가 **미만성**(또는 **확산성) 축삭손상**(Diffuse Axonal Injury, DAI)인데, 이로 인해 뇌의 광범위한 영역에서 신경섬유 파열이 발생된다. 심각한 TBI로부터 생존했으되 식물인간 상태의 환자들은 반구 또는 양반구 전반의 긴 신경로(neural tract)에 걸친 포괄적인 DAI가 나타나게 된다. 머리 외상의 또 다른 효과로는 **미만성 혈관손상**(diffuse vascular injury)(뇌혈관의 파열)에 의한 뇌 내부의 출혈, 종종 혼수상태를 초래하는 **뇌간손상** (brain stem injury), 그리고 국지화되고 제한적인 영역에서의 뇌조직 상해를 초래하는 일차국소상해 (primary focal lesions)가 있다.

TBI 발생 후 일정 시점이 경과하여 발생되는 여러 가지 이차적인 결과들도 있다. 여기에는 뇌 내부 또는 두개골 내부에 혈액이 고임[두개내 또는 대뇌내 혈종(intracranial or intracerebral hematoma)], 뇌와 두개골 사이의 공간에 혈액이 고임[(경막외 혈종(epidural hematoma)], 혈액 결핍에 의한 뇌조직 괴사[(허혈성 뇌손상(ischemic brain damage)], 발작, 그리고 감염 등이 포함된다.

TBI의 신경행동학적 효과

외상성 뇌손상은 아동의 일반적인 행동들을 변화시킨다. 언어치료사(SLP)가 TBI를 입은 아동을 다루기 위해 필요한 치료의 일부 수정은 이들의 행동장애와 관련된 것이다. 일단 초기에는 TBI가 자각 수준을 변화시킨다. 경도의 손상을 당한 아동은 단순히 **명한 상태**(dazed, 환경에 대한 인식 감소)에 있다가 곧 회복된다. 보다 심각한 손상은 **혼미한 상태**(stupor, 아동이 고통이나 강력한 자극 외에는 반응하지 않음) 또는 **혼수상태**(coma, 무의식 및 무반응)를 초래할 수 있다. TBI에 이어서 또는 의식을 회복한 이후에도, 대개의 아동들은 시간과 장소를 혼동하고 정향하지 못한다. 이들은 두통, 시야가 흐릿함, 현기증, 무기력, 감정의 변화 및 변덕스러운 감정의 동요를 경험하기도 한다. 충동적 행동 및 일부 공격적 행동 역시 TBI 아동들의 특징으로 나타날 수 있다. 아동들은 또한 사회적으로 부적절한 행동을 드러낼 수도 있다.

> 명함, 혼미함, 그리고 혼수상태 중, 무엇이 가장 심각한 조건인가?

인지결함은 TBI 아동들에게서 나타나는 보편적인 특징 중 하나이다. 특별히 결함을 보이는 문제가 기억손실, 특히 외상이 발생된 바로 직전과 직후에 일어난 사건들에 대한 기억상실이다. TBI 아동들이 경험하는 기억의 결함은 주로 의식 수준의 감소 또는 **섬망**(delirium)이라는 과도한 각성 상태 중 어느 하나와 연합된 것이다. 그렇지만 다소 미세한 기억의 결함은 지속될 수 있다. TBI 아동에게 나타나는 기타 인지적 측면에는 추론 및 문제해결 기술도 포함된다. 이 아동들은 문제해결을 위해 취해야 할 단계들에 대해 생각하지 못하고, 빠져 있거나 일관적이지 못한 정보들을 인식하는 것에 실패하고, 문제해결에 있어서의 어려움을 예상하지 못하며, 그리고 유용한 방식으로 문제에 접근하는 것에 일반적으로 실패한다. 전두엽이 손상되면, 계획, 추론, 및 과제 집행 기능에 부정적 영향이 나타나는 것으로 여겨지고 있다.

아동에게 나타날 수 있는 기타 신경행동학적 증후에는 삼킴문제(연하장애), 발작, 구토 또는 메스꺼움, 사지의 약화 또는 무감각, 균형 또는 협응상실, 불안 및 동요가 있다. 일부 아동들은 쉬지 않고 울거나 음식을 거부하기도 한다. 외부 사건이나 자극에 대한 집중의 어려움도 TBI의 보편적 후속결과 중 하나이다. 이러한 주의결함은 아동의 의사소통에 영향을 미친다. 혼수 상태나 혼란 상태에서 회복된 상태에서 일부는 환각(hallucination, 존재하지 않는 것이 보이는 것과 같은 잘못된 감각적 경험)이나 망상(delusion, 누군가 자신을 다치게 할 것이라는 잘못된 믿음과 같은, 현실에 근거하지 못한 생각)을 경험하는 아동도 있다.

> 가족들은 자녀의 행동상에 나타난 변화야말로 아동의 TBI 이후 남아 있는 잔존 효과들에 대처하는 방식을 배우는 일을 가장 어렵게 만드는 요인임을 종종 깨닫곤 한다.

TBI로부터의 회복

아동의 TBI는 발달 중인 뇌를 공격한다. TBI 아동들이 성인에 비해 보다 쉽게, 그리고 보다 완전하게 회복되는가에 관해서는 일부 논쟁이 지속되고 있다. 많은 연구자들은 아동들의 뇌가소성(brain plasticity)으로 인해 그렇게 된다고 주장한다. 아마도 발달 중인 뇌는 완전히 발달이 종료된 뇌에 비해 손상을 좀 더 잘 처리할 수 있을 것이다. 뇌의 손상되지 않은 나머지 부분이 손상된 뇌의 기능을 떠맡을 수 있다.

최근의 연구자들은 이러한 전통적인 일련의 추론들에 대해 의문을 제기하고 있다. 비록 경도 TBI의 장기적인 영향에 대해서는 아직 확실히 파악되고 있지 않지만, 중등도에서 중도 수준의 뇌손상을 입은 아동들의 경우, 몇 가지 기술이 회복되는 것처럼 보이기도 하지만, 복합적이며 추상적인 기술 영역에서는 영구적이며 미묘한 효과가 지속될 수 있다. 이들의 학업 수행도 미세한 측면에서 어려움을 보일 수 있다. 그러므로 가능할 법한 결함들에 대해 아동을 지속적으로 평가하고, 필요하다면 전문적 도움을 제공하는 것이 현명한 일일 것이다. 보다 이전의 사고방식과는 반대로, 자동차 사고 관련 사망률이라는 측면에서 아동들은 성인들보다 더 유리하지 못함을 시사하는 일부 연구들이 있다(Johnson & Krishnamurthy, 1998).

TBI와 연합된 말언어장애

언어치료사는 아동의 신경학적 및 행동적 증후에 대해 살피는 과정에서 특히 TBI로부터 후속되는 말언어의 결함에 주목한다. 뇌손상의 일반적인 효과들은 언어장애에도 영향을 미치게 된다. 손상의 중증도에 따라, TBI 아동들의 임상적 초상은 시간의 경과와 함께 변화된다. 이들이 TBI로부터 회복되거나 아니면 신경학적 악화를 겪게 되는가에 따라 이들의 의사소통기술 역시 변화한다.

TBI와 연합된 초기 의사소통결함은 **마비말장애**(dysarthria)로 불리는 말장애로서, 이는 말산출에 관여하는 근육의 신경조절손상으로 인한 의사소통문제의 복합적인 세트이다. 마비말장애는 말산출의 모든 측면 호흡, 조음, 말속도, 말의 운율 또는 리듬, 음성의 질, 공명 등에 영향을 미친다. 또 다른 형태의 운동구어장애(motor speech disorder)인 말실행증 역시 TBI와 연합되어 나타날 수 있다. **말실행증**

말실행증에서는 근육의 약화 또는 마비가 나타나는가?

(apraxia of speech)은 근육의 약화 없이 나타나는 운동 계획 수립의 장애를 말한다. 아동이 근육계 결함이 전혀 없음에도 불구하고 말산출에 필요한 조음기관을 정확하게 위치시키지 못할 때 실행증이 입증된다. 운동구어장애에 관한 과학 및 임상적 문헌들이 폭넓게 존재하지만, TBI와 연합된 언어장애의 치료에 보다 집중하기 위해 여기서는 이를 다루지는 않을 것이다. 마비말장애와 실행증에 관한 기본적 소개는 글상자 14.1을 참조하라.

성인의 뇌손상은 언어기술의 손실 또는 손상을 의미하는 **실어증**(aphasia)의 유의한 원인이 된다. TBI

실어증은 과거 정상적인 언어력을 가졌으되, 최근의 뇌손상으로 인하여 다양한 범위에서 언어의 손상을 보이게 된 보다 나이 든 개인들에게서 진단된다. TBI가 지속되고 있는 아동의 경우에는 이 용어를 적용하지 않는다.

아동들에서의 실어증 발생률은 매우 낮다. TBI의 초기단계에서는 여러 실어증 증후들이 나타날 수 있다. 그렇지만 아동들의 일반적인 상태가 호전됨에 따라 대부분의 실어증 증후들은 사라지게 되는 경향이 있다. 그러나 몇 가지 실어증 증상들(예 : 낱말찾기 결함)은 지속될 수도 있다.

글상자 14.1   **마비말장애 및 말실행증 입문**

마비말장애와 말실행증은 운동구어장애이다. 마비말장애의 경우, 말 근육의 신경조절손상이 존재한다. 말 근육(speech muscles)에 마비나 약화가 있을 수 있다. 실행증의 경우, 근육마비나 약화는 없으나, 말산출에 관여하는 근운동 계획 수립(말초신경계 문제라기보다는 중추신경계 문제)에 있어서의 손상이 존재한다.

TBI 환자의 대략 30~35% 정도가 마비말장애를 보인다. TBI의 결과로, 아동은 말에 필요한 호흡 지원이 제한된다. 자음산출이 부정확하여, 부분적으로 또는 전체적으로 불명료한 말이 초래된다. 말의 억양 패턴에서도 이상이 나타날 수 있다. 말속도는 느려질 수 있다. 아동은 단음도로 말하기도 한다. 말소리의 크기(강도)가 제한적이다. 아동이 과비성을 보일 수도 있다. 음성은 질적 측면에서 목 쉰소리나 거친소리가 나타날 수 있다. 말 근육이 약화되었거나 마비되어 있기 때문에, 말과 관련되지

않은 운동(미소 짓기, 씹기, 삼키기)에도 역시 영향이 미칠 수 있다.

TBI의 결과로서 아동이 말실행증을 보일 수도 있는데, 이것은 말소리 조음, 특히 자음군에서의 비일관적이며 불규칙한 오류라는 특징이 나타난다. 이는 실질적으로 조음기관 움직임에서의 결함이 아니라, 말산출에 요구되는 운동을 계획하는 것에서의 실패에 기인하는 것으로 가정되고 있다. 말의 시도가 전형적으로 모색적인(탐색적인)것으로 기술되고 있다. 음소의 위치 전환 또는 도치(reversal)(masks를 'maks'로, 또는 snow를 'soun'이라고 말함), 음소 추가(cat을 'clat'이라고 말함), 그리고 말소리의 연장 또는 반복이 나타난다. 순수한 실행증은 매우 드물다. TBI를 가진 아동이 마비말장애와 말실행증의 특성들이 조합된 증후를 나타내는 경우도 있다.

TBI와 연합된 언어장애는 신경행동학적인 증후군들만큼 뚜렷하게 나타나는 것은 아니다. 그렇지만 아동이 언어습득이 완료되기 이전에 중등도에서 중도 수준의 TBI를 입게 되었다면, 이때는 그 습득이 지체될 수 있다. 불행하게도 TBI 아동들의 언어습득에 관한 체계적인 연구들은 부족한 편이다. 그러므로 이 아동들의 언어습득에 관한 진술들은 다른 출처들로부터 추론할 수밖에 없다. 이 아동들은 새로운 낱말이나 새로운 문장을 습득함에 있어 다른 아동들보다는 더욱 느린 속도를 보일 가능성은 있다. 이 아동들의 어휘는 보다 단순하며 보다 구체적인 낱말들로 이루어져 있을 수 있다. 아동은 복잡하고 추상적인 낱말, 표현, 관용어 및 격언의 습득에 현저한 어려움을 보일 수 있다. 아동의 문법 요소 습득도 느려질 수 있다. 구어언어에 대한 이해도 제한적이거나 손상될 수 있다. 그렇지만 이러한 말 이해에서의 어려움은 부분적으로는 아동의 주의결함에 의거한 것일 수도 있다.

외상 바로 직후에는 일시적 함묵증(말의 완전한 결여)을 보이는 아동도 일부 있을 수 있다. 그렇지만 TBI 아동들의 가장 뚜렷한 언어문제는 화용적일 가능성이 높다. 이들의 언어결함은 제3장에서 설명했던 단순언어장애 아동들이 보이는 것보다는 더욱 전반적인 형태로 나타나는 경향이 있다. TBI는 뚜렷한 신경행동학적 문제들을 낳기 때문에, 타인 및 사건들에 대한 아동의 전반적인 상호작용은 단순언어장

> TBI와 연합되어 있는 주목할 만한 언어의 문제점들은 무엇인가?

애 아동들에게서는 나타나지 않는 수준까지도 영향을 받을 수 있다. 그러므로 TBI 아동들의 언어문제

는 전반적인 의사소통의 문제라는 측면에서 보다 적절하게 기술될 수 있을 것이다.

화용적 언어의 문제점은 전형적으로 사회적 대화 속에서 뚜렷이 드러난다. TBI 아동들은 다소 충동적(비억제적)이고 부주의하며, 의사소통에 정상적으로 수반되는 몸짓 사용에서의 실패를 나타낸다. 외상의 초기단계에서 비정향적인(disoriented)[역자주 : 지남력이 떨어지는] 아동은 관련되지 못한, 괴상하며, 부적절한, 비결속적인, 그리고 혼란스러운 논평을 나타내기도 한다. 아동이 개선됨에 따라 이러한 문제들은 진정될 수 있다. 그렇지만 낱말찾기의 결함은 이보다 오랜 기간 동안 지속될 수 있다. 아동이 특정 낱말을 산출할 수 없게 됨에 따라, 부정확한 언어산출의 문제, 즉 돌려말하기(예 : 에둘러 말하기), 간투사 삽입('어-' 또는 '음-'), 낱말과 구 반복, 그리고 긴 휴지와 같은 특징들이 나타날 수 있다. 아동은 대화의 개시에 실패할 수 있다. 오직 누군가 말을 걸어야만 말할 때도 있다. 어떻게든 대화를 개시했을 때조차도 대화 중의 차례 주고받기에 실패하거나 다른 화자의 말을 방해하기도 한다. 대화 주제 유지에서의 실패도 TBI 아동들의 뚜렷한 결함 가운데 하나이다. 내러티브 기술 역시 심각하게 손상될 수 있다. 아동은 시간적 순서를 고려하지 않은 채로 이야기를 말하기도 하며, 내러티브를 말하는 것 자체가 드물거나 결핍되어 있다. 다시 말하거니와 화용적 언어결함의 대부분은 아동의 부주의로부터 기인된 것일 수도 있다.

> 화용적 언어문제에 관한 자세한 사항은 제2장을 살펴보라.

> TBI 아동들에게서 나타날 수도 있는 화용적 언어문제의 대부분을 차지하고 있는 것은 무엇인가?

TBI가 발생되기 이전에 문법을 숙달했던 아동은 일반적으로 이를 그대로 유지하고 있을 가능성이 있다. 순수한 언어결함(예 : 비문법적인 문장산출)은 화용적 언어문제만큼 빈번하게 발생되지는 않는다. 유지된 바의 구문구조에도 불구하고, 아동은 TBI의 신경행동학적 효과(예 : 기억손실, 충동적 행동 및 부주의)로 인해 효과적으로 의사소통을 하지 못한다.

TBI 아동을 위한 평가절차의 수정

TBI 아동들의 언어장애를 평가할 때, 치료사는 제4장(평가에 관한 장)에서 기술된 절차의 대부분을 그대로 사용할 수 있다. 그렇지만 TBI 아동들에 관해 완전히 이해하고 이를 치료하기 위해서는, 앞서 기술된 모든 절차들에 대한 다소의 수정이 이루어질 필요가 있다. 일반적으로 TBI 아동들을 평가하고자 할 때는 아래에 이어질 내용들과 같은 특별한 고려나 절차상의 수정이 요구된다(Bigler, Clark, & Farmer, 1997;

> 평가의 일반적 절차에 관해서는 제4장을 참조하라.

Blosser & Depompei, 1994; Gillis, 1996; Hartley, 1995; Hegde, 2001a; Mira, Tucker, & Tyler, 1992).

팀의 협력에 의한 평가. TBI 아동 평가는 단체적 노력의 일환이다. 단순언어장애를 보이는 아동들과는 달리, TBI 아동들은 신경학적, 행동적 및 의사소통적 문제의 복합적인 세트를 경험한다. 이것은 아동이 보이는 복합적 증후에 따라 의료전문가, 심리학자, 물리치료사, 말언어치료사 및 기타 전문가들의 서비스를 요구한다. 언어치료사는 다른 전문가들과의 자문 속에서 자신만의 평가 계획을 개발해야 한다.

발병 이전의 아동 상태에 관한 정보 확보. 외상 이전의 아동의 상태에 관한 정보를 수집하기 위해서 표준적 양식과 더불어, 사례력 및 면담 형식을 특별히 구조화시킬 필요가 있다. 발병 이전의 아동의 건강, 일반적 발달, 사회적 기술 및 의사소통기술, 인지기술, 그리고 학업 수행(필요하다면)이 특별한 관심 영역이라 할 수 있다. 이 정보들은 외상 후에 이어진 아동기술의 변화 정도를 평가하는 데 필수적인 도움을 준다.

다른 전문가들의 보고서 검토. 평가 계획을 수립하기 이전에, 치료사는 다른 전문가들이 작성한 가장 최근의 보고서를 검토해야 한다. 의학적 상태는 평가절차에 중요한 영향을 미칠 것이다. 예를 들어, 병원의 보고서에 아동이 여전히 혼란 상태에 있고, 지남력이 떨어지는 것으로 나타난다면, 의사소통 평가는 제한적이고 간략해져야 할 것이다. 의료 기록은 치료사가 현재의 행동에 영향을 미칠 수 있는 손상도, 그리고 예상되는 회복 수준에 관해 이해할 수 있도록 도울 것이다. 이 외의 여러 가지 가운데, 전통적인 방사선 검사, 뇌구조 스캐닝 결과 및 신경학적 검사결과들은 손상의 범위와 아동이 겪게 될 즉각적인 후속결과를 결정할 수 있도록 도울 것이다. 전체 팀에서의 심리학자, 물리치료사, 간호팀, 그리고 기타 전문가들의 보고는 평가 및 치료계획 수립에 대한 추가적이며 적절한 정보를 제공해 줄 것이다.

침상 평가 및 면담. 아동의 침상 평가는 아동의 지남력 정도와 아동이 평가 과정에 참여할 수 있을 것으로 기대되는 정도를 결정할 수 있도록 도울 것이다. "네 이름이 뭐지?", "몇 살이지?", "지금 몇 시야?", "오늘이 며칠이지?", "여기가 어디지?" 등과 같은 간단한 질문들이 아동의 지남력과 주의력을 확인할 수 있도록 돕는다. 이 같은 침상 평가를 통해 아동에게서 평가절차에의 참여를 어렵게 할 만한 운동결함이 있는지를 알아볼 수도 있다. 치료사는 이후 아동 및 아동의 현재 행동적 성향에 맞는 평가절차를 선택할 수 있다.

표준화 검사. TBI 아동들에 맞게 표준화된 검사는 매우 적다. 일부 검사들은 연령에 상관없이 자각 및 의식과 같은 환자들의 일반적인 상태를 평가하는 데 유용하다. 치료사는 아동의 요구에 맞게 검사 문항을 수정하고, 이 결과에 대해 검사 규준과의 비교 없이 임상적으로 평가할 수 있을 것이다. 어떠한 경우에든 치료사는 표준화가 이루어진 표본 및 그 신뢰도와 타당도를 비판적으로 평가해 보아야 한다. 일반적으로 세심하고 체계적인 관찰을 실시하는 것이 종종 표준화 검사를 시행하는 것보다 더욱 신뢰성 높은 결과를 가져다줄 때도 있다. 혼란과 주의결함으로 인해, 아동들은 표준화 검사에서 자신이 할 수 있는 어느 정도의 일부 문항들 외에는 수행을 하지 못할 수도 있다. 늘 그렇듯 이때는 내담자 특정적인 절차들이 유리할 것이다. 표 14.1에서 14.3에 걸친 목록들은 말, 언어 및 인지기술들을 다양

 표 14.1

주의 및 기억 평가도구

검사	연령 범위	설명
Children's Auditory Verbal Learning Test-2 Talley (1995)	6세 6개월~ 17세 11개월	아동의 기억결함의 존재여부 및 손상도 평가
Detroit Tests of Learning Aptitude-Fourth Edition Hammill (1998)	6~17세	문장 모방, 낱말 시퀀스, 이야기 시퀀스와 같은 기술들에 관한 10가지 하위검사 제공

Goldman-Fristoe-Woodcock Test of Auditory
   Discrimination
   Goldman, Fristoe, & Woodcock (1978)
	3세 8개월~성인	말소리 변별기술 평가

Mental Status Checklist-Children Dougherty & Schinka (1992)	5~12세	음운적 결함 평가 및 치료계획 수립을 도움

Wide Range Assessment of memory and Learning,
   Second Edition
   Sheslow & Adams (2002)
	5세~성인	즉각적 회상 및 지연된 회상을 포함하는 기억
		평가

하게 평가하도록 설계된 표준화 검사 중 선정된 표본들이다.

정보의 통합. 평가의 마지막 단계에서 치료사는 아동뿐 아니라 그 가족까지 포함하여, 이들의 강점과 제한점에 대한 포괄적인 조망을 얻기 위해 여러 전문가들로부터 수집된 정보들을 통합해야 한다. 이러한 통합적 보고 안에는 아동의 의사소통 수행, 현재 지속되고 있는 신체 및 인지적 제약, 기타 전문가들이 제안한 예후, 그리고 의사소통 훈련의 예후에 관한 내용들이 명확하게 기술되어 있을 것이다. 평가보고서에는 가능한 언어치료 목표 및 전략들이 제안되어 있을 것이다.

TBI 아동을 위한 치료절차의 수정

TBI 아동을 치료할 때는 제2부의 장에서 기술되었던 바의 내담자 특정적 목표 선정, 시범, 형성, 차별적 강화, 교정적 피드백 등과 같은 절차들이 반드시 필요하다. 지금부터 치료 및 그 절차의 수정과 관련된 일부 특수한 고려사항(Bigler, Clark, & Farmer, 1997; Blosser & DePompei, 1994; Gillis, 1996; Hartley, 1995; Hegde, 2001b; Mira, Tucker, & Tyler, 1992)에 대해 기술할 것이다.

치료는 팀에 의한 노력. TBI 아동을 위한 치료계획은 의료 및 의학적 재활 전문가, 심리학자, 작업치료사, 물리치료사를 포함한 기타 전문가들과의 자문을 통해 개발되어야 한다. 기타 전문가들이 각각 얼마나 많은 역할을 담당했는가에 따라 말언어치료사의 업무가 달라질 것이다. 예를 들어, 의료팀이 신체적 증상을, 그리고 신경심리학자들이 행동문제를 얼마나 많이 다루었는가가 의사소통치료에 영향을 미친다. 혼란 상태와 낮은 지남력이 잘 다루어졌고, 충동적 및 공격적 행동이 감소된 아동은 말언

표 14.2

학업 성취 평가도구

검사	연령 범위	설명
Differential Ability Scales 　Elliott (1990)	취학전: 2세 6개월~ 　5세 11개월	인지능력 및 학업 성취 평가
Kaufman Assessment Battery for Children, 2nd ed. 　Kaufman & Kaufman (2004)	3~18세	절차적 정보처리 및 동시적 정보처리를 포함하 　는 인지기술 평가
Kaufman Test of Educational Achievement-II 　Kaufman & Kaufman (2004)	4세 6개월~ 　25세(종합검사) 4세 6개월~성인 　(간편검사)	읽기, 철자 및 수학 영역의 강점과 약점 평가
Peabody Individual Achievement TestRevised- 　*Normative Update* 　Markwardt (1998)	5~22세 11개월	학업 성취 평가
Woodcock Language Proficiency Battery-Revised 　Woodcock (1991)	2세~성인	구어, 읽기 및 문어 평가, 영어판과 스페인어판 　이 함께 있음

어치료가 포함된 모든 유형의 재활 프로그램에서 보다 생산적인 모습을 보일 것이다.

가족 구성원과 교사의 참여. 아동의 행동이 그 가족들 모두의 삶에 영향을 미친다는 점을 감안하면, TBI 아동의 치료는 특수팀의 노력일 뿐만 아니라 그 가족의 노력에 의한 것일 수도 있다. 가족 구성원들은 치료목표 선정 과정에 그리고 치료회기에 참여할 수 있어야 한다. 이들은 치료에 필요한 선별적이며 친숙하고 효과적인 자극 자료들에 관해 제안해 줄 수 있다. 치료회기를 관찰하고, 이에 참여함으로써 가족 구성원들은 TBI의 바람직하지 못한 행동적 효과를 통제하고, 의사소통기술을 포함하여 생산적인 행동들을 촉진하는 방식을 배울 수 있다.

　교육 환경에서 치료계획 수립에 교사를 참여시키는 일은 필수적이다. 치료사는 교사들에게 학업적 성공에 도달하는 데 특히 유용할 법한 목표기술들에 관한 제안을 요청해야 한다. 언어목표와 학업목표를 통합시키는 방식에 관해 교사들과 논의할 수 있다. 나아가 교사들은 치료사가 가르친 기술들을 촉진하고 강화해 줌으로써 언어기술의 일반화된 산출을 신장시킬 수 있다.

문제행동 관리. 언어치료를 방해하는 다양한 문제행동들에 관한 특별한 고려가 필요하다. TBI 아동들은 치료 초기단계에서는 산만하며, 쉽게 지치고, 충동적이며 비협조적일 때가 있다. 생산적인 치료회기를 이루

　제6장에서의 바람직하지 못한 행동을 감소시키는 절차들을 살펴보라.

기 위해서 언어치료사는 바람직하지 못하며 개입적인 행동들을 감소시키기 위한 절차를 확실히 꿰고 있어야 한다. 일반적으로 바람직하지 못한 행동에 대해 교정적 피드백만 제공하는 것보다는 오히려

표 14.3

말언어기술 평가도구

검사	연령 범위	설명
Frenchay Dysarthria Assessment 　Enderby (1983)	12세~성인	마비말장애에 대한 차별적 설명 및 그 진단을 제공하기 위해 설계됨
Peabody Picture Vocabulary Test(3rd ed.) Dunn & Dunn (1997)	2세 6개월~성인	수용언어, 그림 가리키기 과제
Pragmatic Communication Skills Protocol 　Academic Communication Associates (2004)	3~11세	감정 표현, 정보 요구, 대화 주제 유지를 포함하는 다양한 화용언어기술 평가, 비표준화 검사
Test for Auditory Comprehension of Language-Third Edition 　Carrow (1973)	3~9세 11개월	낱말 범주, 문법형태소 및 문장구조를 이해하는 수용언어기술 평가
Test of Language Development-Primary	4~8세 11개월	구어 어휘 및 문법이해 하위검사
Test of Language Development-Intermediate 　Newcomer & Hammill (1997)	8세 6개월~ 　12세 11개월	문장 연결 및 '우스꽝스러운' 문장(말장난) 수정 하위검사
Test of Word Finding-2 　German (20000)	4세 4개월~ 　12세 11개월	두 검사 모두 그림 이름 대기(명사, 동사), 문장 완성 이름 대기 및 기타 낱말찾기 기술 평가
Test of Adolescent/Adult Word Finding 　German (1990)	12세~성인	
The Token Test for Children 　DiSimoni (1978)	3~12세	수용언어 결함 선별검사
The WORD Test-R 　Huisingh, Barrett, Bowers, LaGiudice, & Orman (1990)	7~11세 11개월	연합, 동의어에 관한 표현 및 수용 지식과 기타 기술을 평가하는 6개의 하위검사
The WORD Test-Adolescent 　Bowers, Huisingh, Barrett, Orman & LaGiudice (1990)	12~17세 11개월	동의어, 정의하기에 관한 표현 및 수용 지식과 기타 기술을 평가하는 4개의 하위검사

이를 소거(무시)하고 바람직한 행동에 대해 차별적 강화를 제공하는 것이 효과적일 것이다. 바람직하지 못한 행동을 대치시킬 수 있도록 바람직한 행동을 그 대안으로 가르치는 것이 효과적인 것으로 알려져 있다(Carr et al., 1994; Koegel, Koegel, & Dunlap, 1996). 하루 동안에 걸쳐 몇 차례의 짧은 치료회기를 분산시키는 것이 한두 차례의 긴 회기보다 더 효과적일 수 있다. 상대적으로 더 긴 회기일 경우에는 중간에 휴식시간을 자주 갖는 것이 좋다. 또한 조용하고 집중될 수 있는 방에서 치료회기를 가지면 바람직하지 못한 행동을 감소시키는 데 도움이 될 것이다.

TBI 관리팀 내 기타 구성원들과의 협력. 아동을 위한 보다 효과적인 의사소통치료를 위해, 언어치료사는 TBI 관리팀의 기타 구성원들과 긴밀하게 협업해야 한다. 예를 들어, 만일 아동이 처방약으로 인해 치료 중에 졸려 한다면, 의사는 의사소통치료 전의 투여량을 기꺼이 줄여줄 것이다. 마찬가지로 언어치료사는 심리학자에게 아동의 비협조적인 행동 감소나 주의폭 증가 등을 위한 프로그램을 설계해 달라고 요청할 수도 있을 것이다. 반대로 치료사는 다른 전문가들에게 의사소통행동을 효과적으로 촉진시키고 강화해 줄 수 있는 방안들을 제안해 줄 수 있을 것이다. 재활 초기단계에서 치료사는 아동이 팀내 모든 전문가들과 상호작용할 때 활용하도록 간단한 의사소통판(communication board)을 제작해 줄 수도 있을 것이다.

시간에 따라 변화되는 역동적인 치료목표. TBI 아동을 위해 필요한 치료 수정에는 치료목표의 속성을 변경시키는 것이 있다. 초기에 관찰될 수 있는 몇 가지 문법 오류들은 앞으로도 지속될 가능성은 있으나, 즉각적인 치료목표는 아닐 것이다. 언어적 정확성은 TBI 아동들을 치료할 때, 특히 그 초기단계에서 만큼은 중요한 것이 아니다. 그 수단이 무엇이건 간에, 효과적인 의사소통이 가장 의미 있는 초기 치료목표이다. 치료사는 몸짓, 수화, 가리키기, 끄덕이기, 눈깜박이기, 낱말, 구, 문장, 또는 메시지 전달에 필요한 그 밖의 모든 창의적 수단을 통해 표현해 내도록 촉구할 수 있다. 아동의 의료적 조건이 호전됨에 따라, 점진적으로 보다 복잡한 구어언어기술들을 치료목표로 선택할 수 있다. 이후의 치료단계에서 언어중재에 문해기술을 포함시키는 것이 학교 환경에서 특히 유용할 수 있을 것이다.

화용언어기술 치료의 특별한 적합성. 대화기술을 가르치는 것이야말로 언어치료의 가장 중요한 측면일 것이다. 대화에서의 결속적이며 관련 있는 표현, 주제 개시, 주제 유지, 담화 중의 차례 주고받기, 그리고 내러티브 기술을 치료목표로 삼아야 한다. 부적절한 논평을 무시하고, 질문을 하자마자 적절한 반응을 촉구해 주는 것(예 : "오늘은 무슨 요일이지? 오늘은 모– ㄱ…")이 부적절하거나 충동적인 반응 감소에 도움이 될 것이다.

기술 형성. TBI 아동들을 치료할 때는 아동이 할 수 있는 것으로부터 출발하여, 점점 더 어려운 과제를 향해 진보적으로 이동해 나가는 것이 특히 중요하다. 만일 과제의 요구가 지나치게 어려우면, 아동은 쉽게 좌절할 수 있고, 바람직하지 못하거나 비협조적인 행동을 드러내기 시작한다. 그러므로 형성은 치료 초기단계에서 선택할 수 있는 기법이다. 제6장에 형성 절차가 설명되어 있다.

교정적 피드백의 최소화 및 정적 강화의 최대화. 뇌손상이 중도에서 최중도 수준일 경우, 아동의 동기 수준을 높여주기 위해 일차적 강화물(음식이나 음료수)의 사용이 필요할 수도 있다. 이러한 강화물들은 치료 초기단계에서 사용한 후, 아동의 정반응이 증가되고 안정화되어 감에 따라 점차 용암시켜야 한다. 제5장과 6장에서 강조한 바와 같이, 일차적 강화물은 언제나 이차적 강화물(예 : 언어적 칭찬)과 함께 짝지어 줌으로써, 치료사는 궁극적으로 전자를 용암시키고 오직 후자만으로도 높은 반응률이 유지되게 할 수 있다.

의사소통 훈련과 인지기술 훈련의 통합. 시간을 오직 인지기술에만 배타적으로 투입하는 대신, 치료사는 이를 의사소통 훈련에 보다 효과적으로 통합시킬 수 있을 것이다. 예를 들면, 종이에 인쇄된 특정 패턴과 맞지 않는 철자나 도형에 표시하도록 하는 과제를 통해 주의력 향상을 도모(비기능적 주의 과제)하기보다는 오히려 치료사가 의사소통 훈련 과정에서 나타나는 적절한 주의집중 행동을 강화시켜 줄 수 있을 것이다. 치료사는 아동이 얌전히 앉아 있는 것, 의사소통 훈련에서 사용된 그림자극에 주목하는 것, 그리고 점점 더 긴 시간 동안 집중할 수 있게 강화시킬 수 있을 것이다.

모든 의사소통 수단을 수용하도록 타인 훈련시키기. 부모, 기타 양육자, 형제, 친구, 그리고 교사들에게 아동이 의사소통할 수 있는 그 어떤 수단에 대해서도 모두 수용해 주도록 교육시키는 일이 아동의 즉각적인 개선을 가져다줄 것이다. 부모나 교사들은 과거 복잡한 구어 표현으로 의사소통을 해왔던 아동이 보이는 몸짓이나 수화의 중요성을 당장은 인식하지 못할 수 있다. 그렇지만 TBI에서 회복되고 있는 아동의 경우, 어떠한 의사소통 수단이든 간에, 그 자체로 개선이자 일부 경우에서는 성취라 할 수 있다. 가족 구성원, 또래들 그리고 교사들에게 TBI 아동들이 보이는 이와 같은 노력을 수용해 주고 이에 대해 찬사를 보내주도록 가르쳐야 한다. 주요 인물들에 대한 이 같은 훈련은 자연스러운 상황에서의 목표행동 유지를 촉진시키는 데 도움이 된다.

보완대체의사소통기술. 특정 TBI 아동이 보완대체의사소통 체계를 필요로 할 것인가의 여부를 평가하는 일은 지속적인 관심 사안이다. 만일 아동에게 중도 뇌손상이 지속되고 있는 상태에서, 그리고 체계적인 훈련 프로그램하에서 구어 의사소통을 회복하는 것에 별다른 진전이 나타나지 않고 있다면, 이때는 보완대체 형태의 의사소통 교육 가능성을 진지하게 고려해 보아야 한다. 제15장에서 보완대체의사소통 형식을 필요로 하는 최소한의 언어만을 보이거나 또는 무언어 상태의 아동을 위한 다양한 선택 방안과 전략들에 관해 기술하였다.

> 보완대체의사소통에 관한 자세한 내용은 제15장을 참조하라.

공동체로의 재진입 프로그램. 아동들이 정상적 기술들을 가능한 한 많이 회복한 채로 자신의 과거 환경으로 되돌아갈 수 있도록 설계된 프로그램이 TBI 아동치료의 한 가지 특별한 요소이다. 아동은 오랜 기간 동안 병원 중심의 재활 프로그램에 머물러 있었을 수 있다. 이 아동은 병원 안 또는 그 안팎을 자주 그리고 너무나 오랫동안 드나들었을 것이다. 이러한 아동의 공동체(예 : 가정이나 학교)를 향한 재진입은 그 아동 및 그의 가족 모두에게 걱정스럽고 불확실성으로 가득찬 일일 것이다. 재활을 위한 최상의 노력에도 불구하고, 아동은 중등도에서 중도 수준의 TBI가 지속되고 있으며, 지적, 적응적 및 의사소통 영역의 기술에서 유의한 잔존 결함들이 여전히 남아 있을 수 있다. 그러므로 어떻게, 언제, 그리고 어떠한 특별한 도움을 통해 아동이 집에 돌아가서 학교로 되돌아갈 수 있게 할 것인가를 가족 구성원들과 교육자들의 도움과 함께 계획해야 한다. 남아 있는 결함에 따라 이 아동을 지원할 수 있도록 아동의 가정이나 교실 환경이 재구조화될 필요가 있다. 글상자 14.2에는 아동의 가정과 학교에서의 성

글상자 14.2   **TBI 아동의 가정과 학교에서의 성공을 돕기 위한 지침**

유의한 잔존 장애를 가진 아동을 돌려보내기 위한 프로그램을 설계하기 위해, 언어치료사(그리고 아동을 치료하는 전문가팀)는 다음과 같은 바를 행해야 한다.

- 아동을 임상 서비스로부터 종료시키기 전에, 아동의 잔존 결함에 관해, 그리고 지원 시스템과 함께 요구되는 환경적 수정에 관한 철저한 평가를 실시하라.
- 가족 구성원과 교사 모두에게 어떠한 수단에 의한 의사소통이건 간에, 그러나 특히 가능하면 치료실에서 확립된 기술에 의한 수단을 통한 효과적인 의사소통을 지지하도록 자문하라. 예를 들어, 아동의 요구에 따라, 그들에게 다음과 같은 것들을 요청할 수 있다. (1) 아동에게 말을 걸 때는 느리게 그리고 보다 간단하고 더 짧은 문장으로 말하라. (2) 핵심 낱말을 강조하고 반복해 주어라. (3) 지시를 반복해 주고 문장으로도 제시해 주며, 아동이 이 지시를 따라할 수 있게 하라. (4) 정반응에 대한 시범이나 촉구단서를 제공하고, 수동식 안내를 제공하며, 시각단서들을 제공하라. (5) 모든 새로운 용어를 정의해 주고, 용례를 제공하며, 사진이나 그림을 보여줌으로써 이를 구체적으로 예시해 주어라. (6) 반응에 필요한 여분의 시간을 제공하라. (7) 토

의 주제에 관한 배경정보를 제공하라. (8) 아동을 상호작용 속으로 이끌기 위한 특별한 노력을 실시하라. (9) 주제 개시, 차례 주고받기 및 주제 유지와 같은 대화기술들을 강화해 주어라.

- 가족 구성원과 교사 모두에게 아동을 지원할 수 있는 생활 환경 및 학습 환경을 재설계하도록 자문하라. 치료사는 이들에게 다음과 같은 것들을 요청할 수 있다. (1) 아동에게 시각 및 청각적으로 주의력을 분산시킬 만한 것들을 감소시켜라. (2) 운동 능력의 제한이 있는 아동들에게 물리적 장애가 될 만한 것들을 제거하라. (3) 학습을 돕는 계산기나 컴퓨터와 같은 특수한 학습장비의 사용을 가르치고 이를 강화해 주어라. (4) 아동으로 하여금 특정 장소에 따라 자신이 속한 위치를 지키도록 격려하라. (5) 아동에게 특정 과제를 이행하기 전에 먼저 노트, 지시사항, 교육 내용 등을 참고하도록 가르쳐라. (6) 아동에게 천천히 읽어주고, 그 이해를 점검하기 위해 자주 질문하라. (7) 쓰기를 할 때 수동식 안내를 제공하라. (8) 아동이 교실 안에서 교사를 향한 주의 초점을 유지할 수 있도록 돕는 특수한 좌석 배치를 제공하라.

공을 돕기 위한 지침이 담겨 있다.

뇌성마비 아동

뇌성마비 아동 역시 신경학적 손상과 관련된 대규모의 임상적 초상을 구성하는 또 다른 언어장애 집단이다. 그 문자적 의미가 뇌의 마비(paralysis of the brain)라는 점에서 이 용어는 잘못된 명칭이다. **뇌성마비**(cerebral palsy)란 여전히 발달 중에 있는 신경계의 손상에 기인한 신경운동장애 및 발달장애의 복합적 세트를 지칭하는 것이다. 뇌성마비는 어떤 질병이 아니라 증후들의 집합체를 부르는 이름일 뿐이다. 이

> 다음 문장은 참인가 거짓인가? 뇌성마비는 진행성 신경학적 질환이다.

조건은 진행성이 아니다. 사실상 아동들은 나이를 먹을수록 개선된다(Koman, Smith, & Shilt, 2004; Mecham, 1996; Yorkston et al., 1999). 종종 뇌성마비는 발달장애의 한 일환으로 간주되기도 하며, 제

12장에서는 정신지체와 관련하여 기술되어 있다.

미국에서의 뇌성마비 발생률은 1,000명의 아동당 1.5~3명으로 다양하게 보고되고 있으며, 보다 보편적으로 제시되고 있는 수치는 아동 1,000명당 2.5명이다(Cans et al., 2004; Dabney, Lyston, & Miller, 1997; Koman et al., 2004; Yorkston et al., 1999). 뇌성마비는 이와 같이 상대적으로 보편적인 아동기 장애로서, 이것에는 폭넓은, 그리고 일부 사례에서는 영구적일 수도 있는 특수한 관리가 요구된다. 뇌성마비인들을 위한 의료적 처치 및 다양한 유형의 재활에는 많은 비용이 든다. 그 추정치는 연간 80~115억 달러에 달한다(Centers for Disease Control and Prevention, 2004; Koman et al., 2004). 한 명의 뇌성마비인에게 필요한 영구적인 의료 및 재활비용은 약 100만 달러에 이른다.

뇌성마비의 원인

비록 선천적 장애로 기술되고는 있으나, 뇌성마비가 언제나 출생시점 또는 출생 직후에 뚜렷이 나타나는 것만은 아니다. 신경학적 결함은 출생 직후 여러 달이 지난 후에야 나타날 수도 있다. 이것은 생의 첫 두 해 동안의 어느 때라도 진단될 수 있다. 일부 연구들은 10세 연령까지의 아동들을 CP 출현율 산정에 포함시키기도 했다(Yeargin-Allsop et al., 1992). 엄격히 말하자면 선천적 조건이란 산전 요인(태아에 영향을 미치는) 또는 주산기 요인(신생아 분만에 영향을 미치는)에 의한 것이다. 복합적 요인들이 뇌성마비

> 선천적 장애는 출생시점에서 또는 그 직후에 진단이 내려진다.

를 초래한다. 여기에는 산전, 주산기, 산후 요인 및 쉽게 분류되지 않는 몇 가지 기타 요인들이 함께 포함된다. 출산 직후의 뇌성마비는 신생아 10,000명당 1.26명이다(Cans et al., 2004). 비록 많은 잠재적 요인들이 알려져 있긴 하지만, 뇌성마비 아동의 약 40%에서는 그 원인이 명확하지 않다.

산전 요인들은 임산부가 겪게 되는 부정적 변인들로서, 아직 태어나지 않은 태아의 뇌손상을 야기하여 뇌성마비를 초래한다. 여기에는 다음과 같은 것들이 있다.

- 산모의 풍진
- 산모의 감염(볼거리, 독감)
- 산모의 빈혈
- X-선 및 방사선
- 산모의 전신마취
- 산모의 교통사고 또는 기타 사고

주산기 요인들은 신생아에게 노출되는 부정적인 변인들로서, 결과적으로 분만 과정에서 뇌손상을 야기하여 뇌성마비를 초래하는 것이다. 여기에는 다음과 같은 것들이 있다.

- 분만 시간의 연장
- 불법적 분만

산후 요인들은 아동의 생애 첫 두 해(또는 그 이상) 동안 뇌손상을 야기하여 뇌성마비를 초래하는 것이다. 여기에는 다음과 같은 것들이 있다.

- 산소결핍증(뇌의 산소 공급 결핍)
- 외상성 뇌손상 : 대개는 아동의 뇌손상을 야기하는 교통사고, 전체 사례의 약 18%가 외상성 뇌손상에 의한 것이다.
- 볼거리, 성홍열, 홍역, 백일해, 뇌막염 및 뇌염 등의 감염이나 질병, 이 질병들은 산후 원인에 의한 사례의 50%를 차지한다.
- 납 중독 및 수은 중독(이 중 수은 중독은 논쟁의 여지가 있음)
- 뇌졸중을 포함하는 혈관성 질환 : 이것들은 아동들에게 보편적인 것은 아니지만, 실제로 발생되기는 한다. 산후 사례에 해당되는 아동들의 약 20%가 혈관성 원인이다.

뇌성마비와 연합되어 있는 기타 위험 요인들에는 다음과 같은 것들이 있다.

- 조산 : 미숙아로 태어난 아동들 가운데에서의 뇌성마비 발생률이 증가되고 있는데, 이는 아마도 사망률을 낮추기(그러나 장애를 낮추지는 않는) 위한 관리가 개선되었기 때문일 수 있다.
- 저체중 출산
- 다산[역자주 : 하나 이상의 개체가 수태되어 한 번에 한 명 이상이 출산되는 것]

뇌성마비의 신경운동학적 효과

자세 및 운동의 손상이 뇌성마비의 두 가지 주된 신경학적 효과라 할 수 있다. 뇌성마비는 여러 아동마다 서로 다른 패턴의 신경운동학적 문제를 초래한다. 이러한 증상의 패턴에 따라 뇌성마비의 네 가지 주요 유형이 나타난다.

- **경직형 뇌성마비.** 근긴장도가 증가되는 것을 경직이라 한다. 근육의 강직 또는 뻣뻣해짐이 **경직형 뇌성마비**(spastic cerebral palsy)의 지배적 증상이다. 이것은 또한 가장 보편적인 유형이기도 하다. 뇌성마비 아동의 약 70%가 경직성이다. 대립근(opposing muscle)도 동시에 활성화되기 때문에 움직임이 어색하고, 둔하며, 급작스럽고 뻣뻣해진다. 중추신경계 내에 위치하는 운동섬유인 상운동신경의 손상이 경직형 뇌성마비를 초래한다.
- **무정위 뇌성마비.** 느리고 불수의적인 그리고 뒤틀린(꿈틀거리는 듯한) 움직임을 무정위 운동증이

라 한다. 손과 팔, 그리고 발이 가장 큰 영향을 받는다. 얼굴과 혀에도 다소 영향이 미쳐서 말의 결함이 초래된다. 종종 자세에도 영향을 미친다. 기저핵 및 그 연결 영역들의 손상이 **무정위 뇌성마비**(athetoid cerebral palsy)의 전형적인 원인이다.

- **실조형 뇌성마비**. **실조형 뇌성마비**(ataxic cerebral palsy)의 주요 증상으로는 균형감 결함, 비틀거리며 서투른 걸음걸이, 서투르고 비협응적인 움직임이 포함된다. 근긴장도가 낮다(이완성). 균형과 협응을 조절하는 소뇌 손상은 실조형 뇌성마비를 초래한다.
- **혼합형 뇌성마비**. 사례의 약 25%가 **혼합형 뇌성마비**(mixed type of cerebral palsy)이다. 비록 전형적으로는 두 가지 중 어느 하나가 좀 더 지배적인 증후일 수는 있겠으나, 경직성과 무정위 운동증 모두가 동일한 아동에게서 함께 출현한다. 포괄적인 뇌손상이 혼합형을 초래한다.

마비와 부전마비는 비정상적 근육의 두 가지 특징이다. **마비**(paralysis)는 운동할 수 없는 근육을 의미한다. **부전**(不全)**마비**(paresis)는 근육의 약화를 말하는데, 비록 비효율적이며 근강도가 저하되어 있기는 하지만, 부전마비 근육은 움직일 수는 있다. 뇌성마비의 경우, 마비와 부전마비는 신체의 다양한 부위에 영향을 미칠 수 있다. 마비와 부전마비의 보편적 유형들에 관해서는 글상자 14.3을 참조하라.

뇌성마비 아동들의 신경학적으로 뚜렷한, 그리고 진단적 특징 중 하나는 뇌간에서 중개되는 일부 원시반사(primitive reflexes)의 지속이다. 원시반사는 임신기간을 충분히 채우고 태어난 신생아들에게서 모두 나타나는 것으로서, 생후 6개월이 되면 사라지거나 점차 유도해 내기 어려워지게 된다. 예를 들어, 빨기는 유아의 입술 주변을 건드려서 유발할 수 있는 원시반사의 한 예이다. 지속되는 원시반사의 또 다른 예

> 원시반사가 사라지게 되는 시점은 언제인가?

는 손바닥을 긁었을 때 손가락이 구부러지는 굴곡반사(flexion reflex)이다. 이러한 것들 및 기타 반사의 존속은 뇌성마비의 조기 진단에 도움을 준다(Zafeiriou, 2004). 유아들의 조기 진단을 돕는 또 다른 신경학적 특징은 근육긴장도가 결핍되어 있는 근긴장저하증(muscle hypotonia)이다.

뇌성마비와 연합된 추가 문제점

앞서 강조한 바와 같이 뇌성마비는 복잡하며 다양한 증후군들을 드러낸다. CP 아동들은 신경운동적 증후 외에도, 다음과 같은 문제점들을 나타낸다.

- **발달장애**. 30%에 이르는 수치에서 발달적으로 장애가 발생할 수 있다.
- **청각장애**. 약 13%가 청각장애일 수 있다. 중이염은 뇌성마비 아동들에게 보편적으로 나타난다.
- **시각결함**. 20~40%가 시지각 결함이 나타날 수 있다.
- **학습장애**. 대부분의 아동들이 학업 수행에 있어서의 일부 제한을 보일 수 있다.
- **발작**. 약 35%의 아동들이 발작을 경험한다.

글상자 14.3 | **마비와 부전마비의 유형**

마비 또는 부전마비는 신체의 편측 또는 양측에 그리고 오직 특정 부분들에서만(오직 다리에서만 또는 팔에서만) 나타날 수 있다. 마비와 부전마비의 보편적인 유형에는 다음과 같은 것들이 있다.

- 양측마비. 마비 또는 부전마비가 신체 특정 부위의 양쪽 측면 모두(양쪽 다리 아니면 양 팔)에 영향을 미친다. 뇌성마비 아동의 약 33%가 양측마비이다.
- 편마비. 신체의 어느 한쪽 측면에만(우측 또는 좌측) 영

향을 미친다. 아동의 약 13%는 우측편마비, 10%는 좌측편마비이다.
- 하지마비. 오직 아래쪽 사지에만(다리를 포함하여 몸통 아래쪽) 영향을 미친다.
- 단마비. 사지 중 어느 한곳에만 영향을 미친다.
- 사지마비. 사지의 네 곳 모두에 영향을 미친다. 미만성(또는 확산성) 축삭손상이 사지마비를 초래한다. 뇌성마비 아동의 40% 이상이 사지마비이다.

- 부주의. 뇌성마비 아동들은 주의폭이 짧고, 다양한 자극에 대한 반응 통제에 어려움을 보인다. 이러한 특징은 학습장애의 원인이 될 수 있다.
- 정서적 결함. 정서적 폭발의 일화 역시 자주 보고되는 바와 같이, 정서적인 불안정과 과민반응이 보편적으로 나타난다.
- 호흡이상. 호흡근육의 약화로 인해 아동의 호흡은 힘들고, 소음이 들리거나, 또는 긴장되어 있다. 예상할 수 있는 바와 같이, 이러한 이상은 말산출에 영향을 미치게 된다.

뇌성마비와 연합된 말언어장애

뇌성마비 아동들은 저마다의 뇌손상 정도에 따라 다양한 의사소통장애를 보인다. 일부는 경도의 의사소통장애만을 보이는 반면, 또 일부는 말산출 및 언어기술 모두에 있어서의 뚜렷한 장애를 보일 수 있다. 뇌성마비는 기술적으로는 운동장애라 할 수 있고, 따라서 말산출에만 영향을 미쳐야 할 것이다. 뇌성마비 아동들의 말산출에 관한 임상적 문헌은 언어장애에 관한 것보다 더욱 포괄적이다. 그렇지만 뇌성마비 아동들은 또한 언어장애도 보일 수 있다. 이는 주로 언어학습의 장애를 초래하는 발달장애나 청각장애와 같은 연합된 임상조건 때문일 것이다. 우리가 이 책에서 강조하고자 하는 것은 언어장애이므로, 여기서는 뇌성마비와 연합된 말장애에 관해서만 간략히 기술할 것이다.

말장애는 뇌성마비 아동들에게서 나타나는 지배적인 의사소통결함이다. 앞에서 강조한 것처럼 뇌손상을 입고, 그 결과로 운동결함이 생긴 아동이나 성인들의 말에서 나타나는 한 가지 특성이 마비말장애(dysarthria)이다. 그러므로 뇌성마비

마비말장애는 기능적 장애인가?

아동들은 마비말장애를 나타낼 가능성이 크다. 뇌성마비와 연합된 마비말장애 출현율은 낮게는 아동의 31%, 높게는 88%에 달할 정도로 다양하다(Yorkston et al., 1999). 명백히 신경운동 결함의 손상도가

높으면 높을수록 마비말장애의 가능성 역시 높아질 것이다. 뇌성마비 아동들은 급작스럽고, 힘들며, 불규칙적인 말로 인한 명료도 저하의 특성을 보이는 조음장애를 나타낼 수 있다. 이러한 아동들은 설단음(tongue-tip sound) 산출에서의 뚜렷한 결함을 보일 수 있다. 이 외에도 뇌성마비 아동들의 말 특성에는 약한 음성, 음강도 저하 및 강도 상의 예측 불가능한 변동, 단음도, 그리고 일부 사례들에서의 기식성(breathiness)이 포함된다. 뇌성마비 아동들은 또한 뇌성마비가 아닌 아동들에 비해 말을 더듬을 가능성도 더욱 높다.

지적한 바와 같이, 뇌성마비 아동들의 언어적 특성에 관한 체계적인 연구는 거의 없다. 그렇지만 이 아동 중 많은 수에서 발생하는 발달장애 및 청각장애로 인해, 이들의 언어습득은 지체될 가능성이 있다. 뇌성마비와 연합된 언어장애가 특별한 치료절차를 요구할 만큼 고유한 것임을 보여주는 강력한 증거는 없다. 만약 언어장애가 나타난다면, 이는 제2장에서 기술된 바와 동일한 속성의 것들일 수 있다. 제한적인 어휘, 새로운 낱말학습이 느림, 문법형태소 생략, 보다 단순한 문장산출, 복잡한 문장형식의 이해 및 산출결함들이 대화말에서 나타날 수 있을 것이다. 주제 개시, 주제 유지, 개인적 또는 객관적 사건에 관한 내러티브, 명료화 요구 및 청자로부터의 명료화 요구에 대한 적절한 반응들과 같은 화용적 기술 모두에서 다양한 정도에 걸친 결함으로 나타날 수 있다. 뇌성마비가 없는 발달장애 아동들에게서도 이와 동일한 결함이 나타날 수 있다.

> 뇌성마비는 그것만의 독특한 언어장애 유형을 만들어 내는가?

뇌성마비 아동들을 위한 평가절차의 수정

뇌성마비 아동의 평가를 위해서는 전문가팀이 필요하다. 이 팀은 말언어치료사, 신경학자, 소아과의사, 정형외과의사, 물리치료사, 작업치료사, 청각학자, 이비인후과의사(귀, 코 및 인후 전문가), 심리학자, 안과의사 및 검안사(시각 전문가), 의료사회복지사 등으로 구성될 수 있다. 아동의 의료적 문제점들이 지속적으로 모니터링되고 관리되어야 한다.

평가의 전반적인 목표는 아동의 의사소통기술, 자조기술 및 일상생활에 필요한 기타 기술, 사회적 행동 그리고 학업적 요구 및 그 수행에 관한 기능적 분석을 실시하는 것이다. 전문가팀의 구성원 중 하나인 말언어치료사는 치료 프로그램 개발 및 이행을 위해 의사소통 평가를 실시한다. 학교 치료사들은 교사들 및 아동을 다루는 특수교육전문가들과 긴밀하게 협조하게 될 것이다.

뇌성마비를 가진 그리고 언어장애가 의심되는 아동들만을 배타적으로 평가하기 위해 설계된 특별한 언어검사도구 같은 것은 없다. 그러므로 치료사는 제4장에서 기술된 평가절차들을 이용하게 될 것이다. 표준화 검사 그리고 언어표본을 포함하는 내담자 특정적인 방식들이 유용할 것이다.

이어서 뇌성마비 아동 평가에서 요구되는 특별한 사안이나 절차 수정에 필요한 일부 내용들(Hegde, 2001a; Mecham, 1996; Yorkston et al., 1999)을 설명할 것이다.

뇌성마비에 연합되어 있을 수 있는 잠재적 요인 탐색. 아동에 관한 표준적인 정보를 확보하는 것에 덧붙여, 사례력 및 면담에서는 어머니의 과거 임신기간 중의 건강 상태, 분만, 그리고 이와 관련하여 보고되었던 바의 어려움, 조산, 출산시 아동의 체중, 아동의 초기 운동발달, 삼킴에서의 어려움, 아동의 청력 및 말언어발달에 관한 부모의 우려에 관한 내용들에 특별히 주목해야 한다. 아동이 노출되었을 가능성이 있는 산전, 출생시점, 그리고 산후 위험 요인들을 결정하는 것이 보편적 관행이다.

여러 전문가의 보고서 검토. 기타 전문가들로부터의 이전 평가 및 치료에 관한 보고서들은 평가가 새롭게 이루어져야 할 필요성 정도를 결정하고, 이에 필요한 절차들의 선택을 이끌어 주는 데 도움이 될 것이다. 특히 담당 소아과의사, 신경학자 및 정형외과 전문가들이 작성한 의료기록이 특별히 유용하다. 발달장애, 청각장애, 또는 이 두 가지 모두에 관해 이루어진 이전의 진단들은 치료사로 하여금 말언어장애의 존재에 경각심을 가질 수 있도록 돕는다. 잦은 그리고 오랜 동안의 입원 역시, 설사 이것이 일시적인 현상일 뿐이라 하더라도 언어장애의 가능성을 암시해 주는 것일 수 있다.

여러 전문가의 정보 통합. 아동의 신경운동학적 상태, 일반적인 의학적 상태와 말언어 상태 및 이와 연합된 결함들에 따르는 포괄적인 조망을 얻기 위해서 치료사는 여러 전문가로부터의 정보를 통합해 내야 한다. 치료사는 아동뿐만 아니라 그 가족에 대해서도 역시 이들의 강점과 제한점에 대해 충분히 이해하고 있어야 한다.

뇌성마비 아동들을 위한 치료절차의 수정

뇌성마비 아동들은 자세 및 운동장애를 교정하기 위한 다양한 유형의 정형외과 수술 대상일 수 있다. 물리치료, 교정기, 근육 전기자극, 그리고 이것들 및 기타 방식들과의 조합을 통합 근강도 및 운동범위 개선이 우선시될 것이다(사진 14.1의 적응장비의 예 참조).

뇌성마비 아동들에게는 포괄적인 의사소통 훈련 프로그램이 필요하다. 이들은 말장애와 언어장애 치료 모두를 필요로 한다. 이 장애를 치료함에 있어서, 치료사는 제2부에 포함된 장들에서 기술했던 시범, 형성, 차별적 강화, 교정적 피드백 등과 같은 증거기반적 치료절차들을 통합시켜야 한다. 뇌성마비 아동들을 치료할 때 특별히 고려해야 할 일부 사안들(Hegde, 2001b; Mecham, 1996; Yorkston et al., 1999)을 요약하면 다음과 같다.

의사소통 훈련과 교육 프로그램의 통합. 언어치료사는 의사소통 훈련 프로그램을 개발하고 이를 시행함에 있어서 정규교사 및 특수교육전문가들과 긴밀히 협조해야 할 필요가 있다. 마찬가지로 뇌성마비 아동의 성공을 위해서는 부모 및 기타 가족 구성원들을 치료에 참여시킬 필요가 있다. 다른 모든 아동들에서와 마찬가지로, 치료사는 가르쳐야 할 목표기술 목록을 완성하기 전에 먼저 가족 구성원 및 교

사진 14.1　전문가팀의 구성원 중에서 물리치료사, 작업치료사와 같은 전문가들은 뇌성마비 아동들을 위해 이 보행기와 같은 특수한 적응장비를 제공해 줄 수 있을 것이다.

육자들과 상의해야 한다. 해당 아동을 위해 선정될 언어목표들은 아동의 학업적 성공을 강화시켜 줄 수 있는 것들이어야 한다.

다른 전문가들로부터의 자문. 정형외과의사, 물리치료사, 심리학자 및 특수교육자들과의 빈번한 자문은 의사소통 훈련에서의 아동의 수행 개선에 도움이 될 것이다. 예를 들어, 물리치료사는 아동의 자세 교정에 관해 제안해 줄 것이다. 현저한 신경운동결함을 지닌 아동이라면 치료회기 동안 얌전히 앉아 있기가 어려울 것이다. 물리치료사는 아동의 자세를 고정해 줄 수 있도록 고안된 방식이나 기계적 보장구(예 : 교정기) 사용 또는, 기능 향상을 위한 근육이완 전략에 대해 제안해 줄 수도 있을 것이다. 치료회기를 효과적이며 효율적으로 이행하기 위해서는 의사소통 훈련에 이 같은 장비들을 채택할 필요가 있다.

바람직하지 못한 행동 감소 절차에 관해서는 제16장을 검토하라.

바람직하지 않으며 개입적인 움직임 감소 기법 사용. 뇌성마비 아동의 그 밖의 신체 부위에서의 통제되지 않는 움직임이 말근육과 말산출에 영향을 미칠 수 있다. 치료사는 의사소통 훈련에서 이 같이 바람직하지 못한 움직임을 통제하도록 권장된 기법이나 장비들을 활용해야 한다. 예를 들어, 턱 고정끈은 턱의 비통제적 움직임을 감소시킬 수 있다. 단지 손을 잡아주는 것만으로도 느리고 뒤틀린 움직임을 통제할 수 있을 것이다. 이러한 조치들은 말산출에 주목할 만한 효과를 가져다준다(Mecham, 1996).

유의한 삼킴, 씹기 및 침흘리기 문제들에 대한 주의. 의사소통 훈련에 성공하기 위해서는 일부 뇌성마비 아동들이 나타내는 삼킴, 씹기, 그리고 침흘리기의 결함들을 감소시키기 위한 프로그램을 개발할 필요가 있다. 비록 특수화된 훈련이 요구되긴 하지만, 섭식 및 구강과 관련된 이러한 유형의 문제들은 언어치료사가 다루어야 할 임상 범위 내에 속하는 것들이다. 삼킴장애치료를 훈련받지 못한 말언어치료사들은 이에 유능한 다른 치료사에게 아동을 의뢰해야 한다.

반드시 문법적 정확성을 갖추어야 되는 것은 아닌 효과적인 의사소통. 중도에서 최중도의 발달장애를 포함하여 중복장애 아동들에게는 굳이 문법적 정확도보다는 효율적이며 기능적인 의사소통이 오히려 최상의 기능적 치료목표가 될 수 있을 것이다. TBI 아동들에서와 마찬가지로, 치료사는 몸짓, 수화, 가리키기, 끄덕이기, 단순한 눈 깜박임, 낱말, 구, 문장, 또는 이외의 무엇이든 기능적 의사소통에 도달할 수 있는 모든 수단을 통한 표현을 권장해야 한다. 부모나 교사들에게도 역시 아동의 모든 기능적 의사소통 시도에 대해 이를 수용해 주고 강화시켜 주도록 요청해야 한다.

언어훈련과 문해기술의 통합. 말언어치료사는 학급 교사 및 특수교육 교사들과 긴밀히 협조하면서 말언어훈련에 읽기 및 쓰기기술을 통합시킬 수 있다. 그림자극들과 함께 글로 쓰인 자극들을 결합하여 언어훈련에 사용하는 것이 훌륭한 출발점이 된다. 의사소통 훈련과 문해 훈련을 결합시키는 다양한 방식들에 관해서는 제10장을 참조하라.

보완대체의사소통 훈련 가능성 타진. 중도 뇌성마비 및 이에 연합된 중복 결함을 지닌 일부 아동들은 의사소통 훈련회기에서 오직 최소한의 진보만을 이루어낼 수밖에 없을 것이다. 이러한 아동들에게는 보완대체의사소통이 고려될 수 있다. 이 아동들에게는 제15장에서 기술된 간략한 의사소통판이나 복잡한 전자장비들을 사용하는 훈련이 제공될 수 있다. 아동의 신경근육 제한이라는 맥락 내에서 보완대체의사소통(AAC) 장비 사용이 극대화될 가능성이 있는 아동인가에 대한 철저한 평가가 이루어져야 한다. 적합한 AAC 장비 선택에 있어서 아동의 신체능력을 평가하는 일과 관련된 보다 상세한 논의는 제15장을 참조하라.

청각장애 아동

청각장애 아동들도 그에 맞게 언어평가 및 치료절차의 수정이 요구되는 또 다른 집단을 이룬다. 이 아동들은 또한 청각장애의 정도와 그 손실 유형에 따라 다양한 집단을 구성한다. 청력수준 25dBHL 이상의 성인, 그리고 아직 언어습득 과정에 놓인 15dBHL 이상의 아동들이 청각장애를 나타낸다(Alpiner & McCarthy, 1999; Hull, 2001; Martin & Clark, 2003).

청각장애는 데시벨로 측정된다. 데시벨이란 Alexander Graham Bell의 이름에서 유래된, 소리 에너지의 기초단위인 Bell의 1/10을 의미한다. 청력수준(HL)은 인간의 귀가 감지할 수 있는 소리의 최소강도를 말한다.

선천성 청각장애(출생시점부터 존재한 청각장애)는 구어언어습득에 가장 심각한 영향을 미친다. 언어습득 이후 또는 성인기에 발생된 청각장애에 속한 개인의 경우에는 사회적 상황에서 효과적으로 기능하기 위해서는 증폭(보청기)이 필요하기는 하지만 의사소통에 미치는 영향은 상대적으로 거의 적다. 선천성 청각장애의 발생률은 정확히 알려져 있지 않다. 연구들에서는 신생아 1,000명당 1~6명으로 제안되고 있다(Cunningham & Cox, 2003; Kemper & Downs, 2000). 학교에서 특수교육 서비스를 받고 있는 장애 아동들의 약 1.2%가 청각장애이다(U.S. Department of Education, 2002).

청각장애라는 용어는 청각 민감도가 저하된 모든 개인을 포함하는 말이다. 청각장애인들은 그 손실 정도에 따라 다시 난청과 농으로 분류된다. **난청**(hard of hearing)인 이들은 청각 민감성이 낮되, 그럼에도 불구하고 일차적으로는 주변에서 들려오는 언어를 들어서 구어를 습득한다. 아동들은 다른 대개의 건청 아동들과 마찬가지로 언어를 습득한다. 손상 수준에 따라 난청은 구어언어 일부를 이해하기 위해 보청기나 독화[(speechread, 독순(lip read)]를 사용하기도 한다. **농**(deaf)은 개인이 중도에서 최중도 청력손실을 가졌으며 잔존청력을 통해 구어를 습득하지 못하는 것을 말한다. 농

청력손실 수준은 다음과 같이 분류된다. **경도**는 16~40dBHL, **중등도**는 41~70dBHL, **중도**는 71~90dBHL, 그리고 **최중도**는 90dBHL 이상이다.

아동들은 구어보다는 자연스럽게 수화를 더 습득하게 되며, 대개의 농인들은 증폭(보청기)을 통한 이득을 얻지 못한다.

전형적인 구어언어습득에는 적절한 청력 민감성이 요구된다. 다양한 언어습득 이론들과 관계없이, 보편적인 관찰에서는 아동들은 자신이 들은 언어를 말하도록 배운다는 것이다. 만일 잘 듣지 못하거나 전혀 듣지 못한다면, 구어습득은 지체되거나 또는 심각하게 방해받게 될 것이다. 이러한 맥락에서 중요한 논점은 고유한 구문 규칙으로 이루어진 완전히 발전된 언어인 미국 수화(ASL)의 예에서와 같이, 언어란 비구어적인 것일 수도 있다는 점이다. 앞서 언급된 바와 같이, 농아동들은 상대적으로 쉽게 수화를 배운다. 그러므로 우리는 농이 언어습득 그 자체를 방해한다고 말하고자 하는 것은 아니다. 우리는 이것이 구어습득을 방해하거나 손상시킬 수 있음을 말하고자 할 뿐이다. 사실상 많은 농인들은 ASL이 산출되고 있는 공동체 내에서 자신들의 장애는 유의하지 않게 되는 수준까지 최소화된다고 주장하고 있다. 그러므로 이들은 자신들의 비구어적 언어에 힘입어, 스스로를 독립적인 문화, 대문자 D를 써서, 농문화(Deaf culture)의 한 구성원이라고 간주하고 있다.

중요한 논점은 미국 수화를 자신들의 자연스럽고 완전한 의사소통 형식이라고 여기는 농문화는 구어 형식의 의사소통을 거부할 수 있다는 점이다. 이때 언어치료사들이 취해야 할 적절한 입장은 부모

들이 청각장애 자녀들을 위해 어떠한 중재가 이루어지기를 원하든지 간에 그것은 부모의 권리임을 인정해야 한다는 것이다. 만일 부모들이 자녀에게 기타 수단(예 : 증폭, 와우이식)이 동반된 또는 동반되지 않은

> 농인들은 자신들을 하나의 문화적 집단으로 간주하며, 농이란 어떤 문제가 아니라 하나의 자연스러운 상태라고 여긴다.

채로의 구어 의사소통 형식을 원한다면, 언어치료사들은 자신들이 할 수 있는 서비스를 제공해야 하는 것이다. 이 절의 나머지 부분 역시 이러한 맥락하에서 이해되어야 할 것이다.

청각장애 : 유형과 원인

청각장애는 그 유형에 따라 언어습득 및 사회적 의사소통에 차별적 영향을 미친다. 청각장애는 청각 체계 내의 병리적 위치(원인)에 따라 분류된다. 청각 체계에 관한 간단한 설명은 글상자 14.4를 참조하라.

청각장애의 보편적인 세 가지 유형과 각각에 따른 원인은 다음과 같다.

- 전도성 청각장애. 일반적으로 소리는 외이와 중이를 거쳐 내이(와우, cochlea)로 전달된다. **전도성 청각장애**(conductive hearing loss)의 경우, 이 소리 전달의 효율성이 저하된다. 요약하자면 와우가 외이로부터 들어온 소리 에너지 전부를 받지 못하는 것이다. 이것은 선천성 또는 후천성일 수 있다. 그 원인으로는 소리 전달을 막는 이도폐쇄증(atresia, 외이도의 부분 또는 완전폐쇄), 부종(swelling) 및 뼈의 비대 등의 외이도 기형, 귀지전색(impacted cerumen), 이관 내 이물질, 고막의 천공(파열) 또는 고막 두께 비대, 작고 정상적으로 진동되는 중이골(bones of middle ear)의 고정, 중이염이 포함된다.

- 감각신경성 청각장애. 와우의 손상으로 인한 청각장애를 **감각신경성 청각장애**(sensorineural hearing loss)라 한다. 와우에는 소리를 받아들이고 이를 뇌로 전달하는 감각유모세포(sensory hair cells)와 신경세포(nerve cells)가 들어 있다. 그러므로 와우의 손상은 감각 및 신경성 모두에 해당되는 청각장애를 유발한다. 이 유형의 청각장애 역시 선천적일 수도 있고, 후천적일 수도 있다. 일부 사례에서 이것이 특정 가계에 전승된다는 점을 감안하면 감각신경성 손상은 유전에 기반하는 것일 수도 있다. 여러 유전적 증후군의 증상 중 하나가 감각신경성 청각손

> 메니에르병은 현기증, 구토, 감각신경성 청력손실이라는 특징을 보인다.

실이다. 여러 가지 가운데 산모의 풍진, 알코올 남용(태아알코올증후군 초래), 약물 중독, 후천성면역결핍증후군(AIDS), 헤르페스 감염(herpes infection)(거대세포바이러스감염, cytomegalovirus)이 유아기 감각신경성 청각장애의 산전 원인들이다. 분만 과정에서의 산소결핍증(분만 과정에서의 산소결핍)과 여러 유형의 머리 외상은 일부 아동들의 출산시점이 원인이다. 산후 원인(아동의 출생시점 이후에 작용된 모든 원인)으로는 와우에 영향을 미치는 머리 손상, 아동에게 처방된 특정 항생제(스트렙토마이신 및 기타

글상자 14.4   **인간의 청각 체계에 대한 간단한 설명**

인간의 청각 메커니즘은 귀, 청신경, 그리고 청각자극을 수용하고 해석하는 뇌 영역으로 구성된다. 이것은 귓바퀴(이개)와 외이도로 이루어진 외이에서 출발한다. 외이도는 귀지를 분비하며, 고막에서 끝나는 2~3 cm 길이의 관이다. 중이는 얇고 탄력적이며, 원뿔 모양의 고막으로부터 시작된다. 고막은 소리가 와서 부딪히면 진동한다. 고막을 지나면 3개의 작은 뼈가 이어진다(이소골 연쇄). 추골의 끝은 고막에 붙어 있다. 침골은 추골에 붙어 있고, 등골의 한쪽 끝은 침골에 붙어 있다. 등골의 다른 한쪽 편 끝, 즉 발은 난원창 속에 삽입되어 있는데, 난원창은 내이의 방을 구성하는 뼈의 작은 입구이다. 고막에서의 소리 진동은 이소골 연쇄로 전달된다. 중이는 이관을 통해 비인두(인후 뒷부분의 비강 통로로 들어가는 입구)와 연결되어 있다.

내이는 측두골의 미로라 불리는 교차 연결된 터널 시스템이다. 이 터널들은 외림프액이라는 유액으로 차 있다. 내이에는 기능상 독립적인 두 가지 체계로 구성되어 있다. 하나는 반고리관으로 구성된 전정 시스템으로서 평형을 담당한다. 나머지는 와우인데, 이것은 내림프액이라는 유액으로 가득찬 나선형 구조로서 청각을 담당한다. 와우에는 소리 파동에 반응하는 수천 개의 유모세포가 있다. 내이는 등골(그 발이 내이와 연결되어 있는)을 통해 소리의 파동을 받아들인다. 와우는 또한 음향학적 신경(대뇌신경 VIII) 청각가지의 종단점으로서 이를 통해 소리가 전달되면 측두엽에 자리잡고 있는 뇌의 일차청각 영역을 자극하게 된다.

인간의 귀

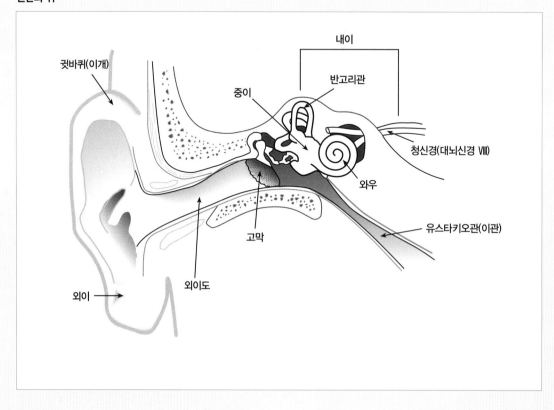

마이신계 약물), 암과 관련된 특정 약제, 뇌막염(뇌를 덮고 있는 막의 감염), 음향학적 외상(해로운 큰 소리에 갑작스럽게 노출되거나 해로운 소음에 장시간 노출됨), 과도한 X-선 노출로 인한 와우의 감퇴, 아동기 볼거리 그리고 메니에르병(Mèniè's disease)이 있다.

- **혼합성 청각장애.** 중이와 내이 모두가 정상적으로 기능하지 못할 경우, **혼합성 청각장애**(mixed hearing loss)라는 결과가 초래된다. 혼합성 청력손실의 원인에는 전도성 및 감각신경성 청각장애와 연합되어 있는 원인들의 조합이 포함된다.

공기는 외이와 중이를 거치는 소리 전도의 매질(medium)이다. 그렇지만 소리는 두개골을 통해서도 진동된다. 이 진동은 와우에서 감지될 수 있다. 그러므로 소리는 뼈를 통해서도 역시 전달된다. 따라서 공기전도(air conducion)와 골전도(bone conduction)가 소리를 전달하는 두 가지 방식이다. 이들은 전도성 및 감

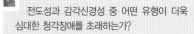
전도성과 감각신경성 중 어떤 유형이 더욱 심대한 청각장애를 초래하는가?

각신경성 청각장애에 차별적으로 각각 다른 영향을 미치게 된다. 전도성 청각장애에서는 오직 소리의 공기전도만이 영향을 받는다. 골전도는 정상적이다. 그러므로 전도성 청각장애는 결코 감각신경성 손실에서와 같이 심대한 손상을 초래하지 않는다. 감각신경성 손실의 원인인 손상된 와우는 뼈의 진동에 반응하지 못한다.

언어학습에 영향을 미치는 요인

구어언어 장애를 지닌 아동들의 대략 28~30%는 중등도에서 중도 수준의 청각장애도 가지고 있다 (Douniadakis et al., 2001). 비록 구어언어습득에는 정상 청력이 필수적이지만, 청각장애 아동들에게서 나타나는 언어장애 손상도는 몇 가지 요인에 따라 달라진다. 즉, 동일 수준의 청력손상도라 해도 모든 아동에게 동일한 효과를 미치는 것은 아니다. 구어언어기술 수준에 영향을 미치는 여러 가지 중 주요 변인들은 다음과 같다.

- **청력손상도.** 비록 청력손상 수준이 동일한 두 아동이 서로 다른 언어기술을 보일 수는 있으나, 일반적으로는 손상이 클수록 언어장애의 중증도 역시 크다. 일반적으로 최중도 감각신경성 손상이 구어습득에 가장 해로운 영향을 미친다.
- **청력손상 개시시점.** 선천성 청각장애는 언어습득 중 또는 언어습득 후에 후천적으로 발생된 청각장애에 비해 언어학습에 더욱 큰 영향을 미친다. 청력손상 개시시점이 늦을수록 의사소통기술에는 덜 심각한 영향을 미치게 된다.
- **청력손상이 감지된 시점.** 청각장애가 빨리 감지되어, 즉각적이며 효과적인 서비스가 후속될수록 이보다 늦게 감지된 것에 비해 언어기술이 더 높다. 물론 초기에 감지되었다 해도, 효과적인 중재가 후속되지 않는다면 바람직한 효과를 얻지 못할 것이다(Yoshinaga-Itano, 2003; Yoshinaga-Itano

et al., 1998).

- **중재 개시시점.** 앞선 문장에서 함축된 바와 같이, 중재가 이르면 이를수록 언어기술도 그만큼 좋아
질 것이다. 언어자극을 일찍 받은 아동들은 이보다 후에 자극을 받은 아동들보다 높은 언어기술
을 획득하게 될 것이다(Yoshinaga-Itano, 2003 ; Yoshinaga-Itano et al., 1998).
- **중재 프로그램의 질.** 중재는 다소간 효과적일 수 있다. 그러므로 단지 초기의 중재만으로 현저한
차이를 만들어 내지는 못할 수 있다. 취약하고, 비효율적이거나 또는 간헐적인 중재에 비해 지속
적이며 효과적인 중재가 더욱 뛰어난 언어기술을 만들어 줄 것이다.
- **중재에의 가족 참여.** 중재에 보다 능동적으로 참여하며, 전문가들의 제안에 따라 가정에서 아동에
게 정규적으로 작업을 실시하는 부모들은 그렇지 않은 부모들에 비해 자기 자녀들로부터 더 훌륭
한 언어기술을 볼 수 있게 될 것이다.
- **학교에서의 교육 프로그램.** 학교에서 아동에게 구어 의사소통을 강조하며, 지속적으로 구어언어치
료를 제공하는 교육 프로그램은 이러한 기술을 덜 강조하는 프로그램에 비해 아동들에게 더욱 훌
륭한 구어언어기술을 촉진시켜 줄 수 있을 것이다.

중이염과 언어학습

중이 감염(중이염, otitis media)으로 인한 경도의, 그리고 때로는 변동성(fluctuating) 전도성 청각장애
는 아동들에게 보편적으로 나타나는 현상이다. 아동들은 3세가 될 때까
지, 약 75%가 최소한 한 번 이상의 중이염을 겪게 된다(National Institute
on Deafness and Other Communication Disorders, 2002). 아동들에게 나
타나는 중이염에 의한 평균 청력손상 수준은 20~25dB이며, 일부 50dB 수준까지 높아지는 경우도 있
다. 그 손상도가 어느 정도이건 간에, 귀에서 분비물이 나오는 중이염을 앓았던 아동의 50%에서 청각
장애가 나타날 수 있다(Balbani & Montovani, 2003).

아동의 변동성 청각장애의 보편적 원인은
무엇인가?

생애 첫 3년 동안의 전도성 청각장애가 말언어습득에 뚜렷하게 부정적인 효과를 미치는가에 관한
논쟁이 이어져 왔다. 비록 이에 관한 연구는 포괄적이었으나, 그 증거는 상충하고 있다. 일부 초기 연
구들은 중이염이 이후의 언어습득에 부정적인 영향을 미친다는 것을 시사한 반면, 보다 최근의 연구
들에서는 오직 약한 효과만을 시사하고 있다(이 연구들을 고찰하려면 Casby, 2001 ; Roberts, Wallace,
& Henderson, 1997 ; Shriberg et al., 2000 참조).

중이염 병력이 있는 아동들을 평가하는 치료사는 손상도 및 질환의 지속기간에 대해 고려해야 한
다. 지속적이며 연장된 중이염과 연합된 더욱 중도 수준의 청각장애는 함축적인 말언어지연의 위험
요인으로 간주될 수 있다. 이 같은 병력을 지닌 아동들은 의사소통기술에 미칠 수 있는 잠재적 효과들
에 관해 보다 철저히 평가되어야 한다.

청각장애와 의사소통장애

청각장애는 단지 언어기술뿐만이 아닌 의사소통의 모든 측면에 영향을 미친다. 이것은 말산출, 음성의 질, 그리고 구어 표현의 전반적인 유창성에 영향을 미친다. 그러므로 청각장애 아동들을 다루는 언어치료사는 이들의 말, 언어, 음성 그리고 유창성 장애에 관해 이해해야 한다.

청각장애와 연합된 말언어장애는 대개 두 가지 원인에 의한 것이다. 첫째, 아동들은 자기 주변에서 산출된 말소리와 언어구조를 충분히 들을 수 없다. 그러므로 이들은 오직 부분적으로만 듣거나 또는 전혀 듣지 못한 무엇인가를 배우기 위해 노력해야 한다. 둘째, 청각장애 아동들은 청각이 제공해 준 즉각적인 피드백의 결여로 인해 자기 스스로 산출한 말을 모니터하지 못한다. 건청 화자들은 자신의 말산출, 구문구조, 음성의 질, 그리고 유창성에 대해 지속적으로 모니터한다. 청각장애 화자들의 음성은 일반적으로 고음도이며 전형적인 억양의 결여가 나타난다. 비록 과소비음 역시 하나의 문제일 수는 있으나, 대개 과비성의 경향을 보인다. 자기 모니터링의 결여로 청각장애 아동들은 말언어산출의 모든 측면에서 오류를 보일 수 있다.

청각장애와 연합된 말언어장애

청각장애 아동들은 자기 언어의 말소리산출 습득에 어려움을 느낀다. 이에 따라 이들의 말 명료도가 제한될 수 있다. 청각장애와 보편적으로 연합되어 있는 말장애에는 다음과 같은 것들이 있다.

- 낱말의 초성 및 종성자음 생략, 낱말 내 대부분의 위치에서 /s/ 생략
- 자음군 생략
- 말소리 대치(유성음을 무성음으로, 구강음을 비음으로 대치, 일부 모음 대치)
- 대부분의 말소리, 특히 파열음(/t/와 /d/)과 마찰음(/s/, /z/, /ɵ/, /tʃ/, /ʃ/)의 왜곡
- 긴 지속시간과 산출 직전의 기식음화가 동반되는 부정확한 모음산출
- 말소리 첨가
- 비전형적인 말의 흐름과 리듬
- 제한적인 말 유창성

일부 편측성 청각장애 아동들 역시 말언어기술 습득에 다소의 어려움을 경험할 수 있다. 이들 중 2/3에 달하는 수가 상급학년으로 올라가지 못하며, 특수교육의 도움을 요구한다(Lieu, 2004).

아동들의 청각장애는 독특한 유형의 구어언어장애를 초래하지는 않는다. 약간의 차이점은 있지만, 이 아동들은 청각장애가 없는 아동들이 나타내는 것과 동일한 오류를 보이는 경향이 있다. 청각장애와 연합된 언어장애에는 다음과 같은 것들이 포함된다.

- 느린 언어습득 속도. 그 과정은 대략 동일하다 해도 전반적인 속도가 느리다.
- 정상보다 더 적은 어휘. 청각장애 아동들은 새로운 낱말을 건청 아동들만큼 빠르게 습득하지 못한다.
- 제한적인 언어이해. 청각장애 아동들은 일반적이지 않은 낱말, 추상적 낱말, 다중적 의미의 낱말들을 이해하는 데 어려움을 보인다. 이들은 격언, 직유, 역설, 속어 및 기타 언어 용례들을 이해하는 데 어려움을 보인다. 이들은 격언이나 속어 표현들을 문자 그대로 해석하기도 한다.
- 문법형태소의 느린 습득 및 부적절한 사용. 청각장애 아동들은 복수 및 소유 굴절, 현재진행형 -ing, 시제표지, 조동사 및 접사, 접속사 그리고 전치사와 같은 문법형태소들을 생략하는 경향이 있다. 이 형태소 중 많은 것들은 말 속에서 아마도 뚜렷하지 않을 것이며(복수의 -s는 부드럽게 산출), 따라서 청각적 민감성이 낮은 아동들은 이것들을 듣지 못할 것이다. 현재진행형 -ing는 다른 문법형태소들보다는 이들이 배우기에 어느 정도는 보다 용이할 수 있다. 결과적으로 이들의 말은 대개 명사 위주로 구성되어, 전보식 특성을 나타낸다.
- 동사 형식 습득의 어려움. 동사 역시 청각장애 아동들에게 어렵다. 현재진행 -ing나 규칙 과거시제 굴절 등의 생략은 이들의 동사 사용을 부적절하게 만든다. 아동들은 시제의 굴절, 그리고 낱말 walks와 reads에서와 같은 3인칭 현재시제 굴절에서 현저한 어려움을 보일 수 있다.
- 제한적인 구문기술. 건청 아동들이 배우기 어려워하는 구문구조들은 청각장애 아동들에게도 역시 (그보다는 약간 더 큰 정도로) 어렵다. 청각장애 아동들은 상대적으로 단순한 문장을 산출하는 경향이 있다. 복잡한 복문이나 내포문 산출은 제한되어 있다. 수동태("The ball was hit by the boy")와 부정 수동태("The ball was not hit by the boy") 문장은 내포절("The girl who could not see still scored very high")만큼이나 특히 어려운 것들이다. 현재완료시제(have written) 역시 청각 민감도가 감소된 아동들에게는 특히 어렵다.
- 다소 제한적인 화용언어기술. 청각장애 아동들은 일반적으로 특정 화용언어기술에서는 잘하는 반면, 다른 것에서는 결함을 보이기도 한다. 이 아동들의 구어 표현에는 건청 아동들이 사용하는 것과 같은 몸짓, 얼굴 표정, 발성, 그리고 공식 및 비공식적인 수화 같은 것들이 포함된다. 청각장애 아동들은 대화 차례를 잘 지키며 대화를 잘 유지한다. 그럼에도 불구하고 이들은 대화를 개시(특히 교육 환경에서)하는 것에서, 그리고 청자가 이들의 말을 잘 이해하지 못했을 때의 명료화 요구에 대해 적절히 반응하는 것에서 어려움을 보이기도 한다. 이 같은 요구에 반응함에 있어서, 이들은 자신들의 표현을 수정하는 대신, 오히려 방금 자신이 했던 말을 그대로 다시 반복하는 경향이 있다(Most, 2002).
- 읽기 및 쓰기결함. 청각장애 아동들이 구어언어에서 보이는 결함들은 이들의 읽기 및 쓰기기술에 반영된다. 복잡하며 추상적인 자료에 대한 이들의 읽기이해는 제한적일 수 있다. 고교를 졸업한

농학생들은 평균적으로 고작 4학년 수준의 읽기이해를 보인다(Paul, 2001). 쓰기에서 이들은 많은 문법형태소들을 생략하는 경향이 있다. 단순한 문장, 문장 다양성의 제한, 구체적 어휘, 그리고 문법적 오류가 이들의 쓰기 특징이다.

증폭과 이식 : 언어습득을 위한 전자 보장구

역사적으로 아동들이 구어언어를 습득하도록 돕기 위한 표준적 방식은 소리를 증폭시켜서 민감도가 감소된 청력 기제가 말을 포함하여 소리를 들을 수 있도록 해주는 것이다. 소리를 증폭시키는 **보청기** (hearing aids)는 여전히 대개의 청각장애 아동들을 위한 주요 재활장비이다. 현재는 강력하면서도 크기 면에서 점점 작아지고 있는(그리하여 거의 눈에 띄지 않을 정도인) 다양한 보청기들이 사용 가능하다. 보청기에 대한 안내는 글상자 14.5에 소개되어 있다. 언어치료사가 구어언어기술을 신장시키기 위해 작업하고 있는 대부분의 아동들은 보청기를 착용하고 있을 것이다.

청각장애 아동의 재활에서의 상대적으로 최근의 혁신이 와우이식이다. **와우이식**(cochlear implants) (또는 **인공와우이식**)은 와우 및 귀의 기타 부위에 외과수술을 통해 배치된 전자장비로서, 이것이 소리 신호를 와우의 청신경 말단까지 직접적으로 전달한다. 따라서 이 장비는 결함으로 인해 소리를 신경 말단에 보내지 못하는 귀를 우회하도록 돕는 것이다. 이것은 송화기(microphone)로 구성되는데, 송화기는 몸에 착용하거나, 또는 귓본(earmold)에 장착하여 외이도(ear canal) 내에 삽입시킨다. 송화기는 소리를 잡아 내어 전기 에너지로 전환한 후, 몸에 착용하는 어음처리기(speech processor)로 보낸다. 이 처리기는 소음을 억제하고, 오직 유용한 소리만을 외부송신기(external transmitter)로 보낸다. 외부송신 기는 두개골에 부착하는 자기 코일로서, 귀걸이형 보청기와 다소 유사한 모양이다. 또 다른 자기 코일 (수신기)은 외부송신기 바로 뒤쪽, 피부 밑에 이식된 것으로서 외부송신기로부터 소리를 수신한다. 접 지전극(ground electrode)은 와우 외부 주변에 이식된 것으로서, 그 내부에는 22개에 달하는 활동전극 이 삽입되어 있다. 소리 신호는 송화기로부터 어음처리기, 외부송신기, 내부수신기를 거쳐 삽입된 전 극에 이른다. 이 전극들은 와우 내의 신경말단을 자극한다. 청신경은 이 신호를 뇌의 청각 센터로 전 달한다. 그림 14.1은 인공와우를 예시하고 있다.

와우를 이식한 아동들은 최중도의, 그리고 언어이전기의 농이다. 이들은 보청기로부터 이득을 얻지 못하며, 전형적으로 건청 부모를 두고 있다. 많은 농부모 또는 농을 자 연스러운 상태로 여기고 있는 이들은 이 시술을 잘 고려하지 않으며, 종 종 이에 대한 반대 주장을 제기하기도 한다. 이식 대상 아동 선택에는

> 언어이전기 농 아동들은 언어습득기 이전에 농이 출현된 아동들을 말한다.

이(耳)과의사(otologist), 청각사, 그리고 말언어치료사가 포함된 전문가팀에 의한 아동 및 가족 전체에 대한 철저한 평가가 요구된다.

와우이식 시술을 받는 아동들은 점차 증가 추세에 있다. 와우이식은 개인들이 소리를 인지하고, 자

글상자 14.5   보청기에 대한 소개

보청기는 소리를 증폭시켜 이를 귀에 전달하는 전자장비이다. 보청기는 두 가지 주된 유형으로 구분된다. 전통적인 아날로그식 보청기는 몸에 부착해야 할 만큼 컸으나, 이제는 이강 내에 감추어질 수 있을 정도로 작아졌다. 모든 아날로그식 보청기는 소리를 수집하는 송화기, 소리를 더 크게 만드는 증폭기, 수신(화)기, 전원(배터리), 그리고 볼륨조절장치로 구성되어 있다. 아날로그 보청기는 소리를 소리 파동 패턴과 유사한 방식의 전압형식으로 전환한다. 보다 새로운 형식인 디지털 보청기는 소리 파동의 샘플을 신속하게 모방하고, 각 샘플을 0과 1의 이원적 체계로 전환한다. 그다음 컴퓨터가 이 숫자들을 처리하는데, 이것은 선택된 소리를 증폭하며, 원치 않는 소음은 억제할 수 있으며, 이를 통해 개인의 청력손실에 특별히 적합된 소리 패턴을 창출해 낸다.

보청기에는 몇 가지 모델이 있다. 가장 큰 것은 신체부착형이다[역자주 : 포켓형이라고도 함]. 이것도 비록 셔츠 주머니에 넣을 수 있을 만큼 작아지기 했으나, 현재는 덜 유행하고 있다. 귀걸이형(BTE)은 귓바퀴 뒤에 거는 것으로서 많은 아동과 성인들이 이를 사용하고 있다. 귓속형(ITE) 모델은 BTE보다 더 작으며, 이강 입구 쪽에 배치한다. 외이도형(ITC)은 ITE보다 작다. 따라서 이것은 외이도 내에 보다 깊게 삽입된다. 가장 작은 것이 고막형(CIC) 보청기인데, 이것은 고막 가까이 위치하여 눈에 보이지 않을 수 있다. 보청기가 작을수록 사람들에게는 미적 측면에서 보다 매력적이겠으나, 작을수록 관리하기는 더 어렵다. 일부 아동 및 많은 수의 더 나이 든 개인들의 경우에는 보청기의 볼륨을 조정하는 것이 어려울 수 있다.

보청기의 네 가지 유형

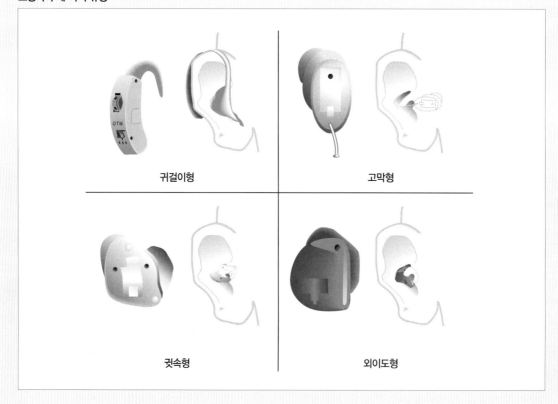

귀걸이형

고막형

귓속형

외이도형

| 그림 14.1 | 22-전극의 인공와우 |

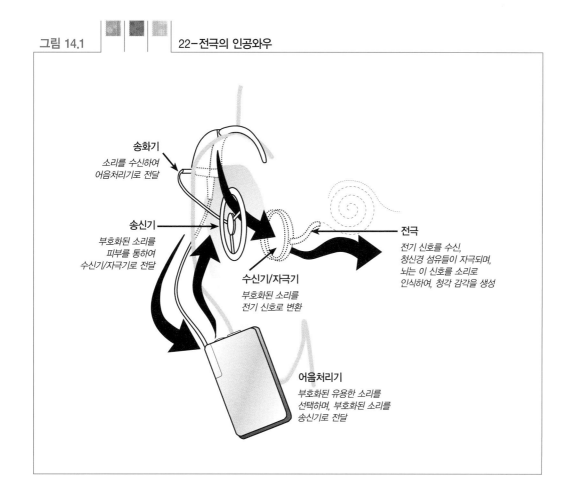

송화기
소리를 수신하여
어음처리기로 전달

송신기
부호화된 소리를
피부를 통하여
수신기/자극기로 전달

수신기/자극기
부호화된 소리를
전기 신호로 변환

전극
전기 신호를 수신,
청신경 섬유들이 자극되며,
뇌는 이 신호를 소리로
인식하여, 청각 감각을 생성

어음처리기
부호화된 유용한 소리를
선택하며, 부호화된 소리를
송신기로 전달

기 자신의 음성을 듣고 모니터하며, 그리고 이식자가 아니거나 또는 보청기를 착용하는 이들에 비해 말소리 및 언어구조를 보다 잘 습득하도록 돕는다. 이식 후에는 읽기기술 역시 개선되는 것으로 알려져 있다(Svirsky et al., 2000; Tomblin, Spencer, & Gantz, 2000). 와우이식에 대한 장기간의 추적연구 결과는 이것이 의사소통 및 학업 수행에 미치는 지속적이며 이로운 효과를 확인시켜 주고 있다(Waltzman et al., 2002). 비록 건청 아동들만큼 명료하지는 못할 수 있으나, 아동들이 구어교육 프로그램에 등록할 수 있을 정도까지 말명료도와 언어기술이 개선될 수도 있다(Chin, Tsai, & Gao, 2003). 그럼에도 불구하고 집중적인 말 훈련이 없다면, 이식 아동들은 자음 및 언어구조를 정확하게 습득하는 것에서는 지속적인 어려움을 경험하게 될 수 있다. 이식이 2세 이전에 시행되고, 효과적이며, 집중적인, 그리고 지속적인 말언어 서비스가 뒤이어졌을 때, 최상의 결과가 기대될 수 있다(British Medical Journal, 1999). 그러므로 언어치료사는 와우이식을 받은 아동들의 재활에 중요한 역할을 담당한다.

청각장애 아동의 재활

청각장애 아동들의 평가 및 치료에는 팀의 노력이 요구된다. 대개와 마찬가지로, 치료사는 정규교사 및 특수교사, 특히 아동의 청각적 건강관리(귀 감염)에 관련된 농교육자, 교육청각사, 그리고 의료전 문가팀(소아과의사 및 이과의사)과 협업하게 될 것이다. 만일 아동이 인공와우 시술을 받았다면, 말언 어치료사는 시술 후 아동관리를 담당하고 있는 의료팀(청각사가 포함되어 있을)과 지속적으로 협력해 야 한다. 의료팀은 의사소통 훈련과 결합된, 아동의 말 지각 및 산출에 미친 와우이식의 효과에 대해 알고 싶어 할 것이다. 모든 경우에서 아동들의 의사소통치료는 학업의 요구 및 과제들과 통합되어야 한다.

　비록 이 장에서의 우리의 주된 관심사는 언어 평가 및 치료에 관한 것이었으나, 청각장애 아동들의 의사소통장애치료에서는 말, 음성, 유창성 및 언어장애를 중재하기 위한 종합적 접근을 취한다는 점 을 주목할 필요가 있다. 이러한 중재 프로그램은 아동 및 그 가족을 위해 설계된 보다 큰 규모의 특수 교육 프로그램 맥락 안에서 이행된다.

청각장애 아동들을 위한 평가절차 수정

청각장애 아동들을 평가할 때는 제4장에서 설명된 절차들을 따를 필요가 있다. 이에 덧붙여 다음과 같 은 특별한 고찰 또는 절차적 수정이 요구된다(Alpiner & McCarthy, 1999; Hegde, 2001a; Hull, 1997).

위험 요인 평가. 상세한 사례력을 확보하기 위해, 치료사는 아동의 청각장애에 대한 산전, 출산 시, 그 리고 산후의 가능한 원인들에 대해 집중해야 한다. 임신기간 중의 산모의 건강, 분만 과정, 그리고 유 아기와 아동기 동안의 아동의 건강(특히 중이염) 및 발달(특히 말발달)에 특별히 주목해야 한다. 아동 의 소리에 대한 반응(예 : 소리가 나는 쪽을 바라봄), 말에 대한 반응(예 : 이름을 불렀을 때 반응함), 그 리고 엄마의 음성에 대한 반응은 청각적 민감성의 정상 또는 결함을 알려주는 중요한 초기 지표이다. 기대 연령대에서의 목울림(쿠잉)과 옹알이, 그리고 첫낱말 및 언어기술 출현 형태에 관한 정보는 아동 의 의사소통결함 및 잠재적 청력손상을 평가하는 데 도움이 된다. 청각장애 아동들은 정상 연령에 옹 알이를 시작하지만, 청각 피드백의 결핍으로 인해 이것이 곧 멈출 수 있다. 아동이 보이는 고음도 음 성, 그리고 과소 또는 과대비성은 잠재적인 청각문제의 단서가 될 수도 있다.

청각재활 프로그램에는 의사소통 및 교육적 중재와 나란히, 보청기 또는 기타 증폭 체계를 사용하는 훈련이 포함될 수 있다.

청각학적 평가보고서 검토. 청각사의 검사결과 및 아동에 대한 제안에 관 해 아는 것이 중요하다. 만일 청각사가 아동을 아직 만나지 못했다면, 아 동을 청각학적 검사에 의뢰해야 한다. 청각장애 아동의 의사소통장애는 오직 이 아동의 청력검사 맥락에서만 완전히 이해될 수 있다. 청각사는 아동에게 보청기 및 청각재활 프로그램을 처방할 수 있다.

말, 음성 그리고 유창성 평가. 치료사는 청각장애 아동의 언어기술 평가에 덧붙여 말, 음성, 그리고 유창성에 대해서도 역시 평가해야 한다(Haynes & Pindzola, 2004; Hegde, 2001b). 이러한 기술의 평가를 위해 말 표본 및 선택된 표준화 검사가 사용될 수 있다. 표준적인 절차에 적절한 수정을 가한 방식이 이러한 기술들의 평가에 도움이 될 것이다.

다양한 구어언어기술 평가. 동일한 청력손상 수준의 아동들이라 해도 그 구어언어기술은 저마다 크게 다를 수 있다. 그러므로 평가에서는 특정 아동이 나타내는 기술 수준에 적합한 절차를 선택하는 것이 중요한 사안이 된다. 개개 아동들에 맞게 재단된 평가절차가 아동의 말언어기술에 관한 더욱 타당한 정보를 확보할 수 있도록 도울 것이다. 상당 수준의 구어언어기술을 가진 아동 사례에서는 표준화된 여러 말언어검사 및 언어표본이 실용적일 수 있다. 그러나 이러한 절차는 구어언어기술이 극단적으로 제한적인 아동들에게는 실용적이지 못할 수 있다. 그렇다면 타당한 평가를 위해서는 아동 특정적인 절차가 가장 유용한 수단이 될 것이다.

구어 읽기기술 및 읽기이해 평가. 대부분의 교육적 상황에서 아동을 다루는 언어치료사들의 작업은 학업기술, 특히 문해기술의 맥락 내에서 이루어지게 된다. 그러므로 읽기 및 쓰기기술 평가는 아동의 전반적인 교육 계획의 한 일환이다. 언어치료사는 아동의 교육적 요구에 대한 완전한 평가를 이행할 수 있도록 학급교사, 농교육자 또는 이들 모두와 협력해야 할 필요가 있다.

아동의 증폭 요구 평가. 대부분의 청각장애 아동들은 보청기 착용 대상일 수 있다. 언어치료사가 서비스를 제공하기 시작하게 된 아동은 이미 보청기를 착용하고 있는 중일 수도 있다. 만일 그렇지 않다면 청각학적 자문이 제안되어야 한다. 아동이 보청기를 착용하고 있다면, 언어치료사는 아동이 평가회기 중에 그것을 착용하고 있는지 그리고 이 보청기가 적절히 작동되고 있는지를 확인할 필요가 있다.

청각장애 아동들을 위한 치료절차 수정

청각장애 아동들의 말언어장애치료에서는 제2부의 장에서 설명된 시범, 형성, 차별적 강화, 교정적 피드백 등과 같은 증거기반적 치료절차들이 효과적일 것이다. 기타 대부분의 아동들에서와 마찬가지로, 주요 인물들이 치료에 참여되어야 한다. 부모, 그 밖의 가족 구성원, 농교육자, 정규교사와 특수교사들은 치료목표의 제안을 돕고 및 목표기술 촉진을 보조해 주어야 한다. 추가적으로 치료에 대한 특별히 고려해야 할 사안 및 이에 요구되는 절차적 수정은 다음과 같다(Alpiner & Jerome, 1999; Hegde, 2001b; Hull, 1992).

초기 언어자극 프로그램 시작. 가정에서 이행되는 초기 언어자극 프로그램이 구어 의사소통과 관련된 이후의 부정적인 결과를 최소화하는 데 도움이 될 것이다. 부모들에게는 가능한 한 자주 아동과 말하도록 교육시켜 "그 또는 그녀는 어쨌든 듣지 못한다."라는 이유로 아동에게 말하기를 포기해 버리는 부모의 성향에 맞대응해야 한다. 부모들에게는 아동의 옹알이를 모방하도록, 그리고 부드러운 간지럽힘, 들어올리기, 안아주기 등으로 아기의 발성 시도를 강화해 주도록 교육시켜야 한다. 이들은 아동에게 천천히 그리고 분명하게 말해 주어야 한다. 이들은 자신들이 건청 자녀에게 읽어줄 때와 마찬가지로, 낱말과 그림을 보여주면서 이야기를 소리 내어 읽어주어야 한다.

치료의 우선순위 목록 준비. 교사와 부모들에게 자신들의 견해상, 보다 즉각적인 치료목표가 무엇인지에 관해 제안해 주도록 이들을 안내해야 한다. 아동은 다중적 요구(말, 음성, 언어 그리고 읽기 및 쓰기 기술 훈련)를 하므로, 이들을 가르칠 단계를 설계할 필요가 있다. 아마도 아동의 조음장애가 가장 먼저 다루어져야 할 것이다. 언어는 그다음이다. 아마도 언어 및 문해기술 훈련은 제10장에서 설명된 방식에 따라 통합될 수 있을 것이다.

청각훈련 프로그램 요구. 만일 가족이 아동을 위한 보청기를 구입한 지 얼마 안 되었다면, 치료사는 아동이 아마도 난생처음으로 듣게 될 법한 증폭된 소리의 차이를 이해하고 이를 분별할 수 있도록 하는 **청각훈련 프로그램**을 이행해야 한다. 여러 가지 유형의 녹음된 소리와 이에 연결되는 시각자극을 함께 제시해 주는 것(개가 짖는 소리와 개의 그림을 짝지음)이 그 출발점이 될 것이다. 치료사가 청각재활과 관련된 훈련을 받지 못했다면, 청각사나 이를 훈련받은 농교육자들과 협력해야 할 것이다.

독화 촉진. 이것은 청각장애 아동을 다룸에 있어서의 중요한 영역이다. 강력한 보청기를 착용하고 있다 해도, 청각장애 아동들은 어느 정도는 여전히 독화(독순)를 한다. 그러므로 치료사는 자신의 얼굴이 밝은 조명 쪽을 향하도록 좌석을 배치하는 것과 같은 방식으로 말언어치료가 이루어지는 동안 아동이 독화를 보다 쉽게 할 수 있는 조치들을 취해야 한다. 말을 산출할 때, 약간 느린 말속도와 충분한 크기의 입모양을 보여주는 것 역시 도움이 될 것이다.

의사소통 훈련에 기술적 장비 통합. 청각장애 아동을 다룰 때는 보청기, 데스크톱 청각훈련기, FM 증폭기와 같은 기술장비들을 통합시키는 일이 필수적이다. 치료사는 아동의 보청기는 잘 작동되는지, 아동이 이를 착용하고 있는지, 이것이 현재 켜져 있는지, 그리고 볼륨의 세팅은 정확한지를 치료가 시작되기 전에 먼저 점검해야 한다. 소집단 속에서 아동에게 제공되는 치료에서는 데스크톱 청각훈련기를 사용할 수 있는데, 이것은 치료사의 말을 수신하여, 이를 증폭하고, 이를 다시 아동이 착용하고 있는 헤드폰을 통해 아동의 귀로 전달하는 데크스톱 장비로 구성되어 있다. 이것은 아동이 착용하고 있는 개별 보청기보다 더욱 효과적이다. 개인이나 소집단 대상 훈련에 사용될 수 있는 무선 시스템을 주파수 변조(FM) 청각훈련기라 하는데, 이것은 송신 장치와 수신 장치로 구성되어 있다. 치료사와 개개 학생들 모두가 이 장비를 착용하여, 서로 간에 무선으로 말을 주고받을 수 있다. 또한 무선 FM 훈련기를 착용한 채로 주위를 자유롭게 돌아다닐 수 있다.

시각자극에 대한 강조. 다양한 소리들의 의미를 가르칠 때, 치료사는 시각자극을 활용해야 한다. 예를 들어, 그림이나 사물을 이에 연합된 소리들과 짝지어 제시하는 것은 아동의 언어 개념 학습을 촉진시켜 줄 것이다. 치료사는 가능한 범위까지는, 그리고 특히 치료 초기단계에서는 사물, 컬러사진, 또는 시연되는 사건들을 이용하여 언어기술들을 가르쳐야 한다. 예컨대 기본 명사 세트를 가르칠 때, 치료사는 사물과 그림을 사용하게 될 것이다. 동사를 가르칠 때는 비디오 표상(예 : 다양한 활동에 임하고 있는 사람들) 또는 컴퓨터 프로그램이 특히 유용하다.

추상적 언어훈련. 청각장애 아동들에게 추상적 언어 개념을 가르치는 것도 우선시되어야 한다. 언어훈련에는 낱말의 다중적 의미, 격언, 관용적 표현, 속어, 그리고 아동들이 어려워하는 것으로 알려진 모든 유형의 추상적 낱말을 포함시킬 필요가 있다. 추상적인 언어에 대한 훈련은 일반적으로 기초 문법 및 구문기술들이 숙달된 이후의 언어치료 단계 동안 이루어지게 된다. 학업상 유용한 낱말, 일반적 격언, 전형적 표현 등에 관한 목록을 선택하여 그 다중적이며 추상적인 의미를 가르쳐야 한다.

대화기술 훈련. 대화기술은 청각장애 아동들마다 다소 차이가 있어서, 평가결과에 따라 이를 가르쳐야 할 오직 일부에 대해서만 이를 목표화할 수 있다. 청각장애 아동들에게는 거의 언제나 대화 수정(누군가 방금 말한 바를 이해하지 못했을 때, 자신의 표현을 수정하는 것)이 중요한 목표가 된다. 집단 내 또는 교실 환경에서의 내레이션이나 주제 개시 역시 유용한 목표가 될 수 있다.

말, 음성 및 리듬훈련. 대부분의 청각장애 아동들에게는 말산출, 정상적인 음성의 질, 그리고 자연스러운 말 리듬훈련이 필요하다. 전통적인 치료방식도 효과적이지만, 일부 수정이 요구될 수도 있다. 말소리 훈련에서 아동은 조음기관의 위치에 대한 최대한의 시각적 피드백을 요구한다. 컴퓨터 프로그램 또는 간단히 거울을 사용하는 것도 조음기관의 운동을 예시해 주는 데 도움이 된다. VisiPitch와 같은 도구는 컴퓨터 화면상에 말과 음성산출에 대한 피드백을 제공하는 데 유용하다. 이러한 피드백들은 정확한 행동들(예 : 보다 낮은 음도, 과비성 감소)에 대한 즉시적인 강화 및 바람직하지 못한 행동들에 대한 교정적 피드백의 역할을 담당하게 된다.

비언어적 의사소통훈련. 만일 구어언어훈련이 성공적이지 못하거나, 또는 처음부터 아예 배제되어 있었다면, 미국 수화와 같은 비언어적인 의사소통 수단들이 차후의 대안이 될 것이다. 아동이 만일 발달장애와 연합된 신체결함이 있다면, 보완대체방식의 의사소통이 고려될 수 있을 것이다. 이에 관한 자세한 내용은 제15장을 참조하라.

통합적이거나 독립적인 문해기술 훈련. 청각장애 아동들의 낮은 읽기 및 쓰기기술이라는 관점에서 이것은 특히 더욱 중요한 영역이다. 기초 낱말들을 가르치면서 시각자극을 사용할 때, 여기에 활자화된 낱말도 함께 포함시켜 아동이 이를 지속적으로 주목하게 할 수 있다. 언어치료에서 사용되는 그림 밑에 낱말, 구, 또는 문장들을 활자화시킬 수 있을 것이다. 독립적인 문해기술 훈련은 전형적으로 농교육자나 난청교육자들에 의해 다루어지기도 한다. 이러한 경우에는 언어치료사가 문해기술 훈련의 협력자나 자문 역할을 수행할 수 있다.

유지를 위한 부모훈련. 언어치료를 받는 모든 아동에게서도 그러하듯이, 구어언어기술의 유지를 촉진하여, 시간이 경과한 후에도 이 기술들이 유지되며, 또한 그 복잡성이 더욱 확장될 수 있도록 하기 위한 절차들이 이행되어야 한다. 부모들에게 가정이나 그 밖의 자연스러운 환경에서 아동들의 목표기술을 인식하고, 이를 시범해 주며 촉구해 주도록, 그리고 그 산출을 긍정적으로 강화시켜 주도록 가르쳐야 한다. 유지를 위한 기법들에 관한 상세한 내용은 제9장을 참조하라.

조기 중재, 구어 또는 수화언어를 위한 적절한 지원, 그리고 진보적인 교육을 통하여, 최중도 농을 포함하여 많은 청각장애인들은 심지어 보편적 수준을 넘어서는 구어능력에 도달할 수 있게 되기도 한다. 시인, 과학자, 저술가, 전문가, 그리고 행위예술가 가운데 높은 경지에 이른 난청 또는 농인들이 이 사실을 증명하고 있다. 그러므로 그 목표가 수화이건 구어이건 간에, 아동 삶의 초기에 개시되는 체계적이고 집중적이며 또한 지속적인 중재 프로그램들은 의사소통의 결함을 예방하고 삶의 성공을 막는 장애물들을 제거하는 데 도움을 줄 것이다.

▨▮ 요약

이 장에서 우리는 언어장애 외에 뚜렷한 연합된 결함들을 가진 세 집단의 아동들에 대해 기술하였다. 이 중 두 집단은 언어장애와 연합되어 있는 신경학적 손상(외상성 뇌손상 또는 뇌성마비)이 있다. 세 번째 집단은 청각장애 및 이와 연합된 언어결함을 가지고 있다.

외상성 뇌손상(TBI)은 신체상의 외상 그리고/또는 외부의 힘에 의해 야기된 뇌의 손상을 말한다. 중요한 의료적 결함인 TBI는 추락, 자동차 사고, 보행 중 사고, 자전거 타기, 사회 및 가정폭력, 아동 학대, 모든 지상 교통수단 사고, 스포츠 관련 상해, 농장 관련 상해, 그리고 가정 내 사고에서 기인한다. TBI는 침습성, 비침습성, 가속-감속, 충격, 반충격, 미만성(또는 확산성) 축삭손상형, 미만성 혈관손상형, 그리고 뇌간손상형으로 분류되는 다양한 신경학적 손상을 초래한다.

TBI의 신경학적 증후에는 착란, 혼미, 시간·장소 및 인물에 대한 지남력 저하, 주의폭 저하, 정서적 변동, 충동성 및 공격적 행동, 기억의 어려움, 계획 및 추론기술 결함 등의 인지적 결함이 포함된다. TBI와 연합된 의사소통장애에는 마비말장애(운동구어장애), 실행증(근약화가 동반되지 않는 운동 계획의 장애), 혼란스러운 언어, 낱말찾기 결함, 내러티브의 어려움, 그리고 복합적이며 추상적인 낱말 및 구의 어려움이 포함된다. TBI 아동들의 평가 및 치료 수정은 시간의 경과에 따라 이들의 신체적 조건이 개선되고 의사소통 및 인지가 변화에 따르는 역동적 과정이다.

뇌성마비는 미성숙한 뇌에 가해진 손상에 의해 초래된 복합적인 세트의 신경운동발달의 장애로서 말과 언어기술에 영향을 미치는 또 하나의 신경학적 장애이다. 산전, 출산, 그리고 산후의 해로운 요인들이 뇌성마비와 연합되어 있다. 경직형, 무정형, 실조형, 그리고 혼합형으로 분류되는 뇌성마비는 마비말장애와 연합되어 있다. CP 아동들은 다른 많은 아동들도 그러하듯이, 발달장애나 청각장애를 함께 가지고 있을 경우 뚜렷한 언어장애가 나타난다. 이들 아동들을 위한 평가 및 치료의 수정에서는 이들의 신경학적 결함이 고려되어야 한다.

청각장애 아동들 역시 뚜렷한 의사소통의 결함을 나타낸다. 청력손상 25dBHL 이상의 성인이나 현재 언어를 습득 중에 있는 15dBHL 이상의 아동이 청각장애에 속한다. 청각장애는 전도성(외이도 및 중이의 손상으로 인해 내이에 이르는 소리의 공기 전도가 약화), 감각신경성(와우손상으로 인한 결함), 또는 혼합성(두 가지 유형 모두의 결함)으로 나뉜다. 청각장애 아동들은 난청 또는 농으로 분류된다.

청각장애와 연합되어 있는 의사소통장애 중증도는 청력손실 정도, 손상 개시시점 및 진단시점, 중재시점, 강도 및 질에 따라 달라진다. 청각장애와 연합되어 있는 말장애에는 조음 오류, 특히 파열음과 마찰음에서의 오류, 소리 첨가, 그리고 비전형적인 리듬 및 제한적인 유창성이 포함된다. 청각장애 아동들의 언어장애는 의미, 구문 및 화용적 결함, 그리고 추상적 언어에서의 결함이라는 특징을 가진다.

보청기 및 인공와우를 통한 증폭이 청각장애 아동들의 재활에서 사용되는 두 가지 주된 기술적 수단이다. 언어치료사는 구어언어기술을 습득하거나 그대로 유지하기를 원하는 이들에게 말언어 서비스를 제공한다. 평가 및 치료 수정에는 증폭의 활용, 그리고 아동이 훈련 중에 청감각 양식뿐 아니라 시각 양식 역시 사용하도록 돕는 일이 포함된다.

학습지침

1. 뇌손상의 본질은 두개골에 물리적 힘이 가해지는 방식, 즉 정지 상태에서 또는 움직임 중에 일어난 것인가에 따라 달라진다. 이러한 맥락하에서 다양한 뇌손상 유형들을 기술하라. 머리에 가해지는 다양한 물리적 힘이 어떻게 서로 다른 일련의 손상을 초래하며, 또한 다양한 신경학적 후속 결과를 만들어 내는지에 관한 설명도 함께하라.

2. 여러분은 현재 머리 외상 전문 병원에서 임상 외부실습에 임하고 있다. 이곳에서 여러분에게 자동차 사고로 중증의 머리손상이 발생된 18세의 남성에 대한 침상 평가를 실시하라는 지시가 내려졌다. 여러분은 이 침상 평가를 위해 어떻게 준비할 것인가? 이 젊은 남성

으로부터 어떠한 유형의 행동, 신경 및 의사소통결함들이 예상되는가? 여러분이 사용할 표준화 도구 또는 비표준화 도구는 무엇인가?

3. 뇌성마비 분류에 관해 논의하라. 이 분류를 병인론적 요인과 이에 따른 신경학적 결과와 연계하라. 여러분의 설명에서 사용되는 모든 기술적 용어들에 관해 정의하라.

4. 여러분에게 한 뇌성마비 아동에 대해 평가 및 치료를 의뢰한 한 교사가 다음과 같은 특정 질문을 하였다. "이 아동에게서 뚜렷하게 개선될 만한 의사소통기술의 예후는 어떠한가?" 교사에게 타당한 답을 제공하라. 여러분은 어떠한 유형의 관찰 및 평가절차를 사용할 것인가? 그 예후에 영향을 미칠 수 있는 아동의 강점과 약점을 보다 잘 이해하기 위해 여러분은 다른 전문가들로부터 어떠한 유형의 보고서를 구해야 할 것인가? 보다 긍정적인 예후를 얻어 내기 위해 여러분은 어떤 치료 유형을 제안할 것인가?

5. 여러분이 청각학 과정에서 습득한 지식을 동원하여, 각각의 청각장애의 유형 및 그에 따른 청각적 병리현상에 관해 자세히 기술하라. 각각의 청각장애 유형이 구어언어기술 습득에 미치게 될 결과는 무엇인가? 초기의 변동성 청각장애와 이것이 언어습득에 미칠 수 있는 효과에 관한 논쟁 사항에 관해 설명하라.

6. 여러분은 현재 중도 청각장애 아동을 위한 와우이식 전문가팀의 일원으로 활동하고 있다. 때때로 여러분은 해당 청각장애 아동의 부모 앞에서 인공와우가 구어 의사소통기술에 미치는 이점에 관해 공개발표를 해달라는 요청을 받는다. 농 사회(Deaf community)의 일부 구성원들의 입장을 고려하여, 여러분이라면 어떻게 이에 민감하면서도 전문가적 방식으로 정보를 제시할 수 있을 것인가?

제 **15** 장 보완대체의사소통

개요

앞 장들에서 설명된 추가적인 임상조건들을 가진 아동들에서는 폭넓은 범위의 구어기술들이 나타난다. 일부 발달장애, 전반적 발달장애(PDD) 또는 자폐스펙트럼장애(ASD) 아동들은 비록 그 언어에서 종종 최중도 결함들이 뚜렷이 나타날 때도 있으나, 그래도 제법 언어적이라 할 만하다. 그러나 어떤 아동들은 전 생애에 걸쳐 무언어 또는 오직 최소한만의 언어 상태로 남게 되는 경우도 있다. 난청 아동들은 적어도 청력손상 정도 및 구어훈련의 강도가 허락하는 한에서는 명료한 구어를 발달시킬 수 있다. 뇌성마비나 뇌손상과 같은 신경학적 결함을 가진 아동들 역시 구어산출에 있어 크게 다양한 모습을 보일 것이다. 이 인구들 각각에서, 말과 언어가 실질적인 의사소통 수단이 될 수 없는 일정 비율의 아동들이 존재할 것이다.

심지어 포괄적인 구어 중재가 이루어진 후조차 무언어 또는 최소 언어 상태에 놓인 아동들에게는 비구어적 의사소통 수단이 요구된다. 비구어적 수단이란 구어기술이 기능적이지 못할 때 최소한의 구어기술을 보완(보충)하고, 대안적인 의사소통 수단을 공급해 줌을 의미한다. 말언어치료사는 아동들을 평가하여 많은 보완대체의사소통(Augmentative and Alternative Communication, AAC) 체계 가운데 어떠한 것이 이전까지 아동들이 접근할 수 없었던 사회적 상호작용의 세계로 향하는 문을 열어주는 열쇠가 될 것인지 결정한다. 기능적일 가능성이 높은 AAC 체계를 선택하기에 앞서, 치료사는 먼저 아동의 신체, 감각, 의사소통 및 인지기술에 대한 관찰이 포함된 평가, 아동의 다양한 환경에 대한 분석, 그리고 아동에게 가용한 지원의 양에 대한 평가를 시행해야 한다. 아동 및 아동 주변의 인물들에게 AAC 체계로의 접근방식을 가르칠 수 있도록, 그리고 일단 체계가 배치되면 이에 대한 지속적인 지원과 자문을 제공할 수 있도록 치료절차에 대한 수정이 이루어져야 할 것이다.

 AAC란 무엇을 의미하는가?

이 장은 AAC의 정의 및 다양한 AAC 체계에 관한 설명으로 시작할 것이다. 이후 비언어적 의사소통기술, 운동기술, 감각적 제약, 그리고 인지기능에 관한 평가를 강조하는 평가절차의 수정 방식에 관해 논의할 것이다. 우리는 그다음 평가결과에 근거하여 적합한 AAC 체계를 선택할 때 고려해야 할 사안들에 관해 논의할 것이다. 치료의 수정에는 AAC 사용 아동에 대한 교육, 아동의 주변 인물들에 대한 자문, 그리고 추수 지원을 위한 절차들이 포함될 것이다. 이 장은 미래에 어떠한 기술적 진보가 이어질 것인지, 또한 이러한 진보들이 무언어 상태의 개인들에게 어떠한 의미를 부여하는 것인지에 관한 조망으로 결론을 내릴 것이다.

보완대체의사소통 : 정의 및 유형

기술적 진보, 교육철학의 변화, 그리고 장애인들의 권익과 관련된 입법들이 무언어 또는 최소 언어 아동들을 위한 의사소통적 선택안들의 확장을 초래하였다. 2003년, 학교 언어치료사의 51%가 AAC 사용 아동들을 다루고 있다고 보고하였다(ASHA, 2004a). 통합교실 및 공동체 내의 장애 아동들은 부모, 양육자, 교사, 또래 및 직업적 전문가들의 지원하에 다양한 AAC를 사용하고 있다. 이 절은 AAC의 확장 개념 및 그 다양한 유형에 관해 설명할 것이다.

AAC의 정의

보완대체의사소통 수단(augmentative alternative methods of communication)은 기능적으로 무언어인 개인들에게 구어기술의 제한을 비구어적 방식으로 보충해 주거나, 또는 비구어적 방법을 일차적 의사소통 수단으로 제공하는 것 중 어느 하나를 말한다. 제한적인 구어기술을 비구어적 방식으로 보충하는 것을 보완적(augmentative)이라 한다. 의사소통의 **보완적 수단**(augmentative mean)은 비록 결함이 있긴 하지만 그나마의 가용한 구어기술을 강화하고 확장해 준다. 비구어적 방식을 일차 의사소통 수단으로 제공하는 것을 대체적(alternative)이라 한다. 의사소통의 **대체적 수단**(alternative mean)은 구어 의사소통 기술을 다른 것으로 대신하는 것이다. 그렇다면 AAC의 정의는 다면적 속성을 갖게 될 것이다. AAC 체계가 보완적이라 함은 개인의 제한적인 구어 의사소통을 확장하고 강화시켜 주기 때문이다. AAC 체계가 대체적이라 함은 개인의 기능적인 구화(oral speech)가 거의 존재하지 않을 경우, AAC 체계가 구어 의사소통의 대체물로 기능할 수 있기 때문이다. AAC의 사용으로부터 이득을 얻기 위해 개인이 꼭 무언어이어야 할 필요는 없다. 매우 명료도가 낮은 개인 역시 AAC의 합당한 사용자일 수 있다.

AAC의 유형

이 절에서는 AAC의 유형에 대해 간략히 소개할 것이며, 이후 아동 특정적인 평가결과에 근거하여 아동을 위한 특정 AAC 체계의 선택에 관한 부분에서 보다 상세한 설명이 이어질 것이다. 일반적으로 말하자면, AAC 체계는 **비보조적**(unaided)

> AAC의 폭넓은 두 가지 범주는 무엇인가?

이거나 **보조적**(aided)일 수 있다. 체계의 선택은 아동의 의사소통적 요구, 그리고 아동의 운동, 감각 및 인지능력에 관한 상세한 평가에 따라 달라진다.

비보조적 AAC 체계. 특정 장비들이나 기타 외부 보장구에 의존하지 않는 AAC 체계를 비보장구적이라 한다. 이러한 의사소통방식들은 구어 의사소통을 보완하거나 또는 대체하기 위해 몸짓, 수화, 그리고 얼굴 표정을 체계적으로 사용한다. 비보장구적 AAC 체계의 예는 글상자 15.1을 참조하라.

보조적 AAC 체계. 이를테면 그림책 알파벳 보드(판), 컴퓨터 장비와 같은 다양한 외부 보조기기들을 사용하는 AAC 체계를 말한다. 낮은 기술 수준에서 첨단의 혁신적 체계에 이르기까지 광범위한 보조적 AAC 체계들이 사용될 수 있다. 저기술 AAC 체계는 전자장비를 전혀 또는 거의 사용하지 않는다. 컴퓨터 소프트웨어 프로그램, 음성출력 활성기, 메시지 저장 체계, 또는 활자 출력장치 같은 것들이

글상자 15.1   **비보조적 AAC 체계의 예**

'예'와 '아니요'를 나타내기 위한 몸짓 체계

- 머리 움직임(위 아래 움직임 : 예, 좌우 움직임 : 아니요)
- 눈 움직임(위: 예, 아래 : 아니요, 한 번 깜박임 : 예, 두 번은 : 아니요)
- 손 움직임(엄지 올리기 : 예, 엄지 내리기 : 아니요)
- 발 움직임(오른발 움직임 : 예, 왼발 : 아니요)

원하는 사물을 가리키거나 또는 그쪽 방향으로 신체 일부를 의도적으로 움직임

다양한 의사소통 요구를 표현해 내는 팬터마임적 개념

확정된 손가락 의사소통 체계

- 미국수화(ASL)
- 미국 인디언 손짓 말(AMER-IND)

존재하지 않는다. 저기술 AAC 체계의 예로는 사물들을 직접 선택하기, 다양한 그림 체계, 그리고 알파벳 보드가 있다. 첨단기술의 AAC 체계는 인공적인 말이나 활자화된 메시지를 생성하기 위해 컴퓨터가 포함된 정교한 전자장비를 활용한다.

　　여러 가지 선택적 조건들이 가능하기 때문에, 아동을 위한 AAC 체계의 선택에는 아동의 비언어적 의사소통기술, 운동, 감각 및 인지능력에 관한 철저한 평가가 포함된다. 이러한 추가적인 관찰에의 필요성을 수용해 낼 수 있도록 평가방식에 관한 수정이 이루어져야만 한다. 다음 절에서는 이 같은 수정 및 이에 따른 사안들에 관해 기술할 것이다.

저기술 수준의 보조적 AAC 체계의 두 가지 예를 들라.

무언어 또는 최소 언어 아동들의 의사소통기술 평가

무언어 또는 최소 언어 아동들을 위한 효과적인 의사소통 체계를 개발해 내는 여정은 아동들의 비구어적 의사소통기술뿐만 아니라, 아동이 산출해 낼 수 있는 모든 발화 또는 제한된 말에 관한 철저한 평가로부터 출발한다. 중증의 장애를 가진 아동들의 의사소통적 시도는 매우 미묘한 것일 수 있으므로 평소보다 훨씬 더 주의 깊고 신중한 관찰이 이루어져야 할 것이다. 언어치료사는 이러한 관찰에서 도움을 얻을 수 있다. 전형적으로 무언어 아동들의 평가는 학제간 전문가팀에 의해 이루어지며, 구성원 각각이 무언어 아동을 위한 서비스 계획 설계에 특별한 역할을 담당한다. 또한 학제간 팀 평가의 훌륭한 모델 내에서는 가족 구성원 역시 팀에 참여하게 된다.

언어치료사들에게 기술된 임상 실제의 광범위한 조망에 대해 무지한 이들은 말이 전혀 없는 아동들이 어떻게 말언어 서비스로부터 이득을 얻을 수 있는지 반문할 수도 있다. 숙련된 언어치료사들은 구어 발화를 포함시키지 않고도 의사소통을 할 수 있는 많은 방식이 있음을 알고 있다.

평가팀

언어치료사들은 종종 학제간 팀의 구성원으로 일할 때가 있는데, 무언어 아동들의 경우에는 이러한 필요성이 더욱 강화된다. 아동의 신체, 감각 그리고 인지결함이 관찰되고 기술되어야 한다. 언어치료사만 귀중한 공헌을 하는 것이 아니라 물리치료사, 작업치료사 및 심리치료사와 같은 전문가들도 아동의 다양한 기술과 능력에 관한 중요한 정보들을 제공해 준다. 지금부터는 일부 기타 전문가들이 담당하는 역할, 이들이 수행하는 평가 유형, 그리고 이들이 아동을 위한 AAC 체계 고안에 기여하는 바에 관한 설명이 이어질 것이다(Anderson et al., 2002; American Speech-Language-Hearing Association, 2004b).

물리치료사. 물리치료사(Physical Therapist, PT)는 신체적 장애나 제한을 가진 이들로부터 그 신체적 제한을 평가하고, 이들의 독립성을 극대화하기 위한 치료를 제공할 자격을 갖춘 전문가들이다. 학제간 팀의 일원으로서, PT는 아동의 균형, 협응, 근강도 및 운동 범위 등의 운동능력에 관한 다양한 변인들을 평가할 것이다. PT는 또한 신체적 지원 유형을 요구하는 아동들을 위해 다양한 유형의 적응 장비를 제안해 줄 수도 있다.

작업치료사. 작업치료사(Occupational Therapist, OT)는 신체적 손상, 인지결함, 사회적 결함 또는 발달장애로 제약을 겪는 개인들로부터 일상생활기술, 직업기술, 그리고 감각 또는 운동결함의 정도를 평가할 자격을 갖춘 전문가들이다. OT는 아동의 이동능력 및 근육 통제 평가를 보조해 주기도 한다. OT는 또한 아동들이 사용하는 적응 장비들의 적합성 및 기능, 특히 휠체어를 사용하는 아동들의 앉은 자세에 주목하여 평가하기도 한다. 이러한 평가에 근거하여, OT는 더욱 훌륭한 지원을 제공하기 위해 장비를 교체하도록 제안하기도 한다.

심리학자. 심리학자(psychologist)는 행동 평가 및 연구에 특화된 이들로서, 특히 개인의 지적 기술 및 인지결함을 평가할 자격을 갖춘 이들이다. 종종 AAC를 위한 평가에 임하고 있는 아동들은 이미 다양한 유형의 인지결함을 가지는 것으로 진단되었을 것이며, 발달장애의 정도에 대한 확정이 곧 아동은 AAC의 대상이 되지 않음을 의미하는 것은 아니다(AAC 평가에 있어서의 대상 적합성에 대한 과거의 모델에 관한 논의는 글상자 15.2 참조). 그렇지만 선택된 체계의 복잡성은 어느 정도는 아동의 인지 수준에 따라 달라질 수 있다.

기타 전문가들의 학제간 팀 참여는 아동의 요구에 따라 달라질 수 있다. 이 전문가들에는 아동의 소아과의사, 재활전문의사, 사회복지사, 교육자 그리고 AAC 장비 및 신호기의 개발, 설계 및 마케팅 전문가들이 포함될 수 있다.

전문가팀 구성원들의 기능은 어느 정도 중복되기도 한다. 적절히 기능하는 팀의 전문가들은 이러한 글상자 15.2   '후보 적합성' 및 AAC : 어떤 아동은 의사소통의 기회를 거부당하는 것이 옳은가?

과거에는 무언어 개인들에 대한 평가의 목적은 그가 AAC 체계를 받을 '후보'인가 아닌가를 결정하는 것이었다. AAC 체계를 도입하기 위해서는 먼저 아동이 선행 기술 및 적절한 인지 수준을 가지고 있음을 증명해 보여야만 하는 것으로 여겨져 왔다. 이러한 사고방식은 발달장애, 자폐, 중증의 신체 및 감각결손을 지닌 아동들을 AAC 중재로부터 배제시켰다. 그 대신 치료는 아동들에게 고립적이며 무의미한 '읽기준비' 기술에 집중되었고, 아동들이 의사소통 체계로의 접근이 허용되는 날이 올 때까지 이들을 끊임없이 준비시키는 작업이 요구되었다. 이는 무언어의 중복적인 장애를 가진 아동들의 요구와 기호를 표현해 내는 수단을 제공하며, 또한 타인들과 사회적으로 상호작용할 수 있게 해주는 경험과 교육으로부터 이들을 고립시키고 격리시키는 결과를 초래하였다 (Beukelman & Mirenda, 1998).

장애인들을 옹호하기 위한, 그리고 연방법안과 교육 법안을 변화시키기 위한 노력의 결과로, AAC의 후보 적합성 결정에 대한 주안점은 환경에 대한 기능적 평가를 통해 개인의 의사소통 요구를 결정하는 평가방식으로 대체되기에 이르렀다(Beukelman & Mirenda, 1998). 의사소통 요구 모델에 입각하여, 치료사들은 어떠한 수준의 인지결함을 가진 아동들이라도 모두 평가하여 이들의 현재 의사소통기술을 정의해 내고, 이 기술들의 증가를 초래할 수 있는 가능한 모든 AAC 체계를 처방할 수 있게 되었다. Beukelman, Yorkston, 그리고 Dowden(1985)은 의사소통 요구 모델에 입각하여 다음과 같은 평가 이행 절차에 대해 기술하였다.

● 개인의 의사소통 요구를 기록하라.
● 개인이 현재 자신의 요구를 충족시키고 있는지 관찰하라.
● 미충족된 의사소통 요구를 감소시키기 위한 AAC 체계 중재를 도입하라.

중복적 노력을 환영하여, 상호 간에 협조하며, 또한 각자의 전문 영역에 관해 서로에게 가르쳐 주기도 한다. 언어치료사가 수행한 관찰의 많은 부분들은 종종 다른 전문가들의 평가를 보완해 줄 때도 있다.

다음과 같은 사항들의 결정은 일차적으로 각각 어떠한 전문가들이 담당하는가? (1) 인지적 기능의 수준? (2) 운동 및 감각 결함의 수준? (3) 신체적 제약의 수준?

다음 절에서 살펴볼 수 있는 바와 같이, 언어치료사들 또한 아동의 앉은 자세를 평가하고 이에 대한 변경을 제안할 수도 있다. 언어치료사들은 아동이 그림을 가리키고, 컴퓨터 키보드에 접근하며, 일정 유형의 조절 신호기에 접근하기 위해 신체 일부를 의도적으로 움직이며, 또한 특정 그림이나 사물에 대해 직접적인 눈맞춤 등을 위한 근육 통제능력을 갖추고 있는지의 여부를 결정할 수도 있다. 다시 말하자면, 언어치료사들은 다른 전문가들이 행하는 바와 동일한 여러 가지 관찰을 수행하지만, 의사소통 그리고 특정 AAC 체계의 적합성에 관해 중점을 두는 것이 다를 뿐이다.

비구어적 의사소통기술 관찰

제4장에서 설명된 평가절차들은 일반적으로 무언어 아동들에게도 적용될 수 있다. 일부 표준화 도구 및 준거참조적 도구들을 이용할 수 있으나, 언제나 그러하듯이 가장 중요한 자료는 아동 특정적인 의사소통기술 평가로부터 얻을 수 있을 것이다.

표준화 도구 및 준거참조적 도구. 아동의 의사소통기술에 관한 충분하면서도 상세한 묘사를 위해 표준화 검사결과에 의존하는 것만으로는 최선의 결과를 얻어 내기가 좀처럼 어렵다. 일부 무언어 아동들에게 말언어 서비스가 요구된다는 점은 명백하다. 그럼에도 불구하고, 치료사들은 스스로가 서비스를 받을 자격을 갖춘 아동들을 골라내기 위해 양적 자료가 요구되는 상황 내에 속해 있음을 발견하곤 한다.

많은 무언어 아동들이 언어를 구사하는 아동들에게 사용되는 표준화된 수용언어검사 문항에 반응할 수 있다. 전형적인 표현언어 검사는 명백히 적절하지 못하다. 그렇지만 무언어 개인들의 의사소통기술을 평가하기 위해 설계된 일부 표준화 검사 및 준거참조적 검사들이 존재한다. 또한 이 중 일부는 가능한 AAC 체계를 결정하는 데 필요한 체계적인 수단을 제공해 주기도 한다(평가도구 목록은 표 15.1 참조).

아동 특정적 평가 과제. 무언어 아동들의 의사소통행동을 평가할 수 있는 여러 가지 아동 특정적 방식들이 있다. 이것들이 '비공식적' 도구가 아님을 기억하라. 이들은 아동 의사소통행동에 대한 체계적이며, 양적이자 질적인 관찰이다. 관찰된 의사소통행동들은 발화의 산출일 수도 있겠으나(일부 최소 언어 아동들은 한 낱말 또는 두 낱말 조합을 산출할 수 있다.) 대개는 몸짓, 비전형적 발성, 얼굴 표정, 감정의 표출, 그리고 어쩌면 공격적이거나 또는 그 밖에 바람직하지 못한 행동까지 포함된 것일 가능성이 높다. 치료사는 이런 것들이 있는지를 관찰하고, 또한 (1) 원하는 사물이나 행동 요구하기, (2) 타인에게 저항하기, (3) 사회적으로 상호작용하기, (4) 의사소통 의도 개시하기, (5) 공동주의 확립하기 등 같은 행동들을 아동

> 무언어 아동들로부터 평가해야 할 일부 의사소통기능들에 관해 기술하라.

> 비록 우리는 무언어 아동이라는 용어를 사용하고 있기는 하지만, 이들 중 전적으로 무언어인 아동들은 거의 없으며, 있다 해도 소수에 불과하다.

이 어떻게 나타내는지 관찰해야 한다. 치료사는 아동이 무엇이건 자신이 행할 수 있는 방식으로 상호작용하도록 촉구할 수 있게끔 환경을 배열해야 한다.

아동이 사물이나 행동을 요구하는 방식을 평가하기 위해, 치료사는 아동을 다양한 활동에 참여시키고 그 활동을 중지시켜서 아동이 이때 어떻게 반응하는지 살펴볼 수 있다. 다음과 같은 일부 활동들이 제안된다.

- 아동을 익숙한 게임에 참여시키고(예 : "노를 저어라!"), 이를 중지시킨 후 아동의 반응을 기다린다.
- 풍선을 불고, 이를 풍선상자에 담아 선반 위에 올려놓고 아동의 반응을 기다린다.
- 매력적인 태엽 장난감을 작동시켜 태엽이 다 감겨 멈추고 나면, 아동의 반응을 기다린다.
- 원하는 음식 품목(부모로부터 사전 승인을 얻은 상태에서)을 투명 플라스틱 상자에 넣고, 아동의 반응을 기다린다.
- 풍선을 불고 손을 놓아, 완전히 바람이 빠질 때까지 방안을 이리저리 날아다니게 한 후, 아동의 반응을 기다린다.

	표 15.1

비구어 의사소통기술 평가 또는 AAC 사용 가능성 평가, 또는 이 두 가지 모두에 해당되는 검사도구

검사도구	설명
Achieving Communication Independence(ACI) Gillette (2003)	유아에서 성인기까지의 생애에 걸친 개인의 의사소통기술을 평가. 또한 다양한 환경에서 가능한 의사소통 상대방 및 의사소통 기회를 평가함
Communication and symbolic Behavior Scales Developmental Profile-First Normed Edition(CSBS DP) Wetherby & Prizant (2003)	생활연령 9세 6개월, 6~24개월의 기능적 의사소통 연령에 해당되는 아동들의 의사소통행동 및 상징 발달 평가. 의사소통행동의 출현 유무를 판정하기 위해 체크리스트, 양육자 질문지, 그리고 체계적인 '의사소통 유혹'을 사용함
Sequenced Inventory of Communication Development Revised(SICD-R) Hedrick, Prather, & Tomblin (1995)	기능적 기술이 4~48개월 연령 수준인 발달장애를 가지고 있거나 또는 없는 아동들의 초기 의사소통기술을 평가. 수용 및 표현언어 행동에 관한 부모 보고서 및 직접 관찰을 사용함
The Nonspeech Test Huer (1998)	표현 및 수용 구어와 비구어 의사소통행동에 관한 준거참조적(기술의 출현 여부) 체크리스트. 0~48개월 아동들에게서 전형적으로 관찰되는 기술들을 평가, 등가연령점수 산출

훌륭한 요구하기 기술을 가진 아동들은 자신들이 원하는 바를 다양한 방식으로 표출해 낼 수 있을 것이다. 적절하고 긍정적인 반응에는 다음과 같은 것들이 포함된다.

- 더욱더 행하도록 신체 일부를 움직임(예 : "노를 저어라!"를 더욱 많이 요구하기 위해 치료사의 무릎 위에서 앞뒤로 흔든다.)
- 사물을 가리키고, 집어들어 치료사에게 건네거나, 또는 사물을 치료사 쪽으로 미는 행동
- 치료사의 손을 잡아 원하는 사물을 향하도록 이끌거나 원하는 활동을 수행함
- 사물 또는 치료사를 향해 눈길을 주거나, 얼굴 표정을 변화시키거나, 또는 원하는 사물을 향해 어떤 방식으로든 신체 일부를 움직임
- 비전형적인 발성이거나 또는 식별 가능한 낱말에 언어적으로 근접한 소리로 발성함

치료사는 아동이 원하는 사물이나 행동을 요구하는 모든 방식에 대해 날카롭게 관찰해야만 한다. 때로는 부모, 양육자, 교사 또는 기타 인물들은 아동의 비관습적이며, 종종 미묘한 의사소통 시도를 놓치는 경우가 있을 수 있다. 치료사는 아동의 상호작용 시도일 수도 있는 여러 방식을 가려냄으로써 이를 도울 수 있다.

청력선별검사와 구강안면검사와 같은 고정적 절차들은 종종 아동으로부터 저항하기 행동을 유발해 낼 수 있는 적절한 자극이 되어 주기도 한다.

평가회기에서 아동에게 저항할 수 있는 특별한 기회를 조성해 놓을 필요가 전혀 없을 때도 많다. 필요하다면 치료사는 부모에게 아동이 별로 좋아하지 않는 장난감이나 활동들에 대해 미리 문의한 후, 아동에게

이를 제공함으로써 아동이 어떤 방식으로든 이를 거부하는지 알아볼 수 있다. 아동이 사물이나 활동에 대해 불만이나 거부를 표현하는 다음과 같은 방식을 기술하는 것이 치료사의 책무이다.

- 원치 않는 사물을 옆으로 치워 버리거나, 치료사의 손을 밀어냄으로써 원치 않는 행동을 중지시킨다.
- 치료사로부터 달아나 버린다.
- 때리고, 꼬집고, 발로 차고, 침을 뱉는다.
- 울기 : 아마도 최고조에 달한 짜증 행동
- 발화 : "아니야!"라고 말하거나 이에 가까운 소리를 내는 적절한 방식, 또는 비명 지르고, 으르렁거리거나 그 밖의 일부 이질적인 소음을 내는 부적절한 방식

이 중 많은 것들이 바람직하지 못한 행동들이지만 그래도 의사소통을 하는 것이다. 무언어 아동들은 종종 공격적이고 파괴적이며, 때로는 자해적인 행동을 통해 스스로를 표현하기도 한다. 실험적으로 아동들에게 적절한 의사소통 수단, 이를테면 AAC 체계와 같은 것들을 제공해 주었을 때, 이 같은 바람직하지 못한 행동들이 감소되는 것으로 입증된 바 있다(Carr & Durand, 1985; Charlop-Christy et al., 2002; Frea, Arnold, & Vittimberga, 2001).

요구하기와 저항하기 외에도 치료사는 아동의 사회적으로 상호작용하는 기술 역시 평가해야 한다. 아동은 의사소통적 상호작용을 개시하는가? 아동은 타인에 의해 개시된 상호작용에 반응하는가? 아동은 의사소통 상대방과 공동참조 수립을 시도하는가? 아동은 관찰자를 위해 그 앞에서 '뽐내는가'? 아동은 적절한 눈맞춤을 유지하는가? 차례를 주고받는가? 타인에게 애정을 보이는가? 이러한 행동 중 많은 것들은 요구하기 및 저항하기 평가를 위해 설계된 과제 속에서도 관찰될 수 있지만, 사회적 상호작용을 유발하기 위한 행동들에 관한 다음과 같은 추가적인 제안들이 있다.

- 사회적 상호작용 개시를 유발하기 위해, 한 가지 장난감이나 책 한 권만을 제외하고 방 안의 모든 매력적인 사물을 깨끗이 치워 버린다. 아동에게 등을 댄 채로 앉아서 그 장난감을 가지고 놀거나 또는 그 책을 소리 내어 읽는다. 아동이 여러분과 함께하고 싶어 하는 욕구를 나타내는 의사소통 행동을 개시하는지 관찰한다.
- 공동참조하기를 평가하기 위해, 함께 이야기책 읽기 활동을 사용한다. 아동이 여러분이 가리키는 그림에 눈길을 두는지 관찰한다. 또한 아동이 그림을 가리키고 여러분을 바라보며, 여러분과 그림을 몇 차례 번갈아 눈길을 주는 행동이 나타나는 모든 때를 관찰한다.
- 몸짓을 통한 사회적 반응을 평가하기 위해 여러분이 보인 미소, 기쁨 또는 만족에 대한 표현에 아동이 화답하는 모든 경우를 관찰한다.

글상자 15.3　　　　**무언어 아동 평가를 위한 자료분석의 예**

토미는 말언어 평가를 받은 4세의 무언어 아동이다. 치료사는 1회 30분짜리 평가회기 동안 토미가 의사소통행동을 총 20차례 나타내는 모습을 관찰하였다. 그는 언어적으로 낱말 '싫어'에 근접한 소리들을 3차례 산출하였고,

치료사의 손을 사물을 향해 이끄는 행동을 10차례, 비명을 질러 저항하기를 2차례, 그리고 비명 지르기와 사물을 밀쳐 버리는 행동 조합을 통해 저항하기를 5차례 산출하였다. 치료사는 이 자료를 다음과 같이 분석하였다.

관찰된 총 의사소통행동 수 : 20

의사소통행동	가능할 법한 의도	횟수	총비율
언어적으로 근접한 '싫어'	저항하기	3	15%
치료사의 손을 사물로 향하게 하기	요구하기	10	50%
비명 지르기	저항하기	2	10%
비명 지르기 + 사물 밀치기	저항하기	5	25%

　　치료사는 아동의 의사소통행동에 관한 양적 및 질적 자료 모두를 수집해야 한다. 회기 동안 나타난 여러 의사소통행동의 유형별 빈도를 각각 기록해 두어야 한다. 의사소통행동이 나타난 경우의 수를 모두 총합한 후, 관찰된 모든 행동의 유형별 비율을 구해야 한다. 각각의 행동 유형들을 질적으로 기술해야 한다. 글상자 15.3은 한 무언어 아동에 대한 자료수집 및 분석의 예이다.

> 아동 특정적 평가에서는 어떠한 유형의 자료를 수집해야 하는가?

　　수용언어 평가. 무언어 아동들은 특히 이들의 신체장애가 실질적인 인지결함과 연합되어 있지 않은 경우에는 더더욱, 표현언어기술에 비해 수용언어기술이 더욱 높을 수 있다. 치료사는 말을 하는 아동들에게 사용되는 전형적인 아동 특정적 평가 과제를 사용하되, 이에 아동이 가지고 있을 수도 있는 신체적 제약에 맞도록 부분적인 수정을 가해서 사용해야 한다. 예를 들어, 뇌성마비 아동에게는 일상 사물 그림을 판별해 내는지 검사하면서, 특정 그림을 양쪽 시야 모두에 제시하고, "이것을 보렴."이라고 요구할 수 있을 것이다. 또한 보다 복잡한 문법구조나 형태론적 구조에 대한 이해를 검사하기 위한 과제를 고안해 낼 수도 있을 것이다. 예를 들어, 대명사 이해를 검사하기 위해, 치료사는 소년이 먹고 있는, 소녀가 먹고 있는, 그리고 일단의 사람들이 먹고 있는 그림을 손에 들고, "그들이 먹고 있어.", "그가 먹고 있어.", "그녀가 먹고 있어."라고 번갈아 말해 주며, 이를 나타내는 그림을 가리키거나 바라보거나 또는 그 밖의 다른 방식으로 나타내 보도록 요구할 수 있다.

　　치료사는 또한 언어이해나 기초 개념 이해를 검사하기 위해 아동에게 간단한 지시를 수행하도록 요구해 보아야 한다. 치료사는 아동에게 신체 부위, 형태, 색깔, 수 또는 글자를 가리키거나 달리 표현하

도록 요구할 수 있다. 아동의 운동능력에 따라 치료사는 아동에게 특정 행동을 수행해 보도록 요구할 수도 있다(예 : 일어서기, 앉기, 손뼉 치기).

어떤 아동은 몇 가지 방식, 가령 고개 끄덕이기나 가로젓기, '예'의 의미로 빨간색 카드, '아니요'의 의미로 초록색 카드를 가리키거나 바라보기, 또는 만일 일부 문해기술이 존재한다면, '예/아니요'가 적혀 있는 카드 가리키기 등을 통해 '예/아니요'를 나타내기도 한다. 치료사는 이 경우 명확한 '예' 또는 '아니요' 의문문을 통해 언어이해를 점검해 볼 수도 있다(예 : '너는 소년이니? 여기가 네 교실이니? 우리는 지금 도서관에 있니?' 등). 아동이 만일 '예'나 '아니요'를 표현할 수 있는 수단이 전혀 없다면, 치료사가 이를 우선적인 일차 목표행동으로 가르쳐야 한다.

문해 평가. 무언어 아동들의 막 출현했거나 또는 기존에 존재하고 있는 문해기술을 검사하는 것이 특별히 중요하다. 만일 아동이 읽고 쓸 줄 알거나 또는 이렇게 될 수 있는 잠재력을 가지고 있다면, AAC 장비에 대한 접근능력은 크게 달라진다. 물론 아동은 문해기술을 입증하기 위해 소리 내어 읽지는 않겠으나, 치료사가 이에 대한 평가를 돕도록 제시할 수 있는 과제들이 있다. 현존하거나 또는 막 시작되는 쓰기기술은 소근육 운동기술의 적절성에 따라 달라질 것이다. 치료사는 다음과 같은 과제 속에서 아동의 기술을 평가할 수 있다.

- 상표와 상표가 표상하는 상품 짝짓기(예 : 수프 상표를 수프 접시 그림과 짝짓기)
- 철자와 철자 짝짓기
- 대문자와 소문자 짝짓기
- 낱말과 낱말 짝짓기
- 낱말과 낱말이 표상하는 사물 짝짓기(예 : 낱말 '공'이 쓰인 자극 카드를 네 가지 그림 가운데 공 그림 위에 올려놓기)
- 종이에 그리기, 색칠하기, 갈겨쓰기, 또는 기타 표시. 어떠한 기술도 뚜렷이 나타나지 않는다면, 치료사는 시범 제공, 함께 손을 잡고 이끌어 주기, 또는 이 두 가지 모두를 사용하여 이를 유발하는 시도를 해야 한다.
- 철자, 낱말, 문장, 또는 문단 쓰기, 독립적으로 하거나 또는 시범을 보고 따라 쓰게 하는 것 중 한 가지를 택한다.

가능한 상위 수준의 말언어기술 평가. 아동이 명백히 무언어인 것으로 나타났다 해도 치료사는 말과 언어를 유도하려는 시도를 포기해서는 안 된다. 아동이 무언어라는 기술이 타당한 것임을 보장하기 위해 평가에서는 약간 더 높은 수준의 탐침을 실시해 보아야 한다. 때로 아동의 주변 인물들은 아동이 스스로 말을 하지 않는다는 생각에 빠지고, 따라서 직접적으로 말을 유도해 내려는 시도를 포기해 버릴 때가 있다. 치료사는 기타 아동들에 대한 모든 평가에서와 마찬가지로, 자발적인 말언어산출을 유도하기 위한 가능한 모든 것을 시도해야만 한다. 치료사는 시범된 산출을 모방하는 아동의 기술 역시 점검해야 한다. 아동이 모방기술을 조금이라도 가지고 있다면, 이는 말언어를 어느 정도 성취할 가능성이 있음을 알려주는 훌륭한 표식이 될 것이다.

구어발달의 예후 지표

아마도 부모들이 치료사에게 묻는 가장 어려운 질문은 "내 아이가 결국은 말을 하게 될까요?"일 것이다. 부모가 물으면 치료사는 반드시 답해야 한다. 설사 좋은 소식이 아니라 해도, 부드럽게 그러나 직접적으로 전달되어야 한다.

명백히 판별될 만한 주요 진단이 없는 매우 어린 아동의 경우에는 "예측하기 어렵습니다. 메리에게는 중재가 필요하며, 우리는 그녀에게 말을 발달시킬 최상의 기회를 제공하기 위해 할 수 있는 모든 일을 열심히 이행할 것입니다. 우리는 그녀가 어떻게 해나가는지 지켜봐야 할 것입니다."라는 직접적인 답변이 매우 적절할 것이다. 그러나 때로는 평가결과상, 아이가 구어 의사소통자가 될 가능성은 거의 없는 것으로 나타날 때도 있다. 구어발달에 대한 좋지 못한 예후를 나타내는 징후에는 다음과 같은 것들이 있다.

예후(prognosis)란 무엇인가?

- 특징적으로 말언어발달 결여의 높은 가능성을 나타내는 일차적 진단의 존재(예 : 중증 자폐, 최중도 발달장애, 심각한 신경근육장애)
- 퇴행이 있었던 전력, 발달 초기에 몇 가지 낱말들을 가지고 있었으나, 이 낱말이 사라지게 되며 새로운 언어기술의 발달은 이루어지지 않음
- 발화 모방기술이 잘 나타나지 않음. 구어에 대한 자극반응도가 전혀 없음(Carr et al., 1978; Carr & Dores, 1981; Yoder & Layton, 1988)
- 연령. 연령이 높은 아동일수록 구어가 발달될 가능성은 그만큼 더 낮음

설사 아동에게서 구어가 발달될 것 같지 않다는 것이 치료사의 전문가로서의 최선의 판단일지라 하더라도, 부모에게는 아동을 다루는 전문가들이 아동으로부터 말과 언어를 유도해 내는 노력을 결코 '포기하지' 않을 것임을 보장해 주어야 한다. 이는 전문가적 판단이라는 것은 단지 판단일 뿐이기 때문이다. 기술을 가르치고자 하는 오직 진지한 시도만이 그 판단을 확정하거나 반박할 수 있게 해줄 것이다. 때때로 가족들은 아동을 위해 보완대체의사소통 체계를 도입하는 것은 구어산출을 오히려 억제시키는 효과를 낼 수도 있다는 생각 때문에 이 체계에 대한 개념을 수용하는 것을 주저할 때가 있다. 그렇지만 통제된 실험연구, 사례연구, 그리고 기술적인 종단연구들은 AAC 체계는 구어를 방해하기보다는 이를 촉진시킬 가능성이 더 높다는 점을 보여주고 있다(Clibbens, 2001; Goldstein, 2002; Kravits et al., 2002; Powell & Clibbens, 1994). 이 같은 연구 증거들을 강조해 주는 일이 많은 부모들을 안심시킬

수 있을 것이다. AAC가 구어를 완전히 대치하는 경우는 거의 없다. 종종 대체적(alternative) 기능보다는 보완적(augmentative) 기능이 적용될 때가 훨씬 더 많다.

 ## 신체, 감각 및 인지기술 평가

의사소통기술(모든 언어평가의 목적) 평가에 덧붙여, 언어치료사가 아동을 위한 적절한 AAC 체계 결정을 보조하기 위해 이행해야 할 추가적인 관찰이 필요하다. 언어치료사는 다음의 것들을 평가해야 한다. (1) 아동이 신체 일부의 움직임을 자발적으로 통제할 수 있는 신체적 기술 (2) 감각 능력, 즉 청각, 시각 또는 양자 모두의 기능의 존재 또는 부재, (3) 선택된 AAC 체계의 복잡성에 영향을 미치는 인지적 수준

> 무언어 아동을 평가할 때, 언어치료사가 이행해야 할 추가적인 관찰에는 무엇이 있는가?

신체적 기술 평가

AAC 체계의 사용 가능성에 관해 아동을 평가할 때는 다음과 같은 질문이 중요하다. 아동이 AAC 장비에 어떻게 접근할 수 있을 것인가? 부가적 질문들은 다음과 같다. 아동은 가리키기를 할 수 있는가? 의도적으로 직접적인 눈맞춤을 할 수 있는가? 의도적으로 신체 일부를 움직일 수 있는가? 치료사는 아동이 AAC 장비에 접근할 수 있는 방식을 이해하기 위해 이 같은 질문들의 답을 구한다. 만일 아동이 신체 일부를 자발적으로 통제할 수 있다면, 몇 가지 유형의 AAC 체계가 아동에게 적용될 수 있을 것이다. 만일 자기 손을 의도적으로 움직이지 못한다 해도, 발가락이나 허벅지, 머리, 또는 팔꿈치나 그 밖의 의도적 통제가 가능한 모든 신체 부위를 이

> 자문을 받기 위해 관찰된 어떤 아동이 스위치에 접근할 수 있는 수단이 전혀 없는 것으로 보고되었다. 보다 철저한 평가가 이루어진 후, 그녀(아동)가 건드릴 수 있도록 스위치를 우측 허벅지 상단에 위치시키면, 아동은 이를 의도적으로 누를 수 있는 것으로 밝혀졌다.

용해 스위치를 누르는 방식으로 AAC 체계를 작동시킬 수 있는 아동들이 있을 것이다. 심지어 눈 운동을 통해 접근할 수 있는 AAC 체계도 있다. 위계적 방식을 통해 신체기술을 평가할 수 있다. 아동이 만일 손가락, 손 및 팔을 잘 통제할 수 있다면, 그 밖의 다른 신체 부위를 평가할 필요는 없다. 그렇지만 치료사는 전자 AAC 장비를 작동시키기 위해 아동이 할 수 있는 다른 운동도 평가해야 한다.

치료사는 다음과 같은 영역들을 평가해야 한다.

- 손의 운동능력 및 손기술이 먼저다. AAC 장비에 접근하는 가장 효율적인 방식은 가리키기, 타이핑 등을 통한 것이다. 그러므로 초기 관찰에서는 손의 움직임이 최우선적인 목표이다.
- 목과 안면근육의 기능적 통합이 그다음이다. 만일 아동이 목과 안면의 자발적 통제능력을 가지고 있다면, AAC에 다양한 얼굴 표정, 고개 끄덕임, 고개 젓기, 눈 깜박임, 또는 눈맞춤을 이용할 수 있을 것이다. 또한 내담자가 손이나 팔을 움직일 수 없다면, 머리 움직임을 통해 스위치를 작동시

킬 수 있을 것이다.

- 다리와 발의 기능적 통합이 가장 마지막이며, 이것은 오직 손, 목과 안면의 운동성 및 기술이 매우 제한적일 경우에만 실시한다.
- AAC 장비나 방식에 직접적으로 접근하는 데 필요한 운동기술. 아동은 가리키기를 할 수 있는가? 아동은 마우스를 사용하여 컴퓨터의 커서를 움직일 수 있는가? 아동은 키보드에 접근할 수 있는가? 신체의 어떤 부위로든 의도적으로 스위치를 누를 수 있는가?
- 만일 수화언어 체계가 고려되고 있다면, 손과 손가락의 운동성 및 소근육 기술을 평가해야 한다.

휠체어를 사용하고 있는 아동의 경우, 치료사는 이 휠체어가 아동의 상체가 곧추설 수 있도록 착석 자세를 돕는 적합성도 역시 평가해야 한다. 예를 들어, 만일 한 뇌성마비 아동이 의자 속에 깊이 파묻혀 있어서 적절한 지원이 제공되지 않고 있다면, 의자를 변경하도록 제안이 이루어질 수 있다. 다음과 같은 것들을 위하여 물리치료사 또는 작업치료사로부터의 자문을 통해 아동의 착석 상태를 변경할 수 있는 협동적 제안이 이루어질 수 있을 것이다. (1) 아동에게 균형적인 착석 자세 제공, (2) 자세 지원의 안정적 기반 제공, (3) 비전형적인 근긴장도 감소, 그리고 (4) 강직된 기형 수용 및 흐느적거리는 기형 교정(Beukelman & Mirenda, 1998). 아동이 최적의 착석 자세에 도달했을 때 비로소 AAC 체계로의 접근 기회 역시 최적화될 것이다(사진 15.1 참조).

감각기술 평가

치료사는 기능적인 시각 및 청각의 존재 유무를 평가해야 한다. 상징(기호) 선택이 요구되는 어떠한 AAC 체계라도 모두 아동의 기능적 시각에 의존하게 된다. 일부 체계들은 아동이 스위치를 눌러 선택할 수 있는 일련의 오디오 녹음 메시지들을 제시해 준다. 이러한 체계들은 기능적 청각에 의존한다. 그러므로 치료사는 다음과 같은 것들을 평가해야 한다.

- **기능적 청각.** 아동은 소리에 반응하며, 소리가 나는 위치를 찾고자 시도하는가? 그렇지 않다면 아동은 중증 장애인의 청력 평가에 전문성을 가진 청각사에게 의뢰되어야 한다.
- **기능적 시각.** 아동은 의사소통 상대방과 눈맞춤을 유지하는가? 아동은 흥미로운 사물을 주시하는가? 아동은 눈길로 사물의 움직임을 좇아갈 수 있는가? 위 그리고 아래쪽은? 좌우는? 아동은 선택에 앞서 배열된 사물들을 스캔할 수 있는가?

인지기술 평가

비록 결정은 일반적으로 다학제팀의 심리학자에 의해 이루어지는 것은 사실이나, 치료사의 관찰 역시 아동의 인지 수준 평가에 도움을 줄 수 있다. 치료사는 다음과 같은 보고를 통해 심리학자의 지적 기술

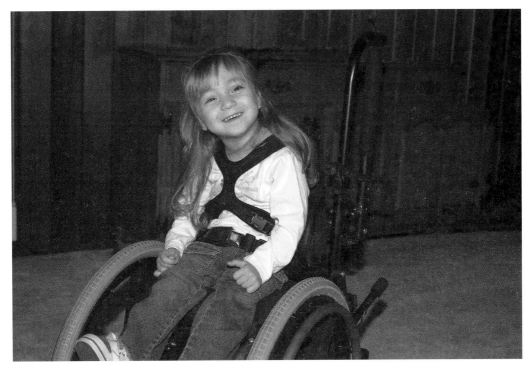

사진 15.1 휠체어를 사용하는 동안 상체를 곧추세운 착석 자세에 도달한 아동은 곧 의사소통을 할 준비가 되어 있는 것이다!

평가를 보완할 수 있다.

- 아동이 과제에 얼마나 잘 주의하는가?
- 아동이 지시를 얼마나 잘 따르는가?
- 드러난 일부 문해기술의 존재
- 입증된 바의 기초 개념에 관한 지식(형태, 색 판별 등)
- 문제해결 기술과 관련된 모든 증거(아마도 아동은 원하는 사물을 얻기 위해 발판용 의자(스툴)를 선반 가까이 움직인 듯하다.)

평가의 결론을 내리는 시점에서, 치료사는 AAC 체계가 아동에게 도움이 될 것인가 아닌가의 여부를 결정하기 위해 충분한 양의 양적 자료 및 질적 관찰을 확보하고 있어야 한다. 무언어 아동의 경우, 이러한 질문에 대한 답은 종종 '그렇다'일 것이다. 이후 차기 과제는 아동에게 기능적일 수 있으며, 아동 주변의 인물들이 이를 지원하는 일이 논리적으로 실현 가능한 AAC 체계를 제안하는 일이다.

최적화 추구 : AAC 체계 선택

치료사가 AAC 체계의 제안으로 중재를 실시할 때는 평가 종료와 중재 개시 사이의 경계가 보통 때보다 훨씬 모호해진다. 아동을 위한 체계가 제안되기 전에, 치료사는 아동의 환경이 의사소통기술 개발의 기회를 제공할지 아니면 이를 제한할지에 관해 먼저 고려해야 한다. 치료사는 아동의 기술 수준 평가, 아동이 직면하고 있는 의사소통적 요구, 가족의 강점과 약점, 그리고 논리적인 고찰에 기반하여 AAC 체계를 제안하게 될 것이다. 이 제안은 어떤 단일한 특정 체계나 체계의 조합일 수도 있고, 또한 아동의 사회 및 교육적 요구, 환경적 요인 및 부모의 선호도에 맞을 수 있는 다양한 체계들을 시험적으로 사용해 보는 예비기간이 될 수도 있다. 이후 치료사는 아동 및 아동의 잠재적인 의사소통 상대방들에게 AAC 체계의 사용을 가르치게 될 것이다. 일단 이 체계가 어느 정도 최소한 기능적인 범위까지 학습되고 나면, 치료사는 AAC 사용 아동, 아동의 가족들, 교사 그리고 아동 주변의 인물들을 계속 교육시키고 이들에게 지속적인 지원을 제공하게 된다. 평가는 치료과정 내내 지속될 것이다. 아동의 AAC 체계에 관한 지속적인 재평가가 이루어져야 하며, 이에 따라 필요한 조정이 추가되어야 할 것이다.

아동의 환경 평가

아동의 환경에 관한 평가가 이루어져야 한다. 치료사는 다음과 같은 질문들을 제기해야 한다.

- 아동 환경 내의 주요 인물들이 AAC 체계 채택에 있어 지원할 수 있는 수준은 어떠한가?
- 환경 내에 아동이 의사소통할 수 있는 어떠한 기회가 존재하는가?
- 현재 아동은 얼마나 의사소통하고 있는가?
- 가족 구성원들은 아동과 얼마나 의사소통하고 있는가? 이들의 성향(선호도), 강점 및 제한점은 무엇인가?(이들은 복잡한 첨단 시스템을 사용할 수 있는가?)
- 아동의 의사소통 시도는 얼마나 개선될 수 있는가?
- 첨단 공학적인 AAC 체계의 도입을 가로막는 논리적 장애물은 무엇인가?(일부 첨단 공학적 AAC 체계는 너무 부피가 커서 이동이 어렵다.)

이 같은 질문에 답하기 위해 치료사는 아동 삶의 주요 인물들에게 자문을 구하고, 아동을 자연스러운 환경 속에서 관찰하며, AAC 체계를 제안하기에 앞서서 먼저 몇 가지 가능성 있는 의사소통방식을 실험해 보아야 한다.

타인들과의 자문. 치료사는 특정 AAC 체계가 아동에게 완벽할 것이라고 여기거나, 또는 어쩌면 한 체계를 다른 어떤 것보다 편향적으로 선호하고 있을지도 모르지만, 오직 치료사의 전문적 결정에 의해서만 제안이 이루어지는 것은 잘못된 일일 수 있다. 치료사가 아동 환경 내의 주요 인물들로부터의 제안을 포함시키지 않는다면, 가장 잘 숙고된 치료계획이라 해도 빗나가 버릴 것이다. 숙고는 잠재적인 의사소통 상대방들이 AAC 사용 아동에게 제공할 수 있는 지원의 수준에 따라 이루어져야 한다. 이들은 AAC가 아동의 의사소통기술 발달에 이로울 것인지에 관한 기본적 개념에 대해 동의하고 있는가? 만일 그렇다면 아동 환경 내의 인물들은 특별히 제안된 체계의 채택을 동의하고 있는가? 이들은 무엇이 되었건 간에 몸짓 체계가 제안되고 있는 학습 개념에 대해 주저하고 있지는 않는가? 이들은 이를테면 전자장비와 같은 보다 첨단 공학적인 체계의 조작 및 운송방식을 불편해하지는 않는가?

치료사는 평가과정의 가장 첫 시점부터 가족 구성원, 양육자 그리고 교사들을 포함시켜야 한다. 만일 환경 내 인물들이 평가팀의 동등한 구성원으로 간주된다면, 그리고 이들의 입력이 진정성 있게 경청되며 그대로 이행된다면, 제안된 AAC 체계가 수용될 가능성은 크게 확대될 것이다. 이 체계가 아동 환경 내 인물들로부터 받아들여지지 않으며 또한 지원되지 않는다면, 아동이 해당 AAC 체계를 통해 성공하게 될 가능성은 낮아질 것이다. 반대로 아동의 AAC를 통한 의사소통 시도가 일관적인 반응성, 열정 및 격려와 함께 환영받을 수 있게 된다면, 이 같은 사회적 강화로 인해 아동의 상호작용의 수와 질은 반드시 증가될 수 있을 것이다.

의사소통 기회 평가. 아동이 일상 활동 속에서 직면하게 되는 의사소통 기회가 나타나는 자연스러운 환경 내에서, 그리고 아동이 이러한 기회들에 대해 어떻게 반응하는가에 관해 관찰이 이루어져야 한다. 예를 들어, 취학전 환경에서 소집단 활동 시간 중의 반응, 이야기책 읽기 중의 상호작용, 미술활동 수행, 휴식시간 동안의 놀이 등의 다양한 활동에 참여할 수 있는 기회가 아동에게 주어지는가? 그렇지 않다면 취학전 교사에게 제안이 이루어져야 하며, 이러한 유형의 의사소통 기회가 증가될 수 있도록 도와야 한다. 반대로 이러한 기회들이 주어지고 있다면, 치료사는 아동이 현재 이에 어떻게 반응하고 있는지를 관찰해야 한다. 예를 들어, 아동은 다음과 같을 것인가?

- 발성을 통해서든, 아니면 적절한 움직임을 통해서든 소집단 활동에 능동적으로 참여하고 있는가 (노래 부르기 시간에 곡에 맞춰 몸 흔들기, 손뼉 치기 등)?
- 이야기책 읽기 시간에 말하기, 질문에 답하기, 또는 공동주의 수립을 위한 일종의 수단들을 가지고 있는가?
- 미술활동 중에 필요한 아이템이나 도움을 요구하기 위한 일종의 수단을 가지고 있는가?
- 휴식시간 동안 또래들과 상호작용하는가? 또래들을 맞아들이는가? 차례를 주고받는가? 협동적 놀이에 참여하는가?

의사소통이 가능한 환경 내 기회에 대해 아동이 현재 어떻게 반응하고 있는가를 관찰 중인 치료사는 이러한 반응들이 어떻게 개선되고, 보완되며 증가될 수 있을 것인가에 관해 고려해야 한다. 또한 타인들이 아동에게 반응하는 방식에 관해, 그리고 이러한 반응들이 현재 사용되고 있는 AAC 체계의 효율성 향상을 위해 어떻게 수정될 수 있는지에 관해서도 역시 고려되어야 한다.

이와 유사한 관찰이 아동의 가정에서도 역시 이루어져야 한다. 특히 치료사는 가족 구성원들이 아동으로부터 의사소통적 상호작용을 유도해 내는 정도에 관해서도 평가해야 한다. 일부 가정에서는 아동에게 자신의 요구를 표현적으로 드러내도록 요구하는 일 없이 아동의 요구를 그저 알아서 예상하는 경향이 있을 수도 있다. 또한 가족 구성원들은 어쩌면 아동의 울기, 발로 차기, 또는 때리기와 같은 부적절한 행동에 대해 스스로 판단하건대 아동이 원하고 있다고 여겨지는 무엇인가를 즉시 제공해 주는 방식으로 반응함으로써, 결국에는 이 같은 행동을 강화시키며, 또한 이러한 행동이 지속되고 보다 증가되도록 공고화시켜 버릴 수도 있다(이처럼 바람직하지 못한 행동들을 감소시키기 위한 절차들에 관한 설명은 글상자 15.4 참조).

글상자 15.4　　　AAC를 사용하여 바람직하지는 못하지만 의사소통적인 행동 증가시키기

대안적 행동에 대한 차별적 강화

앞 장들에서 행동 감소 방식 중 하나가 대안적 행동에 대한 차별적 강화(DRA)였음을 기억하라. 학습된 대안적 행동은 동일한 의사소통적 효과를 사회적으로 보다 수용 가능하게 표현하는 방식이므로, DRA는 기능적 등가 훈련(functional equivalence training)이라 하기도 한다. 다른 저자들은 DRA를 기능적 의사소통 훈련(FCT)이라고 지칭하기도 한다. 이것은 무언어이며 행동적으로 문제를 보이는 아동들에게 특별히 잘 적용되는 방식이다. Mirenda(1997)는 개인들에게 바람직하지 못한 행동들에 대해 다양한 AAC 체계 안에서 이와 기능적으로 등가인 행동들을 훈련시켰을 때 이 바람직하지 못한 행동들을 감소시키는 DRA의 효과를 보여주는 연구들을 고찰하여, 효과적인 프로그램의 구성요소들에 대해 탐색하였다. 이 중 일부는 다음과 같다.

- 문제행동의 의사소통적 기능에 관한 철저한 기능적 분석. 이는 아동을 문제행동의 선행 사건일 수 있는, 환경 내에서 자연스럽게 발생되는 사건들로 꾸며진 자극에 노출시키고 이를 관찰하는 방식을 통해 완수될 수 있을 것이다. 예를 들어, 만일 그 행동이 아동이 자신이 원치 않는 활동으로부터 벗어나기 위해 발생된 것

이라 의심된다면, 치료사는 이미 밝혀진 원치 않는 활동 속에 아동을 반복적으로 노출시킨 후, 해당 행동이 발생되는지를 살피고, 실제로 그러하다면 그 활동을 종결시킨다. 만일 그 행동이 원치 않는 활동의 종결을 통해 강화된 것이라면, 그 행동의 증가가 드러나게 될 것이며, 따라서 치료사는 바람직하지 못한 행동의 기능은 해당 활동이 중단되기를 요구하고 요청하는 것이라고 합리적인 결론을 내릴 수 있을 것이다.

- 문제행동에 대해 평가된 기능과 선택된 AAC 체계를 통해 전달되는 메시지 사이의 '반응 짝짓기'. 새로운 의사소통행동은 바람직하지 못했던 행동과 기능적으로 반드시 등가의 것이어야 한다. 예를 들어, 원하는 사물을 얻기 위해 분노발작을 보이던 아동에게는 사물에 대한 가리키기를 통해 '나는 원한다'를 표현하도록 가르칠 수 있을 것이다.

- 새로운 의사소통행동은 반드시 원하는 반응을 얻어 낼 수 있는 것이어야 한다. 부모, 교사 및 양육자들은 AAC 사용 아동에게 원하는 사물이나 요구되는 활동을 제공하거나 또는 아동의 논평에 반응해 줄 준비가 되어 있어야 한다. 만일 이들이 그렇지 못하다면, 문제행동은 줄어들지 않을 것이며, 새로운 의사소통행동이 종국에는 소멸되어 버릴 것이다.

다양한 AAC 체계를 통한 실험. 종종 특정 환경에 속한 특정 아동에게 가장 성공적일 것 같은 특정 유형의 AAC를 꼭 집어 선택하는 것이 불가능할 때가 있다. 그러므로 AAC 사용자를 위한 목표행동은 유연해야 한다. 예를 들어, 자녀가 교실, 가정 , 그리고 지역사회 상황에서 사용할 수 있는 적절한 AAC 방식을 결정하기 위해 보조적이거나 비보조적인 다양한 보완대체의사소통 체계에 관한 실험이 실시될 수 있을 것이다. 비록 조작적 용어로 엄정하게 정의된 것은 아니지만, 이러한 목표행동들에는 초기에 아동 및 아동 환경 내 인물들에게 도입된 AAC의 실험적 속성이 반영되어 있는 것이다. 대부분의 전자장비 공급자들은 무료 또는 명목적인 렌탈 요금만으로 시험적으로 사용해 볼 수 있는 기간을 허용하고 있다. 여러 대도시 지역에서는 잠재적인 소비자들이 AAC 장비의 최종 선택에 앞서 이를 먼저 시험 기간 동안 점검해 볼 수 있는 AAC '도서관'을 운영하고 있다. 마찬가지로 여러 대규모 학군에서도 AAC 장비들의 표본을 갖추고 아동 및 가족들에게 이를 임대해 줌으로써, 실질적인 구매비용이 발생되기 이전에 체계 선택이 먼저 이루어질 수 있게 한다.

AAC 체계 선택

비록 아동과 그 가족에게 기능적인 체계를 찾기 전에 다양한 AAC 체계를 실험해 볼 필요는 있을 수 있으나, AAC 체계의 선택이 마구잡이식 과정이어서는 안 될 것이다. 어떠한 실험도 제한적일 수 있으며 전적으로 개방되어 있지는 못하다. 아동 및 가족에 대한 평가에 근거하여 선택된 몇 가지 체계에 대해 그 유용성이 평가되어야 할 것이다. 치료사는 다음과 같은 질문들을 고찰해야 한다. (1) 아동과 가족은 비보조적이거나 보조적인 AAC 체계를 통해 최상의 수행을 할 것인가? (2) 낮은 기술 수준의 체계와 첨단기술 수준의 체계 중 무엇이 시도되어야 할 것인가? (3) 보조적 체계가 제안된다면, 어떠한 유형의 상징이 사용되어야 하는가? (4) 아동은 이 체계에 어떻게 접근할 것인가?

비보조적 또는 보조적? 강조한 바와 같이, 비보조적 AAC 체계는 외부장비에 의존하지 않는다. 이것들은 오직 아동의 의도적 움직임만을 활용하는 몸짓 체계이다. 예를 들어, 미국 수화는 구어를 대체하는 기능을 하는 하나의 몸짓 언어 체계이다(비보조적 AAC 체계의 추가적인 예는 글상자 15.1 참조).
 비보조적 AAC 체계의 장점에는 다음과 같은 것들이 포함된다.

- **출력의 자발성.** 비보조적 AAC 체계를 사용하는 예를 들면, 그림책이나 AAC 장비에 다가갈 필요 없이, 아동들은 자연스러운 상황 속에서 몸짓을 산출한다. 이들은 오직 수화(몸짓) 어휘의 범위 정도 내에서만 제한을 받는다. 비보조적 AAC 체계를 배워 온 아동들은 독립적으로 의사소통할 수 있으며, 따라서 자기 메시지의 자율성과 관련해 어떠한 문제점도 제기되지 않는다. 앞으로 살펴보게 될 바와 같이, 이는 그 밖의 일부 AAC는 이에 해당되지 않는다.
- **재정적 비용이 소요되지 않음.** 비보조적 AAC 체계는 비용이 들지 않으며, 따라서 어떠한 상황에서

의 어떠한 아동이라도 접근할 수 있다. 예산은 전혀 문제되지 않는다.

- 아동의 환경 내 사람들이 아동의 의사소통 시도를 지지함에 있어서의 용이성. 바쁘기 짝이 없는 부모,

교사 및 아동과 친숙한 이들이 아동의 몸짓 목록을 인식하고 이에 적절

히 강화를 주기 위해 학습해야 하는 문제점이 보통은 전혀 없다. 컴퓨터

프로그램 작동방식을 기억해야 하거나 보조적 AAC 체계에서 요구되는

> 가능하다면 아동들에게 보편적으로 인정되는 몸짓들을 가르쳐야 한다('예'의 의미로 고개 끄덕이기)

그림, 상징 또는 사물들을 찾아내야 할 필요도 없다.

비보조적 AAC 체계의 단점에는 다음과 같은 것들이 포함된다.

- 아동의 현재 환경 너머로의 적용 가능성 제한. 아동은 적용된 몸짓 체계에 익숙하지 못한 사회에서
타인들로부터 이해되지 못할 수 있다.
- 즉각적인 피드백 결여. 경험적 근거는 거의 없지만, 아동들은 **음성출력 의사소통장비**(Voice Output
Communication Aid, VOCA)가 제공되었을 경우에는 의사소통적 상호작용의 개시와 이에 대한
반응을 보다 자주 그리고 보다 능숙하게 산출한다는 일부 견해가 존재한다. 이것은 아동에게 인
공 음성을 제공하는 체계이며, 따라서 즉각적인 청각 피드백을 제공해 준다. 이는 비보조적 AAC
체계가 갖추지 못한 특성이다.

이러한 단점들에도 불구하고 우리는 만일 아동이 몸짓 체계를 배우기에 충분한 대근육 및 소근육
기술을 가지고 있다면 먼저 비보조적 AAC 체계를 시도하고자 하는 편향성을 가지고 있음을 고백하고
자 한다. Goldstein(2002)은 자폐 아동들을 위한 치료법을 조사하는 효과

> 종합적 의사소통은 무엇인가?

성 연구를 수도 없이 고찰하여, 수화언어와 구어언어 양자를 통합하는

종합적 의사소통 접근법(total communication approach) 사용을 지지하는 훌륭한 경험적 근거를 발견하
였다. 또한 중증의 인지결함을 가진 아동들조차도 강화가 주어지기 전에 먼저 환경 내에서 지속적으
로 배우고 요구받는다면, 기본적인 요구와 욕구를 수화로 표현하는 방식을 배울 수 있음을 우리는 경
험을 통해 확인하였다. 우리의 견해로는 아동 메시지의 고유한 진위성, 그 메시지 산출의 자발성, 그
리고 이것들이 강화될 수 있는 용이성이 비보조적 AAC 체계 장점이며, 이는 이 체계가 가진 그 밖의
다른 제약들을 상쇄시켜 줄 것이다.

보조적 AAC 체계, 즉 아동의 의사소통을 돕기 위해 다양한 외부장치나 자원들을 사용하는 체계를
보다 선호하는 다른 치료사들도 있다. 보조적 AAC 체계에는 낮은 기술에서 첨단기술 수준의 범위가
있음을 기억하라.

낮은 기술 또는 높은 기술? 아동에게 기능적인 것으로 입증된 보조적 AAC 체계를 선택함에 있어서, 치료
사는 낮은 기술 체계에서 첨단기술 체계에 걸쳐 사용 가능한 여러 옵션을 고려해야 한다. 이에 관한 결정

은 평가결과, 아동의 환경 분석, 그리고 활용 가능한 예산 범위 내에서의 현실적인 견적에 기반해야 한다.

낮은 기술의 AAC 체계는 폴더 안에 그림이나 상징들을 붙여넣는 식의 간단하고 저비용의 것들, 그리고 각 폴더 안에는 특정 활동과 관련된 상징들이 담겨지는 식으로 구성될 수 있다(예 : 교실 환경에서, 한 폴더는 소집단 활동에 대해, 다른 폴더에는 미술활동과 관련된 것들, 그리고 또 다른 것에는 놀이터의 시설들에 대한 요구 등이 담겨 있을 수 있음). 언어치료사는 아동의 요구 및 환경으로부터 요구를 충족시키도록 고안된 아동 특정적인 체계를 만들어 내기 위해 교사, 부모, 보조원 및 기타 인물들과 협업할 수 있다.

낮은 기술 수준의 보조적인 AAC 체계의 다음과 같은 두 가지 유형은 그 효과에 관한 일부 실험적 타당성을 가지고 있다. (1) 자발적인 표현언어를 위한 **그림교환 의사소통 체계**(Picture Exchange Communication System, PECS)(Bondy & Frost, 1994), (2) 수용언어를 위한 **시각적 계획**(visual

그림 15.1　　**그림교환 의사소통 체계(PECS)**

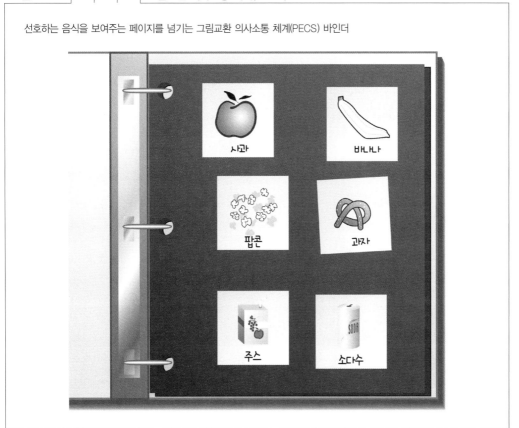

선호하는 음식을 보여주는 페이지를 넘기는 그림교환 의사소통 체계(PECS) 바인더

schedules; Bryan & Gast, 2000). PECS의 경우 아동들은 원하는 아이템에 대해 그림카드로 소통하는 방법을 배움으로써, 맨드(요구하기)가 배워야 할 첫 번째 구어행동 단위가 된다(선호하는 음식들을 나타내는 페이지를 넘길 수 있는 PECS 바인더의 한 가지 예는 그림 15.1 참조). 아동이 원하는 무엇이든 의사소통 상대방이 요구된 바를 공급해 줌으로써 강화는 즉각적으로 이루어지게 된다. PECS 훈련 중에는 어떠한 구어 촉진단서도 제공되지 않으며, 따라서 아동은 이 단서에 지나치게 의존하지 않은 채로 의사소통적 상호작용을 독립적으로 개시하는 법을 배우게 된다.

맨드 외에도 아동들은 또한 PECS를 활용하여 택트(논평)하고, 질문에 답하는 법을 배울 수도 있

> 아동들은 또한 한 과제가 작은 단계로 나뉘어 순서화된 일련의 그림들을 참조하는 방식으로 다양한 과제들을 배울 수 있으며, 이는 시각적 계획의 또 다른 기능이다.

다. 대상실험 설계에 걸친 다중적 기초선(Hegde, 2003)을 활용하여, Charlop-Christy와 그녀의 동료들은 PECS를 사용하도록 훈련받은 3명의 자폐 아동에게서 자발화 및 사회적 의사소통행동의 증가와 문제행동의 감소를 입증하였다(Charlop-Christy et al., 2002). 또 다른 실험연구에서도 중도에서 최중도 발달장애 아동들에게 맨드(요구)를 가르치는 것에서 손짓 수화(manual signs)보다는 PECS가 더욱 효과적임을 입증하였다(Chambers & Rehfeldt, 2003). 몇몇 임상보고들 역시 PECS를 통한 자폐 및 기타 장애 아동들의 현저한 의사소통 향상을 입증해 왔다(Kravits et al., 2002; Magiati

사진 15.2 아동들은 PECS를 통해 먼저 요구하기를 배운다. 여기 한 아동이 PECS 상징을 건네는 방식으로 좋아하는 장난감을 요구하는 모습이 나타난다.

& Howlin, 2003; 이 연구들에 대한 고찰은 Bondy & Frost, 2001 참조). PECS를 사용하여 성인과 의사소통하고 있는 한 아동의 예가 사진 15.2에 제시되어 있다.

시각적 계획은 몇 가지 용도로 사용될 수 있는데, 가장 자주 쓰이는 것은 PDD 아동들을 과제를 지속시키고 학급활동 속에 참여하게 하는 것이다. 시각적 계획의 정확한 형식은 특정 상황 및 아동의 요구에 따라 달라질 수 있으나, 그 기본 원리는 무언어 아동들이 참조할 수 있는 일상활동에 대한 그림 표상을 고안해 내는 것에 있다(그림 15.2는 잠자리에 들기 활동에 대한 시각적 계획의 예). Bryan과 Gast(2000)는 A-B-A-B 철회연구 설계(Hegde, 2003)를 사용하여, 4명의 고기능자폐 아동에 대한 특수교육 환경에서의 그림활동 계획(picture activity schedule)의 효과를 조사하였다. 이들은 언어를 사용하고 있으나, 교실에서의 기능을 수행하기에는 수용언어가 부족한 아동들이었다. 아동들은 그림 계획이 도입되자 과제 및 계획 행동에서의 증가를 나타내다가, 그림 계획이 철회되자 이 행동들은 다시 감소

그림 15.2   잠자리에 들기 활동을 위한 시각적 계획

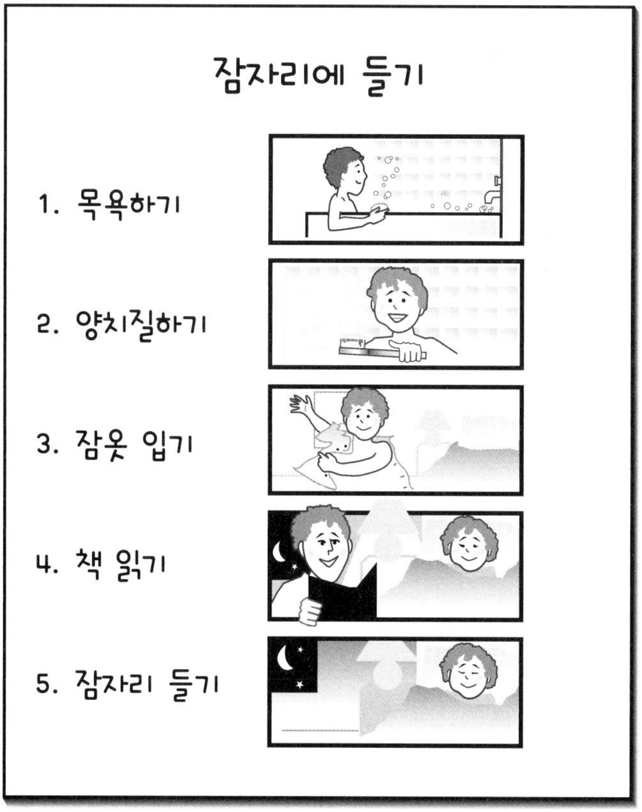

되었고, 이어서 그림 계획이 재도입되자 행동들은 다시 증가하는 모습을 나타냈다. 아동들에게 다양한 과제를 수행하도록 가르치는 것에 있어서, 이와 같은 그리고 이 밖의 다른 그림 계획 방식 타당성을 높이기 위해서는 추가적인 연구가 필요할 것이다.

낮은 기술의 AAC 체계에는 장점과 단점이 공존한다. 낮은 기술의 보조적 AAC 체계의 장점으로는 저비용, 자원의 휴대성(좀 더 까다로운 전자장비들과는 반대로), 그리고 특정 환경에서의 특정 아동의 요구에 맞도록 이 체계들을 변용시킬 수 있는 용이성 등이 있다. 단점으로는 보다 제한적인 의사소통 기능 목록(보다 정교한 첨단기술 체계와 비교하여), 주변 인물들이 사용 중인 기호들을 업데이트하고 개정해야 할 필요성, 자발성의 결여, 그리고 사용되는 메시지들의 저작권(고유성)에 관한 문제점 등이 있다.

메시지의 저작권이란 특히 골치 아픈 문제. 낮은 기술 및 높은 기술의 보조적 AAC 체계 모두에서, 아동들은 체계를 가동시키고, 이를 유지하는 것에서 환경 내 인물들에게 의존해야만 하며, 아동이 의사소통하고자 했던 것은 무엇인지에 관해 타인들이 신중하게 이를 추측해야만 한다. 아동이 좀 더 전달하고자 하는 메시지가 있다 해도, 만일 체계가 아동의 진정한 메시지를 전달하는 수단이 제공되도록 설정되어 있지 못하다면, 아동은 그렇게 할 수 없을 것이다. 또한 어쩌면 아동에게 제공된 메시지가 아동이 의사소통하고자 하는 바 그대로를 나타내지 못할 수도 있으나, 현재는 그것이 사용 가능하며, 또한 아동은 그렇게 하도록 훈련받았기 때문에 어쨌든 아동은 그것에 접근할 수밖에 없을 것이다. 이러한 부분이 다음 절에서 보다 철저히 다루게 될 AAC 분야의 윤리적 논점과 관련된 제한점들의 한 유형이 된다.

높은 기술 수준의 AAC 체계들은 일반적으로 낮은 기술의 체계보다 더욱 다양한 용도로 사용될 수 있는 것으로 여겨지고 있다. 여기에는 AAC 사용자들이 산출해 낼 수 있는 의사소통기능의 폭넓은 다양성이 존재하며, 사회적 대화에의 참여, 논평하기 또는 '잡담하기'와 같은 것들이 그것이다. 그 일부는 음성출력 의사소통장비(VOCA)인데, 이것은 아동이 디지털 또는 인공합성된 음성으로 메시지를 전달할 수 있게 해준다. Mirenda(2003)는 VOCA의 의사소통기술의 증진 효과, 그리고 특수교육 및 통합교실 상황 모두에서 또래나 교사들과

VOCA란 무엇을 나타내는 말인가?

의 보다 자연스러운 상호작용 수단을 제공하는 효과를 지지하는 일부 제한적인 추적연구 및 사례연구들에 관해 기술하였다(Light et al., 1998; Mirenda, Wilk, & Carson, 2000; Schepis et al., 1998). 명백히 VOCA는 어떠한 상황에서건 간에 아동이 의사소통하는 어떠한 대상에 의해서도 이해될 수 있는 의사소통 수단을 제공해 준다. 그렇지만 꽤나 고비용의 VOCA가 그 밖의 다른 AAC 체계에 비해 VOCA 사용자들의 의사소통적 상호작용을 더욱 잘 증가시키는가에 관해서는 아직 실험적으로 입증되지는 못했다(VOCA의 예는 그림 15.3 참조).

높은 기술의 AAC 체계에는 몇 가지 단점이 존재한다. 이 중 가장 뚜렷한 것이 일부 체계의 높은 비

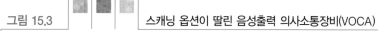

그림 15.3   스캐닝 옵션이 딸린 음성출력 의사소통장비(VOCA)

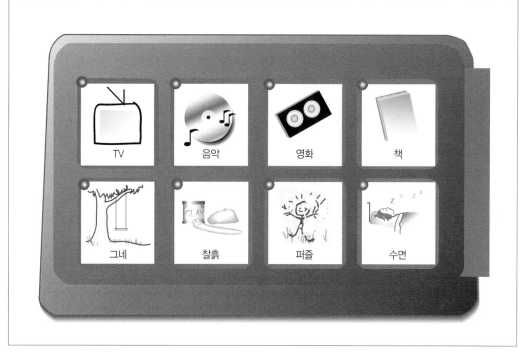

용인데, 어떤 것들은 종종 수천 달러에 이르기도 한다. 이 체계들이 비보조적이거나 또는 낮은 기술의 체계들을 앞서는 우월성을 입증하는 명백한 경험적 증거가 있다면, 이러한 추가 비용도 정당화될 수 있겠으나, 이러한 증거는 존재하지 않는다. 고기술의 AAC 장비들은 또한 꽤나 복잡하며, 따라서 이를 초기 프로그램하고, 컴퓨터화된 장비들을 지속적으로 업데이트해야 하는 언어치료사, 교사, 그리고 부모들에게 기술적 노하우라는 어려운 과제를 부여한다. 휴대성의 결핍 역시 또 다른 단점이다. 바쁜 부모나 교사들은 지역사회로의 외출, 또는 놀이터나 간이식당으로의 이동 중에 전자장비들을 함께 옮기는 것에 어려움을 느낀다. 아동이 의사소통하고자 하는 시점에서 장비가 가용해야 하며, 적절히 프로그램되어 있어야 하고, 또한 즉시 다가갈 수 있어야 하므로, 이로 인해 의사소통의 자발성이 저해될 수 있는 것이다. 마지막으로, 전달되는 메시지의 저작권에 관한 동일한 문제들이 낮은 기술의 체계에서와 마찬가지로 나타나며, 이는 어쩌면 더 심각한 범위에 이를 수도 있다. 만일 개인이 장비에 직접적으로 접근하지 못한다면, 그 대안적 방식은 주변 인물들이 스스로 추측하건대, 그 개인이 표현하고자 하는 것이라고 여겨지는 메시지를 프로그램하게끔 하는 것이다. 우리가 살펴보게 될 바와 같이, 타인이 메시지 생성에 관여하게 되면, AAC 사용자의 메시지의 저작권(고유성)과 관련된 일부 복잡한 윤리적 문제점들이 발생한다.

치료사가 보조적인 AAC 체계를 제안하고자 한다면, (1) 사용될 상징체계의 유형이나 (2) 아동이 이 체계에 어떻게 접근할 것인가의 문제 등과 같은 몇 가지 결정이 이루어져야 한다.

어떠한 유형의 상징체계인가 비보조적인 AAC 체계에서 사용되는 상징에는 아동에 의해 산출되는 다양한 몸짓, 얼굴 표정, 그리고 기타 신체 움직임이 포함된다. 보조적 AAC 체계는 사물, 선그림, 사진, 다양한 그래픽 시스템, 또는 알파벳 철자와 같은 상징들이 포함되어 있다. 비보조 및 보조적 상징 모두는 그 **도상성**(iconicity) 정도, 즉 상징이 그 참조물(상징이 나타내고자 의미하는 바)과 직접적으로 닮아 있는 정도에 따라 달라진다. 상징이 그 참조물과 흡사하면 할수록 좀 더 도상적이라 할 수 있다. 가장 도상적인 것은 사물 그 자체이다(예 : 상대방에게 건네는 컵은 "마시고 싶어요."를 의미). 알파벳 철자들은 훨씬 덜 도상적인 상징의 예라 할 수 있다(보조적 AAC에서 사용되는 상징 체계의 도상성 스펙트럼은 글상자 15.5 참조).

일반적으로 덜 도상적인 상징 체계일수록 도상적 체계보다 더욱 다용도적이다. 읽고 쓸 줄 알며, 알파벳 쓰기(또는 타이핑, 또는 가리키기)를 산출할 수 있는 아동들은 오직 사물 상징 체계에만 의존하는 아동들이 사용할 수 있는 제한적인 의사소통기능들에 비해 무한한 수의 메지지를 생성해 낼 수 있다. 그렇지만 아동들은 도상적인 상징을 덜 도상적인 것보다 좀 더 쉽게 배울 수 있다(Fuller, 1997; Luftig & Bersani, 1985). 인지결함을 지닌 아동들에게는 초기에는 좀 더 도상적인 상징체계를 가르치고, 아동의 의사소통기술 개선에 따라 점차 덜 도상적인 상징으로 이동해 나가야 한다(AAC 장비에서 사용되는 사물의 예는 그림 15.4 참조).

다음의 진술은 참인가 거짓인가? 상징이 보다 도상적일수록, 그것은 참조물과 덜 흡사하다.

다음의 진술은 참인가 거짓인가? 보다 도상적인 상징일수록 아동들은 덜 도상적인 것보다 좀 더 쉽게 학습할 수 있다.

글상자 15.5 　　　**상징의 도상성**

보조적 AAC에서 보편적으로 사용되는 일부 상징 가운데, 가장 도상적인 것에서 가장 덜 도상적인 순서 배열

최고 도상적　　　　사물
　　　　　　　　　컬러사진
　　↑　　　　　　 흑백사진
　　│　　　　　　 미니어처 사물
　　│　　　　　　 선그림(예 : Mayer-Johnson picture)
　　↓　　　　　　 그래픽(시각) 상징(예 : 블리스 기호)
최저 도상적　　　　알파벳 철자

그림 15.4 　　　사물을 상징으로 사용하는 AAC 장비

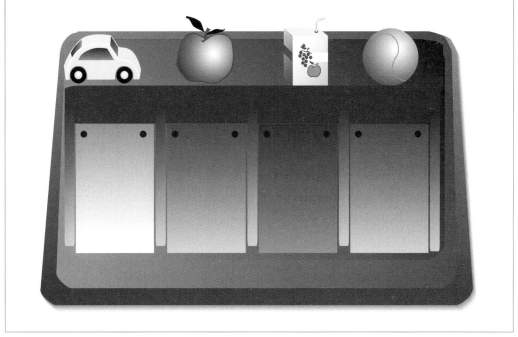

아동이 체계에 어떻게 접근할 것인가 특히 중증의 신체장애를 가진 아동의 경우, 치료사는 아동이 어떻게 AAC 체계에 접근할 것인가, 또는 아동과 AAC 체계 사이의 인터페이스는 어떠한 형태일 것인가를 반드시 고려해야 한다. 아동과 AAC 체계 사이의 인터페이스에는 직접 접근과 스캐닝 두 가지 유형이 있다.

　직접 접근(direct access)에서는 아동이 배열된 것들 가운데, 키보드를 누르거나 가리키기, 터치하기, 눈맞춤으로, 또는 보조 포인팅 장치의 도움으로 상징을 선택한다. 예를 들어, PECS 활동판상에서, 아동은 밖으로 나가고 싶음을 표현하는 그림카드를 선택하고, 이를 학급 교사에게 건넬 수 있다. 다양한 VOCA 전자장비상에서, 아동은 그림카드를 눌러서 "밖에 나가고 싶어요."라고 말하는 인공음성을 산출할 수 있다. 손, 팔, 또는 다리 사용은 그렇지 못하지만 머리 움직임은 잘 통제할 수 있는 아동이라면 눈맞춤의 고정(특정 상징을 계속 바라봄)을 통하여 상징에 접근할 수 있다. 신체적 결함이 덜 하며 읽고 쓸 줄 아는 아동은 알파벳판 위의 철자들을 가리키기 하여 메시지를 전달할 수 있다. 어떤 아동들은 기능적인 키보드 기술을 갖추어, 이 방식으로 메시지를 생성할 수 있을 것이다. 키보드를 타이핑하는 것이야말로 가장 유용성이 다양한 직접 접근 유형이다.

> 인터페이스의 두 가지 유형은 무엇인가?

AAC 체계에 직접적으로 접근할 수 없는 아동은 간접적으로 상징을 선택하는 **스캐닝**(scanning)이라는 대안적 방식을 사용할 수 있다. 스캐닝을 통해 여러 옵션의 배열이 시각, 청각, 또는 두 가지 감각양식 모두로 아동에게 제시된다. 아동은 듣고, 보다가 원하는 사물이 나타나면, 스위치를 활성화여 해당 상징에서 장비를 '멈추게(freeze)' 한다. 많은 AAC 전자장비들이 직접 접근과 스캐닝 장비를 함께 갖추고 있다. 스위치들은 아동의 자발적 통제하에 놓여 있는 것으로 사전에 확인된 신체의 어떠한 부위로도 활성화시킬 수 있도록 설정해 놓을 수 있다. 신체결함을 가진 아동들은 머리, 발, 무릎, 턱 등으로도 스위치를 누를 수 있다. 언제나 직접적인 상징 선택이 보다 선호되는 방식이기는 하지만, 중증의 신체장애를 가진 아동들에게는 스캐닝만이 사용 가능한 유일한 옵션일 수 있다.

AAC 선택을 위한 지침. 이용 가능한 다양한 AAC 유형들의 장점과 단점에 대한 고려와 함께, AAC 체계 제안을 위한 다음과 같은 지침이 제공된다.

- 말발달과 관련된 아동의 잠재력을 고려하라. 일부 체계들은 구어발달 촉진의 효과를 지지하는 충분한 연구들이 이루어진 바 있다(ASL 및 PECS에 관한 절 참조).
- 아동의 인지 수준을 고려하라. 인지결함이 있는 아동의 기초 의사소통 목록을 확립하기 위해서는 비보조적이거나 또는 도상적 상징이 사용되는 덜 복잡한 보조적 체계를 우선시하라.
- 아동이 AAC 체계에 어떻게 접근할 것인가를 평가하기 위해 아동의 운동 및 감각능력을 고려하라.
- 비용을 고려하라. 고가의 장비가 선택되었을 때는 활용 가능한 기금의 원천을 파악하라(의료보험, 기부금, 자선단체).
- 복잡성을 고려하라. 아동 환경 내 인물들이 복잡한 장비를 프로그램하고 유지하는 데 요구되는 기술적 지식을 갖추고 있는가?
- 아동 환경 내 인물들이 그 사용을 기꺼이 지원하겠다는 의사를 표현한 AAC 체계를 선택하라.

심지어 가장 신중하게 선정된 AAC 방식조차도 해당 아동에게 기능적이지 못한 것으로 나타날 수 있다. 이것이야말로 치료의 초기단계에서 다양한 AAC 유형으로 실험을 실시(아마도 그림 의사소통 체계를 제공함과 동시에 손짓 수화를 학습할 수 있는 아동의 기술을 탐사하는)해 보는 일이 필요한 이유이다. 선택된 체계와 무관하게, AAC 사용 아동을 가르치고 지원하기 위해 기본적 치료절차에 대한 조정이 필요할 것이다.

자연스러운 상황에서 AAC 사용 아동 지원하기 : 치료절차의 수정

많은 AAC 체계와 함께 아동들을 치료실 환경에서, 앞 장들에서 설명한 절차들을 활용함으로써, 기초기술 및 초기 의사소통 목록을 확립시킬 필요가 있다. 예를 들어, 아동에게 PECS를 사용하도록 가르치고자 할 때 제안되는 치료절차는 아동이 원하는 아이템을 획득하기 위해 치료사에게 카드를 건네는 행동을 확립시키는 집중적인 독립 시도 치료로부터 출발한다. 치료실 환경에서 확립되어야 할 기타 행동들에는 아동이 AAC 체계에 접근할 때 필요한, 일례로 가리키기 또는 신체 부위를 사용하여 스위치 활성화하기 행동들이 포함된다.

그렇지만 아동으로 하여금 AAC 체계 사용을 학습하게 하는 치료는, 아동의 가정이나 교실에서의 일상에서 독립 시도를 내포시키는 방식으로, 가능한 한 신속하게 자연스러운 상황으로 이동하여야 한다. AAC 체계의 효과적 사용이 학습되기 위해서는 아동에게 일상생활을 통한 의사소통 기회가 많이 주어져야 할 것이다. 이후 치료사는 아동의 환경 및 아동에게 주어진 의사소통 기회의 적합성에 대한 평가를 보통 때보다는 훨씬 더 많이 실시해야 한다. 치료사는 아동 환경 내의 주요 인물들을 교육시켜, 아동의 의사소통 기회를 증진시켜 주고, 이를 고양시키기 위한 다양한 기법(예 : 촉진단서)을 사용하며, 또한 의사소통을 강화해 주게끔 해야 한다. 이후 치료는 아동뿐 아니라 자연스러운 환경에서 아동의 의사소통 시도를 지원하게 될 인물들에게까지 확장시킨다.

자연스러운 상황에서의 의사소통 기회 판별

평가 중에 치료사는 자연스러운 상황 내에서 아동이 활용할 수 있는 의사소통 기회를 관찰하고 이를 평가해야 한다. 다양한 환경에서 아동이 드러내는 AAC 체계 사용에서의 진보를 모니터하고 지원하기 위한 동일한 유형의 관찰이 이루어져야 한다. Reichle, York, Sigafoos(1991)는 AAC 사용자에게 주어지는 의사소통 기회에 관한 생태학적 평가 목록을 취할 것을 제안하였다. 생태학적 목록의 형식은 오직 한 가지일 수 없으며, 이것을 취해야 할 다양한 원인이 존재한다. 치료를 시작하기에 앞서 치료사는 아동에게 주어지는 의사소통의 기회에 대한 정의를 제공해 줄 만한 아동 특정적 평가도구를 고안해 내고, 이러한 기회를 확대시킬 수 있도록 어떠한 조치를 취해야 할 것인가에 관한 관찰을 실시할 수 있다. 치료 중에 치료사는 의사소통 기회가 증가되었는지, 그리고 아동은 이 기회에 얼마나 잘 반응하는지를 알아보기 위한 또 다른 생태학적 평가를 사용할 수 있다. 만일 어떠한 조정들이 이루어져야 하거나 또 다른 AAC 체계를 위해 특정 AAC 체계를 지양해야 한다면, 치료사는 이러한 조정들의 효과를 검증하기 위해 생태학적 형식을 취할 수 있을 것이다.

이 기법을 묘사하기 위해 한 치료사가 자니라는 5세의 무언어 뇌성마비 남자아이에게 그가 사용하는 휠체어에 장착된 VOCA를 사용하여 물건이나 행위를 요구하거나 사회적 관례들을 맞아들이고 이를 취하거나 그만두는 일에 참여하는 방식을 가르쳤다고 가정해 보자(그림 15.5에 휠체어에 장착된 VOCA가 제시됨). 자니는 다소 어렵긴 하지만 자신의 좌측 검지손가락을 이용하여 원하는 상징을 누르는 방식으로 VOCA에 직접적으로 접근할 수 있다. 치료사는 그가 교실에서 VOCA를 사용할 수 있

그림 15.5   휠체어에 장착된 음성출력 의사소통장비(VOCA)

는 의사소통 기회가 얼마나 되는지를 알아보기 위한 관찰을 실시하였다. 그가 교실에 도착하자, 학급교사와 보조원은 그를 따뜻하게 맞아주며, 그가 자신의 VOCA에서 "안녕하세요?"라는 상징을 활성화하여 이에 반응하도록 격려한다. 소집단 시간 동안, 그는 미소 짓고 신체 움직임을 나타내지만, 간단한 질문에 답하기, 급우들과 함께 노래 부르기, 또는 활동 선택하기와 같은 활동들에 함께하자는 요청을 받지는 않는다. 미술활동 시간에 그에게는 많은 양의 미술도구들이 주어지며, 보조원은 그와 손을 잡고 그와 함께 해당 활동을 수행하도록 지원해 준다. 휴식시간에 그는 감독교사에 의해 나무 그늘 아래 위치한 채로, 놀이터 활동을 지켜보고는 있으나 이에 참여하지는 않는다. 식당에서 보조원은 그에게 음료수를 선택하도록 촉구하고, 그는 자신의 VOCA상에서 주스를 나타내는 상징을 누른다. 보조원은 그와 손을 잡은 채 그에게 제공된 음식의 가장 적절한 양만큼 그가 먹을 수 있도록 돕는다. 글상자 15.6은 치료사가 이러한 관찰을 토대로 고안한 생태학적 평가 목록이다.

자연스러운 상황에서 의사소통 기회 창출하기

개개 아동의 자연스러운 환경 내에서 앞선 절에서 설명한 것과 같은 생태학적 목록을 수집할 수 있다.

글상자 15.6 | 의사소통 기회에 대한 생태학적 평가 목록

아동 이름 : 자니 도   학령 : 유치원생
연령 : 5세   교사 : 스미스 선생님

활동	관찰된 의사소통 기회	제공됨	제공되지 않음
교실에 도착	교사와 인사하기	×	
소집단 시간 :			
달력활동	간단한 질문에 답하기(오늘은 무슨 요일이지?)		×
노래 부르기	함께 '노래 부르기'		×
이야기책 읽기	좋아하는 책 고르기		×
미술활동 :			
눈사람 만들기	필요한 도구 요청하기		×
	도움 요청하기		×
휴식시간	또래와 인사하고 상호작용하기("안녕, 같이 놀래?")		×
	활동 요청하기("나 공놀이 하고 싶어!")		×
	휴식 요청하기("피곤해요. 좀 쉬어도 될까요?")		×
간이식당	음료수 선택하기	×	
	도움 요청하기		×
	음식 또는 음료수 더 요청하기		×

학급 교사 및 보조원을 위한 기록 :

인사하기 의례에 대한 촉구는 매우 훌륭합니다! 또한 점심 시간에 우유나 주스를 선택할 수 있도록 VOCA가 프로그램되어 있는 모습을 보니 기쁩니다. 그는 그 선택을 즐기는 것처럼 보이는군요. 몇 가지 제안을 드리고자 합니다.

1. 소집단 활동 시간 중의 VOCA에서의 선택을 기록해 주십시오.
  ● 종종 그에게 날짜와 요일이 프로그램된 "오늘은 무슨 요일"을 제공함으로써 자니로 하여금 '달력 꼬마'가 될 수 있게 해주십시오.
  ● 당신이 부르기로 계획한 노래를 기록하십시오. 자니로 하여금 함께 노래 부를 수 있도록 녹음기를 활성화시킬 수 있게 해주십시오.
  ● 가끔은 그에게 두세 권의 책 중에서 선택하게 함으로써 소집단 시간 동안 읽을 책을 자니가 스스로 고를 수 있도록 허용해 주십시오.

2. 미술 활동 중에 :
  ● 다소간 '교활하게', 그가 자신의 미술활동을 위해 필요로 하는 모든 것을 그에게 다 제공하지는 마십시오. 풀 좀 더 주세요, 또는 가위 좀 주실래요와 같은 선택이 이루

어지도록 VOCA를 프로그램해 주십시오.
  ● 보조원은 그를 자동적으로 돕기보다는, 자니로 하여금 도와주세요 기호를 스스로 누르게끔 하십시오.

3. 휴식시간 중에 :
  ● 두세 명의 또래를 그날의 자니의 특별한 '놀이터 친구'로 임명하십시오. 아동들에게 자니가 상호작용하도록 촉구하게끔 가르치십시오("안녕 자니! 함께 놀까?).
  ● 보조원으로 하여금 숨바꼭질 같은 놀이터 게임에 자니가 참여할 수 있도록 도움을 제공하게 하십시오(자니 스스로 도움을 요청하게 해주어야 함을 기억하십시오.).
  ● 피로를 나타내는 징후에 민감해야 하며, 그가 휴식을 필요로 할 때는 자니 스스로 이를 요청하도록 격려하십시오.

4. 점심시간 중에 :
  ● 보조원으로 하여금 그의 곁에 앉아 기대어린 시선으로 그를 바라보며, 자니 스스로 "도와주세요!"라고 하도록 촉구하게 하십시오.
  ● 그에게 보통 때보다는 음식을 덜 주려는 시도를 하십시오. 그가 "더 주세요!"라고 요청하도록 촉구하십시오.

이 목록에는 아동을 위해 창출된 의사소통의 기회, 그리고 아동의 환경 내 인물들이 그 반응을 촉구하는 방식이 기술되어 있어야 한다. 여기에는 일반적으로 부모, 교사, 양육자, 보조원 및 기타 인물들에게 보다 많은 의사소통 기회를 창출해 내고 반응의 개시를 촉구할 수 있도록 가르치는 일이 요구된다. Sigafoos(1999)는 환경으로부터 요구하기 또는 거절하기 의사소통 기능의 필요성을 창출해 내는 '기술자'가 되는 다음과 같은 방식들에 대해 논의하였다. (1) 결여된 아이템 형식, (2) 중지된 행동 연쇄, (3) 불완전한 제시, (4) 지연된 도움, 그리고 (5) 잘못된 아이템 형식. 이들 기법 중 일부는 제8장에서의 환경중심 교수에 관한 설명과 중복되고 있음을 주목할 필요가 있다.

결여된 아이템 형식은 성인들로 하여금 원하는 활동에 참여하거나 또는 이를 완수하는 데 필요한 한 가지 이상의 아이템들을 주지 않게끔 하는 것이다(Cipani, 1988; Sigafoos et al., 1995). 예를 들어, 미술활동 시간에, 풀이나 가위 같은 필요한 도구들을 탁자 위에 놓아두지 않음으로써 아동으로 하여금 이를 요구하게끔 촉구하는 것이다. 중지된 행동 연쇄 기법에서는, 막 시작된 행동을 중지시켜 버림으로써 아동 스스로 이에 관해 논평하거나 요구하도록 촉구한다. 예를 들어, 휴식을 얻기 위해 출입문 쪽으로 고개를 돌리는 아동이라면, 교사가 입구 쪽에 서서 이를 차단함으로써 아동으로 하여금 "밖에 나가고 싶어요!"라고 요구할 수 있는 기회를 창출시킬 수 있는 것이다(Goetz, Gee, & Sailor, 1985; Hunt et al., 1986). 불완전한 제시에서는, 아동에게 퍼즐을 주되, 필요한 조각들을 모두 다 주지는 않을 수 있다. 아동이 조각들을 요구하면, 성인은 한두 조각을 추가 제공하고 나서 아동이 이를 더 요구하도록 다시 기다린다(Duker, Kraaykamp, & Visser, 1994). 지연된 도움은 환경 내 성인이 아동은 어려운 활동 수행을 위해 도움을 필요로 하고 있음을 인식했을 때 사용될 수 있는 기법이다(Reichle, Anderson, & Schermer, 1986). 예를 들어, 아동이 취학전 기관에서의 간식시간 중에 쿠키 포장지를 뜯기 위해 애쓰고 있다면, 보조원은 아동의 곁으로 바짝 다가가 그로부터 도움 요청하기를 유도한다. 잘못된 아이템 형식은 거부하기나 항의하기를 가르칠 때 활용될 수 있다. 먼저 성인이 아동 앞에 매력적인 아이템들을 배열해 놓은 후, 아동이 좋아하는 아이템으로 다가가려 하면, 치료사는 재빠르게 잘못된 아이템을 아동에게 '실수로' 건넴으로써 아동으로 하여금 "아니야!"라고 말할 수 있게 하여, 결국에는 아이템 거부하기의 기회를 창출해 내는 것이다(Sigafoos & Roberts-Pennell, 1999).

이 모든 기법에 있어서 만일 아동이 적절한 반응을 개시하지 못한다면, 구어 촉구단서를 제공해야 하며("뭘 원해?"), 다만 이 촉구단서는 아동이 정반응을 자발적으로 산출하게 될 때까지 체계적으로 용암시켜 나가야 한다. 치료사는 아동의 정반응 또는 적절한 의사소통적 시도를 즉각적으로 강화해 주어야 한다. 이 기법들은 학교, 가정 또는 지역사회에서의 일상생활에서 그대로 활용할 수 있다. 이것들은 수신호, 그림 의사소통 체계 및 전자장비들과 같은 다양한 AAC 체계를 사용하는 아동들에게

> 무언어이자 자폐인 아동이 취학전 교실에서의 간식시간을 위한 식탁 차림을 배웠다. 교사는 접시를 숨긴 후, 아동에게 접시를 의미하는 PECS 상징을 제공하고, 아동 스스로 이를 요구할 때까지 기다린다. 이는 어떠한 언어 유도 기법의 예라 할 수 있는가?

적합하다. 아동 환경 내의 성인들은 이 기법들을 활용하여 자연스러운 환경에 담겨 있는 의사소통적 상호작용을 위한 많은 독립회기 기회를 창출해 내는 방식을 쉽게 배울 수 있다.

요약하면 자연스러운 환경에서 AAC 사용 아동 지원에 필요한 치료절차의 수정은 다음과 같다.

- 치료실 환경에서 독립회기를 사용하여 AAC 체계 학습 및 이에 대한 접근에 필요한 기초기술을 가르치되, 치료는 가능한 한 신속하게 자연스러운 환경으로 나아가라.
- 자연스러운 환경에서 아동에게 주어지는 의사소통의 기회를 판별하라.
- 의사소통의 기회가 증대될 수 있는 방안을 제안하라.
- 아동의 환경 내 성인들에게 환경이 의사소통 기회를 증가시키고, 반응을 촉구하며, 촉구를 용암시키고, 정반응에 대해 즉각적인 강화를 제공하는 '기술자'가 되도록 교육시켜라.
- AAC 사용 아동 및 아동의 의사소통 상대방들에게 지속적인 지원을 제공하라.

몇 가지 윤리적 고찰

다양한 AAC 체계들에 관한 장단점에 관한 논의에서 우리는 생성된 메시지의 자발성과 저작권(고유성)이 고려해야 할 중요한 요인이라고 논의한 바 있다. 우리는 아동이 메시지를 전달하기 위해 신체 움직임을 사용하는 비보조적인 체계를 이 밖의 모든 것에 우선하여 먼저 시도해 보아야 한다고 주장하였다. 아동이 비보조적인 AAC 체계를 사용하여 메시지를 생성했을 때 이것은 아동 자신으로부터 온 것임은 의심의 여지가 없다. 그 메시지들은 아동이 진정으로 의사소통하고자 한 바로 그것이다. 마찬가지로 보조적 AAC의 경우에서도, 아동이 읽고 쓸 줄 알며 키보드나 알파벳판에 접근할 수 있다면, 비록 그 산출은 다소 덜 자발적인 것일 수는 있어도 이 역시 고유한 것으로 가정할 수 있을 것이다.

아동이 비보조적 AAC 체계를 배우거나 또는 보조적 체계에 직접 접근하는 데 필요한 운동 또는 인지기술을 가지고 있지 못하다면, 중재자는 아동이 의사소통하고자 하는 것이 무엇인지 결정하기 위해 환경 내 인물들에 의존하는 체계를 정착시켜야 한다. 심지어 아동이 직접적으로 접근할 수 있는 체계라 할지라도 그 진위성과 관련된 일부 문제점들이 남아 있다. 왜냐하면 이 체계는 아동에게 타인들에 의해 선택된, 오직 제한적인 수의 옵션들만을 제공하기 때문이다. 악의적이지 않은 예를 하나 들어 보자. 한 아동의 교사가 방과 후에 유명한 패스트푸드 식당에서 치킨너겟, 햄버거, 또는 치즈버거를 주문할 수 있도록 VOCA를 프로그램하였다. 아동은 "나는 치즈버거를 원해요."를 직접 선택하였고, 결국 아동을 위해 치즈버거를 샀다. 이후 교사는 아동의 가족과 대화하면서, 그 유명 식당에서 아동이 좋아하는 음식은 생선 샌드위치였음을 깨닫게 되었다. 이것은 자신의 기호를 의사소통할 달리 어떠한 수단도 없었던 이 아동에게 제공되지 않은 옵션이었던 것이다.

이는 윤리적 딜레마를 보여주는 간단한 예이다. 이보다 극단적인 한 가지 예가 **촉진적 의사소통**

(Facilitated Communication, FC) 현상인데, 이것은 심지어 많은 FC 사용자들에 의해 생성된 메시지가 그들 스스로의 것이 아니라 '촉진자'들의 것임을 입증하는 압도적인 통제적인 실험증거에 직면했음에도 불구하고, 미국 내 일부 지역에서 여전히 보편적으로 시행되고 있는, 논란의 여지가 많은 임상적 관행 중 한 가지이다(글상자 15.7 참조).

글상자 15.7 　　　**촉진적 의사소통 현상 : 희망의 신호등인가 아니면 최악의 사이비과학인가?**

촉진적 의사소통(FC)은 '촉진자'가 무언어, 일반적으로는 자폐를 가진 개인의 곁에 앉아서 그의 손을 잡아 수동식 안내를 제공하는 기법으로서, 이때 개인은 키보드에 접근하여, 메시지 산출을 위해 한 손가락으로 힘겹게 키보드를 쪼아대지만, 흥미로운 것은 종종 이들이 키보드를 바라보지 않을 때가 있다(Shane, 1994). 이 기법은 가리키기 기술을 가르치기 위해 오스트레일리아에서 처음으로 개발된 것이다(Crossley & McDonald, 1980). 그렇지만 자폐인들에게 의사소통 수단을 제공하기 위한 방식으로 Biklen(1990)이 이것을 도입하자, 곧 급속도로 '촉진적인 의사소통 광풍'으로 확장되었다(Wolfensberger, 1994).

기적적으로, 간단한 '신체적, 의사소통 및 정서적 지원' 덕분에(Duchan et al., 2001, p.140), 이전까지는 무언어였으며 읽고 쓰지 못하는 것으로 여겨져 왔던 수많은 자폐 아동 및 자폐 성인들이 믿을 수 없는 복잡성과 놀라운 통찰이 담긴 메시지를 타이핑하기 시작했다. 전문가들은 FC가 자폐란 무엇인가 그리고 또한 무엇이 아닌가에 관한 우리의 지식에 대한 중요한 돌파구일 것이라고 묘사하였다. 이 모든 것들은 FC의 효과에 대한 증거를 제공하는 어떠한 통제적인 과학연구로부터의 결실도 전혀 동반되지 못한 것이었다.

FC를 사용하는 개인들이 자신들은 성적으로 학대받아 왔노라고 탄원하는 메시지를 생성하기 시작하자, 메시지의 저작권(고유성)에 대한 확정이 시급한 법적 문제로 대두되기에 이르렀다(Shane, 1994). 과학적 연구들은 다양한 통제적인 실험조건하에 촉진자(손에서 손으로의 지원을 제공하는 자)와 촉진을 받는 자(무언어인)들을 주제로 투입하였다. 예를 들면, 촉진받는 자에게 일반 사물의 그림을 보여주되, 촉진자에게는 보여주지 않거나, 촉

진자에게는 어떤 사물의 그림을 보여주고, 촉진받는 자에게는 이와 다른 사물 그림을 보여주었다. 이전까지 정교한 메시지를 산출할 능력이 있는 것으로 보고되어 왔던 많은 촉진받는 이들이 제시된 일반 사물의 이름을 타이핑하지 못하였다. 다른 그림을 촉진자에게 보여주었을 때, 타이핑된 메시지는 촉진자가 보았던 바로 그 사물(촉진받는 자는 보지 못한)을 그대로 나타내는 것이었다. 이와 유사한 다른 과제 유형에서도 역시 같은 결과가 나타났다(이 연구들에 관한 고찰은 Green, 1994 참조).

이처럼 압도적으로 부정적인 과학적 근거에 비추어 보면, FC는 신뢰할 수 없다는 것은 명백한 사실로 여겨져야 할 것이다. 그렇지만 지금껏 이것은 절대 그치지 않는 논쟁이 되어 왔다. FC 주창자들은 그 효과를 입증하는 몇 가지 사례연구들을 지적해 가면서, 그리고 개인들을 유능한 의사소통자로 존중하는 이들로부터 지원받는 자연스러운 환경 안에서는 훨씬 더 훌륭하게 의사소통할 수 있는 이들에게 인위적이며 타당하지 못한 과제를 부과하는 통제적인 과학적 실험의 맹점을 비판하면서, 여전히 이 방식의 폐기에 강하게 저항하고 있는 것으로 알려져 있다(Cardinal & Biklen, 1997; Janzen-Wilde, Duchan, & Higginbotham, 1995). 일단의 저자들은 FC 또는 그 밖의 논란의 여지가 있는 방식들을 임상에 사용하고자 하는 언어치료사들을 위한 '지침'을 제안하였다. 그 7가지 지침에는 '특별히 고안되어 동의된 절차가 고지된 방식'을 사용하고, '궁극적인 모험'에 대비할 것이 포함되어 있다(Duchan et al., 2001).

우리는 오직 한 가지 지침만을 제공하고자 한다. 한 가지 방식을 주제로 통제적인 연구가 이루어지고, 복제된 실험을 통해 그 효과에 관한 부정적 증거가 산출되면, 그것을 사용하지 말아야 한다는 것이다.

장애 아동들의 '입안에 낱말 넣어주기'의 가능성을 차단하기 위해, 치료사들은 다음과 같은 지침을 준수해야 할 것이다.

 사전에 프로그램된 상징 및 제한적인 수의 의사소통 옵션이 담긴 AAC 체계를 사용해야 한다면, 아동의 배경 내에 속한 이들로부터 철저한 자문을 구하여 아동의 선호도를 확인해야 한다. AAC 장비를 프로그래밍할 때는 이러한 선호도가 아동에게 활용될 수 있음을 보장하라.

 아동의 의사소통기술을 분석할 때는 오직 명백하게 관찰 가능하며 측정 가능한 행동만을 고려하라. 아동에게 기대될 수 있는 것보다 더 높은 수준의 행동들을 탐침하고, 만일 이러한 것들이 발견된다면 이를 크게 환영하라. 그러나 평가되는 모든 아동들로부터 숨겨져 있던 특별한 재능이 있을 것이라 억측하지는 마라.

 아동들을 잠재적인 의사소통 상대방으로 존중해 가며 다루되, 중증의 장애를 가진 많은 아동들로부터 나타나는 제한점들을 현실적으로 인식하고, 치료에서는 합리적인 목표를 설정해야 한다.

미래에 대한 조망 : 기술혁신, 의사소통 및 아동

AAC는 여전히 걸음마 단계로서, 지난 20여 년간의 기술 진보와 함께 확장되고 있고, 그 소비자들은 발달 과정에 속한 개인들까지 포함되고 있으며, 이들의 수요를 판별하고, 그 설계와 질에 있어서의 혁신이 추구되고 있다(Blackstone, Williams, & Joyce, 2002). 아마도 미래의 기술적 진보는 고비용, 복잡성, 그리고 생성된 메시지의 자발성 및 고유성 결여라는 단점들을 극복할 수 있는 첨단기술장비의 AAC 창출을 이루게 해줄 것이다.(글상자 15.8에 AAC에도 적용시킬 수 있는 NASA가 개발한 신기술

글상자 15.8   근육을 통해 말하기 : NASA의 기술 혁신

사람이 '독백을 하거나' 속으로 읽을 때, 혀와 성대는 뇌로부터 말신호를 받아들인다. 미항공우주국(NASA)의 과학자들은 턱 아래쪽과 '후골(Adam's apple)'(후두의 갑상연골에 의해 형성된 인후의 돌출 부위) 양쪽에 부착된 단추만 한 크기의 작은 센서가 이 신경신호들을 받아들여 이를 처리자로 보내고, 이를 다시 낱말로 변환해 내는 컴퓨터 프로그램으로 전달시킬 수 있음을 발견하였다. 이는 곧 말에 연합된 소리 없는 근육운동을 의사소통적 메시지로 변환해 내는 체계를 의미하는 것이다.

머지않아 소리 나지 않는 구어 낱말로 화성탐사로봇

을 통제하는 가상실험이 이어지게 될 것이다. 이는 우주비행사와 우주여행에 관련된 기타 응용장비이지만 한 과학자가 진술하였듯이, "이를 논리적으로 분리해 보면, 장애인들은 많을 것들에 이 시스템을 활용하는 일이 가능할 것이다."(NASA, 2004, online)

이는 조용한 근육의 움직임을 의사소통 메시지로 변환해 넘으로써 청자들에게 영향을 미치는 AAC 장비의 첫 출발이 될 수 있을 것인가? 만일 그렇다면 인지적으로는 온전하되 무언어인 사람들을 위한 미래의 가능성은 실질적으로 활짝 열려 있는 것이다.

에 대한 예가 제시되어 있다.)

불행히도 AAC 기술 개발은 성인 사용자의 요구에 주안점을 두고 있기 때문에, 현재 이용 가능한 많은 기술들이 어린 아동들에게는 적합하지 못한 상태이다. 아동들의 요구를 보다 잘 충족시킬 수 있도록 AAC 기술들을 수정해 내는 방식을 결정하기 위한 일부 연구들이 이행되어 왔다. Drager, Light, Speltz, Fallon, 그리고 Jeffires(2003)는 30명의 전형적으로 발달하는 3세 아동들을 대상으로 세 가지 VOCA에 서로 다른 방식으로 배열된 상징들에 이들이 접근할 수 있는 효율성을 조사하였다. 연구자들은 이 체계 모두가 아동들이 배우기에는 어렵다는 점을 발견하였다. 아동들은 4번의 훈련회기 모두에서 낮은 정확도를 나타냈다. 연구자들은 중복장애를 가진 매우 어린 아동들은 이러한 장비에 접근하는 것이 명백히 얼마나 더 어려울 것인지를 강조하였다.

Drage와 그녀의 동료들의 후속 연구에서는 메뉴 디스플레이(표시장치) 변인(상징들이 제시되는 방식)과 이것이 전형적 발달을 보이는 30명의 3세 아동들이 이 디스플레이를 이용하여 어휘 항목을 찾아내는 학습 방식의 용이성에 미치는 효과를 조사하였다. 10명씩 이룬 두 집단은 전통적인 '격자' 양식(AAC 장비상에 일렬로 늘어서 있는)에 구체적 어휘 항목 및 추상적 어휘 항목을 함께 표상하는 상징들이 제시되는 표시장치를 사용하였다. 세 번째 집단은 방과 각 방들에 일상적 가사도구들이 있는 주택의 단면으로 묘사된 맥락적 장면 속에 상징들이 내포된 표시장치를 사용하였다. 이 결과 각 집단의 아동들이 처음에는 특정 어휘 낱말을 표상하는 상징들을 탐색하는 방식을 학습하는 것에 어려움을 보였다. 그렇지만 두 번째 학습회기가 되자, 맥락적 장면의 메뉴 디스플레이를 사용한 집단의 아동들은 유의하게 높은 수행을 보였으며, 이러한 경향은 나머지 회기 내내 지속되었다. 비록 이 연구에서는 전형적인 발달 아동들이 대상이었으며, 이 결과를 장애 아동들로 일반화시키기는 어려울지 모르지만, 연구자들은 맥락적 장면 내에 상징을 내포시키는 것이 어린 아동들에게 AAC 상징을 제시하는 보다 적절하며 효과적인 방안이라는 결론을 내렸다(Drager et al., 2004). 아동들에게 AAC 장비에 접근할 수 있도록 가르칠 때의 다양한 변인 효과를 검증하기 위해서는 이와 유사한 연구들이 더 많이 이루어져야 할 것이다.

Light와 Drager(2002)는 어린 아동들을 위한 AAC 기술 설계의 향상을 통해 "의사소통장애가 있는 어린 아동들이 그들 삶에 있어서의 의사소통, 언어, 그리고 문해의 힘을 키울 수 있도록 보장"하기 위한 새로운 노력이 재개되어야 한다고 주장하였다(p.17). 이들은 기술 설계란 이상적으로는 다음과 같아야 할 것이라고 제안하였다.

- 어린 아동들에게 매혹적으로 다가서기 위해 설계는 색채가 다양해야 하며, 많은 장식들이 포함된 것이어야 한다. 한 연구는 아동들은 단지 기능적일 뿐 재미있지 않은 것이 아니라 '멋지게' 보이는 체계를 좋아한다는 것을 보여주었다(Light & Pitkin, 2003).
- 아동의 일상활동과 통합되어야 한다. 아동들은 종종 AAC 장비에 접근하기 위해 어떤 활동으로부

터 벗어나야만 할 때가 있다. 놀면서 동시에 장비를 사용하는 것은 어려운 일이다. Light, Binger, 그리고 Kelford Smith(1994)는 AAC 사용 아동과 그 부모 간의 이야기책 읽기 상호작용을 조사하였다. 이들은 아동들이 자신의 AAC 장비에 쉽게 접근하지 못하고 있음을 발견하였다. 단순히 아동, 책, 그리고 부모의 무릎 위에 놓인 장비들 간에 조화를 이루는 것이 어려운 일이었다. AAC가 놀이와 언어학습 활동 속에 쉽게 통합되기 위해서는 미래의 설계에서 휴대성과 접근성의 향상이 강조되어야 할 것이다.

● 아동이 이를 배우고 사용하는 것이 용이해야 한다. 또한 가족, 전문가 및 기타 인물 들이 이를 배우고 유지하는 것 역시 용이해야 한다.

● 미국 사회의 문화 및 언어적 다양성이 반영되어야 한다. 많은 경우에서 AAC 장비에 활용될 수 있는 언어는 오직 영어뿐이다. 단일 언어를 사용하며 영어 외의 다른 언어를 말하는 가정의 아동들은 의사소통에 이 장비를 활용하지 못하며, 따라서 이들은 자기 가족들과는 고립될 수밖에 없을 것이다. 미래의 설계는 "다양한 문화 및 언어 배경을 지닌 아동 및 그 가족들의 요구를 더 잘 지원하는 것"이어야 한다(Light & Drager, 2002, p.21).

미래의 AAC 장비의 혁신은 무언어 아동들이 이전에는 접근할 수 없었던 의사소통 수단을 제공해 주게 될 것이다. 언어병리학은 이러한 혁신으로부터 커다란 영향을 받게 될 것이다. 말이 없는 개인들을 효과적으로 다루는 일이 점진적으로 더욱 가능해진다면, 치료사들은 훨씬 더 효과적으로 이들에게 일부 구어기술들을 가르칠 수 있게 될 것이다. 언어병리학자들은 언어장애를 지닌, 심지어 그 장애가 중증인 아동들의 삶을 변화시키기 위해 훈련받아야 하며, 이에 관한 전문성을 확보해야 할 것이다. 아동을 유능한 의사소통자가 되도록 돕는 일보다 더 만족스럽고 보상받을 수 있는 경험이란 좀처럼 상상하기 힘들 것이다.

요약

이 장에서 우리는 중증의 지적 및 신체적 장애로 인해 극단적으로 제한적인 구어기술만을 가진 채로 개인의 사회적 및 학업적 요구를 충족시키지 못하고 있는 아동들에 관해 기술하였다. 이러한 아동들에게는 보완대체의사소통(AAC), 이것은 제한적인 구어기술을 강화(보완)하거나 또는 대안적인 형태의 의사소통을 제공하는 것이다. AAC에는 보조적 및 비보조적 체계가 포함된다. 비보조적 체계는 외적 도움이 요구되지 않는 신체적 체계를 말한다. 보조적 체계는 다양한 외부장치들을 사용한다. 이 범위는 낮은 기술 수준의 의사소통판에서 첨단기술의 컴퓨터 시스템에 이른다.

AAC 체계의(사용자) 후보는 철저한 평가를 통해 신중하게 결정되어야 한다. 무언어 또는 최소 언어적 아동들에게는 표준화 및 준거참조적 평가를 활용할 수 있다. 게다가 요구하기, 항의하기, 논평하기 및 사회적 상호작용 개시하기와 같은 기능적 목표들에 초점을 둔 아동 특정적 평가를 사용할 수도 있다. 치료사는 무언어 아동들로부터의 수용언어, 문해기술, 그리고 보다 상위 수준의 말언어기술에 소홀해서는 안 된다. 어떠한 유형의 AAC 장비가 아동에게 유용할 것인지, 그리고 아동이 해당 장비에 어떻게 접근할 것인지를 결정하기 위해서는 아동의 신체, 감각 및 인지기술뿐만 아니라 환경과 가족의 지원 역시 평가해야 한다.

　AAC 장비 및 프로그램은 그 도상성에 따라 달라지는데, 이것은 한 상징이 그 참조물과 얼마나 흡사한가 하는 정도와 관련된 것이다. 비록 덜 도상적인 상징들이 좀 더 다양하게 활용될 수는 있으나, 일반적으로는 도상성이 높은 상징들을 더 용이하게 학습할 수 있다. 일부 장비들에는 직접적인 접근이 허용되는 것도 있으며, 반면 어떤 것들은 원하는 메시지를 선택할 수 있는 다양한 옵션을 스캐닝(탐색)할 수 있게 되어 있다. 미래의 기술적 진보는 특히 아동들을 위한 AAC 장비 설계의 향상을 가져다주어야 마땅할 것이다.

학습지침

1. 보완적 형태와 대체적 형태의 의사소통(AAC)의 차이점을 구별하라. 보완적 형태의 의사소통을 요구하는 아동과 대체적 형태를 요구하는 아동의 차이점에 관한 전반적인 요약을 제시하라.

2. 여러분이 현재 AAC를 요구하는 아동들을 위한 특수 프로그램이 갖추어진 학교에서 인턴과정을 수행하고 있다고 가정하자. 여러분의 임상감독은 AAC의 후보가 될 수 있는 두 명의 8세 아동을 여러분에게 맡겼다. 감독은 여러분에게 한 명은 다른 아동보다 더욱 심각하게 제한적인 아동이라고 말해 주었다. 그녀는 또한 덜 심각한 아동은 다른 아동보다 운동 및 지적으로도 더욱 유능함도 역시 강조하였다. 그녀는 여러분에게 한 명에게는 낮은 기술 체계를, 나머지 아동에게는 높은 기술 체계를 선택할 수 있도록 두 명을 평가하도록 지시하였다. 이 두 명의 아동을 위한 평가절차를 설계해 보라. 여러분이 사용해야 할 표준화 검사, 준거참조적 절차 및 아동 특정적 절차를 명시해 보라. 여러분은 두 가족으로부터 어떠한 유형의 정보를 확보해 내야 할 것인가?

3. 현재 AAC 체계가 요구되는 일부 아동들에게는 기능적인 구어기술은 나중에 가르칠 수 있을 것이다. 이러한 아동들을 평가하고 치료함에 있어서, 여러분이라면 구어발달이 높거나 낮아질 가능성을 암시하는 예후적 징후로 어떠한 것들에 주목할 것인가?

4. 실험적 지지를 받고 있는 일부 저기술 AAC 체계에 관해 비평적으로 평가하라. 여러분은

이 각각을 어떻게 사용할 것인지 기술하라.

5. 도상적 체계와 비도상적 체계의 차이점을 구별하라. 이 체계들의 장점과 단점을 지적해 보라. 특정 체계를 구매하기 전에 왜 종종 다양한 AAC 체계들을 먼저 실험해 보아야 할 필요가 있는지에 관해 설명하라.

6. 스캐닝 장치를 갖춘 직접 접근 체계들을 비교해 보라. 이 두 체계 각각의 적합성을 제안해 줄 수 있는 아동 특성들이란 무엇인가?

용어해설

가속-감속 손상(Acceleration-deceleration injuries) 두부의 극심한 움직임과 직후의 감속으로 인하여 발생한 뇌손상.

간격 계획(Interval schedule) 아동에게 강화를 제공하기 전에 시간 간격을 두는 강화 계획의 일종.

간섭(Interference) 두 번째 언어산출의 음운, 의미, 구문, 화용적인 측면이 첫 번째 언어에 미치는 영향. 일반적으로 이중 언어 습득에서 발생한다.

간접적 반응-감소 기법(Indirect response-reduction techniques) 우발적인 사건의 절차가 바람직하지 않은 행동들이 감소됨과 동시에 오직 바람직한 행동만이 증가하도록 하는 기법.

간헐적 강화 계획(Intermittent schedule of reinforcement) 모든 정반응에 강화를 제공하는 것이 아닌, 오직 일부의 정반응에만 강화를 제공하는 방법.

감각신경성 청력장애(Sensorineural hearing loss) 달팽이관의 손상으로 인한 청력 손실.

갑상샘기능저하증(Hypothyroidism) 갑상샘에 반하는 항체 생산으로, 티록신(갑상샘 호르몬의 일종)의 생산이 제한되어 발생하는 자가 면역 반응으로 인한 내분비장애.

강화 철회(Reinforcement withdrawal) 강화 제공을 중단하여 행동을 약화시키는 방법.

강화 회복(Reinforcement recruitment) 수반성 점화 참조.

강화 후 휴지(Post-reinforcement pause) 일정 비율 또는 간격의 강화 요건이 충족되어 강화를 제공한 후에 발생하는 휴지기.

강화 계획(Schedule of reinforcement) 강화 계획 행동을 기준으로 강화 제공 및 중단을 지시하는 규칙 또는 절차. 정반응의 기준 및 강화 제공 간의 관계를 설명한다.

강화물(Reinforcer) 사건이나 대상에 대한 일관적인 정반응 후에 제공되는 결과물이다. 정반응 비율을 증가시키기 위해서는 결과물이 즉각적으로 전달되어야 한다.

개연성 높은 행동(High probability behavior) 과거에 자주 나타냈던 행동을 조건으로 하여, 현재 드물게 보이던 행동들을 바람직한 행동으로 증가시키는 방법.

개인적 내러티브(Personal narratives) 개인적인 경험과 관련된, 지난 생일잔치에서 무슨 일이 생겼었는지, 혹은 가족 휴가로 어디를 갔는지 등을 이야기하는 것.

검사자 간 신뢰도(Interjudge reliability) 2명 이상의 관찰자(임상가)들이 동일한 검사 및 측정방법으로 점수의 일관성을 확인하는 것.

검사자 내 신뢰도(Intrajudge reliability) 동일한 임상가가 같은 검사를 동일한 사람에게 타당한 시간 간격을 두고 재차 검사하여 점수의 일관성을 확인하는 것.

검사-재검사 신뢰도(Test-retest reliability) 같은 검사를 반복 실행하여 얻은 점수들 간의 일관성으로 산출하는 신뢰도 검증법.

결과 보고(Debriefing) 추후 상호작용을 향상시킬 수 있는 방법을 제안함과 덧붙여, 상호작용을 분석하는 동안 만나는 다른 문제들에 대한 언어치료사 및 분석자/역자의 논의가 들어가는 분석의 세 번째이자 마지막 단계.

결어보충(Cloze) 임상가가 문장과 구를 주고 아동이 완성할 때까지 기다리는 전형적인 문장 완성하기 방법.

결절성 경화증(Tuberous sclerosis) 뇌종양 및 기타 중요한 장기, 간질, 지능손상 및 다양한 피부 병변의 성장을 포함하는 유전적 질환.

경직형 뇌성마비(Spastic cerebral palsy) 가장 일반적인 뇌성마비의 유형으로 근육의 경직, 강직 또는 강성이 특징이다.

경험적 타당성(Empirical test) 과학자들이 특정 상태의 진리 여부를 경험적으로 다룬 상태.

경험주의(Empiricism) 철학의 한 부분. 감각적인 경험이 지식의 원천이라고 믿음.

경험주의의(Empirical, 실증적) 측정 가능한 사건이나 경험에 관한 객관적인 관찰.

고기능읽기장애(Hyperlexia) 심각한 언어 및 학습장애를 지닌 아동들에게 조숙한 읽기 능력이 나타나는 상태.

고정간격 강화 계획(Fixed interval schedule) 강화인자로부터 아이가 강화를 얻을 수 있는 기회가 주어지기 전에 계획된 시간이 지나야 하는 강화 패턴.

고정비율 강화 계획(Fixed ratio schedule) 강화인자로부터 강화를 얻기 위해서는 특정한 수의 반응이 요구되는 강화 패턴.

공동주의(Joint attention) 동일한 주제나 사건, 시간에 두 명의 사람이 주의를 기울이는 것. 종종 아동과 아동을 돌보는 사람의 행동에서 나타난다.

공존 타당도(Concurrent validity) 기존의 실험과 동일한 기술을 이용한 새로운 실험 간에 정적 상관관계가 나타나는 것.

과소확장(Underextension) 아동이 어떤 단어를 그 단어의 실제 의미가 허용하는 것보다 더 적은 범위의 지시물에 적용하여 사용하는 것.

과잉확장(Overextension) 단어의 산출이 부적절하게 일반화된 현상.

관계적 의미(Relational meaning) 사물과 사건 사이의 관계를 표현하는 단어.

관용구(Idioms) 격언, 속담 등. 비유 언어의 일종이다.

관통상(Penetrating injuries) 관통으로 인해 두개골이 골절되고, (뇌를 덮는) 뇌막이 찢어지며 뇌 조직이 손상됨.

교정적 피드백(Corrective feedback) 잘못되거나, 부적절하거나, 불충분하거나, 대화와 동떨어진 반응과 같은 잘못된 반응을 감소시키는 기법.

구강안면 검사(Orofacial examination) 음성 혹은 언어장애와 연관될 수 있는 총체적인 해부학적, 생리학적 편차를 확인하고 대처하기 위해 얼굴과 입의 음성 구조를 확인하는 검사.

구문론(Syntax) 언어의 단어 결합과 문장 구조에 대한 규칙.

구문요소(Syntactic component) 구문적 규칙을 나타내는 언어의 일부분.

구성적 정의(Constituent definition) 다른 용어와 함께 해당 용어를 정의하는 것. 사전을 사용하는 것 등.

구성 타당도(Construct validity) 검사가 본래 의도한 측정 대상인 이론적 구인이나 특질을 어느 정도 적절히 측정하는가에 대한 정보를 나타내는 타당도이다.

구어(Speech) 언어에 대한 소리의 산출.

구어 의사소통(Verbal communication) 청자에게 영향을 미치는 음성언어산출 및 구어산출의 과정.

구어 촉구(Verbal prompt) 올바른 응답을 이끌어 내도록 설계된 특별한 언어적 자극.

굴절 의존형태소(Inflectional bound morphemes) 어근의 의미를 더하기 위해 어근에 붙은 언어의 구성 요소. 새로운 단어는 만들어 낼 수 없다.

규준(Norm) 특정 아동의 점수와 비교될 수 있는 그룹에서 산출한 샘플에서 계산한 평균점수.

규준적 접근법(Normative approach) 언어습득의 일반적인 순서에 따라서 설정하는 언어 중재 목표의 순서.

그림교환 의사소통 체계(Picture Exchange Communication System, PECS) 아동들이 원하는 항목에 관한 그림 카드를 교환하는 법을 가르치는 AAC의 시스템.

기능단위(Functional unit) 언어적 행동과 원인의 독립적인 종류.

기능어(Function word) 글, 전치사, 접속사와 같은 문법형태소를 포함하는 문법적인 기능을 하는 말.

기능적 반응 수준(Functional response classes) 서로 관계가 없는 독립적인 기술들.

기초선(Baseline) 치료를 실시하기 전에 반응의 정도를 측정하는 것.

기호언어(Textuals, 텍스츄얼) 구어 행동의 분류를 활자 자극 또는 쓰기를 이용하여 조절하는 방법.

기호 전환(Code-switching, 언어 바꾸기) 한 언어에서 다른 언어로 바꾸어 사용하는 것으로, 이중언어 습득의 일반적인 과정이다.

난청인(Hard of hearing, 귀가 잘 안 들리는) 감소된 청력. 난청인들은 주로 구두언어를 그들 주위의 말을 경청하여 획득할 수 있으며, 때때로 증폭기의 도움을 받음.

낮은 반응률에 대한 차별적 강화(Differential Reinforcement of Low Rates of responding, DRL) 한 문제행동의 빈도를 낮추기 위해 강화를 시행하는 방법.

내담자중심의 실험적 접근법(Client-specific experimental approach) 언어 목표의 순서가 특정 내담자에게 경험적으로(규준적인 접근과 대조적인) 측정된 것에 의거한 접근법.

내러티브 기술(Narrative skills) 스토리 혹은 개인적인 경험을 구체적, 시간 순서, 특징 등으로 말하는 것. 실제적인 언어 능력.

내용 타당도(Content validity) 실험이 관련성, 필요성 그리고 검사가 측정하려는 것이 충분한지에 관한 전문적인 판단.

농(Deaf) 청력손실이 최중도로 심각함. 잔여 청력이 언어를 습득하는 데 있어 효과적으로 기능할 수 없음.

뇌간손상(Brain stem injury) 뇌간 영역에 있는 뇌의 손상이며, 주로 혼수상태의 결과이다.

뇌성마비(Cerebral palsy) 미성숙한 뇌에 출생 시 또는 출생 후 여러 원인인자에 의해 비진행성 병변이나 손상이 발생하여 임상적으로 운동과 자세의 장애를 보이게 되는 질환.

뇌수종(Hydrocephaly, 수두증) 뇌실에서 뇌척수액(cerebrospinal fluid, CSF)이 축적된 증상을 말하며, 이는 뇌실의 확장과 팽창을 유발한다.

눈맞춤(Eye contact) 대화를 하는 동안 서로의 시선 맞춤을 유지하는 것. 화용언어기술.

다운증후군(Down syndrome) 염색체 결함으로 인한 발달장애의 일반적인 증후군.

다른 행동에 대한 차별적 강화(Differential Reinforcement of Other Behavior, DRO) 원하지 않는 특정한 행동에 강화되지 않는 것으로, 다양한 대안적인 행동이 강화되는 기법.

다변적 연계(Multiple contingencies) 효과성을 높이기 위한 여러 가지 강화제를 결합하는 것.

다중 의미(Multiple meanings) 같은 단어, 문단, 문장이 전달하는 다른 의미들.

단마비(Monoplegia) 한쪽 팔에 영향을 미치는 마비 혹은 부전마비.

단순언어장애(Specific language impairment) 언어장애의 요인과 관련된 어떤 임상적 소견이 없는 아동들의 언어문제.

단어(Vocabulary) 아동이 산출하고 이해하는 용어의 수. 어휘(lexicon)와 동의어로 쓰인다.

단음(phone) 음성 조절 기관이 일정 위치를 잡고 있거나 일정 운동을 반복하고 있는 동안 생기는 음.

담화(Discourse) 둘 또는 더 많은 사람들 사이에서 사회적인 상호작용이 이루어지는 동안 연결되는 부수적인 언어의 흐름.

대두증(Macrocephaly) 몸에 비해 비정상적으로 큰 뇌와 머리로 특징지어지는 상태.

대안적 행동에 대한 차별적 강화(Differential Reinforcement of Alternative Behavior, DRA) 바람직하지 않은 행동을 좀 더 수용 가능하고, 사회적으로 더욱 바람직한 행동으로 대처하는 방법.

반충(격)손상(Contrecoup injury, 대측 손상) 충격 지점의 반대쪽에 발생하는 뇌 조직 손상.

대화 상대 일반화(Conversational partner generalization) 치료에 포함되지 않은 사람들과 함께 새롭게 배운 기술을 훈련하는 방법.

대화수정전략(Conversational repair strategies) 의사소통에서 붕괴가 발생했을 때 나타날 수 있는 청자 및 화자들의 구어 행동. 화용언어기술.

대화 읽기(Dialogic reading) 성인이 아동에게 주관식 질문, 텍스트에 대한 추가 정보, 이야기 재구성을 요구하는 이야기책 함께 읽기의 방법.

대화 차례 주고받기(Conversational turn-taking) 한 명씩 말하는 방식에서의 말하고 듣기. 화용언어기술.

도상성(Iconicity) 기호가 지시 대상이 표현하는 의미와 직접적으로 유사한 정도를 의미함. 가장 상징적인 기호는 지시 대상 그 자체이다.

동시 말하기(Simultaneous speech) 임상가와 환자가 동시에 목표 대답을 산출하는 치료기술.

동시 이중언어(Simultaneous bilingualism) 같은 시기에 두 개의 언어를 동시에 배우는 것을 의미.

동음이의어(Homonyms) 발음상 동일하나, 의미에서 차이가 있는 단어들.

동의어(Synonyms) 다른 단어지만 같은 의미를 가지는 단어들을 의미한다.

동형 검사 신뢰도(Alternative form reliability) 동일한 사람에게 내용이 유사한 검사를 실시하여 검사들 사이의 상관계수를 계산한 결과로 검사의 신뢰도를 측정하는 방법.

두운과 각운(Onset and rime) 단어를 만드는 데에 있어서, 두운은 초기의 자음(들)이며, 각운은 모음을 포함하고 따르는 음절의 일부이다.

레트증후군(Rett's Syndrome, RS) 유전적인 요소에 기반한 신경학적 장애. 전반적 발달장애의 분류에 포함된다. 대부분 여아에게서만 발생한다.

마비(Paralysis) 비정상적인 근육의 특징. 근육이 움직이지 않음.

마비말장애(Dysarthria) 음성산출에 관여하는 근육신경조절 손상에 의해 발생하여 의사소통 측면에서 복잡한 문제가 발생한다.

말실행증(Praxia of speech) 근육의 마비나 약화 증상이 없는

운동 계획 장애.

맨드(Mand) 언어반응 집단의 동기부여 상태가 특정 강화인자를 원인으로 하는 것.

맨드-시범(Mand-model) 공동주의 집중을 확립하기 위한 방법으로 구어화에 관한 단서를 제공하는 환경교수법.

멍한 상태(Dazed) 최근의 뇌손상으로 인하여 주변 환경에 대한 자각이 줄어든 상태.

면담(Interview) 아동, 아동의 가족 및 교사와 같은 아동의 개별 환경과 관련이 있는 사람과 직접 대면하여 대화하는 것.

모델(Model) 표적 행동을 아동의 모방반응을 이용하여 교수하는 산출 방법.

모방(Imitation) 아동이 임상가의 모델을 따라 하는 것.

목록 구성에서 제외하기(Missing-item format) 목표로 하는 행동에 참여하거나 완성하기 위해 하나 혹은 그 이상의 항목을 알려주지 않고 성인이 요구하는 것.

목표행동(Target behavior) 임상가가 아동에게 가르치려고 하는 구어 또는 비구어적인 행동기술.

묘성증후군(Cri du chat syndrome, 고양이울음 증후군) 5번 염색체의 일부분이 삭제된 유전자 증후군. 높은 음도의 울음, 출생 시 낮은 몸무게, 느린 신체 발달 및 운동 발달, 작은 머리(소두증), 넓은 두 눈의 간격(양안격리증), 구개열 및 구순구개열, 낮은 귀 위치, 손가락 또는 발가락이 융합되어 있거나 물갈퀴 모양이고, 낮은 근육 긴장도를 나타내는 특징이 있다.

무뇌증(Anencephaly) 두개골이 없거나 두개의 피부가 없는 선천적 장애.

무정위 뇌성마비(Athetoid cerebral palsy) 불수의 운동의 특징을 나타내는 뇌성마비의 한 유형. 느리고, 불수의적이며, 몸부림 치는(꿈틀거리는) 듯한 움직임을 나타낸다.

무조건적 강화물(Unconditioned reinforcement) 일차 강화와 같은 의미로, 인간의 생물학적 가치에 중요한 결과를 이용하여 목표기술을 증가시키는 방법(예 : 굶주린 사람에게는 음식, 목이 마른 사람에게는 물이 필요한데, 각 상

황에 음식과 물은 무조건 강화물임).

문법변형(Grammatical transformation) 깊이가 있으며 표면적인 구조와 문장의 다른 형태를 생성하는 것과 관련된 작업.

문자소(Grapheme, 서기소) 알파벳 문자로 표시되는 문자 언어의 가장 작은 단위.

문해기술(Longitudinal method) 읽고 쓰는 기술.

물리치료사(Physical Therapist, PT) 신체적 한계를 평가하고 신체적으로 손상된 사람들의 독립성을 극대화하기 위해 치료를 제공하는 전문자격의 면허를 갖춘 사람.

미국 수화(American Sign Language, ASL) 화자가 제스처로 의사소통하는 비구어적인 언어.

미만성 축삭손상(Diffuse axonal injury) 심각한 뇌신경학적 가속과 감속의 결과로, 뇌의 광범위한 부분의 찢어진 신경섬유로 구성되어 나타난 비관통성 뇌손상이다.

민속학적 면담(Ethnographic interviewing) 특정 문화에 해당하는 사람들에게 그 문화에 관한 상세한 질문을 실시하는 인터뷰 기법.

반복된(Replicated) 같은 연구자 혹은 다른 연구자에 의해 반복되는 치료 연구를 말한다.

반복되지 않은(Unreplicated) 절차 및 개념에 대한 첫 번째 또는 근원적인 연구를 말한다.

반분 신뢰도(Split-half reliability) 검사의 일관성을 조사하기 위해, 한 검사를 두 부분으로 나누어 각자 따로 계산하여 점수들 간의 상관계수를 산출하는 방법.

반응 대가(Response cost) 잘못된 반응의 대가로 이미 주어진 정적 강화가 상실되는 것.

반응 일반화(Response generalization) 훈련된 반응과 유사한 새로운 반응이 나타나는 것. 다양한 반응이 동일한 자극에 의해 일어나는 것을 의미한다.

반의어(Antonyms) 서로 반대되는 의미를 가진 단어의 쌍.

반향어(Echolalia) 즉시 또는 미래, 또는 먼 미래에서 과거에 언급된 내용을 계속해서 반복. 자폐의 일반적인 특징

발생률(Incidence) 일정 기간 동안(일반적으로 1년)에 대상

집단 내에서 특정 장애나 질병을 새롭게 지니게 된 사람의 계측치.

발작(Seizures) 뇌에서 발생한 비정상적인 전기적 활동의 결과로 나타나는 상태. 의식 불명, 경련 혹은 이상한 발음 등의 증상이 나타난다.

방언(Dialect, 사투리) 문화적, 지역적인 영향에 의해 발생하는 언어의 차이.

번역(Translator) 하나의 언어에서 다른 언어 메시지로 변환하는 것.

변동간격 계획(Variable interval schedule) 강화를 제공하는 시간간격이 임의로 정한 범위 내의 특정 평균시간을 중심으로 하되, 강화와 강화 간의 시간간격이 일정하지 않은 강화 계획.

변동비율 계획(Variable ratio schedule) 임의로 정한 어떤 평균 반응수를 중심으로, 강화와 강화 간의 반응 수가 일정하지 않고 변동되는 강화 계획.

변별 자극(Discriminative stimuli) 조작적 학습에서 어떤 행동이 강화를 받을 것인지 혹은 강화를 받지 않게 될 것인지를 암시해 주는 단서이다.

변형생성 문법이론(Transformational generative theory of grammar) 타고난 문법적 지식과 문법의 변형을 통해 언어 사용자들이 수없이 많은 다양한 문장들을 생성할 수 있다는 촘스키 이론을 말한다.

병인론 분류(Etiological classification) 장애 및 질병의 원인에 기반하여 장애 또는 질병을 분류하는 것.

병인학(Etiology) 장애 및 질병의 원인에 대한 연구.

보완대체 의사소통(Augmentative and Alternative Communication, AAC) 제한적인 구어기술을 보조하거나, 비구어적인 방법 또는 기능적으로 언어를 사용할 수 없는 개인을 위하여 의사소통의 주요 수단과 방법을 제공하는 절차 및 과정의 집합. 대체의사소통의 주요 수단으로 비구어적인 방법이 제공된다. AAC 시스템이 필요한 대상자도 있지만, 이 방법으로 도움을 받지 못할 수도 있다.

보청기(Hearing aids) 소리를 증폭시키는 장치. 청력손실을 가진 대부분의 아이들을 위한 주요 재활 기구.

보편문법(Universal grammar) 촘스키가 유전적으로 결정된 언어 능력을 설명하기 위해 도입한 추상적인 개념으로, 모든 언어에 보편적으로 내재하는 문법. 다양한 단어의 조합으로 인하여 새로운 문장이 생성될 때의 문법 규칙의 집합.

부분적 시범(Partial model) 아동에게 올바른 반응의 일부분만 제공하는 자극적인 시범.

부전마비(Paresis) 근육은 움직일 수 있지만, 비효율적이며, 힘이 감소되어 있는 상태이다.

부전실어증(Dysphasia) 신경학적인 문제(흔히 뇌의 병적인 변화)로 인한 언어기능의 장애를 나타내는 용어.

부정적 증거(Negative evidence) 처리 기술 및 연구 가설을 지지하지 못하는 연구 자료.

분자유전학(Molecular genetics) 특정 임상상태를 알아보기 위하여 특정 유전자를 구분하여 조사하는 연구 영역.

불연속 시행(Discrete trials) 구조화된 기회가 주어진 목표 반응을 생성하는 단계. 시간을 두어 서로 분리되어 시행하기에 시행은 서로 별개가 된다.

불완전한 반향어(Partial echoics) 들었던 부분만 반복하는 것.

브리핑(Briefing) 언어치료사가 통역자/번역자와 상담하는 동안 발생하는 통역 절차의 초기단계. 앞으로의 통역 과제의 목표를 확인한다.

비가속성 손상(Nonacceleration injuries) 고정된(움직이지 않는) 머리에 적용되는 힘에 의해 발생하는 뇌손상.

비구어 의사소통(Nonverbal communicate) 다른 사람에게 영향을 줄 수 있는 표지판, 제스처 그리고 비구어적 상징과 같은 비구어적인 행동을 의미한다.

비구어적(물리적) 촉구[Nonverbal (physical) prompts] 목표 행동을 정확하게 연상시키는 다양한 신호와 제스처.

비도구 상징 보완대체의사소통(Unaided systems of AAC) 도구나 기타 외부적 도움에 의존하지 않는 보완대체의사소통체계.

비배제식 타임아웃(Nonexclusion time-out) 아이에게 강화 없는 아주 짧은 시간을 부여하는 것. '어는 순간'에서는 강화 활동이 발생하지 않는다.

비언어적 화용언어기술(Nonverbal pragmatic language skills) 다양한 신체적, 정서적, 행동적 의사소통 양상은 언어를 보충하고, 확장하며, 심지어 반박할 수도 있다.

비유적 의미(Figurative meaning) 의미를 가진 구나 문장에서 사용된 단어에서 전달되지 않은 의미를 전달하는 것.

비율 계획(Ratio schedule) 아동에게서 나타나는 정반응 수와 강화 제공 간의 관계를 설명하는 계획.

비율 변형(Ratio strain) 정반응 비율이 감소되는 등의 이유로 인하여 강화 계획을 수정하는 것.

비침습성적 손상(Nonpenetrating injuries) 이물질 혹은 입자가 뇌에 들어가지 않고 뇌를 손상시키는 것. 두개골이 골절되거나, 골절되지 않을 수도 있다.

빈도측정(Frequency measure) 특정한 자극 환경에서 보이는 행동의 횟수.

사례력(Case history, 병력) 아동과 가족들에 대한 정보를 상세하게 작성한 것.

사지마비(Quadriplegia) 모든 사지가 마비 또는 부전마비의 영향을 받음.

산후 요인(Postnatal factors) 아동의 발달에 영향을 미치는 요인 중, 특히 아동의 발달에 부정적인 영향을 미칠 수 있는 요인.

상징놀이(Symbolic play) 아동이 어떤 대상을 다른 표상으로 사용하여 활동하는 놀이.

상호언어(Intraverbal) 화자의 이전 구어가 원인이 된 구어.

상호작용(Interaction) 통역자/번역자가 서비스를 제공할 예정인 아동의 행동적인 사건에 대한 통역 절차의 두 번째 단계.

상황 일반화(Setting generalization) 기존의 환경에서 배운 반응을 새로운 환경에서 훈련받지 않고도 산출하는 것.

서번트증후군(Savant syndrome) 일반적으로 낮은 지능과 높은 수준의 기술이 동시적으로 나타나는 증후군.

선별절차(Screening procedures) 언어장애의 위험에 직면할 수 있는 아동들을 확인하도록 설계된 절차.

선천적 질환(Prenatal conditions) 조산을 야기할 수 있는 조건을 포함한 태어나기 전에 태아의 발달에 영향을 미칠 수 있는 요인.

선행사건(Antecedent events) 아동을 치료하기 위해 체계적으로 계획한 특정 자극으로 다루는 고립되거나 간소화된 사회적 상황. 이는 문제행동의 직접적 원인이 된 일이나 문제행동 직전의 사건이다.

기술적 분류(Descriptive classification) 관찰 가능한 언어 행동들에 기반한 언어장애의 분류 방법.

섬망(Delirium, 착란) 의식 수준이 감소되거나 과도한 상태. 심각한 뇌손상의 결과.

소거(Extinction) 특정 행동이 발생해도 강화를 제공하지 않는 것. 이는 특정 행동을 소거시킬 수 있다.

소두증(Microcephaly) 몸의 다른 부분과 비교하여 머리 둘레가 비정상적으로 작은 경우를 의미한다.

소아기붕괴성장애(Childhood Disintegrative Disorder, CDD) 아동이 생후 2~3년간은 정상으로 발달하다가 3~4세부터 수개월에 걸쳐서 지적·사회적·언어적 기능이 붕괴하는 증후군.

수동식 안내(Manual guidance) 임상가가 아동의 정교한 움직임을 돕기 위하여 신체적 지원을 제공하는 치료 기술.

수반성 점화(Contingency priming) 강화를 제공하지 않던 사람들로부터 강화(일반적으로 긍정적인 칭찬)를 이끌어내는 기법이며, 또한 강화 회복으로 알려져 있다.

수용언어(Receptive language) 언어이해력과 관련된 언어의 양상.

순수한 프로브(Pure probes) 훈련받지 않은 목록을 알아보기 위해 실시하는 조사.

순차적 이중언어(Sequential bilingualism) 초기 언어(L1)를 배운 후 두 번째 언어(L2)를 배우는 것.

스캐닝(Scanning) AAC에 접근하는 한 가지 방법. 이는 개인이 듣기, 보기 및 기타 요구하는 상징이 존재할 때 해당하는 상징에서 '정지'할 수 있는 버튼을 활성화시키는 간접적인 기호 선택 방법이다.

스크립트(Scripts, 각본) 일상적인 사건, 에피소드, 개인의 경험에 대한 서술 또는 계획. 스크립트 치료에서 사용된다.

스크립트 내러티브(Script narratives) 사건의 연속적인 일련의 설명.

시각적 계획(Visual schedules) 몇몇 목표들, 특히 PDD 아동의 교실 활동에서의 과업 목표를 수행하기 위하여 가장 많이 사용됨.

신뢰도(Reliability) 동일한 사건의 반복적인 측정이 서로 일치하는 정도를 의미한다.

신생아의 위험인자(Neonatal risk factors) 유아의 발달에 영향을 미치는 요인.

실어증(Aphasia) 성인들에게 나타나는 최근의 뇌손상으로 인해 발생한 언어 능력의 장애 또는 손실.

실조형 뇌성마비(Ataxic cerebral palsy) 운동실조, 균형장애의 특징을 나타내는 뇌성마비의 한 유형. 균형을 잡기가 어렵고, 비틀거리거나 어색한 걸음걸이를 보이며, 서투르고 조정되지 않은 움직임을 나타낸다.

심리학자(Psychologist) 인간 행동 및 아동이 갖는 여러 인지적 결핍에 관한 연구를 전공한 공식적으로 허가받은 전문가.

심층구조(Deep structure) 문장에서 변형된 생성문법의 근본적인 의미에 관한 가설 구조.

아동 특정적 측정(Child-specific measurement) 임상가가 아동에게서 특별히 살펴야 할 사항에 적합하도록 설계된 평가를 하는 동안 관찰된 행동을 정량화하기 위한 절차.

아스퍼거증후군(Asperger's Syndrome, AS) 사회적 상호작용에 심각한 장애를 갖는 전반적 발달장애.

약체X염색체 증후군(Fragile X Syndrome, FXS) X염색체의 단일 유전자 돌연변이에 의한 유전적 증후군.

양립불가 행동에 대한 차별적 강화(Differential reinforcement of Incompatible Behavior, DRI) 양립할 수 없는 행동을 증가시켜 원하지 않는 반응을 간접적으로 낮추는 절차.

양측마비(Diplegia) 신체의 양측편에 영향을 주는 마비나 부전마비(근육약화)(두 다리 또는 두 팔).

어휘(Lexicon) 아동이 산출하고 이해하는 단어의 목록. 동의어로 단어(vocabulary)가 있다.

어휘관계(Lexical relationships) 서로 다른 단어 간의 연관성을 의미.

어휘다양도(Type-Token Ratio, TTR) 아동의 발화에서 측정한 단어의 다양성.

언어(Language) 언어학적인 관점으로 생각의 표현은 부호 및 기호의 임의적인 시스템으로 표현된다.

언어산출(Language production) 말하는 것 또는 비언어적 의사소통.

언어상호작용의 표본추출(Verbal interaction sampling) 사회적 의사소통이 이루어지는 동안 측정되는 개인의 하나 혹은 그 이상의 행동들.

언어습득장치(Language Acquisition Device, LAD) 아동이 지니는 일반적인 문법에 대한 선천적인 능력을 기술하기 위해 촘스키가 제안한 가상적 독립체.

언어장애(Language disorders) 사회적, 교육적, 직업적 환경에서 타인에 대한 행동 또는 언어적 행동에 영향을 미치는 용인되거나 실질적인 사회적 레퍼토리의 부족.

언어적 화용기술(Verbal pragmatic skills) 대화의 시작과 유지를 위해 필요로 하는 다양한 의사소통기술.

언어 차이(Language differences) 특정 언어적 또는 문화적 공동체와 관련된 언어산출에서의 주된 변화.

언어표본(Language sample) 아동과 임상가 및 가족 구성원과의 자연스러운 언어적 상호작용을 기록(녹화)한 것.

언어학(Linguistics) 언어 연구과 관련된 학문.

언어행동(Verbal behavior) 타인의 중재를 통해 강화된 행동. 행동적 관점으로 용어를 설명함.

역설(Irony) 단어 자체가 제안하는 의미와 반대되는 말.

연속강화 계획(Continuous schedule of reinforcement) 아동이 정반응을 할 때마다 강화인자를 받는 것으로, 반응 강화 계획의 일종이다.

예언 타당도(Predictive validity) 검사점수를 통해 관련된 작업의 향후 수행 능력과 관련된 예측 정도를 의미한다.

예후 진술(Prognostic statement) 주어진 조건하에서 장애의 향후 발달 양상을 고려하는 전문적인 판단.

오답 목록 형식(Wrong-item format) 거부, 저항 등 아동의 문제행동을 다루는 데 도움이 되는 오답 목록 형식.

외상성 뇌손상(Traumatic Brain Injury, TBI) 물리적인 외상이나 외부의 힘에 의해 뇌손상을 입은 것.

용암법(Fading) 아동이 일반적인 사회 자극 상태에서 목표행동을 이끌어 내기 위해 특별한 자극 통제 기술을 점진적으로 줄여나가는 것.

우발교수(Incidental teaching) 우연한 상황 혹은 학습자가 우연히 어떤 상황이 발생하였다고 생각하는 것을 이용하여 목표로 하는 교육효과가 일어나도록 하는 교수법이다.

위험인자(Risk factors) 어느 요인의 작용이 일정 시간 후 어느 개체에서 특정 질환의 발현확률을 증가시킬 때, 이 요인을 특정 질환의 위험인자라고 한다.

윌리엄스증후군(Williams syndrome) 7번 염색체의 유전적 정보가 삭제되어 나타나는 유전적 증후군, 유아기 발달장애, 출산 시 저체중, 느린 신체 및 행동발달, 학습장애, 주의력결핍, 공간시각능력 결핍, 과민성, 공포증, 과사교성(hypersociability), 음성-언어장애 등의 다양한 종류의 특징이 나타남.

유도적 읽기(Guided reading, 안내된 읽기) 어른이 아이에게 직접적인 피드백과 지침을 주면서 크게 읽도록 요구하는 교육 방법.

유지(Maintenance) 임상적으로 확립된 기술이 특정 상황을 넘어서 일반적인 상황에서도 지속적으로 산출되도록 돕는 것.

유지 전략(Maintenance strategies) 특정 상황뿐만 아니라 자연적인 환경으로 기술의 확장을 돕는 전략.

은유(Metaphor) 서로 다른 둘 혹은 그 이상의 사물을 비교하여 말하는 것[예 : 달은 유령 같은 갤리언(15~17세기 스페인의 군함 및 상선)이다.]

음성출력 의사소통장비(Voice Output Communication Aid, VOCA) 메시지를 디지털화되고 합성된 음성으로 전달하는 AAC 기기.

음소(Phoneme) 일반적인 정의로는 언어에서 의미를 전달하는 소리의 최소단위이다. 단어의 의미에 영향을 주는 언어의 가장 작은 부분.

음소인식(Phonemic awareness) 구어에서 듣기 변별, 분류, 그리고 개별음소 또는 소리를 조작하는 능력.

음운론(Phonology) 음, 음성산출 그리고 의미 있는 단어나 문장 형성을 위한 소리의 결합 규칙에 관련된 학문.

음운변동(Phonological processes, 음운오류 패턴) 아동들이 언어에서 소리 시스템을 학습할 때 아동들의 구어에서 전형적으로 나타나는 오류 패턴.

음운요소(Phonological component) 구어의 생성과 언어의 음성 시스템의 규칙에 따라 소리의 구성을 포함하는 언어의 요소.

음운인식(Phonological awareness) 음소인식을 포함할 뿐만 아니라 각운, 단어, 음절, 그리고 두운과 압운의 인식과 조작을 가리키는 용어.

음절(Syllable) 모음을 포함하는 단어의 일부. 모음은 독립적으로 사용 가능하며, 하나 이상의 자음들과 사용될 수 있다.

음향학(Phonics, 정음법) 산출된(해부호화된) 단어의 소리와 문자 간의 대응을 강조하는 읽기 교육의 방법.

의무적 맥락(Obligatory contexts) 언어 규칙에서 특정 언어 구조를 사용할 것으로 정해진 상황에서의 내용.

의미(Meaning) 행동적 관점으로는, 통제 변수(원인)와 언어 산출 사이의 관계를 의미한다. 선행사건과 반응 사이의 관계.

의미관계(Semantic relations) 단어, 구, 문장의 다른 형태로 표현되는 의미 단위를 서로 대조하는 것.

의미론(Semantics) 언어의 단어 및 단어 조합에 관한 의미 연구.

의미론적 요소(Semantic component) 언어의 의미적인 요소.

의사소통(Communication) 두 사람 이상이 구어, 몸짓, 글자 등으로 정보를 서로 교환하는 것.

의존형태소(Bound morphemes) 어근에 붙어 있는 접미사와 접두사를 말한다.

이음(Allophone) 음소산출에서 위치에 따라 약간 다르게 들리도록 변화된 형태.

이중방언(Bidialectal) 두 언어의 변화에 능숙한 사람.

이차언어(Secondary language) 초기 언어를 학습한 후 다른 언어를 배우는 것. L2라는 용어로 사용된다.

이차적 강화(Secondary reinforcement) 특정 기술을 증가시키기 위해 사회적인 영향들을 사용하는 것. 일차적 강화에 대한 자극이 반응을 강하게 만들거나 변화시킬 경우, 그러한 자극을 주는 것을 이차적 강화라고 한다(금전 등이 이에 해당됨).

이형태(Allomorphs) 형태소가 주위 환경에 따라 다소 변화된 형태.

인공와우이식(Cochlear implants, 달팽이관 이식) 달팽이관 끝부분에 있는 청신경에 직접적으로 소리 신호를 전달하기 위해 외과적인 수술을 통해 전기적 장치들을 달팽이관과 귀의 다른 부분에 이식하는 방법.

인구유전적 연구(Population genetic study, 유전학적 연구) 개인에게서 질병의 출현율과 혈연관계를 대조하여, 유전적 요소들의 임상적 영향을 알아보는 조사 연구의 한 유형.

인쇄물 참조하기(Print-referencing) 인쇄된 페이지에서 아동의 관심을 끌기 위해 다양한 촉구들을 사용하여 공유된 이야기책을 읽는 방법.

인종문화적 일반성(Ethnocultural generality) 알려진 치료가 하나의 민족, 문화집단과 마찬가지로 다른 민족, 문화집단에도 효과적인 치료법.

일반론(Generality, 보편성) 연구 데이터에 기초한 치료절차 혹은 결과를 폭넓게 적용하는 것.

일반화(Generalization) 행동 프로세스는 새로운 자극과 환경이 확장될 때의 반응과 확대된 새로운 종류의 반응들로 배우게 됨.

일반화된 산출(Generalized productions) 훈련에 사용하지 않은 자극이 주어졌을 때의 반응.

일차적 강화(Primary reinforcement) 종의 생물학적인 생존을 촉진시키는 결과를 가져오는 것을 이용하여 목표 대상의 기술을 증진시키는 방법. 음식과 음료 같은 1차적 강화물은 어린 아동의 언어장애치료에 효과적이다.

일차적 언어(Primary language, 주언어) 가장 먼저 배우는 언어. L1이라고 표현된다.

자극반응도(Stimulability) 아동에게 모델을 제공하였을 때의 모방하는 정도.

자극 일반화(Stimulus generalization) 새로운 자극이지만 유사한 자극으로 이미 학습된 자극반응의 결과.

자기모니터링(Self-monitoring) 자가 평가 및 자가 수정에 관한 기술을 가르치는 것.

자립형태소(Free morpheme) 혼자 독립해서 의미를 전달할 수 있고 더 작은 단위로 나누어질 수 없는 형태소.

자문 모델(Consultative model) 언어치료사가 아동의 환경에 대해 중재를 제언할 수 있는 다른 전문가와의 상담과 함께, 간접적으로 언어 중재를 제공하는 하나의 방법.

자발언어(Autoclitics) 스키너가 주장한 구어행동의 기능적 관계 유형 중 하나로, 다른 구어행동을 좀 더 명확하게 하기 위해 설명하거나 언급하는 이차적인 구어행동이다.

자발적 대화(Spontaneous conversation) 사회적, 자연적 문맥에서 유발되는 자극으로 이루어지는 담화.

자폐증(Autism) 경도에서부터 심각한 손상으로 특징지어지는 다양한 스펙트럼의 전반적 발달장애로 사회적 상호작용에 무관심하고, 의사소통기술에서의 장애를 보이며, 정형화된 움직임을 나타내는 특징이 있다. 이는 자폐스펙트럼장애 (ASD)라고도 알려져 있다.

작업치료사(Occupational Therapist, OT) 물리적 손상, 인지적 결핍, 사회적 장애 혹은 발달장애를 가진 사람들의 일상생활 기술, 직업적 기술, 감각 손상의 정도를 평가하는 전문적인 자격 면허를 가진 사람.

전도성 청력장애(Conductive hearing loss, 전도성 난청) 외이도와 중이도의 문제로 인해 내이로 소리 전달이 감소되는 청력손실의 유형.

전반적 발달장애(Pervasive Developmental Disorder, PDD) 아동발달에 심각한 복합적인 장애이다. 일반적으로 3세 이전의 어린 아동에게서 진단한다.

전반적 발달장애-달리 명시되지 않는(Pervasive Developmental Disorder-Not Otherwise Specified, PDD-NOS) 아동에게서 PDD의 일부 증상이 나타나지만 특정 진단을 내리기에는 충분치 않을 때 진단한다.

전보식 발화(Telegraphic speech) 필수적인 단어들로만 구성된 간결한 구어.

정보 피드백(Informative feedback) 아동에게 학습 기술을 발달시키기 위한 피드백을 제공하여 행동을 증가시키도록 유도하는 방법.

조건화된 일반화된 강화물(Conditioned generalized reinforcement) 여러 가지 강화물(학습된 물건)을 제공한 결과로 인해 행동이 증가하도록 설계된 방법.

조작적 정의(Operational definition) 관찰 및 측정 가능한 용어로 정의되고 있는 것을 설명하는 정의.

종단법(Longitudinal method) 확인된 변수를 조사하기 위해 아동이나 성인을 반복적으로 관찰하여 조사하는 방법. 과학적 연구 방법.

주산기 상태(Perinatal conditions) 출생 시 유아에 영향을 미칠 수 있는 요인.

주제 개시(Topic initiation) 대화를 이끌어 가기 위해 새로운 주제로 대화를 시작하는 화용적인 언어기술.

주제 유지(Topic maintenance) 갑자기 대화가 중단되거나, 새로운 주제를 언급하지 않고 같은 주제로 대화를 지속하는 것. 화용적인 언어기술.

주파수 변조 청각 트레이너[Frequency Modulated(FM) auditory trainer] 전송한 유닛과 수신한 유닛으로 구성된 증폭 시스템.

준거참조 평가(Criterion-referenced assessment) 정상 규준이 제공되지 않은 평가도구들. 평가 결과는 존재하거나, 결여되었거나, 숙달되었거나, 아직 숙달되지 않은 기술들에 관한 설명으로 대처한다.

중단된 행동 연쇄(Interrupted-behavior chain) 아동이 올바로 확립된 일상 혹은 지속적인 활동을 완료하는 것이 중단됨.

증거기반 중재(Evidence-based practice) 통제되고 반복 검증된 연구결과들에 의해 지지되는 치료방법들만을 사용하는 것.

증상치료(Symptomatic treatment, 대증요법) 어떤 질환의 환자를 치료하는 데 있어서 원인이 아니고, 증세에 대해서만 실시하는 치료법.

증후군(Syndrome) 유전적, 해부학적 질병으로 인한 징후 및 증상의 유형.

지방질 신진대사장애(Lipid metabolic disorders) 신경조직에 지방이 축적되는 것으로, 건강상의 문제 및 발달적 장애와 관련이 있다. 지방질 신진대사장애의 일종으로 테이색스(Tay-Sachs)병이 있다.

지속시간측정(Durational measures) 어떤 기술이 지속되는 시간을 측정하는 것.

지시(Instructions) 행동을 수행하는 방법에 관한 구어적 지시.

지시적 의미(Referential meaning) 물건, 사람 또는 사건에 대한 간단하고 명확한 의미.

지연(Delay) 구어화를 위한 단서를 제공하여 청자가 주의를 기울이게 하는 것과는 다르게, 환경적인 자극에 대한 아동의 반응을 가르치기 위한 환경적인 접근을 사용하는 기법.

지연된 지원(Delayed assistance) 아동이 어려운 활동을 완료하는 데 필요한 지원을 즉시 제공하지 않는 것. 활동 또는 구어화를 자발적으로 하도록 격려하는 설계법.

직유(Similes) 비유법의 하나. 표현하고자 하는 대상, 즉 원관념(A)을 유사성이 있는 다른 대상, 즉 보조관념(B)을 이용하여 나타내는 기법(예 : 내 사랑은 빨간색과 같고, 장미는 빨갛다).

직접반복(Direct replication) 연구자들이 결과의 타당성을 알아보기 위해 치료를 실시하여 이전 연구와 적은 또는 변화가 없는 것인지 반복하여 알아보는 치료연구.

직접 접근(Direct access) 개인이 직접적으로 나열된 상징들을 가리키거나 만지거나 눈으로 응시하거나 또는 기구를 가리키는 것에 적응하도록 도움을 주는 기본적인 두 가지 AAC 접근법 중의 하나.

직접적 반응-감소 절차(Direct response-reduction procedures) 감소될 필요가 있는 행동이 우발적인 상황에 놓여 있는 방법.

진단(Diagnosis) 장애의 원인을 판별. 언어치료사에게는 해당하는 능력에 대하여 타당하고 신뢰할 수 있는 측정 결과에 기반하여 장애 여부를 판별하는 것을 의미한다.

차별적 강화(Differential reinforcement) 바람직한 반응에 대하여 명확한 강화를 제공하고, 바람직하지 않은 반응에는 강화를 제공하지 않는 방법.

청각 선별 검사(Hearing screening test) 청력손실을 막기 위해 청력을 빠르게 측정하는 것.

청능 훈련 프로그램(Auditory training program) 처음 혹은 변경된 소리 증폭의 차이를 인식하도록 하는 난청 아동 및 성인을 위해 설계된 프로그램.

체계적 반복(Systematic replication) 실험의 다양한 요인들의 효과가 변함에도 동일한 결과가 나타나는지를 보기 위해 현상과 무관하다고 생각되는 수많은 요인들을 변동시키면서 실험을 반복하는 것.

초기 문해기술(Emergent literacy skills) 추후 읽기와 쓰기 능력을 개발하기 위한 전제조건이 될 수 있는 선행 초기 기술.

촉각 촉구(Tactile prompts) 접촉을 포함한 매우 다양한 비구어적 촉진을 이용한 것으로, 특히 자폐나 발달장애를 지닌 아동들에게 효과적이라고 알려져 있다.

촉구(Prompt) 다른 특별한 자극을 추가하여 아동이 표적 행동을 수행할 수 있도록 돕는 것을 의미한다.

촉진적 의사소통(Facilitated Communication, FC) 논쟁의 소지가 있는 AAC(보완대체의사소통) 방법으로, 개개인의 팔과 손으로 육체적인 지지를 해주는 조력자의 도움으로 키보드를 사용해 메시지를 생성해 내는 방법.

촉진치료(Booster treatment, 보조치료) 초기 과제의 실패 후에 처치되는 치료법.

최종대화 프로브(Final conversational probes) 검사는 임상현장과 자연환경에서 구어를 사용하는 대화 단계에서 일반적인 목표행동 양식의 산출을 평가하는 것.

추론적 의미(Inferential meaning) 현재 명확하지 않은 상태이나, 말한 정보로부터 추론(추정)하는 능력.

추적평가(Follow-up assessment) 대화적 구어에서 목표언어 기술의 수행에 대해 조사하는 것.

출현율(Prevalence) 특정한 시간에 특정한 질환으로 진단되는 개인들의 수.

충격손상(Coup injury, 충좌상) 뇌조직에서 충격을 받은 지점의 손상.

측정(Measurement) 관찰된 사물과 사건에서 계수되는 특징을 수량화하는 절차.

침묵기(Silent period) 아동이 이중언어에 대해 듣는 것은 많지만, 산출은 거의 없는 학습기간. 전형적인 이중언어 습득과정이다.

타당도(Validity) 측정하려는 목표를 측정 도구가 실제로 적절하게 측정하는 정도.

타임아웃(Time-out) 일정한 시간 동안 강화가 있는 상황에서 제외시키는 것으로 반응의 감소를 이끈다.

탁상용 청각 훈련기(Desktop auditory trainer) 아동의 귀에 헤드폰을 통하여 증폭된 임상가의 구어를 제공하는 탁상용 기기.

태아 산소결핍증(Fetal anoxia, 태아 무산소중) 아이가 태어날 때 분만 시간이 길어지거나 아이가 울음을 터트리지 못할 때 산소공급이 줄어들게 된다. 뇌손상의 문제가 원인.

태아알코올증후군(Fetal Alcohol Syndrome, FAS) 산모의 임신 중 알코올 남용에 의한 선천성 증후군(유전되지 않고 출생 시 알 수 있음).

텍스트 촉구(Textual prompts) 목표반응을 유발하기 위하여 활자 단서를 사용하는 촉진법.

택트(Tact) 구어적인 반응이 사회적인 강화가 원인이 되어 나타나는 것.

통역가(Interpreter) 한 언어에서 다른 언어로 언어 메시지를 해석하는 사람.

통제된 대화(Controlled conversation) 임상가와 아동 간의 구어적인 상호작용이 즉흥적인 대화보다 더 통제되어 있는 상태에서의 대화.

통제된 연구(Controlled research) 집단실험설계 혹은 단일피험자설계와 같이 비임상적인 것과 반대되는 체계적인 연구.

파생 의존형태소(Derivational bound morphemes) 근본 단어들로부터 완전히 새로운 단어들이 창조되도록 돕는 언어의 요소들.

페닐케톤뇨증(Phenylketonuria, PKU) 아미노산 대사 결핍으로 야기되는 대사장애로 페닐알라닌이라 불린다.

편측마비(Hemiplegia) 몸의 한쪽만 마비 혹은 부전.

평가(Assessment, 사정) 아동을 위해 계획한 치료 프로그램을 실시하기 전에, 아동 및 아동의 가족에 대해 조사하기 위해 실시하는 전반적인 임상활동.

평균발화길이(Mean length of utterance) 전체 형태소의 수를 언어표본의 전체 발화 수로 나누며, 일반적으로 언어발달을 측정함.

표준화 검사(Standardized test) 검사의 실시와 채점 그리고 결과의 해석이 동일하도록 모든 절차와 방법을 일정하게 만들어 놓은 검사.

표층구조(Surface structure, S-structure) 문장을 구성하는 단어들의 실제 체계를 말하며, 이는 촘스키의 구문론의 일부이다.

표현언어(Expressive language) 언어산출.

풀아웃 모델(Pull-out model, 특별 모델) 아동이 치료실에서 개별 혹은 소그룹 치료를 받을 때의 서비스 전달 방법을 말한다.

프레더윌리증후군(Prader-Willi Syndrome, PWS) 아버지로부터 유래한 15번 염색체의 장완 근위부의 미세결실이 원인인 경우 또는 부모로부터 각각 한 개씩 유전되어야 할

15번 염색체 두 개가 모두 어머니로부터만 유래되는 경우에 야기되는 유전적 증후군.

프로브(Probe) 치료에 기반한 일반적인 산출을 평가하는 것.

하반신 마비(Paraplegia) 다리를 포함한 몸통의 아랫부분의 마비.

함축적 의미(Connotative meaning, 내포적 의미) 개념적 의미에 덧붙여 연상이나 관습 등에 의해 형성되는 의미.

합리주의(Rationalism) 근원적 지식에서 의미가 나온다고 믿는 철학적 관점의 한 갈래. 이성적·논리적·필연적인 것을 중시하는 태도.

행동 수반성(Behavioral contingency) 바람직한 행동에 주어지는 보상에 초점을 둔 행동 수정 기법.

행동치료(Behavioral treatment) 선행사건, 언어기술, 청자의 반응 결과 간의 상호적인 관계를 다루는 치료기법.

허구적 내러티브(Fictional narratives) 이야기를 들려주는 것으로써 잘 알려진 동화나 인기 있는 영화의 줄거리나 텔레비전 쇼 같은 것.

협력 모델(Collaborative model) 학교 언어치료사가 학교 구성원과 밀접한 관계를 유지하여 중재하는 것을 강조하는 서비스 방법.

형성(Shaping) 단순한 기술에서부터 보다 복잡한 기술을 가르치기 위해 설계된 치료절차.

형태론(Morphology) 단어 구조에 관한 연구.

형태소(Morphemes) 뜻을 가지는 최소의 언어 단위.

형태요소(Morphologic component) 형태소로 명칭되는 가장 작은 문법적 요소를 포함한 언어의 구성요소.

혼미한 상태(Stupor) 심각한 뇌손상 이후 강한 자극을 제외하고는 반응이 나타나지 않는 상태.

혼수상태(Coma) 심각한 뇌손상 이후 의식 및 반응이 없는 상태.

혼합성 청각장애(Mixed hearing loss) 중이와 내이의 기능부전이 원인이 되는 난청의 한 유형.

혼합형 뇌성마비(Mixed type of cerebral palsy) 뇌성마비의 한 유형으로 어느 한쪽이 우세한 증상일 수 있으나 아동에게 경직형과 무정위 모두가 나타나기도 한다.

혼합형 프로브(Intermixed probes) 치료의 초기단계에 실시하는 일반적인 산출 평가에서 훈련자극과 비훈련자극을 번갈아 가며 제공하는 조사방법.

화용론(Pragmatics) 사회적 맥락에서의 언어의 생성에 관한 연구이다.

화석화(Fossilization) 언어를 자유롭게 구사할 수 있는 높은 수준이 된 후에 언어 구사는 훌륭할지라도 남아 있는 오류들. 이중언어 습득에서의 전형적인 과정.

확산성 혈관손상(Diffuse vascular injury) 뇌혈관의 파열이 뇌 안에서 출혈을 유발시킨 것.

환경중심 교수(Milieu teaching) 자연적 환경에 행동적인 원칙을 추가하여 중재하는 치료방법.

횡단법(Cross-sectional method) 특정 시기의 장애 유병률을 관찰하는 것과 같이 집단에서 특정한 시기에 한 차례 관찰 가능한 어느 부분.

AAC의 보조 시스템(Aided systems of AAC) 그림책, 알파벳 보드나 컴퓨터 장치와 같은 다양한 외부 보조 시스템을 활용하는 AAC 시스템.

참고문헌

Abbeduto, L. (1991). Development of verbal communication in persons with moderate to mild mental retardation. *International Review of Research on Mental Retardation, 17*, 91–115.

Abbeduto, L. (1995). Effects of sampling context on the expressive language of children and adolescents with mental retardation. *Mental Retardation, 33*(5), 279–288.

Abbeduto, L., & Hagerman, R. J. (1998). Language and communication in fragile X syndrome. *Mental Retardation and Developmental Disabilities Research Reviews, 3*(4), 313–322.

Academic Communication Associates. (2004). *Pragmatic communication skills protocol.* Oceanside, CA: Academic Communication Associates.

Adamovich, B. L. (1997). Traumatic brain injury. In L. L. LaPointe (Ed.), *Aphasia and related neurogenic language disorders* (2nd ed.), (pp. 226–237). New York: Thieme Medical Publishers.

Adams, L., & Conn, S. (1997). Nutrition and its relationship to autism. *Focus on Autism and Other Developmental Disabilities, 12*, 53–58.

Adams, M. J. (1990). *Beginning to read: Thinking and learning about print.* Cambridge, MA: MIT Press.

Administration on Developmental Disabilities, U.S. Department of Health and Human Services. (2005). *ADD program overall.* Retrieved January 9, 2005, from www.acf.hhs.gov/programs/add/1385.htm.

Agency for Toxic Substances and Disease Registry. (2004). Alert 970626. Retrieved on August 21, 2004, from www.atsdr.cdc.bov/alerts970626.html.

Ahlander, E. M. (1999). *Effect of pause-and-talk and response cost on stuttering: Social and professional validity.* Unpublished master's thesis, California State University, Fresno, CA.

Algozzine, B., Eaves, R. C., Mann, L., & Vance, H. R. (1993). *Slosson full-range intelligence test.* East Aurora, NY: Slosson Educational Publications.

Alpert, C., & Rogers-Warren, A. K. (1985). Communication in autistic persons. In S. F. Warren & A. K. Rogers-Warren (Eds.), *Teaching functional language* (pp. 123–156). Austin, TX: Pro-Ed.

Alpiner, J. G., & McCarthy, P. A. (2000). *Rehabilitative audiology: Children and adults* (3rd ed.). Philadelphia, PA: Lippincott, Williams, & Wilkins.

American Academy of Pediatrics Committee on Drugs (1998). Neonatal drug withdrawal. *Pediatrics, v101*(6), 1079–1089.

American Association on Mental Retardation. (2005). *Definition of mental retardation.* Retrieved on January 5, 2005, from www.aamr.org/Policies/faq_mental_retardation.shtml.

American Educational Research Association, American Psychological Association, & National Council of Measurement in Education. (1985). *Standards for educational and psychological testing.* Washington, DC: American Psychological Association.

American heritage college dictionary (3rd ed.). (1997). Boston: Houghton Mifflin.

American Psychiatric Association. (2000). *Diagnostic and statistical manual of mental disorders (DSM IV): Fourth edition, text revision.* Washington, DC: American Psychiatric Association.

American Psychological Association. (2001). *Publication manual of the American Psychological Association* (5th ed.). Washington, DC: American Psychological Association.

American Speech-Language-Hearing Association. (1983). Social dialects. *Asha, 25*, 23–27.

American Speech-Language-Hearing Association. (1991). Committee on prevention of speech, language, and hearing problems. *The prevention of communication disorders tutorial.* Washington, DC: Author.

American Speech-Language-Hearing Association. (1996a, Spring). Guidelines for the training, credentialing, use, and supervision of speech-language pathology assistants. *Asha, 38*, 21–34.

American Speech-Language-Hearing Association. (1996b, Spring). Inclusive practices for children and youths with communication disorders: Position statements and technical report. *Asha, 38* (Suppl. 16), 35–44.

American Speech-Language-Hearing Association. (1997–2003). Evidence-based practice. Retrieved on September 20, 2004, from www.asha.org/members/slp/topics/ebp/htm.

American Speech-Language-Hearing Association. (2001). *Roles and responsibilities of speech-language pathologists with respect to reading and writing for children and adolescents: Practice guidelines.* Rockville, MD: Author.

American Speech-Language-Hearing Association. (2003a). Code of ethics (revised). *ASHA supplement, 23*, 13–15.

American Speech-Language-Hearing Association. (2003b). *Highlights and trends: ASHA counts for 2003.* Retrieved

June 6, 2004, from www.asha.org/about/membership-certification/member-counts.htm.

American Speech-Language-Hearing Association. (2004a). *Communication facts: Special populations: Augmentative and alternative communication—2004 edition.* Retrieved on August 20, 2004, from www.asha.org/members/research/reports/aac.htm

American Speech-Language-Hearing Association. (2004b). *Introduction to augmentative and alternative communication.* Retrieved on August 20, 2004, from www.asha.org/public/speech/disorders/Augmenative-and-Alternative.htm.

American Speech-Language-Hearing Association (n.d.). Child language disorders. Retrieved January 1, 2004, from www.asha.org/members/research/NOMS2/child_language.htm.

American Speech-Language-Hearing Association Ad Hoc Committee on Service Delivery in the Schools. (1993). Definitions of communication disorders and variations. *Asha, 35* (Suppl. 10), 40–41.

Amir, R. E., Van den Veyver, I. B.; Wan, M.; Tran, C. Q., Francke, U., & Zoghbi, H. Y. (1999). Rett syndrome is caused by mutations in X-linked MECP2, encoding methyl-CpG-binding protein 2. *Nature Genetics, 23,* 185–188.

Anastasi, A. (1982). *Psychological testing* (6th ed.). New York: Macmillan.

Anderson, D. M., Keith, J., Novak, P. D., & Elliot, M. A. (Eds.). (2002). *Mosby's medical dictionary* (6th ed.). St. Louis, MO: Mosby.

Anderson, V., & Thompson, S. (1988). *Test of written English (TWE).* Novato, CA: Academic Therapy Publications.

Arndorfer, R., Miltenberger, R., Woster, S., Rortvedt, A., & Gaffaney, T. (1994). Home-based descriptive and experimental analysis of problem behaviors in children. *Topics in Early Childhood Special Education, 14,* 64–87.

Arnold, D. H., Lonigan, C. J., Whitehurst, G. J., & Epstein, J. N. (1994). Accelerating language development through picture book reading: Replication and extension to a videotape training format. *Journal of Educational Psychology, 86,* 235–243.

Arntzen, E. & Almas, I. K. (2002). Effects of mand-tact versus tact-only training on the acquisition of tacts. *Journal of Applied Behavior Analysis, 35,* 419–422.

Asperger, H. (1944). Die "autistischen psychopathen" im kindesalter. Archiv fur Psychiatrie und Nervenkrankheiten, *117,* 76–136.

Asperger, H. (1979). Problems of infantile autism. *Communication, 13,* 45–52.

Asperger, H. (1991). "Autistic psychopathy" in childhood [Translated and annotated by U. Frith]. In U. Frith (Ed.), *Autism and Asperger syndrome* (pp. 37–92). [Original paper published in 1944.] Cambridge, UK: Cambridge University Press.

Association for Retarded Citizens. (2005). *Mental retardation v. developmental disabilities: Should the ARC change its focus from serving people with mental retardation to serving people with all developmental disabilities?* Retrieved January 9, 2005, from www.rcomo.org/whatismr.htm.

Atherton, S., & Hegde, M. N. (1996). *Experimental enrichment of language in young children.* Paper presented at the Third National Conference on Treatment Research, Rehabilitation Institute of Northwestern University School of Medicine, Chicago, IL (April).

Aylward, E. H., Minshew, N. J., Field, K., Sparks, B. F., Singh, N. (2002). Effects of age on brain volume and head circumference in autism. *Neurology, 59,* 175–183.

Ayres, A. J. (1979). *Sensory integration and the child.* Los Angeles, CA: Western Psychological Services.

Baer, R. A., Williams, J. A., Osnes, P. G., & Stokes, T. F. (1984). Delayed reinforcement as an indiscriminable contingency in verbal/nonverbal correspondence training. *Journal of Applied Behavior Analysis, 17,* 429–440.

Bailey, A., LeCouteur, A. Gottesman, I., Bolton, P. Simonoff, E., Yuzda, E., et al. (1995). Autism as a strongly genetic disorder: Evidence from a British twin study. *Pshycological Medicine, 25,* 63–77.

Bailey, J. S., Shook, G. L., Iwata, B. A., Reid, D. H., & Repp, A. C. (n.d.). *Behavior analysis in developmental disabilities 1968–1985 from the Journal of Applied Behavior Analysis* (Reprint series vol. 1). Lawrence: University of Kansas Department of Human Development: Society for the Experimental Analysis of Behavior.

Bailey, S. L. (1981). Stimulus overselectivity in learning disabled children. *Journal of Applied Behavior Analysis, 14,* 239–248.

Balbani, A. P. S., & Montovani, J. C. (2003). Impact of otitis media on language acquisition in children. *Journal de Pediatria, 79*(5), 391–396. [Available on MEDLINE.]

Baldwin, J. D., & Baldwin, J. I. (1998). *Behavior principles in everyday life* (3rd ed.). Upper Saddle River, NJ: Prentice-Hall.

Ballard, K. D., & Crooks, T. J. (1984). Videotape modeling for preschool children with low levels of social interaction and low peer involvement in play. *Journal of Abnormal Child Psychology, 12,* 95–109.

Barlow, D. H., Hayes, S. C., & Nelson, R. O. (1984). *The scientist practitioner: Research and accountability in clinical and educational settings.* New York: Pergamon.

Barlow, D. H., & Hersen, M. (1984). *Single-case experimental designs* (2nd ed.). New York: Pergamon.

Baroff, G. S. (1999). *Mental retardation: Nature, causes, and management.* Philadelphia, PA: Brunner/Mazel.

Barrera, R. D., & Sulzar-Azaroff, B. (1983). An alternating treatment comparison of oral and total communication training programs with echolalic autistic children. *Journal of Applied Behavior Analysis, 16,* 379–394.

Bartlett, C. W., Flax, J. F., Logue, M. W., Vieland, V. J., Bassett, A. S., Pallal, P., et al. (2002). A major susceptibility locus for specific language impairment is located on 13q21. *American Journal of Human Genetics, 71,* 45–55.

Bates, E. (1976). *Language in context: Studies in the acquisition of pragmatics.* New York: Academic Press.

Bates, E., Bretherton, I., & Snyder, Lynn (1988). *From first words to grammar.* New York: Cambridge University Press.

Battle, D. E. (2002). *Communication disorders in multicultural populations* (3rd ed.). Woburn, MA: Butterworth-Heinemann.

Behavior analysis in developmental disabilities 1968–1985 from the Journal of Applied Behavior Analysis. Reprint Series, Volume 1. Lawrence, KS: Office the Journal of Applied Behavior Analysis.

Beitchman, J., Brownlie, E. B., Inglis, A. L., Wild, J., Mathews, R., Schachter, D., et al. (1994). Seven-year follow-up of speech/language impaired and control children: Speech/language stability and outcome. *Journal of the American Academy of Child and Adolescent Psychiatry, 33,* 1322–1330.

Beitchman, J. H., Nair, R., Clegg, M., & Patel, P. G. (1986). Prevalence of speech and language disorders in 5-year-old kindergarten children in the Ottawa-Carleton region. *Journal of Speech and Hearing Disorders, 51,* 98–110.

Beitchman, J. H., Wilson, B., Brownlie, E. B., Walters, H. & Lancee, W. (1996). Long-term consistency in speech/language profiles: I. Developmental and academic outcomes. *Journal of the American academy of Child and Adolescent Psychiatry, 35*(6), 804–814.

Beitchman, J. H. Wilson, B., Brownlie, E. B., Walters, H., Inglis, A., & Lancee, W. (1996). Long-term consistency in speech/language profiles: II. Behavioral, emotional, and social outcomes. *Journal of the American Academy of Child and Adolescent Psychiatry, 35*(6), 815–825.

Benson, D. F., & Ardila, A. (1992). *Aphasia: A clinical perspective.* New York: Oxford University Press.

Benton, A. (1964). Developmental aphasia and brain damage. *Cortex, 1,* 40–52.

Berard, G. (1993). *Hearing equals behavior.* New Canaan, CT: Keats.

Berenstain, S. & Berenstain, J. (1974). *He bear; She bear.* New York: Random House.

Berenstain, S. & Berenstain, J. (1998). *Old hat, New hat.* New York: Random House.

Berg, W. K., & Wacker, D. P. (1989). Evaluation of tactile prompts with a student who is deaf, blind, and mentally retarded. *Journal of Applied Behavior Analysis, 22,* 93–99.

Berglund, E., Eriksson, M., & Johansson, I. (2001). Parental reports of spoken language skills in children with Down syndrome. *Journal of Speech, Language, and Hearing Research, 44*(1), 179–191.

Bernard, S., Enayati, A., Redwood, L., Roger, H., & Binstock, T. (2001a). Autism: A novel form of mercury poisoning. *Medical Hypotheses, 56,* 462–471.

Bernard, S., Enayati, A., Redwood, L., Roger, H., & Binstock, T. (2001b). The role of mercury in the pathogenesis of autism. *Molecular Psychiatry, 7,* S42–S43.

Bertrand, J., Mars, A., Boyle, C., Bove, F., Yeargin-Allsopp, M., & Decouffle, P. (2001). Prevalence of autism in a United States Population. *Pediatrics, 108,* 1155–1161.

Bettelheim, B. (1967). *The empty fortress.* New York: Free Press

Bettison, S. (1996). The long-term effects of auditory training on children with autism. *Journal of Autism & Developmental Disorders, 26,* 361–374.

Beukelman, D. R., & Mirenda, P. (1998). *Augmentative and alternative communication: management of severe communication disorders in children and adults* (2nd ed.). Baltimore, MD: Paul H. Brookes Publishing Co.

Beukelman, D. R., Yorkston, K., & Dowden, P. (1985). *Communication augmentation: A casebook of clinical management.* Austin, TX: PRO-ED.

Bigler, E. D. (1990). *Traumatic brain injury: Mechanisms of damage, assessment, intervention, and outcome.* Austin, TX: PRO-ED.

Bigler, E. D., Clark, E., & Farmer, J. E. (1997). *Childhood traumatic brain injury: Diagnosis, assessment, and intervention.* Austin, TX: PRO-ED.

Biklen, D. (1990). Communication unbound: Autism and praxis. *Harvard Education Review, 60,* 291–314.

Bishop, D. V. (1989). Autism, Asperger's syndrome, and semantic-pragmatic disorder: Where are the boundaries? *British Journal of Disorders of Communication, 24,* 107–121.

Bishop, D. V., & Edmondson, A. (1987). Language-impaired 4-year-old: Distinguishing transient from persistent impairment. *Journal of Speech and Hearing Disorders, 52,* 156–173.

Bishop, D. V., North, T., & Donlan, C. (1995). Genetic basis of specific language impairment: Evidence from a twin study. *Developmental Medicine and Child Neurology, 37,* 56–71.

Bishop, D. V., North, T., & Donlan, C. (1996). Nonword repetition as a behavioural marker for inherited language impairment: Evidence from a twin study. *Psychology and Psychiatry, 36,* 1–13.

Blackburn, S. (1998). Environmental impact of the NICU on developmental outcomes. *Journal of Pediatric Nursing, 13*(5), 279–289.

Blackstone, S. W., Williams, M. B., & Joyce, M. (2002). Future AAC technology needs: Consumer perspectives. *Assistive Technology, 14,* 3–16.

Bleile, K., & Schwarz, I. (1984). Three perspectives on the speech of children with Down syndrome. *Journal of Communication Disorders, 17,* 87–94.

Bloom, L. (1970). *Language development: Form and function of emerging grammars.* Cambridge, MA: MIT Press.

Bloom, L., & Lahey, M. (1978). *Language development and language disorders.* New York: John Wiley.

Bloomfield, L. (1933). *Language.* New York: Holt, Rinehart & Winston.

Blosser, J. L., & DePompei, R. (1994). *Pediatric traumatic brain injury.* San Diego, CA: Singular Publishing Group.

Bolton, P. F., & Griffiths, P. D. (1997). Association of tuberous sclerosis of temporal lobes with autism and atypical autism. *The Lancet, 349,* 392–395.

Bolton, P. F., Roobol, M., Allsopp, L., & Pickles, A. (2001). Association between idiopathic infantile macrocephaly and autism spectrum disorders. *The Lancet, 358,* 726–727.

Bondurant, J., Romeo, D., & Kretschmer, R. (1983). Language behaviors of mothers of children with normal and delayed language. *Language, Speech, and Hearing Services in Schools, 14*, 233–242.

Bondy, A. S., & Frost, L. A. (1994). *PECS: The Picture Exchange Communication System training manual.* Cherry Hill, NJ: Pyramid Educational Consultants, Inc.

Bondy, A. S., & Frost, L. A. (2001). The Picture Exchange Communication System. *Behavior Modification, 25,* 725–44.

Bonsall, C. (1980). *Who's afraid of the dark?* New York: HarperCollins.

Bosch, S., & Fuqua, R. W. (2001). Behavioral cusps: A model for selecting target behaviors. *Journal of Applied Behavior Analysis, 34*, 123–125.

Bowers, L., Huisingh, R., LaGiudice, & C., Orman, J. (2002). *Test of Semantic Skills—Primary (TOSS-P).* East Moline, IL: LinguiSystems, Inc.

Bowers, P. G. & Wolf, M. (1993). Theoretical links among naming speed, precise timing mechanisms, and orthographic skill in dyslexia. *Reading and Writing, 5,* 69–85.

Brady, N. C., Marquis, J., Fleming, K., & McLean, L. (2004). Prelinguistic predictors of language growth in children with developmental disabilities. *Journal of Speech, Language, and Hearing Research, 47,* 663–677.

Brady, N. C., McLean, J. E., Mclean, L. K., & Johnston, S. (1995). Initiation and repair of intentional communication acts by adults with severe to profound cognitive disabilities. *Journal of Speech and Hearing Research, 38,* 1334–1348.

Brantner, J. P., & Doherty, M. A. (1983). A review of time-out: A conceptual and methodological analysis. In S. Axelrod & J. Apsche (Eds.), The effects of punishment on human behavior (pp. 87–132). New York: Academic Press.

Bremmer, P., Byers, J. F., & Kiehl, E. (2003). Noise and the premature infant: Physiological effects and practice implications. *Journal of obstetric, gynecologic,and neonatal nursing, 32*(4), 447–454.

Brice, A. E. (2002). *The Hispanic child: Speech, language, culture, and education.* Boston: Allyn & Bacon.

Bricker, D. (1993). The, now and the path between. In A. P. Kaiser & D. B. Gray (Eds.), *Enhancing children's communication: Research foundations for intervention* (pp. 11–31). Baltimore, MD: Paul H. Brookes.

Brinton, B., & Fujiki, M. (1991). Response to requests for conversational repair by adults with mental retardation. *Journal of Speech and Hearing Research, 34,* 1087–1095.

Brinton, B., Fujiki, M., Spencer, J. C., & Robinson, L. A. (1997). The ability of children with specific language impairment to access and participate in an ongoing interaction. *Journal of Speech, Language, and Hearing Research, 40*(5), 1011–1025.

British Medical Journal. (1999). Hearing without ears: do cochlear implants work in children? Editorial. *British Medical Journal, 318,* 72–73.

Brown, K. A., Wacker, D. P., Derby, K. M., Peck, S. M., Richman, D. M., Sasso, G. M., et al. (2000). Evaluating the effects of functional communication training in the presence and absence of establishing operations. *Journal of Applied Behavior Analysis, 33,* 53–71.

Brown, L., Sherbenou, R. J., & Johnsen, S. K. (1997). *Test of nonverbal intelligence—Third edition.* Austin, TX: PRO-ED.

Brown, R. (1973). *A first language: The early stages.* Cambridge, MA: Harvard University Press.

Brown, V., Hammill, D., & Wiederholt, J. L. (1995). *Test of reading comprehension (TORC-3).* Austin, TX: PRO-ED.

Brownell, R. (Ed.). (2000a). *Expressive one-word picture vocabulary test (EOWPVT).* Novato, CA: Academic Therapy Publications.

Brownell, R. (Ed.) (2000b). *Receptive one-word picture vocabulary test (ROWPVT).* Novato: CA: Academic Therapy Publications.

Bruck, M., & Tucker, G. (1974). Social class differences in the acquisition of school language. *Merrill Palmer Quarterly, 20,* 205–220.

Bryan, L. C., & Gast, D. L. (2000). Teaching on-task and on-schedule behavior to high-functioning children with autism via picture activity schedules. *Journal of Autism and Developmental Disabilities, 30,* 553–567.

Bryant, B. R., Wiederholt, J. L., & Bryant, d. P. (2004). *Gray diagnostic reading tests (GDRT-2) Second Edition,* Austin, TX: PRO-ED.

Buffington, D. M., Krantz, P. J., McClannahan, L. E., & Poulson, C. L. (1998). Procedures for teaching appropriate gestural communication skills to children with autism. *Journal of Autism and Developmental Disabilities, 28,* 535–545.

Burke, D. (1998). *Street Spanish 2: The best of Spanish idioms.* New York: John Wiley.

California Department of Developmental Services. (2003). *Autism spectrum disorders: Changes in the California caseload. An update: 1999 through 2002.* Retrieved August 11, 2004, from www.autismtreeproject.org/AutismReport2003.pdf.

California State Department of Education. (2004). *Number of English learners in California public schools, by language and grade ranked by total, 2002–2003: Los Angeles Unified.* Retrieved July 15, 2004, from http://data1.cde.ca.gov/dataquest/LEPbyLang3.asp.

Camarata, S. (1993). The application of naturalistic conversation training to speech production in children with speech disabilities. *Journal of Applied Behavior Analysis, 26,* 173–182.

Camarata, S., & Gibson, T. (1999). Pragmatic language deficits in attention-deficit hyperactivity disorder (ADHD). *Mental Retardation and Developmental Disabilities Research Reviews, 5,* 207–214.

Camarata, S., Newhoff, M., & Rugg, B. (1981). Perspective taking in normal and language disordered children. *Proceedings of the Symposium on Research in Child Language Disorders, 2,* 81–88. Madison, WI: University of Wisconsin.

Campbell, C. R., & Stremel-Campbell, K. (1982). Programming loose training as a strategy to facilitate language generalization. *Journal of Applied Behavior Analysis, 15,* 295–301.

Campbell, L. (1993). Maintaining the integrity of home linguistic varieties: Black English vernacular. *American Journal of Speech-Language Pathology, 2,* 11–12.

Campbell, T., Dollaghan, C., Needleman, H., & Janosky, J. (1997). Reducing bias in language assessment: Processing dependent measures. *Journal of Speech, Language, and Hearing Research, 40,* 519–525.

Cans, C., McManus, V., Crowley, M., Gullem, P., Platt, M. J., Johnson, A, & Arnaud, G. (2004). Cerebral palsy of post-neonatal origin: Characteristics and risk factors. *Pediatric Perinatal Epidemiology, 18*(3), 214–220.

Caparulo, B., & Cohen, D. (1983). Developmental language studies in the neuropsychiatric disorders of children. In K. E. Nelson (Ed.), *Children's language* (pp. 423–463). Hillsdale, NJ: Erlbaum.

Capelli, R. (1985). *Experimental analysis of morphologic acquisition.* Unpublished master's thesis, California State University, Fresno, CA.

Cardinal, D., & Biklen, D. (1997). Suggested procedures for confirming authorship through research: An initial investigation. In D. Biklen & D. Cardinal (Eds.), *Contested words, contested science: Unraveling the facilitated communication controversy* (pp. 173–186). New York: Teachers College Columbia University

Cardoza, K., & Hegde, M. N. (1996). Discriminative stimulus control in promoting generalized language production. Paper presented at the Third National Conference on Treatment Research, Rehabilitation Institute of Northwestern University School of Medicine, Chicago (April).

Carr, A. M., Bailes, J. E., Helmkamp, J. C., Rosen, C. L., & Miele, V. J. (2004). Neurological injury and death in all-terrain crashes in West Virginia: A 10-year retrospective review. *Neurosurgery, 54*(4), 861–866.

Carr, E. G. (1988). Functional equivalence as a mechanism of response generalization. In R. Horner, G. Dunlap, & R. L. Koegel (Eds.), *Generalization and maintenance: Life-style changes in applied settings* (pp. 221–224). Baltimore, MD: Paul H. Brookes.

Carr, E. G., Binkoff, J., Kologinsky, E., & Eddy, M. (1978). Acquisition of sign language by autistic children: I. Expressive labeling. *Journal of Applied Behavior Analysis, 11,* 489–501.

Carr, E. G., & Dores, P. A. (1984). Patterns of language acquisition following simultaneous communication with autistic children. *Analysis and Intervention in Developmental Disabilities, 1,* 347–361.

Carr, E. G. & Durand, V. M. (1985). Reducing behavior problems through functional communication training. *Journal of Applied Behavior Analysis, 18,* 111–126.

Carr, E. G., & Kologinsky, E. (1983). Acquisition of sign language by autistic children II: Spontaneity and generalization effects. *Journal of Applied Behavior Analysis, 16,* 297–314.

Carr, E. G., Levin, L., McConnachie, G., Carlson, J. I., Kemp, D. C., & Smith, C. E. (1994). *Communication-based intervention for problem behavior.* Baltimore, MD: Paul H. Brookes.

Carroll, R. J., & Hesse, B. E. (1987). The effect of alternating mand and tact raining on the acquisition of tacts. *The Analysis of Verbal Behavior, 5,* 55–65.

Carrow, E. (1973). *Test for Auditory Comprehension of Language.* Austin, TX: Learning Concepts.

Carrow-Woolfolk, E. (1999). *Test for auditory comprehension of language-3 (TACL-3).* Austin, TX: PRO-ED.

Carter-Wagner, J. (1997). *Jenny's TO Thesis. The effectiveness of parent-initiated time-out on the dysfluencies of four stutterers.* Unpublished master's thesis. California State University, Fresno, CA.

Casby, M. W. (1997). Symbolic play of children with language impairment: A critical review. *Journal of Speech, Language, and Hearing Research, 40,* 468–479.

Casby, M. W. (2001). Otitis media and language development: A meta analysis. *American Journal of Speech-Language Pathology, 10,* 65–80.

Cassidy, S. B. (1997). Prader-Willi syndrome. *Journal of Medical Genetics, 34,* 917–923.

Catania, A. C. (1972). Chomsky's formal analysis of natural language: A behavioral translation. *Behaviorism, 1,* 1–15.

Catania, A. C. (1998). *Learning* (4th ed.). Upper Saddle River, NJ: Prentice-Hall.

Catts, H. W., Fey, M. E., Tomblin, J. B., & Zhang, X. (2002). A longitudinal investigation of reading outcomes in children with language impairments. *Journal of Speech, Language, and Hearing Research, 45*(6), 1142–1157.

Catts, H. W., Gillispie, M., Leonard, L. B., Kail, R. V., & Miller, C. A. (2002). The role of the speed of processing, rapid naming, and phonological processing in reading achievement. *Journal of Learning Disabilities, 35*(6), 509–525.

Catts, H. W. & Kamhi, A. (1999). *Language and Reading Disabilities.* Needham Heights, MA: Allyn & Bacon.

Centers for Disease Control and Prevention. (2000). Prevalence of autism in Brick Township, New Jersey, 1998: Community report. Retrieved September 9, 2004, from www.cdc.gov/ncbddd/dd/report/htm.

Centers for Disease Control and Prevention (2004a). Fetal alcohol syndrome (FAS). Retrieved August 20, 2004, from www.cdc.gov/ncbddd.fas.

Centers for Disease Control and Prevention (2004b). About childhood lead poisoning. Retrieved August 21, 2004, from www.cdc.gov/nceh/lead/about/about/htm.

Centers for Disease Control & Prevention (2004c). Economic costs associated with mental retardation, cerebral palsy, hearing loss, and vision impairment—United States. *Morbidity and Mortality Weekly Report, 30,* 53(3), 57–59. [Accessible through www.cdc.gov.]

Chakrabarti, S., & Fombonne, E. (2001). Pervasive developmental disorders in preschool children. *Journal of the American Medical Association, 285,* 3093–3099.

Chambers, M., & Rehfeldt, R. A. (2003). Assessing the acquisition and generalization of two mand forms with adults with severe developmental disability. *Research in Developmental Disability, 24,* 265–280.

Chandler, L. K., Lubeck, R. C., & Fowler, S. A. (1992). Generalization and maintenance of preschool children's social skills: A critical review and analysis. *Journal of Applied Behavior Analysis, 25,* 415–428.

Chapman, R. S., Schwartz, S. E., & Kay-Raining Bird, E. (1991). Language skills of children and adolescents with Down syndrome: I. Comprehension. *Journal of Speech and Hearing Research, 34,* 1106–1120.

Chapman, R. S., Seung, H. K., Schwartz, S. E., & Kay-Raining Bird, E. (1998). Language skills of children and adolescents with Down syndrome: II. Production deficits. *Journal of Speech, Language, and Hearing Research, 41,* 861–873.

Charlop-Christy, M. H., Carpenter, M., Le, L., LeBlanc, L. A., & Kellet, K. (2002). Using the picture exchange communication system (PECS) with children with autism: Assessment of pecs acquisition, speech, social-communicative behavior, and problem behavior. *Journal of Applied Behavior Analysis, 35,* 213–231.

Charlop, M. H., & Milstein, J. P. (1989). Teaching autistic children conversational speech using video modeling. *Journal of Applied Behavior Analysis, 22,* 275–285.

Charlop, M. H., Schreibman, L., & Thibodeau, M. G. (1985a). Increasing spontaneous verbal responding in autistic children using a time delay procedure. *Journal of Applied Behavior Analysis, 18,* 155–166.

Charlop, M. H., Schreibman, L., & Thibodeau, M. G. (1985b). Teaching autistic children conversational speech using video modeling. *Journal of Applied Behavior Analysis, 22,* 275–285.

Charlop, M. H., & Trasowech, J. E. (1991). Increasing autistic children's daily spontaneous speech. *Journal of Applied Behavior Analysis, 24,* 747–761.

Charlop, M. H., & Walsh, M. E. (1986). Increasing autistic children's spontaneous verbalizations of affection: An assessment of time delay and peer modeling procedures. *Journal of Applied Behavior Analysis, 19,* 307–314.

Cheng, L. (1987). Cross-cultural and linguistic considerations in working with Asian populations. *American Speech-Language-Hearing Association, 29*(6), 33–41.

Chin, S. B., Tsai, P. L., & Gao, S. (2003). Connected speech intelligibility of children with cochlear implants and children with normal hearing. *American Journal of Speech-Language Pathology, 12*(4), 440–451.

Chomsky, N. (1957). *Syntactic structures.* The Hague: Mouton.

Chomsky, N. (1965). *Aspects of the theory of syntax.* Cambridge, MA: MIT Press.

Chomsky, N. (1968). *Aspects of the theory of syntax.* Cambridge, MA: MIT Press

Chomsky, N. (1980). *Rules and representations.* New York: Columbia University Press.

Chomsky, N. (1982). *Lectures on government and binding.* New York: Foris.

Chomsky, N. (1999). On the nature, use and acquisition of language. In W. Ritchie & T. Bhatia (Eds.), *Handbook of child language acquisition.* New York: Academic Press.

Choudhury, N., & Benasich, A. A. (2003). A family aggregation study: The influence of family history and other risk factors on language development. *Journal of Speech, Language, and Hearing Research, 46,* 261–272.

Chudley, A. E., Guteirrez, E., Jocelyn, L. J., & Chodirker, B. N. (1998). Outcomes of genetic evaluation in children with pervasive developmental disorder. *Journal of Developmental and Behavioral Pediatrics, 19,* 321–325.

Cipani, E. (1988). The missing item format. *Teaching Exceptional Chidren, 21,* 25–27.

Clahsen, H., & Almazan, M. (1998). Syntax and morphology in Williams syndrome. *Cognition, 68*(3), 167–198.

Clarke, S., Remington, B., & Light, P. (1988). The role of referential speech in sign learning by mentally retarded children: A comparison of total communication and sign-alone training. *Journal of Applied Behavior Analysis, 21,* 419–426.

Clibbens, J. (2001). Signing and lexical development in children with Down Syndrome. *Down Syndrome Research and Practice, 7,* 101–105.

Cohen, N. J., Barwick, M. A., Horodezky, N. B., Vallance, D. D., & Im, N. (1998). Language, achievement, and cognitive processing in psychiatrically disturbed children with previously identified and unsuspected language impairments. *Journal of Child Psychology and Psychiatry, 39,* 865–877.

Coleman, T. J. (2000). *Clinical management of communication disorders in culturally diverse children.* Boston: Allyn & Bacon.

Constantino, J. N., & Todd, R. D. (2003). Autistic traits in the general population: A twin study. *Archives of General Psychiatry, 60*(5), 524–530.

Conti-Ramsden, G. (1990). Maternal recasts and other contingent replies to language-impaired children. *Journal of Speech and Hearing Disorders, 55,* 252–274.

Conti-Ramsden, G., & Jones, M. (1997). Verb use in specific language impairment. *Journal of Speech and Hearing Disorders, 40,* 1298–1313.

Coplan, J. (2000). Counseling parents regarding prognosis in autistic spectrum disorders. *Pediatrics, 105,* E65.

Cornish, K. M., & Munir, F. (1998). Receptive and expressive language skills in children with cri-du-chat syndrome. *Journal of Communication Disorders, 31*(1), 73–80.

Cornish, K. M., & Pigram, J. (1996). Developmental and behavioral characteristics of cri-du-chat syndrome. *Archives of Disabilities of Children, 75*(5), 448–450.

Costello, J. M. (1975). The establishment of fluency with time-out procedures. Three case studies. Journal of Speech and Hearing Disorders, 40, 216–231.

Council for Exceptional Children. (2004). The new IDEA: CEC's summary of significant issues. Retrieved January 8, 2005, from www.cec.sped.org/pp/IDEA_120204.pdf.

Courchesne, E. (1997). Brainstem, cerebellar, and limbic neuroanatomical abnormalities in autism. *Current Opinion in Neurology, 7,* 269–278.

Courchesne, E., Carper, R., & Akshoomoff, N. (2003). Evidence of brain overgrowth in the first year of life in autism. *Journal of the American Medical Association, 290*, 337–344.

Courchesne, E., Karns, C. M., Davis, H. R., Ziccardi, R., Carper, R. A., Tigue, Z. D., et al. (2001). Unusual brain growth pattern in early life in patients with autistic disorder: An MRI study. *Neurology, 57*, 245–254.

Coury, D. L., & Nash, P. L. (2003). Epidemiology and etiology of autistic spectrum disorders difficult to determine. *Pediatric Annals, 32*(10), 696–700.

Craft, M. A., Alber, S. R., & Heward, W. L. (1998). Teaching elementary students with developmental disabilities to recruit teacher attention in a general education classroom: Effects on teacher praise and academic productivity. *Journal of Applied Behavior Analysis, 31*, 399–415.

Crago, M., & Gopnik, M. (1994). From families to phenotypes: Theoretical and clinical implications of research into the genetic basis of specific language impairment. In R. Watkins & M. Rice (Eds.), *Specific language impairment in children* (pp. 35–51). Baltimore: Paul H. Brookes.

Craig, H. (1993). Social skills of children with specific language impairment. *Language, Speech, and Hearing Services in Schools, 24*, 206–215.

Craig, H., & Evans, J. (1989). Turn exchange characteristics of SLI children's simultaneous and non-simultaneous speech. *Journal of Speech and Hearing Disorders, 54*, 334–347.

Craig, H. K., Thompson, C., A., Washington, J. A., & Potter, S. L. (2003). Phonological features of child African American English. *Journal of Speech, Language, and Hearing Research, 46*, 623–635.

Craig, H., & Washington, J. (1993). The access behaviors of children with specific language impairment. *Journal of Speech and Hearing Research, 36*, 322–337.

Craig, H. K., & Washington, J. A. (2000). An assessment battery for identifying language impairment in African American children. *Journal of Speech, Language, and Hearing Research, 43*, 366–379.

Crain-Thoreson, C., & Dale, P. S. (1992). Do early talkers become early readers? Linguistic precocity, preschool language, and emergent literacy. *Developmental Psychology, 28*, 421–429.

Cross, T. (1981). The linguistic experience of slow learners. In A. Nesdale, C. Pratt, R. Grieve, J. Field, D. Illingworth, & J. Hogben (Eds.), *Advances in child development: Theory and research* (pp. 110–121). Nedlands: University of Western Australia.

Crossley, R., & McDonald, A. (1980). *Annie's coming out.* New York: Penguin.

Crutcher, D. M. (1993). Parent perspectives: Best practice and recommendations for research. In A. P. Kaiser & D. P. Gray (Eds.) (1993). *Enhancing children's communication: Research foundations for intervention* (pp. 365–374). Baltimore, MD: Paul H. Brookes.

Cunningham, C. E., Siegel, L. S., van der Spuy, H. I., Clark, M. L., & Bow, S. J. (1985). The behavioral and linguistic interactions of specifically language-delayed and normal boys with their mothers. *Child Development, 56*, 1389–1403.

Cunningham, M., & Cox, E. O. (2003). Hearing assessment in infants and children: Recommendations beyond neonatal screening. *Pediatrics, 111*(2), 436–440.

Dabney, K. W., Lyston, G. E., & Miller, E. (1997). Cerebral palsy. *Current Opinion in Pediatrics, 9*, 81–88.

Dale, P. S., & Cole, K. N. (1991). What's normal? Specific language impairment in an individual difference perspective. *Language, Speech, and Hearing Services in Schools, 22*(2), 80–83.

Davis, H., Stroud, A., & Green, L. (1988). Maternal language environment of children with mental retardation. *American Journal of Mental Retardation, 93*, 144–153.

Dawson, J., & Stout, C. (2003). *Structured Photographic Expressive Language Test (SPELT-3).* DeKalb, IL: Janelle Publications.

DeCesari, R. (1985). *Experimental training of grammatical morphemes: Effects on the order of acquisition.* Unpublished master's thesis, California State University, Fresno, CA.

DeFelice, M. L., Ruchelli, E. D., Markowitz, J. E., Strogatz, M., Reddy, K. P., & Mulberg, A. E. (2003). Intestinal cytokines in children with pervasive developmental disorders. *American Journal of Gastroenterology, 98*, 1777–1782.

Delprato, D. J. (2001). Comparisons of discrete-trial and normalized behavioral language intervention for young children with autism. *Journal of Autism and Developmental Disabilities, 31*, 315–325.

Derby, K. M., Wacker, D. P., Berg, W., DeRaad, A., Ulrich, S., Asmus, J., et al. (1997). The long-term effects of functional communication training in home settings. *Journal of Applied Behavior Analysis, 30*, 507–531.

Deutsch, C. K., & Joseph, R. M. (2003). Brief report: Cognitive correlates of enlarged head circumference in children with autism. *Journal of Autism and Developmental Disabilities, 33*, 209–215.

Deutsch, R. M., & Morrill, J. S. (1993). *Realities of nutrition.* Palo alto, CA: Bull Publishing.

Dillard, J. I. (1972). *Black English.* New York: Random House.

DiSimoni, F. (1978). *The Token Test for Children.* Austin, TX: PRO-ED.

Dollaghan, C., & Campbell, T. (1998). Nonword repetition and child language impairment. *Journal of Speech, Language, and Hearing Research, 41*, 1136–1146.

Dougherty, E. H., & Schinka, J. A. (1992). *Mental Status Checklist—Children.* Lutz, FL: Psychological Assessment Resources, Inc.

Douniadakis, D. E., Kalli, K. I., Psarommatis, I. M., Tsakanikos, M. D., & Apostolopoulous, N. K. (2001). Incidence of hearing loss among children with speech-language delay. *Scandinavian Audiology Supplement, 2001*(52), 204–205.

Doyle, T. F., Bellugi, U., Korenberg, J. R., & Graham, J. (2004). "Everybody in the world is my friend" hypersociability in young children with Williams syndrome. *American Journal of Medical Genetics, 124A*(3), 263–273.

Drager, K. D. R., Light, J. C., Carlson, R., D'Silva, K., Larsson, B., Pitkin, L., & Stopper, G. (2004). Learning of dynamic display AAC technologies by typically developing 3-year-olds: Effect of different layouts and menu approaches. *Journal of Speech, Language, and Hearing Research, 47,* 1133–1148.

Drager, K. D. R., Light, J. C., Speltz, J. C., Fallon, K. A., & Jeffries, L. Z. (2003). The performance of typically developing 2½-year-olds on dynamic display AAC technologies with different system layouts on language organizations. *Journal of Speech, Language, and Hearing Research, 46,* 298–312.

Drasgow, E., Halle, J. W., & Ostrosky, M. M. (1998). Effects of differential reinforcement on the generalization of a replacement mand in three children with severe language delays. *Journal of Applied Behavior Analysis, 31,* 357–374.

Dube, W. V., & McIlvane, W. J. (1999). Reduction of stimulus selectivity with noverbal differential observing responses. *Journal of Applied Behavior Analysis, 32,* 25–34.

Duchan, J. F., Calculator, S., Sonnenmeier, R., Diehl, S., & Cumley, G. D. (2001). A framework for managing controversial practices. *Language, Speech, and Hearing Services in Schools, 32,* 133–141.

Ducharme, D. E., & Holborn, S. W. (1997). Programming generalization of social skills in preschool children with hearing impairments. *Journal of Applied Behavior Analysis, 30,* 639–651.

Duker, P. C., Kraaykamp, M., & Visser, E. (1994). A stimulus control procedure to increase requesting with individuals who are severely/profoundly intellectually disabled. *Journal of Intellectual Disability Research, 38,* 177–186.

Dunlap, G., Koegel, R. L., Johnson, J., & O'Neill, R. E. (1987). Maintaining performance of autistic clients in community settings with delayed contingencies. *Journal of Applied Behavior Analysis, 20,* 185–191.

Dunn, L. M., & Dunn, L. M. (1997). *Peabody picture vocabulary test* (3rd ed.). Circle Pines, MN: American Guidance Service.

Durand, M. V., Berotti, D., & Weiner, J. S. (1993). Functional communication training: Factors affecting effectiveness, generalization, and maintenance. In J. Reichle & D. P. Wacker (Eds.), *Communicative alternatives to challenging behavior* (pp. 299–316). Baltimore, MD: Paul H. Brookes.

Durand, V. M., & Carr, E. G. (1991). Functional communication training to reduce challenging behavior: Maintenance and application in new settings. *Journal of Applied Behavior Analysis, 24,* 251–264.

Durand, V. M., & Carr, E. G. (1992). An analysis of maintenance following functional communication training. *Journal of Applied Behavior Analysis, 25,* 777–794.

Dyer, K., Christian, W. P., & Luce, S. C. (1982). The role of response delay in improving the discrimination performance of autistic children. *Journal of Applied Behavior Analysis, 15,* 231–240.

Eadie, P. A., Fey, M. E., Douglas, J. M., & Parsons, C. L. (2002). Profiles of grammatical morphology and sentence imitation in children with specific language impairment an Down syndrome. *Journal of Speech, Language, and Hearing Research, 45,* 720–732.

Eastman, P. D. (1960). *Are You My Mother?* New York: Random House.

Edelson, S. M. (2004). *The candida yeast-autism connection.* Retrieved August 12, 2004, from www.autism.org/candida.html.

Edwards, J., & Lahey, M. (1998). Nonword repetitions of children with specific language impairment: Exploration of some explanations for their inaccuracies. *Applied Psycholinguistics, 19,* 279–309.

Egel, A. L., Richman, G. S., & Koegel, R. L. (1981). Normal peer models and autistic children's learning. *Journal of Applied Behavior Analysis, 14,* 3–12.

Ehlers, S., & Gillberg, C. (1993). The epidemiology of Asperger syndrome: A total population study. *Journal of Child Psychology and Psychiatry, 34*(8), 1327–1350.

Eisenberg, S. L., Fresko, T. M., & Lundgren, C. (2001). The use of MLU for identifying language impairment in preschool children. *American Journal of Speech-Language Pathology, 10,* 323–342.

Eisenson, J. (1972). *Aphasia in children.* New York: Harper & Row.

Eiserman, W. D., Weber, C., & McCoun, M. (1992). Two alternative program models for serving speech-disordered preschoolers: A second year follow-up. *Journal of Communication Disorders, 25*(2–3), 77–106.

Elliott, C. D. (1990). *Differential Ability Scales.* San Antonio, TX: PsychCorp.

Ellis Weismer, S., Tomblin, J. B., Zhang, X., Buckwalter, P., Chynoweth, J. G., & Jones, M. (2000). Nonword repetition performance in school-age children with and without language impairment. *Journal of Speech, Language, and Hearing Research, 43*(4), 865–878.

Enard, W., Przeworski, M., Fisher, S., Lal, C., Wiebe, V., Kitano, T., et al. (2002). Molecular evolution of *FOXP2,* a gene involved in speech and language. *Nature, 418,* 869–872.

Encyclopedia: Black English Vernacular (2004). [On-line]. Retrieved June 5, 2004, from www.nationmaster.com/encyclopedia/Black-English-Vernacular.

Enderby, P. M. (1983). *Frenchay Dysarthria Assessment.* Austin, TX: PRO-ED.

Erickson, J. G., Devlieger, P., & Moon Sung, J. (1999). Korean-American female perspectives on disability. *Journal of Speech-language Pathology, 8,* 99–108.

Erickson, K. A. (2000). All children are ready to learn: An emergent versus readiness perspective in early literacy assessment. *Seminars in Speech and Language, 21*(2), 193–203.

Ervin, M. (2001). SLI: What we know and why it matters. *ASHA LEADER, 6,* 4.

Ezell, H. K., & Goldstein, H. (1991). Comparison of idiom comprehension of normal children and children with mental retardation. *Journal of Speech and Hearing Research, 34,* 812–819.

Ezell, H. K., & Goldstein, H. (1992). Teaching idiom comprehension to children with mental retardation. *Journal of Applied Behavior Analysis, 25,* 181–191.

Fagundes, D. D., Haynes, W. O., Haak, N. J., & Moran, M. J. (1998). Task variability effects on the language test performance of southern lower socioeconomic class African American and Caucasian five-year-olds. *Language, Speech, and Hearing Services in Schools, 26*(1), 82–90.

Farmer-Dougan, V. (1994). Increasing requests by adults with developmental disabilities using incidental teaching by peers. *Journal of Applied Behavior Analysis, 27,* 533–544.

Fazio, B. (1996). Mathematical abilities of children with specific language impairment. *Journal of Language, Speech, and Hearing Research, 37,* 358–368.

Feldman, M. A., Towns, F., Betel, J., Case, L., Rincover, A., & Rubino, C. A. (1986). Parent education project II. Increasing stimulating interactions of developmentally handicapped mothers. *Journal of Applied Behavior Analysis, 19,* 23–37.

Fey, M. (1986). *Language intervention with young children.* San Diego, CA: College-Hill Press.

Fey, M., & Leonard, L. (1984). Partner age as a variable in the conversational performance of specifically language-impaired children and normal-language children. *Journal of Speech and Hearing Research, 27,* 413–423.

Fey, M., Leonard, L., & Wilcox, K. (1981). Speech-style modifications of language-impaired children. *Journal of Speech and Hearing Disorders, 46,* 91–97.

Filipek, P. A., Accardo, P. J., Baranek G. T., Cook, E. H., Dawson, G., Gordon, B., et al. (1999). The screening and diagnosis of autistic spectrum disorders. *Journal of Autism and Developmental Disabilities, 29,* 439–484.

Fisher, S. E., Vargha-Kadem, F., Watkins, K. E., et al. (1998). Localization of a gene implicated in a severe speech and language disorder. *Nature Genetics, 18,* 168–170.

Fisher, W. Piazza, C. C., Bowman, L. G., Hagopian, L. P., Owens, J. C., & Slevin, I. (1992). A comparison of two approaches for identifying reinforcers for persons with severe and profound disabilities. *Journal of Applied Behavior Analysis, 25,* 491–498.

Flax, J. F., Realpe-Bonilla, T., Hirsch, L. S., Brzustowicz, L. M., Bartlett, C. W., Tallal, P. (2003). Specific language impairment in families: Evidence for co-occurrence with reading impairments. *Journal of Speech, Language, and Hearing Research, 46*(3), 530–543.

Fluharty, N. B. (2000). *Fluharty 2: Fluharty Preschool Speech and Language Screening Test.* Austin, TX: PRO-ED.

Forbes, B. J., Christian, C. W., Judkins, A. R., & Kryston, K. (2004). Inflicted childhood neurotrauma (shaken baby syndrome): Ophthalmic findings. *Journal of Pediatric Ophthalmology and Strabismus, 41*(2), 80–88.

Fowler, A. E. (1990). Language abilities in children with Down syndrome: Evidence for a specific syntactic delay. In D. Cichetti & M. Beeghly (Eds.), *Children with Down syndrome: A developmental perspective* (pp. 303–328). New York: Cambridge University Press.

Foxx, R., Faw, G., McMorrow, M., Kyle, M., & Bittle, R. (1988). Replacing maladaptive speech with verbal labeling responses: An analysis of generalized responding. *Journal of Applied Behavior Analysis, 21,* 411–417.

Frattali, C. M. (1998). *Measuring outcomes in speech-language pathology.* New York: Thieme.

Frea, W. D., Arnold, C. L., & Vittimberga, G. L. (2001). A demonstration of the effects of augmentative communication on the extreme aggressive behavior of a child with autism within an integrated preschool setting. *Journal of Positive Behavior Intervention, 3,* 194–198.

Friel-Patti, S., DesBarres, K., & Thibodeau, L. (2001). Case studies of children using Fast ForWord. *American Journal of Speech-Language Pathology, 10,* 203–215.

Fristoe, M., & Lloyd, L. (1979). Nonspeech communication. In N. R. Ellis (Ed.), *Handbook of mental deficiency, psychological theory and research* (2nd ed.) (pp. 401–430). Hillsdale, NJ: Erlbaum.

Frome Loeb, D., & Leonard, L. B. (1991). Subject case marking and verb morphology in normally developing and specifically language-impaired children. *Journal of Speech and Hearing Research, 34,* 340–346.

Fujiki, M., & Brinton, B. (1991). The verbal noncommunicator: A case study. *Language, Speech, and Hearing Services in Schools, 27,* 195–202.

Fuller, D. R. (1997). Initial study in the effects of translucency and complexity on the learning of Blissymbols by children and adults with normal cognitive abilities. *Augmentative and Alternative Communication, 13,* 30–39.

Gaines, R., Leaper, C., Monahan, C., & Weickgenant, A. (1988). Language learning and retention in young language-disordered children. *Journal of Autism and Developmental Disabilities, 18*(2), 281–296.

Gallagher, T., & Darnton, B. (1978). Conversational aspects of the speech of language disordered children: Revision behaviors. *Journal of Speech and Hearing Research, 21,* 118–135.

Garcia, E., Guess, D., & Byrnes, J. (1973). Development of syntax in a retarded girl using procedures of imitation, reinforcement, and modeling. *Journal of Applied Behavior Analysis, 6,* 299–310.

Gathercole, S., & Baddeley, A. (1990). Phonological memory deficits in language impaired children: Is there a causal connection? *Journal of Memory and Language, 29,* 336–360.

Gathercole, S. E., Willis, C., Baddeley, A. D., & Emslie, H. (1994). The children's test of nonword repetition: A test of phonological working memory. *Memory, 2,* 103–127.

Gauger, L. M., Lombardino, L. J., & Leonard, C. M. (1997). Brain morphology in children with specific language impairment. *Journal of Speech, Language, and Hearing Research, 40,* 1272–1284.

Gauthier, J., Joober, R., Mottron, L., Laurent, S., Fuchs, M., De Kimpe,V., et al. (2003). Mutation screening of FOXP2 in individuals diagnosed with autistic disorder. *American Journal of Medical Genetics, 118,* 172–175.

Gauthier, S. V., & Madison, C. I. (1998). *Kindergarten language screening test—Second edition (KLST-2).* Austin, TX: PRO-ED.

Genesee, F. (1988). Bilingual language development in preschool children. In D. Bishop & K. Mogford (Eds.), *Language development in exceptional circumstances* (pp. 62–79). London: Churchill Livingstone.

German, D. (1990). *Test of Adolescent/Adult Word Finding.* Austin, TX: PRO-ED.

German, D. (2000). *Test of Word Finding—2.* Austin, TX: PRO-ED.

Geschwind, N., & Levitsky, W. (1968). Left-right asymmetries in temporal speech region. *Science, 161,* 186–187.

Gibbard, D. (1994). Parental-based intervention with preschool language-delayed children. *Europe Journal of Disordered Communication, 29*(2), 131–150.

Gillam, R. B. (1999). Computer assisted language intervention using Fast ForWord: Theoretical and empirical considerations for clinical decision-making. *Language, Speech, and Hearing Services in Schools, 30,* 363–370.

Gillam, R. B., Cowan, N., & Marler, J. A. (1998). Information processing by school-age children with specific language impairment: Evidence from a modality effect paradigm. *Journal of Speech, Language, and Hearing Research, 41,* 913–926.

Gillam, R. B., Crofford, J. A., Gale, M. A., & Hoffman, L. V. M. (2001). Language change following computer-assisted language instruction with Fast ForWord or Laureate Learning Systems software. *American Journal of Speech-Language Pathology, 10,* 231–247.

Gillam, R. B., & Johnston, J. (1985). Development of print awareness in language-disordered preschoolers. *Journal of Speech and Hearing Disorders, 43,* 521–526.

Gillam, R. B., Loeb, D., & Friel-Patti, S. (2001). Looking back: A summary of five exploratory studies of Fast ForWord. *American Journal of Speech-Language Pathology, 10,* 269–273.

Gillberg, C. (1991). Outcome in autism and autistic-like conditions. *Journal of the American Academy of Child and Adolescent Psychiatry, 30,* 375–382.

Gillberg, C., & de Souza, L. (2002). Head circumference in autism, Asperger syndrome, and ADHD: A comparative study. *Developmental Medicine and Child Neurology, 44,* 296–300.

Gillberg, C., Johansson, M., Steffenburg, S., & Berlin, O. (1997). Auditory integration training in children with autism: Brief report of an open pilot study. *Autism, 1,* 97–100.

Gillette, Y. (2003). *Achieving communication independence.* Eau Claire, WI: Thinking Publications.

Gilliam, J. E. (1995). *Gilliam Autism Rating Scale (GARS).* Circle Pines, MN: AGS Publishing.

Gilliam, J. E. (2000). *Gilliam Asperger's Disorder Scale (GADS).* Circle Pines, MN: AGS Publishing.

Gillis, R. (1996). *Traumatic brain injury: Rehabilitation for speech-language pathologists.* Boston, MA: Butterworth-Heinemann.

Gilpin, W. (1993). *Laughing & Loving with Autism.* Arlington, TX: Future Education, Inc.

Gobbi, L., Cipani, E., Hudson, C., & Lapenta-Neudeck, R. (1986). Developing spontaneous requesting among children with severe mental retardation. *Mental Retardation, 24*(6), 357–363.

Goetz, L., Gee, K., & Sailor, W. (1985). Using a behavior chain interruption strategy to teach communication skills to students with severe disabilities. *Journal of the Association for Persons with Severe Handicaps, 10,* 21–30.

Goldman, R., Fristoe, M., & Woodcock, R. W. (1978). *Goldman-Fristoe-Woodcock Test of Auditory Discrimination.* Circle Pines, MN: American Guidance Service.

Goldstein, B. (2000). *Cultural & linguistic diversity resource guide for speech-language pathologists.* Albany, NY: Thomson Learning.

Goldstein, B. (2001). Transcription of Spanish and Spanish-influenced English. *Communication Disorders Quarterly, 23,* 54–61.

Goldstein, H. (1993). Structuring environmental input to facilitate generalized language learning by children with mental retardation. In A. P. Kaiser & D. B. Gray (Eds.), *Enhancing children's communication* (pp. 317–334). Baltimore, MD: Paul H. Brookes.

Goldstein, H. (2002). Communicative intervention for children with autism: A review of treatment efficacy. *Journal of Autism and Developmental Disabilities, 32*(5), 373–396.

Goldstein, H., & Cisar, C. L. (1992). Promoting interaction during sociodramatic play: Teaching scripts to typical preschoolers and classmates with disabilities. *Journal of Applied Behavior Analysis, 25,* 265–280.

Goldstein, H., & Ferrell, D. R. (1987). Augmenting communication interaction between handicapped and nonhandicapped preschool children. *Journal of Speech and Hearing Disorders, 52,* 200–201.

Goldstein, H., & Hockenberger, E. H. (1991). Significant progress in child language intervention: An 11-year retrospective. *Research in Developmental Disabilities, 12,* 401–424.

Goldstein, H., Kaczmarek, L., Pennington, R., & Shafer, K. (1992). Peer-mediated intervention: Attending to, commenting on, and acknowledging the behavior of preschoolers with autism. *Journal of Applied Behavior Analysis, 25,* 289–305.

Goldstein, H., & Mousetis, L. (1989). Generalized language learning by children with severe mental retardation: Effects of peers' expressive modeling. *Journal of Applied Behavior Analysis, 22,* 245–259.

Goldstein, H., & Wickstrom, S. (1986). Peer intervention effects on communicative interaction among handicapped and nonhandicapped preschoolers. *Journal of Applied Behavior Analysis, 19,* 209–214.

Goldsworthy, C. (1996). *Developmental reading disabilities: A language-based reading approach*. San Diego, CA: Singular Publishing Group.

Gopnik, M., & Crago, M. B. (1991). Familial aggregation of developmental language disorder. *Cognition, 39*, 1–50.

Gough, P., & Tunmer, W. (1986). Decoding, reading, and reading disability. *Remedial & Special Education, 7*, 6–10.

Green, G. (1994). The quality of the evidence. In H. C. Shane (Ed.), *Facilitated communication: The clinical and social phenomenon* (pp. 157–225). San Diego, CA: Singular Publishing Group.

Green, G. (1996). Evaluating claims about treatments for autism. In C. Maurice, G. Green, & S. C. Luce (Eds.), *Behavioral Intervention for Young Children with Autism: A Manual for Parents and Professionals*. Austin, TX: PRO-ED.

Green, G. (2005). Autism and ABA: Applied behavior analysis for autism. Retrieved May 3, 2005, from www.behavior.org/autism/autism_green.cfm.

Green, L. (2004). Research on African American English since 1998: Origins, descriptions, and practice. *Journal of English Linguistics, 32*, 210–229.

Griffin, S. (1979). Requests for clarification made by normal and language impaired children. Unpublished master's thesis, Emerson College.

Grigorenko, E. L., Klin, A., & Volkmar, F. (2003). Annotation: Hyperlexia: disability or superability? *Journal of Child Psychology and Psychiatry, 44*, 1079–1091.

Gronna, S. S., Serna, L. A., Kennedy, C. H., & Prater, M. A. (1999). Promoting generalized social interactions using puppets and script training in an integrated preschool: A single-case study using multiple baseline design. *Behavior Modification, 22*, 419–440.

Guess, D. (1969). A functional analysis of receptive language and productive speech: Acquisition of the plural morpheme. *Journal of Applied Behavior Analysis, 2*, 55–64.

Guess, D., & Baer, D. M. (1973). Some experimental analyses of linguistic development in institutionalized retarded children. In B. B. Lahey (Ed.), *The modification of language behavior* (pp. 3–60). Springfield, IL: Charles C. Thomas.

Guess, D., Sailor, W., Rutherford, G., & Baer, D. M. (1968). An experimental analysis of linguistic development: The productive use of the plural morpheme. *Journal of Applied Behavior Analysis, 1*, 225–235.

Hagberg, B. A. (1989) Rett syndrome: Clinical peculiarities, diagnostic approach, and possible cause. *Pediatric Neurology, 5*, 75–83.

Halle, J. W., Marshall, A. M., & Spradlin, J. E. (1981). Teacher's generalized use of delay as a stimulus control procedure to increase language use in handicapped children. *Journal of Applied Behavioral Analysis, 14*, 389–409.

Halliday, M. A. K. (1973). *Explorations in the functions of language*. New York: Elsevier.

Halliday, M. A. K. (1975). *Learning how to mean: Explorations in the development of language*. New York: Elsevier.

Hamaguchi, P. M. (2001). *Childhood speech, language, and listening problems: What every parent should know* (2nd ed.). New York: John Wiley & Sons.

Hamill, D. D., Pearson, N. A., & Wiederholt, J. L. (1997). *Comprehensive test of nonverbal intelligence*. Austin, TX: PRO-ED.

Hammer, C. S., Detwiler, J. S., Detwiler, J., Blood, G. W., & Qualls, C. D. (2004). Speech-language pathologists' training and confidence in serving Spanish-English bilingual children. *Journal of Communication disorders, 37*, 91–108.

Hamill, D. D. (1998). *Detroit Test of Learning Aptitude—4*. Austin, TX: PRO-ED.

Hancock, T. B., & Kaiser, A. P. (2002). The effects of trainer-implemented enhanced milieu teaching on the social communication of children with autism. *Topics in Early Childhood Special Education, 22*, 39–55.

Haring, T. G., Roger, B., Lee, M., Breen, C., & Gaylord-Ross, R. (1986). Teaching social language to moderately handicapped students. *Journal of Applied Behavior Analysis, 19*, 159–171.

Hart, B. (1985). Naturalistic language training techniques. In S. F. Warren & A. K. Rogers-Warren (Eds.), *Teaching functional language: Generalization and maintenance of language skills* (pp. 63–88). Austin, TX: PRO-ED.

Hart, B., & Risley, T. (1974). Using preschool materials to modify the language of disadvantaged children. *Journal of Applied Behavior Analysis, 7*, 243–256.

Hart, B., & Risley, T. R. (1975). Incidental teaching of language in the preschool. *Journal of Applied Behavior Analysis, 8*, 411–420.

Hart, B., & Risley, T. R. (1995). *Meaningful differences in the everyday experience of young American children*. Baltimore, MD: Paul H. Brookes Publishing.

Hart, B., & Risley, T. R. (1999). *The social world of children learning to talk*. Baltimore, MD: Paul H. Brookes.

Hartley, L. L. (1995). *Cognitive-communicative abilities following brain injury*. San Diego, CA: Singular Publishing Group.

Haynes, W. O., & Pindzola, R. H. (2004). *Diagnosis and evaluation in speech pathology* (6th ed.). Boston: Allyn & Bacon.

Heaton, P., & Wallace, G. L. (2004). Annnotation: The savant syndrome. *The Journal of Child Psychology and Psychiatry, 45*, 899–911.

Hedrick, D., Prather, E., & Tobin, A. (1995). *Sequenced Inventory of Communication Development—Revised*. Austin, TX: PRO-ED.

Hegde, M. N. (1980). An experimental-clinical analysis of grammatical and behavioral distinctions between verbal auxiliary and copula. *Journal of Speech and Hearing Research, 23*, 864–877.

Hegde, M. N. (1982). Antecedents of fluent and dysfluent oral reading: A descriptive analysis. *Journal of Fluency Disorders, 7*, 323–341.

Hegde, M. N. (1996a). *Pocket guide to assessment in speech-language pathology*. San Diego, CA: Singular Publishing Group.

Hegde, M. N. (1996b). *A coursebook on language disorders in children.* San Diego, CA: Singular Publishing Group.

Hegde, M. N. (1998a). *Treatment protocols in communicative disorders: Targets and Strategies.* Austin, TX: PRO-ED.

Hegde, M. N. (1998b). *Treatment procedures in communicative disorders* (3rd ed.). Austin, TX: PRO-ED.

Hegde, M. N. (2001a). *Hegde's pocketguide to assessment in speech-language pathology* (2nd ed.). Albany, NY: Singular Thomson.

Hegde, M. N. (2001b). *Hegde's pocketguide to treatment in speech-language pathology* (2nd ed.). Albany, NY: Singular Thomson.

Hegde, M. N. (2003a). *Clinical research in communicative disorders: Principles and strategies* (3rd ed.). Austin, TX: PRO-ED.

Hegde, M. N. (2003b). *A coursebook on scientific and professional writing for speech-language pathology* (3rd ed.). Albany, NY: Singular/Thomson Learning.

Hegde, M. N., & Davis, D. (1999). *Clinical methods and practicum in speech-language pathology* (3rd ed.). San Diego, CA: Singular/Thomson Learning.

Hegde, M. N., & Gierut, J. (1979). The operant training and generalization of pronouns and a verb form in language delayed children. *Journal of Communication Disorders, 12,* 23–34.

Hegde, M. N., & McConn, J. (1981). Language training: Some data on response classes and generalization to an occupational setting. *Journal of Speech and Hearing Disorders, 46,* 353–358.

Hegde, M. N., Noll, M. J., & Pecora, R. (1979). A study of some factors affecting generalization of language training. *Journal of Speech and Hearing Disorders, 44,* 301–320.

Hegde, M. N., & Parson, D. (1990). The relative effects of Type I and Type II punishment on stuttering. In L. B. Olswang, C. K. Thompson, S. F. Warren, & N. J. Minghetti (Eds.), *Treatment efficacy research in communication disorders* (p. 251). Washington, D.C.: American Speech-Language-Hearing Foundation.

Hemmeter, M. L., & Kaiser, A. P. (1994). Enhanced milieu teaching: Effects of parent-implemented language intervention. *Journal of Early Intervention, 28,* 269–289.

Hendry, C. N. (2000). Childhood disintegrative disorder: Should it be considered a distinct diagnosis? *Clinical Psychology review, 20,* 77–90.

Herbert, J. D., Sharp, I. R., & Gaudiano, B. A. (2002). *Separating fact from fiction in the etiology and treatment of autism: A scientific review of the evidence.* Retrieved on July 14, 2002, from www.scientificmentalhealth.org/SRMHP/vol1/no1/articles/herbertetal.html.

Heward, W. L., & Eachus, H. T. (1979). Acquisition of adjectives and adverbs in sentences written by hearing impaired and aphasic children. *Journal of Applied Behavior Analysis, 12,* 391–400.

Hoehn, T. P., & Baumeister, A. A. (1994). A critique of the application of sensory integration therapy to children with learning disabilities. *Journal of Learning Disabilities, 27,* 338–351.

Hoffman, L. V. M., & Gillam, R. B. (2004). Verbal and spatial information processing constraints in children with specific language impairment. *Journal of Speech, Language, and Hearing Research, 47,* 114–125.

Hollander, E., King, A., Delaney, K., Smith, C. J., & Silverman, J. M. (2003). Obsessive-compulsive behaviors in parents of multiplex autism families. *Psychiatry Research, 117,* 11–16.

Hollander, E., Phillips, A. T., & Yeh, C. (2003). Targeted treatments for symptom domains in child and adolescent autism. *The Lancet, 362,* 732–734.

Holmes, A. (2002). Heavy metal toxicity in autistic spectrum disorders. Mercury toxicity. In Rimland, B. (Ed.), *DAN! (Defeat Autism Now!) Fall 2001 Conference Practitioner Training,* San Diego, CA: Autism Research Institute.

Hook, P. E., Macaruso, P., & Jones, S. (2003). Efficacy of Fast ForWord training on facilitating acquisition of reading skills by children with reading difficulties—a longitudinal study. *Annals of Dyslexia, 51,* 75–96.

Hook, S. (Ed.). (1969). *Language and philosophy.* New York: New York University Press.

Howlin, P. (2003). Outcome in high-functioning adults with autism with and without early language delays: Implications for the differentiation between autism and Asperger Syndrome. *Journal of Autism and Developmental Disabilities, 33,* 3–13.

Howlin, P., & Rutter, M. (1989). Mothers' speech to autistic children: A preliminary causal analysis. *Journal of Child Psychology and Psychiatry, 30,* 819–843.

Hresko, W. (1996). *Test of early written language-2.* Austin, TX: PRO-ED.

Hutchinson, T. A. (1996). What to look for in the technical manual: Twenty questions for users. *Language, Speech, and Hearing Services in the Schools, 27,* 109–121.

Huer, M. (1988). *The nonspeech test.* Wauconda, WI: Don Johnston, Inc.

Hugdahl, K., Gundersen, H., Brekke, C., Thomsen, T., Rimol, L. M., Ersland, L., et al. (2004). fMRI brain activation in a Finnish family with specific language impairment compared with a normal control group. *Journal of Speech, Language, and Hearing Research, 47,* 162–172.

Hughes, C., Harmer, M. L., Killian, D. J., & Niarhos, F. (1995). The effects of multiple-exemplar self-instructional training on high school students' generalized conversational interactions. *Journal of Applied Behavior Analysis, 28,* 201–218.

Hughes, D., McGillivray, L., & Schmidek, M. (1997). *Guide to narrative language: Procedures for assessment.* Eau Claire, WI: Thinking Publications.

Huisingh, R., Bowers, L., LaGiudice, C., & Orman, J. (1998). *The expressive language test (ELT).* East Moline, IL: LinguiSystems, Inc.

Huisingh, R., Bowers, L., LaGiudice, C., & Orman, J. (2003). *Test of semantic skills—intermediate (TOSS-I)*. East Moline, IL: LinguiSystems, Inc.

Hulit, L. M., & Howard, M. R. (2002). *Born to talk: An introduction to speech and language development*. Boston, MA: Allyn & Bacon.

Hull, R. H. (2001). *Aural rehabilitation: Serving children and adults* (4th ed.). San Diego, CA: Singular.

Hunt, P., Goetz, L., Alwell, M., & Sailor, W. (1986). Using an interrupted behavior chain strategy to teach generalized communication responses. *Journal of the Association for Persons with Severe Handicaps, 11,* 196–204.

Hurlbut, B. I., Iwata, B. A., & Green, J. D. (1982). Nonvocal language acquisition in adolescents with severe physical disabilities: Bliss symbol versus iconic stimulus formats. *Journal of Applied Behavior Analysis, 15,* 241–258.

Hwang, B., & Hughes, C. (2000). Increasing early social-communicative skills of preverbal preschool children with autism through social interactive training. *Journal of the Association for Persons with Severe Handicaps, 25,* 18–28.

Ingenmey, R., & Van Houten, R. (1991). Using time delay to promote spontaneous speech in an autistic child. *Journal of Applied Behavior Analysis, 24,* 591–596.

Inlow, J. K., & Restifo, L. L. (2004). Molecular and comparative genetics of mental retardation. *Genetics, 166,* 835–881.

Isaacs, W., Thomas, J., & Goldiamond, I. (1960). Application of operant conditioning to reinstate verbal behavior in psychotics. *Journal of Speech and Hearing Disorders, 25,* 8–15.

Iwasaki, K., & Holm, M. B. (1989). Sensory treatment for the reduction of stereotypic behaviors in persons with severe multiple disabilities. *Occupational Therapy Journal of Research, 9,* 170–183.

Jamain, S., Betancur, C., Giros, B., Leboyer, M., & Bourgeron, T. (2003). Genetics of autism: From genome scans to candidate genes [article in French; PubMed summary]. *Medical Science, 19*(11), 1081–1090.

James, J. E. (1981). Behavioral self-control of stuttering using time-out from speaking. *Journal of Applied Behavior Analysis, 14,* 25–37.

Janzen-Wilde, M., Duchan, J. F., & Higginbotham, D. J. (1995). Successful use of facilitated communication with an oral child. *Journal of Speech and Hearing Research, 38,* 658–676.

Johnson, C. J., Beitchman, J. H., Young, A., Escobar, M., Atkinson, L., Wilson, B., et al. (1999). Fourteen-year follow-up of children with and without speech/language impairments: Speech-language stability and outcomes. *Journal of Speech and Hearing Research, 42*(3), 744–760.

Johnson, D. L., & Krishnamurthy, S. (1998). Severe pediatric head injury: Myth, magic, and actual fact. *Pediatric Neurosurgery, 28,* 167–172.

Johnston, J., & Ellis Weismer, S. (1983). Mental rotation abilities in language-disordered children. *Journal of Speech and Hearing Research, 26,* 397–403.

Johnston, J. M., & Pennypacker, H. S. (1993). *Strategies and tactics of human behavioral research* (2nd ed.). Hillsdale, NJ: Erlbaum.

Johnston, J. R., & Wong, M. Y. (2002). Cultural differences in beliefs and practices concerning talk to children. *Journal of Speech, Language, and Hearing Research, 45,* 916–926.

Jonas, A. (1997). *Watch William walk.* New York: Greenwillow Books.

Julia, P. (1983). *Explanatory models in linguistics: A behavioral perspective.* Princeton, NJ: Princeton University Press.

Justice, L. M., Chow, S., Capellini, C., Flanigan, K., & Colton, S. (2003). Emergent literacy intervention for vulnerable preschoolers: Relative effects of two approaches. *American Journal of Speech-Language Pathology, 12,* 320–332.

Justice, L. M., & Ezell, H. K. (2000). Enhancing children's print and word awareness through home-based parent intervention. *American Journal of Speech-Language Pathology, 9,* 257–269.

Justice, L. M., & Ezell, H. K. (2002a). Use of storybook reading to increase print awareness in at-risk children. *American Journal of Speech-Language Pathology, 11,* 17–29.

Justice, L. M., & Ezell, H. K. (2002b). *The syntax handbook: Everything you learned about syntax . . . but forgot.* Eau Claire, WI: Thinking Publications.

Justice, L. M., Weber, S. E., Ezell, H. K., & Bakeman, R. (2002). A sequential analysis of children's responsiveness to parental print references during shared book-reading interactions. *American Journal of Speech-Language Pathology, 11,* 30–40.

Kail, R. (1994). A method of studying the generalized slowing hypothesis in children with specific language impairment. *Journal of Speech, Language, and Hearing Research, 37,* 418–421.

Kaiser, A. P. (1993). Parent-implemented language intervention: An environmental system approach. In A. P. Kaiser & D. P. Gray (Eds.), *Enhancing children's communication: Research foundations for intervention* (pp. 63–84). Baltimore, MD: Paul H. Brookes.

Kaiser, A. P., Cai, X., Hancock, B. T., & Foster, E. M. (2002). Teacher-reported behavior problems and language delays in boys and girls enrolled in Head Start classrooms. *Behavioral Disorders, 28,* 23–39.

Kaiser, A. P., & Delaney, E. M. (1996). The effects of poverty on parenting young children. *Peabody Journal of Education, 71,* 66–85.

Kaiser, A. P., & Gray, D. P. (Eds.) (1993). *Enhancing children's communication: Research foundations for intervention.* Baltimore, MD: Paul H. Brookes.

Kaiser, A. P., Hancock, B. T., Cai, X., Foster E. M., & Hester, P. P. (2000). Parent-reported behavior problems and language delays in boys and girls enrolled in Head Start classrooms. *Behavioral Disorders, 26,* 26–41.

Kaiser, A. P., Hancock, T. B., & Nietfeld, J. P. (2000). The effects of parent-implemented enhanced milieu teaching on the social communication of children who have autism. *Early Education and Development, 11,* 423–446.

Kaiser, A. P., & Hester, M. L. (1994). Generalized effects of enhanced milieu teaching. *Journal of Speech, Language, and Hearing Research, 37,* 1320–1340.

Kamhi, A. (1981). Nonlinguistic symbolic and conceptual abilities of language-impaired and normally-developing children. *Journal of Speech and Hearing Research, 24,* 446–453.

Kamhi, A., Catts, H., Koenig, L., & Lewis, B. (1984). Hypothesis-testing and nonlinguistic symbolic abilities in language-impaired children. *Journal of Speech and Hearing Disorders, 59,* 169–176.

Kamhi, A. G., & Johnston, J. R. (1982). Toward an understanding of retarded children's linguistic deficiencies. *Journal of Speech and Hearing Research, 25,* 435–445.

Kamhi, A. G., Pollock, K. E., & Harris, J. L. (1996). Communication development and disorders in African American children. Baltimore, MD: Brookes.

Kaminski, R. A., & Good, R. H. (1996). Toward a technology for assessing basic literacy skills. *School Psychology Review, 25,* 215–227.

Kamps, D. M., Leonard, B. R., Vernon, S., Dugan, E. P., Delquadri, J. C., Gershon, B., et al. (1992). Teaching social skills to students with autism to increase peer interactions in an integrated first-grade classroom. *Journal of Applied Behavior Analysis, 25,* 281–288.

Kanner, L. (1943). Autistic disturbances of affective contact. *Nervous Child, 2,* 217–50.

Karmiloff-Smith, A., Brown, J. H., Grice, S., & Paterson, S. (2003). Dethroning the myth: Cognitive dissociations and innate modularity in Williams syndrome. *Developmental Neuropsychology, 23*(1–2), 227–234.

Kaufman, A. S., & Kaufman, N. L. (2004a). *Kaufman Assessment Battery for Children.* Circle Pines, MN: American Guidance Service.

Kaufman, A. S., & Kaufman, N. L. (2004b). *Kaufman Test of Educational Achievement—II.* Circle Pines, MN: American Guidance Service.

Kavale, K. A., & Mostert, M. P. (2003). River of ideology, islands of evidence. *Exceptionality, 11*(4), 191–208.

Kay-Raining Bird, E., & Chapman, R. S. (1994). Sequential recall in individuals with Down syndrome. *Journal of Speech and Hearing Research, 37,* 1369–1380.

Kay-Raining Bird, E., & Vetter, R. S. (1994). Storytelling in Chippewa-Cree children. *Journal of Speech and Hearing Research, 37*(6), 1354–1368.

Kayser, H. (1995). *Bilingual speech-language pathology: An Hispanic focus.* San Diego, CA: Singular.

Kayser, H. (2002). Bilingual language development and language disorders. In D. E. Battle (Ed.), *Communication disorders in multicultural populations* (3rd ed.) (pp. 202–232). Woburn, MA: Butterworth-Heinemann.

Kazdin, A. E. (1982). Single-case research designs: Methods of clinical and applied settings. New York: Oxford University Press.

Kazdin, A. E. (2001). *Behavior Modification in Applied Settings* (6th ed.). Belmont, CA: Wadsworth Publishing Company.

Kemper, A. R., & Downs, S. M. (2000). A cost-effective analysis of newborn hearing screening strategies. *Archives of Pediatric and Adolescent Medicine, 154*(5), 484–488.

Kennedy Krieger Institute. (2004). *Behavioral disorders/Self-injurious behavior.* Retrieved on August 18, 2004, from www.kennedykrieger.org/kki_diag.jsp?pid+1074.

Kessler, C. (1984). Language acquisition in bilingual children. In N. Miller (Ed.), *Bilingualism and language disability: Assessment and remediation* (pp. 26–54). San Diego, CA: College Hill Press.

Kidd, P. (2002). Autism, an extreme challenge to integrative medicine. Part II: Medical management. *Alternative Medicine Review, 7,* 472–499.

Kinzler, M. (1993). *Joliet 3-minute preschool speech and language screen.* Austin, TX: PRO-ED.

Kinzler, M., & Johnson, C. (1992). *Joliet 3-Minute Speech and Language Screening Test* (Revised). Austin, TX: PRO-ED.

Kirby, K. C., Holborn, S. W., & Bushby, H. T. (1981). Word game bingo: A behavioral treatment package for improving textual responding to sight words. *Journal of Applied Behavior Analysis, 14,* 317–326.

Klin, A. (2003). Asperger syndrome: an update. *Revao Brasil Psiquiatry, 25,* 103–109.

Klin, A., & Volkmar, F. R. (1995). *Asperger's syndrome: Guidelines for assessment and diagnosis.* Retrieved July 14, 2004, from http://info.med.yale.edu/chldstdy/autism/asdiagnosis.html.

Klin, A., Volkmar, F. R., & Sparrow, S. S. (2000). *Asperger Syndrome.* New York: Guilford Press.

Klink, M., Gerstman, L., Raphael, L., Schlanger, B., & Newsome, L. (1986). Phonological process usage by young EMR children and nonretarded preschool children. *American Journal of Mental Deficiency, 91,* 190–195.

Koegel, L. K. (2000) Interventions to facilitate communication in autism. *Journal of Autism and Developmental Disabilities, 30,* 383–391.

Koegel, L. K., Camarata, S. M., Valdez-Menchaca, M., & Koegel, R. L. (1998). Setting generalization of question-asking by children with autism. *American Journal of Mental Retardation, 102*(4), 346–357.

Koegel, R. L., Bimbela, A., & Schreibman, L. (1996). Collateral effects of parent training on family interactions. *Journal of Autism and Developmental Disabilities, 26,* 347–359.

Koegel, R. L., & Frea, W. D. (1993). Treatment of social behavior in autism through the modification of pivotal social skills. *Journal of Applied Behavior Analysis, 26,* 369–377.

Koegel, L. K., Koegel, R. L., & Dunlap, G. (Eds.). (1996). *Positive behavior support: Including people with difficult behavior in the community.* Baltimore, MD: Paul H. Brookes.

Koegel, R. L., O'Dell, M. C., & Koegel, L. K. (1987). A natural language teaching paradigm for nonverbal autistic children. *Journal of Autism and Developmental Disabilities, 18,* 525–538.

Koeppen-Schomerus, G., Spinath, F. M., & Plomin, R. (2003). Twins and non-twin siblings: Different estimates of shared environmental influences in early childhood. *Twin Research, 6*(2), 97–105.

Koman, L. A., Smith, B. P., & Shilt, J. S. (2004). Cerebral palsy. *The Lancet, 363,* 1619–1631.

Koppenhaver, D., Evans, D., & Yoder, D. (1991). Childhood reading and writing experiences of literate adults with severe speech and motor impairments. *Augmentative and Alternative Communication, 7,* 20–33.

Koren, E. (2003). *Very hairy Harry.* New York: Joanna Cotler Books.

Krantz, P. J., MacDuff, M. T., & McClannahan, L. E. (1993). Programming participation in family activities for children with autism: Parents' use of photographic activity schedules. *Journal of Applied Behavior Analysis, 26,* 137–138.

Krantz, P. J., & McClannahan, L. E. (1998). Social interaction skills for children with autism: A script-fading procedure for beginning readers. *Journal of Applied Behavior Analysis, 31,* 191–202.

Kraus, J. K., & McArthur, D. L. (2000). Epidemiology of brain injury. In P. R. Cooper & J. G. Golfinos (Eds.), *Head injury* (4th ed.) (pp. 1–26). New York: McGraw-Hill.

Kravits, T. R., Kamps, D. M., Kemmerer, K., & Potucek, J. (2002). Brief report: Increasing communication skills for an elementary-aged student with autism using the picture exchange communication system. *Journal of Autism and Developmental Disabilities, 32,* 225–230.

Kreimeyer, K. H., & Anita, S. D. (1988). The development and generalization of social interaction skills in preschool hearing-impaired children. *The Volta Review, 90,* 219–231.

Kuhn, S. A. C., Lerman, D. C., & Vorndran, C. M. (2003). Pyramidal training for families of children with problem behavior. *Journal of Applied Behavior Analysis, 36,* 77–88.

Kupperman, P., Bligh, S., & Barouski, K. (2004). *Hyperlexia.* Retrieved July 14, 2004, from www.hyperlexia.org /hyperlexia.html.

Lahey, M. (1990). Who shall be called language disordered? Some reflections and one perspective. *Journal of Speech and Hearing Disorders, 55,* 612–620.

Lahey, M., & Edwards, J. (1999). Naming errors of children with specific language impairment. *Journal of Speech, Language, and Hearing Research, 42,* 195–205.

Lai, C. S. I., Fisher, S. E., Hurst, J. A., Vargha-Kadem, F., & Monaco, A. P. (2001). A forkhead-domain gene is mutated in a severe speech and language disorder. *Nature, 413,* 519–523.

Laing, S. P., & Kamhi, A. (2003). Alternative assessment of language and literacy in culturally and linguistically diverse children. *Language, Speech, and Hearing Services in Schools, 34,* 44–55.

Lainhart, J. E. (2003). Increased rate of head growth during infancy in autism. *Journal of the American Medical Association, 290,* 393–394.

Lancioni, G. E. (1982). Normal children as tutors to teach social responses to withdrawn mentally retarded schoolmates: Training, maintenance, and generalization. *Journal of Applied Behavior Analysis, 15,* 17–40.

Langdon, H. W. (2000). Diversity. In E. P. Dodge (Ed.), *The survival guide for school-based speech-language pathologists* (pp. 367–398). San Diego: Singular Publishing Group/ Thomson Learning.

Langdon, H. W., & Cheng, L. L. (Eds.) (1992). *Hispanic children and adults with communication disorders: Assessment and intervention.* Gaithersberg, MD: Aspen Publishers.

Langdon, H. W., & Cheng, L. L. (2002). *Collaborating with interpreters and translators: A guide for communication disorders professionals.* Eau Claire, WI: Thinking Publications.

Langdon, H. W., & Quintanar-Sarellana, R. (2003). Roles and responsibilities of the interpreter in interactions with speech-language pathologists, parents, and students. *Seminars in Speech and Language, 24* (3), 235–244.

Larson, S. A., Lakin, K. C., Anderson, L., Kwak, L. N., & Anderson, D. (2001). Prevalence of mental retardation and developmental disabilities: Estimates from the 1994/1995 national health interview survey disability supplements. *American Journal of Mental Retardation, 106*(3), 231–252.

Laski, K. E., Charlop, M. H., & Schreibman, L. (1988). Training parents to use the natural language paradigm to increase their autistic children's speech. *Journal of Applied Behavior Analysis, 21,* 391–400.

Laws, G., & Bishop, D. V. M. (2003). A comparison of language abilities in adolescents with Down syndrome and children with specific language impairment. *Journal of Speech, Language, and Hearing Research, 46,* 1324–1339.

Laws, G., & Bishop, D. V. M. (2004). Pragmatic language impairment and social deficits in Williams syndrome: A comparison with Down syndrome and specific language impairment. *International Journal of Communication Disorders, 39*(1), 45–46.

Layton, T. (1988). Language training with autistic children using four different modes of presentation. *Journal of Communication Disorders, 21,* 333–350.

Lazzari, A. M. (1996). *The HELP Test-Elementary.* East Moline, IL: LinguiSystems, Inc.

LeBlanc, L. A., Coates, A. M., Daneshvar, S., Charlop-Christy, M. H., Morris, C., & Lancaster, B. M. (2003). Using video modeling and reinforcement to teach perspective-taking skills to children with autism. *Journal of Applied Behavioral Analysis, 36,* 253–257.

Lenneberg, E. H. (1967). *Biological foundations of language.* New York: Wiley.

Lenski, L. (1937). *The little sailboat.* New York: Random House.

Leonard, H., & Wen, X. (2002). The epidemiology of mental retardation: Challenges and opportunities in the new millennium. *Mental Retardation and Developmental Disabilities Research Review, 8,* 117–134.

Leonard, L. B. (1991). Specific language impairment as a clinical category. *Language, Speech, and Hearing Services in Schools, 22,* 66–68.

Leonard, L. B. (1998). *Children with specific language impairment.* Cambridge, MA: MIT Press.

Leonard, L. B., & Leonard, J. (1985). The contribution of phonetic context to an unusual phonologic pattern: a case study. *Language, Speech, and Hearing Services in Schools, 16*, 110–118.

Leonard, L. B., McGregor, K., & Allen, G. (1992). Grammatical morphology and speech perception in children with specific language impairment. *Journal of Speech and Hearing Research, 35*, 1076–1085.

Leonard, L. B., Miller, C., & Gerber, E. (1999). Grammatical morphology and the lexicon in children with specific language impairment. *Journal of Speech, Language, and Hearing Research, 42*, 678–689.

Leonard, L. H., Silberstein, J., Falk, R., Houwink-Manville, I., Ellaway, C. Raffael, L. S., et al. (2001). Occurrence of Rett syndrome in boys. *Child Neurology, 16*, 333–338.

Lerman, D. C., & Iwata, B. A. (1996). A methodology for distinguishing between extinction and punishment effects associated with response blocking. *Journal of Applied Behavior Analysis, 29*, 231–234.

Lerman, D. C., Iwata, B. A., Shore, B. A., & DeLeon, I. G. (1997). Effects of intermittent punishment on self-injurious behavior: An evaluation of schedule thinning. *Journal of Applied Behavior Analysis, 30*, 187–201.

Lerman, D. C., & Vorndran, C. M. (2002). On the status of knowledge for using punishment: Implications for treating behavior disorders. *Journal of Applied Behavior Analysis, 35*, 431–464.

Lerman, D. C., Vorndran, C. M., Addison, L., & Kuhn, S. A. C. (2004). A rapid assessment of skills in young children with autism. *Journal of Applied Behavior Analysis, 37*, 11–26.

Levy, Y., Tennenbaum, A., & Ornoy, A. (2003). Repair behavior in children with intellectual impairment: Evidence for metalinguistic competence. *Journal of Speech, Language, and Hearing Research, 46*, 368–381.

Lewis, B. A., Freebairn, L., Heeger, S., & Cassidy, S. B. (2002). Speech and language skills of individuals with Prader-Willi syndrome. *American Journal of Speech-Language Pathology, 11*, 285–294.

Lewis, B. A., O'Donnell, B., Freebairn, L. A., & Taylor, H. G. (1998). Spoken language and written expression—Interplay of delays. *American Journal of Speech-Language Pathology, 7*(3), 77–84.

Lieu, J. E. (2004). Speech-language and educational consequences of unilateral hearing loss in children. *Archives of Otolaryngology, Head and Neck Surgery, 130*(5), 524–530.

Light, J. C., Binger, C., & Kelford Smith, A. (1994). The story reading interactions of preschoolers who use augmentative and alternative communication and their mothers. *Augmentative and Alternative Communication, 10*, 255–268.

Light, J. C., & Drager, K. D. R. (2002). Improving the design of augmentative and alternative technologies for young children. *Assistive Technology, 14*, 17–32.

Light, J. C., & Pitkin, L. (2003). *Children's designs for AAC systems for young children.* Unpublished manuscript.

Light, J., Roberts, B., Dimarco, R., & Greiner, N. (1998). Augmentative and alternative communication to support receptive and expressive communication for people with autism. *Journal of Communication Disorders, 31*, 153–180.

Lindsay, J. (2004). *The Hmong people in the U.S.* Retrieved October 15, 2004, from www.jefflindsay.com/Hmong_tragedy.html.

Linguistic Society of America. (1997). *LSA resolution on the Oakland "Ebonics" issue.* Retrieved January 24, 2004, from www.lsadc.org/resolutions/ebonics.htm.

Loeb, D. F., Stoke, C., & Fey, M. E. (2001). Language changes associated with Fast For Word-Language: Evidence from case studies. *American Journal of Speech-Language Pathology, 10*, 216–230.

Lohr, K. N., Eleazer, K., & Mauskopf, J. (1998). Health policy issues and applications for evidence-based medicine and clinical practical guidelines. *Health Policy, 46*, 1–19.

Long, S. (1994). Language and bilingual-bicultural children. In V. A. Reed (Ed.), *Introduction to children with language disorders* (pp. 290–317). New York: Merrill.

Lonigan, C. J., & Whitehurst, G. J. (1998). Relative efficacy of parent and teacher involvement in a shared-reading intervention for preschool children from low- income backgrounds. *Early Childhood Research Quarterly, 13*(2), 263–290.

Lovaas, I. O. (1966). A program for the establishment of speech in psychotic children. In J. K. Wing (Ed.), *Early childhood autism* (pp. 25–32). London: Pergamon.

Lovaas, I. O. (1987) Behavioral treatment and normal educational and intellectual functioning in young autistic children. *Journal of Consulting and Clinical Psychology, 55*, 3–9.

Love, A. J., & Thompson, M. G. G. (1988). Language disorders and attention deficit disorders in young children referred for psychiatric services: Analysis of prevalence and a conceptual synthesis. *American Journal of Orthopsychiatry, 58*, 57–64.

Lucas, E. (1980). *Semantic and pragmatic language disorders: Assessment and remediation.* Rockville, MD: Aspen.

Luftig, R., & Bersani, H. (1985). An investigation of two variables influencing Blissymbol learnabililty with nonhandicapped adults. *Augmentative and Alternative Commjunication, 1*, 32–37.

Lyovin, A. (1997). *An introduction to the languages of the world.* New York: Oxford University Press.

Madsen, K. M., Hviid, A., Vestergaard, M., Schendel, D., Wohlfahrt, J., Thorsen, P., et al. (2002). A population-based study of measles, mumps, and rubella vaccination and autism. *The New England Journal of Medicine, 347*, 1477–1482.

Magiati, I., & Howlin, P. (2003). A pilot evaluation of the Picture Exchange Communication System (PECS) for children with autism spectrum disorder. *Autism, 7*, 297–320.

Mahoney, G. J., Glover, A., & Finger, I. (1981). Relationship between language and sensorimotor development of Down syndrome and nonretarded children. *American Journal of Mental Deficiency, 86*, 21–27.

Malott, R. W., Malott, M. E., & Trojan, E. A. (2000). *Elementary principles of behavior* (4th ed.). Upper Saddle River, NJ: Prentice-Hall.

Mank, D. M. & Horner, R. H. (1987). Self-recruited feedback: A cost-effective procedure for maintaining behavior. *Research in Developmental Disabilities, 8,* 91–112.

March of Dimes (2004). Infant deaths up in U.S. for first time since·1958: Premature birth is a leading cause. Retrieved April 9, 2004, from www.marchofdimes.com/aboutus/10651_10932.asp.

Markwardt, F. C., Jr. (1998). *Peabody Individual Achievement Test—Revised—Normative Update.* Circle Pines, MN: American Guidance Service.

Martin, F. N., & Clark, J. G. (2003). *Introduction to audiology* (8th ed.). Boston: Allyn & Bacon.

Martin, G., & Pear, J. (1999). *Behavior modification; What it is and how to do it* (6th ed.). Upper Saddle River, NJ: Prentice-Hall.

Martin, R. R., Kuhl, P., & Haroldson, S. K. (1972). An experimental treatment with two preschool children. *Journal of Speech and Hearing Research, 15,* 743–752.

Marvin, C., & Mirenda, P. (1993). Home literacy experiences of preschoolers enrolled in Head Start and special education programs. *Journal of Early Intervention, 17,* 351–367.

Mason, S. M., & Iwata, B. A. (1991). Artifactual effects of sensory-integrative therapy on self-injurious behavior. *Journal of Applied Behavior Analysis, 23,* 361–370.

Matson, J. L., Sevin, J. A., Box, M. L., Francis, K. L., & Sevin, B. M. (1993). An evaluation of two methods for increasing self-initiated verbalizations in autistic children. *Journal of Applied Behavior Analysis, 26,* 389–398.

Matson, J. L., Sevin, J. A., Fridley, D., & Love, S. R. (1990). Increasing spontaneous language in three autistic children. *Journal of Applied Behavior Analysis, 23,* 227–233.

Matsuda, M. (1989). Working with Asian parents: Some communication strategies. *Topics in Language Disorders, 9,* 45–53.

Maurice, C. (1996). *Behavioral intervention for young children with autism.* Austin, TX: PRO-ED.

Maurice, C., Green, G., & Luce, S. (1996). *Behavioral intervention for young children with autism.* Austin, TX: PRO-ED.

McCabe, A., & Bliss, L. S. (2003). *Patterns of Narrative Discourse: A Multicultural, Life Span.* Boston: Allyn & Bacon.

McCabe, A., & Rollins, P. R. (1994). Assessment of preschool narrative skills: Prerequisite for literacy. *American Journal of Speech-Language Pathology: A Journal of Clinical Practice, 3,* 45–56.

McCauley, R. J. (1996). Familiar strangers: Criterion-referenced measures in communication disorders. *Language, Speech, and Hearing Services in Schools, 27,* 122–131.

McCauley, R. J. (2001). *Assessment of language disorders in children.* Mahwah, NJ: Lawrence Erlbaum Associates.

McEachin, J. J., Smith, T., & Lovaas, O. I. (1993). Long-term outcome for children with autism who received early intensive behavioral treatment. *American Journal on Mental Retardation, 4,* 67–73.

McFadden, T. U. (1996). Creating language impairment in typically achieving children: The pitfalls of "normal" normative sampling. *Language, Speech, and Hearing Services in Schools, 27,* 3–9.

McGee, G. G., Almeida, M. C., Sulzer-Azaroff, B., & Feldman, R. S. (1992). Promoting reciprocal interactions via peer incidental teaching. *Journal of Applied Behavior Analysis, 25,* 117–126.

McGee, G. G., Krantz, P. J., Mason, D., & McClannahan, L. E. (1983). A modified incidental-teaching procedure for autistic youth: Acquisition and generalization of receptive object labels. *Journal of Applied Behavior Analysis, 16,* 329–338.

McGee, G. G., Krantz, P. J., & McClannahan, L. E. (1985). The facilitative effects of incidental teaching on preposition use by autistic children. *Journal of Applied Behavior Analysis, 18,* 17–31.

McGee, G. G., Krantz, P. J., & McClannahan, L. E. (1986). An extension of incidental teaching procedures to reading instruction for autistic children. *Journal of Applied Behavior Analysis, 19,* 147–157.

McGhee, R., Bryant, B., Larson, S., & Rivera, D. (1995). *Test of Written Expression (TOWE).* Circle Pines, MN: AGS Publishing.

McLaren, J., & Bryson, S. E. (1987). Review of recent epidemiological studies of mental retardation. *American Journal of Mental Retardation, 92,* 243–254.

McLaughlin, S. (1998). *Introduction to language development.* Albany, NY: Thomson Delmar Learning.

McLean, L. K., Brady, N. C., McLean, J. E., & Behrens, G. A. (1999). Communication forms and functions of children and adults with severe mental retardation in community and institutional settings. *Journal of Speech, Language, and Hearing Research, 42,* pp. 231–240.

McMorrow, M. J., & Foxx, R. M. (1986). Some direct and generalized effects of replacing an autistic man's echolalia with correct responses to questions. *Journal of Applied Behavior Analysis, 19,* 289–297.

McMorrow, M. J., Foxx, R. M., Faw, G. D., & Bittle, R. G. (1987). Cues-pause-point language training: Teaching echolalics functional use of their verbal labeling repertoires. *Journal of Applied Behavior Analysis, 20,* 11–22.

McNeill, D. (1970). *The acquisition of language: The study of developmental psycholinguistics.* New York: Harper & Row.

McNeilly, L., & Coleman, T. J. (2000). Language disorders in culturally diverse populations: Intervention issues and strategies. In T. J. Coleman (Ed.), *Clinical management of communication disorders in culturally diverse populations* (pp. 157–172). Boston: Allyn & Bacon.

McReynolds, L. V., & Engmann, D. L. (1974). An experimental analysis of the relationship between subject and object noun phrases. (ASHA Monograph No. 18). In L. V. McReynolds (Ed.), *Developing systematic procedures for training children's language* (pp. 30–46). Rockville, MD: American Speech-Language-Hearing Association.

Meaburn, E., Dale, P. S., Craig, I. W., & Plomin, R. (2002). Language impaired children: No sign of the FOXP2 mutation. *Neuroreport, 13*(18), 1075–1077.

Mecham, M. J. (1996). *Cerebral palsy* (2nd ed.). Austin, TX: PRO-ED.

Merrick, J., Kandel, I., & Morad, M. (2004). Trends in autism. *International Journal of Adolescent Medicine and Health, 16*(1), 75–8.

Mervis, C. B. (2003). Williams syndrome: 15 years of research. *Developmental Neuropsychology, 23*(1–2), 1–12.

Merzenich, M. M., Jenkins, W. M., Johnston, P., Schreiner, C., Miller, S. L., & Tallal, P. (1996). Temporal processing deficits of language-learning impaired children ameliorated by training. *Science, 271,* 77–80.

Miles, S., & Chapman, R. S. (2002). Narrative content as described by individuals with Down syndrome and typically developing children. *Journal of Speech, Language, and Hearing Research, 45,* 175–189.

Miller, C. A., Kail, R., Leonard, L., & Tomblin, J. B. (2001). Speed of processing in children with specific language impairment. *Journal of Speech, Language, and Hearing Research, 44*(2), 416–433.

Miller, J. F. (1988). The developmental synchrony of language development in children with Down syndrome. In L. Nadel (Ed.), *The psychobiology of Down syndrome* (pp. 168–198). Cambridge, MA: MIT Press.

Miller, J. F. (1992). Lexical development in young children with Down syndrome. In R. S. Chapman (Ed.), *Processes in language acquisition and disorder* (pp. 45–55). St. Louis, MO: Mosby Year Book.

Miller, J. F. (1999). Profiles of language development in children with Down syndrome. In J. F. Miller, M. Lehay, & L. A. Leavitt (Eds.), *Improving the communication of people with Down syndrome* (pp. 11–39). Baltimore, MD: Paul H. Brookes.

Miller, S. J., & Sloane, H. N., Jr. (1976). The generalization effects of parent training across stimulus settings. *Journal of Applied Behavior Analysis, 9*(3), 355–370.

Mira, M. P., Tucker, B. F., & Tyler, J. S. (1992). *Traumatic brain injury in children and adolescents.* Austin, TX: PRO-ED.

Mirenda, P. (1997). Supporting individuals with challenging behavior through functional communication training and AAC: A review. *Augmentative and Alternative Communication, 13,* 207–225.

Mirenda, P. (2003). Toward functional augmentative and alternative communication for students with autism: Manual signs, graphic symbols, and voice output communication aids. *Language, Speech, and Hearing Services in Schools, 34,* 203–216.

Mirenda, P., Wilk, D., & Carson, P. (2000). A retrospective analysis of technology use patterns in students with autism over a five-year period. *Journal of Special Education Technology, 15,* 5–16.

Mobayed, K. L., Collins, B. C., Strangis, D. E., Schuster, J. W., & Hemmeter, M. L. (2000). Teaching parents to employ mand-model procedures to teach their children requesting. *Journal of Early Intervention, 23,* 165–179.

Mockford, C. (2002). *Cleo on the move.* Cambridge, MA: Barefoot Books.

Moerk, E. (1983). *The mother of Eve—As a first language teacher.* Norwood, NJ: Ablex.

Moerk, E. (1992). *A first language taught and learned.* Baltimore, MD: Paul H. Brookes.

Moerk, E. (2000). *The guided acquisition of first language skills.* Stamford, CT: Ablex Publishing Corporation.

Montgomery, J. (1995). Examination of phonological working memory in specifically language impaired children. *Applied Psycholinguistics, 6,* 355–378.

Montgomery, J. (2002). Understanding the language difficulties of children with specific language impairments: Does verbal working memory matter? *American Journal of Speech-Language Pathology, 11,* 77–91.

Montgomery, J. W., & Leonard, L. B. (1998). Real-time inflectional processing by children with specific language impairment: Effects of phonetic substance. *Journal of Speech, Language, and Hearing Research, 41,* 1432–1443.

Moran, M., Money, S., & Leonard, L. (1984). Phonological process analysis of the speech of mentally retarded adults. *American Journal of Mental Deficiency, 89,* 304–306.

Morgan, D., Young, K. R., & Goldstein, S. (1983). Teaching behaviorally disordered students to increase teacher attention and praise in mainstreamed classrooms. *Behavioral Disorders, 8,* 265–273.

Most, T. (2002). The use of repair strategies by children with and without hearing impairment. *Language, Speech, and Hearing Services in Schools, 33*(2), 112–123.

Mouridsen, S. E. (2003). Childhood disintegrative disorder. *Brain & Development, 25,* 225–228.

Moxley, A. (2003). What's your multicultural IQ? *ASHA Leader, 8*(3), 12.

Mudford, O. C., Cross, B. A., Breen, S., Cullen, C., Reeves, D., Gould, J., et al. (2000). Auditory integration training for children with autism: No behavioral benefits detected. *American Journal on Mental Retardation, 97,* 381–384.

Muhle, R., Trentacoste, S. V., & Rapin, I. (2004). The genetics of autism. *Pediatrics, 113,* 472–486.

Murch, S. H., Anthony, A., Casson, D. H., Malik, M., Berelowitz, & M. Dhillon, A. P. (2004). Retraction of an interpretation. *The Lancet, 363,* 750.

Myles, B. S., Jones-Bock, S., & Simpson, R. L. (2000). *Asperger Syndrome Diagnostic Scale.* Circle Pines, MN: AGS Publishing.

National Aeronautics and Space Administration. (NASA; 2004). *A system that 'speaks' the mind.* Retrieved on August 30, 2004, from http://ic.arc.nasa.gov/story.php?sid=139&sec=earth.

National Institute on Deafness and Other Communication Disorders. (2002). *Otitis media (ear infection)* (NIH Pub. No. 974216). Bethesda, MD: Author.

National Institute of Mental Health. (2004). *Autism spectrum disorders (pervasive developmental disorders.* Retrieved July 14, 2004, from www.nimh.nih.gov/publicat/autism.cfm.

National Joint Committee for the Communication Needs of Persons with Severe Disabilities. (2003). Position statement on access to communication services and supports: Concerns regarding the application of restrictive "eligibility" policies. *ASHA supplement*, 23, 19–20.

National Pediatric Trauma Registry of Tufts-New England Medical Center. (2004). *Tramatic brain injury in children.* Retrieved on October 20, 2004, from www.nemc.org/rehab/factshee.htm.

National Reading Panel (2000). *Teaching children to read: An evidence-based assessment of the scientific research literature on reading and its implications for reading instruction* (NIH Pub. No. 00–4769). Washington, D.C.: National Institutes of Child Health and Human Development.

National Reading Panel (2001). *Put reading first: The research building blocks for teaching children to read.* Washington, D.C.: U.S. Department of Education.

Neef, N. A. (1995). Pyramidal parent training by peers. *Journal of Applied Behavior Analysis*, 28, 333–337.

Nelson, K. E. (1977). Facilitating children's syntax acquisition. *Developmental Psychology*, 13, 101–107.

Nelson, K. E., Welsh, J., Camarata, S., Butkovsky, L., & Camarata, M. (1995). Available input for language-impaired children and younger children of matched language levels. *First Language*, 43, 1–18.

Nelson, N. W. (1993). *Childhood language disorders in context: Infancy through adolescence.* New York: Macmillan.

Newbury, D. F., et al., and the International Molecular Genetic Study of Autism Consortium (2002). FOXP2 is not a major susceptibility gene for autism or specific language impairment. *American Journal of Human Genetics*, 70, 1318–1327.

Newbury, D. F., & Monaco, A. P. (2002). Talking genes: The molecular basis of language impairment. *Biologist*, 49(6), 255–260.

Newcomer, P., & Hammill, D. (1997a). *Test of language development—Primary (TOLD-P:3).* Austin, TX: PRO-ED.

Newcomer, P., & Hammill, D. (1997b). *Test of language development—I (TOLD I:3).* Austin, TX: PRO-ED.

Newman, L. (2002). *Dogs, dogs, dogs.* New York: Simon & Schuster.

Nikopoulos, C. K., & Keenan, M. (2004). Effects of video modeling on social initiations by children with autism. *Journal of Applied Behavior Analysis*, 37, 93–96.

Nippold, M. A. (1996). Proverb comprehension in youth: The role of concreteness and familiarity. *Journal of Speech and Hearing Research*, 39, 166–176.

Nippold, M. A. (1998). *Later language development: The school age and adolescent years.* Austin, TX: PRO-ED.

Nippold, M. A., & Taylor, C. L. (1995). Idiom understanding in youth: Further examination of familiarity and transparency. *Journal of Speech and Hearing Research*, 38, 426–433.

Nippold, M. A., Uhden, L. D., & Schwarz, I. E. (1997). Proverb explanation through the life span: A developmental study of adolescents and adults. *Journal of Speech, Language, and Hearing Research*, 40, 245–253.

Oborne, M. (2002). *One beautiful baby.* Boston: Little, Brown.

O'Brien, E. K., Zhang, X., Nishmura, C., Tomblin, J. B., & Murray, J. C. (2003). Association of specific language impairment (SLI) to the region of 7p31. *American Journal of Human Genetics*, 72(6), 1536–1543.

O'Connor N., & Hermelin, B. (1994). Two autistic savant readers. *Journal of Autism and Developmental Disabilities*, 24(4), 501–514.

Odom, S. L., Chandler, L. K., Ostrosky, M., McConnell, S. R., & Reaney, S. (1992). Fading teacher prompts from peer-initiation interventions for young children with disabilities. *Journal of Applied Behavior Analysis*, 25, 307–317.

Odom, S. L., Hoyson, M., Jamieson, B., & Strain, P. S. (1985). Increasing handicapped preschoolers' peer social interactions: Cross-setting and component analysis. *Journal of Applied Behavior Analysis*, 18, 3–16.

Oetting, J. B., & Morohov, J. E. (1997). Past-tense marking by children with and without specific language impairment. *Journal of Speech and Hearing Research*, 40, 62–74.

Oetting, J. B., & Rice, M. L. (1993). Plural acquisition in children with specific language impairment. *Journal of Speech and Hearing Research*, 36, 1236–1248.

Oller, D. K., Eilers, R. E., Neal, A. R., & Schwartz, H. K. (1999). Precursors to speech in infancy: The prediction of speech and language disorders. *Journal of Communication Disorders*, 32, 223–245.

Onslow, M., Packman, A., Stocker, S., van Doorn, J., & Siegel, G. M. (1997). Control of children's stuttering with response-contingent time-out; Behavioral, perceptual, and acoustic data. *Journal of Speech, Language, and Hearing Research*, 40, 121–133.

Oram, J., Fine, J., Okamoto, C., & Tannock, R. (1999). Assessing the language of children with attention deficit hyperactivity disorder. *American Journal of Speech-Language Pathology*, 8, 72–80.

Owens, R. E., Jr. (2004). *Language disorders: A functional approach to assessment and intervention* (4th ed.). Boston: Allyn & Bacon.

Ozonoff, S., Rogers, S. J., & Pennington, B. F. (1991). Asperger's syndrome: Evidence of an empirical distinction from high-functioning autism. *Journal of Child Psychology and Psychiatry*, 32, 1107–1122.

Parrish, J. M., & Roberts, M. L. (1993). Interventions based on covariations of desired and inappropriate behavior. In J. Reichle & D. P. Wacker (Eds.), *Communicative alternatives to challenging behavior: Integrating functional assessment and intervention strategies.* Baltimore, MD: Paul H. Brookes Publishing Co.

Paul, R. (2001). *Language disorders from infancy through adolescence: Assessment and intervention* (2nd ed.). St Louis, MO: Mosby.

Paul, P. (2001). *Language and deafness* (3rd ed.). Albany, NY: Thomson Delmar.

Paul, R. (1966). Clinical implications of the natural history of slow expressive language development. *American Journal of Speech-Language-Pathology, 5,* 5–21.

Paul, R. (1991). Profiles of toddlers with slow expressive language development. *Topics in Language Disorders, 11,* 1–13.

Paul, R., & Alforde, S. (1993). Grammatical morpheme acquisition in 4-year olds with normal, impaired, and late developing language. *Journal of Speech and Hearing Research, 36,* 1271–1275.

Paul, R., & Shriberg, L. (1982). Associations between phonology and syntax in speech-delayed children. *Journal of Speech and Hearing Research, 25,* 536–547.

Payne, J. C. (1997). *Adult neurogenic language disorders: Assessment and treatment.* San Diego, CA: Singular Publishing Group.

Pearson, B. (1990). The comprehension of metaphor by preschool children. *Journal of Child Language 17*(1), 185–203.

Peltola, H., Patja, A., Leinikki, P., Valle, M., Davidkin, I., & Paunio, M. (1998). No evidence for measles, mumps, and rubella vaccine-associated inflammatory bowel disease or autism in a 14-year retrospective study. *The Lancet, 351,* 1327–1328.

Peterson, C., & McCabe, A. (1983). *Developmental psycholinguistics: Three ways of looking at a child's narrative.* New York: Plenum.

Phillips, C. E., Jarrold, C., Baddeley, A. D., Grant, J., & Karmiloff-Smith, A. (2004). Comprehension of spatial language terms in Williams syndrome: Evidence for an interaction between domains of strength and weakness. *Cortex, 40*(1), 85–101.

Piaget, J. (1962). *Play, dreams, and imitation in childhood.* London: Routledge & Kegan Paul.

Pierce, K. L., & Schreibman, L. (1994). Teaching daily living skills to children with autism in unsupervised settings through pictoral self-management. *Journal of Applied Behavior Analysis, 27,* 471–481.

Pierce, K. L., & Schreibman, L. (1995). Increasing complex play in children with autism via peer-implemented pivotal response training. *Journal of Applied Behavior Analysis, 28,* 285–295.

Pierce, K. L., & Schreibman, L. (1997). Multiple peer use of pivotal response training to increase social behaviors of classmates with autism: Results from trained and untrained peers. *Journal of Applied Behavior Analysis, 30,* 157–160.

Pinker, S. (1994). *The language instinct: How the mind creates language.* New York: William Morrow and Company.

Plante, E. (1991). MRI findings in the parents and siblings of specifically language-impaired boys. *Brain and Language, 41,* 67–80.

Plante, E. (1996). Observing and interpreting behaviors: An introduction to the Clinical Forum. Language, Speech, and Hearing Services in Schools, 27, 99–101.

Plante, E., Shenkman, K., & Clark, M. (1996). Classification of adults for family studies of developmental language disorders. *Journal of Speech and Hearing Research, 39,* 661–667.

Plante, E., Swisher, L., Vance, R., & Rapcsak, S. (1991). MRI findings in boys with specific language impairment. *Brain and Language, 41,* 52–56.

Pollock, K. (2001). *Phonological Features of African American Vernacular English (AAVE).* Retrieved January 10, 2005, from www.ausp.memphis.edu/phonology/features.htm.

Polloway, E. A., & Smith, T. (1992). *Language instruction for students with disabilities.* Denver, CO: Love Publishing Co.

Portney, L. G., & Watkins, M. P. (2000). *Foundations of clinical research: Application to practice* (2nd ed.). Upper Saddle River, NJ: Prentice-Hall.

Powell, G. G., & Clibbens, J. (1994). Actions speak louder than words: Signing and speech intelligibility in adults with Down syndrome. *Down Syndrome Research and Practice, 2,* 127–129.

Prizant, B. (1983). Language acquisition and communicative behavior in autism: Toward an understanding of the "whole" of it. *Journal of Speech and Hearing Disorders, 48,* 296–307.

Prizant, B., & Duchan, J. (1981). The functions of immediate echolalia in autistic children. *Journal of Speech and Hearing Disorders, 46,* 241–249.

Prizant, B., & Wetherby, A. M. (1987). Communicative intent: A framework for understanding social-communicative behavior in autism. *Journal of the American Academy of Child Psychiatry, 26,* 472–479.

Qi, K. H., Kaiser, A. P., Milan, S. E., Yzquierdo, Z., & Hancock, T. B. (2003). The performance of low-income African American children on the Preschool Language Scale—3. *Journal of Speech, Language, and Hearing Research, 45,* 576–590.

Rapin, I. (1997). Classification and causal issues in autism. In D. J. Cohen & F. R. Volkmar (Eds.), *Handbook of autism and pervasive developmental disorders* (2nd ed.), (pp. 847–867). New York: John Wiley & Sons.

Redmond, S., & Rice, M. (2001). Detection of irregular verb violations by children with and without SLI. *Journal of Speech, Language, and Hearing Research, 44,* 655–669.

Reichle, J., Anderson, H., & Schermer, G. (1986). *Establishing discrimination between requesting objects, requesting assistance, and helping yourself.* Unpublished manuscript, University of Minnesota, Minneapolis.

Reichle, J., & Wacker, D. P. (Eds.) (1993). *Communicative alternatives to challenging behavior: Integrating functional assessment and intervention strategies.* Baltimore, MD: Paul H. Brookes.

Reichle, J., York, J., & Sigafoos, J. (1991). *Implementing augmentative and alternative communication: Strategies for learners with severe disabilities.* Baltimore, MD: Paul H. Brookes.

Reilly, J., Losh, M., Bellugi, U., & Wulfeck, B. (2004). "Frog, where are your?" Narrative in children with specific language impairment, early focal brain injury, and Williams syndrome. *Brain and Language, 88*, 229–247.

Rescorla, L. (1989). The language development survey: A screening tool for delayed language in toddlers. *Journal of Speech and Hearing Disorders, 54*, 587–599.

Rescorla, L. (2002). Language and reading outcomes to age 9 in late-talking toddlers. *Journal of Speech, Language, and Hearing Research, 45*, 360–372.

Rescorla, L., & Lee, E. (2001). Language impairment in young children. In T. Layton, E. Crais, & L. Watson (Eds.). *Handbook of early language impairment in children: Nature* (pp. 1–55), Albany, NY: Delmar Publishers.

Rescorla, L., Roberts, J., & Dahlsgaard, K. (1997). Late talkers at 2: Outcome at age 3. *Journal of Speech, Language, and Hearing Research, 40*, 556–566.

Restrepo, M. A., & Silverman, S. W. (2001). Validity of the Spanish Preschool Language Scale-3 for use with bilingual children. *American Journal of Speech-Language Pathology, 10*, 382–393.

Rheingold, H. L., Gewirtz, J. L., & Ross, H. Q. (1959). Social conditioning of vocalization in infants. *Journal of Comparative and Physiological Psychology, 52*, 65–72.

Rhode, G., Morgan, D. P., & Young, K. R. (1983). Generalization and maintenance of treatment gains of behaviorally handicapped students from resource rooms to regular classrooms using self-evaluation procedures. *Journal of Applied Behavior Analysis, 16*, 171–188.

Rice, M., & Oetting, J. B. (1993). Morphological deficits of children with SLI: Evaluation of number marking and agreement. *Journal of Speech and Hearing Research, 36*, 1249–1257.

Rice, M., Sell, M., & Hadley, P. (1991). Social interactions of speech- and language-impaired children. *Journal of Speech and Hearing Research, 34*, 1299–1307.

Rice, M., Wexler, K., Marquis, J., & Hershberger, S. (2000). Acquisition of irregular past tense by children with specific language impairment. *Journal of Speech, Language, and Hearing Research, 43*, 1126–1145.

Richard, G. J., & Calvert, L. K. (2003). *Differential assessment of autism and other developmental disorders (DAADD)*. East Moline, IL: LinguiSystems.

Rimland, B. (2003). Autism is treatable. Retrieved on January 9, 2005, from www.autismwebsite.com/ari/specialinterest/congressionaltestimony.pdf.

Rincover, A., & Koegel, R. L. (1975). Setting generality and stimulus control in autistic children. *Journal of Applied Behavior Analysis, 8*, 235–246.

Ringdahl, J. E., Kitsukawa, K., Andelman, M. S., Call, N., Winborn, L., Barretto, A., et al. (2002). Differential reinforcement with and without instructional fading. *Journal of Applied Behavior Analysis, 35*, 291–294.

Ripich, D. N., & Craighead, N. A. (1994). *School discourse problems* (2nd ed.). San Diego: Singular Publishing Group.

Risley, T. R., & Reynolds, N. J. (1970). Emphasis as a prompt for verbal imitation. *Journal of Applied Behavior Analysis, 3*, 185–190.

Risley, T. R., & Wolf, M. (1967). Establishing functional speech in echolalic children. *Behavior Research and Therapy, 5*, 73–88.

Roberts, J. E., Mirrett, P., Anderson, K., Burchinal, M., & Neebe, E. (2002). Early communication, symbolic behavior, and social profiles of young males with fragile X syndrome. *American Journal of Speech-Language Pathology, 11*, 295–304.

Roberts, J. E., Wallace, I. F., & Henderson, F. W. (Eds.) (1997). *Otitis media in young children: Medical, developmental, and educational considerations*. Baltimore, MD: Paul H. Brookes.

Robertson, C., & Salter, W. (1997). *Phonological Awareness Test (PAT)*. East Moline, IL: LinguiSystems.

Robertson, S. B., & Weismer, S. E. (1997). The influence of peer models on the play scripts of children with specific language impairment. *Journal of Speech, Language, and Hearing Research, 40*, 49–61.

Robison, L. D. (2003). An organizational guide for an effective developmental program in the NICU. *Journal of Obstetric, Gynecologic, and Neonatal Nursing, 32(3)*, 379–386.

Rodriguez, B. L., & Olswang, L. B. (2003). Mexican-American and Anglo-American mothers' beliefs about child rearing, education, and language impairment. *American Journal of Speech-Language Pathology, 12*, 452–462.

Rogers-Warren, A., & Warren, S. F. (1980). Mands for verbalization: Facilitating the display of newly trained language in children. *Behavior Modification, 4*, 361–382.

Roid, G. H. (2004). *Stanford-Binet Intelligence Scale—5th Edition*. Itasca, IL: Riverside Publishing Company.

Roid, G. H., & Miller, L. (2004). *Lieter International Performance Scale*. Wood Dale, IL: Stoelting Company.

Roid, G. H., & Sampers, J. L. (2004). *Merrill-Palmer Revised Scales of Development*. Wood Dale, IL: Stoelting Company.

Rolider, A., & Van Houten, R. (1990). The role of reinforcement in reducing inappropriate behavior: Some myths and misconceptions. In A. C. Repp & N. N. Singh (Eds.), *Perspectives on the use of aversive and non-aversive interventions for persons with developmental disabilities* (pp. 119–127). Sycamore, IL: Sycamore.

Rondal, J. A. (1998). Cases of exceptional language in mental retardation and Down syndrome: Explanatory perspectives. *Down Syndrome Research and Practice, 5(1)*, 1–15.

Roseberry-McKibbin, C. (2002). *Multicultural students with special language needs: Practical strategies for assessment and intervention* (2nd ed.). Oceanside, CA: Academic Communication Associates.

Roseberry-McKibbin, C., & Eicholtz, G. (1994). Serving children with limited English proficiency in the schools: A national survey. *Language, Speech, and Hearing Services in Schools, 25*, 156–164.

Roseberry-McKibbin, C., & Hegde, M. N. (2005). *An advanced review of speech-language pathology: Preparation for NESPA and comprehensive examination*. (2nd ed.). Austin, TX: PRO-ED.

Rosenberg, S. (1982). The language of the mentally retarded: Development, processes, and intervention. In S. Rosenberg (Ed.), *Handbook of applied psycholinguistics: Major thrusts of research and theory* (pp. 329–392). Hillsdale, NJ: Erlbaum.

Rosner, K. (1996). A review of psychoanalytic theory and treatment of childhood autism. *Psychoanalytic Review, 83,* 325–341.

Ross, S. H., Oetting, J. B., & Stapleton, B. (2004). Preterite HAD + V-ED: A developmental narrative structure of African American English. *American Speech, 79,* 167–193.

Rossetti, L. M. (2001). *Communication intervention: Birth to three* (2nd ed.). Albany, NY: Delmar/Singular/Thomson Learning.

Rossetti, L. M. (2002). Workshop on infants and toddlers. June 27–28, 2002, Fresno, California.

Roth, F. P., & Baden, B. (2001). Investing in emergent literacy intervention: A key role for speech-language pathologists. *Seminars in Speech and Language, 22*(3), 163–173.

Rothman, K. J., & Greenland, S. (1998). *Modern epidemiology* (2nd ed.). Philadelphia, PA: Lippincott Williams & Wilkins.

Rouse, C. E., & Krueger, A. B. (2004). Putting computerized instruction to the test: A randomized evaluation of a "scientifically based" reading program. *Economics of Education Review, 23*(4), 323–338.

Roy, P., & Chiat, S. (2004). A prosodically controlled word and nonword repetition task for 2- to 4-year-olds: Evidence from typically developing children. *Journal of Speech, Language, and Hearing Research, 47,* 223–234.

Ruben, R. J. (2000). Redefining the survival of the fittest: Communication disorders in the 21st century. *Laryngoscope, 110*(2), 241–245.

Ruscello, D., St. Louis, K., & Mason, N. (1991). School-aged children with phonologic disorders: Co-existence with other speech/language disorders. *Journal of Speech and Hearing Research, 34,* 236–242.

Rutter, T., & Buckley, S. (1994). The acquisition of grammatical morphemes in children with Down syndrome. *Down Syndrome: Research and Practice, 2,* 76–82.

Rvachew, S., Ohberg, A., Grawburg, M., & Heyding, J. (2003). Phonological awareness and phonemic perception in 4-year-old children with delayed expressive phonology skills. *American Journal of Speech-Language Pathology, 12*(4), 463–471.

Sacket, D. L., Rosenberg, W. M. C., Gray, J. A. M., Hayes, R. B., & Richardson, R. B. (1996). Evidence-based medicine: What it is and what it isn't. *British Medical Journal, 312,* 71–72.

Sackett, D. L., Straus, S. E., Richardson, W. S., Rosenberg, W., & Hayes, R. B. (2000). *Evidence-based medicine: How to practice and teach EBM.* London: Churchill Livingstone.

Sailor, W., Guess, D., Rutherford, G., & Baer, D. M. (1968). Control of tantrum behavior by operant techniques during experimental verbal training. *Journal of Applied Behavior Analysis, 1,* 237–243.

Sainato, D. M., Goldstein, H., & Strain, P. S. (1992). Effects of self-evaluation on preschool children's use of social interaction strategies with their classmates with autism. *Journal of Applied Behavior Analysis, 25,* 127–141.

Salas-Provance, M. B., Erickson, J. G., & Reed, J. (2002). Disabilities as viewed by four generations of one Hispanic family. *American Journal of Speech-Language Pathology, 11,* 151–162.

Salzberg, C. L., & Villani, T. V. (1983). Speech training by parents of Down syndrome toddlers: Generalization across settings and instructional contexts. *American Journal of Mental Deficiency, 87*(4), 403–413.

Salzinger, K., & Salzinger, S. (Eds.) (1967). *Research in verbal behavior and some neurophysiological implications.* New York: Academic Press.

Sarokoff, R. A., Taylor, B. A., & Poulson, C. L. (2001). Teaching children with autism to engage in conversational exchanges: Script fading with embedded textual stimuli. *Journal of Applied Behavior Analysis, 34,* 81–84.

Scarborough, H. (1998a). Early identification of children at risk for reading disabilities: phonological awareness and some other promising predictors. In B. Shapiro, P. Accoardo, & A. Capute (Eds.), *Specific reading disability: A view of the spectrum.* Timonium, MD: York Press.

Scarborough, H. (1998b). Predicting future achievement of second graders with reading disabilities: Contributions of phonemic awareness, verbal memory, rapid naming, and IQ. *Annals of Dyslexia, 48,* 115–136.

Schalomon, J., Bismark, S. V., Schober, P. H., et al. (2004). Multiple trauma in pediatric patients. *Journal of Pediatric Surgery, 39*(7), 417–423.

Schanen, N. C., Kurczynski, T. W., Brunelle, D., Woodcock, M. M., Dure, L. S., & Percy, A. K. (1998) Neonatal encephalopathy in two boys in families with recurrent Rett syndrome. *Journal of Child Neurology, 13*(5), 229–231.

Schank, R. C., & Abelson, R. P. (1977). *Scripts, plans, goals, and understanding.* Hillsdale, NJ: Lawrence Erlbaum.

Schatschneider, C., Carlson, C. D., Francis, D. J., Floorman, R., & Fletcher, J. M. (2002). Relationship of rapid automatized naming and phonological awareness in early reading development: Implications for the double-deficit hypothesis. *Journal of Learning Disabilities, 35*(3), 245–257.

Schepis, M. M., Reid, D. H., Behrmann, M., & Sutton, K. (1998). Increasing communicative interactions of young children with autism using a voice output communication aid in naturalistic teaching. *Journal of Applied Behavior Analysis, 31,* 561–578.

Schepis, M. M., Reid, D. H., Fitzgerald, J. R., Faw, G. D., van den Pol, R. A., & Welty, P. A. (1982). A program for increasing manual signing by autistic and profoundly retarded youth with the daily environment. *Journal of Applied Behavior Analysis, 15,* 363–379.

Schiefelbusch, R. L. (Ed.) (1973). *Language intervention with the retarded.* Baltimore, MD: University Park Press.

Schiefelbusch, R. L. (Ed.) (1978). *Language intervention strategies.* Baltimore, MD: University Park Press.

Schiefelbusch, R. L., & Lloyd, L. L. (1974). *Language perspectives: Acquisition, retardation, and intervention.* Baltimore: University Park Press.

Schiff-Myers, N. B. (1992). Considering arrested language development and language loss in the assessment of second language learners. *Language, Speech, and Hearing Services in Schools, 23,* 28–33.

Schlesinger, I. M. (1971). Production of utterances and language acquisition. In Dan I. Slobin (Ed.), *The Ontogenesis of Grammar* (pp. 63–101). New York: Academic Press.

Schopler, E., Reichler, R. L., & Renner, B. R. (1998). *Childhood Autism Rating Scale.* Circle Pines, MN: AGS Publishing.

Schreibman, L., & Carr, E. G. (1978). Elimination of echolalic responding to questions through the training of a generalized verbal response. *Journal of Applied Behavior Analysis, 11,* 453–563.

Schreibman, L., Kaneko, W. M., & Keogel, R. L. (1991). Positive effects of parents of autistic children: A comparison across two teaching techniques. *Behavior Therapy, 22,* 479–490.

Schreibman, L., O'Neill, R. E., & Koegel, R. L. (1983). Behavioral training for siblings of autistic children. *Journal of Applied Behavior Analysis, 16,* 129–138.

Schumaker, J., & Sherman, J. A. (1970). Training generative verb usage by imitation and reinforcement procedures. *Journal of Applied Behavior Analysis, 3,* 273–287.

Schumaker, J., & Sherman, J. A. (1978). Parents as intervention agents. In R. L. Schiefelbusch (Ed.), *Language intervention strategies* (pp. 237–326). Baltimore, MD: University Park Press.

Schussler, N. G., & Spradlin, J. E. (1991). Assessment of stimuli controlling the requests of students with severe mental retardation during a snack routine. *Journal of Applied Behavior Analysis, 24,* 791–797.

Scientific Learning Corporation. (1998). *Fast ForWord* [computer software]. Berkeley, CA: Author.

Scudder, R. R., & Tremain, D. H. (1992). Repair behaviors of children with and without mental retardation. *Mental Retardation, 30*(5), 277–282.

Secan, K. E., Egel, A. L., & Tilley, C. S. (1989). Acquisition, generalization, and maintenance of question-answering skills in autistic children. *Journal of Applied Behavior Analysis, 22,* 181–196.

Segalowitz, S. J. (2000). Predicting child language impairment from too many variables: Overinterpreting stepwise discriminant functional analysis. *Brain and Language, 71,* 337–343.

Semel, E., Secord, W., & Wiig, E. H. (2004). *CELF preschool, second edition (CELF Preschool—2).* New York: Psychological Corporation.

Semel, E., Wiig, E. H., & Secord, W. (2003). *Clinical evaluation of language fundamentals—Fourth edition (CELF-4).* New York: Psychological Corporation.

Semel, E., Wiig, E. H., & Secord, W. (2004). *CELF-4 screening test.* New York: Psychological Corporation.

Senechal, M., & Cornell, E. H. (1993). Vocabulary acquisition through shared reading experiences. *Reading Research Quarterly, 28,* 360–375.

Shabani, D. B., Katz, R. C., Wilder, D. A., Beauchamp, K., Taylor, C. R., & Fischer, K. J. (2002). Increasing social initiations in children with autism: Effects of a tactile prompt. *Journal of Applied Behavior Analysis, 35,* 79–83.

Shane, H. C. (Ed.). (1994). *Facilitated communication: The clinical and social phenomenon.* San Diego, CA: Singular Publishing Group.

Shapiro, E. S., McGonigle, J. J., & Ollendick, J. H. (1980). An analysis of self-assessment and self-reinforcement in a self-managed token economy with mentally retarded children. *Applied Research in Mental Retardation, 1,* 227–240.

Sheslow, D., & Adams, W. (2002). *Wide Range Assessment of Memory and Learning, Second Edition.* Wood Dale, IL: Stoelting Co.

Shipley, K. G., & McAffee, J. G. (2004). *Assessment in speech-language pathology: A Resource manual* (3rd ed.). Clifton Park, NY: Thomson/Delmar Learning.

Shirley, M. J., Iwata, B. A., Kahng, S., Mazaleski, J. L., & Lerman, D. C. (1997). Does functional communication training compete with ongoing contingencies of reinforcement? An analysis during response acquisition and maintenance. *Journal of Applied Behavior Analysis, 30,* 93–104.

Shprintzen, R. J. (2000). *Syndrome identification for speech-language pathology: An illustrated pocketguide.* San Diego, CA: Singular Publishing Group.

Shriberg, L. D., Friel-Patti, S., Flipsen, Jr., P., & Brown, R. L. (2000). Otitis media, fluctuating hearing loss, and speech-language outcomes: A preliminary structural equation model. *Journal of Speech, Language, and Hearing Research, 43,* 100–120.

Shriberg, L. D., & Kwiatkowski, J. (1994). Developmental phonological disorders I: A clinical profile. *Journal of Speech and Hearing Research, 37,* 1100–1126.

Shriberg, L. D., & Widder, C. J. (1990). Speech and prosody characteristics of adults with mental retardation. *Journal of Speech and Hearing Research, 33,* 627–653.

Siegel, B. (1996). *The world of the autistic child: Understanding and treating autistic spectrum disorders.* New York: Oxford University Press.

Siegel, B. (2004). *Pervasive developmental disorders screening tests-II: Early childhood screener for autistic spectrum disorders.* New York: Psychological Corporation.

Siegel, L., Cunningham, C., & van der Spuy, H. (1979). Interactions of language delayed and normal preschool children with their mothers. Paper presented at the Meeting of the Society for Research in Child Development, San Francisco.

Sigafoos, J. (1999). Creating opportunities for augmentative and alternative communication: Strategies for involving people with developmental disabilities. *Augmentative & Alternative Communication, 15,* 183–190.

Sigafoos, J., Couzens, D., Pennell, D., Shaw, D., & Dudfield, G. (1995). Discrimination of picture requests for missing items among young children with developmental disabilities. *Journal of Behavioral Education, 5,* 295–317.

Sigafoos, J., & Roberts-Pennell, D. (1999). The wrong-item format: A promising intervention for teaching socially appropriate forms of rejecting to children with developmental disabilities? *Augmentative and Alternative Communication, 15,* 135–140.

Silva, P. (1987). Epidemiology: Longitudinal course, and some associated factors: An update. In W. Yule & M. Rutter (Eds.), *Language development and disorders* (pp. 1–15). London: McKeith Press.

Silva, P., Williams, S., & McGee, R. (1987). A longitudinal study of children with developmental language delay at age three: Later intelligence, reading and behavior problems. *Developmental Medicine and Child Neurology, 29,* 630–640.

Sisson, L. A., & Barrett, R. P. (1984). An alternating treatments comparison of oral and total communication training with minimally verbal retarded children. *Journal of Applied Behavior Analysis, 17,* 559–566.

Skinner, B. F. (1953). *Science and human behavior.* New York: Macmillan.

Skinner, B. F. (1957). *Verbal behavior.* New York: Appleton-Century-Crofts.

Skinner, B. F. (1986). The evolution of verbal behavior. *Journal of the Experimental Analysis of Behavior, 45,* 115–122.

Slevin, M., Farrington, N., Duffy, G., Daly, L., & Murphy, J. (2000). Altering the NICU and measuring infants' responses. *Acta Paediatrica, 89*(5), 577–581.

Smalley, S. L, McCracken, J., & Tanguay, P. (1995). Autism, affective disorders, and social phobia. *American Journal of Medical Genetics, 60,* 19–26.

Smith, G. A., Scherzer, D. J., Buckley, J. W., Haley, K. J., & Shields, B. J. (2004). Pediatric farm-related injuries: A series of 96 hospitalized patients. *Clinical Pediatrics, 43*(4), 335–342.

Smith, T., Eikeseth, S., Klevstrand, M., & Lovaas, O. I. (1997). Intensive behavioral treatment for preschoolers with severe mental retardation and pervasive developmental disorders. *American Journal of Mental Retardation, 102*(3), 238–249.

Snow, C. E., Burns, S., Griffin, P. (Eds.). (1998). *Preventing reading difficulties in young children.* Washington, D. C.: National Academy Press.

Snow, C. E., Scarborough, H. S., & Burns, M. S. (1999). What speech-language pathologists need to know about early reading. *Topics in Language Disorders, 20*(1), 48–58.

Sokol, D. K., & Edwards-Brown, M. (2004). Neuroimaging in autistic spectrum disorders (ASD). *Journal of Neuroimaging, 14,* 8–15.

Speech-Ease. (1985). *Speech-Ease screening inventory.* Austin, TX: PRO-ED.

Spitz, R. V., Tallal, P., Flax, J., & Benasich, A. A. (1997). Look who's talking: A prospective study of familial transmission of language impairments. *Journal of Speech, Language, and Hearing Research, 40*(5), 990–1001.

Stackhouse, J., Wells, B., Pascoe, M., & Rees, R. (2002). From phonological therapy to phonological awareness. *Seminars in Speech and Language, 23*(1), 27–42.

Stanovich, K. E., & Siegel, L. S. (1994). Phenotypic performance profile of children with disabilities: A regression-based test of the phonological-core variable-difference model. *Journal of Educational Psychology, 86,* 24–53.

Stark, R. E., & Tallal, P. (1988). *Language, speech, and reading disorders in children.* Boston: Little, Brown.

Steffenburg, S. Gillberg, C., Hellgren, L., Andersson, L., Gillberg, I. C., Jakobsson, G., et al. (1989). A twin study of autism in Denmark, Finland, Iceland, Norway and Sweden. *Child Psychology and Psychiatry, 30,* 405–416.

Stehli, A. (1991). *The sound of a miracle: A child's triumph over autism.* New York: Doubleday.

Stevenson, H. W., & Newman, R. S. (1986). Long-term prediction of achievement and attitudes in mathematics and reading. *Child Development, 57,* 646–659.

Stoel-Gammon, C. (1990). Down syndrome: Effects on language development. *Asha, 32*(9), 42–44.

Stojanovik, V., Perkins, M., & Howard, S. (2001). Language and conversational abilities in Williams syndrome: How good is good? *International Journal of Language and Communication Disorders, 36* (Suppl.), 234–239.

Stokes, T. F., Fowler, S. A., & Baer, D. M. (1978). Training preschool children to recruit natural communities of reinforcement. *Journal of Applied Behavior Analysis, 11,* 285–303.

Stokes, T. M., & Baer, D. M. (1977). An implicit technology of generalization. *Journal of Applied Behavior Analysis, 10,* 349–367.

Stothard, S. E., Snowling, M. J., Bishop, D. V. M., Chipchase, B. B., & Kaplan, C. A. (1998). Language-impaired preschoolers: a follow-up into adolescence. *Journal of Speech, Language, and Hearing Research, 42*(3), 407–418.

Stremel-Campbell, K., & Campbell, C. R. (1985). Training techniques that may facilitate generalization. In S. F. Warren & A. K. Rogers-Warren (Eds.), *Teaching functional language* (pp. 251–288). Austin, TX: PRO-ED.

Stromer, R., McComas, J. J., & Rehfeldt, R. A. (2000). Designing interventions that include delayed reinforcement: Implications of recent laboratory research. *Journal of Applied Behavior Analysis, 33,* 359–371.

Sudhalter, V., & Belser, R. C. (2001). Conversational characteristics of children with fragile X syndrome. *American Journal on Mental Retardation, 106*(5), 389–400.

Sulzby, E. (1985). Children's emergent reading of favorite storybooks: A developmental study. *Reading Research Quarterly, 20,* 458–481.

Sulzer-Azaroff, B., & Mayer, G. R. (1991). *Behavior analysis for lasting change.* San Francisco: Holt, Rinehart & Winston.

Svirsky, M. A., Robbins, A. M., Kirk, K. I., Pisoni, D. B., & Miyamoto, R. T. (2000). Language development in profoundly deaf children with cochlear implants. *Psychological Science, 11*(2), 153–158.

Szatmari, P., Bryson, S. E., Streiner, D. L., Wilson, F, Archer, L., & Ryerse, C. (2000). Two-year outcome of preschool children with autism or Asperger's Syndrome. *American Journal of Psychiatry, 157,* 1980–1987.

Tallal, P. (1999). Children with language impairment can be accurately identified using temporal processing measures: A response to Zhang and Tomblin. *Brain and Language, 69,* 222–229.

Tallal, P., Hirsch, L. S., Realpe-Bonilla, T., Miller, S., Brzustowicz, M., Bartlett, C., et al. (2001). Familial aggregation in specific language impairment. *Journal of Speech, Language, and Hearing Research, 44,* 1172–1182.

Tallal, P., Miller, S., Bedi, G., Byma, G., Wang, X., Nagarajan, et al. (1996). Language comprehension in language-learning impaired children improved with acoustically modified speech. *Science, 271,* 81–84.

Tallal, P., Ross, R., & Curtiss, S. (1989). Familial aggregation in specific language impairment. *Journal of Speech and Hearing Disorders, 54,* 167–173.

Tallal, P., Stark, R. E., & Mellits, E. D. (1985). Identification of language-impaired children on the basis of rapid perception and production skills. *Brain and Language, 25,* 314–322.

Talley, J. L. (1995). *Children's Auditory Verbal Learning Test—2.* Lutz, FL: Psychological Assessment Resources, Inc.

Tannock, R. (1988). Mothers' directiveness in their interactions with their children with and without Down syndrome. *American Journal on Mental Retardation, 93,* 154–165.

Taylor, B. A., & Harris, S. L. (1995). Teaching children with autism to seek information: Acquisition of novel information and generalization of responding. *Journal of Applied Behavior Analysis, 28,* 3–14.

Taylor, B. A., & Levin, L. (1998). Teaching a student with autism to make verbal initiations: Effects of a tactile prompt. *Journal of Applied Behavior Analysis, 31,* 651–654.

Taylor, B., Miller, E., Farrington, C. P., Petropoulos, M., Favot-Mayaud, I., Li, J., et al. (1999). Autism and measles, mumps, and rubella vaccine: no epidemiological evidence for a causal association. *The Lancet, 353,* 2026–2029.

Taylor, B., Miller, E., Lingham, R., Andrew, N., Simmons, A., & Stowe, J. (2002). Measles, mumps and rubella vaccination and bowel problems or developmental regression in children with autism: population study. *British Medical Journal, 324,* 393–396.

Teale, W. H., & Sulzby, E. (Eds.). (1986). *Emergent literacy: Writing and reading.* Norwood, NJ: Ablex.

Thal, D., Bates, E., & Bellugi, U. (1989). Language and cognition in two children with Williams syndrome. *Journal of Speech and Hearing Research, 32,* 489–500.

The SLI Consortium (2002). A genomewide scan identifies two novel loci involved in specific language impairment. *American Journal of Human Genetics, 70,* 384–398.

Thiemann, K. S., & Goldstein, H. (2001). Social stories, written text cues, and video feedback: Effects on social communication of children with autism. *Journal of Applied Behavior Analysis, 34,* 425–446.

Thiemann, K. S., & Goldstein, H. (2004). Effects of peer training and written text cueing on social communication of school-age children with pervasive developmental disorder.

Journal of Speech, Language, and Hearing Research, 47, 126–144.

Tirosh, E., & Canby, J. (1993). Autism with hyperlexia: A distinct syndrome? *American Journal on Mental Retardation, 98*(1), 84–92.

Tirosh, E., & Cohen, A. (1998). Language deficit with attention-deficit disorder: A prevalent comorbidity. *Journal of Child Neurology, 13,* 493–497.

Todd, G. A., & Palmer, B. (1968). Social reinforcement of infant babbling. *Child Development, 39,* 591–596.

Tomblin, B. (1989). Familial concentration of developmental language impairment. *Journal of Speech and Hearing Disorders, 54,* 287–295.

Tomblin, B., & Buckwalter, P. (1994). Studies of genetics of specific language impairment. In R. Watkins & M. Rice (Eds.), *Specific language impairments in children* (pp. 17–35). Baltimore: Paul H. Brookes.

Tomblin, B., Freese, P., & Records, N. (1992). Diagnosing a specific language impairment in adults for the purpose of pedigree analysis. *Journal of Speech, Language, and Hearing Research, 40,* 1245–1260.

Tomblin, J. B., & Buckwalter, P. R. (1998). Heritability of poor language achievement among twins. *Journal of Speech, Language, and Hearing Research, 41,* 188–199.

Tomblin, J. B., Records, N. L., & Zhang, X. (1996). A system for the diagnosis of specific language impairment in kindergarten children. *Journal of Speech, Language, and Hearing Research, 39,* 1284–1294.

Tomblin, J. B., Spencer, L. J., & Gantz, B. J.(2000). Language and reading acquisition in children with and without cochlear implants. *Advances in Otorhinolaryngology, 57,* 300–304.

Tomblin, J. B., Zhang, X., Buckwalter, P., & O'Brien, M. (2003). The stability of primary language disorder: Four years after kindergarten diagnosis. *Journal of Speech, Language, and Hearing Research, 46,* 1283–1296.

Torgesen, J. K., & Wagner, R. K. (1998). Alternative diagnostic approaches for specific developmental reading disabilities. *Learning Disabilities Research and Practice, 13,* 220–232.

Torgesen, J. K., Wagner, R. K., Rashotte, C. A., Burgess, S., & Hecht, S. (1997). Contributions of phonological awareness and rapid automatic naming ability to the growth of word-reading skills in second-to-fifth-grade children. *Scientific Studies of Reading, 1,* 161–185.

Tough, J. (1982). Language, poverty, and disadvantage in school. In L. Feagans & D. Farran (Eds.), *The language of children reared in poverty* (pp. 2–18). New York: Academic Press.

Trapani, I. (1993). *Itsy-bitsy spider.* Watertown, MA: Charlesbridge.

Troia, G. A., & Whitney, S. D. (2003). A close look at the efficacy of Fast ForWord Language for children with academic weaknesses. *Contemporary Educational Psychology, 28,* 465–494.

Tsai, L. Y. (1992). Is Rett syndrome a subtype of pervasive developmental disorders? *Journal of Autism and Developmental Disabilities, 22,* 551–561.

Uchino, J., Suzuki, M., Hoshino, K., Nomura, Y., & Segawa, M. (2001). Development of language in Rett syndrome. *Brain Development*, 23(Suppl.), S233–235.

U.S. Census Bureau. (2000). *U.S. interim projections by age, sex, race, and Hispanic origin. Table 1a. Projected population of the United States, by race and Hispanic origin: 2000–2050.* Retrieved June 4, 2004, from www.census.gov/ipc/www/usinterimproj/.

U. S. Department of Education. (2002). *To assure the free appropriate public education of all Americans: Twenty fourth annual report to Congress on the implementation of the Individuals with Disabilities Education Act.* Retrieved January 29, 2005, from www.ed.gov/about/reports/annual/osep/2002/index.html.

Valdez-Menchaca, M. C., & Whitehurst, G. J. (1992). Accelerating language development through picture book reading: a systematic extension to Mexican day care. *Developmental Psychology*, 28, 1106–1114.

Vallance, D. D., Im, N., & Cohen, N. J. (1999). Discourse deficits associated with psychiatric disorders and with language impairments in children. *Journal of Child Psychology and Psychiatry*, 40, 693–704.

Van der Lely, K. H. J., & Howard, D. (1993). Children with specific language impairment: Linguistic impairment or short-term memory. *Journal of Speech and Hearing Research*, 36, 1193–1207.

van Keulen, J. E., Weddington, G. T., & De Bose, C. E. (1998). *Speech, language, learning, and the African American child.* Boston: Allyn & Bacon.

Van Kleeck, A. (1990). Emergent literacy: Learning about print before learning to read. *Topics in Language Disorders*, 10(2), 25–45.

Van Kleeck, A. (1998). Preliteracy domains and stages: Laying the foundations for beginning reading. *Journal of Children's Communication Development*, 20, 33–51.

Van Kleek, A., & Frankel, T. (1981). Discourse devices used by language disordered children: A preliminary investigation. *Journal of Speech and Hearing Disorders*, 46, 250–257.

Vargha-Khadem, F., Watkins, K., Alcock, K., Fletcher, P., & Passingham, R. (1995). Praxic and nonverbal cognitive deficits in a large family with a genetically transmitted speech and language disorder. *Procedures of the National Academy of Science, United States of America*, 92, 930–933.

Vicari, S., Caselli, M. C., Gagliardi, C., Tonucci, F., & Voltera, V. (2002). Language acquisition in special populations: A comparison between Down and Williams syndromes. *Neuropsychologia*, 40(13), 2461–2470.

Viding, E., Spinath, F. M., Price, T. S., Bishop, D. V. M., Dale, P. S., & Plomin, R. (2004). Genetic and environmental influence on language impairment in 4-year-old same-sex and opposite-sex twins. *Journal of Child Psychology and Psychiatry*, 45, 315–325.

Volkmar, F. R. (1992). Childhood disintegrative disorder: Issues for DSM-IV. *Journal of Autism and Developmental Disabilities*, 22, 627–642.

Volkmar, F. R., & Cohen, D. J. (1991). Debate and argument: The utility of the term Pervasive Developmental Disorder. *Journal of Child Psychology and Psychiatry*, 32, 1171–1172.

Volkmar, F. R., Klin, A., Schultz, R. T., Rubin, E., & Bronen, R. (2000). Clinical case conference: Asperger's disorder. *American Journal of Psychiatry*, 157, 262–267.

Volkmar, F. R., Klin, A., Siegel, B., Szatmari, P., Lord, C., Freeman, B. J. et al. (1994). Field trial for autistic disorder in DSM-IV. *American Journal of Psychiatry*, 151, 1361–1367.

Vollmer, T. R., Iwata, B. A., Cuvo, A. J., Heward, W. L., Miltenberger, R. G., & Neef, N. A. (2000). *Behavior analysis: Applications and extensions 1968–1999 from the Journal of Applied Behavior Analysis* (Reprint Series vol. 5). Lawrence: University of Kansas Department of Human Development: Society for the Experimental Analysis of Behavior.

Vygotsky, L. S. (1967). Play and its role in the mental development of the child. *Soviet Psychology*, 5, 6–18.

Wagner, R. K., Torgesen, J. K., Laughon, P., Simmons, K., & Rashotte, C. A. (1993). Development of young readers' phonological processing abilities. *Journal of Educational Psychology*, 85, 83–103.

Wagner, R. K., Torgesen, J. K., & Rashotte, C. (1999). *Comprehensive Test of Phonological Processing (CTOPP).* Austin, TX: PRO-ED.

Wakefield, A. J., Murch, S. H., Anthony, A., Linnel, J., Casson, D. M., Malik, M. et al. (1998). Ileal-lymphoid-nodular hyperplasia, non-specific colitis, and pervasive developmental disorder in children. *The Lancet*, 351, 637–641.

Walker, D. R., Thompson, A., Zwaigenbaum, L., Goldberg, J., Bryson, S. E., Mahoney, W. J., et al. (2004). Specifying PDD-NOS: A comparison of PDD-NOS, Asperger syndrome, and autism. *Journal of the American Academy of Child and Adolescent Psychiatry*, 43, 172–180.

Wallace, G., & Hammill, D. (2002). *Comprehensive receptive and expressive vocabulary-2 (CREVT-2).* Austin, TX: PRO-ED.

Wallace, G. L., & Treffert, D. A. (2004). Head size and autism. *The Lancet*, 363, 1003–1004.

Waltzman, S. B., Cohen, N. L., Green, J., & Roland, J. T., Jr. (2002). Long-term effects of cochlear implants in children. *Otolaryngology, Head and Neck Surgery*, 126(5), 505–511.

Warren, S. F. (1985). Clinical strategies for the measurement of language generalization. In S. F. Warren & A. K. Rogers-Warren (Eds.), *Teaching functional language* (pp. 197–224). Austin, TX: PRO-ED.

Warren, S. F. (1992). Facilitating basic vocabulary acquisition with milieu teaching procedures. *Journal of Early Intervention*, 16, 235–251.

Warren, S. F., & Gazdag, G. (1990). Facilitating early language development with milieu intervention procedures. *Journal of Early Intervention*, 14(1), 62–86.

Warren, S. F., Gazdag, G. E., Bambara, L. M., & Jones, H. A. (1994). Changes in the generativity and use of semantic relationships concurrent with milieu language intervention. *Journal of Speech and Hearing Research*, 37, 924–935.

Warren, S. F., & Kaiser, A. P. (1986). Incidental language teaching: A critical review. *Journal of Speech and Hearing Disorders, 51*, 291–299.

Warren, S. F., & Rogers-Warren, A. K. (1985). Teaching functional language. In S. F. Warren & A. K. Rogers-Warren (Eds.), *Teaching functional language* (pp. 3–23). Austin, TX: PRO-ED.

Warren, S. F., Yoder, P. J., Gazdag, G. E., Kim, K., & Jones, H. A. (1993). Facilitating prelinguistic communication skills in young children with developmental delay. *Journal of Speech and Hearing Research, 36*, 83–98.

Washington, J. A. (1996). Issues in assessing the language abilities of African American children. In A. G. Kamhi, K. E. Pollock, & J. L. Harris (Eds.), *Communication development and disorders in African American children: Research and intervention* (pp. 35–54). Baltimore, MD: Paul H. Brookes.

Washington, J. A., & Craig, H. K. (2004). A language screening protocol for use with young African American children in urban settings. *American Journal of Speech-Language Pathology, 13*, 329–340.

Wasik, B. A., & Bond, M. A. (2001). Beyond the pages of a book: Interactive book and language development in preschool classrooms. *Journal of Educational Psychology, 93*(2), 243–250.

Wassink, T. H., Piven, J., Vieland, V. J., Pietila, J., Goedken, R. J., Folstein, S. E., et al. (2002). Evaluation of FOXP2 as an autism susceptibility gene. *American Journal of Medical Genetics, 114*, 566–569.

Watkins, K. E., Dronkers, N. F., & Vargha-Khadem, F. (2002). Behavioural analysis of an inherited speech and language disorder: Comparison with acquired aphasia. *Brain, 125*, 452–464.

Watkins, R., & Rice, M. (1991). Verb particle and preposition acquisition in language-impaired preschoolers. *Journal of Speech and Hearing Research, 34*, 1130–1141.

Wechsler, D. (2002). *Wechsler Preschool and Primary Scale of Intelligence—Third Edition.* San Antonio, TX: Harcourt Assessment.

Wechsler, D. (2003). *Wechsler Intelligence Scale for Children—Fourth Edition.* San Antonio, TX: Harcourt Assessment.

Weiner, H. L., & Weinberg, J. S. (2000). Head injury in the pediatric age group. In P. R. Cooper & J. G. Golfinos (Eds.), *Head injury* (4th ed.) (pp. 419–456). New York: McGraw-Hill.

Weisberg, P. (1961). Social and nonsocial conditioning of infant localizations. *Child Development, 34*, 377–388.

Weismer, S. E., Evans, J., & Hesketh, L. J. (1999). An examination of verbal working memory in children with specific language impairment. *Journal of Speech, Language, and Hearing Research, 42*, 1249–1260.

Welch, S. J., & Pear, J. J. (1980). Generalization of naming responses in the natural environment as a function of training stimulus modality with retarded children. *Journal of Applied Behavior Analysis, 13*, 629–643.

Wetherby, A. M., & Prizant, B. M. (2003a). *Communication and symbolic behavior scales developmental profile—First normed edition.* Baltimore, MD: Brookes Publishing.

Wetherby, A. M., & Prizant, B. (2003b). *CSBS DP Infant-Toddler Checklist and Easy-Score.* Chicago: Riverside.

Whitehurst, G. J., Falco, F., Lonigan, C. J., Fischel, J. E., De Baryshe, B. D., Valdez-Menchaca, M. C., & Caulfield, M. (1988). Accelerating language development through picture-book reading. *Developmental Psychology, 24*, 552–558.

Whitehurst, G. J., & Fischel, J. E. (2000). Reading and language impairments in conditions of poverty. In D. V. M. Bishop & L. B. Leonard (Eds.), *Speech and Language Impairments in Children: Causes, Characteristics, Intervention and Outcome* (pp. 53–71). Philadelphia, PA: Psychology Press.

Whitehurst, G. J., & Lonigan, C. J. (1998). Child development and emergent literacy. *Child Development, 69*(3), 848–872.

Wiig, E. H., Zureich, P. Z., & Chan, H. H. (2000). A clinical rationale for assessing of rapid automatized naming with language disorders. *Journal of Learning Disabilities, 33*, 359–374.

Wild, M. (1994). *Our granny.* Boston: Houghton Mifflin Co.

Williams, G., Donley, C. R., & Keller, J. W. (2000). Teaching children with autism to ask questions about hidden objects. *Journal of Applied Behavior Analysis, 33*, 627–630.

Williams, G., Perez-Gonzalez, L. A., & Vogt, K. (2003). The role of specific consequences in the maintenance of three types of questions. *Journal of Applied Behavior Analysis, 36*, 285–296.

Williams, K. T. (1997). *Expressive vocabulary test (EVT).* Circle Pines, MN: American Guidance Services.

Willis, W. (1998). Families with African American roots. In E. W. Lynch & M. J. Hanson (Eds.), *Developing cross-cultural competence: A guide for working with young children and their families* (2nd ed.) (pp. 165–208). Baltimore: Paul H. Brookes.

Wilson, S. (2003). *A nap in a lap.* New York: Henry Holt.

Wilson, W. F., & Wilson, J. R. (2000). Language learning and behavioral differences in culturally diverse populations. In T. J. Coleman (Ed.), *Clinical management of communication disorders in culturally diverse populations* (pp. 33–50). Boston: Allyn & Bacon.

Windborn, L., Wacker, D. P., Richman, D. M., Asmus, J., & Geier, D. (2002). Assessment of mand selection for functional communication training packages. *Journal of Applied Behavior Analysis, 35*, 295–298.

Windsor, J., & Hwang, M. (1999). Testing the generalized slowing hypothesis in specific language impairment. *Journal of Speech, Language, and Hearing Research, 42*, 1205–1218.

Windsor, J., Milbrath, R., Carney, E., & Rakowski, S. (2001). General slowing in language impairment: Methodological considerations in testing the hypothesis. *Journal of Speech, Language, and Hearing Research, 44*, 446–461.

Wing, L. (1981). Asperger's syndrome: A clinical account. *Psychol Med, 11*, 115–29.

Wing, L. (1988). The continuum of autistic characteristics. In E. Schopler & G. Mesibov (Eds.), *Diagnosis and assessment in autism* (pp. 1–10). New York: Plenum Press.

Wing, L. (1991). The relationship between Asperger's syndrome and Kanner's autism. In U. Frith (Ed.), *Autism and*

Asperger syndrome (pp. 93–121). Cambridge, U.K.: Oxford University Press.

Wing, L. (1993). The definition and prevalence of autism: A review. *European Child and Adolescent Psychiatry, 2*(2), 61–74.

Wing, L., & Gould, J. (1979). Severe impairments of social interaction and associated abnormalities in children: Epidemiology and classification. *Journal of Autism and Developmental Disabilities, 9,* 11–29.

Wing, L., & Potter, D. (2004). Notes on the prevalence of autism spectrum disorders. National Autistic Society. Retrieved on September 9, 2004, from www.nas.org.uk.

Winokur, S. (1976). *A primer of verbal behavior: An operant view.* Englewood Cliffs, NJ: Prentice-Hall.

Wolf, K. E., & Calderon, J. L. (1999). Cultural competence: The underpinning of quality health care and education services. *CSHA Magazine, 28*(2), 4–6.

Wolfensberger, W. (1994). The "facilitated communication" craze as an instance of pathological science: The cold fusion of human services. In H. C. Shane (Ed.), *Facilitated communication: The clinical and social phenomenon* (pp. 57–122). San Diego, CA: Singular Publishing Group.

Wood, A., & Wood, D. (2003). *The napping house.* Orlando, FL: Harcourt Brace Jovanovich.

Woodcock, R. W. (1991). *Woodcock Language Proficiency Battery—Revised.* Chicago: Riverside Publishing.

Woods, J. J., & Wetherby, A. M. (2003). Early identification of and intervention for infants and toddlers who are at risk for autism spectrum disorders. *Language, Speech, and Hearing Services in Schools, 34,* 180–193.

Wulbert, M., Inglis, S., Kriegsmann, E., & Mills, B. (1975). Language delay and associated mother-child interactions. *Developmental Psychology, 11,* 61–70.

Wulz, S. V., Hall, M. K., & Klein, M. D. (1983). A home-centered instructional communication strategy for severely handicapped children. *Journal of Speech and Hearing Disorders, 48*(1), 2–10.

Wyatt, T. (1998). Assessment issues with multicultural populations. In D. E. Battle (Ed.), *Communication disorders in multicultural populations* (2nd ed.), (pp. 379–426). Newton, MA: Butterworth-Heinemann.

Xiang, H., Stallones, L., & Smith, G. A. (2004). Downhill skiing injury among children. *Injury Prevention, 10*(2), 99–102.

Yale Child Study Center. (2004). *Pervasive developmental disorder—not otherwise specified.* Retrieved August 10, 2004, from info.med.yale.edu/chldstdy/autism/pddnos.html.

Yeargin-Allsop, M., Murphy, C. C., Oakley, G. P., & Sikes, R. K. (1992). A multiple-source method of studying the prevalence of developmental disabilities in children: The Metropolitan Atlanta Development Disabilities Study. *Pediatrics, 89*(4), 642–650.

Yeargin-Allsopp, M., Rice, C., Karapurkar, T., Doernberg, N., Boyle, C., & Murphy, C. (2003). Prevalence of autism in a U.S. metropolitan area. *Journal of the American Medical Association (JAMA), 289,* 49–55.

Yoder, P. J., & Layton, T. L. (1988). Speech following sign language training in autistic children with minimal verbal language. *Journal of Autism and Developmental Disabilities, 18,* 217–229.

Yoder, P. J., & Warren, S. F. (2002). Effects of prelinguistic milieu teaching and parent responsivity education on dyads involving children with intellectual disabilities. *Journal of Speech, Language, and Hearing Research, 45,* 1158–1174.

Yoder, P. J., Warren, S. F., Kim, K., & Gazdag, G. E. (1994). Systematic replication and extension (Facilitating prelinguistic communication skills in young children, part 2). *Journal of Speech, Language, and Hearing Research, 37,* 841–852.

Yorkston, K. M., Beukelman, D. R., Strand, E. A., & Bell, K. R. (1999). *Management of motor speech disorders in children and adults* (2nd ed.). Austin, TX: PRO-ED.

Yoshinaga-Itano, C. (2003). Early intervention after universal neonatal hearing screening: Impact on outcome. *Mental Retardation and Developmental Disabilities Research Review, 9*(4), 252–256.

Yoshinaga-Itano, C., Sedey, A. L., Coulter, D. K., & Mehl, A. L. (1998). Language of early- and later-identified children with hearing loss. *Pediatrics, 102*(5), 161–171.

Zafeiriou, D. I. (2004). Primitive reflexes and postural reactions in the neurodevelopmental examination. *Pediatric Neurology, 31*(1), 1–8.

Zanolli, K., & Daggett, J. (1998). The effects of reinforcement rate on the spontaneous social initiations of socially withdrawn preschoolers. *Journal of Applied Behavior Analysis, 31,* 117–125.

Zapella, M., Gillberg, C., & Ehlers, S. (1998). The preserved speech variant: A subgroup of the Rett complex: A clinical report of 30 cases. *Journal of Autism and Developmental Disabilities, 28*(6), 519–526.

Zarcone, J. R., Fisher, W. W., & Piazza, C. C. (1996). Analysis of free-time contingencies as positive versus negative reinforcement. *Journal of Applied Behavior Analysis, 29,* 247–250.

Zeev, B. B., Yaron, Y., Schanen, N. C., Wolf, H., Brandt, N., Ginot, N., et al. (2002). Rett syndrome: Clinical manifestations in males with MECP2 mutations. *Child Neurology, 17,* 20–24.

Zhang, X., & Tomblin, J. B. (1998). Can children with language impairment be accurately identified using temporal processing measures? A simulation study. *Brain and Language, 65,* 395–403.

Zigler, E., & Hodapp, R. M. (1986). *Understanding mental retardation.* New York: Cambridge University Press.

Zimmerman, I., Steiner, V., & Evatt-Pond, R. (2002a). *The preschool language scale—4 (PLS-4).* San Antonio, TX: The Psychological Corporation.

Zimmerman, I. L., Steiner, V. G., & Evatt Pond, R. (2002b). *Preschool Language Scale, Fourth Edition Spanish (PLS-4).* San Antonio, TX: Harcourt Assessment.

Zollweg, W., Palm, D., & Vance, V. (1997). The efficacy of auditory integration training: A double blind study. *American Journal of Audiology, 6,* 39–47.

찾아보기

역자 소개

김화수

이화여자대학교 대학원 언어병리학 박사
대구대학교 언어치료학과 교수
대한구순구개열학회 부회장, 한국언어치료학회 이사
언어의사소통연구소장, 수어연구소장
한국언어재활사협회 부이사장 역임
강남성모병원 재활의학과 언어치료사 역임

- **저 · 역서**

의사소통장애: 전생애적 조망, 언어발달, 언어장애와 의사소통장애, 언어발달장애,
치매예방을 위한 인지의사소통놀이 50, 말자라기말잘하기 발음놀이, 아동언어장애

김성수

단국대학교 대학원 특수교육과 교육학 박사(청각 · 언어장애 전공)
동신대학교 언어치료학과 교수
국제다문화의사소통학회장
한국언어재활사협회 감사, 한국언어치료학회 이사
한국언어재활사협회 상임이사 역임

- **저 · 역서**

의사소통장애: 전생애적 조망, 언어발달, 언어발달장애, 아동언어장애

이상경

단국대학교 대학원 특수교육과 교육학 박사(청각 · 언어장애 전공)
국제다문화의사소통학회 상임이사
한국한부모가정학회 학술이사
한국발달장애학회 이사
루터대학교 언어치료학과 교수 역임
서울아산병원 재활의학과 언어치료사 역임
샘벌언어인지연구소 발달센터소장 역임

- **저 · 역서**

언어발달, 언어발달장애, 말자라기말잘하기 발음놀이, 아동언어장애